Studienbuch Geschichte

Eine europäische Weltgeschichte
3., überarbeitete und ergänzte Auflage

Herausgegeben von
Reinhard Elze und Konrad Repgen

Band 1:

Vor- und Frühgeschichte
Altertum
Mittelalter

Unter Mitarbeit von
Horst Callies, Hartmut Boockmann,
Hans-Georg Gundel, Joachim Leuschner †,
Ernst Pitz

Klett-Cotta

Klett-Cotta

Printed in Germany
Schutzumschlag: Klett-Cotta-Design
Gesetzt aus der 9,5 Punkt Baskerville
von Satz- und Reprotechnik GmbH, Hemsbach
Aus säure- und holzfreiem Werkdruckpapier gedruckt
und in Fadenheftung gebunden
von Gutmann, Talheim
Einbandstoff: Garantleinen
3., überarbeitete und ergänzte Auflage, 1994

Die Deutsche Bibliothek – CIP-Einheitsaufnahme
Studienbuch Geschichte : eine europäische Weltgeschichte /
hrsg. von Reinhard Elze und Konrad Repgen. – [Ausg. in 2 Bd.]. –
Stuttgart : Klett-Cotta
NE: Elze, Reinhard [Hrsg.]
[Ausg. in 2 Bd.]
Bd. 1. Vor- und Frühgeschichte, Altertum, Mittelalter / unter Mitarb.
von Horst Callies ... – 3., überarb. und erg. Aufl. – 1994
ISBN 3-608-91690-3
NE: Callies, Horst

Inhalt

Zweiter Teil: Mittelalter

Von Ernst Pitz und Joachim Leuschner † (Bearb.: Hartmut Boockmann)

Vorwort zur 3. Auflage

Dieses Buch verfolgt mit der dritten Auflage die gleichen bewährten Ziele wie die früheren Ausgaben: Es wendet sich an Benutzer und Leser, die eine zuverlässige erste Orientierung über die allgemeine Geschichte suchen, braucht man doch für vielerlei Zwecke gleichermaßen grundlegendes Einzelwissen wie Gesamtüberblick – für den Unterricht in der Oberstufe der Schule wie im Grundstudium an der Universität und für die spätere Examensvorbereitung, als Historiker von Beruf wie als Geschichtsliebhaber zu Haus.

Für all diese Zwecke ist ein isolierendes Neben- und Nacheinander stichwortartiger Daten und Fakten ebensowenig geeignet wie eine Auflösung der geschichtlichen Erzählung und Erklärung in wissenschaftliche Probleme und Fragestellungen; vielmehr bedarf es zunächst jenes allgemeinen geschichtlichen Wissens, das wissenschaftlichem Fragen und wissenschaftlicher Einsicht vorausliegt, das man durch Lesen, Lernen und Nachschlagen erwirbt und das man in diesem Studienbuch gewinnen kann. Sein Ziel ist also Vermittlung von Einzelkenntnissen, von Überblick und von Zusammenhang, und diese drei Dinge, Zusammenhang, Überblick und Einzelfakten, werden hier geboten, wobei an Leser gedacht ist, die sich im europäischen Zusammenhang vom Altertum bis zur Gegenwart orientieren wollen. Dazu benötigen sie ebenso Grundkenntnisse über die Ereignisgeschichte der wichtigen Epochen wie Einblick in den Wandel der wechselnden allgemeinen Verhältnisse, die man heute gern „Strukturen" nennt.

Die theoretischen Überlegungen, die dieser Zielsetzung zugrunde liegen, und die Folgerungen, die sich daraus für die Gestaltung dieses Studienbuchs ergaben, finden sich im Vorwort zur ersten Auflage von 1974. An dieser Grundkonzeption halten wir fest. Es handelt sich also erstens um eine Darstellung ohne Fußnoten-Belege, aber mit wissenschaftlichem Anspruch, und zweitens nicht um eine deutsche, sondern um eine europäische Geschichte, die sich in den neueren Jahrhunderten, bis zur Gegenwart hin, immer mehr zu einer Weltgeschichte ausweitet.

Da diese Grundkonzeption unverändert gültig blieb, konnte der alte Text mit seiner Gliederung für die Zeit bis 1945 im wesentlichen beibehalten werden. Er wurde aber gründlich durchgesehen und passagenweise überarbeitet; dabei sind Fehler korrigiert und ist Stilistisches verbessert worden – von den gleichen Autoren, die bereits die Auflage von 1983 besorgten und denen die Herausgeber auch an dieser Stelle für ihre Bereitschaft und Mühe von Herzen danken.

Verändert worden ist das *Studienbuch Geschichte* jedoch in zweierlei Hinsicht. Erstens wurde der zeitliche Rahmen erheblich erweitert und die Zeit bis 1990 in die Darstellung einbezogen: Heinz Hürten bietet in dem neu geschriebenen Kapitel X des Teils 4 eine ebenso ereignis- wie strukturgeschichtlich orientierte Darstellung der Geschichte vom Ende des Zweiten Weltkriegs bis zum Zusammenbruch der kommunistischen Herrschaftssysteme in Ostmitteleuropa und in der früheren Sowjetunion. Daß die Ereignisse von 1989/90 eine weltgeschichtliche Zäsur großen Ausmaßes bedeuten, gilt uns als sicher. Eine ähnlich zusammenfassende Darstellung der nunmehr abgeschlossenen Epoche 1945–1990 gab es bisher nicht. Die Wünschbarkeit, auch hier zuverlässige historische Orientierung gewinnen zu können, liegt so auf der Hand, daß es keiner weiteren Begründung bedarf. Daß im übrigen die Geschichte auch nach 1990 weitergeht und neue Probleme aufgetaucht sind, deren Lösung einen wesentlichen Inhalt der Zukunft ausmachen dürfte, wird zum Schluß angedeutet.

Zweitens ist nunmehr unser Studienbuch mit weiterführenden bibliographischen Nachweisen versehen worden (ebenso wie die 1981/1982 erschienenen zehn Einzelhefte des *Studienbuchs Geschichte* „Darstellung und Quellen"). Das hatten viele Seiten gewünscht. Schließlich ist der Text jetzt in einer besser lesbaren und daher benutzerfreundlicheren Type gesetzt worden.

Aus diesen Gründen wurde das Gesamtwerk auf zwei Bände verteilt. Sie bilden eine Einheit, die in dem Geschichtsverständnis gründet, von dem alle Beteiligten – Verlag, Autoren und Herausgeber – stets ausgegangen sind und bei dem sie bleiben: Nicht unsere deutsche Geschichte, sondern die Geschichte Europas ist ein Ganzes – vom Altertum bis zur Gegenwart. Man sollte sie daher auch als ganze Geschichte kennen, bedenken und besitzen.

Juli 1994 Reinhard Elze Konrad Repgen

Aus dem Vorwort von 1974

Die Geschichtswissenschaft beschränkt sich nicht auf bloße Vorgeschichte der Gegenwart; denn sie zielt allgemein auf vergleichendes Verstehen und Erklären, und das Vergleichbare gehört oft zu den vergangenen Handlungen, Ereignissen, Abläufen, Zuständen, die nicht mehr unmittelbar auf unsere Gegenwart einwirken. Geschichte besteht nämlich nicht nur aus einer kontinuierlichen Kette von Ursachen und Folgen; sie bietet Untergegangenes wie Nachwirkendes, Kontinuität wie Diskontinuität. Die Geschichte liefert keine Rezepte für das Handeln in der Gegenwart oder für das Planen für die Zukunft. Sie hält aber einen Schatz von Erfahrungen bereit, die für das Handeln und das Planen sehr bedeutsam sind. Deshalb ist die Kenntnis der Vergangenheit unentbehrlich auch für jeden, der über die Zukunft nachdenkt.

Gegenstand der Geschichtswissenschaft ist der Mensch im Wandel der Zeit in all seinen Beziehungen, also vornehmlich als soziales Wesen, als Teil einer Familie, einer Gruppe, einer Schicht, eines Volkes, eines Staates. Indem die Menschen der Gegenwart versuchen, die Menschen vergangener Zeiten in ihrer jeweiligen Bedingtheit zu verstehen, lernen sie etwas über ihr eigenes Wesen, ihre eigenen Möglichkeiten, auch und gerade dann, wenn die Familie, die Gruppe, die Schicht, das Volk, der Staat der Vergangenheit ihnen als fremd und fern, als fast oder ganz unverständlich erscheinen. Um solchen Lernens willen nimmt die Darstellung der vorindustriellen Gesellschaften den umfangreichsten Teil unseres Buches ein. Deren Geschichte gewinnt an Aktualität, wenn der Leser sich auch für die Gegebenheiten und Möglichkeiten derjenigen „Entwicklungsländer“ interessiert, die noch nicht industrialisiert sind. Das Bemühen um Verständnis des „Fernen und Fremden“ in der eigenen Vergangenheit kann dem Europäer das Verständnis des „Fremden und Fernen“ in der Gegenwart erleichtern. Die Geschichtswissenschaft, die es immer wieder zu tun hat mit der Gleichzeitigkeit des Ungleichartigen oder der Ungleichzeitigkeit des Gleichartigen, hat hier eine Aufgabe, die mit den spezifischen Methoden einer anderen Wissenschaft nicht erfüllt werden kann.

Die Vertreter der Geschichtswissenschaft beschäftigen sich nie gleichzeitig mit allen Problemen ihres Faches gleichmäßig; Forschung konzentriert sich auf das, was offen ist, und läßt Aspekte oder Fragenkreise, die geklärt zu sein scheinen, beiseite. Unsere Darstellung der Geschichte unterscheidet sich daher von der Summe der aktuellen Themen der Geschichtsforschung erheblich: Wir bieten eine Schilderung, die ihre allgemeine Gewichtsverteilung nicht an die gegenwärtigen Schwerpunkte der Forschung, sondern an den Verlauf der Geschichte bindet.

Reinhard Elze   Konrad Repgen

Einleitender Teil: Aus der Vor- und Frühgeschichte

Für die Vorgeschichte, den längsten Abschnitt der Geschichte im weiteren Sinne, stehen uns als Quellen vor allem die Bodenfunde und die gelegentlich noch in der Landschaft vorhandenen Überreste zur Verfügung. Sie zeigen den Menschen, der wahrscheinlich bereits sprechen und denken konnte, als Erfinder und Hersteller von Werkzeugen und Behausungen. Das Quellenmaterial ist im einzelnen sehr spärlich, stark zufallsbedingt und örtlich recht verschieden, so daß die aus ihm gewonnenen Ergebnisse einen oft sehr unterschiedlichen Wert haben. Nur für die letzten Abschnitte vor- und frühgeschichtlicher Phasen können in günstig gelagerten Fällen schon vor dem Einsetzen schriftlicher Überlieferung gewisse Rückschlüsse auf die Sprache bestimmter Menschengruppen gelingen.

Ihrem Wesen nach ist „Urgeschichte“ vor allem Kulturkunde. Die Vorgeschichtsforschung bemüht sich um eine relative Chronologie; dazu verwendet sie die Stratigraphie, d.h. die Schichtenkunde als Ergebnis verfeinerter Ausgrabungstechnik, und die Typologie, die man aus vergleichender Formenbetrachtung gewonnen hat. So werden die einzelnen Funde und Beobachtungen miteinander verglichen, zueinander in Beziehung gesetzt und, wenn möglich, zeitlich geordnet. Nur in seltenen Fällen ist vor dem Einsetzen von Schriftdenkmälern eine absolute Chronologie möglich; dies ist dann der Fall, wenn Einzelheiten bei prähistorischen Funden mit genauer bekannten historischen Daten verknüpft werden können, Veränderungen auf der Erdoberfläche gewisse Festlegungen anbieten oder moderne Methoden, wie z.B. Pollenanalyse, Jahresringbestimmung (Dendrochronologie), Radiokarbonverfahren, genauere Anhaltspunkte gewähren.

A. Zur Periodisierung

Das heutige Wissen von der sogenannten „Urgeschichte“ umfaßt einen Zeitraum von etwa 600000 Jahren. Gerade bei einem knappen Überblick ist es empfehlenswert, die verschiedenen Kriterien für eine Gliederung dieses Zeitraumes zu berücksichtigen. Die Veränderung der Erdoberfläche im Quartär mit der Abfolge gewisser Eiszeiten (z.B. Günz – Mindel – Riß – Würm im nördlichen Voralpengebiet) und Interglaziale, d.h. Zwischeneiszeiten, gibt grundlegende Auskünfte über den Raum und die Lebensbedingungen der damaligen Menschen und erweist bereits in der Prähistorie die auch für den Ablauf der Geschichte vielfach bestimmende Bedeutung geographischer und klimatischer Gegebenheiten. Die allmähliche Entwicklung des Menschen ermöglicht weitere Differenzierungen; dabei sind die anthropologischen Stufen: Frühmensch – Altmensch – Homo sapiens fossilis – Homo sapiens, ebenso wichtig wie die wohl erst in der letzten Eiszeit einsetzende Fächerung in Europide, Mongolide und Negride. Grundlegend für die übliche Einteilung der Vorgeschichte sind jedoch die Überreste und unter ihnen vor allem der jeweils vorherrschende oder neu auftretende Rohstoff (Stein, Kupfer, Bronze, Eisen) bzw. technische Besonderheiten (z.B. Keramik, Töpferscheibe), so daß man von der sogenannten ergologischen Gliederung spricht. Diese Erkenntnisquellen zusammen erst ermöglichen weitere relative Periodisierungen, wie die nach besonderen Kulturphasen, d.h. nach der Folge Wildbeuter- und Sammlertum, höheres Jägertum, Hirten- und Pflanzertum, Bauerntum, Hochkultur.

B. Prähistorische Kulturphänomene

Aus Überresten, die in ihrer früheren Funktion deutbar sind, kann man verschiedene menschliche Lebensinhalte wie z.B. Tätigkeiten, Erfindungen oder Wohnweisen erkennen. Solche Überreste aus Stein als Werkstoff kennzeichnen etwa 99 Prozent der kulturellen Entwicklung; die übliche Untergliederung lautet: Altsteinzeit (Paläolithikum) – etwa 600000 bis etwa 8000 –, Mittlere Steinzeit (Mesolithikum), Jüngere Steinzeit (Neolithikum) – etwa 6000 bis etwa 2000. Es folgte das Metallzeitalter, das in den einzelnen Räumen zu verschiedenen Zeiten begonnen hat. Auch in ihm gab es verschiedene Entwicklungsstufen, an die sich, vom östlichen Mittelmeerraum ausgehend, allmählich seit etwa 3000 die Geschichte im engeren Sinn anschloß. Bis in die Gegenwart hinein sind verschiedene prähistorische Stufen zeitlich nebeneinander auf der Erde vorgekommen.

1. Paläolithikum

Man teilt den langen Zeitraum der Altsteinzeit in drei Perioden ein: Altpaläolithikum 600000/500000 bis etwa 150000; Mittelpaläolithikum etwa 150000 bis ca. 35000; Jungpaläolithikum etwa 35000 bis etwa 8000.

Der Mensch erhielt in der Altsteinzeit allmählich sein jetziges Aussehen. Der „Frühmensch" hatte einen flachen Schädel mit geringem Gehirnraum; seine Entwicklung wird heute angedeutet durch die Reihenfolge Australopithecus in Süd- und Ostafrika – Homo Heidelbergensis (Unterkiefer von Mauer) – Pithecanthropus auf Java – Sinanthropus (Peking). Am Ende der Riß-Eiszeit (seit etwa 200000) dürfte bereits die Entwicklung begonnen haben, die auf den Homo sapiens hinlaufen sollte, wie wenigstens der Schädel von Steinheim bei Stuttgart und die Reste von Swanscombe (bei London) nahelegen. Zunächst jedoch trat im 3. Interglazial der „Altmensch" hervor, der nach dem Fund im Neandertal bei Düsseldorf benannt wird; ihn kennzeichneten fliehende Stirn, starke Wülste über den Augen, kräftiges Gebiß und zurückweichendes Kinn. Funde erweisen seine Verbreitung von der Pyrenäenhalbinsel bis nach Innerasien. Neandertaler gab es an einigen Stellen der Erde bis in die Würm-Eiszeit, wie z.B. der sogenannte Rhodesia-Mensch (Südafrika) und der Njandong-Schädel auf Java erweisen. – Im Jungpaläolithikum entwickelte sich der „Homo sapiens fossilis", der in den Schädelmerkmalen entscheidende Änderungen gegenüber dem Neandertaler aufwies: größere Schädelwölbung, steilere Stirn, Ausbildung des Kinns. Nach Fundorten scheidet man verschiedene Typen: Galley-Hill (England), Oberkassel (bei Bonn), Brünn, Crô-Magnon (Dordogne). Im europäischen Raum dominierte am Ende der Eiszeit der Crô-Magnon-Typ, während die Menschheit damals bereits in die drei großen Gruppen der Europiden, Mongoliden und Negriden geschieden war; wahrscheinlich erreichten Mongoliden in der Zeit nach 15000 in verschiedenen Wellen den amerikanischen Kontinent.

Mit der Herstellung von Werkzeugen – besonders zum Schneiden und Trennen – und dem Gebrauch des Feuers, der seit etwa 500000 nachweisbar ist, hat der Frühmensch eine Bewußtseinshaltung erreicht, die dem sehr viel späteren historischen Menschen grundsätzlich ähnlich ist. Die Lebensweise des Frühmenschen war bestimmt durch Abwehr und Nahrungssuche. In einzelnen Horden zusammenlebend, betätigten sich die Männer als Wildbeuter mit Fallgruben u.a. bzw. als Großwildjäger auf Mammut, Wollhaarnashorn, Ur, Wildpferd, Elch, Bär usw.; als wichtigste Arbeitsgeräte dienten die Faustkeile (ihre Entwicklung bis zum Ende des Paläolithikums ist einigermaßen bekannt: Man unterscheidet grob zugeschlagene, spitze, mandelförmige und dreieckige Faustkeile); daneben benutzte man die sogenannten Abschläge und auch bald Klingen sowie verschiedene Geräte aus Knochen und Holz. Den Frauen fiel nicht nur das Sammeln von Früchten u.a. zu, sondern wohl auch die Herstellung der Kleidung (meist aus Fellen), der Zelte und Windschirme. Als Kulturstufen scheidet man das Abbevillien (nach einem Fundort an der Somme) und das Acheuléen (Vorstadt von Amiens). Auch die Neandertaler im Mittelpaläolithikum lebten als Jäger und Sammler. Sie scheinen seit etwa 100000 natürliche Höhlen als Wohnplätze bevorzugt zu haben. In der Kulturstufe des Moustérien (Dordogne) hatte man gewisse Vorstellungen von einem Fortleben nach dem Tod und brachte auch schon Kultopfer dar.

Im Jungpaläolithikum, das für uns seit etwa 30000 mit den Kulturstufen des Aurignacien, Gravettien, Solutréen und Magdalénien – die Benennung erfolgt auch hier nach wichtigen Fundorten in Frankreich – in Erscheinung tritt, wurde nach neuen Erfindungen (besonders Bogen, Pfeil, Harpune) das sogenannte höhere Jägertum zur herrschenden Lebensform. Man machte den Hund zum Begleiter und jagte Mammut, Ren, Wildpferd und Moschusochsen. Als Leitformen traten jetzt auf u. a. Lorbeerblattspitzen und schmale Langklingen. Die großen Höhlenmalereien z.B. in Altamira, Combarelles, Lascaux künden als Ausdruck geistigen Lebens von künstlerischen Fähigkeiten und von magisch-kultischen Vorstellungen dieser ganz auf Tierwelt und Jagd eingestellten Menschen. Ritzzeichnungen auf Knochen – sogenannte Kommandostäbe – und kleine Plastiken, auch von Menschen, wie z.B. die „Venus" von Willendorf, sind naturalistisch oder betonen die funktionellen Teile. Wahrscheinlich fand die gesellschaftliche Gruppierung jetzt über Familie und Horde hinaus den Weg zu einer stammesartigen Zusammenfassung. Die Toten bestattete man im allgemeinen wohl mit Beigaben.

2. Mesolithikum (um 10000/8000 bis um 5000)

Die Mittlere Steinzeit war eine ausgesprochene Übergangsperiode zwischen Paläolithikum und Neolithikum, nicht überall hinreichend deutlich von der Jüngeren Steinzeit zu scheiden. Verbreitung und Dauer sind daher in den einzelnen Gebieten Europas recht verschieden, weil sie z. T. abhängig waren von den durch die nacheiszeitliche Erwärmung bedingten Veränderungen der Umwelt. Denn mit dem Abschmelzen des Eises bildeten sich Seen, und auf dem frei werdenden Land breiteten sich Pflanzen aus, so daß man die chronologische Folge von Tundren-, Birken-, Kiefer-, Hasel- und schließlich Eichenzeit feststellen kann; die optimale Wärmezeit (etwa 5000 bis etwa 1000) war in Europa gekennzeichnet durch den Eichenmischwald.

Diese Klimaänderung hatte ein Abwandern oder Aussterben der früheren Tierwelt zur Folge, so daß das höhere Jägertum des jüngeren Paläolithikums einen allmählichen und gebietsweise schließlich starken Rückgang erfuhr. Die neu entstehende Umwelt zog die Menschen nicht nur in früher eisbedeckte Gebiete, sondern wies sie auch verstärkt auf den Fischfang und das Sammeln von Früchten hin. Man begann auch mit dem Anlegen von Vorräten als der ersten Stufe des Übergangs zur produzierenden Form der Nahrungswirtschaft. Den vordringenden Wald mußte man eindämmen; man lernte zugleich, den Bäumen Rohmaterial für Behausungen abzugewinnen, die jetzt die Form von Hütten erreichen konnten. Wahrscheinlich sind auch die Anfänge der Tierhaltung (Ziege, Schaf, Schwein) in diese Übergangszeit zu datieren. Die neuen Aufgaben führten zu vielen Erfindungen; unter ihnen kamen dem Beil, zunächst in einer grob zugeschlagenen Form, und der handgeformten, bald am offenen Feuer gehärteten Töpferware die größte Bedeutung zu. Der Jagd und verschiedenen Arbeitsvorgängen dienten die Feuerstein-Mikrolithen, d.h. Zwerggeräte, oft nur in der Größe eines Fingernagels. Für den Fischfang wußte man Netze, Reusen und Einbäume zu fertigen, die wichtigste Waffe wurde der Bogen aus Holz mit Pfeilen (Spitzen aus Stein).

Zu den mesolithischen Kulturkreisen gehören insbesondere der skandinavisch-norddeutsche Großsteingeräte-Kreis, erkennbar z.B. an noch nicht geschliffenen, groben Kernbeilen, und der südwesteuropäisch-nordafrikanische Mikrolith-Kulturkreis (Klingen- oder Feingeräte-Kulturen) mit den in Frankreich an das Magdalénien anschließenden Gruppen des Azilien und des Tardenoisien; in Nordafrika schuf man weiterhin Felsbilder.

So änderte sich die Lebensweise allmählich, und zugleich wurden dadurch die bisherigen Gruppen kleiner und leiteten über zu einer stärkeren wirtschaftlichen Verselbständigung der Familie. Wahrscheinlich ist in diesen Jahrtausenden des Überganges der für die weitere Geschichte grundlegende Schritt zur Seßhaftigkeit im mediterranen und europäischen Bereich erfolgt, was nicht nur für die großen potamischen (von griech. potamós, Fluß) Senken des Vorderen Orients und für frühe Städte, wie etwa Jericho, erwiesen ist, sondern worauf z.B. auch die großen Muschelhaufen im skandinavisch-norddeutschen Großsteingräber-Kreis (Kjökkenmöddinger, dänisch: Küchenabfallhaufen) als Reste von Siedlungsvorstufen deuten.

3. Neolithikum (5500/4600 – 2. Jahrtausend)

Man unterscheidet bei der Jüngeren Steinzeit verschiedene, jedoch nicht überall nachweisbare und unterschiedlich stark ausgeprägte Stufen: das Präkeramische Neolithikum, das eigentliche Neolithikum (in Deutschland: etwa 5000 bis etwa 1800) und schließlich eine Übergangszeit (Aënolithikum), die als Stein-Kupfer-Zeit (Kuprolithikum) und Stein-Bronze-Zeit (Chalkolithikum) faßbar ist.

In der Jungsteinzeit erfolgte in Europa die bedeutsamste prähistorische Kulturwende: An die Stelle von Jägertum und Sammlerwirtschaft traten allmählich überall unter Anknüpfung an örtlich schon vorhandene Hirten- und Pflanzerstufen in einer von Ost nach West und Nord verlaufenden „Kulturtrift" neue, durch Seßhaftigkeit, Ackerbau und Viehzucht bestimmte Lebensweisen. Zu dem Beil als wichtigstem Werkzeug – nicht nur zum Roden – kamen allmählich weitere Geräte (wie Axt, Streitaxt, Feldhacke, Sichel, Meißel, Dolch, Messer), zumal man jetzt den Stein zu schleifen, polieren und durchbohren lernte. Die für die Vorratswirtschaft notwendigen Gefäße wurden aus Stein und dann vorwiegend aus Ton gefertigt; in der jüngsten Stufe ging man im Südosten zum Kupferguß über.

Der Boden wurde zunächst im Hackbau bearbeitet; erst nachdem man das Rind als Haustier aus dem Orient übernommen hatte, wurde auch der Pflug verwendet. Man baute Weizen, Roggen und Hirse in verschiedenen Sorten an und verarbeitete die Ernte in Handmühlen. Das Sammeln von wilden Früchten wurde z.T. ersetzt durch Obstbaumanlagen (Birnen, Äpfel) und Gartenkulturen. Planung und Vorratswirtschaft führten zu verbesserten Behausungen (Blockbau, Fachwerk), zur Anlage von Gehöften mit Stallungen und Scheunen, zur Differenzierung des sozialen Gefüges, auch in der Familie, in der jetzt die Frau eine gehobene Stellung gewann.

Handelsbeziehungen werden für uns deutlich durch bestimmte ortsfremde Rohstoffe oder Artefakte, besonders den Bernstein. Die verschiedenen Bestattungsformen, in Erd- und Steingräbern ausgestreckt oder in Hockerstellung, sind Zeugnisse für Totenkult, Jenseits- und Dämonenvorstellungen. Schmuckstücke, Kleinplastiken, Felszeichnungen oder Steinpfeiler (Menhire) waren Ausdruck des künstlerischen Schaffens.

Verschiedene Hauptkulturkreise lassen sich scheiden: Der südosteuropäisch-donauländische Kreis war bestimmt durch die Bandkeramik (um 4500 bis um 2000) – mit den Stufen Linearband-, Füllband-, Stichbandkeramik – und bäuerliche Kultur; als Steinartefakte waren typisch sogenannte „Schuhleistenkeile" und Idolplastiken.

Der nordosteuropäische Kreis, der bis Westsibirien ausstrahlte, ist gekennzeichnet durch die finnisch-baltische Kamm- und Grübchenkeramik. Es handelte sich um eine im wesentlichen noch mesolithische Jägerkultur, bei der jedoch die Viehzucht Eingang fand.

Der nordeuropäische Kreis ist als Trichterbecher- oder Tiefstichkultur bekannt (mit sogenannter Amazonenaxt); früher nannte man ihn nach den aus dem westeuropäischen Kreis übernommenen Riesensteingräbern (Dolmen, Ganggräber) „Megalithkultur". Er entwickelte sich im Spätneolithikum zu einer vorwiegend bäuerlichen Kultur und war besonders in Norddeutschland, Polen, Böhmen verbreitet. Seine späte Sonderform stellte die Schnurkeramische Kultur (Streitäxte, Einzelbestattungen) dar, die um 2000 im sächsisch-thüringischen Raum blühte, aber auch – vielleicht durch Wanderungen – u.a. bis zum Kaukasus ausgebreitet wurde.

Der westeuropäische Kreis wurde getragen von einer Bevölkerung, die schließlich Ackerbau und Viehzucht trieb, Großsteingräber anlegte (auch Steinkreise, wie z.B. Stonehenge, im 2. Jt. vollendet) und als Leitform den

Tulpenbecher bzw. in lokaler Ausprägung z. B. die Michelsberger Keramik (Baden) hervorbrachte. Die „Pfahlbauten" waren ursprünglich wohl Randsiedlungen an Seeufern. Seit etwa 2000 breitete sich von Spanien bis nach Polen die Glockenbecher-Kultur aus, getragen von brachykephalen (kurzköpfigen) Bogenschützen, die ihre Toten in Hockerstellung beisetzten.

4. Bronzezeit

Während sich die bäuerliche Lebensweise im spätneolithischen Europa kaum veränderte, wurden durch die im Orient erfundene Kupfer-Zinn-Legierung (9:1) Wirtschaft und Handel belebt und Geräte- und Schmuckformen wesentlich bereichert. Dabei ergab sich nunmehr ein ostwestliches Kulturgefälle im europäischen Raum, wenn auch seit etwa 1700 Bronze bereits in Skandinavien bekannt war. Dorfsiedlungen mit Rechteck- oder Rundbauten (vorwiegend im Süden) herrschten vor. Der Handel bediente sich der Fernstraßen, die vor allem den großen Flüssen folgten, des meist von Pferden gezogenen Wagens und der Küstenschiffahrt (Ruderschiffe); eine berufliche Differenzierung etwa in Bergleute und Bronzehandwerker trat ein, und eine soziale Gliederung wird für uns z. B. aus besonderen Bestattungen von Fürsten greifbar. In der ausgehenden Bronzezeit ist man im Norden zur Leichenverbrennung und Urnenbestattung übergegangen.

Im südosteuropäisch-ägäischen Raum erreichte die kretisch-mykenische Kultur einen besonderen Höhepunkt und zugleich den Anschluß an die bereits geschichtlichen Phasen des Alten Orients. Im westmediterranen und westeuropäischen Raum waren die Megalith- und Glockenbecherkulturen vorherrschend.

Für Mittel- und Nordeuropa kann man folgende Kulturkreise unterscheiden:

Nordischer Kreis, ausgezeichnet durch eine bemerkenswerte innere Geschlossenheit, die jedoch seit etwa 1000 abnahm: Ältere nordische Bronzezeit seit etwa 1700 in Südskandinavien und Jütland (Importe von Bronze, Baumsargbestattungen); Mittlere Bronzezeit seit etwa 1500 mit Beginn der Brandbestattung und eigener, hochstehender Bronzeverarbeitung; Späte Bronzezeit um 1300 bis nach 1000 (stärkere Vermischung, Ausbreitung nach Süden).

Ostdeutscher Kreis mit der Aunjetizkultur in Böhmen (um 1500, u. a.: Randleistenbeil, Ziernadeln, grauschwarze Keramik) und der Lausitzer Kultur in der Lausitz, Schlesien und Sachsen (um 1200–800), gekennzeichnet vor allem durch Urnen-Flachgräber und dann Burgenbau.

Süd- und Westdeutscher Kreis mit vier Gruppen: Straubinger-Kultur (Höhensiedlungen, Hockergräber), Adlerberg-Kultur am Mittelrhein (zinnarme Bronze), Hügelgräber-Kultur (um 1550–1250) von den Alpen bis nach Nie-

Übersicht zur Vorgeschichte

Daten	Phasen	Kulturen	(Leitformen)	Erfindungen usw.	Menschen	Gesellschaft etc.
	ALLUVIUM – METALLZEITALTER Kupfer, Bronze, Eisen	La-Tène (500–1)				Hochkultur
		Hallstatt (800–500)	Jastorf	Pferd als Reittier		
1000		Urnenfelder (1200–500)	Wessenstedt, Lausitzer			
			Aunjetitzer	Pferd als Zugtier		
		Hügelgräber (1800–1200)				
2000	NEOLITHIKUM		Glockenbecher, Zonenkeramik			
		Megalithkulturen	Schnurkeramik	Wagen		
			Michelsberger	Idole		Schrift
			Rössener			König
3000				Metallverarbeitung		Stadt
			Bandkeramik	Steinbau, Töpferscheibe (Orient)	produzierende Nahrungsgewinnung ↑	
5000	MESOLITHIKUM			Durchbohrung, Schliff	Völker (Europide etc.), Seßhaftigkeit ↑	Dörfer, Viehzucht
				Lehmbau, Pflug, Streitaxt		Ackerbau
			Keramik	Keramik, Steinbeil	↑	Vorratsspeicherung
8000		Mikrolithen		Grabstock	homo sapiens recens	Pflanzer

Datierung	Periode		Kulturen	Stufen	Merkmale	Menschenformen		Lebensform
40 000	4. Eiszeit (Würm)	PALÄOLITHIKUM		Magdalénien Solutréen Gravettien Aurignacien	Harpunen Langklingen Malerei, Plastik, Gravierungen Meißel Bogen/Pfeile Schnitzerei Schmalklingen	Crô Magnon Brünn Oberkassel homo sapiens fossilis ↑ Neanthropine	Differenzierung: Rezente Gruppen	Hirten Domestikation (Hund) Gruppen Fischfang „Höheres Jägertum“
65 000 150 000	Interglazial		Klingenkulturen	Moustérien	Totenbestattung mit Grabbeigaben Klingen Höhlenbenutzung Hütten Schaber (Handspitzen)	Neandertal ↑ Altmensch (Paläanthropine)	Nomaden (umherstreifend) aneignende Nahrungsgewinnung	Horden Familien „Älteres Jägertum“
600 000	1.–3. Eiszeit		Faustkeilkulturen	Acheuléen Abbevillien	Abschlagtechnik Feuernutzung Faustkeile Kernsteintechnik Geröll- und Vorfaustkeilgeräte Knochengeräte Werkzeugherstellung (Artefakte)	Steinheim Peking Mauer Afrikamensch ↑ Frühmensch (Archanthropine)		Jäger Wildbeuter Sammler

Alle Angaben dienen, besonders in Datierung und Reihenfolge, nur einer ersten Orientierung.

dersachsen (Steinsetzungen unter Hügeln, Lochäxte, Radnadeln) und die Urnenfelder-Kulturen (etwa 1250–750 mit Streitwagen, Bronzeschild, Fibeln, Griffzungenschwertern), die als Ausstrahlungen der Lausitzer Kultur angesprochen werden können.

5. Eisenzeit

Die Kunst, das Eisen, das nur geschmiedet und nicht wie die Bronze gegossen werden konnte, aber vielerorts als Rohmaterial greifbar war, aufzubereiten und zu verwenden, verbreitete sich wahrscheinlich von Kleinasien aus seit dem 2. Jt. In dem noch prähistorischen Europa hat die Eisenzeit um 800 begonnen. Man gliedert die vorchristliche Entwicklung in zwei Abschnitte:

Hallstattzeit oder Ältere Eisenzeit (um 800 bis um 500). Neben der eigentlichen Hallstattgruppe in den Ostalpen und dem benachbarten süddeutschen und donauländischen Raum (u.a. Schlangenfibel) lassen sich andere Bereiche feststellen, z.B. die Gesichtsurnengruppe (Mittel- und Ostdeutschland), die Stufen von Wessenstedt (800–600) und Jastorf a (bis etwa 500) im norddeutsch-jütländischen Raum. Durch vorstoßende Skythen (vgl. Goldfund von Vettersfelde) fand die Pferdezucht Ausbreitung, was wiederum im Zusammenhang mit dem durch eine Klimaverschlechterung um 800 verursachten Rückgang der Ackerbaumöglichkeiten zu einer allmählichen gesellschaftlichen Umschichtung und zum Aufkommen eines Reiteradels führte.

La-Tène-Kultur oder Jüngere Eisenzeit (um 500 bis um Chr. G.), die im süddeutschen Raum in 4 Stufen (A–D) nachgewiesen ist und auch in den norddeutschen Raum ausstrahlte. Man ging nun über zu Eisenpflug und Sense, benutzte das „Griffangelschwert" und sog. „Linsenflaschen" und übernahm in der Kunst bald griechische bzw. hellenistische Anregungen. In dieser Zeit erst fand die Töpferscheibe in Mitteleuropa Eingang, die schon vor 3000 im Orient erfunden worden war. Die wichtigsten Träger der La-Tène-Kultur, die nach einem Fundplatz am Neuenburger See (Schweiz) benannt wird, waren die Kelten.

Die nachchristliche Eisenzeit mündete überall allmählich in die Geschichte ein. (Übersicht zur Vorgeschichte siehe S. 8 und 9.)

C. Übergänge von der „Vorgeschichte" zur „Geschichte"

Mit der Erfindung der Schrift im mesopotamisch-ägyptischen Raum nach 3000 beginnt für uns „Geschichte" im engeren Sinn. Schriftlichkeit und Konzentration zu städtischer Siedlungsweise können als die wichtigsten

Kennzeichen einer „Hochkultur“ überhaupt bezeichnet werden (auch am Indus oder am Huangho). Von solchen Hochkulturen übernahmen die ihnen angrenzenden Menschen allmählich die Schrift. So ergeben sich in systematischer Betrachtung gewisse periphere Erscheinungen, für die man Begriffe wie „Randkulturen“, Ausstrahlungen oder auch „parahistorische Stufen“ verwendet.

Für die Übergangsstufe, in der Zustände und Handlungen einer bestimmten Menschengruppe nicht von dieser selbst, sondern von einem bereits „geschichtlichen“ Partner schriftlich überliefert sind, gebraucht man im allgemeinen den Ausdruck „Frühgeschichte“. Was gemeint ist, wird deutlich, wenn man an die Germania des Tacitus als Quelle für die germanische Frühgeschichte denkt.

Von der „Urgeschichte“ aus gesehen ist „Weltgeschichte“ ein langsames, räumlich und zeitlich sehr verschiedenes Eintreten der prähistorischen Menschengruppen in die Geschichte im engeren Sinne.

Erster Teil: Altertum

I. Der alte Vordere Orient

A. Mesopotamien

Das Wort Mesopotamien bezeichnet das „Land zwischen den Flüssen" Euphrat und Tigris, die im armenischen Bergland entspringen. Historisch-geographisch ist jedoch nur der Raum gemeint, der zwischen ihrem Austritt aus dem Gebirge und der Enge liegt, an der sich beide Ströme im Raum des alten Babylon bzw. des modernen Bagdad auf eine Entfernung von etwa 30 km nähern. Das weiter flußabwärts liegende Schwemmland wird in die Landschaften Babylonien, Akkad und Sumer (Sinear der Bibel) gegliedert. In diesem „Meerland" mündeten im Altertum die beiden Flüsse etwa 200 km oberhalb der heutigen Mündung und getrennt in den Persischen Golf.

Klimatisch waren die beiden Räume Mesopotamien und Babylonien immer sehr verschieden. Am mittleren Tigris und im Vorland des nordwestiranischen Randgebirges Zagros fällt so viel Regen, daß die Bewohner eine bäuerliche Kultur wohl seit dem 7. Jt. entwickeln konnten. Im Schwemmland dagegen war eine landwirtschaftliche Nutzung des fruchtbaren Bodens nur nach natürlichem Hochwasser und mit Hilfe künstlicher Bewässerung möglich. Das Wasser konnte den Menschen im „Meerland" Segen und Verderben zugleich bringen.

Dieser potamische Großraum hat keine natürlichen Grenzen, sondern steht nach Südwesten zur syrisch-arabischen Steppe und Wüste, nach Nordosten gegen das iranische Hochland für Angriffe und Zuwanderungen offen, während die Flußtäler Einfallstore von Kleinasien und Armenien her darstellen.

Mesopotamien ist nur ein Teil des sogenannten „fruchtbaren Halbmondes“, der den Saum der iranischen Randgebirge und den syrisch-palästinensischen Küstenraum bis zum Anschluß an Ägypten umfaßt; er ist für das Werden von Hochkulturen hochbedeutsam gewesen. Die Natur des Raumes und die in ihr angelegten Spannungen haben den Ablauf der mesopotamischen Geschichte erheblich mitbestimmt.

Es ist heute erwiesen, daß die potamischen Senken, in denen sich Hochkulturen entwickelten, erst verhältnismäßig spät von Menschen besiedelt wurden. Voraussetzung dafür war nicht nur die allgemeine Klimaänderung, die im mesopotamischen Raum vielleicht erst im 6. Jt. stattgefunden hat, sondern auch die Fähigkeit bzw. Bereitschaft der jeweiligen Menschen zu gewissen Gemeinschaftsarbeiten. In der Gegend von Mossul am Tigris sind bereits im 5. Jt. ackerbautreibende Menschen nachgewiesen, die auch schon den Pflug verwendeten, den sie wohl aus dem nordwestiranischen Gebiet übernommen haben. Etwas später wohl setzte die Besiedlung des küstennahen Schwemmlandes ein. Dort hat es mehrere große Überschwemmungen gegeben, unter denen deutliche Ablagerungen in Ur und Eridu den historischen Kern der „Sintflut“ um 3500 anzusetzen ermöglichen. Schon vor 3000 wurden im babylonischen Raum auch die ersten keramischen Erzeugnisse auf der Töpferscheibe hergestellt.

Aus dem neolithisch-„buntkeramischen“ Kulturkreis des Vorderen Orients heben sich für den Euphrat-Tigris-Raum mehrere noch prähistorische Stufen heraus, wie z.B. in Nordmesopotamien die Tell-Halaf-Kultur (Chalkolithikum, etwa 4500–3500) und die spätere Tepe-Gaura-Kultur (etwa 3200–3000), im Meerland die Eridu-Kultur (etwa 4400–3600) und die anschließende El'-Obeid-Kultur (bei Ur, etwa 3600–3200).

1. Aus der Geschichte der einzelnen Völker und Reiche

Der Raum Mesopotamien wurde in der Geschichte erst allmählich und auch dann nur für gewisse Zeitspannen zusammengefaßt. Dabei verlagerte sich der Schwerpunkt des politischen Geschehens allmählich – mit gewissen rückläufigen Bewegungen – von Südmesopotamien stromaufwärts nach Akkad und später nach Assyrien. Der Ablauf der mesopotamischen Geschichte bis 539 v. Chr. ist durch häufigen Wechsel der jeweils herrschenden Menschengruppen gekennzeichnet. Die wesentlichen Abschnitte wurden von verschiedenen Völkern bestimmt, im 3. Jt. von Sumerern und Akkadern, im 2. Jt. von Westsemiten (Babyloniern), Hethitern und Bergvölkern, im 1. Jt. von Assyrern und Aramäern (für Einzelheiten sei auf die folgenden Abschnitte verwiesen). Sie alle lassen nach ihrem Seßhaftwerden bestimmte, alsbald differenzierte Verhaltensweisen erkennen, die zunächst aus der Defensive zur Expansion und schließlich zu „Reichsbildungen“ führten. Die von der Wüste und den Bergen dem fruchtbaren Land drohenden Gefahren haben in der

Geschichte ebenso ihren Ausdruck gefunden wie die beharrende Macht der Hochkultur und ihrer Organisationsformen.

a. Sumerer

Übersicht: vor 3000 Einwanderung der Sumerer
um 3000 bis um 2800 Uruk-Zeit
um 2950 bis um 2750 Dschemded-Nasr-Zeit
um 2750 bis um 2350 Frühdynastische Zeit
um 2500 bis um 2360 1. Dynastie von Ur
um 2500 bis um 2360 Dynastie von Lagasch

Im südmesopotamischen Raum haben sich im ausgehenden 4. Jt. die Sumerer über eine nicht näher nachweisbare Bevölkerung geschoben. Woher sie kamen, ist unbekannt, wenn auch heute ihre Herkunft aus dem indischen Raum möglich erscheint. Der anthropologische Befund, der die Sumerer deutlich abhebt von Semiten und Indogermanen, wird auch durch die linguistischen Beweise einer agglutinierenden („anleimenden", d.h. ohne Abänderung der Wurzel-Laute zusammenfügenden, mithin nicht flektierenden) Sprache gestützt. In der Sage, nach der die Sumerer zunächst in Eridu am Euphrat Fuß gefaßt und dann in Uruk einen politischen Mittelpunkt geschaffen haben sollen, mag ein historischer Kern stecken. Mit ihnen jedenfalls setzte plötzlich der große Kulturaufschwung ein, der stratigraphisch zwischen der späteren Stein-Kupfer-Zeit (El'-Obeid II) und der sogenannten Urukperiode noch vor 3000 nachweisbar ist.

Typisch wurden kleine Stadtstaaten, die ihren Mittelpunkt in einem Tempel hatten und sich bald auch durch eine Mauer sicherten: Uruk, Ur, Lagasch, Nippur, Kisch u.a.; unter ihnen mochte zunächst Uruk (heute Warka) den Vorrang gehabt haben. An der Spitze stand jeweils ein „hoher Priester und König" (= Ensi), dem auch militärische und richterliche Funktionen zukamen. Er übte die Herrschaft aus über die bereits differenzierte Bevölkerung, die zu Gemeinschaftsarbeiten vor allem für Deich- und Kanalbauten eingesetzt werden mußte. Aus wirtschaftlich-organisatorischen Bedürfnissen ist hier die Keilschrift entwickelt worden.

Die ersten Jahrhunderte des 3. Jt. sind trotz vorhandener Stempel- bzw. Rollsiegel vorwiegend wirtschaftlichen Inhalts historisch noch nicht deutlich; denn auch die viel später aufgezeichneten Königslisten müssen zumindest in ihren älteren Teilen als weitgehend legendär bezeichnet werden. Für die Periodisierung stehen daher nur stratigraphische Beobachtungen zur Verfügung. Man spricht in Auswertung der Funde in Uruk (Warka) von der Uruk-Zeit (bis etwa 2800) und benennt nach einem Fundplatz nordostwärts des späteren Babylon die Dschemded-Nasr-Periode (bis etwa 2750), mit der zugleich die ungefähre Nordgrenze des von den Sumerern allmählich besiedelten und mit Städten übersäten Gebietes angedeutet ist. Diese Stufe ist gekennzeichnet durch die „Riemchen“ (schmale Ziegel – im Gegensatz zu großen Flachziegeln) und erweist bereits eindeutige Verbindungen nach Elam, der im Osten angrenzenden Berglandschaft.

Nach dem Vorstoß von Semiten aus dem arabischen Raum, die schnell die sumerische Kultur übernahmen, ist in Mesilim von Kisch um 2600 die erste historische Persönlichkeit in Mesopotamien im Rahmen der frühdynastischen Zeit faßbar. Unter ihm ist Kisch Vorort im nordsumerischen Raum geworden. Bald aber verlagerte sich der Schwerpunkt wieder nach Süden, als um 2500 die erste Dynastie von Ur blühte (Königsgräber mit Massenbestattungen und reichen Beigaben) und als in Lagasch eine Dynastie herrschte, die nicht nur um 2440 in Eannatum einen bedeutenden Heerführer und Herrscher hervorbrachte (Geierstele im Louvre), sondern auch in Urukagina um 2360 den ersten Reformer der Weltgeschichte, der dem inzwischen zu groß gewordenen Einfluß der Priester entgegentrat und Gerechtigkeit für den einfachen Mann durchsetzte. Am Ende der älteren sumerischen Geschichte steht Lugalzaggesi von Umma, der sich zum Herrn über Lagasch, Uruk und alle sumerischen Städte machte und in weiter Expansion als „König der Länder“ erstmals das Mittelmeer im nordsyrischen Raum erreichte. Damit waren die Städte der Sumerer in einer sogar größeren Machtbildung zusammengefaßt. In diesem Stadium ihrer Entwicklung aber mußten die seitherigen Kulturträger ihre Vorherrschaft an eine inzwischen im mittleren mesopotamischen Raum emporgekommene neue Macht abtreten.

b. Akkader (2350–2150) und sumerische „Renaissance“ (um 2000)

Akkad(e) ist der Name eines südlich des heutigen Bagdad gelegenen Raumes und einer – noch nicht gefundenen – Siedlung, die zum Mittelpunkt einer ostsemitischen Bevölkerung wurde. Diese war aus dem arabischen Raum allmählich eingesickert und hatte sich der sumerischen Kultur weitgehend assimiliert. Von hier aus trat Sargon I. um 2350 zum Kampf gegen Lugalzaggesi an, besiegte die Sumerer und machte Akkad zum Vorort des südmesopotamischen Gebietes. Mit der nach ihm benannten Dynastie (2350–2150) begann eine erste semitische Herrschaft in Mesopotamien. Aber Sargon I. (Scharrukin, 2350–2294) begnügte sich nicht mit der politischen Zusammenfassung des seitherigen Hochkulturraumes. Seine Züge, die er nach Osten gegen Elam, gegen die nördlichen Bergvölker, nach Syrien bis zum Libanon und nach Kleinasien bis zum Taurus durchführte, machten ihn zum „ersten Weltherrscher“ der Geschichte. Sein „Reich“, über das er als „Herrscher der vier Himmelsrichtungen“ gebot, erstreckte sich vom südwestiranischen Raum durch Armenien bis zum Südrand des Schwarzen Meeres, umfaßte die östlichen Landschaften von Kleinasien und Nordsyrien und hatte Handelsverbindungen zumindest mit Cypern und nach Indien. Im

Anschluß an drei Meere schienen diesem Reich und vor allem dem andernfalls stets gefährdeten Kernraum in Mesopotamien Ruhe und Sicherheit gewährleistet. Militärische Stoßkraft, zentralistische Beamtenorganisation und eine Art von Feudalwesen waren die wichtigsten Stützen der neuen Machtbildung. Zudem wurden die Gedanken des „Weltreiches" und des Gottkönigtums, die auf Sargon zurückgehen, für die weitere politische Entwicklung im alten Vorderen Orient grundlegend. Einer der Nachfolger des Gründers, Naramsin (2270–2233), erweiterte das Reich noch bis in den nordarabischen Grenzraum und nach Westiran hinein. Doch dann folgte ein allmählicher Zerfall unter schwächeren Herrschern.

Um 2150 wurde das Reich der Akkader von den Gutäern zerstört, die aus den Bergen des Zagros (heute Luristan) kamen, beutegierig als „Drachen des Gebirges" Heiligtümer und Siedlungen plünderten und die Stadt Akkad völlig vernichteten. Aber schon nach etwa 50 Jahren war auch ihre Kraft verbraucht.

Für die in ihrer Substanz immer noch starken Sumerer in Südmesopotamien begann damit um 2100 eine letzte Blütezeit, die man auch „Renaissance" nennt. In ihr trat nicht nur Lagasch unter dem Herrscher Gudea um 2060 als reiche Handelsstadt hervor, sondern auch die Stadt Uruk und vor allem die 3. Dynastie von Ur (2064–1955). Der Raum war wieder bis Elam und Assyrien zusammengefaßt, und nach Kappadokien (Ostkleinasien) wurden Handelsfaktoreien ausgeschickt. Doch auch diese – uns archäologisch besonders durch Tempelbauten und Plastiken faßbare – Spätblüte der Sumerer, die sich auf eine breite, mit der ausgeprägten „Tempelstaatswirtschaft" verbundene Bürokratie stützte, fand ihr Ende, als neue Völker einwanderten.

c. Babylonier

Vor 2000 und später drängten erneut Nomaden aus der Völkerwiege der Arabischen Halbinsel – nicht nur in der Form des jährlichen Weidewechsels (Transhumanz) – in den „fruchtbaren Halbmond" vor und erreichten die Küste des Mittelmeeres. Von dort aus gelangten mehrere Schübe dieser westsemitischen oder amoritischen Wanderung nach Mesopotamien, wo sie wie ihre Vorgänger als Zuwanderer bald dem Reiz der Hochkultur verfielen, die sumerisch-akkadischen Errungenschaften übernahmen und selbst für die Folgezeit sehr bedeutsam wurden. Es entstand zunächst eine neue, durch viele kleinere Staaten gekennzeichnete Machtgruppierung. Am mittleren Euphrat blühte die durch jüngere Ausgrabungen bekannt gewordene Stadt Mari (bei Deir ez-Zor) bis etwa 1700. Ein anderer Stoß dürfte weiter euphratabwärts geführt haben; denn das sumerische Ur wurde 1955 durch Westsemiten zerstört. Damit war im gesamten Stromgebiet eine Semitisierung eingeleitet, der die Sumerer allmählich bis etwa 1500 völlig erlagen, wenn auch die sumerische Sprache anschließend noch weiter, als Kultsprache sogar bis in den Hellenismus hinein, erhalten blieb. In Südmesopotamien ging die Herrschaft zunächst an die Dynastie von Isin über (1969–1732), die jedoch schließlich von einer anderen Teilherrschaft, der Dynastie von Larsa (1961–1700), ausgeschaltet wurde.

Beim Zusammenbruch der Macht von Ur wurden auch die Gebiete am mittleren Tigris wieder selbständig, die seit Sargon zum sumerisch-akkadischen Kulturbereich gehörten. Dort hatten sich u.a. Träger der Kultur von Tell-Halaf mit Westsemiten verbunden und noch im 3. Jt. allmählich eine neue Bevölkerung um Assur gebildet, das nunmehr zum Mittelpunkt dieser Gegend wurde, die man noch Subartu nannte. Die Stadtherren von Assur dehnten seit etwa 1960 ihren Einfluß auf die kappadokischen Faktoreien aus (altassyrische Texte und Urkunden vom Kültepe), erlagen jedoch um 1750 anderen „Frühkanaanäern" unter Schamschi-Adad I. (1750–1717). Wenn dieser auch seine Macht vielleicht bis nach Nordsyrien ausdehnen konnte und in seiner Herrschaftsauffassung an Sargon anknüpfte, so hatte das „altassyrische Reich" doch keinen Bestand.

Denn als bei weitem wichtigste Neuschöpfung errichteten die Westsemiten eine Herrschaft im nordsumerischen Gebiet um das bis dahin unbedeutende Babylon (Babili = Gottespforte) am Euphrat. Die frühen Vertreter der Dynastie von Babylon (1830–1531) traten noch kaum in Erscheinung. Doch um 1700 vereinigte Hammurabi (1728–1686) die einzelnen Teile des mesopotamischen Raumes vom Meerland bis Mari und Assur wieder und führte sie auf den Höhepunkt der sogenannten altbabylonischen Periode. Reformen und Gesetzeskodifikationen bildeten eine wichtige Seite seines Werkes, das im Politischen die Wendung vom erstarrten Gottkönigsgedanken zu der im Bild des Hirten gipfelnden Vorstellung eines „Wohlfahrtsherrschers" brachte. Doch auch die Reichsschöpfung dieses wohl bedeutendsten altorientalischen Herrschers und Diplomaten wurde schon unter seinem Nachfolger gefährdet durch separatistische Bestrebungen einzelner Landschaften und das Einströmen neuer Menschen. Den Todesstoß erhielten Reich und Dynastie aber erst durch die Hethiter, die 1531 auf einem Raubzug Babylon zerstörten, ohne sich selbst als neue Ordnungsmacht in Mesopotamien festzusetzen.

d. Bergvölker

Übersicht:

Kassiten etwa 1450 bis etwa 1160
Mittelelamisches Reich etwa 1500 bis 1100
Mitanni-Reich etwa 1460 bis 1340
Mittelassyrisches Reich 1366 bis etwa 1200/1100
Aramäische Wanderung um 1400 bis 900

Schon im 17. Jh. drangen die Kossäer langsam aus den westiranischen Bergen in Richtung auf den süd- und mittelmesopotamischen Raum (Babylonien) vor. Vielleicht aus dem Kaukasus stammend, waren sie bereits mit Indogermanen in Berührung gekommen, wie wenigstens gewisse Göttervorstellungen nahelegen. Nach der Zerstörung Babylons durch die Hethiter übernahmen sie die Macht, aber die Dynastie der Kassiten, deren Herrscher von etwa 1450 bis etwa 1160 die Politik z. T. in Verbindung mit den Hethitern und mit Ägypten bestimmten, vermochten die Geschicke Babyloniens nicht mehr auf die frühere Höhe zu führen. Sie mußten schließlich den Elamitern weichen, die viele Kunstschätze aus Babylon nach Susa verschleppten. Nach einem kurzen Epilog unter Einheimischen (zweite Dynastie von Isin) wurde Babylon um 1112 dem unter Tiglatpilesar I. damals kurz wiederauflebenden mittelassyrischen Reich angegliedert und versank dann in Bedeutungslosigkeit.

Auch vom nordwestiranischen Raum aus war es im 17. Jh. unruhig geworden. Dort erstarkten damals die Churriter (Churrier), die bald Assur unterwarfen und eine Reihe von Stützpunkten in Nordmesopotamien, Ostkleinasien und Nordsyrien anlegten. Seit um 1500 unterstanden einige dieser Churriterstaaten einer indogermanischen Führungsschicht, den Marjani, die sich u. a. der für die damalige Kampfführung (zweirädrige Streitwagen) wichtigen Pferdezucht widmete. Ihre wichtigste, die seitherigen politischen Verhältnisse im Vorderen Orient verändernde Schöpfung war das Mitanni-Reich (um etwa 1460–1340), dessen Mittelpunkt am oberen Chabur, einem Seitenfluß des Tigris, lag. Im 14. Jh. konnte sich Assur, dessen Name seit etwa 1400 auch für die umliegende Landschaft gebraucht wurde, wieder selbständig machen. Nach der Unterwerfung von Nordmesopotamien und Südarmenien gelang Assur unter Tukulti-Ninurta I. (1245–1208) sogar die Eroberung von Babylon. Aber dieses „mittlere“ Assyrerreich zerfiel um 1200.

In dieser Zeit wurde die bereits stark gemischte, aber durch die sumerisch-akkadische Kultur zusammengehaltene Bevölkerung Mesopotamiens um ein neues Element, das zunächst wieder Unruhe brachte, erweitert: Semiten der aramäischen Völkerwanderung erreichten und unterwanderten den alten Kulturraum.

e. Assyrer

Die Geschichte des alten Vorderen Orients zwischen 1100 und 612 ist durch den Aufstieg der Assyrer zur Vormacht im mesopotamisch-syrisch-ostkleinasiatischen Raum und schließlich zur Großmacht gekennzeichnet, selbst wenn eine kontinuierliche Entwicklung nicht erfolgte und mehrere Schwächeperioden zu verzeichnen sind. Um 1100 faßte Tiglatpilesar I. (1112–1074) den Raum bis Palmyra energisch zusammen. Dann aber zerbrach seit etwa 1050 dieses Reich unter den Wirkungen der aramäischen Wanderung und zerfiel in zahlreiche kleinere Staaten.

Erst im 9. Jh. erhob sich Assur erneut unter einer Reihe tatkräftiger Herrscher zur Großmacht. Assurnasirpal II. (883–858) gewann den nordsyrischen Raum und gründete als neue Hauptstadt Kalach. Sein Nachfolger Salmanassar III. unterwarf im Osten medische Stämme, kämpfte gegen den churritischen Reststaat Urartu im Norden und gelangte im Westen an den Taurus. Mit der Regentschaft der Königin Schammuramat (griech. Semiramis) um 800, die aus dem in dieser Zeit bedeutungslosen Babylon stammte, begann eine Schwächeperiode.

Das Neuassyrische Reich (745–612) wurde von Tiglatpilesar III. (= Pulu, 745–727), dem wohl bedeutendsten assyrischen König, nach einem Militärputsch begründet. Er stellte die Personalunion mit Babylonien 729 her, drängte Urartu zurück und eroberte erneut Syrien. Sein Einfluß reichte bis zu den Sabäern im Jemen, und in seinem Herrschaftsbereich selbst ließ er in noch brutalerer Weise als seine Vorgänger im 9. Jh. Umsiedlungen und Deportationen durchführen. Seine Nachfolger dehnten das Reich weiter aus. Sargon II. (Scharrukin, 722–705) eroberte 722 das Nordreich Israel (Samaria), gelangte 720 bis Raphia, gliederte Cypern an und gründete im übrigen die neue Residenz Dūr-Scharrukin (nordostwärts von Mossul). Sanherib (705–681) zerstörte Babylon 689 völlig – es wurde seit etwa 650 neu errichtet – und baute Ninive zur glanzvollen Hauptstadt aus. Die größte Ausdehnung hatte das Reich unter Assarhaddon (680–669), der um 671 Ägypten eroberte. Daß diese Eroberung nicht gehalten werden konnte und Ägypten schon um 655 wieder selbständig wurde, hing mit den für das Reich von Norden her inzwischen durch den Kimmeriersturm akut gewordenen Gefahren zusammen, die Assyrien sogar in weitschauender Politik zu einem Bündnis mit dem Skythenfürsten Partatua veranlaßten.

Wenn auch der gelehrte Assurbanipal (669–627), der durch seine Tontafelbibliothek in Ninive berühmt wurde, Ägypten nicht halten konnte, so vermochte er doch 639 das jüngere Reich Elam in den Bergen ost- und südostwärts von Südmesopotamien zu vernichten. Allerdings entfiel damit ein Puffer gegen die Meder; diese gingen bald zum Angriff über, verbündeten sich mit dem 626 unabhängig gewordenen Babylon und zerstörten schließlich 614 Assur und 612 Ninive. Letzte Widerstände wurden 609 erstickt. Die Sieger gingen mit erbarmungsloser Härte gegen die durch ihre Brutalität überall verhaßten Assyrer vor. Die völlige Ausrottung der Besiegten ist ein einmaliges Exempel in der Alten Geschichte.

f. Neubabylonier

Nach dem Untergang des Assyrischen Reiches übernahmen nochmals Babylonier die führende Rolle im mesopotamischen Raum, dessen Randgebiete im Osten und Norden nun allerdings den Medern unterstanden. Die Bevölkerung hatte sich jedoch gegenüber dem Altbabylonischen Reich erheblich geändert. Denn im Zuge der neuen semitischen Wanderung war bald nach 1000 der aramäische Stamm der Chaldäer (Kaldu) nach Babylonien gelangt; er hatte sich zwar rasch der überlegenen babylonischen Kultur assimiliert und die babylonische Schriftsprache übernommen, setzte sich jedoch mit der aramäischen Umgangssprache durch. Man nennt die letzte von Mesopotamien ausgehende Machtbildung auch das chaldäische Reich (612–539).

Nachdem Nabupolassar (625–605) die assyrische Oberhoheit abgeschüttelt und an der Vernichtung der assyrischen Macht entscheidend mitgewirkt hatte, wurde das Neubabylonische Reich von Nebukadnezar II. (604–562) auf einen kurzen Höhepunkt geführt. Er war gegen Ägypten erfolgreich (605 Sieg über Necho bei Karkemisch am Euphratknie), zerstörte durch die Eroberung von Jerusalem 586 das bis dahin noch unabhängige Fürstentum Juda (babylonische Gefangenschaft bis 538) und ließ die Hauptstadt Babylon glänzend ausbauen, zumal unter ihm sonst Friede herrschte, der überdies durch das Bündnis mit Medien gesichert schien. Unter seinen Nachfolgern (Nabonid, Belsazar) verlor das Reich jedoch an innerer Festigkeit, und die Priester konnten ihren Einfluß steigern. Entscheidend war schließlich, daß die Meder 550 von den Persern abgelöst wurden. So fand die letzte mesopotamische Großmacht ihr Ende durch die neue Gefahr aus den östlichen Randbergen: 539 nahmen die Perser unter Kyros Babylon und traten das Erbe der altorientalischen Geschichte an.

g. Ausblick auf die Zeit nach 539

Der mesopotamisch-babylonische Raum war 539–331 dem Reich der Perser angegliedert. Zunächst genossen die Bewohner noch verhältnismäßig große Freiheiten, mußten jedoch nach einigen Aufständen (522, 489?) spätestens 478 die Auflösung des bis dahin noch bestehenden Sonderkönigtums von Babylon hinnehmen. Unter Alexander d. Gr. erhielt der Raum sogar wieder zentrale Bedeutung für das neue Weltreich, und unter den Seleukiden (305–141) erlebte er besonders in Uruk (nunmehr Orchoe) eine kulturelle Spätblüte. Sie verlor sich jedoch unter parthischer Herrschaft (141 v. Chr. bis 226 n. Chr.) im Arsakidenreich; die kurzfristige römische Eroberung (115–117 n. Chr.) blieb wirkungslos. Eine neue Phase begann mit der Herrschaft der Neuperser unter den Sassaniden (226 bis um 640). Wie auch schon früher wurde der Raum am mittleren Euphrat (Euphratknie) häufig in die

Auseinandersetzungen zwischen dem Imperium Romanum und der jeweiligen auch Mesopotamien umfassenden Ostmacht hineingezogen. Die Araber eroberten um 640 das Zwischenstromland und gründeten 763 Bagdad.

2. *Aus der Welt des Alten Orients*

a. Bevölkerung und Gesellschaft

Die Geschichte im mesopotamischen Raum bis um 500 v. Chr. ist durch einen häufigen, meist durch Einwanderungen verursachten Wechsel der Bevölkerung gekennzeichnet. Über eine bereits ackerbautreibende, unbekannte Menschengruppe haben sich zunächst die Sumerer geschoben, die später von Ostsemiten unterwandert und beherrscht wurden, bis sie – um 2000 – nochmals führend hervortraten. Von den inzwischen eingewanderten Westsemiten (Amoritern) erhielten die Babylonier und Assyrer ihre ethnische Prägung, und mit den Bergvölkern strömten wiederum neue Elemente ein. Die Aramäer schließlich wurden seit etwa 1000 wichtig für die spätassyrische und vor allem für die spätbabylonische Bevölkerung.

Dieser Wechsel fand auch in den jeweils bestimmenden Sprachen: Sumerisch, Akkadisch, Babylonisch, Aramäisch, seinen Ausdruck; Literatursprachen wurden allerdings nur Sumerisch und Akkadisch. Daß die verschiedenen Eroberer sich rasch der vorhandenen älteren und überlegenen Kultur angepaßt haben, zeigt die Tatsache, daß Sumerisch als Kultsprache bis ins 1. Jt., Akkadisch als Diplomatensprache bis ins 13. Jh., Aramäisch als Umgangssprache seit etwa 1000 und die Keilschrift bis etwa 70 n. Chr. im Gebrauch geblieben ist.

Für das gesellschaftliche Gefüge bildeten die Bauern die Grundlage, wenn auch im späten Assyrerreich die Krieger stärker hervortraten. Die jeweilige Gesamtbevölkerung war – wie im Altertum überhaupt – im allgemeinen in drei Schichten gegliedert: in Freie, Hörige (später, seit Hammurabi, auch „Halbfreie"), Sklaven, ferner in die Gruppe der Fremden. Bei den Freien sind schon früh Arbeitsteilung und Spezialisierung in verschiedene Berufe nachweisbar: Man kennt für das 3. Jt. 70 Berufsbezeichnungen. Nachdem die Sumerer die um einen Tempel als Mittelpunkt erbaute Stadt als Verdichtung des gesamten Lebens entwickelt und organisiert hatten, wechselten die der Oberschicht angehörenden oder in sie eintretenden Träger der politischen Ordnung im wesentlichen unter den folgenden Gruppen: Priester – Stadtfürsten – Priester, Beamte und Kaufleute (Babylon) – Adel und Offiziere (Assyrer). Den Herrschern oblag – in örtlich und zeitlich wechselnder Form – die oberste Aufsicht über die verschiedenen kultischen, rechtlichen und militärischen Phänomene und über den Einsatz für die zivilen Gemeinschaftsaufgaben. Auf solchen besonders im 3. Jt durch geistliche Würde noch gesteigerten Befugnissen basierte die Herrschaft z. B. eines Fürsten, „Königs“ oder „Oberkönigs“. Einseitigkeiten und Auswüchse konnten schon im 3. Jt. zu Sozialreformen führen (Urukagina). Die rechtlichen Grundlagen des Gesellschaftsaufbaus fanden durch Hammurabi ihre wichtigste Kodifizierung. Unter den späten Assyrern wurden Palast und Militär für das Gesamtgefüge symptomatisch.

Sklaven, die als Eigentum ihres Herrn unterschiedliche Minderungen im Status eines freien Menschen zu ertragen hatten, wurden besonders in den Häusern, aber auch in Tempeln verwendet; sie spielten im allgemeinen für die Produktion im Alten Orient keine große Rolle.

b. Wirtschaft

Auch für die ökonomischen Verhältnisse war die Landwirtschaft grundlegend. Sie konnte aber nur dann dauernd leistungsfähig bleiben, wenn es gelang, das künstliche Bewässerungssystem in organisierter Gemeinschaftsarbeit (Kanal- und Deichbauten, Auffangbecken, Schleusen, Hebewerke, ständige Ausbesserungen) auszubauen und in Ordnung zu halten. Für die vielseitigen Erfordernisse der Agrarverwaltung (Landvermessungen, Einkünfte, Ausgaben u. a.) stand während der altorientalischen Geschichte eine differenzierte Bürokratie zur Verfügung, die sich der Keilschrift zu bedienen wußte. In der ältesten uns faßbaren Wirtschaftsform, der sog. „Tempelwirtschaft“, d. h. der im wesentlichen von Priestern gelenkten Bewirtschaftung, galt der Boden als Eigentum der Götter. Unter Aufsicht der Priesterfürsten und besonderer Beamter wurde er von den Bauern bewirtschaftet, die auf dieser Stufe zunächst wohl kein oder nur sehr wenig Eigenland besaßen. Nicht nur in der Form der späteren „Palastwirtschaft“, sondern auch allgemein erstarkte dann die Privatinitiative, und an die Stelle früherer Fronarbeiter traten Tagelöhner. Seit der Kassitenzeit war der Großgrundbesitz typisch, und in der Spätzeit trat der Großkaufmannsstand mit Maklerfirmen und Bankhäusern besonders hervor.

Die Bauern betrieben Ackerbau und Viehzucht. Sie bauten Getreide – besonders Gerste, Emmer, Weizen, Hirse – und Hülsenfrüchte an und gewannen aus den Baumkulturen vor allem Datteln. Man hielt bzw. züchtete Rinder, Esel, Ziegen, Schafe, Schweine, Gänse, Enten, Tauben, Hühner – Pferde erst seit etwa 1500. Den Fischern waren über 50 Fischarten bekannt. Die Jagd – auch die aus der Kunst besonders bekannte, freilich nicht der Ernährung dienende auf Löwen – hatte geringere Bedeutung. Die Erzeugnisse bzw. die Jagdbeute wurden, soweit sie nicht zum Eigenbedarf bestimmt waren, als Naturalabgaben in Speicher oder auf den Markt gebracht.

Das Handwerk fand im Land selbst einen großen Teil der Grundstoffe. Die landwirtschaftlichen Erzeugnisse wurden von Bäckern, Bierbrauern, Metzgern oder Köchen verarbeitet. Der Ton lieferte den Töpfern und Bauhandwerkern billiges und gutes Rohmaterial. Rohr, Schilf und Bast wurden von Korbmachern, Wolle und Leinen vom Bekleidungsgewerbe und von Schneidern, Leder von anderen Handwerkern verarbeitet.

Schon früh gewann auch der Handel eine große Bedeutung, nicht nur als Binnenhandel, sondern auch als Außenhandel, wobei sich eine natürliche Vermittlerrolle zwischen allen Grenzräumen ergab. Die Kaufleute verfrachteten ihre Waren auf Karren (zunächst von Eseln und Ochsen, seit etwa 1500 auch von Pferden gezogen), auf Lasttieren oder auf Schiffen (besonders im Verkehr nach Arabien über die Bahrain-Inseln und nach Indien); mit ihren Karawanen hatten sie oft gefahrvolle und sehr große Strecken auf meist schlechten Routen zu überwinden. Exportartikel waren vor allem: Getreide, Sesamöl, Datteln, Wolle, Kleidung, Handwerkererzeugnisse (u.a. Rollsiegel und Schmuck). Eingeführt wurden besonders die im Land selbst nicht vorhandenen Rohstoffe Stein und Holz; so wurden Zedern aus Nordsyrien über Mari als Umschlagsplatz und von dort als Floßfracht euphratabwärts bezogen, Platanen vom oberen Euphrat, Steine (besonders Granit, Basalt, Diorit, aber auch Halbedelsteine) aus den Bergen, Metalle aus Kleinasien und Cypern, Elfenbein (besonders im 1. Jt.) aus Indien. Schon im 3. Jt. gebrauchten Handwerker die Bronze und schufen mit Hilfe von Steinbohrern, Gußformen und Schmiedetechnik auch wertvolle Kunstwerke. Schon zu Beginn des 3. Jt. bestanden Handelsbeziehungen mit Ägypten, im späteren 3. Jt. auch mit dem Industal. Die Kaufleute brachten in diese Räume zugleich die wahrscheinlich von den Sumerern zuerst realisierte Idee der Schrift.

Die gesamte Wirtschaft basierte auf dem Warentausch. Im 3. Jt. jedoch wurde bereits eine Silberwährung eingeführt, die in Barren oder Ringen geformtes (aber nicht gemünztes) Silber als Wertmaß kannte (1 Sekel = 8 g Silber). Das Gewichtssystem wurde weitgehend vereinheitlicht. Von Zeit zu Zeit wurden auch für bestimmte Erzeugnisse oder Leistungen Mindestpreise festgesetzt, z.B. von Hammurabi. Die Wirtschaft hat manche Schwankungen erfahren; insgesamt war sie hoch entwickelt und sehr differenziert.

c. Recht und Staatlichkeit

Zahlreiche erhaltene, vorwiegend wirtschaftliche Keilschrifttexte und administrative Urkunden zeigen, daß das öffentliche und private Leben in Altmesopotamien überraschend vielseitig durch rechtliche Akte geregelt war. Gesetzgebung, Prozeßwesen, Kauf- und Vertragsabschlüsse, Urkundenformulare waren völlig auf die Praxis des Alltags bezogen. In der Entwicklung des „Keilschriftrechts" hat man verschiedene Stufen unterschieden. Im „alten Recht" erfolgte nach einer wahrscheinlich stark religiös gebundenen Anfangsstufe, in welcher der Stadtgott als Garant erschien und der Ensi als Rechtsquelle galt, eine gewisse Säkularisierung, die bis zu Hammurabi um 1700 führte. Als „mittleres Recht" bezeichnet man die vorwiegend mittelassyrische Praxis der zweiten Hälfte des 2. Jt., während das kompromißlos harte „neue Recht" in die neuassyrische Zeit zu datieren ist. Die Vielfalt des Rechtslebens war nicht nur in einem ausgebildeten Gerichtsverfahren, sondern auch in einzelnen Rechtsbereichen deutlich wie Familienrecht, Ehegüterrecht, Schuldrecht oder Strafrecht. Während im spätsumerischen Strafrecht eine gewisse Milde herrschte, zeigte Hammurabi eine Verhärtung (Vergeltung, ius talionis, „Auge um Auge ..."), die schließlich zur schärfsten Rechtsauffassung im assyrischen Recht führte. Das ausgebildete Urkundenwesen kannte zur Sicherung bereits die sogenannte Mantelurkunde (Hüllentafeln). Richterliche Entscheidungen dürften sich zunächst auf die Tradition, bald wohl aber auch auf gewisse Urteilssammlungen und Rechtsbücher gestützt haben. Seit der spätsumerischen Zeit sind uns schriftliche Fixierungen zumindest des Gewohnheitsrechts faßbar, allerdings nur in Fragmenten wie solchen der Gesetzessammlungen von Isin und Eschnunna. Sie waren nur Vorstufen der berühmten babylonischen Kodifizierung unter Hammurabi. Dieser „Kodex Hammurabi" umfaßte nicht das gesamte Recht, gab aber in 282 Paragraphen allen Schichten der Bevölkerung Sicherheit, Schutz und weitgehende Gleichheit vor dem Gesetz. Seine rechtsgeschichtliche Nachwirkung war groß.

Ein eigentliches Staatsrecht wurde im Alten Orient nicht ausgebildet. Die Stellung des Monarchen an der Spitze eines Stadtstaates oder einer Vereinigung von mehreren Stadtstaaten, aus denen bei weiterer Vergrößerung sogar ein Reich entstehen konnte, galt als etwas Selbstverständliches. Die Königsauffassung jedoch erfuhr im Laufe der Zeit verschiedene Ausprägungen, die als solche z. T. wiederum weit in die Zukunft wiesen. Der frühsumerische Priesterfürst, der als Ensi Stellvertreter eines Gottes war und die „theokratische" Form am stärksten repräsentierte, war zugleich oberster Priester, Richter und Feldherr. Nach einem gewissen Auseinanderfallen von Priestertum und Herrschertum vereinigten die Akkader diese beiden Gewalten wieder und schufen die Vorstellung des Königs als göttlichen Weltherrschers, als „Gott von Akkad" mit universalem Anspruch. Auch die Spätsumerer, die „Könige von Sumer und Akkad", blieben bei dieser Gottkönigsauffassung, mit der sie noch den Brauch der kultischen Hochzeit verbanden. Eine Lösung erfolgte erst unter Hammurabi, der in bewußter „Säkularisierung" an ältere Vorstellungen anknüpfte, die Gedanken des „Völkerhirten" und des „Königs der Gerechtigkeit" betonte und damit die Vorstellung eines sogenannten „Wohlfahrts-" und Rechtsstaates erstmals in der Weltgeschichte zu realisieren versuchte. Für die assyrische Königsauffassung war eine Synthese zwischen der Vorstellung vom König als Vertreter des Stadt- und Staatsgottes (Assur) und des Weltherrschers bestimmend, die allerdings einen gnadenlosen Eroberertyp zeitigte.

Die Herrscher stützten sich auf eine straff zentralisierte Verwaltung mit differenzierter Beamtenschaft. Die ständisch gegliederte Bevölkerung wurde für den Staat nicht nur zu vielseitigen Gemeinschaftsarbeiten – zu den schon genannten wäre hier vor allem auf den Mauer- und Wegebau zu verweisen –, sondern auch mittels einer allgemeinen Wehrpflicht zum Heer- und Kriegsdienst herangezogen. Erst in späterer Zeit war eine Ersatzgestellung möglich; Söldner traten stärker in Erscheinung. Eindeutig änderten sich im Lauf der Zeiten die Kampfweisen (Phalanx im 3. Jt., gelockerte Aufstellung bei den Westsemiten, Kampfwagen bei den Assyrern) und die Bewaffnung.

d. Religion

Man könnte meinen, daß der häufige Wechsel in der politischen Geschichte auch auf die Religion gewirkt hätte. Gewiß lassen sich sumerische, semitische, churritische, hethitische, elamitische Götter voneinander scheiden, vorherrschend blieben aber doch die sumerischen Auffassungen, mit denen sich freilich andere, vor allem semitische, stark verflochten haben. Irgendein stärkerer Bruch im religiösen Leben Altmesopotamiens ist nicht feststellbar. Eine weitgehend tolerante Haltung ermöglichte das Einströmen neuer Vorstellungen und verhinderte eine Erstarrung. Kennzeichnend für das religiöse Leben waren erstens die vielfältigen Gottesvorstellungen, die zwar vereinzelt auf Relikte tiergestaltiger Gottwesen zurückdeuten, in historischer Zeit aber durchaus der Menschengestalt entsprachen und zahlreiche Gruppierungen und Abstufungen ermöglichten, und zweitens die von einer ausgebildeten Priesterschaft bestimmten kultischen Formen.

Die Götter galten im wesentlichen als unnahbar und streng. Seit der sumerischen Zeit hatte jede Stadt einen Hauptgott, z.B. Uruk die Inanna, Nippur den Enlil, Ur die Nanna, Lagasch den Ningirsu, später Babylon den Marduk und Assur den gleichnamigen Stadtgott, der – wie auch entsprechende Vorgänger – bei Vergrößerung des Gebietes zum Reichsgott wurde. Besondere semitische Götter wie Schamasch (Sonne), Adad (Wetter) und Ischtar wurden ähnlichen sumerischen Göttern (Uti, Ischkur, Inanna-Innin) angeglichen. Aus der Masse der Gottheiten – spätere Theologie wußte von 600 Himmels- und 600 Unterweltsgöttern – heben sich zwei Gruppen kosmischen bzw. astralen Charakters heraus, die auf frühe Vorstellungen zurückgingen und an der Spitze der Götter rangierten. Die kosmische Trias bestand aus An (akkadisch Anu) = Himmel, Enlil = Luft, und Erde, Enki (Ea) = Wasser, die astrale aus Utu – Schamasch, Nanna – Sin (Mond) und Inanna – Ischtar (Venus). Große Verehrung genoß der gute „Hirte" Dumuzi – Tammuz, ein alter Vegetationsgott, der mit seiner Geliebten Inanna gewissermaßen die Urform der Heiligen Hochzeit feierte. Eine ansetzende Verinnerlichung der Gottesvorstellung im 2. Jt. (Hammurabi) ist eine Frucht geistiger Entwicklung gewesen. Daß einzelnen Göttern später bestimmte Zahlen und Sterne zugewiesen wurden (Marduk – Jupiter, Ninurtu – Saturn), gehört zu mesopotamischer Eigenart.

Der Kult war eng mit dem Heiligtum des Gottes verbunden, in dem der Tempel mit besonderer Sorgfalt errichtet wurde. Typisch wurden seit den Sumerern die Hochterrassenbauten, die – oft erneuert und erweitert – über die bedeutsame neusumerische Epoche hinweg im Stufentempel (Zikkurat) ihre besondere Ausprägung fanden. Für diesen ist der in neubabylonischer Zeit im Großtempel Esangila erbaute Stufenturm Entemenanki („Turm von Babylon") mit einer ursprünglichen Höhe von 91 m das literarisch bekannteste Beispiel. In diesen Tempeln sah man wohl die irdische Wohnung des Gottes. Sie und die in ihnen aufbewahrten Bilder der Gottheit wurden von den Priestern betreut, von der Allgemeinheit ausgebaut und unterhalten, von einzelnen Gläubigen reich beschenkt. Bei gottesdienstlichen Handlungen, zu den großen Festen und in der Verwaltung des Tempelgutes unterstanden dem Hohenpriester zahlreiche weitere, in insgesamt 30 uns bekannte Ränge geordnete Priester oder Priesterinnen, die streng abgestufte Funktionen und Einkünfte hatten. Opfer und Gebet waren die wichtigsten Äußerungen der privaten Gottesverehrung, für die den einzelnen freie Auswahl zustand, die oft eine Monolatrie, d.h. die Verehrung des einen, auserwählten Gottes, ergab.

Die Zukunftsschau (Mantik) gehörte in mehr oder weniger stark ausgeprägter Form zu allen Religionen des Altertums bzw. der vorchristlichen Zeit. Für sie wurden im altmesopotamischen Raum vor allem die Opferschau (besonders die Leberschau) und die Sternbeobachtung herangezogen. Diese bildeten auch die Grundlage für die spätere etruskische Haruspizin (Lehre der Deuter und Seher) und für die erst im Hellenismus auf das einzelne Individuum ausgedehnte Astrologie, die man als ursprünglich „königliche Kunst" im altmesopotamischen Raum lediglich zu Prognosen für die Allgemeinheit und den König – als sogenannte Mundanastrologie – heranzog.

Außer den eigentlichen Göttern gab es für den Gläubigen noch eine Unzahl von Dämonen, die meist als böse, gelegentlich jedoch auch als gut angesehen wurden und ebenfalls eine gewisse Beachtung zumindest im Gebet, vor allem aber bei Zauberhandlungen, d.h. in der Magie, verlangten.

Die Totenverehrung entstand nicht nur aus der Liebe zu den Verstorbenen, sondern auch aus der Angst vor den Totengeistern, die als böse Dämonen erscheinen konnten. Zum Ritual der Bestattung, die an die Stelle frühgeschichtlicher Verbrennung getreten war, gehörten Klage, Trauermahl und Totenopfer. Nur vorübergehend dürfte die aus Ur I bekannte harte Auffassung, nach der auch das Gefolge mit seinem Herrn sterben mußte, wirklich befolgt worden sein. Die Jenseitsvorstellungen waren pessimistisch, galten doch die Toten als blasse Schatten, die sich drunten nach der Überquerung des Unterweltsflusses vor einem Totengericht verantworten mußten. Daraus erwuchs eine völlig diesseitsbezogene Frömmigkeit, bei der es zwar die Furcht vor dem Tode gab, im übrigen aber Vertrauen und Hoffnung die tragenden Elemente bildeten, aus denen auch auffällig früh ein Sündenbewußtsein entwickelt und in ethischer Ausdeutung das Recht des Nächsten und die durch die Gemeinschaft bedingten Grenzen des Individuums anerkannt wurden.

e. Kunst und Kultur

Wenn aus dem weiten Bereich des kulturellen Schaffens und seiner Überreste zunächst die bildende Kunst gestreift wird, dann auch deshalb, weil sich mit ihr eine gewisse Kontinuität aus dem Prähistorischen heraus aufzeigen und verstehen läßt. Mit den im Land vorhandenen Materialien – vor allem mit dem leicht formbaren Ton und mit Kalk- und Gipsstein (Alabaster) – haben die Menschen schon seit der Besiedlung Mesopotamiens gearbeitet. Aus keramischen Erzeugnissen, seit etwa 3000 meist auf der Töpferscheibe hergestellt, bestand auch später das Alltagsgerät. Beide Rohstoffe bestimmten zudem weitgehend die Entwicklung von Baukunst und Plastik. Insgesamt ist die altmesopotamische Kunst durch einen gewissen Wandel gekennzeichnet, der aus dem mehrfachen Wechsel von Aufstieg, Höhepunkt, Stagnieren und Absinken, d.h. aus der Folge verschiedener Phasen, für uns verständlich wird.

Die stärkste Kontinuität herrschte, soweit wir sehen, auf dem Gebiet der Architektur, vor allem hinsichtlich der großen Bauvorhaben und der Baugedanken im Sinne monumentaler Ausgestaltung. Der Tempelbau mit der Ausgestaltung des Heiligtums zu einer vielgliedrigen Gesamtanlage und der gesonderten Ausführung des Stufentempels (Zikkurat) stand an zentraler Stelle im kulturellen Schaffen, beginnend mit den Sumerern (Uruk, um 2850) und bis hin zu den Neubabyloniern. Für die Paläste entwickelte man seit dem 3. Jt. – erstmals faßbar in Kisch, um 2600 – ein durch die Gruppierung von Höfen, Hallen, Thronsaal, Wohnräumen, anderen Zimmern, Magazinen innerhalb einer Mauer gekennzeichnetes Schema; dieses wurde als Bautradition übernommen und ist vor allem aus den großen Palästen z.B. von Eschnunna (um 2000), Zimrilims von Mari (um 1700), Dūr-Kurigalzu (um 1380), Assur, Kalach, Ninive und Babylon (6. Jh., u.a. „Hängende Gärten“) erkennbar. Auch der Mauer-, Turm- und Torbau stellte den Architekten große Aufgaben. Privatbauten sind im Vergleich mit diesen großen Komplexen völlig unbedeutend gewesen und kaum bekannt.

Die Plastik war für fast alle Bewohner oft bis in die Privatsphäre hinein bedeutungsvoll, angefangen beim Hausrat und bei kleinen Geräten wie Tonaltärchen und sogenannte Räucherständer. Die ältesten Personendarstellungen sind aus Kalkstein geschaffen (sogenannter bärtiger Ensi, „Dame von Warka“); bald verwendete man auch Metall – man denke an den „Sargon“ –, ohne daß darüber der Stein außer Gebrauch gekommen ist, ja die Rundplastik erreichte in der sumerischen Renaissance z.B. mit Gudea-Statuen und dann in der altbabylonischen Zeit (Kopf des sog. Hammurabi) sogar gewisse

Höhepunkte. Die Reliefkunst ist schon früh faßbar: die „Geierstele" Eannatums um 2440 zeigt das für uns älteste historische Bilddokument; bei den Akkadern beliebt (Naramsin-Stein), bei den Babyloniern gepflegt (Gesetzesstele des Hammurabi, in Susa gefunden), erreichte sie in der neuassyrischen Epoche mit großen Kampf- und Jagddarstellungen ihre eindrucksvollsten Leistungen.

Früh schon entwickelte man in Mesopotamien das Kunsthandwerk, besonders die Steinschneidekunst (Glyptik), die z.B. durch Rollsiegel weite Verbreitung fand. Aber auch die Einlegetechnik („Standarte" von Ur), Mosaiklegerei, Gold- und Silberschmiedekunst und schließlich die Elfenbeinschnitzerei blühten. Am wenigsten weiß man von der Malerei, die besonders zur Ausschmückung von Tempeln und Palästen diente, wie z.B. die glasierten Ziegel des Ischtartores aus Babylon zeigen.

Die Schrift wurde für die Verwaltung, das Rechts- und Verkehrsleben grundlegend, war aber auch für alle anderen Bereiche der Kultur und ihre Tradition wichtig. Als Schreibmaterial wurde der zu Täfelchen, Prismen oder Tönnchen geformte weiche Ton benutzt, den man mit einem Rohrgriffel beschrieb und dann an der Luft trocknete oder brannte. Die für Mesopotamien typische Keilschrift ist allmählich aus einer anfänglichen Bildzeichenschrift zu einer Silbenschrift umgeformt worden, der es jedoch nicht an Wortzeichen (Ideogrammen) und Deutezeichen (Determinativen) mangelte. Diese Schrift wurde von den Sumerern seit etwa 3000 – Uruk IVa – entwickelt und ist von den Akkadern und später für zehn weitere vorderasiatische Sprachen übernommen und leicht abgewandelt worden. Keile wurden auch als Zahlzeichen verwendet; das nebeneinander gebrauchte Zehnersystem und das Zwölfer- (bzw. Sexagesimal-) System – es wirkt bei uns noch in der Einteilung von Zeit (Tag, Jahr) und Kreis fort – sowie die verschiedenen Rechnungsarten bis hin zu den Brüchen sind auf diese Weise durchaus befriedigend ausgedrückt worden. Die Keilschrift blieb noch bis in die Seleukidenzeit, in astronomischen Texten bis etwa 70 n. Chr. im Gebrauch. Entziffert wurde sie erst wieder z.T. 1802 durch Grotefend und um 1850 durch Rawlinson u.a. Die Palastbibliothek in Ninive, in der Assurbanipal um 650 auch das ältere literarische Schaffen auf neuen Täfelchen hat niederschreiben lassen, ist für uns zu einer besonders wichtigen Quelle geworden.

Zahlreiche Neufunde haben gezeigt, daß die altmesopotamische Literatur sehr vielseitig und umfangreich gewesen ist. Stand im Anfang auch die mündliche Tradition, besonders bei Gedichten, im Vordergrund, so ist doch seit der sumerischen Renaissance um 2000 das Bemühen feststellbar, das seitherige literarische Schaffen aufzuzeichnen. Ein Höhepunkt der sumerisch-akkadischen Literatur lag sodann in der altbabylonischen Zeit, während die Assyrer ihr fernstanden.

Die altsumerische Dichtung ist uns heute in mehreren mythischen Epen –

z. B. Enki und die Weltordnung, Enlil und Ninlil, Inanna und Enki –, aber auch in 5 Gilgamesch-Versionen faßbar. In der altbabylonischen Zeit wurden diese Epenstoffe ausgestaltet, und so entstanden im semitischen Gilgamesch-Epos und im Weltschöpfungsepos bedeutende Höchstleistungen. Es gab auch ausgesprochene Kultdichtungen und eine höfische Poesie, die man in Tempeln bzw. in Palästen pflegte.

Die altmesopotamische Kultur hat eine beachtliche Menge von Wissen, aber keine Wissenschaft im europäischen Sinne hervorgebracht. Was in großen Verzeichnissen, Kommentaren und Handbüchern niedergeschrieben wurde, basierte auf Empirie und Beobachtung und diente vor allem der Praxis, mag es sich nun um numerisch-akkadische Wörterlisten, um chronologische Hilfsmittel (wie Jahresformeln, Regierungsjahre-, Eponymenverzeichnisse) oder Königslisten, um geographische Übersichten – auch Stadtpläne und eine auf Babylon als Weltmitte bezogene Karte gab es – oder naturkundliche und medizinische Überblicke und Rezepte handeln. Die Himmelsbeobachtungen führten schon bei den Sumerern zur Bezeichnung der wichtigsten Phänomene, doch erst bei den Semiten zur Aufzeichnung von Omina-Texten und damit zu einer frühen Astrologie, deren Ausgestaltung freilich erst in der Achämenidenzeit erfolgte (früheste Horoskope nicht vor dem 4. Jh.). Die mesopotamische Mathematik und Astronomie hat ihren Höhepunkt sogar erst in der Seleukidenzeit erreicht. In das weite Gebiet der „Geheimwissenschaften" gehörte außer der Astrologie die gesamte Vorzeichenlehre – mit uns kaum mehr verständlichen Formen wie Libanomantie = Weihrauchswahrsagung, Lekanomantie = Schüsselprognostik, Leberschau –, die Tagewählerei (Hemerologie) und die umfangreiche Magie, d.h. die Beschwörungslehre.

Was in Altmesopotamien im Verlauf einer wechselvollen Geschichte und in einer insgesamt doch bemerkenswerten Kontinuität geschaffen worden ist, gehört zu den für uns ältesten Zeugnissen der Hochkultur. Die zahlreichen und vielseitigen Einflüsse auf Nachbarn und die Ausstrahlungen in die Zukunft hinein, die von diesen auf vielen Gebieten grundlegenden menschlichen Leistungen ausgegangen sind, können kaum überschätzt werden.

B. Ägypten

Wie in Vorderasien bot auch in Nordostafrika eine potamische Senke, das nur 5–20 km breite und erst im Delta sich weit öffnende Niltal, den Raum für das Entstehen einer Hochkultur und den Ablauf der Geschichte. Das eigentliche Ägypten umfaßt diese – noch durch das Faijûm vergrößerte – Flußoase, die sich zwischen dem ersten Katarakt bei Syene (Assuan) und der Küste in einer Länge von etwa 800 km und mit einer Fläche von etwa 30 000 km² (= ca. Belgien) erstreckt. Im Westen und Osten wird das Gebiet von Wüsten eingeengt, im Osten überdies durch das ägyptische Küstengebirge vom Roten Meer getrennt. Lediglich vom Delta aus, dessen Küstenlinie gegenüber dem Altertum heute vorgeschoben ist, bestehen natürliche Übergänge nach Libyen und vor allem über die Landenge von Suez nach der Sinaihalbinsel und nach Syrien.

Die jährliche Nilschwelle bestimmte den Lebensrhythmus für Natur und Bewohner. Von dem äußerst fruchtbaren Boden, der durch die Schlammablagerungen stets neue Düngung erfuhr, ging der Zwang zu Gemeinschaftsarbeiten aus; denn er mußte von Menschenhand gerodet, bearbeitet, oft neu vermessen und vor allem rationell bewässert werden, wozu man Deiche, Kanäle, Wasserhebevorrichtungen allmählich entwickelte und laufend zu unterhalten hatte. Typisch wurde die Dorfsiedlung auf natürlichen Erhebungen im Niltal oder am Rand des Fruchtlandes, während Städte – im Gegensatz z. B. zu Mesopotamien – auch später infolge der geographischen Bedingungen und wohl auch der spezifischen Organisationsformen der landwirtschaftlichen Nutzung sehr selten waren. So darf man Ägypten – und auch seine Kultur – mit Herodot (um 440 v. Chr.) als ein „Geschenk des Flusses" bezeichnen.

1. Geschichte im Nilraum

Übersicht (Zahlen vor 664 mit „etwa"):

Frühzeit	1.– 2. Dyn.	2950–2635
Altes Reich (AR)	3.– 8. Dyn.	2635–2135
Pyramidenzeit	3.– 6. Dyn.	2635–2290
Erste Zwischenzeit	9.–10. Dyn.	2140–2040
Mittleres Reich (MR)	11.–13. Dyn.	2040–1715
Zweite Zwischenzeit	13.–16. Dyn.	1715–1550
Hyksos	15.–16. Dyn.	1650–1540
Neues Reich (NR)	17.–20. Dyn.	1550–1080
Blütezeit	18. Dyn.	1554–1305
Ramessiden	19.–20. Dyn.	1305–1080
Fremdherren (Dritte Zwischenzeit)		1080– 656
Spätzeit (Dyn. von Saïs)	26. Dyn.	664– 525
Perser (Achämeniden)	(27. Dyn.)	525– 332
Alexander d. Gr. und Ptolemäer		332– 30 v. Chr.
Rom und Ostrom (seit 395)		30 v. Chr.–641 n. Chr.
Araber		seit 641

Die Grundzüge der ägyptischen Geschichte sind weitgehend aus der geographischen Lage und der Isolierung des Raumes verständlich. Die politische Vereinigung des langgestreckten Landes war das markante Problem und stellte in der jeweiligen Realisierung eine beachtliche politische Leistung dar. Obwohl das Dorf seine für alle Gemeinschaftsarbeiten wichtige Rolle nie verloren hat, erfolgten größere Zusammenfassungen nicht nur der einzelnen Landesteile – später zählte man 22 Gaue in Ober- und 20 in Unterägypten –, sondern auch der beiden großen Landeshälften, deren Grenze an der Südspitze des Deltas lag. Das „Vereinigen der beiden Länder" im Wechsel mit Phasen schwindender Zentralgewalt und territorialen Auseinanderbrechens kennzeichnen den Rhythmus der – modernen – Einteilung in die verschiedenen „Reiche" und Zwischenzeiten.

Gegenüber diesem staatlichen Problem waren außenpolitische Fragen von geringerer Bedeutung. Als natürliche Interessensphären bzw. Vorfelder boten sich an: nach Süden das obere Niltal, nach Nordosten die syrische Küste. Das Ausgreifen in den ostmediterranen Raum, besonders im NR, führte zu internationalen Verflechtungen und Verwicklungen, während im westlichen Delta alles auf Abwehr eingestellt blieb. Angriffe auf den ägyptischen Raum haben jedoch nur um 1700, um 1000 und 525 schwerwiegende Folgen gezeitigt.

a. Anfänge und Altes Reich (3. Jahrtausend)

Steinzeitliche, besonders jungpaläolithische Funde erweisen, daß zwischen dem Nordosten und dem Nordwesten Afrikas enge Verbindungen bestanden haben. Erst als um 5000 die fortschreitende Austrocknung der heutigen Wüste das Niltal vom Westen abtrennte, stiegen die Menschen auch in die versumpfte und von Überschwemmungen bedrohte Talniederung hinab: Am Delta ist in Merimde eine bereits ackerbautreibende neolithische Bevölkerung nachgewiesen. Nach 4000 setzte die Stein-Kupfer-Zeit (Badari-Kultur) und im 4. Jt. die Kupferzeit ein, Negade-Kultur, benannt nach einem Fundplatz nördlich von Theben-Luxor. In der Negade-I-Zeit lebten in Oberägypten noch vorwiegend Jäger, Hirten und Nomaden; in der anschließenden Stufe spätestens entstand die für die historische Zeit typische Mischbevölkerung. Es folgte eine Übergangszeit, in der wohl fast alle Bewohner seßhaft wurden und zum Ackerbau übergingen. Dann trat unvermittelt die Hochkultur am Nil in Erscheinung mit ihren voll ausgebildeten und zugleich für Ägypten typischen Kennzeichen: Königtum, Verwaltung, Schrift, Religion, Kunst, so daß für uns um 2950 die geschichtliche Zeit beginnt.

Schon in der Frühzeit (1. und 2. Dynastie – die Bezeichnung erfolgte im Anschluß an den griechisch schreibenden Priester Manetho, um 280 v. Chr.) wurden Ober- und Unterägypten vereinigt und Memphis – 20 km südlich von Kairo gelegen – zur Hauptstadt gemacht; aus Denkmälern bekannt sind zunächst ein König „Skorpion" und dann die Könige Narmer („Wels") und Hor Aha („Kämpfer"), die vielleicht später in der sagenhaften Gründergestalt des Menes (um 2950) zusammengezogen erscheinen. Die Herrscher trugen von jetzt an die Doppelkrone von Ober- und Unterägypten. Den Mittelpunkt der schnell zentralisierten Verwaltung verlagerte man mehrmals, die 2. Dynastie z.B. residierte in Thinis in Mittelägypten. Die Macht des geeinigten Reiches, die organisierte und zugleich als religiöses Werk begriffene Gemeinschaftsleistung unzähliger Namenloser und die Jenseitsvorstellungen des absoluten und als Inkarnation des Gottes Horus verehrten Pharao werden uns heute noch eindrücklich sichtbar in den Pyramiden. Sie wurden von der 3. Dynastie bei Sakkâra (Djoser), von der 4. Dynastie (etwa 2570–2450) bei Medûm oder Dahschûr (Snofru) und Gîseh (Cheops, Chephren, Mykerinos), von der 5. Dynastie bei Abusîr, von der 6. Dynastie wieder bei Sakkâra erbaut.

Das Alte Reich umfaßte den Nilraum bis zum ersten Katarakt, griff jedoch auch schon nach Unternubien (Kusch) über und besaß die Sinaihalbinsel, wo man die für die Kupfergewinnung wichtigen Malachitgruben ausbeutete und Türkise fand. Rege Beziehungen zur syrischen Küste (Byblos) und in den mesopotamischen Raum, nach Kreta und nilaufwärts nach Innerafrika erweisen, daß Ägypten im 3. Jt. keineswegs isoliert war. Seit der 5. Dynastie ging jedoch die Zentralgewalt zurück, und es bahnte sich eine Entwicklung an, die zur Erblichkeit in der Leitung oberägyptischer Gaue und überhaupt zu vermehrtem Privatbesitz, auch an Boden, führte. Schließlich sprengten die Gaufürsten die Einheit, und es folgte die das AR abschließende Wirrenperiode.

b. Das Mittlere Reich (2040–1715) und die Hyksos

Die politische Einheit wurde von Theben (heute u.a. Karnak, Luxor in Oberägypten) aus wiederhergestellt durch die 11. Dynastie und vor allem den tatkräftigen Mentuhotep I.; als zweiter Reichsgründer brachte er das Land zwischen Nil und Rotem Meer (Goldvorkommen!) in seine Gewalt und ließ in seinen Reliefs wohl auch den Anspruch auf eine gewisse, allerdings nicht expansiv gedachte „Weltherrschaft“ anklingen. Die Verwaltungszentrale wurde wieder nach Memphis und später etwas nilaufwärts nach Lischt verlegt. Die Pharaonen der dann folgenden 12. Dynastie (1991–1785: die ersten durch ein Sothisdatum [1871] absolut gesicherten Daten der Weltgeschichte) festigten das MR, schalteten die Gaufürsten völlig aus und führten Ägypten in seine zweite große Blütezeit. Kämpfe gegen Libyer im Westen und Nubier im Süden, die schon Amenemhât I. und Sesostris I. zu führen hatten, brachten unter dem bedeutenden Sesostris III. (1878–1842) eine Ausweitung des Reiches bis zum zweiten Katarakt in Unternubien und einen Feldzug bis nach Palästina, wo u.a. Sichem belagert wurde; größere Kriege aber wurden nicht geführt. Der Ruhe im Innern entsprachen ein kultureller Aufstieg und lebhafte, weite Handelsbeziehungen. Der Pharao galt nun als Sohn des Sonnengottes Re, aber nicht mehr als Gott auf Erden, sondern als Mensch, der sich allerdings durch ganz besondere Leistungen zu bewähren hatte. Die Anlage des Moeris-Sees als Stauanlage für das Nilwasser erschloß das Faijûm der Landwirtschaft und mehrte den Wohlstand des Landes, dem sich Amenemhât III. um 1800 besonders widmete. Nach 1790 setzten innere Wirren ein und leiteten allmählich in die zweite Zwischenperiode über, in der die Reichseinheit wieder zerfiel und die Macht zunächst an „Wesire" überging.

In dieser Zeit, in Auswirkungen aber auch für die Zukunft, wurden bedeutsam die Hyksos („Herrscher der Fremdländer"), die nach 1700 aus dem syrischen Raum einfielen: ein Völkergemisch mit indogermanischen Elementen, das unter churritischem Druck in Bewegung gekommen war. Sie brachten nicht nur Pferd, Streitwagen und Bogen als neue Kampfinstrumente nach Ägypten, sondern auch eine weitgehend kriegerische Lebenshaltung. Als ungern gesehene Gäste regierten sie im Delta von ihrer Hauptstadt Auaris – später Tanis – aus (sog. große und kleine Hyksos, u.a. Chian, um 1600), während im übrigen Ägypten jetzt wieder Gaufürsten erstarkten. Und doch wurde durch diese Hyksos eine engere Verbindung mit dem vorderasiatischen Raum als Möglichkeit einer künftigen Politik vorgezeichnet.

c. Das Neue Reich und der Zerfall

Übersicht:

17. Dynastie	1650–1551
18. Dynastie	1551–1305
Thutmosis III.	(1490) 1468–1436, größte Ausdehnung des NR
Amarna-Periode	(Amenophis IV. Echnaton 1365–1347)
19. Dynastie	1305–1196
Sethos I.	1303–1290
Ramses II.	1290–1224; 1270 Vertrag mit den Hethitern
Merenptah	1219 Kämpfe gegen Libyer und „Seevölker"
20. Dynastie	1196–1080
Ramses III.	1193–1162
	Erneute Kämpfe gegen Seevölker und Philister
	Rückgang der Zentralgewalt, Emporkommen der Priester
21. Dynastie	1080–946: Stadtfürsten von Tanis (Delta)
22. Dynastie	946–745: Fremdherrschaft der Libyer
23./24. Dynastie	792–712: Libyer im Delta, Äthiopien in Oberägypten
25. Dynastie	745–655: Äthiopen (Kuschiten)
671–663/650	Ägypten unter assyrischer Herrschaft

Eine neue Epoche setzte ein, als die Reichseinigung wiederum von Theben aus gelang als das Werk des Ahmose (Amosis I., 1554–1529) aus der

17. Dynastie. Im Neuen Reich (bis 1080) erlebte Altägypten die letzte seiner drei großen Blütezeiten. Von dem nach Süden sogar noch erweiterten Reichsgebiet aus wurde Ägypten nun in den syrischen Raum hinein expansiv und errang bald eine Art Vormachtstellung unter den Mächten des damaligen Vorderen Orients. Dies war im wesentlichen das Werk der Pharaonen der 18. Dynastie. Schon Ahmose, dann Thutmosis I. um 1500, vor allem aber der als Staatsmann und Feldherr bedeutende Thutmosis III. (1490–1436) gliederten Obernubien (Kusch als Vizekönigtum) an und drangen bis zum vierten Katarakt bei Napata vor, der bis etwa 1100 die Südgrenze des Reiches bildete. 1468 besiegte Thutmosis III. bei Megiddo südwestlich des späteren Nazareth mit Hilfe der von den Hyksos übernommenen neuen Kampfmittel eine unter den Churri aus dem Mitanni-Reich stehende Koalition, gewann den wichtigen syrischen Küstenstreifen und drang vorübergehend sogar bis Karkemisch am Euphratknie vor. Die Beziehungen nach Mesopotamien wurden diplomatisch intensiviert – Amenophis (Amenhotep) III. („Amon ist gnädig", 1403–1365) hatte z. B. als Nebenfrauen Prinzessinnen der Kassiten, Mitanni und Arzawa –, und das babylonische Akkadisch wurde die in Keilschrift fixierte Diplomatensprache der damaligen Welt, wie nicht nur das Amarna-Archiv, sondern auch entsprechende Funde u. a. im Hethiterreich erwiesen haben. Die neue Großmachtstellung belebte den Handel außerordentlich, und nicht nur die großen Tempelruinen auch der späteren Zeit, vor allem in Karnak und Luxor, künden von der Kultur, die um 1400 einen Höhepunkt erreichte.

Ein Rückgang der äußeren Stellung erfolgte unter Amenophis IV. um 1350, mit dessen Reformversuchen eine innere Krise des NR verbunden war. Persönlich tiefreligiös veranlagt, suchte er den überkommenen Polytheismus durch einen Monotheismus zu ersetzen, bei dem nur die Sonne (Aton, Aten) als einziger Gott gelten sollte. Er nannte sich Echnaton (neuere Vokalisierung: Achenaten, „Dem Aton wohlgefällig") und verlegte die Residenz von Theben nach Amarna, ohne jedoch die beabsichtigte geistige Umwälzung mit seinem pharaonischen Machtgebot durchsetzen zu können. Seine Nachfolger, beginnend mit Tutanchamun (1347–1337), der durch sein im Tal der Könige westlich von Theben gut erhaltenes Grab unverdient berühmt geworden ist, kassierten alle Reformen und leiteten wieder zum traditionellen Polytheismus über.

Die Großmachtstellung Ägyptens wurde jedoch von den Herrschern der 19. Dynastie seit 1300 bald wiederhergestellt und gefestigt. In Vorderasien waren dabei die Auseinandersetzungen mit den Hethitern, die inzwischen nach Nordsyrien vorgedrungen waren, vorrangig. Schon Sethos I. erreichte erneut den Orontes, aber Ramses II. konnte von dort aus, wie die Schlacht bei Kadesch 1285 erwies, nicht weiter vordringen und mußte sich im Vertrag von 1270 – dem ältesten bekannten Staatsvertrag der Geschichte – mit dem Hethiterkönig Hattusilis III. auf einen Vergleich einlassen, bei dem Nordsyrien den Hethitern verblieb. Anschließend stellten die Pharaonen ihre expansive Politik in Syrien ein.

Für die weitere Geschichte waren die Ausstrahlungen der zweiten indoeuropäischen Wanderung und anderer Völkerbewegungen im 13. Jh. nicht ohne Bedeutung. Merenptah mußte 1219 die von Westen im Deltaraum andrängenden Libyer abwehren, bei denen bereits „Seevölker" auftraten, die später auch Ramses III. zu bekämpfen hatte, z.T. im westlichen Deltaraum (1180, 1174), z.T. im Nordosten, wo sie zusammen mit den Philistern angriffen (1177). Wenn auch das Land Ägypten verschont blieb, so ging doch der syrisch-palästinensische Raum einschließlich der Sinaihalbinsel verloren.

Um 1100 ging auch die Zentralgewalt spürbar zurück, und lokaler Partikularismus, jetzt vorwiegend von den Priestern und nicht mehr von den Gaufürsten getragen, brachte zumindest für einige Landesteile den Übergang von der absoluten Monarchie zu einer Art von absoluter Theokratie. Um 1000 waren Tanis in Unterägypten und Theben in Oberägypten Residenzstädte von Teilreichen: Fremdherrscher und Priester bestimmten den Gang der Ereignisse, bis um 750 auch Oberägypten an äthiopische Herrscher verlorenging. Damals erst setzte eine gewisse Erstarrung und eine bald im „Archaismus" sich erschöpfende Geisteshaltung ein. Als der Assyrerkönig Assarhaddon 671 das Land eroberte, schien eine fremde Großmacht der Selbständigkeit Ägyptens ein Ende gesetzt zu haben.

d. *Die Spätzeit*

Und doch war diese Fremdherrschaft nur vorübergehend, zumal die Assyrer sich alsbald in Mesopotamien anderer Gefahren aus dem Norden zu erwehren hatten. Entscheidend wurde, daß die Fürsten von Saïs im Delta den Widerstand organisierten, die Assyrer 664/63 vertrieben und um 650 die völlige Unabhängigkeit erlangen konnten. Psammetich I. (663–610) gelang es, das Niltal nach Ausschaltung der Priesterherrschaft von Theben wieder zu einigen. So erfolgte in der 26. Dynastie (663–525) ein letztes Aufblühen Ägyptens in der sogenannten Spätzeit. Alte Verbindungen in den Ägäisraum konnten mit Hilfe der damals gegründeten griechischen Faktorei Naukratis im Delta wieder aufgegriffen und intensiviert werden. Die auswärtige Politik wies erneut den Weg nach Palästina und Syrien, das jedoch nach der Schlacht bei Karkemisch gegen Nebukadnezar 605 wieder verloren ging. Psammetich II. stieß um 590 nach Nubien vor, wo noch heute Graffiti am Tempel von Abu Simbel von der Anwesenheit griechischer und phönikischer Söldner künden. 525 aber verlor Psammetich III. mit der Schlacht bei Pelusion das Reich an den Perserkönig Kambyses II., der bei diesem Unternehmen von Phönikern und von Polykrates von Samos unterstützt wurde. Ägypten hatte damit seine politische Selbständigkeit verloren; es gewann sie in Altertum, Mittelalter und Neuzeit nur episodenhaft und erst seit 1953 wirklich wieder.

e. Ausblick auf die Zeit nach 525

Da die Perserkönige die Nachfolge der Pharaonen unter Übernahme von Titulatur und Insignien angetreten hatten, wurden sie als 27. Dynastie gezählt. Allerdings mußten sie ihre Herrschaft zumindest zeitweise (404–343) einheimischen Herrschern überlassen (28.–30. Dynastie). Die Achämeniden übernahmen die im Nilraum durch Jahrtausende erprobte Verwaltung und gewährten den Einwohnern volle Kultfreiheit. Es folgte die Herrschaft Alexanders d. Gr. (332–323) und dann die der Diadochen. Der Feldherr Ptolemaios übernahm schon unmittelbar nach dem Tod Alexanders Ägypten, und unter den Ptolemäern erlebte das Land einen neuen Aufschwung sowie die Ausgestaltung der hellenistischen Kultur, zu der die neuen Herren am Nil ganz erhebliche Leistungen beisteuerten. Um 200 erstarkten die einheimischen Elemente merklich, so daß man von einer gewissen „Reägyptisierung" sprechen kann. Auch unter der römischen Herrschaft seit 30 v. Chr. und anschließend im oströmischen Reich bediente man sich weitgehend der überkommenen ägyptisch-hellenistischen Verwaltung und der seit Alexander eingeführten griechischen Amtssprache. Im Geistigen war die Entwicklung in Ägypten von der im übrigen Imperium Romanum verschieden, soviel Gemeinsames sie mit ihr auch hatte. Erst mit dem Arabersturm um 640 begann für Ägypten eine neue Epoche.

2. Aus der Welt am Nil

a. Bevölkerung, Gesellschaft, Wirtschaft

Die Bevölkerung Ägyptens stellte anthropologisch eine Mischung aus nordostafrikanischen Äthiopiden und orientalischen Varianten der Mediterraniden dar. In das breite, seit dem AR vorhandene Substrat wurden öfter Einwanderer aus Vorderasien und Arabien aufgenommen, z.B. die Hyksos oder aramäische Gruppen. Dem entspricht der linguistische Befund, der die ägyptische Sprache als hamitisch mit starken semitischen Einschlägen ausweist. Von einer gewissen Überfremdung wird man erst nach dem NR sprechen dürfen, als mit Libyern und Nubiern einerseits und fremden Söldnern andererseits neue Menschen einströmten.

Für den gesellschaftlichen Aufbau ist das Bild einer Pyramide am klarsten: Über den Bauern standen die „Beamten" und Priester, an der Spitze der Pharao. Die breite bäuerliche Schicht war vielfach gebunden und abhängig, zumal Grund und Boden schon im AR als Staatseigentum galten. Über die lokalen Gemeinschaftsarbeiten hinaus war die Bevölkerung vor allem in der Überschwemmungszeit zu weiteren Diensten verpflichtet. Sache der „Beamten", unter denen die Schreiber Schlüsselstellungen innehatten, war die Verwaltung, die früh schon sehr differenziert war und zu gewissen Zeiten – besonders im NR – von einer Gruppe getragen wurde, die man als „Lehnsadel" bezeichnen kann. Neben den Beamten standen die Priester, unter denen es wie in Mesopotamien zahlreiche Abstufungen gab. Machtkämpfe zwischen diesen beiden Führungsgremien waren stets möglich, vor allem in Zeiten, in denen die königliche Zentralgewalt zurückging. Vermehrter Privatbesitz und von ihm oder von der Krone ausgehende Abhängigkeiten (man könnte hier von Feudalismus sprechen) konnten, wie etwa seit der 5. Dynastie, Aufstände und soziale Umwälzungen auslösen. In die überkommene Gesellschaftsordnung trat im NR als neues Element das stehende Heer ein. Sklaven hat es im 3. Jt. vermutlich noch nicht, bestimmt aber seit dem MR gegeben; eine besondere wirtschaftliche Bedeutung haben sie aber nie erlangt.

Handwerker aller Art sind in ähnlicher Vielzahl wie in Mesopotamien seit dem AR besonders durch die Überreste ihrer Erzeugnisse bekannt. Viele Rohstoffe, vor allem Holz, aber auch Gold, mußten von außerhalb herbeigeschafft werden. Schon früh ergaben sich auf Land- und Seewegen weite Handelsbeziehungen bis nach Syrien und Mesopotamien, Kreta oder an die Somaliküste (Land Punt). Verständlicherweise lassen sich auf diesem Gebiet starke, z.T. durch die politische Geschichte erklärbare Schwankungen und ein gewisser Höhepunkt unter der 18. Dynastie feststellen. Tausch und Naturalwirtschaft herrschten vor – im AR wurden z.B. die Würdenträger meist mit Land belohnt –, und erst später kamen gewisse Vorstufen der Geldwirtschaft auf, wie Wertangaben in Silberparität belegen.

b. Recht und Staatlichkeit

Die straffe Landesverwaltung stützte sich auf ein Rechtswesen, das völlig im Religiösen verankert war. Der König war „Herr der Maat" (Weltordnung), d.h. Garant der Gerechtigkeit. Wenn auch eine Gesetzessammlung erst sehr spät (unter Dareios I.) erfolgt ist, so sind doch gewisse grundlegende Erscheinungen und ihre Entwicklung in den einzelnen Epochen zu erkennen. Für das Gerichtswesen waren schon im AR örtliche Gerichtshöfe zuständig, die von den Notabeln (Beamten und Priestern) besetzt waren und über denen als oberste Instanz der „Große Gerichtshof" unter dem „Wesir" stand; in Sonderfällen wurden königliche Sondergerichte eingesetzt. So war die Rechtssicherheit in ruhigen Zeiten gewährleistet, was durch Klagen über ihren Verlust bereits in der ersten Zwischenzeit deutlich wird. Das gesellschaftliche Gefüge brachte es mit sich, daß es Personen mit geminderter Rechtsfähigkeit gab. Im übrigen gewähren erhaltene Urkunden in einzelne

Bereiche wie Personenrecht, Sachenrecht oder Prozeß- und Geschäftswesen tiefe Einblicke und zeigen die Entwicklung bestimmter Urkundentypen und Klauseln.

Auch im Staatswesen gab es in der Geschichte Ägyptens Schwankungen und Änderungen, die z. T. mit der alle Epochen durchziehenden Spannung zwischen Teilgewalten und Zentralgewalt zusammenhingen. Doch wissen wir sehr viel weniger über die „Staatlichkeit“ als über die Stellung der Könige und der Verwaltung. Der Pharao (= „großes Haus“) war schon im AR absoluter Erbmonarch mit patriarchalischer Note und zugleich als irdischer Repräsentant des Gottes Horus, später als Sohn des Sonnengottes „großer Gott“, wobei sich diese Grundauffassungen im Lauf der Geschichte änderten und umformten. So galt im MR der Pharao als Mensch, der allerdings durch göttliche Erwählung zu seinem Amt legitimiert war, während im NR die Vergöttlichung der lebenden Pharaonen überwog. In wirren Zeiten kamen Zweifel an diesem Königtum auf, die durch eine Verweltlichung der Pharaonen veranlaßt sein konnten oder zu ihr und zu einem Schwinden der Zentralgewalt hinführten.

Die Verwaltungsorganisation erfuhr seit dem AR keine wesentlichen Änderungen. An der Spitze der Zentralverwaltung stand der Wesir; ihr unterstanden die einzelnen Gauverwaltungen, diesen die Lokalverwaltungen. Getragen wurde die Organisation von Beamten, die in erster Linie Schreiber sein mußten und im AR durch persönliche Heranbildung von Nachfolgern, später aus Schreiberschulen ergänzt wurden. Die administrativen Aufgaben umfaßten vor allem Landesvermessung, Einnahmen, Heerwesen und Rechtsprechung. Schon früh hatten auch die Priester infolge der beherrschenden Bedeutung von Religion und Kultus eine große Macht. Diese wurde von starken Zentralherrschern niedergehalten, lebte aber in Schwächeperioden ebenso wie die der Gaufürsten rasch auf und gewann auch im NR größeren Einfluß. Daraus ergaben sich Ansatzpunkte für theokratische Herrschaftsformen und Selbständigkeitsbestrebungen, die zu Aufsplitterung und Sonderentwicklungen, wie in der Übergangszeit seit dem 10. Jh., führen konnten. Die eigentliche Verwaltung war jedoch den Bedürfnissen des Landes und seiner Bevölkerung allmählich so vorzüglich angepaßt, daß sie später von Persern und Makedonen übernommen und auch von den Römern nicht wesentlich verändert worden ist.

c. Religion

Man kann die ägyptische Religion insgesamt als eine Verschmelzung von Gottesbegriffen und Glaubensvorstellungen verschiedener Bevölkerungsgruppen mit zeitlich und örtlich schwankenden Schwerpunkten und dem Kennzeichen einer allgemeinen Toleranz definieren. In prädynastische Zeit und auf eine möglicherweise totemistische Stufe zurück führen tiergestaltige

Götter, man denke nur an den Falkengott (später Horus), den Krokodilgott (Sobek) oder etwa den Apisstier; aus ihnen lassen sich auch zwanglos die späteren tiermenschengestaltigen Darstellungen von Göttern verstehen wie etwa der schakalköpfige Anubis oder der Wüstengott Seth mit dem Kopf eines Fabelwesens (Wildesel?), der Widdergott Amon, die Geiergöttin Mut, der ibisköpfige Schreibergott Thoth.

Vielleicht zunächst von semitischen Bevölkerungsteilen stärker betont, bald aber allgemein angenommen, hob sich eine Gruppe kosmischer Gottheiten heraus, die wiederum mit anderen Vorstellungen verschmolzen: Himmel (Kuh, dann Nut), Erde (Geb), Luft (Schu), Sonne (Horus – Re – Atum, später Amun), Mond (Chons), Urgewässer und Überschwemmung. Neben solchen allgemeinen Gottheiten gab es zahlreiche Gau- und Lokalgötter, wie etwa den Fruchtbarkeitsgott Amun von Theben. Als Schöpfergötter wurden besonders verehrt Atum in Heliopolis und Ptah in Memphis. Allgemeine und theologische Spekulationen führten in einem mythisch gesehenen Weltbild zu Genealogien der Götter, von denen hier nur die des berühmtesten Vegetationsgottes Osiris (Sohn des Geb und der Nut) angedeutet sei: Er wurde von seinem Bruder Seth getötet, von seiner Schwester und Gattin Isis betrauert und von seinem nachgeborenen Sohn Horus gerächt. Seit dem NR und besonders in dem fehlgeschlagenen Versuch eines solaren Monotheismus, den der „Ketzerkönig" Echnaton durchsetzen wollte, ist eine Ethisierung des Gottesbegriffs und zugleich eine Vergeistigung der Gottesvorstellung zu erkennen. – Für die Götter des umfangreichen ägyptischen Pantheons sorgten die Priester, die nicht nur die Bilder in den Tempeln zu bedienen, sondern auch die rituellen und kultischen Handlungen auszuführen hatten, zu denen Gebet und Opfer gehörten. Als besondere Kultstätten sind zu nennen im AR Heliopolis, Memphis und Abydos sowie seit dem MR Theben, das später als Stadt von den Assyrern für immer zerstört worden ist.

Die Volksfrömmigkeit ist nur dann zu verstehen, wenn man das unterschwellige Weiterleben von bereits prähistorischen, naturbezogenen magischen Vorstellungen annimmt und berücksichtigt. Daraus ergaben sich nicht nur die starken Hinwendungen zu persönlicher Frömmigkeit etwa nach der schweren Erschütterung der seitherigen Königsauffassung in der ersten Zwischenzeit, sondern auch die seit etwa 1000 erheblich stärker hervortretende Neigung zum Orakelwesen, vor allem aber zum Tierkult und zur Magie. Gerade die beiden letztgenannten Erscheinungen sind sogar in der „archaisierenden" Spätzeit vorherrschend (Apisstiere als Mumien im Serapeum von Memphis, Amulette) und haben die uns z.B. bei Herodot vorliegende Tradition bestimmt, die in keiner Weise ein Gesamtbild der ägyptischen Religionsgeschichte vermittelt. Besonders stark – und durchaus nicht mit der Wirkung solcher Hoffnungslosigkeit wie in Mesopotamien – waren die Jenseitsvorstellungen ausgeprägt. Die Toten wurden einbalsamiert (Mum =

Harz), und die Gräber erhielten Beigaben für das Weiterleben der Seele (Ba) und des Ka, der als „Lebenskraft" etwa der römischen Geniusvorstellung vergleichbar ist. Man glaubte, daß ein Totengericht (vor Re und später vor dem Totengott Osiris) über das Fortleben entschied, mochte man sich dieses nun im Jarufeld oder in der im Westen liegenden Totenwelt unter Anubis bzw. Osiris als auferstandenem Gott vorstellen. Aus solchen Anschauungen ergaben sich für die Hinterbliebenen gewisse Gebetsauflagen, die seit dem NR auch auf die Priester übertragen werden konnten und deren Einfluß steigerten.

d. Kunst und Kultur

Die Erfindung der Hieroglyphenschrift nach 3000, in der Idee möglicherweise durch die Keilschrift angeregt, in der Ausprägung jedoch eine völlig eigene Leistung der Ägypter, ist symptomatisch für die allgemeine geistige Lage. Sie erweist mit der Erfassung von Raum und Zeit als Beischrift zu bestimmten bildlichen Darstellungen auch den Schritt zu eigentlich geschichtlichem Denken und darf in der Einzelformgebung ebenso wie in der Komposition zugleich als eine hervorragende künstlerische Leistung angesprochen werden. Das Schriftsystem wurde für den monumentalen Gebrauch auf Stein geschaffen: Die Griechen nannten später die über 600 Bildzeichen (Wort-, Laut-, [24] Konsonanten-, Deutzeichen, aber keine Vokale) „Hieroglyphen" = heilige Einmeißelungen. Für die Beschriftung von Papyrus entwickelte man im AR verkürzte Zeichenformen, das Hieratische (= „Heilige Schrift"), und bildete später – um 750 – eine Kursivschrift, die wir mit den Griechen „demotisch" (Volksschrift) nennen. Als Demotisch seit dem 3. Jh. n. Chr. durch die „koptische" Schrift (Griechisch mit nur sieben demotischen Zeichen) abgelöst worden war, schwand die Kenntnis der älteren Schriftsysteme, die ja nur von spezialisierten Schreibern beherrscht werden konnten, völlig. Erst Champollion entzifferte sie 1822/23 mit Hilfe der hieroglyphisch-demotisch-griechischen Trilingue von Rosette, einer Urkunde aus dem Jahre 196 v. Chr., die beim Zug Napoleons 1799 im Delta gefunden worden war (heute im British Museum). Die Frage, inwiefern die ägyptische Schrift auf die Ausbildung der benachbarten späteren alphabetischen Schriftsysteme (Sinai, Syrien, um 1500) und damit weiter über das Phönikische auf das Griechische gewirkt hat, darf heute wohl so beantwortet werden, daß die Idee der Buchstabenschrift – nicht aber der Formgebung – aus Ägypten stammte.

Welthistorisch bedeutsam wurde auch der ägyptische Kalender. Die periodisch einsetzenden Nilüberschwemmungen waren offensichtlich Grundlage und Jahresbeginn im „Nilkalender" mit drei Jahreszeiten, Überschwemmung – Aussaat – Ernte, der um 3000 entstanden sein könnte. Im Anschluß an ihn entwickelte man ein Sonnenjahr von 365 Tagen (12 Monate zu je

30 Tagen und 5 Zusatztage = Epagomene). Da aber keine Schaltung erfolgte, blieb dieses „bürgerliche" Jahr alle 4 Jahre um 1 Tag gegenüber dem wahren Sonnenjahr von 365 1/4 Tagen zurück, bis nach 1461 Jahren der Ausgangspunkt wieder erreicht war; astronomisch war die Gleichung: 1461 bürgerliche = 1460 „iulianische" Jahre seit dem MR bekannt. Vielleicht hat man die Sirius- bzw. Sothisperiode von 1460 Jahren (der Frühaufgang des Sirius bezeichnete das Einsetzen der Nilschwelle im Juli) schon seit um 2300 im Kalender herangezogen; das erste bekannte Sothisdatum fällt ins Jahr 1871, das letzte Wiederzusammenfallen der Perioden im Altertum fand 139 n. Chr. statt. Der ägyptische Sonnenkalender ist heute noch im Gebrauch, denn Caesar hat ihn 45 v. Chr. nach Einfügung des Schalttages übernommen, und Papst Gregor XIII. hat ihn 1582 nur modifiziert.

Die ägyptische Kunst hat auf allen ihren Teilgebieten eine in tektonische Ordnung gebrachte und gegenstandbezogene Formgebung, d.h. eine „wesentliche Dinglichkeit", zu erzielen gesucht; dabei konnte das Leben einerseits zu einer ewigen Seinsform gewandelt, andererseits mit z.T. monumentalen Sinnbildern bereichert werden. In ihrer Entwicklung war sie keineswegs geradlinig oder eintönig, wenn sie auch in ihrem Grundzug stets „konservativ" geblieben ist. Ihre „klassische" Höhe hat sie mit Werken von besonderer Ausgeglichenheit und Spannkraft im MR erklommen, während im NR die Amarnazeit einen stark naturalistischen Zug brachte.

Die Baukunst erhielt ihre wichtigsten Aufgaben durch die Grabanlagen und den Tempelbau. Aus den Mastabas (= Steinbänke, rechteckige, abgeschrägte Hochgräber der Großen) entwickelte man die Pyramiden, die nach verschiedenen Übergangsformen (Stufenpyramide des Djoser, Baumeister Imhotep, 60m Höhe, Knickpyramide von Dahschûr) in den Bauten der 4. Dynastie bei Giseh ihre imponierende Monumentalisierung (Cheops-Pyramide 147 m hoch) fanden, aber noch bis zum MR, allerdings dann als kleinere Ziegelpyramiden (z.B. bei Lischt), als Herrschergräber und Symbol ewiger Dauer erbaut wurden. Zur Gesamtanlage gehörten ein Portalbau (meist am Rande des Fruchtlandes), ein Aufweg, ein Totentempel und die Pyramide selbst. Im MR fand man auch schon andere Kompositionen (Grab des Mentuhotep bei Deir el-Bahari), vor allem aber baute man Felsengräber. Diese Form wurde dann im NR im Totentempel der Hatschepsut und in zahlreichen Tiefgräbern im „Tal der Könige" westlich von Theben besonders ausgeprägt. Auch die von Ramses II. angelegten Felsentempel von Abu Simbel stehen in dieser Tradition.

Über den Tempelbau sind wir am besten durch die Monumentalanlagen des NR unterrichtet, die im allgemeinen ältere Bauten ersetzt haben. Durch einen von Pylonen flankierten Eingang gelangte man in einen oder auch mehrere Vorhöfe, die von Steinpfeilern bzw. Säulen (oft in der Form von Papyrusbündeln) flankiert oder umgeben waren; von dort aus durften nur wenige Auserwählte die weiteren Räume und das Allerheiligste betreten. Obelisken, Statuen und zahlreiche Kunstwerke aller Art schmückten diese monumentalen Tempel, die im übrigen in einem größeren, meist durch eine Lehmziegelmauer eingefaßten Geviert lagen (z.B. Medinet Habu). Diese Form der Gesamtanlage blieb im wesentlichen unverändert bis in die hellenistisch-römische Zeit hinein (Dendera, Esne, Edfu).

Bedeutend waren auch die Palastbauten, besonders im NR (Theben). Aber von ihnen und vor allem von den Privatbauten, die fast durchweg im vergänglichen Lehmbau errichtet waren, ist fast nichts erhalten.

Die Plastik diente schon im AR in besonderer Weise einem an der Auffassung der Frontalität orientierten Denkmalsgedanken mit Wirklichkeitscharakter (Dioritstatue Chephrens aus dessen Taltempel). Die im allgemeinen feierlich steife Haltung des rundplastischen Menschenbildes konnte jedoch in Meisterwerken recht lebensnah sein (Dorfschulze [Holz], Schreiber, Prinz Rahotep, Oberpriester Ranofer) oder ins Monumentale umgesetzt werden (Sphinx in der Pyramidenanlage des Chephren). Die Individualisierung der ersten Zwischenzeit leitete zu einer Blüte im MR (z.B. Kalksteinstatue und Granitsphinx Amenemhâts III.) über. Im NR strebte man nach Verfeinerung (Hatschepsut als Sphinx), künstlerischem Erfassen (Nofretete) oder Monumentalität (Memnons-Kolosse Amenophis' III., Sitzstatuen Ramses' II.); auf ältere Ansätze ging der „Würfelhocker" zurück, den man als Motiv besonders nach 1000 bevorzugte. Während der Saïtenzeit (Dynastie von Saïs) lehnte man sich bewußt an alte Kunstwerke an („Archaismus"), brachte aber doch in Tierdarstellungen (Katzen) und auch in der Porträtplastik („Grüner Kopf", Berlin) noch vereinzelt große Leistungen hervor.

Im Relief wurden bereits im AR im Holzrelief des Hesirê und in den Gräbern der Großen aus der 6. Dynastie (z.B. Grab des Ti) besonders lebensnah bewegte Szenen geschaffen. Hervorragende Leistungen finden sich in den großen Tempel- und Grabanlagen des NR, wo auch historische und astronomische Motive dargestellt sind; dabei entwickelte man auch die wirkungsvolle Technik des versenkten Reliefs.

Ebenso wie im Flachbild erfolgte auch in der Malerei nie der Schritt zur Perspektive, die ägyptischem Weltgefühl nicht entsprochen hätte. Die geradaufsichtige Darstellung, die Überschneidung mied und vom gedachten Gegenstand ausging – nicht vom gesehenen –, blieb vielmehr vorherrschend; dabei wurden Kopf und Beine des Menschen im Profil, Unterleib und Hüfte in Dreiviertelansicht dargestellt. Proben der Malerei sind aus allen Entwicklungsstufen, vorwiegend aus den Grabanlagen, erhalten. Besonders lebendig sind die bis zum Genrehaften ausgebildeten Motive aus dem NR, bei denen auch Privatleben und Luxus betont, ja eine Verfeinerung bis zur Verniedlichung einerseits und zur Karikatur andererseits erzielt worden sind.

Das Kunsthandwerk schuf schon mit den Schminktafeln des 30. Jh. erstaunliche und aufschlußreiche Werke. Der volkstümlichen Kleinkunst dienten Glasfabrikation, Möbeltischlerei, Holzschnitzerei und Metallverarbeitung mit ausgebildeter Zellentechnik. Die Keramik wurde seit etwa 3000 auf der Töpferscheibe hergestellt.

Die ägyptische Literatur hat ihren Höhepunkt im MR erreicht. Aus dem AR sind besonders die Pyramidentexte von Sakkara (Pyramide des Unas) inschriftlich erhalten. Sie enthalten Jenseitsvorstellungen, die in ausgeprägterer Form auch seit dem NR in dem – auf oft illustrierten Papyri erhaltenen – „Totenbuch" faßbar sind. In der ersten Zwischenzeit gelangte man in der Literatur zu einer Verinnerlichung und zu einer Art von Sündenbewußtsein, wie das „Streitgespräch eines Lebensmüden mit seiner Seele" erweist. Auch soziale Mißstände und das Aufbegehren der Untertanen sind literarisch faßbar, z. B. in den „Klagen eines beredten Bauern". Auf dieser Basis eines noch gebundenen Individualismus entstanden im MR als bedeutende Literaturwerke die „Geschichte des Sinuhe", die „Geschichte des Schiffbrüchigen"; ferner märchenhafte Darstellungen wie der Papyrus Westcar vom Aufstieg einer neuen Dynastie, Merksprüche, „Lehren" und Hymnen. Das NR brachte nicht nur Übertragungen dieser Literatur in das inzwischen literaturfähig gewordene Mittelägyptische, sondern schuf vor allem die seit dem 14. Jh. greifbare Lyrik, wie den Sonnengesang Echnatons (mit den Idealen: Licht, Leben, Liebe, Wahrheit) und Liebeslieder, und pflegte die seit dem MR bekannte Satire.

Inschriftlich und auf Papyrus erhaltene Texte ermöglichen auch Einblicke in das gelehrte Schrifttum. Ebensowenig wie in Mesopotamien hat man in Ägypten den Weg zu einer eigentlichen Wissenschaft gefunden; er blieb den Griechen vorbehalten. Aber auch am Nil gab es als Ergebnis langer Praxis ein beachtliches theoretisches Wissen; z. T. umfangreiche Sammel- und Systematisierungsleistungen lagen vor besonders auf den Gebieten der Medizin, Mathematik (vor allem Geometrie und Geodäsie), Astronomie und Theologie. Im NR hat man sich hauptsächlich mit dem Zusammentragen befaßt, während ältere Zeiten das tradierte Wissen primär in die Praxis umzusetzen suchten – man denke nur an die Pyramiden!

Die Frage, ob einer der beiden von Ägypten und Sumerern geschaffenen Hochkulturen der Vorrang einzuräumen sei, kann bei dem heutigen Forschungsstand nur so beantwortet werden, daß ihre Träger bei offensichtlich frühzeitigen Kontakten im wesentlichen unabhängig voneinander und auf jeden Fall eigenständig die jeweilige Form und das geistige Gefüge ihrer Hochkultur gestaltet haben.

C. Syrien und Palästina

In einer Nord-Süd-Ausdehnung von etwa 600 km erstreckt sich die schmale, stellenweise 100km breite und im Osten fast durchweg von der Wüste begrenzte Randlandschaft des östlichen Mittelmeeres. Dieser fruchtbare Küstenstrich, der im mittleren und nördlichen Teil oft unmittelbar in Berge übergeht, bietet mehrere gute Häfen. Einige Gebirge gliedern den Raum, im Norden der Amanus, im Zentrum der Libanon und im südlichen Drittel das Karmel-Gebirge, dessen scharf vorspringendes Kap eine natürliche Grenze zwischen dem nördlich liegenden, später phönikischen Raum und der südlichen Küstenebene bildet, die im Raum von Gaza in das Wüstengebiet des Sinai und zugleich über Raphia in die Isthmuswüste und das Nildelta überleitet. Zwischen Libanon und Antilibanon – Koilesyrien (= hohles Syrien), heute Beka'a – entspringen die beiden großen Flüsse, Orontes und Jordan, der durch den Syrischen Graben in das Tote Meer (–392 m) fließt. Am Ostfuß des Antilibanon breitet sich die Oasenlandschaft von Damaskus aus. Zwischen dem Toten Meer und dem Golf von Akaba (Elath) liegt die Wüste Negev. Nordsyrien ist mit dem Euphratknie durch die Landschaft Naharin, d.h. das Hügelland von Haleb (Aleppo), verbunden.

Geographische Lage und Geschichte haben diesen schmalen Küstenraum zur wichtigsten Landbrücke zwischen den Hochkulturen in Mesopotamien und Ägypten und auch zwischen dem kleinasiatisch-ägäischen Raum und Arabien gemacht. Dieses durch natürliche Nord-Süd-Routen zu Wasser und zu Lande, Endpunkte großer Karawanenstraßen und gute Häfen ausgezeichnete Durchgangsland gehörte zum „fruchtbaren Halbmond". Seine Bewohner haben im Verlaufe der Geschichte zahlreiche und verschiedenartige Einflüsse von den Nachbarlandschaften her erfahren. Schon im 3. Jt. hatten die Ägypter in Gebal/Gubla (später Byblos) einen wichtigen Verbindungspunkt für die Lieferung von Bauholz, und die Akkader gliederten Nordsyrien ihrem Reich an. Im 2. Jt. hatte Ägypten die Vorherrschaft, wenn auch im zweiten Viertel unterbrochen durch die Machtbildung der Churriter und seit etwa 1500 in Nordsyrien eingeschränkt durch die Hethiter. Seit etwa 1200 traten die Phöniker und die Israeliten besonders hervor; während das Hauptmerkmal der phönikischen Geschichte in der geschickten Ausnutzung der in dieser Siedlungslandschaft liegenden verhältnismäßig geringen Möglichkeiten zu sehen ist, liegt die Bedeutung der Israeliten auf religionsgeschichtlichem Gebiet. Seit dem 9. Jh. kam das Land wieder unter fremden Machteinfluß: Assyrer, Neubabylonier, Perser, Griechen und Römer bestimmten nacheinander die politische Geschichte.

1. Die einzelnen Völker

a. Aus der Frühzeit – Das Bevölkerungsgefüge

Prähistorische Spuren führen bis ins Paläolithikum zurück, für das eine Jäger- und Sammlerbevölkerung nachgewiesen ist. Nach einer kurzen mesolithischen Phase entstand bereits im vorkeramischen Neolithikum seit dem 8. Jt. zumindest an einigen Stellen eine städtische Kultur. Die überraschend aufschlußreichen Ausgrabungen haben in Jericho eine Stadt mit Wehrmauer, Turm, Graben und reicher städtischer Zivilisation ans Licht gebracht, eine Anlage, die eine entsprechende politische Organisation voraussetzt. Nach 5000, d.h. im frühkeramischen Neolithikum bzw. der Kupfer-Stein-Zeit (Chalkolithikum), lebte eine vorwiegend bäuerliche Bevölkerung, die eine zunächst rohe, seit dem ausgehenden 4. Jt. auf der Töpferscheibe hergestellte Keramik verwendete und in differenzierter Lebensweise vielleicht schon eine Adelskultur mit monarchischer Spitze und entsprechendem Hofstaat hervorbrachte. In der anschließenden Bronzezeit (frühe B. 3000–2000, mittlere B. 2000 bis um 1550, späte B. um 1550 bis um 1200) und in der dann folgenden Eisenzeit erreichten verschiedene Wellen von Einwanderern das Land und veränderten allmählich die Bevölkerung. Seit dem 3. Jt. setzten sich die Semiten durch. Zunächst wanderten Angehörige der altamoritischen Gruppe ein und übernahmen die meist schon älteren Stadtstaaten, wie Byblos und Ugarit, denen sie z.T. neue Namen gaben (Jericho: Stadt des semitischen Mondgottes Jarich); andere Städte stammen von ihnen wie Sidon, Tyros, Berytos (Beirut). Sie sprachen das westsemitische Idiom Kanaanäisch (im weiteren Sinn gefaßt, später in einzelne Dialekte aufgesplittert wie: Ugaritisch, Zentral-Phönikisch; eng verwandt sind Hebräisch, Moabitisch, Ammonitisch). Nach 2000 folgten weitere Wellen von Westsemiten, die in Mesopotamien Amurri (= Westleute, Amoriter) genannt wurden und vorwiegend das Hinterland trafen, Städte zerstörten (z.B. Aj und Jericho), bald aber zur halbnomadischen Lebensweise und dann zur Seßhaftigkeit übergingen.

Neue Unruhe brachten um 1750 von Nordosten her die nichtsemitischen Churriter („Horiter“ der Bibel), denen die Vorherrschaft bis ins ausgehende 16. Jh. zufiel. Sie wurden geführt von indo-iranischen Streitwagenleuten, strahlten als Hyksos nach Ägypten aus und brachten nicht nur das Pferd als Zugtier sowie ein gegenüber den bisherigen Verhältnissen ausgebildeteres „Feudalsystem“ nach Syrien, sondern verbreiteten auch den Gebrauch der Keilschrift und anderer mesopotamischer Kulturgüter. Auch in dieser Zeit gab es unabhängige Stadtstaaten, wie z.B. Ugarit (Ras Schamra), das seit 2000 emporgestiegen war, um 1400 einen Höhepunkt erlebte und eine mykenische Handelsniederlassung beherbergte, aber nach 1200 dem Seevölkersturm zum Opfer fiel.

Seit etwa 1500 übernahmen die Ägypter (NR) die Oberherrschaft im südlichen und mittleren Raum, zeitweise sogar bis zum Euphratknie.

Erst um 1200 sind die für die Folgezeit wichtigen Gruppen der Philister und Israeliten für uns historisch faßbar. Die Philister, nach denen das Land Palästina später seinen Namen erhalten hat, kamen als Ausstrahlung der zweiten indogermanischen Wanderung mit den „Seevölkern" auf dem Land- und Seeweg nach Syrien und besiedelten, nachdem sie im östlichen Delta von Ramses III. 1177 zurückgeschlagen waren, vorwiegend die Küstenebene zwischen Gaza und dem Karmel-Gebirge; sie übernahmen rasch die kanaanäische Sprache und die semitische Kultur. Als sie über den Karmelpaß in die Jesreel-Ebene hinein expansiv wurden, stießen sie auf den Widerstand der frühen Israeliten, die gerade in diesen Kämpfen ihre Individualität entwikkelten.

In den Landschaften beiderseits des Jordan lebten im 3. und 2. Jt. Hirtenstämme. Diese Kanaanäer erfuhren in der ersten Hälfte des 2. Jt. eine Verstärkung durch Nomaden, die im Zuge einer großen Transmigration aus dem Raum Charran und Mari, d. h. aus Nordwestmesopotamien, gekommen waren. Diese Zuwanderer traten in der Amarna-Zeit als Söldner in Erscheinung (ägyptisch: „Chapiru-Leute") und standen seit um 1300 in einem gespannten Verhältnis zu den Kanaanäern. Zu ihnen stießen um 1200 weitere Semiten aus dem arabischen Raum, die den Gott Jahwe verehrten. Unter Josua bildete sich als Anfang des Zwölfstämmebundes ein loser antikanaanäischer Zusammenschluß, der sein Zentralheiligtum in Sichem (Mittelpalästina) hatte und den man treffend als „Israel-Amphiktionie" bezeichnet hat. Diese Bündner hatten um 1100 die Hoheit in dem Weidegebiet – aber nicht über die Städte Jerusalem und Gezer – gewonnen, wurden aber um 1080 von den Philistern besiegt. Damit begann die Eigenentwicklung der Israeliten.

Neben den Israeliten im Süden und den Phönikern an der mittelsyrischen Küste gab es um 1000 noch weitere Zusammenschlüsse von Völkern, die zumeist um 1200 eingewandert waren. Die Edomiter lebten zwischen dem Toten Meer und dem Golf von Akaba, die Moabiter ostwärts des Toten Meeres, die Ammoniter im Ostjordanland, während die Bewohner von Damaskus am Osthang des Antilibanon ein fruchtbares, als Knotenpunkt von Karawanenstraßen wichtiges Gebiet besaßen und im 9. Jh. eine beachtliche Macht darstellten; nördlich des Orontes gab es auch nach dem Untergang des Hethiterreichs (um 1200) mehrere späthethitische Stadtstaaten, u. a. Malayta, Margasi, Sam'al (= Sendschirli), Karkemisch, Arpad, Chamat.

Die Bewohner des ganzen syrischen Raumes sind nie zu einer Einheit zusammengewachsen, wenn auch das Aramäische, ein dem Kanaanäischen eng verwandtes Idiom, nach ungefähr 1000 fast überall übernommen (und später sogar persische Kanzleisprache) wurde. Politisch sind die syrischen Stadt- und Mittelstaaten schließlich von den Assyrern dem mesopotamischen Raum angegliedert worden (seit 853 z. T. tributpflichtig; 732 Damaskus, 722

Samaria); den zunächst nach 721 noch freien, aber im „Vasallenverhältnis" überwachten Raum Juda haben die Neubabylonier 587/86 unterworfen. Erst nach der persischen und makedonischen Periode erlangte der Raum über seine stets vorhandene Bedeutung als Durchgangsland hinaus im Hellenismus als Zentralgebiet des Seleukidenreiches ein besonderes politisches Gewicht.

b. Die Phöniker

Die seit dem 12. Jh. für uns unvermittelt in das Licht der Geschichte tretenden Phöniker sind wahrscheinlich aus einer Vermischung verschiedener Bevölkerungselemente entstanden, unter denen vor allem protophönikische semitische Kanaanitaner – vermutlich seit der ersten Hälfte des 2. Jt. im Lande – und indogermanisch-ägäische Einwanderer der „Seevölker"-Zeit zu nennen sind. Ihren Namen haben sie nach dem neben Holz wichtigsten Exportartikel, der Purpurfarbe, später von den Griechen erhalten. Sie wohnten an der Küste zwischen Karmel-Gebirge und Orontes. Die meeroffene Lage und z.T. alte Beziehungen zu den Nachbarräumen bis hin nach Kreta wurden die Grundlage für ihre bald führende Stellung in Handel und Verkehr. Mit dem Niedergang der altorientalischen Mächte um 1200 begann die Blütezeit der phönikischen Stadtstaaten, voran für Sidon (heute Saida) und später einsetzend für Tyros (Sur) – 950–750 –, während Städte wie der sehr alte Umschlagplatz Gubla/Byblos, Arados oder Berytos weniger stark hervortraten.

In dieser Periode haben die Phöniker Handel nicht nur im syrischen Raum getrieben, sondern sie haben das ganze Mittelmeer befahren und an günstigen Stellen eigene Handelsfaktoreien angelegt. Diese phönikische „Kolonisation" erreichte schon um 1100 die Straße von Gibraltar. An den Routen dorthin entstanden zahlreiche phönikische Stützpunkte: auf Cypern (Salamis), in der Ägäis (Rhodos, Thera z.B.), auf Malta (Melite), Sizilien (wahrscheinlich bereits die Plätze der späteren Städte Syrakus, Motye und Palermo), auf Sardinien, den Balearen und in Südspanien (Málaga). Jenseits der Meerengen wurde Gades gegründet, von wo aus über das sagenumwobene Tartessos („Tarschisch" der Bibel) im Raum der Guadalquivir-Mündung die Handelsverbindungen nach Britannien (besonders wegen des Importes von Zinn) gepflegt wurden. An der nordafrikanischen Küste gründeten sie Leptis, Hadrumetum, Hippo (= Biserta), Utica (nordwestlich von Tunis) und wohl erst nach 814 Karthago, die später berühmte „Neustadt" von Tyros. Bis in den Raum des Roten Meeres dehnte Hiram I. (969–936) von Tyros zusammen mit Salomo den Handel aus. Diese wirtschaftliche Expansion der phönikischen Städte stand in merkwürdigem, aber typischem Gegensatz zu ihrer politisch- militärischen Abwehrkraft; schon 868 und dann wieder seit etwa 750 wurden sie den Assyrern tributpflichtig. Nur Tyros hielt sich infolge seiner Insellage mit Unterbrechungen noch bis zur Eroberung durch den Neubabylonier Nebukadnezar II. im Jahre 573.

Die phönikischen Seeleute, Kaufleute und Handwerker hatten aber auch nach dem Verlust ihrer politischen Selbständigkeit noch eine große Bedeutung. So fuhren sie um 600 im Auftrag des Pharao Necho um Afrika, kämpften unter Xerxes 480 bei Salamis gegen die Griechen und wurden bestimmend für die strategischen Überlegungen Alexanders, der Tyros 332 eroberte.

c. *Die Israeliten*

Die Israeliten sind im 12. Jh. in ihrer neuen Heimat Kanaan zwischen dem Philisterland und der syrisch-arabischen Wüste zu einem festen politischen Verband zusammengewachsen. Ihre Frühgeschichte ist historisch nicht näher greifbar, und doch mag in der späteren biblischen Überlieferung die Erinnerung an die Erzväter oder Patriarchen bis etwa 1800, bis zum Wanderweg von Ur über Charran (Obermesopotamien) nach Südsyrien zurückreichen. Von dort dürften die Josephsstämme – Ephraim und Manasse – im 17. Jh. (mit den Hyksos?) oder später nach Ägypten weitergewandert sein, das sie nach vielleicht längerem Aufenthalt im nordöstlichen Delta um 1250 unter Mose(s) wieder verlassen haben; sie zogen über die Sinaihalbinsel langsam nach Transjordanien. Von dort drangen sie allmählich nach Westen vor, wo sie den Kanaanäern, die in den Tälern und Städten siedelten, einige Plätze – wie Jericho um 1220 – wegnahmen und mit Teilen von ihnen verschmolzen. Vom Raum um Silo aus faßte Josua die 12 Stämme zu einer „Amphiktionie", d.h. einem Kultbündnis, zusammen. Auch die „Richter" hatten Amoriter und Kanaanäer zu bekämpfen, konnten aber die Stadt Jerusalem nicht erobern. Um 1080 wurde der noch lockere Zwölferverband von den Philistern unterworfen. Um diese abzuschütteln, schlossen sich die seitherigen Bündner noch enger zusammen.

Die ältere Königszeit (um 1020–930) brachte den Israeliten einen politischen und kulturellen Aufstieg. Unter König Saul aus dem Stamm Benjamin (1027–1009) gelang die Befreiung von den Philistern. Sein Feldherr und Schwiegersohn David aus dem Stamm Juda (um 1007–968), eine kraftvolle, bedeutende Persönlichkeit, gewann Jerusalem und schuf durch einheitliche Verwaltung und stehendes Heer den eigentlichen Staat. Da er auch die Nachbarstämme bis in den Raum von Damaskus zur Tributleistung zu zwingen vermochte, gründete er das einzige größere unabhängige „Reich", das im syrischen Raum bestanden hat. Sein Nachfolger war Salomo (968–930), unter dem der Umfang des Reiches zwar etwas zurückging, Jerusalem aber mit Prunkbauten – Tempel und Residenz – geschmückt wurde.

Nach dem Tode Salomos zerfiel die Einheit, weil die 10 Nordstämme sich abtrennten, so daß die Dynastie Davids nur noch von den Stämmen Juda und

Benjamin gestützt wurde. Hinfort gab es zwei Königreiche nebeneinander: Israel (930–722) mit der Hauptstadt Sichem, später Samaria, und das Südreich Juda (930–586) mit der Hauptstadt Jerusalem. Beide mußten sich bald fremden Einflüssen beugen, die teils von Ägypten – schon 926 wurde Jerusalem geplündert –, teils von den Phönikern (besonders im Königshaus des Omri von Samaria) ausgingen. Schließlich wurde das Nordreich, das schon 845 unter Jehu den Assyrern tributpflichtig war, dann aber unter Jerobeam II. um 750 nochmals aufblühte, von Sargon II. unterworfen; er nahm 722 die Stadt Samaria und deportierte große Teile der Bevölkerung nach Assyrien. In diesem zentralpalästinensischen Raum entstand anschließend auch infolge der Ansiedlung neuer Bewohner die Mischbevölkerung der Samaritaner.

Das Südreich hat sich anschließend nur als Satellitenstaat Assyriens weiter halten können. Auch die Staats- und Kultreform von 621 – im Grundbestand des Deuteronomium faßbar – konnte den weiteren politischen Niedergang nicht aufhalten. Jerusalem wurde schon 597 und nochmals 587/86 von den Neubabyloniern erobert, und Nebukadnezar führte vor allem die Oberschicht in die „babylonische Gefangenschaft" (586–538). Damit begann die für das spätere Judentum wesentliche Zerstreuung (Diasporá), bei der auch einige Kontingente nach Ägypten gerieten, die z.B. bei Syene noch länger ihre aramäische Sprache beibehielten (Papyri von Elephantine). Kyros II. gestattete die Rückkehr aus Babylonien, unter persischer Oberhoheit wurde in Jerusalem der Tempel neu erbaut (520–515, zweiter Tempel) und um 445 durch Esra das Gesetz (Thora, Pentateuch) endgültig formuliert. Damit fand die lange geistige Umwandlung vom politischen Israelitentum zum vorwiegend religiös ausgerichteten Judentum einen gewissen Abschluß.

Auf die Vorgänge in hellenistischer Zeit – Makkabäer-Aufstand im 2. Jh. v. Chr. – und auf die Verhältnisse in römischer Zeit (Vespasians Judenkrieg mit der Zerstörung des Tempels 70 n. Chr., Aufstand des Simon Bar Kochba unter Hadrian 132) wird später noch hinzuweisen sein.

2. Von den kulturellen Leistungen

Entsprechend ihrer geographischen Zwischenlage trieb die Bevölkerung des syro-palästinensischen Durchgangsraumes während der altorientalischen Epoche intensiv Handel und wirkte damit zugleich als Kulturvermittler. Im Laufe der wechselvollen Geschichte haben dabei die Einflüsse aus den Nachbarräumen ebenso gewechselt wie die Ausstrahlungen. Über den eigentlichen Raum hinaus haben vor allem die Phöniker den Handel über den ganzen Mittelmeerraum ausgedehnt, die Erzeugnisse ihrer Heimat – Holz (u.a. Zedernöl), Glas, Purpur und Metalle – exportiert und zahlreiche Anregungen aus dem Hochkulturraum vermittelt.

Von besonderer Bedeutung wurde die Ausbildung einer Konsonantenschrift und die Weiterleitung des Alphabets. Selbstverständlich waren manchen Menschen im Durchgangsraum Keilschrift und Hieroglyphen bekannt, aber sie haben sie für ihre eigenen Zwecke weitergebildet. So entstand um 1700 in Gubla/Byblos eine z. T. noch mit Bildern ausgestattete „pseudohieroglyphische“ Silbenschrift mit über 100 Zeichen, aus der man seit etwa 1500 allmählich die spätere phönikische Buchstabenschrift entwickelte. Für ihre weitere Ausgestaltung dürfte weniger die noch bildhafte Sinaischrift als vielmehr die nordsyrische alphabetische Keilschrift mit 30 Buchstaben in Ugarit im 14. Jh. bedeutsam gewesen sein. Um 1000 war das phönikische Linear-Alphabet mit 22 Konsonanten im Gebrauch. Die Idee dieses Konsonantenalphabets haben nicht nur Israeliten, Aramäer und Südaraber, sondern um 900 auch die Griechen übernommen; auf sie gehen die europäischen Alphabete zurück.

Für die Weltgeschichte grundlegend wurde der Beitrag, den die Israeliten auf religiösem Gebiet geleistet haben. In langer Entwicklung und in oft bewußter Auseinandersetzung mit den politischen Verhältnissen und der polytheistischen Umwelt entstand in Palästina aus einem ursprünglich noch umfassenderen Henotheismus (Eingottglauben) der Jahwekult als Monotheismus mit Ausschließlichkeitsanspruch. Es war z. T. die Leistung der Propheten (ältere: Elias, Elisa, Amos – als erster Schriftprophet –, Hosea, Jesaja [gest. nach 701] jüngere: Jeremia [gest. nach 585], Hesekiel, Deuterojesaja [gest. nach 535]), daß man in diesem Monotheismus zugleich die Frage nach der religiösen Verantwortung des einzelnen Menschen und der Völker stellte und beantwortete. Das Jahr 621 brachte mit der Reform und Einführung des Gesetzes eine Epoche von unermeßlicher Auswirkung. Als neue Machtfaktoren fanden hinfort Glaube und Religion in dogmatischer Festlegung und mit starken ethischen Impulsen verbunden Eingang in die Geschichte und formten später in besonderer Weise auch Christentum und Islam.

Die Entstehungsgeschichte des Alten Testaments gehört zu den schwierigsten und weitgehend noch offenen Problemen. Denn in den uns bekannten Texten liegen fast überall Stücke aus sehr verschiedenen Zeiten nach oft jahrhundertelanger Ausprägung zusammengearbeitet vor. Der kritischen Analyse hat sich die folgende Entwicklung als wahrscheinlich ergeben. Unter Auswertung einer längeren mündlichen Tradition von Sprüchen, Liedern und Sagen entstanden im 10. Jh. erste Sammlungen und literarische Werke wie das Buch von der Thronfolge Davids, der Grundstock des Buches Ruth und der des Buches Salomo, Sprüche in der Art altorientalischer Weisheitsliteratur, frühe Psalmen (Tempelgesänge). Ihnen folgte – um 900? – der „Jahwist“, ein unbekannter Verfasser einer Darstellung der Anfänge Israels von der Weltschöpfung bis zur Landnahme, die bereits eng mit Jahwe verknüpft erscheinen. Sein Werk ist mit dem des etwas jüngeren „Elohisten“ (Eloh: Name für Gott) verflochten und durch die im 6. Jh. entstandene

„Priesterschrift" ergänzt in Mose 1–4 eingegangen. Von diesen frühen Büchern ist keines in der Urform erhalten. Um 700 mag das Gesetz entstanden sein, das 621 als kultisch-politische Ordnung verbindlich wurde und nach weiterer Ausgestaltung als 5. Buch Mose in die Endredaktion des Pentateuchs im 5. Jh. aufgenommen worden ist. Vom 9.–6. Jh. wirkten die Propheten, bei denen mit Jeremia um 600 der religiöse Individualismus (mit ausgeprägtem Sündenbewußtsein) zum vollen Durchbruch kam – gleichzeitig mit dem Durchbruch des Individuums in der griechischen Geistesgeschichte. In das nach 562 redigierte „Deuteronomistische Geschichtswerk" floß älteres Schrifttum ein; es ist später in die Bücher Josua, Richter, Samuel, Könige aufgeteilt worden. Der Psalter hat seinen wesentlichen Bestand wohl in der 1. Hälfte des 5. Jh. erhalten. Auf spätere Schriften braucht hier ebensowenig eingegangen zu werden wie auf Apokryphen und Pseudepigraphen. Eine Kanonbildung erfolgte nur ganz allmählich für die drei großen Gruppen des hebräischen Alten Testaments; im 5. Jh. v. Chr. für die Thora, d. h. die „Weisung" oder das „Gesetz" (= 5 Bücher Moses = Pentateuch), im 2. Jh. für die Propheten und um 100 n. Chr. (rabbinische Synode von Jamnia) für die Schriften (Psalmen bis Chronik). Der Text wurde erst im 2. Jh. n. Chr. wirklich festgelegt und normativ. Die Juden haben diese 39 Schriften als Urkunde göttlicher Offenbarung und „gottgewirkter" Geschichte verehrt, die Christen faßten sie als vom Heiligen Geist inspiriert auf und machten sie und einige weitere Texte zum ersten Teil der Bibel.

D. Kleinasien

Die große Halbinsel zwischen dem Schwarzen Meer und dem östlichen Mittelmeer, deren zentrales Hochland durch hohe Randgebirge eingeschlossen ist, ermöglichte eine von der Natur vorgezeichnete Landverbindung zwischen dem Alten Orient und Europa. Denn die wichtigsten Verkehrswege verlaufen in ostwestlicher Richtung und enden an der ägäischen Küste bzw. im Meerengengebiet. Nach Osten hin hebt sich Anatolien noch weiter an und geht in das armenische Bergland über, dem im Süden eine für den Verkehr wichtige Zone zwischen den Bergen und der syrisch-arabischen Steppe vorgelagert ist. Eine ähnlich wichtige Übergangslandschaft gibt es südlich des Hohen Taurus in Kilikien. Die geographische Gliederung Kleinasiens in viele Landschaften hat den Gang der Geschichte vorgezeichnet: Im Altertum ist die Halbinsel nur selten zu politischer Einheit zusammengefaßt worden.

Die Besiedlung läßt sich bis in das Paläolithikum zurückverfolgen. Seit etwa 5500 blühte eine neolithische, später chalkolithische Kultur, die besonders durch Funde bei Çatal Hüyük (südlich von Konya) und Hacilar (bei Burdur im Südwesten der Halbinsel) bekannt geworden ist; sie wurde wahrscheinlich von einer ägäisch-kleinasiatischen Urbevölkerung getragen, auf die u.a. Ortsnamen mit dem Suffix -s(s)- (Halikarnassos), -nd- (Lindos), -nt(h)- (Korinth) zurückgehen dürften. Diese „anatolische Kultur" kannte bereits stadtartige Siedlungen. In der 2. Hälfte des Chalkolithikums (um 3000 bis um 2600) erfolgte ein gewisser Rückgang, aber die Töpfer begannen schon Metallgefäße nachzuahmen (Funde von Beycesultan am oberen Mäander). In der anschließenden Frühbronzezeit (um 2600 bis um 2000) trat besonders der westliche Raum mit den Kulturen von Troia (I–IV, Befestigungen, Depotfunde) und Beycesultan (Kultbauten im Megaronstil) hervor; aber auch in Kilikien (Kultur von Mersin) und in Zentralanatolien (Fürstengräber von Alaca-Alischar) ist diese u.a. durch „Fruchtständer" und „Schnabelkannen" gekennzeichnete Stufe nachweisbar. In der mittleren Bronzezeit (um 2000–1600) blühten zwar die westanatolischen Kulturen weiter (Troia V und beginnendes VI; Palast von Beycesultan), aber daneben traten neue Bevölkerungsgruppen hervor. Von Mesopotamien aus wurden im Bereich der kappadokischen Buntkeramik assyrische Handelsniederlassungen (z.B. Kültepe) gegründet und der Gebrauch der Keilschrift vermittelt. In Ostanatolien herrschten einzelne Dynastien der „Protochattier". Sie mußten sich mit Indogermanen auseinandersetzen, die vermutlich über die Landbrücke ostwärts des Schwarzen Meeres seit ca. 1900 Kleinasien erreicht hatten.

Die folgende Periode (um 1600 bis um 1200) brachte mit der spätbronzezeitlichen Kultur von Troia an den Dardanellen und mit dem Hethiterreich eine Blütezeit für Kleinasien. In Zentralanatolien bestand zunächst das Alte Reich der Hethiter (um 1650 bis um 1490), das Labarnas I. gegründet hatte und Mursilis I. vorübergehend bis nach Babylon (1531) ausdehnte. Nach einer kurzen Pause errang das neue Hethiterreich (um 1440 bis um 1200) die Vormacht über fast ganz Kleinasien und erlangte im Alten Orient Großmachtgeltung. Die Hethiter hatten nicht nur Zugang zur Ägäis im Raum zwischen Hermos und Mäander, sondern gingen auch – unter Suppiluliuma u.a. – nach Nordsyrien (Aleppo) vor, wo sie mit den Ägyptern zusammenstießen. In der Residenz Hattusa (Boğazköy im Halysbogen) legten sie u.a. ein Tontafelarchiv an, aus dem uns Teile der diplomatischen Korrespondenz – in sogenannter akkadischer Keilschrift geschrieben – erhalten sind. Das Hethiterreich ging um 1200 im Zusammenhang mit dem Eindringen der See- und Nordvölker unter.

In der frühen Eisenzeit nach 1200 traten nach einer gewissen Ruhepause die von Nordwesten eingewanderten Phryger von ihrer Hauptstadt Gordion aus in den Vordergrund. Nachdem sie um 676 durch die Kimmerier, ein nomadisches Reitervolk aus Südrußland, vernichtet worden waren, folgte in Westkleinasien das Lyderreich mit der Hauptstadt Sardes als Vormacht bis 547/46.

In Ostanatolien bestanden nach 1300 viele Kleinstaaten mit vorwiegend churritischer Führungsschicht. Sie wurden um 860 zu dem „Reich" Urartu (vgl. Ararat) mit der Hauptstadt Tuschpa am Van-See zusammengefaßt. Im 8. Jh. stießen Könige von Urartu sogar bis nach Südgeorgien und Aleppo vor; ihr Reich wurde jedoch anschließend durch die Assyrer (Tiglatpilesar III.) bzw. die Kimmerier bedrängt und erlag nach 600 den aus dem eurasischen Steppenraum eingebrochenen Skythen und dann den Medern. In dem schwer zugänglichen Bergland haben sich später die indogermanischen Armenier als oft selbständige Gruppe behauptet.

Fast den ganzen kleinasiatischen Raum haben schließlich die Perser seit 546 auch politisch mit dem alten Vorderen Orient verbunden.

E. Iran und Indien

1. Iran

Der alte Vordere Orient hatte nicht nur über Kleinasien direkte Landverbindung mit Europa, sondern er war auch durch den Großraum Iran mit Indien und Zentralasien verbunden. Das iranische Hochland (heute Persien/Iran, Afghanistan und Belutschistan) ist ein von Gebirgen umschlossener, vielgestaltiger Raum. Nach Westen hin bietet der Zagros mit mehreren Flußtälern verhältnismäßig bequeme Übergänge nach Mesopotamien. An den Nordwesten (heute Aserbeidschan im Raum des Urmia-Sees) grenzen das armenische Bergland und Transkaukasien, das wiederum weiter an das Kaspische Meer weist, von dessen Südküste Iran durch das hohe Elbrus-Gebirge fast abgetrennt ist. Weiter nach Osten trennen bis zum Hindukusch meist schroffe Gebirgsformationen den Raum von der nördlich anschließenden turkmenischen Steppe. Die östlichen Randgebirge bieten nur zwei natürliche Übergänge nach dem Industal: das Kabultal mit dem Khaiber-Paß und weiter südlich den Bolan-Paß. Gebirge begleiten auch die hafen- und siedlungsarme Südküste am Arabischen Meer und Persischen Golf. Günstige Siedlungsmöglichkeiten bietet der Raum vor allem an den westlichen und nördlichen inneren Gebirgsländern und in verschiedenen Hochtälern, nicht aber in den zentralen Salzwüsten und Steppen. Tatsächlich war der scheinbar zur Einheit bestimmte Großraum in der Geschichte fast immer in viele Einzelstaaten gegliedert.

In Nordwestiran lebten im 6. Jt. die möglicherweise ältesten Ackerbauern Vorderasiens; verschiedene Fundplätze (z. B. Dalma südlich des Urmiasees, Tepe Sialk, Tell-i Bakun) haben u. a. neolithische Keramik ans Licht gebracht. So sind für uns einige Mesopotamien benachbarte Kulturen heute deutlicher erkennbar.

Im südwestiranischen Grenzgebiet erstarkten seit dem 3. Jt. die Elamiter. Ihr Gebiet, durch die Verbindung von Flachland und Gebirge (anzanisches

Bergland) gekennzeichnet, ist im wesentlichen mit der Susiana identisch, von der man den südmesopotamischen Raum direkt erreichen kann. Nach einer bereits interessanten neolithischen Phase (Susa-I-Epoche) entstand ca. 2600 ein lockeres elamisches „Reich“ zunächst um Awan, später mit gewisser Schwerpunktverlagerung nach Südosten um Susa; seine Blüteperiode fällt ins 14.–12. Jh. Das Neuelamische Reich (um 750–639) wurde von Assurbanipal zerstört. Restfürstentümer haben sich in den Bergen bis in die Perserzeit gehalten.

Die Bewohner des nordwestlich an Elam angrenzenden Zagrosgebirges bildeten für die Menschen in Obermesopotamien eine latente Gefahr und sind mehrmals in den Hochkulturraum am mittleren Tigris vorgestoßen: um 2200 die Gutäer, nach 1700 die Kassiten. Aus Nordwestiran strömten auch die Churriter (Hurriter) in die nordmesopotamische Zwischenlandschaft ein. Dort gründeten sie unter einer arischen Herrenschicht mit Zentrum im oberen Chaburtal das Mitanni-Reich, das um 1430 nach einem Vorstoß bis nach Mesopotamien seinen Höhepunkt erreichte, dann aber durch die Hethiter von Kleinasien aus um 1350 vernichtet worden ist.

Die Abwanderung der Kassiten und Churriter ist möglicherweise um 1700 durch den Druck indoiranischer Arier veranlaßt worden. Diese ethnisch nicht geschlossenen Indogermanen lebten nach ihrer Einwanderung, soweit sie nicht nach Indien weiterzogen oder in Splittergruppen nach dem Westen gelangten, zunächst im ostiranischen Gebiet als Hirtenstämme, wo sie ohne Städte und staatlichen Zusammenschluß ein geschichtlich kaum faßbares Dasein fristeten, bis aus ihrer Mitte der Glaubensstifter Zarathustra (griech. Zoroastres, Zoroaster) in der ersten Hälfte des 1. Jt. – vermutlich um 600 – erstand, der das iranische Element für Vorderasien zukunftsweisend aktivierte.

In Luristan bestand um 1000 eine beachtliche Bronzekultur, deren eigentliche Träger noch nicht näher bestimmbar sind. Sie wurden abgelöst oder überlagert von den Medern, die bald darauf eingewandert sein mögen und 835 erstmals im Raum ihrer späteren Hauptstadt Ekbatana (heute Hamadan) erwähnt werden. In ihrer Nordwestflanke bestand zunächst das Reich Urartu und nach dem Kimmeriersturm das Reich Man. Allmählich erstarkten die Meder, wurden unter Kyaxares der Skythengefahr Herr, wirkten 612 bei der Vernichtung Assurs mit, mußten aber schließlich 550 den Persern weichen, die sich im Raum südostwärts der Meder niedergelassen hatten. In Verbindung mit ihrem Aufstieg erhielt das ganze Hochland den Namen Aryanam („Land der Arier“), neupersisch „Iran“. Noch im 6. Jh. haben die Perser den gesamten Vorderen Orient und seine Randgebiete in einem Großreich vereinigt.

2. *Indien*

Vom Iran aus gewähren die bereits genannten Pässe den Zugang zum Fünfstromland (Pandschab) und in das untere Industal. Dort entstand nach einer zunächst präkeramischen Stufe in Mehrgarh am Bolan seit ca. 7000 und nach der neolithischen Vorstufe einer bäuerlichen Besiedlung (im 4. Jt.) die bronzezeitliche „Induskultur" (im 3. Jt.). Sie ist vor allem bekannt geworden durch die Grabungen und Funde in Mohenjo-Dāro (Sind) und in Harappa (am Rawi, Pandschab), neuerdings auch an anderen Plätzen. Es handelt sich um eine auf der Grundlage des Bauerntums entstandene städtische Kultur mit burgartigen Befestigungen aus der Zeit zwischen 2700 und 1500; die indische Bilderschrift ist neuerdings z. T. entziffert worden und erweist den dravidischen Ursprung der Kultur. Planung und Anlage der Stadt Mohenjo-Dāro („Stätte der Toten") sind überraschend großzügig: ein nach den Hauptwindrichtungen orientiertes rechtwinkeliges Straßensystem, öffentliche Bäder, Privatbäder, Kanalisation bis hinein in die Rechteckhäuser, die man aus Ziegelsteinen errichtete. Auch die auf der Töpferscheibe hergestellte Keramik, Schmuckstücke, Kleinplastik und die Spuren religiösen Lebens (weibliche Gottheit, Stiergott) verraten einen kulturellen Hochstand. Indische Siegelbilder sind in Mesopotamien gefunden worden und lassen Handelsverbindungen erkennen, die vielleicht auch auf noch frühere „Kulturdriften" zurückweisen.

Seit etwa 1500 drangen aus dem Iran die zu den Ost-Indogermanen gehörenden, noch nomadisierenden Arier (Arya) in das Fünfstromland ein. Da sie überlegene Waffen (Streitäxte) und zudem Streitwagen besaßen, besiegten sie die Ureinwohner (Dravida) und drangen allmählich nach Süden indusabwärts und nach Osten in den Gangesraum vor. Durch diese Einwanderung dürfte die Induskultur zerstört bzw. abgelöst worden sein. Es folgten für uns dunkle Jahrhunderte der Assimilation und Abkapselung zugleich, die nur z. T. aus den Veden („Wissen" = religiöse Schriften in Sanskrit, um 1000) für uns erkennbar sind. Dann erst bildeten die Inder allmählich ihre durch Kastenwesen (Hinduismus) und Buddhistische Religion (Buddha, gest. 480) charakterisierte Kultur aus, die für die dortige Entwicklung bis in die Neuzeit hinein grundlegend geworden ist.

Da der Indusraum um 512 dem Perserreich eingegliedert worden war, zog auch Alexander von 327–325 nach Indien. Später löste sich der Raum unter der Maurya-Dynastie (321 bis um 185) vom Seleukidenreich, blieb aber als Handelspartner für den Westen wichtig und wurde durch den seit dem 1. Jh. n. Chr. zur Weltreligion aufsteigenden Buddhismus welthistorisch bedeutsam. Das übrige Indien blieb außerhalb des Wirkungszusammenhangs der Alten Welt.

Die Geschichte des alten Vorderen Orients vom Beginn der Hochkulturen um 3000 bis zum Untergang der altorientalischen Großmächte im 7. und

6. Jh. umfaßt zeitlich den größten Teil des Altertums und nahezu die Hälfte der Geschichte seit Erfindung der Schrift. Die indogermanischen Perser übernahmen in ihrem Großreich zunächst das gesamte Erbe, und ihnen folgten die Makedonen. Im Hellenismus machten sich vor allem die östlichen Gebiete selbständig und begannen eine eigene Entwicklung.

In der römischen Zeit bildeten aus dem altorientalischen Erbe nur noch Ägypten, Syrien, Kleinasien und vorübergehend Nordmesopotamien eine Einheit. Die Epoche der allein oder vorwiegend von Europa aus bestimmten Geschichte der Mittelmeervölker ging schließlich zu Ende, als seit dem 7. Jh. n. Chr. der Orient mit der Expansion des Islam gewissermaßen zu einem Gegenstoß antrat.

II. Die Indogermanen

A. Begriff und Probleme

Die vergleichende Sprachwissenschaft hat seit Franz Bopp (gest. 1867) eine große Gruppe von relevanten Sprachen Europas und Westasiens näher untersucht. Nach ihren äußersten Verbreitungsgebieten, Indien und Island, hat sie ihr die Fachbezeichnung indogermanisch oder – im außerdeutschen Sprachbereich bevorzugt – indoeuropäisch gegeben. Innerhalb dieser Sprachen finden sich zahlreiche lexikalische Übereinstimmungen, so heißt z.B. Vater: ind. pitar, altpers. pita, griech. patér, lat. pater, franz. père, ital. padre, engl. father; darüber hinaus gibt es viele Gemeinsamkeiten in Wortbildung, Formenlehre, Flexionssystem, Satzbau und beim Ablaut. Derartige linguistische Beobachtungen veranlaßten verschiedene Hypothesen, bei denen auch Ergebnisse der Vorgeschichtsforschung und der historischen Völkerkunde berücksichtigt sind.

So stellt die Indogermanenfrage heute eine Menge von oft eng zusammenhängenden Einzelproblemen dar. Von ihnen sind für den Historiker bedeutsam die Vorstellungen über Ort und Zeit der Entstehung einer sogenannten indogermanischen „Grundsprache" und das Problem ihrer Aufspaltung bzw. der Ausgliederung von Einzelsprachen; von einer einheitlichen „Ursprache" oder gar einem indogermanischen „Urvolk" sollte man heute nicht mehr sprechen. Es ist anzunehmen, daß diese frühe Sprachgemeinschaft schon mehrere Dialekte aufzuweisen hatte, wahrscheinlich besonders die Kentum- und Satemsprache (nach der Bezeichnung für 100, die spätere West- und Ostgruppe). In die „Grundsprache" zurück führen vor allem Bezeichnungen für die Viehzucht (Schaf, Ziege, Schwein, Rind, Pferd), Metalle (auch [erschlossen] ajos, aes, Kupfer), den König und die patriarchalische Familiengliederung, womit zugleich gewisse Rückschlüsse auf Lebensweise und soziales Gefüge – drei „Stände": Priester, Krieger, Bauern – möglich sind. Als erwiesen darf auch gelten, daß solche gemeinsamen Phänomene in die neolithische Stufe zurückweisen und daß man als höchsten Gott den Himmelsgott verehrte sowie als Angriffswaffen vor allem Axt und Pfeil kannte. Erst nachdem einzelne Gruppen zu verschiedenen Zeiten aus diesem Gesamtverband ausgeschieden waren, entwickelten sich die späteren Einzelsprachen, wobei weitere Überschichtungsvorgänge nicht ausgeschlossen sind. Einzelne Sprachwissenschaftler lassen auch die Hypothese von der Grundsprache nicht gelten, sondern nehmen als Vorstufe mehrere Dialekte mit vielen Gemeinsamkeiten an.

Alle bisherigen Bemühungen, einen bestimmten Raum als „Urheimat" der Indogermanen abzugrenzen, haben zu keinem überzeugenden Ergebnis geführt. Die von Prähistorikern vertretene Identifikation der Schnurkeramiker und Streitaxtleute mit Indogermanen kann für die frühere Phase nicht überzeugen; die „Nordthese“ mit der Annahme einer Urheimat in Norddeutschland und Südskandinavien ist heute wissenschaftlich nicht mehr vertretbar, und die neuere These von der Invasion eines östlichen Steppenvolkes, das die Grubengrabkultur unter Hügeln (russ. Kurgan) in den nordpontischen Raum brachte, bedarf noch weiterer Stützen. So wird man sich vorerst mit der linguistischen Auffassung begnügen müssen, nach der die „Urheimat“ zwischen dem ostkaukasischen und dem finnisch-ugrischen Sprachbereich zu suchen sein dürfte. Dabei sprechen viele Überlegungen für den Raum nördlich des Schwarzen Meeres zwischen der Ukraine und der Senke südlich des Ural.

Mit allem Vorbehalt wird man die Anfänge der indogermanischen Grundsprache in das ausgehende Mesolithikum datieren dürfen. Die Differenzierung in Einzelsprachen kann zweifellos erst nach der Domestikation des Pferdes erfolgt sein, die – wie wir heute wissen – zwischen 3000 und 2600 in Osteuropa (Tripolje-Kultur A am mittleren Dnjepr) gelungen sein dürfte; denn die Indogermanen brachten bei ihrem späteren Auftreten in bereits geschichtlichen Räumen als wichtigste Neuerung das Pferdegespann mit. Möglicherweise hatte sich die Gruppe der Indo-Iranier als größere voreinzelsprachliche Einheit von den übrigen Trägern der Grundsprache schon losgelöst, bevor diese im 3. Jt. zu früher bäuerlicher Betätigung übergegangen sind. Auch die Hethiter sind schon vor 2000 aus dem Verband der Grundsprache ausgeschieden. Man wird also die zweite Hälfte des 3. Jt. annehmen dürfen für die Auflösung des Verbandes und die Ausgliederung größerer Einheiten, besonders Indo-Iranisch, „Alteuropäisch“, Balto-Slawisch, aus denen sich später zu verschiedenen Zeiten die historischen Einzelsprachen entwickelt haben.

B. Ausbreitung

Der Eintritt von Indogermanen in die Geschichte seit der beginnenden Bronzezeit erfolgte nicht schlagartig, sondern in mehreren zeitlich und örtlich weit getrennten Schüben und Wanderungsbewegungen, denen wiederum uns oft nicht faßbare Vorläufer vorausgegangen sein mögen. Im Überblick werden vier große Zusammenhänge deutlich: in der 1. Hälfte des 2. Jt. die erste Ausdehnung – man spricht auch von der ersten indogermanischen „Wanderung“ –, vom 13.–10. Jh. die große (oder zweite) Wanderung, vom 5.–3. Jh. v. Chr. die Ausbreitung der Kelten und – nach verschiedenen Vorläufern – die germanische Völkerwanderung vom 4.–6. Jh. n. Chr. Da die Auswirkungen dieser Bewegungen in der Geschichte des Alten Orients, der Antike und des Frühmittelalters dargestellt werden, genügt hier ein kurzer

Hinweis auf die beiden ersten Wanderungen. Zu den möglichen Gründen für ihren Beginn gehören gewisse Klimaänderungen, die zu zwei großen Trokkenzeiten (um 2200 bis um 1800 und um 1200 bis um 800) und damit zu entscheidenden Veränderungen der Lebensbedingungen geführt haben dürften.

Die erste große Ausbreitung indogermanischer Gruppen aus dem weiten eurasischen Raum hat den Süden und vor allem den damals schon geschichtlichen Raum im Vorderen Orient in der 1. Hälfte des 2. Jt. erreicht. Vorläufer mögen schon zwischen 2400 bis 2200 nach dem Süden vorgedrungen sein, wie wenigstens Brandschichten in Troia (II) und Lerna in der Argolis (Frühhelladisch II) vermuten lassen. Erst nachdem die Einwanderer in ihrer neuen Heimat seßhaft geworden waren, sind indogermanische Sprachen für uns faßbar, und zwar in der Reihenfolge: Hethitisch seit dem 17. Jh., Mykenisch-Frühgriechisch seit dem 16. Jh. und Indisch seit um 1000.

Die „Wanderungen" selbst waren keineswegs einheitlich, sondern sie stellten eine Summe von nichtzusammenhängenden und zeitlich verschiedenen Einzelzügen dar, bei denen viele Methoden – von der Infiltration bis zur Eroberung – zu Veränderungen führen konnten. Um 1900 haben die Frühgriechen, d.h. die Vorfahren der späteren Ioner und Aioler, die südliche Balkanhalbinsel erreicht. Etwa gleichzeitig drangen die Träger der hethitischen, luwischen und paläischen Sprache in Kleinasien ein. Die Indo-Iranier sind möglicherweise durch die Kaspische Senke und Turan von Norden her nach Ostiran gelangt. Von dort aus haben Arier um 1500 Nordwestindien erreicht und vermutlich die Induskultur zerstört. Wahrscheinlich zu den Iraniern, vielleicht aber auch zu anderen Gruppen, die westlich des Kaspischen Meeres aus nordkaukasischem Gebiet nach Süden vorgestoßen sein könnten, gehörten die Indogermanen, die von Osten her im 2. Jt. in Mesopotamien aufgetaucht sind; als pferdezüchtende Oberschicht traten sie bei den Churritern und wohl auch bei den Hyksos in Erscheinung, gründeten das Mitanni-Reich als beachtlichen Machtfaktor im 15. und 14. Jh. und bildeten auch bei den Kassiten eine dünne Herren- und Kriegerschicht.

Überall dürften diese Indogermanen sich schon frühzeitig mit der einheimischen Bevölkerung vermischt haben, und verhältnismäßig schnell sind sie völlig aus der Geschichte verschwunden. Ganz ungewiß ist es, ob die Tocharer, die östlichen Vertreter der Kentum-Sprachen, bereits im Zuge dieser frühen Wanderungen oder erst später in ihre Sitze in Zentralasien gekommen sind, von wo sie seit dem ausgehenden 1. Jt. v. Chr. nach Westen auswichen und quellenmäßig bezeugt sind.

In Europa dürfte sich im 2. Jt. die indogermanische „zentraleuropäische" Gruppe gebildet haben, die wohl schon früh verschiedene, archäologisch nachweisbare Kulturprovinzen aufwies: die protogermanische Kultur in Norddeutschland und Südskandinavien (nordische Bronzezeit), die protobaltische Kultur, die bis zur oberen Wolga ausstrahlte und an die im Raum nördlich der Karpaten die protoslawische Kultur anschloß, die weiter zur protodakischen Gruppe im heutigen Rumänien überleitete. Im Raum zwischen der unteren Donau und der nordägäischen Küste siedelten vielleicht schon damals die Vorfahren der späteren Thraker. Weiter donauaufwärts und im Bereich der Schnurkeramik sowie der Aunjetitzkultur bildeten sich allmählich die späteren Italiker, Illyrier, Kelten und auch vielleicht die Phryger heraus.

Die sogenannte große (oder zweite) indogermanische Wanderung brachte zwischen 1300 und 700 erneut Bevölkerungsverschiebungen, die für den weiteren Verlauf der Alten Geschichte grundlegend geworden sind. Ausgelöst wurden sie wahrscheinlich von den Trägern der Lausitz-Kultur bzw. den Illyriern; man spricht daher auch von der „illyrischen Wanderung". Diese stießen aus dem mittleren Donauraum nach Süden vor und erreichten ihre historischen Wohnsitze ostwärts der Adria, brachten aber dabei noch weitere Gruppen in Bewegung. So gelangten die Italiker in zwei Wellen durch die Poebene allmählich nach Halbinselitalien, während die Veneter von Nordosten in Oberitalien und die Japyger über die Adria in Apulien eindrangen. Für Griechenland brachten diese Verschiebungen die dorisch-nordwestgriechische Wanderung seit um 1200. Etwa gleichzeitig überschritten die Phryger im Zuge der thrako-phrygischen Wanderung die Meerengen. Ihre weiteste Ausstrahlung fanden diese Bewegungen in den Zügen der „Seevölker" (und Philister). Möglicherweise sind aber auch die indogermanischen Armenier schon damals zumindest in die Nähe ihres späteren Siedlungsraumes gekommen. Ähnliches gilt für die Vorfahren der Meder und Perser, die nach 1000 in den nordwestiranischen Raum vorgestoßen oder eingesickert sind. Die Abwanderung der Illyrier scheint den Raum frei gemacht zu haben für andere indogermanische Gruppen, aus denen seit dem ausgehenden 2. Jt. im Rheingebiet und im heutigen Ostfrankreich die Kelten entstanden sind; das Ausgreifen der Urnenfelderkultur nach Frankreich, Spanien und Südengland weist auf ihre Ausbreitung.

Später erst dürften verschiedene Bewegungen vom nordpontischen Raum ausgegangen sein. Im 8. Jh. stießen Kimmerier aus dem nordkaukasischen Gebiet nach Süden vor, drehten nach Westen ab, zerstörten kurz nach 700 das Phrygerreich in Westkleinasien, verschwanden dann aber völlig. Sie waren gedrängt und allmählich abgelöst worden von den Skythen, die im 7. Jh. einerseits neue Unruhen in den alten Vorderen Orient brachten, andererseits auch nach Westen bis in den Karpatenraum ausstrahlten.

So haben indogermanische Gruppen seit dem 2. Jt. ethnische Grundlagen für die weitere Entwicklung im nördlichen Mittelmeerraum gelegt.

III. Griechenland und die Ägäis im 2. Jahrtausend

Seit etwa 2000 v. Chr. hatten wandernde Indogermanen die südliche Balkanhalbinsel erreicht. Sie und die später im Zuge der großen Wanderung um 1100 vorstoßenden Gruppen verschmolzen mit der jeweiligen Vorbevölkerung und wurden zu Vorfahren der Menschen, die sich seit etwa 1000 auch dialektmäßig stärker differenzierten und später Hellenen nannten, während die Römer ihnen die Bezeichnung Griechen (Graeci) gaben. Ohne auf die Streitfrage einzugehen, wann man die griechische Geschichte im eigentlichen Sinn einsetzen lassen kann, sollen zunächst die Zustände im südlichen Balkan- und Ägäisraum besonders des 2. Jt. als eine wichtige Vorstufe skizziert sein. Die hier nachweisbaren Kulturen standen offenbar mit dem Alten Orient in engerer Verbindung als mit den damaligen prähistorischen Kulturen im übrigen Mittelmeerraum und in Europa.

Der Kernraum der späteren griechischen Geschichte, der zu den am stärksten gegliederten Gebieten Europas gehört, hat im Landschaftlichen – abgesehen von der Bewaldung – gegenüber dem Altertum kaum Änderungen erfahren. Er erstreckte sich von den nordgriechischen Landschaften Thessalien und Epirus über das gebirgige Mittelgriechenland bis zu der Halbinsel Peloponnes im Süden, die nur durch den Isthmos von Korinth mit dem Festland verbunden ist; die nördlich des Olymp liegende Landschaft Makedonien wurde erst seit dem 4. Jh. für die griechische Geschichte wirklich bedeutsam. Dieses „Mutterland" ist durch zahlreiche Gebirgsformationen und überdies durch eine von Norden nach Süden vom Pindos bis zum Taygetos streichende, aber vielfach gebrochene Hochgebirgslinie in zahlreiche Einzelkantone gegliedert. Nur wenige Ebenen, besonders in Thessalien, in Attika, in Elis und am Eurotas, bieten fruchtbaren Ackerboden, während die Gebirgsränder meist nur für Hirten nutzbar sind; an natürlichen Schätzen gab es eigentlich nur Ton und Marmor. Dieses rauhe und arme, aber lichtdurchflutete Land ist nach allen Seiten hin zur See geöffnet, die für den Ablauf der Geschichte bedeutungsvoll wurde. In diesen geographischen Gegebenheiten waren Spannungen vorgezeichnet zwischen bodenverbundenen Bevölkerungsteilen wie Bauern und Hirten einerseits und Küstenbewohnern andererseits, die durch das Meer und viele gute Häfen in die Ferne gelockt wurden. Die zahlreichen Inseln im Ägäischen Meer dienten dabei als Brücken nach Kleinasien. So lag das Land zugleich offen für die Einflüsse der Umwelt – vor allem von Osten her – und wies die Bewohner auf einen die Ägäis umgrenzenden, durch Natur und Klima ähnlichen und verbundenen Großraum hin.

A. Ägäische Kulturen

Die Menschen, die diese verschiedenen Kulturen trugen und deren Sprache uns – wenn man von geringen Resten absieht – unbekannt ist, sind von den späteren Hellenen „Pelasger", „Karer" oder „Leleger" genannt worden. Solche Bezeichnungen dürften eine vielschichtige Entwicklung spiegeln, bei der offenbar Elemente aus Kleinasien sich über ein Substrat altmediterraner Bevölkerung gelagert hatten. Am bedeutendsten wurde die minoische Kultur auf Kreta. Sie kann infolge mehrfacher Verbindungen mit Ägypten zeitlich einigermaßen befriedigend eingeordnet werden und bietet damit zugleich das chronologische Gerüst für das moderne Bild der südosteuropäischen Vor- und Frühgeschichte.

1. Kreta und die „minoische" Kultur

Die ca. 250 × ca. 34 km große Insel Kreta bildet – zusammen mit den Inseln Kythera und Antikythera im Nordwesten sowie Karpathos und Rhodos im Nordosten – den Südrand der ägäischen Inselwelt. Sie bot, wenn auch zu beträchtlichen Teilen von Hochgebirgen durchzogen, hinreichend Platz zur Entfaltung einer eigenen Kultur. Diese entstand im 3. Jt., erlebte ihre Blüte zwischen 2000 und 1400 und schwand dahin bis ins ausgehende 2. Jt. Wir nennen sie mit moderner Bezeichnung „minoische" Kultur. Der verschwommenen Erinnerung der Hellenen, deren Sagen u. a. von Europa, König Minos und seinem Seereich, von Daidalos oder Theseus erzählen, stehen heute zahlreiche Funde gegenüber, die uns in freilich örtlich und zeitlich verschiedenem Umfang einen gewissen Einblick in das Werden und Wesen dieser Kultur ermöglichen. Nach einer Vorbereitungszeit von mehreren Jahrhunderten war sie seit etwa 2000 voll ausgebildet. Vor allem im Umkreis größerer Palastanlagen und in unbefestigten Siedlungen ermöglichte sie ein im wesentlichen friedvolles, im sogenannten Hofleben gipfelndes Dasein. Mag auch die Idee stadtartiger Konzentration aus dem Alten Orient übernommen sein, mögen viele Einzelheiten direkt auf Herkunft aus Kleinasien deuten, so war doch das Ganze eine eigenständige Schöpfung mit dem Reiz einer für uns fast märchenhaften Gesamterscheinung; ihr hat bei aller Differenzierung im einzelnen das den Orient charakterisierende überaus starre Herren-Untertanen-Verhältnis offenbar gefehlt.

Umrisse einer politischen Geschichte sind kaum zu gewinnen. Es empfiehlt sich daher, der von Evans, dem erfolgreichen Ausgräber von Knossos, vorgeschlagenen Dreiteilung in Frühminoikum (FM), Mittelminoikum (MM) und Spätminoikum (SM) zu folgen – (vgl. Zeittafel S. 69) und die für die kulturelle Entwicklung wesentlichen Wendepunkte um 2000 und um

1400 sowie die dazwischenliegenden Zäsuren von 1700 und 1600 zu betonen.

In der Zeit vor 2000 gab es noch keine Paläste bzw. nur gewisse Vorstufen – wie in Phaistos –, so daß man auch von einer „Vor-Palastzeit" (Praepalatikum) spricht. Damals bereits gab es in Kreta zahlreiche Gemeinden, für die man einen differenzierteren gesellschaftlichen Aufbau annehmen darf. An der Spitze werden Herren gestanden haben, die mit den gleichzeitigen Stadtkönigen in Anatolien und Syrien vergleichbar sein könnten. Die Bevölkerung, in der sich deutlich ein Adel abhob, war, wie Rundgräber nahelegen, bereits gentilizisch gegliedert und stand der von Kleinasien her übergreifenden „mutterrechtlichen" Kultur zumindest nicht fern. Nach außen war das Land unabhängig, doch bestanden über See mannigfache Beziehungen zu den Nachbarn auf den Kykladen und weiter bis hin an die Küsten des Ostmittelmeerraumes.

Die „Palastzeit" (2000–1400) brachte einen dynamischen Aufschwung und den Höhepunkt der minoischen Bronzezeit und ihrer Ausstrahlung. In der Phase der „älteren Paläste" (Protopalatikum, 2000–1700) dürfte das mittlere und östliche Kreta politisch vereinigt worden sein. Als Mittelpunkt gilt der Palast von Knossos, dessen Herrscher – er führte vielleicht den Titel Minos – eine Art Vorrangstellung gehabt haben könnte unter den übrigen Fürsten, die in anderen Palästen (Phaistos, Mallia, später Kato Zakros) sowie Herrensitzen wohnten und auch über kleinere Anlagen bzw. „Sommerresidenzen" wie die von Hagia Triada verfügten. Nach außen hin wußte man die Insel und ihre zahlreicher werdenden Städte, die z. T., wie in Mallia, ihr wirtschaftliches Verwaltungszentrum in einem Palast haben mochten, durch eine Flotte zu sichern, ohne dabei ein „Seereich" zu errichten. Ganz zweifellos aber gab es außerkretische Besitzungen, z.B. auf Melos, Thera, Aigina, Rhodos und in Milet, und ein lebhafter Handel führte nicht nur in den Raum der Ägäis, sondern auch nach Ägypten und Syrien – ein wenn auch nur bedingt auswertbares Zeugnis für die Machtstellung und die Bedeutung der „Minoer".

In der „jüngeren Palastzeit" (1700–1400), die nach einer wohl durch Erdbeben herbeigeführten Katastrophe begann, erfolgte in der politischen Einflußsphäre zunächst keine Änderung, wohl aber ein Ausbau der Verwaltung; denn diese konnte sich bald einer eigenen Schrift bedienen, die inzwischen aus frühen piktographischen Anfängen (uns faßbar auch in den Bildzeichen des sogenannten Diskos von Phaistos) entwickelt worden war: der aus Linien bestehenden Schrift „Linear A". Bedeutungsvoll wurde eine erneute Zerstörung der Paläste bald nach 1600, die wahrscheinlich mit dem Ausbruch des Vulkans auf Thera (Santorin) in Zusammenhang gebracht werden muß. Die Paläste und die städtischen Siedlungen wurden rasch wieder aufgebaut; doch dürften mit dem wahrscheinlich durch die Flutwelle verursachten Verlust der kretischen Flotte gewisse Rückschläge im Ägäisraum in Verbindung gebracht werden können, die freilich wohl nur deshalb erfolgten, weil die mykenische Macht von der Argolis aus inzwischen erstarkt war.

Mit der dritten Stufe des Neopalatikum (1475–1400) ist in Knossos die seitherige Dynastie durch andere Herren abgelöst worden, ohne daß dabei ein kultureller Bruch eintrat. Nach Ausweis der in frühgriechischer Sprache beschriebenen „Linear B"-Täfelchen waren es Achäer vom Festland, die jedoch ihren Einfluß nicht auf andere Paläste ausgedehnt zu haben scheinen.

Um 1400 sanken Knossos und die übrigen Paläste in Trümmer. In der „Nach-Palastzeit" (Postpalatikum, etwa 1400–1150) baute man sie nicht oder nur teilweise wieder auf, die Einheit von Ost- und Mittelkreta war zerfallen. Zahlreiche Siedler vom griechischen Festland kamen jetzt auf die Insel, und die politische Selbständigkeit Kretas dürfte an die Achäer verlorengegangen sein. Das kulturelle Leben ließ deutlich nach bis in die subminoische Phase (um 1150 bis 1050). Als anschließend die geometrische Kunst allmählich aufkam, war die Kraft der minoischen Kulturträger endgültig erloschen.

Die minoische Kultur war vorwiegend auf die Paläste bezogen und kulminierte in einem sinnenfrohen Daseinsgenuß. Die weitflächigen, meist mehrgeschossigen Palastkomplexe waren um einen großen Binnenhof gruppiert und enthielten nicht nur Repräsentationsräume, Wohnungen und Bäder, sondern auch Werkstätten, Magazine, Archive, verbunden durch Korridore, Treppenhäuser und Terrassen. So entstand ein vorwiegend auf das Innere gerichteter, wirtschaftlich weitgehend autarker Rahmen, den man mit allen zivilisatorischen Errungenschaften bis hin zur Kanalisation ausstattete und dessen architektonische Strenge man mit Holzsäulen, die sich nach unten verjüngten, auflockerte. Die Wände waren zunächst ornamental bemalt, später mit farbenprächtigen Bewegungsbildern in Freskotechnik belebt. Figürliche Szenen erfaßten Tiere, Menschen und Pflanzen, wobei man auch ins Märchenhafte gehende Motive, gewagte Spiele oder feierliche Gabenprozessionen darzustellen wußte. Waren solche Gemälde ebenso wie die zahlreichen bekanntgewordenen Erzeugnisse der Elfenbeinschnitzer, der Glyptiker und Metallurgen durch Reichtum und Phantasie der Schöpfungen ausgezeichnet, so fehlte ihnen doch jeder Zug ins Monumentale. Genauer erforscht ist auch die Entwicklung der Keramik, die – seit etwa 2000 auf der Töpferscheibe hergestellt – in der sogenannten Kamares-Ware (um 1900–1780) mit eierschalendünnen Gefäßen und mit polychromen geometrischen oder stilisierenden Motiven einen Höhepunkt erreichte. Mit einer Wende zum Naturalismus um 1600, in dem man die Tier- und Pflanzenwelt auch des Meeres besonders erfaßte, begann eine weitere Blütezeit, die dann allmählich in den sogenannten „Palaststil" des 15. Jh. überleitete. Die Keramik der spätminoischen Zeit nach 1400 zeigt lediglich ein Ausklingen in Technik und Bemalung.

Im Rahmen polytheistischer Religionsvorstellungen scheinen weibliche Gottheiten besonders verehrt worden zu sein, wobei nicht nur allgemeine Vorstellungen der Fruchtbarkeit zum Ausdruck kamen, sondern besonders solche der Herrschaft über Erde, Berge, Tiere und Unterwelt. Als Kultsymbole waren vor allem Doppelaxt (Labrys) und „Kulthorn" weit verbreitet, die wohl nicht von einem urtümlichen Stierkult getrennt werden dürfen; sie finden sich besonders zahlreich in Knossos, das wahrscheinlich zum Vorbild für die griechische Sage vom Labyrinth (= Haus der Doppeläxte) geworden ist. Als Kultstätten dienten Bergspitzen, offene Plätze, Höhlen, Grotten, aber auch Hauskapellen und vielleicht besondere Palastsäle; Tempel kannte man nicht. Auch Frauen nahmen an Religion und Kult regen Anteil, wie die Statuette der sogenannten Schlangenpriesterin aus Knossos erweist. Im Palastleben traten Hofdamen, deren Kleidung und Frisuren aus Fresken bekannt sind, stark in Erscheinung und auch höfische Kavaliere, die nicht weniger modisch gekleidet waren. Darstellungen von großen Festen und Kultspielen, bei denen offenbar dem Stier eine große Bedeutung zugemessen wurde, zeigen uns das friedliche Zusammenleben weiter Bevölkerungsschichten. Ihm dienten wohl auch die sogenannten Theateranlagen bei den Palästen.

So hat auf Kreta die erste europäische Gesellschaftskultur bestanden, die durch eine Konzentration des Lebens in Palästen und Städten und auch schon durch die Spezialisierung in Handwerk und Kunst besonders gekennzeichnet war. In der ihr eigenen Auffassung von den Beziehungen unter den Menschen auf Kreta hatte sie offenbar eine ganz unorientalische, in die Zukunft weisende Grundhaltung.

2. Der Ägäisraum und Troia

Seit etwa 2600 gab es auf den Kykladen eine frühbronzezeitliche Kultur, die bei allen offensichtlichen Verbindungen nach Anatolien doch eigenständig war. Im Frühkykladikum (FK, etwa 2600–1850), das vor allem durch Siedlungen und Funde auf den Inseln Melos und Syros bekannt ist, exportierte man Obsidian, einen zur Geräteherstellung geeigneten vulkanischen Glasfluß, Gefäße aus Stein (Marmor auf Naxos und Paros!) und keramische Erzeugnisse in schwarzer Urfirnistechnik. Vorwiegend als Grabbeigaben dienten die flachen „Inselidole", kleine, gelegentlich bis 1,50 m hohe, meist stilisierte Menschendarstellungen, darunter auch Harfen- und Doppelflötenspieler aus Marmor. Der Handel verband die Kykladen nicht nur mit Kleinasien und Kreta, sondern erreichte sogar den Raum der Adria. Seit etwa 2250 haben sich Kykladenbewohner auch am Rand des griechischen Mutterlandes in Attika und auf Euböa niedergelassen.

Im Mittelkykladikum (MK, etwa 1850–1550), für das 14 Siedlungen nachgewiesen sind, die z.T. befestigt waren, dürfte der Höhepunkt dieser Kykladenkultur bereits überschritten gewesen sein. Ein Teil der Inseln war wohl näher mit Kreta verbunden, wie Funde in Phylakopi (Melos), auf Keos und vor einigen Jahren auch auf Thera (Santorin) eindrucksvoll erweisen. Sonst aber wirkten – bei deutlichem Festhalten an überkommenen Leitformen wie etwa der Schnabelkanne – Einflüsse vom griechischen Festland her. Diese wurden im Spätkykladikum (SK, etwa 1550–1050) noch stärker und verdrängten schließlich die Verbindungen nach Kreta und Kleinasien, was uns vor allem aus der Keramik, aber auch durch das Vordringen des Megarontyps im Hausbau (z.B. auf Naxos) sowie dann in einem allgemeinen Rückgang deutlich wird.

Als Verbindung zwischen Südosteuropa und Kleinasien noch wichtiger als die Kykladen-Brücke war bereits in prähistorischer Zeit der Raum der Meerengen. Am südwestlichen Eingang des Hellespontes (Dardanellen) existierte seit dem ausgehenden Neolithikum im 4. Jt. die befestigte Stadt Troia. Sie gehörte zu einem seit dem 3. Jt. zunächst kuprolithischen, dann frühbronzezeitlichen Kulturbereich, der von Anatolien nach Europa übergriff. An der Spitze der im wesentlichen bäuerlichen, aber auch vom Umschlaghandel lebenden Stadtbevölkerung standen wohl schon frühzeitig Könige. Die Einwohner hatten neben den Vorteilen auch die Nachteile ihrer Lage auszukosten, überstanden aber Katastrophen mit anscheinend beachtlicher Zähigkeit. Die von Schliemann und Dörpfeld und schließlich von den Amerikanern (W. Semple, C. W. Blegen) durchgeführten Untersuchungen des Schutthügels von Hissarlik haben nicht weniger als 9 Hauptschichten und etwa 30 Zwischenlagen festgestellt, die ebenso vielen siedlungsgeschichtlichen Neuanfängen entsprachen. Die untersten 7 Schichten sind prähistorisch, die oberen griechisch und römisch. Im 3. Jt. hatte die Stadt eine Blütezeit erlebt; dies erweisen Reste von Troia II (etwa 2600–2000): starke Befestigungen, Türme und Toranlagen, Innenbauten im Megarontyp, anthropoide Keramik und große Gold- und Silberfunde, die Schliemann fälschlich als den Schatz des Priamos deutete. Der hier bereits faßbare Mischcharakter einer zwischen Anatolien und Europa liegenden Kultur wird auch in den nächsten, sonst fast bedeutungslosen Schichten III–V deutlich. In der Mittel- und Spätbronzezeit aber wurde Troia VI (etwa 1750–1280) als Sitz eines offenbar mächtigen Fürstengeschlechts erheblich erweitert und durch Befestigungsanlagen mit geböschtem Unterbau und steilen Obermauern geschützt. Nachdem diese Stadt einem Erdbeben zum Opfer gefallen war, wurde sie sofort wieder aufgebaut (Troia VII a) und dann – vor 1200 – zerstört, vielleicht durch Achäer, vielleicht durch Thrako-Phryger, deren Buckelkeramik jedenfalls in der übernächsten Schicht (VII b2) nachweisbar ist. Die im Fundbestand deutlichen Beziehungen zur mykenischen Kultur haben in der zweiten Hälfte des 2. Jt. ganz zweifellos auch zu politischen Verbindungen geführt; dabei mag es zu einer Belagerung und wohl auch Eroberung der kulturell freilich auch dann kontinuierlich nichtgriechischen Stadt durch die Achäer gekommen sein, d.h. zum historischen Kern des Epenstoffes vom Krieg um Ilion.

3. Das Festland und die „helladische" Kultur

Die Besiedlung durch mediterrane Bewohner, die Ackerbau und Viehzucht betrieben und überdies die Töpferei kannten, ist bereits für die neolithische Phase vor 2500 an mehreren Stellen nachweisbar. Besonders dicht waren dorfartige Siedlungen in Thessalien, wo auch die beiden Fundplätze in der Nähe des Golfes von Volo liegen, nach denen man die endneolithische Kulturphase benennt.

In der Sesklo-Kultur (etwa 3500–2900) waren die Siedlungen unbefestigt und bestanden aus runden bzw. kurvenlinearen Hütten oder quadratischen Häuschen. Geschliffene Steinartefakte sind Zeugnisse des voll ausgebildeten Neolithikums. Die Gefäße waren handgemacht und gehören zur sogenannten Buntkeramik mit vorwiegend linearer Dekoration. Idole aus Ton, die zumeist Frauen bzw. eine mütterliche Göttin darstellen, weisen die Bevölkerung der altmediterranen und damals bereits stärker von Westkleinasien her bestimmten Schicht zu. Ein längeres Auslaufen dieser Kultur ist nicht nur in der Sub-Sesklo-Periode (etwa 2900–2500) zu beobachten, sondern auch in den bis zur Donau reichenden Ausstrahlungen der „Seskloiden Außenzone" bis zum Ende des 3. Jt. Möglicherweise sind besonders mit den Trägern dieser Kultur Ortsnamen auf -nt- und -ss- zu verbinden, die von Kleinasien (z.B. Halikarnassos) über Griechenland (Korinthos) bis in den Alpenraum (Nachwirkungen wie Carni, Carnuntum und später wohl Kärnten) und Italien (Taras, Tarentum) nachweisbar sind.

Scharf von der Sesklo-Kultur geschieden und als Übergangszeit einzuordnen ist die Dimini-Kultur (etwa 2900–2500). Ihre Siedlungen waren z. T. stark befestigt, was auf fremde Eroberer deuten kann, zumal die Keramik mit neuen Gefäßformen (Fruchtständer, Dimini-Schalen) und Spiralmotiven der ostbandkeramischen Formensprache („Koiné") des Donauraumes nicht fernsteht. Wenn nun auch der rechteckige Raum mit Herd, das sogenannte Megaron, als Wohn- und vielleicht schon als Gotteshaus verwendet wurde, so besagt dies allerdings nichts über seine Herkunft aus dem Norden, weil dieser Haustyp schon viel früher in Jericho nachgewiesen ist. Immerhin wird man für die Dimini-Leute ein Einströmen aus dem Balkanraum annehmen dürfen.

Die auf das Neolithikum folgende Metallzeit mit ihren allmählichen Übergängen von der Steinkupferzeit (Aënolithikum) zur Kupfer- und Bronzezeit wird in Analogie zum modernen Schema minoischer Kultur in drei „helladische" Phasen mit je drei – in sich fragwürdigen – Unterperioden gegliedert.

Zeittafel

Jahre	Kreta: Evans/Matz	Kreta: Platon	Kykladen	Troia	Festland
3000	Neolithikum			Troia I	Sesklo
2900					
2800					Dimini
2700					
2600					
2500	Früh-Minoikum I	Prae-Palatikum I	Früh-Kykladikum I	Troia II	
2400					Früh-Helladikum I–III
2300		Prae-Palatikum II	Früh-Kykladikum II		
2200	Früh-Minoikum II				
2100		Prae-Palatikum III	Früh-Kykladikum III	Troia III–V	
2000					
1900	Mittel-Minoikum I	Proto-Palatikum I			
1800	Mittel-Minoikum II	Proto-Palatikum II	Mittel-Kykladikum I–II		Mittel-Helladikum
1700		Proto-Palatikum III		Troia VI	
1600	Mittel-Minoikum III	Neo-Palatikum I			
1500	Spät-Minoikum I	Neo-Palatikum II	Spät-Kykladikum I–III		Spät-Helladikum I =Früh-Mykenikum Spät-Helladikum II
1400	Spät-Minoikum II	Neo-Palatikum III			
1300	Spät-Minoikum III	Post-Palatikum I	Spät-Kykladikum = Spät-Helladikum III Spät-Mykenikum		Spät-Helladikum III
1200		Post-Palatikum II		Troia VII a	Submykenikum
1100		Post-Palatikum III		Troia VII b	
1000	Subminoische Zeit			Troia VIII	

Im Frühhelladikum (FH, etwa 2600 bis etwa 1900) scheint sich der Schwerpunkt von Thessalien nach Mittelgriechenland und weiter nach Süden verlagert zu haben, wie jedenfalls die Funde in Orchomenos (Boiotien), in Korakou bei Korinth und in Tiryns (I–III) nahelegen. Die Siedlungen wurden in dieser frühen Bronzezeit zu stadtartigen Anlagen erweitert. Leitform ist für uns die sogenannte Urfirniskeramik, die man noch ohne Töpferscheibe herstellte. Um 2200 sind – wie weitere Funde z.B. in Lerna deutlich erweisen – mehrere Siedlungen zerstört worden. Insgesamt wird man in diesen Jahrhunderten ein stärkeres Einwirken der aus dem Ägäisraum stammenden Kulturströme annehmen dürfen.

Im Mittelhelladikum (MH, etwa 1900 bis etwa 1600) standen wiederum Ostmittelgriechenland mit Orchomenos und Korakou sowie die Argolis im Vordergrund. Das Einströmen indogermanischer Elemente von Norden her war zu Beginn dieser Phase erfolgt oder bereits abgeschlossen. Die sogenannte Minyerware, die auf der wohl aus Kreta übernommenen Töpferscheibe hergestellt wurde, und die sogenannte Mattmalerei sind für uns die Leitformen dieser Periode. Das Späthelladikum (SH, um 1600 bis etwa 1000) ist zunächst mit der mykenischen Kultur identisch und läuft in die submykenische Stufe aus. Im übrigen umfaßt es andere noch prähistorische Kulturen im südlichen Balkanraum, die mittels der mykenischen Keramik in relativer Chronologie eingeordnet werden können.

B. Aus dem griechischen „Altertum“

Mit gewisser Berechtigung hat man die Zeit zwischen der Einwanderung der ersten Frühgriechen und der Dorischen Wanderung griechisches „Altertum“ genannt. Diese Jahrhunderte heben sich als eine frühgeschichtliche Phase deutlich von der auf die Dorische Wanderung folgenden Periode ab, in der die antiken Hellenen sich erst entwickelt haben.

1. Die Einwanderung der Frühgriechen (um 1900)

Die Verdrängung und schließlich das völlige Verschwinden der mediterranen Sprache(n) und die erst um 800 vollzogene Indogermanisierung der Bevölkerung sind Ergebnisse, bei deren Erklärung zahlreiche Probleme auftauchen, von denen hier nur einige wichtige gestreift werden können. Die Datierung des Einströmens indogermanischer Gruppen und Splitter kann bereits mit Zerstörungen um 2200 in Verbindung gebracht werden, spiegelt sich jedoch vorwiegend seit um 1900 in der sogenannten Minyerkeramik und wenig später in der Mattmalerei; man kann deshalb für das Auftreten von Indogermanen, die wahrscheinlich aus dem unteren Donauraum kamen, die

Zeit um 2000 und später annehmen. Der Vorgang selbst war wohl kaum einheitlich, sondern durch örtlich und zeitlich wechselnde Vorstöße, Kämpfe und Ruhezeiten gekennzeichnet. Die späteren Dialektgruppen legen die Annahme nahe, daß damals die Vorfahren der Ioner sowie die des arkadisch-aiolischen Dialekts, der oft auch „achäisch“ genannt wird, in die Räume an der Ostküste Griechenlands gelangt sind.

Daß diese Einwanderung wohl kaum isoliert gesehen werden darf, sondern in einen größeren, freilich sehr lockeren Zusammenhang mit dem Auftreten der Hethiter gebracht werden könnte, wird im Abschnitt über die Indogermanen angedeutet.

Die Einwanderer waren nicht nur Ackerbauer, die Rind und vor allem Pferd kannten und mitbrachten, sondern sie verfügten auch über handwerkliche Kenntnisse bis hin zur Metallverarbeitung (Bronze). Die Führung der Stammesgruppen dürfte bei „Herzögen“ gelegen haben, denen ein kriegerischer Adel zur Seite stand. Gegen die zahlenmäßig zweifellos überlegenen alten Bevölkerungsteile, die keineswegs ausgerottet, wohl aber zu Frondiensten gezwungen wurden, schützten sich die Eingewanderten in befestigten Siedlungen und behielten auch dort Formen des soeben angedeuteten gesellschaftlichen Aufbaus der Wanderungsperiode bei. In einer längeren „Einwanderungsstille“ fanden offenbar auch Verschmelzungen mit der Vorbevölkerung und vor allem eine Anpassung an deren überlegene Kultur statt. So entstand allmählich eine breitere Herrenschicht, die sich auch mit ihrer Sprache durchsetzte und seit etwa 1650 als Träger der mykenischen Kultur deutlich hervortrat.

2. Mykenische Kultur (um 1600 bis etwa 1200)

Neben Kreta und Troia hat uns besonders die Argolis die wichtigsten Erkenntnisse für die Kultur im Ägäisraum des 2. Jt. vermittelt. Aber auch aus diesen Überresten, mögen sie an sich noch so eindrucksvoll sein, läßt sich, selbst in Kombination mit den argivischen, thebanischen oder athenischen Sagen der späteren Hellenen, noch keine wirkliche Geschichte gewinnen. Auch die bereits erwähnten, in „Linear B“ geschriebenen frühgeschichtlichen Tafeltexte, die seit etwa 1470 in Knossos und aus späterer Zeit besonders in Mykene, Pylos und Theben gefunden wurden, besagen nur, daß die Träger der damaligen Kultur eine Schrift kannten und benutzten, die dann seit etwa 1150 in Vergessenheit geriet, ergeben aber bisher keinerlei Hinweise auf die politische Geschichte; denn sie enthalten offensichtlich fast nur Inventare, d. h. listenmäßige Aufzeichnungen und Notizen der Verwaltung, die freilich einen relativ hohen Stand der damaligen Wirtschaft erweisen. Andererseits lassen die kulturellen Ausstrahlungen auf eine Entwicklung des Handels und der Seegeltung schließen, die auch machtpolitisch bedeutungsvoll war oder sein konnte.

Die mykenische Kultur beruht auf einer doppelten Grundlage: der minoischen und der indogermanisch-mutterländischen. Bauten und bildliche Darstellungen erweisen eindeutig, daß ihr Geist wesentlich von dem der minoischen Kultur verschieden war. Starke Befestigungen und später Burgpaläste zeigen, daß eine Herrenschicht bestimmend war, die zweifellos mit Bedrohungen rechnete. Für den Bau ihrer Anlagen hatte sie offenbar auch die Arbeitskraft von Hörigen heranziehen müssen. Ihre militärische Überlegenheit gründete sich auch auf den – möglicherweise aus Kleinasien übernommenen – Streitwagen und auf die Waffen einer entwickelten Bronzekultur (Turmschild, Kurzschwert). Freude an Kampf und Jagd gehörte zur mykenischen Grundhaltung, die schon auf den in das ausgehende 17. Jh. gehörenden, 1951 entdeckten Grabsteinen (Stelen) des Schachtgräberrundes B vor dem Löwentor bei Mykene und nicht minder auf den Fresken der ausgehenden mykenischen Periode deutlich wird – in auffälligem Gegensatz zur minoischen Kultur. Auch die Stellung der Frau war nicht so dominierend wie in Kreta, wenngleich ihre Bedeutung als Gefährtin des Mannes größer war als im späteren Hellas. Unter der in König – Adel – Freie differenzierten Herrenschicht stand eine wahrscheinlich der Vorbevölkerung angehörende Untertanenschicht in einer gegenüber den altorientalischen Verhältnissen freilich gemilderten Form; Sklaven dürfte es nur in beschränktem Umfang gegeben haben.

Politische Zusammenschlüsse sind nicht näher nachweisbar, aber für die Argolis und Boiotien sehr wahrscheinlich. Die Funde erweisen, daß die Bewohner der Argolis vom ausgehenden 17. Jh. bis ins 15. Jh. eine Art Vorrangstellung zumindest in Südgriechenland hatten und daß von Mykene aus besonders im 13. Jh. Burgen wie z. B. Tiryns und Asine ausgebaut worden sind. Seit etwa 1400 traten auch Boiotien (Orchomenos, Gla) und Messenien (Pylos, um 1230 zerstört) mit mykenischen Herrensitzen stark in Erscheinung. Machtkämpfe sind nicht ausgeschlossen und könnten z. B. faßbar sein in der Zerstörung des ersten Palastes in Theben um 1350. In der spätmykenischen Phase seit etwa 1400 erfolgte ein Ausstrahlen mykenischer Kultur: „Achäer" wanderten auf die Kykladen und nach Kreta aus, und Handelsbeziehungen bestanden mit Kleinasien, dem östlichen Mittelmeerraum und Sizilien. Spätere Erinnerung verband – wohl auch märchenhafte – Überlieferungen von solchen Seefahrten mit der Sage vom Troianischen Krieg und von der Zerstörung von Ilion, die man in hellenistischer Zeit (Eratosthenes) ins Jahr 1184 datierte. Möglicherweise befanden sich „Achäer" unter den Seevölkern, die Ägypten heimsuchten, und bestimmt haben sie in nachmykenischer Zeit bis ins 1. Jt. auf Cypern existiert, wie der dortige achäisch-cyprische Dialekt und die cyprisch-minoische Linearschrift C erweisen.

Die mykenischen Grabanlagen und Bauten lassen sich heute in gewisse

Entwicklungsstufen einordnen. Am Anfang standen die „Schachtgräber“, die aus Steinkistengräbern hervorgegangen waren und zur Beisetzung fürstlicher Herren dienten; Mykene hat dazu die bekanntesten Beispiele geliefert: das Gräberrund B vor dem Löwentor (Ende des 17. Jh.) und die tief unter dem späteren „Plattenring“ liegenden Schachtgräber A (16. Jh.), aus denen Schliemann die großen Schätze und die fünf Goldmasken als früheste erhaltene Darstellungen von Europäern geborgen hat. Es folgten die „Kuppelgräber“, deren wichtigstes, das sogenannte Schatzhaus des Atreus bei Mykene, mit einem Durchmesser von 14,50 m aus dem 14. Jh. stammt, ein eindrucksvolles Zeugnis einer neuen, monumentalen Kunst. Diese kam seit dem 14. Jh. auch in den Palastburgen zum Ausdruck, die meist auf ein Megaron ausgerichtet waren und auch damit eine ganz andere Bauauffassung dokumentierten als die Hofpaläste Kretas, aus denen man allerdings viele Anregungen von der Säulenform bis hin zu Stuckdekorationen und Maltechnik übernahm. Solche Verschmelzung wird am deutlichsten am Löwentor und an seinem Relief, dessen Motiv aus Kreta bzw. Kleinasien stammt, während das Ganze als Beispiel monumentalen Ausdrucks völlig unminoisch ist. Etwa gleichzeitig wurde die Grablege des Gräberrundes A in die damals neue „kyklopische“ Mauer Mykenes einbezogen und zum „Plattenring“ erhöht. Aus dem 13. Jh. stammt der Ausbau von Tiryns zur eindrucksvollsten Befestigungsanlage der griechischen Frühzeit mit mehreren Zwingern, Kasematten, Propyla, Megara, Bad und einer Unterburg.

Während die klare Gliederung der Bauten von geplanter Gruppierung, d. h. von tektonischem Geist zeugt, ist auch in der Keramik seit dem 15. Jh. auf minoischer Grundlage ein mykenischer Stil ausgebildet worden. Dieser hat als sogenannte mykenische „Koiné“ seit etwa 1400 eine weite Verbreitung bis nach Westkleinasien, Syrien und auch Sizilien gefunden, erlahmte jedoch allmählich; historisch interessant sind erste erhaltene Menschendarstellungen aus dem 13. Jh.

IV. Die Große Wanderung (1200–900) in Südost- und Südeuropa

Die vielschichtigen Wanderbewegungen, die seit etwa 1250 zu Katastrophen und weitgehenden Umschichtungen geführt haben, gehören in den Bereich der zwar problemreichen, im Grundstock aber kaum bezweifelbaren zweiten oder großen indogermanischen „Wanderung". Von den wahrscheinlichen größeren Zusammenhängen braucht hier nicht gesprochen zu werden, weil die nötigen Hinweise dazu im Abschnitt Indogermanen (vgl. S. 58–61) bereits gegeben sind, während die Ausstrahlungen in Gestalt der Seevölker und der Philister sowie der Vorstoß der Phryger nach Kleinasien an anderer Stelle behandelt sind und nicht in den durch die Überschrift dieses Kapitels gekennzeichneten geographischen Rahmen gehören.

A. Die Dorische Wanderung (etwa 1100–900)

Die das griechische Mutterland erreichenden Wanderbewegungen werden mit dem modernen Begriff „Dorische Wanderung" und in der Ausweitung auf die Ägäis als „Ägäische Wanderung" zusammengefaßt. In ihnen ist nicht nur die mykenische Kultur allmählich untergegangen, sondern auch die durch die Neuankömmlinge bedingte Bevölkerungsverteilung herbeigeführt worden, aus der sich nach einer gewissen „Einwanderungsstille" von einigen – für uns dunklen – Jahrhunderten die spätere Dialekt- und Stammesgliederung der Hellenen ergab.

Es ist heute anerkannt, daß griechische Geschichte nicht erst mit der ersten gezählten Olympiade 776 beginnt und nicht schon mit der Schlacht bei Chaironeia 338 endet. Die Entdeckung prähistorischer Kulturen im Ägäisraum und die Zuordnung des Hellenismus zur griechischen Geschichte haben seit dem 19. Jh. den historischen Gesamtrahmen ganz erheblich erweitert.

Zur Eigenart der griechischen Geschichte insgesamt gehört es, daß die Hellenen selbst – im Gegensatz zur Entwicklung im Alten Orient und in Ägypten – nie ihre durch den Siedlungsraum geförderte Zersplitterung überwunden und nie eine politische Einigung ihres Raumes erstrebt oder erreicht haben. Die spezifische Wirkung griechischer Geschichte beruht vielmehr auf den Anregungen, die aus der politischen Welt der Polis stammen, und auf den zahlreichen Leistungen des Geistes und der Kultur, die weitgehend verständlich sind aus der einzigartigen Fähigkeit der Hellenen, sich anzupassen und auch fremde Ergebnisse zu übernehmen, weiterzubilden, zu veredeln und auszustrahlen. Die wesentlichen Grundlagen dazu sind in den für uns historisch dunklen Jahrhunderten, die auf die Dorische Wanderung folgten und den Auftakt des griechischen „Mittelalters“ bildeten, gelegt worden, so daß man in ihnen den Anfang einer griechischen Geschichte im engeren Sinn sehen darf.

So epochemachend und grundlegend die Bedeutung der „Dorischen“ Wanderung für Griechenland, ja für Europa ist, so wenig können wir heute über einzelne historische Vorgänge in ihrem Zusammenhang aussagen. Anscheinend hat eine erste Welle von Ankömmlingen den achäischen Raum bereits um 1250 erreicht, wenn anders wir die damaligen Befestigungen z.B. auf dem Isthmos und in der Argolis sowie die Zerstörung des Palastes von Pylos um 1230 entsprechend deuten dürfen; das Auftreten der Seevölker vor Ägypten ist wohl im Zusammenhang mit diesem Vorstoß zu sehen. Eine weitere Welle gelangte um 1200 aus dem Raum des Balkangebirges nach Südosten bis über die Meerengen und hat als „thrako-phrygische“ Wanderung neue indogermanische Elemente auch nach Kleinasien gebracht, denen nicht nur Troia (VII b), sondern vor allem das Hethiterreich zum Opfer gefallen sind; als Ausstrahlung nach Südosten wird man das Erscheinen der Philister vor Ugarit in Syrien und 1174 an der Grenze Ägyptens registrieren können. Ein späterer Stoß traf um 1150 das griechische Mutterland. Er brachte die Dorier und Nordwestgriechen aus dem Raum ostwärts der Adria, in dem sie möglicherweise schon seit einigen Jahrhunderten im wesentlichen als Viehzüchter und Ackerbauer ansässig waren, in ihre späteren Wohnsitze.

Die keineswegs gleichförmige Einwanderung ist wahrscheinlich durch zwei große Gruppen bestimmt worden. Die Gruppe der Dorier gelangte zunächst nach Mittelgriechenland, wo ein kleiner Teil am Parnaß in der Landschaft Doris seßhaft blieb, während die Masse dann – wohl kaum auf dem Seeweg – in die Argolis, von dort weiter in die Peloponnes und schließlich, vielleicht erst im ausgehenden 10. Jh., in das Eurotastal weiterzog; sie zerstörte die mykenischen Siedlungen und Anlagen und dorisierte die Reste der achäischen Bevölkerung. Die Gruppe der Nordwestgriechen, von denen ein Teil in Epeiros blieb, dürfte in verschiedenen Wellen vorgedrungen sein. Ein Teil rückte über den Pindos in Thessalien ein, wo er mit aiolischen Bewohnern verschmolz; Ausläufer gelangten nach Makedonien und lagerten sich dort über eine thrakische Bevölkerung. Ein anderer Teil rückte wohl von Westen her in Mittelgriechenland vor und lebte nach Vermischung mit frühgriechischen Elementen weiter in den historischen Stämmen der Akarnanen, Aitoler, Lokrer, Phoker und Boioter. Wieder andere Teile erreichten über den Golf von Korinth die Peloponnes und eroberten Achaia und Elis, drangen aber auch bis nach Messenien vor. Nur Attika und Arkadien dürften völlig oder weitgehend von Einwanderern verschont geblieben sein. Mit der Dorischen Wanderung begann für den südlichen Balkanraum die Eisenzeit und eine Periode der Leichenverbrennung. Auf die Katastrophe bzw. das Erlöschen der mykenischen Kultur, das uns in der submykenischen Keramik und dem seit etwa 1000 aufkommenden protogeometrischen Stil faßbar ist, folgten zunächst für uns dunkle Jahrhunderte.

B. Veränderungen auf der Apenninhalbinsel

Die Apenninhalbinsel nahm im Mittelmeer eine zentrale Lage ein. Sie stellte einerseits eine natürliche Verbindung von Europa nach Afrika dar, zum anderen konnte sie gegebenenfalls auch eine Art Riegel zwischen dem östlichen und dem westlichen Mittelmeergebiet bilden.

Infolge seiner langen und verhältnismäßig ungeschützten Küsten war das Land offen und schwer zu verteidigen; es blieb dadurch vielfältigen Einflüssen und Zuwanderungen besonders ausgesetzt. Im Norden ist Italien durch die Alpenkette zwar stärker gesichert, aber sowohl im Westen wie besonders im Osten konnte diese auch von größeren Menschengruppen überwunden werden. Vor allem der Paß des Birnbaumer Waldes in den Julischen Alpen stellte einen historisch wesentlichen Zugang zur Apenninhalbinsel dar.

Italien ist dreigeteilt: Oberitalien bzw. die Poebene, die bis auf Caesar nicht als Italia galt, die Halbinsel im eigentlichen Sinne und das mit ihr eng verbundene Sizilien. Für die historische Entwicklung war bedeutsam, daß der Norden Italiens und Sizilien mehr nach Osten geöffnet sind, während die Mitte mit den davor liegenden Inseln Sardinien und Korsika stärker nach Westen orientiert ist. Die größten, agrarisch am besten zu nutzenden Landschaften, der südtoscanische Raum, Latium und Campanien, liegen an der westlichen Seite Italiens, das Länge, keine Breite hat und durch die Apenninkette sozusagen längsgeteilt wird.

Aus diesen geographischen Gegebenheiten erklärt sich, warum Italien in starkem Maße das Ziel wandernder Menschengruppen und Kulturbewegungen war. Im Vergleich mit anderen Gegenden des Mittelmeerraumes ergab sich eine ethnisch außerordentlich vielfältige Gliederung Italiens im Altertum.

Italien – dort fand wohl im 6. Jt. der Übergang zur bäuerlichen Kultur statt – gehörte zusammen mit Sizilien, Sardinien und Malta im Chalkolithikum (ausgehendes 3. Jt. bis etwa 1700) in den Bereich der mittelmeerischen Kultur. Es gab Verbindungen zum Balkan, nach Nordafrika und in der beginnenden Bronzezeit zu Spanien. Auf dem Wege über Südfrankreich machten sich Einflüsse der in ganz Westeuropa verbreiteten Glockenbecherkultur in Oberitalien bemerkbar, wo man für diese Zeit die Lagozza-Kultur und die etwas jüngere Remedello-Polada-Kultur (südlich des Gardasees) unterscheidet. Die gleichzeitige Stentinello-Kultur Siziliens wies Beziehungen zu Kreta auf. Die Verwendung des Symbols der Doppelaxt in Sardinien steht damit wohl auch im Zusammenhang.

Die charakteristischen kulturellen Hinterlassenschaften dieser Zeit auf Sardinien und Malta fallen demgegenüber aus dem Rahmen. Ersteres weist in den Nuraghen burgenartige Wohnanlagen auf, während die Zeit in Malta durch große Bauten charakterisiert ist, bei denen es sich wohl um Tempel und Grabhöhlen handelt.

Die Träger dieser Kulturen, eine vorindogermanische, altmediterrane Bevölkerung, haben sich in einigen Gegenden Italiens bis in historische Zeit gehalten. Zu ihnen gehören vor allem die Ligurer in der gebirgigen Umgebung Genuas, die noch zu Anfang der römischen Kaiserzeit als fremd empfunden wurden. Zu diesem altmediterranen Bevölkerungssubstrat hat man wohl auch die Sikaner zu rechnen, die sich, zurückgezogen ins Innere Siziliens, ebenfalls bis in historische Zeit hielten.

Wenn auch ohne krassen Bruch, so begann doch deutlich mit der Bronzezeit (1700–1200) in Italien eine neue geschichtliche Periode. Nach der materiellen Hinterlassenschaft der Zeit unterscheidet man dabei den sogenannten padanischen (Padus = Po) Kreis im Norden und den apenninischen Kulturkreis in Halbinselitalien. Der padanische Kreis ist charakterisiert durch „Pfahlbauten" im Bereich der alpinen Seen, in den Moordörfern (u.a. bei Vicenza) und, freilich später, in den Terramare-Dörfern (von terra marna = fette Erde, Komposterde) in der Emilia. Letztere stellen eine Besonderheit Norditaliens im Rahmen der gleichzeitigen Kulturerscheinungen dar. Die Hütten der Terramare-Leute, die auch ihre Siedlungen umwallten, standen auf einer auf Pfählen ruhenden Plattform. Die Keramik dieser Dörfer hatte keine Entsprechung im mediterranen Raum; sie weist vielmehr, wie anderes auch, auf Regionen nördlich der Alpen. Auch eine Veränderung der Bestattungsriten, hin zur Feuerbestattung, läßt sich gerade für das Gebiet der Terramare-Siedlungen nachweisen, ganz abgesehen davon, daß dort im Gegensatz zum sonstigen westlichen Mittelmeergebiet das gezähmte Pferd bekannt war. Es spricht einiges dafür, daß sich hier mindestens kultureller Einfluß von nördlich der Alpen niedergeschlagen hat.

Das Gebiet des apenninischen Kulturkreises reichte vom Golf von Tarent bis zum Südrand der Poebene. Hier war nach wie vor der mediterrane Einfluß herrschend.

Für Sizilien ist während der Bronzezeit, in der sogenannten 2. sikulischen Periode, das Bestehen von Beziehungen besonders zum Bereich der mykenischen Kultur nachzuweisen, in Sardinien andererseits scheint eine eigene Entwicklung weitergegangen zu sein; die Bronzezeit erlebte den Höhepunkt der Nuraghen-Kultur mit Bronzelagern und -werkstätten. Die Bearbeitung und der Handel mit diesem Metall sind offenbar die Basis der sardinischen Kulturentwicklung in dieser Zeit gewesen.

Als am Ende des 2. Jt. das östliche Mittelmeergebiet einschließlich Griechenlands und der Ägäis innere Umbrüche und teilweise auch Völkerwanderungen erlebte, begann mit der frühen Eisenzeit (1200–800) auch für Italien eine neue Ära. Indogermanen (Italiker und Illyrier) wanderten nach Ansicht der älteren Forschung ein und prägten das Antlitz der Halbinsel neu, ohne das bisherige Bevölkerungssubstrat völlig zu verdrängen. Dadurch wurde Italien zu einem großen Teil aus dem bisherigen mediterranen Kulturzusammenhang gelöst. Es war entsprechend jener Meinung die „Urnenfelderwanderung", die neben Italien auch Westfrankreich, Nordspanien und den Balkan erreichte. Nur wird man heute Kulturveränderungen nicht schlechthin auf wandernde Völker zurückführen.

Die Zeit von 1200 bis 900/800 stellt sich dann als eine Übergangszeit dar. Dabei war im einzelnen die kulturelle Erscheinung Italiens keineswegs einheitlich: in Venetien die Kulturen Este I–II, von Bologna bis nach Calabrien die Villanova-Kultur, genannt nach einem Dorf bei Bologna; auch Picenum und Apulien wiesen eigene kulturelle Ausprägungen auf.

Die Villanova-Kultur wurde entscheidend für die kulturelle Entwicklung Nord- und Mittelitaliens; sie entwickelte sich im Norden über eine Übergangsphase, Protovillanova, neben der besonders südlich des Tibers der latinisch-sabinisch-campanische Kulturkreis bestand. Die Villanova-Kultur, für die sich Verbindungen zur Hallstatt-Kultur Mitteleuropas nachweisen lassen, hatte ihre Hauptverbreitungsgebiete nach derzeitigem Forschungsstand in der südöstlichen Emilia und zwischen Arno und Tiber. Ein Charakteristikum dieser Kultur ist die Beisetzung der verbrannten Toten in glänzend braun-schwarzen Tongefäßen, die in Erdlöchern, den Pozzi, bestattet wurden. Dies war besonders verbreitet in der Toscana und in Latium; daneben gab es durchaus die Körperbestattung (Fosse), ohne daß man von daher auf einen Wechsel in der Bevölkerung schließen darf: Der Versuch, bestattende und verbrennende Italiker ethnisch voneinander zu trennen, muß als gescheitert angesehen werden. Die Behausungen der Bevölkerung waren rundliche oder länglich-runde Holz-Lehm-Hütten. Ihre Dörfer lagen auf den Tuffplateaus der Landschaft. Ein weiteres Kennzeichen der Villanova-Kultur war der Metallreichtum (neben dem Eisen nach wie vor Bronze).

Im wesentlichen deckt sich die Verbreitung der Villanova-Kultur mit den Wohngebieten der Italiker, die uns aus späterer Zeit in der größeren Gruppe der Umbro-Sabeller in Umbrien, der Toscana, im Sabinerland, in Campanien bis nach Süditalien und in der kleineren der Latino-Falisker in Latium und dem Faliskerland bekannt sind. Beide Gruppen sprachen verschiedene Dialekte des Italischen; die Umbro-Sabeller bestanden ihrerseits aus mehreren kleineren Stämmen, wie den Sabinern, Marsern, Paelignern, Marrucinern, eine Differenzierung, die sowohl auf die Wanderung und ihre Bedingungen wie auf den Vorgang der Landnahme zurückgeführt wird.

Diese Völker waren, wenn man der These von der Einwanderung folgt, um

1000, wohl von Norden, nach Italien eingewandert, die Umbro-Sabeller wohl etwas später als die Latino-Falisker.

Neben den Venetern, die im Osten Oberitaliens ihre Wohnsitze hatten, zählten zur damaligen italischen Bevölkerung auch Illyrer. Auf jeden Fall haben sie nicht nur beim Beginn, sondern auch im Verlauf der Bevölkerungsbewegung oder der Kulturveränderung eine wichtige Rolle gespielt.

In geschlossenen Gruppen siedelten Illyrier in Apulien; noch später ging ihnen der Ruf guter Pferdezüchter voran. Diese illyrischen Gruppen – es waren die Iapyger in Nord- und Mittelapulien und die Sallentiner in Südapulien – kamen offensichtlich von der Westküste der Balkanhalbinsel über die Adria. Auch Sizilien wurde von illyrischen Bevölkerungsteilen, den Elymern, erreicht. Sie gründeten Segesta. Zusammen mit den möglicherweise auch indogermanischen Sikulern haben sie Teile der Vorbevölkerung ins Innere der Insel gedrängt.

Über diese Erscheinungen hinaus sind illyrische Bevölkerungssplitter auch innerhalb von Gruppen der Italiker, wie bei den Picentern, aber auch in Campanien, Samnium und Latium anzunehmen. Manche Ortsnamen mit -nd- oder -nt-Elementen sind wohl illyrischen Ursprungs (z.B. Brundisium und Maluentum).

V. Übergang und archaische Zeit in Hellas (1000–500)

V.1. Übergang und Aufbau: Stämme, Polis und Kolonisation bis etwa 600

A. Aus der Adelszeit

In allmählichem Ausgleich mit den Resten der Vorbevölkerung formten sich die griechischen Stämme, die für uns vor allem in den Dialekten und ihrer Verteilung – von Nord nach Süd: Aiolisch, Ionisch, Dorisch – faßbar sind. Die wahrscheinliche gesellschaftliche Gliederung der Einwanderer und militärische Notwendigkeiten führten zunächst wohl überall zur Herrschaft von Königen. Diese überragten jedoch nicht wesentlich den Adel, so daß dessen Lebensform die ganze Epoche für uns kennzeichnet.

1. Die sogenannte erste Kolonisation

Die Dorische Wanderung gewissermaßen fortsetzend, haben Teile der einzelnen Stämme vom Mutterland aus die Inseln der Ägäis und den Raum der westkleinasiatischen Küste erreicht. Geschoben, verdrängt oder freiwillig weichend, sind sie bis etwa 900 in ihre neuen und seither – in Westkleinasien im wesentlichen bis 1922 n. Chr. – gehaltenen Wohnsitze gelangt.

Von Thessalien wichen die Aioler nach Lesbos, Tenedos und an die kleinasiatische Küste im Raum nördlich des späteren Smyrna aus. Dorier aus der Peloponnes folgten den Achäern in deren Ausstrahlungsgebiet und erreichten so Kreta, Rhodos, Melos, Thera, Kos und die benachbarte südwestkleinasiatische Küste im Raum von Halikarnassos. Vielleicht am spätesten begannen die Ioner von Mittelgriechenland aus ihre besonders wichtige Ausbreitung auf die Kykladen und in den mittleren westkleinasiatischen Küstenraum ostwärts von Samos und Chios. In älteren oder neu gegründeten Siedlungen, vor allem in Milet, Ephesos und Kolophon, verschmolzen sie mit Menschen fremder Herkunft und entwickelten bald neue Lebensformen, die allmählich zur griechischen „Polis" führen sollten. Die kleinasiatischen Ioner griffen langsam auch nach Norden aus, wo sie Chios, Smyrna und Phokaia von den Aiolern gewannen, die ihrerseits erst um 700 in die Troas vorstießen. Diese sogenannte erste griechische Kolonisation dürfte nach einer gewissen Unruhezeit um 900 oder etwas später im wesentlichen zum Stillstand gekommen sein. An der kleinasiatischen Westküste schlossen sich die Ioner später (8./7. Jh.) zu einem Zwölfstädtebund mit Kultmittelpunkt im Panionion (nördlich des Mykale-Gebirges), die Dorier zu einem Sechsstädtebund (Hexapolis) mit Zentrum im Apollonkult am Kap Triopion (bei Knidos) zusammen.

2. *Die Adelsgesellschaft*

Die gesellschaftlichen Verhältnisse der Wanderungszeit, die weitgehend durch Heerkönigtum und Wehrversammlung gekennzeichnet waren, sind in einigen Gebieten – insbesondere in den nördlichen Grenzräumen bei den Molossern und in Makedonien – noch lange beibehalten worden. In anderen Gegenden aber wurden sie zu einer Art von regionalem Stammesstaat (Ethnos) abgeändert, wobei jedoch keineswegs eine Vereinigung der Dialektgruppen (Aioler, Ioner, Dorier) erfolgte, oder sie wurden zur Polis umgestaltet.

Gemeinsam war diesen politischen Ordnungen der Hellenen zunächst ein gentilizischer Aufbau. Der Stamm war gegliedert in Phylen (Geschlechterverbände), die z. B. bei den Ionern (Athen) Geleontes, Argadeis, Aigokoreis, Hopletes, bei den Doriern Hylleis, Dymanes, Pamphyloi hießen. Ihre Untergliederungen bildeten die Phratrien (Bruderschaften), die sich auf einen gemeinsamen Ahnherrn zurückführten und zugleich für Kult und Heeresgliederung wichtig waren. Unter den Phratrien standen die Sippschaften (Patrai) und die Häuser (Oikoi), d. h. die Familien. Diese gentilizische Differenzierung war das typische Selbstverständnis eines Personalverbandes, bei dem lokale Bindungen keine Rolle spielten.

Die personale Gliederung wurde – zweifellos bald nach dem Seßhaftwerden – ergänzt und überlagert durch die Bindung an den neu erworbenen Boden. Darin spiegelt sich zugleich der Übergang zu vorwiegend agrarischer Tätigkeit und die Bedeutung des Landbesitzes als Abschluß der Auseinandersetzung mit der Vorbevölkerung, wie immer sie erfolgt sein mag. Im Zuge dieser Entwicklung wurde die Gewalt der Könige (Basileis) bald eingeschränkt. Die Adeligen, die durch Abkunft und Besitz herausragten, anerkannten den König lediglich als primus inter pares, trafen im Rat die Entscheidung und bestimmten von ihren Gutshöfen aus den Ablauf des Alltags, zumal sie in Kultus und Rechtsprechung bald die führende Rolle übernahmen. Die Masse der freien Männer war entweder als Kleinbauern selbständig oder stand in einem Dienstverhältnis zu den adeligen Grundherren. Unter diesen somit differenzierten und zum Teil bereits mit der Vorbevölkerung vermischten „Herren" standen abhängige Schichten, die in sich verschieden gestuft sein konnten, und ferner die Sklaven. Einen besonderen Schutz gewährte man den Gästen (Xenoi).

Auch militärisch war der Adel ausschlaggebend, weil er über Streitwagen verfügte und die eigentliche Entscheidung im Zweikampf zu Fuß herbeiführte; das Aufgebot des Fußvolkes wirkte dabei kaum mit. In manchen Landschaften, besonders in Thessalien und Boiotien, gewann später (7. Jh.) die Adelsreiterei der Hippeis besondere Bedeutung.

Solche Grundlagen erklären es, daß das Leben dieser Epoche seine Mittelpunkte fand in den Höfen der Adeligen, die an manchen Plätzen mykenische Herrensitze übernommen hatten. Auch Kulttraditionen aus dem 2. Jt. wurden gepflegt, besonders in Delphi, Delos und Samos. Die besondere Freude der neuen Herren an Kampf und Ruhm wurde verwoben mit der zur Sage verblassenden Erinnerung an die mykenische Zeit. Dieser Gesellschaft, in der viele selbständige Einheiten nebeneinander bestanden, war das Bedürfnis nach größeren politischen Zusammenschlüssen fremd.

Gemeinsam und typisch aber war der Geist des Agón, d. h. des Wettkampfes, der nicht nur das Kriegerethos, sondern weithin das Leben überhaupt bestimmte. Seine wichtigsten Erscheinungsformen sind für uns die großen Spiele und das Epos. Die Olympischen Spiele, deren Sieger im Lauf (Dromos) man seit 776 aufzeichnete, standen zeitlich und in der späteren Wertung an der Spitze. Ihr Wesen kann man eigentlich nur aus dem agonalen Geist der Zeit und seiner religiösen Verankerung verstehen. Die Zahl der Wettkampfarten wurde allmählich über das Pentathlon (Fünfkampf) hinaus auf 18 gymnische, d. h. leichtathletische, und hippische Agone (Pferderennen) erhöht. Lohn für den Sieger waren lediglich ein Zweig vom heiligen Ölbaum in der Altis und der Ruhm in der Heimat; fern lagen Rekordsucht und Sensationslust, die erst in späteren Jahrhunderten aufkommen konnten. Während der Spiele herrschte Waffenruhe (Ekecheiría). So ließen die Olympien, die bis 392 n. Chr. gefeiert worden sind, zahlreiche Differenzen unter den Hellenen für jeweils kurze Zeit zurücktreten und förderten die Ausbildung eines freilich nicht politischen Zusammengehörigkeitsgefühls; seit dem 3. Jh. v. Chr. verwendete man sie überdies als Ära der Zeitrechnung.

Auch an anderen Orten feierte man panhellenische Spiele, die für alle Hellenen, nicht aber für „Barbaren", d. h. Nichtgriechen, offen waren. Die Pythischen Spiele fanden in Delphi statt, die Isthmischen Spiele – dem Poseidon zu Ehren – bei Korinth und die Nemeischen Spiele für Zeus in Nemea, südwestlich von Korinth. Ihre eigentliche Organisation erfolgte jedoch erst in der ersten Hälfte des 6. Jh., als man auch die Panathenäen in Athen ausgestaltete. Die Wettkämpfe fanden fast durchweg als gymnische, hippische und musische Agone statt.

3. Homer und seine Welt. Epos, Religion und Alphabet

Ilias und Odyssee sind nicht nur die großen Epen der Hellenen, sondern stellen zugleich Gipfelleistungen am Anfang der europäischen Literaturgeschichte dar. In der Ilias werden die Kämpfe vor Troia exemplarisch am Groll des Achilleus und an der Rache für Patroklos im 10. Jahr der Belagerung besungen; in der Odyssee stehen Ereignisse im 10. Jahr nach der Eroberung Ilions mit dem kunstvollen Rahmenbericht des „göttlichen Dulders" über seine Irrfahrten bei den Phaiaken und mit seiner Heimkehr nach Ithaka sowie der Rache an den Freiern im Vordergrund. Mag auch der Grundbestand dieser Epen im wesentlichen bald nach 800 (Ilias) bzw. um 750 oder etwas später (Odyssee) abgeschlossen gewesen sein, so erfolgte die schriftliche Fixierung doch wohl erst im 6. Jh. in Athen unter Peisistratos. „Homer" als Dichter ist uns historisch nicht faßbar, und zur „Homerischen Frage", d. h. zur Entstehung dieser Epen, liegen verschiedene Thesen vor, von denen man der „unitarischen", d. h. der Abfassung durch einen großen Dichter, heute gegenüber der „Liedertheorie" wieder größere Wahrscheinlichkeit zumißt. Weitere Epen aus dem 7. und wohl auch noch aus dem 6. Jh., die thematisch zu den Kämpfen um Troia bzw. zu den Nosten (Heimkehr-Erzählungen) gehörten, aber bis auf einige Fragmente verloren sind, zählte man zum „epischen Kyklos".

Der Stoff der homerischen Epen stammte aus spätmykenischer Zeit und ist – zunächst von Sängern (Aoiden), sodann von fahrenden Vortragskünstlern (Rhapsoden) vorgetragen – in mündlicher Tradition an den fürstlichen Höfen und in den Hallen des Adels gepflegt, erweitert und verdichtet worden. Die Erfindung des Hexameters mit seiner für den Vortrag wesentlichen Zäsur und die Einführung des Alphabets seit etwa 900 haben die Festlegung des Textes gefördert, der ionische und aiolische Elemente enthält und daher im Übergangsraum dieser beiden Dialekte im westkleinasiatischen Raum entstanden sein dürfte. Neben vielen Einzelheiten stammen vor allem der Geist der Epen und die dichterische Leistung aus der Adelszeit. Die Wirkung Homers auf die Hellenen ist kaum zu überschätzen. Die Epen ließen alle politische Zersplitterung vergessen und zeigten die gemeinsamen Grundlagen der Sprache und Kultur; sie gaben nicht nur Beispiele aus der Welt der Heroen und betonten zugleich das Gemeinschaftsgefühl der agonalen Adelszeit, sondern umrissen auch die Gottesvorstellungen. Es ist bezeichnend für die Hellenen, daß der Homer bei ihnen das Schulbuch geworden ist.

Religiöse Formen haben zu allen Zeiten das private und öffentliche Leben der Hellenen durchdrungen und weitgehend geregelt. In der Adelszeit sind sie ausgeprägt worden und treten für uns bei Homer in Erscheinung; sie galten im wesentlichen bis ins 5. Jh., ohne jedoch dann ganz zu verschwinden. Es handelt sich um die Welt der – anthropomorphen – olympischen Götter, die man wie Menschen denken und fühlen ließ, aber als unsterblich und allgegenwärtig ansah: Zeus und Hera, Athene, Artemis, Aphrodite, Apollon, Ares, Hermes, Demeter und Hestía sowie Poseidon und Hephaistos, den einzigen Krüppel im Kreis dieser strahlenden Gestalten. Auch wenn Homer über diese Olympier hinaus noch weitere Götter wie den Hades und Mächte wie die Dämonen und das Schicksal (Moira, urspr. Anteil, und Aisa) kannte, so hat doch erst Hesiod (um 700) in seiner Theogonie aus kosmogonischen Zusammenhängen heraus die Götterwelt genealogisch systematisiert und einen Kosmos als tragende Ordnung erfunden; er läßt uns die Vorstellungen erkennen, die Thales (um 580) mit dem Satz „Alles ist voll von Göttern" gekennzeichnet hat. Diese Götterwelt enthielt viele vorgriechische, aber von den Hellenen übernommene und weitergebildete Elemente, wie die Göttinnen Athene, Artemis und Aphrodite und die Götter Apollon, Dionysos und Ares. An ihrer Spitze stand der indogermanische Himmelsgott Zeus; seine Stellung als oberster Gott und Hüter von Gerechtigkeit und Ordnung hat zweifellos bei Hesiod eine vertiefte Deutung erhalten. Hinzu kamen aber zahlreiche Lokalgötter und Vorstellungen des bäuerlichen Volksglaubens, die neben den „homerischen" Göttern gepflegt wurden und lange weiterlebten. Die Verehrung erfolgte zunächst ohne Ortsbindung – in Häusern, an Wegen, in der Natur –, konzentrierte sich aber dann in heiligen Bezirken (Temenoi), in denen früh auch Kultbilder zunächst aus Holz (Xóana) aufgestellt wurden, während der Schritt zum Tempel als Gotteshaus erst dem 8./7. Jh. angehörte. Ein besonderes und für uns in seiner tatsächlichen Wirkung schwer verständliches Kennzeichen der antiken Religiosität war der Glaube an Vorzeichen, deren Deutung man besonders den Sehern (Mánteis) überließ; daraus ergab sich eine differenzierte Mantik und die Bedeutung großer Orakel an bestimmten heiligen Stätten, wie z. B. in Delphi (Apollon), Dodona in Epeiros (Zeus), Didyma bei Milet (Apollon). Bei aller Vielfalt religiöser Vorstellungen und kultischer Ordnungen entstand aber in Hellas nie ein der altorientalischen Praxis vergleichbarer Priesterstand, und nie wurde der Weg zu einem Dogma beschritten. In der Toleranz dürfen wir vielmehr zugleich ein frühes Zeichen für die Bedeutung der Freiheit in der Entwicklung griechischen Wesens erkennen.

Für die Epen und die ganze weitere Kultur ist es entscheidend geworden, daß die Hellenen um 900 eine eigene Schrift entwickelt haben. Als Nebenfrucht von Handelsbeziehungen wurde das Alphabet von den Phönikern übernommen und für griechische Zwecke umgewandelt: Ein unbekannter „Erfinder" hat 4 der 22 phönikischen Konsonanten als Vokale verwendet und einige Zusatzbuchstaben hinzugefügt. Auf diese Weise ist die erste vollständige Lautschrift der Geschichte – vielleicht auf westkleinasiatischem Boden – entstanden. Schon im 8. Jh. war der Gebrauch der neuen Buchstabenschrift weit verbreitet, wie die Siegerlisten in Olympia erweisen, zeigte aber regionale Variationen – in der Forschung spricht man von einem „grünen", „blauen", „roten" Alphabet. Das „chalkidische" Alphabet fand über Kyme in

Italien Eingang, wo es u.a. von den Etruskern übernommen und dann in die lateinische Schrift umgeformt wurde. Die griechische Schrift, die man leicht erlernen und anwenden konnte, ist für die gesellschaftliche Entfaltung und die Kultur Europas bereits während des Altertums grundlegend geworden.

4. Die Polis

In der vorwiegend durch die Adelsgesellschaft bestimmten Periode entstand auch die Siedlungsform der Polis, später ein Symbol des öffentlichen Lebens schlechthin. Ihre Bildung erfolgte in verschiedener Weise, oft wohl in Anlehnung an frühere mykenische Orte (Milet) oder Burgen (Athen), gelegentlich auch als Synoikismos, d.h. Zusammensiedlung mehrerer Dörfer. Fast ganz ohne Poleis blieben die mittelgriechischen und nordwestgriechischen Landschaften. Charakteristisch für die frühen Poleis, die zweifellos zunächst auch einer Machterhöhung des lokalen Adels dienten, waren einerseits der gentilizische Aufbau („Geschlechterpolis") und andererseits die Verbindung der städtischen Siedlung, die befestigt sein und eine Burg (Akropolis) besitzen konnte, mit einem engräumigen Landgebiet. Der Ausdruck „Gemeindestaat" trifft Wesen und Umfang einer Polis besser als die meist gebrauchte Hilfsbezeichnung „Stadtstaat".

In diesen stets überschaubaren Staatsbildungen war die Stadt kultischer, politischer, gesellschaftlicher und wirtschaftlicher Mittelpunkt. Der Stadtgottheit fühlte man sich besonders verpflichtet; in der Vorstellung vom heiligen Herd (Hestía, lat. Vesta, Göttin des Herdfeuers) rückte die Bürgerschaft wie eine Familie zusammen; das früher von den Königen gehütete Feuer wurde von ihren politischen Nachfolgern, den grundbesitzenden Adeligen, betreut. An politischen Einrichtungen sind früh faßbar ein Rat (Bulé) und die Volksversammlung (Demos, Damos), die auf der Agorá zusammentraten, d.h. im Zentrum des gesamten städtischen Lebens und inmitten des Marktverkehrs. Die politischen Grundgedanken und Kennzeichen der Polis waren nach späterer Systematik, die jedoch historischen Einzelfakten weitgehend entspricht: Eleutheria, d.h. Freiheit nach außen, Autonomia, d.h. Selbstbestimmung (Eigengesetzlichkeit) im Innern, und Autárkeia, wirtschaftliche Selbständigkeit, d.h. das Bestreben, alle Bedürfnisse aus Landwirtschaft, Gewerbe und Handel des eigenen Polisraumes zu decken. Insgesamt ergab sich eine Zersplitterung, die durch die geographischen Gegebenheiten noch gefördert und nur selten durch lockere Zusammenschlüsse von Poleis ein wenig überwunden wurde. Auch aus dem Gedanken des Wettbewerbs und der Leistung, den die Politen aus dem Ethos der Adelszeit übernahmen, werden sowohl Höchstleistungen friedlicher Art als auch Machtkämpfe unter den einzelnen Poleis erklärbar.

Innerhalb der Bevölkerung einer Polis gab es verschiedene Gruppen und Abstufungen. Im Besitz des vollen Bürgerrechts war nur die verhältnismäßig kleine Schicht, die ursprünglich den gentilizischen Verbänden angehörte; natürliche und wirtschaftliche Differenzierung führte aber dazu, daß das politische Leben stets nur von einer kleinen Minderheit aus dem Kreis dieser Vollbürger bestimmt und getragen worden ist. Nicht zu den Politai gehörten: Hörige in verschiedenen Rechtsabstufungen, Sklaven, die Eigentum des einzelnen, eines Gottes oder der Gemeinde sein konnten, Metöken, d.h. Hellenen und Barbaren als Schutzbürger (Dauersiedler), und schließlich die nur vorübergehend anwesenden Fremden. Charakteristisch war, daß die Polis nie territorial oder abstrakt, sondern stets personal als eine Gemeinschaft von Bürgern aufgefaßt worden ist; während wir z.B. von „Athen" oder dem „Peloponnesischen Bund" sprechen, kannten die Hellenen nur „die Athener" und „die Lakedaimonier und die Bundesgenossen". Die zur Polis gehörenden Menschen genossen den Rechts- und Ordnungsschutz der Gemeinde, die ihrerseits bei aller Anerkennung persönlicher Freiheit die Hingabe an selbstgeschaffene Satzungen und den Dienst an der Gemeinschaft forderte. So wuchs hier in einer Atmosphäre des Ausgleichs der zwischen Freiheit und Bindung liegenden polaren Spannungen der autonome Mensch heran. Selbstverständlich entwickelte sich der Polisgedanke erst allmählich, nur zu oft durch die rauhe Wirklichkeit, beginnend mit unterschiedlichen Besitzverhältnissen, schwer belastet. Seine freilich nur auf Athen bezogene klassische Deutung fand er dort im 5. Jh., als die Auflösung sich bereits abzeichnete, in der eine Vereinigung der beiden Gedanken von der Freiheit des Individuums und der Gemeinschaft der Politen nicht mehr erzielt werden konnte.

5. Die zweite Kolonisation (etwa 750 bis etwa 550)

Für die weitere griechische und europäische Geschichte ist die Ansiedlung griechischer Menschen an wichtigen Küstenplätzen des Mittelmeer- und Schwarzmeer-Raumes hochbedeutsam geworden. Diese sogenannte große Kolonisation war weder zentral gelenkt – auch wenn man sich seit etwa 700 gern an das Orakel in Delphi um Rat wandte – noch gleichmäßig oder einförmig. Zahlreiche verschiedene Ursachen und Anlässe können für diese Ausstrahlung namhaft oder wahrscheinlich gemacht werden; möglich wurde sie jedenfalls infolge einer tatsächlichen Überbevölkerung und durch den Unternehmungsgeist einzelner und bestimmter Gruppen, wobei mannigfache Motive vom innen- oder außenpolitischen Druck bis hin zu wirtschaftlichen und handelspolitischen Gesichtspunkten auslösend sein konnten.

Im allgemeinen haben die Auswanderer in erster Linie Siedlungsmöglichkeiten und Landbesitz gesucht. Dabei brachten sie die Form der Polis in die damalige Welt – mit Ausnahme der syrischen, nordwestafrikanischen und etruskischen Küste; denn dort verhinderte die assyrische, karthagische bzw. etruskische Vormacht eine Kolonisierung, und auch in Ägypten ist nur die Gründung einer Handelsniederlassung (Naukratis im Delta) wirklich gelungen. Andererseits hatte die machtpolitische Ausschaltung der phönikischen Städte durch die Assyrer und die ihr folgende Lockerung des Zusammenhaltes der phönikischen Faktoreien im Mittelmeerraum erst eine der Voraussetzungen für die griechische Kolonisation geschaffen.

Die Durchführung der Kolonisation lag in den Händen von einzelnen Poleis und Stämmen. Die Auswanderer sammelten sich an einem bestimmten Platz und unterstellten sich dort einem fast immer aus dem Adel stammenden Führer, der dann in der Fremde zum „Gründer" (Oikistes) der neuen Siedlung wurde und dem man nach seinem Tod gewöhnlich die Ehren eines Heros (Heros Ktistes) erwies; aus der Mutterstadt (Metropolis) übernahm die Apoikie das heilige Herdfeuer und die Grundgedanken der häuslichen und staatlichen Organisation. Die neuen Siedlungen waren von vornherein autonome Poleis, die mit den Mutterstädten nur lockere Verbindungen vorwiegend religiöser Art pflegten.

Wichtige Ausgangspunkte der Kolonisation waren besonders die Städte Chalkis und Eretria auf Euböa, Korinth und Megara im Isthmos-Raum sowie Milet und Phokaia in Kleinasien. Bei der durchweg punktuellen Art der Gründungen ist es schwer, den Gesamtablauf zusammenzufassen. Man kann immerhin feststellen, daß zunächst Süditalien und Sizilien im Vordergrund standen; in der Blütezeit der Kolonisation (um 680 bis um 630) traten die Meerengen und das damals zum „gastlichen Meer" umbenannte heutige Schwarze Meer hinzu; in der Spätphase erreichte die Auswanderung vor allem den westlichen Mittelmeerraum, aber auch Ägypten.

Die Kolonisation ist seit etwa 550 merklich zurückgegangen wobei der allmählich erstarkende Widerstand der Karthager und Etrusker nur eine geringfügige Rolle gespielt haben dürfte. Auch in der folgenden Zeit sind Neugründungen – im 5. Jh. z.B. von Athen aus in der speziellen Form der Kleruchien (Bürgersiedlungen mit „Landlosen" außerhalb Attikas) – erfolgt. Schließlich lebte eine griechische Aussiedlung in der sogenannten dritten Kolonisation während des frühen Hellenismus wieder auf und wurde welthistorisch nochmals hochbedeutsam.

Für eine Übersicht über die einzelnen Koloniegründungen bieten sich geographische Gesichtspunkte an, selbst wenn dadurch der geschichtliche Gesamtablauf ein wenig zerrissen wird. Süditalien, das man seit etwa 600 wegen der dichten Randbesiedlung auch „Großgriechenland" nannte, wird deshalb zuerst behandelt, weil hier Leute aus Chalkis als älteste uns bekannte Kolonie zunächst Pithekussai (auf der Insel Ischia) und von dort aus um 750 Kyme (Cumae) angelegt haben, das wiederum etwa 600 seine Tochterstadt nach Neapel („Neustadt", Parthenope) ausschickte. Chalkidier gründeten um 717 auch Rhegion (Reggio di Calabria), Achaier aus der nördlichen Peloponnes legten Ackerbausiedlungen in Sybaris (um 720), dann in Metapont, Siris und schließlich in Kroton (um 670) an; Spartaner setzten sich um 708 in Tarent (Taras), der einzigen von ihnen angelegten Kolonie, fest, und Lokrer aus Mittelgriechenland besiedelten um 670 Lokroi. Die Hellenen in Süditalien griffen aus und gelangten auf dem Landweg auch an die noch freie Westküste, wo z.B. Poseidonia (Paestum) um 600 von Kolonisten aus Sybaris besiedelt worden ist. Elea wurde nach 540 von flüchtenden Phokaiern, Dikaiarcheia (Puteoli) um 527 von Emigranten aus Samos gegründet. – Eine Ausdehnung über Kyme hinaus nach Norden haben die Etrusker, die inzwischen bis Campanien vorgedrungen waren, unmöglich gemacht.

Auf Sizilien traten ebenfalls zunächst Chalkidier in Erscheinung. Um 735 legten sie Naxos (bei Taormina) und von dort aus Leontinoi (um 729) und Katane (Catania, um 728) an; zusammen mit Siedlern aus Kyme gründeten sie Zankle, das nach 500 in Messana (Messina) umbenannt wurde, und von dort aus besiedelte man 648 Himera. Damit hatten chalkidische Siedler den nördlichen Teil der Ostküste und einen großen Teil der Nordküste Siziliens in ihre Hand gebracht und konnten im Zusammenhang mit ihren Kolonien besonders im Raum um Kyme als Herren des Tyrrhenischen Meeres gelten. Demgegenüber gelangten der südliche Teil der Ostküste Siziliens und die Südküste allmählich in die Hand von Doriern: Kolonisten aus Korinth besiedelten um 735 die Stadt Syrakus am besten Naturhafen Siziliens, von wo später Tochterkolonien (nach Akrai, Kasmenai, Kamarina) ausgeschickt wurden, und Leute aus Megara gründeten um 728 Megara Hyblaia, das selbst zwar unterging, aber Mutterstadt von Selinus (Selinunte) (628) wurde, von wo aus man dann wiederum Herakleia Minoa anlegte. Diese dorische Randsiedlung wurde verstärkt durch Einwanderer aus Rhodos, die um 690 Gela gründeten, das 598 die Gründung von Kamarina unterstützte und um 580 Akragas (Agrigentum) neu anlegte. Über die Linie Himera-Selinus hinaus konnten Hellenen im 6. Jh. ihre Siedlungen nicht weiter nach Westen vorschieben, weil sich an der Westspitze Siziliens inzwischen Karthager vor allem in Motye, auf dem Eryx, in Panormos (Palermo) und Solunt festgesetzt hatten.

Im Raum der Rhônemündung haben um 600 Leute aus Phokaia (Westkleinasien) den dortigen besten Naturhafen gewählt und an ihm die Stadt Massalia (Massilia – Marseille) gegründet. Handelspolitische Gesichtspunkte waren für die Phokaier bei der Gründung von Alalia auf Korsika um 565 ausschlaggebend. Wenn freilich gerade dadurch der gemeinsame Widerstand von Etruskern und Karthagern ausgelöst wurde und nach der Schlacht bei Alalia (um 540) zur Einengung des hellenischen Einflußgebietes führte, so wurde doch die Bedeutung Massalias durch zahlreiche Tochtergründungen an der heutigen Côte d'Azur (Nikaia – Nizza, Antipolis – Antibes, Olbia – Hyères, Tauroeis – Bandol) und an der spanischen Ostküste (z.B. Emporion –

Ampurias) und damit auch die Verbindung mit dem Raum der alten phokaiischen Kolonie Mainake (im Raum Málaga) gesichert.

In Nordafrika gründeten Leute von der kleinen Insel Thera (Santorin) in der Ägäis um 650 die Stadt Kyrene, die als einzige griechische Kolonie fast 200 Jahre hindurch von Königen (Battiaden) regiert wurde; sie bildete den Vorort einer Pentapolis, zu der auch das um 550 gegründete Barka gehörte. Im Deltaraum Ägyptens gelang um 650 die Anlage der Faktorei Naukratis und um 590 die griechische Besiedlung des Dorfes Rhakotis, an dessen Stelle später Alexandreia errichtet worden ist. Ein Vorstoß in den Raum südöstlich von Karthago scheiterte, wie überhaupt die karthagische Macht eine griechische Besiedlung der Nordwestküste Afrikas und der Südküsten Spaniens verhinderte.

Im ägäischen Raum gelang die Anlage wichtiger Stützpunkte im Norden und an den Meerengen. Die neuen Bewohner der Halbinsel Chalkidike kamen z.T. von Euboia (Chalkis und Eretria), die der wichtigsten Polis – Poteidaia auf der Landzunge Pallene – aus Korinth. Naxier wanderten auf die Insel Thasos, konnten aber an der thrakischen Küste außer in Abdera nicht Fuß fassen. Auf dem Weg ins Schwarze Meer hat Megara ganz entscheidende Positionen mit der Gründung von Chalkedon (685) und vor allem von Byzantion am Bosporus um 660 gewonnen.

Die griechische Kolonisation der Meerengen und der Küsten des Schwarzen Meeres ist aber im wesentlichen von Milet aus erfolgt, das als erfolgreichste Metropolis und führende Stadt des hellenischen Raumes im 7. und 6. Jh. etwa 90 Kolonien gegründet hat. Die Durchfahrt durch den Hellespont beherrschten die Städte Abydos und Lampsakos (von Phokaia angelegt), am Marmarameer entstand Kyzikos (676), das bereits im 8. Jh. kurzfristig bestanden hatte. Um 650 war nicht nur der Raum südlich des Donaudeltas erreicht (Istros, später Odessos [Varna]), sondern auch die kleinasiatische Nordküste bis Sinope, von wo aus Trapezus (Trapezunt) angelegt wurde. Schließlich gab es griechische Siedlungen an den Mündungen der großen südrussischen Ströme (Tyras am Dnjestr, Olbia am Dnjepr, später Tanais als nördlichste Griechenstadt am Don), auf der Krim (Pantikapaion – Kertsch und Theodosia – Feodosia) und an der Küste des Kaukasus (Phasis, Dioskurias). Sie waren größtenteils von Milet angelegt, z.T. aber auch als megarische Gründungen von Herakleia Pontika aus, wie z.B. Chersonesos (erst neuzeitlich Sewastopol genannt).

Wenn man diese Ausbreitung griechischer Kolonien überblickt, dann drängt sich die Frage nach politischen Zusammenhängen auf. Offensichtlich gab es bestimmte Interessengebiete, wie besonders die chalkidischen Kolonien im Umkreis des Tyrrhenischen Meeres, die Achäer in Süditalien, die phokaiisch-massaliotischen Städte im nordwestlichen Mittelmeerraum und die milesischen Kolonien erweisen. Zweifellos waren Rücksichten auf größere Handelsbereiche oft für die Anlage einer neuen Siedlung ausschlaggebend. Es wäre aber nicht zutreffend, von „Kolonialreichen" zu sprechen. Einen festeren Zusammenhalt versuchte lediglich Korinth herzustellen; zu seiner berühmtesten Kolonie Syrakus wahrte es zwar lediglich das übliche Pietätsverhältnis, aber im Ionischen Meer wollte es sich durch Neugründungen (Leukas, Anaktorion und weiter nördlich bis Apollonia und Epidamnos – Dyrrhachion) eine Machtbasis schaffen; dabei geriet es allerdings mit seiner Kolonie Kerkyra (Korfu) in häufige Konflikte. Gerade dieses Beispiel zeigt, daß sich eine Apoikie vor allem als freie Polis verstand.

Wenn das Gesamtergebnis der sogenannten zweiten griechischen Kolonisation bildhaft bei Platon durch viele um einen Teich sitzende Frösche und bei Cicero durch einen den Barbarenländern angewebten griechischen Saum ausgedrückt wird, so ist das historisch Richtige getroffen. Im Unterschied zu den älteren Hochkulturen, die alle binnenländisch (potamisch) waren, entstand so eine thalassische, d. h. von Seefahrern getragene Kultur, die in ihrer Wirkung ungleich stärker war als die der Phöniker. Die Epoche führte nicht nur zu einer vorher unbekannten intensiven Annäherung der Menschen am Mittelmeer, die sich auf alle Lebensbereiche erstreckte, auf Geben und Nehmen beruhte und zugleich eine Ausweitung der „Geschichtlichkeit" zur Folge hatte, sondern wurde für die Hellenen selbst zu einer neuen Quelle des Weltverständnisses und des Gemeinschaftsbewußtseins, das allerdings die vorhandene starke Differenzierung nicht zu überwinden vermochte.

6. Größere Zusammenschlüsse

Die politischen Verhältnisse im griechischen Mutterland waren durch das Fortbestehen gewisser Stammverbände und durch die neue Form der Polis bestimmt und steuerten insgesamt einer immer größeren Zersplitterung zu. Trotzdem bildete sich allmählich vor allem in Auswirkung der großen panhellenischen Spiele, aber auch mit dem Bewußtwerden der gleichen Sprache und verwandter Bräuche im Kolonialraum ein Zusammengehörigkeitsgefühl aller Hellenen aus. Einige besondere Zusammenschlüsse wurden darüber hinaus für die weitere politische Entwicklung wichtig, selbst wenn sie für das Gesamtbild nicht typisch waren.

a. Die Amphiktionien – sakrale Vereinigungen

„Umwohner" eines größeren Heiligtums schlossen sich in einer Art von Kultgenossenschaft zu „Amphiktionien" zusammen. Sie regelten kultische Fragen, organisierten Spiele, anerkannten zugleich bestimmte Regeln, durch die – über den Waffenstillstand im Festmonat hinaus – gewisse Härten des Kriegsbrauchs unter den Amphiktionen gemildert wurden.

Die Delische Amphiktionie der Ioner hatte im Apollonheiligtum auf der Kykladeninsel Delos ihre geographische und geistige Mitte, selbst wenn die ionischen Städte in Kleinasien zusätzlich im Panionion am Nordabhang der Halbinsel Mykale ihr politisch-kultisches Zentrum und im Apollon-Orakel von Didyma südlich von Milet ihre weitbekannte Orakelstätte hatten. Geringer an Bedeutung war die Kalaureische Amphiktionie, in der sich die Umwohner des Saronischen Golfes im Kult des Poseidon zusammenfanden. Am wichtigsten wurde die Delphische Amphiktionie, die aus einem alten Zusammenschluß um das Demeterheiligtum von Anthela an den Thermopylen hervorgegangen, dann aber nach Delphi und auf Apollon übertragen worden war und daher auch pylaiisch-delphische Amphiktionie hieß. In ihr waren die meisten mittel- und nordgriechischen Stämme und Poleis, später auch Athen, Sparta und Makedonien vereint. Für die Unabhängigkeit Delphis sind von den Amphiktionen sogar „heilige Kriege" geführt worden, der erste um 600–590 gegen Krisa, der letzte (vierte) gegen Amphissa 339/38. So bedeutungsvoll Delphi als geistiges Band für die allgemeine Lebensauffassung auch war, so wenig wurde sogar diese Amphiktionie ein Organ übergreifender politischer Impulse.

b. Sparta

Die Dorier, die in das Eurotastal eingewandert waren, konnten sich nur allmählich gegen die dortige frühgriechische Bevölkerung und deren Mittelpunkt Amyklai durchsetzen. Dann aber legten sie wohl um 800 in einem Synoikismos von fünf Lagerdörfern die Siedlung an, die später Sparta hieß und ihnen selbst den Namen Spartiatai einbrachte. Sie stellten eine dünne Erobererschicht – wohl kaum mehr als 10000 Männer – dar und waren nach Kriegsrecht Herren über die vordorische Bevölkerung der fruchtbaren Talniederung; diese war zu Heloten (etwa „Kriegsgefangene") gemacht, d.h. zu Bauern, die in kollektiver Hörigkeit und in ungünstigster Rechtslage an den Boden gefesselt waren und überdies durch einen symbolisch fortgeführten permanenten Kriegszustand in Schach gehalten wurden. Die Einwohner anderer dorischer Gemeinden auf den umliegenden Hangterrassen, die vielleicht ursprünglich selbständig waren, wurden als halbberechtigte „Periöken" (Umwohner) in das spartanische Machtgebiet einbezogen. Seit dem 7. Jh. hießen die Bewohner des Landes – soweit es sich nicht um Heloten oder Sklaven handelte – Lakedaimónioi.

Die ältere spartanische Geschichte ist für uns anonym, weil aus der Königsliste kaum etwas zu entnehmen und die seit 754/53 aufgezeichnete Ephorenliste verloren ist. Die politische Ordnung Spartas führte man später auf den legendären Gesetzgeber Lykurgos zurück. An ihrer Spitze standen zwei Könige aus den Häusern der Agiaden und Eurypontiden, wohl die Nachfolger eines ursprünglichen Doppelherzogtums (Archagetai). Sie gehörten zum Rat (Gerusia), der außer ihnen 28 erfahrene „Älteste" (Geronten, über 60 Jahre alt) umfaßte. Diese wurden von der Volksversammlung (Apella, Damos) gewählt, zu der alle über 30 Jahre alten Spartiaten zusammentraten; sie entschieden über Krieg und Frieden, Staatsverträge, Gesetze und wählten die Beamten. Die fünf Ephoren mögen zunächst Aufsichts- und Sakralbeamte der fünf Dörfer gewesen sein und haben erst im 5. Jh. ihre volle Bedeutung als oberste Regierungsbeamte erlangt. Die oft bewunderte spartanische Staatsordnung – Kosmos – war ebenso wie die gesamte dem Staatszweck dienende Erziehung und Lebensordnung – Agogé – das Ergebnis einer längeren Entwicklung. Bei ihr war die jeweilige Lage der Spartiaten bestimmend, wobei anfangs eine zeitgemäße Aufgeschlossenheit herrschte, wie die Teilnahme an der Kolonisation (Tarent um 708) und das Interesse für kulturelle Dinge (Dichter: Terpandros, Alkman, Tyrtaios; Vasenmalerei) und für den Handel erweisen; später allerdings traten die negativen Seiten dieser Staats- und Lebensordnung deutlicher in Erscheinung.

In der zweiten Hälfte des 8. Jh. dehnten sich die Spartaner unter Theopompos aus und eroberten die westlich des Gebirges Taygetos liegende Landschaft Messenien. Die inneren und sozialen Verhältnisse erfuhren anschließend eine deutliche Hinwendung zur Aristokratisierung innerhalb der Vollbürger. In den 20jährigen Kämpfen des zweiten Messenischen Krieges (seit etwa 650) konnten die Spartaner ihre Eroberung behaupten und die dortige Bevölkerung helotisieren. Dadurch war in der südlichen Peloponnes ein Machtgebilde mit einer Fläche von über 8000 km² entstanden, das als ebenso eigenartige wie zukunftswichtige Schöpfung zunächst freilich noch nicht weiter expansiv wurde. Denn vorerst hatte seit etwa 650 Argos unter König Pheidon die Vormacht in der nördlichen Peloponnes, und Korinth stand auf dem Höhepunkt seiner Seegeltung.

c. *Athen*

Auch der etwa 2200 km² große attische Raum ist bis um 600 politisch geeint worden. Athen und besonders seine Burg (Akropolis) zwischen den Flüssen Kephissos und Ilissos waren seit der mykenischen Epoche kontinuierlich besiedelt. Obwohl dort nach 1000 zunächst der protogeometrische und seit etwa 900 der geometrische Stil, der für uns besonders in den Dipylonvasen (um 750) faßbar ist, eine besondere Blüte erreichte, war die Bedeutung der Stadt doch lange nur sehr gering. Seit 750 stand sie völlig hinter ihren Nachbarn Korinth, Megara, Chalkis und Eretria und sogar hinter den Inseln Salamis und Aigina zurück und beteiligte sich nicht an der zweiten Kolonisation. Wie fast überall wurden auch in Athen die Könige allmählich ausgeschaltet, und später erinnerte nur noch die kultische Funktion des Archon Basileus an sie; seit 683/82 gab es Archonten als Jahresbeamte. Die größte Leistung des dortigen Landadels wurde die Einigung von Attika, das von

Natur aus in viele kleinere Räume – wie etwa die Ebenen von Marathon, Athen und Eleusis – gegliedert ist. Die Vorgänge selbst sind uns unbekannt. Eleusis wird bis ins 8. Jh. selbständig gewesen sein und ist später als Mittelpunkt eines alten Demeter-Kore-Heiligtums auch kultisch unabhängig geblieben. Die Bewohner von Attika gaben ihre alten Stammesnamen auf und nannten sich nach ihrem politischen Mittelpunkt Athenaioi, ein in Griechenland einzigartiger Vorgang. Auch Salamis wurde um 630 vorübergehend und im 6. Jh. endgültig gewonnen. So waren von Athen aus die Bewohner einer immerhin größeren Landschaft zusammengeschlossen. Außenpolitisch allerdings haben sie – noch im 7. Jh. von schweren inneren Problemen erschüttert – bis etwa 600 kaum eine Rolle in der damaligen Poliswelt gespielt.

B. Hellas um 600

1. Wirtschaftliche und gesellschaftliche Wandlungen

Während die griechische Wirtschaft bis etwa 750 rein agrarisch gewesen und vor allem durch eine mehr oder weniger geschlossene Hausökonomie und ein gewisses Kleingewerbe für den Nahmarkt gekennzeichnet war, erblühten im Zuge der zweiten Kolonisation fast überall Gewerbe und Handel. Dadurch aber erfolgte in den meisten Poleis eine tiefgreifende soziale Umschichtung. An mehreren Orten ging der alte Grundadel dazu über, selbst Handel und Gewerbe zu treiben, ohne sich gesellschaftlich von der überkommenen Form des Rittertums zu lösen (Aigina, Korinth, Massalia). Meistens aber war die Entwicklung komplizierter, weil sich gelegentlich mehrere soziale und dazu eine militärische Komponente überlagerten. Oft entstand eine neue Schicht von Handel- und Gewerbetreibenden, die nicht in die altaristokratischen Verhältnisse paßte und erst dann als vollberechtigt angesehen wurde, wenn sie Grundbesitz erwarb oder mit ihrem Einkommen aus mobilem Besitz anerkannt und gleichgestellt wurde. Im Kriegswesen erfolgte seit dem 8. Jh. eine folgenschwere Umstellung, die allmählich auf eine Neuordnung der seitherigen gentilizischen und adelsstaatlichen Verhältnisse drängte: Man erlernte die Kunst, schwerbewaffnete Fußsoldaten (Hopliten) in geschlossenen Reihen mit nunmehr eisernen Waffen exerzieren und kämpfen zu lassen. Im Rahmen der neuen Hoplitentaktik brachten breitere Schichten, vorweg die Bauern, die Kampfentscheidung, während die Bedeutung des Adels, dessen Taktik diejenige des Einzelkämpfers für den Zweikampf gewesen war, zurückging; erst jetzt entwickelte der Adel eine Reitertruppe.

Vielleicht noch wichtiger als diese Umschichtungen war eine alle Gruppen unmittelbar betreffende wirtschaftliche Umstellung: der Übergang von der Naturalwirtschaft zur Geldwirtschaft. Er erfolgte im 7. Jh. sehr schnell mit den erstmals von Lydern geprägten Münzen und wurde bald durch eine Vielzahl von Währungssystemen – im Mutterland besonders das chalkidische und aiginetische – kompliziert. Infolge dieses Überganges, der mit Knappheit der Zahlungsmittel verbunden und darum durch hohe Zinssätze belastet war und durch das wenig elastische, harte Schuldrecht nicht aufgefangen werden konnte, kam es zu schweren Krisen, die insbesondere die Kleinbauern trafen. Das führte zu einer Lockerung der seitherigen patriarchalischen Gesellschaftsgliederung und schließlich mit zunehmender wirtschaftlicher Bedrükkung seitens Finanzkräftiger zu ihrem Bruch. Verschiedentlich erhob man auch schon infolge des Niedergangs der Bauern oder staatlicher Expansion (Sparta nach Messenien) die Forderung nach Neuaufteilung von Grund und Boden. Auch die Auswanderung in die Kolonien und die stimmungsmäßige Rückwirkung der dortigen gesellschaftlichen und wirtschaftlichen Verhältnisse auf die Mutterstädte konnten Spannungen ergeben. So waren während des 7. Jh. vorwiegend im Polisbereich scharfe Gegensätze entstanden, die bisher unbekannte rechtliche, staatliche und persönliche Probleme aufwarfen.

2. *Recht und Staatlichkeit*

Die Vielzahl von lockeren Stammstaaten – besonders in Nord- und Mittelgriechenland – und Poleis in unterschiedlichem Entwicklungsstand ergab im 7. Jh. eine große Buntheit, in der die soeben umrissenen Probleme der Zeit durchaus nicht gleichförmig akut wurden.

Die übliche Rechtsprechung, die in früheren Zeiten ausschließlich in den Händen des Adels lag und uns erkennbar schon um 700 (Hesiod!) zu erheblichen Auswüchsen geführt hatte, ist durch die wirtschaftlichen Umwälzungen des 7. Jh. und die Lockerungen des patriarchalischen Gefüges immer fragwürdiger geworden. Um den einzelnen vor Richter- und Beamtenwillkür zu schützen, forderte man die Aufzeichnung (Kodifikation) des Gewohnheitsrechtes. Dies geschah z.B. durch Drakon von Athen um 624, Zaleukos von Lokroi um 620, Pittakos von Mytilene auf Lesbos um 620 und später durch Charondas von Katane (2. Hälfte des 6. Jh.). Solche Kodifikation allein führte aber noch nicht zur wirklichen Abhilfe, selbst wenn z.B. Drakon neue Bestimmungen wie Milderung der Blutrache durch Einschaltung des Areopags und Unterscheidung zwischen Mord und Totschlag hinzufügte. Die Grundschäden konnten nur durch eine sehr viel tiefer greifende Reform abgestellt werden.

Um radikale Veränderungen der politisch-sozialen Verhältnisse abzuwenden, setzte man an anderen Orten Beamte mit unbeschränkter Vollmacht, sog. Aisymneten, ein; zu diesen „Schiedsrichtern“ gehörte nicht nur Solon von Athen (594), sondern auch Pittakos von Mytilene, die beide später zu den

„Sieben Weisen" gezählt wurden. Das Rechtsdenken wurde gerade von Solon erheblich verfeinert durch seine Forderung nach Eunomia (gesetzliche Ordnung) als erstrebenswertem Zustand.

Viel häufiger aber riß ein einzelner Adeliger in allgemeiner Krisensituation oder im Zuge bereits ausgebrochener Kämpfe die Macht an sich und führte Ruhe herbei. Man nannte ihn mit kleinasiatischer Bezeichnung „Tyrannos", Herr; ihm fehlte die Legitimität durch Erbfolge, für seine Stellung aber war es bedeutungslos, ob er die Macht legal ergriff oder nicht. Diese sogenannte ältere Tyrannis des 7. und 6. Jh., die nicht mit der schematisierenden späteren Staatstheorie etwa bei Aristoteles beurteilt werden darf, brachte eine zweite monarchische Epoche für viele griechische Gebiete, die jedoch nur als Übergangserscheinung vom Adelsstaat zur Demokratie gewertet werden kann. Die Tyrannen waren durchweg Adelige, stützten sich zumeist auf die bedrängte Bevölkerung und traten ein für die soziale und wirtschaftliche Sicherung der unteren und mittleren Schichten. Nicht die Institution, an der stets der Makel der Usurpation haftete, sondern die Einzelpersönlichkeit war entscheidend für die Dauer solcher Herrschaften. Am längsten behaupteten sich die Orthagoriden in Sikyon, die über 100 Jahre ein mildes, gerechtes, aber auch auf äußeren Glanz bedachtes Regiment führten (665–565). Die Kypseliden in Korinth waren etwa 73 Jahre an der Macht und hatten in Periander (627–586) einen harten, aber auch geistig hochstehenden Vertreter; er ließ den Apollon-Tempel in Korinth erbauen und wurde später unbefangen zu den Sieben Weisen gezählt. Auch die Peisistratiden in Athen konnten sich im 6. Jh. fast 50 Jahre lang halten; meistens aber brach eine Tyrannis bereits mit ihrem Begründer wieder zusammen, und oft scheiterten entsprechende Versuche überhaupt, wie z.B. der des Kylon in Athen um 630.

3. Vom Durchbruch eines neuen Denkens um 600

Gleichzeitig mit gesellschaftlichen und wirtschaftlichen Veränderungen großen Ausmaßes erfolgte allmählich der Durchbruch des Individuums. Dieser Vorgang war nicht nur in Gewerbe, Handel und Politik zu beobachten, sondern vor allem in der Geisteshaltung. Mit der Überwindung der seitherigen „mittelalterlichen" Gebundenheit erfolgte der Schritt vom Mythos zum Logos, der langsam und auf verschiedenen Gebieten zunächst von schöpferischen Einzelnen vollzogen wurde. Grundlegende europäische Denkkategorien sind dabei geschaffen worden.

a. Das Individuum, besonders in der Dichtung

Im Rahmen der epischen Kunst hatte bereits Hesiod (um 700) den Durchbruch des Individuums angekündigt. In der im 7. Jh. neu geschaffenen Gattung der Lyrik, d.h. in den zur Lyra, später zur Kithara und zum Aulos (Blasinstrument) vorgetragenen Liedern, konnten persönliche Empfindungen einen angemessenen Ausdruck finden. Solche Chor- und Einzellieder wiederum sind untrennbar von der Entfaltung der Musik, die stark von den kleinasiatischen Landschaften Phrygien und Lydien (man denke an die Tonarten) aus beeinflußt worden ist. Die Dichter formulierten nun persönliche Affekte wie Liebe und Haß, Trauer und Freude und fanden neue Versmaße, die meist aus den Bewegungsrhythmen des Tanzes entstanden sein dürften. Männer aus dem kleinasiatischen Küstenraum führten den Durchbruch herbei, auch in der Chorlyrik; diese pflegte man im Mutterland bald gerade in Sparta besonders, wo sonst der Individualismus völlig fehlte: Terpandros aus Lesbos wird als Sieger im ersten Karneienwettbewerb in Sparta (um 676/73) genannt, und Alkman aus Sardes dichtete in Sparta um 625 außer Chören und Hymnen noch Trink- und Liebeslieder. Kallinos aus Ephesos schuf in der ersten Hälfte des 7. Jh. die Elegie, wobei Form und Gehalt seiner gegen die Kimmerier gerichteten Kampflieder die enge Verbindung zum Epos erweisen. Ihm folgte Mimnermos aus Kolophon (Ende des 7. Jh.), der auch Kriegslieder verfaßte und Noten für Flötenspieler erfand. In Lakonien führte Tyrtaios (selbst wohl aus Sparta) um 640 mit seinen Elegien einen Höhepunkt herbei, in dem das Gemeinschaftserleben der damaligen Kämpfe gegen Messenien eindrucksvolle Form gewann.

Während diese Dichter und überhaupt die Chorlyrik sich noch an die jeweilige Gemeinschaft gebunden fühlten, traten andere – was für die eigentlich lyrischen Inhalte fast selbstverständlich erscheint – bald als extreme Individualisten hervor, die z.T. auch schon die überkommenen gesellschaftlichen Normen bewußt verneinten. Von ihnen wurde im Gegensatz zum Chorlied das „Einzellied“, vorweg das aiolische „Melos“, entwickelt, das in den Gattungen des Iambos, der Elegie und des Epigramms (Hexameter und Pentameter) bald nur noch gesprochen und nicht mehr gesungen wurde. Archilochos von Paros, der die totale Sonnenfinsternis vom 6. April 648 erwähnt, hat ganz persönliche Stoffe – z.T. in deutlichem Gegensatz zur herrschenden Auffassung der Poleis – behandelt und vor allem den Jambus erfunden.

Einen Höhepunkt führten um 600 die lesbischen Meister des lyrischen Einzelliedes herbei: Sappho, die Epithalámien (Hochzeitslieder) und Hymnen dichtete und einen Kreis von Schülerinnen und Freunden um sich scharte, und Alkaios, der Hymnen, politische Lieder und Liebeslieder verfaßte und – ebenso wie Sappho – eine nach ihm benannte Strophe erfand. Sie zeigen exemplarisch, daß die griechische Sprache fähig war zum Ausdruck feinster seelischer Regungen von intimsten und religiösen Motiven bis hin zu krasser politischer Wirklichkeit. Die Fernwirkung dieser frühen Dichter auf die alexandrinische und römische Elegie und Lyrik sowie der Chorlyrik auf die Tragödie im 5. Jh. ist nicht zu unterschätzen. Neue Formen und Inhalte waren gefunden.

Sehr stark trat das Individuum bald auch in der Philosophie hervor, die sich übrigens zunächst vorwiegend der gebundenen Redeform bediente. Die Zeit um 600 war reif für solche „Freunde der Weisheit", die als selbständige Denker in unendlichem Selbstvertrauen gleich die schwierigsten Fragen nach den Archaí (principia) im Bereich der Natur aufwarfen. Vorerst allerdings stand man im Zeitalter der Sieben Weisen, von denen man Kernsprüche (Gnomen) als Lebensweisheit tradierte, während das Wirken der ersten abendländischen Naturphilosophen – Thales, Anaximandros, Anaximenes – in das 6. Jh. gehört. Die Geburt der Philosophie und damit der Ansatz zur Überwindung mittelalterlich-gebundener Lebensauffassung wurde ein entscheidender Beitrag der Hellenen zur Weltgeschichte. Möglich war er nur durch das schöpferische Individuum.

b. Religion

Auch in den Glaubensvorstellungen zeichneten sich um 600 folgenreiche Wandlungen ab. Im Zusammenhang mit dem Anthropomorphismus der olympischen Götter prägte man den Gedanken der Hybris und den vom Neid der Götter aus. Ein allgemeines Anwachsen der Frömmigkeit kann wohl kaum von der äußeren Not, durch die breite Schichten betroffen waren, getrennt werden; lokale Kulte fanden größeren Zulauf, und der Glaube an die Kraft der Orakel erstarkte, was für uns am Beispiel Delphi und an der dort ausgeübten Inspirationsmantik besonders deutlich wird.

Viele Gründe führten zu einer stärkeren Ethisierung, d.h. zur Verinnerlichung, auf religiösem Gebiet. Die Geheimkulte (Mysterien) erfuhren einen merklichen Aufschwung und vermochten mit besonderen Handlungen wie Sakrament, Ekstase und Orgien die religiösen Gefühle des einzelnen unmittelbar anzusprechen. In Attika traten der Demeter-Kore-Kult in Eleusis und der Dionysoskult der bäuerlichen Bevölkerung besonders hervor. Andere glaubten mit Hilfe der Heilstheologie der Orphik und ihren Unsterblichkeits- und Erlösungsvorstellungen die Not des Alltags und die Hoffnungslosigkeit des Lebens, die als göttliche Strafen gedeutet wurden, überwinden zu können. In eindringlicher Wechselwirkung ergriffen diese neuen Kulte nicht nur den einzelnen, sondern zugleich die jeweilige Religionsgemeinschaft. Andererseits lösten sich bereits einzelne Personen völlig aus der mythisch-religiösen Bindung. Mit der Forderung nach Gedankenfreiheit, die zumindest unbewußt von den Lyrikern und im 6. Jh. auch von den Philosophen gestellt wurde, zeichnete sich zaghaft der Übergang vom Mythos zum Logos ab.

c. Kunst

Um 600 waren die Kunstgebiete bereits ausgebildet, die für die sog. „archaische" Kunst, die allerdings nur in Plastik und Malerei noch „anfänglich" war, besonders aufschlußreich sind. In der Keramik hatte man schon im geometrischen Zeitalter mit den aus Dekor und Darstellung deutlichen Gedanken der Ordnung und der Symmetrie typische Grundzüge der späteren griechischen Kunstentwicklung überhaupt geschaffen. Im Zeitalter der zweiten Kolonisation übernahmen Kunsthandwerker vorwiegend Motive aus dem Orient – wilde Tiere, Fabelwesen (Greifen, Sphingen) – und entwickelten damit den sogenannten orientalisierenden Stil des 7. Jh., leiteten aber auch über zu lokalen Richtungen wie zur korinthischen Keramik (seit um 740 protokorinthisch, etwa 640 korinthisch), zur rhodischen und später zur attischen Vasenmalerei. Der Formbestand wurde erheblich bereichert, die Gefäße selbst dienten vorwiegend für den Export bestimmter Güter und fanden dadurch weite Verbreitung in der Mittelmeerwelt. Die älteste erhaltene Meisterinschrift eines Töpfers – um 650 – weist auf das allmählich aufkommende Persönlichkeitsbewußtsein der Künstler. Für die figürlichen Darstellungen entwickelte man langsam die sogenannte schwarzfigurige Technik, in der wir erstmals einen gewissen Ersatz für die leider völlig verlorene Tafelmalerei der Zeit fassen können.

Der griechische Tempel, der stets Gottes- und nie Gemeindehaus war, ist aus dem Megarontyp entwickelt und seit dem 9. Jh. zunächst in primitiver Lehmbau-Form mit Holzsäulen – wie etwa der älteste Heratempel in Samos – errichtet worden. Langsam ging man dann von der Holz- zur Steinarchitektur über, deutlich bezeugt am Heratempel in Olympia. Dabei wurde die dorische Säulenordnung erfunden und ausgeprägt, die uns aus dem 7. Jh. vor allem durch die Hera-Tempel in Olympia und in der Argolis sowie – kurz nach 600 – durch den Apollon-Tempel in Korinth bekannt ist. Damit war in verhältnismäßig kurzer Schöpferperiode der Grundgedanke des Ringhallentempels ausgeprägt worden als eines nach außen offenen und doch plastisch in sich ruhenden Baukörpers. Die Giebelfelder boten Raum für eine zunächst parataktische bauplastische Ausschmückung, die z.B. im Gorgo-Giebel des Artemis-Tempels in Kerkyra (Korfu) eindrucksvoll zugleich mythische und apotropäische Züge aufweist.

Die Anfänge der griechischen Plastik fallen mit überlängten Statuetten, Pferdchen usw. in die geometrische Periode. Kultbilder fertigte man zunächst aus Holz, seit dem 7. Jh. allmählich aus Stein, zunächst aus Poros, einem weichen Kalkstein, dann aus Marmor. Rundplastische Figuren dienten wahrscheinlich vor allem als Weihgaben und Grabschmuck, Reliefs fanden als Tempel-Metopen Verwendung. Frauen wurden bekleidet dargestellt (Weihung der Nikandre aus Naxos auf Delos um 650, jetzt in Athen), Männer nackt, wie die sogenannten Kuroi (früher Apollines genannt) seit um 600 erweisen. So wurden in der Freiplastik bestimmte Typen (Schema der Frontalität und des Schrittstandes) mit landschaftlichen und stammesmäßigen Unterschieden entwickelt. Sie hatten um 600 zu einem geschlossenen und fertigen Menschenbild geführt, das allseitig war, innere Spannung aufwies und bei aller frühen Strenge doch den künftigen Wandel in eine menschlich ansprechendere Form zuließ, den das 6. Jh. bringen sollte.

V.2. Die Krise der archaischen Zeit (um 650 bis um 500)

Das „griechische Mittelalter" klingt in einer Periode aus, die man nach archäologischen Kriterien „Archaikum" im engeren Sinn, von den Stämmen her „ionisches Jahrhundert" (um 630 bis um 500) und in geistesgeschichtlicher Einordnung besonders hinsichtlich der Geburt der Philosophie, des wissenschaftlichen Denkens und der Tragödie als den hellenischen Teil der „Achsenzeit" der Weltgeschichte bezeichnet hat. Bewußtes Fortführen, Abschluß und neuer Anfang stehen auf vielen Gebieten des Lebens in dieser Zeit nahe beieinander. Die Lebensauffassung der „mittelalterlichen Gebundenheit" aber wurde im Zusammenhang mit den bereits geschilderten wirtschaftlichen und gesellschaftlichen Wandlungen allmählich fragwürdig.

A. Aus der politischen Geschichte – Aufstieg von Sparta und Athen

Die allgemeine Lage um 600 war gekennzeichnet durch eine Vielzahl politischer Ordnungen im griechischen Mutterland einerseits und durch die unbestrittene Vorrangstellung des Ionertums mit Milet und seinen Kolonien andererseits. Während die Hellenen seit etwa 1000 ohne ernsthafte Einwirkung von außen her ihren Weg gegangen waren, vollzogen sich im 6. Jh. im Mittelmeerraum verschiedene in die Zukunft weisende Veränderungen. Im kleinasiatischen Raum erstarkten die Lyder und drangen unter Kroisos bis an die Westküste vor; ihnen folgten seit 546 die Perser, unter deren Herrschaft die ionische Kolonisation aufhörte. Auf Sizilien begannen seit etwa 580 die Auseinandersetzungen mit den Karthagern und lösten zunächst innenpolitische Änderungen im Gefüge der Poleis aus. Die Hellenen insgesamt gehörten im 6. Jh. in keiner Weise zu den großen Mächten der Zeit. Im Osten des Mittelmeerraumes aber vollzog sich mit der Gründung des Perserreiches durch Kyros II. um 550 und mit der Einbeziehung des neubabylonischen Reiches (539) und Ägyptens (525) eine epochemachende Neuordnung, die bereits am Ende des 6. Jh. eine völlig neue Weltlage ergab und für den weiteren Ablauf der griechischen Geschichte entscheidend geworden ist.

Ohne daß auf lokale Einzelheiten eingegangen wird, sollen im folgenden lediglich die Erscheinungen des politischen Lebens herausgehoben werden, die für das 6. Jh. charakteristisch erscheinen und z. T. als innere Festigung in der Zersplitterung zukunftsweisend geworden sind.

1. Die Tyrannis

Die Tyrannis war, wie bereits gezeigt wurde, eine Übergangserscheinung im Anschluß an den Niedergang der „Adelsherrschaft". Auf dem Festland regierten in Korinth die Kypseliden bis 584, in Sikyon die Orthagoriden bis um 565 und in Athen die Peisistratiden 561–510. In den Randgebieten des griechischen Siedlungsraumes waren gelegentlich für das Emporkommen eines Tyrannen äußere Spannungen wichtiger als die sonst vordergründigen inneren Probleme. Polykrates von Samos (um 535–522) hat seine Macht nur unter dem Druck der persischen Expansion aufrichten können und ist an ihr auch gescheitert. Auch für die Tyrannis auf Sizilien waren militärisch-defensive Gründe zunächst mitbestimmend, später sogar entscheidend, denn seit etwa 580 befanden sich die griechischen Städte dort in einem zumindest latenten Zustande der Spannung mit Karthago. Dabei erstand in Phalaris von Akragas (Mitte des 6. Jh.) ein Musterbeispiel eines grausamen Gewaltherrn, und am Ende des Jahrhunderts war die Entwicklung eingeleitet, die von Gela aus zur späteren Militärmonarchie der Deinomeniden in Syrakus führen sollte.

Gemeinsam waren diesen verschiedenen Erscheinungsformen der älteren Tyrannis die nunmehr auflebende „Versachlichung" der Politik, die Pflege auswärtiger Beziehungen und die fehlende Rücksicht auf die Autonomie, d. h. auf einen wesentlichen Grundgedanken der Polis. Die Tyrannen waren meist mit Hilfe der bedrückten Bevölkerungsschichten an die Macht gekommen, sorgten für Arbeitsbeschaffung, förderten kulturelle Belange von der äußeren Prachtentfaltung durch Bauten bis hin zur Unterstützung von Festen und Schriftstellern, stützten sich aber oft auf eine Leibwache und auf Söldner; meist zogen sie sich bald den Haß nicht nur seitens des Adels, sondern auch des Volkes zu, der dann zum Sturz eines Tyrannen und auch zur moralischen Rechtfertigung des Tyrannenmords führen konnte. So entwikkelten die Tyrannen trotz mancher Ansätze zu einer festen Organisation doch keine grundsätzlich neue und weiterführende Form staatlicher Ordnung in der damaligen griechischen Welt.

2. Sparta und der Peloponnesische Bund

Ungleich wichtiger für die Zukunft wurde die von Sparta im 6. Jh. ausgehende Entwicklung. Die Lakedaimonier waren um 600 im Besitz der ganzen südlichen Peloponnes und gerieten dann z. T. ohne direkte Expansionsabsichten von selbst in Spannungen mit ihren nördlichen Nachbarn, vorwiegend mit Argos, dessen Bedeutung sie durch die Wegnahme der Landschaft Kynuria nicht unerheblich minderten. Um 550 kam es zu einem Bündnis mit der Polis Tegea in Arkadien, bei dem die Bündner ihre volle innere Freiheit behielten; in ähnlicher Weise schlossen sich vor allem Korinth, Sikyon und kurz vor 510 Megara an. So entstand allmählich der „Peloponnesische Bund", in dem Sparta die militärische Hegemonie übernahm. Dieser Bund war eine Summe von unbefristeten Friedens- und Freundschaftsabkommen auf personaler, nicht auf territorialer Grundlage, wie schon die offizielle Bezeichnung „Die Lakedaimonier und die Bundesgenossen" zeigt. Sparta war als Hegemon und Vorort gebunden an die Beschlüsse der Bundesversammlung (Synhédrion), in der alle Mitglieder vertreten waren, Sparta aber den bestimmenden Einfluß ausübte. Im Falle eines von der Versammlung beschlossenen Krieges stellten die Bündner Kontingente, die später spartanischen Kommandeuren unterstellt waren. Die Spartaner förderten – von ihren eigenen gesellschaftlichen und staatlichen Verhältnissen ausgehend – überall im Bund aristokratische Ordnungen und waren von vornherein mehr als mißtrauisch gegen die Tyrannis, wie der geplante Zug gegen Polykrates und die Unterstützung Athens bei der Vertreibung der Peisistratiden zeigte, aber auch gegen die aufkommende Demokratie. So wurde der Peloponnesische Bund als eine freilich lockere politisch-militärische Zusammenfassung in Südgriechenland zu einem Faktor, der später den Hort aristokratischer Kräfte in Hellas und den stärksten Festlandsblock bis zur Schlacht bei Leuktra 371 darstellte.

3. Athen – Von der Timokratie zur Demokratie

In Attika führten im 6. Jh. Versuche, mit den gesellschaftlichen und wirtschaftlichen Problemen fertig zu werden, zu mehreren Neuordnungen. Um 600 war die ältere gentilizische, lokale und ständische Bevölkerungsgliederung bereits von einer timokratischen, d.h. nach dem Vermögen gestaffelten Ordnung überlagert. In ihr waren die Bürger der damaligen „Hoplitenpolis" nach ihrem Einkommen aus Grund und Boden – gemessen nach Scheffeln, d.h. der Hohlmaßeinheit von 52,5 l – in vier Klassen gegliedert, die nach Leistungen und politischen Rechten gestuft waren: die Pentakosiomedimnen (500-Scheffler, aus denen die Archonten gewählt wurden), die Hippeis (mindestens 300 Scheffel, Dienst als Reiter), die Zeugiten (Jochbauern, mindestens 150 Scheffel, Dienst als Hopliten) und die Theten (Lohnarbeiter, unter 150 Scheffel). Die politische Macht lag bei den adeligen Oberbeamten und bei dem Areopag. Diese Ordnung versagte vor den vielfältigen Problemen der Zeit. Reformen waren dringend geboten, zumal sich zwei extreme Gruppen gegenüberstanden, die einerseits für die Beibehaltung der politischen und wirtschaftlichen Verhältnisse eintraten, andererseits sozialrevolutionäre Forderungen bis hin zur Neuaufteilung von Grund und Boden erhoben. Vordringlich waren zunächst der Schutz der Kleinbauern und die Übertragung politischer Rechte an die Handel und Gewerbe treibenden Bürger.

In Solon aus dem Geschlecht der auf den König Kodros zurückgehenden Medontidai fanden die Athener den Mann, dem als Archon 594/93 und als Diallaktés (Versöhner) mit unbeschränkter Vollmacht eine zeitgerechte, wenn auch nicht alle Beteiligten befriedigende Lösung gelang. Er begann seine Reformen mit einem allgemeinen Schuldennachlaß (Seisáchtheia), der vom Adel hingenommen wurde und das attische Bauerntum rettete, da zugleich die alten Formen der Schuldknechtschaft aufgehoben und bereits versklavte Bauern wieder frei gemacht wurden; aber er kam den extremen Forderungen nach Neuverteilung des Bodens nicht nach. Auch bei seinen weiteren Reformen schonte Solon die bestehende Staats- und Rechtsordnung nach Möglichkeit. So blieben der gentilizische ebenso wie der timokratische Aufbau bestehen, wobei jedoch die Einkünfte aus Handel und Gewerbe der seither ausschließlich agrarischen Bewertungsgrundlage gleichgestellt wurden. Er änderte auch nichts an dem Oberamt der 9 Archonten (Epónymos, Polémarchos, Archon Basileus, 6 Thesmotheten), am Areopag, zu dem hinfort die Archonten nach Ablauf ihrer Amtszeit gehörten, und an den anderen Verwaltungseinrichtungen. Aber er ergänzte dieses Gefüge durch neue Organe und steigerte damit den Rang der Gesamtgemeinde: Ein neugeschaffener Rat der 400 (Bulé), der aus den drei oberen Klassen von der Volksversammlung gewählt wurde, trat neben den Areopag, dem die Funktion der obersten Aufsichtsbehörde blieb. Ein Geschworenengericht (Heliaía), das sich vermutlich aus Vertretern der vier Klassen zusammensetzte, wurde als Berufungsinstanz gegen Ordnungsmaßnahmen und Beamtenentscheidungen eingerichtet. Zur Volksversammlung (Ekklesía) gehörten nun alle vollberechtigten Politen vom vollendeten 18. Lebensjahr an. Sie entschieden über Krieg und Frieden, Bündnisse und Verträge, verabschiedeten die Gesetze, beschlossen Bürgerrechtsverleihungen und wählten die Jahresbeamten. Obwohl das Übergewicht des Adels damit eingeschränkt war, stammten die führenden athenischen Politiker bis 429 doch fast ausschließlich aus alten Geschlechtern.

Der Neuordnung des Privat- und Strafrechts und dem Schutz von Gesellschaft und Familie diente die von Solon veranlaßte Aufzeichnung der Gesetze (Nómoi); sie wurden z.T. auf drehbaren Tafeln (Axones) zugänglich gemacht und erzielten eine große Fernwirkung – u.a. auf Rom. Andere Maßnahmen sorgten für Landwirtschaft und Handel; so wurde einerseits die attische Agrarausfuhr (mit Ausnahme des Öls) gedrosselt, andererseits das chalkidische Münz-, Maß- und Gewichtssystem übernommen, womit Athen den Anschluß an den großen ionischen Wirtschaftsraum gewann. – Solon, der auch als Lyriker hervorgetreten ist, darf als der erste näher bekannte Staatsmann Europas gelten. Gelungen ist ihm eine in den Möglichkeiten seiner Zeit liegende Neuordnung, in der insbesondere die Neuschöpfungen Bulé und Heliaía den Weg zur späteren attischen Demokratie wiesen.

Wenn auch der unmittelbare Zündstoff zunächst beseitigt war, so gab es doch nach wie vor Unzufriedenheit und Spannungen. Schon 582/80 wollte der Archon Damasías – freilich ohne Erfolg – Tyrann werden. Bedeutsamer wurde es, daß die drei primär landschaftlich geschiedenen Bevölkerungsgruppen energische Führer fanden: Die Parálioi („Küstenbewohner"), vorwiegend zum städtischen und bäuerlichen Mittelstand gehörig, scharten sich um den Alkmaioniden Megakles, die Pedieís („Bewohner der Ebene", besonders um Eleusis und Athen), im wesentlichen aristokratische Grundbesitzer, folgten dem Lykurgos (aus der Familie der Eteobutaden), und die Diákrier („Bergbewohner"), arme und deshalb zur Unruhe neigende Kleinbauern, unterstützten Peisistratos aus Brauron, einen ehrgeizigen Adeligen.

Dieser machte sich nach Erfolgen gegen Megara (Nisaia und Salamis) um 560 zum Tyrannen und festigte nach zweimaliger Vertreibung seine Herrschaft so, daß er bis zu seinem Tod 528/27 unangefochten Herr in Athen war. Er förderte besonders die ärmeren Schichten, stützte sich auf eine Leibwache, schwächte die Macht der adeligen Familien und den Einfluß von Areopag und Beamten, ließ aber die Solonische Ordnung weiterbestehen. Da er beim Volk beliebt war, gelang es ihm, die Volksversammlung in seinem Sinn zu beeinflussen. Für Athen begann eine Blütezeit, gekennzeichnet durch großangelegte Bauten (Akropolis; Zeus-Tempel am Ilissos, der erst unter Kaiser Hadrian vollendet wurde), Förderung der Künste, Ausgestaltung der Panathenäen-Spiele, aber auch durch wirtschaftliche Entfaltung (vielleicht damals schon Einführung der Silbermünze mit Athene und Eule). Zur Sicherung seiner Position und zugleich für Athen knüpfte er zielbewußt außenpolitische Verbindungen und gewann in der Ägäis wichtige Punkte, vor allem Sigeion am Dardanellen-Eingang, Lemnos und Imbros. Gleichzeitig erwarb der ältere Miltiades aus dem Geschlecht der Philaiden Besitzungen vor allem auf der thrakischen Chersones (Gallipoli). So begründete Peisistratos außenpolitisch die Machtstellung Athens. Der Handel lebte seit der Mitte des 6. Jh. merklich auf, nicht nur mit dem nordpontischen Gebiet, aus dem man Getreide, Wolle, Felle, Edelmetalle und wohl auch schon Sklaven einführte, sondern auch mit dem Osten und mit Sizilien sowie Italien. Athen wurde eine Seehandelsmacht. Des Peisistratos Herrschaft ging unangefochten an seine Söhne Hippias und Hipparch über; erst als Hipparch 514 von Harmodios und Aristogeiton aus Privatrache ermordet worden war, änderte der Überlebende sein Auftreten und wurde daraufhin 510 mit Hilfe der Spartaner (Kleomenes) aus Athen vertrieben. Athens Stellung im Ägäisraum ging schlagartig zurück; kontinentale Auseinandersetzungen mit Theben und mit der Handelsrivalin Aigina traten alsbald in den Vordergrund.

Da gelang es dem Alkmaioniden Kleisthenes mit Hilfe des Demos, die Radikalaristokraten, die zunächst unter Isagoras mit Unterstützung der Spartaner die Lage in Athen bestimmten, zurückzudrängen. Er führte 508/07 eine Neuordnung durch, deren Ziel es war, den direkten Einfluß des Adels auszuschalten und die sozialen und wirtschaftlichen Gegensätze zu überbrücken. Das Ergebnis war die gemäßigte Demokratie. Mit einer rationalregionalen Phylen-Reform löste Kleisthenes die vier alten gentilizisch bestimmten Phylen und zugleich jüngere lokal-wirtschaftliche Ordnungen ab: Er bildete 10 Phylen mit je 3 Trittyen. Um sie zu schaffen, gliederte er die drei attischen Bezirke Stadt (Asty), Binnenland (Mesogeios) und Küste (Paralía) in je 10 Unterabteilungen („Drittel", Trittyen); durch Los wurde je eine Trittys aus landschaftlich getrennten Zonen einer der 10 neuen Phylen zugewiesen. Für die Lokalverwaltung und damit die militärische und zivile Erfassung behielt er die vorhandenen Demen (Gemeinden, Dörfer) bei, nach denen bald auch – unter Zurückdrängung der seitherigen Verwendung des Patronymikons – die attischen Bürger offiziell benannt wurden. Die neuen Phylen sollten eine einigermaßen gleiche soziale Schichtung herbeiführen und die alten Gruppenbildungen ausschalten; sie waren nicht nur Verwaltungseinheiten für die politischen Wahlen, sondern auch die Grundlage für den Heeresaufbau: Seit 501 gab es 10 Infanterieeinheiten (Táxeis) unter je einem gewählten Strategos („Oberst"), ferner 10 Reiterschwadronen. Diese Phylen schickten in einem wohl aus Vorwahl und Losung kombinierten Verfahren je 50 Vertreter (aus den drei obersten Klassen) in den auf 500 Mitglieder vergrößerten und in seiner politischen Bedeutung nunmehr gesteigerten Rat, der somit aus 10 Prytanien bestand; eine Prytanie war jeweils für ein Zehntel des Jahres in Athen anwesend und federführend für die laufenden Geschäfte; der Vorsteher (Epistates) wechselte täglich und hatte nicht nur die Vorberatungen für die Ekklesie, sondern auch diese selbst zu leiten. Beim Volk lag weiterhin die Legislative und die Entscheidung über die wichtigsten politischen Fragen. Die Zahl der Geschworenen wurde auf 5000 und 1000

Ersatzmänner erhöht. Archonten, Beamte und Areopag wurden beibehalten. Da das Volk bestimmte, nannte man diese Neuordnung später „Demokratie" (Volksherrschaft). Es war jedoch nur eine Anfangsstufe, auch als der Ostrakismos als „Sicherheitsventil" gegen die drohende Tyrannis um 500 hinzutrat; erst mit der Erlosung der Archonten 487/86 rückte die ausgeprägte Demokratie näher, die schließlich 462/61 eingerichtet wurde. Die Stellung der vollberechtigten Bürger Athens fand seit 508/07 ihren Ausdruck in der Isegoría, d.h. in dem Recht, in der Ekklesie zu reden, und in der Isonomía (Gleichheit vor dem Gesetz).

B. Hellas am Ende des archaischen Zeitalters

1. Schwerpunktverlagerungen

Im 6. Jh. lagen die politischen Schwerpunkte zunächst in breiter Streuung bei ionischen und dorischen Städten, vorweg bei Milet, Chalkis, Korinth, Argos, Megara und Aigina. Seit etwa 550 traten die kleinasiatischen Poleis zurück, während Sparta, das um 500 als die führende Macht im Mutterland galt, und Athen erstarkten. Das 6. Jh. brachte eine deutliche Ausbildung der Staatlichkeit, gefördert durch die Gesetzgebung, die der Veränderung des gesellschaftlichen Gefüges gerecht zu werden suchte. Mit der älteren Tyrannis kam ein methodisches politisches Handeln auf, besonders in der Außenpolitik, wovon auch die steigende Zahl der erhaltenen Staatsverträge zeugt. Auswärtige Herrschaftsgebiete konnten auch durch Privatunternehmungen gewonnen werden.

Äußere Feinde hatten das Mutterland zwischen 1000 und 500 nicht heimgesucht. Innergriechische Kämpfe waren vorwiegend infolge von Grenzkonflikten entbrannt, wie etwa der Lelantinische Krieg zwischen Chalkis und Eretria zu Beginn des 7. Jh. oder im 6. Jh. aufkommende Feindverhältnisse wie z.B. Aigina-Athen.

Die allgemeine politische Lage erfuhr jedoch im 6. Jh. eine folgenschwere Umgestaltung. Zunächst hatte im Osten ein mehrgliedriges Staatensystem bestanden, das eine Art Gleichgewicht garantierte und Hellas unangetastet ließ: Lydien, Medien, Babylonien, Ägypten. Seit etwa 550 beseitigten aber die Perser die bisherige Machtverteilung und gründeten in wenigen Jahrzehnten das bis dahin größte Reich der Weltgeschichte. Dieses stellte bald auch für den ägäischen Raum eine zumindest latente Gefahr dar, weil seit 546 kleinasiatische Hellenen unter der Herrschaft und seit 512 die Meerengen unter der Kontrolle der Achämeniden standen.

Wie im Osten, so hat sich auch im Westen um 500 die Lage erheblich verschoben. Karthago war erstarkt und hatte die Westspitze von Sizilien gesichert sowie Sardinien gewonnen. Die Etrusker hatten Campanien erreicht.

Rücksichten auf diese neuen Mächte führten zu einer gewissen Schwergewichtsverlagerung innerhalb des griechischen Raumes. Während sich im Westen eine Konzentration auf den dorischen Südosten Siziliens abzeichnete, war im Osten die Frage ungeklärt, wer die Nachfolge von Milet als führende Macht im Ägäisraum würde antreten können.

2. *Gesellschaft, Wirtschaft und Verkehr*

Die aristokratische Gesellschaftsordnung hatte zwar mehrere Krisen überstanden, war aber – wenn man von den besonderen Verhältnissen in Sparta absieht – geschwächt und verlor weiter an Bedeutung. Im Vordergrund standen um 500 weithin die Mittelschichten aus Landwirtschaft, Handel und Gewerbe; in ihrem Interesse vor allem hat Kleisthenes in Athen die Polisgesellschaft neu geordnet. Die um 600 vorhandenen sozialen Nöte waren um 500 im allgemeinen durch Reformen auf vielen Gebieten gelindert. Die breiten Massen, die bereits Peisistratos stark gefördert hatte, waren in weiterem Ausmaß politisch bedeutsam geworden. Noch galt es als selbstverständlich, daß die freie Bevölkerung, die mancherlei Abstufungen aufwies, ihre politische Ordnung in der Gemeinde (Polis) oder in der älteren Form des Ethnos fand. In Attika hatten die alten gentilizischen Bindungen ihre praktische Bedeutung fast verloren; an ihre Stelle war ein Staatsmechanismus getreten, in dem die als Hopliten einsatzbereiten Bürger, noch nicht aber die Besitzlosen, politisch ausschlaggebend waren. Wirtschaft und Verkehr haben im 6. Jh. in Auswirkung der zweiten Kolonisation den gesamten Raum des Mittelmeeres und des Schwarzen Meeres umspannt. Neben alten Handelszentren wie Korinth, Milet oder Samos war seit etwa 550 Athen im Aufsteigen. Münzprägung und Geldwirtschaft hatten sich allgemein durchgesetzt, wenn auch in Randgebieten der Tauschhandel weiterbestand. Als Handelsweg diente vorwiegend das Meer, wo jedoch oft die Gefahr der Piraterie drohte. Der Export vor allem von Öl und Wein (auch in kunstvollen keramischen Erzeugnissen) nahm ebenso zu wie der Import von Getreide besonders aus dem nordpontischen Raum. Im nordwestlichen Mittelmeer hatte Massalia eine beachtliche Stellung als Handelsmacht errungen. Um 500 war jedoch der Handelsraum eingeengt, weil die Perser im Osten und Karthager und Etrusker in ihren Räumen eigene Interessen verfolgten und dort die Seefahrt der Hellenen einschränkten. Die gewerbliche Produktion erfolgte im 6. Jh. z. T. schon in größeren Werkstattbetrieben, z. B. in Korinth und in Athen.

3. Philosophie und Dichtkunst

Individueller Wagemut, der als schöpferisches Element bereits um 600 für uns deutlicher faßbar war, trat auf geistigem Gebiet im 6. Jh. besonders deutlich bei den ionischen Naturphilosophen hervor. Thales von Milet (um 624 bis um 545) hatte auf weiten Reisen eine umfassende Bildung erworben. Als Denker wagte er den für alle künftige Wissenschaft grundlegenden Schritt, aus vielen einzelnen, z.T. alten Beobachtungen ein Gesetz zu formulieren: Der nach ihm benannte Lehrsatz (über den Peripheriewinkel im Halbkreis) und seine Vorausberechnung der Sonnenfinsternis vom 28.5.585 bezeugen dies. Ohne die Empirie des Alten Orients allerdings hätte auch er solche Ergebnisse nicht erzielen können. Im übrigen vertrat er die Hypothese von der Einheit und Harmonie der Welt (Kosmos); ihren noch materiell gedachten Urstoff (Hyle, lat. materia) sah er im Wasser (Hydor). Auch sein Landsmann Anaximandros (um 610–546) warf im Rahmen physikalischer Welterklärung die Frage nach dem Urstoff auf und fand ihn im Ápeiron (d.h. dem Unendlichen, Grenzenlosen, Unbestimmbaren). Er erklärte die Entstehung der Dinge durch Bewegung sowie durch die Gegensatzpaare Kalt – Warm, Fest – Flüssig und lehrte in kyklischer Weise ihr Vergehen als Rückkehr ins Ápeiron. Die Erde hielt er für eine frei schwebende Scheibe, und er entwarf wohl als erster eine Erdkarte. Anaximenes von Milet (um 600–525) sah in der Luft (Aër, Pneuma) den Urstoff, stellte Verdünnung und Verdichtung als treibende Kräfte heraus und bildete die Lehre von den Himmelserscheinungen (Meteorologie) weiter aus. Pherekydes von Syros hat um 560 als ältester griechischer Prosaschriftsteller für seine Auffassung von der Weltentstehung (Kosmogonie) mythische und physikalische Gedanken verbunden.

Neben diese ionischen Naturphilosophen traten in der zweiten Hälfte des 6. Jh. Denker in Süditalien. Die in Elea lehrenden Philosophen, vorweg Xenophanes aus Kolophon (um 570–475), lösten sich noch stärker von den Sinneswahrnehmungen und vom Stofflichen und postulierten, wie Parmenides von Elea (um 520 bis um 450), das „Seiende" (On) als Prinzip. Xenophanes verband im übrigen seine Lehre von der Einheit des Alls mit einer Kritik an den Göttern ebenso wie an fragwürdigen Zeiterscheinungen, z.B. übertriebenen Ehrungen für Olympioniken. – Pythagoras aus Samos (um 570 bis um 480) verließ um 530 den Hof des Polykrates und ging nach Kroton, wo er eine politisch-religiöse Reformbewegung gründete. Mathematisches Denken (vgl. seinen Lehrsatz!) war bei ihm so zentral, daß die Zahl (Arithmos) für ihn den Rang eines Urstoffes erhielt; die späteren Pythagoräer haben besonders die Sphärenharmonie vertreten. – Mit den Leistungen der Philosophen in Ost und West hatte das Individuum um 500 volle Schöpferfreiheit gewonnen.

In der Poesie wurden die im 7. Jh. gefundenen Gattungen weitergepflegt.

Die Dichter repräsentierten Geist und Probleme ihrer Zeit und lösten sich aus ihrer gesellschaftlichen Bindung nur in vereinzelten Fällen, dann aber bis hin zu krassem Individualismus. Um 600 lebte der Dithyrambendichter Aríon aus Lesbos. Etwa gleichzeitig trat Stesíchoros von Himera als Chorlyriker auf, und Ende des 6. Jh. folgte ihm Ibykos aus Rhegion, der ionische Lieder dichtete. Solon aus Athen wirkte auch als politischer Dichter. Drei weitere sind auch historisch-politisch aufschlußreich: Theognis von Megara (um 550–490) verteidigte in seinen Elegien die Aristokratie, bestätigte aber zugleich ihren inneren Niedergang; Hipponax von Ephesos hat um 540 in seinen Hinkiamben oft beißenden Spott ausgeschüttet und zugleich erwiesen, daß er persönlich bereits alle Bindungen an die Polis zerrissen hatte. Anakreon von Teos (um 570–488) wirkte als Meister des Einzelliedes am Hof des Polykrates und später bei Hipparch; seine Stoffe kreisten um Wein und Liebe. Der Sklave Aisopos aus Sardes hatte im 6. Jh. Tierfabeln in Prosa verfaßt.

Die Tragödie – eine der größten geistigen Schöpfungen Athens – entstand, als man ältere Formen von Kultspielen umgestaltete, indem man Partien der Chorlyrik mit iambischen Antworten eines Schauspielers verband und somit den Dialog zur Grundlage der darzustellenden Handlung (Drama) machte. Am Fest der großen Dionysien Anfang April 534/33 führte Thespis aus Ikaria wohl erstmals in Athen eine Tragödie auf. Noch im 6. Jh. wirkten die Dichter Phrynichos und Choirilos, und Pratinas führte das Satyrspiel als heitere und lösende Posse ein. In wenigen Generationen war die äußere Gestalt der Tragödie vollendet, als im 5. Jh. Aischylos den zweiten und Sophokles den dritten Schauspieler hinzufügte. Tragische Agone (Wettkämpfe) bestanden aus drei Tragödien (Trilogie) und einem Satyrspiel und sind schon vor 500 in Athen aufgeführt worden. Die Stoffe der Tragödien entnahm man dem Mythos; zeitgeschichtliche Themen waren verpönt. Auch darin äußerte sich die bei der Bevölkerung noch vorhandene religiöse Gebundenheit: Neuordnung und Ausgestaltung der Dionysos-Spiele wurden freudig hingenommen, der religiöse Charakter der Kultspiele dagegen sollte nicht durch moderne Stoffe profaniert werden.

4. Kunst

Der „archaische" Stil bestimmte nunmehr alle Teilgebiete der Kunst. In der Keramik erreichte die schwarzfigurige Vasenmalerei ihren Höhepunkt mit den attischen Malern Exekias und Amasis (um 550). War bei ihnen bereits das Erleben zu einer unmittelbar ansprechenden Intensität in der figürlichen Szene gesteigert, so suchte man in der seit etwa 530 aufkommenden sogenannten rotfigurigen Technik neue Wege und Ausdrucksmöglichkeiten. Sie wurden erreicht z.B. in der Werkstatt des Andokides und um 510 durch den als Töpfer und Maler in Athen wirkenden Euphronios.

Im Tempelbau war bis um 560 die dorische Architektur vorherrschend; sie bestimmte auch weiterhin wichtige Bauten wie etwa die sogenannte Basilika in Paestum (um 550), den Alkmaioniden-Tempel und das Schatzhaus der Athener in Delphi, den Tempel C in Selinus (Selinunt) sowie den Athena-Tempel in Paestum (um 500). Doch zeigen gerade die Innensäulen des letztgenannten Tempels, daß inzwischen auch die sogenannte ionische Ordnung gefunden war. Seit etwa 570 baute man im ionischen Raum sogar große Dipteraltempel (Doppelringhallentempel) wie das Heraion in Samos (etwa 52 × 105 m), das Artemision in Ephesos und den Apollon-Tempel in Didyma. Diese Riesentempel wiesen einen Zug ins Kolossale auf, der den Bauten des Mutterlandes fehlte – mit Ausnahme des bezeichnenderweise von Peisistratos begonnenen Zeus-Tempels (Olympieion) in Athen.

In der Plastik haben die Künstler die um 600 vorhandenen Typen für Mann und Frau verfeinert, sind aber noch nicht zu wirklich individueller Darstellung vorgestoßen. Die Kuroi wurden besonders im dorischen Raum zunächst kraftstrotzend dargestellt (z.B. Kleobis und Biton in Delphi), für die Koren hingegen bevorzugte man die sehr viel zierlichere ionische Körperauffassung – die Statuen aus dem sogenannten Perserschutt der Akropolis lassen zugleich einen Wandel der zeitweise sogar überfeinerten Kleidermode erkennen. Das sogenannte archaische Lächeln kennzeichnete bald die Köpfe, trat jedoch in den Werken des ausgehenden 6. Jh. wieder merklich zurück. Durch Attribute wußte man Menschen – wie etwa den „Kalbträger" von der Akropolis, um 560 – von Göttern (z.B. Athena mit der Aigis, Akropolis um 530) zu unterscheiden. Der Bronzehohlguß, den die auch als Baumeister gerühmten Künstler Theodoros und Rhoikos in Samos erfanden, gab neue Möglichkeiten, von denen ein jüngst im Piräus gefundener archaischer Kuros einen Eindruck vermittelt. In späteren Statuen wie in der Tyrannenmördergruppe des Antenor oder in der Aristion-Stele in Athen können tastende Versuche vorliegen, die im wesentlichen noch „vorindividuelle" Plastik weiterzubilden; auf diesem Gebiet setzte die epochale Wende, die in Lyrik und Philosophie schon sehr viel früher erfolgt war, freilich erst um 480 ein.

Ganz im Gegensatz zu seiner allgemeinen politischen Lage war Hellas um 500 bereits kultureller Brennpunkt des Mittelmeerraumes geworden.

VI. Der Westen des Mittelmeerraumes bis in die erste Hälfte des 5. Jahrhunderts

A. Italien

Nach den Italikern und Illyriern finden wir seit dem 8. Jh. zwei weitere Bevölkerungselemente auf der italischen Halbinsel, die deren Bewohner aufgrund ihrer kulturellen Überlegenheit außerordentlich stark prägen sollten, die Etrusker und die griechischen Kolonisten.

1. Die Etrusker

Seit dem 8. Jh. machten sich in der Toscana bei der Villanova-Kultur Erscheinungen bemerkbar, die wir in ihrer ausgebildeten Form als die Kultur der Etrusker kennen. Für sie sind Züge bezeichnend, die sich ohne ostmediterrane Zusammenhänge schwer erklären lassen. Doch bedeutet das keineswegs eine schlechthin östliche Herkunft der Etrusker, wie überhaupt die Entstehung dieses Volkes durchaus nicht geklärt ist.

Der archäologische Befund spricht freilich gegen einen krassen Bruch in der Entwicklung und gegen das Zuströmen eines größeren Volkes unter Vertreibung der Vorbewohner. Trotzdem kommt man ohne die Annahme einer gewissen Zuwanderung nicht aus.

Das Etruskische hat sich demnach durch die Verbindung von Villanova-Substrat, Kultur der Zuwanderer und Einflüssen in Italien herausgebildet, die auf beide später in Italien wirkten. Die nicht sehr zahlreichen, wohl aus Kleinasien kommenden Einwanderer hatten sich vermutlich zur herrschenden Schicht der italischen Bevölkerung in der Toscana aufgeworfen. Angelockt wurden sie mit einiger Wahrscheinlichkeit von den Erzen dieser Landschaft.

Im Unterschied zu den griechischen Kolonisten drangen diese Einwanderer tiefer ins Land vor und unterwarfen auch die Bevölkerung Umbriens. So hatten sie sich zuerst in Populonia, auf Elba und in Tarquinii festgesetzt und dehnten von dort aus ihren Einfluß auf Vetulonia, Volaterrae, Arretium, Volsinii und andere Siedlungen aus. Am Ende des 7. Jh. war die bevölkerungsmäßige und kulturelle Neuprägung Etruriens abgeschlossen.

Seit dieser Zeit wurden die Etrusker dann bis ins 5. Jh. hinein außerordentlich expansiv. Wie vom Raum gewissermaßen vorgeschrieben, gingen die Stoßrichtungen nach Süden und nach Norden. Man bediente sich dabei offenbar auch der Hilfe italischer Stämme. Der Apennin wurde überquert, und ein großer Teil der Poebene geriet seit dem 6. Jh. unter etruskische Herrschaft. Die Etrusker gründeten u.a. Mantua, Melpum, Felsina (später Bologna) und Spina. Auf der anderen Seite drangen Bewohner der Toscana bis nach Latium und Campanien vor. Rom, Tusculum, Praeneste und Capua waren wichtige etruskische Gründungen, die z.T. durch Zusammenfassung bereits bestehender Einzelsiedlungen zu Städten wurden. Pompeii, Nuceria und andere Siedlungen in Campanien gehörten im 6. Jh. zum Einflußgebiet der Etrusker.

Gerade im Süden kam es dabei zu fruchtbaren Berührungen, aber auch zum Zusammenstoß mit den Griechen. Das zeigte die Seeschlacht vor Alalia um 540, in der griechische Kolonisten den verbündeten Etruskern und Karthagern unterlagen. Mittelpunkt der politischen Macht und der Kultur der Etrusker waren ihre Städte; daß Italien eine städtische Kultur erhielt, war – abgesehen von den Griechen – ihr Verdienst. Ein einheitliches etruskisches Reich existierte nicht. Zwar gab es u.a. – wie gleichzeitig auch im hellenischen Raum – einen Bund von 12 Städten, dem Volsinii, Clusium, Arretium, Volci, Tarquinii, Caere u.a. angehörten, wirklich durchschlagende politische Bedeutung hatte dieser Bund jedoch nicht. Das jährliche Treffen der Bündner beim Heiligtum der Voltumna, verbunden mit Markt, Festen und Spielen, hatte eher eine religiöse Funktion.

Über die innere Organisation der etruskischen Städte wissen wir nicht sehr viel. An ihrer Spitze standen Priesterkönige, sog. lucumones. Eine starke Stellung besaß der Adel, der über Hörige gebot, aus denen er das Heer rekrutierte. Dessen Kern bestand aus schwerbewaffneten Hopliten. Von den Griechen in Unteritalien hatten sie die geschlossene Phalanx übernommen und damit ihre militärische Kraft verstärkt.

Die Stellung des Adels und seine Lebensform gründeten sich auf Handel, Seeraub, Grundbesitz und auf den Profit, den er aus Bodenschätzen und Metallwerkstätten zog. Besonders die Küstenstädte waren Handelszentren. Seit dem Ende des 6. Jh. scheint der Adel in vielen Städten allmählich die Macht ganz vom König übernommen zu haben, so daß dieser nur noch repräsentative oder sakrale Funktionen wahrnahm.

Das archäologische Material ermöglicht einen Einblick in das Leben der Oberschicht, in der die Stellung der Frau übrigens im Vergleich mit den gleichzeitigen Kulturen stark war. Man erfährt von einem ausgesprochen aristokratischen Lebenszuschnitt, von Kampfspielen, Jagd, von Tänzen, Gelagen und Festen zu Ehren der Götter.

Die Eigenart der etruskischen Kultur hatte bereits das Altertum beeindruckt; dabei besaß sie nicht einmal ein besonders hohes Maß von Eigenständigkeit. Man hat deutliche orientalische, griechische, italische und altmediterrane Einflüsse festgestellt; erst das Zusammenspiel verschiedener Kräfte und Elemente macht den spezifisch etruskischen Kulturcharakter aus. Besonders stark war der griechische Einfluß, der sich über Handelsverbindungen sowohl zum griechischen Mutterland als auch zu den Griechenstädten Unteritaliens ergab. Charakteristisch waren einmal die in einem bestimmten Ritual fixierten Stadtanlagen mit langen Mauern und großen Torbauten wie auch der Tempelbau mit seinen Terrakotta-Schmuckelementen. Die Etrusker führten damit den festen Tempelbau nach Mittelitalien ein, den sie wie die anthropomorphe Götterdarstellung an die Römer weitergaben. Bedeutsam für künftige Zeiten wurde auch die von ihnen entwikkelte figürliche Plastik. Einen hohen Rang besaßen die Arbeiten der etruskischen Metallschmiede (u.a. die Bronzekleinplastik und bestimmte Gebrauchsgegenstände wie Spiegel).

Von eigenartigem Charakter war die Religion. Es galt die Überzeugung, daß der Mensch in Übereinstimmung mit dem Willen der Götter zu leben und zu handeln habe. Zu dessen Erforschung entwickelten sie, wohl auf der Basis eines ostmediterranen Erbes, eine differenzierte Technik, die „disciplina Etrusca". Aus Beobachtungen der Himmelserscheinungen (ars fulguratoria), dem Vogelflug (auspicium) und der Eingeweideschau (ars haruspicina) wurde der göttliche Wille gedeutet.

Während wir über die Götterwelt der Etrusker außer einigen Namen wenig wissen, ist ihr Totenkult besser bekannt. Die Etrusker besaßen offenbar eine ausgeprägte Jenseitsvorstellung; danach erhielt die Seele nach Vollzug bestimmter Riten Anteil am Göttlichen und führte im Jenseits ein sehr am Diesseitigen orientiertes Leben. Materieller Ausdruck dieser Glaubensauffassungen sind die großen Totenstädte (Nekropolen) außerhalb der städtischen Mauerringe mit Kuppelgräbern neben Kammer- und Schachtgräbern. Die Gräber wurden, z. T. wie ein Wohnhaus mit mehreren Räumen, als eine Wohnung der Verstorbenen mit Schmuck und Gebrauchsgegenständen ausgestattet.

Im 6. Jh. war die etruskische Kultur weitgehend entwickelt; so konnte sie kulturell weniger hochstehende Gebiete wie Latium in der machtpolitischen Blütezeit der etruskischen Städte tiefgehend beeinflussen.

2. Die Griechen in Italien

Neben den Etruskern waren es die griechischen Koloniestädte, die seit der Mitte des 8. Jh. ein weiteres politisches, wirtschaftliches und vor allem kulturelles Wirkungselement in Italien darstellten. Auf die Dauer gesehen, sollte ihr Einfluß, zumal auf Rom, noch stärker werden als der der Etrusker.

Machte sich der Einfluß der Etrusker besonders in Latium und Campanien bemerkbar, so der der Griechen vor allem bei den italischen Völkern Apuliens, bei den Lukanern und den Bruttiern in Südost- und Süditalien und bei den Oskern im campanischen Hinterland. In der Keramik und der Grabausstattung zeigt sich neben eigenen Elementen deutlich die Wirkung der griechischen Kultur bei einer Bevölkerung, die von den Griechen häufig ins Landesinnere verdrängt worden war.

Das politische Verhältnis zwischen Griechen und Etruskern erhielt zu Beginn des 5. Jh. einen neuen Zuschnitt, als griechische Städte in Sizilien und Unteritalien durch die Konzentration der Macht in den Händen einzelner Tyrannen erstarkten. Das zeigte sich, als die Etrusker 474 v. Chr. erneut den Versuch machten, Kyme zu erobern, aber mit Hilfe des Tyrannen Hieron von Syrakus und seiner Flotte geschlagen wurden. Die Folgen waren das Abbröckeln der etruskischen Macht in Campanien und das Vordringen italischer Völker zur Küste.

3. Die Anfänge Roms

Rom wurde im Laufe seiner Geschichte zur Vormacht Italiens und darüber hinaus zum Mittelpunkt eines Weltreiches. Dafür aber gaben die Anfänge der Stadt keinen Hinweis. Die Bevölkerung Roms und des umliegenden Landgebietes gehörte zu den Latinern, die unter den italischen Stämmen eine Minderheit darstellten. Ihr Siedlungsgebiet stand zunächst unter massivem Druck von Stämmen, vor allem aus den mittel- und süditalischen Gebirgsregionen. Es war zweifelhaft, ob die Latiner mit ihren Ansiedlungen überhaupt würden überleben können. Immerhin war der Siedlungsplatz, an dem später die Stadt Rom entstand, durchaus günstig für die weitere Entwicklung, aber dies war nicht der einzige Ort auf der Halbinsel, von dem aus sich eine Vormachtstellung hätte aufbauen lassen.

Wohl im Laufe des 10. und 9. Jh. sind einzelne Plätze auf den am unteren Tiber gelegenen Hügeln Palatin und Esquilin, im 8. Jh. auf dem Quirinal besiedelt worden. Die ersten Behausungen waren einfache, aus Baumstämmen und Ästen hergestellte Hütten. Der Platz bot sich an, weil in unmittelbarer Nähe eine Furt und eine Insel an einer bereits prähistorischen Salzstraße das Überschreiten des Tibers erleichterten; dazu boten die Hügel Schutz. Die Siedler, die dort ihre Hütten errichteten, waren Hirten, die sich in der Übergangsphase zur Seßhaftigkeit befanden. Auf dem Quirinal begannen sich den Latinern stammesverwandte Siedler niederzulassen, die zu der großen, vor allem im Apennin sitzenden sabellischen Gruppe der Italiker gehörten, die Sabiner. Die Bevölkerung, die zwischen unterem Tiberlauf, dem Meer und den westlichen Apenninausläufern siedelte, versammelte sich auf dem Monte Cavo in den Albaner Bergen zur feierlichen Verehrung des Juppiter Latiaris, ihres Hauptgottes. Der Kultplatz wurde so zum Mittelpunkt eines Bundes der Latiner, einer lockeren politischen Organisation. Auch auf dem Gebiet des späteren Rom gab es für die dortigen Siedlungen das Band einer religiösen Zusammenfassung:

Sie knüpfte seit dem 6. Jh. an die gemeinsame Verehrung des Juppiter Capitolinus an.

Eine Stadt freilich waren die Siedlungen auf den Hügeln Roms anfangs keineswegs; sie entstand erst später, und ist ohne Einwirkung der Etrusker nicht vorstellbar. Der römischen Überlieferung nach wurde Rom 753 v. Chr. gegründet. Dieses Datum ist freilich Spekulation – wie fast alles, was man von den antiken, vor allem römischen Schriftstellern über die römische Frühzeit erfahren kann, eher der Festigung und Verklärung römischen Machtanspruchs in späterer Zeit diente als der Aufhellung der historischen Vorgänge. In den sagenhaften Berichten der römischen Frühgeschichte werden Romulus und Remus als Gründer der Stadt genannt. Als in historischer Zeit die Gründungssage Roms entstand, knüpfte man die Geschichte der inzwischen bedeutsamen Stadt Rom an einen bekannten Ausgangspunkt an, nämlich an die Zerstörung Troias. In der damit verwobenen Geschichte der Irrfahrt des Aeneas und seiner Herkunft aus Troia spiegelt sich möglicherweise eine Erinnerung an die alte Heimat der Oberschicht der Etrusker wider. Dieser Teil des Berichts galt ursprünglich wohl auch gar nicht Rom, sondern einer etruskischen Familie, die in Alba Longa regierte. Unter Umständen stammte von ihr der historische Gründer der Stadt ab. Von seinem Namen und dem seiner Familie (Romulier) leitet sich mit einer gewissen Wahrscheinlichkeit der Name Roms her.

Die Expansion der Etrusker im 7./6. Jh. ergriff auch die Einzelsiedlungen auf den Hügeln am Tiber. Sie faßten die verschiedenen Wohnplätze zu einer einheitlichen Gemeinde zusammen, indem sie ihnen gemeinsame politische Einrichtungen und ein Zentrum in der zwischen den Hügeln liegenden Senke, dem Forum Romanum, gaben. Allerdings ist für die Wissenschaft bis heute nicht geklärt, wann sich dieser Vorgang abgespielt hat; es wird sowohl die zweite Hälfte des 7.Jh. als auch die Zeit um 600 oder etwas später für möglich gehalten.

Die politische und soziale Organisation des frühen Rom dürfte große Ähnlichkeit mit der der etruskischen Städte dieser Zeit im Norden besessen haben. Als Repräsentant der Stadt stand an ihrer Spitze ein König, der wohl in der Regel – vor allem im 6. Jh. – der etruskischen Oberschicht entstammte. Neben dem König besaß der Adel wie in den rein etruskischen Gemeinwesen mit Sicherheit eine starke Stellung. Die Häupter der adligen Familien bildeten einen Adelsrat (Senat), der gemeinsam mit dem König wichtige, die Stadt betreffende Angelegenheiten beriet. Innerhalb der Adelsgesellschaft dürfte das latinische Element überwogen haben. Die übrige Bevölkerung war von den adligen Familien und ihren Exponenten abhängig; es bestand wohl zumindest für einen Teil von ihnen eine Art Hörigkeitsverhältnis (Frühform der clientela).

Wesentliche Funktionen wie die Rechtsprechung, aber wohl auch die Rekrutierung und bestimmte sakrale Funktionen sind durch die einzelnen unter adliger Führung stehenden Sippenverbände (curiae) wahrgenommen worden. Zum Zuständigkeitsbereich des Königs gehörten vor allem der Staatskult und die militärische Führung im Krieg.

Durch die Eingliederung Roms in den etruskischen Machtbereich erlangte die Stadt eine Vormachtstellung in Latium. Es gelang, die unmittelbare Umgebung Roms dem Stadtgebiet zuzuschlagen, womit die Römer ihr Gebiet in der Königszeit von 150 auf rund 800 km^2 vergrößerten.

Ganz abgesehen von den allgemeinen etruskischen Einflüssen wurden besonders in dieser Zeit viele Elemente der etruskischen Kultur von den Römern übernommen. Dazu gehörte u.a. die Praxis, öffentliche Handlungen nicht zu beginnen, ohne vorher den Willen der Götter erforscht zu haben (auspicium). Die „disciplina Etrusca“ wurde ein Bestandteil des späteren republikanischen Staatslebens. Auch das Triumphalgewand, die Kleidung des römisch-etruskischen Königs, wurde später noch von den siegreichen römischen Feldherren getragen. Als äußeres Zeichen ihrer Macht trug man den etruskischen Königen Roms die „fasces“ voran, das Rutenbündel mit dem in ihm steckenden Beil. Es wurde später Ausdruck der Amtsgewalt der römischen Konsuln und der Macht Roms überhaupt.

B. Karthago – die Anfänge

Auf einer Halbinsel nordöstlich des heutigen Tunis gründeten phönikische Seefahrer aus Tyros, der Überlieferung nach um 814, tatsächlich wohl etwas später, eine Siedlung, deren latinisierter Name Karthago (= Neustadt) lautete. Die Bedeutung des Ortes lag vorerst darin, daß er phönikischen Handelsschiffen, die aus dem Westen Gold, Silber und Zinn holten, einen günstigen Versorgungsplatz bot. Rund 200 Jahre nach der Gründung blieb Karthago noch von Tyros politisch abhängig. Aber aufgrund seiner Lage hatte es bald von den Phönikern im Westmittelmeerraum gegründete Siedlungen überrundet und wurde zur Vormacht unter den dortigen Faktoreien der Phöniker. Diese Vormachtstellung war Anfang des 6. Jh. erreicht, als es zu Auseinandersetzungen zwischen den Phönikern im Westen und den inzwischen erstarkten griechischen Kolonien kam. Gegen diese verbündete sich Karthago mit den Etruskern. Beiden Mächten gelang es, um 540 bei Alalia auf Korsika phokaiische Siedler zu besiegen. Damals verfügte Karthago bereits über Stützpunkte auf den Balearen und im westlichen Sizilien. Durch den Machtrückgang der Etrusker in Italien seit dem ersten Drittel des 5. Jh. sowie infolge einer katastrophalen Niederlage gegen die Griechen 480 v. Chr. in Nordsizilien wurde die Machtstellung Karthagos dann vorerst eingeschränkt. Aber die Punier (= Karthager) bemühten sich bald um einen Ausgleich. Sie dehnten ihren Einflußbereich im fruchtbaren Hinterland aus; neue Gebiete wurden erobert und entlang der Küste Stützpunkte angelegt. Karthago war nicht nur Handelszentrum, sondern betrieb in seinem libyschen Hinterland eine umfangreiche agrarische Produktion.

Angeblich 508/507, also noch während der etruskischen Phase Roms, wurde der erste Vertrag zwischen diesem und Karthago geschlossen; man grenzte Interessensphären ab.

VII. Der Osten des Mittelmeerraumes und der Aufstieg Persiens bis etwa 500

A. Überblick

Die Zustände in den alten Hochkulturräumen und ihren Randgebieten während der 1. Hälfte des 1. Jt. v. Chr. waren direkt oder indirekt auch für den gesamten Mittelmeerraum wichtig. In Mesopotamien waren zunächst die Assyrer und seit etwa 600 die Neubabylonier mit ihren Reichsbildungen bestimmend. In Ägypten brachte nach einigen unbedeutenden Jahrhunderten die Saïtenzeit um 600 eine Spätblüte. In dem für Wirtschaft und Kultur besonders wichtigen Übergangsraum Syrien stellten zunächst die Phöniker eine bedeutende Handelsmacht dar, mußten sich aber ebenso wie die Israeliten dem Druck der Assyrer beugen, und beide traten machtpolitisch nicht mehr selbständig in Erscheinung. Nur ephemer war die Ausdehnung des Assyrischen Reiches bis nach Ägypten um 670 gewesen.

Der kleinasiatische Raum war zersplittert, nicht nur infolge des Einströmens der Phryger während der Großen Wanderung und infolge des Fortbestehens lokaler und hethitischer Restkulturen, sondern auch durch die griechische Besiedlung der Westküste bis etwa 900 und die der Meerengen und der pontischen Küste im Zuge der weiteren Kolonisation. Als das Phrygerreich zusammengebrochen und die Kimmerier abgewiesen waren, stiegen die Lyder unter der Mermnadendynastie (Gyges, um 670) empor und bildeten unter Alyattes um 600 eine neue Ordnungsmacht in Westkleinasien; wohl in Verbindung mit den Hellenen (Ephesos?) wurde dort im 7. Jh. die Münzprägung erfunden, die eine kaum zu überschätzende wirtschaftliche Neuorientierung der geschichtlichen Welt einleitete.

In Nordwestiran traten die Meder seit etwa 800 in Erscheinung. Sie festigten ihre Macht im 7. Jh. und wirkten bei der Zerstörung Assurs mit.

B. Das Perserreich bis etwa 500

Die indogermanischen Perser, die in den Berglandschaften Persis und Anschan ostwärts des unteren Tigris wohnten, standen zu Beginn des 6. Jh. unter der Herrschaft der ihnen verwandten Meder.

Aus dem Fürstengeschlecht der Achämeniden stammte Kyros II. (559–530). Um 550 besetzte er Ekbatana und trat die Nachfolge des Mederkönigs Astyages an. Gegen eine daraufhin gebildete Koalition konnte er sich behaupten. Schon 546 gewann er nach dem Sieg über Kroisos am Halys und mit der Einnahme von Sardes das Lyderreich in Kleinasien, wobei die Griechenstädte an der Westküste – mit Ausnahme von Milet – unter seine Herrschaft gerieten. 539 fand mit dem Einmarsch der Perser in Babylon das neubabylonische Reich (612–539) sein Ende; da auch die phönikischen Städte die persische Oberhoheit anerkannten, verlagerten sich die wichtigsten Handelsverbindungen aus Asien an die syrische Küste. In Kämpfen gegen die Massageten (Saka-Stämme), die Iran aus der Nordflanke bedrohten, fiel Kyros II. 530, einer der auch persönlich eindrucksvollsten Reichsgründer der Weltgeschichte. Die Achämeniden regierten bis 330. Kambyses II. (529–522) vergrößerte das Erbe des Vaters zu einem wirklichen „Weltreich", indem er 525 Ägypten eroberte, das dann bis 332 mit einigen Unterbrechungen persisches Machtgebiet blieb. Aber schon er zeigte nicht mehr das politische Fingerspitzengefühl und die vornehme Toleranz, die seinen Vater ausgezeichnet hatten. Er brachte kein Verständnis für die Welt der Ägypter auf und ließ z. B. Apis-Stiere töten, was ihn verhaßt machte. Als er in Syrien eines natürlichen Todes gestorben war, fand der Magier Gaumata, der sich als der von Kambyses ermordete zweite Kyros-Sohn Bardya ausgegeben hatte, großen Zulauf. Nach einer kurzen Wirrenperiode konnte sich Dareios I., Sohn des Hystaspes (aus einer Seitenlinie des regierenden Hauses), durchsetzen. In langer Regierungszeit (521–486/85) vollendete er das Werk seiner Vorgänger: Er gab dem Reich die äußere und innere Form, die es für nahezu 200 Jahre zum wichtigsten Machtfaktor der Alten Welt machte.

Die Organisation des Riesenreiches, in dem zahlreiche Völker sehr unterschiedlichen Entwicklungsstandes unter der Herrschaft von Persern, Medern und Elamitern vereinigt waren, erhielt durch Dareios bleibende Grundlagen. Während die Aufteilung in 20 Satrapien noch Ausdruck des alten persischen Feudalgefüges sein konnte, spiegelten die neuen 20 Steuerbezirke eine zentralistische Auffassung, in der zugleich latente Traditionen des Alten Orients weiterlebten. Die Satrapen vereinigten als „Schirmer der Herrschaft" Militär- und Zivilgewalt in ihrer Hand. Ihre Stellung war für den Zusammenhalt des Reiches grundlegend, konnte freilich bei einem Nachlassen der Zentralgewalt zu separatistischen Bestrebungen einladen. Die einzelnen Satrapien führten je nach Leistungsfähigkeit Abgaben in ein Zentralschatzamt ab. Für den Ausbau der Residenzen – besonders Persepolis, Pasargadai und Ekbatana – und für die Paläste der Satrapen wurde viel getan; dabei entwickelte sich eine Reichskunst, die vom König bestimmt war und Elemente aus anderen Kulturen weiterentwickelte. Der Straßenbau wurde gefördert: Die „Königsstraße" von Ephesos bzw. Sardes nach Susa erhielt als wichtigste Verbindung innerhalb des Reiches 111 Poststationen. Die wirtschaftliche Lage wies verschiedene Stufen auf: im Westen bediente man sich der Geldwirtschaft, sonst des Tauschhandels. Doch war in der von Dareios I. geschaffenen Goldmünze (Dareikós, 8,42 g) eine Voraussetzung für eine gewisse Vereinheitlichung gefunden. Das Reichsheer, das aus Festungsbesatzungen und aus dem Aufgebot der einzelnen Länder bestand, war in Bewaffnung und Kampfwert sehr unterschiedlich; den Kern bildeten die 10000 „Unsterblichen" (königliche Leibwache), deren Kommandeur – der Hazarapatis – bald die Stellung eines obersten Würdenträgers (vergleichbar der eines Großwesirs) erlangte. Reichssprache wurde – neben Persisch und Elamitisch vor allem – das Aramäische. Der Großkönig betrachtete sich nicht nur gewissermaßen als Lehnsherr, dem besonders die Großen in Treue verbunden waren, sondern bald auch als Nachfolger altorientalischer Universalherrscher, wie der Titel „König der Länder aller Stämme" zeigt. Das Hofzeremoniell forderte u. a. die Proskynese (kniefällige Begrüßung).

Eine persische Reichsreligion gab es nicht. Die Perser und insbesondere ihr König verehrten als obersten (Licht- und Feuer-)Gott den Ahura Mazda. Sie waren meistens Anhänger des von Zarathustra (um 600?) in Fortführung altiranischer Vorstellungen gestifteten dualistischen Glaubens an eine gute und eine böse – in Angra Mainyu verkörperte – Macht, die u.a. in den Gegensatzpaaren Licht-Feuer-Wahrheit und Dunkelheit-Finsternis-Lüge ihren Ausdruck fand. Diese Religion forderte von ihren Anhängern vor allem sittliche Bewährung im Kampf zwischen den Urgewalten Wahrheit und Lüge und zeichnete sich durch Toleranz anderen Religionen gegenüber aus. Die Perser sahen ihre wichtigsten Tugenden im Reiten, Bogenschießen und in der Wahrhaftigkeit. Neben den positiven Seiten solcher ethischen Grundlagen – sie allein schon stellten die Perser mit dem Gedanken einer auf Gerechtigkeit und Milde gerichteten Herrschaft weit über frühere altorientalische Auffassungen – gab es freilich im Alltagsleben bald ausgesprochene Schattenseiten, angefangen von der Günstlingswirtschaft bis hin zu Willkür aller Art. Zweifellos sind ideale Zielsetzung und Wirklichkeit auch im Achämenidenreich nie tatsächlich ausgeglichen worden, zumal in der Führungsschicht Zersetzungserscheinungen nicht fehlten. Priester waren die auch den Medern bekannten Magier. Erst viel später, unter den Sassaniden, wurde die Religion Zarathustras offizielle Staatsreligion.

Im äußeren Bestand des Perserreiches warfen nach der Angliederung Ägyptens 525 die offenen Grenzen im Osten und Norden Probleme auf, die bereits Dareios I. anpackte. So gewann er bis etwa 513 Teile des Industales (Pandschab). Etwa gleichzeitig (513/12) suchte er die aus dem nordpontischen Raum stets drohende Gefahr seitens der skythischen Reitervölker zu bannen. In einem kombinierten Unternehmen von Heer und Flotte rückte er über den Bosporus nach Thrakien und dann über die Donau, wo der Tyrann Histiaíos aus Milet zur Brückenbewachung zurückgelassen wurde, in den bessarabischen Raum vor. Es wurde ein Stoß ins Leere, der eigentlich schon in der Planung durch die Unterschätzung der Entfernungen und die falsche Beurteilung der feindlichen Kampfführung scheiterte und dann auch nicht zum erwünschten Ziel führte. Das Nebenergebnis dieses Zuges aber wurde alsbald bedeutsam. Die Perser hatten nämlich einen Brückenkopf auf europäischem Boden gewonnen, der bald auch den Nordrand der Ägäis erreichte und an die untere Donau grenzte. Diese neue Satrapie Thrakien brachte die Meerengen völlig unter persische Kontrolle und konnte diese für die Hellenen lebenswichtige Handelsstraße jederzeit sperren.

So war Persien um 500 nicht nur das bis dahin größte Reich der Geschichte, sondern auch der entscheidende Machtfaktor für die weitere politische Entwicklung im östlichen Mittelmeerraum.

VIII. Perserkriege und frühe Klassik

Die Hellenen gerieten seit 500 in eine Bewährungsprobe vor allem gegenüber den Persern, die von entscheidender Bedeutung für die weitere Geschichte überhaupt werden sollte, ohne daß dies den Zeitgenossen bewußt sein konnte. Kriegsgeschichtliche und politische Zusammenhänge allein erschließen jedoch keineswegs die ganze Fülle des historischen Lebens, besonders im 5. Jh., das in seinen Spannungen und Problemen für uns erst dann verständlicher wird, wenn wir die Gesamtheit der uns faßbaren Lebensäußerungen und ihre weitere Entfaltung zu berücksichtigen suchen.

A. Der Kampf um die griechische Unabhängigkeit

Der Kampf um die Unabhängigkeit wurde auf mehreren Schauplätzen ausgefochten. Die Hellenen im ägäisch-westkleinasiatischen Raum und im Mutterland mußten sich der Expansionsabsichten der Achämeniden erwehren. Die Griechen in Sizilien sahen sich 480 mit den Karthagern konfrontiert, und die in Süditalien wiesen 474 die Etrusker zurück.

1. Hellas in der Verteidigung (500–479/78)

Der Ionische Aufstand 500–494 bildete den Auftakt zu den Auseinandersetzungen zwischen Persern und Hellenen. Der wohl wichtigste Grund für diese Erhebung westkleinasiatischer Poleis lag weniger in der Fremdherrschaft als solcher als vielmehr darin, daß die dortigen Hellenen ihre politische Freiheit durch die von den Persern eingesetzten Gewährsleute (Tyrannen) beeinträchtigt sahen; zu den Anlässen gehörte ein mißglücktes Unternehmen des Tyrannen Aristagoras von Milet gegen die Kykladeninsel Naxos. Von Milet aus griff der improvisierte Aufstand rasch auf Ionien, Karien, Lykien und die Meerengen über, wo man überall die örtlichen Tyrannen vertrieb. Die Aufständischen wurden anfangs von Athen und Eretria mit zusammen 25 Schiffen unterstützt und konnten sogar Sardes, allerdings nicht die dortige Akropolis, nehmen. Aber schon 498 wurden sie bei Ephesos geschlagen und verloren 497 ihre wichtige Südostposition Kypros (Cypern). Als die Perser dann auch mit ihrer Flotte vorrückten, siegten sie 495/94 in der Seeschlacht bei Lade und zerstörten das nahe gelegene Milet sowie dessen Heiligtum Didyma, womit sie die führende griechische Seemacht in der Ägäis für mehrere Jahrhunderte ausschalteten. Nach dem völligen Zusammenbruch des Aufstandes bestraften die Sieger u.a. Chios und Lesbos und richteten die

Satrapenverwaltung wieder ein. Die Wiederherstellung des Status quo brachte jedoch keine Beruhigung, weil der Perserkönig nunmehr, durch die vorübergehende Einmischung der Athener und Eretrier gereizt, das Problem des künftigen Verhältnisses zwischen Perserreich und Hellenen aufgriff.

Dareios ließ zunächst durch seinen Feldherrn Mardonios die persische Position in Thrakien ausbauen. Der Zug von 492 war erfolgreich, auch wenn die Flotte durch Herbststürme am Berg Athos erhebliche Verluste erlitt und Mardonios abberufen wurde. Denn die Perser hatten nunmehr die Nordküste der Ägäis fest in ihrer Hand und waren, nachdem die Makedonen unter Alexander I. die persische Suprematie anerkannt hatten, zudem unmittelbare Nachbarn der mutterländischen Hellenen geworden.

In den Jahren 490–479 folgten die Angriffskriege der Perser, mit denen sie zweifellos den gesamten Ägäisraum gewinnen wollten. Zunächst allerdings leitete Dareios I. lediglich eine Strafaktion gegen Athen und Eretria ein. 490 überquerte eine Flotte unter Datis und Artaphernes die Ägäis, zog dabei Naxos zur Rechenschaft, besuchte Delos und landete schließlich auf Euböa. Nachdem Eretria zerstört und die Einwohner ins Perserreich deportiert waren, landete das Expeditionskorps auf den Rat des Peisistratos-Sohnes Hippias an der Küste von Attika bei Marathon.

Athen, das um 496 eine verständigungsbereite Persienpolitik betrieben hatte, dann unter Themistokles (Archon 493) mit dem Ausbau des Peiraieus (Piräus) und dem geplanten Bau einer Kriegsflotte vorübergehend eine maritime Politik zu billigen schien, stand seit 491 unter dem politischen Einfluß des jüngeren Miltiades.

Dieser war von seinen Besitzungen auf der thrakischen Chersones (Gallipoli) zurückgekehrt und vertrat die Auffassung, Athen müsse eine Entscheidung mit der bewährten Hoplitenphalanx herbeiführen. In Sparta hatte König Kleomenes I. (525–488) die Politik bestimmt, Argos zu Boden geworfen und 491 in einem Konflikt zwischen Athen und der Insel Aigina vermittelt. Nach der Landung der Perser 490 sahen sich die Athener zu sofortigen Abwehrmaßnahmen gezwungen, militärisch lediglich von den benachbarten Plataiern geringfügig unterstützt. Bei Marathon besiegte ihr Hoplitenaufgebot die taktisch nicht so fest gegliederten und leichter bewaffneten Perser; den Oberbefehl hatte der Polemarch Kallimachos, der übrigens fiel, während der Einsatzplan auf Miltiades zurückging, der als einer der 10 Strategen mitkämpfte. Mit diesem Erfolg und nach dem Abzug der Perser war Athen zur zweiten Macht in Hellas aufgerückt.

Dareios I. hatte zwar sein Ziel Athen gegenüber nicht erreicht, der Machtbereich Persiens aber war durch den Zug von 490 bis auf die Kykladen ausgeweitet. An diesem Ergebnis konnten beide Gegner zunächst nichts ändern. Der Versuch Athens, 489 die Insel Paros zu nehmen, endete mit einem Mißerfolg des Miltiades, der anschließend verurteilt wurde und in Schuldhaft ein tragisches Ende fand. Dareios I. ließ zwar umgehend einen neuen Zug vorbereiten, konnte ihn aber nicht durchführen, weil die Nachricht von der Niederlage bei Marathon in Babylon und später in Ägypten Aufstände auslöste, deren Bekämpfung ihn bis zu seinem Tod (486/85) fesselte.

Zwischen den Kriegen von 490 und 480 wurden in Athen zwei folgenschwere innenpolitische Änderungen herbeigeführt. Das Jahr 487/86 brachte eine für die weitere Demokratie wesentliche Verfassungsreform: Die Archonten wurden künftig in einem kombinierten Verfahren, das Vorwahl und Auslosung verband, aus den Angehörigen der obersten Klasse und der Ritter bestimmt. Damit ging ihre Bedeutung zurück, und die Folge war, daß die nach wie vor gewählten Strategen alsbald die wichtigsten Beamten in Athen wurden und daß allmählich die Demagogen (amtslose „Volksführer") das politische Leben bestimmten, die z.T. selbst später amtliche Stellungen übernahmen. Die zweite Änderung brachte die Hinwendung Athens zur Seekriegführung. Sie ist nicht ohne erneute erfolglose Kämpfe Athens gegen Aigina verständlich. Hinzu kamen auch wirtschaftliche Rücksichten, die einen Schutz für athenische Getreideschiffe empfahlen, und schließlich besonders militärische Überlegungen als Reaktion auf die Nachrichten über neue Rüstungen der Perser. So lebten die Flottenpläne, die der Einzelgänger Themistokles bereits 493 entwickelt hatte, wieder auf. 482 konnte er den Bau einer Kriegsflotte anlaufen lassen, nachdem die Finanzierung aus Erträgen der Silberminen von Laurion und die Ausrüstung mittels der Leiturgie (Dienstleistung für die Polis) durch vermögende Bürger gesichert war. Der neue Schiffstyp der Triëren (Dreidecker) steigerte in kürzester Frist, auch wenn die vorgesehene Zahl von 200 Einheiten nicht erreicht wurde, die Wehrkraft so sehr, daß Athen nunmehr als erste Seemacht des Mutterlandes dastand. Wurde die Kriegsmarine das äußere Zeichen eines grundsätzlichen militärisch-politischen Wandels, so leitete sie zugleich über zu innenpolitischen Veränderungen; denn nunmehr wurden auch die Bürger der unteren Schicht (Theten) als Schiffsbesatzungen militärisch eingesetzt, was in absehbarer Zeit zu ihrer weiteren politischen Gleichstellung führen sollte (462/61). In den zwischenstaatlichen Beziehungen bildete der Flottenbau den wesentlichen Grund für den athenisch-spartanischen Dualismus der folgenden Jahrzehnte.

In Persien hatte man inzwischen das Problem der persischen Westgrenze im Ägäisraum nicht vergessen. Der neue Großkönig Xerxes (485–465) mußte jedoch zunächst weitere Unruhen in Babylon und Ägypten niederwerfen, wobei er später die seither auf Personalunion beruhende Sonderstellung beider Länder beseitigte. Seit 483 konnte er umsichtige und umfangreiche Vorbereitungen einleiten; zu ihnen gehörte die Anlage von Magazinen in Thrakien und Makedonien sowie der Bau eines Kanals durch die Wurzel der Halbinsel Athos. Xerxes' letztes Ziel war bestimmt nicht nur die Rache an Athen, sondern, entsprechend dem achämenidischen Weltherrschaftsanspruch, die Eingliederung großer Teile von Südosteuropa. Die Lage unmittelbar vor 480 und der Gesamtverlauf der Kämpfe veranlaßten später die Hellenen – besonders Herodot, den Geschichtsschreiber der Perserkriege bis 479/78 –, die Geschehnisse als Kampf zwischen Despotie und Freiheit zu deuten. Im Rahmen diplomatischer Vorbereitungen schloß Xerxes ein Bündnis mit Karthago, an dessen Faktizität man nicht zweifeln sollte. Dieses Bündnis bezweckte, die Hellenen auf Sizilien zu binden und ein Eingreifen syrakusischer Kräfte unter Gelon in Hellas zu verhindern. Damit war erstmals fast der gesamte Mittelmeerraum in großangelegter politisch-militärischer Planung erfaßt. Xerxes aber fehlte das Kriegsglück.

Angesichts dieser persischen Rüstungen vereinigten sich Vertreter der Hellenen auf dem Isthmos von Korinth 481 zu einer Eidgenossenschaft. Diese stellte die erste größere politische Zusammenfassung in der griechischen Geschichte dar, umfaßte zwar nicht alle Hellenen und lockerte sich schon seit 478, bestand aber doch bis 462/61. Die Beteiligten beschlossen in ihrer keineswegs von Begeisterung begleiteten Lage einen allgemeinen Landfrieden, einigten sich über die Führungsverhältnisse im Krieg und knüpften – freilich erfolglos – Verhandlungen mit Kreta, Syrakus und Kerkyra an. Völlig fern hielten sich Thessalien, Theben, Argos u.a., und Delphi war seit dem Untergang des Kroisos 546 eindeutig „medisch“ (= propersisch) gesinnt.

Der Perserkrieg 480–479 wurde zur entscheidenden Phase im Ringen um die Behauptung der politischen Freiheit. Stärker als den Zeitgenossen wird dem modernen Betrachter die Größe der den Hellenen damals drohenden Gefahr des Zweifrontenkrieges bewußt: Von Osten rückte Xerxes mit allen Machtmitteln seines Riesenreiches gegen das Mutterland vor, während im Westen Karthago unter Hamilkar zum Angriff in Sizilien antrat.

480 ließen die Perser in einem gut geplanten kombinierten Unternehmen ihre Landtruppen nach dem Übergang über den Hellespont durch Thrakien, Makedonien, die Tempepaßenge nach Nordgriechenland marschieren und zugleich die Flotte in enger Verbindung mit dem Heer entlang den Küsten vorrücken.

Die Hellenen bezogen eine erste Abwehrstellung im Raum des Malischen Meerbusens, um den Persern den Einmarsch nach Mittelgriechenland zumindest vorübergehend unmöglich zu machen. Den Strandpaß der Thermopylen sperrte der Spartanerkönig Leonidas mit etwa 7000 Mann. Gleichzeitig nahm die hellenische Flotte unter dem Spartaner Eurybiades am Kap Artemision (Nordspitze Euböas) Aufstellung. Als nach mehreren erfolglosen Angriffen die Perser die Thermopylenstellung umgingen, entließ Leonidas die Masse seiner Truppen und deckte mit dem Rest von 300 Spartiaten, 400 Thespiern und zunächst 300 Thebanern deren Rückzug; wahrscheinlich ermöglichte sein Kampf um Zeitgewinn zugleich ein vom Feind nicht behindertes Absetzen der griechischen Schiffe, die inzwischen am Kap Artemision unentschieden gekämpft hatten, durch den Euripos in den Saronischen

Meerbusen. Die Absetzbewegungen der Hellenen gelangen; ausschlaggebend dafür war das Aushalten der Männer um Leonidas bis zum letzten Mann, das erst später zur Legende verdichtet wurde. Ungehindert aber rückten die Perser in Mittelgriechenland ein, wo sie u.a. Thespiai und Plataiai (Platää) zerstörten. Dann marschierten sie weiter nach Attika, dessen Bevölkerung inzwischen nach Salamis und Troizen evakuiert worden war.

Fast hoffnungslos war die Lage, als die Hellenen nunmehr in aller Eile den Isthmos als letzte Auffangstellung zu befestigen begannen. Nur schweren Herzens konzentrierten sie auf den Rat des Themistokles ihre Abwehr auf die Flotte; diese lag unter dem Oberbefehl des Eurybiades im Sund von Salamis. Anfang September 480 fand dort unter der taktischen Führung des Themistokles und unter den Augen des Xerxes die für die Hellenen siegreiche Seeschlacht statt. Xerxes fuhr anschließend sofort ab und nahm die Reste seiner Flotte an die kleinasiatische Küste zurück. Das persische Landheer aber blieb unter Mardonios in Griechenland, zunächst in Boiotien und während des Winters in Thessalien. Der Vorschlag des Themistokles, sofort mit der siegreichen Flotte an den Hellespont vorzustoßen und die rückwärtigen Verbindungen der Perser abzuschneiden, fand keine Zustimmung: Zu groß schien noch der unmittelbare Druck der persischen Landstreitkräfte zu sein, die noch unbesiegt in Mittelgriechenland standen.

Im Westen traten die Karthager, von Terillos von Himera zu Hilfe gerufen, im Sommer 480 wohlvorbereitet und unterstützt von Selinus und Rhegion zum Angriff an. Die übrigen Hellenen Siziliens konzentrierten ihre Truppen im Raum von Himera an der Nordküste der Insel; ihre Führer waren die Tyrannen Gelon von Syrakus (485–478), der die Territorien von Gela und Syrakus zu einem beachtlichen Machtblock vereinigt hatte, und Theron von Akragas. Im September 480 erfochten sie einen völligen Sieg über die karthagischen See- und Landstreitkräfte. Die Karthager behaupteten zwar ihre alten Stützpunkte in Westsizilien, mußten jedoch eine Kriegsentschädigung zahlen, die u.a. für die anschließende Blüte der syrakusischen Münzprägung (Dekadrachmen) grundlegend geworden ist. Die angeblich mit Salamis gleichzeitige Schlacht schaltete den karthagischen Druck auf die Westgriechen bis 409 aus.

Im griechischen Mutterland rückte 479 das persische Landheer unter Mardonios nach Süden vor und zerstörte nunmehr auch die Stadt Athen. Der Gegenstoß des griechischen Landheeres aus dem Isthmosraum nach Boiotien zwang die Perser jedoch zur Umkehr und führte zur Schlacht bei Plataiai 479, in der Mardonios fiel und der Spartaner Pausanias mit Hilfe seiner entschlossenen Kampfführung siegte. Dadurch verlor nunmehr Theben seine vorübergehende Vorrangstellung in Mittelgriechenland. Jetzt waren die Hellenen auch zu Lande frei und zum Gegenstoß über die Ägäis bereit. In der Schlacht am Vorgebirge Mykale nordwestlich von Milet wurden 479 die Reste der persischen Flotte und Landstreitkräfte durch die Verbündeten unter der

Führung des Xanthippos (Vater des Perikles) geschlagen. Mit der Einnahme von Sestos am Hellespont (Dardanellen) 479/78 durch athenische Verbände endet das Werk des Herodot, und tatsächlich darf dieses Ereignis als Abschluß der Vorgänge gewertet werden, die den Persern den Verlust ihrer Herrschaft über die Ägäis brachten, selbst wenn zunächst noch vereinzelte Stützpunkte im thrakischen Raum in ihrer Hand blieben.

Die Hellenen haben sich 480/79 gegen die Angriffe von außen behauptet und damit ihre politische Unabhängigkeit gewahrt. Da diese Freiheit nach außen zweifellos eine der Grundlagen für ihre weitere Entwicklung in der sogenannten klassischen Periode bildete, gehören 480 und 479 zu den wichtigen Entscheidungsjahren der Weltgeschichte.

2. Bis zum Kalliasfrieden 449/48

Der erste Abschnitt der Perserkriege war durch mehrere Offensiven der Achämeniden gegen Hellas gekennzeichnet. Seit 479/78 folgte eine Reihe von Gegenangriffen der Hellenen, die keine territoriale Expansion, sondern letztlich nur die Zurückgewinnung der Freiheit der westkleinasiatischen Griechen bezweckten. Da man in Persien den Gedanken an einen erneuten Rachezug gegen die Hellenen nicht aufgab, war lange Jahre hindurch ein Friedensschluß nicht möglich. Die Griechen führten ihre Unternehmungen zunächst im Sinne der Isthmos-Eidgenossenschaft noch gemeinsam durch; dabei mußten die Spartaner unter Leotychidas einen Zug nach Thessalien ergebnislos abbrechen, und Pausanias trat zunächst auf Cypern und dann an den Meerengen, besonders in Byzantion, recht eigenmächtig auf. Schon 478/77 aber brach Sparta seine Kriegführung gegen Persien ab und konzentrierte sich von da an auf seine peloponnesische Politik. Die Folge war, daß die Flottenkontingente der Hellenen den Athenern den Oberbefehl gegen Persien anboten, und so entstand der Delisch-Attische Seebund 478/77. Ihm ist die weitere Kampfführung gegen die Perser zugefallen. In Athen bestimmte Kimon, Sohn des Miltiades, zunächst von 477–462 und dann nochmals 450/49 Politik und Kriegführung. Erst nach 470 fielen die letzten persischen Stützpunkte in Europa. Als um 468 die persische Flotte an der Südküste Kleinasiens stationiert wurde, stieß Kimon vor und besiegte die Perser am Fluß Eurymedon in Pamphylien westlich von Side in einer Doppelschlacht zu Wasser und zu Land. Die griechischen Küstenstädte Pamphyliens traten dem Seebund bei, und Persien sah sich auch im östlichen Mittelmeer in die Verteidigung gezwungen. Unter Artaxerxes I. (465–425) ging zudem seine Macht merklich zurück. Athen konnte sogar 460/59–455 im Zusammenhang mit einem erneuten ägyptischen Aufstand eine Expedition an den Nil durchführen. Aber die Perser vernichteten die athenischen Streitkräfte in Ägypten, errangen damit ihren größten Sieg über die Athener, konnten 455 auch Cypern wieder erobern und schalteten den direkten Einfluß des Seebundes im östlichen Mittelmeer wieder aus. Erst als die Athener 450 nochmals unter Kimon einen Feldzug gegen Cypern unternahmen, die dortige Stadt Kition belagerten – wobei Kimon starb – und dann 450/49 in der Doppelschlacht bei Salamis auf Cypern einen Sieg über die Perser errangen, war endlich der Weg zu einem Abkommen frei. Im sogenannten Kalliasfrieden von 449 anerkannte der Großkönig de facto, aber nicht völkerrechtlich, die Unabhängigkeit der kleinasiatischen Hellenenstädte; man vereinbarte eine „Demarkationslinie" auf dem Lande und zur See, und die Athener verzichteten auf weitere Interventionsabsichten in Cypern und Ägypten. Dieses Übereinkommen brachte den Abschluß der Kämpfe und eine Friedenszeit für die beiden Völker, die bis 412 dauerte.

Im westgriechischen Raum dehnte Syrakus nach dem Sieg bei Himera seine Macht weiter aus; unter König Hieron I. (478/77–466) griff es sogar auf Süditalien über. So kam es, daß Hieron 474 in der Seeschlacht bei Kyme (Cumae) den Etruskern gegenübertreten mußte. Sein Sieg schaltete nicht nur ihre Seeherrschaft im Tyrrhenischen Meer aus, sondern leitete auch den allmählichen Rückgang der Etrusker ein, der wiederum grundlegend wurde für die Ausbreitung von Umbrern und Oskern zwischen 470–320 in Richtung auf Campanien und Apulien. Damit aber trat an die Stelle des etruskischen Druckes im campanischen Raum allmählich eine stärkere und breite Bewegung italischer Völkerschaften gegen die hellenischen Randsiedlungen in Süditalien.

Zunächst allerdings war der Höhepunkt der syrakusischen Macht erreicht, als 471 Akragas und Himera mit Syrakus vereinigt wurden. Nach dem Sturz der Deinomeniden 466/65 folgte jedoch schnell ein Zerfall und dann seit etwa 455 ein allerdings auch nur vorübergehender antihellenischer Zusammenschluß der eingeborenen Sikuler unter Duketios. Um 450 lebten die Hellenen im Westen weithin wiederum im Zustand einer Pluralität von autonomen Poleis.

B. Übergang und „frühklassische" Zeit (500–450)

1. Innenpolitische Verlagerungen

Das Gefühl der Bindung an die jeweilige Gemeinschaft, zu der ein Hellene gehörte, hatte auch in dieser Periode noch seine volle Geltung als Grundlage des öffentlichen Lebens, selbst wenn in Einzelfällen Individuen bereits die archaische Bindung überwunden hatten und sich völlig „frei" fühlten. Darüber hinaus war das Gemeinschaftsbewußtsein der Hellenen in der Not der Perserkriege erheblich erstarkt. Ferner entwickelten erst in diesen Jahrzehnten Hellenen im Verhältnis zu ihrer Vergangenheit das, was wir als „historisches Denken" ansprechen könnten, vorbereitet von frühen Schriftstellern wie Hekataios aus Milet (um 500) und objektiviert von Herodot aus Halikarnassos (um 484 bis um 425), dem „pater historiae" (Cicero), der sich um 450 auf Reisen befand. Bei den führenden Mächten bahnten sich jedoch innere Veränderungen an, die für die folgende Entwicklung grundlegend wurden.

In Sparta erfolgte damals erst der Abschluß der politischen und sozialen Lebensordnung („Kosmos") und damit zugleich der Schritt zur nahezu völligen Erstarrung der führenden Schicht. Noch einmal schien zwar seit 480 eine Einzelpersönlichkeit dem spartanischen Staatswesen und seiner Politik neue Wege weisen zu können, aber Pausanias scheiterte. Nach einer langen internen Entwicklung wurden die Ephoren nunmehr die obersten Aufsichtsbeamten und repräsentierten hinfort die „beharrenden" Kräfte. Obwohl die Zahl der Spartiaten sank (479: 5000 Hopliten, 418: 3600, 371: 700), hielt man in einer sich sogar steigernden Exklusivität an der überkommenen Ordnung fest und sicherte damit zugleich eine mehrhundertjährige Herrschaft der Ephoren.

Auch in Athen wurde die Ausschaltung eines führenden Mannes – des Themistokles durch den Ostrakismos um 471 – symptomatisch für einen wesentlichen Grundzug der Zeit, den man als Sieg des Staates über die große Einzelpersönlichkeit kennzeichnen kann. Die Folgen waren jedoch ganz andere als in Sparta. Die Entwicklung führte, nachdem auch der eine gemeinsame Politik mit Sparta befürwortende und dem Staatsganzen seiner Polis in einer für seine Zeit konservativen Haltung dienende Kimon 461 ostrakisiert war, zur voll ausgeprägten attischen Demokratie. In ihr wurde der Gedanke, alle vollberechtigten Bürger sollten auch Träger der Herrschaft sein, weitgehend realisiert. Dies war unumgänglich, weil die Theten inzwischen durch ihren Dienst in der Kriegsmarine seit 482 auch größere politische Bedeutung erlangt hatten. Im Sommer 462 leitete Ephialtes eine Verfassungsänderung ein. Durch sie verlor der Areopag seine seitherigen politischen Rechte, vor allem die oberste Aufsicht über Gesetze, Gerichte und Beamten. Man war der Auffassung, daß der „mündig" gewordene Demos hinfort sich selbst kontrollieren könne, und verteilte die wesentlichen staatlichen Funktionen des Areopags auf die Volksversammlung (Ekklesía), die Geschworenengerichte (Heliaía) und den Rat (Bulé), d.h., man entmachtete den Areopag, dem künftig nur noch unbedeutende sakrale Aufgaben blieben. In alledem spiegelte sich nicht nur eine von Mißtrauen getragene Reaktion gegen die freie, selbständige Persönlichkeit, obwohl gerade sie es war, die 483 die entscheidende Reform ausgelöst hatte. Zu den Hintergründen gehörte auch das Erstarken der nichtagrarischen, besonders auf die Geldwirtschaft gestützten Kreise, die für die allgemein steigende Prosperität nicht unwesentlich waren. – An die Stelle des bereits 461 ermordeten Ephialtes trat Perikles und setzte die Reformtätigkeit fort, indem er alsbald Tagegelder (Diäten) für Geschworene, später auch für Ratsherren und dann für Unbemittelte zum Besuch der öffentlichen Spiele (vor allem Theater) einführte. 458/57 sind auch die Zeugiten (Angehörige der dritten Steuerklasse) zum Archontat zugelassen worden, was die Theten auch in der voll entwickelten Demokratie nie erreicht haben. – Die neue Politeia ließ die Einzelpersönlichkeit nur noch als ausführendes Organ gelten, ohne freilich ihren bald ins Demagogentum abgleitenden Einfluß in der Ekklesie verhindern zu können. Aber auch sie konnte – bei aller theoretischen Gleichschaltung – die folgenden Gegebenheiten nicht wirklich überwinden: einmal den Ausschluß breiter Bevölkerungsschichten von Nicht-Politen wie der Metöken und Sklaven von der Demokratie (Bevölkerung Attikas, geschätzt: etwa 300000 [Athen etwa 90000], davon 172000 Bürger, 25000 Metöken, 100000 Sklaven) – und zum anderen den Umstand, daß eine leitende politische Tätigkeit innerhalb der Demokratie mit wirtschaftlicher Unabhängigkeit verbunden sein mußte und somit de facto nur den Angehörigen steuerkräftiger, zumeist adeliger Kreise offenstand. In dieser athenischen Staatswirklichkeit und auch – bei aller Verschiedenheit im einzelnen – in dem Zustand der vollendeten spartanischen Staatsordnung (Kosmos), die man treffend als „Adelsdemokratie“ bezeichnet hat, werden politische Grundtatsachen dieser Übergangszeit deutlich.

2. *Vom Geistesleben (Philosophie und Dichtung)*

Die Denker des 6. Jh. vertraten vor allem die Ansicht, daß es einen „Urstoff“ und ein „Sein“ geben müsse, formuliert und untersucht. Ihre Antworten begründeten eine geistige Tradition, die dem weiteren Denken und Suchen fruchtbare Impulse gab. Schon der Philosoph Heraklit aus Ephesos (um 535–475) fügte Neues hinzu: Er sah das Prinzip der Welt in der Bewegung („alles fließt“) und in der Veränderung („der Krieg ist der Vater aller Dinge“); dem „Sein“ (On) der Eleaten stellte er also das Werden entgegen, für das allenfalls das Feuer als Urstoff benannt werden könne. Demgegenüber betonte Zenon aus Elea, ein Schüler des Parmenides, um 465 erneut das einzige, unveränderliche Sein. Um 450 lebte nicht nur sein Schüler Leukipp aus Abdera, der in der folgenden Phase die Atomistik begründete, sondern auch Empedokles aus Akragas (um 494–434), der die Lehre der vier Elemente vertrat, im übrigen aber um eine Annäherung an das Prinzip der Bewegung bemüht war, indem er in den Urkräften „Liebe“ und „Haß“ den Grund für die Veränderungen sah.

In der Dichtung pflegte man die vorhandenen Gattungen weiter. Wie im politisch-gesellschaftlichen Leben blieb auch hier die Bindung an die überkommene Gemeinschafts- und Religionsauffassung kennzeichnend. Vollender der Chorlyrik wurde Pindar aus Theben (um 522–450), der in seinen

„Epiníkien" auf Sieger bei den großen panhellenischen Spielen innerlich ganz dem Ethos der Adelszeit verpflichtet blieb. Im Westen entstand aus dem altdorischen Possenspiel die – unpolitische – sizilische Komödie, vertreten vor allem von Epicharmos aus Megara (etwa 550–460), der ebenso wie andere Dichter am Musenhof der Deinomeniden in Syrakus wirkte. In Athen erreichte die attische Tragödie fast überraschend schnell ihren Höhepunkt: Aischylos aus Eleusis (um 525–456), ein bewußter athenischer Polit, wirkte seit etwa 490, brachte 472 die „Perser" und 458 die „Orestie" – die einzige erhaltene Trilogie aus der Antike – auf die Bühne. Aus einer tiefen persönlichen Frömmigkeit heraus gelang es ihm, die mythischen Stoffe zu verinnerlichen und im tragischen Konflikt allgemein menschliche Probleme aufzuzeigen. Auch Sophokles aus Athen (um 496–406), der als Ephebe (etwa 18 Jahre alt) bei den Siegesfeiern für Salamis mitwirkte, trat seit 470 als Dichter in Erscheinung, und Euripides (480–406) ließ erstmals 455 eine Tragödie aufführen. Die Gattung des Epigramms wurde von Simonides von Keos (um 556–467), dem neben Pindar berühmtesten Lyriker der Zeit, weitergepflegt. Stärker, als dies im 6. Jh. der Fall war, zeichnete sich bei den Dichtern das zeitgeschichtliche Erleben mit den gemeinschaftsfördernden Kräften der Perserkämpfe ab, so daß gerade auf diesem Gebiet des Geisteslebens das Individuum höhere gemeinsame Werte anerkannte und die im Keim vorhandenen Gegensätze grundsätzlicher Art nicht verschärfte.

3. Bildende Kunst: Der strenge Stil

Der zwischen 500 und 450 vollzogene Übergang von der Archaik zur Klassik erfaßte die verschiedenen Gebiete künstlerischen Schaffens keineswegs gleichmäßig und wird für den modernen Betrachter am wenigsten deutlich in der Malerei und Architektur dieser Jahrzehnte. Denn in der Vasenmalerei pflegte man weiterhin den rotfigurigen Stil, erzielte hervorragende Einzelleistungen (z.B. Panaitios-Maler, Brygos-Maler, Duris) und entwickelte seit etwa 460 die weißgrundigen Lekythen (Grabvasen); von den Werken des großen Tafelmalers Polygnot aus Thasos, der u.a. nach 460 die Stoa Poikíle (Bunte Halle) in Athen ausmalte, ist nichts erhalten. Im Tempelbau dominierte die dorische Bauordnung und wurde in Einzelheiten weiter ausgebildet und verfeinert. Dies ist aus zahlreichen Neubauten, die besonders nach den Siegen über die äußeren Feinde entstanden, erkennbar, wie etwa in Syrakus, Himera, Akragas (476 wurde dort das Olympieion als größter Tempel des Westens begonnen und um 450 der sogenannte Concordia-Tempel errichtet), Paestum (um 450 der Hera-Tempel II, allgemein noch bekannt als Poseidon-Tempel) oder in Olympia (Zeus-Tempel 470–456). Die Athener befestigten 479/78 im Schnellverfahren ihre Stadt und planierten unter Kimon die Akropolis, wobei der sogenannte Perserschutt (Trümmer der durch die Perser 480 zerstörten Bauten und Kunstwerke) zur Ausfüllung des Raumes hinter der neuen, heute noch vorhandenen südlichen Stützmauer verwendet wurde; der in Aussicht genommene Neubau der dortigen Tempel erfolgte jedoch infolge der politischen Verhältnisse erst nach 449.

Wandel und Neuschöpfung wurden am deutlichsten auf dem Gebiet der Plastik. Die Werke zwischen 500 und 480 zeigen, daß man nunmehr die spätarchaische Auffassung überwunden hatte und die Körperperspektive durch Verkürzungen weiter auszuprägen wußte. Der ernste Gesichtsausdruck mag von bewußtem Erleben schwerer Zeit künden; wichtige Beispiele für diese Wandlung sind die Giebelfiguren des Aphaia-Tempels auf Aigina (in München), die thronende Göttin (Berlin), der „Blondkopf" oder der „Kritios-Knabe" (Akropolis). Die wirklich weiterführende Ausprägung erfolgte in der Zeit des „strengen Stils" 480–450, dessen letztes Jahrzehnt man auch als frühklassische Zeit charakterisiert. Die noch stärkere Betonung von Stand- und Spielbein führte zum harmonischen Kontrapost und damit zum klassischen Ponderationsgesetz in der Darstellung des menschlichen Körpers. Der strenge und der herbe Gesamteindruck der Werke wurde durch die Einfachheit des peloponnesischen Gewandes (Chiton) unterstrichen, wie etwa beim Wagenlenker in Delphi um 470. Der „Gott aus dem Meer", ein Bronzeoriginal aus der Zeit um 460 in Athen, beweist ebenso wie die Werke des Myron von Eleutherai (Diskuswerfer, Athena-Marsyas-Gruppe), daß die Meister dieser Zeit fast überraschend schnell zur souveränen Beherrschung aller Darstellungsmöglichkeiten der Körperbewegung vorgestoßen sind. Gleichzeitig wirkten bereits Pheidias (Phidias) und Polyklet aus Argos. Einen Höhepunkt peloponnesischer Kunstrichtung bildete die bauplastische Ausschmückung des Zeus-Tempels im Olympia (456) mit Giebelskulpturen und Metopenreliefs. Solche Meisterwerke des strengen Stils lassen uns ahnen, daß die schöpferischen Künstlerpersönlichkeiten die von der Mehrzahl der Hellenen errungene Freiheit nutzten, um ihre Ausdrucksmöglichkeiten einem klassischen Höhepunkt entgegenzuführen. Für diesen zeichneten sich jetzt schon als Grundgedanken klar ab: Harmonie, Rhythmus, Maß und Schönheit. Eine Vielfalt örtlicher Richtungen und Betätigungsmöglichkeiten kennzeichnete die damalige griechische Welt, und doch bahnte sich bereits eine Verlagerung des kulturellen Schwerpunktes nach Athen deutlich an.

IX. Die Zeit der „klassischen" Demokratie in Athen und des Peloponnesischen Krieges (etwa 450–400)

A. Der Dualismus Athen – Sparta

Während die griechische Geschichte in der ersten Hälfte des 5. Jh. vorwiegend durch äußere Probleme und das Ringen um die Selbstbehauptung bestimmt war, traten in der zweiten Hälfte erneut innergriechische Fragen in den Vordergrund. Sie erwuchsen vor allem aus dem Dualismus der beiden führenden Mächte.

1. Der Delisch-Attische Seebund und das „Reich" Athens

Themistokles hatte mit politischem Weitblick das künftige Hauptproblem erkannt, als er 479/78 die Befestigung Athens durchsetzte und dann eine Politik der Isolierung den Peloponnesiern gegenüber empfahl. Nachdem er politisch ausgeschaltet war, trat Kimon in der nach ihm benannten Periode (477/76–461) konsequent für das Fortbestehen guter Beziehungen zu Sparta ein, so daß das wesentliche Problem zunächst kaum in Erscheinung trat.

Die entscheidende politische Verlagerung hatte jedoch bereits 478/77 eingesetzt. Damals wurden die Athener gebeten, den Oberbefehl gegen Persien zu übernehmen. So entstand 478/77 der Delisch-Attische Seebund als ein freiwilliger Zusammenschluß für die weiteren Kämpfe gegen Persien. Dieser Bund, der als Einrichtung ohne Vorbild Neues brachte, umfaßte zunächst die Küstenstädte Kleinasiens nördlich von Karien, die Kykladen, Euböa und die Chalkidike; im Laufe der Zeit erfolgte eine erhebliche Ausdehnung und um 445 eine Gliederung in fünf Bezirke (Ionien, Hellespont, Thrakien, Karien, Insel-Distrikt). „Die Athener und die Bundesgenossen" – so lautete die offizielle Bezeichnung – hatten ein Schutz- und Trutz-Bündnis auf ewige Zeiten geschlossen: Stärke und Gefahr zugleich. Tatsächlich bestand der Bund bis 404, zunächst als maritimer Block von stets wachsender Bedeutung neben der Festlands-Hegemonie Spartas, und schließlich stellte er die reale Machtgrundlage Athens im 5. Jh. dar.

Der Seebund war – im wesentlichen von Aristeides – so organisiert, daß an seiner Spitze eine Bundesversammlung (Sýnodos) stand, die periodisch auf Delos zusammenkam; in ihr hatten alle Mitglieder als anfangs autonome und freie (eleutherai) Poleis Sitz und Stimme, Athen aber vermochte, da ihm die „Hegemonie" (militärische Führung) zukam, die Beschlüsse nach seinen

Absichten zu lenken. Die an den Bund abzuführenden Leistungen waren gestaffelt und bestanden anfangs entweder in der Gestellung von Schiffen, z. B. von Thasos, Lesbos, Chios, Samos und einigen ionischen Städten, oder in Beiträgen (Phóroi, „Tribute", insgesamt 460 Talente jährlich), die später allgemein üblich wurden und nach den (seit 454) inschriftlich erhaltenen Listen zeitweilig von nahezu 300 Gemeinden gezahlt worden sind. Der Bundesschatz war zunächst auf Delos, seit 454 unter dem Eindruck der ägyptischen Katastrophe in Athen deponiert und wurde von zehn vom attischen Demos wahrscheinlich schon vor 454 gestellten Schatzmeistern (Hellenotamíai) verwaltet. Als sich bereits um 475 Naxos auflehnte, wurde es brutal niedergeworfen und verlor seine Freiheit: eine wichtige Etappe in der weiteren inneren Entwicklung des Seebundes; denn ähnlich erging es um 465 Thasos, um 456 Aigina und 439 Samos. So entstand innerhalb des Seebundes ein athenisches Untertanengebiet, noch verstärkt durch attische Kleruchien (Kolonien, z. B. an der thrakischen Küste). Dies wies auf eine Umwandlung des Bundes zu einer Arché („Reich"), die dann tatsächlich unter Perikles weitgehend erfolgt ist.

Als der Seebund mit dem sogenannten Kalliasfrieden seinen ursprünglichen Sinn verloren hatte, vermochte Athen alsbald seine eigene Stellung noch weiter auszubauen. Es straffte nach 445 die Organisation (die Bundesversammlung verkümmerte), war auf seine wirtschaftliche Vorrangstellung bedacht und engte die Bürgerrechtspolitik den Bündnern gegenüber immer mehr ein. Für nicht loyal eingestellte Mitglieder wurde dabei der Bund zur Herrschaft Athens umgewandelt, wobei der Gehorsam an die Stelle der Freiwilligkeit trat. Perikles suchte auf einer Fahrt in den Pontos Euxeinos (das Schwarze Meer) um 437 politische und wirtschaftliche Beziehungen zu festigen. Tatsächlich war die athenische Arché die größte raumpolitische Schöpfung, die den Hellenen gelang. Aber sie war belastet mit Spannungen, die sich in Aufständen (Samos, Byzantion, später Mytilene) Luft machten. Dabei vertraten die Athener später immer deutlicher im eigenen Interesse einen brutalen machtpolitischen Standpunkt, besonders erschreckend den Einwohnern der dorischen Insel Melos 416 gegenüber, die hingemordet bzw. in die Sklaverei verkauft wurden. Erst als es zu spät war, fanden sie sich zu gewissen Konzessionen wie etwa zur Bürgerrechtsverleihung an die Bewohner von Samos 405 bereit. Historisch entscheidend wurden jedoch nicht die inneren Verhältnisse unter den Bündnern, sondern die Konflikte, die sich aus der Seegeltung Athens mit Korinth, der zweiten mutterländischen Seemacht, entwickelten und 431 den Peloponnesischen Krieg auslösten.

2. Der sogenannte erste Peloponnesische Krieg

Während Athen den Seebund ausbaute und bis 449 den Krieg gegen die Perser weiterführte, war Sparta zunächst seit etwa 475 durch das Erstarken peloponnesischer Kleinstaaten wie Argos, Elis und Arkadien in eine Krise geraten, die noch erheblich verschärft wurde, als 464 in Messenien ein Helotenaufstand ausbrach (sogenannter dritter Messenischer Krieg). Man erbat sogar von Athen Hilfe, schickte jedoch 462 das auf Empfehlung Kimons vor die Bergfestung Ithome (Messenien) beorderte Hilfskorps zurück, was die Athener als Provokation deuten mußten; so kam es zur Aufkündigung der Isthmos-Eidgenossenschaft von 481. Sparta war zwar mit eigenen Kräften der Krise Herr geworden, mußte aber zugleich das Aufrücken der Ephoren zur leitenden Stellung im Staat hinnehmen.

Der Gegensatz Athen-Sparta führte zu verschiedenen bewaffneten Auseinandersetzungen, dem sogenannten I. Peloponnesischen Krieg 459–451. Den Auftakt bildete das Ausgreifen Spartas in die Argolis, das die Athener nicht dulden wollten, aber nach ihrer Niederlage bei Halieis nicht verhindern konnten. Dann drangen Spartaner nach Boiotien vor, wo jedoch die Athener 457 bei Oinophyta Sieger blieben und sogar eine Art Vormachtstellung im östlichen Mittelgriechenland erringen konnten. Als auch Aigina kapituliert hatte und Athen eine Flottenexpedition um die Peloponnes schickte, erreichte um 456/55 seine Macht den äußeren Höhepunkt, weil damals die Katastrophe am Nil gerade noch nicht eingetreten war. Ein Waffenstillstand bestätigte Athen die unbedingte Vorrangstellung zur See und die Landposition im mittelgriechischen Raum. 451 schlossen Spartaner und Argiver einen Frieden für 30 Jahre, der auch tatsächlich Bestand hatte.

Zwischen Athen und Sparta kam es jedoch nicht zu einem dauerhaften Abkommen. Nach dem Kalliasfrieden 449, an dem die Spartaner nicht beteiligt waren, vereitelten sie einen von Perikles geplanten – auch propagandistisch gemeinten – panhellenischen Kongreß. 447 unterstützten sie einen Aufstand in Boiotien und schlugen die Athener bei Koroneia, die damit ihre bisherige Festlandsstellung verloren; nur Plataiai blieb ihnen verbündet. Erst 446/45 schlossen die beiden Mächte einen Frieden für die Dauer von 30 Jahren, in dem sie die bestehenden Verhältnisse und damit eine Nichteinmischung in die Bundessysteme gegenseitig anerkannten. Athen gab seine vorübergehend befolgte Festlandpolitik endgültig auf und wandte sich dem Ausbau seines Seereiches zu. Den Hellenen insgesamt, in deren Raum sich neben einer Gruppe unabhängiger Staaten immer deutlicher eine spartanisch-dorische und eine attisch-ionische Interessensphäre abzeichneten, war anschließend eine nur 15jährige Friedenszeit vergönnt, in der Sparta fast überhaupt nicht hervortrat, Athen aber seine klassische Blüte erlebte.

3. Der Peloponnesische Krieg 431–404

In den rund 50 Jahren zwischen dem Zug des Xerxes und dem Ausbruch des Peloponnesischen Krieges (Pentekontaëtie) entstand die dualistische Machtverteilung in Hellas, die nach Thukydides die eigentliche Ursache des nach seiner Meinung größten bisherigen Krieges bildete. Bei dieser Gruppierung waren freilich die Interessensphären der einzelnen Mitglieder der Blöcke nicht klar voneinander getrennt. Weder Perikles, der leitende Staatsmann Athens 443–429, noch die Mehrheit der Spartaner haben wohl den Krieg gewollt. Mehrere Anlässe jedoch entstanden aus Streitigkeiten zwischen Athen und Korinth, führten zu einem Hilfegesuch Korinths in Sparta und in weiteren Zusammenhängen dann in den Krieg. Es handelte sich um die Unterstützung, die Kerkyra in einem korinthisch-kerkyräischen Konflikt durch Athen erfuhr, sodann um die Hilfe, die der vom Seebund abgefallenen Polis Poteidaia (Chalkidike) durch deren Mutterstadt Korinth zuteil wurde, und schließlich um das sogenannte Megarische Pséphisma (Beschluß) von 432, das als eine zweifellos provokative Antwort der Athener auf die Einmischung Korinths die Megarer von allen Häfen der Arché aussperrte. Im Oktober 432 beschlossen die Vertreter des Peloponnesischen Bundes den Krieg gegen Athen.

Perikles ging bei seinem Kriegsplan davon aus, daß Athen als größte Lagerfestung der damaligen Welt der attischen Bevölkerung innerhalb der „langen Mauern“ Schutz bieten könne und für Sparta uneinnehmbar sei. Seine Absicht war es, bei defensiver Landkriegführung alle Machtmittel Athens zur See offensiv einzusetzen, um den Bestand der athenischen Arché in einem künftigen Frieden zu wahren. Sparta hingegen legte alles darauf an, eine Entscheidung in einer Feldschlacht herbeizuführen. Die Kämpfe begannen 431, wurden im Verlauf der drei großen Abschnitte des Krieges bemerkenswert von politischen Entscheidungen und Neuorientierungen beeinflußt und endeten 404 mit der Niederlage Athens.

Im Archidamischen Krieg 431–421, benannt nach dem Spartanerkönig Archidamos (der übrigens vom Krieg abgeraten hatte), fielen die Lakedaimonier fast in jedem Jahr in Attika ein, ohne allerdings eine Entscheidung erzwingen zu können. Die Peripetie des Krieges erfolgte insofern schon 429, als an der aus Ägypten eingeschleppten Seuche, die hohe Verluste unter der zusammengedrängten attischen Bevölkerung forderte, auch Perikles starb. Zum Unglück für Athen gab es keinen ebenbürtigen Nachfolger und keine Politiker, die den Krieg in der begonnenen defensiven Grundkonzeption weiterführten. Männer aus dem Wirtschaftsleben traten bald in den Vordergrund und verfolgten expansive Ziele, wie besonders der radikaldemokratische Lederwarenfabrikant Kleon. Er bewog die Athener, ein spartanisches Friedensangebot abzulehnen, das 425 nach einem athenischen Erfolg über ein lakedaimonisches Kontingent auf der Pylos vorgelagerten Insel Sphaktéria (bei Navarino) erfolgt war. Der Spartaner Brasidas führte daraufhin eine Ablenkungsoperation in Thrakien durch und nahm die Stadt Amphipolis, die als athenische Kolonie 437 gegründet war; als ihm Kleon dorthin gefolgt war, fanden beide Gegner 422 den Tod. Dann erst gewann in Athen die gemäßigte aristokratische Richtung unter Nikias die Oberhand: 421 schloß man den Frieden des Nikias. Mit der – z. T. freilich unverbindlichen – Anerkennung des Status quo hätte er zwar dem Kriegsziel des Perikles entsprochen, wurde aber bereits von dem Historiker Thukydides (der übrigens 424 aus Athen verbannt worden war) als „fauler Friede" gekennzeichnet, weil er keine bleibende Neuordnung der Verhältnisse und keine Lösung der im Dualismus begründeten Probleme brachte.

Unmittelbar nach diesem Frieden mußte Sparta innere Spannungen im peloponnesischen Verband, die durch zu geringe Berücksichtigung der Bündner beim Friedensschluß entstanden waren, ausgleichen (418 Sieg über Argos bei Mantineia) und konnte nur allmählich seine Vorherrschaft wieder festigen. In Athen aber lebten bald wieder expansionistische Vorstellungen auf, die nunmehr besonders von dem jungen, genialen – aber haltlosen – Adeligen Alkibiades vertreten wurden. Daß man sich damals von der früheren Polisauffassung fast völlig löste, erwies auch die brutale Gewaltpolitik der Insel Melos 416 gegenüber. Hinzu kamen handelspolitische Überlegungen, die schon seit längerer Zeit den westgriechischen Raum für Athen interessant gemacht hatten. Ein Hilfegesuch der Elymer-Stadt Segesta in Westsizilien bot willkommenen Anlaß zum Eingreifen.

Mit der Sizilischen Expedition 415–413 bezweckten die Athener offensichtlich eine Ausweitung des eigenen Macht- und Wirtschaftsbereiches. Eine Reihe von Fehlern lähmte jedoch die Durchführung, angefangen mit der Abberufung des Alkibiades, der in Nachwirkung des Hermokopidenfrevels (Schändung von Hermes-Pfeilern in Athen) bereits während der Fahrt der athenischen Flotte nach Sizilien belangt wurde und alsbald nach Sparta flüchtete. Die anderen athenischen Feldherren, Nikias, Lámachos und später Demosthenes, haben gegen die Syrakusier, die bald von den Spartanern unter Gylippos unterstützt wurden, keine Entscheidung erringen und schließlich nicht einmal die Katastrophe der Athener 413 und mit ihr den großen Wendepunkt des Krieges und vielleicht auch der griechischen Geschichte verhindern können. Das politische und moralische Prestige Athens war schwer erschüttert, Sparta dagegen erstarkte weiter, konnte aber erst nach seinem nunmehr geschlossenen Bündnis mit Persien seit 412 in dem unmittelbar anschließenden letzten Kriegsabschnitt einen völligen Sieg über Athen erringen.

Im Dekeleisch-Ionischen Krieg 413/12–404 haben die Spartaner auf Rat des Alkibiades die Festung Dekelefia in Attika besetzt, um einen dauerhaften Druck auf Athen ausüben zu können. Mit dem Eingreifen Persiens verlagerten sich jedoch bald die wichtigsten Kampfhandlungen in den westkleinasiatischen Küstenraum. Fast überraschend konnte Athen seine Stellung noch einmal festigen, als Alkibiades 410–407 nochmals auf die Seite seiner Vaterstadt trat und deren Operationen leitete. Aber die Athener waren auch nach ihrem Erfolg in der Seeschlacht bei den Arginusen (Golf von Lesbos) 406, der größten Seeschlacht der bisherigen griechischen Geschichte, noch nicht friedensbereit. Die energische Zusammenfassung der spartanischen Kräfte durch Lysander brachte bereits 405 die militärische Entscheidung bei den Ziegenflüssen (Aigospotamoí) am Hellespont. Der Seebund brach völlig zusammen, Athen kapitulierte im Frühjahr 404. Im Frieden mußten die Athener auf auswärtige Besitzungen verzichten, die Flotte bis auf 10 Kriegsschiffe ausliefern, die Befestigungen schleifen, die Verbannten zurückrufen und praktisch die Hegemonie Spartas anerkennen. Athen verlor damit seine Stellung als Ägäis-Großmacht, ein für die politische Geschichte der Hellenen epochemachendes Ergebnis. Schon die nächsten Jahre erwiesen, daß Sparta das Erbe Athens im ägäischen Raum nicht würde antreten können und darüber hinaus sehr bald mit Persien, das zwar 405–401 eine Schwächeperiode erlebte, in Konflikt geraten mußte.

B. Die klassische Periode im 5. Jahrhundert

1. Die sogenannte klassische Demokratie in Athen und Perikles

Die politische Ordnung in Athen hatte seit Kleisthenes vor allem durch die Einführung der Archonten-Erlosung 487/86 und die politische Entmachtung des Areopags 462 grundlegende Änderungen erfahren. Die frühere obrigkeitliche Macht war weitgehend abgebaut, und die gleichwohl beibehaltenen früheren Ämter besetzte man – mit der bezeichnenden Ausnahme der Strategenstellen – ebenso wie die anderen Verwaltungsposten nach 462 fast durchweg durch das Los, um eine erstrebte größtmögliche Gleichheit augenfällig zu machen. Das Ergebnis dieser Veränderungen war, daß das Volk (Demos) Herr nicht nur der Gerichte, sondern des gesamten öffentlichen Lebens wurde. Es wollte weder festgeschriebene Regierungsfunktionen haben oder gar Herrschaft institutionalisieren, sondern lediglich die – freilich recht vordergründige – Identität von Herrschenden und Beherrschten gelten lassen, wie sie in der Ekklesie, der Bulé und den aus 6000 erlosten Athenern bestehenden Geschworenengerichten der Heliaía nun Wirklichkeit wurde; ein Repräsentativsystem entwickelte man weder damals noch später in der Antike. Gleichzeitig aber wandelte oder verlagerte sich die Einstellung der Politen zu ihrer Polis: Während man in der früheren Demokratie im wesentlichen das Prinzip der Leistung für die Polis als ausschlaggebend angesehen hatte, begann man nun, im Staat so etwas wie eine Fürsorgeeinrichtung zu sehen. Diese Auffassung förderten die Diäten; sie waren für die Teilnahme der Bürger an der vollendeten attischen Demokratie zweifellos notwendig. Andererseits wurden nunmehr gewisse Gefahren bis hin zur Korruption deutlicher. Hinzu kam die Intensivierung von Maßnahmen zur Versorgung ärmerer Volksschichten; zu diesen gehörten auch die Anlagen von Kleruchien Athens und die panhellenische Gründung von Thurioi 444 in Süditalien. Verhängnisvoller wurden politische Fehler, die man in den Bereichen der Bürgerrechtsverleihungen und der Finanzen machte. Isonomia (Rechtsgleichheit) und Isegoría (Recht auf freie Meinungsäußerung) galten selbstverständlich nur für die vollberechtigten Bevölkerungsschichten (nicht aber für Metöken und Sklaven). Die radikale Demokratie wurde nicht nur egoistisch, weil man die Vorteile des Staates – angefangen von den Diäten – nicht mit anderen teilen wollte, sondern auch intolerant bis hin zu einem Gesetz von 451/50, das mit einer im Adelsstaat undenkbaren Exklusivität das Bürgerrecht auf die väterlicher- und mütterlicherseits vollbürtigen Athener beschränkte. Gerade im Hinblick auf die attische Arché war diese Abkapselung des sich jetzt wohl saturiert fühlenden Demos, der im übrigen den Metöken keinerlei wirtschaftliche Beschränkungen auferlegte, unverständlich. Schwere Versäumnisse gab es auch in der Finanzpolitik: Die Kriege gegen Persien, besonders die ägyptische und die cyprische Unternehmung, sodann die starke Bautätigkeit in Athen seit 447 haben gewaltige Summen verschlungen, und erst 434 brachte ein Finanzdekret die Möglichkeit, neue Reserven zugleich auch für den Kriegsfall zu bilden.

Die athenische Demokratie fand in Perikles (aus dem Geschlecht der Buzygen), der mütterlicherseits den Alkmaioniden entstammte und zum attischen Hochadel gehörte, einen Meister konstruktiver und zugleich erhaltender Politik. Seit dem Sturz Kimons und dem Tod des Ephialtes 461 stand er als Führer der radikalen Demokraten und gelegentlich als Stratege im Mittelpunkt des attischen Staatslebens, 455–450 freilich nochmals, zuletzt von Kimon, zurückgedrängt. Nachdem er 444/43 die aristokratische Opposition durch die Ostrakisierung des Thukydides, Sohn des Melesias und Schwiegersohn Kimons, ausgeschaltet hatte – ohne damit jedoch spätere Prozesse gegen seine Freunde verhindern zu können –, wählten ihn die Athener von 443–429 jährlich zum Strategen und übertrugen ihm die Leitung der Ekklesía und die Epistasíe (Beaufsichtigung) der Bauten. Die tatsächliche Grundlage seiner Stellung aber war die persönliche Autorität, die er beim Demos besaß und mittels überragender Rednergabe zu aktivieren vermochte. So ragte er über seine Mitstrategen hinaus und lenkte das Volk durch seine Einsicht und Überzeugungskraft in der Volksversammlung, persönlich zutiefst Athen und seiner Arché hingegeben; nach der Formulierung des Historikers Thukydides bestand „dem Namen nach eine Demokratie, in Wirklichkeit aber die Herrschaft des ersten Mannes". Der Staatsmann Perikles, der mit seiner Politik die Machtstellung Athens und seines Reiches stärken und erhalten wollte, stand auch geistig und künstlerisch auf der Höhe seiner Zeit. Es gelang ihm, so verschiedene Lebensbereiche wie Politik, Gesetzgebung, Religion, Kunst und Wirtschaft in seiner Person zu vereinen. Da er in persönlicher Gesinnung Individuum und Gemeinschaft verband, bezeichnet sein Name zu Recht das „klassische“ Zeitalter der griechischen Geschichte.

Für Haltung und Selbstverständnis der Menschen in der attischen Demokratie haben für uns nicht nur Dichter, Bauten und Kunstwerke Aussagekraft, sondern von diesen Imponderabilien berichtet auch der Historiker Thukydides in einem berühmten Zusammenhang, den man freilich nicht als für den Alltag verbindlich ansehen darf. Im Epitaphios (Grabrede) auf die Gefallenen des Jahres 431 läßt er Perikles die grundlegenden Werte der Demokratie skizzieren. Zunächst stellt er fest, daß die Freiheit Athens als ein Ergebnis bürgerlicher Leistung anzusehen sei. Dann beleuchtet er in bewußtem Gegensatz zu Sparta, wo die Unterordnung des Individuums unter den Staat und die des Staates unter eine religiös fundierte Rechtsauffassung gegeben waren, den Geist, der im klassischen Athen herrsche. Wenn die Demokratie auch ihren Bürgern Gleichberechtigung (Isonomia) zugestehe, so anerkenne das Leben doch eine Rangordnung, die sich aus Wert und Leistung des Individuums ergebe. Die Freiheit gelte besonders für die politische Betätigung und für die persönliche Lebensgestaltung, führe aber nicht zu Anarchie und Atomisierung, weil sie von den Politen selbst gebändigt werde durch Gehorsam (bzw. Ehrfurcht) vor den Beamten und Gesetzen, vor allem den ungeschriebenen Gesetzen, deren Übertretung zwar keine Strafe, aber Schande bringe. Diese Polis gewähre für die Anspannungen, die sie von dem einzelnen erfordere, reichliche Ausspannung bei Festen und Feiern und stehe auch den Fremden offen. Im Vertrauen auf diese Polis, die zudem Schönheit und Weisheit mit rechtem Maß liebe sowie Einsicht und Aussprache im täglichen Leben für richtig halte, stellten sich die Athener freiwillig den von ihrer Stadt geforderten Aufgaben zur Verfügung. In dieser Haltung liege der Reichtum des attischen Lebens und seiner Arché. Durch Leistung und Gesinnung seiner Bürger sei Athen zur Hohen Schule von ganz Hellas geworden.

Diese von Thukydides formulierte Staatsauffassung der klassischen Demokratie ist hart und groß zugleich: Sie forderte die auf Freiheit und Einsicht begründete Unterordnung des Individuums unter die Polis und letzte Hingabe für sie aus einer auf den einzelnen Politen übertragenen agonalen Grundhaltung heraus. Gewiß umreißt der Epitaphios ein Ideal, aber gerade vor dem Hintergrund des auch im klassischen Athen vorhandenen Alltags und der weiteren tragischen Entwicklung Athens liegt seine Bedeutung darin, daß hier ein Politiker und Historiograph den Geist der attischen Polis schlechthin darzustellen versucht hat.

2. *Die spätklassische Demokratie*

Bald nach dem Tod des Perikles 429 wurden die inneren Gefahren der attischen Demokratie übermächtig. Sie bestanden u.a. in der damaligen Form des Demagogentums, das bald anstelle gezügelter Machtpolitik eine verantwortungslose Expansionspolitik anpries, und in der Korruption. Dabei gewannen die Gegensätze zwischen Demokraten und Aristokraten an Schärfe. So brachte das Jahr 411 – nicht ohne Auswirkung der damaligen militärischen Lage – den ersten näher faßbaren Umsturz der Weltgeschichte: zunächst die extreme Oligarchie der 400 und noch im gleichen Jahr eine gemäßigte Demokratie unter Theramenes, die jedoch auch nur wenige Monate bestand. In der wiederhergestellten Demokratie beschloß man 410 die Kodifikation des gesamten geltenden Rechts. Dieser Gedanke trat hier erstmals in der Antike auf (zum Alten Orient vgl. Hammurabi), ohne jedoch zu einem Ergebnis zu führen.

Nach der Niederlage Athens 404 wurde die attische Demokratie – nunmehr auf Wunsch Spartas – erneut abgeschafft. Eine oligarchische Regierungskommission von 30 Bürgern, unter denen Theramenes und Kritias die Wortführer waren, sollte eine neue Verfassung ausarbeiten. Sie riß jedoch mit Duldung durch den Spartaner Lysander die volle Macht an sich und führte nach gemäßigten Anfängen bald ein durch Denunzianten und Bluturteile gekennzeichnetes Terrorregiment. Attische Emigranten erzwangen 403 von Boiotien aus die Restitution der Demokratie. Damit war die Zeit einer rückwärts gerichteten Aristokratie in Athen abgelaufen. Es war aber die Frage, ob die attische Demokratie, die, seit ungefähr 427 im Auflösungsprozeß, ihre Unfähigkeit zur Lösung der damaligen politischen Gemeindeaufgaben erwiesen hatte, noch einmal die innere Kraft aufbringen würde zur Überwindung der Zersetzung und zu konstruktivem Neuaufbau.

3. *Grundkräfte und Leistungen der Klassik*

Nur wenigen Epochen der Weltgeschichte gibt man das Prädikat „klassisch“, weil diese Bezeichnung normative Gesichtspunkte mit dem Anspruch allgemeingültiger Lösungen in den historischen Ablauf bringt. Zweifellos gab es eine erste Hochblüte europäischer Geisteskultur in Athen zwischen 450–425. Aber schon eine genauere zeitliche Abgrenzung und Gliederung in bestimmte Stufen ist für die einzelnen Gebiete des kulturellen Schaffens recht unterschiedlich. So scheidet man drei, mitunter sogar vier Phasen: Frühe Klassik 460–450 (oder 500–450), Hohe Klassik 450 bis um 425, Späte Klassik 425–323, aus der man den „Reichen Stil“ 425–380 abheben kann.

Die Hohe Klassik des Perikleischen Zeitalters war alles andere als eine Zeit „edler Einfalt und stiller Größe“, wie Winckelmann sie noch gesehen hatte.

Denn es herrschten auch in ihr grundlegende Spannungen, besonders in dem überkommenen Problem von Bindung und Freiheit sowie der immerwährenden und von der Philosophie längst aufgegriffenen Antithese von Sein und Werden (Zeit). In den Werken dieser Periode aber fanden die damaligen Meister der Hellenen einen Ausgleich, der Harmonie ausstrahlte und auf der Grundlage der als spezifisch griechisch anzusprechenden Gedanken vom Schönen und vom Maß viele einmalige Höchstleistungen erzielte. Es ist unumstritten, daß das Mühen der Größten dieses Zeitalters zugleich grundlegenden menschlichen Problemen gegolten hat.

a. Aus der Literatur

Auch in der Klassik herrschte ein Nebeneinander von bereits zur Tradition gewordenen Gattungen und neuen Formen und Inhalten. Die Prosa trat nunmehr auch in Athen stärker in Erscheinung: Der Pseudo-Xenophonteische „Staat der Athener" (vor 431) ist das älteste ganz erhaltene Stück attischer Prosa, und Herodot hat um 430 sein Geschichtswerk (Historíes Apódexis, 9 Bücher) in ionischem Dialekt abgeschlossen. Es lebten und wirkten große Dichter wie Sophokles, Euripides und der Komödiendichter Aristophanes, der Historiker Thukydides und die Sophisten, deren geistesgeschichtliche Bedeutung zum Teil allerdings erst in der folgenden Phase deutlicher wurde. In der politisch bedeutsamen und noch religiös verankerten Gattung der Tragödie, die keinesfalls von dem Hintergrund des gesamten zeitgenössischen Lebens abgehoben werden darf, ist Sophokles (um 496 bis 406) für uns wichtigster Zeuge der Klassik. Er formte sprachgewaltig bestimmte Motive aus dem Mythos zu einzigartigen Kunstwerken, die Sage, Geschichte, Religion und Dichtkunst verbinden. Aber während für Aischylos noch die Hybris die jeweilige tragische Katastrophe auslöste, ließ Sophokles seine Helden jenseits von Schuld und Unschuld aus der Tragik des Menschseins schlechthin handeln; der einer göttlichen Weltordnung schicksalsmäßig eingebundene Mensch gerät nach ihm in einen tragischen Konflikt, wenn göttliche und menschliche Ordnung aufeinanderstoßen, wie z. B. in der „Antigone" (442). So ergab sich ihm das Tragische aus der Existenz und aus der Natur (Physis) des Menschen; er selbst glaubte unbedingt an den letzten Sinn der göttlichen Weltordnung, d. h. an eine außerhalb des Menschen stehende absolute Macht. Solcher Glaube ließ ihn die reale Welt bejahen und die Befolgung der ungeschriebenen Gesetze fordern.

Mit der Spannung zwischen Religion und Unreligion, die an die Grundlagen der griechischen Polis rührte, sind die geistigen Kräfte gekennzeichnet, für die das perikleische Athen noch einmal einen Ausgleich gefunden hat. Es handelt sich dabei um immerwährende, hier exemplarisch klar faßbare Probleme der Geschichte. Da diese Kräfte nunmehr aufeinanderprallten und zu Auseinandersetzungen zwangen, ist auch die klassische Periode nur eine Spanne des Übergangs gewesen. Im Gedanken der Harmonie wußte sich Sophokles mit Perikles und Pheidias verbunden. Aber Perikles stand auch dem Denker Protagoras nahe, der die staatliche Ordnung als geschichtlich geworden erkannte und damit Gesetz und Recht entgegen der älteren religiös verwurzelten Auffassung nicht mehr für absolut, sondern als menschliche Schöpfungen für relativ hielt. Und ferner war Perikles mit Anaxagoras befreundet, der den Nus (Geist) zum Prinzip erhob und damit zugleich die Autonomie des Individuums kosmologisch begründete. Zwischen diesem aufkommenden Rationalismus und konservativ-religiöser Weltauffassung mag Perikles eine Art Mittelstellung eingenommen haben.

b. Aus der bildenden Kunst

In der hoch- oder reifklassischen Zeit (450–425) gelangen den Künstlern auf fast allen Gebieten Werke, die den Grundkräften der Zeit entsprachen. Dies war ebenso der Fall bei der rotfigurigen Vasenmalerei (z.B. Penthesileia-Maler) und den weißgrundigen Lekythen wie bei der Architektur, deren wichtigste Beispiele nunmehr nach Athen führen. Das Hephaisteion (früher Theseion genannt) über dem Markt (Agorá) entstand zwischen 450–440, und 448 begann man den Wiederaufbau der zerstörten Heiligtümer auf der Akropolis. Bis zum Beginn des Peloponnesischen Krieges waren der Parthenon (Baumeister Iktinos, 447–432) und die Propyläen (Mnesikles, 437–432) ganz bzw. weitgehend fertiggestellt; in beiden Bauwerken sind dorische und ionische Stilelemente verbunden, am Parthenon überdies Architektur und Bauplastik in eindrucksvoller Harmonie vereinigt. In spätere Zeit gehören der Nike-Tempel (um 420) und das Erechtheion (410–406). Auf der Akropolis haben Architekten, Künstler und Handwerker gemeinsam mittels subtiler Planung, Anwendung der Kurvatur (leichte Krümmung von Stufenbau, Wänden und Gebälk), Proportionierung und meisterhafter Einzelausführung einmalige Höchstleistungen erzielt.

Als Städteplaner wirkte Hippódamos von Milet, dessen – z.B. im Peiraieus und in Thurioi befolgtes – System rechtwinklig sich schneidender und nach örtlich verschiedenen meteorologischen und medizinischen Gesichtspunkten angelegter Straßen bis in hellenistische und römische Zeit vorbildlich blieb.

In der Skulptur war Pheidias (Phidias) aus Athen (um 495 bis um 430) der wohl größte, auf jeden Fall der universalste Meister der Zeit. Seine Freiplastiken sind z.T. nur aus späteren Kopien bekannt, wie die Athena Parthénos im Parthenon, die Athena Lemnia, der auf ein Bronzeoriginal um 450 zurückgehende Kasseler Apollon und das später zu den Weltwundern gezählte chryselephantine (goldelfenbeinerne) Kultbild im Zeustempel in Olympia. Zusammen mit seinen Schülern schuf er den Skulpturenschmuck am Parthenon: die Metopen sowie den Panathenäenfries in Relief und als Spätwerke die Rundplastiken der Giebelfelder. Er war überdies Toreut (Metallbildner) und übernahm die Verantwortung für den künstlerischen Gesamtausbau der Akropolis, ein in dieser Universalität in der Antike einzigartiger Meister.

Polyklet aus Argos war gleichzeitig als Bildhauer und Bronzegießer der bedeutendste Repräsentant der dorischen Schule; ihm gelang die Nachbildung des menschlichen Körpers in fast gesetzmäßiger Ausdruckskraft, für die er einen Kanón (Regel) erarbeitete, der uns in der kraftvollen Ruhe des Speerträgers (Doryphóros) und der Ausgewogenheit des Diadúmenos (Athlet mit Siegerbinde) deutlich wird. Nach 424 vollendete Paiónios aus Mende seine im Motiv besonders schwierige Darstellung der herabschwebenden Nike (Siegesgöttin) in Olympia. Neu ausgeprägt wurde anscheinend in diesen Jahrzehnten die Gattung des Weihreliefs, uns bekannt durch das 440/30 entstandene eleusinische Flachrelief (in Athen), das die Aussendung des Triptolemos durch Demeter und Kore in einer tiefempfundenen Daseinseinheit zeigt. Um 430 begann die Blütezeit der attischen Grabreliefs, die bis 317 andauerte und in den Denkmälern für Krito und Timariste (um 420, Rhodos), Hegeso (um 400, Athen) oder Mnesarete (um 380, München) eindrucksvolle frühe Leistungen hervorbrachte. Auch die Stempelschneidekunst erreichte bald – besonders in den Münzen von Syrakus – ihre klassische Höhe.

Wenn in der Klassik „das tiefste Wesen des Griechischen ans Licht" tritt (E. Buschor), so liegt dies vor allem in dem Vermögen, die im Leben allgemein und für den Künstler besonders vorhandenen Spannungen harmonisch auszugleichen. Die Werke dieser Zeit, an denen man später das Erhabene, Großartige und Gewichtige pries, sind in Ideengehalt und Ausführung im allgemeinen Ergebnisse einer die ganze Welt bis hin zur göttlichen Sphäre umfassenden und noch auf Frömmigkeit gegründeten Haltung der Künstler. Was Plutarch in seinem Perikles-Bios über die Bauten der Akropolis – in denen wir eine gewisse Objektivierung von „Rhythmos" und „Harmonía" sehen dürfen – sagt, kann allgemein für die Höchstleistungen dieser Epoche gelten: „Ihre Neuheit prangt gewissermaßen unberührt von der Zeit, wie wenn diese Werke einen immer blühenden Geist und eine nicht alternde Seele hätten."

4. Geistige Wandlungen in spätklassischer Zeit

In den letzten Jahrzehnten des 5. Jh. haben die zuvor bereits unterschwellig spürbaren Spannungen in eine Krise geführt, in der sich die Auflösung der Poliswelt abzeichnete. In einer vielschichtigen Wandlung sind bisherige Grundauffassungen zerstört und Gefahren deutlich geworden, deren Überwindung hinfort zu den bleibenden Aufgaben der Menschheit gehören sollte.

Mehrere geistige Strömungen trafen seit etwa 430 in einer „Aufklärung" zusammen. Gewisse Grundlagen der griechischen Religion waren schon seit dem 6. Jh. von einzelnen Dichtern und Denkern in Frage gestellt worden, ohne daß damit das damals blühende religiöse Leben und die allgemeine Frömmigkeit wirklich getroffen worden wären. Fragwürdig aber waren inzwischen vor allem die Mythen und allzu menschlichen Vorstellungen der „homerischen" Götterwelt geworden. Es regte sich auch Kritik an einer der Volksgläubigkeit zwar entsprechenden, aber übertriebenen Deutung der Vorzeichen, und diese wurde noch stärker, als 413 die angstvolle Auslegung einer Mondfinsternis zur athenischen Katastrophe vor Syrakus geführt hatte. So geriet der überkommene Glaube ins Wanken. Die Philosophen hatten sich von Anbeginn um das Erkennen von Naturgesetzen („Naturphilosophen") und um das Begreifen des Diesseits bemüht. Gewissermaßen nur nebenbei entwickelten sie allmählich eine Vorstellung vom Göttlichen, d.h. einen unpersönlichen Gottesbegriff. Einige Denker suchten nach einem Wesen, das höchste Geltung beanspruchen könne: Heraklit sah es in „Zeus", Pythagoras in „Apollon" und Xenophanes in „einem Gott", d.h. in einem unpersönlichen Monotheismus. Doch schon Empedokles aus Akragas konnte um 450 sein naturwissenschaftlich-rationales Denken mit solchem religiösen Suchen nicht mehr in Einklang bringen.

Um die Mitte des 5. Jh. begnügten sich die Philosophen nicht mehr mit mystizistischem oder poetischem Religionsersatz, sondern erdachten nüchtern Systeme, die den Göttern keinen Platz mehr boten und bereits fast atheistisch waren; ihre Werke schrieben sie in Prosa. Anaxagoras aus Klazomenai (500–428), der Freund des Perikles und einer der Lehrer des Euripides, war der „naturwissenschaftlichste" (physikṓtatos) Denker seiner Zeit. Seine Welterklärung beruhte auf einem Gegenüber von Stoff und Kraft; diese ließ er im Nus (Weltgeist) gipfeln, dessen Wirken so etwas wie eine naturwissenschaftliche Kausalität ergab. Etwa gleichzeitig entwickelten Leukipp und sein Nachfolger Demokrit aus Abdera (um 460 bis um 370) in ihrer Atomistik einen rationalen Materialismus: Danach besteht die Materie aus einer unendlichen Zahl von Atomen („unteilbaren Einheiten"), die eine Eigenbewegung im „Leeren" besitzen. Auch diese Männer gehörten zu den „Aufklärern", weil sie Naturerkenntnis an die Stelle religiösen Erlebens setzten.

Die Aufklärung der Sophisten richtete sich auf den menschlichen Geist, für den sie jegliche Bindung an Religiöses negierten. Ausdruck ihrer neuen Richtung wurde die Kritik am gesamten griechischen Kultur- und Geistesleben. Die Konsequenz dieser auch alle Ehrfurcht ablehnenden Infragestellung zog der Ioner Protagoras aus Abdera (um 485 bis 416), auch er ein Freund des Perikles, indem er den Menschen als „Maß aller Dinge" setzte (Homomensura-Satz). Öffentliche Einrichtungen und Normen wie Staat, Gesetz und Sitte wurden von ihm als entweder naturbedingt oder von Menschen geschaffen erklärt, womit zugleich die Anfänge des Naturrechts gefunden waren. Die tatsächlichen Phänomene wurden nunmehr grundsätzlich als abhängig von der jeweiligen Gesellschaft aufgefaßt und als veränderbar angesehen. Jetzt konnte auch der Gedanke von der natürlichen Gleichheit aller Menschen – etwa von Hippias und Alkídamas – geäußert werden; freilich wurden damit noch keine Folgerungen für eine Reform der bis hin zu den Sklaven reichenden Abstufungen innerhalb der Bevölkerung gezogen. Folgenschwerer war die Vorstellung, daß die Macht in jedem Fall über das Recht siege, wie sie von Kallikles – und in der Politik etwa von Alkibiades – vertreten wurde. Als wichtigste Mittel zum Erfolg bildeten die Sophisten die Rhetorik und die Dialektik aus, mit deren Hilfe sie sogar „eine schwächere Sache zur stärkeren" zu machen versprachen. Gorgias von Leontinoi (etwa 480–380), der 427 als Gesandter seiner Vaterstadt nach Athen kam, war ein früher Meister der Rhetorik. Die Sophisten fanden starken Zulauf; denn sie verfügten über Wanderlehrer, die freilich hohe Honorare einzustreichen bereit waren und bewußte Propaganda trieben, über Alleskönner wie Hippias aus Elis (der auch als Meister der Mnemotechnik hervortrat) und gerissene Advokaten wie Thrasymachos aus Chalkedon (seine Devise: „Gerechtigkeit ist, was dem Stärkeren nützt"). Ihre Bedeutung liegt darin, daß sie erstmals in der Geschichte konsequent das menschliche Ich mit seiner ihm eigenen Vernunft und seinem Intellekt ins Zentrum der Welt rückten – mochten sie es auch qualitativ in der Wirklichkeit abstufen – und mit dem Ziel egoistischer Utilität verbanden. Der Gedanke der Mündigkeit des menschlichen Intellektes, der sich im griechischen Geistesleben seit etwa 600 auf vielen Gebieten abgezeichnet hatte, ist von den Sophisten im Versuch einer Verabsolutierung des Ichs auf eine Spitze getrieben worden, die Zeitgenossen und künftigen Generationen zu einer Herausforderung werden mußte.

Eine folgenschwere Umwälzung zeichnete sich durch die Sophisten ab, auch wenn sie z. T. lediglich eine Kulturerneuerung erstrebten. Denn durch ihre Kritik und Negation wurde die Welt der bisherigen Bindungen und Werte brüchig und problematisch. Metaphysische Verankerungen konnten im Zuge der allgemeinen Deklassierung nicht mehr anerkannt werden. Der erkennende, urteilende und erfolgreiche Mensch, d. h. der sophistisch Gebildete, war Zweck und Ziel geworden. In der Poliswelt mußte dieser auf Rationalismus gegründete, aber zu allgemeiner Eigensucht hinleitende intellektualistische Individualismus zersetzend wirken, weil er keine erhaltenden oder gar aufbauenden politischen Kräfte enthielt.

Die Wirkung der Sophisten war auch deshalb groß, weil sich inzwischen das Interesse an Bildung erheblich gesteigert hatte. Im Zuge der gesellschaftlichen Verlagerung vom Adel auf die Vermögenden und dann im 5. Jh. auf den Demos schienen nunmehr die neuen Gebildeten den Wert einer Elite gewinnen zu können. Immer stärker setzte sich ihre Schicht von der der

Ungebildeten ab. Aber unter den Gebildeten rangen „Konservative“, die an Überkommenem im staatlichen Leben festhielten, und „Fortschrittliche“ miteinander.

Euripides (480–406) ist das beste Beispiel für diese Entwicklungsstufe. Er ist an den Problemen seiner bürgerlichen Welt und an der Überfülle von Gesellschaftskritik, die er in sein Werk einfließen ließ, fast zerbrochen. Die Gestalten des Mythos, von denen er in seinen Tragödien – 19 sind erhalten – nicht loskommen durfte, holte er in die Sphäre menschlichen Daseins, entdeckte die blinde Gewalt der Affekte bis hin zum Pathologischen und zur inneren Aufspaltung und brachte mit psychologischer Meisterschaft tiefste Gründe der weiblichen Verhaltensweise auf die Bühne. Er führte die Tragödie zum Realismus, ja bereits zum Naturalismus hin. Auf der Höhe der Bildung seiner Zeit stehend, hatte er den Glauben an die Götter verloren und konnte als Ergebnis seines Beobachtens und Zerdenkens des Lebens mit seinen Konflikten die klassische Harmonie nicht mehr vertreten. Von seinen Zeitgenossen wurde er nicht verstanden und anerkannt (mit 92 Stücken siegte er nur fünfmal), für spätere Zeiten jedoch war er der Tragiker schlechthin.

In konservativer, d.h. gegen die Radikaldemokratie seiner Zeit eingestellter Grundhaltung hat hingegen Aristophanes, der größte Komödiendichter Athens, der von 427–388 wirkte, mit urwüchsigem Witz das attische Leben und führende Männer seiner Zeit der Kritik auf der Bühne unterworfen. Mit seinen politischen Komödien (erhalten sind 11 Stücke, z.B. Acharner 425, Ritter 424, Wolken 424, Wespen 422, Friede 421, Vögel 414, Frösche 405) wollte er die Zuschauer nicht nur entspannen und in eine illusionäre Welt entrücken, sondern sie zugleich sittlich erziehen, im Gegensatz zu dem Zeitgeist auf die Traditionen Athens verweisen und damit einer politischen Erziehung dienen.

Die Gedanken der griechischen Aufklärung sind auch auf Thukydides aus Athen, den Sohn des Oloros, (um 460–399) nicht ohne Einfluß geblieben. Ausgehend von der Kritik an der Überlieferung, hat er grundlegende methodische Folgerungen gezogen und in seiner Darstellung des Peloponnesischen Krieges, die er bis zum Jahre 411 ausführen konnte, zu verwirklichen versucht. Im Gegensatz zu Herodot beschränkte er den von ihm durchgearbeiteten Stoff auf Zeitgeschichte und den griechischen Raum und legte den Nachdruck auf den politisch-militärischen Bereich. Von religiöser Bindung gelöst, ordnete er historische Erscheinungen in die Sphäre des Rationalen (Gnóme) und des Irrationalen (Tyche). Dabei bemühte er sich um eine unparteiische, d.h. objektive Ermittlung der Wahrheit und versuchte die Deutung innerer Zusammenhänge mittels logischer und psychologischer Zeugenbeurteilung. So glaubte er, in letztlich zyklischem Geschichtsdenken, zu späterer Nutzanwendung einen „Besitz für immer“ geschaffen zu haben, und ist auch mit seinem Suchen nach gewissen Gesetzen des geschichtlichen

Lebens zum wichtigsten Vorläufer der pragmatischen Geschichtsschreibung geworden.

Die Aufklärung machte auch den Weg frei für die griechische Medizin. Man löste sich von älteren Vorstellungen, nach denen Krankheiten von Göttern stammten, und von volkstümlichen Praktiken. Kritische Beobachtung am Krankenbett, klare Erfassung der Symptome und des individuellen Gesamtbefundes, Berücksichtigung wichtiger allgemeiner Einwirkungen (Ort, Jahreszeit, Klima) und bestimmter Krankheitswellen (Epidemien) sollten dem Arzt eine Prognose ermöglichen – eine Diagnose entwickelte man erst seit dem Hellenismus. Hippokrates von Kos (um 459/60–377), der größte Arzt der Antike, ist für diese Entwicklungsstufe der griechischen Medizin kennzeichnend. Die im Corpus Hippocraticum unter seinem Namen erhaltenen 53 verschiedenen Schriften stammen aus den Ärzteschulen von Kos und Knidos. Der „Eid des Hippokrates" wurde zum ethischen Bekenntnis des Arztberufs überhaupt.

Insgesamt waren am Ende des 5. Jh. die Grundlagen einer einheitlich-harmonischen griechischen Kultur, die historisch nur ganz kurz in Erscheinung getreten war, zerfallen. Der Individualismus hatte sich kraftvoll erhoben und alle seitherigen Bindungen beiseite geschoben. Damit war – trotz aller Gefahren – der Weg frei zu weiteren Höchstleistungen auf Einzelgebieten.

X. Italien und Rom in der Zeit der beginnenden Römischen Republik

A. Italien und seine Randgebiete vom Ende des 6. Jahrhunderts bis zur Mitte des 4. Jahrhunderts v. Chr.

1. Die Kelten

Unter „Kelten" versteht man nicht eine rassisch-ethnische Einheit, sondern die aus sehr unterschiedlichen Elementen hervorgegangenen Träger einer verhältnismäßig einheitlichen Kultur. Der genaue Zeitpunkt, zu dem diese keltische Kultur in Erscheinung trat, ist schwer eindeutig zu bestimmen. Mit einiger Wahrscheinlichkeit bildeten sich die Kelten in diesem Sinne zur Zeit der nordalpinen Hallstattkultur heraus. Sie trugen dann vor allem die nachfolgende La-Tène-Kultur (um 500 bis um Christi Geburt).

Für die Wende des 6. zum 5. Jh. sind Kelten westlich und nördlich von Marseille und spätestens in der ersten Hälfte des 5. Jh. von – und auf – der Pyrenäenhalbinsel bis in das Gebiet um die obere Donau anzunehmen.

Die keltische Welt ist immer wieder stark von außen beeinflußt worden. Rhône, Donau und die Alpenpässe ermöglichten Verbindungen vor allem zur mediterranen Kultur. Für das 6. und 5. Jh. lassen sich deutlich etruskische und griechische Einflüsse nachweisen.

Die Kelten scheinen im 5. Jh. eine neue Kraftentfaltung erlebt zu haben, die zu einer weitgreifenden Expansion führte. Die La-Tène-Kultur erreichte das große Donauknie und die obere Weichsel. Im 4. und 3. Jh. griff sie nach Britannien über, während in Mitteleuropa von der Nordverbreitung der Kelten mindestens das südliche Niedersachsen und das böhmisch-mährische Gebiet erfaßt wurden. Bereits im 5. Jh. drangen sie bis in die pannonische Ebene und nach Bosnien vor. Nach 300 erfolgten Vorstöße bis nach Griechenland und ins nordwestliche Kleinasien. Andererseits aber blieb Südfrankreich bis ins späte 4. Jh. – die Kelten auf der Pyrenäenhalbinsel auf Dauer – vom La-Tène-Einfluß ausgespart; hier war die Wirkung der Iberer stärker.

Stark war der keltische Druck auf Oberitalien – wohl nach früheren Infiltrationen – seit dem 5. Jh. Dort beendeten sie die Herrschaft der Etrusker, die sich auf die Südseite des Po zurückzogen und am Ufer des Reno zur Sicherung Marzabotto gründeten. Aber die Kelten umgingen die Siedlung und gelangten 391 bis Clusium (Chiusi). Es waren 30000 Senonen unter Brennus, deren sich ausschließlich die Römer zu erwehren hatten.

Die Herrschaft in den keltischen Stämmen lag bei einer Aristokratie, neben der die Druiden, Priester, standen. Mochten die Kelten in ihrer Begegnung mit den Römern diesen auch z.B. Waffen- und Fahrzeugtechnik vermitteln, so war der umgekehrte Einfluß aus dem mediterranen Gebiet auf Dauer doch stärker (städtische Siedlungsweise, Münzprägung u.a.).

2. *Beginn der Römischen Republik. Die Ständekämpfe*

Nach dem traditionellen Ansatz 509 oder – wahrscheinlicher – am Ende des 1. Drittels des 5. Jh. wurde durch den Adel der Stadt Rom das herrschende etruskische Königsgeschlecht vertrieben; an die Stelle der Herrschaft eines einzelnen trat die des Adels. Man muß hier wohl das Ergebnis eines längeren Prozesses zwischen der 2. Hälfte des 6. Jh. und 470 annehmen. Dieser Vorgang ist zu sehen im Zusammenhang antimonarchischer Bewegungen in einer ganzen Reihe etruskischer Städte und erklärt sich auch aus der zunehmenden Schwächung der etruskischen Machtpositionen südlich ihres Kerngebiets Etrurien. 524 und 474 waren die Etrusker in Campanien bzw. an dessen Küste von den Griechen geschlagen worden, und allmählich drangen italische Bergstämme in die fruchtbaren Ebenen ein.

Die junge römische Republik sah sich zwei Problemen gegenüber, durch die sie mehr als einmal an den Rand ihrer Existenz geführt wurde. Sie hatte sich erheblicher Bedrohungen von außen zu erwehren, und der Bestand des Staates war überdies durch schwere innere Auseinandersetzungen gefährdet. Schon bald nach der Vertreibung der Könige setzte die Auseinandersetzung zwischen den adligen Patriziern und den Plebeiern ein (Ständekämpfe). Das Ziel der Plebeier war, in einem Staat, der politisch und sozial völlig in der Hand der adligen Geschlechter lag, Verbesserung ihrer sozialen Lage zu erreichen und Anteil an der Führung zu erhalten; diese Forderung scheint während der Ständekämpfe weitgehend im Vordergrund gestanden zu haben. Es lag aber auch immer wieder Zündstoff in der schlechten wirtschaftlichen Lage breiter Schichten der Bevölkerung. Man kann einige der Anlässe für die teilweise mit Gewalt vorgetragenen Forderungen der Plebeier ausmachen. Die schwierige außenpolitische Situation, in die Rom nach der Vertreibung der Könige geraten war, und die dadurch bedingte permanente Anspannung der Kräfte nach außen ließen die Wirtschaftskraft der Stadt zurückgehen. Das traf besonders die wirtschaftlich Schwachen und Abhängigen. Noch wesentlicher aber war wohl dies: Die materiell Leistungsfähigeren und Nichtadligen betraf die Änderung der Heeresverfassung, die sich offenbar zu Anfang der Republik endgültig vor dem Hintergrund der schwierigen außenpolitischen Lage durchgesetzt hatte: der Übergang vom adligen Einzelkämpfer zur Gefechtsordnung der Phalanx. Dadurch wurde die Heranziehung einer größeren Zahl von Leuten zum Kriegsdienst notwendig, und diese konnten nur aus den Reihen der Plebeier kommen; dabei schloß der Zwang, sich selbst auszurüsten, Ärmere vom normalen Militärdienst aus. Daraufhin mußte das Selbstbewußtsein der Betroffenen wachsen und das Verlangen entstehen, z.B. bei Kriegserklärungen und Friedensschlüssen mitzuwirken.

Gegenüber den Forderungen der Plebeier schloß sich der Adel noch stärker als bisher als die eigentlich führende Gruppe ab. So wurden zu Anfang des 5. Jh. Heiraten zwischen Patriziern und Plebeiern formell verboten. Zu friedlichen Konzessionen waren die Patrizier offenbar nicht bereit, und so darf man sich die Situation in Rom in dieser Zeit als ausgesprochen anarchisch vorstellen; auf beiden Seiten herrschte oft bürgerkriegsähnliche Stimmung.

Das zentrale Mittel der Plebeier war der politische Streik, mit dem sie den Forderungen der Repräsentanten des Staates Widerstand entgegensetzten und die Heeresfolge verweigerten (secessio plebis); nach unserer Überlieferung erfolgte ein solcher Auszug der Plebeier zuerst 494 auf den Heiligen Berg vor den Toren der Stadt. Noch 287 versuchte die Plebs, durch eine secessio in montem Ianiculum ihre Forderungen durchzusetzen.

Die Gegenseite setzte dagegen die Macht des Oberbeamten (praetor maximus), die bisher nur im Kriege uneingeschränkt galt, immer mehr auch im zivilen Bereich ein. Sie beanspruchte ein Züchtigungsrecht gegen den ungehorsamen Bürger (coërcitio) ohne Gerichtsurteil und setzte Verhaftungen, ja sogar die Todesstrafe durch.

Vor diesem Hintergrund kann man bei allen Überlieferungsproblemen die wesentlichen Etappen des frühen Ständekampfes und der Erfolge der Plebeier erkennen. In der ersten Hälfte des 5. Jh. bauten sie eine eigene Organisation auf, die für sie, die ja von den Institutionen des nur patrizischen Staates ausgeschlossen waren, gewissermaßen einen „Staat im Staate" bedeutete. Sie schufen eine eigene Volksversammlung, die concilia plebis, außerdem ernannten sie eigene Beamte, so die Aedilen zur Verwaltung des plebeischen Heiligtums der Ceres auf dem Aventin und ihrer Märkte. Als Exponenten der plebeischen Politik aber wurden in den concilia plebis die tribuni plebis gewählt, die in einem besonderen Abstimmungsakt unter den Schutz der Götter gestellt und für unverletzlich, sakrosankt, erklärt wurden. Das war eine einseitige Willenserklärung der Plebeier; sie ergab sich daher, daß man sich für den Schutz der eigenen Beamten auf das Recht des Staates nicht berufen konnte. In diesen Volkstribunen – ihre Zahl ist für das 5. Jh. sehr unsicher, hatte aber schließlich die Zahl 10 erreicht – besaßen die Plebeier nunmehr das Organ, das die concilia plebis einberief und Beschlüsse fassen ließ. Vor allem aber war es die Aufgabe der Volkstribunen, gegen die Maßnahmen der patrizischen Beamten anzugehen, z.B. bei Verhaftungen von Plebeiern.

Es ist als ein wesentlicher Erfolg plebeischer Aktionen und als Zeichen der erzwungenen Einsicht der Patrizier in die gegebene Situation anzusehen, daß wohl um die Mitte des 5. Jh. die usurpierte Gewalt und die Unverletzlichkeit der Volkstribunen von der Gegenseite weitgehend anerkannt wurden; es ging um ihr Recht zur Hilfeleistung (ius auxilii) und zum Einschreiten zugunsten des einzelnen Plebeiers gegen Willkürakte des patrizischen Beamten (ius intercedendi). Die angespannte außenpolitische Lage in der Mitte des Jahrhunderts forderte zwingend Konzessionen von den Patriziern.

Dazu gehörte um 450 die Rechtskodifikation, die schriftliche Fassung des geltenden Rechts, das bisher von dem patrizischen Priesterkollegium der pontifices als Spruchrecht entwickelt und gehütet wurde. Es liegt auf der Hand, daß bei einer solchen Rechtssituation, zumal in einer inneren Krisenlage, sich die Plebeier benachteiligt fühlten und eine Publikation des geltenden Rechts forderten. Es wurde eine Zehnmännerkommission mit unbeschränkter Macht für diese Aufgabe eingesetzt. Das Ergebnis dieser Arbeit war das Zwölftafelgesetz, das vor allem das Privatrecht, aber auch das Sakral- und Prozeßrecht erfaßte. Damit war in gewissem Maße Rechtssicherheit, aber noch nicht durchgängig Rechtsgleichheit erreicht, denn das Zwölftafelgesetz enthielt nach wie vor das Eheverbot zwischen Patriziern und Plebeiern. Aber kurze Zeit später (angeblich 445) erreichte der Volkstribun Canuleius die Aufhebung dieser Bestimmung, wovon freilich primär die reicheren Plebeier Nutzen hatten, da sie allein persönliche Beziehungen zur patrizischen Schicht besaßen.

Schon vor 450 taten die Plebeier den vorerst wichtigsten Schritt auf dem Wege zur politischen Gleichberechtigung. Die Patrizier gestanden die Einrichtung einer neuen Volksversammlung zu, die comitia centuriata. Sie beruhte organisatorisch auf den Centurien (Hundertschaften), aus denen sich das militärische Aufgebot der Stadt zusammensetzte. So war ursprünglich diese Volksversammlung eine Heeresversammlung. Die Teilnahme an ihr stand den Plebeiern offen; es drückt sich darin aus, daß sie zum Kriegsdienst herangezogen wurden. Die neue Institution bedeutete zweifellos einen Fortschritt; das Stimmrecht beruhte nun nicht mehr auf der adligen Geburt, aber es war in seinem Gewicht abhängig vom Besitz. Wirklich profitiert hatte dabei die Schicht der besitzenden Plebeier. Ihre Stimmen wogen bei Beschlüssen über Krieg und Frieden, Gesetzesanträgen, bei der Beamtenwahl u.a. tatsächlich.

Nach dieser ersten Phase der Ständekämpfe trat in der inneren Auseinandersetzung offensichtlich eine gewisse Ruhe ein, eine erste Annäherung der Stände war erreicht.

Um die Jahrhundertwende, vor allem zu Beginn des 4. Jh., richteten die Plebeier ihre Aktivität auf die Exekutive, die sie im 5. Jh. offenbar noch gar nicht angestrebt hatten. Mochten sie auch 409 v. Chr. zum ersten Mal das Quaestorenamt (Finanzangelegenheiten) bekleidet und in Einzelfällen während des Krieges gegen Veii um 400 militärische Kommandos (tribuni militum consulari potestate) erhalten haben, die unter dem eigentlichen Oberbeamten standen, so blieben sie von den entscheidenden Administrativ- und Regierungsfunktionen ausgeschlossen, obwohl sich inzwischen eine wirtschaftliche und politische Führungsgruppe der Plebeier herausgebildet hatte.

Der Anlaß zum erneuten heftigen Ausbruch des Ständekampfes lag in der schweren äußeren Anspannung des Staates in den zwei ersten Jahrzehnten des 4. Jh. und ihrer Überwindung (der Krieg mit Veii 405–396 und die Gallierkatastrophe 387). Die Plebeier konnten im Feld erhebliche Leistungen aufweisen. Andererseits geriet eine große Zahl der ärmeren Plebeier gerade jetzt in schlimmste wirtschaftliche Not. Besonders heftig wurden die inneren Auseinandersetzungen, nachdem mit der Zerstörung Roms 387 der patrizisch geführte Staat seine bisher schwerste Niederlage erlitten hatte. Erneut wurden patrizische Beamte gegen das bestehende Recht von den concilia plebis abgeurteilt, Volkstribune verboten den Staatsorganen mit der Drohung, deren Träger zu lynchen, die Ausübung ihrer Geschäfte, Wahlen fanden nicht statt.

Die Patrizier ließen seit dieser Zeit die führenden Plebeier, ohne Stimmrecht freilich, zu den Sitzungen des Adelsrates, des Senats, als conscripti zu; aber damit war kaum etwas gewonnen. Die Unruhe hielt an, und die wirtschaftliche Misere des Staates machte sich auch insofern bemerkbar, als die plebeische Mittelschicht ihre Ausrüstung kaum mehr aufbringen konnte und deshalb als Kriegsdienstleistende ausschied. Die innere Lage und die äußere Bedrohung, zumal von seiten der Latiner, forderten einen Ausgleich. 367/366 setzten die Volkstribunen C. Licinius Stolo und L. Sextius Lateranus einen Kompromiß durch. Es waren möglicherweise wirtschaftliche Maßnahmen zugunsten der kleinen Bauern und aller, die in wirtschaftliche Schwierigkeiten geraten waren: Es wurden Zinserlaß sowie eine gewisse Beschränkung des Besitzes an Gemeindeland dekretiert.

Die wohlhabenden Plebeier profitierten von der Bestimmung, nach der es von nun an drei höchste Beamte geben sollte. Entweder 367 oder kurz danach wurde das römische Heeresaufgebot, das bisher entweder als eine Einheit oder zersplittert in mehrere kleinere Einheiten eingesetzt worden war, in zwei größere Abteilungen, zu je 3000 Fußsoldaten, die man „legiones" nannte, aufgeteilt. Zwei der drei Oberbeamten wurden, mit dem Titel „consul", deren Kommandanten. Da die Plebeier die Hauptlast in den militärischen Auseinandersetzungen trugen, war es notwendig, ihnen eine dieser Positionen zuzugestehen. Man kann auch annehmen, daß das Führungsamt deshalb verdoppelt wurde, um es ggf. nicht allein den Plebeiern zu überlassen. Dem dritten Oberbeamten blieben vorwiegend Funktionen in der Rechtsprechung. Er sank allmählich in die zweite Position nach den Konsuln und trug den alten Namen der Oberbeamten, praetor, weiter. Damit hatten die Plebeier den entscheidenden Schritt zur politischen Gleichstellung getan. Die folgenden Jahrzehnte des Ständekampfes bis 287 verliefen im ganzen ruhiger als die Zeit vorher.

3. Die äußere Lage des frührepublikanischen Rom

Die äußere Lage Roms nach der Vertreibung der etruskischen Könige war dadurch gekennzeichnet, daß sich seine Macht nun nicht mehr auf die Vorherrschaft der Etrusker in Campanien und Latium stützen konnte. Die Tiberstadt hatte die Etrusker vielmehr nun selbst zum Feinde. Von Osten und Südosten drängten oskische und sabellische Bergvölker aufgrund des so entstandenen Machtvakuums in die latinische Ebene ein und stellten dadurch für Rom und die Latiner eine erhebliche Gefahr dar.

Von Osten her drangen aus den sabinischen Bergen die Aequer in den ersten Jahrzehnten nach der Schaffung der Republik nach Latium hinein und setzten sich allmählich bis in die Albaner Berge in der Nähe von Tusculum fest. Im Süden okkupierten die Volsker latinisches Gebiet (Velitrae, 30 km vor Rom). Teile desselben Stammes erreichten bis zur Mitte des 5. Jh. die Küste, Terracina wurde oskisch und hieß nunmehr Anxur.

Kurz nach der Vertreibung der Könige hatten die latinischen Gemeinden sich von der Hegemonie Roms befreit. Aber die neue Machtsituation in Latium verwies beide Partner wieder aufeinander. Es wurde ein erneutes Bündnis geschlossen, nach der nicht sicheren Überlieferung 493 durch Spurius Cassius auf römischer Seite; danach (486?) scheint ein Bündnis mit den Hernicern im südöstlichen Latium gefolgt zu sein. Zwar sollten die Vertragspartner gleichberechtigt sein, aber um die Mitte des 5. Jh. hatte Rom wieder eine Hegemoniestellung erreicht, wohl nicht zuletzt deshalb, weil vorwiegend römische Schwerbewaffnete ein weiteres Vordringen der Bergstämme eindämmten. Deshalb konnte der Bund in den letzten Jahrzehnten des 5. Jh. sogar zum Gegenangriff vorgehen. Die Aequer wurden aus dem nordöstlichen Latium an den Apenninrand zurückgedrängt, konnten sich freilich im Gebiet des Mons Algidus (südöstliche Albaner Berge) bis ins 4. Jh. halten und damit einen vorgeschobenen Posten zum Eingang nach Latium besetzen. Mit Ausnahme von Velitrae wurde im südlichen Latium der volskische Einfluß wieder gemindert, die Küste mit Terracina-Anxur und Antium zurückerobert. Zur Sicherung des römisch-latinischen Einflusses legte der latinische Bund in den letzten zwei Jahrzehnten dieses Jahrhunderts im Südosten Latiums eine Reihe von Kolonien an wie Setia, Cora, Norba und Pometia.

Nach Süden und Südosten hin war somit Rom durch sein Bündnis mit den Latinern und Hernicern und den darauf beruhenden Erfolgen zu Anfang des 4. Jh. die wesentliche Macht im westlichen Mittelitalien. Aber die außenpolitische Situation im Jahrhundert nach der Entstehung der Republik war auch durch die Auseinandersetzung mit etruskischen Städten gekennzeichnet, das rechte Tiberufer war feindliches Areal. Die Städte Fidenae, Caere, Veii und Falerii waren durch ihre Existenz eine permanente Gefahr im Norden Roms.

Die für Rom und seine Bündner günstige Entwicklung in der Auseinandersetzung mit den südlichen Stämmen gegen Ende des Jahrhunderts hatte es offenbar in die Lage versetzt, jetzt auch offensiv gegen etruskische Städte im Norden vorzugehen. 426 wurde Fidenae erobert, und 405 brach, nach einem 20jährigen Waffenstillstand, der Krieg mit Veii wieder aus. Nach 10jährigem erbittertem Ringen wurde 396 die Stadt erobert. Der Haß, der sich in Rom gegen die etruskische Stadt angesammelt, und die Furcht, die sie verbreitet hatte, spiegelten sich in der Art und Weise wider, in der die Römer mit Veii verfuhren: Es wurde zerstört und das Areal der Stadt dem römischen Staatsgebiet zugeschlagen. Damit verdoppelte sich Roms Territorium; es betrug jetzt 1500 Quadratkilometer, etwa doppelt soviel wie am Ende der Königszeit. An der herrschenden Stellung im Bund mit den latinischen Städten war zu dieser Zeit nicht zu rütteln.

Freilich änderte sich diese Lage kurze Zeit später schlagartig durch die Kelten. Als Auswirkung der Okkupation Oberitaliens stießen keltische Scharen um 390 nach Etrurien vor und belagerten 387 Clusium. Nachdem sich eine römische Gesandtschaft – offenbar sollte sie eigentlich vermitteln – auf die Seite Clusiums geschlagen hatte, ließen die senonischen Kelten unter Brennus von dieser Stadt ab und zogen gegen Rom. Nach der Überlieferung wurde am 18.7.387 ein römisches Aufgebot nördlich der Stadt an der Allia geschlagen. Wenig später eroberten die Kelten Rom, plünderten es und steckten es in Brand; nur die Besatzung auf dem praktisch unzugänglichen Kapitol, dem Burgberg, konnte sich halten, große Teile der Bevölkerung waren in die umliegenden Städte und Siedlungen geflohen. Gegen eine Zahlung von Gold zogen die Senonen wieder ab. An ein Festsetzen konnten sie wegen ihrer geringen Zahl nicht denken, sie befanden sich vielmehr auf einem Plünderungszuge. Für Rom und seine Bewohner bedeutete das alles eine Katastrophe ohnegleichen. Der Latinische Bund löste sich sofort auf. Die Vorherrschaft Roms in Mittelitalien brach zusammen. Die Tiberstadt befand sich da, wo sie außenpolitisch kurz nach der Vertreibung der Könige gestanden hatte. Daß es nicht zu sofortigen Aktionen der Latiner und anderer kam, lag daran, daß sie ebenfalls vom Keltenzug in Mitleidenschaft gezogen worden waren. Die wirtschaftliche Lage der Stadt war nach ihrer weitgehenden Zerstörung katastrophal.

Der Keltensturm und vor allem die Niederlage an der Allia prägten sich tief in das römische Bewußtsein. Nicht zuletzt hierin ist das beinahe traumatische Verhältnis der Römer gegenüber den Gefahren aus dem Norden begründet.

B. Die Verfassung des frührepublikanischen Rom

Die Herausbildung und Abkapselung der Stände, aus denen sich die freie römische Bevölkerung zusammensetzte, war, wie es scheint, spätestens am Anfang des 5. Jh. abgeschlossen. Es standen sich zu Beginn der römischen Republik auf der einen Seite die adligen Patrizier und auf der anderen die Plebeier, was nichts weiter als „Volksmasse" bedeutete, gegenüber.

Die Patrizier, d.h. die Abkömmlinge der patres (Ahnen), stellten den Geburtsadel dar und gliederten sich in Geschlechter, gentes; sie allein waren „von Familie", nur sie besaßen die Organisation nach Geschlechtern (curiae), die gemeinsame Kulte, feste Traditionen, Rechtssätze und Rechtsverfolgung hatten. Einem Nichtadligen kam diese Organisation als eine anerkannte Institution nicht zu. Die Patrizier waren aber nicht nur wegen ihrer Herkunft angesehen, sondern auch deshalb, weil sie die großen Landbesitzer des bis ins 2. Jh. v. Chr. agrarisch geprägten Roms waren. Die wirtschaftliche Kraft der Stadt lag weitgehend bei ihnen.

Die freie plebeische Bevölkerung bildete keineswegs eine einheitliche Gruppe: Zu den Plebeiern rechneten einmal die kleinbäuerlichen clientes der adligen Geschlechter. Sie besaßen kein Ansehen, zählten aber in ihrem Abhängigkeitsverhältnis zu den patroni bzw. den patrizischen Familien in gewisser Weise zur adligen Ordnung. Zwar lockerte sich allmählich die persönliche Abhängigkeit, aber offensichtlich hatten sie noch in dieser Zeit kein volles Eigentumsrecht an ihrem Boden und waren dem patrizischen Herrn gegenüber zur Unterstützung verpflichtet (obsequium, bei Wahlen und durch wirtschaftliche Leistungen). Auf der anderen Seite hatte der Herr seinen Klienten vor Gericht und bei Geschäften Hilfe zu leisten, Patron und Klient waren durch ein Treueverhältnis (fides) aneinander gebunden. Im Laufe der Zeit lockerte sich diese Abhängigkeit immer mehr. Auch in ihren Besitzrechten dürften die clientes allmählich freier geworden sein.

Neben diesen standen die Plebeier, die ihren Platz völlig außerhalb der adligen Geschlechter hatten und überhaupt keinen Anteil an der aristokratischen staatlichen Ordnung besaßen. Zu ihnen gehörten freie Grundbesitzer, die zum Teil im Laufe des 5. Jh. recht wohlhabend wurden. Zu dieser Gruppe rechneten auch (zumeist von außerhalb kommend) Handwerker und Händler, deren Zahl freilich erst allmählich anwuchs. Diese besitzstärkeren Plebeier waren es, von denen die Forderung nach politischer Mitwirkung in den Ständekämpfen vor allem ausgegangen sein dürfte.

Es war in der Antike üblich, die Bürger eines Gemeinwesens in Abteilungen zu gliedern, aus denen sich der Staat, soweit er schon existierte, zusammensetzte. So setzte sich die Bevölkerung im frührepublikanischen Rom aus drei tribus und diese wieder aus je 10 curiae zusammen. Diese Organisation hatte ursprünglich offenbar nur die adligen Geschlechter mit ihren Klienten umfaßt. Aber bis zum 4. Jh. scheint dann auch die sonstige plebeische Bevölkerung davon erfaßt worden zu sein. Die Funktion dieser Kurien war einmal kultischer Natur; sie besaßen eigene Priester und Versammlungsorte. Nach den einzelnen Kurien traten auch die Kurienvolksversammlungen zusammen, die comitia curiata. Wirkliche politische Rechte haben sie offenbar nicht besessen, sie entschieden aber über familienrechtliche Angelegenheiten wie Adoptionen. Darüber hinaus bildete die Kurienorganisation die Grundlage für die militärische Einteilung der Bevölkerung; jede Kurie stellte eine Hundertschaft des Fußvolkes. Die politische Machtnachfolge des Königs hatte mit Eintritt der Republik voll der Adel angetreten. Dessen politischer Wille äußerte sich vor allem im Senat, dem Rat der patrizischen Familienoberhäupter. Bei diesem Gremium lagen die eigentlichen Regierungsfunktionen auf den Gebieten, die bereits einer allgemeinen staatlichen Macht unterworfen waren; wesentliche staatliche Aufgaben nahmen noch die Geschlechter wahr.

Der Titel des Nachfolgers des Königs war praetor (maximus); seine Aufgaben erstreckten sich anfänglich nur auf den militärischen und außenpolitischen Bereich. Es war freilich eine Wirkung des inneren Kampfes zwischen Patriziern und Plebeiern, daß dieses Amt zunehmend auch Funktionen im zivilen Bereich – als Exponent der Adelsgeschlechter – übernahm und der Praetor allmählich zum Inhaber der allgemeinen Staatsgewalt wurde. Schon früh war dessen Stellung durch die Annuität, d.h. die nur einjährige Bekleidung des Amtes, charakterisiert; spätestens seit 367/366 trat die Kollegialität hinzu (zwei consules). Die spätere Überlieferung zählte und benannte allerdings Konsulpaare von 509 an.

Hatte der patrizische Adelsstaat schon durch die Kompetenzerweiterung des Praetors (mit der Zusatzbezeichnung maximus, um ihn von den ihm untergeordneten praetores zu unterscheiden, die kleinere militärische Einheiten führten: sie nannte man auch tribuni militum) eine Aus- und Umformung erhalten, so geschah das in noch wesentlicherem Maße durch die Erfolge der Plebeier im Ständekampf bis 367/366. Das Zwölftafelgesetz bedeutete eine Verdeutlichung des „verfaßten" Staates. Das gleiche gilt für die timokratische Ordnung der Centurienverfassung, die zusammen mit der Besitzveranlagung alle Bürger erfaßte und eine Ordnung losgelöst vom Gentilverband schuf. Die Einteilung der Bevölkerung auch außerhalb Roms in der zweiten Hälfte des 5. Jh. nach ihren Wohnsitzen, in lokal bestimmte 21 tribus, gehört hierher. In ihnen wurde z.B. die Bürgerliste geführt; die alte, stark vom Adel geprägte Kurienordnung wurde dadurch überlagert. Die Zulassung der Plebeier zum obersten Staatsamt 367/366 leitete die Entstehung einer neuen patrizisch-plebeischen Oberschicht ein.

XI. Griechenland im 4. Jahrhundert bis 336

A. Das Ringen um eine allgemeine politische Ordnung

Die griechische Geschichte zwischen 404 und 338/336 stand im Zeichen des Niedergangs und der Auflösung der Poliswelt. Dabei wurden innere Auseinandersetzungen in recht verschiedener Weise mit äußeren und auch nichthellenischen Problemen verbunden. Besondere Bedeutung erlangten im Gesamtablauf die Friedensschlüsse und Wenden der Jahre 387/86, 360/59 und 338–336. Eine davon etwas abweichende Periodisierung ergibt sich, wenn man lediglich die Frage der Hegemonie im Mutterland betrachtet: 404–371 lag sie bei Sparta und 371–362 mit Einschränkung bei Theben; anschließend fehlte eine wirkliche Vormacht, so daß der Kampf aller gegen alle in ein Chaos auszulaufen schien.

In dieser Periode der politischen Zersplitterung und Lähmung im griechischen Raum wuchs der Einfluß benachbarter Mächte: Seit 404 hatte zunächst Persien das Übergewicht, ja seit dem Königsfrieden 387/86 eine Schiedsrichterstellung in Hellas, die es jedoch seit 360/359 verlor bzw. nicht mehr wahrte. Seit 359 begann Makedonien unter Philipp II. seinen steilen Aufstieg: Es erlangte bereits 346 die Vormacht und 338/37 die Hegemonie, d.h. die politische und militärische Führung in Hellas.

Die Zeit um 360 bildete auch deshalb im Rahmen der griechischen und im gewissen Sinne auch der antiken Geschichte eine Epoche, weil mit dem Aufstieg der Makedonen das Zeitalter des Flächenstaates begann. Die Jahrhunderte jedenfalls, in denen die Polis der wesentliche raumbestimmende Faktor in Hellas war, sind 338 zu Ende gegangen, ohne daß damit die Polis und das Ethnos als Institutionen aus der Geschichte verschwanden.

1. Hellas und Persien 404–386

Nach der Niederlage Athens im Peloponnesischen Krieg 404 war Persien nicht in der Lage, weiter in Hellas einzugreifen. Artaxerxes II. Mnemon (404–359) mußte sich zunächst des Usurpationsversuches seines jüngeren, aber unter dem Purpur geborenen Bruders Kyros erwehren, was ihm in der Schlacht bei Kunaxa am Euphrat nordwestlich von Babylon 401 gelang. Der anschließende Rückzug der „Zehntausend", d.h. der von Kyros zu diesem Unternehmen geworbenen griechischen Söldner, durch das armenische Hochland nach Trapezunt, den der Athener Xenophon geleitet und später in seiner „Anabasis" geschildert hat, war von nicht zu unterschätzender psychologischer Wirkung, denn er hat erstmals viele Hellenen in Zentrallandschaften des Perserreiches gebracht, die militärische und moralische Überlegenheit des Hoplitenheeres erneut erwiesen und zugleich ein panhellenisches Bewußtsein gestärkt. Schon 400 änderten die Perser, vor allem auf Betreiben der energischen Satrapen Tissaphernes und Pharnabazos ihre Westpolitik. Obwohl Sparta 412 die Verabredungen des Kalliasfriedens von 449 preisgegeben hatte, lösten die nun einsetzenden Versuche der Perser, die ganze westkleinasiatische Küste zu gewinnen, den Konflikt aus. Als noch im Jahre 400 ionische Gemeinden (Kyme u.a.) die Spartaner um Hilfe baten, mußte sich Sparta zwischen seinem bisherigen Bündner und dem Kampf für die Freiheit der kleinasiatischen Hellenen entscheiden. Unter dem Zwang dieser Verhältnisse änderten die Spartaner, die nach 404 nicht bereit waren, die Nachfolge Athens im Ägäisraum tatsächlich anzutreten, jetzt ihre Politik und begannen – ohne wirklich dazu gerüstet zu sein – den Kampf gegen Persien.

Im Spartanisch-Persischen Krieg 400–394 (bzw. 387) errangen die Spartaner in Kleinasien zunächst unter Thibron 399, dann unter Derkyllidas und schließlich unter dem König Agesilaos 396–394 trotz eines Sieges bei Sardes (395) keine Entscheidung; mit ihrer Niederlage zur See bei Knidos 394 brach sogar ihre Seeherrschaft in der Ägäis zusammen. Fast gleichzeitig mußten sie alle Operationen in Kleinasien wegen der innergriechischen Verwicklungen abbrechen. Die Folge war, daß die kleinasiatischen Griechen 394–334 unter persischer Herrschaft standen und dabei übrigens eine Phase der Ruhe und des Aufblühens erlebten, was z.B. an der Lokalgeschichte von Priene, Milet oder Halikarnassos deutlich wird.

Inzwischen waren in Hellas Gegenbewegungen gegen die spartanische Hegemonie aufgelebt, die bald ihren geistigen Mittelpunkt in Athen fanden; schon 396 hatte sich Rhodos von Sparta gelöst. Persien allerdings mußte hinfort, auch durch einen erneuten Abfall Ägyptens absorbiert, seine Einmischung in Hellas auf die Wirkung seines Geldes beschränken. 395–394 kam es zum Boiotischen Krieg zwischen Theben und Sparta, in dem der Spartaner Lysander 394 bei Haliartos Schlacht und Leben verlor. Die Folge war ein weiterer Abfall von Mitgliedern des Peloponnesischen Bundes und eine Fortsetzung der Kämpfe im Korinthischen Krieg 394–387/86. Obwohl nun Agesilaos aus Kleinasien zurückkehrte und bei Koroneia 394 siegte, nahmen die Kampfhandlungen nur einen schleppenden Fortgang. Sparta vermochte es auch nicht zu verhindern, daß der Athener Konon in seine Heimat zurückkehrte und mit persischem Geld seit 393 Befestigung und Flotte wiederaufbaute und daß Thrasybulos den Versuch machte, den Seebund wiederzuerrichten.

Damals vollzogen sich auch bedeutsame Änderungen im griechischen Heerwesen und in der Kriegführung. Leichtbewaffnete (Peltasten) gewannen erheblich an Bedeutung (Sieg über die spartanische Hoplitenphalanx bei Lechaion 390), Söldnerheere begannen die Bürgerheere abzulösen, und

Berufsmilitärs – in der Art der späteren Condottieri – wurden bestimmend, wie z. B. Iphikrates in Athen. Schließlich machten das Erstarken Athens, seine Verbindung mit dem König Euagoras von Cypern, der 389–380 gegen Persien einen Krieg führte, und sein Sympathisieren mit Ägypten die Perser zu einer Verständigung mit Sparta bereit.

Der daraufhin geschlossene Königsfrieden 387/86 zwischen Sparta und Persien brachte auch den Hellenen einen ersten allgemeinen Frieden (koiné eiréne) und mit ihm zugleich eine internationale Festschreibung der Hauptergebnisse des Peloponnesischen Krieges. 387 war der Spartaner Antalkidas nach Susa gegangen und hatte – unter erneutem Verzicht auf Kleinasien – die Koalition von 412 wiederhergestellt (gleichzeitig erneuerte Sparta ein Bündnis mit Syrakus). Auf einem Kongreß in Sardes nahmen die Hellenen die als Diktat gegebenen Bestimmungen des Großkönigs entgegen und ratifizierten umgehend die Abmachungen, die mit unbefristeter Dauer gelten sollten. Persien war damit Herr über die kleinasiatischen Städte und die Inseln Klazomenai und Cypern. Die Autonomie der Poleis in Hellas wurde proklamiert, nur Lemnos, Imbros und Skyros blieben Kleruchien Athens. Der Friede in Hellas wurde von Persien garantiert. Damit war der Partikularismus bestätigt, jegliche größere Machtbildung ausgeschlossen und den Persern eine jederzeitige Einmischung ermöglicht. Allerdings vermochten sie ihre neue Vormachtstellung nicht wirklich auszuüben, weil die innere Lage in ihrem Reich dies nicht erlaubte und Artaxerxes II. eine zu schwächliche Herrschergestalt war. Der wichtigste Nutznießer der neuen Ordnung wurde Sparta, dessen Peloponnesischer Bund von der Autonomieklausel nicht betroffen war. Aber die Spartaner erwiesen sich als unfähig, die neue, auf die Ohnmacht in Hellas abgestellte Lage in konstruktiver Politik zur Erhaltung des Friedens und zur Konsolidierung zu nutzen.

2. Machtbildungen und Zersplitterung in Hellas 386–338

Nach dem Königsfrieden nahm Sparta unter dem Einfluß des Agesilaos (400–361) umgehend seine traditionelle Festlandspolitik wieder auf und stärkte zunächst seine Stellung in der Peloponnes. 382 ließ es sich dann unter dem Deckmantel des Schutzes der Autonomie zum Eingreifen auf der Chalkidike hinreißen, wo die Stadt Olynth die griechischen Siedlungen im Randgebiet gegen Makedonien und Thrakien zu einem Bund (Koinón) zusammengefaßt hatte: Olynthischer Krieg 382–379. Nach 382 konnte es die Stadt Poteidaia gewinnen, und ein zweites Korps unter Phoibidas besetzte wenig später auf dem Weg nach der Chalkidike, als es in Boiotien von einigen Thebanern zum Eingreifen aufgefordert wurde, eigenmächtig Theben und die dortige Burg Kadmeia. Als 379 Olynth ausgehungert kapitulierte, stand Sparta auf dem Höhepunkt seiner Macht. Wenige Jahre vor dem endgültigen

Sturz schien seine Festlandstellung fester denn je, zumal nun eine Kriegsorganisation in 10 Kreisen geschaffen wurde.

Aber schon 379 setzte eine Entwicklung ein, die bald zu einem Kräftegleichgewicht in Hellas zwischen Sparta, Theben und Athen 377–371 führte. 379 konnten die Thebaner unter Pelopidas (und Epameinondas) die spartanische Besatzung vertreiben und den Boiotischen Bund erneuern. 378/77 – also 100 Jahre nach der Gründung des Delisch-Attischen Seebundes – konstituierten die Athener den 2. Attischen Seebund, der – wenn auch seit 355 erheblich geschwächt – bis 338 bestand. Zielsetzung und Organisation entsprachen der neuen Zeit und hatten mit dem Vorgänger kaum etwas gemein. Den kleinasiatischen Städten war der Beitritt allerdings verwehrt; die Mitglieder behielten ihre volle Autonomie. Es war zunächst ein Defensivbündnis gegen spartanische Übergriffe, zu dem sich bald ungefähr 70 Gemeinden zusammenfanden. Oberstes Bundesorgan war das Synhedrion; feste Abgaben waren nicht verabredet, wohl aber wurden von Fall zu Fall Matrikularbeiträge (Syntaxeis) festgesetzt. Seit dem Sieg bei Naxos 376 über die Spartaner war Athen erste Seemacht im ostgriechischen Raum und hielt diese Stellung bis 322. Als dann 375 ein Bündnis mit Jason von Pherai zustande kam, der von 390 bis 370 Tagós (= Herzog) in Thessalien war und mit neuen Gedanken und tatkräftig eine territoriale Einigung erstrebte, hatte die Macht des 2. Attischen Seebundes bereits ihren Höhepunkt erreicht.

Noch einmal schien die Möglichkeit gegeben, die griechischen Probleme von der Polis aus zu lösen; aber auch sie scheiterte infolge verhängnisvoller Fehler und Versäumnisse der Athener. Zugleich zeichnete sich freilich eine Erneuerung des Dualismus Athen – Sparta ab.

Die Zeit dieses Kräftegleichgewichtes war vorüber, als Sparta 371 die Anerkennung des Boiotischen Bundes verweigerte. Bei Leuktra in Boiotien fiel kurz darauf die Entscheidung: Der Thebaner Epameinondas siegte über die von König Kleombrotos geführte spartanische Phalanx, wobei er den thebanischen linken Flügel verstärkte und entgegen aller seitherigen Praxis zum Schwerpunkt des eigenen Angriffs machte (sogenannte schiefe Schlachtordnung). Sparta verlor seine Vormachtstellung zu Lande, die es seit etwa 550 innegehabt hatte, der Peloponnesische Bund löste sich auf.

Die siegreichen Thebaner erstrebten 371–362 zwar eine Hegemoniestellung in Hellas, konnten jedoch keinen gleichwertigen Ersatz für Sparta bieten und sahen sich überdies sofort mit den Athenern konfrontiert, als Epameinondas auch Interessen zur See anmeldete und in das Meerengengebiet vorstieß. Verschiedene Feldzüge des Epameinondas in die Peloponnes brachten dort eine weitere entscheidende Schwächung Spartas, vor allem durch die Abtrennung von Messenien und die Bildung eines Arkadischen Bundes. Aber ein Ausgriff nach Thessalien, wo Pelopidas 364 fiel, mißlang, und anschließend bedrohte eine neue Koalition unter den Hellenen die thebanische Stellung empfindlich. Nachdem schließlich Epameinondas in der siegreichen Schlacht bei Mantineia in Arkadien 362 gefallen war, wurde der Niedergang Thebens offensichtlich. Nach dem allgemeinen Frieden von 362/61, der ohne Einwirkung des Großkönigs zustande kam, folgte in Hellas eine Phase der politischen Zersplitterung.

Seit etwa 360 hätte nochmals Athen als Ordnungsmacht auftreten können. An der Spitze des 2. Attischen Seebundes machte es tatsächlich gewisse Vormachtansprüche geltend, geriet aber darüber bald in Gegensatz zu Makedonien, aus dem sich ein Kriegszustand 356–346 ergab. Für die Gesamtlage war es symptomatisch, daß die Kämpfe der beiden Gegner weitere Auseinandersetzungen auslösten bzw. auf diese einwirkten. So mußte Athen 357–355 den Bundesgenossenkrieg führen, der die Kraft des Seebundes brach, weil schließlich Chios, Rhodos, Kos und Byzanz austraten. Zudem trennte der 3. Heilige Krieg 356/55–346 die griechischen Poleis in zwei Lager und gab Philipp von Makedonien die Möglichkeit, nach Süden vorzustoßen. Auch gegen Olynth auf der Chalkidike, eine Verbündete Athens, führte Philipp 349/48 einen Krieg und zerstörte die Stadt für immer. Erst 346 kam es zum Frieden des Philókrates zwischen Athen und Philipp und alsbald zu einem neuen, allgemeinen Frieden. Dadurch erlangte Makedonien, dessen König nunmehr in den Rat der Delphischen Amphiktionie aufgenommen wurde, praktisch die Vormachtstellung im griechischen Raum, wobei Athen seine allerdings geschwächte Bedeutung wahrte. Das weitere Vordringen Philipps durch Thrakien in Richtung auf die Meerengen seit 342 rief Athen, das lebenswichtige Handelsverbindungen bedroht sah und von Demosthenes erneut gegen Philipp eingestimmt wurde, wiederum auf den Plan: Im Bund mit anderen Poleis erklärte es Philipp 340 den Krieg. Dieser gab zwar 339 die Belagerung von Perinth und Byzanz auf, wurde aber bereits 339/38 von den Amphiktionen in den 4. Heiligen Krieg gegen Amphissa hineingezogen. Am 2. August 338 siegte er bei Chaironeia in Boiotien über die Verbündeten (Thebaner, Athener, Phoker, Korinther und Achaier). Nach Theben wurde eine makedonische Besatzung gelegt, Athen mußte seine Besitzungen auf der thrakischen Chersones an Makedonien abtreten und den Seebund auflösen, die übrigen Poleis aber behandelte Philipp schonend.

Auf einem Kongreß in Korinth 338/37 beschlossen die Hellenen – ohne die Spartaner und die unter persischer Hoheit stehenden Gemeinden – einen „allgemeinen Landfrieden" und gründeten den sogenannten Korinthischen Bund, eine dem 2. Attischen Seebund ähnliche Föderativorganisation mit einem Bundesorgan (Synhedrion), das in einer Art von Repräsentativsystem beschickt wurde. Abmachungen über gemeinsame Verteidigungsmaßnahmen wurden getroffen, u.a. eine Kreiseinteilung für die Matrikularbeiträge für die Gestellung von Truppen. Anschließend beschlossen die Bündner einen Vergeltungsfeldzug gegen Persien, dessen Führung man Philipp übertrug, der nun den Titel „bevollmächtigter Stratege" (strategós autokrátor) von Hellas erhielt; damit war die Machtstellung Philipps und Makedoniens zugleich wirksam geworden. Aus eigener Kraft hatten die Hellenen im 4. Jh. einen solchen Zusammenschluß fast aller Griechen nicht herbeiführen können, obwohl er die große Aufgabe der Zeit darstellte und in panhellenischen Gedankengängen von Männern wie Gorgias, Isokrates, Platon, Xenophon, Andokides oder Lysias als Programm in verschiedener Form vorbereitet war. Makedonien aber war jetzt als Hegemonialmacht im Balkan- und Ägäisraum anerkannt.

3. Der Aufstieg Makedoniens bis 336

Bis zum Beginn des 4. Jh. hatten die Makedonen als „Vettern der Hellenen" am Nordrand des griechischen Siedlungsgebietes ein bisher kaum beachtetes und vorwiegend bäuerliches Dasein ohne Poleis gefristet. An bestimmten Formen und Einrichtungen wie Königswahl, Heeresversammlung und ritterlicher Gefolgschaft, die z. T. bis in die Zeit ihrer Einwanderung zurückreichen mochten, hatten sie festgehalten. Als ihr König Perdikkas III. (365–359) aus dem Königshaus der Argeaden, das sich seit dem 5. Jh. für die griechische Kultur sehr aufgeschlossen zeigte, gestorben war, übernahm sein Bruder Philipp, ein Sohn des Amyntas III. (393–370), nachdem er einige Jahre in Theben als Geisel zugebracht hatte, zunächst als Vormund seines Neffen Amyntas die Regierung. Innerhalb eines Jahres setzte er sich gegen drei Thronprätendenten durch und wurde 356 König. Seiner überragenden Persönlichkeit, seiner erfolgreichen Realpolitik und Feldherrnkunst verdankte Makedonien den steilen Aufstieg zur Vormacht. Als ausgezeichneter Organisator verbreiterte und stärkte Philipp zugleich die für die neuen Aufgaben notwendigen Grundlagen, indem er das Heerwesen mit Adelskavallerie (Hetairen-Reiterei) und Sarissen-Phalanx (nach den langen Speeren benannt) neu ordnete und den bisherigen Feudalstaat allmählich zu einem monarchischen Territorialstaat umformte.

Philipp II. (356–336) erkannte klar, daß er für seine Kernlande vor allem einen breiten Zugang zur See schaffen müsse. Daraus und aus weiteren Grenzproblemen ergab sich eine Expansion nach allen Seiten. Diese führte Philipp notwendigerweise in Konflikte mit den Hellenen, besonders auf der Chalkidike, im thrakischen Küstenraum und in Thessalien, womit zugleich die wesentlichen Stoßrichtungen Philipps nach Südosten, Osten und Süden angedeutet sind. Die Ausdehnung erfolgte in zahlreichen Kämpfen, die sich oft überlagerten und deren Schwerpunkte gelegentlich fast sprunghaft wechselten: zunächst an die Küste (bis 356), dann seit 357/56 nach Thrakien und schließlich seit 354 nach Nordgriechenland – sowie in andere Grenzräume, vor allem nach Nordwesten hin.

Schon 359/58 gelang die Sicherung gegen Paionier und Illyrier, wobei sich der Feldherr Parmenion bewährte. 357 gewannen die Makedonen die Stadt Amphipolis, 356 Pydna und Poteidaia. Besonders wichtig wurde das thrakische Grenzgebiet einschließlich des Pangaion-Gebirges, weil Philipp die dortigen Goldgruben durch Münzprägung nicht nur für den allgemeinen wirtschaftlichen Aufschwung Makedoniens, sondern auch für politische Zwecke und die Einstellung von Söldnern nutzte. Mit der Neugründung der Kolonie Krenides als Philippoi erfolgte erstmals in der griechischen Geschichte die Benennung einer Stadt nach einem Lebenden. 353 schon erlangte Philipp den bestimmenden Einfluß in Thessalien, das er später in einer Personalunion mit Makedonien vereinigte, die bis 197 bestand. Mit der Zerstörung der Stadt Olynth 348 fiel die Chalkidike an Makedonien. Seit 342 stand Epeiros, wo Alexander (Bruder der Olympias, Gemahlin Philipps) als König der Molosser eingesetzt wurde, unter makedonischem Einfluß; auch Eretria und Oropos auf Euböa wurden gewonnen. Anschließend konnte Philipp in Thrakien weiter vordringen, die Macht des dortigen Königs Kersobleptes ausschalten und die Stadt Philippopolis am Hebros zur Sicherung der neu eingerichteten thrakischen Strategie (= Verwaltungsbezirk) gründen. Sein weiterer Vorstoß in Richtung auf die Meerengen und die Belagerung von Perinth und Byzanz berührten lebenswichtige Interessen der griechischen Poleis und führten zu erneutem Krieg gegen Athen. Zunächst jedoch wich Philipp einer Entscheidung aus und zog gegen die Skythen an die untere Donau. Sein Ziel Athen gegenüber erreichte er durch den Sieg bei Chaironeia 338. So schuf Philipp nicht nur einen damals modernen makedonischen Territorialstaat, sondern fand zugleich die in die Zukunft weisende Form zur Ablösung der Poliswelt, und wurde von den Hellenen zuletzt als der führende Politiker im südosteuropäischen Raum anerkannt.

Damals bereits hatten sich im Meerengengebiet die Interessen der neuen Vormacht Makedonien mit denen des Achämenidenreiches gekreuzt, das unter Artaxerxes III. Ochos (358–338) eine gewisse Konsolidierung erfuhr. Der bereits von Vorausabteilungen unter Parmenion und Attalos in Kleinasien 336 begonnene Rachekrieg gegen Persien wurde sofort abgebrochen, als Philipp im Sommer 336 – nur 47 Jahre alt – in der Residenz Aigai einem Komplott zum Opfer fiel. Die historische Bedeutung seines Wirkens lag vor allem in der Verlagerung des damaligen Schwerpunktes der europäischen Geschichte aus Hellas nach dem Norden. Darüber hinaus zeichnete sich eine baldige Auseinandersetzung zwischen Makedonien und Persien zumindest um die Einheit des Ägäisraumes ab.

4. Die Westgriechen und Karthago

Als die Karthager in Sizilien nach langer Friedenszeit 409 zum Angriff antraten, begann eine neue Phase in den Auseinandersetzungen um die Insel; sie sollte – mit vielen Unterbrechungen – bis zum Jahre 241 dauern. Wieder war es die militärisch-politische Lage, die alsbald in Syrakus einen inneren Umschwung verursachte. Denn als Karthago 405 auch Akragas und Gela gewonnen und den Höhepunkt seiner Macht in Sizilien überhaupt erreicht hatte, errichtete Dionysios I. in Syrakus in höchster Not mit Hilfe des Demos eine Militärtyrannis (404–367). Ihm gelang es in vier Kriegen – 405, 398–392, 383–375 und 367/66 –, die Karthager abzuweisen und zurückzudrängen. Nach dem Friedensschluß von 405 baute er zunächst die eigene Stellung bis 398 aus, indem er chalkidische Gemeinden der Ostküste und inzwischen autonom gewordene Sikuler wieder in den Verband von Syrakus aufnahm; vor allem aber ließ er die Stadt Syrakus neu befestigen und durch Einbeziehung der – im übrigen nicht besiedelten – Höhe Epipolai sowie durch die Anlage des Forts Euryalos zur größten Lagerfestung der Zeit ausbauen, deren Mauer eine Länge von 27 km hatte. In umfangreichen Rüstungen sorgte er für die Stärkung des Kriegspotentials: Die Flotte wurde auf größere Einheiten umgestellt, Tetreren und vor allem Penteren (Fünfdekker), die als antike „Linienschiffe" bis zur Schlacht bei Actium (31) den in der Seekriegführung stärksten Typ darstellten. Im Rahmen der nun allgemein stärker einsetzenden Technisierung des Krieges ließ er vor allem neue Methoden in der Poliorketik (Städtebelagerung) entwickeln. Tatsächlich konnte er 397 den Karthagern den Eryx und den wichtigen Stützpunkt Motye an der Westspitze Siziliens wegnehmen, aber schon 396 hatte er sich einer Gegenoffensive in Syrakus zu erwehren; dort mußten die Karthager ihre schwerste Niederlage seit 480 hinnehmen. Zum Frieden kam es aber erst 392, und in ihm konnte Karthago nur den Westen Siziliens behaupten.

In der nächsten Phase 391–387 richtete Dionysios seine Ziele auf Unteritalien, wo er sich mit den Lukanern verbündete und schließlich das südliche Bruttium mit Rhegion fest mit dem syrakusischen Block verbinden konnte. In der anschließenden Friedensperiode 387–383 stieg Syrakus zum wirtschaftlichen und geistigen Mittelpunkt der Westgriechen auf. Es konnte seine Interessen bis an die Adria (Kolonien Atria im Po-Delta und Ancona) und an die Etruskerküste ausdehnen.

Im 3. Karthagerkrieg verlor Dionysios größere Gebiete im Westen Siziliens, vor allem Selinus. Der Friede von 375 legte mit dem Verlauf der Flüsse Halykos und Himeras die Grenze fest, die bis in die Römerzeit (260) gültig blieb: Karthago behielt etwa ein Fünftel Siziliens.

Dionysios I., dessen Bild in der späteren Tradition in mancher Hinsicht verzerrt wurde, war zweifellos der bedeutendste griechische Staatsmann und Feldherr seiner Zeit. Einen gleichwertigen Nachfolger hat er weder in seinem

Sohn Dionysios II. (366–356; 346–344) noch in seinem Schwager Dion (356–353), dem Freund Platons, gefunden. Das syrakusische „Reich", das vorübergehend auch den Westgriechen in Süditalien eine Stütze war, fiel rasch wieder auseinander. Als Timóleon, der aus Korinth (Mutterstadt von Syrakus) von einem Teil des Demos herbeigerufen worden war, 344 die Tyrannis beseitigte, mußte er sich sofort wieder der Karthager erwehren und schuf schließlich eine aristokratische Organisation. Nach seinem Tod kam es jedoch zu Wirren (um 336–317), so daß der karthagische Einfluß wieder stärker und zugleich der Boden für eine neue Tyrannis in Syrakus vorbereitet wurde.

Die Hellenen in Süditalien waren infolgedessen seit etwa 350 völlig auf sich gestellt. Gerade damals wurde der Druck seitens italischer Völkerschaften immer stärker, der mit dem Erstarken der Samniten zusammenhing. Es war ein Einzelfall, daß Sparta seine ehemalige Kolonie Tarent im Krieg gegen Lukaner und Messapier 342–338 unterstützte. Aber auch spätere Eingriffe mutterländischer Mächte, vor allem die des Pyrrhos seit 280, vermochten nicht, den unteritalischen Hellenen eine dauerhafte Sicherung ihrer Unabhängigkeit zu gewähren.

B. Die spätklassische Zeit

Der tiefgreifende Umschwung, der im Geistesleben besonders durch die Sophistik deutlich wurde und die Beachtung des Individuums an die Stelle des Gemeinschaftsbewußtseins treten ließ, führte im 4. Jh. im Politischen zum völligen Niedergang der Poliswelt und wurde in der Wirtschaft, die zwar zunächst noch blühte, von einer allmählich stärker werdenden Krise und einer Verlagerung der überkommenen Märkte auf Außenbezirke begleitet. Die in der klassischen Periode gegebenen vielseitigen Impulse wirkten jedoch weiter. So trägt das 4. Jh. ein Janusgesicht und kann von bestimmten Höchstleistungen aus, die einzelnen Hellenen in Philosophie, Wissenschaft und Kunst glückten, mit der üblichen Bezeichnung „Spätklassik" charakterisiert werden.

1. Gesellschaft, Religion und Wirtschaft

Auch im 4. Jh. war die Landwirtschaft für das Leben in Hellas grundlegend, wenn auch – schon infolge der häufigen Kriege (40 Jahre insgesamt!) – gewisse Verschiebungen von kleineren Bewirtschaftungseinheiten auf eine Art von Großgrundbesitz erfolgten. In Siedlungsform und staatlicher Organisation gab es die überkommenen Unterschiede: Poleis und Landschaften mit lockeren Zusammenschlüssen, die jedoch nunmehr bereits festeren und neuen Bünden (Koiná) zustrebten, wie etwa in Boiotien, Arkadien, Aitolien und Achaia. Gewisse Veränderungen in der Staats- und Gesellschaftsauffassung der Hellenen standen zweifellos oft im Zusammenhang mit der allgemeinen Kritik und der Betonung des Individualismus. So ging in den Poleis der Gemeinschaftsgeist merklich zurück; der Wehrwille ließ deutlich nach, wobei die allmähliche Umstellung des Wehrwesens vom Bürgerheer auf eine Söldnertruppe und spezialisierte Kampfweisen auch eine Rolle spielten. Während die Polis an innerer Festigkeit verlor, gewann sie an Anziehungskraft; denn sie bot z.B. den Bauern, die sich besonders in Kriegswirren leichter als früher von ihrer Scholle trennten, ebenso wie den Vertriebenen aus anderen Städten Schutz und Aufstiegschancen. Wenn sich auch aus diesen Verschiebungen keine Übervölkerung, sondern mitunter lediglich eine gewisse Vermassung ergab, so wertete man weitgehend die Polis lediglich als Versorgungs- und Schutzinstitution. Der Durchbruch des Individuums hatte die breiten Schichten erreicht und führte auch bei ihnen bereits stärker als früher zu Rücksichtslosigkeit und Egoismus. Die fortschreitende Privatisierung der Wertwelt wurde überhaupt kennzeichnend für eine allgemeine „Verbürgerlichung" im Zeitalter des „Kleinbürgertums", das seit dem 4. Jh. an die Stelle der vom leistungsfähigen Mittelstand getragenen „Hoplitenpolis" getreten ist.

Die Krise, die im Staatsbewußtsein allgemein und in der Polisauffassung besonders deutlich wurde, veranlaßte hochstehende Hellenen zu Verbesserungsvorschlägen. Dabei ergaben sich theoretisch drei Möglichkeiten einer Lösung, die zugleich das 4. Jh. als eine Übergangszeit kennzeichnen können: erstens die vor allem von Philosophen – besonders Platon und Aristoteles – durchdachte innere Erneuerung der Polis, zweitens der Gedanke eines größeren panhellenischen und mithin nationalen Zusammenschlusses zur Überwindung der bisherigen Zersplitterung, drittens – nur zaghaft von einzelnen gedacht – der Hinweis auf eine noch größere, die Menschheit umfassende Ordnung. Die politische Wirklichkeit wies jedoch andere, die Polis überwindende Wege: Mit dem Aufstieg Makedoniens trat der Gedanke des Territorialstaates auch durch die oft leidenschaftliche Befürwortung oder Ablehnung stärker in das allgemeine Bewußtsein, und zugleich leiteten die Beispiele erfolgreicher Einzelpersönlichkeiten wie Dionysios I. von Syrakus, Maussolos von Karien oder Philipp II. eine neue Diskussion über die Monarchie, auch bei den Philosophen, ein.

Im Gegensatz zum freien Bürgertum sind bei den übrigen Bevölkerungsgruppen keine grundlegenden Änderungen eingetreten. Es fehlte nicht an Spannungen, für die z.B. das sozialrevolutionäre Planen des Kinádon in Sparta 398 symptomatisch ist; sein Ziel war Rechtsgleichheit für Heloten, Neodamoden (freigelassene Heloten), Hypomeíones (verarmte Spartaner, die ihr Vollbürgerrecht verloren hatten) und Perióken, und er wollte es durch Neuverteilung von Grund und Boden, d.h. durch Zerschlagen der wirtschaftlichen Grundlage der damals noch etwa 2000 waffenfähigen Spartiaten, erreichen. Als die „Verschwörung" energisch niedergeworfen war, blieben die Verhältnisse in Sparta bis ins 3. Jh. unverändert.

Die Zahl der Sklaven (in Attika Ende des 5. Jh. etwa 60–80000) stieg im 4. Jh. wohl etwas. Ihre Behandlung war nach wie vor mild, zumal da Vorurteile in rassischer oder sozialer Hinsicht völlig fehlten. Nach den Besitzverhältnissen unterschied man wie schon früher Staatssklaven, Tempelsklaven und Privatsklaven. Sie fanden Verwendung in fast allen Beschäftigungszweigen – vom ungelernten Arbeiter oder Kindermädchen angefangen über Spezialberufe bis hin zum Arzt oder Lehrer. Dabei darf man jedoch nicht übersehen, daß es neben den Sklaven eine große Zahl von freien Arbeitern aus den unteren Bevölkerungsschichten gab. Bedeutungsvoll wurden die Sklaven als Heim- und Werkstattarbeiter vor allem für das Handwerk. Dieses ging im 4. Jh. mit der Errichtung größerer Werkstätten in den Poleis zu einer gewissen Industrialisierung über, wobei man auch in einer vom neuzeitlichen Verfahren freilich grundverschiedenen Weise Kapital in Sklaven festlegte und diese z.B. als Arbeiter an Werkstattinhaber vermietete. Keinesfalls aber können solche vereinzelten Erscheinungen für die These der auf Sklaven beruhenden Produktionsweise („Sklavenhaltergesellschaft") als Grundlage der Wirtschaft beweiskräftig sein, wie überhaupt diese Etikettierung der antiken Wirtschaft und Kultur dem Stand der Forschung nicht entspricht; diese hat vielmehr die örtlich und zeitlich vorhandenen Unterschiede der Sklaverei herausgestellt. Die Sklaven waren nicht wehrpflichtig und genossen überdies gesetzlichen Schutz vor Mißhandlung. Ihre Lage war erträglich; sie waren zwar von politischen Rechten ausgeschlossen, besaßen aber ein gewisses Ehe-, Vermögens- und Zeugnisrecht. In der beruflichen Verwendung gab es vielfach – z.B. bei Staatssklaven als Inhaber niederer Staatsämter – keine Unterschiede zwischen Freien und Sklaven, die im übrigen freigelassen werden und Metökenrechte erlangen konnten. Von Sklavenunruhen ist nichts bekannt. Wenn auch der Sophist Alkídamas etwa 361 die Freiheit aller Menschen von Natur aus und ihre natürliche Gleichheit vertreten hat, so galt die Sklaverei doch im allgemeinen Empfinden und auch in der Theorie – z.B. bei Aristoteles, der dabei die ältere These von angeborenen Unterschieden unter Menschen übernahm – wie im ganzen weiteren Altertum als natürlich und lebensnotwendig, d.h., sie war eine unumstrittene Daseinsform.

Die griechische Religion, die seit alters eng mit Gesellschaft und Staat verbunden war, erfuhr durch den kritischen Zeitgeist erhebliche Erschütterungen. Schon im 5. Jh. war der Glaube an die großen „homerischen" Götter zurückgegangen (vgl. S. 144ff.). Die Masse der Bevölkerung verehrte kleine Gottheiten, Heroen oder auch neue Götter, von denen man Erbauung und Hilfe erwartete. Es war nicht zufällig, daß die Verehrung des Heilgottes Asklepios nun sprunghaft anstieg – 420 richtete man ihm auch in Athen am Südhang der Akropolis einen Kult ein, für den Sophokles als Priester bestimmt wurde. Die allgemeine Kritik vor allem am Mythos mochte zunächst vorwiegend von der Schicht der Gebildeten ausgehen, führte aber in einen alle Bevölkerungsschichten angehenden Konflikt, als die Kunst der Seher immer fragwürdiger wurde. Das Orakel in Delphi verlor im 4. Jh. seine führende Bedeutung. Obwohl die überkommene Religion erschüttert war, fristete sie ihr Dasein in einem nunmehr zur Routine gewordenen Staatskult, in der Mythologie und im Glauben der einfachen Landbevölkerung noch weiter. Unglaube, Aberglaube und Glaube an fremde Götter aber breiteten sich vom 4. Jh. an immer stärker aus. Einen Stifter einer neuen Religion, den die Lage zu fordern schien, haben die Griechen nicht hervorgebracht.

Die Wirtschaft war zunächst – trotz der Kriege – durch eine gewisse Blüte gekennzeichnet. In Landwirtschaft und Gewerbe herrschte Wohlstand, zumal man zur Verbesserung und Vermehrung der Produkte neue Methoden fand und zu einer gewissen Industrialisierung überging. Der Handel sorgte im Binnen- und Außenverkehr, unterstützt von einem bereits ausgebildeten Bankwesen, für den Import von Getreide und Rohstoffen und den ausgeglichenen Absatz der hellenischen Erzeugnisse. Seit der Mitte des 4. Jh. aber änderten sich die allgemeinen Handelsbedingungen. Der Exporthandel ging jetzt zurück, weil inzwischen fast überall lokale Erzeugnisse die griechischen Waren überflüssig machten. Da in Hellas selbst die Nachfrage nach Importartikeln aber nicht nachließ, verschob sich damit das seit dem 5. Jh. bestehende Gleichgewicht im Handel. Das führte zu einem schrittweisen Niedergang, der schließlich – noch gefördert durch die Auswirkungen der Kriege und einen Bevölkerungsanstieg in Hellas – zu einer wirtschaftlichen und sozialen Krise führte, die sich in einer gewissen Arbeitslosigkeit in den Poleis und in der Verknappung der Lebensmittel äußerte.

2. Philosophie und Wissenschaften

Obwohl Individualisierung und „Verbürgerlichung" markante Zeiterscheinungen wurden, war das kulturelle Schaffen auch im 4. Jh. keineswegs losgelöst von der Poliswirklichkeit. Stärker als früher wurde dabei nun der Mensch in seinem Sein und Sollen zum Gegenstand der Diskussion. Die Gründer der Akademie und des Peripatos erreichten einzigartige Höhepunkte im europäischen Denken und in der wissenschaftlichen Organisation. Vor dem düsteren Hintergrund der politischen Geschichte erscheint die kulturelle Leistung der Hellenen im 4. Jh. insgesamt in besonders hellem Licht. Ihre Wirkung blieb dabei nicht mehr auf den eigenen Lebensraum beschränkt. Der überkommene und noch selbstverständliche Gegensatz Hellenen – Barbaren schob sich hinaus, und Isokrates konnte 380 den Besitz attischer Bildung als Kriterium für die Bezeichnung „Hellenen" nennen.

a. Sophistik und Einzelwissenschaften

Das Nebeneinander mehrerer Strömungen und zugleich ein weitgehender Bruch zwischen Denken und Wirklichkeit wurden charakteristisch für das 4. Jh. Die Sophisten vertraten weiter ihren Subjektivismus und Naturalismus, erfuhren aber auch die scharfe und kritische Polemik Platons, der in ihrem Wirken die Gefahr eines Auflösens aller sittlichen Grundlagen sah. Von bleibendem Einfluß war ihr Wirken auf dem Gebiet der Rhetorik. Zu den Schülern des Gorgias gehörte Isokrates (436–338), der größte Redelehrer der Hellenen, der wiederum Männer wie Demosthenes (384–322) – den bedeutendsten Redner Athens –, Isaios (gest. 353), Lykurgos, Aischines und Hypereides heranbildete. Nach dem Verwendungszweck unterschied man später drei Gattungen: Volksreden (genos symbuleutikón), Gerichtsreden (genos dikanikón) und Prunkreden (genos epideiktikón, später panegyrikón). Die Blüte der attischen Rhetorik endete mit dem Tod des Demosthenes 322, symptomatisch auch deshalb, weil kurz zuvor die Polis ihre politische Bedeutung verloren hatte.

Auf dem Gebiet der Einzelwissenschaften wirkte Demokrit, der wichtigste Vertreter der Atomlehre. Im Umkreis der süditalischen Pythagoräer lehrte der bedeutende Mathematiker Archytas von Tarent vor allem auf dem Gebiet der Harmonik und als Begründer der wissenschaftlichen Mechanik. Immer größere Verbreitung fand die Kenntnis von der Kugelgestalt der Erde, und vereinzelt wurde auch bereits die Lehre von ihrer Rotation vertreten. Eudoxos von Knidos (um 390–337) war der wohl wichtigste Mathematiker und Astronom des 4. Jh. Er förderte auf dem Weg zur analytischen Methode vor allem die Lehre der Kurven und begründete die Theorie homozentrischer Sphären. In der Medizin blühten die Schulen von Kos (Hippokrates) und Knidos. Die Geschichtsschreibung stand zunächst noch unter dem Bann des Thukydides (gest. 399), dessen Werk mehrere Fortsetzer fand: Xenophon (um 435–355) aus Athen, der in seinen „Helleniká“ den Zeitraum 411–362 behandelte (und überdies u.a. mit seiner Anabasis, der Kyrupädie, d.h. einem Erziehungsroman über den älteren Kyros, und sokratischen Schriften hervortrat), Kratippos und Theopompos von Chios, dessen Helleniká bis 394 reichten. Ephoros von Kyme verfaßte um 340 die erste Universalgeschichte der Griechen. Da aber rhetorische Gesichtspunkte die Darstellung stärker bestimmten und eine Verschiebung vom Wahrheitsgehalt auf die Wirkung auslösten, verflachte die historische Methode und mit ihr auch bald die Historiographie. Lokal- und Landschaftsgeschichten, wie die des Philistos über Sizilien oder einiger Atthidographen, wurden beliebt.

b. Sokrates und Platon

Der Tod des Atheners Sokrates (469–399) ist geistesgeschichtlich epochemachend geworden. Denn abgesehen davon, daß die Politen mit diesem Justizmord ihre Unfähigkeit zu selbständiger Bildungspolitik erwiesen, so daß Bildung und Erziehung fortan noch stärker als früher privaten Kreisen überlassen blieben, gab die Erinnerung an das Wirken des unerschrockenen Wahrheitssuchers, mutigen Bekenners und großen Lehrers der gesamten späteren Philosophie Impulse. Sokrates war ein bewußter Polisbürger, der im Dienste seines inneren „Daimónion" mittels der von ihm entwickelten induktiven Methode, der Ironie (Selbstverkleinerung) und Maieutik („Hebammenkunst"), die Menschen prüfte und Sein und Schein zu scheiden lehrte. Mit seinem Auftreten ist er zum Begründer der Ethik geworden, weil er eine Handlung nicht nach dem Erfolg, sondern nach Echtheit und Gesinnung beurteilte. Damit lenkte besonders er das Bemühen der Philosophen, das vor ihm vorwiegend der Natur gegolten hatte (Naturphilosophie oder Vorsokratische Philosophie), auf den Menschen an sich und die Probleme seines Wissens und Handelns. Sokrates wirkte durch seine faszinierende Persönlichkeit; veröffentlicht hat er nichts, aber er löste eine unübersehbare Literatur aus. Seine Schüler übernahmen die Fragestellungen und Methoden des Lehrers, dem sie zutiefst verpflichtet blieben, und bildeten sie selbständig weiter. So entstanden vier Philosophenschulen: Antisthenes (444–368) gründete die „kynische" Schule im Gymnasion Kynosarges in Athen, in der man die Bedürfnislosigkeit des Weisen (Askese) und die Rückkehr zu natürlichem Leben vor allem lehrte, später von Diogenes von Sinope (400–325) eindrucksvoll vertreten und dann von den Stoikern fortgesetzt. Aristipp von Kyrene (um 435–355) stand an der Spitze der „kyrenäischen" Schule, die eine vernünftige Lust (Hedoné, daher auch Hedoniker) als höchstes Lebensziel vertrat und mit diesem Gedanken den späteren Epikuräern vorarbeitete. Eukleides von Megara (455–380) leitete die „megarische" oder eristische Schule, die später besonders von Pyrrhon von Elis (376–288) ihr Profil erhielt und in die Richtung der Skeptiker überleitete; der bedeutendste Sokratesschüler aber war Platon (427–347).

Platon aus Athen gründete 387 im Hain des Heros Akádemos vor den Toren seiner Heimatstadt seine „Akademie", die bis zur Auflösung durch Iustinian 529 n. Chr. als eine der bedeutendsten Hohen Schulen der Menschheit überhaupt bestand. Der wichtigste philosophische Beitrag Platons war die Lehre von den Ideen, d.h. von nur dem Denken zugänglichen (noëtischen) Formen des „Seins" (On), die im Gegensatz stehen zu den sinnlich erfaßbaren und vergänglichen Erscheinungen (Phainómena); damit schuf er die philosophische Zweiweltenlehre (Dualismus). Hatte Sokrates das Denken auf den Menschen, sein Erkennen, Wissen und Handeln gerichtet, so lenkte Platon darüber hinaus das Erkenntnisstreben auf das Ewige und Unvergängliche, womit er die wohl bedeutsamste Umwälzung im europäischen Denken der vorchristlichen Zeit herbeiführte. Und doch interessierte ihn die Stellung des einzelnen in der Gemeinschaft, d.h. die Staatslehre, ganz besonders. Abgestoßen von der politischen Wirklichkeit seiner Zeit, suchte er nach Besserung und legte seine Theorie in der „Politeia" vor. Sie schilderte den Idealstaat der Gerechtigkeit mit den verschiedenen, durch Erziehung geformten Ständen: Philosophen, Wächter und Handwerker-Bauern; doch mußte sie als Utopie für die Praxis bedeutungslos bleiben. Seine eigenen Versuche als Reformer, zu denen er 389, 366 und 361 in Syrakus unter Dionysios I. und vor allem durch Dion Gelegenheit erhielt, endeten mit Fehlschlägen. Daher machte er in seinem Alterswerk „Nomoi" größere Zugeständnisse an die Wirklichkeit und bequemte sich zu einem gegenüber dem früheren Entwurf erheblich eingeschränkten „Gesetzesstaat". Aber auch diese Theorie blieb historisch-politisch fast bedeutungslos. Sein geistiges Erbe, das in 36 Schriften – meist Dialogen – in 56 Büchern erhalten ist, wurde jedoch von seinen Nachfolgern, die bald auch pythagoräische und dann skeptische Vorstellungen aufnahmen, gepflegt, alsbald in die Gruppen Logik (oder Dialektik), Physik, Ethik eingeteilt und schließlich in einer veränderten Geisteswelt Ausgangspunkt für das Aufblühen des Neuplatonismus seit dem 3. Jh. n. Chr.

c. Aristoteles

Der größte Schüler Platons war Aristoteles (384–322), der Sohn eines makedonischen Arztes aus Stágeira. Nach dem Tod des Meisters (347) verließ er Athen, lernte in Wanderjahren u.a. den Wert der Realpolitik schätzen und wirkte seit 343/42 in Pella als Erzieher des Prinzen Alexander, in dem er die Liebe zur griechischen Kultur weckte. 335 kehrte er nach Athen zurück und gründete im Lykeion (Hain des Apollon Lykeios) seine eigene „peripatetische", nach dem Wandelgang (Perípatos) benannte Schule. Nach dem Tod Alexanders (323) vertrieben die Athener in kleinlicher Gesinnung ihren größten Wahlbürger. Aristoteles widmete sich nachdrücklich seiner Lehrtätigkeit, für die er in den sogenannten esoterischen Schriften systematische Unterlagen auf den Gebieten der Natur- und Geisteswissenschaften entwarf. Er ging in seinem Denken von einem breit aufgearbeiteten Tatsachenmaterial aus und kritisierte als Empiriker die Ideenlehre seines Lehrers; zur Erfassung der Unterlagen beauftragte er seine Schüler mit jeweils begrenzten Einzelaufgaben. So ließ er 158 Verfassungen untersuchen, von denen die „Verfassung der Athener" durch einen Londoner Papyrus erhalten geblieben ist. Damit begründete er die empirische Einzelforschung und wurde zudem als großer Organisator wissenschaftlicher Arbeit vorbildlich. In einzigartiger Weise überschaute er als Universalgelehrter das gesamte Wissen seiner Zeit. Grundlage seines politischen Denkens war die These, daß der Mensch ein zóon phýsei politikón, d.h. ein von Natur auf politische Gemeinschaft angewiesenes Wesen, sei. Die beste Staatsform sah er in einer auf eine breite Schicht gegründeten Aristokratie als der Mitte zwischen Monarchie und extremer Demokratie. Sein Gesamtwerk mit den Teilen Logik, Metaphysik, Physik, Ethik, Politik und Kunsttheorie, seine Anregungen, die er als Begründer der Naturgeschichte und der empirischen Psychologie sowie in anderer Hinsicht gegeben hat, sind grundlegend geworden für die gesamte weitere Geistesgeschichte Europas. Die von ihm angeregte Vertiefung der einzelnen Forschungsgebiete führte freilich im Verlauf der weiteren Entwicklung zu einer Spezialisierung der Einzelwissenschaften.

3. Poesie und Kunst

Gegenüber Rhetorik und Philosophie trat die Dichtkunst im 4. Jh. erheblich zurück. Die Werke der großen Tragiker des 5. Jh., von denen Euripides jetzt immer beliebter wurde, und des Aristophanes erhielten alsbald klassische Verbindlichkeit und stellten die Erzeugnisse zeitgenössischer Dichter in den Schatten. An vielen Plätzen erbaute man Theater, meist auch schon aus Stein. In der Komödie leitete die Entpolitisierung der Stoffe zu den Mythenparodien der „Mittleren" Komödie über, und Szenen aus dem Alltagsleben kündeten bereits die völlige „Verbürgerlichung" an, die sich am Ende des 4. Jh. in der „Neuen" Komödie zeigte. Die Musik blühte auf, aber wir können uns von ihr, weil einschlägige Quellen fehlen, keine Vorstellung machen, selbst wenn uns in der ältesten erhaltenen Handschrift eines griechischen Textes, den „Persern" des Timotheos von Milet (Berliner Papyrus, 4. Jh.), ein Textbuch vorliegt.

In der Kunst wurden die Traditionen der klassischen Epoche fortgeführt, aber weitergebildet. Zur rotfigurigen Vasenmalerei kamen lokale Richtungen z. T. mit neuen Farbeffekten hinzu, wie die Kertscher Vasen oder die apulische Keramik. Die Werke der berühmten Maler Zeuxis aus Herakleia (um 400) und Apelles (346–308) sind verloren; wir wissen nur, daß die Technik der enkaustischen Malerei im 4. Jh. eine Verfeinerung erfuhr.

Die Bautätigkeit war noch stärker als früher von den politischen Verhältnissen abhängig. So wurden in Athen die Mauern wieder errichtet, das Dionysostheater in Stein ausgebaut und ein privates Choregiedenkmal 335 von Lysikrates errichtet, an dem korinthische Säulen erstmals an der Außenfassade Verwendung fanden. Der Bau bzw. Neubau von Tempeln erfolgte in Tegea, Delphi, Epidauros, Priene, wo der Baumeister Pytheos im Athena-Poliás-Tempel ein Musterbeispiel eines alle proportionalen und rationalen Anforderungen erfüllenden ionischen Tempels schuf und zugleich in einer Schrift begründete, und in Ephesos, wo ein Neubau des Artemistempels nach der Brandlegung des Heróstratos (356) nötig wurde. Zu den traditionellen

Säulenordnungen trat im 4. Jh. die korinthische hinzu, als neuen Bautyp entwickelte man den Rundbau (Tholos), z.B. in Delphi (Athena-Pronaia-Bezirk, sogenannte Marmariá), in Epidauros und im Philippeion in Olympia, das als Denkmal für den Sieg bei Chaironeia vom makedonischen Königshaus gestiftet wurde. Das Grabmal des Maussolos von Karien (gest. 353) in Halikarnassos, das Maussoleion (lat. Mausoleum), an dem führende Architekten und Bildhauer mitwirkten, zählte man später zu den Weltwundern.

In der Plastik herrschte um 400 der sogenannte reiche Stil vor. In ihm versuchte man nicht mehr wie in der Klassik das ausgewogene Sein, sondern bereits stärker die Erscheinung in einem bestimmten Zeitpunkt darzustellen. Die seit etwa 380 einsetzende eigentliche Spätklassik legte größeren Wert auf die bewußte Gestaltung des Raumes. Insgesamt war an die Stelle der klassischen Ausgeglichenheit und Harmonie ein Realismus getreten, der in doppelter Weise zum Ausdruck kam: in einer Individualisierung sowie „Verbürgerlichung" einerseits und in einem Streben nach Pathos andererseits. Bei den Menschendarstellungen überwogen die Grabreliefs, die zu einer Verinnerlichung auch in der Komposition führten und ein positives Verhältnis zum Leben ausstrahlten, und die Ehrenstatuen für hervorragende Männer, wie etwa für die Tragiker in Athen (Sophokles im Lateran/Vatikan) und in den Anfängen der Porträtkunst (Platonbüste des Silanion um 350). Die Götter wurden noch menschlicher als früher aufgefaßt und meist in einer bestimmten Aktion dargestellt. Kephisodot bildete die Eirene (Frieden) mit dem Knaben Plutos (Reichtum), sein Sohn und Schüler Praxiteles (um 400–340) z.B. den Apollon Sauroktónos (Eidechsentöter), die knidische Aphrodite bei der Vorbereitung zum Bad (und damit das Novum der weiblichen Nacktheit motivierend) und den Hermes mit dem Dionysoskind (in Olympia). Als Götterbildner war auch Leochares bekannt, der mit anderen um 350 am Maussoleion arbeitete und dem man das (verlorene) Original des Apollon vom Belvedere zuschreibt. In den Werken solcher Meister erschien der schöne Mensch als Gott in stiller, ruhender Anmut und Lieblichkeit, unter Anwendung aller technischen Mittel dargestellt. Ein Meister des Erzgusses war Lysippos von Sikyon (2. Hälfte des 4. Jh.), dessen Apoxyómenos (Schaber) berühmt wurde und der als „Hofbildhauer" Alexanders wirkte; seine Kunst ist durch große Wirklichkeitsnähe, schlanke Proportionen und dreidimensionale Körperlichkeit charakterisiert. Während bei diesen und anderen, nicht benennbaren Künstlern bzw. Werken (z.B. Knabe von Marathon, Jüngling von Antikythera, beide in Athen) die Tradition der Klassik zur Verfeinerung und Eigenständigkeit führte, richtete Skópas von Paros (Blüte um 390–340) seine Kunst auf die Darstellung der inneren Bewegung und wurde darüber in verstärktem Realismus zum Meister des frühen Pathos (Plastiken vom Athena-Tempel in Tegea, Hygieia in Athen) und zum Vorläufer der entsprechenden hellenistischen Kunstrichtung.

XII. Das Zeitalter Alexanders des Großen und des frühen Hellenismus (336–200)

A. Das Reich Alexanders

Mit der Kraft des Genies faßte Alexander d. Gr. (336–323) die verschiedenen Stränge der bisher getrennten geschichtlichen Entwicklung im Ostmittelmeerraum zusammen. Im Kampf gegen die Achämeniden eroberte er das damalige Weltreich, erreichte damit den Höhepunkt der makedonischen Geschichte und bahnte eine enge Verbindung zwischen Europa und Asien an. Auch wenn die Einheit des Alexanderreiches nach seinem Tod nicht gehalten werden konnte, wurde seine Tat für den Verlauf der gesamten weiteren Geschichte bestimmend.

1. Persien bis 336

Obwohl der Perserkönig im Königsfrieden 387/86 die Möglichkeit zur Einmischung in Südosteuropa erhalten hatte, konnte er sie nicht nutzen. Innere Spannungen, mehrere lokale Aufstände, die Verselbständigung Ägyptens seit 404 und schließlich ein großer Satrapenaufstand seit etwa 366 lähmten vielmehr Persiens Kraft und waren symptomatisch für den Niedergang der Zentralgewalt. In Kleinasien schwang sich der Satrap Maussolos von Karien zu einem fast unabhängigen Dynasten auf, ließ als „Monarch" den ihm unterstellten Städten die Autonomie und wurde in vielen Einzelheiten – wie etwa auch in der Ehe mit seiner Schwester Artemisia – ein Vorläufer der hellenistischen Herrscher.

Der energische Artaxerxes III. Ochos (358–338) konnte das Achämenidenreich zwar reorganisieren, 343 Ägypten zurückgewinnen und mit Philipp II. einen Nichtangriffspakt (342–338) verabreden. Aber erneute Thronwirren 338–336 schienen das Erreichte in Frage zu stellen. Dareios III. (336–330) schaltete zunächst den Einfluß des allmächtig gewordenen Großwesirs Bagoas aus und überwand dann rasch die vorübergehende Schwäche. Noch immer war Persien an Ausdehnung, Bevölkerungszahl, Finanzkraft und Seestreitkräften die stärkste Macht der Zeit.

2. Alexanders Anfänge und der Perserkrieg bis 330

Alexander III. wußte sich in den nach dem Tod seines Vaters Philipp II. 336 ausgebrochenen Wirren tatkräftig durchzusetzen und die Bestätigung des Korinthischen Bundes als Hegemon für den beschlossenen und bereits eingeleiteten Feldzug gegen Persien zu erlangen. Als er jedoch 335 in einem Balkanfeldzug das Vorland bis zur unteren Donau gewonnen und überdies durch einen Vorstoß gegen die Geten gesichert hatte und dann einen Aufstand der Illyrier niederwarf, erhoben sich in Hellas Thebaner, Athener – nicht unbeeinflußt durch persische Geldsendungen – und Peloponnesier gegen die Makedonen. Der bereits totgesagte Alexander erschien nach einem Blitzmarsch vor Theben und ließ die Stadt, die eine Kapitulation ablehnte, mit Ausnahme des Hauses, in dem Pindar gewohnt hatte, und der Kultstätten völlig zerstören und die Bevölkerung in die Sklaverei verkaufen. Nach diesem harten Exempel lenkte er den übrigen Aufständischen gegenüber ein, so daß der Korinthische Bund erneuert werden konnte. Ende 335 hatte Alexander volle Handlungsfreiheit gegen Persien gewonnen.

Der Perserkrieg begann 334 als panhellenischer Rachefeldzug und führte bei schrittweiser Ausweitung der Kriegsziele zunächst bis 332 zur Eroberung der Küstenlandschaften des Ostmittelmeerraumes, dann zur Niederwerfung der persischen Kernlandschaften, zur Beendigung des panhellenischen Krieges und zum Tod des Dareios III. 330; es folgten die Eroberung des restlichen Achämenidenreiches und der Zug ins untere Industal bis 325.

Alexander hatte umsichtige Vorbereitungen getroffen. In Europa ließ er 334 den Antipatros als Reichsverweser mit 12000 Mann zurück. Das relativ kleine Heer, mit dem er den Hellespont überschritt, war etwa 37 500 Mann stark und wurde während des Feldzuges durch Ersatz aus der Heimat, später durch Übernahme fremder Truppen und Rekruten ergänzt und vergrößert. Als Feldherren standen ihm Parmenion (gest. 330) und dann Krateros (gest. 321) zur Seite, als Heerführer zeichneten sich überdies Männer aus wie Philotas (gest. 330), Kleitos (gest. 328), Hephaistion (gest. 324), Perdikkas (gest. 321), später Ptolemaios und Antigonos. Alexanders Kriegsplan war zunächst durch das Mißtrauen gegen die athenische Flotte bestimmt: Im Vormarsch durch Kleinasien sollten die persischen Landstreitkräfte niedergeworfen und nach Eroberung der Küstengebiete die Marineverbände, die für die rückwärtigen Verbindungen Alexanders und für die Ägäis noch gefährlich werden konnten, ausgeschaltet werden. – Dareios ließ 334 in Phrygien persische Truppen zusammenziehen; dort entschloß man sich gegen den Rat des Rhodiers Memnon, der in richtiger Lagebeurteilung eine hinhaltende Kriegführung empfahl, zur Abwehr.

Die Kampfhandlungen verliefen zügig. Schon 334 kam es zum Sieg Alexanders am Granikos, zur Befreiung der kleinasiatischen Hellenenstädte, und zum Zug nach Phrygien (Gordion, 334/33); es folgten der Vormarsch nach

Kilikien sowie die von Alexander mit verkehrter Front, d.h. gegen den seine rückwärtigen Verbindungen abschneidenden Dareios, geschlagene Schlacht bei Issos (333). Als Dareios anschließend zu einem Ausgleich bereit war, lehnte Alexander ab und traf die weit über die Pläne seines Vaters hinausgehende und in den welthistorischen Folgen grundlegende persönliche Entscheidung, das ganze Perserreich zu erobern. Zunächst allerdings rückte er in Syrien vor, eroberte Tyros und besetzte Ägypten 332, um die Basis der persischen Flotte auszuschalten. Für Ägypten begann damit die hellenistische Periode seiner Geschichte (332–30 v. Chr.). Alexandreia, die erste und wichtigste Alexanderstadt (332/31), wurde bald nicht nur wirtschaftlich und verkehrsmäßig die bedeutendste Mittelmeerstadt; später behauptete sie unter veränderten politischen Verhältnissen vom 1. Jh. v. Chr. bis um 300 n. Chr. den zweiten Rang. Der Zug zum Heiligtum des Ammon-Zeus in der Oase Siwa wurde dadurch, daß die Priester den König als Gottessohn anredeten, stimmungsmäßig für weite Kreise und überdies wohl auch für die persönliche Königsauffassung Alexanders bedeutungsvoll. 331 begann Alexander den Angriff auf die persischen Zentralgebiete und errang bei Gaugamela (Arbela) in der Ebene von Mossul den entscheidenden Sieg über Dareios III. Die Folge war der Fall von Babylon, Susa und Persepolis, wo der Achämenidenpalast – wohl auch als äußeres Zeichen der Vergeltung für die Zerstörung der Akropolis 480 – niedergebrannt wurde. Alexander, der schon nach Gaugamela den Titel „König von Asien" angenommen hatte, gewann 330 Medien (Ekbatana = Hamadan), erklärte den panhellenischen Krieg für beendet und entließ die Griechen-Kontingente in die Heimat. Dann folgte er dem flüchtenden Dareios in die Berge südlich des Kaspischen Meeres, ohne jedoch dessen Ermordung durch den Satrapen Bessos verhindern zu können. Obwohl Bessos sich nun in Baktrien zum König erklärte, betrachtete sich Alexander als Rechtsnachfolger der Achämeniden im gesamten Reich.

3. Alexanders Weg zum „Weltherrscher"

Aus der neuen Stellung des Königs und den inneren Verhältnissen im Perserreich ergab sich der Zug in die Ostgebiete. Beim weiteren Vormarsch gründete Alexander auch mehrere Städte, die z.T. bis heute bedeutungsvoll sind. 330 gewann er Hyrkanien, Areia (Herat), Drangiana und Arachosien (Kandahar), d.h. den nordiranischen Raum und das heutige Afghanistan. 329 überschritt er den Hindukusch (Paropámisos) und stieß in die vorwiegend von Saka-Völkern bewohnten Landschaften Baktrien und Sogdiana (heute: Westturkestan-Turan) vor. Langwierige Kämpfe ohne Feldschlachten hielten ihn dort bis 327 fest.

327 führte Alexander sein Heer durch das Kabulgebiet nach Indien, wo ihm König Taxiles huldigte. 326 besiegte er in seiner letzten Feldschlacht am

Hydaspes im Pandschab König Poros und stieß dann in dem Drang, den Okeanos als vermeintlichen Abschluß der Welt zu erreichen, bis zum Hyphasis vor. Dort erhielt er erste Kunde von den Gangesländern, verzichtete aber infolge der Weigerung seiner Soldaten, den Vormarsch fortzusetzen, auf seine weiteren Absichten. Auf zehnmonatiger Flußfahrt gewann bzw. eroberte Alexander den Indusraum bis zum Meer und richtete dort zwei neue Satrapien ein. Für den Rückmarsch des Heeres nach Westen wurden drei Gruppen gebildet. Krateros gelangte (wohl über den Bolan-Paß) durch Arachosien nach Karmanien; Alexander drang unter furchtbaren Verlusten (bis 75 Prozent) durch Gedrosien (= Belutschistan) bis nach Karmanien vor, wo er nordostwärts von Hormuz mit Krateros zusammentraf, und marschierte von dort weiter nach Pasargadai und Persepolis; Nearch fuhr mit einer neu erbauten Flotte von Pattala (Haidarabad am Indus) mit Erkundungsaufträgen entlang den Küsten des „Erythräischen" Meeres und des Persischen Golfes zur Tigrismündung. Mit der Rückkehr des Königs nach Susa war 324 die Eroberung des alten Achämenidenreiches abgeschlossen.

Alexander mußte anschließend zunächst zahlreiche organisatorische Aufgaben lösen. Seine Stellung hatte weltweite Beachtung gefunden, wie Gesandtschaften aus Karthago, Italien, von den Kelten und aus Aithiopien zeigten. Als letztes geheimes Ziel zeichnete sich ihm möglicherweise eine Reichsbildung der Oikumene ab, in die auch das Westmittelmeergebiet einbezogen werden mochte. Während des Anlaufens einer arabischen Expedition ist jedoch Alexander am 10. Juni 323 in Babylon im Alter von 33 Jahren gestorben.

Alexanders Werk hatte zu einer Neuordnung nahezu aller bisher wesentlichen historischen Gebiete im Ostmittelmeerraum und zu einer Erweiterung des Weltbildes geführt. Die Vereinigung der Balkanländer mit dem Gesamtkomplex des Alten Orients zum größten (Welt)-Reich der Alten Geschichte war zwar nur vorübergehend und erwies bereits unter Alexander ihre Begrenztheit und Gefährdung. Doch weniger die militärisch-politische Leistung als vielmehr die durch sie herbeigeführte neue Gesamtlage, in der hinfort der Orient für griechische Sprache, Kultur und Wirtschaft geöffnet war und die Ausbildung der griechischen Kultur zur Weltkultur sich anbahnte, ist welthistorisch epochemachend geworden.

4. Innere Probleme des Alexanderreiches

Die einzelnen Teile des Alexanderreiches – Makedonien, Hellas und das durch Herkommen und Entwicklungsstand stark differenzierte ehemalige Perserreich – waren kulturell und wirtschaftlich sehr verschiedenartig. Die militärische Eroberung hatte viele Sofortlösungen auf dem Gebiete der Verwaltung erfordert, die Alexander nach Abschluß der Operationen 324 z.T.

änderte, um dem neuen Reich größere innere Festigkeit zu geben. Daß an der Spitze ein Monarch stehen müsse, unterlag keinem ernsthaften Zweifel. Der Heerkönig der Makedonen war Rechtsnachfolger der Pharaonen (332/31) und der Achämeniden (330) geworden. Damit wuchs Alexander über seine seitherige Königstellung hinaus in die vorhandenen Traditionen des Gottkönigtums am Nil bzw. die Königsauffassung der Iranier mit ausgebildetem Zeremoniell und Proskynese (fußfälliger Begrüßung) hinein. Im Herrscherkult, den Alexander schrittweise zuließ, mochte er auch eine politische Brücke für die verschiedenen Königsauffassungen in seinem Reich sehen und eine Möglichkeit einer übergreifenden religiös-politischen Zielsetzung für die Gesamtbevölkerung erkennen. Dabei sind griechische Wurzeln nicht zu übersehen, und schon 334 erwiesen ihm kleinasiatische Gemeinden und 324 auch die Hellenen kultische Ehren.

Der Bevölkerung in den einzelnen Reichsteilen suchte der König nach Möglichkeit die ihr gewohnten Lebens- und Verwaltungsformen zu erhalten. So übernahm er im wesentlichen die ägyptische Verwaltung, wie sie unter den Persern bestanden hatte, und ebenso die Einteilung des Perserreiches in Satrapien. Dadurch wurde der makedonisch-griechischen Kultur die Eigenständigkeit auch im Orient gewahrt und ihr zugleich ein Vorrang eingeräumt. Auch gründete Alexander ungefähr 40 Städte bis hin nach Alexandreia Eschate (Chodschent) am Jaxartes (Syr-Darja) und Nikaia am Hydaspes (Pandschab); er eröffnete damit das Zeitalter der sogenannten dritten griechischen Kolonisation der hellenistischen Zeit.

Ein besonderes Problem bildete die Besetzung der höheren Stellen in Verwaltung und Heer. Um es zu lösen, bereitete Alexander seit etwa 330 eine „Verschmelzungspolitik" vor, die vor allem den Iraniern die Gleichberechtigung mit den Makedonen bringen sollte. In der Massenhochzeit von Susa 324 fand diese Zielsetzung ihren deutlichsten Ausdruck. Es ist verständlich, daß diese Bestrebungen Alexanders die Opposition der Makedonen herausforderten. So kam es zu verschiedenen Verschwörungen Adeliger (Philotas 330, die Kleitos-Tragödie 328, die Pagenverschwörung 327 mit der Hinrichtung des Aristoteles-Neffen Kallisthenes) und auch zu Meutereien des Heeres (am Hyphasis 326 – freilich aus anderen Gründen – und bei Opis 324). Alexander aber verstand, klug einzulenken und hart durchzugreifen, und überwarf sich nie ernsthaft mit seinen Makedonen. Widerstand regte sich auch bei den Iraniern, und als der Satrap von Medien 325 als Usurpator auftrat, griff Alexander nach seiner Rückkehr aus Indien scharf durch und wies anschließend in die höchsten Stellen im Osten vorwiegend Makedonen ein. In Hellas waren die Peloponnesier 331 von Antipatros bei Megalopolis niedergeworfen worden. Als Alexander 324 den Hellenen nahelegte, ihre Verbannten zurückzuberufen, um die Ruhe und Ordnung der griechischen Verhältnisse wiederherzustellen, wuchs die Unzufriedenheit in Hellas.

Ruhe, Ordnung und Rechtssicherheit mußten durch eine differenzierte

Organisation des Riesenreiches gesichert werden. Alexander arbeitete insbesondere seit 324 an neuen Verwaltungsformen und fand auch weithin befriedigende Lösungen für Heer, Flotte, Finanzen, Hof und Kanzlei. Aber das Reich war bei seinem plötzlichen Tod alles andere als organisatorisch wirklich gefestigt.

B. Die hellenistische Staatenwelt bis um 200 – und Ausblicke

Zum Wesen des Hellenismus gehörten vor allem die folgenden sehr vielschichtigen Phänomene: die Auseinandersetzung zwischen griechisch-makedonischer Kultur und dem Erbe des im Perserreich aufgegangenen Alten Orients, eine gewisse Anpassung und die schöpferische Neubildung einer städtischen Kultur auf erweiterten Grundlagen. Nach dem Zerfall des Alexanderreiches (d.h. nach 301) wurden größere und kleinere Territorialstaaten unter monarchischer Leitung und in Hellas größere landschaftliche Zusammenschlüsse kennzeichnend. Die politische Geschichte der hellenistischen Staaten, die seit 200 allmählich in die römische Geschichte einmündete und im Osten vor allem in das Partherreich überleitete, war im Jahr 30 v. Chr. zu Ende.

1. Die Diadochenkämpfe und die Entstehung des hellenistischen Staatensystems (323–281)

Grundsätzlich wollten Heeresversammlung, Adel und Generale das Reich in seinem Bestand erhalten, verzichteten jedoch auf alle weiteren Pläne und brachen das Unternehmen gegen Arabien sofort ab. Die dynastisch eingestellte Heeresversammlung wählte Philippos (III.) Arrhidaios, einen schwachsinnigen Halbbruder Alexanders, zum Nachfolger (323–317). Zwei Monate nach dem Tod Alexanders gebar seine Witwe, die Baktrierin Roxane, einen Sohn, der als Alexander IV. (323–310) das Kindesalter jedoch nicht überlebte, sondern durch sein Dasein indirekt zu der – nicht ohne Zutun der Olympias, der Mutter Alexanders d. Gr., erfolgten – völligen Ausrottung der Argeaden beitrug. Um der Dynastie die Nachfolge zu sichern, wurden Reichsverweser eingesetzt: Krateros (gest. 321), Antipatros (gest. 319), Polyperchon, der de facto 316 von Antigonos Monophthalmos (dem „Einäugigen") abgelöst wurde, bis man 311 und schließlich 306/05 diese Vorstellung und auch die rechtliche Wahrung der Reichseinheit völlig aufgab. Mit dem allmählichen Schwinden des Einheitsgedankens erstarkten die egoistischen Interessen der tatsächlichen Nachfolger Alexanders (Diadochen) in den einzelnen Satrapien und Räumen des Reiches, die sich im Ergebnis auch durchsetzen sollten. Die Entwicklung verlief aber nicht geradlinig, weil noch eine dritte Tendenz wirksam wurde, die nach der Ermordung Alexanders IV. und seiner Mutter (310) zu gewaltsamen Versuchen einzelner Diadochen führte, das Gesamtreich doch noch wiederherzustellen.

So kam es zwischen 323 und 285 zu sechs Koalitionskriegen, in denen sich die Machthaber einzelner Räume gegen den jeweils Mächtigsten zusammenschlossen, gegen Perdikkas (gest. 321), Polyperchon (317 ausgeschaltet), Antigonos (gest. 301), Demetrios Poliorketes („Städtebelagerer", 287 ausgeschaltet). Zunächst wurde im Vertrag von Triparadeisos am Orontes 321 die Machtverteilung auf fünf Diadochen deutlich: Ägypten unter Ptolemaios (323 bis 285/83, seit 305 König), der seinem Land als einzigem Gebiet eine ruhige innere Entwicklung in den folgenden Jahrzehnten ermöglichte; Makedonien und Hellas unter Antipatros (gest. 319), dem Polyperchon und dann Kassander (316–297) folgten; Thrakien unter Lysimachos (323–281); Kleinasien unter Antigonos Monophthalmos (323–301) als Oberbefehlshaber des Reichsheeres; Babylonien unter Seleukos (321–280), der später auch die sogenannten oberen Provinzen (Iran) übernahm, von denen sich allerdings Indien unter Candragupta (Sandrakottos, 320 bis etwa 298), dem Begründer der hellenisierten Maurya-Dynastie (320 bis um 185), bald unabhängig machte. Nachdem im Verständigungsfrieden von 311 diese Machtverteilung im wesentlichen und noch unter ideeller Wahrung der Reichseinheit bestätigt worden war, Antigonos jedoch sein Gebiet auf Syrien hatte ausdehnen können, lösten sich die Diadochen 306/05 von dem Einheitsgedanken, indem sie den Königstitel annahmen, zunächst Antigonos (und zugleich sein Sohn und präsumtiver Nachfolger Demetrios Poliorketes), dann Ptolemaios, Kassander, Seleukos und Lysimachos. So gab es seit dem „Jahr der Könige" fünf Monarchien, aber noch keine Ruhe. Ein Waffengang gegen den übermächtig erscheinenden Antigonos führte zu dessen Niederlage und Tod in der Schlacht bei Ipsos in Großphrygien 301, in der zum ersten Male indische Elefanten eingesetzt wurden. Anschließend gab es nur noch vier Reiche: Makedonien (Kassander), Thrakien und Kleinasien (Lysimachos), Ägypten (Ptolemaios) und Mesopotamien-Syrien (Seleukos). Damit zeichnete sich zugleich eine allmähliche Schwerpunktverlagerung in der Politik ab, in Europa vorübergehend von Makedonien nach Thrakien und bald auf Epeiros und allgemein von der Balkanhalbinsel in den Osten.

Aber auch nach 301 behauptete sich Demetrios Poliorketes vorwiegend in der Ägäis noch weiter als Herr der See, wobei er sich auf den 315 gegründeten Bund der Nesioten (Inselbewohner) stützen konnte. Damals setzte die große Bedeutung von Delos als Umschlaghafen ein (314–67), und Rhodos begann nach erfolgreicher Behauptung gegen den „Städtebelagerer" unter dem Schutz Ägyptens seinen steilen Aufstieg zu unabhängiger Macht (304–167). Als 286 Ptolemaios I. Schirmherr des Inselbundes wurde, übernahm Ägypten die maritime Vorherrschaft im Ostmittelmeerraum für das 3. Jh. Makedonien selbst schien ausgeschaltet: Als Demetrios 287 vertrieben worden war, fiel sein Gebiet im wesentlichen an Lysimachos bzw. an Pyrrhos von Epeiros (296/95–272), Mittelgriechenland z. T. an den 284 neu gegründeten Aitolischen Bund; es war zunächst ohne Bedeutung, daß 283 Antigonos II. Gonatas, der Sohn des Poliorketes, den Königstitel annahm. Zu einem letzten Krieg kam es 282/81 zwischen Seleukos I. und Lysimachos, der 281 bei Kuropedion in Westkleinasien Schlacht und Leben verlor; als aber der hochbetagte Seleukos bereits 280 in Lysimacheia am Hellespont ermordet wurde, war der letzte Versuch, Asien und Europa zu vereinigen, gescheitert.

Mit dem Tod der letzten Diadochen begann die Zeit der Epigonen (280–220). Die politische Geschichte dieser Jahrzehnte war gekennzeichnet durch ein gewisses Gleichgewicht der drei hellenistischen Großmächte, zwischen denen es in Syrien und in der Ägäis z. T. starke Spannungen gab:

Ptolemäerreich in Ägypten (323–30 v. Chr.)
Seleukidenreich in Syrien und Mesopotamien (321–63)
Antigonidenreich in Makedonien (277–168)

2. Die Staaten der „Epigonen" im 3. Jahrhundert – und Ausblicke

Man kann die politische Geschichte der hellenistischen Staatenwelt bei aller Vielfalt im einzelnen in zwei große Perioden gliedern: um 280 (277) bis 221 Blütezeit und „Gleichgewicht" der drei hellenistischen Großmächte; 221–30 Niedergang mit einer von West nach Ost fortschreitenden Eingliederung der einzelnen Räume in das Imperium Romanum.

Auch im hohen Hellenismus des 3. Jh. gab es Streit um die Machtverhältnisse, besonders im syrischen Raum und in der Ägäis. Die egoistische Politik der einzelnen Machthaber trug überdies dazu bei, daß nicht einmal der ehemalige Besitzstand gewahrt werden konnte: In Kleinasien machten sich mehrere Landschaften selbständig, Baktrien und das Industal lösten sich völlig und konnten auch durch Antiochos III. um 200 nur vorübergehend wieder angeschlossen werden. Vor allem aber dehnten seit etwa 250 die Parther ihr Gebiet von Turkmenistan her nach Nordiran aus und begannen unter den Arsakiden (247 v. Chr. bis 226 n. Chr.) ihren Weg als künftige Großmacht des Ostens. Zu den üblichen Verfahrensweisen gehörten Hader und Mord innerhalb der Dynastien, Heiratspolitik und Geheimdiplomatie. Die politisch-militärischen Ereignisse erscheinen in der schier verwirrenden Fülle ihrer Einzelheiten verfehlt und nutzlos vor dem Gesamtergebnis, der Eingliederung in das Römische Reich.

In der zweiten Periode brachte die Schlacht bei Pydna 168 das Ende des Antigonidenreiches und sicherte zugleich das politische Übergewicht Roms im Ostmittelmeerraum. 133 erbten die Römer das Reich der Attaliden in

Westkleinasien, und 64/63 schied das Seleukidenreich nach langer Agonie aus. Pompeius ordnete die Verhältnisse im Osten zu einem geschickten System von Pufferstaaten zwischen dem Römischen Reich und den Parthern. Als letzte hellenistische Macht wahrte das Ptolemäerreich in Ägypten seine schließlich freilich problematische politische Selbständigkeit bis zum Jahre 30 v. Chr..

a. Europa

aa. Das Antigonidenreich und Hellas

Makedonien aus der schweren Krise um 280 herausgeführt zu haben, war das Verdienst von Antigonos II. Gonatas (283/277–239). In energischem Zupacken gelang es diesem auch geistig hochstehenden König, dem seine Aufgabe als „ruhmreicher Knechtsdienst" galt, das Antigonidenreich um 253 sogar auf einen Höhepunkt zu führen und eine gewisse Stabilität zu erreichen. Auf diese konnten sich dann seine Nachfolger stützen, von denen Philipp V. (221–179) das traditionelle makedonische Heerwesen auf ein stehendes Heer umstellte, Perseus (179–168) aber den Römern erlag.

Die für Makedonien und seinen Bestand im 3. Jh. akuten Probleme waren vielseitig: Im Norden erforderte die unsichere Grenzlage Abwehrmaßnahmen, im Süden ergab der überkommene Gegensatz zu den Hellenen zahlreiche Konflikte, und in der Ägäis führten die Spannungen mit den Außenbesitzungen der Ptolemäer schließlich zu einem Ringen um die Vormacht zur See.

Auf dem Festland konnte Gonatas zunächst die Kelten 277 bei Lysimacheia schlagen; diese hatten nach ihrem Vorstoß aus dem Balkanraum 279 unter Brennos den Raum Delphi erreicht, waren aber dort von den Aitolern zurückgewiesen worden. Die nächste große Krise wurde von Pyrrhos ausgelöst, der 275 aus Italien zurückkehrte und Ansprüche auf Makedonien stellte, aber 272 in Argos ums Leben kam.

In Hellas gab es mehrere Strömungen, aber keine gemeinsame Front gegen Makedonien. Die eine war bestimmt durch das Selbständigkeitsstreben der Poleis, repräsentiert vor allem von Athen; die andere durch den Aufschwung der territorialen Bünde (Koiná), die dritte durch eine schließlich neu auflebende Aktivität Spartas. Nach dem sogenannten Chremonideischen Krieg (267–261) konnte zunächst jedoch Athen als politischer Faktor ausgeschaltet werden und mußte bis 229 eine makedonische Besatzung in seinen Mauern dulden. In der gleichen Zeit erstarkten die Koiná der Aitoler (Dorf- und Bergbewohner im westlichen Zentralgriechenland) und der Achaier (eher ein Bund unabhängiger Städte), und in ihnen fand eine bisher weniger hervorgetretene Gruppe von Hellenen einen zeitgemäßen politischen Zusammenschluß. Aber auch ihr Zusammenstoß mit Makedonien war unvermeidlich, und daran konnte auch der befähigte Staatsmann Aratos von Sikyon, der 245–213 den Achaiern vorstand, nichts ändern (sein Nachfolger war Philopoimen, 213–183, der von Lykortas – dem Vater des Polybios – abgelöst wurde). Als Gonatas 239 starb, hatten die griechischen Staatenbünde ihren Höhepunkt bereits erreicht und konnten ihn in einer bis etwa 225 andauernden Schwächeperiode Makedoniens auch behaupten. Obwohl das seit 330 nicht mehr in Erscheinung getretene Sparta damals mit schweren inneren Problemen zu ringen hatte – für die allerdings die sozialen Reformpläne des Königs Agis IV. 244–241 und die Maßnahmen des Kleomenes III. (235–222) im Jahre 226 mit einer Erhöhung der Vollbürgerzahl von 700 auf 4000 und der Ausschaltung der Ephoren keine bleibende Änderung brachten –, wurde es damals noch einmal vorübergehend zu einem beachtlichen Machtfaktor in Südgriechenland. Antigonos III. Doson (229–221) konnte jedoch mit seinem Sieg über die Spartaner bei Sellasia 222 die makedonische Vorherrschaft in Hellas wiederherstellen. Mit den Aitolern mußte Philipp V. nach dem sogenannten Bundesgenossenkrieg (220–217) in Naupaktos einen Verständigungsfrieden schließen, die letzte Friedensregelung der griechisch-makedonischen Geschichte, die ohne Mitwirkung der Römer erfolgte.

Die Orientierung der makedonischen Politik nach Westen seit 216 war symptomatisch für eine inzwischen deutlicher gewordene Verschiebung der Gesamtlage. Schon seit 229 war Rom in Dalmatien in das Vorfeld Makedoniens gerückt. Nach dem Bündnis Philipps V. mit Hannibal und nach dem Ausbruch des 1. Makedonisch-Römischen Krieges (215–205) schlossen die Römer 212 einen Vertrag mit den Aitolern und nahmen dabei Verbindungen auf, die in die Zukunft wiesen. Vom Verlauf des 2. Makedonischen Krieges (200–197) und des 3. Makedonischen Krieges (171–168) wird von der Warte der römischen Geschichte aus zu sprechen sein. Nach dem Ende des Antigonidenreiches (168) fand man für dessen Raum erst allmählich eine Neuordnung. Hellas konnte noch einmal weitgehend eigene Wege gehen, selbst nach der Zerstörung von Korinth 146, war aber ohne politische Bedeutung und überdies zeitweise von Piraten erheblich bedroht; erst 27 v. Chr. erhielt es als Provinz Achaia eine neue Organisation.

Im Ägäisraum stellten die Ptolemäer im 3. Jh. mit ihren Außenbesitzungen bis hin an die Meerengen und an der Südküste Thrakiens, im wesentlichen gestützt auf ihre Verbindungen mit den Nesioten und Rhodos, einen bedeutsamen politischen Faktor dar. Schon Gonatas errang zwei Seesiege, bei Kos (wohl 262) und bei Andros 245, mit denen er die maritime Stellung Makedoniens sicherte. Die wirtschaftlichen Schwerpunkte lagen freilich für den Getreidehandel bei Rhodos und für den Ost-West-Umschlaghandel bei Delos und Korinth, das inzwischen Athen in dieser Hinsicht abgelöst hatte. Am Ende des 3. Jh. war auch Pergamon unter den Attaliden an den Verhältnissen in der Ägäis interessiert. Als 203/02 ein geheimer Teilungsvertrag zwischen Philipp V. und Antiochos III. von Syrien über die ptolemäischen Außenbesitzungen zustande gekommen war, Philipp 202 tatsächlich an den Meerengen vorging und 201 in den noch ägyptischen Inselbereich in der Ägäis vorstieß, entschlossen sich 201 Ägypten, Pergamon, Rhodos und andere Verbündete, Rom um Hilfe gegen Philipp zu bitten. So bot das Ägäisproblem den Anlaß für das Übergreifen Roms auf die Balkanhalbinsel im 2. Makedonischen Krieg. Seit 192 lockte es nochmals Antiochos III. nach Westen und führte zur Auseinandersetzung der Seleukiden mit Rom. Nachdem die Römer nach 168 Rhodos zurückgedrängt hatten, kam es erst wieder zu einer Stabilisierung, als sie 133 mit dem Attalidenerbe auch die ägäische Gegenküste in Kleinasien erwarben.

ab. Die Westgriechen in ihrer hellenistischen Periode

Während im Ostmittelmeerraum das Alexanderreich von Territorialstaaten abgelöst wurde, zeichnete sich für die Westgriechen eine gewissermaßen gegenläufige Entwicklung ab: Nach einem kurzen hellenistischen Zwischenspiel wurden sie bereits im 3. Jh. in das Römische Reich eingegliedert.

Seit dem ausgehenden 4. Jh. wurden im westgriechischen Raum die bereits überkommenen Spannungen mit den Karthagern bzw. den süditalischen Stämmen wieder akut. Als Karthago die damalige Schwäche von Syrakus zu erneutem Vordringen benutzt hatte, trat in Agathokles noch einmal ein bedeutender Feldherr und Staatsmann in Erscheinung. Er warf sich 317 in Syrakus mit Hilfe des Demos zum Militärtyrannen (Strategós autokrátor) auf und nahm 305 nach dem Vorbild der hellenistischen Monarchen den Königstitel an. Im Karthagerkrieg 312–306 vermochte er die Kräfte der sizilischen Hellenen nochmals zu aktivieren. Allerdings endete die von ihm – 310 erstmals in Form einer Invasion nach Afrika – vorgetragene Gegenoffensive 307 in einer Katastrophe. Im Frieden von 306 aber behauptete er die Unabhängigkeit der ostsizilischen Hellenen. Anschließend dehnte er den Einfluß von Syrakus nach Süditalien aus und konnte darüber hinaus sogar die Insel Kerkyra gewinnen. Nach seinem Tod 289 verlor jedoch Syrakus diese Machtstellung; Messana wurde bald von ehemaligen Söldnern (Mamertinern) besetzt, Akragas und Himera machten sich, z.T. mit Unterstützung Karthagos, selbständig.

Die letzte Phase in der Geschichte der süditalischen Hellenen begann, als Rom 290 nach der Niederwerfung der Samniten die Vorherrschaft in Mittelitalien errungen hatte. Zur Abwehr der Lukaner riefen 282 die Thurier die Römer herbei, die sich dann nicht nur dort, sondern auch in Lokroi und zunächst vorübergehend in Rhegion festsetzten. Dieser Vorstoß der Römer löste den Tarentinischen Krieg 282–272 aus. In seinem Zusammenhang kam es zu dem ersten größeren und zugleich zum letzten Versuch einer Einbeziehung Süditaliens in ein von einer Balkanmacht bestimmtes neues Gefüge.

Pyrrhos von Epeiros (306/296–272) griff 280 zur Unterstützung Tarents in den Kampf ein und schien sogar bald noch einmal eine politische Zusammenfassung der Westhellenen herbeiführen zu können. Die verlustreichen Schlachten bei Herakleia zwischen den Flüssen Aciris und Siris 280 und Ausculum in Apulien 279 verschafften ihm ein nur kurzfristiges Übergewicht in Süditalien. Sein unmotiviert erscheinendes Übergreifen nach Sizilien 278–276, mit dem er eine Hausmachtbildung bezweckte, fand bei den Hellenen kein Echo und ist – obwohl er die Karthager vorübergehend bis nach Lilybaion (Marsala) zurückdrängte – erfolglos geblieben. Nachdem er 275 nochmals unentschieden gegen die Römer gekämpft hatte, verließ er Italien und verzichtete auf seine doch nur unstet-sprunghaftem politischen Denken entsprungenen Pläne, im Westen einen hellenistischen Machtstaat zu errichten. Bald darauf lief die Geschichte der Westgriechen aus: 272 besetzten die Römer Tarent, 270 Rhegion; Sizilien fiel im 1. Punischen Krieg 264–241 mit Ausnahme von Syrakus, das noch bis 215–212 zunächst als Bundesgenosse Roms unter Hieron II. (274–215) eine gewisse Eigenständigkeit behielt und zugleich eine Spätblüte erlebte. Allein Massalia konnte im Westen bis zur Zeit Caesars (49) seine politische Selbständigkeit wahren.

Aber die Hellenen im Westen gingen im Imperium Romanum nicht unter, sondern waren als Träger und Vermittler der hellenistischen Kultur später noch bedeutsam.

b. Asien: Das Seleukidenreich

In der Periode des Gleichgewichtes der hellenistischen Staaten (280–221) gingen dem Seleukidenreich unter der Regierung von vier Königen (Antiochos I. Soter, 280–261, bis Seleukos III. Soter Keraunos, 226–223) zwar mehrere Gebiete seines langgestreckten Raumes verloren, im wesentlichen aber blieb ihm die Großmachtstellung erhalten. Zu Beginn der nächsten Periode erreichte es nach raschem Anstieg um 200 sogar seinen Höhepunkt unter Antiochos III. d. Gr. (223–187). Dieser sicherte zunächst (bis 220) Medien, operierte in Koilesyrien bis 217, gewann Kleinasien bis 213 zurück und trat dann seine „Anabasis“ in den Osten an (212–205), die ihn nach Baktrien und Indien führte, allerdings ohne bleibenden Erfolg. Dann gelang ihm der Anschluß von Palästina, das 199–167 zum Seleukidenreich gehörte. Nachdem er 196–194 seine Interessen in Thrakien intensiviert hatte, kam es zum Krieg gegen die Römer (191–188). Die Einzelleistungen, die Antiochos III. in oft imponierender regionaler Kampfführung erzielte, vermochte er jedoch nicht konstruktiv für sein Reich auszuwerten. Schon seine Nachfolger Seleukos IV. Philopator (187–175) und Antiochos IV. Epiphanes (175–163) waren ungleich schwächere Persönlichkeiten und mußten überdies bald das Machtwort Roms befolgen (Diktat von Eleusis im Nildelta, 168). Die Seleukiden nach 163 sind fast durchweg bedeutungslos gewesen, typisch für den Niedergang von Dynastie und Reich.

Der langgestreckte Raum des Seleukidenreiches, das um 280 von den oberen Provinzen (Iran) bis an das Ägäische Meer, den Hellespont und ins thrakische Küstengebiet reichte, bot zahlreiche Angriffsflächen. Nur die wichtigsten Probleme in Südsyrien, Kleinasien und Iran können skizziert werden, aber aus ihnen bereits wird die Fülle der regionalen Details verständlich.

Nachdem die Frage des Besitzes in Südsyrien im sogenannten Syrischen Erbfolgekrieg 280/79 aufgeworfen war, wurde um ihre Lösung immer wieder in sechs syrischen Kriegen bis 168 gerungen. Im 3. Jh. konnten die Ptolemäer den Raum bis nördlich von Byblos und nach dem für sie erfolgreichen 3. Syrischen Krieg (246–242) auch Seleukeia in Piëria, die Hafenstadt von Antiocheia, bis 219 halten. Obwohl Antiochos III. im 4. Syrischen Krieg 221–217 große Anfangserfolge erzielte, stellte Ptolemaios IV. Philopator (221–204) durch seinen Sieg bei Raphia 217 die Lage im wesentlichen wieder her. Erst 200 gewannen die Seleukiden Südsyrien, womit zugleich eine merkliche Verschiebung des früheren Gleichgewichts erfolgte. Als der Angriff Antiochos' IV. im 6. Syrischen Krieg 170–168 sogar zur nahezu völligen Eingliederung Ägyptens geführt hatte, mußte der Seleukide 168 im sogenannten Diktat von Eleusis vor Alexandreia der Entscheidung der Römer weichen und sich auf seine Ausgangsstellung in Südsyrien zurückziehen. Anschließend wurde die Frage der inneren Verhältnisse in Palästina akut, die sich infolge einer gewaltsamen Hellenisierung zugespitzt hatte. Der von dem Hohepriestergeschlecht der Hasmonäer geführte Befreiungskampf (167–130), der mit dem Makkabäeraufstand 166–164 begann, führte nicht nur zu einer weiteren Schwächung der Seleukidenmacht, sondern auch zur Herausbildung eines eigenen jüdischen Staates unter der Dynastie der Makkabäer bzw. Hasmonäer (129–63).

Die Lage in Kleinasien war durch eine zunehmende Aufsplitterung gekennzeichnet. Bald nach der Schlacht bei Kuropedion (281) legte der Attalide Philetairos den Grundstein für das „Reich" Pergamon (280–133), das 228–223 sogar vorübergehend die zentralen und südlichen Gebiete der Halbinsel besaß. Im Osten des Marmarameeres war Bithynien unter einer eigenen Dynastie selbständig (297–74), und weiter östlich bildete sich an der Südküste des Pontos Euxeinos das von Mithradates I. gegründete „Reich" Pontos (281–63/47). Diese Mittelstaaten mußten sich der Kelten-Galater erwehren, die nach ihrer Niederlage durch Antigonos Gonatas 279 die Meerengen überschritten hatten und im Raum um Pessinus und Ankyra zwischen Sangarios und Halys (= Galatien) seßhaft wurden. Obwohl Antiochos I. Soter (281–261) diese östlichen Ausläufer der keltischen Wanderung 275 in der sogenannten Elefantenschlacht zurückgetrieben hatte, gab es noch zahlreiche Kämpfe, bis Attalos I. Soter von Pergamon (241–197) sie um 230 am

Kaikos in die Schranken wies. Die neuen Staaten und das ostwärts angrenzende, selbständige Armenien lagen als eine breite Barriere zwischen dem Seleukidenreich und dem Schwarzen Meer. Die seleukidischen Restgebiete in Kleinasien, die überdies durch die ägyptischen Außenbesitzungen (Westkilikien, Lykien, Karien, ionische Städte und Hellespont) eingeengt waren, machten sich unter Antiochos Hierax 242–228 selbständig. Ferner bildete Kappadokien, der Raum des Hethiterreiches im 2. Jt., unter der von Ariarathes begründeten Dynastie einen selbständigen Block zwischen Pontos, Armenien und Ostkilikien (um 260–95). Erst Antiochos III. brachte einen großen Teil der ehemaligen Seleukidenbesitzungen wieder in seine Hand und richtete seit 194 seine Politik erneut auf Ägäisprobleme, mußte aber nach dem Krieg gegen Rom 191–188 im Frieden von Apameia Kleinasien bis zum Tauros an Pergamon abtreten. Seine Nachfolger behielten nur noch Kilikien.

Im Osten des Reiches waren die Verluste noch größer. Zwischen Armenien und der Südwestküste des Kaspischen Meeres verlängerte das atropatenische Medien als selbständiges Gebilde die Pufferzone gegen den pontisch-kaukasischen Raum. Im Vorfeld ostwärts des Kaspischen Meeres, d. h. im heutigen Turkmenistan, entstand seit etwa 250 als bedeutendste Neubildung das Reich der Parther. Diese berittenen Dáher, deren Ära später von dem 1. Nisan (März/April) 247 an gerechnet wurde, drangen unter ihrer Dynastie der Arsakiden (um 250 v. Chr. bis 226 n. Chr.) allmählich nach Süden in den iranischen Raum vor. Etwa gleichzeitig wurden Baktrien und Sogdiana unter dem Satrapen Diodotos I. unabhängig, behaupteten sich dann unter Königen wie Euthydemos und Demetrios und erwarben sogar das Indusgebiet nach dem Aussterben der dortigen Maurya-Dynastie (um 185), bis sie 130 den Yüe-tschi und den Saken erlagen. Während dieses baktrisch-indische Reich also nach einigen Jahrzehnten wieder zerfiel und lediglich im unteren Indusgebiet noch eine Nachblüte erlebte, die im 1. Jh. in ein Indoskythisches Reich überleitete, hatte das Partherreich Bestand. Um 160 waren die Parther von Iran aus Herren in Medien geworden. 141 standen sie in Seleukeia am Tigris, und 129 bereits gewannen sie ganz Mesopotamien und machten Armenien zum Unterkönigtum.

Damit war das Seleukidenreich, das damals von unfähigen Herrschern regiert wurde und überdies durch dynastische Kämpfe geschwächt war, am Ende des 2. Jh. im wesentlichen auf Nordsyrien und Kilikien zusammengeschrumpft. 85 ging auch Damaskus an die Nabatäer von Petra verloren. Der dann noch vorhandene Rest fiel 83–69 an Tigranes von Armenien. Den letzten Seleukiden schaltete Pompeius 64 aus und richtete in Nordsyrien die Provinz Syria ein.

So waren seit 63 die Römer auf dem Gebiet des ehemaligen Seleukidenreiches den am Euphrat stehenden Parthern gefährlich nahegerückt. Damit zeichnete sich bereits das Grundproblem der Entwicklung in diesen Räumen bis zur arabischen Invasion im 7. Jh. n. Chr. ab: Es war in der Spannung zwischen dem mediterranen Großreich einerseits und den Parthern bzw. später den Neupersern andererseits begründet.

c. Afrika: Das Ptolemäerreich

In der Blütezeit des Ptolemäerreiches im 3. Jh. regierten die vier ersten von insgesamt 14 gleichnamigen Königen: Ptolemaios I. Soter (305–283) bis Ptolemaios IV. Philopator (221–204). Der politische und kulturelle Höhepunkt war bereits 241 unter Ptolemaios III. Euergetes (247–221) erreicht. Nach 220 wurde das Gleichgewicht der hellenistischen Großmächte durch den Seleukiden Antiochos III. gestört. Als mit Ptolemaios V. Epiphanes (204–181) ein Kind zur Regierung kam und Ägypten bis 195 eine Schwächeperiode erlebte, glaubten Philipp V. von Makedonien und Antiochos III. in einem Geheimvertrag zunächst die ptolemäischen Außenbesitzungen in der Ägäis aufteilen zu können. Um 200 ging aber auch der syrisch-palästinensische Raum verloren, und 168 konnte nach dem rapiden Niedergang der inneren Kraft Ägyptens Ptolemaios VI. Philometor (181–145) nur mit Hilfe Roms seinen Thron behaupten. Die späteren Ptolemäer bis zu Ptolemaios XIV. (gest. 44) sind eigentlich bedeutungslos gewesen. Fast alle Könige trugen einen Kultnamen, der mit der Verehrung des lebenden Herrschers zusammenhing, die Ptolemaios II. Philadelphos (283–247) um 278 eingeführt hatte. Die ptolemäische Königsliste endete mit Kleopatra VII. (51–30), die in der seit dem 2. Ptolemäer üblichen Geschwisterehe nacheinander mit ihren beiden Brüdern verheiratet war, dem Caesar den Kaisarion gebar (der nominell 44–30 als Ptolemaios XV. Mitregent war) und dann die Gattin des Antonius wurde; nach der Schlacht bei Actium (31) schied sie 30 freiwillig aus dem Leben – eine der großen Frauen des Altertums.

Die geographische Lage des Ptolemäerreiches machte das Kerngebiet am Nil nahezu unangreifbar; es ist auch nur von den Seleukiden 169/68 und dann von den Römern – von Caesar 48/47, von Antonius und schließlich 30 von Octavianus – erreicht worden.

Drei Außenbezirke jedoch, die teils aus militärischen, teils aus wirtschaftlichen Gründen seit dem 3. Jh. interessant waren, sind für den Ablauf der hellenistischen Geschichte bedeutsam geworden: Koilesyrien, die Kyrenaika und die Außenbesitzungen an und vor den Küsten von Kleinasien.

Den südsyrischen Raum, der immer wieder in den Syrischen Kriegen gegen die Seleukiden umkämpft wurde, konnten die Ptolemäer bis etwa 200 und dann noch einmal z.T. und vorübergehend im 2. Jh. (149–145) behaupten.

Die Kyrenaika war als westlicher Vorposten gegen Karthago schon von Ophellas 322 dem Ptolemaios I. zugeführt worden und genoß eine besondere Verfassungsregelung. Im 3. Jh. war sie vorübergehend 275–247 unter Magas und dann unter Demetrios (dem Schönen) selbständig. Als 163 eine Reichsteilung zwischen Ägypten-Cypern einerseits und der Kyrenaika andererseits durchgeführt wurde, unterstand sie dem Ptolemaios VI. Philometor (180–145), der in einem 155 veröffentlichten Testament Rom zum Erben vorsah. Schließlich hat Ptolemaios Apion (116–96) diesen Außenbezirk den Römern vererbt, die aber erst 74 die Provinz Cyrenaica einrichteten.

Die ptolemäischen Außenbesitzungen vor und in Kleinasien sowie in der Ägäis sind im Rahmen der Beziehungen zu den Antigoniden und Seleukiden im 3. Jh. schon mehrfach erwähnt worden. Der wichtigste Außenposten war Cypern, das schon 321 erworben worden war und nach vorübergehendem Verlust an Demetrios Poliorketes (306–294) bis 58 ptolemäisch geblieben ist, wobei es im 2. und 1. Jh. Mittelpunkt eines ptolemäischen Nebenkönigtums war. Kreta war nur im 3. Jh. kurzfristig einbezogen. Die kleinasiatischen Außenbesitzungen an der Südküste (Westkilikien, Lykien, vorübergehend Plätze in Pamphylien), an der Westküste (Karien, die ionischen Städte und vorgelagerte Inseln wie Kos, Samos, Lesbos) und im Meerengenbereich (Alexandreia Troas, Abydos, – Sestos, Lysimacheia, – Ainos, Maroneia sowie Samothrake) waren handelspolitisch ebenso bedeutsam wie als Stützpunkte für die ptolemäische Seeherrschaft bis um 200 wichtig. Diese hatte im Zusammenwirken mit dem Nesiotenbund, wenn auch durch die Niederlagen bei Kos und Andros gegen die Antigoniden gemindert, im 3. Jh. bestanden. Der seit um 200 einsetzende Rückgang der ptolemäischen Seegeltung hat auch dazu beigetragen, daß das Piratenunwesen schon im 2. Jh. im Umkreis von Kleinasien erheblich auflebte und besonders in der ersten Hälfte des 1. Jh. eine Zeit allgemeiner Unsicherheit im östlichen Mittelmeer herbeiführte.

C. Aus der Kultur des Hellenismus

Die historische Bedeutung des Hellenismus basiert weniger auf den Nachwirkungen seiner politischen Geschichte als vielmehr auf der Fülle seiner kulturellen Leistungen. Diese bestanden nicht nur darin, daß die gesamte bisherige griechische Kultur zusammengefaßt, ausgestrahlt und der Nachwelt weitergegeben wurde, sondern auch in vielen Neubildungen und schöpferischen Impulsen. Diese erwuchsen größtenteils aus der Annäherung der damals zweifellos gewichtigeren hellenischen Kultur an die vielschichtige Kultur des Orients. Die langsam entstehende hellenistische Kultur wurde im Osten vorwiegend von den Menschen in den hellenistischen Städten getragen, strahlte bald aber auch in den Westen aus und lebte schließlich mit zeitgemäßen Änderungen nicht nur bis zum Ende der Antike fort, sondern auf anschließend eingeengtem Raum bis zum Untergang des Byzantinischen Reiches 1453.

1. Gesellschaft, Sprache und Wirtschaft

Die Bevölkerung des „speererworbenen" Alexanderreiches und seiner Nachfolgestaaten war keineswegs einheitlich, sondern wies in Kultur, Sprache und Leistungsstand zahlreiche tiefgreifende Unterschiede auf. Wenn auch der Gedanke einer „Verschmelzungspolitik" unausführbar war, so erfuhr die vorhandene Vielfalt von Gruppen und Völkern jedoch während des Hellenismus gewisse Modifikationen.

Die für den hohen Hellenismus kennzeichnende Auswanderung aus der Balkanhalbinsel in die Ostgebiete faßt man als dritte griechische Kolonisation zusammen. Während Alexander bei der Anlage neuer Städte vor allem militärische Gesichtspunkte herücksichtigte, so änderten sich bereits bei seinen Nachfolgern die Motive; dies gilt z.B. für Ptolemais in Ägypten, eine Gründung Ptolemaios' I., die – freilich ohne rechten Erfolg – das alte Theben ersetzen sollte, und auch für die etwa 75 Siedlungen, die Seleukos I. vorwiegend aus innenpolitischen Gründen anlegen ließ. Die neuen Städte breiteten sich, in Ägypten weitgehend durch dorfartige Siedlungen ersetzt, wie ein Netz über die hellenistischen Staaten aus. Die eingewanderten Makedonen und Hellenen fanden sich in ihrer neuen Umwelt auch deshalb meist schnell zurecht, weil sie die ihnen vertrauten Einrichtungen wie Theater oder Gymnasion beibehielten. Die gesellschaftlichen, wirtschaftlichen und kulturellen Begleiterscheinungen dieser Kolonisation waren erheblich. Vorwiegend aus den neuen Städten stammten die höheren Offiziere und Verwaltungsbeamten der hellenistischen Monarchien. Anders als im Antigonidenreich gab es im Osten jedoch eine fast nationalstaatlich scharfe Trennung zwischen der herrschenden, zumeist städtischen Schicht und den Eingeborenen, denen die Rolle von Untertanen eine geschichtlich gewordene Selbstverständlichkeit war. Eine weitere Differenzierung der Bevölkerung ergab sich aus den fast überall anzutreffenden Fremden (Metöken) und Sklaven.

Die griechische Sprache stieg bald als wichtigstes Verständigungsmittel zum Rang einer „Weltsprache" auf. Schon in der Kanzlei Philipps II. hatte man ein ionisiertes Attisch verwendet; dieses wurde im Hellenismus zur Koiné (Gemeinsprache) weitergebildet. Neben dieser neuen Umgangssprache, die auch als offizielle Reichssprache diente, galten die regional überkommenen Idiome wie z.B. Aramäisch oder Ägyptisch-Demotisch jeweils als zweite Staatssprachen weiter. Für die innere Ordnung der neuen Städte übernahm man im wesentlichen das attische Recht; neben ihm blieben jedoch die bei den Einheimischen üblichen Volksrechte bestehen. In maritimen Fragen richtete man sich weitgehend nach dem rhodischen Seerecht. In religiöser Hinsicht herrschte völlige Toleranz. Besonders in Kreisen der Gebildeten fand eine übervölkische und ökumenische Geisteshaltung Anklang.

Überall im damaligen Osten, auch unter den Hellenen, gab es soziale

Gegensätze zwischen Armen und Reichen. Aber es kam erst im 2. Jh. zu Konflikten, z.B. im Seleukidenreich und in Makedonien. In Verbindung damit, jedoch folgenschwerer für das innere Gefüge der hellenistischen Staaten, kam allmählich eine nationale Opposition auf. Sie erwachte in Ägypten, als 218 infolge der von den Seleukiden damals drohenden Gefahr erstmals Eingeborene in größerem Umfang eingezogen wurden und 217 in der Schlacht bei Raphia ihren militärischen Wert erkannten und erwiesen. Schon 216–207 (?) gab es eine ausgedehnte Eingeborenenerhebung, und nach 170 kam es zu ähnlichen Reaktionen. Auf teilweise ganz anderen Verhältnissen beruhte die Opposition im palästinensischen Raum, die seit 167 zum Makkabäeraufstand führte.

Die hellenistische Wirtschaft entwickelte sich auf einer sehr breiten überstaatlichen Grundlage. Die älteren Handelswege des Ostens waren schon von Alexander mit denen des hellenisch-ägäischen Raumes zu einer Einheit zusammengefaßt worden, die auch die Stürme der Diadochenzeit überdauerte. Da im 3. Jh. dazu noch Verbindungen in den westlichen Mittelmeerraum gepflegt wurden – Ptolemaios II. schloß 273 einen Handelsvertrag mit Rom –, entstand eine Art von „Weltwirtschaft" im Zentrum der damals bekannten Oikumene. Bis in den Fernen Osten reichten die Kontakte: Ein transkontinentaler Handel verband das Seleukidenreich mit China. Für den Indienhandel bot seit 117 der Seeweg eine Erleichterung, nachdem man die Monsun-Winde auszunutzen gelernt hatte. Der Binnenhandel vollzog sich auf z.T. alten Straßen und zur See. Wichtigste Handelszentren waren Alexandreia in Ägypten, das seine Bedeutung als Umschlagplatz für den Indienhandel bis zur Eröffnung des Suezkanals (1869) behaupten konnte, und Seleukeia am Tigris (seit 312). Außerdem gab es zahlreiche kleinere Umschlagplätze wie Seleukeia in Piëria, Palmyra, Petra, Rhodos, Delos, Korinth, Kyzikos, Byzantion, Sinope. Gewisse Verlagerungen blieben nicht aus, im 3. Jh. z.B. von Korinth und dem Peiraieus nach Rhodos und Delos, das – 167/66 zum Freihafen erklärt – einen steilen Aufstieg als Wechselbörse und Sklavenmarkt erfuhr (bis 88/67). Andere Städte entwickelten sich zu einer Art von Industriezentren, wie Milet, Ephesos, Pergamon oder Antiocheia am Orontes. Die Geldwirtschaft war bereits durch die Ausmünzung der persischen Reichsschätze unter Alexander mächtig angekurbelt worden. Die einzelnen Reiche sorgten in ihrer Münzpolitik für Stabilität und für die Wahrung eigener Interessen. Tauschhandel bestand nur noch in den Randgebieten im Verkehr mit unterentwickelten Völkern. Im Laufe der Zeit ergaben sich Schwankungen im Preisgefüge und Verlagerungen der Produktions- und Absatzgebiete sowie des Marktes. In Hellas wurde während der Diadochenzeit die Krise des 4. Jh. überwunden, aber im 3. Jh. ging infolge mehrerer Kriege und auch einer erneuten Marktverlagerung der Wohlstand wieder zurück. Im Osten herrschte im allgemeinen ein vom Staat gelenktes Wirtschaftssystem, das uns besonders aus der Staats- und Monopolwirtschaft der Ptolemäer durch Papyrustexte bekannt ist.

2. Staat und Staatlichkeit

Einen „hellenistischen Staat" an sich gab es nicht, wohl aber völlig verschiedene Gruppen von Staaten. Zu der kleineren Gruppe gehörten Makedonien und Hellas, die freilich auch nur mit Vorbehalt zusammengefaßt werden können, weil in Makedonien die überkommene Monarchie, in Hellas aber vorwiegend die neuen großen Staatenbünde das politische Leben bestimmten. Die zweite Gruppe umfaßte alle hellenistischen Staaten auf dem Boden des ehemaligen Perserreiches. Für sie wurde der Eroberungsakt grundlegend, durch den nach allgemeiner Auffassung der Sieger (und seine Nachfolger) Eigentümer des Landes geworden war. Allerdings blieb nicht der gesamte Grundbesitz „königliches Land", sondern es gab – meist in Fortführung älterer Traditionen – verschiedene Besitzverhältnisse wie Tempelgut, Stadt- und Privateigentum. Die aus der Geschichte erkennbare Einteilung in Großmächte (Reiche) und Mittelstaaten gibt zugleich Hinweise auf die jeweilige Größe des Territoriums. Die Herrenschicht bildeten eigentlich überall zunächst Makedonen und Griechen, unter denen die verschiedenen anderen Bevölkerungsgruppen bis hin zu den Sklaven standen; sie alle waren dem König gegenüber jedoch Untertanen.

Die hellenistischen Staaten waren Monarchien. Die Könige fühlten sich zunächst als Nachfolger Alexanders und behielten z. B. die Akklamation durch die Heeresversammlung bei, die allerdings bald zu leerer Formalität herabsank. Da sie aber zugleich andere Traditionen, z. B. der Pharaonen und Achämeniden, zu wahren hatten, entwickelten sich verschiedene Formen des Königtums. Gemeinsam war zwar die territoriale Grundlage, ausschlaggebend und zu mancher Differenzierung führend wurde jedoch das Verhältnis des Monarchen zu den einzelnen Bevölkerungsgruppen. Für die – zunächst fehlende – Legitimität suchte man Ersatz in konstruierten Stammbäumen oder wies auf besondere Leistungen hin. Die äußeren Kennzeichen der Königswürde erlangten bald Symbolkraft: Name, Diadem, Siegelring, Purpurkleid, Zepter und heiliges Feuer. Im Herrscherkult, der lediglich im Antigonidenreich nicht offiziell eingeführt wurde, erwiesen die Untertanen ohne Unterschied von Rang und Stand, Abstammung oder Religion dem jeweiligen König eine besondere Verehrung. Das hellenistische Gottkönigtum entsprach im 3. Jh. weitgehend dem allgemeinen Bewußtsein und diente nicht nur in einer zeitgemäßen Form dem Ausdruck der Verbundenheit zwischen Herrscherhaus und Bevölkerung, sondern führte auch die Identität von König und Staat vor Augen. Der Herrscherkult – später von den Römern aus dem Hellenismus übernommen – wurde dann zu einer folgenschweren

Belastung besonders in der Auseinandersetzung mit den Christen im 3. Jh. n. Chr. Im übrigen stand der Monarch mit unbeschränkter Gewalt an der Spitze der gesamten Verwaltung und des Heerwesens; seine Erlasse hatten Gesetzeskraft, er verfügte über alle Einkünfte seines Landes und bestimmte die gesamte Politik.

Insgesamt wird man den zentralisierten, bürokratischen Staat des Hellenismus als einen Höhepunkt monarchischer Verwaltungsform in der Antike ansprechen dürfen. In der Verwaltungsorganisation und der Wehrordnung gab es gewisse Ähnlichkeiten, selbst wenn die einzelnen Staaten auf diesen Gebieten und überdies in Staatshaushalt, Recht, Wirtschaft und Gewerbe oft erheblich voneinander abwichen. Heer, Flotte und Beamte erwiesen sich fast durchweg als die wichtigsten Stützen der neuen Staaten. Diese waren auf politische Unabhängigkeit, Hegemonialstellung in ihrem Umkreis und weitgehende wirtschaftliche Autarkie bedacht.

Im übrigen gab es ein gewisses Bewußtsein einer überstaatlichen Gemeinsamkeit zumindest unter den führenden Schichten, das zurückgehen mochte auf gleiche oder ähnliche Herkunft, Erinnerungen an die Alexanderzeit und die Zugehörigkeit zu weitgehend gleichartigen Monarchien – wobei übrigens der gemäßigte, „aufgeklärte“ Absolutismus des Antigonos Gonatas in Makedonien eine Sondererscheinung blieb. Viele Menschen fühlten sich überdies einer „neuen Welt“ zugehörig. Allerdings vermochten solche Strömungen die Selbständigkeit der Einzelstaaten nicht zu überwinden.

3. Religion

Aus einer Phase weitgehend nicht religiöser, sondern wirtschaftlich-technisch bestimmter Haltung führte der Hellenismus als eine religiös bedeutsame Übergangsperiode zum Suchen und Finden von neuen Ideen und Formen. Dabei haben Bevölkerungsverschiebung und gesellschaftliche Umschichtung eine große Rolle gespielt: Die Bürger der neuen Weltstädte fühlten sich in der fremden Umgebung völlig gelöst von ihren Bindungen an Geschlecht und Polisgötter, sie waren entwurzelt und suchten mit der Zeit immer stärker nach einem neuen Halt, nach Hilfe, Schutz und Trost. Dies aber konnten die alten griechischen Götter nicht bieten, auch wenn ihnen weiterhin, vor allem im offiziellen Rahmen, Verehrung gezollt wurde. Im übrigen waren sie als Lokalgötter meist zu weit entfernt, bereits abgewertet und nun erneut der Kritik ausgesetzt.

Zunächst fand man einen gewissen Religionsersatz im Glauben an die Schicksals- oder Zufallsgöttin Tyche, besonders bekannt als Stadtgottheit von Antiocheia, und in verschiedenen Angleichungen. Immer mächtiger wurde das Verlangen nach einem neuen Allgott, d.h. einem Gott der Oikumene in monotheistischer Art, welcher der veränderten Weltlage, den kosmopolitischen Bestrebungen und zugleich den Bedürfnissen des einzelnen entsprechen könne; er mußte freilich als Persönlichkeit den Gläubigen ansprechen können und durfte nicht lediglich das Ergebnis eines blassen „Deismus" sein; er sollte die Moral – evtl. durch klare Gebote – schützen und das gewähren, was die Menschen suchten.

Darüber hinaus zeichneten sich allmählich neue Vorstellungen und Formen ab. Sie ergriffen z. T. schon die breite Masse und führten zu verstärktem religiösem Leben. So verlangte man nicht nur nach einer strengeren Moral, sondern öffnete sich auch Vorstellungen vom Sündhaftigkeitsgefühl des einzelnen und der Bestrafung für böse Taten. Die Gebildeten beschäftigten sich intensiver als früher mit philosophischen, also auch theologischen Lehren. Allgemein bildete man die Erlösungsvorstellungen weiter und entdeckte die Gedanken der Reue und der Bekehrung, die beide der altgriechischen Religion völlig fremd waren. Damit sind wichtige Triebkräfte für einen allmählichen Religionswandel angedeutet.

Das Sehnen nach einer kosmopolitischen Religion und einem neuen, menschennahen Allgott suchte man in verschiedener Weise zu realisieren. Der Herrscherkult brachte zwar eine alle Einwohner des Staates unterschiedslos zusammenfassende Form, konnte aber den religiösen Bedürfnissen nicht genügen. Bedeutsamer war die Astrologie, weil sie dem Sehnen nach Kausalitätsergründung des Zufälligen entgegenkam und Horoskope nunmehr auch für Individuen auszustellen lehrte; ihr Himmelsgott wurde außerdem bald durch den Sonnengott ersetzt. Im übrigen waren in ihr und vor allem in der Magie Vorstellungen von den Dämonen als einer Mittelschicht zwischen Göttern und Menschen und solche von übernatürlichen Kräften, Dynámeis, mächtig.

Bei der Gleichstellung einheimischer Götter mit griechischen (Theokrasie, vgl. Ammon-Zeus) behielten zumeist orientalische Götter wie Baal, Atargatis oder Kybele die Oberhand. Aus solchen Gleichstellungen erwuchsen auch neue Allgötter, wie etwa Sarapis, ein Mischprodukt aus Osiris-Apis und hellenischen Zeus-Vorstellungen, in Ägypten zeitweise fast als Reichsgott verehrt. Dahin gehört auch die aus dem ägyptischen Pantheon weitergebildete Isis, die jetzt als mütterliche Gottheit und Himmelskönigin verehrt wurde, zumal man von ihr Hilfe für ein Fortleben nach dem Tod erhoffte.

Besondere Bedeutung für die große Masse gewannen die hellenistischen Mysterien, weil sie mit der Einbeziehung von kosmologisch-astrologischen Elementen und der Unsterblichkeitsverheißung aktuellen Fragen entsprachen. Zugleich aber übten sie auch mit der emotionalen Wirkung vieler Riten große Anziehungskraft aus und stärkten den Zusammenhalt der Gläubigen. Im allgemeinen handelte es sich um Weiter- und Umbildungen der alten Demeter- und Dionysosgeheimkulte der Hellenen, meist unter Einbeziehung fremder Götter- und Religionsvorstellungen mit dem Ergebnis einer

Vermischung (Synkretismus). Weite Verbreitung fanden die Mysterien der Isis und des persischen Mithras, dessen Kult in Kleinasien, nicht jedoch im eigentlichen griechischen Gebiet Eingang fand. In der Hermetik (Verehrung des Hermes Trismégistos) entwickelte man Ansätze zu einem gewissen Mystizismus, d.h. einer Vereinigung mit dem höchsten Wesen, die in der späteren Gnosis weitergebildet wurden.

4. Philosophie

Zu Akademie und Peripatos kamen im Hellenismus die neuen Schulen der Epikureer und der Stoiker. Die neue „ökumenische" Gesamtlage und das oft veränderte Gesellschaftsgefüge forderten zu zeitgemäßen Antworten auf die Frage nach der Stellung des Menschen heraus. Als besondere Merkmale „hellenistischer Philosophie" können genannt werden: Ringen um persönliche Eudaimonie (Glückseligkeit) im Rahmen einer sinnvoll erscheinenden Weltordnung, zumeist extremer Individualismus und weitgehende Indifferenz dem bestehenden Staat gegenüber.

Epikur aus Samos (342–271) gründete um 306 in einem Garten (Képos) in Athen seine Schule. Er und die späteren Epikuräer bauten in quietistischen Auffassungen und mechanistischer Weltanschauung bereits vorhandene Vorstellungen (Aristipp, Demokrit), vor allem die Atomlehre, weiter aus und lehnten eine teleologische (durch den Zweck bestimmte) Welterklärung in der Art des Aristoteles ab. Höchstes Ziel war ihnen die Eudaimonía des Individuums; inneres Freisein von jeglicher Angst, volle Gemütsruhe und Leidenschaftslosigkeit, Anspruchslosigkeit und Stärke in der Überwindung von Schmerz sollten u.a. zu diesem Ziel führen. Man meinte, der Weise gehöre zwar zur Gemeinschaft Gleichgesinnter, solle sich aber der aktiven politischen Tätigkeit enthalten und „im Verborgenen" leben. Dieser kultivierte Eudaimonismus der Epikuräer, in dem alle überkommenen Bindungen konsequent abgeworfen waren, wurde in der Breitenwirkung erheblich übertroffen von den Lehren der Stoa.

Diese war um 300 (294?) von Zenon aus Kition auf Cypern (etwa 336–263) in einer Halle (Stoa poikile) an der Agorá in Athen gegründet worden. Die Stoiker ersetzten die nun entleerten politischen Werte der Polis durch solche der Oikumene. Der Mensch war ihnen kein „zóon politikón" mehr, sondern ein „zóon koinōnikón", ein Wesen in der Gemeinschaft, die weltweite (kosmopolitische) Ausdehnungen hatte und keine der herkömmlichen Unterschiede etwa zwischen Freien und Unfreien, Hellenen und Nichthellenen mehr zuließ. Höchstes Ziel war auch ihnen die ausgeglichene Einzelpersönlichkeit; sie sollte sich nach dem Grundsatz des naturgemäßen Lebens und durch die Übung (Askesis) der Tugenden bilden, wobei man zugleich die Apátheia, das Freiwerden von Affekten, erstrebte. Die stark pantheistisch aufgefaßte Welt meinte man von einer allgemeinen „Sympátheia" bestimmt. Alles Geschehen nehme einen gesetzmäßigen, durch die Vorsehung (Prónoia – Heimarméne – Fatum) gelenkten Ablauf; die z.T. daraus erklärten Aufgaben des einzelnen verdichtete man im 3. Jh. in dem Begriff der „Pflicht" („kathékon", später lat. officium). Mit solchen Gedanken des Kosmopolitismus, der Humanität, der Einheit des Alls und einer entsprechenden rigorosen Ethik fand die Stoa Antworten auf die wichtigsten geistigen Fragen des Zeitalters und wies zugleich in vielfacher Weise in die Zukunft.

5. *Die Einzelwissenschaften*

Im Hellenismus erreichten besonders die exakten Disziplinen ihren Höhepunkt in der Antike. Sitz der Philosophie blieb weiterhin Athen, später ergänzt u.a. durch Rhodos (berühmt besonders durch Poseidonios, 1. Jh.). Die Einzelwissenschaften wurden vor allem in Alexandreia gepflegt, wo im Rahmen des „Museions" u.a. eine reiche Bibliothek, eine Anatomie, ein zoologischer Garten und eine Sternwarte zur Verfügung standen. Nachdem aber 145/44 Gelehrte aus Alexandreia ausgewiesen worden waren, entwikkelten sich Pergamon und nach 133 auch Rhodos zu besonderen Pflegestätten der Wissenschaften. Die fachliche Spezialisierung ergab bereits im 3. Jh. erhebliche Fortschritte.

In der Mathematik faßte Eukleides (Euklid) von Alexandreia um 300 das damalige geometrische, arithmetische und stereometrische Wissen in seinem fast unübertrefflich klaren Lehrbuch (Stoicheia = elementa) zusammen, das bis in die Gegenwart nachwirkt. Archimedes von Syrakus (gest. 212), der wohl genialste griechische Mathematiker überhaupt, fand die Grundgedanken der Integralrechnung (vgl. Leibniz), wurde aber populärer durch die in Mechanik und Technik angewandte Mathematik und Physik (Bestimmung des spezifischen Gewichts, Lehre vom Schwerpunkt, Sonnenspiegel). – Ohne die Mathematik wäre der Aufschwung der Astronomie im 3. Jh. kaum möglich gewesen. Wenn auch die Sammelarbeit (Fixsternverzeichnisse) und die Behandlung von Problemen aus der planetarischen Astronomie überwogen, so kennzeichnen doch gewisse Hypothesen und Entdeckungen die Höhe der damaligen Himmelskunde. Aristarch von Samos (um 250) und Seleukos von Seleukeia (um 150) lehrten das heliozentrische System, ohne es jedoch mathematisch hinreichend erklären und gegen vielfachen Widerstand wirklich verteidigen zu können (vgl. Kopernikus, Kepler, Newton). Apollonios von Perge (um 262 bis um 200) bildete die Lehre von den Kegelschnitten aus (Bezeichnung Ellipse, Parabel usw.) und gab mit der Epizyklentheorie (Aufkreise) eine plausible Erklärung der Planetenbahnen im Rahmen des geozentrischen Weltbildes, die im 2. Jh. n. Chr. von dem Astronomen Ptolemaios ausgestaltet wurde. Hipparchos von Nikaia (um 150) – der wohl größte antike

Astronom – fixierte die Präzession der Tagundnachtgleichen und legte u.a. eine Mondlauftheorie vor.

Die Geographie erlebte in der erweiterten Umwelt einen mächtigen Aufschwung, zumal sie durch Entdeckungsfahrten, zu denen auch die des Pytheas von Massalia in den europäischen Norden (etwa 325) gehörte, gefördert wurde. Der Universalgelehrte Eratosthenes von Kyrene (etwa 275–195) berechnete in seinen „Geographiká" den Erdumfang annähernd richtig, verbesserte die Gradeinteilung und entwarf eine im Umkreis des Mittelländischen Meeres bereits weitgehend richtige Erdkarte. – Auch Zoologie und Botanik erfuhren neue Impulse, und Männer wie der Peripatetiker Theophrast werteten das Beobachtungsmaterial z.B. für Pflanzengeographie und Pflanzenphysiologie aus.

In der Medizin führte man die Tradition des Hippokrates und des Diokles von Karystos (um 320) weiter. In Alexandreia förderte man die Kenntnis der Anatomie, erstmals sogar mit Vivisektionen. Herophilos aus Chalkedon (1. Hälfte des 3. Jh.) baute die Lehre von den Nerven (Neurologie) und dem Gehirn als Zentralorgan aus. Untersuchungen über den Puls führten ihn zur Unterscheidung von Arterien und Venen und fast zur Entdeckung des Blutkreislaufs. Erasistratos von Keos war Chirurg, unterschied sensorische und motorische Nerven und trat in der Therapie weniger für die Verwendung von Pharmaka ein als für die Diät. In der Nachfolge dieser großen Fachvertreter bildeten sich allmählich die Ärzteschulen der Dogmatiker (theoretisch-spekulativ ausgerichtet) und der Empiriker heraus.

Auf dem Gebiet der Geisteswissenschaften führten die Arbeiten an der Bibliothek des Museions in Alexandreia (ungefähr 400000, beim Brand 47 v. Chr. etwa 750000 Rollen) zur Ausbildung der Philologie. Gelehrte wie Zenodot aus Ephesos (1. Hälfte des 3. Jh.), Aristophanes aus Byzantion (etwa 257–180), Aristarch von Samothrake (etwa 217–145) und Dionysios Thrax (um 170–90) begründeten die Textkritik und Textgeschichte, besorgten die ersten wissenschaftlichen Ausgaben (von Homer und den Klassikern), führten das heute noch gebräuchliche Akzentsystem ein und schufen die Grundlagen für Lexikographie und Grammatik. Man diskutierte auch die Prinzipien des Sprachbaus, wobei Krates von Mallos, der bedeutendste Gelehrte der Pergamenischen Schule (2. Jh.), die „Anomalie", d.h. eine unregelmäßige Vielfalt, lehrte und von der Auffassung der normativen, gelegentlich auch puristischen „Analogie" absetzte.

Die meisten Prosawerke aus hellenistischer Zeit sind verloren. So sind auch die Historiker der Alexanderzeit (Kallisthenes, Ptolemaios I., Kleitarch u.a.), der Diadochen (Hieronymos von Kardia) oder des 3. Jh. (Duris von Samos, Phylarchos, Timaios von Tauromenion) nur in Fragmenten für uns faßbar. Glücklicherweise sind die „Historíai" des Polybios aus Megalopolis (etwa 200–130) mit den ersten 5 Büchern und Teilen bzw. Auszügen der weiteren erhalten. Als letzter großer Historiker der Hellenen begründete er die auf

Belehrung von Staatsmännern und Militärs ausgerichtete „pragmatische" Geschichtsschreibung. In seinem Werk behandelte er die Zeit von 264–144, wobei er den Aufstieg Roms zur Weltmacht damit zu verstehen suchte, daß er Berufung und Erfolge mit verfassungstheoretischen Erwägungen und dem Bild der „gemischten" Politeia in Verbindung brachte. – Andere Sachgebiete wurden ausgebaut, so von Eratosthenes die Chronographie und Chronologie (Olympiaden-Ära), von Dikaiarchos die Biographie – auch die von Ländern! – und schließlich von verschiedenen Staatsmännern das Genos der Memoiren (Hypomnemata). Auch Nichtgriechen fühlten sich jetzt veranlaßt, die Geschichte ihrer Völker in griechischer Sprache darzustellen: Manetho (Aigyptiaká), Berossos (Babyloniaká) oder Fabius Pictor, der um 215 die erste römische Geschichte schrieb. Auch in der Historiographie zeigte sich der allgemein starke Einfluß der Rhetorik. Diese entwickelte im 3. Jh. den sogenannten Asianismus, einen meist schwülstigen, pathetischen und auch weichlichen Redestil, der im 1. Jh. – in einer Art von klassizistischer Reaktion – durch den sogenannten Attizismus abgelöst wurde.

Besondere Leistungen erzielte man auf dem Gebiet der Technik, für die damals ein beachtliches technologisches Schrifttum entstand. Der größte antike Mechaniker überhaupt war wohl der bereits genannte Archimedes. Bemühungen in der Experimentalphysik und Sonderinteressen führten auch zu Erfindungen, wie denen des Philon von Byzantion oder des Ktesibios in Alexandreia, von denen wir durch die Beschreibung des Alexandriners Heron Kenntnis haben: Feuerspritze, Luftdruckgeschütze, Vorstufe der Dampfmaschine, Thermometer, Kriegsmaschinen aller Art und Automaten. Außer in der Kriegstechnik wurden solche Erfindungen aber kaum praktisch verwertet.

6. Dichtkunst

Die gesellschaftliche und politische Lage des Hellenismus spiegelte sich auch in der Dichtung. Mit dem Schwinden des Polisgeistes darf der auffallende Rückgang der Tragödiendichtung in Zusammenhang gebracht werden, wenngleich das Publikum die klassischen Stücke, vorweg die des Euripides, liebte. Die Lyrik lebte wieder auf, aber die Dichter konzentrierten sich auf einen kleinen Kennerkreis, suchten nach formvollendeter, eleganter Knappheit und erschlossen neue Metren und Inhalte. Neu war auch, daß das Epos wieder Anklang fand, allerdings entweder wie in den „Argonautika" des Apollonios Rhodios (um 295–215) fast romanhaft auf die Liebe ausgerichtet oder als Lehrgedicht wie in den astronomischen „Phainómena" des Aratos von Soloi (1. Hälfte des 3. Jh.).

In der „neuen" Komödie fehlten politische Bezüge fast ganz. Offenbar entsprach es dem Zeitgeschmack, daß bestimmte Typen der Gesellschaft deutlich herausgearbeitet wurden, wie der Geizige, der Schwätzer, der Aufschneider, der Hochmütige usw.; für sie hatte der Aristotelesschüler Theophrast (um 370–287) in seinen „Charaktéres" knapp formulierte, scharf gezeichnete Modelle entworfen. So entstand die Charakterkomödie, die zugleich Liebeskomödie wurde und vorwiegend das bürgerliche Milieu schilderte. Ihr größter Vertreter war der Athener Menander (um 342–292). Seine Komödien „Dyskolos" (Menschenfeind, Misanthropos) und „Samierin" sind durch neuere Papyrusfunde jetzt bekannt, andere auch aus den römischen Nachdichtungen des Plautus und Terenz erkennbar. Die damit gefundene Form wirkte immer wieder befruchtend bis in das moderne Lustspiel hinein.

Die „alexandrinische" Poesie entfaltete sich in der Atmosphäre des um 295 gegründeten Museions, wurde aber vielfach ungewollt zu höfischer Kunst. Kallimachos aus Kyrene (1. Hälfte des 3. Jh.), der größte Dichter des Hellenismus, verfaßte u.a. Elegien, Epigramme, Hymnen, „Aitia" (Ursprungsgeschichten) und erwies sich als Meister des Kurzgedichtes. Theokrit aus Syrakus erfand das Idyll und wurde zum Schöpfer der Bukolik, d.h. der Hirten- und Schäfergedichte. In Herondas von Kos entstand ein Meister des Mimos; ihm vor allem sind köstliche Schilderungen des kleinbürgerlichen Alltagslebens zu verdanken. So hatte die griechische Dichtkunst insgesamt im 3. Jh. noch einmal eine Blütezeit zu verzeichnen, ging aber dann merklich zurück.

7. *Hellenistische Kunst*

Die erhaltenen Werke vermitteln uns nur eine lückenhafte, oft zufallsbedingte Kenntnis des Kunstschaffens. Unverkennbar sind jedoch nicht nur ein langsames Nachlassen der bis dahin dynamischen Entwicklung, sondern auch ein Absinken des zweifellos reichen Könnens zu bloßer Routine. Aufkommende Unsicherheit in der Stoffwahl und schließlich im 1. Jh. v. Chr. der Mangel schöpferischer Impulse hingen offenbar mit der gesellschaftlichen und politischen Entwicklung zusammen. Alles drängte hin zu einer neuen Statik als Kennzeichen einer erfüllten Spätzeit, in der dann nur noch Raum blieb für Wiederholungen früherer Kunstschöpfungen, d.h. für „Renaissancen".

Mit allem Vorbehalt kann man verschiedene Entwicklungsstufen feststellen: den sogenannten strengen hellenistischen Stil (bis etwa 250), den sogenannten hellenistischen „Barock" (etwa 250 bis etwa 150) und die Spätstufe (nach 150), die durch einen stärkeren Manierismus gekennzeichnet war und stellenweise bereits zu einem oft müden „Klassizismus" überleitete.

Im frühen Hellenismus war dem Kunstschaffen auf allen Gebieten, z.T.

infolge staatlicher Aufträge, eine Fülle neuer Aufgaben gestellt, die der neuen ökumenischen Lage gerecht werden sollten und oft eine Auseinandersetzung mit bodenständiger Kunst spiegelten. In der Architektur berücksichtigte man dabei früher kaum oder nicht gekannte Nebenabsichten: Repräsentative Funktionen traten bei Tempelanlagen, Altären, Grabanlagen und Plätzen in den Vordergrund, überdies gefördert von einem zeitbedingten Zug zur Monumentalität. Die Wirkung wurde weitgehend in der Prunkentfaltung gesucht, konnte aber auch von einer neuen, eindrucksvollen Anordnung der Bauten ausgehen: Man entdeckte die Wechselwirkung von Bauwerk und Landschaft (Tempelanlage in Lindos auf Rhodos, Asklepiosheiligtum auf Kos) und – in gewisser Umkehr der Funktion des Tempel-Peristyls – die Geschlossenheit des von Säulenhallen umstandenen Platzes (Agorá = Staatsmarkt in Athen, Milet usw.). Bedeutende, teilweise durch die Vorliebe für Kolossales bestimmte Eigenleistungen gab es bei Zweckbauten (Leuchtturm auf Pharos vor Alexandreia, Bibliothek und Residenz in Pergamon), Tempeln (Neubau des Didymaions bei Milet), Kultanlagen (Asklepieion in Pergamon, Ausbau von Delos) oder Altären (Zeusaltar in Pergamon, zu den Weltwundern gerechnet). Zahlreiche Rathäuser (z.B. Milet), Gymnasien, Paläste und Theater (vielleicht erst um 280 Epidauros) wurden errichtet. Sie dienten ebenso wie vernünftige Planung bei der Neuanlage von Städten (vgl. Hippodamos) und großzügige Wasserversorgung öffentlichen wie privaten Zwecken. Hellenistische Privathäuser sind z.B. aus Delos bekannt.

Die Produktion auf dem Gebiet der Plastik stieg erheblich an und läßt verschiedene Richtungen erkennen. Der Realismus des 4. Jh. wurde in doppelter Hinsicht fortgeführt, einerseits mit dem auf Skopas zurückgehenden Mittel des Pathos, wobei man in Pergamon mit den Galaterskulpturen bzw. dem Fries des großen Altars Höhepunkte des sog. hellenistischen „Barock" erreichte, andererseits mit dem die Linie der attischen Grabreliefs fortsetzenden Mittel der Schlichtheit. Diese führte entweder zu einer gewissen Ernüchterung bei Porträtstatuen (Demosthenes) oder zu einer anmutigen, auf Lysipp zurückweisenden Richtung, freilich bis hin zur Verspieltheit, dem sog. hellenistischen Rokoko. Neu war die Hinwendung zum Naturalismus; dabei griff man bisher nicht oder kaum gepflegte Themen auf wie das Niedrige und Häßliche (Trunkene Alte, München), das Exotische (Skythen, Gallier), das Erotische (Aphrodite und Pan), die Massierung des Stofflichen (Nil mit seinen 16 Kindern) oder die Übersteigerung des Grauenvollen (Laokoongruppe). Jetzt erst fand die Kunst auch den Schritt zum wirklichkeitsgetreuen Porträt, für das Höchstleistungen u.a. in der Münzprägung vorliegen.

In der Malerei hatte das ausgehende 4. Jh. die vollendete Technik der Enkaustik gebracht, und Meister wie Apelles wußten sie zu nutzen. Gewisse Nachklänge sind in der späteren pompejianischen Wandmalerei und auch im Alexandermosaik (nach einem Gemälde des Philoxenos von Eretria) erhalten. Neben mythologischen Szenen liebte man besonders Darstellungen des Alltagslebens (Genremalerei) und des Landschaftlichen.

Diese und andere in der hellenistischen Kunst gepflegten neuen Stoffgebiete, zu denen auch die „Entdeckung“ des Kindes und der Frau gehörte, entsprachen allgemeinen Zeitströmungen. Die Beobachtung des einzelnen schärfte den Blick für das Kleine – bis hin zur Gemmenschneidekunst – und das Charakteristische, ließ aber auch die Karikatur aufleben. Zu den typischen Ausdrucksformen des Hellenismus gehörten nicht nur strotzende Kraft (Nike von Samothrake), Erregtheit und Pathos (Laokoon), sondern auch eine gewisse Theatralik (Zeus von Otricoli) und die Steigerung des einzelnen bis zur Übertreibung.

Wenn die hellenistische Kunst insgesamt zwar ein gewichtiger Ausdruck dieser Übergangsepoche war, von der Warte der griechischen Entwicklung aus aber nur als Spätblüte und Ausklingen erscheint, so war ihr doch – ebenso wie der Kultur des Hellenismus überhaupt – eine breite und nachhaltige Wirkung beschieden.

XIII. Der Westen des Mittelmeerraumes bis zum Beginn der außeritalischen Ausdehnung Roms (etwa 350 bis etwa 265)

A. Karthago

Gegen Ende des 5. Jh. versuchten die Karthager erneut, wieder eine Rolle auf Sizilien zu spielen, wo sie nach der Niederlage von 480 Stützpunkte im äußersten Westen hatten halten können. Vor Ausbruch des Ersten Punischen Krieges (264) war die nordafrikanische Stadt fest im Besitz von Westsizilien und besaß auch einigen Einfluß in den anderen Teilen der Insel. Darüber hinaus war sie in der ersten Hälfte des 3. Jh. der entscheidende Machtfaktor im westlichen Mittelmeergebiet und hatte eine herausragende Stellung im Handel.

Aber Karthago spielte nicht nur eine Rolle als Handelsmacht. Spätestens seit dem 4. Jh. besaß es auch eine starke Position als Agrarstaat, die sich durch die Übernahme rationeller Arbeitsmethoden in der Landwirtschaft aus Ägypten weiter verbesserte. Die Einkünfte daraus und aus dem florierenden Handel sowie die Abgaben der unterworfenen Städte füllten die öffentlichen Kassen, eine wichtige Voraussetzung dafür, daß Karthago kein Bürgerheer mehr aufstellte, sondern Söldnerheere anwerben konnte (Libyer, Leute von den Balearen, Griechen und Campaner, Iberer), wie es auch im hellenistischen Osten üblich war, dessen fortschrittliche Kriegstechnik dann ebenfalls teilweise übernommen wurde. Die Führer dieser Söldnerarmeen erwarben, sofern sie nur Erfolg hatten, eine starke Stellung gegenüber der die Stadt regierenden Aristokratie. In überseeischen Gebieten konnten Karthagos Söldnergeneräle häufig verhältnismäßig unabhängig handeln wie in den 30er und 20er Jahren des 3. Jh. in Spanien einige Männer aus der Familie der Barkiden.

Die Regierungsform Karthagos wies dem republikanischen Rom vergleichbare Züge auf. An der Spitze des Staates standen zwei Suffeten (Richter). Sie empfahlen sich durch ihre Abkunft und Wohlhabenheit für die Wahl durch die Volksversammlung. Die Exekutive und bestimmte jurisdiktionelle Aufgaben lagen in ihrer Hand. Im Gegensatz zu Rom besaßen sie aber später nicht das militärische Kommando. Dafür wurden, wie gesagt, besondere Heerführer bestimmt, die das Söldnerheer führten.

Genau wie in Rom gab es eine Art Senat von mehreren hundert Mitgliedern, die auf Lebenszeit amtierten und sowohl Anteil an den allgemeinen politischen Geschäften besaßen als auch den obersten Gerichtshof stellten. Eine kleine Zahl von Familien aus der Gruppe des wohlhabenden Adels hatte, ganz ähnlich wie in Rom, besonderen Einfluß dadurch, daß sie wichtige Ämter immer wieder in ihre Hände brachte. Demgegenüber war die Stellung der Volksversammlung schwach, mochte sie auch bei den Wahlen einen gewissen Einfluß ausüben. Die Regierung lag allein bei den Suffeten und beim Rat der 30 Ältesten, einem Teil des Senats. Freilich ist später, beim Aufstieg der Barkidenfamilie, eine gewisse Stärkung der Volksversammlung zu beobachten.

Gerade im Kult, aber auch sonst hielt sich das phönikisch-semitische Erbe lange, sogar über die spätere römische Eroberung hinaus. Mochten vom 4. Jh. an auch griechische Kulte nach Karthago Eingang finden, so blieb der höchste Gott doch der Baal Hammon, dessen Kult auch Menschenopfer kannte. Dazu trat seit dem 5. Jh. die wohl libysche Göttin Tanit, die neben den östlichen Kulten des Melkart und Eschmun eine herausragende Rolle spielte.

Vor 500 bereits hatte Karthago den ersten Vertrag mit Rom geschlossen und Interessensphären abgegrenzt. Diesem Abkommen folgten die Verträge von 348, 306 und 278, wobei gerade die beiden letzten für Rom eine wesentliche Unterstützung in der Endphase der Eroberung Italiens, zumal im Krieg gegen Tarent und Pyrrhos, bedeuteten.

B. Rom von der Mitte des 4. Jahrhunderts bis zum Vorabend des Ersten Punischen Krieges

1. Die Geschichte Roms von etwa 350 bis 265

a. Abschluß der Ständekämpfe

In dem Jahrhundert, bevor Rom den entscheidenden Schritt über Italien hinaus machte, erreichte die Tiberstadt den Zustand, der sie in die Lage versetzte, an der damaligen Großmachtpolitik teilzunehmen. Die entscheidenden Ereignisse, durch die Rom die Vorherrschaft in Italien erreichte, fielen in die relativ kurze Zeit zwischen 340 und 272. Genau diese Epoche war es auch, in der die Plebeier die letzten wesentlichen Schritte zum Ausgleich mit den Patriziern taten. In dieser Zeit entstand endgültig die Verfassungswirklichkeit der klassischen Römischen Republik, die eine wesentliche Voraussetzung dafür war, daß Rom Vormacht im Mittelmeergebiet werden konnte.

Nachdem 367/366 die Plebeier den Zugang zum obersten Staatsamt erreicht hatten, mußten ihnen auch die übrigen wichtigen Funktionen des Staates geöffnet werden. Allerdings standen ihnen, wie es scheint, noch nicht einmal genügend geeignete und profilierte Leute zur Verfügung, die das Konsulat bekleiden konnten. Das wird darin deutlich, daß in den 50er und 40er Jahren häufig nur Patrizier das Konsulat innehatten. Zudem bekleideten einige Plebeier das Amt mehrmals; zwischen 357 und 342 war C. Marcius Rutilius viermal Konsul. Er wurde 351 als erster Plebeier Censor.

Dem sozialen Zündstoff, der plebeiischen Bewerbern um das höchste Amt hätte den Weg ebnen können, wurde ohnehin durch geeignete Maßnahmen die Brisanz genommen. 357 und 352 wurden der Zinsfuß festgelegt ($^1/_{12}$ des ausgeliehenen Kapitals) bzw. die Schulden ermäßigt.

Erneute Bewegung kam in die Auseinandersetzung der Stände erst wieder seit der Zeit des Latinerkrieges (340–338). Jetzt bestand offensichtlich für die Plebeier die Gelegenheit, sich sichtbar zu bewähren und das für die Wahl nötige Ansehen zu erwerben. Dazu kommt, daß in der überaus angespannten Lage Roms Forderungen der Plebeier auf die Dauer nicht abgeschlagen werden konnten.

So erreichten sie 337 auch den Zugang zum Amt des Gerichtsbeamten, zur Praetur. Im Grunde war es bereits in dieser Zeit ein Anachronismus, daß im Senat als einzigem Gremium allein die Patrizier Stimmrecht hatten und zudem das Recht besaßen, durch Verweigerung der Zustimmung (patrum auctoritas) Volksbeschlüsse, die seit der Mitte des 5. Jh. (Schaffung der Centuriatsverfassung) schon mit plebeiischen Stimmen zustande gekommen waren, für ungültig zu erklären. Es bedeutete daher einen Fortschritt, als 339 durch die lex Publilia Philonis bestimmt wurde, daß die Zustimmung des Senats zu einem Antrag vor der Abstimmung in der Volksversammlung zu erteilen sei. Auf die Dauer konnte den Plebeiern, die Zugang zu den Führungsfunktionen des Staates gewonnen hatten, das volle Stimmrecht im Senat nicht vorenthalten werden. Sie erreichten es vor 312 durch die lex Ovinia.

Das Ende des 4. und der Anfang des 3. Jh. brachten noch mehrere Regelungen, die den Ständekampf seinem Ende zuführten. Im Jahre 300 (lex Ogulnia) wurden die Stellen der Priesterkollegien der Auguren und Pontifices vermehrt und dadurch die Möglichkeit geschaffen, auch Plebeier zu kooptieren, ohne daß die Patrizier Positionen verloren. Diese Kollegien besaßen erhebliche Bedeutung: Die Pontifices entschieden im wesentlichen Fragen des Kultus; sie bearbeiteten den Kalender und setzten z.B. die Tage fest, an denen öffentliche Aufgaben wahrgenommen werden durften (dies fasti). In ihrem Kreise wurden die Prozeßformeln entwickelt, mit deren Hilfe man sein Recht durchsetzte. Da das Augurenkollegium über Fragen der kultischen Akte entschied, mit denen die wesentlichen staatlichen Handlungen eingeleitet wurden, wie Wahlen und Abstimmungen über Gesetzesvorlagen, war die Zugehörigkeit zu dieser Priesterschaft politisch von Bedeutung. Übrigens lagen auch die Prozeßformeln, die die Pontifices bisher entwickelt hatten, seit 304 nicht mehr in deren alleiniger Verfügung. Auf Initiative des Appius Claudius Caecus (Censor 312), eines bemerkenswert offenen und einsichtigen Angehörigen des Patriziats, waren jene Formeln unter dem Namen seines Freigelassenen Flavius in Buchform publiziert worden.

Die letzte Phase der Ständekämpfe erhielt ihren Abschluß durch zwei für das weitere öffentliche Leben in Rom außerordentlich bedeutsame Regelungen. Durch die lex Valeria von 300 wurde das sogenannte Provokationsrecht fixiert. Danach konnte ein Bürger gegen eine hohe Geldbuße oder die Todesstrafe, die von einem Konsul oder Praetor aufgrund seines Coercitionsrechtes gegen ihn verhängt wurde, an die Volksversammlung appellieren. Schon das bedeutete eine Sicherung; eine Appellation ist offenbar nie erfolgt. Die Regelung setzte den Ständeausgleich voraus und kam jedem Bürger zugute.

Im Grunde waren angesichts der Einigung der Stände auch das Volkstribunat und die Plebeiervolksversammlungen, die concilia plebis, überflüssig geworden. Aber es kam anders; die Zeit der harten Auseinandersetzungen war von den Plebeiern nicht einfach vergessen. Im Jahre 287 brachen noch einmal stärkere Unruhen in der Stadt aus, die ihren Grund in starker Verschuldung weiter Kreise der ärmeren Plebeier hatten. Sie zogen in einer secessio plebis auf das Ianiculum und legten das Leben in der Stadt praktisch lahm, was für den Staat in der letzten bedeutsamen Auseinandersetzung mit den Etruskern besonders folgenschwer sein konnte. Der Senat ernannte den Plebeier Q. Hortensius zum Dictator mit der Aufgabe, die Ordnung wiederherzustellen. Dem diente die Einigung zwischen Patriziern und Plebeiern darüber, daß die Beschlüsse der Plebeierversammlung (plebiscita) von nun an für alle Römer Gültigkeit haben sollten (lex Hortensia). Diese auf den ersten Blick schwer verständliche Regelung bezeichnete das Ende des Ständekampfes. Denn erklärlich ist sie nur unter der Voraussetzung, daß es zum Ausgleich und zur weitgehenden Interessenidentität der Patrizier und der Führer der Plebeier gekommen war.

b. Roms Gewinn der Vorherrschaft in Italien

Nicht nur als Wirkung der Keltenkatastrophe von 387 löste sich das latinisch-römische Bündnis auf, sondern auch, weil die Bergvölker des Apennin, vor allem die Volsker, erneut nach Latium einfielen.

Als 361 wieder plündernde Keltenscharen in Latium auftraten, bedeutete das, so paradox das klingen mag, den Anstoß zum erneuten Machtaufbau Roms. 360 konnte Rom die Gallier und die mit ihnen verbündeten Tiburtiner schlagen. Angesichts dieser Tatsache und der erneut vor Augen stehenden Keltengefahr schlossen sich 358 die meisten Latiner mit Rom wieder in einem Bündnis zusammen, wobei die Römer diesen Schritt durch privatrechtliche Zugeständnisse (conubium und commercium) an die Verbündeten honorierten. Durch einen militärischen Erfolg Roms konnten 358 die Herniker im südöstlichen Latium ebenfalls zum Beitritt veranlaßt werden. Rom gewann damit Zugang zum Liristal.

Diese neue politische Situation in den 50er Jahren ermöglichte den Römern, sich der wiedereinsetzenden, auf ihre Salzproduktion gerichteten Angriffe der Etrusker zu erwehren. Es kam zu einem vorteilhaften Frieden. Caere unterwarf sich und erhielt die Rechte einer sogenannten Halbbürgergemeinde.

Aus der Verteidigung heraus gelangen Rom in dieser Zeit auch wesentliche Erfolge im Süden. Die Volsker verloren das im südlichen Latium besetzte Gebiet, der volskische Sperrriegel wurde gesprengt. 346 wurde die wichtige Seestadt Antium römisch – möglicherweise war in dieser Zeit auch bereits Terracina zurückerobert worden. Damit gehörte seit den 40er Jahren des 4. Jh. die latinische Küste mit ihrem Hinterland zum Machtgebiet Roms, das nunmehr vom südlichen Etrurien bis an den Aurunkersperriegel reichte. Große Teile des eroberten Landes waren von den römisch-latinischen Siegern annektiert worden. Städte und Stämme hatten Bündnisverträge mit Rom eingehen müssen. Die Stadt war damit bereits über das Machtstadium von vor 387 hinausgelangt.

Eine neue Situation trat auch südöstlich von Latium ein. Die oskischen Bergstämme der Samniten hatten sich in der Mitte des 4. Jh. zu einem Bund zusammengeschlossen, der seine Energien auf die Okkupation der fruchtbaren Ebene Campaniens richtete. Eine erste militärische Berührung zwischen Rom und den Samniten fand 343 statt, als jenes von Capua gegen eine samnitische Volksgruppe zu Hilfe gerufen wurde. Rom folgte der Aufforderung, denn es konnte der Machterweiterung der Samniten an seiner Südostflanke nicht tatenlos zusehen. Die Begegnung endete mit einem römischen Erfolg. Capua und die an das südliche Latium angrenzenden Aurunker traten in ein Bündnisverhältnis zu Rom. Dieser Machtanstieg war offenbar für die Latiner das Signal zu einem Aufstand, um sich gewissermaßen im letzten Moment aus der zunehmenden römischen Hegemonie zu befreien. Der Latinerkrieg (340–338) endete mit der politischen Vernichtung der Latiner. Ihr Bund wurde aufgelöst, eine ganze Reihe von Gemeinden und deren Bewohner dem römischen Staat einverleibt. Andere blieben zwar Bündner Roms, aber der Verkehr untereinander wurde ihnen verboten (Tibur, Praeneste, Cora).

Die darauffolgende Phase der halbinsel-italischen Geschichte dauerte bis 265. Es war die Zeit der Samnitenkriege, an denen freilich nicht nur der Samnitische Bund, sondern zeitweise fast ganz Italien beteiligt waren. Den Auftakt stellte der Anschluß Neapels an das römische Bündnissystem dar. Daraufhin erklärten die Samniten Rom 326 den Krieg, der Zweite Samnitenkrieg (326–321; 316–304) begann. Rom versuchte, den Gegner durch Vordringen in sein Gebiet zu treffen. Aber in ihrer der gebirgigen Landschaft angepaßten Bewaffnung und Taktik waren die Samniten überlegen und errangen einen klaren militärischen Erfolg. Die römischen Truppen mußten 321 alle Waffen zurücklassen und bei Caudium (zwischen Nola und Benevent) unter einem aus Speeren gebildeten Joch hindurchziehen. Die Sieger demonstrierten damit, daß sie die Gefangenen nur aus Gnade freigelassen hatten.

In kurzer Zeit wurde jetzt das römische Heer in seiner Bewaffnung und Organisation reformiert und schlagkräftiger gemacht (Manipulartaktik, Einführung des Wurfspeers, pilum). Außerdem ergriffen die Römer die Gelegenheit, Samnium politisch einzukreisen, indem sie 317 auf ein Bündnisgesuch einiger nordapulischer Gemeinden eingingen. Die Folge war der Wiederausbruch des Krieges. Der Versuch, Samnium auch im Rücken zu treffen, wurde militärisch fortgesetzt durch die Anlage der Kolonie Luceria in Nordapulien 315. Die Samniten stießen nun ihrerseits nach Latium vor und vernichteten 315/314 bei Lautulae (östlich von Terracina) ein römisches Heer. Die Aurunker und Capua fielen ab. Die Gegenaktionen Roms zielten deshalb auf die Sicherung der südlichen Grenze seines Einzugsgebietes. Die Römer okkupierten Teile des Territoriums der Aurunker und Capuas und gründeten darauf eine Reihe von Kolonien (Fregellae, Interamna, Suessa). Samnium wurde an seiner Grenze nach Latium militärisch zerniert. 312 ließ der Censor Appius Claudius Caecus die berühmte Via Appia bis Capua erbauen, primär für den militärischen Nachschub. Der Krieg endete 304, ohne daß das Machtverhältnis zwischen Rom und den Samniten sich unmittelbar verändert hätte. Aber u.a. wurde durch den Abschluß neuer Bündnisse (in Apulien und im Apennin) und die Anlage von Kolonien die Position Roms außerhalb Samniums ohne Frage verbessert.

Die Zeit bis zum Ausbruch des Dritten Samnitenkrieges benutzten die Römer zur Klärung ihres Verhältnisses zu den Aequern und Sabinern ostwärts und nordwärts von Rom. Im Jahre des Friedensschlusses 304 wurde der größte Teil des Aequergebietes dem römischen Territorium einverleibt; andere Stämme des Zentralapennin traten in ein Bundesverhältnis (Marser, Paeligner u.a.).

Der Dritte Samnitenkrieg brach 298 aus, als ein römisches Heer die Anhänger Roms in Lukanien gegen die dortigen Samnitenfreunde unterstützte. Dieser Krieg erhielt einen anderen Charakter als die vorhergegangenen, weil Rom in einen Zweifrontenkrieg verwickelt wurde und sowohl im nördlichen Mittelitalien als auch gegen die Samniten kämpfen mußte. So standen Etrusker (vor allem Volsinii), Umbrer, Kelten und Sabiner auf der Seite der Gegner Roms. Eine wesentliche Entscheidung fiel 295 bei Sentinum in Umbrien, als der nördliche Teil der antirömischen Koalition, besonders die Kelten, vernichtend geschlagen wurde. Die Kelten zogen ab, etruskische Städte gingen Bündnisse mit Rom ein (294).

Eine entscheidende Voraussetzung zum Sieg im Süden war die Anlage des römischen Stützpunktes Venusia auf samnitischem Gebiet nahe der Grenze zwischen Apulien, Lukanien und Samnium im Jahr 291. Zwanzigtausend Kolonisten sollen dort angesiedelt worden sein. 291 kam es so erneut zu einem Frieden auf dem Status quo. Roms Stellung war gestärkt. Die einheitliche Führung auf römischer Seite hatte sich gegenüber der Koalition der Italiker bewährt.

290 wurden in Mittelitalien die Sabiner endgültig unterworfen. Sie verloren ihre Selbständigkeit. Roms Macht erstreckte sich somit nach der Anlage der Kolonie Hadria 289 am Adriatischen Meer quer durch die Halbinsel, eine günstige Voraussetzung für die weitere Auseinandersetzung zwischen den Samniten und Römern.

In den 80er Jahren des 3. Jh. kamen Rom und seine Verbündeten im Norden noch einmal in eine gefährliche Situation. 284 fielen die Kelten zum wiederholten Mal in Etrurien ein und schlugen ein römisches Heer bei Aretium (Arezzo). Etruskische Städte schlossen sich ihnen an. Aber 60 km vor Rom konnte in einer Schlacht am Vadimonischen See die Bewegung aufgehalten werden. Rom setzte sich im Norden nun tatsächlich durch. Vulci, Tarquinii und andere etruskische Städte mußten 281 Land abtreten und in ein festes Bündnis willigen. Andere Etrusker schlossen sich freiwillig an. Von den Kelten wurde das Land zwischen Ancona und Ariminum (Rimini) (ager Gallicus) gewonnen.

Diese Beruhigung im Norden war für die Römer angesichts der im Süden eintretenden Verwicklungen dringend notwendig. Dort hatte die griechische Stadt Thurioi die Unterstützung Roms gegen die Lukaner gewonnen, die angesichts der inzwischen eingetretenen römischen Übermacht zu den Samniten tendierten. Damit zog sich die Tiberstadt aber auch die Gegnerschaft Tarents zu, das dieses Gebiet als zu seinem politischen Interessenbereich gehörend ansah. 282 kreuzte eine römische Nachschubflotte entgegen einer Abmachung vom Jahre 302 offenbar recht arglos im Golf von Tarent auf. Die Tarentiner versenkten einige römische Schiffe und vertrieben auch die römische Schutzmacht aus Thurioi. Als Tarent darüber hinaus eine Gesandtschaft, die die Angelegenheit auf diplomatischem Wege bereinigen wollte, desavouierte, erklärte Rom den Krieg. Es entfachte damit einen Brand in ganz Süditalien. Die Samniten, Lukaner und Bruttier traten auf die Seite Tarents. Aber der Konflikt weitete sich noch über Süditalien hinweg aus. Tarent rief nämlich 281, entsprechend seiner Tradition, Söldnerführer aus Griechenland heranzuziehen, Pyrrhos von Epeiros zu Hilfe. Dieser hatte seine Möglichkeiten, den makedonischen Thron zu erwerben, sinken sehen und nahm das Angebot an, wohl in der Hoffnung, in Süditalien seine ehrgeizigen Machtpläne realisieren zu können. Er verfügte über die modernen Mittel der hellenistischen Kriegstechnik (unter anderem über Kriegselefanten). Daher schlug er das römische Heer sowohl 280 bei Herakleia am Golf von Tarent als auch 279 unter schweren eigenen Verlusten bei Ausculum in Apulien. 280 war er sogar für kurze Zeit bis nach Latium vorgedrungen. Er bot daraufhin Rom den Frieden an, weil er dadurch die Hand freibekommen wollte, um in den Kampf der Griechen mit den Karthagern auf Sizilien einzugreifen. Die Römer lehnten das Angebot ab, inzwischen (279) mit materieller Hilfe von Karthago ausgestattet. Trotzdem kam Pyrrhos dem Hilfegesuch sizilischer Griechen nach und verließ unter Zurücklassung geringer Truppen den unteritalischen Kriegsschauplatz. Damit gewann Rom dort wieder die Oberhand. Auch als Pyrrhos 275 von Sizilien zurückkehrte, gelang ihm in der Schlacht von Benevent kein entscheidender Erfolg. Er verließ danach endgültig Süditalien, um in die Auseinandersetzung um den Thron von Makedonien einzugreifen. Damit war im Grunde die Entscheidung gefallen. Bis 272 überwand Rom die Koalition seiner italischen Gegner. Die griechischen Städte wie auch Lukaner und Bruttier traten in das römische Bündnissystem ein. Der Samnitische Bund wurde aufgelöst, Teile seines nördlichen Gebietes dem römischen Staatsareal eingegliedert und darauf Kolonien angelegt; der andere Teil mußte ein Bündnis mit Rom abschließen. Rom hatte die unbestrittene Vorherrschaft in Italien erreicht und rückte ein in die Reihe der damaligen Mittelmeermächte.

2. Rom zu Beginn des 3. Jahrhunderts

a. Die römische Organisation Italiens

Abgesehen von Oberitalien, das noch nicht zu Italien gerechnet wurde, war mit den Jahren 272/270 die gesamte Halbinsel in römischer Hand. Das Machtgebiet hatte sich von rund 800 km^2 am Ende der Königszeit auf ca. 130000 km^2 um 265 v. Chr. vergrößert. Die Ausdrücke „Italische Wehrgemeinschaft", „Italischer Bund" oder „Römische Organisation Italiens" dafür sind leicht irreführend. Von einem Bund kann nicht gesprochen werden. Rom hatte eine eindeutige Führungsrolle inne, der sich alle Angehörigen des Herrschaftsbereiches unterordnen mußten. Wenn man mit dem Ausdruck „Organisation" die Vorstellung einer einheitlichen Administration verbindet, so ist auch dieser Terminus nicht angemessen. Eine römische Verwaltung Italiens durch den Stadtstaat Rom wurde nicht geschaffen. Am ehesten spricht man vom „römischen Bundesgenossensystem in Italien".

Das Verhältnis der Italiker zu ihrer Vormacht war in sehr unterschiedlicher Weise geordnet; die Römer gebrauchten für ihr Machtgebiet in Italien die Formulierung „Romani socii nominisve Latini". Die Ungleichheit des Verhältnisses ist im Grunde das Ergebnis der sich über mehr als 100 Jahre hinziehenden Herrschaftsausdehnung. Es lassen sich folgende Teile der Organisation unterscheiden: Römisches Gebiet im engeren Sinne war der sogenannte ager Romanus, der durch Land besiegter Gegner im Laufe der Zeit – und das gilt primär in Mittelitalien und im nördlichen Samnium – auf ca. 24000 km^2 erweitert worden war. Hier trat der eigentliche Verlust der ehemaligen Gegner ein. Sofern die Bewohner nicht überhaupt vernichtet oder vertrieben worden waren, ließ man ihnen in bestimmter Form kommunale Selbstverwaltung. So entstanden einmal die sogenannten Halbbürgergemeinden, civitates sine suffragio, deren Bewohner nur die Pflichten (besonders die Dienstpflicht in den römischen Legionen), nicht aber die politischen Rechte eines Römers besaßen. Sie waren im Besitze eines geminderten Bürgerrechts, das im 4. Jh. zuerst Caere, später dann u.a. volskische Städte und die Sabiner gewannen. Diesen Gemeinden verwandt waren die municipia auf römischem Territorium. Sie besaßen Selbstverwaltung, ihre Bewohner aber im Gegensatz zu den Bürgern von Halbbürgergemeinden das volle römische Bürgerrecht, d.h., sie konnten an der römischen Volksversammlung in Rom teilnehmen und dort abstimmen. Diese Regelung war nach 338 für die unterworfenen latinischen Städte getroffen worden. Allmählich erreichten auch die Halbbürgergemeinden diesen Zustand.

Römische Städte waren auch die auf erobertem Territorium angelegten Bürgerkolonien, deren Bewohner bei einer gewissen Selbstverwaltung das volle römische Bürgerrecht besaßen. Im Gegensatz zu den Municipien befanden sich diese Siedlungen fern von Rom und dienten dem Zweck der militärischen Sicherung, wie schon im 4. Jh. an der latinischen Küste z.B. Terracina. Die gleiche Funktion nahmen – und wegen ihrer Zahl in bedeutenderem Maße – die latinischen Kolonien ein. Sie waren vor 340, d.h. vor dem Latinerkrieg, von Rom und dem Latinischen Bund gemeinsam angelegt worden. Nach dem Ende der Selbständigkeit Latiums 338 behielten die Römer diese Form bei. Die Kolonien erhielten aus der okkupierten Landmasse ein eigenes – nicht römisches – Territorium und waren auf diese Weise theoretisch Bundesgenossen Roms. Da ihre Siedler, vorwiegend aus der ärmeren römischen Bevölkerung, in diesen Kolonien ihre Existenzgrundlage gewonnen hatten, bestand hier eine besonders enge Verbindung zur römischen Macht.

Das Gebiet der latinischen Kolonien machte um 12000 km^2 aus, das der Bundesgenossen, socii, betrug 94000 km^2. Die Bündner, z.B. die griechischen Seestädte in Unteritalien, hatten einen ewigen, unauflöslichen Bundesvertrag mit Rom geschlossen. Das bedeutete die Unmöglichkeit einer selbständigen Außenpolitik und die Einschränkung ihrer Souveränität. Auch waren ihnen so Verbindungen mit anderen Bündnerstaaten verboten. Die Leistung dieser socii bestand darin, daß sie Truppen, in eigenen Einheiten, stellen mußten (auxilia). Tribute hatte niemand von ihnen zu leisten. Wenn man bedenkt, daß die Zahl der waffenfähigen Nichtrömer innerhalb des römischen Bundesgenossensystems in Italien annähernd doppelt so groß war wie die der Römer, war ihre militärische Verpflichtung vergleichsweise weniger belastend.

b. Gesellschaft, Verfassung und Recht

Mit Abschluß der Ständekämpfe am Anfang des 3. Jh. war die „klassische Republik" im wesentlichen ausgebildet. Sie bestand bald ihre Bewährungsprobe und blieb bis zum letzten Drittel des 2. Jh. v. Chr. im großen ganzen unangefochten.

Die wesentlichen Träger der staatlichen Ordnung waren bei einer erschlossenen Zahl von rund 900000 erwachsenen männlichen Bürgern die Angehörigen der Nobilität. Im Vergleich mit dem alten patrizischen Adel der frühen Republik war das eine neue Adelsschicht: Im Laufe der Ständekämpfe hatte sie sich – als Leistungsaristokratie – dadurch herausgebildet, daß plebeiische Familien Zugang zu den höheren Staatsämtern erhielten. Der neue Adel bestand demnach aus den patrizischen und einer Reihe von plebeiischen Geschlechtern.

Der größte Teil der plebeiischen Familien, die im 4. Jh. den Zugang zum Konsulat errungen hatten, verschwand bald wieder aus der Nobilität, während sich andere halten konnten. Mit Abschluß des 1. Drittels des 3. Jh. standen im großen ganzen die plebeiischen Familien fest, die als selbstverständlich und fest zur Nobilität gehörend galten. In diese einzudringen wurde seit der Mitte des 3. Jh. immer schwieriger. Die patrizisch-plebeiische Aristokratie war ein abgeschlossener Kreis geworden. Derjenige galt als homo novus, dem es gelungen war, als erster seiner Familie das Konsulat zu erreichen; und auch das war nur möglich durch die Unterstützung einflußreicher Familien der Nobilität. In der Zeit von 367/366 bis in die 1. Hälfte des 1. Jh. v. Chr. erreichten annähernd 15 „Neulinge" das höchste Staatsamt, während von 200 Konsulstellen im 3. Jh. 80% an nur 26 Familien gingen. Innerhalb der Nobilität gab es also eine Gruppe von Familien, deren politischer und gesellschaftlicher Einfluß besonders stark war. Zu ihnen gehörten die plebeiischen Fulvii und Licinii, die patrizischen Cornelii, Fabii, Claudii und Aemilii. Die größte Zahl der Konsulate der Zeit 367/366 bis zum Ausgang der Republik hatten Angehörige dieser gentes inne. Auch dabei fielen die Cornelii mit ihren 63 Konsulaten noch aus dem Rahmen.

Der junge Angehörige des Senatorstandes begann seine höhere Karriere als Quaestor, wurde dann tribunus plebis, wenn er aus plebeiischem Geschlecht stammte, oder kurulischer Aedil, wenn er Patrizier war. Eine Fixierung der Ämterlaufbahn, des cursus honorum, was Lebensalter und Reihenfolge angeht, erfolgte erst durch die lex Villia annalis 180. Sulla hat später, 81, dieses Gesetz noch modifiziert. So wurde man nicht vor dem 31. Lebensjahr Quaestor, nicht vor dem 40. Jahr Praetor und nicht vor dem 43. Lebensjahr Konsul. Aber bereits durch die Bekleidung der Quaestur erlangte man den Zugang zum Senat. Censoren wurden in der Regel nur ehemalige Konsuln.

Im Senat hatten die ehemaligen Konsuln und Censoren, die consulares und censorii, das entscheidende politische Gewicht. Die Angehörigen der niedrigeren Ränge traten dort meist nur als stille Unterstützer der von jenen initiierten Politik auf.

Zu den Charakteristika der „klassischen Republik" als „Adelsstaat" gehörte das Prinzip der Kollegialität und der Annuität: Mit Ausnahme des für besondere Zwangssituationen eingesetzten Dictators hatte jeder Amtsträger einen Kollegen, dessen Einspruch seine Aktivität sistierte, die außerdem auf ein Jahr begrenzt war. Beide Prinzipien wirkten dem Aufbau persönlicher Macht entgegen und wurden u.a. als Element der republikanischen Freiheit angesehen.

Andererseits aber galt der römische Konsul mit seiner umfassenden Amtsgewalt, dem imperium, nicht etwa als Werkzeug der Staatsgewalt, als Beamter in unserem Sinne, sondern als deren Inhaber und Repräsentant. Diese Tatsache ist um so bedeutsamer, als es keine Trennung von Zivil-, Militär- und Polizeigewalt gab.

Neben den Magistraten standen die Volksversammlungen, denen Wahlen, Gesetzgebung, Erklärung von Krieg und Frieden oblag. Dazu fanden alle wichtigen Staatsprozesse vor ihrem Forum statt. Meint man dementsprechend freilich, eine starke, womöglich demokratische Position der Volksversammlungen (comitia), wie die griechischen Staatstheoretiker behaupteten, erkennen zu können, so steht dem die Tatsache entgegen, daß das Initiativ- und Anklagerecht wie die Durchführung der Wahlen bis hin zur Verkündigung der Ergebnisse allein in der Macht der Magistrate lag. Dazu kommt, daß die comitia centuriata den wohlhabenden Bürgern den größten Einfluß gaben. In der Form, wie sie sich bis zum Ende des 4. Jh. herausgebildet hatte, bestand die „Zenturienordnung" aus 193 Centurien. Sie setzten sich zusammen aus 18 centuriae der Ritter (equites), 80 der 1. classis, je 20 der 2.–4. classis, 30 der 5. classis und 5 derer, die unter der Mindestvermögensgrenze lagen. Damit war ein extremes Klassenstimmrecht organisiert, da in den Centurien der obersten Vermögensklassen viel weniger Leute eingetragen waren als in den unteren.

Das tatsächliche Zentrum der politischen Macht war der Senat mit seinen 300 Mitgliedern. Dadurch, daß die ehemaligen Amtsträger in ihn eintraten, konzentrierte sich in ihm die politische und administrative Erfahrung, ganz abgesehen davon, daß er bei dem jährlichen Ämterwechsel die politische Kontinuität wahrte. Im Senat saßen die Häupter einer gesamten gesellschaftlichen Gruppe, der Senatsaristokratie, und bildeten dort den politischen Willen dieser Schicht. Es wäre im Normalfall für den einzelnen Amtsträger gleichsam politischer Selbstmord gewesen, sich kraß gegen die Senatsmehrheit und deren Meinung zu stellen. Deshalb war das senatus consultum kein mehr oder weniger unverbindlicher Ratschlag, sondern ein politisch verbindlicher Auftrag. Zu einem Instrument der Senatspolitik, gegebenenfalls auch gegen die Magistrate, war seit der Beendigung der Ständekämpfe immer mehr das Volkstribunat mit seiner im ius intercedendi liegenden, andere Amtsträger hindernden Kompetenz geworden.

In einem Bereich der politischen Tätigkeit hat der Senat im Laufe der Zeit die Kompetenzen unmittelbar an sich gezogen: Die Führung der Außenpolitik, die Verhandlungen mit auswärtigen Gesandten, lag bei ihm.

Betrachtet man die Ordnung der klassischen Römischen Republik im Zusammenhang, so bleibt bemerkenswert, daß sie überhaupt funktionierte. Denn es gab vielseitige Möglichkeiten zur Lahmlegung der politischen Aktivität, z. B. durch die Kollegialität und die hindernden Kompetenzen (veto) der Volkstribunen. Daß diese Staatsorganisation nicht an innerer Schwäche und an Spannungen zerbrach, lag in den Kräften und Gegebenheiten des sozialen Gefüges Roms begründet. Die politische und soziale Spitze genoß weitgehende Anerkennung, nicht zuletzt als Ergebnis des die Ständekämpfe beendenden Ausgleichs. Die gesellschaftliche Hierarchie des römischen Volkes, d. h. die Adelsfamilien mit den im Abhängigkeitsverhältnis zu ihnen stehenden Klienten, war ein stabilisierendes Moment. Die führende Gesellschaftsschicht ließ ihrerseits so viel Zusammengehörigkeitsbewußtsein entstehen, daß sie bei Auseinandersetzungen ihre Streitigkeiten zu glätten vermochte. Ein Mittel dazu war u. a. die selbstverständliche Berufung auf den mos maiorum und der Wille, gegen Unregelmäßigkeiten und Abweichungen vom gesellschaftlichen Brauch durch die Amtsführung der Censoren streng vorzugehen. Nur diese Haltungen konnten, das mußte der Oberschicht klar sein, ihre Spitzenstellung erhalten.

Zum Bild der klassischen Römischen Republik gehören auch einige zentrale Elemente der Rechtspflege und der beginnenden Rechtswissenschaft. Die Ständekämpfe hatten die Lösung des Rechts aus der alleinigen Verfügbarkeit durch die patrizischen Pontifices gebracht. Man hielt an der Auffassung fest, daß der Staat nicht in Rechtsstreitigkeiten zwischen Bürgern zu entscheiden habe. Im römischen Zivilrechtsverfahren erhob der Kläger Klage vor dem Praetor (in iure), dem für die Rechtspflege zuständigen Beamten. Dieser stellte die jeweils einschlägigen Rechtsnormen fest und bestellte einen – privaten – Richter, der den Fall zu entscheiden hatte (apud iudicem). Die Entwicklung der Rechtsnormen mit Hilfe privater Rechtsgelehrter war mit die wichtigste Tätigkeit der Praetoren. Diese durch Amtsgewalt (ius honorarium) geschaffenen Grundsätze wurden im edictum der Stadtpraetoren niedergelegt. Auf diese Weise konnte die Rechtsprechung an die soziale und wirtschaftliche Entwicklung angepaßt werden.

Der Bereich der Strafrechtspflege – vieles, was Spätere dieser zuordneten, galt in der klassischen Republik als Teil des zivilen Rechts – lag teils als Polizeigewalt (Koerzitionsrecht) bei den Höchstmagistraten, teils im sogenannten Komitialprozeß bei der Volksversammlung, für die Beamte die Voruntersuchung durchführten. Später (2./1. Jh.) allerdings wurden für diesen Rechtsbereich eine Reihe von Strafgerichtshöfen als Geschworenengerichtshöfe (quaestiones perpetuae) eingerichtet, die für bestimmte Delikte damit an die Stelle der Komitialgerichte traten.

Auch im Bereich des Heerwesens erschien Rom in der 1. Hälfte des 3. Jh. konsolidiert. Mit Abschluß der römischen Machtausdehnung in Italien besaß Rom eine Heeresstärke, die selbst der hellenistischer Staaten überlegen war. 225 v. Chr. zählte man ca. 700 000 Mann zu Fuß und 70 000 Reiter. Diese Zahlen umfassen auch die Wehrfähigen der Bundesgenossen, die – im ganzen wohl etwas mehr als die Hälfte des Aufgebots – in eigenen Einheiten unter eigenen Offizieren dienten. Hinzu kamen außerdem noch die Schiffe der griechischen socii navales aus Unteritalien.

Aber nicht nur zahlenmäßig, sondern auch militärtechnisch hatte sich als Ergebnis des ausgehenden 4. Jh. Roms Heeresstärke erheblich erhöht. Nach den ersten Erfahrungen mit den italischen Gegnern, zumal mit den Samniten, gingen die Römer von der bisherigen langen Lanze und dem Bronzeschild ab; sie übernahmen aus dem zentralsamnitischen Raum die kleinere Wurflanze, das Pilum, und deckten ihre Soldaten mit einem leichteren, türartigen Schild. Wesentlich war auch, daß sie die starre Phalanx aufgaben und sie durch Aufgliederung in kleinere, freilich nicht völlig voneinander getrennte Einheiten beweglicher machten. Man spricht hier von der Manipeltaktik (manipulus = eine Handvoll).

C. Wirtschaft

Auch die Wirtschaft Roms und Italiens hatte inzwischen einen neuen Zuschnitt gewonnen. Um 300 begann die Prägung römischer Bronzemünzen (aes grave). Bisher benutzte man als Wertäquivalent Vieh und später rohes, abgewogenes Kupfer (aes rude). Die neuen Münzen setzten sich schnell durch. Kurze Zeit später, seit etwa 270, wurden dann bereits römische Silbermünzen – mit dem Bild der Wölfin und der Darstellung von Romulus und Remus – ausgegeben. Erst einige Zeit später setzten sich römische Silbermünzen führend in Italien durch.

Die Einführung der Geldwirtschaft weist auf einen umfangreichen Handel hin; die Ausdehnung in Italien und die Verbindung zu den unteritalischen Griechenstädten vor allem hatten ihn ermöglicht und angeregt. Wenn Rom 273 mit Ptolemaios II. von Ägypten einen Freundschafts- und Handelsvertrag schloß, so erfaßte die römisch-italische Handelstätigkeit offenbar auch bereits den Osten des Mittelmeergebietes.

Damit stellte die Agrarproduktion nicht mehr die einzige Basis der römischen Wirtschaft dar, neue Einkommensmöglichkeiten waren erschlossen. Das 4. Jh. hatte bereits eine stärkere Lösung des Handwerks aus der agrarischen Hauswirtschaft gebracht. Dabei empfing das Metall- und Baugewerbe starke Einflüsse von den Etruskern, während das campanische Töpferhandwerk unter griechischem Einfluß stark aufblühte und den entsprechenden Gewerbezweig in Rom nicht unerheblich beeinflußte. Trotzdem war die Agrarwirtschaft nach wie vor herrschend; es wurde nun auch über den Eigenbedarf hinaus produziert. Im Norden lag das Schwergewicht beim Getreideanbau, im Süden überwogen der Anbau von Wein, Ölbäumen und die Viehwirtschaft.

Mit einer für seine Verhältnisse relativ modernen Wirtschaft sollte Rom im 3. Jh. den Schritt in die weitere mediterrane Politik wagen.

D. Geistiges Leben

Die stärkere Berührung mit fremden Kulturen in der italischen Phase der römischen Geschichte zeigte sich auch im Bereich des geistigen Lebens. Vor allem griechische Elemente machten sich bemerkbar. Auch die nach wie vor vorhandenen etruskischen Einflüsse hatten zunehmend eine griechische Komponente.

Das 4. Jh. brachte die endgültige Fassung der offiziellen Religion Roms. Verantwortlich für diese war das Priesterkollegium der pontifices. In Kenntnis des Kultes entwarfen sie die Regeln, durch deren Befolgung das Wohlwollen der Götter errungen werden konnte. Da sie den religiösen Wert der Tage kannten, führten sie auch den Kalender des Staates.

Neben den pontifices stand das Kollegium der Auguren, das die von den Göttern gesandten Zeichen zu interpretieren hatte. Es erhielt dadurch eine beachtliche Stellung im politischen Leben, daß die Römer vor Vollzug öffentlicher Handlungen den Willen der Götter zu erforschen pflegten (auspicium).

Im Bereich der Religion ist zwischen den an das politische Leben gebundenen Riten bzw. Kulten und dem individuellen Verhältnis zum Göttlichen zu unterscheiden. In der Bevölkerung läßt sich allgemein eine starke Aufmerksamkeit für das Übernatürliche feststellen. Immer waren die Römer bereit, neue Kulte und Götter zu übernehmen. Um so leichter konnten, besonders seit dem 3. Jh., griechische Götter Eingang finden, denen man auch seit der römischen Machtausdehnung über Mittelitalien hinaus begegnete. Ein besonderes Priesterkollegium war mit der Prüfung und Einführung neuer Kulte und Götter beschäftigt. In einem feierlichen Akt überführte man z.B. 293 aufgrund eines Spruches der Sibyllinischen Bücher den Heilgott Asklepios aus Epidauros nach Rom. Damals wurde die Stadt von einer Seuche heimgesucht. Auch andere griechische Götter tauchten nun mit lateinischen oder latinisierten Namen in Rom und Italien auf, z.B. Persephone – Proserpina.

Charakteristisch für die römische Religion war neben dem Glauben an individuelle Götter (Saturnus, Juppiter, Mars, Quirinus, Vesta u.a.) die Vorstellung von einem Universum göttlicher Kräfte, die, wenn auch nicht individuell, so doch konkret waren (Salus, Fides). Offenbar wurden sie schon seit früher Zeit verehrt. Seit dem Ende des 4. Jh. errichteten die Römer – und das wohl unter griechischem Einfluß – vielen dieser „Eigenschaftsgötter" Tempel. Immer zahlreicher wurden auch die Götterbilder, bei denen man sich stark von griechischen Vorstellungen leiten ließ. Nach griechischem Vorbild ließ Fabius Pictor einen Tempel zu Beginn des 3. Jh. ausmalen.

XIV. Das Zeitalter der Ausdehnung Roms im Mittelmeergebiet

A. Roms Weg zur Vorherrschaft im westlichen Mittelmeergebiet

Kaum war 270 die italische Phase der römischen Außenpolitik beendet, da geriet Rom 264 in den Kampf mit Karthago und überschritt damit die Grenzen Italiens. Anfänglich wurden die Römer in den Waffengang mit Karthago dadurch hineingezogen, daß sie ihrer neugewonnenen italischen Stärke wegen als Bündnispartner gesucht waren. Auch kann eigenes Sicherheitsinteresse einen Ausschlag gegeben haben, sich in Sizilien militärisch zu engagieren. Im übrigen sind die politischen Motive, die die Römer zum Ausgreifen nach Sizilien bewogen, und insbesondere, ob sie „imperialistischer" Natur waren, umstritten.

In Messana (Messina) hatten sich seit den 80er Jahren des 3. Jh. ehemalige campanische Söldner des Agathokles von Syrakus, die Mamertiner, eingenistet, die griechische Bevölkerung vertrieben und auch das Hinterland heimgesucht. Als Syrakus versuchte, gegen sie vorzugehen, versicherten sie sich der Unterstützung anderer Mächte. Eine Gruppe von ihnen holte 264 die im Westen Siziliens stehenden Karthager zu Hilfe und übergab ihnen die Burg der Stadt. Die anderen wandten sich an Rom. Die Mehrheit des römischen Senats verhielt sich ablehnend, während sich die Volksversammlung für ein Eingreifen aussprach. Als vor Messana das römische Expeditionskorps erschien, zog sich zwar die karthagische Besatzung aus der Stadt zurück, aber Karthago ließ es angesichts seiner sizilischen Machtinteressen dabei nicht bewenden. Es schloß ein Bündnis mit Syrakus gegen Rom.

Daraus erwuchs ein über 20 Jahre dauernder Krieg zwischen Rom und Karthago (Erster Punischer Krieg 264–241), in dem es Rom, nachdem es in den Krieg mit Karthago hineingeglitten war, allmählich auf die Eroberung Siziliens anlegte.

Die Römer waren in diesem Krieg gezwungen, sich für den ihnen neuen Kampf zur See zu rüsten. Bereits 260 konnte C. Duilius bei Mylae in einer Seeschlacht siegen, wobei er ein neues Kriegsinstrument einsetzte: Auf Enterbrücken stürmten Soldaten auf die Schiffe der Punier hinüber, der Landkrieg wurde aufs Meer übertragen. 256/255 landete M. Atilius Regulus mit seinen Truppen an der afrikanischen Küste; Rom versuchte damit, den Krieg schnell zu beenden, aber ohne Erfolg. Römische Flotten wurden durch Karthager und Stürme vernichtet, karthagische Schiffe bedrohten die Küste

Italiens und damit den Bestand der römischen Machtorganisation auf der Apenninhalbinsel.

In der Mitte der 40er Jahre war der Krieg in Sizilien in einem Belagerungs- und Kleinkrieg im Grunde zum Stillstand gekommen, während Karthago nach den anfänglichen Rückschlägen die Überlegenheit zur See wieder erreicht hatte. In dieser Situation versuchte Rom, in einer besonderen Anspannung der Kräfte die Entscheidung herbeizuführen. Mit Unterstützung vor allem aus Privatmitteln wurde eine neue Flotte gebaut und ausgerüstet. Es gelang 241 C. Lutatius Catulus, einen umfangreichen, für die karthagischen Stützpunkte auf Sizilien bestimmten Versorgungstransport bei den Ägatischen Inseln zu vernichten. Den Puniern blieb nichts anderes übrig, als in den Frieden zu willigen, denn eine Flotte konnten sie nicht mehr aufstellen. Auch waren jetzt die Truppen in Lilybaeum und auf dem Eryx von jeder Versorgung abgeschnitten. Die Punier verloren die Besitzungen auf Sizilien an Rom und etwas später auch Sardinien (237). Dazu forderte Rom eine Kriegsentschädigung von 3200 Talenten, die die karthagische Wirtschaft 10 Jahre schwächen sollte; zu den Folgen gehörte ein Söldneraufstand in Nordafrika (241–237). Rom war zur Vormacht im westlichen Mittelmeergebiet geworden. Die römische Machtorganisation in Italien hatte sich bewährt.

In Karthago freilich gab man sich mit diesem Ergebnis nicht zufrieden. Man versuchte, einen Ausgleich zu schaffen. Unter Hamilkar Barkas, der die karthagischen Truppen in der zweiten Phase des Ersten Punischen Krieges in Sizilien geführt hatte, wurde 237 ein Heer nach Spanien gesandt; in kurzer Zeit waren wesentliche Bereiche der Iberischen Halbinsel in Besitz genommen. Damit konnten die bedeutenden Rohstoffvorkommen (besonders Silber und Eisenerz) Spaniens genutzt werden.

Von Gades (Cadiz) aus, das sich schon seit längerer Zeit im Besitz Karthagos befand, begann Hamilkar Barkas mit der Ausweitung des karthagischen Machtbereichs. Am Ende der 20er Jahre des 3. Jh. befanden sich der Süden Spaniens und große Teile der Ostküste mit Hinterland in der Hand der Punier. Städte wurden gegründet, so 230 Alicante von Hamilkar Barkas, Neukarthago (Cartagena) von dessen Nachfolger (seit 229) Hasdrubal. Die Barkiden erwarben in Spanien allmählich eine erhebliche Machtstellung, die es ihnen ermöglichte, gegebenenfalls auch ohne Zustimmung Karthagos Politik zu treiben. Immerhin hatten es Hamilkar Barkas und Hasdrubal keineswegs auf eine Auseinandersetzung mit Rom abgesehen. Das zeigte sich im sogenannten Ebrovertrag von 226. In ihm verpflichtete sich Hasdrubal, den Ebro nach Norden nicht zu überschreiten, d.h., jenes Gebiet als römischen Einflußbereich anzuerkennen. Hasdrubal nahm es auch hin, daß Rom mit der südlich des Ebro gelegenen Stadt Sagunt einen Bündnisvertrag schloß.

Als Hannibal, der Sohn von Hamilkar Barkas, 221 die Führung in Spanien übernahm, änderte sich die Lage. Er strebte danach, das Machtgebiet der

Barkiden weiter nach Norden hin auszudehnen. Daß dieses Ziel die Möglichkeit der kriegerischen Auseinandersetzung mit Rom bedeutete, scheint Hannibal einkalkuliert zu haben. Rom war auf einen Waffengang zu jenem Zeitpunkt keineswegs eingestellt.

Als im Frühjahr 219 Hannibal trotz römischer Warnungen das mit Rom verbündete Sagunt belagerte, ergriff Rom keine wirksamen Gegenmaßnahmen; es war zu sehr in Oberitalien und an der illyrischen Küste beschäftigt und wurde zudem durch eine innenpolitische Krise abgehalten. 218 brach Hannibal den Vertrag von 226, überschritt den Ebro und begann die Eroberung von Nordspanien. Eine römische Gesandtschaft richtete in Karthago gegen die Maßnahmen Hannibals nichts aus. Rom erklärte jetzt formell den Krieg (Zweiter Punischer Krieg 218–201); ein weiteres Zögern hätte eine zusätzliche Schwächung der eigenen Position bedeutet. Hannibal zeigte nun seine politische und militärische Weitsicht. Er erkannte, daß er der Gefahr eines römischen Angriffs auf Spanien und Karthago nur begegnen konnte, wenn er Italien selbst angriff. Die römischen Versuche, Hannibal wenigstens in Gallien festzuhalten, mißlangen. Mit seinem Heer von etwa 50000 Fußsoldaten, 9000 Reitern und 37 Elefanten erzwang er den Übergang über die Rhône und überschritt September/Anfang Oktober 218 die Alpen. Mit dem durch die Strapazen der Alpenüberquerung um etwa die Hälfte zusammengeschrumpften Heer und nur wenigen Kriegselefanten erschien Hannibal im Spätherbst 218 zum Entsetzen der Römer in Oberitalien, wo sich ihm die dortigen Kelten zum größten Teil anschlossen. Erfolge über ihm entgegengesandte römische Heere – 218 am Ticinus und an der Trebia sowie 217 am Trasimenischen See – eröffneten Hannibal den Zugang nach Mittelitalien und in den Süden, wo er 216 ein von beiden Konsuln der Römer befehligtes Heer in der großen Umfassungsschlacht bei Cannae vernichtete. Daraufhin fielen römische Bündner in Süditalien von Rom ab, und nur Mittelitalien blieb im wesentlichen an der Seite Roms.

Für die folgenden Jahre änderten die Römer nunmehr ihre Strategie. Sie versuchten, große Schlachten zu meiden, und erschwerten durch hinhaltende Kampfführung die Lage des Gegners, der wegen der Entfernung von der Basis auf eine schnelle Entscheidung angewiesen war.

Nach der Einnahme von Syrakus 212 begannen die Römer die Wiedereroberung der süditalischen Positionen. Demgegenüber verschlechterte sich die Lage Hannibals: Er litt unter Nachschubschwierigkeiten, nicht zuletzt deswegen, weil Rom bereits seit Beginn des Krieges die Übermacht auf dem Meere besaß. Mochten auch weite Teile Italiens, besonders Unteritaliens, verwüstet sein, die Flotte half Rom, seine und Italiens Versorgung aus Ägypten und Sizilien einigermaßen sicherzustellen. Zwar hatte Hannibal 215 ein Bündnis mit Makedonien gegen Rom geschlossen (Erster Makedonischer Krieg 215–205), aber kein makedonischer Soldat betrat italischen Boden.

Seit 210 v. Chr. gelang es, auch die karthagischen Gebiete Spaniens zunehmend in römische Hand zu bringen und Hannibal damit seiner Basis zu berauben. Große Verdienste erwarb sich dabei der junge P. Cornelius Scipio, der daraufhin 205 zum Konsul gewählt wurde. Er nahm die Auseinandersetzung mit Hannibal nicht in Italien auf, sondern setzte 204 nach Afrika über. Nun blieb Hannibal nichts anderes übrig, als zum Schutz von Karthago Italien zu verlassen und seinerseits nach Nordafrika zu segeln.

Das Ende des Krieges brachte der Sieg über Hannibal bei Zama 202. Ein Jahr später, 201, wurde ein gnadenloser Friedensvertrag geschlossen. Er bestimmte den Verzicht auf Spanien, die Auslieferung sämtlicher Kriegselefanten und beinahe aller Kriegsschiffe (500). Dazu kam die Verpflichtung, 10000 Talente Kriegsentschädigung in 50 Jahresraten zu zahlen. Am politisch wirksamsten war die Bestimmung des Vertrages, daß Karthago Kriege nur mit Zustimmung Roms führen und außerhalb Afrikas überhaupt nicht politisch aktiv werden durfte.

Das Jahr 201 bedeutete das Ende der karthagischen Vormachtstellung, während Rom zur Großmacht geworden war. Das hieß aber auch zugleich, daß es von den Zuständen und Ereignissen des gesamtmediterranen Raumes auf Dauer kaum isoliert bleiben konnte.

B. Rom in Oberitalien und Illyrien

Nach dem Ende des Ersten Punischen Krieges richtete Rom sein Interesse vorerst mehr auf Oberitalien. Dort waren Keltengruppen in Bewegung geraten und hatten u.a. einen Vorstoß nach Ligurien unternommen. Die Kelten erhielten einen erneuten Anstoß, als Rom Kolonisten in das Gebiet südlich von Ariminum (Rimini) schickte (ager Gallicus, 232). Sie drangen daraufhin 225 bis nach Mittelitalien vor. Es gelang, die eingedrungenen Kelten im selben Jahr bei Telamon, südlich von Pisa, zu schlagen. Bis zum Beginn des Zweiten Punischen Krieges versuchten die Römer, Oberitalien durch militärische Aktionen und die Anlage von Kolonien zu sichern. 222 errang M. Claudius Marcellus einen entscheidenden Sieg über die keltischen Insubrer bei Clastidium, und Cn. Cornelius nahm deren Hauptort, Mediolanum (Mailand), ein. Den Abschluß bildete die Anlage von latinischen Kolonien wie Placentia (Piacenza) und Cremona 218. Eine Konsolidierung der römischen Machtstellung in Oberitalien verhinderte aber der Zweite Punische Krieg. So kam es nach diesem Krieg zu einer Erhebung der Boier und Insubrer in Verbindung mit punischen Truppenresten (200). Im Jahre 200 wurde Placentia von ihnen genommen. Erst 191 hörten die dortigen Unruhen endgültig auf.

In den 20er Jahren des 3. Jh. war auch ein anderer Raum, die Adria und die illyrische Küste, deutlicher in das politische Bewußtsein Roms getreten. Durch die Entstehung eines Seeräuberstaates im Gebiet um die Bucht des heutigen Kotor waren griechische Kolonien an der dortigen Küste und Handelsinteressen Roms sowie anderer italischer Städte in Mitleidenschaft gezogen worden. Aber erst als diplomatische Schritte nichts fruchteten, gingen die Römer im sogenannten Ersten Illyrischen Krieg (229–228) gegen die Königin Teuta vor. Das Ergebnis war ein Friedensabkommen mit Tributzahlungen an Rom. Außerdem begaben sich die an der illyrischen Küste liegenden griechischen Städte (Epidamnos, Apollonia sowie Kerkyra) unter römischen Schutz. Damit hatte Rom an der dortigen Küste Fuß gefaßt und war in den Einflußbereich Makedoniens getreten. Die positive Reaktion der griechischen Öffentlichkeit brachte den Römern die Zulassung zu den Isthmischen Spielen und den Eleusinischen Mysterien.

Als dann 220 ein ehemaliger römischer Parteigänger, Demetrios von Pharos, in die Fußstapfen Teutas trat, seeräuberische Aktionen durchführte und daraufhin Rom dagegen anging, gerieten diese Teile der illyrischen Küste nach dem sogenannten Zweiten Illyrischen Krieg (219) noch fester unter römische Herrschaft.

C. Der Weg zur römischen Vorherrschaft im östlichen Mittelmeergebiet

Kurz nach Abschluß des Zweiten Punischen Krieges griff Rom in Machtstreitigkeiten im hellenistischen Osten ein. Die Situation war ähnlich wie 264. Auch jetzt entstand aus einer Einzelaktion ein längeres Engagement, das schließlich – 30 v. Chr. – zur Ausdehnung der römischen Macht im gesamten östlichen Mittelmeergebiet führte. Höchstwahrscheinlich folgten die Römer bei ihrem Eingreifen in die östlichen politischen Verhältnisse keinem langfristigen Eroberungsplan.

Die hellenistischen Staaten boten um das Jahr 200 kein Bild von Stabilität und engem Zusammenhang. Die Lage war vielmehr dadurch gekennzeichnet, daß mit dem inneren und äußeren Niedergang des Ptolemäerreiches die Ausgewogenheit des hellenistischen Staatensystems gestört war und sowohl Philipp V. von Makedonien als auch Syrien unter Antiochos III. versuchten, den „kranken Mann“ am Nil zu beerben (Küste Kleinasiens, südliches Syrien).

Philipp V. griff seit 202 über die Meerengen, in die Ägäis und an die kleinasiatische Küste aus. Damit waren auch die territorialen und die Handelsinteressen von Pergamon und Rhodos getroffen. 201 wandten sich Rhodos und Attalos I. von Pergamon an Rom um Hilfe. Schon ein Jahr vorher hatten die Aitoler wegen der makedonischen Vorstöße – freilich erfolglos – um Unterstützung gebeten. Nach einer Reihe von diplomatischen Versuchen begann der Zweite Makedonische Krieg (200–197) gegen Philipp V. In der römischen Oberschicht meinte man, vermutlich gerade nach den Erfahrungen mit Hannibal 218, den Anfängen einer Expansion wehren zu müssen. Der römische Senat wirkte auf die zögernde Volksversammlung ein, damit sie ihre Zustimmung zu einer Intervention im Osten gab. Noch im selben Jahr landete ein römisches Heer in Epeiros, und die Flotte Roms erschien vor dem Peiraieus. 197 siegte Rom, das sich in Griechenland auch auf die Hilfe des Aitolischen Bundes stützen konnte, unter der Führung des T. Flamininus über Philipp von Makedonien bei Kynoskephalai in Thessalien. In einem Friedensschluß verzichtete Makedonien auf die Herrschaft über Griechenland. In einer großen Zeremonie proklamierte ein Jahr später Flamininus während der Isthmischen Spiele bei Korinth die Freiheit der griechischen Bundesgenossen. Rom trat als Garantiemacht eines freien Griechenlands auf.

Kurze Zeit später rief man die Römer aus Griechenland und Kleinasien erneut zu Hilfe. Antiochos III. von Syrien versuchte 192 nun seinerseits, Boden in Griechenland zu gewinnen. Allerdings standen die Aitoler, die mit der Friedensregelung mit Makedonien unzufrieden waren, nun auf der Seite des Antiochos. Rom ergriff die Gelegenheit des Krieges gegen Aitoler und Seleukiden (191–188). Die Entscheidung fiel, als Antiochos 190 bei Magnesia am Sipylos von L. Cornelius Scipio, unter Mithilfe seines Bruders, des Siegers von Zama, geschlagen wurde und ein Jahr später auch die Aitoler durch die Einnahme von Ambrakia getroffen wurden. Abgesehen von einer Kriegsentschädigung von 15 000 Talenten wurde Antiochos im Frieden von Apameia in Syrien (188) gezwungen, Kleinasien nördlich des Taurus zugunsten römischer Verbündeter aufzugeben. Davon profitierten vor allem Pergamon und Rhodos, dessen Territorium durch die Erweiterung seines Festlandbesitzes an der kleinasiatischen Küste vergrößert wurde. Die Aitoler mußten Landabtretungen hinnehmen und in ein Bündnis willigen, das sie zwang, die römische Oberherrschaft anzuerkennen. 189 wurde die Vorherrschaft Roms über Griechenland endgültig begründet, wenn auch die römischen Truppen wieder abzogen.

Damit war nunmehr auch das Seleukidenreich aus seiner Führungsrolle im Ägäisraum gedrängt worden. Im Osten gab es nun die geschwächten Hauptmächte: das Seleukidenreich, Makedonien und Ägypten, ein System von Mittelstaaten: Bithynien, Pontus, Kappadokien, Pergamon, Rhodos und viele kleinere. Rom hoffte offenbar, daß sich der Osten in einer Art Gleichgewicht halten könnte, das erlaubte, von der direkten Machtausübung abzusehen, die wirtschaftliche Ausnutzung aber ermöglichte.

Aber die Verhältnisse waren in sich unstabil. In Griechenland vor allem gab es vielfältige innere Spannungen. Immer wieder kam es zu Kämpfen um Territorialbesitz. Außerdem bestanden scharfe Gegensätze der gesellschaftlichen Schichten, wobei Rom für die Besitzenden Partei nahm beziehungsweise diese sich an Rom hielten, während auf der anderen Seite die Armen dazu neigten, ihre Lage Rom anzulasten. So konnte Perseus von Makedonien mit Hilfe einer sozialen und auch nationalen Bewegung in Griechenland im Jahre 171 versuchen, Roms Stellung zugunsten Makedoniens anzutasten. Rom ging daraufhin im Dritten Makedonischen Krieg (171–168) gegen Perseus und dessen griechische Verbündete vor. Bündner wie Rhodos nahmen dabei keine ganz klare Haltung ein, und in vielen griechischen Staaten zeigten sich gerade jetzt antirömische Kräfte. 168 schlug L. Aemilius Paullus den Perseus bei Pydna. Makedonien wurde in vier Zonen aufgeteilt. Rhodos büßte seine unklare Haltung durch territoriale Verluste und erhielt in dem von Rom errichteten Freihafen Delos eine ernst zu nehmende Konkurrenz. Um in den griechischen Staaten die tatsächlichen oder vermeintlichen antirömischen Kräfte auszuschalten, griff Rom zu dem radikalen Mittel, etwa 2000 führende Köpfe nach Italien zu deportieren. Allein die Achäer stellten 1000 Geiseln, unter ihnen den späteren Historiker Polybios.

Diese Maßnahmen bedeuteten den Wendepunkt in der römischen Ostpolitik, aber noch nicht einmal zwei Jahrzehnte später zeigte sich, daß Rom mit seiner brutalen Politik keine Beruhigung bewirkt hatte. In Makedonien gewann 149 erneut eine gegen Rom gerichtete Bewegung Raum. 146 begannen die Achäer einen Aufruhr. Die Folge war ein Eingreifen Roms, das ohnehin bereits gegen die Bewegung in Makedonien vorging. Damit war endgültig das Ende der politischen Selbständigkeit Makedoniens und Griechenlands besiegelt. 148 wurde Makedonien römische Provinz, der nach dem Sieg des L. Mummius über die Achäer und der Zerstörung Korinths 146 die meisten griechischen Staaten unterstellt wurden. Ungeheure Mengen von Wirtschaftsgütern und Kunstwerken, zumal aus Korinth, wurden nach Italien verschifft. Aus dieser Entwicklung zog kurze Zeit später Attalos III. von Pergamon die Konsequenz. Er sah ein, daß die Staaten des hellenistischen Ostens im Grunde ihre politische Freiheit gegenüber den Römern verloren hatten: 133 vererbte er seine kleinasiatischen Besitzungen an Rom. Pergamon wurde unter dem Namen Asia zur damals östlichsten Provinz des römischen Reiches (129).

Parallel mit der politischen Machtausdehnung Roms im Osten ging die wirtschaftliche. Römische und italische Kaufleute profitierten von der Politik. Delos, mit seinem Freihafen ein Handelszentrum und damals auch einer der wichtigsten Sklavenmärkte, wurde weitgehend eine römische Handelsniederlassung.

D. Der Dritte Punische Krieg und der Krieg in Spanien

Die offensichtliche Unsicherheit der römischen Politik und die daraus resultierende harte Haltung der Römer wirkte sich seit 150 auch erneut gegen Karthago aus, obwohl dieses kein ernstzunehmender Gegner mehr sein und auch nicht als Handelskonkurrent gelten konnte.

In perfider Weise ging Rom 149 gegen die Stadt vor. Der Anlaß dazu war gegeben, als Karthago gegen eine Bestimmung des Friedensvertrages von 201 verstieß und ohne römische Zustimmung gegen Massinissa von Numidien einen Feldzug begann. Das Ergebnis dieses Dritten Punischen Krieges war 146 die völlige Zerstörung Karthagos. Rom richtete auf dem ehemaligen Territorium der zerstörten Stadt die neue Provinz Africa ein (heute etwa Tunesien).

Seit 153 befand sich Rom auch in einer harten und langwierigen Auseinandersetzung mit eingeborenen Stämmen in Spanien, besonders den Lusitaniern und Keltiberern unter Viriatus. Sie lehnten sich gegen die Unterwerfung auf, die Rom nach der Einrichtung der zwei Provinzen Hispania Citerior und Hispania Ulterior 197 weiter fortführte. Der spanische Krieg dauerte nicht zuletzt deshalb so lange, weil Rom, dessen Verhalten sich durch die Erfahrungen im Osten seit 171 in der Außenpolitik entgegen seinen bisherigen Gepflogenheiten sehr verhärtet hatte, auf völlige Vernichtung und Unterwerfung zielte. Erst 133 wurden mit der Eroberung von Numantia durch Scipio Aemilianus dieses Ringen und der Krieg (154–133) beendet, der relativ viel Blut gekostet und den Zwang zu immer neuen Aushebungen gebracht hatte.

XV. Rom und das Reich im 2. Jahrhundert

A. Gesellschaft, Wirtschaft, Verkehr

Als Rom 133 die erste Phase seiner Ausdehnung im östlichen Mittelmeergebiet und die aufreibenden Kriege in Spanien hinter sich hatte, zeigten sich bereits erhebliche Veränderungen und Probleme in seinem inneren Gefüge und dem Italiens. Schon die Bürgerzahlen der rund 90 Jahre zwischen 225 und 136 beweisen den Verlust an Menschen, der als Folge der Kriege zu verzeichnen war. Im Jahre 225: 273 000, 204: 214 000, 164: 337 452 und 136: 317 933 waffenfähige römische Bürger. Die sich in diesen Zahlen niederschlagenden Verluste trafen vor allem die kleineren Bauern, aus denen das römische Heer hauptsächlich bestand.

Die Machtausdehnung seit dem 3. Jh. bedeutete eine Bestätigung der Herrschaftslegitimation des Senatorenstandes, insbesondere der Nobilität. Die siegreichen Feldherren gewannen in den eroberten Gebieten eine Fülle persönlicher, auf ihre Familie übertragener Beziehungen, die ihre eigene politische Stellung stärkten, aber auch für die Handhabung der römischen Herrschaft nicht zu entbehren waren. Es handelt sich hier um eine bestimmte Form des Klientelverhältnisses (Gemeinde- und Gerichtspatronage in den eroberten Gebieten).

Noch kurz vor dem Zweiten Punischen Krieg war die für den Senatorenstand wichtige lex Claudia verabschiedet worden. Das Gesetz verbot den Senatoren und ihren Söhnen den Besitz größerer Schiffe. Der ordo senatorius war damit in seiner wirtschaftlichen Tätigkeit auf die Landwirtschaft verwiesen und gezwungen, seinen Kapitalgewinn, den er vor allem im 2. Jh. machte, in Landbesitz anzulegen.

Seit der 2. Hälfte des 3. Jh., besonders stark aber im 2. Jh., entstand in Rom eine Schicht von Leuten, die sich in ihrem Reichtum z. T. mit dem ordo senatorius messen konnten, die Ritter (equites). Die Angehörigen der Senatsaristokratie hoben sich aber aufgrund ihrer politischen Tätigkeit und ihrer durch die lex Claudia de nave senatorum erfolgten Festlegung auf Landwirtschaft von dieser Gruppe ab.

Ihren materiellen Reichtum hatten diese Leute u. a. als Heereslieferanten, als Pächter öffentlicher Abgaben und Steuern (publicani) gewonnen sowie dadurch, daß sie gegen eine feste Bezahlung öffentliche Anlagen errichteten und dabei zum Teil nicht unerhebliche Gewinne machten. Die Angehörigen des ordo equester besaßen häufig die großen Handelsunternehmen, Gewerbebetriebe und Banken.

Die anderen Teile der Bevölkerung lebten streng geschieden von den beiden oberen Gruppen. Die bäuerliche Bevölkerung stellte nach wie vor den größten Teil der Bewohner Roms und Italiens. Zur Schicht unterhalb der Ritter und des Senatsadels gehörten in den Städten, abgesehen von den kleinen Händlern, Krämern und Gewerbetreibenden, auch die proletarii (vielleicht diejenigen, deren einziger Besitz die Nachkommen [Kinder] – proles – waren), die Besitzlosen. In der sozialen Ordnung der Freien standen sie an letzter Stelle. Sie rekrutierten sich im 2. Jh. zunehmend aus der großen Zahl der durch die politische und wirtschaftliche Entwicklung verarmten Bauern, die in die Städte, vor allem nach Rom, strömten und sich als Tagelöhner verdingten, wenn sie überhaupt Arbeit fanden. Aber auch auf den Latifundien nahm im 2. Jh. die Beschäftigung von freien Tagelöhnern zu. Sie hatten für den Großagrarier den Vorteil, daß sie ein geringeres finanzielles Risiko als die Sklaven darstellten.

Im Laufe des 4. Jh. hatte sich die Kaufsklaverei auch in Italien immer mehr durchgesetzt. Der große Anstieg der Sklavenzahlen in Italien und Rom des 2. Jh. war jedoch das Ergebnis der Kriege dieser Zeit, in denen viele Menschen versklavt wurden. Bis zum Ende der Republik erreichten die Sklaven in der Stadt Rom ca. ein Drittel der Bevölkerungszahl. Besaß man Kapital – und das war im 2. Jh. bei vielen, besonders in der Oberschicht, der Fall –, so gewann man in den Sklaven eine billige und vom Militärdienst freie Arbeitskraft. Beschäftigt wurden Sklaven vor allem in der Landarbeit, aber auch im Gewerbe und in den Bergwerken. Daneben gab es dienstleistende Haussklaven. Sie waren wie alle Sklaven Eigentum ihres Herrn und rechtsunfähig. Einen gewissen persönlichen Schutz durch das Recht erlangten sie erst in der Kaiserzeit. Alles, was sie erwirtschafteten, auch wenn sie selbständig tätig waren, fiel an den Herrn. Allerdings konnte dieser ihnen ein Sondereigentum, ein peculium, zugestehen.

Die Römer kannten das Institut der Freilassung, die bei ihnen eine größere Rolle als in Griechenland spielte. Der Freigelassene erhielt durch den Akt der Manumission (Entlassung aus der Gewalt des Herrn) Anteil am römischen Bürgerrecht, freilich wurde dieses erst für seine Söhne vollgültig. Zur Gruppe dieser libertini gehörten viele kleine Gewerbetreibende, aber auch Angehörige von Bildungsberufen wie Ärzte und Erzieher.

Im Zweiten Punischen Krieg war bereits der Denar als Hauptsilbermünze eingeführt worden. Die römische Wirtschaft wie die Staatsfinanzen waren seit dem beginnenden 2. Jh. durch das Einströmen riesiger Geldmengen gekennzeichnet. Rom wurde zur reichsten Stadt des Mittelmeergebietes. Deshalb konnte seit 167 auf die Erhebung der Vermögenssteuern von römischen Bürgern verzichtet werden. In der Wirtschaft traten zunehmend kapitalintensive Produktionsformen auf, die an Markt und Profit orientiert waren. Aus landwirtschaftlichen Lehrbüchern kann man das Eindringen rationellen Wirtschaftens entnehmen.

Die Leidtragenden dieser Entwicklung, in der allgemein der Kapitalkonzentration in den Händen einer kleinen Gruppe die Verarmung breiter

Bevölkerungskreise gegenüberstand, waren vor allem die römischen und italischen Bauern.

Nicht zuletzt wegen der starken Bevölkerungsverluste lagen in Italien weite Landstriche brach. Zwar versuchte man hier zu Ende des 3. und am Anfang des 2. Jh. durch Ansiedlungsprogramme Abhilfe zu schaffen, aber, aufs Ganze gesehen, ohne breiteren Erfolg.

Andererseits hatten sich in der Hand der Oberschicht große Geldmengen angesammelt, die nun besonders günstig im agrarischen Sektor angelegt werden konnten. So wurde brachliegendes Land, wenn es nicht in einem bestimmten rechtlichen Verfahren okkupiert wurde (ager publicus occupatorius), in großem Umfang aufgekauft, und damit wurden wie durch Zuerwerb bereits bebauten Landes bestehende Güter erheblich vergrößert oder neue geschaffen. Das vorhandene Kapital erlaubte außerdem die leichtere Anwendung rationellen Wirtschaftens und den Anbau von Wein und Oliven. Die dafür nötigen Arbeitskräfte standen für die Kapitalkräftigen auf dem Sklavenmarkt und in der ansteigenden Zahl von Tagelöhnern zur Verfügung. Denn nicht wenige kleine Bauern, die durch die strukturelle Schwäche der kleinbäuerlichen Betriebe wie durch die Beanspruchung der Bauern selbst in den Kriegen der Zeit belastet waren, mußten sich oder ihre Angehörigen im Tagelohn verdingen oder sogar ihr Landgut überhaupt aufgeben. Die Folge war eine soziale Krise, die Proletarisierung eines Teils der bäuerlichen Bevölkerung.

Seit dem ausgehenden 3. Jh. ist eine Ausdehnung des Handels über weitere Entfernungen zu beobachten. Rom wurde zur Handelsmetropole des westlichen Mittelmeerraumes. Viele Seestädte an der Küste Italiens profitierten davon, z.B. Puteoli (Pozzuoli). Der Typ des Fernhändlers, des mercator, wurde eine häufige Erscheinung im Wirtschaftsleben.

Die Verfassungsorganisation des römischen Staates bewahrte im wesentlichen den Zuschnitt der ersten Hälfte des 3. Jh. 241 hatten die Tribus ihre endgültige Zahl von 35 erreicht. Außerdem waren kurz vor dem Zweiten Punischen Krieg die comitia centuriata reformiert worden. Wir wissen nicht, wie diese Reformen im einzelnen aussahen, es deutet aber einiges darauf hin, daß die Tribuseinteilung nun irgendwie in der Organisation der Centuriatscomitien eine Rolle spielte, wodurch der Einfluß des Landes bei den Abstimmungen gestärkt wurde.

Im 2. Jh. änderte sich allmählich der Lebenszuschnitt der Aristokratie. Der entwickelte, z.T. luxuriöse Lebensstil der hellenistischen Oberschicht wurde vielfach übernommen. Es kam dadurch teilweise zu heftigen Spannungen mit denen, die, wie der ältere Cato, am Alten und Hergebrachten festhalten wollten.

B. Geistiges Leben

Rom unterlag seit dem 2. Jh. der höher entwickelten Kultur des griechisch-hellenistischen Ostens deutlicher als bisher. Freilich ist dabei niemals völlig die eigene kulturelle Tradition aufgegeben worden.

Erneut wurde das religiöse Empfinden durch griechische, wie überhaupt östliche Elemente beeinflußt. Es nahm die Neigung der Menschen zu, sich innerlich von dem sterilen Staatskult ab- und fremden Predigern sowie geheimnisvollen Religionen des Ostens zuzuwenden. So verbreitete sich in Italien der Dionysos-Bacchus-Kult mit seinen Erlösungsriten zu Anfang des 2. Jh. so stark, daß der Senat 186 mit seinem Senatus Consultum de Bacchanalibus dagegen vorging.

Für uns ist der hellenistische Einfluß besonders in der römischen Literatur faßbar, die sich durch die Berührung mit den Griechen überhaupt erst ausgeformt hat. Am Anfang steht hier Livius Andronicus aus Tarent, der um 240 die Odyssee ins Lateinische übertrug. Einen römischen Stoff übernahm der Campaner Naevius (gest. nach 201), indem er den Ersten Punischen Krieg im Epos beschrieb. Zu ersten wirklichen Höhepunkten kam die literarische Produktion aber erst seit Ende des Zweiten Punischen Krieges. Ennius aus Calabrien (239–169) zeichnete in seinem Epos (annales) die römische Geschichte von Aeneas bis zu den Punischen Kriegen auf und folgte dabei Homer.

Am Anfang der römischen Prosa-Historiographie steht das in griechischer Sprache verfaßte Werk des Fabius Pictor aus der 2. Hälfte des 3. Jh. Es sollte damit – man wandte sich schon durch die Sprache an die griechische Öffentlichkeit – im Osten für die Sache Roms geworben werden. Eine Generation später wurde Fabius Pictor Vorbild für ein lateinisch geschriebenes Werk, die „Origines" Catos d. Ä. (234–149), eine Geschichte des römischen Volkes. Cato gab zudem durch die Abfassung eines Lehrbuches über die Landwirtschaft den Auftakt für die römisch-lateinische Sachliteratur.

Das Theater hat in Rom nie die zentrale öffentliche Rolle gespielt wie in Athen. Die Theaterdichter standen außerhalb der besseren Gesellschaft, nur gelegentlich von deren Vertretern protegiert. Ihre Vorbilder waren besonders Euripides und die Schöpfer der Neuen attischen Komödie. Besonders wirksam war hier der Umbrer T. Maccius Plautus (ca. 250–ca. 184). Durch Urwüchsigkeit und handfeste Umformung in eine Sprache und Szenerie, die seine Zuhörer verstanden, brachte er seinem Publikum griechische Komödien nahe. Wie stark im Laufe der Zeit aber beim gebildeten Publikum unter griechischem Einfluß der literarische Geschmack verfeinert worden war, zeigen die Komödien des P. Terentius Afer (ca. 190–159). Zwischen 166 und 160 wurden seine Stücke aufgeführt, die im Vergleich zu Plautus den griechischen Originalen und ihrer Sprache viel näherstehen.

Für die geistige Entwicklung Roms war es von besonderer Bedeutung, daß Männer wie der 168 als Geisel nach Rom deportierte Historiker Polybios und der Stoiker Panaitios von Rhodos in der Oberschicht, vor allen Dingen im Kreis des Scipio Aemilianus, Leute fanden, die ihren Gedanken zugänglich und bereit waren, sich mit ihnen auseinanderzusetzen. Polybios, der die römische Geschichte im universalhistorischen Zusammenhang sah, verwies zum Beispiel den jungen Scipio auf die zentrale Aufgabe der römischen Oberschicht, eine menschliche Ordnung für die Untertanen zu schaffen.

Die Aufgeschlossenheit für philosophische Probleme war in der römischen Gesellschaft durch den griechischen Einfluß im 2. Jh. gewachsen. So fand das Schulhaupt der Stoa, Panaitios (etwa 180 bis nach 90), Aufnahme im Scipionenkreis. Er vermittelte klarere Richtlinien für das menschliche Verhalten. Wichtig war, daß es die stoische Philosophie ermöglichte, traditionelle Wertvorstellungen der römischen Oberschicht in einem philosophischen System zu verankern und zu begründen.

Die mit diesen Begegnungen gewonnene Haltung nannten die Römer „humanitas".

C. Die Provinzen

Als Rom nach dem Ersten Punischen Krieg fast ganz Sizilien zum Untertanenland machte, schließlich 227 einen Praetor dorthin entsandte, war das eine wichtige Entscheidung für die Herrschaftsorganisation. Im Gegensatz zur bisherigen Praxis in Italien wurde das Land weder römisches Territorium oder Bündnergebiet noch die Bewohner römische Bürger oder Bundesgenossen. Sie blieben vielmehr Untertanen, deren Städte die eigene Staatlichkeit verloren hatten. Sizilien wurde Provinz.

Dabei bedeutete „provincia" ursprünglich den faktischen Aufgabenbereich eines Imperiumsträgers. Dadurch, daß ein bestimmtes Territorium ständig der Amtsführung eines Praetors unterstellt wurde, entwickelte sich das Verständnis von provincia als auswärtiges Territorium unter direkter römischer Herrschaft.

Dieser allgemeine Begriff „Provinz" umschließt keineswegs ein festes Schema von Administrationsfunktionen. Die besonderen Verhältnisse, Traditionen und Einrichtungen, die man vorfand, forderten eine jeweils besondere Ordnung. Erst 131, nach dem ersten Sizilischen Sklavenkrieg (136–132), erhielt Sizilien in der lex Rupilia eine formale Basis für die Provinzverwaltung, ein Provinzgesetz. Von da an ging die Einrichtung einer Provinz regelmäßig mit dem Erlaß eines solchen Statuts einher. Außerdem legte, ganz entsprechend der Praxis der stadtrömischen Praetoren, der jeweilige Provinzstatthalter bei Antritt seines Amtes in einer Verlautbarung (edictum) seine Verwaltungsrichtlinien fest.

Im Unterschied zu den unter faktischer römischer Oberherrschaft stehenden socii waren die Provinzialen gezwungen, Steuern (tributa) zu zahlen. Die Provinzstatthalter, die mehr regierten als administrierten, übten, abgesehen von der militärischen Sicherung, im Grunde nur eine oberaufsichtliche Verwaltung aus und nahmen bestimmte richterliche Funktionen wahr, während die Gemeinden und ihre Selbstverwaltung bestehenblieben. Einige waren von der Steuer befreit (civitates immunes). Ausgenommen von der Herrschaft des Statthalters waren die Städte, die als Bundesgenossen anerkannt waren (civitates foederatae).

Die römische Aristokratie, die die Statthalter der Provinzen stellte, betrachtete diese mit ihren Bewohnern als Untertanenland. Man verwandte wenig Gedanken auf den Ausbau einer gut funktionierenden Verwaltung und beutete die fremden Gebiete teilweise rücksichtslos zum eigenen Nutzen aus.

XVI. Die Zeit der ausgehenden Römischen Republik

A. Die innenpolitische Entwicklung Roms und Italiens 133–31

Mit dem Jahr 133 trat die Innenpolitik in Rom wieder in den Vordergrund. Dennoch ereignete sich eine Fülle von historisch höchst bedeutsamen außenpolitischen Vorgängen in dieser Zeit, so die Eingliederung des Vorderen Orients und Galliens in die Reichsorganisation. Dabei wirkte die äußere Situation auf die innere nur gelegentlich, insoweit die Außenpolitik Räume und Machtmittel bereitstellte, deren sich die innenpolitischen Kräfte bedienen konnten.

Zur allgemeinen Voraussetzung hat diese Phase die oben bereits beschriebene gesellschaftliche Entwicklung, die das vorangegangene Jahrhundert mit sich gebracht hatte. Neben dem sogenannten Bundesgenossenproblem, der Frage der Eingliederung der italischen Bundesgenossen in die römische Bürgerschaft, gehörte dazu zentral die soziale Situation der Landbewohner und des städtischen Proletariats.

Das soziale Problem wurde in der römischen Führungsschicht durchaus erkannt, vielleicht aber vor allem unter dem Aspekt der Militärverfassung. Das Absinken breiter Kreise der Bauern zum Proletariat machte sich in einer Abnahme der – einen bestimmten Censussatz voraussetzenden – Rekrutierungsmöglichkeiten zum Heer bemerkbar, was besonders während des lang andauernden Krieges in Spanien (154–133) deutlich wurde.

Das Agrarproblem war bereits in den 40er Jahren durch den Kreis um Scipio aufgegriffen worden, freilich ohne Erfolg. Erneut aufgenommen wurde es danach von Appius Claudius Pulcher und seinen Anhängern. Sie gewannen für ihre Politik einen hochbegabten jungen Mann, Tiberius Sempronius Gracchus. Dieser sah in der Agrarreform eine wesentliche Aufgabe und hatte den ehrlichen Willen, die Lage der verarmten Bauern zu verbessern. Die Stimmung in der Öffentlichkeit konnte ihn auf einen Erfolg rechnen lassen. Als Volkstribun des Jahres 133 brachte er einen Gesetzesantrag zur Erneuerung eines alten Gesetzes ein. Danach sollte der Besitz an Staatsland auf 500 iugera, dazu 250 iugera für jeden Sohn der Familie bis zur Höchstgrenze von 1000 iugera beschränkt, der so gewonnene Überschuß an Land eingezogen und in nicht weiter zu veräußernden kleinen Parzellen an landlose Bauern vergeben werden. Die Arbeit der Festlegung und Verteilung sollte die Aufgabe einer Dreimännerkommission sein. Gegen diesen im Grunde gar nicht radikalen Vorschlag opponierte die Senatsmehrheit. In ihrem Auftrag interzedierte der Volkstribun Octavius gegen die Abstimmung vor der Volksversammlung, und danach war nach der bisherigen Regel der Vorstoß für dieses Jahr gescheitert. Tiberius Gracchus ging nun nicht den nach der bisherigen Verfassungstradition einzig gangbaren Weg, innerhalb des Senats zu einer Klärung und Einigung zu gelangen. Er tat vielmehr den ungewöhnlichen Schritt, seinen Kollegen von der Volksversammlung absetzen zu lassen. Das bedeutete einen eklatanten Rechtsbruch. Tatsächlich wurde Octavius abgewählt. Die Gesetzesvorschläge gingen durch, und die Dreierkommission begann ihre Arbeit. Entgegen der Regelung, daß über derartige Mittel der Senat zu befinden hatte, erreichte Tiberius Gracchus durch Volksbeschluß, daß die Ausstattung der neuen Siedler mit Arbeitsgeräten u.a. aus dem an Rom gekommenen Erbe des Königs von Pergamon bezahlt werden sollte. Ein wesentliches Charakteristikum des kommenden Jahrhunderts wurde in diesen Maßnahmen deutlich. Die römische Führungsschicht verlor ihre Geschlossenheit. Das bisherige Einvernehmen, die Austragung politischer Gegensätze im eigenen Kreise, d.h. im Senat, durchzuführen, wurde, wenn es zur Erreichung eines bestimmten Ziels notwendig war, aufgegeben. Man setzte gegebenenfalls die Volksversammlung gegen den Senat ein. Die Senatsherrschaft schien gefährdet.

Während einer Wahlversammlung zur Wiederwahl des Tiberius Gracchus wurden er und seine Anhänger von seinen aus einer Senatssitzung herausstürmenden Gegnern erschlagen. Diese Handlungsweise wurde später legitimiert, indem der Senat das Recht beanspruchte, den Staatsnotstand auszurufen und die Konsuln zu beauftragen, unter Ausschaltung der Freiheitsrechte des Bürgers einzugreifen (senatus consultum ultimum). Dieser allerdings keineswegs allgemein anerkannte Gedanke spielte in der kommenden Zeit im innenpolitischen Kampf eine große Rolle.

Nach dem Tode des Ti. Sempronius Gracchus arbeitete die Agrarkommission durchaus weiter. Nur stellte sich jetzt heraus, daß das Bundesgenossenproblem davon berührt wurde. Nichtrömische Grundbesitzer betraf die Einziehung des Staatslandes ebenfalls, aber die Italiker profitierten von der Ackerverteilung nicht, und deren Agrarprobleme wurden eben nicht verringert. Auch um das Verhältnis zu den italischen Bündnern nicht weiter zu belasten, wurde seit 129 die Arbeit der Agrarkommission unmöglich gemacht, ohne daß man sie formell aufhob. Der erste Ansatz zur Lösung der Agrarkrise war gescheitert.

Im Jahre 123 führte Gaius Sempronius Gracchus als Volkstribun die Politik seines älteren Bruders weiter. Er war zweifellos politisch geschickter als jener und schuf sich für die Durchsetzung eines Ackergesetzes politisch günstige Voraussetzungen. Er gewann das stadtrömische Proletariat durch eine lex frumentaria, nach der ein bedürftiger römischer Familienvater staatlich subventioniertes Getreide billig erwerben konnte. Die Ritter verpflichtete er dadurch, daß er ihnen die Gerichtshöfe übertrug, die über Vergehen der senatorischen Statthalter in den Provinzen zu urteilen hatten. Er ließ durch ein weiteres Gesetz den Kapitalgesellschaften der Ritter die Steuereintreibung in der neugewonnen Provinz Asia übergeben. 122 wurde C. Gracchus erneut zum Volkstribunen gewählt. Für die Wiederwahl war die rechtliche Grundlage geschaffen worden. Parallel zu der von ihm wiederbelebten Agrarpolitik seines Bruders gründete er zur Versorgung von Proletariern auf dem Gebiet des zerstörten Karthago eine Kolonie; das war ganz neu, denn bisher war nur an eine Ansiedlung in Italien gedacht worden. Auch das Bundesgenossenproblem ging er durch die Einbringung eines Bürgerrechtsgesetzes an.

In seiner Abwesenheit in Afrika entfachte die Senatsmehrheit eine geschickte Gegenpropaganda. Unter Vorspiegelung falscher Tatsachen versprach man die Anlage von Kolonien in Italien und hatte Erfolg damit. Gaius Gracchus wurde für 121 nicht mehr gewählt. Die Öffentlichkeit war in äußerster Erregung. Gracchus ließ seine Anhänger in der Furcht vor einem Übergriff bewaffnen. Ein Mord, der ihm angelastet wurde, gab dem Senat Anlaß, den Staatsnotstand auszurufen und gewaltsam gegen Gracchus und seine Anhänger vorzugehen. Dieser besetzte daraufhin den Aventin und rief, freilich ohne Resonanz, die Sklaven zur Freiheit auf. Mit 3000 Parteigängern fand C. Gracchus schließlich den Tod; er hatte sich von einem Sklaven töten lassen. Damit konnte sich das bestehende politische System erneut durchsetzen. Für den weiteren Gang der Innenpolitik lag nun die Erfahrung vor, daß man mit Einsatz von Gewalt seine politischen Ziele durchsetzen konnte. Deutlich hatten sich zwei politische Haltungen innerhalb der senatorischen Führungsschicht herauskristallisiert. Für die, die, wie bisher üblich, mit dem Senat als ausschlaggebender Instanz Politik trieben, bürgerte sich die Bezeichnung „optimates“ ein; ihre Gegner, die mit der Volksversammlung gegen den Senat agierten, wenn es zur Erreichung ihrer Ziele notwendig schien, nannte man „populares“.

Nach dem Tode des C. Gracchus begann eine ausgesprochen reaktionäre Phase. Der Agrarreform wurde von den Optimaten dadurch der Boden entzogen, daß der Besitz an Staatsland – jedenfalls bei den römischen Bürgern – in Eigentum umgewandelt wurde und das Land damit nicht mehr eingezogen und an verarmte Bauern verteilt werden konnte.

Eine Reihe von außenpolitischen Mißerfolgen schwächte die Position der Optimaten in der Folgezeit erheblich. In der ersten Begegnung mit den Kimbern und Teutonen 113 in Kärnten und vor allem im Krieg gegen Iugurtha in Nordafrika (111–105) versagten ihre Vertreter eklatant. Damit war für die Gegner der Optimaten die Voraussetzung gegeben, gegen sie vorzugehen. Für 107 wurde ein homo novus, C. Marius, zum Konsul gewählt und mit der Führung des Krieges in Nordafrika beauftragt. Dieser war damit, mochte er auch selbst keine eigenen innenpolitischen Ziele haben, ein Mann der popularen Seite. Als sich dann 105 in der Schlacht bei Arausio gegen die

Kimbern Vertreter der Senatsherrschaft wiederum als unfähig erwiesen hatten, wurde Marius unter dem Druck der Gefahr erneut zum Konsul gewählt. Entgegen dem Verfassungsrecht bekleidete er dieses Amt auch in den nächsten Jahren bis 101. Seine Erfolge über die Germanen 102 und 101 bestätigten diese Entscheidung, und er erhielt auch noch das Konsulat des Jahres 100.

In dieser Zeit setzte Marius eine Militärreform durch, bei der er die Neuregelung einführte, ärmere Bürger als Freiwillige anzuwerben, die nach der bisherigen Ordnung gar nicht Soldaten werden konnten. Er garantierte ihnen für die Zeit nach ihrer Entlassung wirtschaftliche Versorgung, die nur in der Zuweisung von Ackerland bestehen konnte. Damit war das Agrarproblem unterlaufen; es tauchte aber unter anderem Vorzeichen, dem der Veteranenversorgung, von nun an in der inneren Auseinandersetzung immer wieder auf. Da die Veteranen ihre Zivilversorgung nur mit Hilfe ihres jeweiligen Feldherrn erreichen konnten, wuchs diesem damit auch innenpolitisch eine erhebliche Macht zu.

Als zwei Anhänger des Marius, der Volkstribun Appuleius Saturninus und der Praetor Servilius Glaucia, im Jahr 100 die Politik der Gracchen wiederaufnahmen und die Landversorgung der Veteranen des Marius betrieben, gab es bürgerkriegsähnliche Zustände in Rom. Unter Einsatz von Gewalt kam das Agrargesetz in der Volksversammlung durch. Als dann bei der Konsulwahl für das Jahr 99 ein Mitbewerber Glaucias ermordet wurde, rief der Senat den Staatsnotstand aus. Marius kam damit in die Lage, gegen seine eigenen Anhänger vorgehen zu müssen. Er erwies sich in der Bewältigung dieser Situation als unfähig. Seine popularen Parteigänger fielen der Lynchjustiz zum Opfer. Zum wiederholten Mal war also sowohl der Versuch, gegen die Senatsherrschaft anzukommen, gescheitert, wie sich auch ein soziales Reformprogramm erneut nicht hatte realisieren lassen.

Sowohl 122 als auch 100 standen die Ritter trotz der Zugeständnisse des C. Gracchus auf seiten der Senatsmehrheit und halfen ihr, die Angriffe jener Jahre abzuwehren. Daß dies nicht selbstverständlich war, zeigte sich deutlich, als in den 90er Jahren Ritter mit Erfolg gegen die Angehörigen des Senats agierten. Es war dringend nötig, daß die Senatsmehrheit von sich aus zur Regelung der Probleme von Staat und Gesellschaft beitrug. Davon freilich war bis zum Jahre 91 wenig zu sehen. Da allerdings machte ein junger Politiker aus dem konservativen Lager, der Volkstribun Livius Drusus, der Sohn des Gegners von C. Gracchus im Jahr 122, wenigstens den Versuch, die Senatsherrschaft mit popularer Politik zu stützen. Er setzte ein Ackergesetz durch und zielte damit auf Koloniegründungen in Italien. Den Gegensatz von Rittern und Senat versuchte er durch ein Gesetz zu überwinden, durch das 300 Ritter in den Senat oder jedenfalls in eine neue Richterliste aufgenommen werden sollten. Aber allmählich begann der Widerstand in seinen eigenen Reihen. Auch im Ritterstand befürchtete man im Grunde zu verlieren – was sicher auch intendiert war. Aus formalen Gründen kassierte der Senat die beiden von der Volksversammlung bereits akzeptierten Gesetze. Die Bundesgenossen, deren Probleme Livius Drusus in seinem Reformwerk ebenfalls zu lösen vorhatte, mußten befürchten, von ihrem Ziel, dem römischen Bürgerrecht, wieder weiter abzukommen. Als dann unter nie geklärten Umständen Livius Drusus 91 einem Mörder zum Opfer fiel, war die Katastrophe da. Es begann der sogenannte Bundesgenossenkrieg (91–88); die socii nahmen den Kampf gegen die Stadt und deren Territorium in Italien auf, deren Bürgerrecht sie zu erlangen suchten. Die Voraussetzungen, unter denen die Italiker antraten, waren nicht von vornherein ungünstig. Der römische Gegner war unvorbereitet, und sie selbst hatten inzwischen eine Bundesorganisation aufgebaut. Ihre Hauptstadt war Corfinium mit dem neuen Namen Italia. Ein Senat von 500 Mitgliedern stellte die Vertretung der Bündner dar, zwei Konsuln und 12 Praetoren hatten die politische und militärische Führung. Darüber hinaus beherrschten sie die meisten Verbindungswege in Italien; sie sollen über 100000 Soldaten mobilisiert haben. Freilich beteiligten sich nicht alle Gemeinden an dem Aufstand; es fehlten die Etrusker und die griechischen Städte.

Obwohl angesichts dieser Bedrohung die divergierenden Kräfte in Rom zur Verteidigung doch wieder zusammenfanden – auch Marius beteiligte sich an der militärischen Führung –, gestaltete sich der Ablauf des Krieges im ersten Jahr für die Römer wenig glücklich. Ohne den Einsatz politischer Mittel konnte es kaum weitergehen. 90 gewährte deshalb eine lex Iulia den Italikern, die nicht abgefallen waren, das römische Bürgerrecht, durch die lex Plautia Papiria wurde 89 das Bürgerrecht auch denen in Aussicht gestellt, die innerhalb einer bestimmten Frist die Waffen niederlegten. Der Erfolg bestätigte diese Versuche. Im großen ganzen war mit dem Jahr 89 der Krieg beigelegt. Nur im oskischen Bereich ging er stellenweise weiter.

Damit wurde ganz Italien südlich des Po römisches Bürgergebiet. Das Stimmrecht der neuen Bürger war allerdings vorerst insofern gemindert, als sie nur in bestimmte Tribus eingetragen wurden. Man wollte auf diese Weise ein Überwiegen der Stimmen der Italiker verhindern. Diese Behandlung der Neubürger sollte in der nächsten Zeit noch innenpolitischen Zündstoff liefern. Bei alledem darf freilich nicht vergessen werden, daß es den meisten Italikern wohl auch weniger um politische als um die allgemeine und privatrechtliche Gleichstellung gegangen sein dürfte (Abschaffung der Todes- und Prügelstrafe im Heer auch für Italiker, Gleichheit beim Beuteanteil, gleicher Rechtsschutz bei Verträgen u.a.m.).

Im Jahrzehnt nach dem Bundesgenossenkrieg erlebte die Bevölkerung Roms die bisher härtesten und blutigsten Bürgerkriegswirren ihrer Geschichte; mit ihnen begann die zweite Phase der sogenannten römischen Revolutionszeit. Die Ereignisse spielten sich vor dem Hintergrund einer wirtschaftlichen Krise ab, die sich in Unruhen zwischen Schuldnern und Gläubigern bemerkbar machte und durch die Wirren noch intensiviert wurde. Die ungenügende Lösung der Bürgerrechtsfrage brachte den Zündstoff. Ein Volkstribun des Jahres 88, Sulpicius Rufus, versuchte, die Italiker in alle Tribus eintragen zu lassen. Zwischen seinen Anhängern und Gegnern kam es zu handgreiflichen Auseinandersetzungen, was letztere, unter anderem den Konsul dieses Jahres, Sulla, tatsächlich zwang, ihren Widerstand aufzugeben. An dieser Stelle nun verbanden sich die außen- und innenpolitischen Probleme. Sulla war vom Senat beauftragt worden, den Krieg gegen Mithradates von Pontos zur Wiederherstellung der römischen Macht in Griechenland und Kleinasien zu führen. Er stand mit seinen Soldaten bereits bei Nola in Campanien. Marius seinerseits sah hier eine Chance, sein seit 100 beeinträchtigtes Ansehen durch einen Erfolg als Heerführer aufzubessern. Sulpicius Rufus setzte es durch, daß ihm auf Volksbeschluß – und das war ein klarer Verfassungsbruch – das Kommando, das Sulla bereits besaß, übertragen wurde. Sulla zog daraufhin in einem ersten „Marsch auf Rom" zur Hauptstadt und besetzte sie. Eine große Anzahl seiner Gegner wurde für vogelfrei erklärt, die Gesetzgebung des Sulpicius kassiert, und Maßnahmen zur Stärkung des Senatsregiments wurden in Angriff genommen.

Da die Verhältnisse im Osten drängten, verließ Sulla nach kurzer Zeit Rom. Unter Führung von Cinna und Marius (gest. 86) herrschte nun ein brutales Terrorregiment. Die Gesetze Sullas wurden für ungültig erklärt und seine Anhänger blutig verfolgt. Der Senat war ohnmächtig. Aber eine neue Ordnung mit der Festigung der inneren Verhältnisse konnten die Gegner Sullas nicht schaffen. Als dieser 83 nach seinem erfolgreichen Feldzug im Osten nach Italien zurückkam, fand er ein Chaos vor. Daß es noch bis November 82 dauerte, bis Sulla nach einer Schlacht am Collinischen Tor Roms seine Gegner völlig überwunden hatte und er der unbestrittene Machthaber des Staates war, lag auch am erbitterten Widerstand der Italiker, besonders der Samniten, die Sullas unnachgiebige Haltung ihren Interessen gegenüber noch nicht vergessen hatten.

Die Anhänger Sullas setzten die blutigen Verfolgungen, nur mit umgekehrten Vorzeichen, fort. Durch Proskriptionslisten (Ächtungsverzeichnisse) wurden politische Gegner der allgemeinen Verfolgung ausgesetzt. Das Ergebnis war erschreckend: Mindestens 40 Senatoren und 1600 Ritter wurden umgebracht; ihren Familien entzog man das Vermögen. Es war primär die römische Oberschicht, vor allem die wohlhabenden Ritter, denen dieses Massaker galt; das römische Volk war weniger betroffen. Das galt nicht in gleicher Weise für die Italiker. Viele ihrer Städte wurden verwüstet, ihr Land in großem Umfange sullanischen Veteranen zur Ansiedlung übertragen. Zusammen mit Tausenden von Sklaven, die Sulla seinen Gegnern wegnahm und mit der Freiheit beschenkte (die Cornelii), waren es vor allen Dingen diese ehemaligen Soldaten, die das Rückgrat seiner Macht darstellten.

Die legale Basis der unbeschränkten Macht fand Sulla, indem er sich zum dictator legibus scribundis et rei publicae constituendae, zum verfassunggebenden Dictator, ernennen ließ. Von dieser Grundlage aus ging er an die Ordnung des Staates mit dem Ziel, das römische Gemeinwesen als den Staat der Senatsaristokratie wiederherzustellen. Das Volkstribunat, von dem vorher die popularen Aktionen in der Regel ausgegangen waren, wurde dadurch entmachtet, daß die Volkstribunen von nun an nur noch solche Gegenstände zur Abstimmung vor die Volksversammlung bringen durften, denen der Senat vorher zugestimmt hatte. Die Konsequenzen aus der jüngsten Vergangenheit zog Sulla, indem er versuchte, die Staatsführung gleichsam zu entmilitarisieren. Die Konsuln und Praetoren sollten ein militärisches Kommando nicht während ihres ersten Amtsjahres in Italien, sondern erst in einem jetzt regulär eingeführten zweiten – Promagistrat – in den Provinzen innehaben. Neben verschiedenen anderen Maßnahmen zeugt auch die Vergrößerung des Senats und die Hineinnahme von Rittern in dieses Gremium von dem Versuch, die Schwierigkeiten des römischen Staates zu bewältigen. So waren Sullas Reformmaßnahmen sicher konservativ, aber kaum, wie man häufig gesagt hat, reaktionär.

79 legte der Dictator, wohl aus Krankheitsgründen und zum Erstaunen vieler Zeitgenossen, sein Amt nieder; ein Jahr später starb er.

Die siebziger Jahre über hielt sich die sullanische Restauration, auch wenn bald deutlich wurde, daß die Verhältnisse keineswegs grundlegend gefestigt und die Träger der sullanischen Politik von viel geringerer politischer Fähigkeit und Durchschlagskraft als Sulla selbst waren. Zwar hat es an Umsturzversuchen von popularer Seite in Rom nicht gefehlt, aber die Gegner der Sullaner waren doch noch so geschwächt, daß ihnen ein Erfolg versagt blieb. Auch die popularen Machtpositionen in Spanien um Sertorius und der Sklavenaufstand des Spartacus konnten 72 bzw. 71 zerschlagen werden. In Rom freilich gab es Anzeichen sozialer Unruhe: Unter anderem wurde die Lebensmittelversorgung durch das bis an die Westküste Italiens sich auswirkende Seeräuberunwesen gefährdet. Es war nicht gerade eine Empfehlung für die Politik der Sullaner, daß es der staatlichen Macht am Ende der 70er Jahre nicht gelang, dieses Problem zu lösen. Zweifellos wurde dadurch die Beendigung der Phase der sullanischen Restauration im Jahre 70 erleichtert.

Der Umschwung ist mit der Person des Pompeius (106–48) verbunden. Seine bisherige politische Laufbahn hatte er als Sullaner begonnen. 83, mit gut 20 Jahren, war er Sulla mit einer Privatarmee zu Hilfe gekommen und danach für ihn in Sizilien und Nordafrika als Heerführer mit außerordentlichem Kommando tätig gewesen. Entgegen den bisherigen Regelungen und Anschauungen ertrotzte er sich daraufhin für 79 den Triumph. Ohne in die übliche Ämterkarriere eingetreten zu sein, hatte er als Inhaber einer extraordinären Amtsgewalt im Jahre 72 die Popularen in Spanien wie 71 die Reste des Sklavenaufstandes in Oberitalien geschlagen und in diesem Jahr erneut triumphiert. Als Pompeius daraufhin den Antrag stellte, sich, ohne daß die formalen Voraussetzungen einer ordnungsgemäßen Laufbahn gegeben waren, sofort um das Konsulat von 70 bewerben zu dürfen, verhielt sich die optimatische Senatsmehrheit zumindest zurückhaltend; sie beging damit einen schwerwiegenden Fehler. Pompeius und sein Mitbewerber Crassus, ebenfalls ursprünglich Sullaner, fanden nämlich Unterstützung bei popularen Kräften, die in einem Eintreten für deren Wahl zu Recht ein Mittel sahen, wieder zu politischem Einfluß zu kommen. Mit popularer Hilfe und den Stimmen der Soldaten des Pompeius gelang die Wahl. Die unmittelbare Folge war die Kassierung der das Volkstribunat einschränkenden Bestimmungen Sullas. Dazu erhielten die Ritter wieder Zugang zu den Geschworenengerichtshöfen, die ihnen Sulla verschlossen hatte.

67 versuchte ein Anhänger des Pompeius, der Volkstribun Gabinius, das Seeräuberproblem zu lösen. Er erreichte mit heftiger Agitation, daß Pompeius auf Volksbeschluß ein umfangreiches Kommando gegen die Piraten übertragen wurde. Das bedeutete eine klare Niederlage für die Senatsherrschaft. Dadurch, daß Pompeius in weniger als drei Monaten seine Aufgabe erledigte, war eine Voraussetzung geschaffen für die Übertragung eines noch umfangreicheren Auftrages an ihn. Auf Initiative des Volkstribunen Manilius erhielt er 66 das Kommando im bereits seit 74 andauernden erneuten Krieg gegen Mithradates. Die Pompeius durch Volksbeschluß übertragene Machtfülle übertraf alles bisher Dagewesene; sein imperium extraordinarium umfaßte den Befehl über alle östlich von Italien stehenden Truppen und ein Oberkommando über die Statthalter der dortigen Provinzen. Die Mehrheit der Senatsaristokratie wehrte sich vergeblich dagegen, daß in einer so schwerwiegenden Angelegenheit dem Senat die ihm zustehende Führung der Außenpolitik durch die Volksversammlung aus der Hand genommen wurde.

Im Rom der 60er Jahre waren nicht nur wegen dieser Ereignisse Spannungen entstanden. Die Preise stiegen an, es gab Unruhe unter der hauptstädtischen Bevölkerung. Diese auch auf andere Teile Italiens übergreifende Bewegung machte sich ein tiefverschuldeter Angehöriger der römischen Oberschicht, Sergius Catilina, zunutze und versuchte, offensichtlich nur in seinem persönlichen Interesse, mit Hilfe von Scharen Unzufriedener einen Putsch gegen die Konsuln des Jahres 63. Caesar gehörte wohl eine Zeitlang zu den Hintermännern des Unternehmens. Cicero, der als homo novus zum Konsul dieses Jahres gewählt worden war, gelang es, den Aufstand niederzuwerfen.

Zur gleichen Zeit stand die Rückkehr des Pompeius nach Italien bevor. Er hatte die ihm übertragene Aufgabe im Osten mit Glanz erledigt, Mithradates endgültig überwunden und Syrien zur römischen Provinz gemacht. Er ließ sich dort als neuer Alexander feiern; die Bevölkerung in Rom schien bereit, ihn begeistert zu empfangen. Die Anhänger der Senatsherrschaft konnten die Errichtung der Monarchie durch Pompeius befürchten. Aber nichts Derartiges geschah. Nach der Landung in Brundisium 62 entließ Pompeius sein Heer, das ihm den Weg zur Macht hätte ebnen können. Da nun machten die herrschenden Kreise gegenüber Pompeius einen erneuten Fehler: Der Senat verweigerte ihm die Anerkennung seiner Ordnungsmaßnahmen im Osten und verzögerte die Versorgung der Soldaten. Damit wurde Pompeius in die Arme Caesars, eines erklärten Gegners der Senatsherrschaft, getrieben.

Caesar, der bisher als eindeutig popularer Politiker erschienen war, hatte im Gegensatz zu Pompeius eine weitgehend normale Ämterkarriere absolviert. Trotz gewisser Hemmnisse war er im Jahre 60 für 59 zum Konsul gewählt worden, mußte aber im Amt mit massivem Widerstand seiner politischen Gegner rechnen. So trafen in Caesar und Pompeius zwei Männer aufeinander, deren aktuelle Interessen gegen die Senatsmehrheit gerichtet waren. Caesar brachte eine politische Koalition mit Pompeius zustande, in der dieser vom Konsulat Caesars, Caesar vom Ansehen des Pompeius und dem Stimmengewicht der pompeiischen Veteranen profitieren konnte. Als sich auch Crassus, ein „Großkapitalist“, mit ihnen verband, war ein Machtbündnis komplett, das – auf eine senatsfeindliche Linie festgelegt – seinesgleichen nicht zu befürchten brauchte. Zwar waren Absprachen im politischen Leben Roms nichts Ungewöhnliches; hier aber hatten sich so starke Kräfte zusammengefunden, daß dadurch das Staatsgefüge in Mitleidenschaft gezogen werden mußte.

Caesars Politik wurde bald deutlich. Immer häufiger wurde der Senat von ihm, der sich andererseits der Zustimmung der plebs urbana erfreuen konnte, übergangen. Caesar schreckte auch vor Terror nicht zurück. So kamen die von Pompeius gewünschten Regelungen durch. Für die weitere römische Geschichte aber war es wichtig, daß Caesar für fünf Jahre die Statthalterschaft über Gallia Narbonensis und Gallia Cisalpina zusammen mit Illyricum und dem Kommando über drei Legionen übertragen wurde. Caesar trat diese Statthalterschaft 58 an. Er gewann damit die Basis und die militärischen Mittel für seine weitere Politik.

Aufkeimende Uneinigkeit zwischen Caesar und Pompeius war 56 in der Konferenz von Lucca noch einmal beigelegt worden. Man schloß ein Abkommen, wonach Caesars Statthalterschaft in Gallien verlängert werden, Pompeius mit Crassus 55 erneut das Konsulat mit anschließenden Provinzialkommandos erhalten sollten. Spätestens seit 54 aber wurde die Rivalität zwischen Caesar und Pompeius immer deutlicher. Der Tod des Crassus in einem syrischen Feldzug gegen die Parther bei Carrhae (53) förderte diese Entwicklung.

In Rom waren die Jahre 54 bis 50 gekennzeichnet vom weitgehenden Zusammenbruch der Ordnung. Politische Banden wie die des Clodius und des Milo übten Terror aus, Wahlen kamen rund zwei Jahre nicht zustande. Um diese Situation zu bewältigen, übertrug der Senat Pompeius 52 zu dessen spanischer Statthalterschaft und der Oberaufsicht über die Getreideversorgung der Stadt noch einen Konsulat ohne Kollegen. Es kam nun zu einer zunehmenden Annäherung zwischen Pompeius und der Senatsmehrheit. Die Auseinandersetzung und der Bruch mit dem in der Gefahr der Isolierung stehenden Caesar waren abzusehen. Die Initiative dazu ging jetzt klar von der optimatischen Seite aus.

Mit Hilfe seiner Anhänger in Rom gelang es Caesar einige Zeit, es nicht zum äußersten kommen zu lassen. Das Ende des Tauziehens war erreicht, als am 7.1.49 vom Senat der Staatsnotstand ausgerufen, den Konsuln und Pompeius die Staatsverteidigung übertragen wurde. Damit war Caesar auf den Weg des Staatsstreiches gedrängt, wollte er sich politisch nicht selbst aufgeben. In der Nacht vom 10. auf den 11. Januar überschritt er den Grenzfluß Rubicon, der Bürgerkrieg begann.

Verhältnismäßig schnell konnte Caesar in Italien Boden gewinnen, während Pompeius mit seinen für eine Auseinandersetzung vorerst nicht ausreichenden Truppen und einem großen Teil des Senats nach Griechenland auswich. Er konnte zu Recht hoffen, bei seinem Ansehen im östlichen Reichsteil die dortigen Machtmittel gegen Caesar zu mobilisieren. Dessen Lage sah hingegen keineswegs besonders vorteilhaft aus. Nordafrika und Spanien sowie die Seeherrschaft waren in der Hand des Senats bzw. von Anhängern des Pompeius.

Die spanische Basis des Pompeius allerdings zerstörte Caesar in einem schnellen Feldzug noch im Jahre 49 (Sieg bei Ilerda), setzte dann über die Adria nach Griechenland über und schlug seine Antagonisten einigermaßen überraschend 48 bei Pharsalus in Thessalien. Pompeius floh und wurde bei seiner Ankunft in Ägypten im Auftrage des ptolemäischen Hofes ermordet.

Nach der Regelung von Thronstreitigkeiten in Ägypten – Caesar bestätigte die Machtposition Kleopatras – und einer militärischen Aktion in Kleinasien kam Caesar 47 nach Rom zurück. Aber erst nach der Beseitigung der letzten Stellungen der Pompeianer in Afrika 46 bei Thapsus (Selbstmord des jüngeren Cato) und 45 bei Munda in Spanien war er endgültig Herr des Reiches. Nicht wenige Angehörige der römischen Führungsschicht, unzählige Soldaten und Teile der Zivilbevölkerung waren dem Bürgerkrieg zum Opfer gefallen.

Da Caesar bis zu seiner Ermordung 44 kaum in Rom weilte, war ein ruhiger Ausbau der gewonnenen Macht nicht möglich. Trotzdem nahm er vieles in Angriff. Das gelang nicht zuletzt deshalb, weil Caesar den schwerfälligen Macht- und Amtsapparat der Republik weitgehend ausschaltete. Senat und Volksversammlung besaßen unter Caesar im Grunde nur noch eine formelle Position; oft genug überging er sie überhaupt. Zu den herausragenden Projekten gehörte neben der Entwässerung der Pontinischen Sümpfe und einer Kalenderreform (Schaffung des sogenannten Iulianischen Kalenders im Jahr 45) vor allem die Wiederaufnahme der in den letzten Jahren ins Stocken geratenen Ansiedlung von Veteranen und Angehörigen des städtischen Proletariats in Italien, aber z. T. auch in Nordafrika und im Osten. So konnte die Zahl der Getreideempfänger in Rom reduziert werden. Mit einer einheitlichen Gemeindeordnung setzte er Maßnahmen durch, zu denen sich die römische Oberschicht als unfähig erwiesen hatte. Die unbedingt nötige Schuldenregulierung nahm Caesar vorsichtig in Angriff. Er bemühte sich, die Zeiten Sullas nicht wiederkehren zu lassen: Proskriptionen und Massenverfolgungen gab es nicht. Seinen besiegten Gegnern begegnete er vielmehr relativ großzügig. Als Caesar den Senat vergrößerte, berief er, nach bisheriger Vorstellung undenkbar, Provinziale, selbstverständlich caesarische Parteigänger, in dieses Gremium, die politische Ohnmacht des alten Regierungsorgans dadurch noch verstärkend. Seine Haltung gegenüber der Republik konnte endgültig nicht mehr zweifelhaft sein, als er sich im Herbst 45 zum dictator designatus perpetuus und Anfang 44 zum dictator perpetuus ernennen ließ. Mit der republikanischen Ordnung war es zu Ende.

Diese Maßnahme Caesars vom Anfang des Jahres 44 ist wohl das auslösende Moment für seine Ermordung gewesen, wobei die Mörder auch gefürchtet haben mögen, daß Caesar von einem gerade bevorstehenden Partherfeldzug mit noch mehr Macht und Ansehen zurückkehren würde. Unter denjenigen, deren Dolche Caesar an den Iden des März 44 trafen, waren Männer wie Brutus und Cassius, die durch Caesar emporgekommen waren. Auch sie meinten die die Tradition des Staates sprengende und ihre eigenen politischen Möglichkeiten erheblich beschneidende Form der Herrschaft Caesars nicht hinnehmen zu können.

Wer gehofft hatte, daß mit der Ermordung Caesars die Römische Republik wiederhergestellt sein würde, sah sich bald in einem grundlegenden Irrtum. Jene Tat stürzte den römischen Staat vielmehr in einen 14 Jahre dauernden Bürgerkrieg.

Die Caesarmörder hatten nicht dafür gesorgt, daß sie die staatliche Exekutive in die Hand bekamen. Der einzige, der in dieser Situation wirklich handelte, war Antonius, der gemeinsam mit Caesar Konsul war. Er zog aus den Kreisen caesarischer Veteranen Soldaten zu sich in die Stadt und bekam, nachdem er sich in den Besitz von Caesars Testament gebracht hatte, große Geldmittel in die Hand, durch die er die Ansprüche seiner Anhänger auf mannigfache Weise befriedigen konnte. Seine Position im Westen schien für die Zukunft weitgehend stabilisiert, als er im Sommer 44 auf Volksbeschluß Oberitalien als Provinz zugesprochen bekam, von wo aus er, wie vorher Caesar, unmittelbaren Einfluß auf Rom und Italien hätte haben können.

Doch die Lage komplizierte sich schlagartig, als der gerade 19jährige Großneffe Caesars, Octavian, von jenem testamentarisch als Erbe eingesetzt, die Erbschaft annahm; er trug von nun an Caesars Namen und trat als dessen Sohn auf. Im Oktober 44 mußte er aber im Interesse seiner Sicherheit Rom verlassen. Da nun tat er den entscheidenden Schritt. Er warb unter den Veteranen Caesars in Italien eine Privatarmee an.

Auf Betreiben Ciceros ging die Senatsmehrheit Anfang 43 ein Bündnis mit dem jungen Caesar (= Octavian) ein und verschaffte ihm durch ein propraetorisches Imperium eine legale Stellung. Der Senat glaubte, in ihm das notwendige Instrument gegen Antonius gewonnen zu haben. Mit seinen Soldaten und den beiden Konsuln dieses Jahres schlug er im April 43 Antonius und dessen Truppen bei Mutina. Spätestens jetzt wurde klar, mit wem Cicero eine Koalition geschlossen hatte. Da beide Konsuln gefallen waren, forderte der Adoptivsohn Caesars für sich das Konsulat und setzte dieses, als der Senat ablehnte, mit Hilfe seiner Soldaten durch.

Von dieser Position aus erreichte Octavian die Verständigung mit Antonius und verband sich mit ihm und Lepidus Ende 43 im sogenannten zweiten Triumvirat, das, durch Volksgesetz noch bestätigt, ihnen diktatorische Befugnisse im Staate verschaffte. Damit war die Voraussetzung für die Auseinandersetzung mit den Caesarmördern gegeben. In Rom und Italien fielen Tausende den Proskriptionen der Triumvirn zum Opfer (u.a. Cicero). Die Heere der Caesarmörder, die diese inzwischen im Osten des Reiches aufgestellt hatten, wurden im Jahre 42 bei Philippi in Makedonien vernichtend geschlagen. Das Ereignis vom 15. März 44 war sinnlos geworden, das Reich war in der Hand der Triumvirn, unter denen Antonius hervorragte. Das Reich wurde in Machtsphären aufgeteilt: Antonius erhielt den Osten und Gallien, Lepidus Nordafrika, Octavian übernahm Spanien und die Regelung der Verhältnisse in Italien, das theoretisch unter der Verwaltung aller drei stehen sollte. Bei dem desolaten Zustand dieses Gebietes war dies eine höchst undankbare Aufgabe. Mit brutaler Gewalt versuchte sich Octavian durchzusetzen und schaffte durch Enteignung des Besitzes vieler Städte die Voraussetzung für die Veteranenversorgung.

Als Anhänger des Antonius, vor dem Hintergrund der Unzufriedenheit in Italien und der Rivalität der beiden Triumvirn, gegen Octavian militärisch vorgingen, schlug dieser sie mit unglaublicher Härte nieder (bellum Perusinum 40). Es stand kurz vor einer direkten militärischen Auseinandersetzung mit Antonius; aber die Soldaten auf beiden Seiten weigerten sich. Der Vertrag von Brundisium stellte das alte Verhältnis wieder her, Octavian gewann noch Gallien, d.h., das Reich wurde, von Nordafrika abgesehen, in Ost und West geteilt.

36 gelang es Octavian, Sextus Pompeius zu besiegen, der durch die Blokkade der italischen Küste die Gefahr einer Hungersnot heraufbeschworen hatte. Darüber hinaus erreichte er durch einen Schuldenerlaß eine Beruhigung der sozialen Lage in Rom und Italien. Nachdem er im Jahr 38 Livia, eine Angehörige der stadtrömischen Hocharistokratie, geheiratet hatte, ergab sich trotz allem sogar eine gewisse Annäherung an den alten senatorischen Adel.

Demgegenüber stand es für Antonius seit dieser Zeit nicht zum besten. Ein Partherfeldzug führte nicht zum Erfolg, brachte vielmehr erhebliche Verluste mit sich. Das Verhältnis zu Kleopatra und seine dynastische Politik im Osten, die nur Asia, Bithynia und Syria als römische Provinzen bestehen ließ, die anderen Gebiete jedoch unter die Oberherrschaft der „Königin der Könige", Kleopatra, stellte, war im Westen schwer zu begreifen. Mit dem 31. Dezember 33, als das Ende der im Jahr 38 verlängerten Ausnahmegewalt der Triumvirn eintrat, begann Octavian die Offensive. In einem Propagandafeldzug gegenüber den Bewohnern Italiens und Roms wurde Antonius als Ausverkäufer römischer Interessen im Osten verleumdet und als von Kleopatra behext dargestellt. Das Ergebnis war ein von Octavian veranlaßter Gefolgschaftseid der italischen Bevölkerung, danach auch der westlichen Provinzen. Er stellte die Grundlage seiner Führerstellung der kommenden Jahre dar. Senat und Volksversammlung erklärten Kleopatra den Krieg. Die Partei des jungen Caesar versuchte den Anschein zu erwecken, als würde ein auswärtiger Krieg begonnen und kein Bürgerkrieg.

Am 2. September 31 siegte Agrippa, der Feldherr Octavians, in der Seeschlacht von Actium vor der griechischen Westküste über Antonius und Kleopatra. Ein Jahr später starben beide in Alexandreia durch Selbstmord. Octavian war Alleinherrscher.

B. Der Mittelmeerraum im letzten Jahrhundert der Römischen Republik

Die wesentlichen außeritalischen Ereignisse spielten sich sowohl im Osten wie im Westen des Mittelmeergebietes ab. Dort griff Rom bald nach dem Ende des spanischen Krieges ein (125). Im mittleren und südlichen Gallien versuchten die Arverner (Auvergne), ihr Gebiet zu erweitern. Das traf Massilia, das seit langem mit Rom verbündet war. Berührt wurden aber auch römische Handelsinteressen und die Sicherheit der Landverbindung zu Spanien, wo die Unruhen gerade beendet waren. Die Römer konnten die Arverner 120 zurückdrängen und die römischen Westverbindungen sichern (Errichtung der Provinz Gallia Narbonensis 120/118). Diese entwickelte sich zu der schließlich am intensivsten romanisierten Provinz.

Rom ging außerdem zur Sicherung seines Einflußbereiches in Gallien mit den Sequanern und Haeduern ein Bündnis ein.

Die römische Stellung in Südgallien und die neugeschaffene Provinz kamen dann eineinhalb Jahrzehnte später durch die Wanderungen der Kimbern und Teutonen erneut in Gefahr. Diese germanischen Stämme hatten zusammen mit den Ambronen ihre Wohnsitze an der Westküste Jütlands, möglicherweise wegen Sturmflutkatastrophen, verlassen und zogen vorwiegend im südlichen Mitteleuropa umher. Bereits 113 hatten sie bei Noreia einem römischen Heer eine Niederlage beigebracht. Danach tauchten sie 109 im Rhônetal im Vorfeld der neuen römischen Provinz Gallia Narbonensis auf. Erneut wurden die Truppen Roms unter M. Iunius Silvanus von den Kimbern geschlagen. Damit war auch Roms Stellung bei den Galliern betroffen; die Folge war ein Aufstand bei Tolosa (Toulouse), der nur mit Mühe niedergeschlagen werden konnte.

Die Römer erlebten ihre schwerste Niederlage seit Cannae, als vier Jahre später die Germanen einen Doppelsieg über Aemilius Scaurus an der Rhône (Vienne) und über Servilius Caepio bei Arausio (Orange) verzeichnen konnten. Damit waren die Gallia Narbonensis und Italien praktisch den wandernden Germanen ausgeliefert.

Doch diese traten nicht sofort ihren Marsch nach Italien an; erst 102 fielen die Kimbern mit den Tigurinern über Raetien nach Oberitalien ein. Die Teutonen wiederum versuchten mit den Ambronen, über die Gallia Narbonensis und die Seealpen nach Italien Eingang zu finden. 102 gelang es dem Konsul Marius, in einem Gegenstoß die Teutonen bei Aquae Sextiae zu schlagen. Nach seinem Sieg in Südgallien konnte nun Marius den von den Kimbern bedrängten Truppen des Q. Lutatius Catulus zu Hilfe kommen, und 101 vernichteten die vereinigten Heere des Catulus und Marius die Germanen bei Vercellae. Damit war die Gefahr aus dem Norden beseitigt. Die Kimbern und Teutonen verschwanden aus der Geschichte.

Während der Germanengefahr war es in der römischen Provinz Africa zu einer Kolonialrebellion gekommen (Iugurthinischer Krieg 111–105). Rom griff ein, aber die verantwortlichen römischen Feldherren handelten ungeschickt und ohne Erfolg. Erst als 107 Marius mit dem Oberbefehl betraut worden war, konnte 106 der rebellische Iugurtha geschlagen und die römische Herrschaft wieder gefestigt werden.

Abgesehen von dem Sertorianischen Krieg in Spanien (80–72) erregten Ereignisse im Westen erst wieder am Ende der 60er Jahre die Aufmerksamkeit Roms. Es ging um das freie Gallien, das sich seit den 20er Jahren des 2. Jh. im Vorfeld römischer Interessen befand. Das dortige Gleichgewicht, vor allem das zwischen den Haeduern und Sequanern, wurde in den 60er Jahren des 1. Jh. gestört. Mit Hilfe Ariovists und seiner Sueben besiegten die Sequaner die Haeduer 62, gerieten dadurch aber selbst in Abhängigkeit zu den Germanen. Außerdem hatten die Unternehmungen Ariovists in Ostgallien die Helvetier veranlaßt, ihre Wohnsitze in Richtung Westen zu verlassen. Dabei mußten sie sowohl das Gebiet der Haeduer berühren als auch eine Gefahr für die Gallia Narbonensis darstellen. Da nun griff Caesar ein, der 58 die Statthalterschaft der Provinz übernommen hatte. Noch in diesem Jahre schlug er die Helvetier bei Bibracte zurück und fügte Ariovist im Raum von Mülhausen (Oberelsaß) eine derartige Niederlage zu, daß dieser über den Rhein nach Osten fliehen mußte. Damit war auf lange Zeit die Gefahr beseitigt, daß es zu germanischen Machtbildungen in Gallien kam. Auf diese Weise hatte Caesar Roms Vormacht in Mittelgallien begründet. Aus diesem Eingreifen, das ohne Caesar und seine innenpolitischen Ziele kaum in gleicher Weise geschehen wäre, entwickelte sich bis 51 die römische Unterwerfung Galliens. Sie lief parallel zur Absicherung Galliens nach Norden – 55/54 unternahm Caesar zwei Expeditionen über den Kanal nach Britannien – und nach Osten; 55 und 53 überschritt er den Rhein und drang nach Germanien vor. Eine umfangreiche Erhebung gallischer Stämme unter Vercingetorix schien 52/51 noch einmal die Chance der Freiheit zu geben. Aber mit ihrer Niederlage bei Alesia war die Unterwerfung Galliens besiegelt. Es gab danach kaum noch einen bemerkenswerten Versuch, dieses Ergebnis zu verändern. In wesentlich kürzerer Zeit als z.B. in Spanien war die römische Stellung gesichert.

Die östliche Machtausdehnung Roms ging 129 durch die Einrichtung der Provinz Asia weiter. Eine erhebliche Gefahr für Seefahrt und Handel stellten die Seeräuber an den östlichen Küsten dar. Nachdem Rom die hellenistischen Staaten geschwächt hatte, hatte das dadurch eintretende Machtvakuum die Entwicklung des Piratenunwesens ungemein gefördert. Im Zusammenhang mit Gegenmaßnahmen Roms wurden um 101 an der kleinasiatischen Südostküste militärische Stützpunkte als Provinz Cilicia (endgültig 67 organisiert) eingerichtet. Von einem weitergehenden Erfolg gegen die Seeräuber konnte freilich keine Rede sein; erst 67 v. Chr. legte ihnen Pompeius das Handwerk.

Der Versuch des Mithradates VI., des Königs von Pontos (120–63), sein Reich zu vergrößern, war das entscheidende historische Thema dieses Jahrhunderts im Osten, neben der sogenannten Neuordnung des östlichen Mittelmeergebietes durch Pompeius in den 60er Jahren.

Nachdem Rom die Macht des Seleukidenstaates im 2. Jh. erheblich beschnitten hatte, erhielt auch Pontos die Möglichkeit zu freier Expansion. Als dem Königreich die Ausdehnung an die südliche Schwarzmeerküste mit ihren griechischen Stadtstaaten gelungen war, baute vor allem Mithradates V. eine Flotte und ein Söldnerheer auf. Sein Sohn Mithradates VI. (120–63) spielte sich als Beschützer des Griechentums auf: Hilferufen griechischer Städte folgend, okkupierte er die Krim und konnte eine pontische Vormachtstellung in Südrußland errichten. Im Laufe der Zeit befanden sich fast alle griechischen Städte auch an der Westküste des Schwarzen Meeres unter seinem Protektorat. Als er versuchte, auch im weiteren Kleinasien Einfluß zu gewinnen, und sich daranmachte, Paphlagonien und Armenien zu erobern, scheiterte er an der römischen Intervention. Erst als Mithradates vom römischen Legaten M. Aquilius und dem bithynischen König durch einen Einfall in sein Gebiet provoziert worden war, wurde er erneut offensiv; 89 begann er seinen Siegeszug durch Kleinasien und später Griechenland. Viele griechische Städte öffneten ihm bereitwillig ihre Tore. Eine allgemeine antirömische Bewegung war entstanden, die sich u.a. in der sogenannten Vesper von

Ephesos entlud, bei der 80000 Römer und Italiker in Kleinasien getötet wurden. Peiraieus wurde Flottenstützpunkt des pontischen Königs, der sich oft genug des Mittels des sozialen Umsturzes zur Stärkung seiner Position bediente.

Im Gegenschlag gelang Sulla dann in wenigen Jahren trotz einer bedeutend ungünstigeren Ausgangsposition die Eroberung Athens (86), der Übergang nach Dardania (Troas) und ein Friedensschluß (85) mit Herausgabe aller Eroberungen durch Mithradates. Angesichts seiner eigenen ungünstigen Lage konnte Sulla nicht versuchen, den Gegner völlig zu vernichten. Deshalb war mit dem Frieden von 85 die Zeit der römisch-pontischen Begegnungen auch noch nicht zu Ende.

Nach einer Reihe von Auseinandersetzungen in der Zwischenzeit begann Mithradates den Dritten Mithradatischen Krieg (74–64), als Bithynien auf dem Erbwege an Rom gefallen war (75). Der römische Feldherr Lucullus wurde wegen seines Vorgehens gegen Steuer- und Zinswucher von den Rittern in Rom angegriffen und nach militärischem Mißerfolg abberufen. An seiner Stelle übertrug man 66 Pompeius den Oberbefehl gegen Mithradates und Tigranes (lex Manilia).

Pompeius bereitete seine Aktionen gegen Mithradates diplomatisch vor. Den Herrscher von Parthien (Phraates III.) bewegte er zu einem Bündnis und forderte Mithradates zur bedingungslosen Kapitulation auf. Angesichts der Truppenstärke der Römer zog er sich erneut zurück. Pompeius schlug am Euphrat Mithradates, der daraufhin in seinen südrussischen Einflußbereich floh. Er wählte 63 den Freitod, als sich mit Unterstützung seines Sohnes Pharnakes die Städte im Bosporanischen Reich gegen ihn stellten.

Nach Beendigung des Mithradatischen Krieges konnte Pompeius an die Ordnung der politischen Verhältnisse in Kleinasien gehen, die zu der sogenannten Neuordnung des Ostens durch Pompeius gehörte. Dadurch wurde schließlich eine Machtkonsolidierung in wesentlichen Teilen des östlichen Mittelmeergebietes erreicht. Dabei hat Pompeius auf schon länger bestehende Pläne zurückgreifen können.

Noch 64 verfügte Pompeius die Bildung einer großen Doppelprovinz Bithynia et Pontus aus Bithynien, Westpontus und Paphlagonien. Endlich wurde auch das bereits unterworfene Kreta Provinz, während Cilicia um Pamphylien und Isaurien aus der Eroberungsmasse des Seeräuberkrieges vergrößert wurde. Das Bosporanische Reich blieb als Klientelkönigtum Roms bestehen. Dazu kam die Anerkennung weiterer Klientelkönigreiche, die zum Teil bis in die Kaiserzeit Bestand haben sollten: Kappadokien, Galatien, Kommagene und Kolchis.

Im Vorderen Orient bestand ebenfalls schon seit längerem durch den Zerfall des Restes des Seleukidenreiches ein labiler Zustand, der immer wieder zu Unruhen führte. Bereits 83 hatte Tigranes von Armenien (97–56), der sich inzwischen aus der Abhängigkeit der Parther gelöst hatte, die noch verbliebenen Reste des Seleukidenreiches okkupiert und mit Duldung des Lucullus dann auch Kappadokien hinzugewonnen. Die Parther hatten sich inzwischen in Mesopotamien ausgedehnt. Zur Schwächung des Seleukidenreiches hatte außerdem nicht unwesentlich die Entstehung des selbständigen jüdischen Staates seit der Mitte des 2. Jh. beigetragen, der sich lange der Förderung Roms erfreuen konnte, das dadurch die ohnehin schon schwer angeschlagene Seleukidenmacht treffen wollte.

Im Zusammenhang seiner Neuordnung des Ostens bestätigte Pompeius Tigranes, der sich ihm ergeben hatte, als Herrscher von Armenien. Allerdings mußte er seine westlichen Provinzen (Teile Syriens, Galatien, Kappadokien) an Rom abtreten. Pompeius stellte damit keine seleukidische Herrschaft wieder her, sondern schuf in Armenien einen Klientelstaat als Puffer gegen die Parther.

In Syrien richtete er 64 eine römische Provinz ein. Auch da ließ Pompeius, vor allem im Vorfeld der Provinz, eine Reihe von kleineren Fürstentümern als Klientelstaaten bestehen, z.B. Osrhoene östlich des Euphratknies.

Ein besonderes Problem stellte im Rahmen der römischen Ordnungsmaßnahmen der jüdische Staat unter der Hasmonäerdynastie dar. Anlaß zum Eingreifen gab Pompeius ein Thronstreit zwischen Hyrkanos II. und Aristobulos. In diese Auseinandersetzung hatten auch der Idumäer Antipatros und die Nabatäer eingegriffen. Der Unruheherd, den die Römer nicht mehr bestehen lassen konnten, nachdem sie selbst die Herren Syriens geworden waren, wurde dadurch entschärft, daß der Oberpriester Hyrkanos als Herrscher des jüdischen Staates bestätigt wurde; freilich verlor er den Königstitel, und sein Machtgebiet wurde erheblich verkleinert. Eine Reihe von Städten wurde selbständig. Judäa war damit Teil der Provinz Syria mit einer gewissen Selbstverwaltung.

Im Jahre 37 war unter Herodes dem Großen – und das ist ohne die gleichzeitigen Bürgerkriegswirren Roms nicht zu verstehen – erneut eine Königsherrschaft bei den Juden entstanden. Der neue König war kein Hasmonäer, sondern entstammte dem judaisierten Stamm der Idumäer. Herodes konnte deshalb auch nicht Hoherpriester sein. Er hatte sich frühzeitig auf die Seite Roms geschlagen und schaffte es immer wieder, von allen römischen Richtungen akzeptiert zu werden, schließlich sowohl von Antonius wie dann auch von Octavian. Als römische Truppen 37 die nach Syrien eingedrungenen Parther zurückdrängten, eroberte Herodes zusammen mit römischen Legionen Jerusalem und wurde von Rom als Klientelkönig anerkannt. Herodes baute ein hellenistisches Königtum auf und kam dadurch zusätzlich in Gegensatz zu weiten Kreisen der jüdischen Bevölkerung.

In der Fortsetzung hellenistischer Politik hatte Pompeius das Städtewesen im Osten tatkräftig gefördert und damit den Bestand der hellenistischen Zivilisation gesichert. Wesentlich für die östlichen Provinzen war es darüber hinaus, daß Pompeius durch Ordnungsmaßnahmen im Steuer- und Abgabenwesen die wirtschaftliche Lage der Bevölkerung besserte und damit die Voraussetzung für eine prosperierende Entwicklung schuf, mochte diese durch die Bürgerkriegswirren am Ende der Republik auch noch einmal beeinträchtigt werden.

Mit dem Machterwerb Roms im Orient berührten sich seine Interessen mit denen des Partherreiches. Obwohl sich Pompeius nicht an die ursprünglichen Abmachungen hielt, wonach Tigranes von Armenien die von ihm okkupierten parthischen Gebiete im oberen Mesopotamien herausgeben sollte, akzeptierte Phraates III. angesichts der ihm gegenüberstehenden Macht die neue Situation. Der damit erreichte Frieden zwischen Rom und dem Partherreich wurde dann – vor dem Hintergrund der römischen Innenpolitik jener Zeit – in den 50er Jahren von römischer Seite gebrochen. Crassus fiel mit dem Ziel, Seleukeia am Tigris zu erobern, 53 in parthisches Gebiet ein. Die Folge war eine Katastrophe. Bei Carrhae im nordwestlichen Mesopotamien (Osrhoene) wurden die römischen Truppen vernichtend geschlagen und Crassus fiel. Die Folge waren sowohl immer wieder vorgetragene Einfälle der Parther nach Syrien als auch die Entstehung eines römischen Revanchebedürfnisses.

Im Osten war seit dem Eingreifen des Pompeius nur noch Ägypten als hellenistischer Nachfolgestaat Alexanders übriggeblieben. Es erwies sich wider Erwarten als verhältnismäßig zählebig, aber immer wieder war Rom veranlaßt, in die dynastischen Streitigkeiten, die das Ptolemäerreich zerrütteten, einzugreifen. Bereits 96 hatte Rom auf dem Erbwege die von einem Ptolemäerabkömmling beherrschte ägyptische Außenbesitzung Kyrene übernommen und das Land 74 als Provinz organisiert (Cyrenaica). 58 war das andere ptolemäische Außenterritorium, Cypern, römisch geworden. Die Ptolemäer waren auf ihr Stammland zurückgeworfen.

51 hatte Kleopatra VII. die Herrschaft in Ägypten übernommen, ohne daß die dynastischen Probleme bewältigt waren. Als Caesar 48 nach Ägypten kam, proklamierte er, um eine Konsolidierung auch in seinem Machtinteresse zu erreichen, die Herrschaft Kleopatras gemeinsam mit ihrem Bruder. Nach dem Tod Ptolemaios' XIII. schloß die Königin auf Wunsch Caesars eine Scheinehe mit Ptolemaios XIV. Seine Schwester ließ ihn 44 v. Chr. vermutlich vergiften und erhob ihren und Caesars unmündigen Sohn, Kaisarion, als Ptolemaios XV. zum Mitregenten. Während das Land von Mißernten und Hungersnot heimgesucht wurde, gerieten Ägypten und Kleopatra seit 42/40 zunehmend in das politische Kalkül des Antonius. Kleopatra ihrerseits erhoffte sich von Antonius eine Stärkung ihrer Position in Ägypten. Antonius hingegen benötigte dringend die immer noch vorhandenen Machtmittel Ägyptens für seine parthischen Pläne und dann die Auseinandersetzung mit Octavian. Um seine Stellung im Osten unter Beteiligung Ägyptens zu festigen, wählte er eine monarchisch-dynastische Konstruktion, indem er Kleopatra und Ptolemaios XV. zu „Königen der Könige" erhob und ihnen sowie

seinen drei Kindern, die er mit Kleopatra hatte, weite Gebiete des Ostens unterstellte. Damit wurde der römische Provinzialbesitz dort auf Asia, Bithynien und Syrien beschränkt. Der Sieg Octavians 31 gegen die römisch-ptolemäische Streitmacht von Kleopatra und Antonius brachte dann aber das Ende für diesen Versuch. 30 wurde Ägypten römische Provinz.

C. Rom am Ende der Republik

1. Staat und Gesellschaft

Die die Römische Republik zerstörenden Auseinandersetzungen zwischen Optimaten und Popularen stellten Machtkämpfe innerhalb der Aristokratie dar. Die seit dem 2. Jh. eingetretenen politischen, wirtschaftlichen und sozialen Gegebenheiten gaben einzelnen Politikern Machtmittel zur Durchsetzung ihrer Interessen an die Hand, die die Solidarität der Oberschicht sprengten und die herkömmliche Ordnung zunichte machten. Die aus den Provinzen gepreßten Gelder flossen in das Getriebe der Politik in Rom (u.a. für Bestechung). Das städtische Proletariat stellte ein bislang unbekanntes mobilisierbares politisches Potential dar, und durch die neue Heeresverfassung gewann der einzelne Feldherr ungeahnten politischen Einfluß, ganz abgesehen davon, daß durch die Ausdehnung und die damit verbundenen Probleme des Reiches einzelnen Politikern legal eine den Adelsstaat sprengende Machtstellung übertragen wurde. Die Nobilität desintegrierte sich.

In der Zeit der ausgehenden Republik wuchs die Bedeutung der Ritter weiter an, nicht zuletzt deshalb, weil sie durch die Steuerpacht riesige Summen in ihre Hand brachten und damit eine besondere politische Kraft darstellten. Freigelassene drängten vermöge ihres Reichtums auf allen Gebieten nach oben und in den Ritterstand. In wichtigen Vertrauenspositionen – z.B. in großen Privatunternehmen – waren sie tätig.

In dieser Zeit kam es zum erstenmal zu umfangreicheren Sklavenaufständen, die sonst in der Antike selten waren. Die Gründe mögen in dem inzwischen ungewöhnlichen Ausmaß der Sklaverei und der z.T. ausgesprochen schlechten Versorgung der Sklaven gelegen haben, die sie teilweise zu Straßenräubern werden ließ. Dem ersten Sizilischen Sklavenkrieg (135–131) folgte 104–101 der zweite. Die Aufstandsbewegung dehnte sich auf Unteritalien aus; Unruhen gab es schon vor dem ersten Sklavenkrieg in Latium und Etrurien.

In Italien war der letzte (dritte) große Sklavenaufstand 73–71 der des Spartacus, eines ehemaligen Gladiators, der bald starken Zulauf von Sklaven und aus der unteren Landarbeiterschicht erhielt. Spartacus strebte die Rückführung der Sklaven in ihre Heimat an. Nach anfänglichen Mißerfolgen konnte sich die staatliche Macht schließlich in allen Fällen gegen die Aufständischen durchsetzen. Deren Intentionen richteten sich nicht gegen die Sklaverei überhaupt, genauso wie von einer generellen Solidarität zwischen Sklaven und den freien Proletariern nicht die Rede sein kann.

2. Religion und geistiges Leben

Mehr und mehr zeigte sich bei den Menschen eine Haltung, die unter hellenistischem Einfluß das innige Verhältnis zur Gottheit suchte und die Frage nach dem jenseitigen Leben stellte. Neue orientalische Kulte fanden Eingang in Rom und Italien wie der von Isis, Serapis, syrischer Gottheiten und des iranischen Erlösergottes Mithras. Die Astrologie gewann großen Anhang.

Unter den inzwischen zweisprachig gewordenen Gebildeten der Oberschicht war vielfach die Philosophie an die Stelle der alten Religion getreten. Vor allem die Stoa wurde jetzt voll übernommen. Angehörige der Nobilität kamen in Italien oder in Griechenland selbst zunehmend in geistigen Austausch mit Vertretern des griechischen Geistes, z.B. mit dem Universalgelehrten Poseidonios (ca. 135 bis etwa 51), dem einflußreichsten stoischen Philosophen der Zeit.

Die lateinische Literatur war zwar griechisch untermauert, besaß aber einen eigenen römischen Charakter. In der Dichtung steht am Anfang der Satiriker Lucilius (ca. 180–102). Durch T. Lucretius Carus (ca. 98–55) erlebte das Lehrgedicht einen Höhepunkt („De rerum natura"). Unter den Neoterikern, „jüngeren" Lyrikern in alexandrinischer Tradition, ragte C. Valerius Catullus (etwa 84–nach 55) mit seinen Liebesgedichten hervor.

In der Prosa blühte die Fachschriftstellerei stark auf, vor allem in juristischen Schriften und der Rhetorik, deren Wirkung sich überall in der Literatur bemerkbar machte. Das gilt auch für die Historiographie, wie in der Annalistik, der historischen Monographie und der Biographie. Einen besonderen Rang erreichte die Geschichtsschreibung durch C. Sallustius Crispus (86–34, Coniuratio Catilinae, Bellum Iugurthinum, Historiae). Auch Caesars Darstellung des gallischen Krieges und des Bürgerkrieges, zugleich aktuelle Propagandaschriften, gehören hierher.

Den unbestrittenen Höhepunkt der lateinischen Literatur der ausgehenden Republik bildete Cicero (106–43). Er war der bedeutendste Vertreter des römischen Humanismus. Die Wirkung seiner Gestaltung griechisch-philosophischen Geistes in der lateinischen Literatur ist nicht zu überschätzen.

In der Architektur und der Plastik erreichte die römische Kunst ebenfalls einen Höhepunkt. In der Baukunst wurde immer häufiger die Bogen- und Gewölbetechnik angewandt (Tabularium = Staatsarchiv in Rom), während der römische Naturalismus in der Plastik durch die Übernahme hellenistischer Elemente (Durchgeistigung und Betonung subjektiver Elemente) weiterentwickelt wurde. Die Porträtkunst brachte es zu Hochleistungen.

XVII. Der Beginn der Römischen Kaiserzeit

A. Die Errichtung und Festigung der Monarchie

Nach dem Sieg von Actium mußte Octavian eine legale Basis für seine faktische Macht finden und den Staat im Inneren als Voraussetzung für die Dauer seiner Stellung konsolidieren. In der Wahl der Mittel zur Ordnung des Gemeinwesens war er nicht mehr frei. Zu den Faktoren, die seine politische Lösung beeinflußten, gehörten das negative Vorbild des innenpolitisch gescheiterten Caesar und die Tatsache, daß er selbst am Ende der 30er Jahre zur Verteidigung des alten Rom angetreten war. Außerdem mußte Octavian ein weitergehendes Zerwürfnis mit der senatorischen Oberschicht möglichst vermeiden und einen Ausgleich suchen, zumal er auf ihre Mitarbeit in der Reichsverwaltung nicht verzichten konnte. Die Ordnung des Staates sollte Ruhe und Frieden, Anknüpfung an die Republik und die nun einmal vorhandene Militärdiktatur verbinden.

Die Lösung wurde allerdings erst seit 27 gefunden. Octavian verschaffte sich inzwischen keine neuen Rechtspositionen, sondern ergriff politische Einzelmaßnahmen. Vor allem aus dem in seinen Händen befindlichen ptolemäischen Staatsschatz erhielten seine Soldaten und die Bevölkerung von Rom umfangreiche Zuwendungen. Jetzt konnte er auch in Italien Land zur Ansiedlung seiner Veteranen erwerben lassen. Diese fand aber nicht nur in Italien, sondern auch sonst im Reich (Südfrankreich, Nordafrika und im Vorderen Orient) statt. So konnte die riesige Bürgerkriegsarmee demobilisiert und damit eine Gefahr für den Machthaber verringert werden. Die rund 70 Legionen, die Antonius und Octavian aufgeboten hatten, wurden allmählich vermindert, die Heeresstärke von rund 315000 Mann auf 121500 gesenkt.

Als Octavian nach der Ordnung der Verhältnisse in Ägypten 30/29 nach Rom zurückgekehrt war, begann er eine Reihe von Maßnahmen, die gewissermaßen der ideologischen Untermauerung seiner Machtstellung dienen sollten. So feierte er im August 29 einen großen Triumph über die von ihm besiegten auswärtigen Feinde Roms in der althergebrachten Form des Dankes an den Capitolinischen Iuppiter. Feierlich ließ er im selben Jahre den Ianustempel schließen (erstmals seit 235) und entsprach damit einem elementaren Friedensverlangen der römischen Bevölkerung.

Demonstrativ drückte er seine Fürsorge für das Althergebrachte aus, indem er „auf Befehl des Volkes und des Senats“ den durch die Bürgerkriege stark dezimierten alten Adel Roms, den Patriziat, ergänzte. In der propagandistischen Wirkung stärker dürfte die 28 auf seine Initiative hin durchgeführte Personenbestandsaufnahme der römischen Bevölkerung gewesen sein. Dieser Census schloß nach dem Herkommen mit einem Reinigungs- und Sühneopfer (lustrum), das die Erneuerung der römischen Bürgerschaft, einen Neuanfang, dokumentierte. Deutlich sollte damit ein Strich unter die gerade vergangene Bürgerkriegszeit gezogen werden. Allerdings konnte all dies kaum genügend Wirkung entfalten, wenn nicht der entscheidende Schritt getan wurde, die endgültige Abkehr von den Bürgerkriegsverhältnissen, d. h. die Aufgabe der tatsächlichen Ausnahmegewalt, die Octavian seit 32 erworben hatte.

In Rom und Italien beruhte Octavians Stellung auf dem Konsulat, den er – durchaus gegen die staatsrechtliche Norm, aber nicht ohne Vorbilder (Marius, Caesar) – seit 31 kontinuierlich bekleidete und der ihm direkten Einfluß auf Senat, Volksversammlung und Verwaltung gewährte. Die Gewalt über das Heer war die eigentliche Grundlage seiner Machtstellung, und diese hatte seit Auslaufen des Triumvirats 32 keine legale Basis mehr. Hier wurde deutlich, daß die res publica libera nicht mehr existierte.

In einer Senatssitzung am 13.1.27 – gewissermaßen dem Geburtstag des römischen Kaisertums – gab Octavian in einer großen Geste seine Ausnahmegewalt an Senat und Volk von Rom zurück; er war jetzt nur noch einer der beiden Konsuln. Der Sieger von Actium gewann aber durch einen förmlichen Senatsbeschluß, dem sich wahrscheinlich ein solcher der Volksversammlung anschloß, seine Ausnahmegewalt auf legaler Basis zurück. Sie hatte die Form des vorerst auf 10 Jahre befristeten – aber dann immer wieder verlängerten – imperium proconsulare über die großen und an den Grenzen gelegenen Provinzen des Reiches: Spanien, Gallien, Syrien, Kilikien und Cypern, Ägypten. Verbunden damit war die Befehlsgewalt über das römische Heer, das ohnehin zum größten Teil in jenen Gebieten stand. Diese Kompetenz umschloß auch die Gewalt über die in Rom stationierten Formationen und die militärische Aushebung der Legionäre in Italien. Damit war über das imperium proconsulare direkter Einfluß im italischen Kernland gegeben. Im übrigen beruhte die Gewalt des Monarchen in Rom und Italien auf dem Konsulat, den er weiterhin jährlich bekleidete; er verzichtete aber 23 darauf. Möglicherweise war es eine durch oppositionelle Kräfte herbeigeführte schwierige innenpolitische Situation, die ihn zu jenem Schritt veranlaßte und gewissermaßen einen Kompromiß zwischen auf dem Militär beruhenden Absolutheitsanspruch und republikanischer Haltung in der Aristokratie eingehen ließ. Statt dessen erwarb er durch speziellen Senatsbeschluß das wichtige Recht, wie die Konsuln mit dem Senat verhandeln, d.h. Beschlüsse dieses Gremiums beantragen zu können. Dadurch, daß dem Machthaber das imperium consulare und die sogenannten ornamenta consularia auf Lebenszeit übertragen wurden, erhielt er auch nach außen wieder einen den Konsuln entsprechenden Ehrenplatz.

Ein weiteres Äquivalent für den nunmehr nicht mehr regelmäßig bekleideten Konsulat gewann Augustus durch die ebenfalls 23 übernommene tribunicia potestas, d.h. die Kompetenzen eines tribunus plebis. Schon 36 hatte Octavian mit der Unverletzlichkeit (sacrosanctitas) die besondere Weihe dieses Amtes gewonnen. 23 erhielt er nun auch den eigentlichen politischen Inhalt des Amtes hinzu. Dieser bestand vor allem in der Möglichkeit zur Gesetzesinitiative sowie darin, daß er öffentliche Vorhaben von Verfassungsorganen durch das Vetorecht sistieren konnte. Auf diese Weise besaß Augustus eine zentrale politische Kompetenz, ohne daß er die republikanischen Gefühle der Senatoren direkt verletzte.

Durch das Schwergewicht der Machtverhältnisse gewann Augustus auch zunehmend die Möglichkeit, in den Provinzen tätig zu werden, die seit 27 der unmittelbaren Gewalt des Senats überlassen waren (sogenannte senatorische Provinzen).

Dem verfassungsmäßigen Ausbau der Alleinherrschaft lief die planmäßige ideologische Ausgestaltung der Herrscherstellung parallel. Auf Antrag des L. Munatius Plancus wurde ihm am 16.1.27 der Titel „Augustus" übertragen. Das Wort war im Bewußtsein der Zeitgenossen höchstens in der Verbindung augustum augurium vorhanden (das ehrwürdige augurium, das Romulus bei der Gründung Roms eingeholt hatte). Vermutlich sollte damit nach der Bürgerkriegszeit indirekt auf die Neugründung der Stadt angespielt werden. Überdies rückte der Titel den Träger in eine religiöse Sphäre. Einen ähnlichen Effekt hatte die Übertragung des Titels „pater patriae" im Jahre 2 v. Chr., denn es schwang dabei für den Hörer zweifellos mit, daß pater der Beiname Iuppiters, des höchsten Gottes, war. Während der gesamten Regierungszeit des Augustus traten immer wieder derartige Versuche der kaum deutlich ausgesprochenen Erhöhung des Kaisers auf.

Ein besonderes politisches Problem mußte es für Augustus sein, das Verhältnis zum Senat und zu der senatorischen Gesellschaftsschicht zu regeln. Deren politische Macht war durch die Existenz der Monarchie weitgehend eingeschränkt, und aus ihr konnten am ehesten oppositionelle Haltungen und Bewegungen kommen.

Anders als Caesar bemühte sich Augustus, die äußere Stellung des Senats zu respektieren. Um ihm, wie er sagte, seine Würde wiederzugeben, hat er in seiner Regierungszeit mehrmals den Senat von unwürdigen Mitgliedern „gesäubert", es dabei aber nicht unterlassen, eigene Anhänger in den Senat zu bringen und widerstrebende Kräfte aus ihm zu entfernen. Augustus entsprach dabei insofern der Entwicklung, als durch ihn zunehmend auch Vertreter der italischen Municipalaristokratie in den Senat kamen und dieser dadurch stärker seines überholten stadtrömischen Charakters entkleidet wurde.

Aus der bisher grundsätzlich offenen Gruppe der senatorischen Familien machte der Kaiser im weiteren einen geschlossenen Stand. Nur wer im Senat saß, konnte sich von nun an um die oberen Ämter bewerben. Die grundsätzliche Qualifikation für diesen Stand bestand zudem in dem hohen Vermögenssatz von einer Million Sesterzen.

Mit diesem Abschluß nach außen war der ordo senatorius im besonderen Maße erhöht und als privilegierte Gruppe herausgestellt. Das Recht, den Zugang zu gewähren, lag beim Kaiser, der damit gegenüber dem Senat und der ihn tragenden Schicht ein besonderes politisches Instrument in die Hand bekommen hatte.

Jene gesellschaftliche Auszeichnung des senatorischen Standes dürfte der Versuch gewesen sein, ein Äquivalent für die Minderung, wenn nicht den Verlust der politischen Unabhängigkeit und der Möglichkeit freier politischer Betätigung der Senatoren zu schaffen. Denn seit 27 lag die Verwaltung des politisch wichtigsten Teils des Reiches bei Augustus, und die Angehörigen der Nobilität waren damit von einem Feld öffentlicher Tätigkeit ausgeschlossen, auf dem sie bisher selbständig Ansehen, Machtverbindungen und materiellen Gewinn hatten erwerben können.

Offene Spannungen mit den Senatoren blieben so auch nicht aus, nur sind Einzelheiten kaum genügend greifbar. Offenbar kam es aber mehrmals zu Anschlägen auf Augustus. Aus dem Jahre 23 ist die Verschwörung des Murena bekannt, und 19 betrieb M. Egnatius Rufus in Abwesenheit des Augustus bei seiner Bewerbung um den Konsulat offen Propaganda gegen den Machthaber. Zu einer breiteren Bewegung ist es aber offensichtlich nie gekommen. Augustus vermied es weitgehend, den Senat offen zu provozieren, erhöhte vielmehr die gesellschaftliche Stellung der Senatoren. Auch ist mit zu veranschlagen, daß die alte Oberschicht durch die Bürgerkriege moralisch wie physisch stark getroffen und z.T. ausgerottet war und ein Ruhebedürfnis bestand.

Den Rittern fehlte im Vergleich mit den Angehörigen der Nobilität weitgehend eine politisch-republikanische Tradition. Da bei ihnen vor allem ein spezifisch politischer Gegensatz zum Monarchen wegfiel, stellten sie mit ihrem wirtschaftlichen Interesse die gegebene Unterstützung eines Alleinherrschers dar, der Ordnung und Sicherheit brachte und ihre Besitzverhältnisse nicht minderte.

Diese gesellschaftliche Gruppe band nun Augustus in besonderer Weise an die Monarchie. Aus ihr machte er mit der Qualifikation eines Mindestvermögens von 400000 Sesterzen einen festen Stand, den ordo equester, der dadurch gesellschaftlich herausgehoben wurde. Der Einfluß des Kaisers auf den Ritterstand war dadurch noch besonders groß, daß die Zugehörigkeit zu ihm nicht erblich war, sondern der Kaiser sie jeweils aussprach und vollzog. Die ausschließliche Übertragung bestimmter staatlicher Funktionen auf Angehörige des ordo equester machte aus ihm eine Notabelnschicht, auf die sich der Kaiser besonders verlassen konnte. Diese kaiserlich-ritterliche Beamtengruppe stellte einen Teil der höheren Offiziere, u.a. die Führer der kaiserlichen Garde (praefecti praetorio). Bestimmte Provinzstatthalterschaften, darunter die Ägyptens (praefectus Aegypti), waren Rittern vorbehalten. Entsprechendes galt für die im Aufbau befindliche Finanzverwaltung (procuratores).

Auf dem Gebiet der innenpolitischen Tätigkeiten des Kaisers sind weiterhin vor allem der Bereich der Religionspolitik und eine Reihe sozialpolitischer Maßnahmen von besonderer Bedeutung und im Zusammenhang mit der Machtfestigung des Augustus zu sehen.

Während seiner gesamten Regierungszeit widmete er dem Kultus besondere Aufmerksamkeit. Eine große Zahl von Tempeln und religiösen Festen wurde aufgrund seiner Initiative wiederhergestellt bzw. erneut ins Leben gerufen. Desgleichen belebte er die alten kultischen Bruderschaften der Salier und der Fratres Arvales. Sie standen nur dem alten patrizischen Adel offen, der auf diese Weise einen weiteren Ausweis seines gesellschaftlichen Ranges erhielt. Andererseits verhielt sich Augustus orientalischen Kulten wie dem der ägyptischen Isis gegenüber ausgesprochen ablehnend und versuchte, deren Neueinführung in Rom zu verhindern. Den Kaiser leitete hier eine Vorliebe für altrömische Traditionen.

Im Rahmen einer Bevölkerungspolitik sind in den Jahren 19 und 18 sowie erneut 9 n. Chr. Gesetze (die lex Iulia de adulteriis coercendis, die lex Iulia de pudicitia, die lex Iulia de maritandis ordinibus und die lex Papia Poppaea) erlassen bzw. eingeschärft worden, welche Ehebruch sowie unsittliches Verhalten unter Strafe stellten, Ehe- und Kinderlosigkeit in der Oberschicht bekämpften bzw. Kinderreichtum durch Prämien und schnelleren Ämteraufstieg honorierten. Ganz entsprechend schritt die Staatsmacht gegen Verbindungen von Senatoren mit Sklavinnen und Ehen zwischen Freigelassenen und Angehörigen des Senatorenstandes ein.

Allerdings kann für die Augusteische Zeit kaum von einem allgemeinen Bevölkerungsrückgang die Rede sein. Zwischen 8 v. Chr. und 14 n. Chr. hatte die Bevölkerung mit römischem Bürgerrecht um 2 Millionen Köpfe zugenommen, was nicht allein auf Bürgerrechtsverleihungen zurückzuführen ist. Hinter jenen bevölkerungspolitischen Maßnahmen stand demnach offenbar ein Programm, nach dem das römische Volk, besonders die Oberschicht, seinen römischen Charakter behalten und zugleich an einen Zustand intakter Familien der Vorväter angeknüpft werden sollte.

Für die Verwaltung des Imperium Romanum brachte die Herrschaft des Augustus die Möglichkeit für eine einheitlichere Reichspolitik als zur Zeit der Republik; der Senat war über gelegentliche Maßnahmen kaum hinausgekommen.

Zu dem Neuansatz unter Augustus gehörte zum einen die in verschiedenen Jahren durchgeführte statistische Erfassung des Imperium durch einen Census, bei dem in den Provinzen unter anderem eine Erhebung der steuerlichen Kapazität durchgeführt, die unterschiedliche Rechtslage der Gemeinden und Bewohner aufgenommen und Volkszählungen durchgeführt wurden. In Gallien war dieser Census z.B. im Jahre 13 v. Chr. abgeschlossen; 6 n. Chr. wurde eine solche Censuserhebung in Iudaea durchgeführt, als dieses Gebiet den Status einer römischen Provinz erhielt.

Am deutlichsten machte sich der neue Zug der Reichsverwaltung in der einheitlichen Organisation der Finanzadministration bemerkbar. Eine Verbesserung der wirtschaftlichen Situation der Provinzen, auch der senatorischen, bedeutete die Ablösung der Steuererhebung, die früher mittels privater Steuerpachtgesellschaften erfolgte, durch Steuerbeamte, die unter einem ritterlichen procurator standen und Teil der kaiserlichen Reichsverwaltung waren. Auch die Erhebung indirekter Steuern kam, soweit sie weiterhin durch private Gesellschaften erfolgte, nunmehr stärker unter staatliche Aufsicht.

B. Die Außenpolitik

Ein einheitlicher Zug – jedenfalls bis zu einem gewissen Grad – läßt sich auch im Bereich der Außenpolitik erkennen. Diese war unter Augustus vor allem gekennzeichnet durch eine Tendenz zur Abrundung und Konsolidierung des Imperium Romanum. Der Bestand ließ tatsächlich deutliche Lücken erkennen: So gehörte auf der Pyrenäenhalbinsel der Nordwesten, eine ausgesprochene Gefahrenzone, noch nicht zum Reich. Krasser noch war die Situation im Norden und Nordwesten Italiens. Das Alpengebiet lag nicht unter wirkungsvollem römischem Einfluß, so daß die Verbindungen nach Gallien gefährdet waren und Oberitalien immer wieder unter dem Einfall alpiner Bergstämme zu leiden hatte. Von Oberitalien und der dalmatinischen Küste aus, die Octavian 35/34 für das Reich gewonnen hatte, bestand immer noch keine sichere und durchgehende Landverbindung nach Griechenland und zur unteren Donau. Die Grenze der Provinz Syrien gegenüber den Parthern mußte als recht unsicher gelten.

Die außenpolitischen Aufgaben sind nun keineswegs in einem Zug verwirklicht worden; die Realisierung verteilte sich über die gesamte Regierungszeit des Augustus. Zu den wichtigsten Maßnahmen im Osten des Reiches gehörte das Vordringen des L. Cornelius Gallus 29 aus Ägypten nach Süden über den ersten Nilkatarakt hinaus und die Schaffung einer Grenzzone für diese Provinz. Ein Vorstoß 24–22 nach Nubien bis zum vierten Katarakt brachte keinen dauerhaften Erfolg.

Wesentlicher war der Ausgleich mit den Parthern, den Augustus während eines persönlichen Aufenthaltes 20 in Syrien auf dem Verhandlungswege erzielte. Rom gewann dadurch auch die im Jahre 53 verlorengegangenen Legionsadler zurück. Das bedeutete einen erheblichen Prestigegewinn für Augustus und setzte Kräfte für andere Unternehmungen frei. Auf eine Ausweitung des Reiches über das Euphratknie hinaus wurde verzichtet, allerdings in dem Klientelstaat Armenien (20) eine Pufferzone geschaffen.

Zur Ordnung der Verhältnisse im Westen hatte sich Augustus in den Jahren 27–25 selbst in Gallien und Spanien aufgehalten und militärische Unternehmungen u. a. gegen die Asturer und Cantabrer geleitet und deren Gebiet gewonnen. Aber erst 19 war dort eine endgültige Beruhigung erreicht. Im Jahre 27 und erneut 15–13 wurden die drei neuen gallischen Provinzen (Aquitania, Gallia Lugdunensis, Belgica) organisiert.

Das größte Problem stellte zweifellos die Nordgrenze dar. Nachdem 29 und 28 der römische Einflußbereich bis an die untere Donau vorgeschoben worden war, dienten die Verpflanzung der Salasser im Gebiet des Kleinen St. Bernhard und die Errichtung der Kolonie Augusta Praetoria (Aosta) 25 der Sicherung der Verbindung zwischen Oberitalien und Gallien.

Eine kürzere und sichere Verbindung zwischen der Donaugrenze und Gallien war gewonnen, als Rom 15 Noricum (heute: Österreich ohne Tirol) als Klientelstaat in das Reich einbezogen hatte. 15 begann dann das große Unternehmen zur endgültigen Eroberung des Alpen- und nördlichen Voralpenraumes und damit die Schaffung einer direkten Verbindung zwischen den Reichsgegenden an der unteren Donau und Gallien bzw. dem unteren Rheingebiet. Tiberius unterwarf vom Westen aus das Wallis und die Ostschweiz, während sein Bruder Drusus über die Zentralalpen nach Raetien vordrang. In den Zusammenhang des umfangreichen strategischen Planes zur Sicherung der Nordgrenze gehörten auch die Aktionen 13–9, durch welche die Römer die mittlere Donaugrenze erreichten und Pannonien gewannen.

Möglicherweise waren die Niederlagen des Lollius im Jahre 16 am Niederrhein bei einem Einfall der Sugambrer und das Eindringen von Alpenstämmen zu dieser Zeit nach Oberitalien der Anlaß zur offensiven Politik gegen die Alpenvölker und Germanien. Das Ausgreifen ins rechtsrheinische Germanien bereitete der Kaiser 15–13 vor. Seit dem Jahre 12 drang Drusus in mehreren Sommerfeldzügen über den Rhein ins freie Germanien vor und erreichte im Jahr 9 v. Chr. die mittlere Elbe, ein Ziel, das kaum ohne Zustimmung des Augustus denkbar ist.

Die Gründe, die zu diesen großangelegten Unternehmungen im Norden führten, sind keineswegs zureichend geklärt. Überlegt wurde, ob man nicht auf eine kürzere und damit leichter zu verteidigende Elb-Donau-Grenze mit der Möglichkeit einer Truppenverringerung zielte. Aber man muß auch damit rechnen, daß gar kein einheitlicher Plan von Anfang an bestand und mindestens die Aktionen im freien Germanien anfänglich der intensiveren Sicherung der Rheingrenze und des Vorfeldes dienten, woraus sich weitergehende Aktionen gegen dortige Stämme ergaben, ohne daß eine feste Grenze vorgesehen war.

Nach dem Tode des Drusus im Jahre 9 wurde die Germanenpolitik durch

Tiberius fortgesetzt, in der aber eine Stagnation eintrat, als Augustus seinen Stiefsohn im Jahre 6 aus persönlichen Gründen abberief. Erst als diesem 10 Jahre später der Oberbefehl über die Rheinarmee wieder übertragen wurde, kam es zu umfangreicheren Aktionen. In den Jahren 4–6 n. Chr. unternahm Tiberius teils über die Nordsee, teils durch das Landesinnere Feldzüge bis zur Elbe. Wenn überhaupt, so ist es in dieser Zeit oder kurz zuvor zur Einrichtung der Provinz Germania gekommen. Der Abschluß der Germanenunternehmungen war offenbar für das Jahr 6 n. Chr. geplant. Aber der Ausbruch eines großen Aufstands in Pannonien vereitelte dieses Unternehmen, und als dann im Jahre 9 n. Chr. Arminius und seine aufständischen Germanen in der Schlacht im Teutoburger Wald die Legionen des Varus vernichteten, erlitt die Germanienpolitik einen erheblichen Rückschlag. Die Sicherung der Rheingrenze vertraute Augustus erneut Tiberius an, der entsprechende Feldzüge (11 und 12 n. Chr.) durchführte. Immerhin war in der Augusteischen Zeit Wesentliches erreicht: der Bestand des Reiches innerhalb der Flußgrenzen von Rhein, Donau und Euphrat.

C. Rom am Anfang des Principats

1. Das Wesen des Augusteischen Principats

Der Principat stellte eine Neuschöpfung dar. Augustus' Autorität floß nicht einfach aus den dem Staatsrecht der Republik entnommenen Rechtsformen seiner Amtsgewalt; sie war vielmehr ebenso charismatischer wie sakraler Natur und auf den Glauben der Soldaten und des Volkes – nicht der gebildeten senatorischen Oberschicht – daran gegründet, daß Augustus eine Sendung zu erfüllen habe. Nichtsdestoweniger gilt: Der Prinzipat war auch als Rechtsform ins Leben getreten und entsprach damit traditioneller römischer Haltung.

In der vom ersten Princeps geschaffenen Staats- und Verfassungsorganisation gab es keine – verfassungsrechtlich – einheitliche Gewalt des Monarchen. Vielmehr bestand jene Gewalt aus der Summe von Einzelkompetenzen; sie war aufgespalten in ein Bündel legaler, der Person verliehener Vollmachten, die als solche den Formen des herkömmlichen Verfassungsrechts entsprachen. Das Neue an dieser Verfassungskonstruktion freilich war die Kumulierung aller dieser Kompetenzen auf eine Person. Es gehörte zum Wesen dieser Ordnung, daß Augustus die militärische Gewalt allein ausübte. Rom hatte einen einzigen Militärherrn und auf diesem Gebiet die republikanische Ordnung verloren. In Rom, Italien und zunächst noch den senatorischen Provinzen konnte am ehesten von Augustus behauptet werden, er habe die Republik wiederhergestellt. Mit seinen dort geltenden Einzelbefugnissen stand der Princeps immer neben anderen Amtsträgern, vor allem den Konsuln und den Volkstribunen. Allerdings war er in der Lage, durch die Art seiner Kompetenzen im Inneren des Staates jederzeit einzugreifen oder initiativ zu werden. Dabei besaß er aufgrund seiner Befehlsgewalt über die in Rom stationierte Praetorianergarde ein besonderes Schwergewicht.

In der Existenz anderer Amtsträger neben ihm lag ein gewisses politisches Risiko; aber die daraufhin mögliche Herausstellung der angeblichen Unversehrtheit der republikanischen Ordnung war offenbar ein besonderer politischer Wert, ganz abgesehen davon, daß auch die auf Augustus zurückgehenden gesellschaftlichen Maßnahmen eine Stütze seiner Stellung bedeuteten.

Aus dem oben Gesagten ergibt sich, daß es zumindest zu Anfang der Kaiserzeit einen offiziellen, eine einheitliche monarchische Machtstellung bezeichnenden, verfassungsrechtlich fixierten Titel für den Kaiser nicht gab. Augustus hatte freilich eine Art offiziöse Bezeichnung, „princeps", der Erste im Senat bzw. im Staat. Das war ein im politischen Leben der Republik ganz geläufiger Terminus; man bezeichnete damit den princeps senatus und die nobiles, die im Senat eine führende Rolle spielten. Mit der im Princeps-Namen liegenden Assoziation an die Republik sollte Augustus also als republikanischer Politiker gefaßt werden. Dem entspricht die immer wieder von Augustus und seinen Propagandisten geäußerte Behauptung, die Ordnung des Augustus habe die Republik und ihre Freiheit nach den fürchterlichen Zuständen des Bürgerkrieges wiederhergestellt – Augustus als vindex libertatis (Retter der Freiheit).

Der Principat erfuhr seine gedankliche Rechtfertigung zusätzlich durch die innenpolitischen Tätigkeiten und Haltungen des ersten Princeps, die der Förderung altrömischer Zustände galten. In der Anknüpfung an alte Traditionen in der Religionspolitik und der sogenannten Sittengesetzgebung wurde die große Vergangenheit Roms im Sinne einer nationalen Erneuerung beschworen, deren Realisierung zur Legitimation seiner innenpolitischen Position diente und bei der Augustus Unterstützung von der Literatur (Vergil, Horaz, Livius) und auch in der bildenden Kunst erfuhr.

Wie die gesamte Organisation der Macht, so waren auch die Formen der Verehrung des Herrschers ausgesprochen vielschichtig. Bereits der Augustusname und der Titel „pater patriae" hatten den Princeps genauso wie durch seinen Namenszusatz „divi filius", bezogen auf den nach seinem Tode vergöttlichten Caesar, an übermenschlichen Bereichen teilhaben lassen. Freilich, und eben das ist bezeichnend, wurde dieses mit Rücksicht auf das Empfinden der Römer nicht deutlich ausgesprochen, sondern der individuellen Aufnahme des einzelnen überlassen. Diese zweideutigen Elemente der Herrscherauffassung fanden sich auch bei seiner offiziellen Verehrung in Italien. Im Osten des Reiches erfuhr Augustus nach hellenistischer Tradition eine klare göttliche Verehrung, im Westen wurden entsprechende Kultformen eingerichtet. Das war in Italien nach der bisherigen Tradition unmöglich, möglich aber war die kultische Verehrung seiner göttlichen Kraft bzw. seines Genius. Immerhin gingen einige Kultgenossenschaften schon so weit, Götterstatuen die Züge des Augustus verleihen zu lassen.

Ein besonderes Problem stellte die Regelung seiner Nachfolge dar. Da es die Monarchie staatsrechtlich gar nicht gab, war eine rechtlich verbindliche Designation nicht denkbar, höchstens eine mittelbare. Für eine Nachfolge noch zu Lebzeiten des Princeps Vorsorge zu treffen war zwingend notwendig, sollte nicht die Gefahr eines erneuten Bürgerkrieges beschworen werden. Um den in Aussicht genommenen Nachfolger – mittelbar – zu designieren, mußte dieser Anteil an der staatlichen Macht des Princeps erhalten werden, damit er im Falle des Ablebens des Kaisers über sie verfügen konnte. Dazu boten sich besonders das imperium proconsulare und die tribunicia potestas an. Außerdem mußte gesichert sein, daß der Nachfolger über das riesige Vermögen und die Klientel des Princeps verfügen konnte. Hatte der Kaiser keinen leiblichen Sohn, kam die Adoption in Frage, um letzteres zu erreichen. Augustus und seine Nachfolger haben bei den Versuchen zur Sicherung ihrer Nachfolge diese Wege in der Regel auch tatsächlich beschritten.

Bei der Regelung seiner Nachfolge hatte Augustus wenig Glück. Der als Nachfolger ausersehene Marcellus (23 v. Chr.), Sohn seiner Schwester starb früh; die Nachfolge seiner von ihm adoptierten Enkel C. und L. Caesar, Söhne seiner Tochter Iulia und Agrippas, realisierte sich wegen ihres frühen Todes nicht (4 und 2 n. Chr.). Erst dann stellte Augustus den bisher immer wieder zurückgesetzten Stiefsohn Tiberius als Nachfolger heraus. Im Jahre 4 n. Chr. adoptierte ihn Augustus als über 40jährigen und ließ ihm die tribunicia potestas verleihen, 13 das imperium proconsulare. Als Augustus am 19. 8. 14 in Nola starb, stand Tiberius als Nachfolger bereit.

2. *Das Heer der Kaiserzeit*

Das Ausmaß der augusteischen Außenpolitik und die Sicherung der gewonnenen Gebiete waren nicht zuletzt dadurch möglich, daß ein starkes und inzwischen reorganisiertes Heer zur Verfügung stand, das zugleich auch eine innere Stütze der Kaiserherrschaft darstellte. Den größeren Anteil der mit rund 350 000 Mann nicht gerade übermäßig großen Reichsarmee stellten die etwa 25 Legionen, in denen grundsätzlich nur römische Bürger Dienst taten. Eine wesentliche Maßnahme des Augustus war es, daß er – die ausgehende Republik war hierbei bereits eine Übergangsphase – aus dem Heer, das Marius am Ende des 2. Jh. geschaffen hatte, nunmehr endgültig ein stehendes Heer schuf. Das galt auch für die Hilfstruppen (auxilia = Alen und Kohorten), die sich vorwiegend aus den nichtrömischen Provinzbewohnern rekrutierten und nunmehr ein fester und wichtiger Bestandteil des römischen Heeres wurden. Die Prätorianer, neun Kohorten stark, stellten die in und um Rom stationierte Elitetruppe dar, die eine sozial gehobene Position erlangte. Daneben gab es eine ganze Reihe von Spezialformationen wie die stadtrömischen cohortes urbanae (Stadtpolizisten). Die militärische Kraft des kaiserzeitlichen Imperium Romanum beruhte aber nicht nur auf diesen regulären Formationen. Vielmehr besaß die römische Macht besonders bei Auseinandersetzungen an den Grenzen und innerhalb der Provinzen eine wichtige Unterstützung in den Aufgeboten der einheimischen Stämme, Gemeinden und Herrscher.

Die Schwerpunkte der in den Grenzprovinzen stationierten römischen Truppen waren im Westen Spanien und Germanien, an der Donau Pannonien und im Osten Syrien. Außer der militärischen kam dem Heer der Kaiserzeit eine wesentliche soziale Funktion zu, zumal gegenüber den nichtrömischen Reichsbewohnern. Traten sie in die Hilfstruppen ein, so konnten sie nach Ablauf einer 25jährigen Dienstzeit mit dem römischen Bürgerrecht ausgestattet werden, wie sie ohnehin während ihrer Militärzeit bereits stärker in den römischen Zivilisationsbereich einbezogen wurden. Sie erlebten dadurch eine soziale Aufwertung, die sich oft genug dahin gehend auswirkte, daß sie nach ihrer Entlassung und Ansiedlung in einer Gemeinde dort Funktionen in der kommunalen Verwaltung übernahmen. Insofern trug das römische Heer zu einer gewissen inneren Vereinheitlichung des Reiches bei.

3. Die Augusteische Kultur

Kunst und Literatur der Augusteischen Zeit knüpften kaum an die vorhergehende hellenistisch-römische Phase an, sondern griffen wesentlich auf das vorhellenistische Erbe zurück. Als Förderer von Literaten und Dichtern spielte ein naher Vertrauter des Augustus, Maecenas, eine wichtige Rolle. Zu seinem Kreise gehörten die bekanntesten Dichter der Augustenischen Zeit: P. Vergilius Maro (70–19 v. Chr.), der vor allem durch die zum römischen Nationalepos werdende Aeneis seinen Beitrag zur „Klassik“ und zum „Romantizismus“ der Augusteischen Kultur lieferte. Neben ihm stand als der bedeutendste lateinische Lyriker Q. Horatius Flaccus (65–8 v. Chr.). Wie Vergil in der Dichtung die Geschichte Roms und die Familie des Augustus verherrlichte, so besang Horaz in seinen Römeroden Rom und den Princeps. Beide Dichter wirkten als Propagandisten der Ordnung des Augustus. Entsprechendes gilt für den Historiker T. Livius (59 v. Chr. bis 17 n. Chr.), der die römische Geschichte von der Gründung der Stadt bis zum Jahre 9 v. Chr. beschrieb. Wie die Dichter hob Livius darin u.a. die moralischen Werte der Frühzeit hervor, die verpflichtendes Erbe und Vorbild im Sinne der augusteischen Ideologie sein sollten.

Aus dem Bereich der bildenden Kunst ist in diesem Zusammenhang besonders der Friedensaltar des Augustus auf dem Marsfeld in Rom mit seinem klassizistischen Bildprogramm nationaler, römisch-italienischer Motive zu nennen.

XVIII. Die Römische Kaiserzeit vom Tode des Augustus bis zum Ende der Severer (14–235)

A. Der innere Ablauf

Als 14 n. Chr. Tiberius den Principat übernahm, begann die Kaiserzeit im eigentlichen Sinne. Es war jetzt klar, daß Rom von einem Monarchen regiert wurde. Auch wenn man gelegentlich meint, beim Übergang von Caligula auf Claudius (41) hätte noch einmal die Chance der Wiederherstellung der Republik bestanden – es gab keinen designierten Nachfolger Caligulas, und es zeigten sich republikanische Strömungen im Senat –, so ist das angesichts der ganz andersartigen Interessen und Verhaltensweisen der Bevölkerung Roms und vor allem der Praetorianer eine Illusion.

Die römische Kaiserzeit ist zum einen die Geschichte des Kaisertums. Den Kaisern waren die politischen und sozialen Formen des Principats, die Augustus geschaffen hatte, vorgegeben. Sie haben rund 200 Jahre Bestand gehabt und waren so fest und zugleich dehnbar, daß sie weitere Ausprägungen ertragen konnten. Es kam nur darauf an, wie sich der einzelne Kaiser mit dem übernommenen Gebilde abfand und es weiterformte. Der primäre Wirkungsbereich der Kaiser bestand in der Handhabung dieser Ordnung, besonders im Hinblick auf das Verhältnis zur senatorischen Oberschicht. So ist die Kaisergeschichte, wie man gesagt hat, die Geschichte der Bewältigung dieses Themas gewesen.

Kaisergeschichte und Reichsgeschichte fallen nicht notwendig zusammen, es sei denn da, wo die Geschichte der Kaiser mit der Reichsgeschichte in besondere Berührung kam. Das war der Fall bei speziellen Verwaltungsmaßnahmen der Reichsspitze und vor allem dann, wenn in den Provinzen durch die dort stationierten Heere Kaiser erhoben wurden, z. B. 68/69. Ein Hinweis auf die Distanz zwischen Kaiser- und Reichsgeschichte mag es sein, daß das Machtgebilde des Imperium Romanum eine ganze Reihe unfähiger Kaiser ohne weiter reichende Wirkung ertragen hat.

1. Die Iulisch-Claudische Phase (14–68)

Die Nachfolger des Augustus bis auf Nero kamen sämtlich aus seiner Familie, waren z. T. wie Caligula und Nero blutsverwandt mit ihm. Auffallend ist, daß in der kaiserlichen Familie politische wie menschliche Unfähigkeit und blutige Auseinandersetzungen besonders häufig auftraten. Ganz abgesehen davon, daß man wohl mit vererbten psychopathischen Einflüssen in dieser

Familie wird rechnen müssen, machte sich hier die problematische, gerade die Blutsverwandten fördernde Nachfolgepolitik des Augustus bemerkbar, die bei jenen besonderen politischen Ehrgeiz entstehen ließ. Spannungen und Intrigen innerhalb des kaiserlichen Hauses waren die Folge. Dazu kommt, daß in Rom kaum eine Tradition in der Handhabung der ungeheuren monarchischen Gewalt des römischen Kaisers entwickelt war, die durch Erfahrung hätte Maßstäbe setzen können.

Dem ersten Nachfolger des Augustus, Tiberius (14–37), wurden im Senat und in der Öffentlichkeit Roms positive Erwartungen entgegengebracht. Er entsprach ihnen, insofern er die Reichsverwaltung kenntnisreich und verantwortlich wahrnahm, sich in der Außenpolitik als Fachmann zeigte und den Zustand der Provinzen weiter verbesserte. Doch ist die Erinnerung an die Zeit des Tiberius stark belastet. Hatte er schon durch eine persönliche Distanzhaltung – zeitweise, seit 26 ständig, zog er sich nach Capri zurück – nicht gerade an Beliebtheit gewonnen, so wurde seine Regierung durch z. T. blutige Auseinandersetzungen in der kaiserlichen Familie stark belastet. Nach den ersten Regierungsjahren gab es im Kreise des Senats zunehmend Denunziationen und Majestätsprozesse. Eine gewisse Passivität des Tiberius ermöglichte diese Entwicklung. So konnte der Praetorianerpräfekt L. Aelius Seianus mit Förderung des Kaisers zu einer innenpolitischen Zentralfigur werden und selbst die höchste Machtposition anstreben. Erst nachdem sich erhebliche Unruhe in der Oberschicht bemerkbar machte und die Atmosphäre vergiftet war, wurde Seianus 31 abgeurteilt und hingerichtet. Die Folge war eine große Zahl von Majestätsprozessen. Als Tiberius 37 als gebrochener Mann starb, ging ein Aufatmen durch alle Schichten.

Im März 37 wurde C. Julius Caesar, von den Soldaten Caligula genannt, zum Princeps erhoben. Er konnte sich aufgrund seiner Abstammung der besonderen Unterstützung durch die stadtrömische Bevölkerung, die Garde und vor allem die Rheinarmee erfreuen. Man hoffte unter ihm auf bessere Zeiten, wurde jedoch bald enttäuscht. Ohne Rücksicht auf den Senat stellte der Kaiser seine Macht heraus und forderte u. a., ganz entgegen der Tradition des Augustus, auch in Rom göttliche Verehrung; denn er verstand sich in krankhafter Überspannung als Inkarnation mehrerer olympischer Götter. In kindischer Weise beleidigte er Senatoren wie Ritter und ging rigoros mit dem Mittel der Konfiskation und des Majestätsprozesses um. Dazu kam eine Ausgabenpolitik, die den Staat in Kürze in eine wirtschaftliche Katastrophe stürzte. Im Januar 41 war nach fehlgeschlagenen Versuchen aus dem Kreis der Senatoren eine Verschwörung erfolgreich, an der ein Freigelassener (Callistus) und Ritter vom kaiserlichen Hof sowie Praetorianeroffiziere beteiligt waren; es zeigte sich, wo die eigentliche Macht lag.

Nach der Ermordung Caligulas gab es ein kurzes Machtvakuum. Mochten Senatoren auch in anderer Richtung denken, die Praetorianer präsentierten nach kurzer Zeit ihren Kandidaten mit Erfolg, Tiberius Claudius Nero (Claudius), einen Bruder des Germanicus und Neffen des Tiberius. In der Wahl dieses bisher kaum hervorgetretenen, kränklichen und unbeholfenen Mannes zeigte sich die Kraft des dynastischen Gedankens. Ganz im Gegensatz zu dem, was man erwarten konnte, machte er in der Regierung keine schlechte Figur. Auf ihn geht die endgültige Ordnung der ritterlichen Laufbahn zurück, wie er überhaupt Rittern und kaiserlichen Freigelassenen in der Reichszentrale wichtige Positionen und Handlungsfreiräume übertrug. In der Zentralverwaltung wurden feste Ressorts eingerichtet, geleitet von Freigelassenen (Kabinettschef: ab epistulis, Finanzsekretär: a rationibus, Archivsekretär: a studiis, Sekretär der Bittgesuche: a libellis).

In dem für die Machtposition des Kaisers nicht bedeutungslosen Bereich der kaiserlichen Familie zeigte sich Claudius hingegen von erschreckender Inaktivität und gab damit u.a. den ehrgeizigen Interessen seiner Frauen Messalina und – seit 49 – Agrippina Raum. Dieser gelang es mit Unterstützung mächtiger Freigelassenenkreise am Hofe und der Praetorianerpräfekten, ihren Sohn Domitius Nero vom Kaiser adoptieren zu lassen und ihn, der vom Heer und von der hauptstädtischen Bevölkerung gestützt wurde, wohl wegen seiner Blutsverwandtschaft mit Germanicus und Augustus, als Nachfolger des Claudius herauszustellen. Als dieser im Herbst 54 ermordet wurde, stand Nero als Nachfolger fest, und umgehend riefen ihn die Praetorianer zum Kaiser aus. Es ist charakteristisch für die inzwischen eingetretenen Verhältnisse, daß dem Senat nun nichts weiter übrigblieb, als diesen Schritt nachzuvollziehen. Die Bevölkerung freilich begrüßte Nero erwartungsvoll.

Die ersten fünf Jahre der Regierung Neros galten als eine relativ glückliche Periode. Das dürfte nicht zuletzt das Verdienst seiner Berater, des Philosophen Seneca und des Praetorianerpräfekten Burrus, gewesen sein. Er beobachtete Zurückhaltung gegenüber dem Senat und intensivierte die Kontrolle der Provinzstatthalter. Die Zeit seit 59, besonders seit 62, bietet dann ein anderes Bild. Während kaum Ansätze zur konsequenten Behandlung der innen- und außenpolitischen Probleme zu erkennen waren, zeigte Nero einen zunehmenden Hang zur Erhöhung seiner eigenen Person in der Art hellenistischer Herrscher. Für das traditionelle römische Empfinden war es ein Schlag, als er in Griechenland öffentlich als Sänger auftrat. Seine Skrupellosigkeit wurde deutlich, als er nach einem großen Brand in Rom (64) den in der Hauptstadt lebenden Christen meinte die Schuld zuschieben zu können. Das führte in Rom zu scharfen Übergriffen seitens der staatlichen Macht und der Bevölkerung, freilich nicht vergleichbar den späteren systematischen Verfolgungen.

Seit Ende der 50er Jahre existierte in den Kreisen der Oberschicht eine latente Opposition, die stärker wurde als unter allen vorausgegangenen Principes. 65 brach sie in der Pisonischen Verschwörung offen aus. Nach ihrer Aufdeckung versuchte Nero, seine Gegner, vermeintliche und tatsächliche, brutal zu zerschlagen. Die oppositionellen Senatoren waren zu einem nicht geringen Teil Anhänger der stoischen Philosophie.

Das Jahr 68 brachte den Sturz der iulisch-claudischen Dynastie. Mehrere Voraussetzungen zu einem Umsturz waren gegeben: die senatorische Opposition, eine – nicht zuletzt wegen des exaltierten Verhaltens des Kaisers – zunehmende Entfremdung zwischen Kaiser und Heer und eine Versorgungskrise in Rom als Folge der Mißwirtschaft des Kaisers Nero in seinen letzten Jahren.

2. *Das Vierkaiserjahr (68/69)*

Die Ereignisse des Jahres 68/69 sind in mehrfacher Hinsicht aufschlußreich für die politischen Möglichkeiten und Bedingungen der Zeit. 68 erhielt die hauptstädtische Opposition Unterstützung durch die Heerführer in den Provinzen: Zum ersten Male traten die Provinzheere als bedeutende politische Macht auf. Mit ihrer Hilfe konnte die Opposition in Rom zum Erfolg kommen; denn nur in den Provinzen besaß die senatorische Oberschicht wirksame eigene Machtmittel gegen den Kaiser, gegen den sie in der Hauptstadt weitgehend machtlos war. Der nach dem Tode Neros einsetzende Kampf Galbas, Othos, des Vitellius und Vespasians untereinander war nun nicht eine Auseinandersetzung von unterschiedlichen politischen Grundpositionen aus, sondern der Kampf verschiedener Heeresgruppen und ihrer Legati um die Macht, die Soldaten und Offizieren Gewinn und Einfluß zu bringen versprach. Es stand nicht etwa Kaiserherrschaft oder Republik zur Wahl. Auch die oppositionellen Bewegungen und Gedanken in den letzten Jahren Neros zielten nicht auf die Wiederherstellung der Republik, sondern darauf, Nero durch einen besseren Kaiser zu ersetzen. Erklärbar sind die Vorgänge dieses Vierkaiserjahres im Grunde nur, wenn man die damalige Schwäche der Reichsspitze und das Nahverhältnis von Truppen und Feldherren berücksichtigt. Ein wesentliches Ergebnis der Vorgänge dieser Jahre war es, daß in dem Flavier Vespasian der Angehörige einer munizipalen italischen Familie Zugang zum Principat erhielt, die nicht aus der Hauptstadt kam und in geringerem Maße, wenn überhaupt, in den Traditionen der republikanisch-senatorischen Oberschicht stand.

Der Anstoß für die Ereignisse des Vierkaiserjahres kam aus Gallien, wo sich der Statthalter von Aquitanien, Iulius Vindex, im März 68 offen von Nero lossagte. Schließlich stellte sich der Legat der Tarraconensis, Galba, an die Spitze der Bewegung. Im Juli 68 wurde er in Abwesenheit von den Praetorianern in Rom zum Kaiser ausgerufen. Nero ließ sich auf der Flucht töten.

Aber Galba, immerhin ein Mann von 70 Jahren, ohne wirklichen Anhang und ohne politisches Geschick, konnte dem Staat keine Konsolidierung bringen. Bereits Mitte Januar 69 wurde er von den Praetorianern durch Otho ersetzt. Inzwischen hatten die germanischen Heere den Statthalter von Niedergermanien, Vitellius, zum Kaiser ausgerufen. Im April 69 schlugen dessen Truppen in Oberitalien Otho und seine Streitkräfte. Als auch vom Senat anerkannter Kaiser zog Vitellius wenig später in Rom ein. Aber damit hatte das Reich – vor allem die Bevölkerung Italiens litt stark unter den Ereignissen – noch keine Ruhe. Das Verhalten der Rheinarmeen hatte die Legionen im Osten veranlaßt, ihrerseits einen Prätendenten zu erheben, T. Flavius Vespasianus, den Feldherrn der römischen Truppen im Jüdischen Krieg. Die Ost- und Donauprovinzen schlossen sich an. Offensichtlich spielte hier ein Antagonismus zwischen Heeresgruppen und Provinzen eine Rolle. Die Heere des Vitellius und des Vespasian begegneten sich in Italien. Die flavische Seite siegte, und Vespasian wurde umgehend vom Senat anerkannt.

3. Die Zeit der Flavischen Kaiser (69–96)

Die Regierung des Vespasian aus Reate im Sabinerland (69–79) sowie die seiner Söhne Titus (79–81) und Domitian (81–96) brachte für Italien und viele Provinzen eine wirtschaftliche und administrative Konsolidierung. Die strenge Aufsicht über die Verwaltung der Provinzen schützte diese vor Übergriffen der römischen Beamten und überwand den ungeordneten Zustand der Kriegszeit.

Ende Dezember 69 hatte der Senat Vespasian, der diesem gegenüber seine Position klar auf die Wahl durch seine Truppen gründete, die Vollmachten des Princeps übertragen. Das geschah unter anderem durch die – inschriftlich erhaltene – lex de imperio Vespasiani. Damit versuchte der Senat, die bisherigen kaiserlichen Kompetenzen im einzelnen zu bezeichnen, um gewissermaßen den Prinzipat als Rechtsordnung wiederherzustellen und zu betonen. Hier zeigt sich eine selbstbewußtere, die Realitäten aber hinnehmende Haltung des Senats. Diese verstärkte sich offenbar in den 70er Jahren. Viele Angehörige der Oberschicht beurteilten den jeweiligen Kaiser nach dem politisch-moralischen Kodex des stoischen Herrscherbildes, wonach der Kaiser ein gebildeter, sittlich hochstehender, auf das Wohl seiner Untertanen bedachter Herrscher sein mußte, für den dynastische Gedanken keine Rolle spielen durften, weil nur der Beste in Frage kam. Im Verhältnis Vespasians zum Senat ergaben sich zunehmend Spannungen, weil der Kaiser entgegen senatorischen Forderungen nicht bereit war, die Anhänger Neros rigoros zu verfolgen. Außerdem bestimmte er offen seinen Sohn Titus zum Mitregenten und damit zum Nachfolger. Die Lage wurde noch schwieriger, als einer der Wortführer der senatorischen Forderungen, C. Helvidius Priscus, hingerichtet wurde und Vespasian die Philosophen aus Rom vertreiben ließ. Bei dem gespannten Verhältnis zwischen Vespasian und dem Senat darf nicht übersehen werden, daß die harte Finanzpolitik des Kaisers ebenso wie die scharfe Aufsicht über die Provinzverwaltung gerade die Oberschicht traf.

Daß mit Vespasian eine neue Zeit begonnen hatte, ergibt sich auch daraus, daß von nun an Provinzen und Provinziale weiter hervortraten – z. B. im Senat und in der Reichsverwaltung. Die Legionen wurden zunehmend auch aus den romanisierten westlichen Provinzen ergänzt, nicht mehr allein aus Italien. Durch seine Städtepolitik förderte Vespasian im Westen des Reiches, besonders in Spanien (Verleihungen des latinischen Rechtes) und Gallien, die Romanisierung.

Für Rom waren mit Abschluß der Kämpfe um die Führung die großen militärischen Anstrengungen insofern nicht zu Ende, als noch der sogenannte Bataveraufstand des C. Iulius Civilis in der Belgica und am Niederrhein niedergeworfen werden mußte. Im Jahre 70 beendete Titus den seit 66 andauernden jüdischen Aufstand durch die Einnahme Jerusalems. Stadt und jüdischer Tempel wurden zerstört. Damit hatte das Hohe Priestertum seine Basis verloren, und die Führung des Judentums ging an die Schriftgelehrten über.

Nach dem Tode Vespasians im Sommer 79 folgte ihm Titus nach. Ganz entgegen vielen Erwartungen gelang es ihm, das Verhältnis zum Senat durch sein kluges Verhalten zu bessern. In seiner kurzen Regierungszeit erfolgte der Ausbruch des Vesuvs, durch den mehrere Städte am Golf von Neapel, darunter Pompeii, zerstört wurden (79). Hier, wie bei dem großen Brand und der folgenden Pest in Rom im Jahre 80, erwarb sich Titus durch großzügige Hilfe die Sympathie der Bevölkerung und wurde in der Erinnerung der beliebteste Princeps.

Überraschend starb der Kaiser im September 81. Die starke Stellung der flavischen Familie wurde deutlich, als die Praetorianer seinen Bruder T. Flavius Domitianus umgehend zum Kaiser ausriefen und der Senat ihn anerkannte. Bei der Bevölkerung, zumal der der Hauptstadt, erfreute er sich einiger Beliebtheit, die er sich durch Geschenke, die Veranstaltung von großen Spielen und riesige Bauten (Colosseum), die zugleich Ausdruck seines gesteigerten kaiserlichen Geltungsdranges waren, erkaufen konnte. Diese Beliebtheit ging auch darauf zurück, daß er die verantwortungsvolle Reichspolitik und Finanzverwaltung seiner Vorgänger fortsetzte und für eine gerechte Rechtsprechung eintrat.

Für ein ausgeglichenes Verhältnis zum Senat und zu der ihn tragenden Schicht war er freilich nicht der Mann. Nur konnte darauf andererseits im Interesse des Reiches nicht verzichtet werden, kamen aus dieser Schicht doch nach wie vor die Inhaber der wichtigsten Stellen in Heer und Verwaltung. Dabei ging es gar nicht mehr darum, die tatsächliche Macht des Kaisers zugunsten des Senats zu mindern. Vielmehr stand zur Debatte, wie diese Macht zur Geltung gebracht und demonstriert wurde. In dieser Beziehung war Domitian rücksichtslos. Er ließ ein gesteigertes Zeremoniell entwickeln und forderte mehr oder weniger direkt die inoffizielle Anrede „dominus et deus". Das bedeutete im Verständnis weiter Kreise des Senats das Eingeständnis der Tyrannenherrschaft. Seit 87 kam es immer häufiger zu Verschwörungen. Domitian reagierte kompromißlos, viele seiner Gegner wurden hingerichtet. 89 mußten die Philosophen und Astrologen Rom, 93 auch Italien verlassen. Vor allem die Jahre 94–96 waren eine Schreckenszeit, angefüllt mit Verbannungen, Justizmorden und Konfiskationen. Domitian endete 96 durch eine Verschwörung, an der auch beide Praetorianerpräfekten beteiligt waren.

4. Die Zeit der „aufgeklärten" Kaiser (96–192)

Die Erfahrungen gerade der Zeit Domitians wurden zu einer bestimmenden Voraussetzung für die Kaiserherrschaft des 2. Jh. Sie ist gekennzeichnet durch ein neues Verhältnis zwischen Kaiser und Oberschicht. Die Zeit dieses „aufgeklärten" oder humanitären Kaisertums brachte nicht nur die größte Ausdehnung des Imperium Romanum, sondern mit langer Friedenszeit auch eine Prosperität in fast allen Lebensbereichen.

Die Zeit von 96 bis zum Tod des Marcus Aurelius (180) war eine einheitliche Epoche vor allem deshalb, weil der seitherige Konflikt zwischen Kaisertum und Oberschicht bzw. Senat im Grunde beigelegt war. Hatte Domitian deren Auffassung eine eigene Ansicht von der Kaiserherrschaft entgegengesetzt, so machten sich die Herrscher des 2. Jh. die weitgehend stoisch geprägte Ansicht der oppositionellen Senatskreise des 1. Jh. offiziell zu eigen. Danach waren die Kaiser – optimi principes – wegen ihrer Leistung für den Staat und die Untertanen zwar herausgehoben, aber als göttliche oder übermenschliche Gestalten konnten sie nicht gelten. Ihr Amt bedeutete Last, und so war, zumindest in der Öffentlichkeit, mehr von den Pflichten als den Rechten des Monarchen die Rede. Zumal gegenüber der Oberschicht hatte er sich so zu verhalten, daß ihre Freiheit im Sinne der persönlichen Sicherheit und Unverletzlichkeit von Person und Besitz garantiert war.

Im Gegensatz zu den flavischen Kaisern erfuhren die Principes des 2. Jh. öffentliche Anerkennung durch die kynischen und stoischen Philosophen, von denen einige zu ihrer Umgebung gehörten; das gilt z. B. unter Traian für Dion Cocceianus von Prusa, genannt Chrysosthomos. Seit Hadrian trugen die Kaiser den Bart der Philosophen und zeigten damit ihren Philhellenismus und ihre philosophische Haltung.

Bei alledem minderte sich die wirkliche Macht der Kaiser keineswegs. Die kaiserliche Verwaltung wurde vielmehr weiter ausgebaut und so der Einfluß der Reichsspitze praktisch verstärkt.

Wenn man die Zeit des 2. Jh. auch die der Adoptivkaiser nennt, so bezeichnet das höchstens ein Faktum. Die Kaiser waren bis auf Marc Aurel kinderlos und bestimmten ihren Nachfolger durch Adoption. Ein Programm im Sinne des bewußten Gegensatzes zur leiblichen Nachfolge stand jedoch schwerlich hinter dieser Praxis.

Nach dem Tode Domitians, der der damnatio memoriae (Tilgung der Erinnerung) verfiel, ernannte der Senat M. Cocceius Nerva zum Nachfolger. Für die Verschwörer kam er deshalb in Frage, weil er sowohl Senator als auch kinderlos war und deshalb kaum Gefahr bestand, daß er eine Dynastie gründen könnte. Die Anhänger Domitians wurden schonungslos verfolgt, und Nerva zog einen demonstrativen Schlußstrich unter die vergangene Zeit, indem er feierlich schwor, keinen Senator zu töten und die Senatoren von der kaiserlichen Rechtsprechung auszunehmen. Trotzdem war Nerva gezwungen, einen vorsichtigen Mittelkurs zu steuern, um das Stillhalten der Praetorianer nicht zu gefährden. Sie zwangen ihn 97 in einem Aufruhr, die an dem Komplott gegen Domitian Beteiligten hinzurichten. In dieser Situation mußte er sich nach einer Stütze umsehen. Im selben Jahre adoptierte er den Statthalter von Obergermanien, M. Ulpius Traianus; er designierte ihn zu seinem Nachfolger und gewann damit die notwendige politische und militärische Stärkung seiner Stellung.

Als Nerva im Januar 98 starb, stand damit der Nachfolger schon bereit. In Traian gelangte der erste nicht aus Italien stammende Kaiser auf den Thron. Er kam aus einer römischen Kolonie in der spanischen Provinz Baetica.

Traian wurde überall schnell anerkannt. Die positive Beurteilung der Regierungszeit Traians, die von vielen als neues Zeitalter eigenen Gepräges angesehen wurde, minderte sich bis zu seinem Tode nicht. Den Ansätzen für ein neues Verhältnis von Kaiser und Aristokratie vermochte er Dauer zu verleihen und sich durch seine Innenpolitik den Ruf einer menschenfreundlichen und wohltätigen Persönlichkeit zu verschaffen. Es kann keine Frage sein, daß er als Individuum seiner Zeit im besonderen Maße den Stempel aufgedrückt hat. Die Wirtschaft Italiens und des Reiches erfuhr zu Anfang des 2. Jh. durch den Bau von Straßen, Hafen- und Kanalanlagen wichtige Förderung. Traian unterstützte kleine Bauern, schuf die Alimentarstiftungen für Waisen und verzichtete auf Steuerrückstände. Gezielt wurde zugunsten der Zentralgewalt ein weiterer differenzierter Ausbau der von Rittern getragenen Verwaltung vorgenommen. Durch Einsetzung kaiserlicher Beauftragter (curatores civitatum) versuchte die Reichszentrale, den wirtschaftlichen Schwierigkeiten der Gemeinden zu steuern, was freilich andererseits auch eine Einschränkung der städtischen Freiheit bedeutete.

Traians Ausgabenpolitik war nicht zuletzt durch die Beute aus den Kriegen der beiden ersten Jahrzehnte des 2. Jh., vor allem durch den Gewinn des dakischen Goldes, möglich. Besonders erhielt die Regierung Traians aber durch die Außenpolitik die Prägung. Unter ihm erreichte das Reich seine größte Ausdehnung (Dacia, Arabia, Mesopotamia). Auf der Rückkehr von einem Feldzug im Osten starb Traian 117 in Kilikien.

Hatte unter Traian das Schwergewicht der römischen Geschichte eindeutig in der Außenpolitik gelegen, so stellte sich die folgende Zeit Hadrians (117–138) ganz anders dar. Die Energien waren nach innen gerichtet. Auch die starke Anspannung der personellen und materiellen Kräfte des Reiches unter der Regierung Traians machte diesen Wechsel notwendig. Es ist nicht ausgeschlossen, daß der bisher immer noch nicht genügend geklärte Vorgang der Thronbesteigung Hadrians der Erwartung einer anderen politischen Richtung entsprach. In diesem Zusammenhang ist eine Aktion des neuen Kaisers noch im Jahre 117 gegen mehrere Generäle seines Vorgängers zu sehen, der jene zum Opfer fielen. Dieses Vorgehen hat das Verhältnis des Kaisers zum Senat belastet, mochte sich Hadrian auch sofort bemühen, auf die Linie Traians und Nervas, was das Verhältnis zum Senat betrifft, umzuschwenken. Persönlich entsprach Hadrian in seinem nahen Verhältnis zur Philosophie, Literatur und bildenden Kunst der Zeit noch stärker dem Ideal des „aufgeklärten" Kaisers als seine Vorgänger.

Die neue Politik wurde sogleich nach dem Regierungswechsel deutlich. Hadrian gab einen Teil der Eroberungen Traians im Osten auf. Das Euphratknie wurde wiederum Reichsgrenze. Jedoch blieb diese Zeit nach einem jüdischen Aufstand unter Traian von einem neuen Jüdischen Krieg (132–135) nicht verschont. Anlaß waren das Verbot der Beschneidung sowie die Gründung der römischen Kolonie Aelia Capitolina auf dem wüsten Boden Jerusalems und der Versuch, einen Iuppitertempel an der Stelle des Tempelplatzes zu errichten. Mit Unverständnis begegnete der hellenistisch aufgeklärte Hadrian einem fremden Glauben, der sich in die griechisch-römische Weltkultur nicht einfügen ließ. Der Aufstand, dessen tiefer Grund die Ereignisse des Jahres 70 und die Verhältnisse waren, in denen ein Großteil der Bevölkerung Palästinas lebte, wurde zu einer blutigen Begegnung der Juden mit den römischen Truppen, die gegen deren Führer Bar Kochba erhebliche Schlappen hinnehmen mußten und erst nach dem persönlichen Eingreifen des Kaisers 135 siegen konnten. Es war den Juden von nun an verboten, Jerusalem zu betreten. Eine harte Verfolgungszeit für die Juden war die weitere Folge (u. a. Verbot der Sabbatfeier und der Ordination). Erst Hadrians Nachfolger hob die diesbezüglichen Edikte auf.

Der Verzicht auf die Offensive in der Außenpolitik wirkte sich konsequent auf die Organisation der Grenzverteidigung aus. Garnisonen wurden, nach Ansätzen unter Domitian und Traian, aus dem tiefer gestaffelten System der Grenzverteidigung direkt an die Grenze verlegt und durch das System der römischen Limites (so in Britannien, Germanien, Syrien, Nordafrika) verstärkt. Allerdings stellten sich diese Maßnahmen dann als ungünstig heraus, als sich mit dem 3. Jh. die Verhältnisse an und vor den Grenzen völlig wandelten.

In der richtigen Erkenntnis, daß das Römische Reich auf der relativen Einheit der damaligen Zivilisation und ihren Trägern, den Untertanen besonders in den Städten, beruhte, förderte Hadrian besonders das Städtewesen – durch Stadtgründungen, Stadtrechtsverleihungen und materielle Hilfe.

Seine Maßnahmen zur Reform der Zentral- und Reichsverwaltung entsprachen der erkennbaren Entwicklung zur Differenzierung der Administration und Stärkung der Spitze. Hierher gehört neben einer allgemeinen Vermehrung der Verwaltungspositionen, besetzt von Rittern, vor allem, daß der Kaiser aus seinem bisher nur gelegentlich berufenen, eher privaten Beraterkreis, dem consilium principis, eine feste und ständige Einrichtung machte. Das persönliche Kabinett formte er insofern zu einer offiziellen kaiserlichen Regierungsinstitution um, als die darin in führender Stellung tätigen Ritter gleichsam zu Ministern wurden. Von besonderer Wirkung war im Rahmen dieser Maßnahmen eine Justizreform. Das praetorische Recht wurde überarbeitet, als edictum perpetuum kodifiziert, d.h. geschlossen herausgegeben; damit wurde die weitere Entwicklung den Praetoren und ihren juristischen Beratern genommen und dem Kaiser bzw. von ihm berufenen Juristen übertragen. Konsequenterweise gehörten nun auch Juristen zum Staatsrat. Dadurch, daß er wichtige Posten in der prokuratorischen Laufbahn für junge Leute mit juristischen Qualifikationen einrichtete, schuf Hadrian im Bruch mit der Tradition eine zivile Laufbahn der römischen Beamten und legte in gewisser Weise den Grundstock für das spätere „Juristenmonopol". Der Einfluß der Senatoren und ihrer Söhne wurde zunehmend zugunsten von Rittern zurückgedrängt.

Im Juli 138 endete mit dem Tode Hadrians eine in ihrer Weiterwirkung besonders bedeutsame Phase der römischen Kaiserzeit. Ihm folgte in Antoninus Pius (138–161) ein Mann nach, der von Hadrian als Platzhalter für den jungen M. Annius Verus, den späteren Kaiser Marc Aurel, gedacht war. Zumal auf ihn keine besonderen innen- und außenpolitischen Belastungen zukamen, konnte Antoninus Pius, der in seiner Gewissenhaftigkeit für Zeitgenossen und Spätere als Leitbild des pflichtbewußten Herrschers galt, die Regierung im Sinne seiner Vorgänger fortsetzen. Freilich ist dabei ein gewisser Immobilismus nicht zu verkennen. Die Grenzen, an denen wie in Dakien, Nordafrika und Britannien die Statthalter örtlich auftretende Schwierigkeiten überwanden, verfestigten sich zunehmend – mochten sie auch, wie in der Anlage des Antoninuswalles zwischen der Clydemündung und dem Firth of Forth, weiter hinausgeschoben worden sein (142).

Mit seinem Nachfolger Marcus Aurelius Antoninus (161–180), der bis 169 mit seinem Adoptivbruder Lucius Verus zusammen regierte, bestieg ein Mann von hoher philosophischer Bildung den Thron des Reiches. Dieser Kaiser verkörperte unter den römischen Herrschern des 2. Jh. am stärksten den Typ des humanitären Kaisers. Denn er, der Verfasser der „Selbstbekenntnisse", sah im stoischen Geist Humanität als Bildungsaufgabe für alle Menschen, gleich welchen Standes. Dem Herrscher war nur insofern eine herausragende Stellung zugewiesen, als er zu ganz besonderer persönlicher Leistung verpflichtet war; Marc Aurel hat dieser Forderung entsprochen.

In seiner Reichspolitik setzte er die Reformen Hadrians tatkräftig fort. Der Einfluß des Staatsrates auf die Geschäfte des Kaisers nahm weiter zu, und auch das kaiserliche Palastbüro wurde durch Erweiterung der Finanzverwaltung – Schaffung der Procuratur summarum rationum – und die Einrichtung des Ressorts a cognitionibus – in dem der Kaiser Prozesse entschied – und das Privatsekretariat a memoria ausgebaut. Bestimmte kaiserliche Beamte fungierten nunmehr als Zwischeninstanz zwischen den autonomen Gemeinden Italiens und dem Kaiser. Hier wurde die organisatorische Stellung des Kaisers weiter verstärkt. Gerade vor dem Hintergrund der starken äußeren Anspannung des Reiches unter Marc Aurel ist seine sorgfältige Überwachung des Steueraufkommens zu sehen. Gesetzliche Sparvorschriften sollten die Finanzkraft der Oberschicht in den Städten des Reiches schonen. Es zeigten sich hier, die Zustände des 3. Jh. vorwegnehmend, die ersten Anzeichen eines schwindenden Wohlstandes der Stadtadligen, die den Gemeinden bisher geholfen hatten, ihre Verpflichtungen zu erfüllen.

Durch die vom Partherkrieg heimkehrenden Truppen wurde die Pest ins Imperium eingeschleppt. Es entstand eine der größten Seuchenkatastrophen der Antike. Weite Bereiche Italiens und im Westen verödeten.

Während seiner Sicherungsmaßnahmen an der Donaugrenze starb der Kaiser 180. Sein Nachfolger setzte die von ihm begonnenen Maßnahmen nicht fort und schuf damit eine wichtige Voraussetzung für die spätere Schwäche des Reiches im Norden. Wie sich schnell zeigte, war nach Marc Aurel die Zeit des humanitären Kaisertums zu Ende. Er hatte seinen Sohn Commodus (180–192) zum Nachfolger gemacht, der weder fähig noch willens war, die Herrschaft im Sinne seiner Vorgänger fortzusetzen. Commodus zeigte sich als selbstbewußter, dabei grausamer und unsteter, zum Regiment im Grunde unfähiger Kaiser, der einen offenen und ungeschminkten, religiös fundierten Absolutismus anstrebte; das Imperium sollte ein „Orbis Commodianus" sein. Die religiöse Erhöhung seiner Stellung und Person vollzog er auf verschiedene Weise; besonders deutlich stellte er sich dabei als Inkarnation des Herkules heraus. Commodus entsprach damit dem gesteigerten religiösen Empfinden und Bedürfnis der Bevölkerung, auf die er sich wie auf die Praetorianer vor allem stützte. Darüber entstand ein offener Kriegszustand zwischen ihm und dem Senat. Verfolgung und Konfiskation von Vermögen, aber auch Anarchie in der Reichszentrale und eine zunehmend ungünstigere Finanzlage mit den Folgen von wirtschaftlichem Rückgang und von Arbeitslosigkeit kennzeichnen das Regime des Kaisers in Rom und in Italien. Demgegenüber – damit erneut den Doppelcharakter der Kaiserzeit demonstrierend – machte sich die Mißwirtschaft des Kaisers und seiner Umgebung in den Provinzen kaum bemerkbar. Fähige Statthalter verwalteten die Provinzen und sicherten sie gegen Einfälle an den Grenzen. Die römische

Grenzverteidigung und in ihrem Rahmen die Limites wurden weiter ausgebaut. 192 fiel Commodus einem Anschlag aus seiner Umgebung zum Opfer.

5. Die Zeit der Severischen Kaiser (193–235)

Sah es zuerst noch so aus, als könnte durch den vom Senat, vom Volk in Rom und von den Praetorianern als Kaiser anerkannten Senator Helvius Pertinax das Kaisertum im Sinne des 2. Jh. fortgeführt werden, so folgte auf dessen Ermordung 193 ein vier Jahre dauernder Bürgerkrieg, der im Gegensatz zu 69/70 das ganze Reich in Mitleidenschaft zog. Schließlich kam in Septimius Severus ein Mann an die Spitze der Regierung, der Neues brachte.

Anfang April 193 rief das syrische Heer seinen Legaten Pescennius Niger, das Heer von Oberpannonien den aus Nordafrika stammenden Statthalter Septimius Severus zum Kaiser aus, der in der Mitte des Jahres in Rom als Kaiser einmarschierte. In den nächsten Jahren setzte er – unter erheblichen Verlusten auch für die Reichsbevölkerung – seine Herrschaft gegen die Konkurrenten Niger (194) und D. Clodius Septimus Albinus, den Statthalter von Britannien (197), durch.

Hatte Septimius Severus anfangs wohl tatsächlich dem Senat maßvoll entgegenkommen wollen, so zeigte sich bald der Gegensatz zwischen beiden. Von nun an ruhte das römische Kaisertum endgültig nicht mehr auf einem Einvernehmen zwischen Kaiser und senatorischer Oberschicht. Seine Legitimation suchte Septimius Severus daraufhin durch eine fingierte Verwandtschaft mit dem Haus der Antonine zu gewinnen. Der darin liegende dynastische Gedanke mußte auf seine Anhänger im Heer und in der breiteren Bevölkerung wirken.

Die grundlegend neue Richtung seiner inneren Politik zeigte sich besonders darin, daß Septimius Severus offen aussprach, daß man sich an die Soldaten zu halten habe. Folgerichtig eröffnete er auch Soldaten der unteren Dienstgrade durch die Verleihung der Ritterqualifikation den Zugang zu oberen Chargen und Zivilstellen. Trotz zunehmenden Rückganges der Produktion und einer nicht zu übersehenden Inflation sicherte die Reichsspitze die Versorgung des Heeres. Entsprechend konnten jetzt Ritter ursprünglich nur Angehörigen des Senatorenstandes vorbehaltene Positionen in Heer und Verwaltung bekleiden. Eine Folgerung aus dieser Entwicklung war es, daß Septimius Severus entgegen der bisherigen Ordnung, die das verbot, eine Legion in Italien (Albanerberge) stationierte und die Ergänzung der Praetorianer aus den Provinzheeren einführte.

Diese verloren damit ihre Funktion als Pflanzstätte des unteren und mittleren Offizierskorps der Provinzlegionen. Nichtsdestoweniger verkehrten am Hofe bedeutende Vertreter des geistigen Lebens der Zeit. Das war nicht zuletzt das Verdienst seiner Frau Iulia Domna, die aus einer syrischen Priesterfamilie aus Emesa (Homs) stammte. In die höchsten Positionen der Reichszentrale hatte der Kaiser bedeutende Repräsentanten der klassischen Jurisprudenz, Ulpian und Papinian, gezogen. Den im ganzen 2. Jh. zu beobachtenden Zug, den kaiserlichen Verwaltungsapparat auf Kosten der alten republikanischen Administration zu stärken, setzte der Kaiser fort. Endgültig wurde auch die Steuerpacht abgeschafft. Es lag absolut auf dem von diesem Kaiser eingeschlagenen Weg, daß die Höhe und Erhabenheit des Herrschers und seiner Familie (domus divina) besonders propagiert wurde. Septimius Severus verhalf – nicht ohne Hilfe der Frauen seiner Familie – dem dynastischen Gedanken für seine Zeit zum Erfolg.

Auf Septimius Severus folgte 211 sein älterer Sohn Caracalla, dessen Charakter die Überlieferung in düsteren Farben schildert. Seinen Bruder Geta, dem sein Vater die Mitregierung zugedacht hatte, ließ er 212 ermorden. Die wichtigste Maßnahme seiner Regierung war die 212 erlassene Constitutio Antoniniana, durch die allen freien Reichsbewohnern mit gewissen Ausnahmen das römische Bürgerrecht verliehen wurde. Der Grund für diese Maßnahme dürfte in fiskalischen Überlegungen gelegen haben. Überhaupt wurden die Abgabelasten für die Bevölkerung immer größer, während der Geldwert immer mehr sank. Durch Währungsmanipulationen versuchte man die zusätzlichen Kosten für Heer und Kaiser aufzubringen.

Während seine Mutter weitgehend die Regierung wahrnahm, hielt sich der Kaiser Caracalla im Felde auf. Auf einem Feldzug im Osten wurde er 217 vom Gardepräfekten Macrinus ermordet.

Die syrischen Legionen erhoben 218 auf Betreiben der severischen Familie einen kaum 14 Jahre alten Angehörigen der Familie der Severer gegen Macrinus namens Elagabal. Die Zeit seiner Regierung, wenn man sie überhaupt so nennen kann, wurde ein Tiefpunkt der römischen Kaiserzeit. Initiativen gingen von der Reichsspitze nicht aus, außer der, daß Elagabal dem Reich den Kult seines syrischen Sonnengottes aufzwingen wollte. In kurzer Zeit wurden Ansehen und Kredit des Kaisertums besonders getroffen. Trotzdem kam nach ihm in Severus Alexander (222–235) erneut ein Angehöriger der severischen Familie auf den Thron. Die Regierung freilich führte im Grunde seine Mutter Julia Mamaea. Innere Ruhe und Konsolidierung aber traten nicht mehr ein. Maßnahmen zur Besserung der wirtschaftlichen Lage wurden nicht ergriffen. Mehrmals kam es zu Übergriffen der Praetorianer in Rom, zu Meutereien der Provinzheere gegen ihre Legaten. Auf diese Weise konnte kaum das Vertrauen, zumal beim Heer, zustande kommen, das die Reichsspitze angesichts der Bedrohungen an den Grenzen dringend gebraucht hätte: Im Westen überschritten die Alamannen den Limes, zeitweise sogar Rhein und Donau. 235 wurde Alexander Severus im heutigen Betzenheim (Mainz) von seinen eigenen Soldaten erschlagen; die Zeit der Severischen Kaiser war zu Ende.

B. Die außenpolitische Lage des Reiches in den beiden ersten Jahrhunderten der Kaiserzeit

Der erste Princeps hatte, mit bestimmten Ausnahmen, der kaiserzeitlichen Außenpolitik insofern eine Richtung gewiesen, als er mit dem Gedanken der Abrundung bzw. der Sicherung des Reiches vorangegangen war und dieses zugleich auf die großen Stromgrenzen Rhein, Donau und Euphrat verwiesen hatte. Diese Politik wurde jedoch nicht kontinuierlich fortgesetzt, weil die römische Außenpolitik des 1. Jh. durch innere Krisen gehemmt war und das 2. Jh., wie sich bei Traian und umgekehrt bei Hadrian zeigte, die wirtschaftliche Belastung eines umfangreichen außenpolitischen Engagements nicht verkraften konnte.

Im Norden blieb es, nachdem Tiberius im Jahre 17 die offensive Germanenpolitik endgültig aufgegeben hatte, bei dem Verzicht auf die Elbgrenze. Die flavischen Unternehmungen, die unter Vespasian und Domitian zum Ausgreifen auf rechtsrheinisches Gebiet (74 Decumates Agri – heute etwa Württemberg, 83 Wetterau) führten, dienten so auch der Verbesserung und Sicherung der Grenze am Rhein und an der oberen Donau. Damit war die Voraussetzung für die Anlage des auf Domitian zurückgehenden obergermanisch-raetischen Limes geschaffen, der die etwa 90 eingerichteten Provinzen Ober- und Niedergermanien sowie Raetien schützte. Im 2. Jh. führte der Limes im System von Palisade und Postenweg etwa 550 Kilometer von Rheinbrohl bis Lorsch, von da bis Eining an der Donau. Zur Zeit Caracallas wurde das System durch Graben und Wall bzw. eine Steinmauer (in Raetien) ergänzt.

Ein entsprechendes Grenzsicherungssystem legten Hadrian und 142 rund 100 km weiter nördlich Antoninus Pius in Britannien an. Die Okkupation Britanniens wurde nach den ersten Versuchen Caesars von Claudius 43 und dann von Domitian, später von den genannten Kaisern des 2. Jh. vorangetrieben. Auch diese Politik ist primär unter dem Aspekt der Sicherung und Arrondierung des dem wichtigen Gallien gegenüberliegenden Britannien zu sehen.

Die Rheinzone und das Gebiet der oberen Donau verloren für die so charakterisierte römische Außenpolitik der Kaiserzeit mit Beginn des 2. Jh. an Bedeutung. An ihre Stelle trat die mittlere und untere Donaugrenze, auf deren Probleme man spätestens seit den Einfällen der Daker zur Zeit Domitians verwiesen war. Traian sicherte durch die Besetzung Dakiens im 1. und 2. Dakischen Krieg (101–102; 105–106) diesen Teil des Reiches. Freilich verhinderten es die weiteren Ereignisse des 2. Jh., vor allem die Markomanneneinfälle unter Marc Aurel, daß – was strategisch notwendig gewesen wäre – die ungarische Tiefebene von den römischen Grenzen eingeschlossen wurde. Die ersten Vorboten der großen Völkerstürme der nächsten Jahrhunderte zwangen Rom in den beiden Markomannenkriegen (167–175, 178–180), die Donaugrenze zu verteidigen. An der mittleren Donau stießen die in dauernder Bewegung befindlichen germanischen Markomannen und Quaden, die hinter sich die Roxolanen herzogen, auf die Reichsgrenze vor, durchbrachen sie und drangen in einigen Gruppen sogar bis nach Aquileia in Oberitalien vor. Marc Aurel gelang es, diese Völker zurückzuschlagen.

Im Osten des Reiches, wo auch die Einrichtung der Provinz Arabia (heute südliches Syrien und Jordanien) 106 durch Traian noch eine Sicherheitsmaßnahme für den Osthandel und gegen die Wüstenstämme war, ist insofern eine besondere Situation zu konstatieren, als sich Rom an seiner Grenze zum Partherreich einer Großmacht mit entwickelter eigener Zivilisation gegenübersah, die eine permanente latente Bedrohung darstellte. Zu dem Versuch, dieses Gebiet zu annektieren, konnte es nicht kommen. So blieben die meist sich an der Frage des Einflusses auf Armenien entzündenden Reibungen bestehen. Dieses Gebiet war deshalb so wichtig, weil es den Zugang zu Kleinasien und zum nordmesopotamischen Parthien darstellte. Eine – freilich nicht länger andauernde – Lösung gab es, als Nero 63 der Einsetzung eines parthischen Prinzen als König von Armenien zustimmte – unter der Bedingung, daß dieser Roms Oberherrschaft anerkannte. Auch der erfolgreiche Versuch Traians, Armenien 113 zur Provinz zu machen und 116 Mesopotamien und Adiabene, wichtiges parthisches Gebiet, zu annektieren, war von kurzer Dauer. Nach der Aufgabe der gewonnenen Gebiete durch Hadrian bestand das parthische Problem in alter Stärke fort. Einen gewissen Erfolg brachte erst Septimius Severus, als er 199 Nordmesopotamien als Provinz einrichten konnte.

Die Politik der Abrundung kennzeichnete, bereits zu Anfang der Principatsepoche, auch die Maßnahmen in Nordafrika, wo 42 das Klientelkönigreich Mauretania eingezogen und in die Provinzen Mauretania Tingitana und Caesariensis aufgeteilt wurde. Kurze Zeit später (46) wurde dann auch aus dem thrakischen Klientelstaat eine Provinz.

C. Der Zustand des Reiches in den beiden ersten Jahrhunderten der Kaiserzeit

1. Verfassung, Wissenschaft und Wirtschaft

Das allgemeine Kennzeichen des Zustandes, in dem sich das Reich in dieser Zeit befand, war ein im großen ganzen bestehender dauernder innerer Frieden, wenn man von den Ereignissen des Jahres 69/70 und zu Anfang der 90er Jahre des 2. Jh. absieht. Die einzelnen Provinzen erlebten kaum Aufstandsbewegungen, schon gar nicht solche nationalen Charakters, gegen die römische Herrschaft. Man lebte in einer – vor allem zur Zeit des humanitären Kaisertums – einheitlichen Welt, einer Ökumene, die durch Verwaltung, Heer und Wirtschaft zusammengehalten wurde.

Das Kaisertum war im Reich unbestritten. Auch in Rom und Italien war seit der Mitte des 1. Jh. die Existenz der Kaiser, die die zentrale Macht vollständig in ihrer Hand hatten, anerkannt; ernstgemeinte republikanische Vorstellungen bestanden nicht mehr. Andererseits gab es keine umfassende verfassungsrechtliche Fixierung dessen, was der Monarch war. Es fehlte eine reale Macht, die hier hätte auf Dauer Grenzen setzen können.

Allmählich erreichte der Princeps eine sich auch in der äußeren Präsentation von Ornat und Zeremoniell deutlich demonstrierende erhöhte Stellung. In der aus dem Hellenismus überkommenen Herrscherauffassung des Ostens war der Monarch ohnehin ein göttliches Wesen, ja ein Gott; allmählich galt das ebenfalls für die übrigen Provinzen. Aber auch in Italien sah man im Kaiser eine übermenschliche Erscheinung. Hier wirkte die Auffassung der Antike, daß außerordentliche und besonders mächtige Menschen Anteil am Göttlichen haben.

Die Handhabung und Leitung der Politik war für den römischen Kaiser anfangs vor allem dadurch schwierig, daß ihm kaum ein zahlenmäßig ausreichender und qualifizierter Apparat zur Verfügung stand. Diese Funktion nahm anfangs die kaiserliche Hausverwaltung wahr, wodurch die Gruppe der kaiserlichen Freigelassenen zu hoher Bedeutung gelangte. Die erste Ordnung einer aus Freigelassenen bestehenden höchsten Regierungs- und Verwaltungsebene, eines „Kabinetts", geht auf Claudius zurück. Dieses System blieb im Grunde bis Hadrian bestehen, der aus den einzelnen Ressorts staatliche Instanzen mit Rittern an der Spitze machte.

Angehörige des Ritterstandes waren es auch, die die seit Augustus sich immer mehr differenzierende kaiserliche Finanzverwaltung trugen. Zu ihrem Aufgabenbereich gehörten Steuern und Zölle genauso wie die Einnahmen aus den großen kaiserlichen Besitzungen, den Domänen und Bergwerken. Es ist kennzeichnend für die zunehmende Bedeutung der ritterlichen Verwaltung, wenn aus 30 höheren Verwaltungspositionen (procuratores) der Augusteischen Zeit im 3. Jh. 200 geworden waren. Ritter waren auch die Statthalter der kleineren, procuratorischen Provinzen und von Ägypten. Bis ins 3. Jh. gehörten allerdings die Statthalter der größeren Provinzen zum ordo senatorius. Die Ritter wurden so die eigentlichen Träger der neuen Verwaltung. Freilich behielt man dabei das Prinzip bei, daß öffentliche Tätigkeit ein Standesprivileg sei, genau wie auch die ritterliche Laufbahn mit militärischen Kommandos begann, bis Hadrian einen zivilen Zugang zu den höheren Verwaltungsstellen schuf.

Der direkte Einfluß des Kaisers setzte sich zunehmend auch in der Gerichtsbarkeit durch. Immer größere Bedeutung erhielt die extraordinaria cognitio des Kaisers. Der Princeps besaß das Recht, alle Straf- und Zivilprozesse vor sein Gericht zu ziehen. Er übte durch die dabei gegebenen decreta erheblichen Einfluß auf die Rechtssetzung und -entwicklung aus, wie auch dadurch, daß er z.B. auf Anfragen von Beamten mit Rechtsgutachten (rescripta) antwortete und durch besonders autorisierte „Respondierjuristen" an Richter solche abgab. Die Gesetzgebung im eigentlichen Sinne war im 1. Jh. von der immer unbedeutender werdenden Volksversammlung auf den Senat übergegangen, der dabei auch lediglich den Willen des Kaisers vollzog. Neben dem römischen Recht hielten sich aber in den Provinzen besonders des Ostens einheimische „Volksrechte".

Nach der Justizreform Hadrians lag die Weiterentwicklung des Rechts fast ausschließlich beim Kaiser. Um diesen Aufgaben entsprechen zu können, zogen die Kaiser seit Hadrian Juristen in den Staatsdienst. Eine besondere Rolle spielte dabei das consilium principis. Einer der in ihm sitzenden Praetorianerpräfekten war seitdem in der Regel Jurist. Die berühmtesten Vertreter der spätklassischen römischen Rechtswissenschaft (Zeit der Severer) hatten in diesem Gremium ihren Platz.

Im Vergleich mit der Macht- und Aufgabenfülle des Kaisers besaß der Senat keinen wirklichen politischen Einfluß. Nichtsdestoweniger war er in den ersten beiden Jahrhunderten deshalb als sozialer Körper wichtig, weil die höchste Gesellschaftsschicht in ihm repräsentiert war. Nur verlor er diese Bedeutung, als immer mehr Ritter in die höchsten Administrationsstellen eindrangen.

Die Schichten der Ritter und Senatoren unterlagen bereits seit dem 1. Jh. einem bezeichnenden Wandel. Immer mehr Angehörige des ordo senatorius und des ordo equester kamen, besonders seit dem 2. Jh., aus der munizipalen Oberschicht des Reiches. Von den bekannten Senatoren aus der Zeit des Antoninus Pius stammten nur noch 57,5% aus Italien. Entsprechendes gilt für die ritterlichen Amtsträger. Hier bildete sich allmählich eine Reichsaristokratie heraus, eine Entwicklung der Vereinheitlichung des Reiches, die sich im übrigen aus der sozialen Funktion des römischen Heeres der Kaiserzeit ergab.

Weit unter der Aristokratie standen die humiliores, die einfachen Leute. Unter ihnen nahm die Zahl der Freigelassenen ständig zu, die als Gewerbetreibende, Künstler und in der Hofverwaltung ein wesentlicher gesellschaftlicher und wirtschaftlicher Faktor wurden. In Rom unterschied man außerdem noch die plebs frumentaria, die Bevölkerung, die unter den 600000–800000 Einwohnern der kaiserzeitlichen Stadt eine Getreidespende erhielt. Es war der Teil der hauptstädtischen Bevölkerung, auf den sich die Kaiser in Rom am meisten stützen konnten.

In der Kaiserzeit trat auch beim Einsatz von Sklaven eine wichtige Wandlung ein. Vor allem nach dem Rückgang der Eroberungskriege gab es erheblich weniger billige Sklaven, während andererseits die Nachfrage durch die weitere Ausdehnung des Systems der Sklavenarbeit anstieg. Das Ergebnis war, daß die Sklavenpreise stiegen und die servi rentabel im Grunde nur noch in spezialisierter Tätigkeit eingesetzt werden konnten. Angesichts dieser Gegebenheiten arbeiteten viele Sklaven im Handwerk und im Handel fast selbständig. Von da aus lag der Schritt zur Freilassung der Sklaven nahe, zumal der Herr die Verpflichtungen des libertus gegenüber dem patronus festlegen konnte.

Zusammen mit dem Mangel an billigen Sklaven bewirkte auch seit dem 2. Jh. die in der Oberschicht verbreitete stoische Weltsicht eine Milderung der Lage der Sklaven und auch des Sklavenrechts. Der Sklave wurde vielfach nicht mehr nur als verfügbare Sache angesehen. Man erkannte ihm ausdrücklich das Recht auf Ehe und faktischen Besitz zu, über den er verfügen konnte. Häufig kauften sich die Sklaven mit diesen Mitteln selbst frei.

Eine Auswirkung des Mangels an billigen Arbeitskräften, der Vergrößerung der Landgüter und einer zunehmenden Rentnergesinnung der Eigentümer war, daß schon seit Beginn der Kaiserzeit Großgrundbesitzer Parzellen ihres Landes an freie kleinere Bauern, coloni, verpachteten. Aus solchen Anfängen geriet der colonus in immer stärkere Abhängigkeit vom Grundeigentümer.

Nach wie vor stellte die einfache Landbevölkerung die Masse der Reichsbewohner dar. Sie hatte bis 212 den geringsten Zugang zum römischen Bürgerrecht und nahm unter den humiliores den niedrigsten Rang ein.

Innerhalb des Reichs- und Untertanenverbandes hatte Rom die Verwaltungslasten zu einem großen Teil von den bestehenden lokalen Einrichtungen tragen lassen, d.h. im Osten von den städtischen Gemeinden und im Westen, wo sich das Städtewesen erst in der Kaiserzeit ausbreitete, von Stämmen und dorfartigen Siedlungen. In ihrer Selbstverwaltung bildeten sie die unteren Verwaltungseinheiten des Reiches.

Theoretisch hatte Italien im Reichsverband eine Sonderstellung, tatsächlich wurde es allmählich – wenn auch privilegiertes – Untertanenland. Von der Privilegierung hielt sich, nachdem die Kaiser im 2. Jh. die Freiheit der italischen Städte durch Staatskommissare (curatores) wie durch vom Kaiser eingesetzte Gerichtsbevollmächtigte eingeschränkt hatten und Septimius Severus eine Legion in Italien stationiert hatte, nur die Freiheit von direkten Steuern, die in den Provinzen zu zahlen waren.

Unter den Gemeinden in den Provinzen gab es durchaus noch Abstufungen der Untertänigkeit und Abhängigkeit von der Provinzverwaltung. Die Constitutio Antoniniana Caracallas hob dann den Rechtsunterschied der Bewohner der Gemeinden ohnehin grundsätzlich auf.

Das Städtewesen war von höchster Bedeutung: Die Kultur der Kaiserzeit ruhte auf ihm, genauso wie seine Oberschicht zunehmend das Reservoir für die Reichsaristokratie und die führenden Positionen in der Reichsverwaltung wie im Heer darstellte. Mitglieder dieser vor allem aus Grundbesitzern, aber auch aus Gewerbetreibenden bestehenden Gruppe stiegen seit Claudius zum Bürgerrecht auf.

Der Reichtum dieser Schicht beruhte auf der Arbeit vorwiegend der Landbevölkerung, die auf den zu den Städten gehörenden Ländereien arbeitete. Ihre Wohlhabenheit gab der Oberschicht die Möglichkeit, sich an der Reichskultur zu beteiligen und unentgeltlich in der örtlichen Verwaltung zu wirken. Es bestand auch die häufig realisierte Verpflichtung, öffentliche Lasten in den Gemeinden zu übernehmen. So hing der zivilisatorische und kulturelle Zustand der Kaiserzeit von der Wohlhabenheit dieser städtischen Oberschicht ab. Als seit dem ausgehenden 2. Jh. ihre Prosperität zurückging, nahm auch der Wohlstand der Städte immer mehr ab, die lange Zeit in der Ausstattung mit Säulenstraßen, prächtigen Foren, öffentlichen Badeanlagen und Theatern wetteiferten.

Für den Vorgang der Romanisierung, vor allem im westlichen Reichsteil, waren die Städte ein wesentlicher Faktor. Romanisierung bedeutete in bestimmter Weise Urbanisierung sowie Latinisierung. Eine besondere Rolle für die Romanisierung spielte, wie gezeigt, das Heer.

Im Frieden der ersten beiden Jahrhunderte der Kaiserzeit blühten Gewerbe und Handel stark auf. Allerdings läßt sich zugleich eine auffallende Stagnation in der Entwicklung der Technik beobachten, ohne daß man diesen Umstand etwa auf die Verwendung von Sklaven zurückführen darf. Die Anlage von Straßen und die Existenz einer auf dem Denar ruhenden Reichswährung förderten den wirtschaftlichen Aufschwung. Dabei verlagerte sich der Schwerpunkt der Wirtschaft in die Provinzen; Italien und vor allem Rom sanken immer stärker zu Konsumenten ab. Während z. B. aus Britannien und Spanien Erze, u.a. Zinn, bezogen wurden, produzierte Gallien vor allem Textilien und Töpferwaren. Aus den östlichen Provinzen kamen besonders kostbare Textilien, Glaswaren und Gewürze. Bezeichnend für die Entwicklung war, daß sich die Produktion von terra sigillata, einer feinen Tonware, immer stärker von Italien nach Gallien verlagerte. Auch der Handel über die Grenzen war nicht unbedeutend.

Von wenigen Ausnahmen abgesehen, griff die Reichsverwaltung in die Wirtschaft nicht ein. Bei alledem freilich muß noch einmal betont werden, daß die Landwirtschaft nach wie vor die Basis der allgemeinen Prosperität bildete.

2. Religion, geistiges Leben und Kunst

Die offizielle römische Religionspolitik, zunächst vom Willen zum Bewahren der alten Staatsgötter geprägt, besaß ein hohes Maß von Toleranz gegenüber anderen Kulten und Religionen. Das hängt nicht zuletzt damit zusammen, daß die Überzeugung von der im Grunde bestehenden Einheit der Götter verbreitet war. Diese Auffassung erleichterte den religiösen Synkretismus der Kaiserzeit. Hier machte sich das einheitliche Reich mit seinen vielfältigen Begegnungsmöglichkeiten bemerkbar.

Der römische Staatskult hatte in dem des Kaisers eine weitere Ausprägung erfahren. Er war letztlich begründet in der zeitgenössischen Überzeugung, daß der Kaiser Träger von sieg- und segenbringenden göttlichen Kräften sei. Gerade im Osten des Reiches verband sich hiermit die alte Rettervorstellung. Die Religionen und Kulte des Reiches anerkannten die staatlichen Götter wie auch den Kaiserkult. Eine Ausnahme machte, abgesehen vom Christentum, das Judentum. Trotzdem galt es nicht als religio illicita, d. h. als verbotener Kult; die Juden waren von der Teilnahme am Kaiserkult befreit.

Obwohl viele alte Kulte weiterbestanden, ging der Zug der Zeit doch in Richtung auf die persönliche Frömmigkeit, verbunden mit der Hoffnung auf ein Weiterleben nach dem Tode, wie das schon für die ausgehende Republik beobachtet worden war. Innerhalb des kaiserzeitlichen Synkretismus kamen die im ganzen Reich verbreiteten östlichen Mysterienreligionen besonders zur Geltung. Zu ihnen gehörten vor allem der Kult der kleinasiatischen Großen Mutter, der ägyptischen Isis und des iranischen Mithras. Ihren Anhängern stellten sie, und zwar gerade den Armen und Leidenden, das Heil in Aussicht.

Der daneben existierende Volksglaube war charakterisiert u. a. durch das Auftreten von Wundermännern und den Zulauf zu Astrologen und Traumdeutern.

Die lateinische Literatur der nachaugusteischen Periode erlebte in der neronischen Zeit einen bemerkenswerten Höhepunkt. Der Satiriker Persius und der Epiker Lucanus knüpften an die frühkaiserliche Literatur an. Eigenständiger war das Werk des stoischen Philosophen Seneca und des Erzählers Petronius. Seneca hat in seinen Dialogen und Briefen an Lucilius praktische Handlungshinweise gegeben, Petronius in seinem Satyricon einen Gesellschaftsroman verfaßt. Die flavische Zeit repräsentieren sowohl die Satiriker Iuvenal und Martial als auch der ältere Plinius († 79) mit seiner enzyklopädischen „Historia naturalis". Unter Traian und Hadrian erreichte die römisch-lateinische Historiographie noch einmal einen Höhepunkt. Das gilt besonders für die Annalen und Historien – dazu u. a. die Germania – des Tacitus. Kurze Zeit später verfaßte C. Suetonius Tranquillus seine Kaiserbiographien. Mitte des 2. Jh. fand der Roman in Apuleius („Amor und Psyche") noch einmal einen bemerkenswerten Vertreter, während um die Wende des 2. zum 3. Jh. der Nordafrikaner Tertullian als erster bedeutender christlicher Schriftsteller in lateinischer Sprache wirkte. Während in der 1. Hälfte des 1. Jh. im griechischen Geistesleben Stagnation herrschte, gab es hier, vor allem im 2. Jh., einen erneuten Aufschwung. Die sogenannte zweite Sophistik belebte die klassische Rhetorik, die in Aelius Aristeides in antoninischer Zeit eine besondere Ausprägung erfuhr. Die wichtigste philosophische Richtung waren erneut die Stoa und die Lehre der Kyniker mit ihren Wanderpredigern. Große Wirkung hatte der Stoiker Epiktet (ca. 55–um 135), ein ehemaliger Sklave. Die griechische Historiographie hatte in Plutarch (ca. 45–125), dem Verfasser u.a. von Biographien berühmter Griechen und Römer, unter Hadrian und Antoninus Pius in Appian, der eine römische Geschichte schrieb, und vor allem in Arrian (ca. 95–um 175), dem Autor einer Alexandergeschichte, ihre wesentlichen Vertreter. In severischer Zeit schrieb Cassius Dio ebenfalls eine römische Geschichte und zeigte damit, wie vorher schon andere (z.B. Aelius Aristeides), daß die Vertreter des griechischen Geisteslebens keineswegs im Gegensatz zum Römischen Reich standen.

Die Fachschriftstellerei brachte in beiden Sprachen wichtige Erzeugnisse hervor, wie durch den Juristen Gaius in antoninischer Zeit und in der 2. Hälfte des Jahrhunderts durch den Arzt Galenos.

In der bildenden Kunst erleichterte das Bestehen eines einheitlichen Reiches im Mittelmeergebiet vielfältige Berührungen zwischen den Kulturen. Die spezifischen römischen Kunstgattungen – Architektur, Porträt und historisches Relief – waren von bemerkenswertem Rang. Die Architektur ist besonders in den großen kaiserlichen Bauten (z.B. Thermen und Colosseum in Rom) weiterentwickelt worden, u.a. durch die Vollendung der Gewölbetechnik und die Ziegelbauweise. Im Porträt fand nach der augusteischen Klassik unter Nero und Domitian der Realismus neuen Eingang, während das Porträt des 2. Jh. durch den Philhellenismus der Kaiser starke Impulse erhielt.

XIX. Die Krise des Reiches im 3. Jahrhundert (235–284)

Nach dem Ende der severischen Dynastie begann eine rund 50 Jahre andauernde Krise des Imperium Romanum, die weitgehend von einer Anarchie begleitet war. Von den 29 Kaisern zwischen 235 und 284 starb kaum einer eines natürlichen Todes. Häufig herrschten mehrere Kaiser nebeneinander. Der äußere Bestand des Reiches hielt zwar, aber vor allem die Rhein-, Donau- und Ostgrenze waren permanent in Gefahr. Dieser Lage lief ein tiefgreifender Wandel auf fast allen Lebensgebieten parallel. So stellte das 3. Jh. den Übergang von der Principatszeit zur Spätantike dar (Zeit der Soldatenkaiser).

A. Die innere Geschichte des Reiches

Im Laufe des 3. Jh. stellte, von den letzten Severern eingeleitet, das Kaisertum zunehmend kein eigenständiges Kraftzentrum mehr dar. Unter der senatsfeindlichen Willkürherrschaft der vorangegangenen Jahrzehnte waren viele aus der Elite des senatorischen Adels ausgerottet worden, andere zogen sich auf ihre Besitzungen zurück; allgemein war diese Schicht wirtschaftlich geschwächt. Schon deshalb stellte sie kaum noch eine wesentliche politische und gesellschaftliche Stütze des Kaisers dar. An ihre Stelle traten nun verstärkt die immer häufiger aus unteren Rängen aufgestiegenen militärischen Führer mit ihren Heeren, die beide an Rom, dem für lange Zeit ideellen Zentrum des Imperium Romanum, kein Interesse hatten und zur besitzenden Oberschicht eher im Gegensatz, ja teilweise sogar in Feindschaft standen; dahinter verbarg der sich verschärfende Unterschied des Besitzes. Der besonderen Fürsorge der staatlichen Macht und ihrer Repräsentanten konnten sich nur Beamte und Soldaten erfreuen, die ihre materiellen Bedürfnisse in Zeiten wirtschaftlicher Schwierigkeiten oft brutal auf Kosten der Zivilbevölkerung befriedigten. Das war um so eher möglich, als die Kaiser zur Stütze ihrer Macht und zur Verteidigung des Reiches nach außen die Soldaten mehr als jemals früher brauchten.

Angesichts all dieser Umstände ist es nicht verwunderlich, daß die römischen Kaiser des 3. Jh. nun endgültig auch ihrer Person nach Militärs waren und nicht mehr aus der bisherigen Oberschicht, sondern direkt aus dem Heer kamen und häufig von unteren Rängen aufgestiegen waren. Ein nicht unerheblicher Teil von ihnen stammte aus den Donauprovinzen.

In der Zeit zwischen 235 und 260, der ersten nachseverischen Phase, erlebte das Reich acht anerkannte Kaiser, ein deutliches Zeichen für die Führungsanarchie. Seit dem Jahre 260 verzeichnet man die ersten wesentlicheren Versuche, der Krise des römischen Staates Herr zu werden.

In freilich eingeschränkter Weise mag das auch schon für Decius (249–251) gelten. In ihm kam der erste Illyrier auf den Kaiserthron. Das einigende geistige und religiöse Symbol des Römischen Reiches und der kaiserlichen Macht, den Kaiserkult, bisher eher großzügig gehandhabt, verschärfte Decius und ließ seine Durchführung überwachen. Das mußte besonders die Christen treffen, die sich an dem Kaiserkult nicht beteiligen konnten, ohne ihrem Glauben abzusagen. Sie standen vor der Alternative, entweder ihre religiöse Überzeugung zu verleugnen oder der Verfolgung zu verfallen. Es kam seit 250 zur ersten großangelegten staatlichen Christenverfolgung, die aber bereits 251 aufgegeben wurde, als die weit auf die Balkanhalbinsel eingedrungenen Goten zurückgedrängt werden sollten.

257 entschloß sich Kaiser P. Licinius Valerianus (253–260) aber, die Christenverfolgung wiederaufzunehmen. Es wurde ein Versammlungsverbot ausgesprochen und den Bischöfen empfohlen, dem Kaiser Opfer zu leisten. Ein Jahr später verschärfte er die Bestimmungen noch. Dem Klerus drohte wieder der Tod, christlichen Senatoren, Rittern und kaiserlichen Hofbeamten Verbannung, Standesverlust und Vermögenskonfiskation. Es war für das Reich ein schwerer moralischer Schock, als Valerian 260 auf einem Feldzug gegen die Neuperser in Gefangenschaft geriet. Die Christenverfolgung wurde eingestellt.

Die Regierungszeit des Gallienus (260–268) bedeutete einen wichtigen Einschnitt der römischen Geschichte. Zum erstenmal zog man unter seiner Regierung wirklich weitergehende Konsequenzen aus der inneren Entwicklung. Eine wichtige Neuerung war es, daß nun ritterliche, aus den Legionsdiensten hervorgegangene Offiziere die Führungspositionen des Heeres erhielten und dabei die höhere Truppenführung durch umfassende Kommandos wirkungsvoller wurde (duces, praepositi). Damit waren den Senatoren auch die Statthalterschaften in den Provinzen mit Legionsbesatzung verschlossen. Darüber hinaus schuf Gallienus in den protectores divini lateris (Leibwächtern) eine Art Generalstab, deren Mitglieder als zuverlässige Offiziere jederzeit an besonders gefährdeten Grenzabschnitten eingesetzt werden konnten.

Im Verhältnis zu den Christen verließ Gallienus die bisherige Linie: Er stellte die Verfolgung 260 ein und gab den Gemeinden ihre Versammlungsräume zurück. Dieser Akt der Toleranz, der zu einer inneren Beruhigung des Reiches beitrug, entsprach dem Philhellenismus des Gallienus. Besonders im Gedankengut des Neuplatonismus dürfte er Kräfte zur inneren Gesundung des Imperiums erkannt haben. Aber eine allgemeinere Wirkung konnte von dieser Philosophie kaum ausgehen.

Diese 60er Jahre des 3. Jh. waren darüber hinaus gekennzeichnet durch die

Entstehung mehrerer römischer Sonderreiche auf Reichsboden. Bereits seit 259 regierte Postumus als Kaiser Gallien, Spanien und Britannien. Als sein im gesamten Osten vorübergehend anerkanntes Sonderreich 261 aufgehört hatte zu bestehen, blieb Ägypten unter seinem ehemaligen Statthalter weiterhin unabhängig von der Zentralgewalt, während der Fürst der Wüstenstadt Palmyra, Odaenathus, als corrector Orientis (seit 265 imperator) den Krieg für Gallienus gegen die Perser führte. Nach dessen Tod nahm seine Witwe Zenobia mit ihrem Sohn Vaballathus den Purpur und schuf ein von Rom und Gallienus unabhängiges Reich, das schließlich neben Syrien und Mesopotamien auch Südostkleinasien und vorübergehend Ägypten einschloß.

Nach der Ermordung des Gallienus (268) bestanden die Sonderreiche des Postumus und der Zenobia fort und sicherten das Reich im Westen und Osten nach außen.

Die Herrschaft des Lucius Domitius Aurelianus (270–275), dessen Vater noch Kolone gewesen sein soll, war für das Reich ein Segen. Wie Gallienus bereitete dieser tatkräftige Mann die Konsolidierung des Reiches vor und ermöglichte die Neuformung der Spätantike. Er trug den Titel restitutor orbis (Wiederhersteller des Erdkreises) zu Recht. Die juthungischen Alamannen konnte er aus Oberitalien vertreiben (Sieg bei Pavia), mit den Goten kam es zu einer Einigung, und im Osten schlug er Zenobia schließlich 273 und stellte nach dem Ende auch des gallischen Sonderreiches 274 die Reichseinheit endgültig wieder her.

Wichtig sind darüber hinaus seine Maßnahmen zur Stärkung der inneren Substanz des Reiches. Abgesehen u.a. von einer Münzreform, bestanden sie vor allem in dem Versuch einer ideellen Erneuerung. Durch Annahme des Titels „Dominus et Deus“ wurde die Stellung des Kaisers weiter herausgehoben. Dem Reich versuchte er durch die Einführung des Kultes des Sol Invictus ein neues religiöses Fundament zu geben. Dabei konnte er mit mehr Aufnahmebereitschaft seitens der Bevölkerung rechnen als zuvor Gallienus bei den neuplatonischen philosophischen Gedanken.

Intensiv bemühte sich Aurelian darüber hinaus um Rom und seine Bevölkerung. Die Stadt erhielt angesichts der Alamannenbedrohung einen Schutz in der Aurelianischen Mauer. Zur Sicherung der Nahrungsmittelversorgung faßte der Staat Handwerker und Händler zu Zwangsgenossenschaften zusammen. Diese Ansätze versandeten aber nach dem Tod Aurelians (275). Die Unternehmungen seiner Nachfolger bis zur Machtübernahme durch Diocletian (284) waren primär nach außen gerichtet.

B. Das Römische Reich und seine Nachbarn zur Zeit der Krise im 3. Jahrhundert

1. Das Sassanidenreich

Im Osten war um 226 im Gebiet des früheren Partherreiches durch die Sassaniden ein neues Machtgebilde entstanden. Ardaschir I. (223–241) schuf eine einheitliche Staatskirche im zoroastrischen Parsismus und reorganisierte den Staat (Aufbau eines straffen bürokratischen Apparats, eines Amtsadels, Reform des Heerwesens). Damit erhielt das neupersische Reich, das ohnehin durch sein an der alten Macht der Achämeniden orientiertes Selbstverständnis auf eine aktive Politik nach Westen verwiesen war, eine besondere Kraft. Die persischen Soldaten besaßen u.a. an ihren Panzerreitern, den Kataphrakten, eine hervorragende Truppe.

2. Die Germanen

Die Germanen, die sich aus ihrer Urheimat (Südschweden, Dänemark, Schleswig-Holstein) um 1400 nach Osten (an die Weichsel), Westen und Süden ausgebreitet hatten, erscheinen in den ersten beiden Jahrhunderten n. Chr. in folgenden Gruppen: die Nordgermanen in Südschweden, die Ostgermanen, die über die Oder und Weichsel nach Süden drängten, und die Westgermanen im späteren West- und Süddeutschland. Die an und für sich ohne eigene Wirkung gebliebenen Züge der Kimbern und Teutonen nach Süden leiteten die Südwanderungen der Ostgermanen ein, d.h. der Vandalen nach Schlesien, der Langobarden zur Unterelbe, später nach Böhmen, der Burgunder zur Weichsel, sowie der Goten und Gepiden zur Weichsel, am Ende des 2. Jh. zum Schwarzen Meer.

Die Zahl aller Germanen wird für das 1. Jh. auf 3 bis 4 Millionen geschätzt. Sofern sie nicht auf der Wanderung waren, besaßen sie feste Wohnsitze und betrieben Landwirtschaft; dabei stand die Viehzucht im Mittelpunkt. Es lassen sich schon in vorgeschichtlicher Zeit Anfänge von Gewerbe und Handel nachweisen; besonders der Handel mit den Römern spielte später eine große Rolle; z.B. importierten sie Glas, Keramik und Wein.

Die Gesellschaft war offenbar in Freie, schollengebundene Halbfreie und Sklaven gegliedert. Unter diesen spielte ein Adel die herausragende Rolle. Die Siedlungsgebiete bestanden aus Gauen. Die höchste Gewalt übten die Versammlung der freien Volksgemeinde und in ihr besonders die adligen Gefolgsherren aus. Im einzelnen gab es unterschiedliche staatliche Ordnungen. Im Zusammenhang der Wanderungen bildete sich, besonders im 2. und 3. Jh., aus dem Heerzug-Führer häufig ein Königtum mit sakraler Weihe aus.

Jeder Freie war zum Kriegsdienst verpflichtet; die Ausrüstung bestand vorwiegend in Speer und Schild, erst seit 200 kam der Bogen hinzu.

Die religiösen Vorstellungen waren vielfältig. Immerhin kann man aus Tacitus die Verehrung eines höchsten Himmelsgottes neben anderen – auch weiblichen – Göttern entnehmen. Es ist mit einer allmählichen Vergeistigung einer als Verkörperung von Naturkräften vorgestellten Götterwelt zu rechnen.

Während in den ersten zwei Jahrhunderten der Kaiserzeit allmählich eine Stabilisierung des Verhältnisses von Römischem Reich und Germanen eintrat, brachten das Ende des 2. und der Anfang des 3. Jh. eine neue Situation. So waren zwischen 160 und 180 die Markomannen über die Donau ins Reich eingefallen. Im Zusammenhang der Wanderung der Goten von der Weichselmündung nach Südosten drangen Teile von ihnen dann im 3.Jh. immer wieder in das Imperium Romanum ein. Durch ihre Berührung vor allem mit den indoiranischen Alanen hatten sie das Pferd als Kampfmittel sowie eine spezifische Reittechnik übernommen und dadurch ihre Schlagkraft erhöht. Im Gebiet jenseits des obergermanischen Limes waren zu Anfang des 3. Jh. in den Alamannen und Franken aus kleineren Völkerschaften – der Vorgang ist im einzelnen unklar – größere Stämme mit entsprechend erhöhter politischer und militärischer Kraft entstanden. Massiert stießen die Franken über den Niederrhein, die Alamannen über die Grenzen Obergermaniens vor.

3. Die äußere Bedrohung des Römischen Reiches

Die äußere Bedrohung wurde deshalb so gefährlich, weil sie gleichzeitig in mehreren Grenzräumen auftrat und das römische Heer dieser Zeit in seiner Substanz geschwächt war. Die spezifische Gefahrensituation war auch durch die genannten neuen Konstellationen vor den römischen Grenzen bedingt.

Caracalla (212) und Maximinus Thrax (235–238) hatten den Ansturm an der Westgrenze noch abwehren können, aber nach der Mitte des Jahrhunderts wurde der obergermanische Limes endgültig überrannt; um 265 gaben die Römer die letzten Taunuskastelle auf.

Germanen drangen mehrfach tief nach Gallien und sogar bis nach Spanien vor. 261 stießen Alamannen in einzelnen Gruppen bis nach Oberitalien vor und okkupierten 267 Raetien. 271 vertrieb sie Aurelian aus Italien. Erst unter Probus (276–282) konnten Rhein- und Donaugrenze wieder als gesichert gelten.

Bereits 238 hatten Goten die untere Donau überschritten. Diese und andere Germanen, Heruler, Gepiden, Quaden und Karpen, ebenso sarmatische Stämme, bedrohten die Balkanhalbinsel, sogar Kleinasien, und stießen zum Teil tief in das Reichsgebiet vor. Daher mußte Gallienus die Provinz

Dakien militärisch räumen, Aurelian sie 271 endgültig aufgeben. 267 drangen Goten und Heruler sogar zur See in die Ägäis vor und plünderten Athen, Sparta und Olympia. Die Voraussetzung zur Sicherung der Grenze auch an der mittleren und unteren Donau war der Sieg des Claudius II. Gothicus 269 über die Goten bei Naissus (Nisch).

Im Osten sah es für die römische Macht nicht besser aus, wo den Römern bis 272 in Schapur I. ein besonders fähiger und tatkräftiger Herrscher gegenüberstand. Immer wieder drangen sassanidische Truppen weit nach Syrien – 256 wurde Antiocheia erobert – und Kleinasien ein; sie brandschatzten und führten Teile der Bevölkerung fort. Es bedurfte größter, zum Teil langwieriger Anstrengungen zu erfolgreichen Gegenschlägen. Die Gefangennahme des Valerian 260 durch Schapur und sein Tod in persischer Gefangenschaft waren symptomatisch für die Lage Roms. Aurelian verzichtete darauf, Mesopotamien wieder ganz an das Reich anzuschließen.

287/88 kam es unter Diocletian zum Friedensschluß mit den Persern. In Armenien regierte seitdem wieder ein römischer Klientelkönig. Die Provinz Mesopotamia bestand im wesentlichen aus der Osrhoene.

Obwohl die Konflikte an den Grenzen die Kräfte des Reiches aufs äußerte anspannten, blieb im großen ganzen der Bestand des Imperiums erhalten.

C. Die Zustände im Römischen Reich des 3. Jahrhunderts

1. Heer

Schon im 2. Jh. hatte eine Entwicklung begonnen, die sich jetzt endgültig durchsetzte: Die römischen Truppen (für die Auxilien galt dies ohnehin nicht) rekrutierten sich nicht mehr wie ursprünglich aus der städtischen Bevölkerung, sondern aus den ländlichen Gebieten, und zwar zunehmend aus den Grenzprovinzen und den Landschaften in der Nähe der Garnisonen. Die Gründe liegen zum einen in der Wehrunlust der städtischen Bevölkerung und ihrer immer stärker werdenden wirtschaftlichen Belastung. Zum anderen kam die ländliche Bevölkerung der Kernlande im 3. Jh. kaum für eine Aushebung in Frage, weil sie vorwiegend für die Überwindung der wirtschaftlichen Krise benötigt wurde. Die Konsequenzen waren schwerwiegend. Die Soldaten entstammten nun einer anderen sozialen Schicht, die durchaus im Gegensatz zur städtischen Bevölkerung stand, auf jeden Fall aber geringer zivilisiert war. Hier liegt zumindest ein Grund für den Rückgang von Disziplin und Ausbildungsstand des Heeres im 3. Jh.

Stand diese Entwicklung bereits im Gegensatz zur Bedeutung des Heeres in der äußeren Krise, so traf es vor allem an der unteren Donau und im Osten auf gegnerische Einheiten andersartiger Bewaffnung und Kampfestechnik

(Reiterei, Bogenschützen, Panzerreiter). Erst allmählich, vor allem von Gallienus und Aurelian, wurde darauf mit der Aufstellung von Truppen mit neuer Bewaffnung und Kampfesweise – u. a. Reiterverbände – reagiert. Dazu kam (unter Gallienus) die Bildung einer mobilen strategischen Reserve, stationiert im Inneren des Reiches.

2. *Wirtschaft und Gesellschaft*

Die Krise des 3. Jh. machte sich nicht zuletzt im wirtschaftlichen und sozialen Bereich bemerkbar. Kennzeichen der allgemeinen Lage waren vor allem eine lang andauernde und schließlich galoppierende Inflation einerseits und zum anderen die abnehmende wirtschaftliche Produktivität. Ein Ausdruck der inflationären Entwicklung war es z. B., daß eine bestimmte Menge Weizen im 1. Jh. 7–8 Drachmen (Denare) kostete, am Ende des 3. Jh. 120000. Der Denar besaß zur selben Zeit nur noch den 15000. Teil seines ursprünglichen Nominalwertes. Die Inflation, der kein entsprechender Anstieg der Löhne gegenüberstand, traf besonders die ärmere Bevölkerung. Schuld daran hatte zum nicht geringen Teil die Münzpolitik des Staates, der zur Sicherung seiner stark gestiegenen Ausgaben den Feingehalt der Münzen verschlechterte und sie andererseits in immer größerer Menge prägte. Gutes altes Geld wurde gehortet und neues häufig nicht angenommen. Dadurch mußte die Wirtschaft getroffen werden. Dem entsprach ein – wenn auch nicht überall gleichmäßiger – Produktionsrückgang. Die außen- und innenpolitische Unsicherheit führte zu einer Verringerung des Handels und des Absatzes. Der zunehmende Abgabendruck des Staates lähmte die wirtschaftliche Initiative, ganz abgesehen davon, daß die Inflation die Kaufkraft verminderte. Dazu kam, daß offenbar in weiten Landstrichen die Bevölkerungszahl überhaupt zurückging. Damit aber wuchs die Spannung zwischen dem Anspruch der Militärbürokratie und der Leistungsfähigkeit der Bevölkerung immer mehr. Bei dem zunehmenden Schwund von Vertrauen in die staatliche Gewalt hatten auch vereinzelte Besserungsversuche (Münzreform Aurelians) nur vorübergehenden geringen Erfolg.

Ganz stark litten die Städte unter dieser Entwicklung. Ihre Oberschicht war kaum noch in der Lage, ihren bisher als selbstverständlich angesehenen Verpflichtungen für die Gemeinden nachzukommen. Zur Übernahme städtischer Ämter und zum Eintritt in die städtischen Senate bestand kaum noch Neigung, als die Machthaber dazu übergingen, bestimmte Gruppen im Stadtrat für die Abgaben der Stadt korporativ haftbar zu machen.

Druck auf die Untertanen bedeuteten nicht nur die ordentlichen Steuern bzw. Abgaben, sondern auch die Leistungen (munera) wie Gespanndienste und Straßenbauarbeiten, welche die Bevölkerung von Fall zu Fall zu erbringen hatte.

Zur Sicherung besonders der Lebensmittelversorgung zunächst der großen Städte wurden zunehmend aus ehemals freiwilligen, zunftartigen Zusammenschlüssen der Bäcker, Fleischer und Transportunternehmer Zwangsgenossenschaften. Die wohlhabende städtische Bevölkerung versuchte, ihre Belastungen nach unten auf ihre Pächter auf dem Lande abzuwälzen. So ging die landwirtschaftliche Produktion zurück. Es kam zu Landflucht, vereinzelten Aufstandsbewegungen und Verödung weiter Landstriche. Zur Sicherung der Produktion und der Abgabeleistungen ergriff die Bürokratie nun auch hier zunehmend Zwangsmaßnahmen: Die Kleinpächter (die Kleinpacht war im 3. Jh. endgültig das herrschende System auf dem Lande) wurden vielfach, mochte die gesetzliche Regelung auch erst im 4. Jh. erfolgen, an die Scholle gebunden, jedenfalls da, wo auf staatlichem und kaiserlichem Boden private Großwirtschaften entstanden. Nur so konnten die Großgrundbesitzer die Garantie für die Bebauung des Landes und die Abgaben übernehmen. Überhaupt ist für das 3. Jh. eine erhebliche Zunahme der Übertragung von staatlichem Besitz oder verlassenen Landes an kapitalkräftige Großgrundbesitzer kennzeichnend, die so die Garanten für die landwirtschaftliche Produktion sein sollten. Zugleich usurpierten diese zunehmend staatliche Aufgaben und trugen damit zur Auflösung der legitimen Gewalt bei. In ihnen entstand allmählich ein neuer Agraradel.

Durch Zwang, nicht aber durch Rationalisierung oder technischen Fortschritt, versuchte man, die ökonomischen Schwierigkeiten zu beseitigen.

3. Religiöses und geistiges Leben

Im Gegensatz zu einer – vor dem Hintergrund der allgemeinen Krise des Jahrhunderts zu sehenden – weitverbreiteten transzendenten Haltung und Hinwendung zum Kosmischen war das empirisch-rationale Denken im großen und ganzen zum Erliegen gekommen. Aber wie in anderen Lebensbereichen auch hatte die Entwicklung dahin lange vorher eingesetzt; jedoch steigerte sie sich in diesem Jahrhundert in besonderem Maße angesichts der äußeren Not und der immer auswegloser werdenden sozialen Lage vieler Menschen.

Die zahlreichen Mysterienkulte und Religionen erlangten im 3. Jh. einen vermehrten Zulauf von Gläubigen. Die religiöse Situation in der zweiten Hälfte des 3. Jh. war aber auch durch einen verbreiteten solaren Monotheismus gekennzeichnet, an den Aurelian anknüpfte bei seinem – übrigens durchaus nicht ganz vergeblichen – Versuch, die Verehrung des Sol Invictus als Reichskult neben dem Kaiserkult einzuführen.

Freilich war die Hinneigung zum Jenseitigen und Spirituellen nicht an einzelne Kulte gebunden; theoretische Erörterungen des Leib-Seele-Problems, des Verhältnisses von Göttlichem und der Materie drangen immer stärker in die religiöse Spekulation ein. Das geschah auch in der neuplatonischen Philosophie, die im 3. Jh. zur herrschenden geistigen Richtung wurde, während der Stoizismus, noch im 2. Jh. weit verbreitet, erheblich zurücktrat. Der Begründer dieser Schule war Ammonios Sakkas (gest. 242); ausgebildet haben sie vor allem sein Schüler Plotin aus Ägypten (etwa 204–270) sowie Porphyrios aus Tyros (etwa 234–304), der bedeutendste Schriftsteller des Neuplatonismus. Diese Lehre hatte die platonische Philosophie weitergebildet, mit Anleihen aristotelischer, stoischer und kaiserzeitlich-mystischer Gedanken. Abgesehen davon, daß der Neuplatonismus mehrere Richtungen aufwies, ist ihm zentral der Gedanke, daß aus dem Ur-Einen (Gott) durch wesensnotwendige Ausstrahlung (Emanation) alle Seinsformen hervorgehen, Geist, Seele bis hinab zur Materie. Alle Wesen haben danach den Drang, zum Einen zurückzukehren; möglich sei das dem Menschen über verschiedene Stufen (ethische Praxis, sinnliche Wahrnehmung, begriffliches Denken, mystische Ekstase). Plotins Nachfolger, Porphyrios und Iamblichos, verbanden die Systematik der Seinsstufen mit zeitgenössischen Göttervorstellungen und Mysterienlehren. Auch der einfache Mensch konnte nun durch mystische Riten den Aufstieg zum Einen erreichen. Diese allegorische Deutung des alten Götterglaubens konnte gegen das Christentum ausgespielt werden. Es sammelten sich im Neuplatonismus die Gegner der neuen Lehre, während umgekehrt auch das Christentum sich nicht von dem Gedanken der zeitgenössischen religiösen Spekulation und Philosophie freihalten konnte.

4. Das Christentum

Die Verbreitung des Christentums hatte im 2. Jh. erheblich zugenommen. Bereits zu Beginn des 3. Jh. übertrafen die Christen an Zahl wohl die Juden; im Osten des Reiches gab es Provinzen, in denen sich schon die Hälfte der Bewohner zum christlichen Glauben bekannte. Auch im Westen hatte er Fuß gefaßt, besonders in Nordafrika und Rom, aber auch in Gallien. Christliche Gemeinden gab es anfangs vor allem in den Städten. Im Osten erreichte die neue Lehre die Landbevölkerung viel früher als im Westen. Die Christengemeinde in der Hauptstadt, die sich bis zur Mitte des 3. Jh. weitgehend der griechischen Sprache bedient hatte, war um 250 lateinisch geworden. Mit Tertullian (etwa 150–220), einem Anwalt aus Karthago, und Cyprian (248–258 Bischof von Karthago), der unter Valerian den Märtyrertod fand, entstand eine lateinisch-christliche Literatur und Geistigkeit.

Der neue Glaube drang seit der Wende vom 2. zum 3. Jh. auch in die oberen Gesellschaftsschichten ein. Das frühe Christentum war wenig organisiert. Die Gefahr der Zersplitterung wurde durch die Entstehung des monarchischen Episkopats (seit etwa 150) und die Kanonisierung (etwa 100–etwa 400) der

Schriften und des Glaubens auf Bischofskonferenzen (Synoden) vermieden. Die Schriften des Neuen Testaments lagen seit etwa 100 vor.

Bis ins 3. Jh. hinein hatte sich der Glaube im wesentlichen ungehindert ausbreiten können, ähnlich wie der persische Mithraskult und die vielen Mysterienreligionen. Der römische Staat war zwar gegenüber fremden Religionen bisher tolerant, aber der breiteren Masse galt der christliche monotheistische Glaube als superstitio, verwerflicher Aberglaube.

Eine offizielle, allgemeine Christenverfolgung hatte es im Römischen Reich bis auf Decius nicht gegeben, auch nicht unter Nero und Domitian. Die Verfolgung entstand bei Decius ebenso wie bei seinen Nachfolgern aus dem Zusammenprall der altrömischen Restaurationstendenzen und dem Ausschließlichkeitsanspruch der christlichen Lehre.

Die geistige und dogmatische Entwicklung des Christentums erfolgte seit dem 1. Jh. im engen Konnex mit der Geistigkeit der antiken Welt. Durch Paulus erhielt der Glaube unter Übernahme vieler, in einer geistig-mystischen Atmosphäre liegender Elemente des vulgären Platonismus und Hellenismus die geistige Fassung, die das Christentum vom Judentum löste und ihm die antike Welt mittels der griechischen Sprache öffnete. Im Rahmen heftiger geistiger Auseinandersetzungen von Andersgläubigen mit dem Christentum verteidigten sich christliche Autoren mit dem Hinweis auf Gemeinsamkeiten mit dem geduldeten Judentum und anderen Auffassungen: So kam es zur Übernahme von jüdischen, aber auch stoisch-kynischen Moralnormen. Diese Linie erfuhr ihre Fortsetzung in der Berührung mit der philosophisch-religiösen Spekulation des 3. Jh. Es bestand dabei die Gefahr der Überwucherung des zentralen Gehalts der christlichen Lehre durch eine Fülle kosmologischer Gedanken und Vorstellungen. Das galt für die sogenannte christliche Gnosis mit ihrer allegorischen Exegese und der Willkürlichkeit ihrer Spekulation. Die Kirche hat sich kräftig dagegen gewehrt.

In gewisser Weise gehörte in diesen Rahmen auch Origenes (185–253/54), der von christlicher Seite her – er war übrigens wie Plotin ein Schüler des Ammonios Sakkas – an der Erneuerung des platonischen Denkens beteiligt war. Er dachte in den strengen Bahnen des Philosophen und setzte sich, z.B. im Gottesbegriff, auch vom Platonismus ab. Überzeugt, daß die christliche Lehre ihren Ausdruck auch in der Philosophie findet, hat er die frühe christliche Theologie in Denkformen und Begriffen geschaffen und damit seine Nachwelt erheblich beeinflußt. Für die spätere christologische Auseinandersetzung wurde sein Gedanke besonders wichtig, daß der Sohn, der Logos, vom höchsten Wesen nicht getrennt gedacht werden könne, wesenseins (homoousios) mit dem Vater sei.

Das Christentum, ursprünglich eine jüdische Sekte, hatte sich nicht zuletzt aufgrund seiner Hellenisierung (Paulus) vom Judentum gelöst, das ihm andererseits so verwandt war. Dieses stellte aber nach wie vor einen wichtigen Konkurrenten bei der Ausbreitung der christlichen Lehre dar. Auch zu anderen Religionen bzw. Kulten (z.B. Mithraskult) bestand ein solches Verhältnis der Konkurrenz, aber der zentrale Unterschied zu den Mysteriengöttern war die Menschlichkeit Christi.

XX. Die Spätantike von Diocletian bis Theodosius (bis etwa 400)

Nach herkömmlicher Einteilung beginnt mit der Regierungsübernahme durch Diocletian 284 die Spätantike. Jedoch bezeichnet das Jahr 284 kaum einen abrupten Einschnitt in der historischen Entwicklung; vielmehr zeigten sich viele Erscheinungen des 4. Jh. bereits in der Zeit der Soldatenkaiser, während erst Constantin der Große durch die Anerkennung des Christentums und die Verbindung, die dieses im 4. Jh. mit der staatlichen Macht eingehen sollte, das Christentum zu einer Kraft machte, die aus der späteren Geschichte kaum wegzudenken ist. Auch die Reformen Diocletians führte teilweise erst Constantin zu Ende, so daß die gesamte diocletianisch-constantinische Zeit den Einschnitt darstellt. Und doch ist das Jahr 284 insofern ein Epochendatum, als mit Diocletian das Reich die Stabilität wiedergewann und sich in den Jahrzehnten danach die im 3. Jh. eingetretenen Entwicklungen festigten. Jetzt wurden endgültig wesentliche Charakteristika von Staat und Gesellschaft der römischen Antike überwunden, so daß man sich fragen kann, ob die Kennzeichnung des 4. Jh. als Antike noch zutreffend ist. Hierzu gehört auch, daß sich das Christentum auf Kosten der herkömmlichen Kulte immer mehr durchsetzte.

A. Die innere Geschichte des spätantiken Staates (284 bis etwa 400)

1. Diocletian und die Tetrarchie

Diocletian (C. Aurelius Valerius Diocletianus) ist weitgehend aus der Situation des 3. Jh. zu verstehen. Er war ein typischer Soldatenkaiser, insofern er sich im Heer heraufgedient hatte und ihn dann das Heer zum Kaiser ausrief. Sehr bald befaßte er sich mit der Organisation der Reichsspitze. Dabei ging er von den Zuständen der vergangenen Jahrzehnte aus, indem er den so oft eingetretenen Herrscherpluralismus gewissermaßen organisatorisch legitimierte. 286 nahm er den Illyrier Marcus Aurelius Valerius Maximianus in die Regierung auf und übertrug ihm die Verwaltung des Westens, 293 wurde dieses System zur Tetrarchie (Viererherrschaft) weiter ausgebaut. Diocletians Gardepräfekt C. Galerius Valerius Maximianus und der Präfekt Maximinians, M. Flavius Valerius Constantius Chlorus, wurden von den Augusti adoptiert und zu Stellvertretern bzw. Nachfolgern gemacht. Die Rangordnung kam durch den Titel zum Ausdruck: Galerius und Constantius waren Caesares, die älteren Kaiser Augusti. Forderten die inneren Bedingungen des Reiches schon den Zusammenhalt dieses Herrschaftssystems, so hatte Diocletian dieses durch die Adoption noch zu stärken gesucht. Die Tetrarchie sollte ihre Legitimation dadurch erhalten, daß Diocletian sie als unter besonderem göttlichem Schutzverhältnis stehend ausgab; er selbst führte den Beinamen Jovius, Maximian den Namen Herculius. Die Caesares und Augusti erhielten faktische Wirkungsbereiche: Constantius Gallien, Britannien und Germanien, Maximian Italien, Spanien und Afrika, Diocletian und Galerius den Osten. Regierungssitze waren Eburacum (York) und Trier, Mailand, Sirmium und Nikomedien, alle in größerer Nähe zur Grenze, an der ein Kaiser somit schneller eingreifen konnte. Rom verlor damit immer mehr von seiner alten Mittelpunktstellung.

Zwar gab es in einigen Teilen des Reiches auch weiterhin noch Usurpationen, aber die von Diocletian gestaltete neue Regierung war stabil. Diesem Prinzip ist das ganze 4. Jh. gefolgt, mit Ausnahme weniger Jahre, in denen Alleinherrschaft noch einmal möglich war (Constantin der Große 324–337, Constantius II. 353–360, Iulian 361–363, Theodosius 394–395).

Die Stabilität der Herrschaft ermöglichte es, auf vielen Gebieten Reformen einzuleiten, bei denen die Machtträger wiederum die Konsequenzen aus der Entwicklung des 3. Jh. zogen. Die Reformen galten wohl primär der Machtstellung des Kaisers.

Die Maßnahmen richteten sich zum einen auf das Wirtschaftsleben. Diocletian ging es dabei offenbar vor allem um die gesicherte Versorgung des Heeres; aber zugleich wirkte er dabei stark auf das soziale Leben. Bereits 293 wurde eine Währungsreform durchgeführt und ein neues, auf dem Gold basierendes Münzsystem eingeführt. Eine tiefer greifende Besserung der wirtschaftlichen Situation trat allerdings danach nicht ein. Deshalb schrieben die Kaiser 301 Höchstpreise für Waren und Dienstleistungen vor. Aber da die Produktion nicht in erheblichem Maße gesteigert werden konnte, war auch dieser Versuch ohne Erfolg, zumal viele Waren vom offenen Markt verschwanden.

Um die Agrarproduktion wieder in Gang zu setzen, durften Kolonen ihre Pachtverträge nicht lösen und ihre Arbeitsplätze nicht verlassen, während der Staat die Bearbeitung brachliegenden Landes erzwang. Diocletians Anordnungen banden die Bewohner der Städte wie die des flachen Landes erblich an ihren sozialen Standort und Beruf.

Durch eine Steuerreform, die ebenfalls der Erhöhung der staatlichen Einkünfte diente, schuf Diocletian das spätantike Steuerwesen. Für die jährlichen Abgaben, annona, führte er eine neue Steuereinheit ein. Bei der dadurch möglichen allgemeinen Veranlagung der Reichsbevölkerung wurde in der sogenannten indictio (eingeführt 297) die Abgabenhöhe für je 15 Jahre festgelegt. Damit konnte der römische Staat nun seine Einnahmen einigermaßen übersehen. Der Intensivierung der Reichsverwaltung diente die Vermehrung der Zahl der Provinzen im Jahre 297 von rund 45 auf später 101 und ihre Gliederung in 12 Diözesen unter vicarii. Italien ging seiner alten Vorrechte endgültig verlustig und gliederte sich ebenfalls in Provinzen.

Die geistige Einheit und damit eine Stabilisierung des Reiches und der kaiserlichen Macht versuchte Diocletian in der Tradition der illyrischen Soldatenkaiser durch einen Rückgriff auf die Romidee zu befestigen, d.h. Rückkehr zur Religion des alten Rom und seiner moralischen Vorstellungen: So sollte die Verehrung Iuppiters wiederbelebt werden. Wer jedoch auf diese Weise die innere Einheit wiederherstellen wollte, mußte notwendigerweise mit den neuen Religionen in Konflikt geraten. So trafen die Verfolgungen den Manichäismus, eine Ost und West stark erfassende synkretistische Religion aus persischen, jüdischen, christlichen und gnostischen Elementen. Gegen das Christentum richteten sich seit 299, besonders seit 303, harte Maßnahmen des Staates. Im Vergleich zu der unter Decius war diese Verfolgung andauernder und gewalttätiger, im 3. und 4. Edikt wurde auch die Todesstrafe angedroht. Es wurde ein Kultverbot ausgesprochen, Kirchen wurden zerstört, Konfiskationen des Gemeindevermögens vorgenommen, man verhaftete die Kleriker, seit 304 viele Gläubige. Die Verfolgung traf besonders den Osten, während z.B. Constantius Chlorus viel großzügiger verfuhr.

Nach 20jähriger Herrschaft traten 305 Diocletian und Maximian zurück, Galerius und Constantius als Augusti an ihre Stelle. Da der Schöpfer der Tetrarchie bei der Bestimmung der neuen Caesares die Söhne der Augusti, Constantinus bzw. Maxentius, übergangen hatte, obwohl das neue Regierungssystem eine deutliche dynastische Komponente enthielt, waren Spannungen und schließlich kriegerische Auseinandersetzungen die Folge, in denen vorerst die Ordnung Diocletians zerbrach, aber andererseits Constantin zur Macht gelangte.

2. Die Constantinische Ära. Die Christianisierung des Reiches

Als bereits 306 Constantius Chlorus gestorben war, akzeptierten die Truppen in Britannien, Gallien und Germanien die von Galerius getroffene Nachfolgeregelung nicht und erhoben Constantinus zum Kaiser, während Einheiten in Italien Maxentius zum letzten stadtrömischen Kaiser ausriefen.

Auch eine von Diocletian 308 nach Carnuntum (bei Wien) einberufene Konferenz brachte keine dauerhafte Lösung. Nach dem Tode des Galerius 311, der kurz vorher noch ein Toleranzedikt gegenüber den Christen verkündet hatte, klärten sich die Fronten. Es standen sich im Westen Constantin und Maxentius, im Osten Licinius und Maximinus Daia gegenüber, wobei die politische Situation Licinius und Constantin zusammenführte bzw. Maxentius und Maximinus Daia. Die Politik der ersteren gegenüber den Christen war auch deswegen großzügig, weil sich die Gegenpartei entschieden antichristlich verhielt. Die Entscheidung fiel zuerst im Westen. In der Schlacht an der Milvischen Brücke vor Rom schlug Constantin den Maxentius 312.

Constantin, der noch in den Jahren vorher sich unter den Schutz des Sol invictus gestellt hatte, vollzog hier seine Hinwendung zum Christentum. Durch seinen Sieg, bei dem seine Truppen unter dem Labarum, einer Feldstandarte mit dem Monogramm Christi, fochten, erfuhr das Christentum eine starke Aufwertung, eine Tatsache, der Constantin und Licinius durch das 313 erlassene „Toleranzedikt" von Mailand gerecht wurden. Dieses bestätigte das vorangegangene des Galerius: Das Christentum wurde zur anerkannten Religion, die Gemeinden erhielten ihr Vermögen zurück.

313 besiegte dann Licinius den Maximinus Daia und war damit Alleinherrscher des Ostens. Sein Verhältnis zu Constantin war von nun an voller Spannungen. Aber erst nach zehn Jahren klärten sich durch einen Sieg Constantins 324 bei Adrianopel und Chrysopolis die Verhältnisse: Constantin erreichte die Alleinherrschaft im Reich.

Abgesehen von seiner Politik gegenüber dem Christentum setzte Constantin die Reformpolitik Diocletians fort (z.B. weitere Vermehrungen der Provinzen auf 117). Besonders wesentlich waren Constantins Reformen beim Militärwesen, die auch hier frühere Ansätze fortführten. Das an der Grenze stationierte Heer behielt er bei; es waren die dort festliegenden, zum Teil in der Art einer Bauernmiliz organisierten limitanei, während im Hinterland die starken Einheiten der mobilen Feldarmee, die comitatenses, stationiert waren.

Die entscheidende historische Leistung Constantins bestand darin, das Christentum zu einer anerkannten und gleichberechtigten Religion im Reiche gemacht zu haben. Die persönliche Haltung des Kaisers wird weder die eines nur aus dem Machtkalkül Handelnden noch die eines tief innerlich überzeugten christlichen Glaubensstreiters gewesen sein. Als Mensch der Antike war er überzeugt davon, daß die Welt unter einer wie auch immer gearteten höheren Macht stand und man sich dieser versichern müsse. Alle diesbezüglichen Versuche seiner Vorgänger, besonders Aurelians und Diocletians, waren gescheitert, während sich das Christentum gerade in der Verfolgungszeit als starke religiöse Kraft erwiesen hatte. So griff Constantin auf dieses zurück und erlebte persönlich den Christengott in der Schlacht an der Milvischen Brücke als den stärkeren.

Die christliche Kirche erfuhr durch Constantin Förderung und Unterstützung. Dazu gehörten die Anerkennung der bischöflichen Gerichtsbarkeit, die Steuerfreiheit der Kleriker, das Freilassungsrecht, das freilich zum Teil auch für die heidnischen Kulte galt, in den Kirchen. Einen offenen Bruch mit den übrigen Religionen und Kulten vermied Constantin. Genauso wie Kirchen ließ Constantin Tempel bauen, und zeit seines Lebens legte er die Würde eines Pontifex Maximus nicht ab. Freilich konnte er sich auch dem Einfluß christlicher Kreise, die schließlich zu seiner Machtbasis zählten, nicht entziehen. Es deutet einiges darauf hin, daß Constantin zu Ende seines Lebens bewußter Christ sein wollte. Freilich, wenn überhaupt, ist er erst auf seinem Totenbett getauft worden, einer der wirksamsten „Brückenbauer“ der Geschichte.

Durch die seit 312/13 gegebene Nähe zum Staat geriet die Kirche auch in dessen Einfluß. Constantin konnte kein Interesse an einer innerlich gespaltenen Kirche haben und sah sich alsbald zum Eingreifen in Fragen der Kirche veranlaßt. So griff er in den Donatistenstreit in Nordafrika ein, der, ausgehend von einer Auseinandersetzung um die Besetzung von Bischofssitzen, zu einer religiös-sozialen Bewegung wurde. Besonders galt das in der dogmatischen Auseinandersetzung um das Wesen Christi, die in den 20er Jahren die Einheit der Kirche zu sprengen drohte. Es standen sich die Ansicht des Arius, wonach Christus Gott wesensähnlich sei (homoiousios), und die des Athanasius gegenüber, nach der Christus Gott gleich sei (homoousios, wesenseins). Zur Klärung dieses ersten christologischen Streites berief Constantin 325 das erste ökumenische Konzil nach Nikaia (Nicaea, Kleinasien) ein. Der Kaiser erzwang dort in einer Kompromißformel die Anerkennung der Lehre des Athanasius; der Arianismus wurde verdammt.

Constantin der Große, wie ihn die Christen nannten, starb 337. Noch vorher (330) hatte er eine wesentliche weitere Neuerung geschaffen. Er errichtete in Byzantion eine zweite, und zwar im Gegensatz zu Rom christliche Hauptstadt, Konstantinopel. Hierher verlegte er seine Regierung. Die neue Hauptstadt lag günstiger zur Donau und Ostgrenze als die alte. Auf lange Sicht gesehen, ergab sich hieraus eine nicht zu überschätzende Schwächung des Westens.

3. Die innere Geschichte des Reiches vom Tode Constantins bis zu Theodosius

Mit dem Tode Constantins des Großen begann die Herrschaft der Constantinsdynastie (sog. zweite Flavische Dynastie, 337–363). Der verstorbene Kaiser hatte eine Sukzessionsregelung getroffen, die den Regierungspluralismus in dynastischer Gestalt wiederaufnahm und sowohl seine drei Söhne als auch zwei seiner Brüder als Nachfolger vorsah. Es kam kurze Zeit nach seinem Tode zu einem Blutbad in der kaiserlichen Familie. Schließlich (340) waren nur noch die Constantinsöhne Constans und Constantius übrig. Beide teilten sich die Herrschaft so, daß Constans den Westen, Constantius den Osten regierte. Die zwischen ihnen vorhandenen Spannungen schwächten sie freilich in der auswärtigen Politik. Zehn Jahre später fiel der Herrscher des westlichen Reichsteiles der Usurpation des Heermeisters Magnus Magnentius zum Opfer. Zum ersten Male herrschte in Gallien und Italien (350–353) ein Franke. Als Constantius II. ihn 353 mit Hilfe germanischer Stämme überwunden hatte, begann eine erneute Phase der Alleinherrschaft. Jetzt regierte ein Kaiser, der wie viele in seiner Umgebung bereits christlich erzogen war. Angesichts der germanischen Bedrohung der Rheingrenze ernannte er 355 einen jungen Verwandten, Flavius Claudius Iulianus, zum Caesar. Als diesen im Jahr 360 Teile seines Heeres – die Situation des 3. Jh. war keineswegs überwunden – in Lutetia Parisiorum (Paris) zum Augustus ausriefen, schien ein erneuter Waffengang auf Reichsboden bevorzustehen. Der Tod Constantius' II. 361 verhinderte dies; Iulian war Alleinherrscher.

Seine kurze Regierung ist durch den Versuch einer antichristlichen Reaktion gekennzeichnet. Der Hintergrund dafür war, daß mit dem Durchbruch des Christentums unter Constantin die bisherigen Vorstellungen und Formen im Kult- und Geistesleben keineswegs zurückgedrängt waren. Iulian, der christlich erzogen worden war und später intensive Berührung mit überkommener Bildung und neuplatonischer Philosophie gehabt hatte, ging es um die volle – auch kultische – Wiederherstellung des Heidentums unter Zurückdrängung der christlichen Kirche. 361 gab er in einem Toleranzedikt der alten Religion und Philosophie die inzwischen nahezu verlorene Gleichberechtigung wieder und restituierte Tempel bzw. deren Besitz. Iulian zog Neuplatoniker und nichtchristliche Priester an seinen Hof. Er ging aber weiter, vollzog selbst das blutige Opfer und versuchte, der christlichen eine in ihm organisatorisch gipfelnde heidnische Kirche gegenüberzustellen. War das Christentum dadurch vorerst nur indirekt getroffen, so schritt Iulian seit 362 direkt gegen die Christen ein, indem er sie z. B. aus der Armee entfernte und das Christentum aus dem Bildungswesen ausschaltete (Rhetorenedikt). Aber die allgemeine Entwicklung war nicht mehr aufzuhalten oder gar zurückzulenken. Das Christentum war seit Constantin dem Großen ziemlich erstarkt, und dem Versuch des Iulian Apostata, wie ihn die Christen bald nannten, haftete etwas Künstliches an.

Iulian starb 363 nach einer Verwundung im Krieg gegen die Perser. Seine Zeit war eine Episode, aber symptomatisch für die geistigen Spannungen dieser Jahrzehnte.

Es begann die Zeit der „pannonischen Kaiser" (364–375). Nach Iovian (363/364) einigten sich die Heerführer auf Valentinian I., einen Offizier der kaiserlichen Leibgarde, als Kaiser. Innenpolitisch wirkte bei ihm der diocletianisch-constantinische Gedanke des Doppelkaisertums weiter. Er regierte selbst den Westen, sein Bruder Valens den Osten. Die Reichsteilung von 395 bereitete sich vor. Es gelang Valentinian, eine Dynastie zu begründen. Nach seinem Tod 375 hatte der Westen in seinen Söhnen Gratian und Valentinian II. zwei Kaiser. Die Erhebung des erst vierjährigen Valentinian II. war dabei eher eine Sicherungsmaßnahme, da man befürchtete, das Donauheer könnte einen eigenen Kaiser ausrufen. Die Vormundschaft für ihn führte Gratian (in Trier). Dieser bemühte sich um ein besseres Verhältnis zu den oppositionellen Kräften in der stadtrömischen, mit der bisherigen Bildungstradition eng verbundenen Aristokratie. Eine Mittlerfunktion spielte dabei wohl sein Lehrer, der Dichter und Rhetor Ausonius.

Einen neuen Abschnitt in der Geschichte des Reiches und des nachconstantinischen Kaisertums leitete die vernichtende Niederlage des Valens in der Schlacht gegen die Westgoten 378 bei Adrianopel ein. Valens fiel. In dieser Lage ernannte Gratian den aus Spanien stammenden General Theodosius (379–395) zum Kaiser für den Osten und die Donauprovinzen. In ihm regierte der letzte Abendländer den Osten des Reiches. Es gelang ihm, das Heer zu verstärken, u.a. durch Einstellung von Goten, und die Goten aus Thrakien und Moesien zu vertreiben, ohne freilich die Gefahren an der dortigen Grenze auf Dauer beilegen zu können.

Im Westen hatte Gratian unter dem Einfluß des Bischofs Ambrosius von Mailand sein Verhalten gegenüber der stadtrömischen Aristokratie wieder geändert. Er ließ 383 den Victoria-Altar in der römischen Curie, Symbol des nichtchristlichen römischen Bewußtseins, entfernen. Auch der Sprecher des römischen Adels, Symmachus, konnte gegenüber Valentinian II. ein Jahr später keine Änderung des Beschlusses erreichen. Gratian war inzwischen durch den magister militum Maximus (gest. 388) gestürzt worden. Als Kaiser der westlichen Provinzen duldeten ihn Valentinian II. und Theodosius vorläufig. Zur Auseinandersetzung mit diesen kam es, als Maximus auf Italien übergriff. Die Situation wiederholte sich 392. Der Franke Arbogast, magister militum Valentinians II., stürzte diesen 392 und machte den heidnischen Rhetor Eugenius zum Kaiser. Zusammen mit heidnischen Senatskreisen in Rom betrieben beide eine heidnisch-restaurative Politik. Dieses war ein letztes Aufbäumen des alten Glaubens angesichts des Verbotes aller heidnischen Kulte durch Theodosius 391. So wurde die Auseinandersetzung mit Theodosius zum Glaubenskrieg zwischen Heidentum und Christentum. 394 vernichtete Theodosius am Frigidus bei Aquileia den Eugenius und Arbogast. Das am Anfang des 4. Jh. tolerierte Christentum hatte sich in der Welt der antiken Toleranz zur unduldsamen religiösen Herrschaft mit Ausschließlichkeitsanspruch entwickelt.

Mit dem Tod des Theodosius 395 war dann das Ende des geeinten römischen Imperiums gekommen. Unter seinen Nachfolgern, seinen Söhnen Arcadius (Osten) und Honorius (Westen), wurde die Reichseinheit nur noch theoretisch beibehalten, die Trennung in zwei Reichshälften war Tatsache geworden.

B. Das Christentum im 4. Jahrhundert

Mit Constantin dem Großen begann die Entwicklung des Christentums zur Staatsreligion. Das Konzil von Nikaia (Nicaea 325) war ein wichtiger Markstein; es brachte die erste deutliche Verwischung der Grenze von Staat und Kirche, während andererseits allmählich Aufgaben der Kirche wie Kirchenbau und Häretikerverfolgung vom Staat wahrgenommen wurden.

Die von Constantin im großen ganzen durchgehaltene Toleranz im Verhältnis zur alten Religion ersetzte sein Sohn und Nachfolger, Constantius II. (337–361), durch einen zunehmenden staatlichen Bekehrungszwang. Wie sich die Zeiten weiter gewandelt hatten, wurde deutlich, als Gratian 379 den Titel des „Pontifex Maximus" niederlegte und Theodosius 381 den alten Kult dadurch traf, daß er bei blutigen Opfern Vermögenskonfiskationen androhte. Dabei entsprach diese Entwicklung durchaus der Haltung weiter Kreise der städtischen Bevölkerung, die, besonders im Osten, am Ende des Jahrhunderts Tempel stürmte (391 Zerstörung des Sarapistempels in Alexandreia). Das Christentum wurde endgültig zur Staatsreligion, als Theodosius 391 und 392 das Betreten der Tempel und den Vollzug der Opfer für jedermann untersagte.

In Constantins Eingreifen auf dem Konzil von Nicaea war die Grundlage für den Einfluß des Staates in Fragen der Lehre gelegt. Unter seinen Nachfolgern kam es zu stärkerem Eingreifen, wobei der jeweilige Kaiser direkt in die Kirche hineinwirkte. Schon bald nach Constantins Tod setzte Constans (337–350), der im Gegensatz zu Constantius im Osten in seinem westlichen Reichsteil über eine relativ gefestigte Position verfügte, seine Macht zugunsten der westlichen Glaubensauffassung ein und verhalf ihr 344 auf einer Reichssynode in Serdica (Sofia) zur Durchsetzung. Der Westen hatte inzwischen mehr Selbständigkeit in den dogmatischen Auseinandersetzungen erlangt, wobei die Mehrzahl der Vertreter westlicher Gemeinden der Vorstellung von der reinen Identität von Gottvater und Sohn anhing und sich damit nicht nur im Gegensatz zu den Arianern, sondern auch zu den meisten östlichen Gemeinden befand, die die Lehre von den zwei Personen, aber der einen Substanz vertraten.

Als Constantius 350 Alleinherrscher geworden war, setzte er seinerseits die kaiserliche Macht und Autorität in dem Streit ein. Er befand sich dabei im Gegensatz zur westlichen wie zu der am meisten verbreiteten östlichen Auffassung. Diese wurde nun unter dem Schlagwort „homoiousios" (wesensähnlich) vertreten, nachdem das homoousios von Nicaea als Kernbegriff – vom Westen – für die Auffassung von der totalen Identität des Vaters und des Sohnes herausgestellt worden war. Unter dem Einfluß der sogenannten Jungarianer erzwang Constantius seine Auffassung (Verneinung auch der Substanzgleichheit) auf den Synoden von Ariminum (Rimini) und – mit Polizeigewalt – von Seleukeia in Isaurien (359) und damit eine vorübergehende kirchliche Einheit. Erst in den rund 20 Jahren nach dem Tode des Constantius ging man daran, einen Ausgleich zwischen den nichtarianischen Auffassungen des Westens und des Ostens zu suchen, was dadurch erschwert war, daß der Westen die Aufnahme der Göttlichkeit des Heiligen Geistes in das Bekenntnis forderte. Möglich wurde das auch durch Theodosius, der für die Einheit der Kirche auf der Grundlage des Nicaenums eintrat. Die Festlegung auf dieser Linie erfolgte auf dem Konzil von Konstantinopel 381, das das Dogma der Trinität sanktionierte. Zusammen damit galt nun die Substanzgleichheit unter Aufgabe der Personenidentität. Im Westen war die Durchsetzung dieser Position gegen die Arianer zu einem großen Teil das Werk des Mailänder Bischofs Ambrosius; nicht zuletzt dadurch verschaffte er dem westlichen Klerus eine selbständigere Stellung gegenüber dem Kaiser.

Seit dem 4. Jh. griff der Staat zunehmend auch in die Entwicklung der kirchlichen Verfassung ein. Bereits in Nicaea wurde 325 die Metropolitanverfassung festgelegt mit der Position des Metropoliten, der u.a. das Recht der Bestätigung von Bischofswahlen erhalten sollte, und der Metropolitansynode, die u.a. zuständig für Bischofswahlen selbst wurde. Allerdings entsprachen die im Laufe des 4. Jh. entstandenen Kirchenprovinzen nicht staatlichen Verwaltungsbezirken. Auf der Synode von Konstantinopel (381) setzte sich die Forderung durch, Grenzen der Reichsdiözesen auch bei kirchlichen Angelegenheiten zu beachten, mochte das auch vorläufig schwer zu realisieren sein. Von weitreichender Bedeutung wurde der Beschluß über die Rangordnung der Oberbischöfe. Im Osten waren dies die Oberhirten von Antiocheia, Alexandreia und Konstantinopel, für die sich erst im 5. Jh. der Titel Patriarch durchsetzte. Ihre Sprengel deckten sich von da an auch tatsächlich mit den staatlichen Diözesen.

Im 4. Jh. kam es auch zu ersten nationalkirchlichen Bewegungen, zumal sich das Christentum inzwischen über die Grenzen des Reiches ausgedehnt hatte. In Ägypten waren die Voraussetzungen für eine Sonderentwicklung aus verschiedenen Gründen besonders günstig: Geschlossenheit des Landes und eine eigenständige kulturelle Tradition. Das dort früh entstehende Mönchtum förderte eine nichtgriechische christliche Bildung durch Übersetzung von Teilen der altchristlichen griechischen Literatur in die koptische Volkssprache. Auch im westlichen Nordafrika wurde zunehmend das Punische im kirchlichen Raum benutzt.

Von Ägypten aus war das Christentum schon im 3. Jh. nach Süden über die Grenze des Reiches vorgedrungen. Endgültig um 350 wurden König und Volk in Aithiopien für das Christentum gewonnen. Mit einer eigenen Kirchensprache entstand dort eine Nationalkirche.

Von Edessa ging die Mission nach Persien aus. Als es seit etwa 400 zu einer Beruhigung der politischen Verhältnisse zwischen Persien und Ostrom gekommen war, entstand auch dort eine geduldete selbständige persische

Kirche unter dem Bischof von Seleukeia. Entsprechendes gilt für Armenien.

Die damals im Gebiet zwischen Donaumündung und Krim ansässigen Goten wurden wichtig für die Verbreitung des Christentums unter den Germanen. Durch ihre Züge ins Reich, wohl auch durch Vermittlung ihrer Kriegsgefangenen, waren sie mit dem Christentum in Berührung gekommen. Lektor einer gotischen Christengemeinde war Wulfila († 382 oder 383). Er und andere Goten hatten das Christentum in seiner arianischen Ausprägung übernommen. Die wesentliche Tat und eine wichtige Voraussetzung für das Entstehen einer gotischen Kirche war Wulfilas Übersetzung der Bibel ins Gotische. Von den Goten kam der arianische Glaube zu anderen germanischen Stämmen. Auch die Burgunder und Vandalen gerieten unter den Einfluß ihrer arianischen Stammesverwandten. Nicht zuletzt der Versuch, sich gegenüber der römischen bzw. romanisierten Bevölkerung ihre Eigenständigkeit zu erhalten, ließ das Arianertum zur germanisch-christlichen Religion werden.

Im Westen war in Britannien die Ausbreitung der neuen Lehre bis zum Ende des 4. Jh. stetig vorangekommen. Als die Römer 407 die Insel verließen, wurde die Lehre freilich auf den Westteil zurückgedrängt. Von Britannien aus erfolgte die Mission von Irland, wo sich allmählich in der relativ isolierten Lage eine eigene Mönchskirche bildete.

War für die tiefere religiöse Wirkung des Christentums die Verbindung mit der staatlichen Macht ein Problem, so wurde sie im 4. Jh. auch durch die plötzliche zahlenmäßige Zunahme der Christen erschwert. Damit lockerten sich die Forderungen, die an den einzelnen bei seinem Übertritt zu dem neuen Glauben gestellt werden mußten, z.B. die strenge Bußdisziplin. Die neuen Gläubigen brachten darüber hinaus eine Fülle ererbter Anschauungen und Bräuche in die Kirche ein. Im Laufe des 4. Jh. prägte sich vor allem eine christliche Volksfrömmigkeit aus, deren Verbindung zur antiken Tradition deutlich ist. Neben der Übernahme heidnischer Formen im Gottesdienst und antiker Bau- und Schmuckelemente im Kirchenbau gehören hierher Prozessionen und Bittgänge, die der herkömmlichen kultischen Praxis entstammten (z.B. die Lichterprozession zu Mariä Lichtmeß). Die Feier des Geburtstages Christi wurde 353 auf den Tag des Festes des Sol invictus (25. Dezember) gelegt; der aufblühende Heiligen- und Märtyrerkult schloß an den antiken Heroenkult an.

Das 4. Jh. brachte aber auch eine deutliche Hinwendung zur Askese und die Entstehung des Eremitentums; auch hier wirkten antike Vorstellungen von der Heiligung durch Entsagung weiter. Dabei ist nicht zu bezweifeln, daß viele den Weg zur mönchischen Abgeschiedenheit um so leichter fanden, als weite Bevölkerungskreise stark verarmt waren.

Am Anfang dieser Bewegung stand der Ägypter Antonius, der sich um 311 in die Wüste als Anachoret zurückzog. Bald entstanden in seiner Nachfolge viele einsame Mönchssiedlungen. Ein wichtiger Schritt war es, als Pachomius um 320 in der Thebais Siedlungen für gemeinsam lebende Mönche (Coenobiten) gründete. Er stellte eine Regel für ihr Leben auf, und zu Armut und Askese trat der unbedingte Gehorsam gegenüber dem geistlichen Vater der mönchischen Gemeinschaft. Das Mönchtum dehnte sich im 4. Jh. von Ägypten zunächst nach Syrien und Palästina aus, auch einzelne Landschaften in Kleinasien und auf Cypern wurden davon erfaßt. Übrigens tauchten in den kirchenpolitischen Auseinandersetzungen der Zeit zunehmend Mönche gleichsam als Kampfgruppen auf; gerade ihre Unabhängigkeit, die sich auf Askese und Zurückgezogenheit gründete, ließ sie zu einer Kraft gegen die organisierte Kirche und ihre Verweltlichung werden.

Sieht man einmal von Origenes ab, so war das 4. Jh. der erste Höhepunkt der christlichen Geistigkeit und Literatur. Das gilt schon für die 1. Hälfte des Jahrhunderts. Als „Vater der Kirchengeschichte" gilt Eusebios, Bischof von Caesarea. Der gelehrte Kirchenvater Hieronymus († 419 oder 420) setzte das Werk des Eusebios fort.

Die dogmatische Literatur erfuhr eine wirkungsvolle Ausprägung besonders in den drei „Kappadokiern", Basilius von Caesarea († 379), Gregor von Nazianz († etwa 390) und Gregor von Nyssa († nach 394). Sie leisteten wesentliche Beiträge zu den Fragen der Christologie und Trinität.

Die herausragende Gestalt aber war Augustinus (354–430). In besonderer Weise repräsentierte er das geistige Leben seiner Zeit zwischen Antike und Christentum. Die prägenden Etappen seines Lebens waren: Rhetorenschule, Manichäismus, Neuplatonismus und die Bekehrung zum Christentum (seit 396 Bischof von Hippo in Nordafrika). Unter seinen Werken ragen neben den „confessiones" die apologetischen Bücher „de civitate dei" („Vom Gottesstaat") hervor, geschrieben unter dem Eindruck der Eroberung Roms durch Alarich 410. In dieser Schrift formulierte Augustinus seine Gedanken von den zwei Bürgerschaften – Gottesstaat und Weltstaat. Nicht nur auf seine eigene Zeit wirkte dieser christliche Humanist, auch das ganze Mittelalter stand unter seinem Einfluß.

C. Heidentum und geistiges Leben im 4. Jahrhundert

Mit dem Durchbruch des Christentums unter Constantin waren die alten Religionen keineswegs verschwunden. Zumal in den ländlichen Gebieten des Westens hielten sich die überkommenen Kulte. Entsprechendes galt für die heidnisch-antike Bildungstradition. Der Zugang zu wichtigen Positionen im spätantiken Staat führte nach wie vor – auch für Christen – über die Ausbildung bei den Grammatiklehrern und in den Rhetorenschulen, die die klassischen Autoren pflegten. Das Christentum drang zwar stark in die Jugenderziehung ein, aber die christlichen Lehrer erklärten z.B. ebenfalls

Homer und Demosthenes. Auch darin vollzog sich die Synthese von Christentum und Antike. Das geistige Leben der Zeit war keineswegs vom Christentum und von seinen Anhängern ausgefüllt. So berühmte Rhetoren wie Libanios († 393) oder Themistios († 388) waren keine Christen. Überhaupt erreichte die Rhetorik im 4. Jh. einen erneuten Höhepunkt. Dazu gehört auch die Panegyrik, Gattung der Lobrede. Dasselbe galt für Ammianus Marcellinus († um 395), der in bewußter Anknüpfung an Tacitus eine römische Geschichte vom Tode Nervas an schrieb und damit an der Spitze der Historiographie des Jahrhunderts stand. Überhaupt fand die klassische Literatur intensives Interesse. Auch der geistige Strom des Neuplatonismus wurde weitergeführt, u.a. durch Sallustius unter Iulian und Iamblichos († etwa 350). Des Einflusses der antiken Vorbilder konnte sich dann auch die frühe christliche Dichtung, z.B. des Prudentius († nach 405), nicht entziehen, genausowenig wie Ausonius, der Verfasser der „Mosella", eines Lobgedichts an die Mosel (371). Die Entwicklung der christlichen Theologie im 4. Jh. war, wie bereits gesagt, ohne den Einfluß griechischer Philosophie nicht denkbar.

Mysterienreligionen, Astrologie und Magie hatten nach wie vor ihre Anhänger. Der Kult des Sonnengottes, der im 3. und zu Anfang des 4. Jh. noch erhebliche öffentliche Förderung erfahren hatte, war nicht verschwunden. Neuplatoniker fanden weiter tiefere Begründungen für die synkretistische Fülle überkommener Kulte und religiöser Auffassungen.

Von besonderer Bedeutung war in diesem Zusammenhang der Manichäismus auch im weiteren 4. Jh. Mit seiner Auffassung vom ständigen Kampf der Vertreter des Bösen mit denen des Lichtes, mit der ausgesprochenen Überzeugung, daß jeder selbst frei sei, Licht oder Finsternis zu wählen, zog er viele Menschen an sich, z.B. den jungen Augustinus. Diese zeitweise weit verbreitete Religion hatte eine Fülle gnostischer Richtungen des 3. Jh. aufgesogen und viele geistige Strömungen der Zeit verarbeitet.

D. Die Lage an den Grenzen im 4. Jahrhundert

Die Reorganisation der Kräfte des Reiches unter Diocletian und Constantin hatte immerhin bewirkt, daß die im ganzen defensive Außenpolitik bis ins letzte Drittel des Jh. erfolgreich war und die Grenzen einigermaßen gehalten werden konnten.

Im Osten hatte Diocletian am Ende des 3. Jh. sowohl einen Abschluß der bisherigen Auseinandersetzungen mit den Persern als auch eine derartige Sicherung der römischen Stellung erreicht, daß dort bis 338 der Friede im wesentlichen erhalten blieb. Sowohl Constantius als auch Iulian konnten erfolgreich gegen persische Einfälle vorgehen (363 Sieg bei Ktesiphon). Der Nachfolger Iulians aber trat u.a. den Grenzsaum jenseits des Tigris an den

Perserkönig ab. Auch Armenien löste sich vom römischen Einfluß. Eine Beruhigung gab es erst, als Theodosius 384 in einem Abkommen mit Persien Armenien in eine römische und eine persische Einflußzone aufteilte. Das bedeutete eine Entlastung angesichts der Auseinandersetzung an der Donaugrenze.

Auch dort und am Rhein ergriffen die Römer Abwehrmaßnahmen, die Zeit der offensiven Politik war längst zu Ende. Der obergermanisch-raetische Limes blieb zwar verloren, aber die Flußgrenzen konnten gehalten werden. Noch vor 312 ging Constantin am Rhein gegen Franken und Alamannen vor. In der Mitte des Jahrhunderts drangen Franken, Sachsen und Alamannen erneut bis nach Gallien vor. Iulian führte kräftige Gegenstöße aus, schlug die Alamannen 357 bei Straßburg und überschritt 357–359 mehrfach den Rhein. Eine endgültige Sicherung aber konnte nicht erreicht werden; Valentinian I. mußte weitere germanische Vorstöße abwehren. Sein besonderes Augenmerk galt der Grenzsicherung durch die Anlage von Kastellen (u.a. Altrip, damals an der Mündung des Neckars).

Das Jahr 378 wurde für das Verhältnis zu den germanischen Stämmen zu einem Epochenjahr. Als in der Mitte der 70er Jahre Westgoten, durch einen Einbruch der Hunnen in Bewegung gesetzt, das Balkangebiet angriffen, versuchte Valens, das Problem durch Ansiedlung dieser Germanen in den Donauprovinzen zu bewältigen. Als die römische Seite die eingegangenen Verpflichtungen nicht erfüllte, kam es zum Kampf. Der Kaiser wurde 378 bei Adrianopel geschlagen und fiel. Daraufhin gestand Theodosios 382 den Westgoten zu, sich in Moesien und Thrakien gegen die Verpflichtung zum Heerdienst als foederati niederzulassen. Die Grundlage dafür bildete ein Vertrag, wie man ihn bisher nur mit Stämmen jenseits der Grenze geschlossen hatte. Dieses Abkommen wurde zum Vorbild für die Ansiedlung von Germanen auf Reichsboden (hospitalitas) im 5. Jh. Wesentlich war, daß diese Ansiedlung in geschlossenem Verband erfolgte, der seine politische und soziale Organisation beibehielt. Damit entstanden selbständige, der römischen Macht nicht unterworfene Fremdkörper auf Reichsboden.

E. Der innere Zustand des Reiches im 4. Jahrhundert

1. Staat, Gesellschaft und Wirtschaft

Mit den Reformen Diocletians und Constantins war ein neues Staatswesen entstanden: eine absolute Monarchie mit bürokratischer Verwaltung und weitgehender Einschränkung der persönlichen Freiheiten. Das Reich war jetzt im Gegensatz zu früher einheitlich durchorganisiert, und Raum für bürgerliche Selbstverwaltung existierte so gut wie nicht mehr.

Der Staat gipfelte in der Person des Kaisers, der als unbeschränkter Herrscher Leiter des gesamten Staatswesens, Oberbefehlshaber des Heeres, oberster Richter, einziger Gesetzgeber und später Herr der Kirche war. Seine höhere Legitimation erhielt er aus der Auffassung, daß die Gottheit ihn ausgewählt habe und er unter ihrer besonderen Gnade stünde. Damit wurde Auflehnung gegen die kaiserliche Herrschaft zugleich Vergehen gegen die göttliche Ordnung. Dem entsprach die Erhöhung des Kaisers in Ornat und Zeremoniell, die sich nach Diocletian eher noch verstärkte; das kaiserliche Gewand war außerordentlich kostbar. Nur höhergestellte Personen hatten überhaupt Zugang zum Kaiser, sie mußten vor seinem Angesicht niederknien und den Zipfel des Gewandes küssen.

Das Reich war im 4. Jh. gleichmäßig in Provinzen eingeteilt. Sie waren zusammengefaßt in Diözesen unter vicarii, die ihrerseits zu den vier Präfekturen des Reiches zusammengeschlossen waren. An der Spitze der gesamten Reichsverwaltung stand der magister officiorum (Vorsteher der kaiserlichen Kanzlei). Er verfügte über die große Zahl der agentes in rebus (etwa Geheimpolizei), die alle Dienststellen überwachten, im Reich herumreisten und dort Polizei- und Aufsichtsfunktionen wahrnahmen. Zu den wichtigsten zentralen Verwaltungsämtern gehörten die scrinia (Büros) epistularum und memoriae, welche die kaiserlichen Entscheidungen und Verfügungen, die Recht setzten, formulierten. Außerhalb der zentralen Reichsämter standen die praefecti praetorio mit eigener Entscheidungsgewalt. Seit der Abtrennung der Militärgewalt unter Constantin d. Gr. nahmen sie nur noch Verwaltungs- und Gerichtsaufgaben wahr.

Die Beamtenschaft war im Vergleich zu früheren Jahrhunderten inzwischen erheblich angewachsen. Ihr Dienst galt als militia und war starr geordnet, Übertritte von einer Abteilung der Verwaltung zur anderen kamen kaum in Frage. Alsbald wurde dieses System höchst korrupt; Sportelzahlungen an Beamte erkannte die Reichsspitze schließlich als normal an. Positionen in der Verwaltung wurden angesichts der damit verbundenen Vorteile allmählich erblich. Es entstand eine sich von der Bevölkerung abhebende Beamtenkaste.

Die militärische Führungsschicht erreichte im spätrömischen Staat die wichtigste Stellung. Zu ihr gehörten die duces und comites als Führer der Grenztruppen sowie die Führer des Feldheeres, der magister peditum und der magister equitum, später zusammengefaßt zu den zwei Positionen des magister utriusque militiae. Sie gehörten wie die magister officiorum dem Kronrat des Kaisers, dem sacrum consistorium, an. Er beriet die wichtigsten Fragen der Verwaltung und der Politik.

Das römische Heer dieses Jahrhunderts zählte rund 400 000 Mann. Es rekrutierte sich einmal aus den zum Militärdienst verpflichteten Soldatensöhnen. Außerdem waren die Grundbesitzer verpflichtet, aus dem Kreis ihrer Bauern Soldaten zu stellen. Vielfach wurde daraus eine Steuer, aurum tironicum, durch die die Mittel zur Anwerbung von Barbaren gewonnen wurden, zumeist Germanen, die vor allem in den Kerntruppen dienten. Der Militärdienst scheint bei der Reichsbevölkerung wenig beliebt gewesen zu sein, wie sich andererseits das stärker barbarisierte Heer in scharfem Gegensatz zu ihr befand und vor Übergriffen auf die Zivilbevölkerung nicht zurückschreckte.

Um die Versorgung von Hof, Heer und Verwaltung zu sichern, hatte bereits Diocletian in einer Steuerreform die annona als Naturallieferung angeordnet, die für die Landbevölkerung eine starke Mehrbelastung brachte. Für die von der annona nicht erfaßten Gewerbetreibenden hatte Constantin eine vergleichbare Steuer vorgeschrieben. Dazu kam, daß z. B. Manufakturbetriebe Waren zu reduziertem Preis an den Staat zu liefern hatten. Städtische Abgaben und sonstige Leistungen belasteten die Gewerbetreibenden zusätzlich.

Die überkommene ständische Gliederung der Gesellschaft verschwand mit der Spätantike. Als allgemeines Kennzeichen galt auch hier staatlicher Zwang. Erbliche Zwangsorganisationen hatten alle wichtigen Berufe erfaßt. Berufswechsel war prinzipiell nicht mehr möglich; der soziale Status der Menschen war festgeschrieben. Nur durch Flucht, später durch Eintritt in ein Kloster oder in den Dienst der Kirche konnten sie diese Fesseln abstreifen.

Die oberste Schicht der neuen gesellschaftlichen Gliederung bildete nach wie vor ein freilich in seiner Zusammensetzung veränderter Senatorenstand. Zu ihm gehörten die Angehörigen stadtrömischer Geschlechter und die neue Führungsschicht aus Heer und Verwaltung. Ein wesentliches Kennzeichen dieser Oberschicht war nicht mehr ihre materielle Leistung für die Gemeinschaft, sondern gerade die Befreiung von munera und Steuern durch Privilegien. Ihren Grundbesitz konnten sie zunehmend von Einfluß und Leistungsverpflichtung der Gemeinden befreien. Diese Schicht rekrutierte sich teils aus der alten Aristokratie, teils aus aufgestiegenen Inhabern höchster Ämter; zu ihnen rechneten auch mehrere Germanen, die von jenseits der Grenzen in den römischen Dienst getreten waren.

Auf der unteren Seite der gesellschaftlichen Skala standen als humiliores die Menschen der Unterschicht in den Städten. Das Strafrecht war ihnen gegenüber strenger als bei Angehörigen der Oberschicht. Unter ihnen standen gesellschaftlich nur noch die Sklaven.

Hatten in den vorangegangenen Jahrhunderten die Städte u. a. ihre Bedeutung als Basis der Reichsorganisation gehabt, so war das jetzt endgültig vorbei. Von der kommunalen Freiheit war kaum noch etwas übriggeblieben. Die städtischen Senate hatten ihre Funktion nur darin, daß ihre Mitglieder, an Ort und Stand erblich gebunden, für das Steuer- und Leistungsaufkommen der Gemeinden hafteten. Die Mitgliedschaft in diesen Gremien konnte jetzt erzwungen werden.

Waren in den Städten Gewerbetreibende und Händler in staatlich beaufsichtigten Korporationen zusammengefaßt und an ihre Berufe erblich gebunden, so wurde auch auf dem Lande die Bindung der Kolonen an die Scholle gesetzlich festgelegt. In gewisser Weise kam es hier zu einer Angleichung der persönlichen freien Kolonen (ingenui) an die Sklaven auf dem Lande. Andererseits wurde die Stellung der Grundherren immer stärker. Durch Zuweisung oder sogar Usurpation staatlicher Funktionen (z.B. im Polizei- und Gerichtswesen) entstanden Grundherrschaften, eine Gegenbewegung gegen den zentralistischen spätantiken Staat. Dadurch, daß sich freie Bauern unter den Schutz (patrocinium) solcher Grundherren begaben – gegen den Zugriff der staatlichen Gewalt –, verstärkten diese ihre Stellung.

Die wirtschaftspolitischen Maßnahmen Diocletians, vor allem Constantins, hatten im allgemeinen eine Besserung der ökonomischen Lage im Vergleich zum Zustand der 2. Hälfte des 3. Jh. gebracht. Ein kurzfristiger Aufschwung trat ein. Die Geldwirtschaft gewann seit Constantin wieder an Bedeutung. Dabei war eher die Privatwirtschaft geldwirtschaftlich orientiert als der Staat. Auf längere Sicht aber zeigte sich im spätantiken Wirtschaftsleben eine zunehmende Verarmung. Die Zwangsmaßnahmen des Staates ließen größere kaufmännische Unternehmungen scheitern oder gar nicht erst aufkommen. Entsprechendes gilt für das Gewerbe. Hier war der Staat hauptsächlicher Auftraggeber und Abnehmer. Da er aber von sich aus niedrige Preise erzwang, waren auch dort die Gewinnmöglichkeiten eingeschränkt, ganz abgesehen davon, daß die Absatzmöglichkeiten überhaupt zurückgingen. Eine Reaktion auf den Rückgang der Wirtschaftskraft war es, daß der Staat in eigenen Betrieben Waffen und Textilien produzierte.

Neben dem regionalen Nahhandel gab es durchaus noch Fernhandel, und zwar von Luxusgütern – für die kleine Oberschicht – und Massennahrungsmitteln für die Großstädte. Im übrigen entwickelten sich im Zusammenhang mit den großen Gütern nahezu autarke Wirtschaftskomplexe.

2. *Fachwissenschaften, Technik, Architektur und bildende Kunst*

Im Grunde waren originelle Impulse in den Wissenschaften schon lange nicht mehr gegeben. So sind für das 4. Jh. keine neuen systematischen Darstellungen der exakten Wissenschaften festzustellen; man kürzte nur noch überliefertes Wissen zu zusammenfassenden Kompendien. Die Landwirtschaft wurde überhaupt nicht mehr systematisch behandelt. Auch in der medizinischen Wissenschaft stellte man allein Exzerpte her, wie es der Leibarzt Iulians, Oribasios, der bedeutendste medizinische „Anthologiker", tat.

In der Rechtswissenschaft wurde die Produktivität durch das Kaiserrecht als einzige Rechtsquelle erheblich gehemmt. Auch hier entstanden Auszüge aus den Schriften klassischer Juristen und der Kaisergesetzgebung. Nicht mehr die Fülle der früheren Rechtswissenschaft galt, man begnügte sich mit fünf Autoritäten: Gaius, Papinian, Ulpian, Paulus und Modestinus. Ihre Schriften wurden vielfach dem geringer entwickelten Rechtsverständnis und den praktischen Zeitbedürfnissen angeglichen. 438/39 wurden im Codex Theodosianus die verbindlichen Kaiserkonstitutionen herausgegeben.

Angesichts der regen Bautätigkeit besonders des Staates fällt das Fehlen der technischen Literatur auf. Neue technische Erfindungen wurden nicht gemacht. Stagnation war das herrschende Kennzeichen. Frühere Erfindungen, z.B. die Schraubenpresse, wurden kaum genutzt.

Das praktische Können in der Baukunst freilich war noch lebendig, wie die großen Bauten – Brücken, Wasserleitungen, Basiliken, Thermen, Paläste – zeigen. Die Gewölbearchitektur fand ihre Vollendung und nahm riesige Dimensionen an (z.B. Maxentius- bzw. Constantinsbasilika in Rom).

Die vollendete profane Architektur diente besonders der Repräsentation kaiserlicher Macht (z.B. Diocletiansthermen in Rom, Aula regia in Trier). Auch die Kirchenbauten, wie St. Peter in Rom und die Grabeskirche in Jerusalem, waren im Grunde kaiserliche Architektur, sie repräsentieren aber zugleich auch die siegende Kirche in ihrer prächtigen Ausstattung, bei der die Mosaikkunst aufblühte. Gekennzeichnet ist die Plastik dieses Jahrhunderts durch das historische Relief wie auch durch die Kolossalstatuen der Herrscher. In der Tradition des Hellenismus zeigen sie die Kaiser in ihrer die Menschen überragenden Stellung. Im Flachrelief herrschte die Tendenz in Richtung zur Malerei, mit einem starren symmetrischen Aufbau wie im persischen Reichsrelief.

Zweiter Teil: Mittelalter

I. Völkerwanderung und germanische Mittelmeerreiche (vom Ende des 4. bis zur Mitte des 6. Jahrhunderts)

A. Wanderungen und Reichsgründungen

1. Die Auflösung des weströmischen Reiches

In den vier Jahrhunderten seines Bestehens hatte das römische Reich die Rhein-Donau-Linie als Grenze und künftige Achse der politischen Ordnung Europas ausgeformt. Westlich und südlich dieser Linie lebten die durch lateinische Sprache und Kultur geprägten Bürger des Römerreiches oder Provinzialen. Ihnen standen auf der gesamten Linie von der Nordsee bis zum Schwarzen Meer germanische Völker gegenüber: am unteren Rhein die Franken, am mittleren Rhein die Burgunder, am Oberrhein die Alamannen, an der Donau Markomannen, Quaden und Westgoten. Über die Nordsee griffen seefahrende Sachsen die Küsten der römischen Provinzen an, und hinter ihnen füllten andere Stämme die skandinavischen Inseln und das Festland bis zur Weichsel.

Durch den Einfall des asiatischen Reitervolkes der Hunnen, dem um 350 das Reich der Alanen zwischen Don und Kaspischem Meer und um 375 das Reich der Ostgoten zwischen Don und Donau erlagen, gerieten die Germanen des Donaugebietes in Bewegung. Die Westgoten wurden an der unteren Donau auf römischen Boden gedrängt, wo Kaiser Valens sie 376 als Föderaten ansiedelte. Andere Heerhaufen folgten ihnen nach, so ein ostgotischer unter Radagais, der in Italien bis über den Apennin vorstieß und 405 von dem weströmischen Heermeister Stilicho besiegt wurde. Zur Verteidigung Italiens mußte Stilicho die römischen Truppen aus Britannien und von der Rheinlinie abziehen, und nun, im Jahre 406, gingen Vandalen und Alanen, von der mittleren Donau herkommend, mit Burgundern und quadischen Sueben bei Mainz über den Rhein. Sie durchzogen Gallien und brachen 409 in Spanien ein. Die westliche Reichshauptstadt mußte von Trier nach Arles zurückverlegt werden; der europäische Teil der westlichen Reichshälfte war von Germanen überschwemmt.

Die südlich der Donau angesiedelten Westgoten hatten sich indes durch den Sieg von Adrianopel 378 den weiteren Weg ins Reich geöffnet. Sie durchzogen unter ihrem Herzog Alarich Griechenland und das Gebiet der Veneter. Nur mit Mühe konnte Stilicho sie daran hindern, nach Italien einzubrechen; den Sitz seines Kaisers mußte er von Mailand in das sumpfgeschützte Ravenna verlegen. Dann aber ließ Kaiser Honorius ihn aus Furcht vor Konkurrenz umbringen, und jetzt stand den Westgoten der Weg frei. Im Jahre 410 gelang ihnen das Unerhörte:Die Stadt Rom wurde eingenommen und geplündert. Der Niedergang des Römischen Reiches war für die ganze Welt sichtbar geworden.

Alarichs Nachfolger führten die Westgoten nach Südgallien, wo Kaiser Honorius ihnen im Jahre 418 an der Atlantikküste zwischen Loire und Garonne Wohnsitze anwies. König Eurich (466 bis 484) eroberte in zwei Kriegen das gesamte gallische Gebiet zwischen Loire, Pyrenäen und Rhône sowie den Südteil der Provence und große Teile Spaniens. Vom weströmischen Heermeister Odowakar erlangte er schließlich die förmliche Abtretung der gewonnenen Gebiete (475/76). Ein neuer Staat war damit geschaffen, nach dem vandalischen in Afrika der zweite germanische auf römischem Reichsboden.

Nach Durchbrechung der römischen Rheingrenze hatten die Burgunder unter ihrem König Gunther am Mittelrhein um Worms ein Föderatenreich gegründet; die Vandalen dagegen waren weitergezogen und hatten sich in Spanien als Föderaten ansiedeln lassen. In den Jahren 416 bis 418 von den Westgoten besiegt, erhielten sie vom Reich neue Sitze in dem nach ihnen benannten Andalusien, während andere Teile des Volkes und die Sueben (Quaden) im Nordwesten der Halbinsel Föderatenreiche errichteten. Von Andalusien führte der Vandalenkönig Geiserich (428 bis 477) sein Volk auf requirierten römischen Schiffen nach Afrika. Nachdem er durch Handstreich die Hauptstadt Karthago eingenommen hatte, mußte der Kaiser die Vandalen im unabhängigen Besitz der afrikanischen Provinzen anerkennen (442).

Seit 429 beschränkte sich die unmittelbare Herrschaft des weströmischen Kaisers auf Italien und einen Teil Galliens. Indes bestanden auch in den von den Vandalen geräumten Teilen Spaniens und in der Provinz Britannien die römische Zivilverwaltung und Kultur fort. In Britannien begünstigte der Abzug der römischen Truppen den friedlichen Ausgleich der Provinzialbevölkerung mit den außerhalb der Reichsgrenze verbliebenen keltischen Stämmen. Jetzt wurde vom römischen Britannien aus das Christentum namentlich zu den Iren gebracht. Um 450 gründete der Mönch Patrick die irische Kirche, die, eingefügt in die Stammesgliederung des Volkes, nach Verfassung und Wesen stark von der christlichen Reichskirche abwich.

Seit 425 führte Aëtius, Sohn eines römischen Heerführers aus vornehmer balkanromanischer Familie, das Kommando über die römischen Truppen in dem von wandernden Germanen heimgesuchten Gallien. In gleicher Stellung wie vor ihm der Heermeister Stilicho, leitete er unter Kaiserin Galla Placidia und ihrem Sohne Valentinian III. die Geschicke des Westreiches. Mit Hilfe der Hunnen gelang es ihm 436, das Burgunderreich am Rhein zu vernichten. Den Rest dieses Volkes siedelte er an der oberen Rhône an zum Schutz der Grenze gegen die vordringenden Alamannen. Dagegen vermochte er die Ausdehnung der Westgoten nur zu verzögern und erst an der Loire aufzuhalten. Das Gebiet des vernichteten Burgunderreiches teilten sich Franken und Alamannen. Die Franken schoben die Grenze ihres zusammenhängenden Siedlungsgebietes nach Westen bis zum Kohlenwalde zwischen Schelde und Sambremündung vor; die spätere flämisch-wallonische Sprachgrenze von Dünkirchen bis Maastricht wurde damals im wesentlichen erreicht. Andere Teile des Stammes drängten weiter südlich über den Rhein und waren um 450 unter einem in Köln residierenden König geeint.

Im Rücken der Franken breitete sich der sächsische Stammesbund weiter aus. Bereits im 4. Jh. hatten die Sachsen den Niederrhein erreicht, wo sie an die Franken grenzten. Zur See fahrend, plünderten sie die römischen Küsten Galliens und Britanniens. Dort faßten sie auch siedelnd Fuß; bei Bayeux in der Normandie und an der Loiremündung gab es noch später sächsische Siedlungen. Vor allem aber richtete sich ihre Landnahme gegen die englische Insel. Vor ihnen und den verbündeten Angeln mußte sich die römische Zivilverwaltung um 440 aus der Provinz Britannien zurückziehen. Unter harten Kämpfen mit der Inselbevölkerung eroberten die von der Elbemündung herkommenden Seefahrer nun fast die ganze, einst römische Südhälfte der Insel mit Ausnahme des Berglandes von Wales.

Von allen Seiten bedrängt, geriet Aëtius in höchste Not, als sich auch die Hunnen unter Attila gegen ihn wandten. Sie hatten sich in der Tiefebene zwischen Donau und Theiß festgesetzt und beunruhigten von dort aus in unaufhörlichen Raubzügen die römischen Provinzen; nur durch Tributzahlungen ließen sich ihre Einfälle verhindern. Im Jahre 451 griffen sie Gallien an. Auf den Katalaunischen Feldern zwischen Châlons-sur-Marne und Troyes trat ihnen Aëtius im Bunde mit den Westgoten entgegen und lieferte eine blutige, aber unentschiedene Schlacht. Im nächsten Jahre wandte sich Attila gegen Italien. Nur sein plötzlicher Tod (453) rettete das Reich vor der hunnischen Bedrohung.

Der nach Attilas Tod rasch einsetzende Zerfall des Hunnenreiches nahm den letzten äußeren Druck von der jungen germanischen Staatenwelt. Im Kerngebiet des Attilareiches errichtete der ostgermanische Stamm der Gepiden ein Königreich. Die Ostgoten ließen sich im Jahre 455 als weströmische Föderaten in Pannonien ansiedeln. Von Böhmen her rückten die Bayern (Bajuwaren, d.h. Besitzer des früher von den Boiern eingenommenen Landes) in ihr späteres Siedlungsgebiet ein. Sie stammten von den Markomannen ab, deren Name seit 400 verschwindet, und drangen westlich bis zum Lech, nördlich in die Oberpfalz und südlich bis in die Alpentäler vor. In der Oberpfalz stießen sie auf das Reich der Thüringer, in dem eine Gruppe der einst aus Jütland nach Süden gewanderten Angeln und Warnen aufging und das sich nördlich des Harzes bis gegen die mittlere Elbe erstreckte. Westlich des Lech festigte sich der Siedlungsraum der Alamannen, die im Süden den Hauptkamm der Schweizer Alpen, im Westen das Elsaß und die Pfalz und im Norden das Untermainland erreichten. Nördlich von ihnen besetzten nach dem Tode des Aëtius (454) die Franken endgültig das linksrheinische Gebiet bis nach Malmedy, Aachen und Trier hin. Um 455 nahmen Moselfranken die alte Kaiserstadt Trier ein. In ihrem Rücken verschmolzen seit alters seßhafte Bevölkerungen zum Stamme der Hessen, der später stets in enger Anlehnung an die Franken erscheint.

Die Macht des weströmischen Kaisertums war bereits um die Mitte des 5. Jh. vollständig verschwunden. In Italien erwuchs ihm im Bischof der alten Reichshauptstadt ein neuer Konkurrent. Leo I., der Große, war der erste eigentliche Papst, der dem römischen Primat praktisch zur Geltung verhalf. Sein politisches Ansehen wuchs, als er in die Verhandlungen eingriff, die mit dem nach Italien eingedrungenen Attila geführt wurden; nach der Legende gilt Leo als der Retter Roms. Ebenso bewährte er sich, als 455 die Flotte des Vandalenkönigs Geiserich vor Rom erschien und die Stadt plünderte.

Die Militärgewalt der römischen Heermeister und ihre Macht über das ausgepreßte Volk glichen sich trotz ihrer Legitimität immer mehr der Herrschaft germanischer Volkskönige über die Provinzialen an. Für die Bevölkerung Nordgalliens bedeutete es wenig und kaum eine Verschlechterung ihrer Lage, daß sich im Jahre 466 Syagrius, der Sohn des letzten römischen Statthalters, vom Kaiser lossagte und daß sein Reich im Jahre 486 von den Franken unter König Chlodwig erobert wurde.

In Italien erhoben sich die Germanen, die das Heer bildeten, im Jahre 476 gegen die legitime römische Herrschaft; sie wählten Odowakar zu ihrem König und verlangten zur Ansiedlung ein Drittel des italischen Bodens. Odowakar setzte den letzten weströmischen Kaiser Romulus ab und rechtfertigte die germanische Herrschaft, indem er die kaiserlichen Insignien dem Ostkaiser Zeno übersandte und sich von ihm zum Patricius ernennen ließ.

2. Die Erneuerung des oströmischen Reiches

Kaiser Zeno jedoch war nicht gesonnen, die Usurpation Odowakars auf die Dauer hinzunehmen. Auch in seinem Reichsteil hatten die germanischen Truppen, die sich auf den ostgotischen Föderatenstaat in Pannonien stützten, lange eine ernste Gefahr gebildet, doch war es schon Kaiser Leo I. gelungen, dagegen die kleinasiatischen Isaurier auszuspielen, die nun auf Jahrhunderte hin dem byzantinischen Staat die besten Soldaten stellten. Zeno wurde der germanischen Gefahr völlig Herr, indem er Theoderich, der zugleich römischer Heermeister der ostgotischen Truppen und König der als Föderaten angesiedelten Ostgoten war, nach Westen ablenkte: Im Jahre 488 ernannte er ihn zum Heermeister und Patricius für Italien, damit er es Odowakar entreiße.

Im Winter 488/89 führte Theoderich das Gotenheer nach Italien, aber erst 493 fiel die Festung Ravenna, und Odowakar mußte sich ergeben. Theoderich hat ihn eigenhändig ermordet, seine Verwandten und Soldaten ließ er niedermetzeln. Jetzt riefen seine Truppen ihren siegreichen Führer zum König aus; so wurde der ostgotische Staat proklamiert. Erst nach längeren Verhandlungen erreichte Theoderich dafür die Anerkennung durch den Kaiser: Dieser übersandte die einst von Odowakar ausgelieferten Reichsinsignien, und Theoderich legte sie an zum Zeichen, daß er als König kraft kaiserlicher Delegation regierte.

Wie zuvor die Soldaten des Odowakar, so erhielten die Ostgoten ein Drittel des Großgrundbesitzes vor allem in Norditalien. Da sie als Krieger verwendbar bleiben sollten, konnten sie nicht selbst Bauern werden; sie wurden Grundherren. Nach dem Vorbild Odowakars herrschte Theoderich über die römische Bevölkerung kraft kaiserlicher Legitimation und über die zum Heervolk umgebildeten Truppen kraft germanischen Heerkönigtums. Eheverbot und konfessioneller Gegensatz zwischen arianischen Ostgoten und katholischen Römern unterstrichen den Dualismus des Staatsaufbaus. Zivilverwaltung, Wirtschaftsleben und Kultur der Römer sollten unter dem Schutze der gotischen Waffen gedeihen; der König förderte sie lebhaft, um so die Römer mit seiner Herrschaft dauerhaft zu versöhnen.

Aber diese Politik scheiterte schließlich an dem konfessionellen Gegensatz sowie der stolzen Gotenfeindschaft des römischen Hochadels und seiner Führer Symmachus und Boëthius. Schließlich sah sich Theoderich gezwungen, Gewalt gegen seine Gegner anzuwenden: Nach einem Hochverratsprozeß, der keinen Beweis ihrer Schuld erbrachte, ließ er 524 Boëthius und im folgenden Jahre auch Symmachus hinrichten.

Ebenso verfehlte seine Außenpolitik den dauernden Erfolg. Gegen seine Abhängigkeit von Byzanz suchte er sich durch Ehebündnisse mit den Königen der Franken, Westgoten, Burgunder, Thüringer und Vandalen zu schützen; unter ostgotischer Hegemonie sollten die Germanenstaaten Byzanz das

Gleichgewicht halten. Voraussetzung dieser Politik war die Erhaltung des Status quo unter den Germanenreichen. Die Lage änderte sich aber bereits von Grund auf, als der Frankenkönig Chlodwig bei seinem Übertritt zum Christentum die katholische statt der arianischen Konfession annahm und damit nicht nur in unmittelbare Beziehungen zum Ostreich und zu dessen Reichskirche trat, sondern auch der Innenpolitik des germanisch-römischen Dualismus absagte. Zum offenen Bruch kam es dann durch die Feldzüge Chlodwigs gegen das Westgotenreich. Im Jahre 507 besiegte Chlodwig die Westgoten bei Vouglé (nördlich von Poitiers): Ganz Aquitanien von der Loire bis zur Garonne wurde jetzt dem Frankenreich einverleibt, und lediglich die Landschaft Septimanien, den Küstenstrich zwischen unterer Rhône und Pyrenäen, konnte Theoderich dem Westgotenreich erhalten.

So war die fränkische Expansion noch einmal abgeriegelt. Von ostgotischer Hegemonie aber konnte vollends keine Rede mehr sein, als Theoderich sterbend sein Werk einem unmündigen Enkel unter der Regentschaft seiner Tochter Amalaswintha hinterlassen mußte (526). Den Sturz Amalaswinthas (534) benutzte Ostrom zu neuem Eingreifen in Italien.

Ein Jahr nach Theoderichs Tod bestieg Justinian I. den Thron in Konstantinopel. Er unternahm den großangelegten Versuch, die durch das Erlöschen des weströmischen Kaisertums 476 wiederhergestellte Reichseinheit zu verwirklichen. Die wirtschaftlich günstige Situation der östlichen Reichshälfte und die Tüchtigkeit ihrer isaurischen Soldaten boten dafür die Voraussetzungen. In zäher Kleinarbeit hat Justinian die Verwaltung des Reiches streng zentralisiert, den riesigen Apparat der Provinzialbehörden und der Heere ganz auf den Hof und seine eigene Person ausgerichtet und das höfische Zeremoniell zu diesem Zwecke aufs höchste verfeinert. In die zentralistische Reichsverfassung bezog er auch die Kirche ein; Kaisergesetze regelten ebenso die innerkirchlichen Ordnungen wie die Glaubensfragen. Im Westen freilich stieß er damit auf Widerstand; dem vom Kaiser berufenen fünften ökumenischen Konzil zu Konstantinopel stimmte Papst Vigil nur unter schärfstem Druck zu, und ein Teil der westlichen Kirchen verharrte in Opposition. Die kirchliche Zerrissenheit spiegelte den Verlust der inneren Einheit wider, den alle sonstigen Erfolge Justinians nicht zu überwinden vermochten.

Der Einheit des Reiches sollte auch die große Rechtsreform des Kaisers dienen. Eine von ihm persönlich beaufsichtigte Juristenkommission sammelte und harmonisierte die gesamte Überlieferung des römischen Rechtes. Die Sammlung der Kaisergesetze aus den Jahren 117–527 wurde 529 als Codex Justinianus publiziert, die Auszüge aus den Juristenschriften in den 534 abgeschlossenen Digesten zusammengefaßt und als Führer durch beide Werke das Lehrbuch der Institutionen veröffentlicht. Zusammen mit Justinians eigenen Gesetzen, den Novellen, pflegt man das Werk als „Corpus Iuris Civilis" zu bezeichnen.

Die äußeren Erfolge Justinians sind nur vor dem Hintergrund der straffen Konzentration aller Kräfte verständlich. Sein Feldherr Belisar konnte das innerlich geschwächte Vandalenreich in Nordafrika in einem kurzen Feldzuge 533/34 stürzen. Stärkerer Anstrengungen bedurfte die Eroberung des ostgotischen Italien; erst der Feldzug des Narses 551–553 beendete den zwanzigjährigen Krieg, der die Stadtkultur Italiens endgültig in Trümmer legte. Innere Kämpfe der Westgoten nutzte Justinian 554, um auch die Südostküste Spaniens zurückzugewinnen. So war das Mittelmeer wieder ein römisches Binnenmeer; nur Teile der marokkanischen, spanischen und südfranzösischen Küste blieben ihm entzogen.

Aber die Wiedergewinnung des Westens brachte die Euphratgrenze in höchste Gefahr. Im Jahre 540 eroberten und zerstörten die Perser Antiocheia, und nur durch hohe Tribute konnte der Kaiser Waffenstillstand und schließlich im Jahre 562 den Frieden erkaufen. Sein Werk überforderte die Kräfte des Reiches und hatte daher auch im Westen keine Dauer. Die germanische Herrschaft über den europäischen Teil des Westreiches blieb unerschüttert und verursachte einen tiefgreifenden Wandel in der geopolitischen Situation des Mittelmeerraumes, weil die Germanenkönige diesem konsequent den Rücken zuwandten. Die Hauptstädte der Westgoten, im 5. Jh. Toulouse in Aquitanien und nach 507 Toledo in Spanien, waren ebenso Binnenstädte wie die des aufstrebenden Frankenreiches. Mit der Völkerwanderung und ihren Reichsbildungen endete die Einheit des Mittelmeerraumes; selbst dessen Zentrum Italien blieb seit dem Einfall der Langobarden (568) zwischen Ost und West geteilt. Gewiß hörte nicht jeder Verkehr im Mittelmeer auf, aber die lockeren und sporadischen Beziehungen der Frankenkönige zum oströmischen Kaiser, das Vorkommen syrischer Kaufleute in den Häfen der Provence und im Inneren des fränkischen Reiches, Funde byzantinischer Münzen im Westen und der bis zum Ende des 7. Jh. fortdauernde Gebrauch von Papyrus in der merowingischen Kanzlei verschlagen nichts gegen die grundsätzliche Gleichgültigkeit der Franken gegenüber dem Mittelmeer und ihre Hinwendung nach dem Nordosten gegen Friesen, Sachsen, Thüringer und Bayern. Sie lassen die Dürftigkeit der Kontinuität nur um so deutlicher hervortreten.

B. Geschichte der gesellschaftlichen Ordnungen

1. Siedlung und Wirtschaft

Die Ursache für die weit vor das 5. Jh. zurückreichenden Wanderungen der Bewohner des mittleren und nördlichen Europa liegt in einer nachhaltigen Unzulänglichkeit ihrer Ernährungsbasis. Der Bodenertrag in diesen Breiten blieb gering, solange die extensive Nutzung durch Viehzucht und Jagd sowie durch einen Ackerbau vorherrschte, der keine Pflege und Besserung des Bodens kannte. Weil die Ackerböden wegen Erschöpfung rasch wieder aufgegeben werden mußten, konnte sich auch keine endgültige Seßhaftigkeit ausbilden.

Die Stämme der germanischen Völker waren keine natürlichen Abstammungsgemeinschaften, sondern soziokulturelle und politische Bildungen. Besonders die Wanderungen der Ostgermanen (West- und Ostgoten, Burgunder, Vandalen, Gepiden, Heruler), die sich in weit ausgreifenden Zügen von ihrer Heimat an der Ostsee entfernten, lassen ahnen, wie sich solche Gruppen um einen festen, den Stammesnamen tradierenden Kern herum immer wieder auflösten und neu verfestigten. Die westgermanischen Stämme (Franken, Hessen, Alamannen, Bayern, Thüringer, Sachsen, Friesen) verloren zwar nie den Zusammenhang mit ihrer alten Heimat und konnten daher, immer wieder neue Kräfte nachziehend, ihr Volkstum bewahren, aber auch hier war die Ausbildung dauerhafter politischer Verbände und endgültig seßhafter Bevölkerungen erst ein Ergebnis der Völkerwanderungszeit.

Die Provinzen des römischen Reiches bildeten auch als Wirtschaftsraum längst keine Einheit mehr. Das wirtschaftliche Schwergewicht lag schon am Ende des 4. Jh. entschieden im Osten, der den Karawanenhandel mit dem Orient beherrschte und über die ertragreichen Bergwerke Makedoniens gebot. Der Westen dagegen konnte die Gelder für die germanischen Bundesgenossen bald nicht mehr aufbringen, denn die großen Grundherren weigerten sich, Steuern zu zahlen, und wurden zu unabhängigen Herren ihrer weiten Ländereien.

Die Bevölkerung der westlichen Provinzen war des Waffendienstes entwöhnt und in der Masse in die Unfreiheit der an den Boden gebundenen Kolonen herabgedrückt, aus der die Hörigkeit des Mittelalters hervorgegangen ist. Das gewerbliche Bürgertum war durch Steuerdruck und Kriegsnot zugrunde gerichtet. Mit ihm war die alte römische Stadtverfassung zu Ende gegangen, in Italien endgültig während der Rückeroberungskriege Justinians von 535 bis 553. Die soziale Struktur der Provinzen wurde vom Großgrundbesitz des provinzialrömischen senatorischen Adels bestimmt, der bei den reichsten Familien von Gallien bis Syrien, von den Donauländern bis Marokko gestreut war. Die Grundherren wohnten nicht auf den Gütern, sondern weilten am Kaiserhofe, in Rom oder in einer Provinzmetropole und überließen die Verwaltung der Güter einer Bürokratie von Sklaven und Freigelassenen. Seit je hatten sie auch ihre Leute und Sklaven in Zeiten des Bürgerkrieges für eigennützige Zwecke bewaffnet. Im Laufe des 5. Jh. wurde es angesichts des Niederganges der Kaisermacht zur Regel, daß die reichen Senatoren auf diese Weise ihre Güter, Sklaven und Klienten beschützten. So wußte der Adel seine Steuerfreiheit durchzusetzen und gewöhnte sich daran, den Staat im Stich zu lassen und ein Leben voll eigenmächtiger Gewalttat zu führen.

Als die Franken und Burgunder nach Gallien und die Westgoten nach Spanien kamen, wurden diese großen römischen Adligen im allgemeinen nicht besonders heimgesucht. Sie und ihre weiten Besitzungen, ihre Tausende von Klienten und Hunderte von Bewaffneten blieben im ganzen bestehen. Durch die Landnahme Odowakars und Theoderichs in Italien traten die germanischen Krieger sogar selbst in ihre Klasse ein, indem jedem ein Drittel vom Hause und Besitz eines römischen Grundherrn zugewiesen wurde.

2. *Verfassung*

Als Charakteristikum der Verfassungsentwicklung dieser unruhigen Epoche erscheinen einerseits die Auflösung der Zentralverwaltung der weströmischen Imperatoren und der römischen Provinzialverwaltung, andererseits die Entstehung eines germanischen Königtums und eines mit Eigenmacht an der Herrschaft beteiligten grundbesitzenden Adels. An beiden Vorgängen hatten die vollständig von germanischer bäuerlicher Siedlung überzogenen Grenzgebiete an Rhein und Donau und die rechtsrheinischen Ursprungsgebiete der wandernden Völker nur geringen Anteil. Die vergleichsweise langsamere soziale und staatliche Entwicklung dieser Gebiete gegenüber dem romanischen Westen und Süden ist eine Konstante der gesamten mittelalterlichen Geschichte geblieben.

Die Rechtsform, in der sich die Auflösung der Kaisergewalt vollzog, war der Föderatenvertrag. Durch den westgotischen Vertrag von 376 wurde zum ersten Male ein Föderatenvolk auf Reichsboden angesiedelt. Die Verträge sicherten den Germanen das Prinzip des Volksrechtes: Nicht der Wohnort, sondern die Volkszugehörigkeit bestimmte, nach welchem Recht ein Mann lebte. So behielten die Germanen auch als Bundesgenossen ihr jeweiliges Stammesrecht und ihr arianisches Bekenntnis, das ein Teil der Rechtsordnung war, während die Romanen weiter das römische Recht anwendeten. Das Nebeneinander beider Rechte und Welten bedingte vollständig getrennte Verwaltungen, Gerichte und Kirchen für die auf demselben Territorium lebenden Bevölkerungen.

Recht und Verwaltung der Provinzialen hatten, anders als die katholische Kirche, unter diesen Umständen keine Möglichkeiten zur Entfaltung. Sie befanden sich in fortschreitendem Verfall. Ihre historische Bedeutung beruht indes auf der im einzelnen schwer zu bestimmenden Wirkung, die sie durch ihr Vorbild auf die germanische Herrenschicht ausgeübt haben. Als Rahmen des gesellschaftlichen Lebens der Provinzialen behaupteten sich nach dem Untergang der Provinzialorganisation die Civitates, die außer dem namengebenden städtischen Mittelpunkte stets ein weiteres Landgebiet mit zahlreichen Siedlungen umfaßten. Die römische Ämterhierarchie verwischte sich. Der höchste zivile Beamte wurde meist farblos als iudex (Richter) bezeichnet. Lediglich im Westgotenreich erhielten sich Reste der Provinzialverwaltung bis ins 6. Jh.; es gab hier iudices provinciae, denen die defensores civitatis unterstanden. Das dux-Amt der diokletianisch-konstantinischen Heeresordnung verschwand im 5. Jh. Der Titel "dux" wurde zur Bezeichnung für erfolgreiche Truppenführer und Staatsmänner, ohne konkrete Kompetenzen zu verleihen. An die Spitze der Civitates traten vielfach deren Bischöfe; neben ihnen erscheinen weltliche Beamte, die „iudices" und, seit dem 6. Jh., „comites civitatis" genannt wurden. Im Jahre 554 übertrug Justinian dem römischen Bischof die Kontrolle über die kaiserlichen Beamten in Italien. Die Inhaber der führenden Ämter der romanischen Bevölkerung gehörten stets dem hohen grundbesitzenden senatorischen Adel an. Private, auf adligem Vermögen beruhende Eigenmacht war die Voraussetzung, ohne die diese Stellen weder zu erreichen noch auszufüllen waren.

Das germanische Königtum der Völkerwanderungszeit entstand aus der Vereinigung der beiden älteren germanischen Führungsformen des Volkskönigs und des Herzogs. Der Volkskönig war stets aus der auf göttlichen Ursprung zurückgeführten Königssippe gewählt worden und verkörperte das dem Volke unentbehrliche Heil, welches gutes Wetter, Erntesegen und reichen Fischzug verbürgte. Der Herzog, der das Aufgebot im Kriege führte, hatte dagegen ursprünglich weder ein Amt von überirdischer Sanktion noch eine im Frieden fortdauernde Gewalt besessen. Aber der siegreiche Heerführer, der in der Schlacht und in erfolgreicher Landnahme seinem Heere das göttliche Heil zuwandte, errang mit dem Sieg die Königswürde und seinen Nachkommen den Nimbus des königlichen, das „Königsheil" verbürgenden Blutes. Die Verschränkung von Erbrecht und Wahl, die durch die Verbindung des sakralen Königtums mit dem gewählten Führertum begründet wurde, ist dem mittelalterlichen Königtum durch Jahrhunderte hindurch eigentümlich geblieben.

Die Gehilfen des Königs als Volksführer von lediglich geringeren Verdiensten erlangten indes einen verwandten Anspruch auf Herrschaft. Mit dem Heerkönigtum entstand so eine breitere adlige Führungsschicht. Bei den westgermanischen Stämmen, deren Landnahme sich in vielen Einzelbewegungen kleinen Ausmaßes vollzog, stieg das Königtum sehr langsam über diese Adelsschicht empor. Bis zum Ende des 5. Jh. besaßen die Franken eine Vielzahl kleiner Gaukönige; erst Chlodwig hat sie beseitigt und das Einheitskönigtum durchgesetzt. Die Wanderung der Bayern von Böhmen her geschah unter der Führung des agilolfingischen Herzoghauses, neben dem fünf genealogiae (Uradelsgeschlechter; ehemalige markomannische Fürstenhäuser?) fortbestanden.

3. Das oströmische Reich

Das Ende des weströmischen Kaisertums erschien vom Standpunkt des in Konstantinopel herrschenden Kaisers aus lediglich als Wiedervereinigung des seit 395 geteilt gewesenen römischen Weltreiches. Bis zu seinem Untergang im 15. Jh. hat sich das am Bosporus residierende Kaisertum als römisches verstanden und sein Herrschaftsgebiet als römisches Reich bezeichnet. Doch ist die Geschichte dieses Staates allmählich so weit aus dem römischen Gesichtskreis herausgetreten, daß man sich heute der künstlich geprägten Bezeichnung „Byzantinisches Reich“ bedient.

Das 4. bis 6. Jh. ist die Übergangszeit, in der das Reich insofern schon byzantinisch heißen kann, als es vollkommen christianisiert war. Dagegen war es noch römisch vor allem dadurch, daß es ein Weltimperium darstellte. Die auf dem Boden des Westreiches entstandenen germanischen Königtümer erkannten ihre Unterordnung unter den Kaiser durch Föderatenverträge oder Annahme des Patriziertitels an, oder man betrachtete sie als Abtrünnige und Usurpatoren. Unter Justinian wurde die römische Weltherrschaft noch einmal Wirklichkeit. In Zivilverwaltung und Heeresorganisation, im wirtschaftlichen und sozialen Aufbau fußte das Reich noch ganz auf der diokletianisch-konstantinischen Ordnung. Vor allem erhielt sich das (im Westen zugrunde gehende) System der Steuer- und Finanzverwaltung, das auf dem Umlauf gemünzten Geldes beruhte. Da es gesetzlich untersagt war, daß jemand hohe Verwaltungsämter in seiner Heimat bekleidete, und die meisten Ämter, namentlich die der provinziellen Steuerverwaltung, stets nur für ein Jahr vergeben wurden, blieb die Verwaltung fest in des Kaisers Hand. Nirgends gelang es dem Adel, seine Stellung durch erblichen Besitz von Gütern und Ämtern zu verankern, wie es im Westen je länger, desto mehr der Fall war. Namentlich die Hauptstadt Konstantinopel, deren Bevölkerung auf mehrere hunderttausend Seelen zu schätzen ist, blieb stets eine typisch mittelmeerische Großstadt mit hoher sozialer Mobilität und ohne echtes Patriziat; in ihr konnten immer wieder selbst Kaiser aus dem Nichts, d.h. den Reihen einfacher Soldaten, Bauern und Hafenarbeiter emporsteigen. Diese mediterrane Großstadtbevölkerung war egoistisch, gewalttätig und bar jeder Ehrfurcht vor Autorität, an Politik und Hippodrom gleich stark interessiert und politisch in den Zirkusparteien völlig durchorganisiert, die namentlich bei der Kaiserwahl ihren mächtigen Einfluß ausübten. An ihr nahmen Senat, Heer und Volk in freier, von Fall zu Fall sich neu regelnder Rolle teil, und auch nach der Wahl fühlte sich das Volk durchaus zur Kontrolle des Herrschers berufen.

4. Kirche und Papsttum

Sichtbaren Fortbestand fand das römische Reich auch im Westen in seiner christlich-katholischen Kirche, der Kirche der romanischen Provinzialbevölkerung im Gegensatze zu den arianischen Stammeskirchen der germanischen Eroberer.

Unter den Kaisern in Konstantinopel dauerte das von Konstantin begründete Verhältnis zwischen Kirche und Staat fort: Der Staat erhielt aus politischen Gründen die Einheit der Kirche, indem er die ihm von den streitenden theologischen Richtungen angetragene Schiedsrichterschaft auf den vom Kaiser gelenkten Generalkonzilien ausübte und die Konzilsbeschlüsse zu staatlichen Gesetzen erhob. Die Ostkirche war von griechischem Geist erfüllt; ihre philosophisch geschulten Theologen wollten nicht nur glauben, sondern den Glauben auch verstandesmäßig begreifen. Um das Wesen des Gottmenschen Christus entbrannten daher immer neue Lehrstreitigkeiten. Mehrere Reichskonzilien mußten sich mit der Zweinaturenlehre befassen. Abschließend wurde der orientalisch beeinflußte Monophysitismus (Lehre vom Vorrang der göttlichen Natur in Christus) im Jahre 451 auf dem Konzil zu Chalkedon verworfen und die vom Abendland begünstigte Zweinaturenlehre (Lehre von einer Person und zwei Naturen in Christus) in der von Papst Leo I. dem Großen verfaßten Form angenommen. Die Stellung des Kaisers zur Kirche verdichtete sich in diesen Auseinandersetzungen zu einem christianisierten sakralen Absolutismus, den Justinian zur Regierung der Kirche durch die Person des in die Hierarchie einbezogenen, ins Sakrale erhobenen Herrschers steigerte. Das Konzil von Konstantinopel formulierte 536 ausdrücklich, daß ohne Zustimmung des Kaisers in der Kirche nichts geschehen dürfte.

Nachdem der Osten vorangegangen war, setzte sich im 5. Jh. auch im Westreich die Abgrenzung der Bischofssprengel derart durch, daß jedem Bischof die kirchliche Verwaltung innerhalb des Territoriums seiner Civitas zustand. Die außerhalb der Städte, aber in deren Territorium entstehenden christlichen Gemeinden traten unter den Bischof der Civitas und wurden in seinem Auftrag durch untergeordnete Priester versorgt. Im 5. Jh. bildete sich zuerst im Osten, weit langsamer auch im Westen eine Sprengelabgrenzung unter diesen Landkirchen. So ist noch auf dem Boden des römischen Kirchenrechts in Gallien und Spanien das Großpfarreisystem der ländlichen Taufkirchen entstanden.

Gleichzeitig schuf die Verfestigung der an die staatlichen angelehnten Kirchenprovinzen eine gewisse Ordnung in der Bischofsbestellung: Klerus und Volk wählten hinfort den Hirten, die Bischöfe der Provinz und insbesondere der Metropolit erteilten ihre Zustimmung, schließlich weihte der Metropolit den Erwählten unter Assistenz zweier Mitbischöfe. Bei Besetzung der großen Stühle nahm der Kaiser oft maßgebenden Einfluß, ebenso in den

Germanenreichen der König. Im 6. Jh. wurde im Abendland der Titel „Erzbischof" für die Metropoliten gebräuchlich. Instanz über den Bischöfen war die Provinzialsynode unter Leitung des Metropoliten, dem eine umfassende Zuständigkeit für Gesetzgebung, Verwaltung (Einrichtung neuer Bistümer) und Rechtsprechung zukam.

In der Hand des senatorischen Adels, der in den germanischen Reichen auf römischem Boden durchweg die Bischofsstühle besetzte, war so die Kirchenverfassung stark genug, um für die Provinzialen an die Stelle der sich auflösenden Reichsbehörden zu treten, für sie Verwaltung, Sicherheit und Rechtspflege zu erhalten und sie gegenüber den neuen Herren zu vertreten.

Wie die katholische Kirche insgesamt Reichskirche war, so erkannte auch der Bischof von Rom den Kaiser als seinen Herrn an, wie sehr auch die politische Entwicklung zeitweilig diese Bande lockerte. Unter Leo I. dem Großen erreichte das Papsttum durch seine politische Leistung weltgeschichtliche Höhe. Im Jahre 445 wurde es von Kaiser Valentinian III. als einziger Patriarchat des Abendlandes mit oberstrichterlicher Gewalt anerkannt. Auf dem Konzil von Chalkedon (451) konnte Leo nicht nur der vom Abendland gutgeheißenen Zweinaturenlehre zum Siege verhelfen, sondern auch gegen den Willen des Kaisers dem vom Konzil beschlossenen ökumenischen Patriarchat des Bischofs von Konstantinopel über die Ostkirche die Anerkennung verweigern. Die Rivalität zwischen den Patriarchen des alten und des neuen Rom um den Vorrang in der Reichskirche, die von 484 bis 519 zum ersten Male zur langwierigen Aufhebung der kirchlichen Gemeinschaft führte und für Jahrhunderte ein zentrales Thema der päpstlichen Politik blieb, förderte nicht nur die Entfremdung zwischen dem lateinischen Westen und dem griechischen Osten, sondern auch hier die Lösung vom und dort die Bindung an das Kaisertum. In nachmals berühmten, an den Kaiser Anastasius gerichteten Dekretalen formulierte Papst Gelasius I. die Lehre von der Scheidung der geistlichen von der weltlichen Gewalt und vom Vorrange jener vor dieser. Durch die Siege Justinians über den Ostgotenstaat geriet freilich das Papsttum wieder ganz in Abhängigkeit vom Kaiser. Seit Pelagius durften die Päpste erst nach kaiserlicher Wahlbestätigung die Weihe empfangen.

Aus dem asiatischen Osten, wo sich auch nach der Entscheidung von 451 der Monophysitismus, verwandt dem späteren strengen Monotheismus des Islam, behauptete, und wo seit alters das religiöse Leben Zentren besonderer Intensität besaß, erreichte im 5. Jh. noch eine andere wichtige Form christlicher Frömmigkeit den Westen, um allerdings hier im Laufe der Rezeption einen grundlegenden Wandel zu erleben. Seit dem 3. Jh. waren im Orient aus dem Bedürfnis nach Askese und Weltflucht Mönchtum und Klosterwesen entstanden. Rasch breiteten sie sich bis nach Kleinasien aus; noch im 5. Jh. drangen sie in die Kaiserstadt Konstantinopel ein, wo 463 das Studionkloster gegründet wurde, das im 9. Jh. seine höchste Blüte erreichte und zum Vorbild für die Basilianerklöster der Ostkirche wurde. Bereits das Konzil von Chalkedon (451) regelte abschließend auch das Verhältnis des Mönchtums zur Weltkirche: Die Mönche blieben der Jurisdiktion des Ortsbischofs unterstellt, ohne dessen Genehmigung kein neues Kloster gegründet werden konnte.

Im Abendland faßte das Mönchtum erst seit der zweiten Hälfte des 4. Jh. und zunächst nur zögernd Fuß. Um 400 wurde Marseille, dessen Seeverbindungen hierfür die Voraussetzungen schufen, durch Cassianus zum Sitz eines Männerklosters, der später mächtigen Abtei St. Viktor. Das Verfassungsbild der abendländischen Klöster blieb bunt und von der Persönlichkeit der Gründer bestimmt. Eigentümliche Formen prägte besonders die iroschottische Mönchskirche aus, in der Äbte und Mönche als Bischöfe die kirchliche Jurisdiktion ausübten. Bestimmend wurden indes die Persönlichkeit und die Regel des Benedikt von Nursia (Norcia bei Spoleto), der im Jahre 529 das Kloster Monte Cassino, das Mutterkloster des späteren Benediktinerordens, gründete. Er setzte den Mönchen die Verherrlichung Gottes durch liturgischen Gottesdienst, Gebet und heilige Lesung zum Ziel, verpflichtete sie aber auch zu täglicher körperlicher Arbeit in der gemeinsamen, selbstgenügsamen Klosterwirtschaft. Im Profeßgelübde bekannten sich die Mönche zur stabilitas loci (im Gegensatz zum umherschweifenden Mönchtum des Ostens), zur conversio morum (Armut und Ehelosigkeit) und zum Gehorsam gegenüber dem Abt. So begann sich der in der Seelsorge tätige Weltklerus, in den man durch Annahme eines Weihegrades eintrat, vom Ordensklerus zu scheiden, der sich durch die Gelübde an eine Klosterregel (ordo) band.

Zum Klostergründer wurde auch der Minister Cassiodor Königs Theoderich, der nach dem Scheitern der römisch-gotischen Versöhnungspolitik die Rettung in einer Wendung zur christlichen Religion und Kirche suchte, den geistigen Mächten, denen nun die Zukunft gehörte. Aber anders als Benedikt machte er seine Gründung Vivarium in Bruttium zu einer Schule von Mönchstheologen nach östlichem Vorbild. Die hier dem lateinischen Mönchtum gesetzte Aufgabe der Pflege der theologischen und klassischen Wissenschaften, des Sammelns und Abschreibens alter Handschriften wurde von den Benediktinern übernommen. Der spätrömische Staatsmann Cassiodor wurde so zu einem Wegbereiter der mittelalterlichen Geisteswelt; Vivarium eröffnet die lange Reihe mittelalterlicher Klosterschulen, die das Geisteserbe des Altertums späteren Zeiten überliefert haben.

5. Kunst und Kultur

Trotzdem verfiel die Literatur der Griechen und Römer jetzt weitgehend der Vergessenheit. Der von Theoderich hingerichtete römische Senator Boëthius war einer der letzten Schriftsteller des weströmischen Reiches, der noch selbst die griechischen Klassiker zu lesen vermochte; was er aus den Schriften des Aristoteles und den antiken Kommentaren dazu ins Lateinische übersetzt hat, war und blieb alles, was das Mittelalter bis zum 12. Jh. hin von dem „Fürsten der Philosophen" wußte. Von ähnlicher Wirkung wurde seine im Kerker geschriebene „Tröstung der Philosophie", die das Mittelalter mit den wertvollsten Gedanken der antiken Lebensweisheit vertraut gemacht hat.

Gegenüber derartigen Aufbereitungen des antiken Wissens waren die originalen Texte der römischen Literatur von größter Gefahr bedroht. Fast alles, was wir von ihnen besitzen, ist uns Heutigen durch die Philologen und Mönche des 4. bis 6. Jh. gerettet, welche die Texte von den vergänglichen Papyrusrollen des Altertums in Pergamentkodizes übertrugen. Aber ihr Interesse beschränkte sich auf die klassischen Dichter Lukrez, Vergil, Lukan, Seneca, die Komödien des Plautus und Terenz, die Satiren und Kurzgedichte des Persius, des Juvenal und der Anthologia latina, auf die Historiker Livius und Sallust, auf die Kommentare des Caesar, auf die Rhetoriker und Briefschriftsteller Cicero, Seneca, Plinius den Jüngeren, Fronto, Symmachus. Von den Dichtern Catull, Horaz, Tibull, Properz, Ovid sind die gleichzeitigen Kodizes nicht erhalten geblieben. Neben diesen Autoren, die aus nationalen und ästhetischen Gründen gelesen wurden, kam das Bestreben, sich praktisches und technisches Wissen zu erhalten, dem Juristen Gaius, dem Codex Theodosianus und den Digesten des Justinian, der Naturgeschichte des älteren Plinius, den Gromatikern sowie den Antiquaren Censorinus, Gellius und Hygin zugute. Alles andere ging verloren.

Entsprechend schrumpfte das Schulwissen, das freilich trotz der tatsächlichen Dürftigkeit des Lehrstoffes nun den Anspruch erhob, ein systematisches Ganzes darzubieten. Sieben freie Künste, nicht mehr und nicht weniger, sollten es sein, die jedem den Weg zur Höhe intellektueller Bereitschaft zu bahnen imstande wären. Ein Trivium aus Grammatik, Dialektik und Rhetorik wurde mit dem Quadrivium der mathematischen Fächer Geometrie, Arithmetik, Astronomie und Musik vereinigt. Der Karthager Martianus Capella, der in der ersten Hälfte des 5. Jh. zum ersten Mal die sieben Disziplinen in einer Enzyklopädie darstellte, hatte noch unmittelbar in die Literatur der Antike eingeführt; Boëthius, der zuerst den Ausdruck „Quadrivium" gebraucht hat, und Cassiodor waren dazu nicht mehr in der Lage. Gerade deshalb erhoben sie den Anspruch, den Gesamtinhalt theoretischer Geistesbildung abschließend zu regeln.

Neben dem Ausklang der antiken Kultur stehen die Anfänge der mittelalterlich-christlichen. Unterstützt vom Kaiser, setzten überall die Bischöfe die Bekehrung des Volkes, wo es noch heidnisch geblieben war, fort. In der gallischen Landschaft warf Bischof Martin von Tours das keltische Heidentum nieder. Die letzten Stützpunkte antik-heidnischer Gesinnung beseitigte Justinian, der die antiken Bildungsstätten, darunter 529 die heidnische Philosophenschule in Athen, aufhob. Die Heiden schrieben der Vertreibung der alten Götter durch die christlichen Kaiser die Schuld am Unglück Roms zu, dessen Einnahme durch die Westgoten im Jahre 410 die Welt erschütterte. Zur Widerlegung dieser Lehre verfaßte Augustin, der Bischof von Hippo Regius in Afrika, die Schrift „De civitate dei" („Vom Gottesstaat"), durch die er zum geistigen Begründer der für das europäische Mittelalter maßgebenden Form des lateinischen Christentums wurde.

Das christianisierte oströmische Kaisertum fand darüber hinaus die Kraft zur Selbstdarstellung in Architektur und Mosaikkunst. Die reichsten Schöpfungen des neuen theokratischen Stils haben sich in Ravenna, der letzten Hauptstadt des Westreiches, erhalten: aus dem 5. Jh. die Grabkapelle der Galla Placidia, deren Außenwände zum ersten Male eine Gliederung durch Blendarkaden zeigen, aus ostgotischer Zeit die Basilika S. Apollinare Nuovo und das Grabmal Theoderichs, dessen Rundraum durch eine monolithische Deckplatte statt der Einwölbung geschlossen ist, aus justinianischer Zeit die Kirche S. Vitale, ein Muster des von Nischen flankierten Zentralbaus, dessen Mosaiken den Kaiser und die Kaiserin in die Verehrung der Gottheit miteinbeziehen, sowie die Basilika S. Apollinare in Classe, in der alles auf den Glanz des ungeheuren Apsismosaiks ausgerichtet ist.

Die neuen Formen dieser Kunst beweisen, daß auch im Ostreich ein Rückgang der antiken Bildung als allein das Dasein beherrschende Form einsetzte. Die Errichtung der Kirche der Hagia Sophia in Konstantinopel, bei der mit der Einwölbung der gewaltigen Kuppel noch einmal die Anwendung mathematischer Wissenschaft auf die Architektur einen Höhepunkt erreichte, steht ebenso am Ende einer Epoche wie Justinians berühmte Rechtskodifikation: Denn der Kaiser verbot, die darin niedergelegten Gesetze zu kommentieren, und unterband damit jede schöpferische Fortbildung des Rechtes. In gleicher Weise beseitigten Staat und Kirche die Freiheit des Künstlers in der darstellenden Kunst sowohl hinsichtlich der Themenwahl wie des Bildaufbaus. Die byzantinische Kunst wurde zur offiziellen Kunst der kaiserlichen Hierokratie, deren überirdischen Ursprung sie in der Starrheit ihrer Formen und der Intensität des Ausdrucks darzustellen hatte.

II. Die Merowingerzeit (6. und 7. Jahrhundert)

A. Reichs- und Stammesbildungen

1. Das fränkische Reich

Die Ausbreitung der Franken hatte sich anfangs in nichts von der Landnahme der anderen westgermanischen Stämme unterschieden, die über Rhein und Donau siedelnd auf römisches Territorium vordrangen. Erst König Chlodwig hatte die große Wende herbeigeführt, und zwar nicht nur durch seine Eroberungen im Kampfe gegen die römische Herrschaft des Syagrius (486), gegen die Alamannen (496?), die bis zum Schwarzwald zurückgedrängt wurden, und gegen die Westgoten (507), sondern auch durch seinen Übertritt aus dem Heidentum zur katholischen Kirche, mit dem er dem Dualismus der älteren Germanenreiche absagte und sich den mächtigen Episkopat, einen gefährlichen Gegner aller arianischen Reiche, zum Bundesgenossen machte. Die katholische Kirche wurde zur Stütze des fränkischen Reiches und in seiner Nachfolge auch des mittelalterlichen Staates. Chlodwigs Stellung unter den Franken war nun so überragend, daß er deren andere Könige und ihre adlige Verwandtschaft durch Mord beseitigen konnte, und so überwältigend war das ihm in seinen Erfolgen von den Göttern zugewandte Heil, daß die Franken daran nichts auszusetzen fanden.

Chlodwigs Söhne setzten die Eroberungskriege gemeinsam fort. Im Jahre 531 unterwarfen sie mit Hilfe der Sachsen das Thüringerreich, das im Maingebiet an den fränkischen Siedlungsraum grenzte. Das Verhältnis der damit auf drei Seiten umfaßten Hessen zum merowingischen Reiche ist unerkennbar. Von 532 bis 534 folgte die Eroberung des Burgunderreiches im Gebiet der Rhône und der Westalpen. Das Ostgotenreich vermochte ihr nicht mehr zu wehren; es mußte wenige Jahre später (537) auch von Alamannen und Bayern die schützende Hand abziehen und jene der Einordnung in den fränkischen Staat, diese einer engen Abhängigkeit von ihm überlassen. Auch in Niederdeutschland führten die Franken Krieg; ob damals schon die Sachsen ihrem Reiche eingefügt wurden, ist nicht eindeutig zu erkennen.

Um die Mitte des 6. Jh. hatte das merowingische Reich seine größte Ausdehnung erreicht: Von 558 bis 561 war noch einmal die Königsherrschaft in ihm in einer Hand vereinigt, ehe durch neue Teilungen, wilde Bruderkriege voll scheußlicher Morde und genußsüchtige Untätigkeit dekadenter Könige der Verfall des Reiches herbeigeführt wurde. Den Niedergang der Zentralgewalt und der königlichen Autorität nutzten hervorragende Glieder des königlichen Gefolges und des Heeres sowie römische Senatoren und Beamte, um ihre auf Grundbesitz gestützte lokale Eigenmacht zu begründen. Nach

Jahrzehnten des Kampfes setzte sich dieser neue Adel gegen die Krone durch: Im Jahre 614 wurde durch Gesetz die Willkür des Königs eingeschränkt und das Amt des Grafen, des Hauptvertreters der Zentralregierung in der Lokalverwaltung, dem eingesessenen Adel jeder Grafschaft vorbehalten.

Aus den wiederholten Teilungen der Königsherrschaft im Reiche entstanden allmählich, da die Adelsopposition diese Teilungen widerspiegelte, drei selbständige Reichsteile, das vorwiegend germanische Austrasien im Osten, das romanisch-westgotische Eroberungsgebiet Neustrien im Westen (innerhalb dessen das rein romanisch gebliebene Aquitanien früh eine Neigung zu Absonderung und Unabhängigkeit an den Tag legte) und die Rhônelandschaft Burgund. In jedem dieser Reichsteile entwickelte sich der königliche Maiordomus (Hausmeier), der Vorsteher und Leiter des königlichen Haushaltes, zum Repräsentanten der neuen Aristokratie, zum Führer der königlichen Gefolgschaft und zum Leiter der Regierung, so daß im 7. Jh. auch bei Wiedervereinigung der königlichen Haushalte und Herrschaften die Hausmeierämter der Reichsteile bestehenblieben. Als Führer des austrasischen Adels traten im Jahre 613 Bischof Arnulf von Metz und Pippin der Ältere hervor, die beiden ersten bekannten Vorfahren der Karolinger.

Die nichtfränkischen Stämme lösten sich indes immer mehr von der fränkischen Obergewalt ab, so daß um die Wende des 7. zum 8. Jh. die Herzöge der Bayern und Alamannen so gut wie selbständig waren. In Austrasien machte der Hausmeier Grimoald, der Sohn des älteren Pippin, im Jahre 656 den verfrühten Versuch, die Merowinger zu beseitigen und seinen eigenen Sohn auf den Thron zu erheben. Die Austrasier verweigerten der Usurpation die Anerkennung; jahrzehntelang haben die Arnulfinger diesen Rückschlag nicht verwinden können, obwohl Pippin II. 687 bei Tertry den Hausmeier von Neustrien-Burgund besiegte und hinfort als Maiordomus das ganze Reich von seinen Stammlanden an Maas und Mosel aus regierte.

Unter Pippin II. († 714) verschob sich das Schwergewicht des Reiches vom Pariser Becken ins Maas- und Rheingebiet; die romanischen Reichsteile verloren an Bedeutung. In erfolgreichen Kämpfen gegen Friesen und Alamannen bekräftigte Pippin die Wendung des Frankenreiches nach Osten, doch blieben Bayern, Thüringen und Sachsen so gut wie unabhängig, ebenso wie im Westen die iberischen Vasconen oder Aquitaner und die keltischen Bewohner der Bretagne.

2. Die Langobarden in Italien

Als nach dem Jahre 561 im Frankenreiche die inneren Wirren einer kraftvollen Außenpolitik für Jahrzehnte ein Ende setzten, begann auch die Schwäche des byzantinischen Reiches, eine Folge der justinianischen Restaurationspolitik, sichtbar zu werden. Die plötzliche Ohnmacht der beiden Großmächte, die sich bereits erste Kämpfe um die Herrschaft über Italien geliefert hatten, ermöglichte einem Dritten den Angriff auf das vom Krieg verwüstete und entvölkerte Land, nämlich dem Volk der Langobarden.

Die Langobarden waren an der Donau unter den Druck der Awaren geraten, eines mongolischen Reitervolkes, das wie einst die Hunnen aus Innerasien aufgebrochen war und an der Donau auch die Byzantiner bedrängte. Der Langobardenkönig Alboin beschloß daher, sein Volk nach Italien zu führen. Im Frühjahr 568 rückte er über die Ostalpen vor. Da ihm die Byzantiner den Weg nach Ravenna verlegten, wandte er sich nach Westen. Nach dreijähriger Belagerung fiel Pavia, das wegen seiner strategischen Bedeutung für die Kontrolle der Apenninenpässe die Hauptstadt des Langobardenreiches wurde.

Dessen Einheit indes zerfiel rasch. Von 573 bis 584 wurde kein neuer König gewählt. Unter Führung einzelner Herzöge durchzogen langobardische Haufen die gesamte Halbinsel, überall kleine Herrschaften gründend, und die Westalpen, wo sie mit den Franken zusammenstießen. Erst als 584 ein fränkisch-byzantinisches Bündnis die Eroberer in schwere Gefahr brachte, stellten diese die Einheit ihres Reiches wieder her, indem sie Authari zum Könige wählten. Die Herzöge opferten ihm einen Teil ihrer Befugnisse, und das Volk wurde für die neue Ordnung gewonnen, indem der König es ansiedelte, am dichtesten in der Poebene, etwas schwächer in Umbrien und Nordtoscana, noch dünner in den südlichen Herzogtümern Spoleto und Benevent.

Der Krieg mit den Byzantinern zog sich in die Länge, obwohl die Langobarden die Landverbindung zwischen Rom und Ravenna unterbrachen und die Halbinsel zum größten Teil in ihre Gewalt brachten. Nur Ravenna, der Sitz des byzantinischen Exarchen, die Romagna mit den Seestädten der Pentapolis, der Dukat von Rom mit der Campagna, der Dukat von Neapel und die Südspitzen des Festlandes, die Landschaften Bruttien und Kalabrien, blieben byzantinisch. Da sie keine Flotte besaßen, gelang es den Langobarden nicht, Italien durch Vertreibung der Griechen zu einigen.

In dieser Lage wuchs die politische Bedeutung des Papsttums, das schon seit 554 ein Recht zur Kontrolle der kaiserlichen Beamten besaß und jetzt vom Kaiser und von seinem Exarchen fast unabhängig wurde, obwohl es gerade durch den Gegensatz zu den arianischen Langobarden veranlaßt wurde, sich weiterhin als eine Institution des römischen Reiches zu betrachten. Papst Gregor I. der Große (590–604) entstammte dem stadtrömischen Adel und war im kaiserlichen Dienste emporgestiegen, bevor er zum Papst gewählt wurde. Der ausgedehnte und von ihm vortrefflich verwaltete Grundbesitz der Kirche in Italien (Patrimonium Petri) verlieh ihm eine besondere Macht, weil er aus den Erträgen die Ausgaben für das Almosenwesen der Kirche bestreiten konnte, das nun an die Stelle der früheren kaiserlichen

Lebensmittelzuwendungen trat. Gegen die Langobardengefahr setzte er das Mittel der Mission ein und ein selbstherrliches Versprechen der Tributzahlung. Im Jahre 598 vermittelte er den ersten Staatsvertrag zwischen dem Exarchen und den Langobarden, durch den Byzanz die Tributpflicht anerkannte.

3. Die Britischen Inseln

Die ehemals römische Provinz Britannien stand seit dem 5. Jh. allseits unter dem Druck landsuchender Feinde. Aus Cornwall, Devon und Wales, wo sich die politische Zersplitterung der Kelten in zahlreiche kleine Königreiche mit erblichem Königtum bis ins 9. Jh. erhielt, wichen daher viele Kelten über See in die Landschaft Armorica aus. Statt des Galloromischen wurde hier jetzt wieder das Keltische gesprochen, und die Landschaft erhielt den neuen Namen Bretagne. Die Abhängigkeit der bretonischen Fürsten vom fränkischen Reich blieb locker.

Die Ursache der keltischen Auswanderung war weniger der Andrang der Sachsen, die so früh nicht in den Westen der britischen Insel vorgestoßen sind, als der der Iren. Auf der irischen Insel wurde die alte politische Zersplitterung jetzt durch die Bildung größerer Herrschaften überwunden; kleinere Dynastien wichen daher nach Osten aus und leiteten die irische Ausbreitung nach Schottland und der Insel Man ein. Die Beziehungen des iroschottischen Reiches Argyll zu den Fürstentümern der Pikten beiderseits des schottischen Firth of Tay und zu den südlich davon wohnenden Briten festigte der Abt-Bischof Columban; er kam 557 auf die Insel Iona, deren Kloster die Verkehrsverbindungen der schottischen Westküste beherrschte. Im Jahre 628 wird zum ersten Male ein König von Argyll zugleich König der Pikten genannt; beide Reiche wuchsen nun zum Königreich Schottland zusammen.

Indessen drang weiter südlich die germanische Besiedlung von Osten her vor. Sachsen besetzten das Land südlich der Themse, friesische Euten die kleine Südostecke Englands sowie Hampshire mit der Insel Wight und Angeln die größere östliche Hälfte Englands, von wo aus sie allmählich über den Humber und Tyne hinaus nordwärts vordrangen. Seit der Mitte des 6. Jh. gerieten die britischen Königreiche Südschottlands bis zum Firth of Forth und Firth of Clyde hin unter ihre Herrschaft. In der Schlacht von Dunnichen Mere (685) brachten schließlich die Pikten ihre Expansion zum Stehen; der Forth blieb die Grenze. Im Westen erhielten sich die freien britischen Herrschaften vor allem im Bergland von Wales.

Die germanischen Eindringlinge zersplitterten sich zunächst in viele Herrschaftsgebiete, die sich jedoch seit dem 6. Jh. zu größeren Reichen zusammenschlossen. Seit der Mitte des 6. Jh. sind die ersten historischen Königsnamen überliefert, und im 7. Jh. formte sich die angelsächsische Heptarchie der Reiche von Kent, Sussex, Wessex, Essex, Eastanglia, Mercia und Northumbria aus. Northumbria übte im 7. Jh. die Vorherrschaft aus, begünstigt durch die Nähe zur iroschottischen Mission; so konnte es in der Ausbreitung der christlichen Lehre eine besondere Bedeutung erlangen.

4. Nord- und Osteuropa

Vermutlich von Schonen her breiteten sich in der ersten Hälfte des 6. Jh. die Dänen über die Inseln bis nach Jütland aus, das durch den Abzug der Angeln teilweise entvölkert war. Von größeren politischen Organisationen ist uns weder aus dem Umkreis der dänischen Inseln noch von der skandinavischen Halbinsel Sicheres bekannt; indes zeugen Grabhügel und Schiffsgräber sowohl in Schweden wie in Ostnorwegen vom Glanz zahlreicher Kleinkönigtümer.

Südlich der Ostsee fehlt es an allen Anzeichen staatlich-politischer Ordnung. Die spärlich besiedelten Weiten der Tiefebene wurden, sei es durch Wanderungen, sei es durch Kulturströmungen, allmählich slavisch überformt. Die westgermanischen (später deutschen) Stämme schauten alle nach Westen. In ihrem Rücken, von Ostholstein, der Elbe und Saale an ostwärts, erstreckte sich das in Geschichtslosigkeit zurückfallende Slavenland. Nach der Mitte des 6. Jh. hörte der weit in die Kaiserzeit zurückreichende Verkehr zwischen Mittelmeergebiet und Ostsee auf, der durch die Mährische Pforte, das Marchtal und die Flußgebiete der Oder und Weichsel vermittelt worden war, wahrscheinlich infolge des Einbruchs der Awaren in den Donauraum und der dadurch geförderten slavischen Landnahme oder Ausbreitung, der auch die Landhandelswege vom Niederrhein durch Thüringen und Brandenburg nach Ostpreußen im 6. Jh. erlagen. Der zweite große Verbindungsweg vom römischen Reich nach Nordeuropa, der vom Niederrhein über die Nordsee und Jütland zu den dänischen Inseln führte, verlor zwar im 6. Jh. ebenfalls merklich an Bedeutung, wurde aber doch nicht unterbrochen und begünstigte das allmähliche Hervortreten des Sveareiches im mittleren Schweden seit dem 7. Jh.

Die Vormacht des Ostens bildete das Steppenvolk der Awaren, das 562 zum ersten Male auch in das Frankenreich eingefallen war und 567 das Reich der Gepiden vernichtete, deren Sitze in Dakien und Pannonien hinfort das Zentrum seiner von der fränkischen Grenze bis zur Wolga sich erstreckenden Herrschaft bildeten. Hauptziel der awarischen Expansion waren indes die oströmischen Donauprovinzen.

5. *Byzanz*

Die Unhaltbarkeit der Donaugrenze gegenüber dem slavisch-awarischen Andrange stellte sich für den Kaiserstaat von Konstantinopel zur selben Zeit heraus, als der Zusammenbruch der Eroberungen Justinians im Westen begann. Da die stark vernachlässigte Stellung des Reiches in Vorderasien dringend der Stärkung bedurfte, verschob sich das Schwergewicht der byzantinischen Politik notwendigerweise nach Osten. Hier entbrannte ein langwieriger Krieg mit dem Perserreich, den erst nach vollen zwanzig Jahren Kaiser Maurikios mit dem Erwerb eines großen Teiles des persischen Armenien erfolgreich abschließen konnte.

Als unfähig aber erwies sich das Reich, um die Donaugrenze gegen Slaven und Awaren zu schützen, die von Norden her plündernd die gesamte Balkanhalbinsel durchstreiften. Seit etwa 580 begannen die Slaven sogar, sich auf Reichsboden niederzulassen und das Land in festen Besitz zu nehmen. Vergebens suchte Maurikios diese Landnahme in einem 10 Jahre dauernden Krieg zu verhindern. Als er 602 einer Verschwörung seiner Soldaten zum Opfer fiel und das Reich im Bürgerkrieg der Zirkusparteien versank, fielen nicht nur Armenien und Vorderasien einem neuen persischen Angriff als Beute anheim, sondern wurde auch die Balkanhalbinsel endgültig von Slaven überschwemmt.

So vollzog sich hier die Bildung der späteren südslavischen und Balkanvölker. Griechenland, wo die Slaveneinwanderung zahlenmäßig am schwächsten war, konnte seit der Mitte des 7. Jh. von den Städten aus mit Hilfe der orthodoxen Mission allmählich rehellenisiert werden, während in Transsilvanien und der Walachei die geringe Zahl der Siedler der Romanisierung (Rumänisierung) verfiel. Die Slaven zwischen Donau und Balkan, Iskir und Schwarzem Meere gerieten gegen 680 unter die Herrschaft einer bulgarischen Herrscher- und Militärkaste, die hier das donaubulgarische Reich gründete. Im Bergland zwischen der Donau und dem Adriatischen Meer entstanden die eigentlich südslavischen Stämme der Slovenen, Kroaten und Serben.

Retter und Erneuerer des byzantinischen Staates wurde Kaiser Herakleios (610–641). Mit der völlig neuen Richtung, die er der Entwicklung von Staat und Kultur wies, wurde das veraltete spätrömische Staatssystem endgültig verlassen und begann ein neues, das eigentlich mittelalterliche Zeitalter des oströmischen Reiches. Herakleios förderte den Ersatz der alten Verwaltung durch die Themenverfassung. Er teilte das von Persern und Slaven noch unversehrt gelassene kleinasiatische Gebiet in große Militärbezirke unter Führung von Strategen ein, neben denen die Zivilverwaltung der Provinzen zwar bestehenblieb, ohne aber auf die Dauer dem Vorrange der Strategen widerstehen zu können. Die Themenverfassung führte zu einer Militarisierung der Verwaltung, die dem Staatswesen ein völlig neues Gepräge gab. Am wichtigsten aber war die Ansiedlung der Truppen in den neuen Bezirken, die so ihre Bezeichnung von der für eine Truppendivision üblichen Benennung (griech. thema) erhielten. Herakleios schuf für jede Division die erforderliche Zahl von Soldatengütern, die gegen Verpflichtung zur erblichen Heeresdienstleistung als erbliche Besitztümer ausgeteilt wurden. Das Institut der Soldatengüter bot die Grundlage für die Entstehung eines starken einheimischen Heeres und machte das Reich von der kostspieligen Anwerbung der immer unsicheren und oft nicht in genügender Zahl verfügbaren fremdstämmigen Söldner unabhängig. Es hatte einen außerordentlichen Rückgang der Staatsausgaben zur Folge. Außerdem führte es zum Erstarken des freien Kleingrundbesitzes auch außerhalb der bodenständigen Bauernmiliz; die großen Grundherrschaften der frühbyzantinischen Zeit mit ihren Kolonen hörten auf, das innere Bild des Staates zu bestimmen. Gleichzeitig begann sich der Stand der Handwerker zu wandeln. Die spätrömische Bindung an den Beruf des Vaters fiel fort; überall gab es jetzt freie Handwerker, eine Entwicklung, die besonders in Italien über die Reichsgrenzen hinaus von Einfluß wurde.

Auch in der kulturgeschichtlichen Entwicklung begann jetzt das Mittelalter. Herakleios beendete das künstliche Festhalten am Lateinischen als der Amtssprache in Heer und Verwaltung, indem er das Griechische als offizielle Sprache des Kaiserreiches anerkannte. Zum äußeren Anzeichen für die Hellenisierung des Staates verzichtete er auf die komplizierte römische Kaisertitulatur zugunsten der volkstümlichen griechischen Bezeichnung Basileus, die hinfort der eigentliche Herrschertitel war. Die Kirche hörte auf, wie bisher, bloße Dienerin des Staates zu sein; das ganze Leben gewann kirchlichen, ja mystischen Einschlag. So wurden Herakleios' Perserkriege von einem religiösen Enthusiasmus getragen, wie ihn die frühere Zeit nicht kannte; es waren die ersten großen Glaubenskriege der christlichen Ära.

Im Jahre 627 besiegte Herakleios das sassanidische Perserreich. Er konnte aber die Eroberungen nicht gegen die Heere des Kalifen Omar, des Begründers der arabischen Weltmacht, behaupten. Das Auftreten der Araber stürzte das Reich in eine neue schwere Gefahr. Von 674 bis 678 bestürmte eine starke arabische Flotte in jedem Sommer die Mauern der Reichshauptstadt, ohne doch die Flotte der Verteidiger und das griechische Feuer, ein auf dem Wasser brennendes Explosivgemisch, überwinden zu können. Aber auch in dieser Notzeit blieb die von Herakleios geschaffene Heeres- und Verwaltungsordnung bestehen; auf ihr konnten spätere Jahrhunderte eine neue Machtstellung des byzantinischen Staates aufbauen.

6. *Die Araber*

Unvergleichlich steil war der Aufstieg der neuen Weltmacht des Ostens verlaufen. Noch im 7. Jh. lebte die nomadische Bevölkerung der grenzfernen Weiten Arabiens in einer Gliederung nach Sippen und Stämmen, innerhalb deren die Rechte und Pflichten des einzelnen lediglich aus der Blutsverwandtschaft flossen und vor allem in der Hilfeleistung bei der Blutrache bestanden. Ebenso einfach war das religiöse Leben der Araber gewesen. Die Verehrung von Naturdämonen namentlich in Gestalt heiliger Steine hatte den gesamten Kult auf sich konzentriert, wenn auch der Glaube an Allah, den einen Gott und Schöpfer der Welt, den Arabern seit alters vertraut und durch den Einfluß der monotheistischen Religionen des Judentums und Christentums gestärkt worden war.

Dem vom Heidentum nicht mehr befriedigten Streben nach höheren Glaubensformen entsprachen die Lehre und der rasche Erfolg des Schöpfers des historischen Arabertums Mohammed. In einsamer, asketischer Einkehr hatte er die Berufung zum Propheten des einen Gottes empfangen, aufgrund deren er seit etwa 610 in Mekka seinem Stamme die willige Ergebung in Gottes Willen (arabisch: Islam) predigte. Indem er gegenüber dem Christentum und dessen sich langsam bildender Heiligenverehrung einen strengen Monotheismus verkündete und darum auch jede menschliche Darstellung aus den Moscheen verbannte, schuf er die Voraussetzung, unter der sich die christliche, seit je monophysitisch gesonnene Bevölkerung Ägyptens und Syriens rasch zum Übertritt verleiten ließ, als der Arabersturm über sie hinwegbrauste.

Denn mit der Forderung des Glaubenskrieges erhob der Islam von Anfang an den Anspruch, Weltreligion zu sein. Bei Mohammeds Tod (632) war er bereits über den größten Teil Arabiens verbreitet. Eine kurze Krise unter dem ersten Kalifen (Nachfolger des Propheten) wurde überwunden durch den Kalifen Omar, den Begründer des arabischen Weltreiches in den östlichen Mittelmeerländern. Die byzantinischen Provinzen Syrien, Palästina und Ägypten, die Kaiser Herakleios eben erst den Persern entrissen hatte, wurden im Sturm erobert, zugleich aber auch das sassanidische Perserreich endgültig zerstört.

Omars Nachfolger gingen in Kämpfen gegeneinander unter. Dem Statthalter von Syrien, Moawija, dessen Provinz am stärksten von Byzanz bedroht wurde, gelang 661 der Aufstieg zum Kalifat. Moawija wurde der Begründer der Dynastie der Omaijaden und einer neuen Phase der islamischen Ausdehnungspolitik. Im Jahre 649 erschien zum ersten Male eine arabische Flotte auf dem Mittelmeere; zu Lande und zur See wurden nun die Angriffe bis unmittelbar an die Hauptstadt der Byzantiner vorgetragen. Diese aber erwies sich als uneinnehmbar, so daß Moawija nach dem letzten erfolglosen Ansturm von 678 Frieden schließen mußte. Dauernde Erfolge erfochten die

Araber dagegen in Nordafrika. Hier vermochten sie von dem bereits 641 eroberten Ägypten aus die byzantinische Herrschaft völlig zu brechen. Im Jahre 711 schließlich gelang einem Heere aus Arabern und Berbern unter dem Feldherrn Tarik der Übergang über die Meerenge, die seitdem seinen Namen trägt (Gibraltar, arabisch: Gebel al-Tarik – Felsen des Tarik). Die Westgoten wurden völlig geschlagen, ihr letzter König, Roderich, fiel im Kampfe. Acht Jahre später standen die Araber an den Pyrenäen, bereit, ins Frankenreich einzufallen.

B. Geschichte der gesellschaftlichen Ordnungen

1. Papsttum und Kaisertum

Die Macht des Kaisers in Byzanz reichte seit dem Scheitern der Restaurationspolitik Justinians nicht mehr hin, die Einheit der christlichen Welt lebendig zu erhalten, obwohl sie als das von Gott eingesetzte römische Reich den Anspruch auf die Weltherrschaft festhielt. Durch das Bemühen, in der vom Kaiser errichteten geistigen Familie der Könige einen angemessenen Platz zu erhalten, das in der Politik des 6. und 7. Jh. eine große Rolle spielte, erkannten die germanischen Könige den Vorrang und die ideelle Oberherrschaft des Kaisers allgemein an. Die merowingischen Könige bedienten sich in ihrer Korrespondenz mit dem Kaiser bei der Anrede stets der Titel „Imperator" und „Augustus", während sie sich selbst nur als „Könige" bezeichneten. Bis 775 haben die Frankenkönige den Titel „vir inluster" (erlauchter Herr) geführt, der im 5. Jh. (später nicht mehr) die höchste Rangstufe im byzantinischen Zeremoniell bezeichnete.

Inwieweit diese gedankliche Rangordnung der weltlichen Gewalten von praktischer politischer Bedeutung für die Verfassungsgeschichte der germanischen Staaten gewesen ist, läßt sich anhand der trümmerhaften Überlieferung schwer erkennen und ist in der Forschung umstritten. Besonders seit den Reformen des Herakleios erscheint das oströmische Kaiserreich nur noch als der den Königreichen gleichstehende Staat des griechischen Volkes. Begriffe wie „Imperator" und „Patricius" verloren in den germanischen Reichen die spezifische Bedeutung, die sie im römischen Staatsrecht besaßen. Im Westen wurde die Vertauschbarkeit der Ausdrücke „Imperium" und „Regnum" geläufig im Sinne von Herrschaft oder Oberherrschaft. Neben der vom Kaiser verliehenen Patriciuswürde erscheinen im Frankenreiche Patricii für Burgund und die Provence, die der merowingische König ernannte und die nach ihren Befugnissen mit einem Comes (Grafen) oder Dux (Herzog) auf gleicher Stufe standen.

Ein weithin im Abendland sichtbarer Exponent des universalen Reiches war aber das Papsttum. Dessen Abhängigkeit von Ostrom und Einordnung in die Reichskirche steigerte sich, seit die Langobarden die Existenz der römischen Kirche bedrohten und seit im 7. Jh., zunächst vereinzelt, seit 685 aber fast ununterbrochen, griechisch-orientalische Päpste den Stuhl Petri bestiegen, offenbar weil es im Westen keine Kleriker mehr gab, die mit den kirchlichen Verhältnissen des Ostens und seinen Lehrstreitigkeiten hinreichend vertraut waren. Aus dem römischen episcopium (Bischofsamt) wurde ein patriarchium Lateranense (Patriarchat des Lateranpalastes); Behördenapparat und Zeremoniell der Päpste traten stark unter östlichen Einfluß. Ein neugewählter Papst konnte nur mit Zustimmung des Kaisers ordiniert werden; sein Amt galt auch in Rom als Reichsamt.

Gegenüber der Welt der Germanen wurde das Papsttum zum geistigen Mittelpunkt des sinkenden Römertums. Mit ihrer Liturgie und der von Klerikern geleisteten Geschichtsschreibung verbreitete die Kirche den römischen Imperiumsbegriff im Frankenreiche und in der germanischen Welt. Durch den Untergang der arianischen Reiche der Ostgoten und Vandalen, dann durch den Übertritt der Burgunder und Westgoten zum Katholizismus im 6. sowie der Langobarden im 7. Jh. stellte sich eine neue Einheit des Abendlandes im christlichen Glauben her. In Italien, dem Franken- und Westgotenreich konnte sich die Bistums- und Provinzialorganisation im wesentlichen in den aus dem spätrömischen Reiche überkommenen Formen erhalten. In Britannien dagegen und im Osten, im Donau- und Balkangebiet, hatten Germanen, Awaren und Slaven das kirchliche Leben völlig vernichtet; hier mußte die spätere Mission eine von Grund auf neue Bistumsorganisation errichten.

Eine besondere Entwicklung nahm die christliche Kirche in Irland. Mit dem Abreißen der Verbindungen zur Reichskirche des Festlandes trat die bischöfliche Obergewalt der im 5. Jh. von Patrick gegründeten, römisch organisierten Kirche zu Armagh zurück; es setzte sich eine monastische Organisation ohne jede zentrale Instanz durch. Jeder der irischen Clans besaß ein Großkloster, das unabhängig und in seiner vom Abt geleiteten Vermögensverwaltung selbständig war und dazu seine eigenen Regeln und asketischen Disziplinen besaß.

Mit der irischen Ausbreitung nach Schottland und der Gründung des Reiches von Argyll wurde auch die Mönchskirche dorthin übertragen. Columban der Ältere († 597) war gleichzeitig Organisator dieses Reiches und Gründer des Klosters Iona, das sich zum Mittelpunkt der irischen Kirche entwickelte. Von Schottland aus drang die Mönchskirche in das angelsächsische Königreich Northumbria ein, wo auf einer Insel vor der Mündung des Tweed das Kloster Lindisfarne gegründet wurde.

Um die Wende des 6. Jh. ist die eigenartige Frömmigkeit der iroschottischen Mönchskirche für das Abendland zu hoher Bedeutung gekommen, weil sie sich die Christianisierung der Franken und der germanischen Stämme östlich des Rheins zur Aufgabe machte und hier durch ihre Klöster die ersten Anfänge eines geistigen und wissenschaftlichen Lebens pflanzte. Ihre Mission vollzog sich ohne zentrale Leitung und namentlich völlig unabhängig von Rom. Der jüngere Columban, dessen Heimat das irische Kloster Bangor war, wirkte nach kurzem Aufenthalt in der Bretagne seit etwa 590 zwanzig Jahre lang in Burgund, wo er die Klöster Luxeuil und Fontaines gründete, und von 610 bis 612 am Zürich- und am Bodensee. Von hier zog er über die Alpen ins Langobardenreich, wo er in seinen letzten Lebensjahren die erste Gründung einer Abtei durch das langobardische Königtum erreichte, nämlich das Kloster Bobbio bei Piacenza (612).

Da sich bisher die römische Kirche an der Bekehrung der Germanen gar nicht beteiligt hatte, so bezeichnet es eine Wende, als Papst Gregor I. der Große im Jahre 596, vielleicht einer aus England gekommenen Anregung folgend, den Vorsteher seines römischen Andreasklosters, Augustin, mit einer Schar von etwa vierzig Mönchen aussandte, um den germanischen Eroberern Britanniens das Christentum zu predigen. Schon im nächsten Jahre ließ sich König Ethelbert von Kent taufen, und nun konnte Augustin den Grund für eine römische Kirchenorganisation legen. Im Jahre 601 erhob der Papst ihn zum Erzbischof mit der Befugnis, weitere Bischöfe zu weihen, von denen zwölf ihm selbst als Metropoliten von London (später Canterbury) und zwölf dem künftigen Bischof von York unterstehen sollten.

Selbst in Irland vermochte die römische Bischofskirche nun wieder vorzudringen. Im Jahre 636 schloß sich zuerst Südirland in der wichtigen Frage der Bestimmung des Ostertermins der römischen Ordnung an. Die letzte und denkwürdige Entscheidung brachte die Synode von Whitby im Königreich Northumbria. Hier war es aufgrund der Ehe des Königs Oswih mit einer katholischen Prinzessin aus dem Königshause von Kent zur Koexistenz einer römischen und einer columbanischen Kirche gekommen, die zu allerlei Schwierigkeiten geführt hatte, so daß der König die Vertreter beider Kirchen einander gegenüberstellte, um sich für die bessere entscheiden zu können (664). Den Ausschlag gab das von dem Priester Wilfried in die Waagschale gelegte Christuswort für den Apostel Petrus, das diesem die Schlüssel des Himmelreiches übereignete. Die irische Kirche wußte keine gleiche Autorität anzuführen, und so schloß sich Oswih mit seinem Reiche der römischen Kirche an. Im Jahre 697 entschied die Synode von Birr auch den Sieg der römischen Partei und der Kirche des heiligen Patrick in Irland, und 716 feierte selbst das Kloster Iona das Osterfest nach römischer Berechnung.

Die Synode von Whitby offenbart die Tiefe des Einbruchs germanischen Denkens in den christlichen Glauben. Petrus als der Schlüsselträger war der gesamten alten Kirche bekannt gewesen, und doch hatte in ihr niemand damit eine Vorstellung verbunden, wie sie der Angelsachse Wilfried dem Könige Oswih vortrug, daß der Apostel am Tore des Himmelreiches den Seelen der Verstorbenen Einlaß gewähren oder verweigern könne, je nachdem, ob sie ihm auf Erden gehorsam gewesen waren oder nicht. Der bekehrte

Germane dachte sich Sankt Peter, den Apostelfürsten und Pförtner des Himmelreiches, anders als die alte, an abstraktere Denk- und Glaubensformen gewöhnte Kirche. Mit einem neuen Glauben haben wir es zu tun; die Germanen waren Christen, aber das Christentum war germanisch geworden. Noch lebte die römische Kirche der Nachfolger des Apostels ganz im Bannkreis des römischen Reiches und des alten Christentums; sie kehrte das Antlitz nach Osten, den zu beherrschen ihr wichtigstes Ziel war. Es war aber die Zeit nicht mehr fern, in der der Glaube der Engländer auf das Festland und dessen führende Macht, das Frankenreich, übertragen werden und das Papsttum sich vom Osten ab und eben diesem Reiche zuwenden sollte, um, von jenem Glauben getragen, seinen Aufstieg in der mittelalterlichen Geschichte zu nehmen.

2. Fortdauer römischer Herrschaftsordnungen

Reste der römischen öffentlichen Verwaltung waren noch dem Frankenreich überkommen. Die romanische Bevölkerung und namentlich die katholische Kirche fuhren fort, wie zuvor dem römischen Kaiser und seinen Beamten, so jetzt dem germanischen König und den Herzögen, die an die Stelle jener getreten waren, im gewohnten schriftlichen Weg ihre Gesuche um Urteile, Rechtsbelehrungen, Steuernachlaß, Verpachtung von Staatsland, Wahlbestätigung und vieles andere vorzulegen. Bezeugt sind für den merowingischen Königshof schon im 6. Jh. und für den langobardischen seit dem 7. Jh. Referendare als Hofbeamte in einflußreicher Stellung, die als Beisitzer im Hofgericht fungierten, das königliche Siegel verwahrten und die Echtheit der damit besiegelten Schriftstücke verbürgten, sowie Notare, die als Konzipienten und Schreiber dienten. Der Laienstand und die Titel dieser Hofbeamten, ihre Funktionen und die Kenntnis der römischen Stenographie (Tironischen Noten) lassen erkennen, daß wir es hier mit einer vom römischen Reich übernommenen Arbeitsweise zu tun haben.

Fortdauer und Wirksamkeit der alten römischen Verwaltung waren jedenfalls ganz an die Kontinuität römischer Bevölkerung und an deren Festhalten an der spätrömischen Zivilisation geknüpft. Die Germanen verkehrten anders mit ihrem König, und wo sie geschlossen siedelten, wurde die römische Verwaltung völlig weggewischt. Aber auch die Romanen sind im 6. und 7. Jh. immer stärker, im Süden langsamer und unvollständiger, einem neuen Lebensstil mittelalterlichen Gepräges verfallen. Partikularismus in Gestalt lokal verankerter Adelsherrschaft wurde auch unter ihnen zur maßgebenden Triebkraft für die Neugestaltung des Staates.

Am wenigsten traf die neue Entwicklung verständlicherweise den byzantinischen Staat. Die Rationalität des antiken Staates konnte sich hier weitgehend erhalten. Die Beamtenschaft blieb absetzbar und erhielt ihre Rechte allein aus der kaiserlichen Ernennung; die Ämter blieben so der Beeinflussung durch die Oberschicht entzogen. Auch nach Einführung der Themenverfassung blieb der Militärsiedler unmittelbarer wehrdienst- und steuerpflichtiger Untertan des Reiches, den keine Zwischeninstanz mit autonomen Herrschaftsrechten mediatisieren konnte. Bestehen blieb ebenfalls eine streng zentralisierte Finanzverwaltung. Die Domänenverwaltung freilich fiel fort, da durch die Heeresansiedlung die Domänen parzelliert und aufgesiedelt wurden. Durch Edikte, welche allgemein gültige Gesetze und Novellen zu solchen enthielten, lenkte der Kaiser das gesamte öffentliche und kirchliche Leben, und eine mit schriftlichen Weisungen und Rechenschaften arbeitende Bürokratie sorgte dafür, daß sein Wille überall im Reich geschah.

Der mittelalterliche Charakter dieser Herrschaft erscheint am deutlichsten in der Kaiserwahl. Diese beruhte auf dem Zuruf von Heer, Senat und Volk als eigentlich rechtswirksamem Akt und bedingte damit die rechtliche Existenz einer Reichshauptstadt, deren Senat und Volk dieses Recht ausüben konnten. Der seit dem 5. Jh. übliche kirchliche Weiheakt war staatsrechtlich ohne Bedeutung. Um den Herrschaftsübergang dem rechtsfreien Raume einer tumultuarischen, oft mit Gewalttaten verbundenen Revolution zu entziehen, bediente man sich der Mitregentschaft. Der ins Auge gefaßte Thronfolger wurde noch zu Lebzeiten des Kaisers gekrönt und trug fortan als Mitkaiser Krone und Kaisertitel, so daß er nach dem Ableben des Herrschers den Anspruch auf die Akklamation leichter realisieren konnte. So wurden die Vererbung der Krone und die Entstehung von Dynastien ermöglicht; die des Herakleios wurde die erste byzantinische Dynastie im eigentlichen Sinne des Wortes: Ihre Glieder haben ein volles Jahrhundert lang (bis 711) das Reich regiert. Aber nicht nur das dynastische Erbrecht setzte sich durch, sondern auch, wiewohl langsamer, die keineswegs selbstverständliche Beschränkung des Thronfolgerrechtes auf den ältesten Sohn des Kaisers. Noch Herakleios hatte neben seinem Erstgeborenen auch seinen zweiten Sohn zum Mitkaiser erhoben und zum Thronerben eingesetzt, und Kaiser Konstantin IV. mußte im Jahre 680 durch Edikt bestätigen, daß seine beiden – ebenfalls zu Lebzeiten ihres Vaters gekrönten – Brüder ihm mit gleichen Rechten in der Herrschaft zugeteilt wären und daß die Münzen das Bild aller drei Kaiser tragen sollten. Ein Jahr später konnte er dann gegen eine starke Opposition in Senat und Heer durchsetzen, daß den Brüdern alle Kaiserrechte entzogen wurden. An der Ausübung der Herrschergewalt hatten hinfort die Mitkaiser keinen Anteil mehr, womit eine seit mehreren Generationen fließende Quelle blutiger Unruhen im Reich verstopft war.

3. Germanische Herrschaftsordnungen

Für die Germanen war der König immer noch Heerkönig, unmittelbar persönlicher Führer im Kampf um Beute und Land, der in Krieg und Frieden seinem Volk das Wohlwollen der überirdischen Mächte zuzuwenden hatte. Im Frieden hatte er daher vor allem oberpriesterliche Funktionen, zu denen auch der Gerichtsvorsitz gehörte: Der König hatte dafür zu sorgen, daß, bevor ihm die Gerichtsversammlung das häufig auf irrationale Beweismittel wie Reinigungseid, Ordal oder Zweikampf erkennende Urteil wies, kein Fehler in den heiligen Handlungen der Einleitung (Hegung) des Gerichts vorfiel. Zum Rechtsschutz und zur Vollstreckung dagegen brauchte man ihn nicht; dies war Aufgabe der Sippe. Tat oder erlitt ein Mann Unrecht, so war dies nicht seine Sache allein, sondern die seiner ganzen Sippe, die mit ihm um Rache oder Entschädigung kämpfen oder die Rache erleiden, das Wergeld für einen Getöteten und die Buße für einen Verletzten aufbringen mußte. Auch in der Gerichtsversammlung, die lediglich eine strenger normierte und öffentlich kontrollierte Selbsthilfe gewährte, erschienen die Sippen, um für ihre Glieder einzustehen, durch Eideshilfe die Wahrheit ihrer Worte zu erweisen und ihre Unterwerfung unter den Spruch des Gerichtes zu verbürgen.

Im Frankenreich erwarb sich die Königssippe ein so überwältigendes Ansehen, daß das Wahlrecht des Volkes auf eine Formalität zusammenschrumpfte. Bei den Langobarden war dagegen die Macht des Königtums gegenüber den Herzögen nur schwach entwickelt. Die Angelsachsen bildeten gar kein gemeinsames Königtum aus, sondern erhielten sich eine Vielzahl königlicher Sippen. Unter den rechtsrheinischen Stämmen, die sich der fränkischen Herrschaft unterordnen mußten, erlangten die führenden Geschlechter lediglich bei Alamannen und Bayern herzoglichen Rang und eine einigermaßen deutlich erhöhte Stellung, während Friesen und Sachsen keine dauernde monarchische Spitze oder charismatisch herausgehobene Sippe besaßen. Vor der durch die fränkische Oberherrschaft erzwungenen Zusammenfassung der Stammesgebiete der Alamannen und Bayern unter Herzögen, deren Obergewalt locker genug zu denken ist, sah die herrschaftliche Ordnung dieser Stämme ähnlich aus wie die der Angelsachsen in England: Eine Reihe selbständiger Kleinkönigreiche und Fürstentümer standen nebeneinander, in ihren Grenzen ständig im Fließen und jedes von einer großen Adelsfamilie beherrscht, deren Macht auf Reichtum und Großgrundbesitz beruhte. Adlig wurde, wer den freien Bauern Schutz gegen Unrecht und äußere Feinde gewähren konnte; wer aber solchen Schutz in Anspruch nahm, der mußte dem Herrn auch helfen, die Mittel für den Schutz, nämlich Burgen und feste Adelssitze, zu schaffen und instand zu halten. Der adlige Schützer erlangte damit das Recht, die Geschützten zu Burgdienst und Verteidigung aufzubieten, während die Geschützten sich durch diese auf freiwilliger Unterordnung beruhende Rechtsgemeinschaft zu seiner genossenschaftlichen Gefolgschaft formten. Die über den gesamten rechtsrheinischen germanischen Bereich bis hinauf nach Dänemark und Skandinavien verbreiteten frühgeschichtlichen Burgen sind ein wichtiges Zeugnis für die früheste und kleinräumige Herrschaftsorganisation der freien Germanen.

Im fränkischen Großreich stellten sich neue Probleme. Der König brauchte Helfer, die in den fernen Teilen des Reiches seine Aufgaben wahrnahmen. Um sie zu unterhalten, vergab er große Ländereien, die er in der Regel unmittelbar von den römischen Imperatoren übernommen hatte. Alljährlich, wenn er seine Streitkräfte musterte, kamen alle seine Krieger von nah und fern zum Hofe; im Laufe des Jahres aber konnte er ihnen nicht unmittelbar, sondern nur durch seine Vertreter befehlen. So stiegen die bewährtesten seiner Helfer zu örtlichen Befehlshabern der königlichen Krieger auf. Als Nachbarn konnten sie Prinzen des königlichen Hauses haben, da sich durch die merowingischen Herrschaftsteilungen die Zahl der königlichen Hofhalte sehr vermehrte. Als Nachbarn hatten sie ferner die großen senatorischen Grundbesitzer der römischen Provinzialenbevölkerung mit ebenfalls eigenen Einkünften und Privatarmeen. Schließlich verschmolzen diese Gruppen zum neuen fränkischen Adel, zur Führungsschicht des fränkischen Staates, in der sich angesichts der von ihr mit erfochtenen gewaltigen militärischen Erfolge noch im 6. Jh. die Überzeugung verbreitete, von Gott besonders auserwählt zu sein. Gegen Ende des 6. Jh. stellte der aus dem romanischen Adel stammende Bischof Gregor von Tours in seiner Frankengeschichte bereits das fränkische Reich dar als die gottgewollte Fortsetzung des römischen Imperiums, der Ordnungsmacht des christlichen Erdkreises.

In der durch Königsdienst legitimierten örtlichen Herrschaft dieser Adelsschicht ging auf, was von einst römischen Verwaltungsbehörden noch übrig war. Die von den örtlichen Machthabern vornehmlich geführten Titel iudex (Richter), comes (königlicher Hausgenosse; später dem germanischen Grafen gleichgesetzt), dux (Truppenführer; später dem germanischen Herzog gleichgesetzt), patricius stammen alle aus der römischen Zeit. Im germanischen Teil des Frankenreiches stieg der grafio, der anfangs ein untergeordneter Königsbeamter war, zu comesgleicher Stellung auf. Im 7. Jh. waren die comites nach einer weit verbreiteten Bedeutung des Wortes nichts anderes als die großen Adligen des Volkes, die zugleich die Umgebung des Königs bildeten. Sie hatten keinen Sinn mehr für die römische Auffassung, der zufolge ihre herrschaftlichen Funktionen anvertraute öffentliche Ämter waren; nach germanischer Übung faßten sie sie als Ausdruck persönlicher und vererblicher Qualitäten auf, die sie zu Eigentümern der beherrschten Lande und Leute machten (man spricht daher von der Verdinglichung der Hoheitsrechte).

Die Ausbildung der Adelsherrschaft speziell im fränkischen Reiche verschüttete die ältere Verfassung des germanischen Volkes, nach welcher der König über gleichberechtigte Freie herrschte. Im fränkischen Großreich mußte der König das Recht, den Heerbann aufzubieten und zu führen, den Grafen übertragen, in deren Hand es stets Gefahr lief, Bestandteil adliger Herrschaft zu werden. Die alljährliche allgemeine Heeresversammlung, das Märzfeld, belastete in dem weitgedehnten Reiche viele freie Bauern mit schwer tragbaren Reisekosten und bot ihnen so einen Anreiz, in das Gefolge eines Großen einzutreten, der für sie den Wehrdienst übernahm. Das Märzfeld wurde damit zu einer Zusammenkunft der Großen, die sich mit dem berittenen Gefolge ihrer Freien und Unfreien umgaben.

Immer mehr Freie gerieten damit als Gefolgsleute (sperantes, vassi) in persönliche Abhängigkeit, die durch Kommendation, Ergebung in den Schutz eines Großen, eine ursprünglich galloromanische Einrichtung, begründet wurde. Die Grundpachtform der precaria (widerruflichen Pacht) führte zudem auch zu dinglicher Abhängigkeit des Mannes, der nach ihren Regeln Herrenland bewirtschaftete. Immer geringer wurde so die Zahl der Vollfreien, die kein anderes als das Treueverhältnis zum König eingegangen waren, immer größer die Zahl derer, die neben dem König einem für sie wichtigen weltlichen oder geistlichen Großen verpflichtet waren.

Hinzu kam, daß der König dem Grundbesitz der fränkischen Großen häufig die aus römischen Institutionen fortgebildete Immunität verlieh, die negativ besagte, daß kein Beamter, namentlich kein Graf, das Gut betreten durfte, um Gericht zu halten oder Steuern zu erheben. Infolgedessen gerieten die finanziellen Erträge in die Hand der Grundherren, wo sie ihren staatlichen Charakter verloren und zu herrschaftlichen Abgaben wurden. Königliche Verwaltung bestand nicht anders als jede adlige Verwaltung aus dem Eintreiben herrschaftlicher Abgaben, der Leitung von Anbau und Ernte auf den königlichen Gutshöfen und der Verwertung der Erträge im weitausgedehnten königlichen Haushalt.

Je mehr also im 6. und 7. Jh. die römischen Einrichtungen zugrunde gingen und germanisches Denken die romanische Bevölkerung durchdrang, um so deutlicher traten die Grundzüge des mittelalterlichen abendländischen Staates hervor. Seine öffentliche Ordnung war Hinordnung und Nähe zum Könige; „staatlich", „öffentlich" und „königlich" waren identische Begriffe, wie denn die römischen Staatsdomänen, die Steuerpflicht der romanischen Untertanen, die Zölle und Verkehrsabgaben persönliches Eigentum des Königs wurden, woraus er jedoch die Kosten seiner öffentlich-königlichen Amtsaufgaben zu bestreiten hatte. Die königliche Verwaltung war zugleich Hof- und Staatsverwaltung; Hausdiener wie Marschall, Schenk, Truchseß und Kämmerer konnten daher wichtige königliche Vertraute in allen Geschäften werden. Eine Gliederung des königlichen Gefolges aufgrund unterschiedlicher Beauftragung ist indes noch im 7. Jh. an den merowingischen Höfen nur in ersten schwachen Umrissen zu erkennen.

In allen germanischen Reichen gebot der König auch über die Kirche; es bedurften namentlich die Bischofswahlen seiner Zustimmung, die sich bis zur Ernennung steigern konnte. In der Königsherrschaft über die Kirche vereinigten sich Nachwirkungen römischer staatlicher Kirchenleitung mit heidnisch-germanischen Vorstellungen vom Sakralcharakter des Königs, und dadurch wandelte sich auch die Idee des Königtums selbst. Im fränkischen und im westgotischen Reiche formte sich eine christliche Königsidee, indem man den Königen die Funktionen der alttestamentlichen Priesterkönige beilegte. König Chlothar II. war der erste fränkische König, den das Reichskonzil mit David verglich und dessen Amt es dem der Propheten an die Seite stellte. Durch den Vergleich veränderte sich aber auch das Wesen der Kirche: Sie öffnete sich den Vorstellungen der Germanen vom sogenannten Eigenkirchenrechte.

Mit diesem wissenschaftlichen Kunstwort beschreibt man die bei den Germanen jedermann zustehende Befugnis, eigene Gottesdienststätten zu erbauen und mit Priestern zu besetzen. Wer die nötigen Mittel und den erforderlichen Boden besaß, also vor allem die Grundherren, in Nordeuropa aber auch Bauern und Bauerngemeinden, der übte diese Befugnisse als Christ weiterhin aus, denn alle an seine Kirche und deren Heilige gerichteten frommen Stiftungen und Abgaben gingen dafür in seine Verfügung über. Als Priester setzten die Grundherren vielfach Unfreie ein.

Gegenüber diesem auch den Königen geläufigen Denken vermochte sich der Amtscharakter des Bischofsamtes, wie er den Galloromanen vertraut war, nicht allgemein durchzusetzen. Durch die irrationalen Formen der Bischofswahl wurde er weiter gemindert. Die Bischöfe wurden gänzlich in den mittelalterlichen Herrschaftsaufbau einbezogen. Im Frankenreich haben sie im 7. Jh. vielfach in ihren Civitates den Comes verdrängt oder ersetzt und die Vertretung des den Staat bedeutenden Königs auf sich gezogen. Schon unter Dagobert I. erhielt die Kirche von Tours als erste im fränkischen Reiche vom Könige das Recht, statt seiner den dortigen Grafen einzusetzen. Der Comes wurde mediatisiert und zum Beamten des Bischofs, der freie Bahn zum Aufbau einer Stadtherrschaft erlangte.

Eindringlich kennzeichnet die Irrationalität der Wahlen den eingetretenen Wandel der Zeiten. Die Benennung der Kandidaten für Bistümer und Abteien überließ man bewußt dem Zufall, in dem man den Finger Gottes im irdischen Leben sah, besonders wenn er Klerus und Volk dazu brachte, einmütig dem Kandidaten zuzujubeln. Die Einmütigkeit der Wahl galt als wichtigstes Kennzeichen des göttlichen Willens. In der gleichen Weise wählten Klerus und Volk von Rom den Papst, und genauso kamen die Königswahlen zustande, wenn auch hier die Kandidatur durch das Geblütsrecht auf die königliche Sippe eingeschränkt war. In der Zustimmung von Heer und Volk zum Thronantritt des neuen Königs gingen Wahl und Huldigung ineinander über.

Ein wichtiger Unterschied bestand indes zwischen der Königswahl in den Großreichen einerseits und den kirchlichen Wahlen sowie der Kaiserwahl im Osten andererseits: Es wählten nicht nur Klerus, Volk und Heer einer einzigen Civitas oder der Reichshauptstadt, sondern alle freien Männer des Volkes. In den Germanenreichen genoß keine einzelne Stadt den Vorzug, daß nur in ihr, nur von ihrem Volke der König erhoben werden konnte. Kein freier Mann wurde allein dadurch einem Könige untertan, daß diesen bereits andere Männer erwählt hatten. Jeder mußte einzeln für sich dem Könige huldigen und ihn damit sichtbar zu seinem Könige erklären – auch wenn der König durch das Erbrecht seiner Sippe einen Rechtsanspruch auf die Huldigung besaß. Die Wahl eines germanischen Königs war daher kein einmaliger Akt, sondern wiederholte sich, solange der König, in seinem Reich herumziehend, noch neue Huldigungen entgegennehmen konnte. Die Germanenreiche waren Reiche ohne Hauptstadt, aus denen sich im Mittelalter der europäische Flächenstaat entwickeln konnte.

4. Städtewesen, Handel und Verkehr

Die sozialgeschichtliche Ursache der „Reiche ohne Hauptstadt" lag darin, daß die Germanen ein Bauernvolk waren und es durch die Landnahme in einem ganz neuen Sinne wurden. Die Stadtkultur der Antike blieb ihnen fremd; sie war an die romanische Bevölkerung gebunden, und der Rückgang des antiken Städtewesens ist eines der am besten greifbaren Indizien für den rapiden Verfall der antiken Zivilisation in den beiden auf die Völkerwanderung folgenden Jahrhunderten.

In England sind die römische Civitas und die römische Villa im 5. und 6. Jh. völlig zugrunde gegangen. Ein erhebliches, bis zum Verschwinden reichendes Absinken brachte das 6. Jh. auch der Civitas im nördlichen Merowingerreich. Wir erkennen es vor allem am Erlöschen von Bistümern wie Arras, das um 550 mit Cambrai, und Tournai, das zwischen 577 und 626 mit Noyon vereinigt wurde. Bis zur Somme hin verschwanden auch die Orte römischer Münzprägung, und die in Gräbern zahlreich gefundenen Goldwaagen zeigen, daß man hier zur Verwendung ungemünzter Edelmetalle zurückkehrte. Zwischen Somme und Seine bildete sich ein weites Überschneidungs- und Mischgebiet, in dem Monetarmünzen und Goldwaagen als Ausdrucksformen zweier Wirtschaftsgesinnungen nebeneinanderstehen. Erst südlich des Seinebeckens zeigen die allein vorhandenen Münzprägungen, daß die alte Wirtschaftsordnung der Civitates durch die fränkische politische Herrschaft offenbar keine wesentliche Wandlung erfahren hatte.

Schwer betroffen von der Völkerwanderung wurden die römischen Städte an Rhein und Donau. Trotzdem scheinen wenigstens im Rheingebiet – die Donauländer wurden schwerer heimgesucht und wechselten häufiger den

Herrn – die Stadtbewohner nicht alle getötet oder verschleppt und die Siedlungen nicht vollkommen vernichtet worden zu sein, denn auf fast jede römische Siedlung ist am gleichen Platze eine mittelalterliche gefolgt, während es hier nur wenige Neugründungen der karolingischen Zeit und des Mittelalters gibt.

Die Städte im Inneren Galliens und im Mittelmeergebiet hatten zwar im ganzen sehr viel weniger unter Krieg und Eroberung gelitten, indes der Verfall der Stadtwirtschaft und der Steuerkraft sowie die seit dem 3. Jh. erkennbare Schrumpfung nach Größe und sozialer Differenziertheit der Bevölkerung dauerte im 6. und 7. Jh. überall fort.

Das bereits durch Justinians Gotenkriege ruinierte Städtewesen Italiens wurde während der langobardischen Eroberung besonders von der Feindschaft der neuen Herren gegen die katholische Kirche betroffen. Das Bistum Siena blieb lange Zeit verwaist, und der Erzbischof von Mailand flüchtete mit Klerus und Adel seiner Stadt nach Genua, wo er viele Jahrzehnte außerhalb des langobardischen Reiches residiert hat. Erst im 7. Jh. führte der Übertritt der Langobarden zum Katholizismus zur Beruhigung der Verhältnisse.

Im südlichen und inneren Gallien bis zur bereits gekennzeichneten Seinelinie und in Spanien erweist sich die Kontinuität von Siedlungen der spätrömischen in die merowingische Zeit hinein in der ununterbrochenen, wenn auch dem Zwecke nach wechselnden Benutzung römischer öffentlicher Gebäude und Kirchen; so diente in Trier die Basilika als Palatium fränkischer Gaugrafen. Namentlich die Funktionen der Städte als Festungen, Verwaltungsmittelpunkte und Bischofssitze brachen nie ganz ab.

Wir beobachten also ein Verschwinden des römischen Städtewesens in den Gebieten zusammenhängender germanischer Siedlung, die sich den niemals von Rom unterworfenen rechtsrheinischen Räumen anglichen, sowie eine Fortdauer der Civitates vor allem als Festungen und Bischofssitze in Gebieten mit vorwiegend romanischer Bevölkerung. Nirgends aber überdauerte die Civitas als Selbstverwaltungskörperschaft, die sie einst gewesen war. Daneben fehlt es nicht an neuen Ansätzen zur Ausbildung von Verkehrsknotenpunkten, die einen Teil der wirtschaftlichen Funktionen der Civitas übernehmen konnten, sowie an der Entstehung neuer Siedlungsplätze um Klöster und Kirchen, die vor den Mauern der Civitates errichtet worden waren. Viele dieser Plätze kennen wir aus den Legenden merowingischer Münzen.

Nachdem das mittelmeerische Verkehrssystem bis auf wenige Reste, die allerdings auch die Eroberung der Süd- und Ostküste des Mittelmeeres durch die Araber überdauerten, zugrunde gegangen war, macht sich im archäologischen Fundgut seit dem Beginn des 7. Jh. ein lebhafterer Verkehr von Italien über das Rheintal zur Nordsee und weiter nach England und Skandinavien bemerkbar, neben dem auch der Handel im Rhônegebiet zu einer gewissen Bedeutung kam. Die Sperrung der alten Verkehrswege Ostmitteleuropas durch Awaren und Slaven trug dazu ebenso bei wie die Konsolidierung des Langobardenreiches, das die Alpenpässe wieder dem Verkehr öffnete. Im Frankenreich gewann mit dieser Umschichtung der Verkehrsströme seit der Zeit um 600 der Nordosten, also das Gebiet um Rhein, Maas und Schelde, eine erhöhte Bedeutung, für die etwa das Entstehen neuer Münzstätten oder das Aufkommen großer Töpferbetriebe im Gebiet zwischen Bonn und Köln (vielleicht eine Filiation der römischen Töpferindustrie von Mayen in der Eifel) kennzeichnend sind. Die Funde fränkischer Gläser und feiner Wollstoffe in den herrschaftlichen Gräbern Schwedens aus der ersten Hälfte des 7. Jh. bezeugen die Ausstrahlungskraft dieses neuen wirtschaftlichen und kulturellen Zentrums nach Norden, das andererseits durch Rhein und Rhône Verbindungen zum Mittelmeer besaß. Auf dem Hintergrund dieser Neubildung ist der gegen das Ende des 7. Jh. einsetzende Kampf der fränkischen Hausmeier gegen den Stamm der Friesen um den Besitz der Rheinmündungen zu verstehen. Die deutlich erkennbare Hinwendung des Frankenreiches nach Osten hatte hier ihre wirtschaftlichen Gründe.

5. Grundherrschaft und Bauerntum

Franken und Langobarden waren wie alle Germanen rechts des Rheins und in Skandinavien Bauern. In der Völkerwanderungszeit machte ihre Siedlungs- und Wirtschaftsweise wichtige Wandlungen durch. Die Germanen lernten jetzt, statt der sandigen, trockenen Böden die feuchteren Tal- und Bachauenränder von höherer natürlicher Ertragskraft zu kultivieren und durch Plaggendüngung und Brache langfristig anbaufähig zu erhalten. Waren bisher die Siedlungen, dem Umgang des Ackerbaus folgend, häufig verlegt worden, so erlaubte die neue Bodennutzung die erste Einrichtung ortsfester Dörfer mit zwei bis vier Höfen.

Die neuen Ackerländereien bildeten langrechteckige Felder oder Esche, in denen jeder Bauer seinen Anteil in Form eines langen schmalen Streifens besaß, da so das pflügende Gespann am seltensten gewendet werden mußte (Langstreifenflur). So erhielt jeder Bauer Anteil an den verschiedenwertigen Böden der Flur, wie er auch Anteil an der Nutzung der ungerodeten Allmende (Wald, Wasser, Weide) besaß. Die ältesten, seither als Dauerackerland genutzten Eschfluren sind vielfach ein Jahrtausend lang in ihrer Form erhalten geblieben und in den Flurkarten des 18. und frühen 19. Jh. noch zu erkennen. Da das Land der Höfe im Gemenge lag, mußten sich die Bauern jedes Dorfes über gleichartige Bewirtschaftung in Aussaat und Ernte einigen (Flurzwang); seit dieser Zeit begann sich die Dreifelderwirtschaft durchzusetzen, nach der die Nutzung durch Wintersaat, Sommersaat und Brache in dreijährigem Turnus abwechselte.

Als die Franken Gallien eroberten, bestand das Bauerntum in den Dörfern der romanischen Gebiete aus angesiedelten Sklaven, die man zwar noch immer „servi" (Sklaven) nannte, die indes keine rein sachenrechtlichen Vermögensstücke ihrer Herren mehr waren, sondern bereits Hörige. Der Hörige konnte nicht mehr von seinem Hofe getrennt und in die Fremde verkauft, seine Familie konnte nicht mehr auseinandergerissen werden, da die Kirche die Lebensgemeinschaften der servi als christliche Ehen anerkannt hatte. Gegen Gebühren konnte der Hörige von seinem Herrn allerlei Vorteile erlangen, so die Erlaubnis, die Hörige eines anderen Dorfes oder eines anderen Herrn zu heiraten oder die Fahrhabe eines anderen Hörigen zu erben. Aus solchen Heirats- und Sterbfallabgaben bestand die Hauptlast der servi. Je mehr sich diese Verhältnisse festigten, um so größere soziale Unterschiede konnten zwischen Hörigen selbst entstehen; einzelne stiegen im Dienste ihres Herrn über die einfachen Bauern empor.

Zu den Grundherren des romanischen senatorischen Adels traten im Verlaufe des 6. und 7. Jh. solche fränkischer Abkunft hinzu. Manches spricht dafür, daß die fränkische Grundherrschaft höchstens in Ansätzen sogleich bei der Landnahme entstanden ist und im 6. Jh. eine langsame Entwicklung durchgemacht hat. Die frühesten Belege für adlige Grundherrschaften neben den königlichen fisci (Gütern) gehören erst dem 7. Jh. an. Jetzt konnten sie auch dadurch entstehen, daß der König seine Helfer unter den Comites und Bischöfen mit Landzuwendungen belohnte, während der kirchliche Grundbesitz auch durch fromme Stiftungen anwuchs.

Seit dem 7. Jh. entwickelte die Grundherrschaft in Nordfrankreich ein neues Betriebssystem, das sich später über Westdeutschland, die Niederlande und England ausbreitete. In ihm ging das sogenannte Salland, das der Herr im Eigenbetrieb durch Sklaven seines Haushaltes bestellte, auf einen kleinen Anteil an der Fläche zurück, während der Hauptteil des Landes von der Gemeinschaft der in eigenen Hütten sitzenden Hörigen bearbeitet wurde, die dem Herrn für die Landnutzung ihre Abgaben leisteten. Der Idealtypus der Grundherrschaft war die genau ausgeglichene Produktion und Konsumtion aller Lebensbedürfnisse der Gemeinschaft, deren Mitglieder sich zu diesem Zwecke zur planmäßigen Kooperation spezialisierter Menschen und speziell gezüchteter Tiere vereinigten.

Voraussetzung für das neue Betriebssystem (bipartites System, wegen der Scheidung von Salland und Bauernland) waren ein zum Getreidebau gut geeigneter Boden, ein mäßig feuchtes Klima (das eine ganzjährige Viehhaltung im Freiland ermöglichte) und eine ausreichende Menge von Ödland und Wald zur Viehweide, da nur durch tierische und Plaggendüngung der Boden dauernd fruchtbar erhalten werden konnte. Voraussetzung war ferner der schwere Räderpflug mit eiserner Pflugschar, mit dem man schwere Böden bearbeiten und die Langstreifen in der Mitte zu Beeten hochpflügen konnte, um die Entwässerung zu fördern; dieser schwere Pflug läßt sich nicht über das 6. Jh. zurückverfolgen und ist 643 in Norditalien, 730 in Südwestdeutschland sicher bezeugt. Er zwang, solange nur der Ochse als Zugtier von geringer (der des Pferdes weit unterlegener) Arbeitsleistung zur Verfügung stand, die Bauern zur Gemeinschaftsarbeit, die entweder, wie zunächst in Deutschland und Skandinavien, genossenschaftlich oder, wie seit dem 7. Jh. in Nordfrankreich, grundherrschaftlich organisiert werden mußte, weil ein einzelner Bauer nicht genug Ochsen besaß, um den Pflug zu bespannen.

Indem nun der gemeinsam bespannte und bediente Pflug die Äcker der hörigen Bauern, von deren Ertrag sie dem Grundherrn ihre Abgaben entrichteten, sowie die Langstreifen des Grundherrn (auf dem Salland), des Pfarrers, des Schmieds und anderer Handwerker beackerte, ergab sich eine höhere Spezialisierung von Mensch und Tier. Sie wurde durch die dreijährige Fruchtfolge weiter gesteigert, weil die Felder zu verschiedenen Zeiten bearbeitet wurden, in denen Pflug und Mensch sonst beschäftigungslos gewesen wären. Arbeitsdienste (Pflug-, Spanndienste) höriger Bauern auf dem Herren- oder Salland sind das typische Merkmal des neuen Betriebssystems.

Die einzelnen Betriebseinheiten der Grundherrschaft, deren in einem Dorfe solche verschiedener Grundherren nebeneinander bestehen konnten, hießen Fronhöfe (althochdeutsch „frono" = Herr) oder Villikationen. Leiter der Fronhofswirtschaft und der gemeinsamen Arbeit war der Meier (villicus, bailiff, stewart, reeve). Er war meist der wohlhabendste Mann im Dorfe, gehörte aber durch Familienbande und Lebensweise zu den hörigen Dorfleuten und mußte mit ihnen aufs Feld gehen, um die Arbeit zu beaufsichtigen. In großen Grundherrschaften konnte er Seneschall (ältester Knecht) heißen und andere Hörige als Truchseß, Marschall, Constabularius (Stallmeister) neben sich haben; andere dienten dem Herrn als Bewaffnete. Alle diese Leute hießen servientes, sergeants, ministeriales (Dienstleute) und konnten, wenn ihre Aufgaben den nötigen Umfang erreichten, ganz aus der bäuerlichen Arbeit ausscheiden. In die Mittelmeerländer hat sich die Betriebsform der Grundherrschaft kaum ausgebreitet. Die ungünstige Verteilung von Regenzeit und sommerlicher Dürre und die gebirgige Bodenbeschaffenheit knüpften hier den Landbau an die Errichtung von Wasserhaltungen und Terrassen und die Viehzucht an den Wechsel zwischen oft weit auseinanderliegenden Sommer- und Winterweiden (Transhumanz). Daher blieb der bäuerliche Familienbetrieb mit hölzernem Hakenpflug und Esel als Zugtier unübertroffen, und mit ihm erhielt sich das freie römische Eigentumsrecht mit Testament, Kauf und Mitgift, mit Realteilung, Teilbau und Landpacht. Der Großgrundbesitz dieses Gebietes war von Anfang des Mittelalters an Rentengrundherrschaft, die die Abgaben der Hintersassen und Landpächter am Herrenhof zentralisierte, ohne diesen eine gemeinsame Betriebsweise aufzuerlegen.

Aus anderen Gründen blieben Nord- und Osteuropa von der grundherrschaftlichen Betriebsweise frei. Im keltischen Randgebiet Nordwesteuropas eigneten sich Klima und Boden nicht für den Getreidebau; die Bevölkerung lebte von Viehzucht und Fischfang und hielt auch eigentümliche Sozialordnungen ein, die sie vom Kontinent absonderten. In Skandinavien machte außerdem die Differenzierung der Herrschaftsordnungen zu langsame Fortschritte, so daß die Genossenschaften des freien Bauerntums sich alles beherrschend entfalten konnten. Im slavischen Osteuropa verhinderten in erster Linie die geringe Dichte der Bevölkerung und die nomadische Herkunft der ungarischen und awarischen Herrenschicht die Übernahme.

Der nordöstliche Teil des Frankenreiches und seine Nachbarländer, die sich seit dem 7. und weiter im 8. Jh. zu vorwiegend grundherrschaftlich wirtschaftenden Ländern entwickelten, gelangten dadurch in den Genuß eines größeren agrarischen Ertrages und damit rascheren Bevölkerungswachstums, als sie die übrigen Länder der damaligen Welt kannten. In ihrem Bereich lebten vom 8. Jh. an wahrscheinlich mehr Menschen als im ganzen übrigen Europa. Hier bildete sich die wohlhabendste und leistungsfähigste Herrenschicht des Kontinents. Sie war bereit, unter einem neuen Herrscherhause auch politisch die Führung in Europa zu übernehmen.

6. Kunst und Kultur

Dem Verlust an Kulturgütern und Reichtum des geistigen Lebens, wie er in der Geschichte der romanischen Bevölkerung des Westens zu konstatieren ist, der aber auch das byzantinische Reich nicht verschont hat, steht das gerade durch die Berührung mit Antike und Christentum befruchtete Wachstum der jungen germanischen Kultur gegenüber, deren Anfänge in das 6. und 7. Jh. fallen. Das Wägen der sich widerstreitenden Entwicklungen und die Bildung eines zusammenfassenden Urteils stellen die Wissenschaft vor eine vielleicht unlösbare Aufgabe, die man als Kontinuitätsproblem bezeichnet.

Im Abendland verschwanden jetzt gerade die höheren Lebensformen der Antike in Staat, Gesellschaft und Kultur, die allerdings schon seit Jahrhunderten im Abgange gewesen und durch die christliche Gedankenwelt bedrängt worden waren. Kennzeichnend ist der Untergang der lateinischen Literatur- und Hochsprache, die im Osten, wo sie stets Fremdsprache gewesen war, vom Griechischen verdrängt wurde, während sich im Westen das gesprochene Vulgärlatein fortbildete, das den Abstieg weiter Kreise der Bevölkerung von hoher schulmäßiger und rhetorisch-literarischer Bildung widerspiegelt, aber schließlich in Gestalt der romanischen Sprache in einer verwandelten sozialen Welt eine neue Zukunft haben sollte. Andererseits gelang den namentlich kirchlichen Trägern literarischer Bildung die Schöpfung des Mittellateins als einer Sprache, die sowohl dem germanischen

Christentum zu lebendigem Ausdruck verhelfen als auch den Zugang zur älteren lateinischen Kulturwelt offenhalten konnte.

Der Christianisierung des geistigen Inhalts aller fortdauernden Literatur und Kunst entsprach eine Klerikalisierung des Kulturlebens. An die Stelle der antiken Rhetorenschulen traten Kathedral- und Klosterschulen; der gallische Dichter Venantius Fortunatus, der zugleich Laie und der antiken Dichtkunst mächtig war, stand im Gallien des 6. Jh. als der letzte seiner Art da. Ausnahmen als Angehörige gebildeter Laienwelt waren auch die Referendare der merowingischen Kanzlei. Allein der Klerus bedurfte noch für seinen Beruf der einst allgemein verbreiteten Kulturtechniken des Lesens und Schreibens. Für ihn verfaßte der westgotische Bischof Isidor von Sevilla seine Etymologiae, ein universales, knappes Handbuch des zeitgenössischen Sachwissens. Zwar holte er sich seine Zitate meist aus zweiter und dritter Hand, aber für das Mittelalter wurde er von nahezu unbegrenztem Einfluß: Handschriften seines Werkes finden sich namentlich von der karolingischen Zeit an in fast allen Bibliotheken. Dem Klerus gehörte der fränkische Bischof Gregor von Tours an, der das erste national-christliche Geschichtswerk des Mittelalters geschrieben hat. Von Klerikern und für Kleriker verfaßt, trat in vielen Exemplaren die neue Literaturgattung der Heiligenleben hervor, die dem Wunderglauben der Zeit ebenso genügte wie dem noch rohen Verständnis der christlichen Lehre.

Dem Absterben der antiken höheren Geistigkeit steht eine dichtere Kontinuität in einfacheren Dingen gegenüber. Die Grundformen der spätantiken Gesellschaft hatten sich längst den germanischen so stark angenähert, daß beide zu einer weithin gleichmäßigen Plattform für das Dasein des Abendlandes verschmelzen konnten. Eine Fülle von Handfertigkeiten in Hauswirtschaft, Landwirtschaft und Gewerbe blieb von der Römerzeit her auf ehemaligem Reichsboden in Gebrauch, so der Weinbau mit seinem Zubehör, die Wassermühle, die Kunst der steinernen Gewölbetechnik, des Ziegelbrennens und der Glasmacherei.

Mit dem römischen Reich waren dagegen hinweggefallen die großen Aufgaben der Bau- und bildenden Kunst. Die profane Kunst verkümmerte zur Fertigung von Fibeln, Spangen, Gürtelschnallen und schmucklosen Steinsarkophagen, und auch die Kirche hatte nur noch einen bescheidenen Bedarf an Kunsthandwerk für Raumausstattung und Altargerät. Verloren gingen völlig die Großplastik und die Architektur; es vollzog sich eine Stilwandlung, für die gerade die Abwendung vom Plastischen und eine ganz ausgesprochene Vorliebe für Linie und Fläche und für das Ornamentale kennzeichnend sind. Die Germanen hatten bei ihrem Aufenthalte in Südrußland während des 3. und 4. Jh. zu der bis dahin von ihnen ausschließlich geübten Pflege des rein technischen Ornaments die einheimisch-skythische Animalisierung des Linienornaments übernommen, und die Beseelung von Geräten und Schmuckstücken durch eine Ornamentik, die, ohne Tiere darstellen zu wollen, tierische und pflanzliche organische Formen in phantastischer Verflechtung zu verwenden wußte, wurde zum Kennzeichen des sogenannten Völkerwanderungsstiles. Seine Fortbildung in der Buchmalerei der irischen Klöster erlangte durch die unter irischem Einflusse stehenden kontinentalen Klöster weitreichenden Einfluß. Die Buchkunst nahm sich zum Hauptgegenstand die Initiale und in ihrer Ausschmückung den stilistischen Ausgleich zwischen Ausstattung und Schrift. Die Buchseite wurde als Ganzes zum Kunstwerk geformt.

Gleichzeitig hörte das bewußte künstlerische Schaffen auf, öffentliche Angelegenheit zu sein, die das ganze Volk interessierte. Anstelle des breiten Stromes künstlerischer Tätigkeit, der sich in der Antike über das ganze Land ausgebreitet hatte, entstanden isolierte Kunstzentren, die untereinander keine Verbindung hatten. Die Folge war ein Absterben der großen einheitlichen Tradition. Die Sonderentwicklung der verschiedenen Landschaften entsprach derjenigen der Nationalkirchen in Liturgie und Verfassung und ist typisch für die Merowingerzeit. Wie die Buchmalerei erfaßte sie die einst einheitliche römische Unzial- und Kursivschrift, die in den sogenannten Nationalschriften der Westgoten, Franken, Langobarden und Iroschotten getrennte Wege der Entwicklung beschritt.

III. Die Karolingerzeit (8. und 9. Jahrhundert)

A. Geschichte der Reiche und Stämme

I. Die Erneuerung des fränkischen Reiches

Nachdem die Araber das Westgotenreich zerstört hatten (711), behauptete sich nur im Norden der Iberischen Halbinsel, im Kantabrischen Gebirge, die Herrschaft der Christen in dem kleinen Königreich von Asturien. Sie war aber zu schwach, um die Araber am Einfall durch die baskischen Pässe nach Gallien zu hindern. Das fränkische Reich war jetzt unmittelbar bedroht, und wie im Osten Byzanz, so verteidigten nun im Westen die Franken die christlich-mittelalterliche Welt gegen die Religion des Propheten Mohammed.

Die Gefahr abgewendet und das fränkische Reich durch die erfolgreichen Abwehrkämpfe erneuert zu haben, ist das Verdienst der karolingischen Hausmeier. Sie entstammten dem austrasischen Reichsteil an Rhein, Mosel und mittlerer Maas, in den sich am Ende des 7. Jh. der wirtschaftliche Schwerpunkt des Reiches zu verlagern begann. Seit dem Jahre 720 regierte Pippins II. unehelicher Sohn Karl (im 9. Jh. in „Martell" = der Hammer umbenannt) das gesamte Frankenreich als Hausmeier. Im Jahre 725 konnte er auch in Bayern und 730 in Alamannien das einheimische Herzogtum unterwerfen und die fränkische Oberhoheit erneuern. Ebenso stellte er den Sieg seines Vaters über die Friesen wieder her, wo das von dem Angelsachsen Willibrord errichtete Bistum Utrecht neu gegründet und die Verknüpfung der angelsächsischen Mission mit der fränkischen Kirche eingeleitet wurde.

Wahrscheinlich geht bereits die Reihe dieser militärischen Erfolge auf die Heeresreform zurück, mittels derer sich Karl in geschickter Ausnutzung der Ausbreitung der Grundherrschaft ein Gefolge von schweren Panzerreitern schuf, das die Franken nicht nur den Fußtruppen der Nachbarstämme, sondern auch der leichten Reiterei der Araber überlegen machte. Die Kampftechnik des zu Pferde sitzenden schwerbewaffneten Reiters war gebunden an die Erfindung des Steigbügels, der erst dem Reiter den unerschütterlichen Sitz im Sattel verlieh, aus dem heraus er mit Schwert und Lanze fechten konnte, während er ohne Steigbügel lediglich Pfeil und Bogen handhaben mochte. Die neue Erfindung hatte sich im 6. und 7. Jh. bei Byzantinern, Langobarden und Franken ausgebreitet. Beschaffung und Unterhalt der Rüstung, der Waffen und der als Streitrosse zugerichteten Pferde waren indes so kostspielig, daß die germanischen Bauernaufgebote nicht in Panzerreitertruppen umgewandelt werden konnten. Die neue Kriegstechnik erforderte einen Stand von Berufskriegern, deren Unterhaltung erst durch die Ausbildung der grundherrlichen Betriebsweise möglich wurde. Der neue

Stand erhob sich zum Nutznießer der Überschüsse der so organisierten Landwirtschaft.

Wie die Heeresreform die Existenz der Grundherrschaft bereits voraussetzte, so hat sie andererseits zu ihrer Ausbreitung gewaltig beigetragen. Um den erforderlichen Grund und Boden zusammenzubringen, griff Karl auf den aus Schenkungen und Stiftungen zusammengekommenen Besitz der Kirchen und Klöster zurück. Durch Einziehung geistlicher Güter und deren Vergabe an Vasallen, d. h. an Leute, die sich dem Hausmeier und den Großen als Gefolgsleute „kommendiert" (ergeben) hatten, weil sie von ihrem bäuerlichen Allod (Eigengut) die allen Freien obliegende Last der Heerfolge nicht tragen konnten, setzte Karl Martell ausgewählte Männer dazu instand, ihm als Reiterkrieger zu dienen. Sie bekamen Land als „Beneficium" (Wohltat) oder „Feudum" (Lehen) widerruflich zur Verfügung gestellt, gegen die Verpflichtung, schwergepanzert zu Roß mit ihrem Herrn ins Feld zu ziehen. Dieses aus der Verbindung von gefolgsherrlichem Schutz und Dienstland entstehende Dienst- und Treueverhältnis ist der Ursprung des Lehnswesens.

Als im Jahre 732 der spanische Statthalter Abd ar-Rahmān, der spanische Statthalter des omaijadischen Kalifen, zur endgültigen Unterwerfung Aquitaniens ansetzte, stieß er während des Vormarsches auf Tours bei Alt-Poitiers auf den Heerbann des Hausmeiers, und jetzt errangen die fränkischen Panzerreiter einen vollständigen Sieg, der sich als Endpunkt der arabischen Ausbreitung erwiesen hat. Er führte gleichzeitig eine engere Bindung Aquitaniens und Burgunds an das fränkische Reich herbei. Im Jahre 737 trat Karl den Arabern auch in Septimanien, dem einst den Westgoten verbliebenen Rest ihrer gallischen Besitzungen, siegreich entgegen.

Die Machtentfaltung im Süden erneuerte die Einbeziehung des fränkischen Reiches in die politischen Zusammenhänge des Mittelmeerraumes. In Italien hatte König Liutprand das Langobardenreich auf eine neue Höhe geführt; er hatte die Herzöge von Benevent und Spoleto unterworfen und die Herrschaft des byzantinischen Exarchen in Ravenna und der Pentapolis erneut angegriffen. Im Jahre 739 wandte er sich gegen den römischen Dukat, den Papst Gregor III. im Namen des fernen Kaisers, in der Sache aber selbständig regierte. In dieser Not boten der Papst und der römische Adel dem fränkischen Hausmeier den Konsulat und den Abfall des Dukats von Byzanz an, wenn er sie von den Langobarden befreite. Indes war Karl dem langobardischen König für Hilfe gegen die Araber verbunden und hatte die zerrüttete fränkische Kirche so fest in der Hand, daß ihm die Herrschaft über Rom keinerlei Vorteile bot. Er sagte ab, und die Bedrohung Roms schwand, als Liutprand auf Veranlassung des Papstes Zacharias aus religiösen Bedenken der Eroberung Roms und Ravennas entsagte.

Die angelsächsische Mission des Willibrord unter den Friesen war indes als Träger des mittelalterlichen Petrusglaubens und der Bindung der Kirche an die Nachfolger des Apostels Petrus im Begriff, die politische Bedeutung Roms für das Frankenreich grundlegend zu ändern. Die Wende führte der angelsächsische Missionar Winfried-Bonifatius herbei, der 716 in Willibrords Friesenmission eintrat und sich 718 für sie aus Rom einen päpstlichen Missionsauftrag holte. Später suchte er sich ein Feld selbständigen Wirkens in Hessen und Thüringen. Im Jahre 722 in Rom zum Missionsbischof ohne feste Diözese geweiht und seitdem in fester Gehorsamsbindung an den römischen Stuhl, war er nun mehrere Jahre in diesen Ländern tätig, die zwar seit langem zum Frankenreich gehörten, aber vom Christentum nur oberflächlich berührt worden waren. Vom Hausmeier Karl erhielt er außer einem Schutzbrief offenbar keine Hilfe. Dennoch war seine Arbeit erfolgreich; 724 gründete er das Kloster in Fritzlar, 741 die Bistümer Büraburg, Erfurt und Würzburg und 744 das Kloster Fulda als Zentren der christlichen Mission. Der Papst erhob ihn 732 zum Erzbischof mit dem Auftrag, im Missionsgebiet Diözesen zu schaffen und Bischöfe zu ordinieren, doch kam er in diesem Punkte nicht voran. Später wurde er vom Papst mit der vom Bayernherzog Odilo gewünschten Organisation der bis dahin recht wild gewachsenen bayerischen Kirche betraut. Im Jahre 739 errichtete der nunmehrige päpstliche Legat vier bayerische Diözesen zu Salzburg, Passau, Freising und Regensburg, in denen er der römisch-kanonischen Kirchenordnung Eingang verschaffte. Nach der neuerlichen Unterwerfung Herzog Odilos unter fränkischen Einfluß kam noch das Bistum Eichstätt hinzu (745).

2. *König Pippin und Karl der Große*

Erst Karl Martells Söhne Karlmann und Pippin, unter die der Vater vor seinem Tode (741) die Herrschaft teilte, begründeten ein neues Verhältnis auch des fränkischen Reiches zur Kirche, indem sie die weltliche Gewalt der von Bonifatius organisierten Kirchenreform zur Verfügung stellten. Sie halfen Bonifatius nicht nur, die genannten mitteldeutschen Bistümer zu errichten, sondern schritten auch zur Reformation der in den vergangenen Wirren stark verwilderten fränkischen Kirche. Nun wurden wenigstens die Bistümer wieder ordnungsgemäß besetzt, wenn auch unter dem maßgebendem Einfluß der Hausmeier. Sie erhielten einen Teil des von Karl Martell entfremdeten Kirchengutes zurück und dazu den von allen Reichseinwohnern vom Ertrag der Felder und Herden zu entrichtenden Kirchenzehnten als Entschädigung für das Verlorene. Bonifatius selbst wurde um 746 Diözesanbischof von Mainz mit dem Titel „Erzbischof". Der Hochbetagte brach 753 zu einer neuen Missionsfahrt nach Friesland auf, wo ihn im nächsten Jahr bei Dokkum der erwartete Märtyrertod ereilte.

War auch an dem Willen der Hausmeier, die Herrschaft über die fränkische Kirche festzuhalten, sein Bestreben, die ihm von England her vertraute

Unterordnung der Kirche unter den Papst in das Frankenreich einzuführen, gescheitert, so war doch die Bildung einer romfreien fränkischen Landeskirche hinfort nicht mehr möglich. Die Einigkeit mit Rom als Grundlage der fränkischen Kirchenpolitik, der Gehorsam gegen den heiligen Petrus und die Verpflichtung der Erzbischöfe, persönlich vom Papste das Pallium zu empfangen, kamen auf der Reichssynode von 747 zum klaren Ausdruck. Die neue Politik begann für Pippin, dessen Bruder im gleichen Jahre abgedankt hatte, nun auch ihre politischen Früchte zu tragen.

Die Zustimmung des Volkes zur Beseitigung des Scheinkönigtums der Merowinger war den Hausmeiern seit den Siegen Karl Martells sicher. Aber für die formalen Schwierigkeiten bot erst Bonifatius den wegweisenden Rat, dem Papst die Entscheidung anzutragen. Im Jahre 751 fällte Papst Zacharias den berühmten Spruch, es sei besser, daß derjenige König heiße, der die Gewalt habe, als der, der ohne königliche Macht sei. So wurde Pippin zu Soissons zum Könige gewählt, auf den Thron erhoben und, vielleicht von Bonifatius, wie die Könige des Alten Testaments gesalbt. Die letzten Merowinger verschwanden in austrasischen Klöstern. Die Auffassung des Volkes vom Wesen des Königtums war so weit christianisiert, daß die kirchliche Salbung die Anwesenheit des Königsheils in Pippin sichtbar machen konnte.

Danach vermochte sich Pippin einer neuen Aufforderung des Papstes um Schutz vor den Langobarden nicht mehr zu entziehen. König Aistulf, der das Herzogtum Spoleto mit seiner Krone vereinigt und 751 Ravenna erobert hatte, wandte sich 752 gegen den nominell noch byzantinischen Dukat von Rom, den der kaiserliche dux et patricius Stephan verwaltete, ohne doch von seinem Herrn die zur Verteidigung nötigen Mittel zu erhalten. Da gewann Papst Stephan II. die Hilfe der Franken. Pippin nahm ihn 754 in den fränkischen Königsschutz auf und machte ihm territoriale Versprechungen in Italien, deren Inhalt in der Überlieferung undeutlich bleibt (sogenannte Pippinische Schenkung), und als „patricius" (Schirmherr) der römischen Kirche übernahm er den Schutz des Papstes und seines umfangreichen Landbesitzes (Patrimonium Petri) um Rom und Ravenna. Diese Abmachungen legten den Grund für die spätere Ausbildung des Kirchenstaates.

Der Aufbau des fränkischen Reiches erreichte seinen Abschluß unter Pippins Sohn und Nachfolger Karl (768–814), der nach dem frühen Tode seines Bruders Karlmann (771) als alleiniger König herrschte. Karl führte die Italienpolitik zum Abschluß, indem er, als der Papst aufs neue von den Langobarden bedroht wurde, die Alpen überschritt, Pavia eroberte und den Langobardenkönig Desiderius ins Kloster schickte. Er selbst machte sich zum König der Langobarden und verband so deren Reich in Personalunion mit dem Frankenreich (774). Nur das südlichste langobardische Herzogtum in Benevent blieb selbständig. Gleichzeitig erneuerte Karl das Verhältnis seines Vaters zum Patrimonium Petri, das durch königliche Schutzherrschaft dem Reich angegliedert wurde.

Schon 772 hatte Karl ein anderes ungelöstes Problem der fränkischen Außenpolitik aufgegriffen. Seit langem hatten die Sachsen, deren Stammesgemeinschaft immer noch ohne monarchische Spitze war, die fränkische Grenze am Niederrhein bedroht; am archäologischen Fundgut der Zeit läßt sich beobachten, wie seit der Mitte des 8. Jh. ihre heidnischen Grabsitten wieder gegen Rhein und Ruhr vordrangen und die mühsam gepflanzten Anfänge der christlich-fränkischen Kultur bedrohten. Durch einen Feldzug in das südliche Gebiet der Engern, der mit der Eroberung der Eresburg an der Diemel und der Zerstörung des Heiligtums der Irminsul endete, eröffnete Karl die Operationen zur Beseitigung der sächsischen Gefahr. Das in den Feldzügen eroberte Land wurde durch Militärstraßen gesichert, die vom Rhein an Ruhr und Lippe aufwärts zur Weser führten, und durch fränkische Königshöfe, die zugleich Verpflegungsstationen und Stützpunkte der Herrschaft waren. Gleichzeitig mit der Unterwerfung betrieb Karl die gewaltsame Christianisierung. Seit 786 wurden als Missionszentren neue Bistümer in Bremen, Paderborn, Verden, Münster, Osnabrück und Minden gegründet, die Karls Nachfolger durch Hildesheim und Halberstadt ergänzte. Drückend lastete der ungewohnte Kirchenzehnt auf den Sachsen. Immer von neuem erhoben sie sich, geführt vom Westfalenherzog Widukind, gegen Karls Gewaltmaßnahmen. Die Kämpfe zogen sich 30 Jahre lang hin. Der sächsische Widerstand war erst gebrochen, als Karl Teile der Bevölkerung in fränkisches Gebiet umsiedelte und im „Blutbad von Verden" eine große Zahl Sachsen zur Strafe für einen Überfall auf eine kleine fränkische Heeresabteilung hinrichten ließ. Der Übertritt Widukinds zum Christentum (785) entschied die Unterwerfung, wenn auch bis 804 besonders im Norden noch kleine Erhebungen stattfanden. Die Grenzen des Frankenreiches lagen nun an Eider und Elbe. Obwohl Karl im Kampf gegen die slavischen Wilzen bis zur Peene vordrang, schob er die Reichsgrenzen nicht weiter vor, als es die Sicherheit des fränkischen Gebietes verlangte.

Im Südosten sicherte Karl das Reich durch die erneute Eingliederung des bayerischen Stammes, dessen Gebiet bis Bozen und Kärnten reichte und der die Ostmark, das spätere Österreich, kolonisiert und christianisiert hatte. Herzog Tassilo III. hatte bereits Pippin als Lehnsherrn anerkannt, entzog sich aber seinen Lehnspflichten, so daß Karl ihn absetzte und Bayern zur Reichsprovinz erklärte. Karls Sohn Pippin überwand die Awaren und schob die Grenze bis an die Leitha und nach Dalmatien vor. Sofort begann auch hier die Christianisierung und die deutsche Besiedlung. Salzburg wurde die Metropole des Südostens (798) und Mutterort für die bayerischen Bistümer Regensburg, Passau, Freising und Säben (später Brixen).

Die Sicherung der Ostgrenze des Reiches durch Eingliederung der germanischen Stämme wurde in gewisser Weise abgeschlossen mit der Organisation der Metropolitanverbände, die einst Bonifatius vergebens erstrebt hatte. Nach Salzburg entstanden Trier (mit Metz, Toul und Verdun) sowie

Mainz und Köln für die fränkischen, schwäbischen und sächsischen Bistümer.

Im Südwesten drängte Karl in langwierigen Kämpfen, an die die Rolandssage erinnert, die Araber bis zum Ebro zurück. Das Gebiet zwischen Pyrenäen und Ebro wurde als Spanische Mark dem Reich angegliedert, um den Schutz der Grenze gegen die Streifzüge der Araber zu übernehmen. Arabische Siedlung hatte ohnehin die Linie Coimbra-Madrid-Guadalajara nicht nordwärts überschritten und namentlich die rauhen Hochflächen Nordspaniens gemieden.

Durch seine politischen und militärischen Erfolge hatte Karl die Stellung eines „Imperators" oder Oberkönigs errungen, wie die Germanen ihn verstanden. Dies wurde feierlich anerkannt, als Papst Leo III., von einer römischen Gegenpartei schwerer Vergehen beschuldigt und von Karl aufgrund eines Reinigungseides freigesprochen, ihn am Weihnachtstage des Jahres 800 zum Kaiser krönte und ihm huldigte. Als Karl sich vor dem Altar der Peterskirche vom Gebet erhob, setzte ihm Leo eine Krone aufs Haupt unter dem lauten Zuruf des römischen Volkes, das Karl als „Augustus und von Gott gekrönten Kaiser der Römer" bezeichnete. Der Papst bekundete damit, daß er hinfort statt des byzantinischen Basileus den Frankenherrscher als Oberherrn anerkennen wollte.

3. Ost- und Nordeuropa

Abgesehen von den Britischen Inseln, haben die europäischen Länder, die außerhalb des Frankenreiches blieben, keine gleichzeitigen schriftlichen Geschichtsquellen hinterlassen. Ihre Gesellschaftsordnung und kulturelle Leistungsfähigkeit blieb weiterhin bestimmt vom Sippenverband und von den damit gesetzten engen Grenzen für Arbeitsteilung und individuelle Tätigkeit. Im einzelnen bestanden die größten Unterschiede.

Für die slavischen Völker erlangte eine besondere Bedeutung der Awarensieg Karls des Großen. Im Jahre 795/96 führten der Markgraf Erich von Friaul und Karls Sohn Pippin, König von Italien, mehrere Feldzüge gegen dieses türkische Eroberervolk, dessen „Ring" (Hauptlager) zwischen Donau und Theiß mit ungeheuren darin geborgenen Schätzen in ihre Hände fiel. Das Volk der Awaren verschwand jetzt aus der Geschichte, und damit wurde der Weg frei für die Bildung dauerhafter Großflächenstaaten der slavischen Völker. Als erstes profitierte davon das bulgarische Reich. Unter seinen Khanen Krum und Omurtag begannen noch zu Lebzeiten Karls des Großen die bulgarischen Angriffe auf das byzantinische Reich. Im Jahre 811 wurde der Kaiser Nikephoros von den Bulgaren besiegt und getötet, und wenig später war die Reichshauptstadt selbst gefährdet.

Die Geschichte Skandinaviens stand auch im 8. Jh. im Zeichen vollkommener politischer Zersplitterung. Etwa seit der Mitte des 8. Jh. setzten sich norwegische Siedler auf den Shetlands und den Orkneyinseln fest, die nur dünn von Pikten besiedelt waren; die norwegische Einwanderung dauerte hier im ganzen 9. Jh. fort. Im Jahre 793 zerstörten norwegische Seefahrer das berühmte northumbrische Kloster Lindisfarne, 795 erreichten sie zum ersten Mal Irland, in den folgenden Jahren auch die schottischen und englischen Küsten. Die Landnahmefahrten gingen über in die auf den Gewinn von Ehre und Beute gerichteten Wikingerzüge, die nun für ein Jahrhundert das christliche Abendland in Schrecken setzen und fast erdrücken sollten.

Das politische Zentrum Englands wanderte in dieser Zeit von Northumbria nach Mercia und schließlich nach Wessex, während die Kleinkönigtümer im Südosten, die der Möglichkeit zur Ausbreitung in den keltischen Westen entbehrten, immer mehr an Bedeutung verloren. Northumbriens Macht verfiel seit dem Ende des 7. Jh. infolge der Niederlage gegen die Pikten von 685 und der inneren Anarchie, die aus dem für das germanische Königtum typischen Mangel einer Thronfolgeordnung entsprang. Das Reich von Mercia umfaßte die Rodungslandschaften im Flußgebiet des Trent und war im 7. Jh. aus der Vereinigung der Kleinreiche zwischen Humber, Severn, Themse und dem Wash entstanden. Die politische Einigung im 8. Jh. war dann das Werk der beiden großen Könige Ethelbald und Offa. Offa, der zum ersten Male den Titel „König der Engländer“ benutzte, nahm als Gleichberechtigter Beziehungen zum Frankenkönige auf. Ein Ehebündnis kam zwar nicht zustande, wohl aber ein Handelsvertrag (796), der den Kaufleuten beider Länder Schutz verlieh und die Länge der zum Export bestimmten englischen Tuche unter königliche Kontrolle stellte.

Auch über das Königreich von Wessex übte Mercia seine Oberhoheit aus, ohne aber die einheimische Dynastie der durch die Kolonisierung von Somerset, Dorset und Devon gestärkten Westsachsen beseitigen zu können. König Egbert von Wessex vermochte dann das Blatt zu wenden: In der Schlacht bei Ellendun (825) vernichtete er die Suprematie von Mercia und stellte er die Selbständigkeit von Wessex wieder her.

4. *Byzanz*

Die schwere Krise, in die das byzantinische Reich durch die arabische Expansion gestürzt worden war, hatte dank den Reformen des Herakleios die Kernländer des Reiches zu neuer innerer Geschlossenheit geführt. Im Jahre 717 schritt die arabische Land- und Seestreitmacht zum zweiten Angriff auf die Reichshauptstadt; aber dem Kaiser Leon III. gelang es, die Belagerung zu sprengen, und nun neigte sich der Kampf um die nackte Existenz des Staates dem erfolgreichen Ende zu. Der Kaiser verbündete sich mit dem im Wolgagebiet gelegenen Chazarenreich, das den Arabern in Armenien schwer zu schaffen machte. Die Streifzüge der Araber in Kleinasien wurden durch Leons Sieg bei Akroinion (740) fühlbar eingeschränkt. Kleinasien, durch die Themenverfassung kräftig organisiert, blieb ein fester Bestandteil des Reiches.

Kaum war die Arabergefahr gebannt, da begann unter Leons Sohn Konstantin V. die Zeit der großen Auseinandersetzungen mit den Bulgaren, von denen der Kaiser trotz glänzender militärischer Siege keinen dauernden Frieden zu erzwingen vermochte. Das Reich war seither vom Zweifrontenkrieg bedroht. Indes festigte sich doch die byzantinische Herrschaft in den slavisierten Balkanländern, wie die zu Ende des 8. und in der ersten Hälfte des 9. Jh. anzusetzende Neugründung der Themen Makedonien, Peloponnes, Kephallenia (Ionische Inseln), Thessalonike und Dyrrhachion zeigt.

War im ganzen die äußere Existenz des Reiches seit Kaiser Leon III. gesichert, so stürzte derselbe Kaiser den Staat in eine schwere, für mehr als hundert Jahre anhaltende innere Krise durch seine gegen den Bilderkult gerichtete Kirchenpolitik. Im Bereiche der griechischen Kirche hatte die Verehrung der Heiligenbilder im Laufe der Zeit immer weitere Verbreitung und größere Bedeutung gewonnen; in den östlichen Reichsteilen dagegen ließ die Berührung mit der arabischen Welt und der eigentümlichen muslimischen Scheu vor der Abbildung des menschlichen Antlitzes schließlich eine krasse Bilderfeindschaft aufflammen. Das erste staatliche Gebot, aus allen christlichen Kirchen die Bilder zu entfernen, erließ im Jahre 723 der Kalif Jezid in Damaskus für sein arabisches Reich.

Kaiser Leon III., der selbst aus dem Osten stammte, suchte das Bilderverbot auch in der Reichskirche durchzusetzen. Aber seine Erlasse riefen in den europäischen Reichsteilen, in Griechenland und Italien, sofort offene Empörung gegen ihn hervor. Papst Gregor II. wies die bilderfeindlichen Auslassungen schroff zurück, obwohl er volle Loyalität gegenüber dem Kaiser wahrte, auf dessen Schutz gegen die Langobarden er noch angewiesen war. Im Jahre 730 ordnete Leon durch Edikt die Vernichtung sämtlicher Heiligenbilder an. Nun begann der Ikonoklasmus (Bildersturm).

Diese Wendung hatte weittragende Folgen vor allem für das Verhältnis des Ostens zu Rom. Papst Gregor III. sah sich gezwungen, den Ikonoklasmus auf einem Konzil zu verdammen. Leon reagierte darauf, indem er 731 die gräzisierten süditalienischen Provinzen Sizilien und Kalabrien sowie die illyrische Präfektur, die bis dahin zum römischen Kirchensprengel gehört hatten, von Rom trennte und dem Patriarchat in Konstantinopel unterstellte. Vergebens protestierte der Papst, der in Sizilien auch wichtigen Grundbesitz verlor. Die neue Grenze entsprach den völkischen und kulturellen Verhältnissen, die sich im Laufe der letzten Jahrhunderte herausgebildet hatten. Der päpstliche Primat hat sich seither auf den Westen beschränkt, wo er in der Petrusverehrung der Germanen eine neue, dem Osten fremd gebliebene Stütze fand.

In der Not der Kämpfe gegen Araber und Bulgaren zeigte Kaiser Konstantin V. für die byzantinische Stellung in Italien kein weiteres Interesse, und so erlebte jetzt mit der byzantinischen Herrschaft in Italien auch die universale römische Reichsidee einen vollständigen Zusammenbruch. Als 751 der Exarchat Ravenna in die Hände der Langobarden gefallen war, ging 754 das Papsttum die bereits erwähnte Verbindung mit dem Frankenreich ein, die zur Gründung des Kirchenstaates, zur Abwendung der Päpste vom Osten und schließlich zur Errichtung des westlichen Kaisertums führte.

Wenn auch schließlich, im Jahre 787, das siebente ökumenische Konzil, das letzte, welches sowohl die östliche wie die westliche Kirche anerkannte, zu Nicaea die Bilderfeindschaft als Häresie verurteilte, so kam es doch nicht zu echter Aussöhnung mit Rom, da die Kaiser jede Verhandlung über die Restitution der päpstlichen Patrimonien und der römischen Jurisdiktionsrechte in Süditalien und Illyrien sowie über die römischen Primatsrechte verhinderten. So hielten die Päpste trotz der Aussöhnung in dem Glaubensstreit an dem Bündnis mit dem Frankenreiche fest. Die von Papst Leo III. im Jahre 800 an Karl dem Großen vollzogene Kaiserkrönung schloß die Übergangszeit ab und vollendete den Umsturz der alten römischen Weltordnung, die mit dem Übertritt der römischen Kirche auf die Seite des germanisierten Abendlandes begonnen hatte.

B. Geschichte der gesellschaftlichen Ordnungen

1. Kaisertum und Papsttum

Die Entstehung des westlichen Kaisertums im Jahre 800 offenbarte weittragende politische Gegensätze zwischen den Ansichten und Zielen der großen Mächte der Zeit. In Byzanz, wo das antike römische Kaisertum des Dominats in unmittelbarer Kontinuität fortbestand, nahm der Basileus noch immer den Vorrang vor den Königen des Westens in Anspruch, die er als seine Söhne anredete. Nach seiner Vorstellung konnte es nur einen einzigen Kaiser auf der Erde geben, der als Herrscher von Gottes Gnaden und Stellvertreter Christi auf Erden sowohl den Staat wie die Kirche regierte.

Im Abendlande war man sich zwar des einmaligen historischen Charakters des östlichen Kaisertums bewußt. Aber trotz des Vorranges der Kaiserwürde verstand man hier den oströmischen Staat lediglich als den des oströmisch-griechischen Reichsvolkes, so wie der fränkische Staat der des gleichberechtigten fränkischen Reichsvolkes war. Karl der Große konnte nach westlicher Ansicht aufgrund seiner Machtstellung den Imperator-Titel in Anspruch nehmen, zumal er ebenso wie der Basileus über die Kirche und das christliche Volk herrschte. Seine Untertanen waren fideles, wobei die beiden Wortbedeutungen von fides, nämlich „Glaubensfestigkeit“ im christlichen und

„Treue“ im germanischen Sinne, in eins gesetzt wurden. Die Einheit der römisch-christlichen Religion hielt sein Reich zusammen, und bewußt hat er sich den Titel „Von Gottes Gnaden“ beigelegt. Der theokratischen Bindung seiner Macht entsprach ihre Loslösung vom Volk. In Karls Herrscheridee hörte das Volk auf, Wähler des Königs mit dem Recht auf Teilhabe an der Macht und auf Widerstand gegen ungerechte Herrschaft zu sein; statt dessen wurde es zum Volk, welches Gott dem König zur Leitung anvertraut hat. So mußte es zum politischen Ziel des Frankenkönigs werden, das den Germanenfürsten bisher im Rahmen der Familie der christlichen Herrscher gebührende Prädikat eines Sohnes des römischen Kaisers durch das des Bruders ersetzt zu sehen.

Eine dritte Auffassung vom Wesen des Kaisertums hatte sich in Rom gebildet, seitdem Papst Leo I. im 5. Jh. die Lehre von der Stellvertretung Christi auf Erden durch Petrus und Petri durch den Papst aufgestellt und Gelasius I. die Zweigewaltenlehre mit Vorrang der geistlichen Gewalt verkündet hatten. In der Zeit des Ikonoklasmus entfielen die letzten Gründe, die den Päpsten nahegelegt hatten, sich mit der ihnen vom römischen Weltkaisertum zugewiesenen Rolle eines Patriarchen des Westens abzufinden. Je mehr sie sich mit dem germanischen Petrusglauben identifizierten, desto kräftiger wurde ihr Anspruch auf den Vorrang vor dem Kaisertum. Die entsprechenden Gedankengänge zeigen sich in der sogenannten Konstantinischen Schenkung, einer zwischen 751 und 806 verfaßten Fälschung, die nicht nur die weltliche Herrschaft des Papstes in Italien begründen sollte, sondern den Päpsten auch als von Konstantin dem Großen verliehen das Recht zusprach, über die kaiserlichen Ehren im Abendland zu verfügen.

In dem Vorgang des Weihnachtstages von 800 konkurrierten die Auswirkungen aller drei Kaiserauffassungen. Aus byzantinischer Sicht handelte es sich um eine offene Usurpation. Die Befugnis des Papstes, für das alte Rom die Rechte des neuen bei der Kaiserkreierung in Anspruch zu nehmen, entsprach der römischen Vorstellung vom Kaisertum. Karl der Große konnte ihr nicht zustimmen, weil sie der fränkischen Ansicht vom bereits bestehenden kaisergleichen Range des Herrschers ebenso widersprach wie seinem Bemühen, von Byzanz die Anerkennung seiner Gleichberechtigung zu erlangen.

Aber ein friedlicher Ausgleich mit Byzanz war nicht möglich, weil Kaiser Nikephoros I. dem Franken als Usurpator die Legitimierung als Mitkaiser verweigerte. Damit begann ein Jahrzehnt kriegerischer Auseinandersetzung beider Mächte in Italien und Dalmatien. Erst die Bulgarenniederlage von 811 machte den Basileus verhandlungsbereit. Es kam zu einem Vergleich, der die byzantinische mit der fränkischen Kaiseridee in Einklang brachte, die päpstlichen Ansprüche aber völlig überging. In Byzanz bezeichnete man hinfort das eigene, einzigartige Weltkaisertum als römisches Kaisertum. Unter diesem konnte es in der Titelhierarchie nun einen Kaiser ohne Attribut geben, den Inhaber eines titelmäßig ausgezeichneten überhöhten Königtums, der nicht dem östlichen Kaiserkollegium angehörte, wenn ihm auch der Brudertitel zugebilligt wurde. Karl verzichtete hinfort gegenüber dem Basileus, nicht aber in seinen Urkunden auf den Titel des römischen Kaisers.

Damit begann die kurze, aber sehr charakteristische Periode eines fränkischen Kaisertums, das sich mit den Franken als Reichsvolk in den äußeren Formen am byzantinischen Kaisertum orientierte und die päpstlichen Ansprüche gänzlich außer acht ließ. Karl krönte 813 seinen Sohn Ludwig nach östlichem Vorbilde zum Mitkaiser, indem er ihn sich selbst die Krone im Aachener Münster aufsetzen ließ. Der Mitkaiser Ludwig wurde nach Karls Tode durch die Franken, ebenfalls nach byzantinischem Muster, zum Hauptkaiser akklamiert, und zwar durch Heer, Senat und Volk, wobei man den fränkischen Adel als Senat betrachtete. Kaiser Ludwig wiederholte dies Verfahren, als er seinen Sohn Lothar ohne päpstliche Mitwirkung und lediglich unter Akklamation der Franken zum Mitkaiser krönte (817); es wurde bestimmt und 821 wiederholt, daß diese Nachfolgeordnung in Zukunft allein maßgebend sein sollte.

2. Die Verwandlung der abendländischen Kirche

Wenn sich auch Karls des Großen Kirchenherrschaft stark der byzantinischen näherte, die sichtlich in vielem als Vorbild gedient hat, so besaß sie doch auch sehr eigene Züge, die der germanisch-fränkischen Tradition und der machtvollen Herrscherpersönlichkeit Karls entsprangen. Sie erscheinen besonders in der von den Zeitgenossen stark empfundenen priesterlichen Stellung Karls in und über der Kirche, für die man in Aufnahme merowingischer Traditionen das alttestamentliche Bild des Priesterkönigtums gebrauchte.

Im Bereich der Niederkirchen (Bethäuser, Klöster, Pfarr- und Stiftskirchen unterhalb der Bistümer) fand jetzt das Eigenkirchenrecht der großen und kleinen Grundherren, die solche Kirchen stifteten, allgemeine Anerkennung. Es erstreckte sich auf die Nutzung aller der Kirche gehörigen Güter und schloß die Einsetzung des Geistlichen oder Abtes ein, der die Güter verwaltete. Noch in der Merowingerzeit hatten die Bischöfe die (dem römischen Recht unbekannte) besitzrechtliche Auffassung des Stifterrechts als Mißbrauch bekämpft; jetzt aber übertrugen die Mächtigen die Verdinglichung der Hoheitsrechte, der sie bereits die weltlichen Ämter unterworfen hatten, mit Erfolg auf die Kirchen. Auch das aufblühende kirchliche Genossenschaftswesen in Dom- und Stiftskapiteln und im Leben der Mönche ist nur unter dem Einfluß des germanischen Genossenschaftsrechtes denkbar. Daneben wirkte die soziale und rechtliche Standesgliederung des Mittelalters auf die Kirche ein: Die Prinzipien der „Standesgleichheit“ und der „Ebenburt" führten dazu, daß die Besetzung der Bistümer, Dom- und Stiftskapitel und großen Klöster frühzeitig dem Adel vorbehalten wurde.

Die Ausbreitung des Eigenkirchenrechts hing damit zusammen, daß, seit Karl Martell im Rahmen seiner Heeresreform einen Teil der Kirchengüter eingezogen hatte, viele Niederkirchen in die Hand von Laien gekommen waren und daß besonders im rechtsrheinischen Gebiet die Grundherren zahlreiche Niederkirchen ganz neu einrichten mußten. Mittelpunkt der Eigenkirche war der Altar mit den Reliquien des Heiligen, der als Eigentümer des Ganzen aufgefaßt wurde. Die Kirche bedurfte zwar der Weihe, die nur der Bischof erteilen konnte, aber die nach römischem Recht unerläßliche Übereignung der Kirche in das Eigentum des Bistums fand jetzt nicht mehr statt. Die Ausstattung der Kirche mit dem Widem (lat. dos) erfolgte, indem der Kirchherr es zum Zubehör des Altars erklärte und dem Heiligen schenkte. Ursprünglich konnte er die Schenkung widerrufen; erst Karl der Große schrieb gesetzlich vor, daß die Ausstattung der Kirche nicht wieder entzogen werden durfte (794 und 802). Aus dem Kirchenvermögen wurde ein dauernd zweckgebundenes Sondervermögen; den bei Erwerb der Pfarr- und Zehntrechte oft beträchtlichen Überschuß des Ertrages dieses Sondervermögens konnte aber der Herr weiterhin für sich in Anspruch nehmen.

Der Übergang der Pfarrechte, die zunächst den römischen Taufkirchen vorbehalten waren, auf die Eigenkirchen begann ebenfalls im 8. Jh. und führte zur Zersetzung der Pfarrsprengel der älteren Tauf- und Missionskirchen. Die Bischöfe aber begannen, die ihnen verbliebenen Pfarrkirchen als Eigenkirchen ihres Bistums zu betrachten und sie ebenso zu nutzen, wie weltliche Herren es taten. Damit begünstigten sie selbst das besitzrechtliche Verständnis jeglicher Kirchenhoheit, also auch ihrer eigenen, die sich als solche freilich kaum anders als vom Königtum abgeleitet auffassen ließ.

Die unter Karl Martell eingerissene Anarchie wurde durch die karolingische Kirchenreform beseitigt, die die wildgewachsenen Eigenkirchen in den Bau des Bistums einzufügen strebte. Dies geschah abschließend in dem großen Aachener Kirchenkapitulare von 818/19 durch Sicherung des Besitzstandes der Eigenkirchen gegenüber deren Herren, die das Dotalgut nicht zweckentfremden durften, durch Hebung der Stellung des Eigenkirchenpriesters, der Freier sein und mit mindestens einer zinsfreien Hufe ausgestattet werden mußte, und durch Unterordnung dieses Priesters unter den Bischof, dessen Synode er besuchen und dessen Visitationen er sich gefallen lassen mußte.

Im Jahre 826 stimmte Papst Eugen II. auf der römischen Synode dieses Jahres der fränkischen Gesetzgebung zu. Damit war die Aufnahme des Eigenkirchenrechtes in das abendländische Kirchenrecht besiegelt. Nun wurde es üblich, daß die Kirchherren ihre Geistlichen mit den Eigenkirchen im Wege der Benefizialleihe oder sonst landesüblicher Leiheformen (in Italien etwa der römischen Libellarleihe oder der Emphyteuse) beliehen. Aus dem

Eigenkirchenrecht entsproß das kirchliche Benefizialwesen: Der Priester pachtete die Kirche samt Zubehör vom Kirchherrn und verrichtete als Entgelt, neben der Zahlung eines Zinses, die kirchlichen Dienste. Von weltlichen Leihen unterschied sich die kirchliche Benefizialleihe vor allem dadurch, daß sie ohne Kommendation und Vasallität, daher ohne Herrenfall (Beendigung mit dem Tode des Lehnsherrn) und grundsätzlich lebenslang für den Geistlichen war.

Den Bischöfen ging mit der Anerkennung des Eigenkirchenrechtes der Großteil ihrer Kirchen verloren. Als Entschädigung hatte ihnen schon König Pippin den Zehnten ihrer Diözese, den die Kirche seit dem 6. Jh. aufgrund alttestamentlicher Vorschriften beanspruchte, sowie zusätzlich von früherem Kirchengut den Neunten zugesichert und dieses Gebot auch staatlich durchgeführt. Für das ganze Reich erneuert wurde das Zehntgebot in Karls des Großen Kapitulare von Heristal 779, wahrscheinlich als Preis, den die weltlichen Machthaber an die geistlichen von den gemeinsamen Untertanen zahlen ließen, um die Wiederaufrichtung der fränkischen Kirche zu ermöglichen, ohne das eingezogene Kirchengut zurückgeben zu müssen.

Auch das Klosterwesen unterlag dem Eigenkirchengedanken. Neben die römischen Klöster mit Körperschaftsrechten und frei gewähltem Abt, den der Bischof bestätigte (z.B. Monte Cassino, Bobbio), traten die Eigenklöster, die durch Könige oder Königinnen selbst begründet oder, wie es besonders in Deutschland geschah, von geistlichen und weltlichen Großen gestiftet und dem Könige später übereignet wurden. Sie bildeten die Gruppe der Königs- oder Reichsklöster: St.-Denis und Corbie in Frankreich, St.-Maurice in Burgund, Reichenau (724) und St. Gallen (Reichskloster seit 818), Fulda und Fritzlar (zunächst durch Stiftung des Bonifatius Mainzer Eigenklöster, 765 bzw. 782 dem Könige übertragen), Hersfeld und Lorsch (königlich nach 772), Weißenburg und Murbach im Elsaß. In Italien waren Pavia, Brescia, Nonantula, Monte Amiata, später auch Bobbio und Farfa Sitze von Königsklöstern, die sich vielfach mit Erfolg der bischöflichen Aufsicht entziehen konnten.

3. Königtum und Herrschaftsordnungen

In einer Zeit, die dauerhafte Reichsgründungen nur von einem machtvollen Oberhaupt ausgehen ließ, stand und fiel jede Herrschaftsordnung mit der Lösung, die sie für die Thronfolge fand. Unter den kulturgeschichtlichen Umständen des frühen Mittelalters konnte nur das dynastische Erbrecht die Thronfolge sichern.

In Byzanz war dieses seit dem 7. Jh. ausgebildete Erbrecht so weit gesichert, daß Kaiser Leon IV. 776, obwohl seine Brüder schon unter seinem Vater die Mitkaiserwürde erhalten hatten, seinen kleinen Sohn Konstantin zum Mitkaiser und Nachfolger krönen konnte. Aber die Grenze, bis zu der sich das dynastische Prinzip gegenüber den antiken Traditionen anspannen ließ, wurde erreicht, als 780 die Kaiserinmutter Irene für ihren Sohn die Regentschaft beanspruchte und 790 sogar versuchte, für sich selbst den Eid vom Heere zu erlangen. Wohl erreichte sie 797 ihr Ziel, allein das Kaisertum einer Frau widersprach dem römischen Staatsgedanken dermaßen, daß es strittig blieb und sich nicht wiederholte.

Die germanischen Reiche waren dagegen noch nicht imstande, die Gesamtthronfolge der charismatischen Königsfamilie, das Haupthindernis einer gedeihlichen verfassungspolitischen Entwicklung, zu überwinden. Sowohl Karl Martell (741) wie König Pippin (768) und Karl der Große (806) haben die Herrschaft im Frankenreiche unter ihre Söhne geteilt, und nur durch Zufall, durch Abdankung und frühen Tod, blieb die Reichseinheit bestehen. Als Karls Sohn Ludwig die Teilung erneuerte, vermochte zwar die fränkische Kaiseridee, für die sich eine starke Partei in der Reichskirche einsetzte, für das Kaisertum die Primogenitur durchzusetzen und die Königsherrschaft der anderen Brüder zum Unterkönigtum herabzudrücken, aber diese Errungenschaft hat sich ebensowenig wie die fränkische romfreie Kaiseridee im 9. Jh. behauptet.

Einer der oströmischen vergleichbaren Institutionalisierung seiner Kaisermacht kam Karl der Große am nächsten durch seine Herrschaft über die Kirche und durch den Ausbau der Gesetzgebung in Gestalt der Kapitularien.

Karl berief und leitete die Synoden der Reichskirche; er lenkte die Bischofswahlen und zog die hohe Geistlichkeit samt ihrem Kirchengut zum Dienst für das Reich heran. Dem in der Hofkapelle zusammengefaßten Pfalzklerus entnahm er die Männer, welche die höchsten Kirchenämter im Reich bekleiden sollten. Die Gesetze über die Neuordnung der kirchlichen Organisation, die Rückgabe von Kirchengut, das Zehntgebot und die geistliche Disziplin erließ er als weltlicher Herrscher; da auch die weltlichen Großen darüber mitberieten, gab es kaum einen Unterschied zwischen Synoden und Reichsversammlungen. Dies bedeutete ein weit nachhaltigeres Kirchenregiment, als es die Merowinger je ausgeübt hatten. An die Stelle ihrer königlich bestätigten Synodalbeschlüsse traten Reichstagssynoden und königliche Gesetze. Entgegen den kanonischen Bestimmungen schuf Karl ohne päpstliche Mitwirkung die neuen Bistümer im eroberten Sachsenlande.

Die königliche Gesetzgebung erreichte unter Karl dem Großen einen einmaligen Gipfel. Seine in Artikel (Kapitel) eingeteilten Erlasse hießen „Kapitularien"; zuerst 779 gebrauchte Karl dieses Wort in der Bedeutung von Satzung oder Gesetz. Durch sie machte er die Weisungen bekannt, die zuvor auf den Reichstagen rechtswirksam verkündet worden waren. Die Autorität der Kapitularien scheint allein auf der Banngewalt des Königs beruht zu haben. Man unterschied sie streng von den mündlich überlieferten, und zwar amtlich aufgezeichneten, aber königlichen Eingriffen unzugänglichen leges (Stammesrechten). Vor seiner Kaiserkrönung hat Karl keine Kapitularien erlassen, die diese Volksrechte berührten; solche begegnen uns erst ab 803, als der Kaiser gleichzeitig Kommissionen zur Revision der leges einsetzte. Offenbar wollte er als Kaiser auch in der Funktion des Gesetzgebers die Nachfolge der Imperatoren nach dem Vorbild des Basileus antreten, und wie dieser über dem Recht stehen. Aber dieser Anspruch war im fränkischen Reiche gegen das Recht der Großen auf Mitwirkung und gegen den Gedanken der Unterordnung des germanischen Königs unter das allen gemeinsame Recht nicht durchzusetzen.

Die Kosten der königlichen Verwaltung wurden aus den Erträgen der königlichen Grundherrschaft gedeckt, die vorwiegend in Naturalien (landwirtschaftlichen Produkten) anfielen. Geldeinnahmen flossen aus Strafgeldern (Gerichtsgefällen), Heerbannabgaben, Schutzgeldern und Zöllen und waren gering, da es keine allgemeinen direkten Steuern gab. Weil die Verkehrsverhältnisse es verboten, die Einkünfte an Naturalien in einer Residenz zusammenzuführen, gab es keinen zentral gelenkten Staatshaushalt. Der Herrscher selbst mußte abwechselnd auf seinen verschiedenen Pfalzen Aufenthalt nehmen, um die Kosten der Hofhaltung auf den Gesamtbestand der Krongüter zu verteilen.

Entsprechend gering waren die Organe der Zentralverwaltung bei Hofe ausgebildet. Einzig wirksames Organ war im Grunde die vom König geleitete Versammlung des Adels und der Kirchenfürsten auf den Reichstagen. Ständige Berater des Königs waren die Hofbeamten (Kämmerer, Seneschall, Oberschenk, Stallgraf) und die Hofgeistlichkeit, diese zusammengefaßt als Kapelle, so genannt nach der cappa, dem Kapuzenmantel des heiligen Martin von Tours, den die Merowingerkönige als hohe Reichsreliquie überall, wo sie waren, auch im Kriege, mit sich geführt hatten. Der Königshof war im ganzen eine ins Königliche ausgedehnte bäuerliche Haus- und Hofhaltung, der jeder bürokratische Unterbau fehlte.

Eine Kontrolle der Lokalverwaltung durch Vertrauensmänner der Regierung suchte Karl durch das Institut der missi dominici (Königsboten) zu erreichen. Jährlich wurden meist paarweise ein Bischof und ein Graf in ihnen fremde Reichsteile entsandt, um dort Beschwerden über den Lebenswandel der hohen Geistlichkeit und die Rechtspflege der Grafen anzunehmen und zu entscheiden. Schon unter Karls Nachfolger wußte sich der hohe Adel dieser Aufsicht zu entledigen, indem er die ständige Übertragung der missatischen Gewalt auf den Erzbischof und einen eingesessenen Grafen jeder Kirchenprovinz durchsetzte.

4. Adelsherrschaft und Lehnswesen

Auch darin unterschied sich die Stellung des fränkischen Königs von der des Kaisers in Byzanz, daß dieser die Lokalverwaltung der Themen durch ein absetzbares und allein von ihm autorisiertes Beamtentum fest in der Hand hielt, während im Frankenreich unter den späten Merowingern die letzten Reste römischer Verwaltung zugrunde gegangen waren. Der Frankenkönig war auf die Hilfe des grundbesitzenden Adels und dessen Beteiligung am Reiche angewiesen. Um die politischen Kräfte zu sammeln und von sich abhängig zu machen, mußte er in planvoller Zerlegung seiner eigenen Gewalt anderen davon mitteilen. Der Adel besaß zwar auch ein ererbtes Heil eigenen Verdienstes; wegen des überlegenen vom Könige ausgehenden Charismas wurde er jedoch vor allem durch Königsnähe ausgezeichnet. Eine Stellung im Dienst des Königs konnte daher die geringe Herkunft eines tüchtigen Mannes ausgleichen und alsdann auf seine Söhne übergehen. Der Adel diente aber nicht nur dem König, sondern saß auch in den führenden Stellungen der Stammesgebiete, so daß die Mitträger königlicher Gewalt draußen im Lande leicht in die lokalen Verbände hineinwuchsen und sich dem Reich entfremdeten. Es war daher eine ständige Aufgabe königlicher Politik, den Stammesadel durch Verleihung von Ämtern und Vorrechten, durch Betrauung mit Aufgaben des Reichsdienstes und nicht zuletzt durch Ehebündnisse und verwandtschaftliche Beziehungen zum Königshaus aus den örtlichen Verhältnissen zu lösen und ans Reich heranzuziehen. Die Verflochtenheit der höchsten Adelsschicht durch Verwandtschaften und Besitzinteressen wurde ein starker Halt der fränkischen Reichseinheit gegenüber den Herrschaftsteilungen innerhalb der Königsfamilie und gegenüber den im Reich vereinigten Stammeskörpern.

Schon die Hausmeier hatten die für den Königsdienst gewonnenen oder von ihnen als Machthaber eingesetzten Großen mit dem Titel des „Comes" oder Grafen ausgezeichnet. Die Comites übten germanische Adelsherrschaft aus, die freilich in den romanischen Landschaften einen anderen, mit römischen Relikten bereicherten Inhalt hatte als in den fränkischen Stammlanden oder gar in den neu unterworfenen Gebieten östlich des Rheins, wo es niemals vorher eine königliche Verwaltung gegeben hatte. Der einheitliche Gebrauch des Grafentitels bedeutet nicht, daß alle Teile des Reiches mit einer homogenen Grafschaftsverfassung überzogen wurden.

Gemeinsam war den Grafen lediglich, daß sie Vertreter des Königs in ihrer Landschaft waren. Sie besaßen den Königsbann, d.h. ihren Geboten wurde derselbe Gehorsam geschuldet wie denen des Königs, und Übertreter wurden gestraft, als ob sie ein königliches Gebot verletzt hätten. Als Vertreter des Königs waren die Grafen Vorsitzende der alten Volksgerichte oder echten Dinge, und nur unter ihrer Leitung konnten diese über Leben, Freiheit und

Eigentum eines freien Mannes, die typischen Hochgerichtsfälle des älteren Rechts, richten.

Eine selbständigere Stellung, vor allem eigene Befehlsgewalt, besaßen nur die Markgrafen. Ihnen unterstanden größere Gebiete an den neugewonnenen Grenzen. Der Heerbann dieser Marken war nur zur Heerfolge in ihren Gegenden verpflichtet. Einzelne Markgrafen, Führer besonders großer Aufgebote, erhielten den Herzogstitel, der aber noch keinen eigenen Rang bedeutete, sondern nur eine altgermanische Überlieferung als Ehrenbezeichnung fortleben ließ.

Der König konnte seine Helfer nicht in Geld entlohnen, sondern mußte ihnen die Verwaltung bestimmter Krongüter zuweisen, gegen deren Nutzung ihnen die Pflicht zu Dienstleistungen und Abgaben oblag. Da man Nutzung und Verwaltung des Reichsgutes nicht zu trennen imstande war, geriet der Amtsträger durch diese Art der Entlohnung nicht in wirtschaftliche Abhängigkeit vom Könige. Die daraus der Krone erwachsenden Gefahren suchten die Karolinger durch den Ausbau des Leihe- oder Lehnrechtes zu mildern. Sie knüpften dabei an eine Einrichtung der gallischen Zeit, die Vasallität, an: Der Vassus (keltoromanisch gwas = Knecht) erhielt vom Herrn den Unterhalt und übernahm dafür Dienst- und Gehorsamspflicht. Mit diesem Rechtsverhältnis verbanden die Karolinger das persönliche Treueverhältnis der germanischen Gefolgschaft und die Landleihe. Die Verschmelzung der Treuepflicht mit der Landleihe bildete den Kern des nur zwischen Freien möglichen Vertragsverhältnisses, das beiden Seiten Rechte und Pflichten auferlegte.

Die Belehnung ging in bestimmten Formen vor sich: Der Herr (senior) übergab das Leihegut (beneficium) unter Überreichung eines Symbols, z.B. eines Handschuhs oder Stabes. Der Mann (homo) gelobte Treue, indem er seine gefalteten Hände zum Zeichen der Hingabe in die Hände des Herrn legte. Grundsätzlich fiel das Lehen beim Tode des Verleihers (Herrenfall) und des Beliehenen (Mannfall) an den Verleiher oder dessen Erben zurück, doch wurde die Wiederverleihung an den bisherigen Lehnsträger oder dessen männlichen Erben bald zur Regel. Sobald der Nachkomme einen Anspruch darauf erlangte, wurde das Lehen erblich.

Das Lehnsrecht diente zunächst der Organisation des Reiterheeres: Um einen Mann von der täglichen bäuerlichen Arbeit freizustellen und ihm die Ausrüstung als Reiterkrieger zu ermöglichen, belehnte der König ihn mit einem von hörigen Bauern bestellten Landgut. Aber darauf blieb es nicht beschränkt. Da zu den Herzogtümern und Grafschaften Amtsgüter gehörten, die der König als Lehen vergab, um die Inhaber für seinen Dienst abkömmlich zu machen, begann man, Amt und Amtsgut als Einheit und folglich die Ämter selbst als Lehen aufzufassen. Dem Adel galten die vom König übertragenen oder verliehenen Amtspflichten weniger als solche denn als Herrenrechte gegenüber den ihnen Unterworfenen, als Vorzug und Auszeichnung, die unterstützt wurden durch den Ertrag des Lehngutes. Wie in der abendländischen Kirche, so trat auch im Staate der Amtsgedanke völlig zurück hinter dem besitzrechtlichen Charakter der Belehnung und hinter dem Genuß der aus dem Lehen fließenden Rechte und Einkünfte. Entsprechend gering blieben die Möglichkeiten der Könige, den belehnten Amtsadel ihrem Willen unterzuordnen. Obwohl Karl der Große die allgemeine Vereidigung aller Untertanen auf seine Person anordnete, um deren unmittelbare Bindung an das Königtum zu erhalten, gerieten die ärmeren und besitzlosen Freien vielfach unter die Schutzgewalt der Großen, besonders der Grafen, die sie durch zu häufige Aufgebote zur Heerfahrt und durch allerlei Schikanen zur Unterwerfung unter ihren Schutz und zur Kommendation oder in die Hörigkeit zwangen.

5. Grundherrschaft, Vogtei und Bauerntum

Dank seines aus der Antike tradierten, institutionalisierten Verwaltungsapparates war der byzantinische Staat imstande, ein freies Wehrbauerntum als staatstragende Schicht trotz aller militärischen Anstrengungen, die ihm abverlangt wurden, zu erhalten. In schroffem Gegensatz hierzu steht die Entwicklung im fränkischen Reich. In der dreißigjährigen Periode seiner Eroberungskriege vollendete Karl der Große, um den Ansprüchen des fränkischen Heerwesens zu genügen, was unter seinem Großvater zuerst bemerkbar geworden war: die Ablösung des aus den wehrfähigen und daher freien Männern des ganzen Volkes bestehenden Heeres durch die Reitertruppen belehnter und schwerbewaffneter Grundbesitzer. Seine Eroberungspolitik schloß ein, daß hinfort an die Stelle der germanischen Volksgemeinde aller Freien die Aufspaltung in das selbstbewußte Herrentum des Feudalstaates und das hörige Bauerntum der breiten Masse der Bevölkerung trat.

Freiheit und Wehrhaftigkeit waren, seit das römische Recht im Westen außer Gebrauch gekommen war, gleichbedeutend mit Rechtsfähigkeit. In einer Zeit, wo auch der gerichtliche Prozeß letzten Endes stets in den Zweikampf zwischen Kläger und Beklagtem oder zwischen Urteiler und Schelter seines Spruches ausmünden konnte, war der Waffenunfähige zugleich der Rechtlose. Er mußte sich einen Schützer suchen; der aber ließ sich den Schutz teuer bezahlen, durch Dienstleistungen und Abgaben, die den Beschützten als Unfreien erscheinen ließen und dem Schützer ein Obereigentum auch an seinem Grundbesitz einräumten. Die wirtschaftliche Last der Kriegs- und Gerichtspflicht veranlaßte immer mehr bisher freie Bauern, sich einen solchen Schutzherrn zu suchen, der für sie diese Aufgaben übernahm und dem sie dafür die leichter tragbaren Abgaben des Hintersassen leisteten.

Die Annahme und Verwaltung der Abgaben und Dienste der wachsenden

Zahl von Hintersassen und die Ausübung der Herrenrechte über sie geschah in den Formen der Grundherrschaft, die sich daher immer weiter ausbreitete. Viele Grundherren und besonders die Klöster organisierten außerdem ausgedehnte Rodungen in Waldgebieten, die sie aus der alten Allmende oder aus Reichsgut erlangten. Daher ist das 8. und frühe 9. Jh. gekennzeichnet durch eine fühlbare Ausweitung der Kulturfläche, durch die Gründung zahlreicher neuer Siedlungen und durch Zunahme sowohl der landwirtschaftlichen Erzeugung wie der unfreien oder hörigen Bevölkerung.

Mit der Grundherrschaft verbreitete sich vom Gebiet zwischen Seine und Niederrhein aus das neue bipartite Betriebssystem der Fronhofsverfassung. Der König ebenso wie die großen kirchlichen Grundherren, die aus frommen Schenkungen über Tausende von abhängigen Bauern geboten, richteten den von einer Kleinfamilie (Elternpaar mit Kindern und geringem Gesinde) getragenen bäuerlichen Wirtschaftsbetrieb als Einheit für die Bemessung der Arbeitsdienste und Abgaben ein. Diese Einheit bezeichnete man als „Mansus“ oder „Hufe“. Die Grundherren unterschieden Unfreienhufen, auf denen sie landlose Sklaven ansiedelten, von Freienhufen, deren Inhaber sich ihrem Schutze unterstellt hatten. Karl der Große begann damit, auch staatliche Forderungen an die Grundherren, namentlich deren Beiträge zur Ausrüstung von Heerfahrten, nach der Zahl der ihnen dienstbaren Hufen zu bemessen.

Schirmherrschaft und Hörigkeit begründeten, da der Herr die Streitigkeiten seiner Hintersassen untereinander schlichtete, ihre Forderungen nach außen vertrat und sie gegen fremde Forderungen schützte, die Gerichtsbarkeit des Grundherrn über seine Hörigen. Germanischer Hausherrschaft entsprechend verwehrten die adligen Grundherren jedem, auch dem König, den Eingriff in diese Gerichtsbarkeit. Die rechtliche Abschließung der Grundherrschaft nach außen, die Immunität, die den Grafen von allen Amtshandlungen ausschloß und dem Grundherrn die Ausübung der gräflichen Rechte in Gericht und Friedenswahrung überließ, gewann eine ganz neue politische Bedeutung, seit die Grundherren freie Bauern zu (nichthörigen) Hintersassen gewannen. Als Gerichtsbarkeit über solche begann nun die Immunitätsgerichtsbarkeit ihren Aufstieg zu grafengleicher Stellung.

Nach einer aus der spätrömischen Kaiserzeit stammenden, ins kanonische Recht übernommenen Vorschrift konnten geistliche Grundherren, also Bischöfe, Äbte und andere Prälaten, nicht selbst weltliche Richter sein, sondern mußten sich als solche durch einen Laien als Vogt (advocatus) vertreten lassen. Karl der Große unterstellte diese Vögte, wie seine Grafen, einer strengen königlichen Aufsicht. Seit es in den Grundherrschaften freie Hintersassen gab, mußte nach dem germanischen Grundsatz, daß nur Gleiche über Gleiche richten konnten, auch der Vogt ein Freier sein. Da eine wirksame Vogtei nur durch mächtige Freie ausgeübt werden konnte, gerieten die Vogteien in die Hände des Adels. Wie dem König das ihnen zur Verwaltung anvertraute Reichsgut, so entwanden die Adligen nun mittels der Vogtei der Kirche das ihnen zur Bevogtung anvertraute Kirchengut, indem sie die kirchlichen Hintersassen, die ihnen gerichtspflichtig wurden, wie eigene Hintersassen behandelten. Die Vogteien wurden eines der Werkzeuge, mittels deren sich der Adel wirtschaftliche Stärke und politischen Einfluß erhielt.

6. Städtewesen, Handel und Verkehr

Der direkte Orienthandel des Abendlandes war seit dem arabischen Vorstoß ins Mittelmeer durch die byzantinische Blockade der syrischen und ägyptischen Küste fast ganz abgeschnitten und auf Byzanz konzentriert. Alles, was der Orient nach dem Westen lieferte, Gewürze, Heilpflanzen, Farbstoffe, Myrrhe, Edelsteine und Seide, mußte erst nach Konstantinopel gebracht werden und konnte nur von dort ins Abendland gelangen. Der Hafen Attalia an der kleinasiatischen Südküste war der Sammelpunkt, den alle von den arabischen Küsten kommenden Schiffe zum Verzollen und wegen der Genehmigung zur Weiterfahrt in die Hauptstadt anlaufen mußten. Für den Absatz der orientalischen, vielfach in Byzanz verarbeiteten Waren im Westen bediente man sich der Juden, die überall im Westen Verbindungen und Marktkenntnisse besaßen und als Kommissionäre oder auch Staatsmonopolisten den Vertrieb organisierten. So trat in Europa mit dem Ausgang des 7. Jh. der jüdische Kaufmann an die Stelle der syrischen Händler, die in merowingischer Zeit in den größeren Städten Italiens und des Frankenreiches ihre Kolonien besessen hatten. Die Juden konnten ihre führende Stellung als Fernhändler in den Civitates Galliens und der Rheinlande bis ins 11. Jh. behaupten.

Im Rahmen dieses Verkehrs bewahrten sich die politisch zu Byzanz gehörigen Städte der Ost- und Südküste Italiens ein gewisses kommerzielles Leben. Im 8. Jh. stießen die in Korporationen organisierten Kaufleute von Ravenna und Comacchio auf dem Po bis nach Piacenza und Pavia vor, wo sie den langobardischen Königshof mit Salz und Orientwaren versorgten. Zu Beginn des 9. Jh. baute der neu entstandene Handelsplatz Venedig seine erste Flotte und begann, sich die Märkte des Binnenlandes zu erschließen. Im Süden bewahrten Bari, Zentrum der byzantinischen Verwaltung und Sitz einer großen Judengemeinde, sowie Neapel, das sich seine römische Curia erhielt, die Verbindungen mit Byzanz. Daneben pflegten Venedig, Amalfi und die Städte Siziliens trotz des kaiserlichen Verbotes Handelsbeziehungen auch zu den Arabern in Ägypten und Nordafrika. Sie traten neben den Juden das Erbe der Syrer an, die vor der Araberzeit den Mittelmeerhandel beherrscht hatten.

Das fränkische Reich, dessen Interessen wie seit je dem Meere abgewandt waren, besaß so gut wie keinen Außenhandel, wenn wir auch vom Handel mit

Salz und Waffen an der Ostgrenze durch das Gesetz Karls des Großen über die Kontrolle des Verkehrs in Bardowiek, Salzwedel (Schezla), Magdeburg, Erfurt, Forchheim, Regensburg und Lorch (an der Ennsmündung) sowie dem Sklavenhandel, der von der Slavengrenze ins islamische Spanien führte, wissen. Ebenso unbedeutend war der Binnenhandel des Reiches, den wir kaum von dem internen Verkehr der Großgrundherrschaften unterscheiden können, der die verschiedenartigen Überschüsse der weithin gestreuten Villikationen auszutauschen und am Sitze des Grundherrn zu sammeln hatte. Besonders Pfalzorte, Bischofssitze und Reichsklöster mit ihrer großen Konsumentenschaft vermochten einen so namhaften Verkehr auf sich zu konzentrieren. Brückengelder, Zölle und Gebühren für die Benutzung von Schiffslandeplätzen (portaticum, rivaticum) und Märkten (thelonium) sowie der seinem Umfange nach schwer schätzbare Kauf und Verkauf von Handelswaren ließen einen wachsenden Bedarf an Geld entstehen, dem Karl der Große durch eine Reform des Münzwesens gerecht wurde. Die Münzprägung wurde zum Regal, d.h. zum ausschließlich königlichen Recht. Wer in den königlichen Münzstätten sein Edelmetall ausprägen ließ, entrichtete dem Könige dafür den Schlagschatz, der den Münzbetrieb zu einer wichtigen Einnahmequelle machte. Ausgeprägt wurden nur Pfennige, von denen zwölf auf den Schilling und zweihundertvierzig auf das Pfund Silber gerechnet wurden. Dieses Währungssystem ist lange in vielen europäischen Ländern erhalten geblieben (am längsten in Großbritannien). Nur Nordeuropa benutzte eine abweichende Rechnung, die auf der Teilung einer anderen Gewichtseinheit, der Mark Silbers statt des Pfundes, beruhte.

Schon seit der Mitte des 7. Jh. gründete sich das gesamte Münzwesen des Westens auf das Silber zentralfranzösischer und deutscher Minen und nicht mehr auf das Gold. Das Abendland besaß kein Gold mehr, seit es seine Vorräte für die Einfuhr orientalischer Luxuswaren ausgegeben hatte, weil es unfähig war, Güter herzustellen, die im Orient absetzbar gewesen wären. Nur Byzanz und die Araber bedienten sich für die nächsten vier Jahrhunderte der Goldwährung, ein Zeichen für die Überlegenheit ihrer arbeitsteiligen Verkehrswirtschaft über die agrarische Kultur des Abendlandes.

Innerhalb des Frankenreiches bestanden die landschaftlichen Unterschiede der Merowingerzeit fort. Namentlich in den Niederlanden verbreitete sich das germanische Wanderkaufmannstum. Die germanischen Kaufleute betrieben den Handel nicht oder nur in geringem Umfange an ihrem Wohnort, sondern im Umherziehen auf auswärtigen Märkten, wo sie zu bestimmten Terminen von weit her zusammenkamen, um ihre Waren zu tauschen. Zu den Niederlassungen der Wanderkaufleute in den Niederlanden gehörten Dorestad (Wijk bei Duurstede), Utrecht, Maastricht, Namur, Valenciennes, Tournai und Gent, außerdem an der Canche Quentovic, auch Antwerpen, Brügge und Eename, der Vorgänger von Oudenaarde. Viele dieser Orte (vici, portus) werden erst im 9. Jh. urkundlich erwähnt. Weitere literarisch nicht bezeugte Seehandelsplätze sind in Friesland anzunehmen; nur aus archäologischen Funden ist z.B. der offenbar bedeutende Handelsplatz bei Domburg auf Walcheren bekannt.

Die Wanderkaufleute, die diese Plätze belebten und auf ihnen Kirchen und Wohnhäuser errichteten, waren ursprünglich Angelsachsen. Zu ihnen hatten sich vielleicht schon im 7. Jh. die Friesen gesellt, die sie nach der Einverleibung Frieslands ins Frankenreich bald überflügelten. In vielen Städten an Rhein, Maas und Schelde entstanden Friesenviertel als Quartiere der friesischen Kaufmannschaft. Seit dem 7. Jh. war Skandinavien durch den friesischen Handel erschlossen worden. Der alte Handelsweg von der Rheinmündung zum schwedischen Mälarsee überquerte seit dem Anfang des 8. Jh. die Jütische Halbinsel vorwiegend längs der Eider, Treene und Schlei. Die an der Schlei gelegene Siedlung Haithabu entwickelte sich zum Knotenpunkt dieses Verkehrs. Haithabus Verbindungen reichten bis nach Truso im Südteil des baltischen Siedlungsgebietes (beim späteren Elbing) und bis nach Norwegen, dessen nördliche Landschaft Halogaland das friesisch-nordeuropäische Verkehrssystem mit dem im Westen sehr begehrten Pelzwerk aus den Küstengebieten des Weißen Meeres versorgte.

7. Kunst und Kultur

So gering immer die Bedeutung des Handels nach dem Volumen der bewegten Güter war, so wichtig war seine bloße Existenz als ein wenn auch schmales Refugium für persönliche Freiheit und Freizügigkeit in einer Zeit, die soziale Sicherheit nur in den Bindungen der neuentstandenen Feudalgesellschaft kannte, und als ein Gegengewicht gegen die landschaftliche Absonderung, die eine unvermeidliche Folge der neuen Seßhaftigkeit werden mußte. Um dieser Absonderung zu begegnen, erlangten das Kulturschaffen und die Kulturpolitik der Königshöfe eine unerhörte, vielleicht nie wieder erreichte Bedeutung für den Zusammenhalt der Reiche. In erster Linie umgaben sie das Königtum mit jenem Glanz, der sein Charisma sichtbar machte und Adel und Volk an den König band.

Um die Wende des 7. Jh. hatten die Könige des angelsächsischen Reiches von Northumbria ihr Land zu hoher kultureller Blüte geführt. Im northumbrischen Kloster Jarrow lebte Beda Venerabilis, der große Kirchenhistoriker seines Volkes und größte Gelehrte seiner Zeit. Bedas Freund Egbert gründete, als er Erzbischof von York wurde, die von Bedas Geist erfüllte Schule von York. Egbert wiederum wurde der Lehrer Alkuins, den Karl der Große 782 als Organisator seiner Hofschule nach Aachen berief. Obwohl Northumbrias Macht im 8. Jh. verfiel, bildete der bewunderte Glanz seines Hofes einen Mittelpunkt der gesamten angelsächsischen Nation.

Noch bewußter bediente sich Karl der Große der Pflege und Entfaltung einer allen Teilen seines weiten Imperiums gemeinsamen christlichen Reichskultur, die die von den Franken beherrschten Völker zusammenführen sollte. An seinem Hof in Aachen versammelte er die namhaftesten Gelehrten aus allen Teilen des Abendlandes um sich: Iren und Langobarden, Goten, Angelsachsen und Franken. Sie alle verband das Streben, aus den antiken literarischen Vorbildern die Fähigkeit zu logisch-wissenschaftlichem Denken und zu eigener klarer Ausdrucksweise zu lernen. Der literarische Brief wurde wieder gepflegt. Geistig führend in diesem Kreise war der Angelsachse Alkuin, Theologe, Lehrer der Ethik, Grammatiker und Dichter zugleich. Nach antikem Vorbilde schrieben der Langobarde Paulus Diaconus die Geschichte seines Volkes, und der Franke Einhard die Biographie des Kaisers. Als Baumeister studierte Einhard römische Schriften über Architektur. Die von ihm erbaute kleine Basilika in Steinbach im Odenwalde ist noch erhalten. Bedeutsamer ist die Pfalzkapelle von Aachen, erbaut von Odo von Metz als Zentralbau, wie die Kirchen von Byzanz und San Vitale in Ravenna. Durch eine Schriftreform beseitigte Karl die Vielfalt der kommunikationsfeindlichen Sonderbildungen der in der merowingischen Zeit eingetretenen Schriftentwicklung. Die sogenannte karolingische Minuskel wurde durch die Humanisten des 15. Jh. zur Urform der modernen Druckschrift (Antiqua).

Die von Karl geförderte Kultur war nicht auf die Pfalzstadt Aachen beschränkt. Ihre Träger waren die großen Klöster des Reiches vor allem im linksrheinischen Gebiet, dem politischen und wirtschaftlichen Zentrum des Reiches, neben dem der Osten und Südosten erst später und mit geringeren Leistungen hervorgetreten ist. Die eigenständige Bedeutung der Klöster wird uns vor allem in der fränkischen Buchkunst und Buchmalerei erkennbar. Die erhaltenen Handschriften lassen sich nach den bevorzugten stilistischen Kriterien vielfach bestimmten Miniatorenschulen oder Schreibwerkstätten (scriptorium) zuweisen. Das berühmte Echternacher Evangeliar aus dem Anfange des 8. Jh. ist der Ausgangspunkt der insular, d. h. von angelsächsischen Vorbildern beeinflußten Buchmalerei. Die iroschottischen Klöster hatten nie so sehr wie die kontinentalen die theologisch-wissenschaftliche Handschrift gepflegt, sondern mehr das heilige Buch des gottesdienstlichen Kultes selbst verehrt und regelrechte Prunkhandschriften geschaffen, deren purpurn gefärbte Pergamente mit goldener oder silberner Schrift bedeckt wurden. Die prunkvollste, freilich nicht purpurne insulare Handschrift ist das sogenannte Book of Kells, das wahrscheinlich um die Wende des 8. Jh. im Inselkloster von Iona entstand, dessen Konvent sie 806 auf der Flucht vor den Wikingern noch unfertig nach England mitnahm. Die erste aller karolingischen Prachthandschriften ist das vielleicht in Trier, gewiß aber am Mittelrhein entstandene Evangeliar der Ada, die vielleicht eine Schwester Karls des Großen war.

IV. Die christliche Welt zwischen Normannen und Arabern (814–919)

A. Geschichte der Völker und Herrscher

1. West- und Nordeuropa

So mächtig das fränkische Reich beim Tode Karls des Großen dazustehen schien, so bedenklich hatte doch die Innenpolitik des Kaisers den Bestand des Reiches bereits untergraben. Karls Sohn und Nachfolger Ludwig, dem nach seinem Tode der Beiname des Frommen beigelegt worden ist, fehlten alle Eigenschaften, deren der Regent eines solchen Reiches bedurfte, sollten die ererbten inneren Probleme und dazu die neuen äußeren Feinde überwunden werden.

Die äußere Gefahr ging vom skandinavischen Norden und von den seefahrenden Anwohnern seiner Wike (Buchten), den Wikingern oder Normannen, aus, die mit der Plünderung des Klosters Lindisfarne (793) zum ersten Male die Aufmerksamkeit des Abendlandes erregt hatten. Doch vergingen noch Jahrzehnte, bevor ihre Züge zu größerer Bedeutung gelangten. Dieser allmähliche Beginn ihrer Fahrten schließt die Annahme eines konkreten oder geplanten Anlasses der neuen Völkerwanderung aus. Als Ursache kommt vor allem ein Bevölkerungsüberschuß Skandinaviens in Betracht, der ausgereicht hat, um ein Jahrhundert lang ein mindestens ebenso großes Gebiet mit Menschen zu erfüllen, wie es die Normannen vorher besessen hatten, ohne daß doch ihr Heimatland merklich entvölkert wurde. Das heimische Anerbenrecht, welches jüngere Söhne, wollten sie selbständig werden, zur Landnahme im Lande oder über See nötigte, sowie Wandertrieb, Abenteuerlust und Besitzgier taten das Ihre dazu, um die Seefahrer in die Ferne zu locken. Erst als am Ende des 9. Jh. die Raubzüge nicht mehr so viel einbrachten, weil sich Angelsachsen und Franken auf die normannische Taktik eingestellt hatten und eine Anzahl hervorragender Führer zur Leitung der Abwehr fanden, begann die einheimische Landnahme im Landesausbau die Auswanderung zu übertreffen.

Das nordische Königtum steckte noch ganz in den Anfängen des Heraustretens aus der Schicht adliger erfolgreicher Führer. Unter den Schweden gab es einen König in Birka am Mälarsee, dessen Herrschaftsbereich uns indes unerkennbar bleibt. Schweden und Goten erkannten vielleicht schon einen gemeinsamen Oberkönig an, der von Sigtuna am Mälar aus regierte. Der Sitz des dänischen Königs war Lejre bei Roeskilde auf Seeland. Die norwegischen Völker wurden erst um die Mitte des 9. Jh. von Harald Schönhaar unter die Macht eines Königs gebeugt. Auf die Wikingerfahrten konnte das nordische Königtum nie einen bestimmenden Einfluß nehmen.

Die Fahrten der Normannen waren vielmehr private Unternehmen, die gemeinsam ausgerüstet und von gewählten Führern geleitet wurden. Hatte zuvor der skandinavische Handel in den Händen der Friesen gelegen, die im Schiffbau den Skandinaviern überlegen waren, so traten die Wikinger jetzt auch als Händler auf den Plan. Sie waren Räuber und Kaufleute in einem; die Beute namentlich an Sklaven war für sie in ihrer Heimat wenig wert, erst der Verkauf in Konstantinopel und im arabischen Spanien brachte den gewünschten Vorteil. In Osteuropa und in Irland entstandenen aus den Handelsplätzen der Wikinger später Städte, und in England wurden ältere Siedlungen wie London und York durch sie in Handelsplätze umgewandelt.

Die erste Periode der Wikingerzüge bis zum Tod Ludwigs des Frommen (840) kennt noch keine großen Flotten und geschlossenen normannischen Heere. Nur kleinere Gruppen schwärmten aus und überfielen exponierte Orte an und hinter der Küste. Diese ersten Züge richteten sich vorwiegend gegen Irland und England. Erst als im Jahre 833 die Söhne Ludwigs des Frommen ihren Vater absetzten und das fränkische Reich in eine schwere Krise stürzten, erkannten die Normannen die Schwäche dieses Gegners und begannen, die großen Strommündungen des Festlandes anzugreifen.

Kaiser Ludwig hatte im Jahre 817 eine Reichs- und Nachfolgeordnung getroffen, die seinen ältesten Sohn Lothar zum Mitkaiser und Nachfolger erhob und die jüngeren Söhne, Pippin als König über Aquitanien und Ludwig als König über Bayern und das Missionsgebiet im Südosten, dem älteren unterordnete. Als er danach versuchte, diese Ordnung umzustoßen, um dem von seiner zweiten Gemahlin Judith geborenen Sohn Karl einen Anteil am Reiche zu verschaffen, empörten sich die älteren Brüder. Im Jahre 833 stürzten sie den Kaiser; er wurde in Soissons zu öffentlicher Kirchenbuße gezwungen, die ihn regierungsunfähig machen sollte. Nur weil Pippin und Ludwig rasch die Übermacht ihres Bruders Lothar fürchten lernten, sah sich der alte Kaiser ein Jahr später wieder in seine Würden eingesetzt.

In diesen Kämpfen zeigte sich zum ersten Male, daß sich der von Karl dem Großen entwickelte theokratische Amtsauftrag des Herrschers auch gegen die königliche Gewalt kehren ließ. Papst Gregor IV. berief sich gegenüber Ludwig dem Frommen als erster Papst in einer politischen Angelegenheit darauf, daß die Führung der Seelen höher stehe als die vergängliche Herrschaft des Kaisers. Als er 833 selbst über die Alpen kam, um mit anderen geistlichen Anhängern der Reichseinheit gegen den alten Kaiser und für Lothar einzutreten, setzte sich praktisch ein Aufsichtsrecht der Bischöfe über die Regierung durch. Dies trug dazu bei, daß das Recht des Adels, den König nicht nur zu wählen, sondern auch zu verlassen, wieder belebt wurde; die

Kirche erreichte jetzt vorübergehend Machtpositionen, die sie erst im Zeitalter des Investiturstreites wieder anstreben konnte.

Die Reichseinheit vermochte aber auch die Kirche nicht zu behaupten. Nachdem 838 Pippin von Aquitanien und 840 Kaiser Ludwig gestorben waren, brach der Bruderkrieg Ludwigs von Bayern und Karls gegen Lothar aus, der nach der Ordnung von 817 die volle Kaisergewalt für sich verlangte. Im Jahre 843 kam es im Vertrag von Verdun zur offenen Teilung des Reiches Karls des Großen. Der Osten kam an Ludwig („den Deutschen"), der Westen an Karl („den Kahlen"). Lothar erhielt zwischen beiden ein langgestrecktes Gebiet von Friesland und den Maaslanden bis zur Rhônelandschaft und nach Unteritalien mit den Kaisersitzen Rom und Aachen, jedoch keine Oberhoheit über seine Brüder.

Die Krise des fränkischen Kaisertums wurde von den Normannen zu größeren Unternehmungen gegen das Reich ausgenutzt. Den Bahnen des friesischen Handels folgend, erschienen sie seit 834 alljährlich im Mündungsgebiet von Rhein, Maas und Schelde. Der Handelsplatz Dorestad hat sich nie wieder von der viermaligen Verwüstung in diesen Jahren erholt. Friesland wurde nicht nur einer der Hauptstützpunkte für die weitere Ausbreitung der Wikinger; der größere Teil des friesischen Landes südlich des Vlie blieb seither, mit kurzen Unterbrechungen, bis gegen das Ende des 9. Jh. tatsächlich ein Besitztum dänischer Wikinger. Nach dem Tode Ludwigs des Frommen überschwemmten die Nordmänner fast mit einem Schlage die gesamte fränkische Küste von der Elbe, wo 845 Hamburg zerstört wurde, bis zur Garonne. Kaiser Lothar war genötigt, dem ehemaligen Dänenkönig und jetzigen Wikingerführer Harald und dessen Bruder Rorik die Insel Walcheren und benachbarte Gebiete abzutreten. Im Jahre 845 plünderten die Wikinger auch Paris. Der westfränkische König Karl war unfähig, ihnen mit bewaffneter Hand zu begegnen. Er mußte sich ihren Abzug mit 7000 Pfund Silber erkaufen.

Gleichzeitig blieb Irland ein bevorzugtes Ziel vorwiegend norwegischer Wikingerfahrten. Nachdem um 820 die Insel Man besetzt worden war, begann nach 830 die Gründung von Wikingerherrschaften auf der irischen Insel. 841 wurde Dublin von Norwegern befestigt, Wicklow, Wexford, Waterford, Cork folgten. Um die Mitte des 9. Jh. erreichten dann auch dänische Seefahrer Irland. Sie vermochten sogar Dublin in ihre Gewalt zu bringen, aber 853 eroberten die Norweger unter Führung König Olafs des Weißen, der aus Westnorwegen stammte, den Platz zurück, der jetzt zum Zentrum der norwegischen Kolonisierung und Herrschaft in Irland wurde.

Noch Kaiser Ludwig hatte zu Beginn seiner Regierung Maßnahmen getroffen, um durch christliche Mission in Skandinavien selbst die wilden Seefahrer der fränkisch-christlichen Zivilisation zu gewinnen. Von 829 bis 831 weilte der Missionar Ansgar beim schwedischen Könige in Birka, und 831 errichtete der Kaiser für ihn das Erzbistum Hamburg als Missionszentrum für den Norden. Aber nach der Zerstörung Hamburgs durch die Normannen (845) brach das Missionswerk zusammen. Der Bischofssitz mußte nach Bremen zurückverlegt und mit dem dortigen Bistum vereinigt werden, das damit aus dem Kölner Metropolitanverbande ausschied (864).

Mit der Schwäche der Zentralgewalt begann auch das Ende der Kapitulariengesetzgebung, deren Blütezeit mit dem Jahre 829 abschließt. Aus dem 843 abgeteilten ostfränkischen Reich sowie aus dem nordalpinen Teil des Mittelreiches sind überhaupt keine Kapitularien bekannt. Im westfränkischen Reich kam mit dem Tode Karls des Kahlen (877) die Gesetzgebung zum Erliegen, fast gleichzeitig mit derjenigen des Kaisers und italienischen Königs Ludwig II. († 875).

Am meisten hatten die Kirchen unter dem Versagen der Zentralgewalt zu leiden. Namentlich im Westreich wußte der Adel durch Eingriffe in das Kirchengut, vor allem im Wege der vom König angeordneten Verleihung (beneficium verbo regis), aber auch durch den Erwerb ganzer Abteien, die hochadlige Laien als Äbte hinnehmen mußten, aus der Schwäche der Krone seinen Vorteil zu ziehen. Die kirchliche Partei griff dagegen zum Mittel umfangreicher Fälschungen, die das Versagen des Gesetzgebers ausgleichen sollten. Zwischen 845 und 857 entstand vor allem die Pseudo-Isidorische Dekretalensammlung. Ihre Tendenz zielte auf Stärkung der bischöflichen Stellung sowohl gegen Eingriffe der Metropoliten und Provinzialsynoden wie gegen solche der laikalen Gewalten; als Schutzherr der Bischöfe erscheint dabei der Papst. Eine Änderung der fränkischen Kirchenverfassung ist jedoch auf diesem Wege nicht erreicht worden.

Um die Jahrhundertmitte traten die Normannenzüge in eine neue Phase ein: Es begann die Zeit der normannischen Landnahme. Ein Heer von 350 Schiffen, das im Jahre 850 Canterbury geplündert hatte, kehrte nicht im Herbst in die Heimat zurück, sondern überwinterte auf der Insel Thanet. 852/53 folgten neue Verwüstungen des Loiregebietes, 855/56 Angriffe auf Seine und Gironde; Paris wurde zum zweiten Male geplündert, und fast volle sieben Jahre, bis in den März 862, besetzten normannische Flotten und überwinternde Heere die Seinelande. Von 859 bis 862 fuhren die Nordmänner ins Mittelmeer, wo sie in Septimanien, der Provence und Italien wüteten. Wenig fehlte damals daran, daß sich der Ring geschlossen hätte: Im Jahre 860 erschien eine Flotte von schwedischen Wikingern, die über die Ströme Rußlands südwärts gezogen war, mit Heeresmacht vor Konstantinopel. Bald darauf zog die stärkste je gesehene wikingische Streitmacht nach England, das „große Heer", das 866 das Königreich Northumbria zerstörte und 870 bei Reading lagerte, um auch Wessex, das letzte unabhängige Königtum der Angelsachsen, zu vernichten. Auch im Frankenreich sammelten sich jetzt statt einzelne Piratenschwärme, die es lediglich auf Raub abgesehen hatten, größere Heere, die nicht mehr zum Winter in die Heimat zurückkehrten, sondern nach Landabtretung strebten.

Aber noch andere Feinde standen bereit, um das fränkische Abendland zu bedrohen. Im Jahre 862 erschienen zum ersten Male die aus Asien in den Donauraum eindringenden Magyaren an der Ostgrenze Bayerns. Italien war der Plünderung und Verwüstung durch die Araber oder Sarazenen preisgegeben, die, seit 827 im Besitze eines Teiles von Sizilien, 841 im festen Bari ein Sultanat errichteten und 845 das den Golf von Neapel beherrschende Kastell Misenum eroberten. Im Jahre 846 befuhren sie sogar den Tiber, um die vor den Mauern Roms gelegenen Basiliken St. Peter und St. Paul auszurauben und die Apostelgräber zu entweihen. Kaiser Lothar I. konnte Rom nicht schützen. So hatte er Mühe, die Hoheit über das Papsttum zu behaupten; bei den Papstwahlen der Jahre 844 und 847 blieb das kaiserliche Bestätigungsrecht unbeachtet. Lothars Sohn Ludwig II., der 850 von Papst Leo IV. die Kaiserkrönung erlangte, hat sich später selbst auf diese als Rechtstitel berufen und so die Gewalt des Papstes, über die Kaiserkrone zu verfügen, anerkannt. Als nach dem Tod Lothars I. 855 seine Söhne das Mittelreich teilten (aus dieser Teilung stammt die Bezeichnung Lotharingien, gleich Lothari regnum, für den friesisch-maasländischen Reichsteil Lothars II.), wurde das Kaisertum auf Italien beschränkt.

Gleichzeitig trat mit Papst Nikolaus I. ein Mann an die Spitze der römischen Kirche, der willens war, dem Papsttum die ihm gebührende Machtstellung zu erobern. Ein Ehescheidungsverfahren König Lothars II. gab ihm die Möglichkeit zum Eingreifen. Gestützt auf die papstfreundlichen Sätze der Pseudo-Isidorischen Dekretalen, kassierte er 863 die Beschlüsse einer dem König willfährigen Synode und setzte deren Wortführer, die Erzbischöfe von Köln und Trier, ab. Die Könige und Kirchenfürsten, die eine fränkische Nationalkirche erstrebten, mußten sich ihm unterwerfen. Zum ersten Male war die aus der universalen Stellung der Kirche gezogene Schlußfolgerung verwirklicht, daß dem Papste auch in den politischen Fragen die letzte Entscheidung zukäme.

Der Versuch freilich, diesen Anspruch auch gegenüber dem oströmischen Kaiser durchzusetzen, scheiterte am Widerstand des Patriarchen Photios, und nach Nikolaus' Tod zeigte sich rasch, daß das Papsttum seine Führungsaufgabe ohne die Stütze einer weltlichen Macht noch nicht erfüllen konnte. Durch den Kirchenstaat in die Wirren der sich auflösenden politischen Ordnung Italiens hineingezogen, wurde das Papsttum zum Spielball der Interessen römischer Adelsfamilien.

Als im Jahre 869 König Lothar II. gestorben war, teilten seine Onkel Karl der Kahle und Ludwig der Deutsche im Vertrage von Meerssen (870) sein Herrschaftsgebiet unter sich auf. Seither gehörte die Osthälfte Lothringens mit Aachen und Metz und dem größten Teile Frieslands zum ostfränkischen Reiche. Nach dem Tode Karls des Kahlen (877) unternahm der ostfränkische König Ludwig III. einen Versuch, die Herrschaft im Westreich zu erlangen. Er scheiterte aber am Widerstand des Adels und begnügte sich schließlich im

Vertrag von Ribemont damit, die vor zehn Jahren beim Westreich verbliebenen Teile Lothringens an sich zu bringen (880). So kam es, daß die im Vertrag von Verdun gezogene Westgrenze des Mittelreiches im wesentlichen für das ganze Mittelalter zur Grenze zwischen Deutschland und Frankreich geworden ist.

Das Versagen der Könige in der Normannenabwehr begünstigte die Machtentfaltung des Adels. Hinzu kam freilich die Unmöglichkeit, die Verteidigung gegen den rasch beweglichen Gegner zentral zu leiten. Die Notwendigkeit, an Ort und Stelle in Städten und Befestigungen schlagkräftige Vasallenverbände anzusetzen, mußte die Territorialisierung an sich schon fördern. Im Jahre 869 vollendete Karl der Kahle die Befestigung der Seinebrücke bei Pîtres, die den Normannen die Seine sperrte; auch ließ er das Kloster St. Denis und die am meisten bedrohten Städte Le Mans und Tours befestigen. Weitere Orte folgten, wobei man vielfach die Reste der römischen Stadtmauern erneuern und wieder benutzen konnte.

Die eigentliche Organisation der Abwehr aber nahm der Adel in die Hand. Ein bis 836 im Mittelrheingebiet nachweisbarer Vornehmer, Robert, unzufrieden mit der Regierung Ludwigs des Deutschen, kam um 843 an den Hof Karls des Kahlen. Ihm wurde im Jahre 852 die Machtfülle eines Markenkommandos zur Abwehr der Normannen und Bretonen im Loiregebiet übertragen. Zehn Jahre später ernannte der König zwei ständige militärische Oberbefehlshaber gegen die Normannen, für das Seinegebiet den Grafen Adalhard und für das Loiregebiet den nunmehrigen Grafen Robert von Tours und Anjou. Ein Graf Heribert, der am Ende des 9. Jh. für Jahrzehnte Leiter der Normannenabwehr an der Oise wurde, begründete die Machtstellung des Hauses Vermandois zwischen der unteren Seine und dem Vermandois. Der Welfe Hugo, den Karl der Kahle 866 als Nachfolger des verstorbenen Grafen Robert zum Befehlshaber an der Loire ernannte, stieg später zum Führer im ganzen von den Normannen bedrohten Westfranken auf, zum Herzog im gesamten Reiche. Infolge der zunehmenden Absonderung des aquitanischen und burgundischen Südens wuchs der dux Francorum (Herzog der Franken) zu hausmeierähnlicher Machtvollkommenheit empor.

Bis 878 war England das Hauptziel der Normannen. Die wikingische Eroberung Englands verhindert zu haben, ist die Leistung König Alfreds des Großen von Wessex, der sein Reich durch den Sieg über die Normannen zur Vormacht der Insel erhob. Im Jahre 874 hatte sich das „große Heer" der Wikinger geteilt: Es errichtete ein nördliches Königtum unter Halfdan mit dem Zentrum in York, wo die Dänen sofort zur Ansiedlung schritten und so das Gebiet des Danelaw (Dänenrechts) begründeten, sowie ein südliches Königtum unter Guthrum in den Midlands und in East Anglia. Dem von der Severnmündung her geführten Angriff Guthrums auf Wessex setzte Alfreds Sieg von Edington (878) ein Ende, und nach der Rückeroberung Londons

(886) kam es zur vertraglichen Vereinbarung einer Grenze zwischen beiden Reichen, die im ganzen der römischen Watlingsstreet von London aus in nordwestlicher Richtung durch die Midlands zum oberen Severn folgte.

Während die Dänen ihr Königtum in Northumbria errichteten, setzten an den Küsten der Irischen See die Norweger die Landnahme fort. In ihrer Heimat war Harald Schönhaar, der Herrscher der Landschaft Vestfold am Oslofjord, seit etwa 860 im Begriff, die Völker und Thingverbände seinem gemeinsamen Königtum zu unterwerfen. Die freien Bauern setzten ihm harten Widerstand entgegen, und viele entzogen sich der neuen Herrschaft durch die Auswanderung nach Island (seit 874). Hier erhielt sich die Verfassungsform des freien Bauernstaates; es gelang Harald nicht, die Insel zu unterwerfen. Dagegen setzte er einen Jarl als Lehnsmann über die Shetlands, Orkaden und Hebriden. Die norwegischen Siedlungen in Irland blieben ebenfalls von ihm unabhängig.

Nachdem der dänischen Ausbreitung in England ein Ende gesetzt war, gingen dänische Scharen 879 von der Insel über den Kanal, um hier den Kern eines „großen Heeres“ zu bilden, das vierzehn Jahre lang das Gebiet zwischen Rhein, Mosel, Saône und Loire verwüstete. Karl III., der 881 als erster ostfränkischer Karolinger die Kaiserkrone empfangen hatte, wagte nicht, es anzugreifen; er zahlte vielmehr einen gewaltigen Tribut und gab dem Normannenkönig Gottfried Teile Frieslands zu Lehen. Nachdem er 885 auch auf den westfränkischen Thron berufen worden war und somit Karls des Großen Universalreich wieder in einer Hand hielt, wiederholte sich dieses Versagen, als die Normannen 885/86 Paris belagerten. Der Kaiser überließ die Verteidigung dem Grafen Odo von Paris, Sohn des Grafen Robert, dem er auch dessen durch den Tod Herzog Hugos erledigte Lehen übertrug. Graf Odo behauptete Paris. Es war ein epochaler Erfolg, und Frankreich erhielt dadurch nicht nur eine Hauptstadt, sondern auch ein nationales Herrschergeschlecht. Denn schon begannen im Ost- und Westreich die Großen, sich von dem unfähigen Kaiser abzuwenden. Als dieser im November 887 dem Thron entsagte, geschah es nur, um der Absetzung zuvorzukommen.

Das Karolingerreich war jetzt wieder zur Wahlmonarchie geworden. Schon in den Thronwirren nach dem Tode Karls des Kahlen (877) hatte sich dessen Schwager Boso von Vienne in der Provence zum Könige eines niederburgundischen Reiches wählen lassen. Jetzt folgten die Wahl Arnulfs von Kärnten durch ostfränkische Große in Frankfurt noch im November 887 sowie im folgenden Jahre die Wahlen Berengars von Friaul zum König von Italien, des Welfen Rudolf zum König in Hochburgund (Westschweiz und spätere Freigrafschaft Burgund) und des Grafen Odo zum König von Westfranken, von dem sich außer Burgund auch Aquitanien längst gelöst hatte.

Seit etwa 899 befand sich das Gebiet an und westlich der unteren Seine im tatsächlichen Besitz eines normannischen Heeres, als dessen Führer seit 910/11 Herzog Rollo erscheint. Da der westfränkische König nicht mächtig genug war, um ihn zu vertreiben, drängten namentlich die Erzbischöfe von Reims und Rouen zu friedlicher Verständigung. So kam es 911 bei St. Clair an der Epte zu der denkwürdigen Zusammenkunft zwischen dem König und den Führern der Normannen. Diesen wurde das Gebiet an der Seinemündung förmlich abgetreten, wogegen sie dem König huldigten und sich zur Taufe bereit erklärten. Das normannische Heer war nun ein rechtlicher Bestandteil des westfränkischen Reiches. Die weitere Einwanderung aus Dänemark konnte sich wie im dänischen Teil Englands friedlich vollziehen. Sie hat Rollos Herrschaft im 10. Jh. rasch zu einer dauerhaften Gründung gemacht.

2. *Osteuropa*

Die südslavischen Stämme waren nach der Vernichtung des Awarenreiches durch Karl den Großen teils unter fränkische, teils unter bulgarische Herrschaft gekommen, während die slavischen Siedler in der Peloponnes und auf dem westlichen Balkan bis zur Save und der Grenze des fränkischen Hoheitsgebietes in Kroatien hin unter byzantinische Hoheit gerieten und im Süden rasch gräzisiert wurden. Das bulgarische Reich erstreckte sich von der Küste des Schwarzen Meeres bis zum nordsüdlichen Mittellauf der Donau im heutigen Ungarn, wo es an die pannonische Mark des fränkischen Reiches grenzte, und vom Balkangebirge im Süden bis zu den Strömen Theiß und Pruth im Norden, wo das Gebiet der freien slavischen Stämme begann.

Die slavischen Stämme östlich der Elbe und Saale und nördlich der Thaya und der Karpaten sonderten sich in unmerklichen sprachlichen Prägungen und Neubildungen in eine westliche und eine östliche Gruppe.

Die Westslaven bestanden aus fünf Völkern: den Tschechen-Slovaken, die sich erst im hohen Mittelalter zu zwei Völkern fortbildeten und im 9. und 10. Jh. unter der Vorherrschaft des tschechischen Stammes standen, den Sorben oder Lausitzer Wenden, die bis zur Saale in mehreren politisch nicht zusammengefaßten Stämmen siedelten, den Polaben an der mittleren Elbe und westlichen Ostsee, deren Stämme im 12. Jh. der deutschen Besiedlung erlegen sind, den Pomeranern an der Ostsee zwischen Oder und Weichsel sowie schließlich den Polen, deren führender Stamm beiderseits der Warthe zwischen den gleichfalls polnischen Masoviern und Schlesiern saß.

Die ostslavischen Stämme mögen im 7. und 8. Jh. vom nordöstlichen Vorlande der Karpaten her die Tiefebene des Dnjepr und Dnjestr, der oberen Düna, des Ilmenseegebietes und der oberen Oka in Besitz genommen haben. Erst durch ihre Zusammenfassung im normannischen Reiche von Kiev bildete sich für sie der gemeinsame, in seiner Ableitung umstrittene Name der Rus (Russen) aus, und noch sehr viel später erst sind aus den altrussischen

„Reußen" die gegenwärtigen drei ostslavischen Völker der Russen, Ukrainer und Weißruthenen als nationale Individuen hervorgegangen.

Die nördlichen Nachbarn der Ostslaven von den Ufern der mittleren Wolga bis zum Ladogasee hin waren finnische Stämme. Im Nordwesten und Westen berührten sie sich mit den baltischen Völkerschaften, die sich im 8. Jh. sprachlich in Prußen, Litauer und Letten getrennt hatten.

Geringer Zusammenhalt, extreme Freiheitsliebe und Verabscheuung aller Autorität kennzeichneten das Gesellschaftsleben der Slaven. Die grundlegende soziale Einheit war die Großfamilie oder Sippe. Erst der Zwang zu gemeinsamer Abwehr der Awaren und dann der Ostfranken führte bei den bedrohten Westslaven zu dauerhaften politischen Bindungen, in denen die Oberhäupter der Siedlungsverbände und Burgwarde (slav. knez = Fürst aus gotisch kuniggs = König) als Kriegsführer und Oberpriester uneingeschränkte Gewalt erlangen konnten. Bei den Ostslaven sind entsprechende Vorgänge zwar nicht überliefert, aber anzunehmen: Die Großfamilien schlossen sich freiwillig oder unter Zwang zu Kleinstämmen, diese auch zu Stammesbünden zusammen, und Stammesfürsten errangen, auf Gefolgschaften gestützt, die Herrschaft über solche Stämme, deren Territorien und Burgen.

Die baltisch-finnischen Völker im Ostseegebiet hatten seit langem unter skandinavischen Einflüssen gestanden. Die Seeburg bei Grobin in Kurland bezeugt die Tributherrschaft schwedischer Könige seit dem 7. Jh.; andere Zentren wikingischen Einflusses sind in Brambergshof an der Düna, in Treyden an der Livländischen Aa, an der estländischen Küste und bei Izborsk zu erkennen. Seit dem Beginn des 9. Jh. aber begannen diese Plätze zu veröden. Die Skandinavier wandten sich jetzt den großen Strömen zu, die ihnen erlaubten, tief in das Landesinnere einzudringen. Damit kamen neue Plätze zur Blüte wie Alt-Ladoga und später Novgorod. Nachdem der Übergang über die nirgends schwierige Wasserscheide zwischen der Ostsee einerseits und dem Mittelmeer und Kaspischen Meere andererseits geglückt war, stellten die Waräger, wie die schwedischen Normannen in den russischen Quellen genannt werden, eine neue Verbindung der Ostsee mit dem Orient her. Sie umgingen zunächst den slavischen Riegel in Mittel- und Osteuropa, um auf dem im Gebiet der Finnen gelegenen Wolgaweg eine direkte Beziehung zu den alten reichen Wirtschaftsräumen des Vorderen Orients herzustellen. An der Ausbreitung wolgaabwärts indes durch die Reiche der Wolgabulgaren und Chazaren gehindert, wandten sie sich bald dem Dnjeprwege zu, wo ihnen vielleicht noch in der ersten Hälfte des 9. Jh. der Durchstoß durch den östlichen Teil der slavischen Stammeswelt nach Kiev gelang. Seit der Mitte des 9. Jh. begann dieser neue Fernhandelsweg zum östlichen Mittelmeer mit dem westlichen zu konkurrieren, der über Schlei und Treene die Jütische Halbinsel querte und in die fränkischen und angelsächsischen Länder führte. In den reichen Grabfunden Ostskandinaviens treten seither in immer stärkerem Maße südöstliche Einfuhrgüter und Münzen neben die Importgüter aus dem Westen.

Mit einem Teile der Südslaven waren im Donaugebiet auch Westslaven schon zu Karls des Großen Zeiten in den Machtbereich des fränkischen Reiches geraten. Abgesandte aus Böhmen erschienen auf den Reichsversammlungen zu Paderborn 815 und Frankfurt 822 und wahrscheinlich auch zu Diedenhofen 831. Nachdem Ludwig der Deutsche seine Herrschaft im Ostfrankenreiche befestigt hatte, suchten 845 vierzehn aus der sicher höheren Zahl der böhmischen duces (Großen) mit ihren Gefolgsleuten seinen Hof in Regensburg auf, um sich taufen zu lassen und damit die Oberhoheit des Frankenreiches anzuerkennen.

Früher als bei den Tschechen kam es zur politischen Zusammenfassung der slavischen Bevölkerung im Land der Mähren an der unteren March, die ebenfalls 822 Gesandte zur Reichsversammlung in Frankfurt entsandten. Die Herrschaftsbildung war vermutlich bereits um 830 vollendet, als der erste bekannte Fürst des Landes, Mojmir, regierte. In der Mitte des 9. Jh. scheint Mähren nach dem archäologischen Befunde, vor allem nach den Resten alter Steinkirchen und den veränderten Bestattungssitten, wenigstens äußerlich ein christianisiertes Land gewesen zu sein, in dem Priester aus Bayern und Aquileja wirkten, während die böhmischen Großen das Christentum wohl erst am Hofe des Ostfrankenkönigs in Regensburg kennenlernten.

Die Fürsten von Mähren versuchten im Streben nach Unabhängigkeit vor allem, die christliche Mission aus der Abhängigkeit von dem bayerischen Bistum Passau zu lösen. Nachdem sich Mojmirs Neffe Rastislav deswegen vergeblich an Papst Nikolaus I. gewandt hatte, richtete er 862 an Kaiser Michael III. in Byzanz die Bitte um Entsendung eines Bischofs, der die mährische Kirche und die unterschiedlichen bisher von deutschen, italienischen und griechischen Missionaren geschaffenen Einrichtungen einigen und ordnen sollte. Amtlichen Charakter mochte der Kaiser der Mission zwar mit Rücksicht sowohl auf den Papst wie auf die Bulgaren nicht verleihen, aber den in ihr liegenden politischen Möglichkeiten konnte er sich auch nicht verschließen. So entsandte er, anstatt einen Missionsbischof zu weihen, lediglich die aus Thessaloniki stammenden und daher des Slavischen, wie es in Makedonien gesprochen wurde, mächtigen Brüder Konstantin-Kyrill und Method, jener ein Priester-Mönch und dieser ein Abt ohne Priesterweihe. Als sie 863/64 nach Mähren zogen, hatte Konstantin bereits eine slavische Schrift (das sog. glagolithische Alphabet) und ein slavisches Evangeliar geschaffen. In Mähren fertigten die Brüder weitere Übersetzungen liturgischer und biblischer Bücher an und verbreiteten die von ihnen entwickelte slavische Liturgie.

Jetzt fanden sie im Papst auch einen Bundesgenossen. Sie reisten nach Rom, wo Papst Hadrian II. mit dem Ziel, die slavisierte Balkanhalbinsel für sich zu gewinnen, 868 die slavische Liturgie anerkannte und, nach Kyrills Tod

Method zum päpstlichen Legaten für die slavischen Länder ernannte. Schließlich weihte er ihn zum Erzbischof einer neu errichteten mährisch-pannonischen Kirchenprovinz, die Rom unmittelbar unterstellt wurde.

Das byzantinische Interesse an der Slavenmission war aber nicht nur einer zufälligen Gelegenheit entsprungen. Nach der Krise des Bilderstreites hatte sich die Wiederherstellung der Bilderverehrung im Jahre 843 als endgültig erwiesen und als Ende des Krisenzeitalters des oströmischen Staates. In dem damit beginnenden politischen und kulturellen Aufschwung eröffnete der Patriarch Photios von Konstantinopel (857–886, mit Unterbrechungen) die byzantinische Mission in der slavischen Welt.

Den schwedischen südwärts ausfahrenden Wikingern war damals Kiev in die Hände gefallen, von wo aus sie sich schließlich in überraschendem Angriff gegen Konstantinopel wandten. Im Jahre 860 erschien eine Flotte von angeblich zweihundert Schiffen im Bosporus, deren Besatzung die schutzlose Stadt umstellte und die Umgebung aufs grausamste verheerte. Der Stolz der Byzantiner war tief gedemütigt. Da faßte der Patriarch den großen und kühnen Gedanken, den Gegner zum Christentum zu bekehren und am Nordufer des Schwarzen Meeres eine von Byzanz abhängige Kirche zu gründen. Noch bevor Kaiser Basileios I. bei den Fürsten von Kiev den Abschluß eines Friedensvertrages erreichte, stellte sich der entscheidende Erfolg ein: Der Bulgarenkhan Boris mußte den Versuchen, der westlichen Christenheit beizutreten (so 864 durch ein Bündnis mit Ludwig dem Deutschen), entsagen und sich der Übermacht des Kaisers beugen. Er empfing die Taufe, in der er den Namen des Kaisers, Michael, annahm und den heidnisch-bulgarischen Herrschertitel des Khans gegen den christlichen des Zaren vertauschte (865). Damit begann die Eingliederung der bulgarischen Kirche in die byzantinische Kirchenorganisation und die Einordnung Bulgariens in den byzantinischen Kulturkreis.

Diese Ereignisse gaben der Missionsarbeit Methods in Mähren eine ganz neue Bedeutung. Ludwig der Deutsche und die bayerische Kirche waren aber nicht willens, die Ausbreitung des oströmischen Einflusses hinzunehmen. Im Jahr 870 besetzten Ludwigs Heere Mähren. Rastislav wurde wegen Untreue zum Tode verurteilt, und Method hatte sich vor einem Forum bayerischer Bischöfe zu verantworten, weil er sich in deren Gebiet geistliche Jurisdiktion angemaßt hatte. Im Jahre 884 verbot Papst Stephan V. die slavische Liturgie, und nach Methods Tod (885) verbannte der Mährenfürst Svatopluk, der jetzt wohl diese Liturgie als Hindernis für die Entwicklung seines Landes empfand, die slavischen Geistlichen aus seinem Lande.

Die aus dem großmährischen Reiche vertriebenen Schüler der Slavenapostel Kyrill und Method fanden zum Teil bei den Bulgaren Aufnahme, wo sie die nationalbulgarische Kirche stärkten. Andere mögen, dem Handelswege von Regensburg über Prag und Krakau folgend, in den Osten und nach Kiev gezogen sein, wie denn die kirchenslavische Liturgie weithin unter den

Westslaven, vor allem unter Tschechen und Polen, Verbreitung fand. Gemeinsam mit bulgarischen und byzantinischen Missionaren haben sie wahrscheinlich schon am Ende des 9. Jh. begonnen, das Christentum auch unter den Ostslaven zu verkünden.

Diese waren indes weithin unter die Tributherrschaft der schwedischen Wikinger geraten. Nach sagenhafter Überlieferung sollen die Slaven des Wolchowgebietes im Jahre 862 die schwedischen Rus unter Führung der Brüder Rurik, Sineus und Truwor herbeigerufen haben, um Frieden und Recht im Lande herzustellen. Rurik wandelte den freien Handelsplatz Novgorod und seine Umgebung in ein warägisches Fürstentum um. Ähnliche Fürstentümer entstanden an anderen Stellen, namentlich in Kiev; schließlich hat Ruriks Nachfolger Oleg die fürstliche Macht in Kiev mit derjenigen über Novgorod vereinigt. Ein wirkliches Reich war damit geschaffen, Novgorod an den Süden angeschlossen, die slavischen Stämme waren unter einem Haupte geeint.

Die Griechen waren nicht in der Lage, etwas dagegen zu unternehmen und die mühsam gepflanzten Anfänge einer byzantinischen Kirchenorganisation nördlich des Schwarzen Meeres zu schützen. Die griechische Mission erlosch, und das normannische Rußland blieb noch für ein Jahrhundert heidnisch, um so mehr, als die Waräger um die Wende des 9. Jh. auch die Seeherrschaft auf dem Schwarzen Meer errangen. Noch Oleg soll, vermutlich 911, einen Vertrag mit Byzanz über die Rechtsprechung zwischen Russen und Griechen, das Seerecht, den Loskauf Gefangener und das Verfahren gegen entflohene Sklaven geschlossen haben, durch den die Russen, die in friedlichen Handelsabsichten nach Byzanz kamen, dort rechtlichen Schutz genossen.

Olegs Macht freilich beschränkte sich auf den slavischen Siedlungsraum und mußte die Steppen am Uferlaufe des Dnjepr den vom Ural her vordringenden Petschenegen überlassen. Diese hatten schon seit der Jahrhundertmitte die Magyaren vor sich hergetrieben. Als sie nun 894 im Bunde mit dem Bulgarenzaren Symeon dieses Reitervolk aus seinen bessarabischen Sitzen nach Ungarn warfen, kam es zur letzten der großen Völkerbewegungen, die im frühen Mittelalter das Gesicht Europas dauernd bestimmt haben. Den magyarischen Reiterheeren scheint das mährische Reich fast wehrlos und vom Kampfe gegen die fränkische Oberhoheit erschöpft gegenübergestanden zu haben. Spätestens nach der Schlacht bei Preßburg (907) brach die herrschaftliche und wahrscheinlich auch die kirchliche Organisation Mährens zusammen. Von politischen Traditionen blieb nichts erhalten. Das von Kyrill und Method begründete kulturelle Werk wurde in seinem Ursprungsland ausgelöscht. Der magyarische Keil trennte jetzt die südslavischen Völker von den West- und Ostslaven und führte so zu einer vollständigen Umgestaltung der slavischen Welt.

3. Byzanz und das Mittelmeer

Mit der vertraglichen Befriedung der bulgarischen Grenze (814) hatte für das byzantinische Reich eine Periode außenpolitischer Entlastung begonnen, zumal auch der arabische Kalifat seine Expansionskraft einbüßte und unter teilweise schweren inneren Kämpfen um neue Organisationsformen rang. Als Kaiser Leon V. im Jahre 815 die ikonoklastische Politik erneuerte, war diese noch ausgeprägter als im 8. Jh. der Versuch, das Kirchenleben unter den kaiserlichen Willen zu zwingen. Dem setzte die Kirche hartnäckigen Widerstand entgegen. Unter Kaiser Theophilos, einem hochgebildeten und namentlich für die Kultur des Kalifenhofes in Bagdad empfänglichen Manne, erlebte der Bildersturm einen letzten Aufschwung; seine Herrschaftszeit war zugleich die Epoche der stärksten Beeinflussung der byzantinischen Welt durch die arabische Kultur.

Namentlich im Geld- und Handelsverkehr stand das byzantinische Reich mit dem arabischen in enger Verbindung. Zu Beginn des 9. Jh. war die Krise des Handels, die die arabische Eroberung im Nahen Osten hervorgerufen hatte, voll überwunden und der Handel ausgedehnter als je zuvor. Seit nicht mehr Rom, sondern Byzanz der Endpunkt des Mittelmeerhandels war, hatte das Rote Meer seine verkehrsmäßige Bedeutung verloren. Zentrum des Verkehrswesens war jetzt der Irak. Von hier führten Landwege nach Nordosten, die einerseits über Buchara und Ferghana die Seidenstraße nach China, andererseits über Chōresm das Wolgagebiet und Nordeuropa gewannen. Zur See aber erreichte man von Basra aus Ostafrika, Ceylon und Malakka sowie als äußersten Punkt Kanton in China, wo am Ende des 9. Jh. die muslimische Kolonie infolge innerchinesischer Unruhen einem Massaker zum Opfer fiel. So entfaltete sich im 8. und 9. Jh. im Indischen Ozean, in Bewegung gesetzt von dem Wohlstand und den Schätzen des China der T'ang-Zeit und organisiert von Arabern und Persern, die Frühphase der internationalen Seehandelsepoche, an die Europa erst seit dem 15. Jh. Anschluß fand.

Im 9. Jh. drängten die Araber auch die byzantinische Seemacht im Mittelmeer zurück, indem sie dessen zentrale Inseln einnahmen. Dies geschah ohne zentrale Leitung. Wie für die Kaufleute, so besaß der Westen auch für die Kalifen keine Anziehungskraft. Daher hatte sich schon der letzte Omaijade Abd ar-Rahmān, der 755/56 Spanien zu gewinnen gewußt hatte, vom Kalifat unabhängig machen können; freilich war er klug genug gewesen, sich mit dem Titel eines Emir (Kommandanten) zu begnügen und keinen Anspruch auf den Kalifat zu erheben. Arabische Auswanderer aus Spanien, die sich 816 Ägyptens bemächtigt und in Alexandria zeitweilig eine eigene Herrschaft errichtet hatten, setzten sich 825 auf der byzantinischen Insel Kreta fest. In die Streitigkeiten der lokalen byzantinischen Machthaber eingreifend, erschienen im Jahre 827 die afrikanischen Araber auf Sizilien; 831 fiel Palermo in ihre Hände. Dann griffen sie nach Süditalien aus und schwangen sich 840 zu den Herren der Städte Bari und Tarent auf. Von nun an griffen syrische und kretische Seeräuber die griechische Küste an, und stießen afrikanische und spanische Araber bis zur Südküste Frankreichs vor. Als 846 sogar die Apostelgräber vor Rom von ihnen geplündert wurden, war auch das westliche Mittelmeer ein arabisches Meer geworden. Nur im Einvernehmen mit den Arabern konnten Amalfi und andere Plätze ihren Handel aufrechterhalten.

So war die Kirchenpolitik der bilderstürmenden Kaiser, in der der geistige Einfluß des Orients auf das Griechentum seinen Höhepunkt erreichte, zusammengefallen mit dem vollständigen Zusammenbruch der byzantinischen Stellung im Westen. Das Erlöschen der ikonoklastischen Bewegung gab aber jetzt den Weg für eine neue Entfaltung der griechischen religiösen und kulturellen Eigenart frei. Nach dem Tod des Kaisers Theophilos stellte eine Synode im März 843 die Bilderverehrung in der Ostkirche endgültig wieder her. Unter dem Patriarchen Photios begann nunmehr die griechische Kirche, sich dem Universalismus des römischen Papsttums zu entziehen und durch die Slavenmission ihren Glaubensnormen und Lebensformen in Konkurrenz mit der römischen Kirche neue Kräfte zu erschließen.

Gleichzeitig mit der Erhebung des Photios zum Patriarchen hatte Papst Nikolaus I. den Stuhl Petri bestiegen. Nikolaus, der das päpstliche Recht zur Leitung der Kirche so erfolgreich gegenüber den großen Metropoliten des Westens, den mächtigen Erzbischöfen von Reims, Köln, Trier und Ravenna, zur Geltung zu bringen wußte, wollte es auch im Osten durchsetzen. Gegenüber Photios, der aus dem Laienstand zum Patriarchen erhoben worden war, behielt er sich die Untersuchung der Wahl und die Anerkennung der Rechtmäßigkeit vor; dann aber forderte er die Rückgabe der Jurisdiktion über Illyricum sowie der Kirchenprovinzen und Patrimonien in Unteritalien und Sizilien, wo freilich jetzt die Araber herrschten. Im Jahre 863 sprach er Photios die geistlichen Weihen ab, ohne jedoch Konstantinopel zur Anerkennung seines Spruches zwingen zu können. Als sich gar der neugetaufte Zar Boris-Michael von Bulgarien, besorgt um die kirchliche und politische Selbständigkeit seines Reiches, mit der Bitte um Missionare an Nikolaus wandte (866), schien mit einem Schlag nicht nur Illyrien für Rom wiedergewonnen, sondern noch weit mehr: Die Grenze des römischen Patriarchates rückte bis dicht vor die Mauern der östlichen Kaiserstadt.

Da entschloß sich Photios, mit voller Unterstützung von Kaiser Michael, zum Kampf. In ultimativer Form forderte er die Rücknahme des päpstlichen Urteils über seine Weihen und des Anspruchs auf Suprematie, ja er warf sich sogar zum Richter über die abendländische Kirche auf, indem er Rom der Häresie anklagte, und 867 belegte eine unter Vorsitz des Kaisers abgehaltene Synode Nikolaus mit dem Ausschluß aus der Kirchengemeinschaft. Zwar ließ Kaiser Basileios I., der Begründer der makedonischen Dynastie in Byzanz, Photios fallen, um sich mit Rom zu vergleichen, so daß Papst Hadrian II. über

Photios das Anathem verkünden konnte, aber Bulgarien vermochte der Papst nicht zu behaupten: Zar Boris kehrte 870 zur Ostkirche zurück, da ihm der Basileus einen Erzbischof für seine Reichskirche und eine gewisse Autonomie gegenüber dem Patriarchen von Konstantinopel gewährte. Durch die Vernichtung einer arabischen Flotte vor Dubrovnik (Ragusa) 867 hatte sich der byzantinische Einfluß in der Adria so weit verstärkt, daß sich auch Serbien jetzt zur Ostkirche bekannte. Hadrian mußte sich beeilen, Method zum Erzbischof von Pannonien und Mähren zu bestellen, um wenigstens Mähren der westlichen Kirche zu erhalten.

Aber im Kampf gegen die Araber und den einheimischen Adel zeigte sich nur zu rasch, daß das Papsttum keine Großmacht war. Um 880 räumte die Stadt Gaëta, um sich gegen den Fürsten von Capua zu schützen, den Arabern einen Stützpunkt am unteren Garigliano ein, von dem aus Mittelitalien bis 915 verheert wurde, ehe sich die Fürsten zu gemeinsamer Vertreibung der Landplage aufrafften. Im Jahre 889 bemächtigte sich eine andere Sarazenenschar der Felsenfeste Garde-Freinet westlich von Nizza, deren Besatzung hinfort die Alpentäler und Burgund ausplünderte. Im Jahre 899 erschienen obendrein zum ersten Mal die Magyaren oder Ungarn in Italien, um für ein Jahr zu rauben und zu brennen. Aus dem italienischen Adel erstand kein Führer, der den Feinden hätte wehren können. Das Papsttum aber geriet mit Sergius III. in Abhängigkeit von der römischen Adelsfamilie des Theophylakt, der als dux, magister militum und consul (Herzog, Heermeister und Konsul) Rom beherrschte. Damit begann eine der dunkelsten Perioden in der Geschichte der Päpste, deren Amt Nikolaus I. soeben noch auf die größte Höhe geführt hatte.

Im Kampf gegen die Araber versuchte Byzanz aufs neue, in Italien Fuß zu fassen, aber der Konflikt mit Bulgarien machte die Erfolge zunichte. Die Bulgaren waren nun so vollkommen in den Bann des politischen Denkens der Byzantiner geraten, daß ihr Zar Symeon, der bedeutendste unter den altbulgarischen Herrschern, geblendet von der Einzigartigkeit und dem sakralen Nimbus des Kaisertums, in jahrelangen Kriegen versuchte, den byzantinischen Kaisertitel zu gewinnen und die Weltherrschaft auf die Bulgaren zu übertragen. Durch Ehebündnisse und mit Heeresmacht wollte er die Zustimmung der verfassungsmäßigen Faktoren, des Heeres, des Senats und des Volkes von Konstantinopel zu seinem Kaisertum gewinnen. Er scheiterte indes an den uneinnehmbaren Mauern der Kaiserstadt, aber erst mit seinem Tod erlosch der Traum von der bulgarischen Alleinherrschaft auf dem Balkan.

B. Geschichte der gesellschaftlichen Ordnungen

1. Königtum und Herrschaftsordnungen

Das fränkische Weltkaisertum hat den Tod Karls des Großen, seines Schöpfers, nicht überdauert. Äußerlich triumphierte im Westen die kuriale Kaiseridee, aber die Krone, welche die Päpste verliehen, gab ihrem Träger nicht die Macht, deren die kaiserliche Würde noch weniger als jede andere entraten konnte. Am Ende des 9. Jh. war das westliche Kaisertum ein leerer Titel geworden, um den sich die Fürsten Italiens stritten. Die universalen Ideen blieben lebendig, aber sie vermochten sich in der Welt keine konkrete Erscheinung zu verschaffen.

Der fränkische Staat, eine durch Eroberung entstandene Militärmonarchie, löste sich auf, weil ihm keine innere, in Gesetzgebung, Rechtswesen und Verwaltungsapparat erscheinende Einheit innewohnte. Ebensowenig entsprachen der Autorität des Papstes ein Verwaltungsapparat und ein Kirchenrecht, in denen sie dauerhafte Gestalt hätte annehmen können. Von den ostfränkischen (den späteren deutschen) Landen aus begann sich vielmehr eine weitere Germanisierung der aus der Antike überkommenen unbeschränkten Amtsgewalt zu verbreiten. Seit der zweiten Hälfte des 9. Jh. entstand in den deutschen Bistümern die später zu unbestrittener Herrschaft gelangende Vorstellung, daß der Bischof die Diözese mit seinem Bann regiere, also mit der obrigkeitlichen Befugnis, bei Strafe zu gebieten und zu verbieten, so wie der Papst die Gesamtkirche mit dem „Bann des heiligen Petrus" regierte. Das Vorbild des Königs- und Grafenbannes dafür ist deutlich. Die mit dem Bann als ordentliche Strafe verbundene Exkommunikation (Ausschließung aus der Gemeinschaft) erhielt dadurch ihre deutsche Bezeichnung „Kirchenbann".

Die Verfassungsgeschichte der Reiche verlief in dem Maße unterschiedlich, wie die Herrscher die Zentralgewalt in Einklang zu bringen wußten mit der örtlichen Befehlsgewalt, die durch das Versagen des zentralen Heeresaufgebotes gegenüber den plötzlichen Angriffen der Normannen, Araber und Ungarn, dazu im fränkischen Reiche durch die ständigen Bürgerkriege seit 830 wesentlich begünstigt wurde.

Am besten behauptete sich die Zentralgewalt, gestützt auf die ungebrochen fortdauernde antike Tradition, im byzantinischen Reiche. Hier kam im 9. Jh. die Themenorganisation zum Abschluß, die einerseits die lokale Befehlsgewalt sicherte, sie andererseits aber voll im Bereich der bürokratischen Zentralverwaltung des Kaisers erhielt. Aus der allmählichen Aufteilung in kleinere Themen, deren um 900 in Asien zwölf, auf den ägäischen Inseln zwei, auf dem Balkan zehn, in Italien zwei und auf der Krim eines bestanden, ergab sich eine bedeutende Vereinfachung der Verwaltung. Die Kaiser Basileios I. und Leon VI. der Weise waren bedeutende Gesetzgeber und

Erneuerer des römischen Rechts. Leon VI. hob die längst verfallenen Rechte der römischen Bürgerkurien und des Senates auf und vollendete damit auch rechtlich die Konzentration aller Befugnisse in der Hand des Basileus. Der Staat war identisch mit dem Kaiser und dessen militärischem und bürokratischem Apparat.

Die von den Normannen erzwungene Dezentralisierung des fränkischen Reiches wurde durch die Unfähigkeit der Herrscher aus karolingischem Hause zur Auflösung gesteigert. Das überkommene Sippenerbrecht der Königskinder, das die Reichsteilungen und Bürgerkriege des 9. Jh. zur Folge hatte, führte schon unter Ludwig dem Frommen zur Beseitigung der Gesamtregierung. Einst hatte man die Reichseinheit auch gegen das Teilungsrecht sichern können durch Ermordung oder Einklosterung der Miterben; seit der Einfluß der Kirche diese Methoden ausschaltete, wurde das Teilungsrecht unerträglich. Nach 879 ist es daher tatsächlich nicht mehr angewandt worden.

Das fränkische Reich zerbrach seit 843 längs der Grenzlinie, welche die romanischen Gebiete mit immer noch nicht völlig erloschener antiker Staatstradition von den östlichen Gebieten trennte, in denen antike Verwaltung nie bestanden hatte oder von siedelnden Germanen völlig zerstört worden war. Obwohl die romanischen Reichsteile im Partikularismus versanken, blieben in ihnen der Unterschied zwischen öffentlichen und privaten Rechten und die Zugehörigkeit der öffentlichen Rechte allein zum König stets lebendig, auch wenn der König sie in der Normannengefahr an andere verleihen mußte. Das Westreich blieb im Prinzip monistisch und zentralistisch und war am Ende des 9. Jh. auf dem Wege zur Ausbildung des vollkommenen Lehnsstaates, der an der einzigartigen Stellung des Königs als Idee trotz allen Machtverlustes festhielt. Da sich seit der Mitte des 9. Jh. wegen der Ungebärdigkeit des Adels die Kirche wieder enger an den König anschloß und ihm die sakrale Legitimation seiner Herrschaft zur Verfügung stellte, wurde die Salbung zum festen Bestandteil der westfränkischen Königserhebung. Sie entkräftete ebenso das Erbrecht der Königssippe wie auf die Dauer das Wahlrecht des Adels. Das Königtum wurde in mittelalterlicher Weise institutionalisiert, obwohl gerade 888 mit der Wahl des Robertiners Odo das Ende der alten Erbmonarchie eintrat. Die Fürstentümer aber entstanden überall durch Kumulierung von Grafen- und anderen königlichen Rechten in der Hand der oft dem Karolingerhause verwandten Großen, die auch die Königsherrschaft über die Kirche schließlich im Verleihungswege an sich brachten. Viele Bistümer wurden zu Eigenbistümern der Großen und unterstanden am Ende deren freier Verfügung zu Leihe, Verkauf, Verpfändung und Mitgift.

Im ostfränkischen Reichsteil war der Graf meist nichts anderes als ein königlicher Kommissar zur Durchsetzung der fränkischen Herrschaft und zur Überwachung des Volkes gewesen, dessen Macht sich auf das Königsgut und den Befehl über die freien Grundbesitzer stützte. In den Reichsteilungen des 9. Jh. verlor diese Grafschaft ihren ursprünglichen Zweck. In den Kämpfen gegen Normannen und Ungarn belebten sich vielmehr, zuerst bei den meistbedrohten Grenzstämmen der Sachsen und Bayern, die alten vorfränkischen Einrichtungen des Stammesherzogtums als einer nur durch den Umfang des beherrschten Gebietes von der königlichen verschiedenen, von eigenem Charisma getragenen Würde. Das Königtum stützte sich weniger auf die Kirche als auf den von den Herzögen geführten Stammesadel; die kirchliche Salbung blieb daher als Legitimation bedeutungslos. Der Adel der Stämme war es, der in den Königswahlen seit 887 die Einheit des Reiches, das man nach seiner gemeinsamen Sprache „deutsch" zu nennen begann, erhielt. Infolgedessen hörte das ostfränkische Reich auf, ein monistisches Macht- und Ordnungssystem wie das westfränkische zu sein. Neben dem König war der Adel zur Herrschaft gleichberechtigt. Die zögernde und unvollständige Übernahme lehnsrechtlicher Formen im 10. Jh. hat daran nichts geändert. Erst in staufischer Zeit wurde in Deutschland durch konsequente Umwandlung des Reiches in einen Lehnsstaat der Versuch gemacht, den Dualismus zwischen König und Adel zu überwinden.

Von eigener Art war daher auch die Kirchherrschaft des deutschen Königs. Die Bistümer wurden nicht sein verleihbares Eigentum, sondern blieben Glieder des Reiches, die Bischöfe Reichsfürsten, wenn auch das eigenkirchliche Denken dem König eine Aufsicht über die Verwaltung des Kirchengutes und Anspruch auf servitia (Dienstleistungen) verlieh. Mit der Erledigung des Bistums fiel nicht nur der Nachlaß des Bischofs (Spolienrecht), sondern das gesamte Bistumsgut an den König heim, der bis zur Neubesetzung dessen Erträge einzog (Regalienrecht). Vor allem aber nahm die Besetzung der Reichsbistümer und Reichsabteien die an den Eigenkirchen entwickelten Formen des kirchlichen Lehnrechtes an. Seit dem Ende des 9. Jh. wurde sie vollzogen als Leihe der Domkirche nebst zugehörigen Rechten und Gütern mittels des Bischofsrings und Hirtenstabes als Symbolen für die Besitzübertragung; auch Treueid und Kommendation an den König wurden schon im 9. Jh. üblich.

In England hat der Umstand, daß in Alfred dem Großen ein König vorhanden war, der den Kampf gegen die Dänen siegreich bestanden hatte, wiederum eine andere Entwicklung von Königtum und Herrschaftsordnung zur Folge gehabt. Um den Normannen gleichwertige Berufskrieger entgegenstellen zu können, förderte er die Bildung des schon vor ihm im Entstehen begriffenen Standes der thegns (Degen), berittener Krieger, die sich von der breiteren Schicht freier Bauern, dem alten fyrd (Aufgebot aller Freien), durch größeren Grundbesitz, größere Kriegserfahrung und größere Privilegien unterschieden. Als königliche Gefolgsleute wurden sie auch mit Königsland ausgestattet. Dieses Verfahren hatte eine der Wurzeln des fränkischen Lehnswesens gebildet, doch konnten sich die Ansätze in England nicht entfalten, weil Alfred nicht zur Delegation von Hoheitsrechten an die Degen zu schreiten brauchte. Die königlichen Rechte nahm vielmehr im Rahmen der shires (Gerichtsbezirke) ein vom König ernannter reeve (Verwalter), der sheriff, wahr, der, wiewohl hohen Standes, absetzbar blieb und kein Amtslehen empfing. Zum Schutze gegen die Dänen legte Alfred an den Grenzen von Wessex, an der Themse und an der Südküste, planmäßig Burgen an, für die jedes hide (Hufe Landes) in einem zugehörigen Bezirk im Kriegsfalle einen Verteidiger stellte. Das Recht zum Aufgebot dieser Männer blieb dem König gewahrt; der adlige Kriegerstand konnte es nicht in seine Hand bringen. Nicht adlige Herrschaft, sondern königlicher Dienst wurde so zur Standespflicht der Degen. Der Dienstgedanke sollte in England großen Einfluß auf die staatliche und soziale Entwicklung gewinnen.

Gefolgschaftswesen und Burgbezirke als Rahmen der Wehrverfassung der freien Krieger sowie der Besteuerung unterworfener Bevölkerungen waren auch die Grundelemente der normannischen Reichsgründungen. Hier fehlte es an einem über die freie Bauern- und Kriegerschaft erhobenen Adel; der im Gefolgschaftswesen liegende Keim zur Ausbildung des Lehnswesens konnte daher keine Schößlinge treiben. König Harald Schönhaar, der Einiger Norwegens, setzte, da es keinen Geburtsadel gab, besonders reiche und durch politisches Geschick ausgezeichnete Bauern als Jarle an die Spitze der Völkerschaftsgebiete, die ihm für die Wahrung von Recht und Gesetz verantwortlich waren und Lehnsgeld und Abgaben für ihn einzogen. Da der König die Jarle durch Einkünfte aus den erhöhten Abgaben reichlich entlohnte, soll diese Würde so begehrt gewesen sein, daß viele Vornehme freiwillig in seinen Dienst traten. Die geringe soziale Differenzierung und der Widerstand der auf freien Stammgütern sitzenden Bauern verhinderten die Bildung adliger Eigenmacht. Gleichartige Verhältnisse herrschten in Dänemark und in dem von Dänen besiedelten Teile Englands. Die verfassungsmäßigen Unterschiede zwischen dem Reiche Alfreds des Großen und seinen dänischen Nachbarn waren gering.

2. *Grundherrschaft, Adel und Bauerntum*

Im fränkischen Reich machte unter den politischen und militärischen Umständen des 9. Jh. die Ausbreitung der Grundherrschaft als Rahmen der adligen Herrschaft weitere Fortschritte. Nur in einigen Teilen Deutschlands, vor allem an der Nordseeküste und in den Alpen sowie vereinzelt in Westfalen und Niedersachsen, haben die Bauern ihre alte Freiheit von adliger Herrschaft und die unmittelbare Unterordnung unter den König bewahren können; überall sonst im fränkischen Reiche wurden sie einem weltlichen oder kirchlichen Grundherrn hörig. Auch wo von den Normannen verwüstetes Land wieder- oder Ödland neu besiedelt wurde, war ein Adliger oder eine Kirche Herr des Landes, dessen Eigenleute die Bauern wurden. Zur Ausbreitung der adligen Herrschaft gehörte, vor allem im Westreich, die Entfaltung des Lehnrechtes. Sie war am Werke, um das freie Grundeigentum immer weiter aufzusaugen, denn die freien bäuerlichen Eigentümer wurden, sei es durch die Umstände, sei es durch offene Gewalt, gezwungen, ihr Eigen einem mächtigen Schützer zu Lehen aufzutragen (d.h. zu übereignen, um es als Lehen zurückzuerhalten), wenn sie sich nicht, um günstigere Bedingungen zu erhalten, einen kirchlichen Grundherrn suchten.

Weit früher als im ostfränkischen Reiche, nämlich schon im 9. Jh., läßt sich im westfränkischen Reich die Aufspaltung des Adelsstandes in einen hohen und einen niederen Adel feststellen. Mit dem Verfall der Königsherrschaft und dem Hinschwinden des Königsdienstes traten die meisten Edelfreien in den Dienst der Großen über, die mehrere Grafschaften zu kumulieren und zugleich als Vögte und Laienäbte Bistümer und große Abteien zu erlangen wußten. Die von den Grafen abhängigen Adligen, die vorzüglich das Amt des gräflichen Unterbeamten, des vicarius (Vertreters) oder vicecomes (Vicomte), bekleideten, formierten sich jetzt zum Stand der vassi dominici (herrschaftlichen Vasallen), die von den Großen mittels der Prekarie (widerruflichen Landleihe) aus Kirchengut ausgestattet wurden, die außerdem Kirchenlehen entgegennehmen und in die Stiftsritterschaften eintreten konnten und deren Söhne mit reichen Kanonikerpfründen versehen wurden. Aus den vassi dominici ist in späteren Jahrhunderten der Stand der Barone, Burgherren, Châtelains, Seigneurs hervorgegangen, der im Ostreich keine genaue Entsprechung besitzt.

Unter dem Druck dieser Entwicklung trat seit dem 9. Jh. in den Kernländern des Frankenreiches die Zersetzung der Bistumsvermögen ein, deren aus römisch-merowingischer Zeit herstammende Verwaltungseinheit im 8. und frühen 9. Jh. zunächst durch das mönchische Zusammenleben der Kanoniker noch gesteigert worden war. Die Inanspruchnahme der Bistümer und Abteien durch Leistungen an den König und die Willkür mancher Bischöfe und Äbte machten eine vermögensrechtliche Sicherstellung des Klerus bzw. des Konventes nötig. So kam es zunächst zur Abschichtung der Dom- und übrigen Stifter vom Bischof, so daß neben die dem Bischof verbleibende mensa episcopalis (bischöfliches Tafelgut) nun die mensa capituli (Kapitels- oder Stiftsgut) trat. Der gleiche Vorgang vollzog sich an den großen Stiftskirchen und Reichsklöstern zwischen Propst bzw. Abt und Konvent. Das Kapitels- oder Konventsgut blieb der Verfügung des Propstes oder Abtes entzogen. Die Abschichtung erfolgte z.B. im Bistum Auxerre um 819, im Bistum Freising um 830, im Kloster St. Denis 832, in Köln vor 866. Erst im 10. Jh. wurde sie allgemein verwirklicht.

3. Städtewesen, Handel und Verkehr

Das Ausgreifen der Normannen brachte eine Neuordnung der großen Verkehrsströme mit sich. Die Normannen ersetzten das nordeuropäische Seeverkehrssystem der Friesen durch ein skandinavisches, dessen wichtigste Linien entlang den russischen Strömen zum vorderen Orient führten. Das Mittelmeer wurde dagegen ein arabisches Meer, aber die beginnende Zersplitterung der arabischen politischen Organisation und der damit zusammenhängende Trieb zu Seeraub und Plünderung hinderten die Araber daran, hier eine neue Verkehrswirtschaft in Gang zu setzen. Die neuen Verkehrsströme, deren Warenlast sich vielfach aus Handelsgut in Kriegsbeute und umgekehrt verwandelte, umgingen das fränkische Reich; dieses blieb ein Kontinentalstaat ohne maritime Interessen, verbauert und verarmt.

Indes brachten die Normannen- und Araberstürme den Resten des antiken Städtewesens auch eine Aufwertung, nämlich als befestigten Plätzen. Vielfach waren es die Bischöfe und nicht die Könige oder deren Grafen, die den Schutz der Bevölkerung und die Ausbesserung der Mauern organisierten. Die Ummauerung der römischen Vorstadt bei St. Peter durch Papst Leo IV. nach 846 ist dafür das bekannteste Beispiel.

Im Königreich Italien erlangten die Bischöfe seit der Zeit Karls des Großen durch Immunitätsprivilegien die Herrschaft über das Kirchengut und die Bischofsstädte, da der Adel in den Thronkämpfen und seit 899 gegenüber den Ungarn bei der Stadtverteidigung völlig versagte. Als defensor civitatis (Verteidiger der Stadt) leitete der Bischof den Mauerbau; um die Kosten zu decken, überwies der König ihm Einnahmen aus Markt und Zoll. In besonderem Maße war der Bischof Schirmherr für die an Zahl und Bedeutung wachsende kaufmännische Stadtbevölkerung, für die er vom König Zollbefreiungen und Marktprivilegien erwarb. Wenn auch die Bürgerschaft als Träger öffentlicher Rechte noch nicht denkbar war, so erlangte sie doch schon als Ganzes durch jene Privilegien materielle Vorteile, und ihre Führer hatten als boni homines (gute Männer), iudices (Richter), notarii (Notare) an der Verwaltung teil. Seit dem 9. Jh. gab es eine Verflechtung bürgerlicher Interessen mit kirchlicher Herrschaft, in der sich die Keime genossenschaftlicher Organisation der Bürgerschaft besonders rasch entfalten konnten.

Eine ähnliche, aber langsamere Entwicklung vollzog sich im mittleren und westlichen Teil des Frankenreiches, wenn sich hier auch in vielen Civitates der Graf als Stadtherr behauptete; Poitiers, Tours, Bourges wurden so zu Grafensitzen, Metz Toul, Verdun, Trier dagegen zu Städten mit bischöflicher Herrschaft. Im Raum von Loire und Saône, von Tours bis nach Dijon und Lyon, traten zudem, neben den alten Civitates und vielfach vor deren Mauern gelegen, wo sie sich an ältere Stifte und Klöster anlehnen konnten, neue, durch dichtere Bebauung gekennzeichnete Siedlungen auf, die man „burgi“ nannte; die Begriffe „civis“ (civitas-Bewohner) und „burgensis“ (Burgus-Bewohner) blieben zunächst streng geschieden. Von Ansätzen zur Genossenschaftsbildung ist aber im 9. Jh. noch nichts zu erkennen; die Einwohner der Civitates und Burgi wurden vielmehr in der Regel zu Hintersassen des Stadtherrn.

Im Rheinmündungsgebiet bestanden auch unter normannischer Herrschaft die Kaufmannssiedlungen der Vici und Portus fort. Viele von ihnen werden in den Quellen des 9. Jh. zum ersten Mal genannt, so am Ende des 9. Jh. Antwerpen und Brügge und um 875/77 die beiden Erben des zerstörten Dorestad, Deventer an der Ijssel und Tiel am Waal. Überall kam in den unsicheren Zeiten die Verschmelzung von Kaufmannssiedlung und herrschaftlichem, d.h. hier gräflichem, Castrum (Burg) zum Abschluß. Die Burg machte den Ort gleichzeitig zum Zentrum eines gräflichen Verwaltungsbezirks. In Brügge, Gent, Tiel zahlten die Portus-Bewohner dem Grafen einen census de mansionibus (Zins von den Hausstätten), der im Unterschied zu den Zinspflichten ländlicher Hintersassen nicht in persönlicher Abhängigkeit wurzelte, sondern ein rein wirtschaftlich zu verstehender Grundzins war, der die persönliche Freiheit nicht beeinträchtigte. Zum ersten Mal begegnet uns hier nördlich der Alpen das freie Bodenrecht, das sich später, als die Herren immer mehr Marktsiedlungen neu begründeten, als sogenannte freie Gründerleihe zum typisch städtischen Bodenrecht entwickelte. Im Gegensatz zu den binnenländischen Städten, schon denen an der Schelde und der oberen Maas, waren in denen der Küstenzone die seefahrenden nordischen Kaufleute in der Überhand, die auch als Städter die persönliche Freiheit für ihren wichtigsten Besitz hielten.

Siedlungen mit seßhafter kaufmännischer Bevölkerung in Anlehnung an eine herrschaftliche Burg gab es auch in den Ländern östlich des Rheins. Für das 845 von den Normannen zerstörte Hamburg ist ein comes vici (Burggraf), Wikgraf, als Leiter der Verwaltung bezeugt, der zugleich die Bevölkerung des umgebenden Landes zur Verteidigung aufrufen konnte. Ähnliche Verhältnisse dürften schon im 9. Jh. in Emden, Bremen, Magdeburg, Merseburg, Halberstadt, Gandersheim, Erfurt, Würzburg und außerhalb des fränkischen Reiches in Haithabu und Birka am Mälar bestanden haben. Der Typus der nicht rein agrarischen Siedlung bei einer Burg, die zugleich Fluchtburg und Verwaltungszentrum der Umgebung war, ist durch die Wikinger bis nach Irland und Rußland verbreitet worden. In der nordischen Welt mag in der Verfassung das herrschaftliche Element noch weit hinter dem genossenschaftlichen zurückgestanden haben, da wir es gewiß mit einer überwiegend freien Stadtbevölkerung zu tun haben.

4. Kunst und Kultur

Soweit die unruhigen Zeiten es zuließen, setzte sich im fränkischen Reich das von Karl dem Großen angeregte Streben in Dichtung, Gelehrsamkeit und Kunst in den eingeschlagenen Bahnen fort. Ein Schüler des gelehrten Alkuin war der 784 in Mainz geborene Hrabanus Maurus, seit 822 Abt von Fulda, seit 847 Erzbischof von Mainz, der als größter Gelehrter seiner Zeit galt und die Fuldaer Klosterschule zu vollem Glanze entwickelte. Sein Schüler Walahfried erhob das Kloster Reichenau zum Sitze einer weithin wirkenden Klosterschule und zum Zentrum kultureller Ausstrahlung. Daneben fehlte es nicht an gelehrten Bischöfen und glänzenden Domschulen. So wurde Reims durch den Erzbischof Hincmar zum Sitz einer vorzüglichen Schule, deren Tradition noch im 10. Jh. fortdauerte.

In der Mitte des 9. Jh. brachten angelsächsische und keltische Gelehrte neue Kräfte in das Geistesleben Westeuropas. Besonders die Iren haben tiefe Spuren in der europäischen Kultur dieser Zeit hinterlassen (Sedulius Scotus in Lüttich, Johannes Scotus Eriugena „der irisch Geborene“ in Laon und Reims); sie zeichneten sich durch die im Frankenreich einzigartige Kenntnis des Griechischen aus. Ihr Förderer, König Karl der Kahle, war ein ausgesprochen bibliophiler Herrscher. Die prächtigsten und größten aller karolingischen Handschriften gehen auf ihn zurück. In der Buchkunst traten jetzt auch Skriptorien im Ostreich hervor, freilich mit geringeren Leistungen, die oft an insulare Formen anknüpften (Salzburg, Werden an der Ruhr, auch Würzburg, Fulda).

Das wichtigste Ereignis der Kulturgeschichte des 9. Jh. ist das Hervortreten der Volkssprachen in der Literatur.

Ein reiches literarisches Leben in der einheimischen angelsächsischen Volkssprache blühte in England. Alfred der Große bediente sich ihrer, um das Volk in der christlichen Lehre unterweisen zu lassen, und während seiner Regierung setzte die Aufzeichnung des Anglo-Saxon Chronicle ein, des einzigen in einer Volkssprache geschriebenen Annalenwerkes des frühen Mittelalters. Des Altenglischen bedienten sich auch die königlichen Schreiber bei Abfassung der writs (Briefe, Weisungen für die sheriffs und Beamten) und der Gesetzestexte. Wahrscheinlich schon im 8. Jh. entstanden (jedoch erst im 10. Jh. aufgezeichnet) ist das Beowulf-Epos, das des Helden Drachenkämpfe sowie Tod und Bestattung schildert.

Im fränkischen Reich vollzog sich die sprachliche Trennung des germanischen Ostens vom romanischen Westen. Als die Könige Karl und Ludwig 842 zu Straßburg ihr Bündnis gegen Kaiser Lothar schlossen, leisteten sie die Eide auf den Vertrag in althochdeutscher und altfranzösischer Sprache, da jeder König, um sich den Mannen seines Bundesgenossen verständlich zu machen, in der Sprache des anderen Reichsteiles schwor. Im Ostteil des Reiches begann man die eigene Sprache im Gegensatz zum Latein des Klerus und zum Romanischen des Westens als „deutsch“, d. h. als volkstümlich (diutisc, von diot = Volk) zu bezeichnen. Auch traten die ersten Schriftsteller auf, die sich dieser Sprache bedienten: ein unbekannter Sachse, der das Heliandslied, ein unbekannter bayerischer Kleriker, der das Muspilli (Lied vom Weltuntergang) verfaßte, und Otfried von Weißenburg, ein Schüler Hrabans in Fulda, der Dichter einer Evangelienharmonie. In Fulda wurde auch das Hildebrandslied aufgezeichnet, ein althochdeutsches Heldenlied in stabreimenden Langzeilen, wahrscheinlich langobardischen Ursprungs.

In Byzanz hob mit dem Patriarchen Photios eine neue literarische Epoche an. Es gab hier keine so ausschließliche Konzentration des kulturellen Lebens auf die kirchlichen Kreise wie im Westen. Noch immer bestanden juristische Fachschulen, in denen von Laien das Gesetzbuch Justinians besprochen und erklärt wurde, und private Zirkel, in denen die Klassiker, aber auch die hellenistischen Rhetoren und Sophisten gelesen wurden. Aus diesen Kreisen war Photios hervorgegangen. In seinen Schriften suchte er bewußt die Wiederanknüpfung an die Antike, wenn er auch nicht die klassische, sondern nur jene der späten Sophisten und Rhetoren erreichte. Die philosophische Bildung, die es hier noch gab, setzte den Slavenmissionar Konstantin-Kyrill in den Stand, ein dem Altslavischen angemessenes Alphabet zu entwickeln und durch seine Übersetzungen die erste christliche Literatur in slavischer Sprache zu schaffen.

V. Die Zeit des sächsisch-salischen König- und Kaisertums als Vormacht des Abendlandes (919–1060)

A. Geschichte der Völker und Staaten

1. Mitteleuropa und westslavische Völker

Im Jahre 911 war der letzte ostfränkische König aus karolingischem Hause gestorben, unter dessen Herrschaft die führenden Geschlechter der Stämme ihre Macht weiter befestigt hatten: die Burchardinger in Schwaben, die Luitpoldinger oder Arnulfinger in Bayern, die Reginare in Lothringen, die Liudolfinger in Sachsen, die Konradiner und Babenberger in Franken. Überall begannen die Häupter dieser mächtigen Familien, die den Kampf gegen Ungarn und Normannen leiteten, den Herzogstitel zu führen.

Mit den Karolingern erlosch das Geschlecht, das einst die deutschen Stämme in einen gemeinsamen Staat gezwungen hatte. Geschichtliche Gemeinschaft und äußere Not waren aber so groß, daß die Stämme das gemeinsame Reich nicht mehr entbehren konnten. In freier Ausübung des Wahlrechtes erhoben Schwaben und Bayern, Franken und Sachsen Herzog Konrad von Franken zum König. Aber vergebens bemühte sich Konrad, dem Königtum zu wirklicher Gewalt in den Stammesgebieten zu verhelfen. Gegen den Adel der Stämme stützte er sich auf die Bischöfe, deren Synoden längst als Ersatz für gesetzgebende Reichsversammlungen dienten. Obwohl an der wichtigen Synode von Hohenaltheim (916) ein Legat Papst Johannes' X. teilnahm, konnte die päpstliche Gewalt eine starke Königsmacht zum Schutz der Kirche nicht ersetzen. Wie seine Vorgänger war Johannes X. von dem römischen Senator Theophylakt abhängig, dem er seine Erhebung verdankte und der allein den römischen Adel zu meistern verstand.

In seiner Einigungspolitik gescheitert, designierte König Konrad I. den mächtigsten der Stammesherzöge, Heinrich von Sachsen, als geeigneten Nachfolger. Heinrich wurde 919 von Franken und Sachsen zum gemeinsamen König gewählt. Die Herzöge von Schwaben und Bayern erkannten nach anfänglichem Widerstand seine Oberhoheit in der Form eines Lehnsverhältnisses an.

Durch Neuerungen im Heerwesen sicherte Heinrich I. das Reich gegen feindliche Angriffe und verstärkte die eigene Schlagkraft. In Sachsen und Thüringen ließ er Grenzburgen gegen Slaven und Ungarn erbauen, die er nach englischem Vorbild zu Verwaltungsmittelpunkten machte, in denen vor allem Gerichtstage abgehalten wurden. Sie erhielten eine ständige Besatzung dadurch, daß Heinrich jeden neunten seiner bäuerlichen Krieger in ihnen Wohnung nehmen ließ; er sollte für seine acht Genossen Wohnstätten erbauen und von allen geernteten Feldfrüchten den dritten Teil in Verwahrung nehmen.

Der Erfolg blieb nicht aus: Im Jahre 933 überwand der König zum ersten Male die Ungarn in der Schlacht an der Unstrut. Im Norden schob er die Grenze bis an die Schlei vor, so daß der Handelsplatz Haithabu jetzt zum Reich gehörte. Im Abwehrkampf gegen die Slaven unterwarf er die Heveller bis zur mittleren Havel (928) und die Daleminzier an der mittleren Elbe. In Böhmen war die Bildung des tschechischen Volkes durch Konzentration der Herrschaftsmacht des einheimischen Adels dem Abschluß nahe; es standen sich nur noch die beiden mächtigen Geschlechter der Přemysliden und der Slavnike gegenüber. Die einen beherrschten von Levý Hradec, Budeč und Prag, die anderen von Libitz und Alt-Kouřim aus ihre in Burgbezirken organisierten Machtbereiche. Die Böhmen hatten mit Bayern sowohl gegenüber den Magyaren wie gegenüber dem deutschen Königtum gemeinsame Interessen. So war es ein wichtiger Erfolg König Heinrichs, als er 929 Böhmen aus der Verbindung mit Bayern lösen und Herzog Wenzel zur Lehnshuldigung zwingen konnte.

In gleicher Weise die selbständige Italienpolitik der süddeutschen Herzöge zu unterbinden, ist dem König nicht mehr gelungen. Seine Absichten gab er kund, als er im Tausch gegen das schwäbische Basel von König Rudolf II. von Burgund die nach der Legende einst von Kaiser Konstantin geführte heilige Lanze erwarb, die damals als Symbol der Herrschaft über Italien galt. In Italien gab es zwar Könige, aber gegen die Adelsmacht konnten sie keine Ordnung schaffen. In Rom war die Gewalt des Theophylakt 928 auf Marozia, seine Tochter, übergegangen, in deren Kerker Papst Johannes X. starb. Seit 932 beherrschte Marozias Sohn Alberich als „Fürst und Senator aller Römer" die Stadt, den Kirchenstaat und das Papsttum. Beim Tode Heinrichs I. war das deutsche Reich so weit gefestigt, daß sein von ihm designierter Sohn Otto einhellig von allen fünf Stämmen in Aachen, der fränkischen Kaiserstadt, zum König gewählt wurde. Beim Krönungsmahl leisteten die Herzöge den Ehrendienst, Eberhard von Franken als Truchseß, Giselbert von Lothringen als Kämmerer, Hermann von Schwaben als Mundschenk und Arnulf von Bayern als Marschall. Aber bald empörten sie sich, weil Otto auch in Lothringen, Franken und Bayern, wo sein Vater noch keine königlichen Rechte hatte ausüben können, König sein und namentlich die Herrschaft über die Kirche selbst in die Hand nehmen wollte. In schweren Kämpfen gelang es Otto, die Herzogsgewalt zu brechen, die von den Stämmen aus der charismatischen Führersippe erhobenen Herzöge zu vertreiben und neue Männer als seine Amtswalter zu Herzögen zu ernennen: Das Herzogtum Franken behielt er in eigener Verwaltung (939), das Herzogtum Lothringen gab er dem Grafen Konrad dem Roten vom Wormsgau, der Ottos Tochter Liutgart heiratete (944), Bayern erhielt sein Bruder Heinrich (947), Schwaben sein Sohn Liudolf (950). Die Blutsverwandtschaft sollte die Treue der neuen Herzöge zum Könige sichern.

Es zeigte sich jedoch, daß auch die königlichen Prinzen rasch mit der Politik der Stämme verwuchsen und daß die Verwandtschaftsbande zur Überwindung des Gegensatzes zwischen Reichsinteresse und Stammespolitik nicht stark genug waren. Gegenüber dem Adel, der nach germanischer, mit der Vormachtstellung des Sachsenstammes zu neuer Geltung gekommener Anschauung zu eigenständiger Herrschaft an der Seite des Königs ermächtigt war, vermochte Otto den Begriff des königlichen Beamten nicht durchzusetzen. Zum Begründer einer neuartigen, festeren Königsmacht wurde er erst durch die Schaffung eines geistlichen Reichsbeamtentums als zweiter Stütze seiner Macht. Obwohl stets dem Adel entstammend, waren die Bischöfe und Äbte durch die Ehelosigkeit doch so weit aus dem Machtstreben der Adelssippen herausgelöst, daß sie, wie 916 in Hohenaltheim, dem Königtum gegen den Adel die nötige Unterstützung geben konnten. Durch das oft bis zur Ernennung gesteigerte Recht des Königs, den Wahlkörpern die neuen Bischöfe und Äbte zu designieren, sowie durch den Anspruch auf den Nachlaß der Bischöfe und auf die Zwischennutzung der Güter vakanter Bistümer und Abteien behielt der König eine strenge Kontrolle über die Kirchen. Zudem wurden die Anwärter in der Hofkapelle ausgebildet und ihren Fähigkeiten entsprechend im Reichsdienst und bei Ausfertigung der Königsurkunden verwandt, ehe sie der König mit dem Besitz eines Bistums oder einer Abtei investierte. So konnte er dem Kirchengut, das sie für ihn verwalteten, ohne Bedenken Grafschaften, Reichsgut und Reichsämter, vor allem königliche Grundherrschaften sowie Markt-, Zoll- und Münzrechte beifügen und es durch Verleihung der Immunität der Gewalt der Grafen und Herzöge entziehen. Wie diese freilich hatten die Bischöfe nun das Reichskirchengut für den König zu verwalten, mußten sie dem Aufgebot zu Hoffahrt und Heerfahrt folgen, und zwar mit ritterlichen Gefolgsleuten, die sie ihrerseits mit Kirchengut auszustatten hatten. Gottesdienst, Schwertdienst und geordnetes Regiment bildeten in ihrer christlichen Weltanschauung eine Einheit, wobei der eigentliche Kirchendienst allerdings oft an die letzte Stelle trat.

Die Ausbreitung des deutschen Reiches und die Ausbreitung der christlichen Kirche waren unter solchen Umständen miteinander identisch. Otto organisierte den Kampf gegen die Slaven neu, indem er die Leitung in Holstein und Mecklenburg dem Markgrafen Hermann Billung, an mittlerer Elbe und Saale dem Markgrafen Gero anvertraute. Bis zur Oder wurde die Zinspflicht der Slaven ausgedehnt. Im Jahre 950 mußte Herzog Boleslav I. von Böhmen, der sich nach dem Tode König Heinrichs I. vom Reiche abgewendet hatte, dessen Oberherrschaft wieder anerkennen.

Im Jahre 946 zog Otto nach Frankreich. Hier hatte der Robertinerherzog

Hugo der Große dem Könige Ludwig IV. dessen letzte Burg in der Krondomäne, die Stadt Laon, abgenommen, und nur Ottos Eingreifen erhielt jetzt das karolingische Königtum im Westreich am Leben. Im Jahre 948 entschied unter Vorsitz eines päpstlichen Legaten die Synode der ottonischen Reichskirche in dem zwischen Ludwig und Hugo schwebenden Streite um das Erzbistum Reims für den königlichen Kandidaten. Hugo wurde exkommuniziert und mußte sich 950 König Ludwig unterwerfen.

Gleichzeitig erreichten die Wirren in Italien, in die die Herzogtümer Schwaben und Bayern in einer für die Macht des deutschen Königs gefährlichen Weise hineingezogen zu werden drohten, einen neuen Höhepunkt. Im Kampf gegen ihre Rivalen wandte sich die Königinwitwe Adelheid an König Otto um Hilfe. So zog Otto 951 über die Alpen. In Pavia nahm er die Huldigung der italienischen Großen entgegen. Ohne daß eine förmliche Wahl stattfand, nannte er sich hinfort König der Franken und Langobarden. Zur Befestigung seiner Herrschaft vermählte er sich mit Adelheid.

An der Spitze eines von allen Stämmen gestellten Heeres, dem auch ein böhmisches Kontingent angehörte, brachte Otto 955 bei Augsburg den Ungarn eine vernichtende Niederlage bei, die deren Streifzügen für immer ein Ende setzte. Es war jetzt möglich, die Ostmark zu erneuern und mit deutschen Siedlern aus Bayern zu besetzen. Die Ungarn begannen ein seßhaftes Ackerbauervolk zu werden und sich der europäischen Kultur zu erschließen. Sie waren der Nachtrupp der Völkerwanderung gewesen; seither hat kein Nomadenvolk mehr im außerrussischen Europa Fuß gefaßt.

Inzwischen war 954 der römische Machthaber Alberich, ein entschlossener Gegner weiteren Ausgreifens Ottos in Italien, gestorben. Ihm folgte sein Sohn Oktavian, den die Großen Roms 955 auch zum Papste erhoben. Dieser Johannes XII., ein zügel- und sittenloser, als Kirchenmann wie als Landesherr gleich unfähiger Herrscher, rief zur Rettung seiner Herrschaft über die Pentapolis mit dem Exarchat Ravenna 960 den deutschen König zu Hilfe. Ihm bot er die Kaiserkrone gegen Gewähr seiner Sicherheit in Rom und Wiederherstellung des Kirchenstaates an.

2. Das universale Kaisertum der Ottonen

Nachdem Otto in Deutschland, Frankreich und Italien zum Schiedsrichter und obersten Friedenswahrer emporgestiegen war, nachdem er die Ausbreitung des Christentums im Norden und Osten wieder in Gang gesetzt hatte, vor allem aber seit dem Sieg über die Heiden von 955 befand sich Otto bereits in der Stellung eines Kaisers, und die Fortsetzung seiner Politik verlangte, daß er dem auch sichtbaren Ausdruck gab. So zog er 961 zum zweiten Male über die Alpen. Im Januar 962 erreichte er Rom, und am 2.2. empfing er von Papst Johannes XII. die Kaiserkrone. Am 13.2. kam der Vertrag über die Abgrenzung der kaiserlichen und päpstlichen Rechte zustande. Er verpflichtete den Kaiser zur Herstellung und zum Schutz des Kirchenstaates und gewährte ihm dafür die Oberherrschaft. Die Papstwahlen blieben Sache des römischen Klerus und Adels, doch durfte der erwählte Papst erst nach Vereidigung auf den Kaiser geweiht werden.

Außerdem ließ sich Otto vom Papst die für die Ordnung der Slavenmission nötigen Befugnisse übertragen, um so seiner Ostpolitik ein festes Fundament zu geben. Am 12.2. verlieh ihm der Papst die Vollmacht, in Magdeburg ein Erzbistum zu errichten, dessen Missionssprengel nach Osten hin nicht begrenzt wurde. Alle Völker, die der Kaiser und seine Nachfolger zum Christentum bekehren würden, sollten dem neuen Erzbischof und anderen nach Ottos Willen zu gründenden Bistümern unterstellt sein.

Im slavischen Osten zeichneten sich indes eigenständige politische Kraftfelder ab. Die Anfänge des polnischen Staates lassen sich infolge mangelnder Nachrichten nicht genau klären. Er trat 963 in das Licht der Geschichte, als Markgraf Gero einen Feldzug bis zur Oder führte und das Land eines Fürsten Mieszko zwischen Oder und Warthe seinem Kaiser tributpflichtig machte. Mieszkos Herrschaft besaß noch keinen anderen Namen als den ihres ersten Herrn. Ihr Umfang ist unbekannt, denn wie alle Reiche der Zeit war sie ein Personenverband aus zinsenden und dienenden Untertanen unter adligen Führern. Das Christentum empfing sie von Böhmen her, das damals Kleinpolen mit Krakau beherrschte. Im Jahre 966 trat Mieszko selbst zum Christentum über. Bevor noch Otto die Gründung Magdeburgs vollenden konnte, und unabhängig von dieser, erschien der erste Missionsbischof in Polen. Sein Name war Jordan, seine Herkunft ist unbekannt.

So hatte sich die politische Lage gewandelt, als Otto endlich nach Überwindung innenpolitischer Schwierigkeiten den Magdeburger Gründungsplan verwirklichen konnte. Auf der Synode von Ravenna erließ 968 Papst Johannes XIII. die feierliche, von allen Teilnehmern unterschriebene Urkunde über die Erhebung Magdeburgs zum Erzbistum. Die schon seit 948 bestehenden Bistümer Brandenburg und Havelberg wurden dem neuen Erzstuhl unterstellt, die Stiftung neuer Bistümer in Merseburg, Zeitz und Meißen in Aussicht genommen. Aber in entscheidenden Punkten wußte der Papst doch die kaiserlichen Absichten zu durchkreuzen und die traditionelle römische Politik festzuhalten, die eine selbständige und unmittelbar an Rom gebundene Stellung der Kirchen im Missionsgebiet erstrebte. So übertrug er nicht mehr, wie 962, dem Kaiser die Errichtung von Suffraganbistümern, sondern dem neuen Erzbischof, und der Magdeburger Sprengel wurde auf das Gebiet der bereits unterworfenen Slaven und auf das neu begründete polnische Missionsbistum Posen begrenzt, während Otto dem Erzstift und damit der Reichskirche die Missionsaufgabe für den ganzen slavischen Osten hatte zuweisen wollen.

Hatte man im oströmischen Reich schon die Erneuerung der abendländischen Kaiserwürde durch Otto mit Empörung vermerkt, so verschärften sich die Spannungen, als Otto sich nach Sicherung seiner Herrschaft in Ober- und Mittelitalien durch die Verbindungen der kaiserfeindlichen römischen Adelspartei veranlaßt sah, auch nach Unteritalien auszugreifen. Byzanz fühlte seine Herrschaft in Unteritalien bedroht. Erst nach kriegerischen Auseinandersetzungen einigte sich der Basileus mit dem Kaiser des Westens auf der Grundlage des beiderseitigen Besitzstandes.

Der Friede wurde durch die Verlobung des Kaisersohnes Otto II. mit Theophanu besiegelt, der freilich nicht purpurgeborenen Nichte des Basileus. Am 19.4.972 besiegelte Papst Johannes XIII. den Ehebund und krönte Theophanu zur Kaiserin.

Auf seinem letzten großen Reichstag in Quedlinburg (973) befestigte Kaiser Otto die kirchliche Organisation des lehnsabhängigen Herzogtums Böhmen mit der Errichtung des Mainz unterstellten Bistums Prag. Seine Oberhoheit über Mieszko von Polen wurde erwiesen, indem dieser im Grenzstreit mit dem Markgrafen der deutschen Ostmark von ihm sein Recht nahm. Vor Otto erschienen weiter Gesandte des ungarischen Fürsten Geza, der eines guten Verhältnisses zu Deutschland bedurfte, seit Bulgarien dem Angriff der oströmischen Großmacht erlegen war (972) und Ungarn, wenn es nicht Partei nahm, zwischen den christlichen Kaiserreichen zermahlen zu werden drohte. Aber auch russische, bulgarische und byzantinische Gesandte suchten den Kaiser in Quedlinburg auf. Wir erkennen daran den gewaltigen Einfluß, den der Kaiser auf die Neuordnung der slavischen Staatenwelt ausgeübt hat, auch wenn wir keine Kunde davon haben, worüber man verhandelt hat.

Noch im gleichen Jahre ist der Kaiser in der Pfalz zu Memleben am Harz gestorben. Das Hauptziel seines Sohnes Otto II. war die Einigung Italiens. Als erster in der Reihe der westlichen Kaiser nannte er sich „Kaiser der Römer". Es gelang ihm, die byzantinischen Festungen Bari und Tarent zu erobern, aber im Kampf gegen die Araber, die von Sizilien aus auf das Festland übergriffen, erlitt er 982 am Kap Colonne (südlich von Cotrone, an der Küste des Ionischen Meeres) eine schwere Niederlage.

Die Kunde davon gab Böhmen, Polen und Elbslaven das Signal zum allgemeinen Abfall vom Reich. Die Liutizen erstürmten Havelberg und Brandenburg, die Obotriten Hamburg; das Kolonisationswerk Ottos I. ging zugrunde. Die Grenze mußte von der Oder an die Elbe zurückgenommen werden. Nur in den Marken Lausitz und Meißen behauptete sich die deutsche Herrschaft; Polen aber ist ihr damals für immer entglitten.

Auch die kaiserliche Herrschaft über die Stadt Rom verlor ihr Gewicht. Die Päpste standen wieder in bedrohlicher Abhängigkeit vom Adel der Stadt, unter dem der mit dem Hause des Theophylakt und Alberich verwandten, in der Sabina reich begüterten Familie der Crescentier die Führung zufiel. Die Folge war eine schwere Erschütterung des päpstlichen Ansehens in der Christenheit. Französische Synoden, die sich mit den Streitigkeiten um die Besetzung des Erzbistums Reims befaßten, gingen so weit, die Primatialrechte Roms überhaupt zu bestreiten, da in Rom die Urteile nur nach dem Goldgewicht bemessen würden.

Die Reimser Irrungen hingen mit dem Übergang der Regierungsgewalt in Frankreich auf das Haus der Robertiner oder Kapetinger zusammen. Nach dem Erlöschen des westfränkischen Zweiges der Karolinger hatten die Großen in freier Ausübung des Wahlrechtes den Herzog Hugo Capet (Mäntelchen) von Franzien, Sohn Hugos des Großen, zum Könige gewählt (987). Die politischen Verhältnisse Frankreichs änderten sich jedoch wenig, da sich das Herzogtum der Kapetinger durch Verselbständigung der Lehnsgrafen in Angers, Tours, Paris ebenso auflöste wie früher die Krondomäne der Karolinger.

An eine Revision der Ergebnisse des Slavenaufstandes von 983 konnte man in Deutschland zunächst nicht denken. Bolesłav II. von Böhmen wußte seinem Haus durch die Beseitigung der konkurrierenden Familie des „dux" (Herzogs) Slavnik jetzt die ungeteilte Herrschaft in Böhmen zu verschaffen: Im Jahre 995 überfiel er dessen Burg Libitz an der Cidlina, in der er seine Gegner niedermachen ließ. Mieszko I. von Polen huldigte zwar 986 dem Kaiser Otto III., es ist aber nicht auszumachen, ob sein Land dadurch ein deutsches Lehen wurde oder ob bloß eine Abhängigkeit seiner Person zustande kam. Offenbar um der Bindung an den Kaiser ein Gegengewicht entgegenzusetzen, tat Mieszko in seinen letzten Jahren (985/92) einen sehr merkwürdigen Schritt: Mit Übernahme einer Tributpflicht gegenüber dem heiligen Petrus übertrug er sein Land Papst Johannes XV. Der Umfang seines Herrschaftsgebietes wie überhaupt der Siedlungsgebiete der Polen, Altrussen, Litauer, Weißruthenen, Ukrainer läßt sich für das 10. Jh. noch nicht angeben, da diese Völker erst in der Bildung begriffen waren. Hierbei hatte die Entwicklung der Reiche und Kirchen einen größeren Einfluß als die ethnographischen Voraussetzungen.

Im Jahre 995 zog Otto III. nach Italien, wo sich ihm der vertriebene Reimser Erzbischof Gerbert anschloß. Unter dem Einfluß dieses hochgebildeten Mannes wurde die Renovatio Imperii Romanorum (Erneuerung des römischen Imperiums) zur Kernidee seiner Politik, in wenig klarer Weise verbunden einerseits mit der fränkisch-karolingischen Tradition, der er im Jahre 1000 huldigte, indem er sich in Aachen die Kaisergruft Karls des Großen öffnen ließ, andererseits mit der Idee des christlichen Gottesreiches auf Erden, die sich als Reaktion auf die maßlose Verweltlichung des kirchlichen Lebens in vielerlei Strömungen namentlich im Westen von dem burgundischen Kloster Cluny aus verbreitete, aber auch aus der Ostkirche damals Italien erreichte. Den Kern des universalen Gottesreiches sollten Italien und Deutschland bilden, Rom und Italien an der Spitze des Reiches stehen, von Rom aus wieder die Völker regiert werden. Otto wollte römischer Kaiser sein.

Er setzte die Renovatio Imperii als Umschrift in seine Siegelbullen und führte am Hofe römische (d.h. byzantinische) Titel und Sitten ein.

Da er sich selbst als geistliches Oberhaupt der Kirche empfand, ging er in unerhörter Weise über alle Eingriffe seiner Vorgänger in die Rechte der römischen Kirche hinaus, indem er zunächst einen Nichtitaliener seiner nächsten Umgebung, nach dessen Tode aber seinen gelehrten Berater Gerbert von Reims zum Papst (Silvester II.) erhob. Dieser konnte durch enges Einvernehmen mit dem Kaiser und durch den Ruhm seiner Gelehrsamkeit das päpstliche Ansehen sehr erhöhen. In vielen Fällen ist schwer festzustellen, wem von den beiden Häuptern der Christenheit der Hauptanteil an wichtigen Entscheidungen zukommt. Unter diesen ragt die Organisation der Kirchen Polens und Ungarns als bedeutendstes Ereignis hervor.

Polens Verselbständigung hatte weitere Fortschritte gemacht durch die Missionsreise des von den Přemysliden aus Prag vertriebenen Bischofs Adalbert, der in Rom mit Kaiser Otto III. bekannt geworden und in dessen Gefolge 996 nach Deutschland zurückgekehrt war. Von dort brach er zur Mission bei den Preußen auf und fand in ihrem Land 997 den Märtyrertod. Die Übertragung der Reliquien des Märtyrers nach Gnesen umgab das christliche Polen, das neugewonnene Land inmitten der Heiden (denn auch westlich der Oder herrschte seit 983 wieder das Heidentum), mit einem besonderen Nimbus. Um 999 wurde Adalbert heiliggesprochen. Nicht nur in Polen, sondern auch in Ungarn, Deutschland und Italien gewann sein Grab ein hervorragendes Ansehen. Unter Ausnutzung dieser Umstände erreichte Herzog Bolesław Chrobry (der Tapfere) den Abschluß der polnischen Kirchenorganisation durch die Gründung eines Erzbistums, das die polnische Kirche unmittelbar an Rom anschloß und den ersten Schritt zur politischen Emanzipation und zur Erlangung der Königskrone bedeutete. Eine römische Synode von 999 faßte die Beschlüsse, und im März des Jahres 1000 erschienen der Kaiser und die päpstlichen Legaten in Gnesen, wo die Metropole errichtet wurde. Ihr wurden die Bistümer Krakau, Breslau und Kolberg unterstellt; sie entsprachen den Ländern Kleinpolen, Schlesien und Pommern, die Bolesław und sein Vater dem Reiche eingefügt hatten.

Ähnlich wie in Polen suchte Otto in Ungarn den kaiserlichen Einfluß festzuhalten. Unter seiner Mitwirkung übersandte Papst Silvester II. dem Herzog Vajk, der die einzelnen Häuptlinge seines Volkes bezwungen, den Nationalstaat begründet und in der Taufe den Namen Stephan angenommen hatte, angeblich die berühmte Stephanskrone. Jedenfalls wurde der Herrscher im Jahre 1001 König Stephan I., der Heilige, vollzog die feste Angliederung des ungarischen Volkes an die westliche Welt und schuf die kirchliche Organisation Ungarns durch die Begründung des Erzbistums Gran im gleichen Jahr. Der Umstand, daß der Papst ihm eine Krone übersandte, daß er sie nicht, wie später der König von Böhmen, aus den Händen des Kaisers erhielt, hat seinem Reiche die äußere Unabhängigkeit gesichert. Die sogenannte Stephanskrone wurde später zum Symbol der Eigenstaatlichkeit Ungarns.

3. Das deutsche Kaisertum des 11. Jahrhunderts

Mit Otto III. starb die männliche Nachkommenschaft Ottos des Großen im Jahre 1002 aus. War bei den letzten Thronwechseln über den Nachfolger kein Zweifel gewesen und so aus dem Geblütswahlrecht fast ein dynastisches Erbrecht geworden, so gedachten die über die römische Entartung des deutschen Königtums erbitterten Fürsten jetzt dem Wahlrecht breiteren Raum zu geben. Schließlich setzte sich aber doch Herzog Heinrich von Bayern durch, der nach Geblütsrecht der nächste am Throne war. Für den nüchternen Sinn Heinrichs II. gab es nur eine politische Aufgabe für den deutschen König: Stärkung der königlichen Stellung in Deutschland und Italien. Heinrich mußte auf die Mitwirkung der Fürsten an der Regierung mehr Rücksicht nehmen als seine Vorgänger. Im allgemeinen erkannte er die Erblichkeit der fürstlichen und adligen Gewalten an, auch soweit sie Reichsrechte verwalteten, so daß sich die Vorstellung, die Fürsten besäßen erbliche Reichslehen, weiter festigte. Gegen die weltlichen Fürsten stützte er sich nach ottonischer Tradition auf die Bischöfe und Reichsäbte, deren Gut er in stärkstem Maße für Reichszwecke ausnutzte. Er ist der Gründer des Bistums Bamberg, dem die Mission unter den noch immer heidnischen Wenden am oberen Main und an der Rednitz aufgetragen wurde.

Heinrichs wichtigste Aufgabe war die Sicherung der Ostgrenze gegen den raschen Aufstieg der polnischen Macht unter Bolesław Chrobry, der sogar Böhmen vorübergehend in Besitz hatte. Damit dadurch Rang und Stellung des Herzogtums Böhmen nicht gemindert würden, nahm Herzog Vladiwoj es 1003 aus der Hand des Kaisers als Reichslehen entgegen. Zur persönlichen Bindung böhmischer Fürsten als Vasallen an das Reich seit 845 trat jetzt auch die dingliche Abhängigkeit Böhmens vom Reich.

Mit böhmischer Unterstützung gelang es Heinrich II., die Einigung der Westslaven im Reich Bolesław Chrobrys zu verhindern. Durch lange Jahre hindurch war das Land zwischen Elbe, Saale und Oder Kriegsgebiet. Im Jahre 1017 verbündete sich der Kaiser sogar mit dem Fürsten von Kiev gegen Bolesław. Im nächsten Jahr kam es zum Frieden von Bautzen, der Bolesławs Unabhängigkeit vom Reiche bestätigte, aber das Land westlich der Oder dem deutschen Einfluß überließ.

Nun hatte Bolesław freie Hand im Osten. Unterstützt von deutschen und ungarischen Truppen, unternahm er einen Feldzug gegen Kiev, und noch 1018 konnte er dort siegreich einziehen. Die polnische Grenze wurde bis zum oberen Bug vorgeschoben und umschloß auch das umstrittene Gebiet der tscherwenischen Burgen zwischen Vieprz und Bug. Die damit erreichte Ostgrenze Polens von der Dreiländerecke mit Ungarn und Kiev auf dem Kamm der Karpaten im Quellgebiet von Vislok und Jasiolka bis zum oberen Bug und zur mittleren Weichsel, die sowohl Přemysl wie Brest beim Kiever Reiche ließ, ist für mehr als drei Jahrhunderte im wesentlichen gültig geblieben. Nach seinen Siegen in Ost und West stand nun Bołeslav auf der Höhe seiner Macht und seines Ansehens in Deutschland, Rom und Byzanz.

Zu allen drei Weltmächten unterhielt er politische Beziehungen, und planmäßig minderte den deutschen Einfluß auf die polnische Kirche, indem er sich Missionare aus Italien und Burgund holte.

Da Heinrich II. keinen Leibeserben hinterließ, trat nach seinem Tod (1024) das Wahlrecht der Fürsten wieder in Kraft. Mit Konrad II. wurde das fränkische oder salische Haus zur Königswürde erhoben. Konrad stand, wie sein Vorgänger ein nüchterner Regent, den hochfliegenden Idealen eines weltlichen und kirchlichen Universalismus fern. Wenn er die Erblichkeit der vom Reich verliehenen Ämter und Rechte im Mannesstamm nicht mehr antasten mochte, so verfolgte er das Ziel, die Macht des Königs zu festigen, auf andere Weise: Er suchte eines der süddeutschen Herzogtümer nach dem anderen an seinen Erben zu bringen. Gegen die Herzöge stützte er sich auf die Grafen und freien Herren, deren unmittelbares, ihre Freiheit begründendes Verhältnis zum König durch die wachsende Macht der Herzogtümer bedroht wurde. Er begann mit der salischen Politik, die Bürgerschaften der Reichsstädte zu begünstigen, die ebenfalls von Hochadel und Bischöfen ihre Mediatisierung zu befürchten hatten. Er pflegte das Reichsgut nicht mehr an Adel und Bischöfe zu verleihen, sondern durch königliche Unfreie oder Reichsministerialen zu verwalten. Schenkungen wurden seltener. Die Herrschaft über die Reichskirche hielt er unbedingt fest; planvoll setzte er bewährte Helfer als Bischöfe und Reichsäbte ein, und wie sein Vorgänger erhob er für die Investitur bedeutende Abgaben, unbekümmert um die Klagen der Kluniazenser, der Anhänger der vom Kloster Cluny propagierten Kirchenreform, die bereits ein solches Verfahren als Simonie bezeichneten.

In der Thronfolgekrise des Reiches von 1024 gelang es Bolesłav Chrobry von Polen, in Übereinstimmung mit dem Papst die Königskrönung zu erlangen. Er erhielt die Krone von Rom übersandt und setzte sie sich am 25.12.1024 selbst aufs Haupt, ein Zeichen absoluter politischer Unabhängigkeit und zugleich neuer Staatseinheit, denn das Recht an der Krone war unteilbar im Gegensatz zum Herrschaftsrecht der königlichen Familie. Sein Nachfolger Mieszko II. ließ sich ebenfalls krönen, aber gegen das Bündnis Kaiser Konrads mit Böhmen und Kiev konnte er sich nicht behaupten: Im Jahr 1031 entrissen ihm Jaroslav von Kiev das Gebiet der tscherwenischen Burgen und Kaiser Konrad die Lausitz mit dem Milzenerland. 1033 entsagte er zu Merseburg dem Königstitel und erkannte die Oberhoheit des Kaisers an. Mit der Krone war auch die Unteilbarkeit des Reiches wieder dahin. Nach

Mieszkos Tode zerfiel es in Thronstreitigkeiten, Stammesseparatismus und heidnischer Reaktion gegen die christianisierte Oberklasse.

Die Reaktion zerstörte fast alles, was an Missionsarbeit bisher geleistet war. Im Jahre 1038 konnte Herzog Břetislav von Böhmen ungestraft Krakau und Gnesen plündern und Schlesien annektieren.

Im Westen vermehrte Konrad den Einfluß des Reiches durch den Erwerb der Krone von Burgund. König Rudolf III. von Burgund, dessen Vorgänger die 877 und 888 durch das Wahlrecht der Großen entstandenen Reiche Niederburgund und Hochburgund vereinigt hatte, war ohne Leibeserben geblieben und hatte schon 1006 und 1016 vertraglich den deutschen König Heinrich II., den Sohn seiner Schwester Gisela, zum Erben bestimmt, und 1027 hatte er König Konrad, dem dritten Gemahl der Gisela, das Erbrecht bestätigt. Nach Rudolfs Tod wurde daher Konrad die Krone übersandt, aber nur nach mancherlei Kämpfen konnte er die Huldigung erlangen. Die Gewalt der Krone blieb auch unter den salischen Herrschern Burgunds gering, doch gewährte die Herrschaft über das von Basel bis zum Mittelmeer reichende Land den deutschen Königen die nicht unwichtige Aufsicht über die Pässe der Westalpen.

Unsicher blieb auch die Königsmacht in Italien, obwohl Konrad schon 1026 die italienische und 1027 die Kaiserkrone erlangte. Durch Erblichkeit ihrer Lehen waren die Großen, durch unentbehrliche Wahlhilfe die Bischöfe, namentlich Erzbischof Aribert von Mailand, fast unabhängig geworden. Sie bauten ihre Herrschaft weiter aus, indem sie ihren eigenen Valvassoren (Lehensleuten) das Recht auf Erblichkeit der Lehen verweigerten. Daher empörten sich 1035 die Valvassoren gegen Aribert, und Konrad, zu militärischer Unterwerfung der Fürsten zu schwach, unterstützte die gegen deren Macht gerichteten Bestrebungen, indem er den Valvassoren gesetzlichen Schutz vor willkürlichem Lehnsentzug und gesetzliches Lehnserbrecht bestätigte (1037).

In Mittel- und Süditalien vermochten weder Konrad noch die Byzantiner eine wirkliche Herrschaft geltend zu machen. Die nach Selbständigkeit strebenden Fürsten hatten sich daran gewöhnt, die Hilfe abenteuernder normannischer Seefahrer in Anspruch zu nehmen. Die Unterstützung, die der Normannenführer Rainulf dem Herzog Sergius IV. von Neapel gegen Pandulf IV. von Capua leistete, belohnte Sergius mit der Hand seiner Schwester und mit Überlassung eines fruchtbaren Landstrichs nördlich von Neapel. Hier erbaute Rainulf die starke Feste Aversa (1030). Sie wurde der Ausgangspunkt weiterer Eroberungen, aus denen bald ein mächtiger Normannenstaat entstand.

Konrads Sohn Heinrich III. war imstande, die von seinem Vater geschaffene Königsmacht überall zu erhalten. Er verfügte über die Besetzung der Herzogtümer und Marken. Den Tod Gozelos von Lothringen (1044) benutzte er, um dieses Herzogtum abermals zwischen dessen Söhnen zu teilen, und als Gottfried der Bärtige von Oberlothringen deswegen Beziehungen zu König Heinrich I. von Frankreich knüpfte und sich schließlich empörte, wurde er 1047 vom Kaiser vertrieben. Der zweite Herzog, den Heinrich absetzte, war Konrad von Bayern (1053); die harte Maßregel erregte weithin Mißstimmung. Der Kaiser gab Bayern seinem dreijährigen Sohne Heinrich, der kurz vorher zum Könige gewählt worden war.

Fest hielt Heinrich auch an der königlichen Herrschaft über die Kirche. Völlig durchdrungen von den Gedanken der Kirchenreform, galt es ihm als kaiserliche Aufgabe, die Völker seines Reiches zu Bürgern des Gottesreiches zu machen. Aber gerade durch das königliche Einsetzungsrecht gedachte er das kirchliche Leben zu reformieren, indem er nur gleichgesinnte Persönlichkeiten zu Bischöfen erhob. So verzichtete er auf die simonistischen Taxen, die seine Vorgänger für die Einsetzung von den Bischöfen erhoben hatten, und fügte zum Symbol der Investitur, dem Bischofsstab, ein weiteres hinzu, den Ring als Zeichen der Ehe des Bischofs mit seiner Kirche. Reform durch den König, nicht durch den Papst, war das Ziel seiner Politik, das freilich nur erreicht werden konnte, wenn das Papsttum in seiner Ohnmacht verharrte.

Der bedeutendste der von Heinrich III. eingesetzten Kirchenfürsten war Erzbischof Adalbert von Bremen. Er diente dem Kaiser, der die Königsmacht in Sachsen, gestützt auf die Pfalz Werla-Goslar, zum Verdruß des Herzogs und des Adels wieder zur Geltung brachte, nicht nur als Vertreter der Reichsrechte in Norddeutschland, sondern führte auch die nordische Mission zu neuem Aufschwunge. Jütland und Skandinavien unterlagen seinem Einfluß, von Irland, Grönland und den Orkneyinseln kamen Gesandte nach Bremen. Papst Leo IX. erhob Adalbert schließlich zum Legaten des Nordens. Der neuen Diözesaneinteilung Dänemarks stimmte Adalbert nur gegen gleichzeitige Erhebung des Erzbistums Bremen zum Patriarchat des Nordens zu. Wie ein zweiter Papst gedachte er über Erzbischöfe und Landeskirchen zu gebieten, denn auch auf deutsch-wendischem Boden wollte er die Zahl der Suffragane seines Erzstiftes bis auf zwölf erhöhen.

Im Jahre 1043 heiratete Heinrich III. nach einer Zusammenkunft mit König Heinrich I. von Frankreich in zweiter Ehe die Tochter Herzog Wilhelms V. von Aquitanien, Agnes von Poitou. Die Ehe war ein Schachzug des Stiefvaters der Agnes, des Grafen Geoffroi Martel von Anjou, dessen Haus mit seinen Stammlanden an der Loire zeitweilig Teile der Bretagne, des Maine und des Poitou, für die Dauer aber die Grafschaften Vendôme und Tours hatte vereinigen können und um die Mitte des 11. Jh. die herrschende Stellung in Westfrankreich besaß; nur die überlegene Macht des Normannenherzogs Wilhelm setzte ihr noch Schranken.

Der Ehebund des Kaisers mußte das deutsche Verhältnis zum König von Frankreich daher trüben und diesen in noch stärkere Isolierung bringen. So war es nicht verwunderlich, daß Herzog Gottfried von Lothringen in seinen kaiserfeindlichen Umtrieben an König Heinrich von Frankreich stets einen Helfer fand.

Als Heinrich III. im Jahre 1046 seine erste Italienfahrt antrat, war das Ansehen des Reiches größer denn je. In Italien gab es keinerlei Widerstand. In Rom hatten schon 1012 die Grafen von Tusculum die Macht an sich gerissen; jetzt erhoben sich die Crescentier gegen sie, und ihr Papstanwärter Gregor VI. kaufte dem Tusculanerpapst Benedikt IX. für eine hohe Summe den Stuhl Petri ab, nachdem ein zuvor erhobener Gegenpapst Silvester III. sich nicht hatte behaupten können. Vielleicht von Reformfreunden gerufen, ganz aber von den Gedanken der Reformbewegung und dem Bewußtsein der Pflichten seiner kaiserlichen Würde durchdrungen, nahm Heinrich III. die Reinigung der Kirche in die Hand. Eine von ihm nach Sutri und Rom berufene Synode setzte die drei unwürdigen Päpste ab. Dann bestimmte er auf Verwendung des Abtes Odilo von Cluny unter Zustimmung von Klerus und Volk Bischof Suidger von Bamberg zum Papst. Von diesem, Clemens II., empfing er die Kaiserkrone. Das deutsche Königtum hatte einen neuen Gipfel der Macht über die Kirche erreicht, und es fand dazu im allgemeinen auch die Zustimmung selbst der streng kirchlich gesinnten Reformkreise. Mit Clemens II. begann das Papsttum endlich selbst das große Werk der Kirchenreform in die Hand zu nehmen. Eine römische Synode traf 1047 Bestimmungen gegen die Simonie, die durch Gregor VI. den Stuhl Petri selbst befleckt hatte: Wer um Geld eine Kirche konsekrierte, eine Weihe erteilte oder ein Kirchenamt verlieh, der sollte dem Kirchenbann verfallen sein.

Der Designation durch den Kaiser verdankte auch Papst Leo IX. seine Wahl und Erhebung. Sein Pontifikat ist von einschneidender Bedeutung geworden, weil Leo das Papsttum zum Führer der Kirchenreform geprägt und diese in der Hauptstadt der abendländischen Christenheit selbst ernsthaft in Angriff genommen hat. Auf rastlosen Reisen von Synode zu Synode wirkte der Papst in Italien, Frankreich und Deutschland durch Predigt und Mahnung für die Reform. Überall wußte er im Volk Begeisterung zu wecken und die universale Bedeutung des Papsttums zu lebendiger Anschauung zu bringen.

Von Rom aus war der Kaiser 1046 weiter nach Unteritalien gezogen, wo er die Normannenfürsten mit den inzwischen eroberten Teilen Apuliens und Kalabriens belehnte, ohne indes in den Kämpfen zwischen Griechen, Normannen und italienischen Großen irgendwelchen Einfluß zu erlangen. Im Jahre 1051 stellte sich das von den Normannen bedrohte Benevent schutzsuchend unter die Herrschaft des erneuerten Papsttums, doch konnte Leo IX. die nötige Hilfe weder selbst gewähren noch von dem normannenfreundlichen Kaiser erlangen. Mit eigener Kraft rüstete er daher zum Krieg, den er als eine Art von Kreuzzug, als Befreiung der Christenheit von tyrannischer Bedrückung betrachtete; zum ersten Mal hat ein Papst hierfür dem Heer das Vexillum S. Petri (Banner des heiligen Petrus) verliehen. Aber seine

Truppen wurden am 18. April 1053 bei Cividale von den Normannen vernichtet.

Zwar hatte der Kaiser durch die Wahl und Krönung seines unmündigen Sohnes Heinrich IV. die Nachfolge geordnet; als er aber 1056 plötzlich und erst 39jährig starb, geriet das Königtum trotz reibungslosen Regierungswechsels in eine schwere Krise. Die Kaiserinwitwe Agnes von Poitou erwies sich als schwache und kurzsichtige Regentin und als unfähig, den Unwillen des Reichsadels über die Verkürzung seines Mitregiments und über die Entmachtung der Stammeskörper zu bannen. Erzbischof Anno von Köln und Herzog Gottfried von Lothringen traten an die Spitze der unzufriedenen Fürsten. Anno brachte im April 1062 durch einen förmlichen Staatsstreich alle Macht an sich: Als sich der König mit seiner Mutter auf der Insel Kaiserswerth befand, entführte er ihn, um mit der Erziehung des Königs die Regentschaft zu übernehmen.

Infolge dieser Wirren entzogen sich Polen und Ungarn dem deutschen Einfluß; nur Böhmen wurde dadurch noch fester auf die Seite des Reiches gedrängt. Vor allem aber vollzog sich die politische Entwicklung in Italien jetzt ohne jede Kontrolle durch die deutsche Regierung. Im Jahre 1052 war Markgraf Bonifaz von Tuszien durch Mörderhand gefallen, und seine Witwe, die Lothringerin Beatrix, hatte 1054 ohne Wissen des Kaisers die Werbung des abgesetzten Lothringerherzogs Gottfried angenommen. Die kaiserfeindliche Lothringerpartei wurde nun in Rom und Mittelitalien zur maßgebenden Macht, besonders als Gottfrieds Bruder zum Papste Stephan IX. erhoben wurde. Dies geschah ohne Zustimmung der Regentschaft; Kaiserin Agnes erteilte nachträglich ihre Genehmigung.

Die bei der Erhebung Papst Nikolaus' II., der gegen den Widerstand des römischen Adels außerhalb der Stadt gewählt wurde, vorgefallenen Unregelmäßigkeiten gaben Anlaß zu einer Neuregelung der Papstwahl, die jetzt im wesentlichen dem Kardinalskollegium anvertraut wurde. Die Lateransynode von 1059, die darüber beschloß, erneuerte zugleich die Reformdekrete und verbot über die simonistische Beförderung zu Kirchenämtern hinaus ganz allgemein die Annahme eines Kirchenamtes aus Laienhand, selbst die unentgeltliche, wie auch die Gerichtsbarkeit von Laien über Kleriker. Die Reformbestrebungen führten somit folgerichtig zu dem Schluß, daß die Kirche und an ihrer Spitze das Papsttum frei und unabhängig sein müsse und daß, blieb es bei der bisherigen Stellung der Laiengewalten in der Kirche, die restlose Durchführung des Reformprogramms nicht möglich sein würde. Es war die schroffe Verurteilung vor allem des Eigenkirchenrechtes, das seit karolingischer Zeit die gesamte Kirche durchsetzt hatte.

Der jetzt unvermeidliche Konflikt mit der Reichsgewalt wurde ausgelöst durch die neue Normannenpolitik, die Nikolaus II. im Jahre 1059 einschlug, um den unüberwindlichen Gegner nunmehr zum Bundesgenossen zu gewinnen. Aufgrund der Rechte des Papsttums aus der Konstantinischen

Schenkung belehnte er Richard von Aversa und Robert Guiskard („den Fuchs") mit den Gebieten, die 1046 der Kaiser verliehen hatte. Der Rückhalt an den Normannen sollte dem Papst die Unabhängigkeit vom Kaiser sichern, der bisher sein einziger Schützer gewesen war. In Deutschland mußte man darin einen schweren Eingriff in Reichsrechte und somit eine offene Feindseligkeit erblicken.

4. England und Nordeuropa

Nachdem die Siege König Alfreds des Großen von Wessex der normannischen Ausbreitung im Westen ein Ende gesetzt hatten, begann eine neue Periode angelsächsischer Vorherrschaft auf der englischen Insel. König Edward der Ältere und die drei Söhne, die ihm auf dem Throne folgten, machten das Königtum von Wessex zur Basis eines gesamtenglischen, dem sich schließlich alle dänischen und englischen Fürsten und Kleinkönige unterwarfen und dessen Inhaber allein berechtigt war, sich König zu nennen. Diese politische Leistung wurde in wenig mehr als einem halben Jahrhundert vollbracht und war um 975 abgeschlossen. Die Könige bedienten sich dabei der Methode planmäßiger Befestigung und Kolonisation der strategisch wichtigen Punkte. König Ethelstan konnte bereits das Königreich York annektieren. Er besiegte in der Schlacht bei Brunanburh die Schotten und irischen Normannen. Sein großes und weitreichendes Ansehen zeigte sich darin, daß er seine Schwestern an Karl den Einfältigen von Frankreich und Otto den Großen von Deutschland, an Herzog Hugo von Franzien und den Herzog von Burgund verheiraten konnte.

König Edgar (959–975) gab dem englischen Reich in friedlichen Zeiten eine neue Organisation. Er stand vor der Schwierigkeit, Angelsachsen und Dänen mit ihren ganz verschiedenen Rechten und Gesellschaftsordnungen in einem Staat zusammenzufassen. Im Gebiet des Danelaw gab es noch am Ende des 11. Jh. eine breite Schicht freier grundbesitzender Bauern (sokemen) als Nachkommen der dänischen Militärkolonisten, während sich sonst in England feudalisierende Tendenzen breitmachten und die Bauern in der Regel nicht mehr ohne Genehmigung eines Herrn (lord) über ihr Land verfügen konnten. Die westsächsischen Könige schufen ein neues künstliches, die alten Grenzen verlassendes System lokaler Verwaltungsbezirke, der Shires, mit Unterteilung in Hundreds. Unter den Erzbischöfen Oda und Dunstan von Canterbury begann auch der Wiederaufbau der verfallenen Kirche. Dunstan und vor allem Bischof Ethelwold von Winchester führten die kluniazensische Klosterreform durch; vielfach wurden die Domkapitel in Mönchskonvente oder regulierte Kanonikerkonvente umgewandelt.

Die engen Verbindungen der wikingischen Siedlungsgebiete in Irland, England und Frankreich mit dem Mutterland bereiteten die Christianisierung Skandinaviens vor, die um die Jahrtausendwende zum Abschluß kam. Nach Dänemark drang das Christentum auch von Deutschland her vor. Infolge seiner Hinwendung zu den politischen Traditionen der Karolingerzeit hat freilich König Otto I. über die Gründung der jütischen Bistümer Schleswig, Aarhus und Ripen (947) hinaus dem Norden keine Aufmerksamkeit mehr geschenkt. Aber der Dänenkönig Harald Blauzahn wurde um 965 Christ und stärkte seine Stellung durch Anerkennung einer Zinshoheit des inzwischen mit der Kaiserwürde bekleideten deutschen Herrschers.

Nach König Edgars Tod fand England keinen gleich tüchtigen Herrscher wieder. Da in Skandinavien neue Anläufe zur Stärkung der Monarchie die Auswanderung schürten, setzte ein letzter gewaltsamer Andrang von Dänen und Norwegern nach England ein. Im Jahre 990 begannen Olaf Tryggvason, ein Urenkel Harald Schönhaars von Norwegen, der am heidnischen Hof von Novgorod erzogen worden war, und wenig später Svend Gabelbart, Sohn Harald Blauzahns und Thronfolger in Dänemark, mit überwinternden Armeen in England zu Felde zu ziehen. Olaf hatte Gyda, die Schwester des Norwegerkönigs Olaf Kvaran von Dublin, geheiratet und drohte so, ein altes, für England gefährliches Bündnis zu erneuern. England erlitt fürchterliche Plünderungen; im Jahre 1012 wurde sogar Canterbury heimgesucht und der Erzbischof getötet.

Indessen hatte sich Olaf Tryggvason, der 994 auf den Scillyinseln die Taufe genommen hatte, in sein Heimatland begeben, um sich zum König von Norwegen zu machen. Ein Teil seines Einigungswerkes und Herrschaftsaufbaus war die Einführung des Christentums in Gestalt einer romfreien Kirche, deren Bischof Sigurd ohne festen Sitz blieb und seinem Gefolge angehörte. Olaf verstand es, den Gedanken des Königsheils durch christliche Vorstellungen zu überhöhen; der neue Glaube lehrte, im König den Vollstrecker des göttlichen Willens zu sehen, der die Selbsthilfe der Sippen und die Eigenmacht der Kleinkönige zu brechen berufen war. Widerstand gegen die Annahme des Christentums war daher zugleich Widerstand gegen den Reichsgedanken, den Olaf mit Gewalt zu brechen wußte.

König Svein von Dänemark wandte sich nun allein gegen England in der Absicht, dieses Reich vollständig unter seine Herrschaft zu bringen. Als er 1013 im Humber landete, floh König Ethelred von Wessex in die Normandie. Im nächsten Jahre hatte Svein sein Ziel fast erreicht, aber er starb, ehe er sich zum englischen Könige krönen lassen konnte. Die Dänen riefen seinen Sohn Knut zum König aus. Als nach Ethelreds Tod nur minderjährige Erben vorhanden waren, wurde Knut zunächst im Danelaw, dann aber auch im angelsächsischen Wessex als König anerkannt (1016).

Vergebens versuchten in dieser Zeit Norwegens Könige, sich die Jarle der Färöer, Orkaden, Hebriden und Shetlands untertan zu machen. Jarl Torfinn auf den Orkaden hatte zeitweilig auch Irland beherrscht, wo Olaf Kvarans Reich von Dublin immer wieder durch Aufstände der Iren bedroht wurde.

Hatten seit dem 9. Jh. verschiedentlich die mächtigsten irischen Herrscher versucht, sich zu Herren der gesamten Insel zu erheben, indem sie von den anderen Kleinkönigen Geiseln nahmen, so gab der Kampf gegen die Wikinger den entscheidenden Anstoß dazu, daß Brian Born im Jahre 1002 den Anspruch des gesamtirischen Königtums verwirklichen und dieses zumindest in der Idee zu allgemeiner Anerkennung bringen konnte. Die Schlacht von Clontarf (1014) beendete nun die norwegische Herrschaft in Irland. Hier fiel Jarl Sigurd, der Herr der Orkneyinseln und Vorkämpfer des norwegischen Bemühens, Irland als eine zweite Normandie zu besetzen.

Obwohl König Knut im Jahre 1019 auch die dänische Krone erbte, erwählte er sich England zum Sitz und Zentrum seines Reiches. Da er keine Fremdherrschaft errichtete, sondern sich bemühte, die Tradition der westsächsischen Könige fortzuführen und Verwaltung, Kirche und Zivilisation zu stärken, wurde er von den Angelsachsen willig anerkannt. Aus angelsächsischen Steuern konnte er die Krieger seines skandinavischen Heeres abfinden und nach Dänemark zurücksenden. In England stellte er Frieden und Sicherheit her, so daß die Insel eine Zeit ungestörter Ruhe erlebte. In Dänemark wurde er zum Schöpfer eines ersten festen Staatswesens und zum Organisator der Kirche, die er im Anschluß an die angelsächsische unter möglichstem Ausschluß der Bremer Metropolitanrechte neu begründete. Kaiser Konrad II. sicherte sich durch ein Bündnis mit ihm gegen Polen und verzichtete dafür auf die Schleswiger Mark. Die Dänen rivalisierten mit Polen in der Herrschaft über die pommersche Ostseeküste, wo der Handelsplatz Jomsburg (Vineta, heute Usedom oder Wollin) ihr Stützpunkt war. Nach dem Tode Mieszkos II. von Polen fielen ihnen Pommern und Ermland in die Hand.

Knuts wichtigster Gegner war aber König Olaf Haraldson von Norwegen. Um den englischen Einfluß auf die norwegische Kirche, deren Ausbau er zur Stärkung seiner Herrschaft fortsetzte, auszuschalten, holte er sich deutsche Missionare vom Erzbischof Unwan von Bremen. Aber obwohl er sich mit den Schweden verbündete, wurde er 1028 von Knut besiegt. König Knut der Große herrschte jetzt gleichzeitig über England, Dänemark, Norwegen und „einen Teil der Svear"; Olaf mußte nach Novgorod an den Hof des Fürsten Jaroslav fliehen. Im Jahre 1030 ist er im Kampf gegen die zu Knut übergegangenen Trondheimer gefallen. An seinem Grab ereigneten sich Wunder, und da Knuts Herrschaft bald sehr viel härter drückte als die seine, hatte Norwegen seinen Nationalheiligen gefunden.

König Knuts großnordische Reichsschöpfung hat seinen Tod nicht überdauert; England, Dänemark und Norwegen wurden wieder selbständig. In Verbindung mit Dänemarks König Svein konnte Erzbischof Adalbert von Bremen die dänische Kirche in acht Bistümern neu organisieren und, unterstützt von dem Streben des Königs nach einem dänischen Erzbistum, den großen Plan eines bremischen Patriarchats über den ganzen Norden verfolgen. Er scheiterte indes am Widerspruch des Reformpapsttums und König Haralds von Norwegen. Dieser verteidigte gerade wegen Adalberts Bündnis mit dem Dänenkönig die Unabhängigkeit der norwegischen Kirche, indem er seine Bischöfe entweder in Frankreich vom Erzbischof von Aquitanien oder in England weihen ließ. Sogar griechische Bischöfe aus Byzanz soll er sich aufgrund alter Beziehungen haben kommen lassen. Vielleicht geht schon auf ihn der Bau der Olafskirche in Konstantinopel zurück, wo der Kult des norwegischen Heiligen einen Sammelpunkt für die Nordleute des Griechenreiches bildete.

In England wurde 1042 die westsächsische Dynastie in der Person Edwards des Bekenners, des Sohnes König Ethelreds, restauriert, der in einem Kloster der Normandie zum Mönch erzogen worden war und sich als völlig unfähiger Regent erwies. Da er ohne Erben blieb und unter einem so unnützen Könige nur ein starkes Führergeschlecht die politische Desintegration hintanhalten konnte, gewann Earl Godwin von Wessex eine einzigartige hausmeierähnliche Stellung mit der Aussicht, die Krone zu erben. Keine der anderen großen Familien Englands machte ihm die Leitung der englischen Politik streitig, und 1053 ging seine Stellung ohne Schwierigkeiten auf seinen Sohn Harald über. Als Edward 1066 starb, konnte Harald ohne Widerspruch im Innern, gestützt auf Verwandtschaft mit der dänischen Dynastie und wahrscheinlich von Edward designiert, den Thron besteigen.

Rasch aber sah er sich auswärtigen Konkurrenten gegenüber. Aus Norwegen führte König Harald Sigurdson die letzte Invasion der Skandinavier an, um alte dänische Erbrechte auf die englische Krone zu erneuern. Aber 1066 besiegte und tötete ihn Harald Godwinson bei Stamford Bridge in der Nähe von York. Mit seinem Tod erreichte die norwegische Wikingerzeit ihr vollständiges Ende.

Andere Ansprüche machte Herzog Wilhelm von der Normandie geltend. Er behauptete, 1051 von Edward als Nachfolger designiert worden zu sein und 1064 von Harald, der durch Schiffbruch in seine Gewalt geraten war, einen Unterwerfungseid empfangen zu haben. So wandte er sich an Papst Alexander II., um die Erlaubnis zum Kriege gegen einen meineidigen Usurpator zu erhalten und die englische schismatische Kirche wieder zur Gemeinschaft mit Rom zu bringen. Obwohl Harald nicht gehört werden konnte, gab der Papst die Erlaubnis. Im Jahre 1066, wenige Tage nach Haralds Sieg bei Stamford Bridge, landete Wilhelm an der Spitze eines Haufens angeworbener Ritter, die auf Anteil an der Beute hofften (das Lehensaufgebot des Herzogtums Normandie war nicht zur Heerfahrt außer Landes verpflichtet), an der ungeschützten englischen Südküste. Bei Hastings kam es zur Schlacht. Vergebens berannten die normannischen Ritter die Höhenstellung von Haralds Fußvolk, aber als Harald sich durch einen Scheinrückzug zur Auflösung seiner Front und zur Verfolgung verführen ließ, unterlag er ihrer schweren Reiterei. Mit allen seinen Leuten wurde er getötet. Die

Thronfolge des einzigen und siegreichen Anwärters aus der Normandie war jetzt unvermeidlich.

5. Das altrussische Reich von Kiev

Eine Entwicklung zu festeren staatlichen Verhältnissen vollzog sich im 10. und 11. Jh. auch im Bereich des rohen Systems von Tribut und Handel, mittels dessen sich die schwedischen Wikinger die Herrschaft über die Ostslaven angeeignet hatten, und mit der Festigung der Staatsformen verband sich die Entscheidung über die Einordnung des neuen Reiches in die Politik der bestehenden Mächte.

Seit sich die warägischen Handelsstädte die verschiedenen slavischen Stämme oder auch Teile von solchen untertan gemacht hatten, begann die alte slavische Stammesverfassung an Bedeutung zu verlieren. Mit der Zeit traten als selbständige Stadtbezirke diejenigen von Novgorod, Kiev, Polozk, Smolensk, Tschernigov und Perejaslavl hervor. Der Nachfolger des großen Oleg, Ruriks Sohn Igor, wurde auf einer der gewöhnlichen Reisen, die der Großfürst alljährlich im Herbst zur Erhebung der Tribute durch sein Reich unternahm, von dem Stamme der Drevljanen erschlagen. Seine Gefolgschaft hatte ihn dazu gedrängt, von den Slaven höhere Abgaben zu erheben, da andere normannische Herzöge besser und reicher für ihr Gefolge sorgten. Die Aufgabe, die murrenden Gefolgschaften zu bändigen und die Slaven zu unterwerfen, fiel Igors Witwe Olga zu. Sie wußte sie energisch zu lösen, indem sie das Fürstentum der Drevljanen beseitigte und überall Zentren für die Erhebung der Steuern und die fürstliche Verwaltung einrichtete. Vor allem wurde das Jagdwesen neu organisiert, welches mit dem Pelzwerk den unentbehrlichsten Bestandteil des Außenhandels lieferte.

Olga erkannte, daß ihr werdender Staat auf die Dauer einer kirchenpolitischen Entscheidung über seine Zukunft nicht würde ausweichen können. Im Westen hatte König Otto I. von Deutschland begonnen, die Elb- und Ostseeslaven unter seine Herrschaft zu bringen. Von Deutschland und England her drang das Christentum in die skandinavische Heimat der Waräger vor; von Böhmen her erreichte die lateinische und altslavische Mission das sich bildende Reich Mieszkos I. von Polen, und lateinische, altslavische, bulgarische und griechische Missionare bemühten sich bereits um die Christianisierung Kievs. So trat Olga auf einer Reise nach Byzanz 957 zum griechischen Christentum über, wobei der Glaubenswechsel zugleich eine Vertiefung der Beziehungen zum byzantinischen Hofe bedeutete: Kaiser Konstantin VII. wohnte der feierlichen Handlung als Pate bei. Um indes ein Gegengewicht gegen den politischen Einfluß von Byzanz zu schaffen, wandte sich Olga 959 auch an den Kaiser des Westens mit der Bitte um Entsendung von Bischöfen und Priestern. In Kiev selbst blieb ihre Politik zunächst ohne

Folgen; es gelang ihr nicht einmal, ihren Sohn Svjatoslav für das Christentum zu gewinnen.

Svjatoslav war trotz seines slavischen Namens (er ist der erste Träger eines solchen in der Dynastie) durch und durch ein normannischer Heerkönig und ging vollständig in dem Gedankenkreis seiner waffenfreudigen Gefolgschaft auf, die den christlichen Glauben zwar nicht verfolgte, aber als gleichgültig und lächerlich empfand. Unter seinen Söhnen kam es zu Herrschaftsteilung und Bruderkrieg (972); es ist das erste Mal, daß von einer Teilung des Landes unter die Erben des Großfürsten, wie sie im 11. Jh. zur Regel wurde, berichtet wird. Der von einer unfreien slavischen Mutter abstammende Vladimir, der das Fürstentum Novgorod erhalten hatte, vermochte aber mit Hilfe einer in Skandinavien angeworbenen Kriegerschar 980 Kiev zu erobern und die Herrschaft wieder in einer Hand zu vereinigen.

Vladimir grenzte den Bereich seiner Tributhoheit über die Slaven an der oberen Wolga gegen die Bulgaren und im Westen gegen Polen ab; hier kam es zu den ersten kriegerischen Zusammenstößen mit dem Erbfeind der Zukunft, dem soeben katholisch gewordenen und unter Bolesław Chrobry mächtig emporstrebenden Polen. Durch die Eroberung der tschervenischen Städte, vor allem Přemysls um 981, gewann Vladimir eine unmittelbare Verbindung nach dem Westen Europas. Vor allem aber mußte er in der immer dringender werdenden Religionsfrage eine Entscheidung treffen, weil er in die byzantinische Politik hineingezogen wurde. Kaiser Basileios II. begehrte seine Hilfe zur Sicherung des von dem rebellischen Heerführer Bardas Phokas bedrohten Thrones. Vladimir forderte als Preis für die Hilfe die Hand einer purpurgeborenen Prinzessin und damit die Anerkennung der Ebenbürtigkeit. Die wachsende Not ließ dem Kaiser keine Wahl; er stimmte der Vermählung seiner Schwester Anna mit dem Großfürsten zu, wenn dieser sich und sein Volk taufen ließe.

Nun sandte Vladimir seine warägischen Krieger nach Konstantinopel, und in der Schlacht bei Abydos fand der aufständische Bardas Phokas den Tod (989). Als die kaiserliche Prinzessin in Cherson eintraf, ließ sich Vladimir mit vielen seiner Großen in der Basileioskirche nahe dem Markt dieser Stadt taufen, und dann fand seine Vermählung mit der Kaiserschwester statt, durch die er der Schwager dreier Kaiser wurde, des oströmischen Bruderpaares Basileios II. und Konstantin VIII. und des deutschen Kaisers Otto II.

Vladimirs Entscheidung bezeichnet eine Wende der europäischen Geschichte, so wie einst die Taufe Chlodwigs eine gewesen war. Indem Kiev das Christentum nicht von Rom, sondern von Byzanz übernahm, beschritt es den Weg der Trennung sowohl vom germanischen Skandinavien wie von den katholischen westslavischen Völkern. So verstärkte sich der Effekt der gleichzeitig von Westen her beginnenden Christianisierung Schwedens, dessen alte östliche Orientierung sich in eine südliche verwandelte. Damit verloren die russischen Wikinger ihre nationale Identität; sie begannen, in Sprache, Recht und Kultur zu Slaven sowie in kirchlicher Hinsicht zu griechisch-orthodoxen Christen zu werden. Vladimir ist nach seinem Tode (1015) von der griechischen Kirche heiliggesprochen worden.

Er war sich jedoch durchaus der Gefahr politischer Einmischung bewußt, die bei der engen Verbindung von Staat und Kirche in Byzanz eine Eingliederung der entstehenden altrussischen Kirche in die griechische befürchten ließ. Daher wollte er die endgültige Einrichtung der altrussischen Kirche nicht allein dem Patriarchen von Konstantinopel überlassen. Zahlreiche Missionen gingen am Ende des 10. und zu Anfang des 11. Jh. zwischen Kiev und Rom hin und her; sie deuten darauf hin, daß Vladimir mit den Päpsten über die Begründung seiner Kirche verhandelte. Aber neben dem politischen Gegensatz zum katholischen Polen stellte sich der Gegensatz in der Gestaltung der Liturgie dem Anschluß an die westliche Kirche als unüberwindliches Hindernis entgegen. Alle Völker, die ihre Täufer von Rom holten, mußten ihren Gottesdienst in einer ihnen unbekannten Sprache, der lateinischen, halten. Zwischen den Anhängern der altslavischen Liturgie in Böhmen-Mähren und in Kiev bestanden Beziehungen, durch die auch im Osten bekannt wurde, welchen Druck die römische Kirche überall auf die slavischen Kirchen und Klöster ausübte und daß sie im Interesse der Kircheneinheit nicht nur die altslavische Liturgie, sondern auch die slavische Übersetzung der römischen Liturgie bekämpfte.

Seit Vladimir schloß sich daher Kiev auf allen Gebieten eng an Byzanz an. Die frühesten russischen Münzen, die wir kennen, zeigen den Kopf Vladimirs nach byzantinischem Muster gebildet. Zum Bau und zur Ausschmückung der Kirchen wurden griechische Handwerker und Künstler aus Cherson und Byzanz nach Kiev geholt. Durch Einführung der slavischen Kirchensprache und des in Bulgarien lebenskräftig entwickelten kyrillischen Alphabets wurde die Literatur der Russen ein Sprößling der byzantinischen. Aus der Rezeption und Verarbeitung byzantinischer und der Abstoßung und Fernhaltung westeuropäischer Elemente entwickelte sich das eigentümlich reiche Leben der sogenannten Kiever Epoche des 11. und 12. Jh., des Höhepunktes der mittelalterlichen Geschichte Osteuropas.

In der russischen Kirchenpolitik war indes die letzte Entscheidung zwischen Rom und Byzanz immer noch nicht gefallen. Nachdem aber 1018 Bulgarien der byzantinischen Kirche einverleibt worden war, bildete die russische Kirche die Zuflucht aller Anhänger der altkirchenslavischen Liturgie, der die Päpste mit strikter Ablehnung begegneten. Da der Patriarch in Konstantinopel eine Sonderentwicklung in Kiev zuzulassen bereit war, konnte es schließlich nur mit der Ostkirche zum Kompromiß kommen. Er scheint 1037 geschlossen worden zu sein: Byzanz gestattete der Kiever Kirche ihre eigene Entwicklung besonders in bezug auf die Kirchensprache; dafür wurde der Metropolit, der in Kiev seinen Sitz erhielt, in die Hierarchie der byzantinischen Kirche eingegliedert und den Gesetzen des östlichen Kirchenrechts unterworfen, welche die Einsetzung durch den Patriarchen auf Vorschlag des Kaisers vorschrieben.

Eifrig förderte Vladimirs Sohn und Nachfolger Jaroslav Bildung und Christentum. Der Einsiedler Hilarion gründete das Höhlenkloster bei Kiev, und Jaroslav selbst erbaute zahlreiche Kirchen und Klöster. Nach einem großen Sieg über die heidnischen Petschenegen (1036) und der Errichtung des Kiever Erzbistums (1037) ließ er durch griechische Meister in Kiev eine neue steinerne Kirche errichten, die ausdrücklich als Kathedralkirche des Metropoliten gedacht war und zum Zeichen der Verbundenheit, aber auch der Gleichberechtigung mit Byzanz auf den Namen der heiligen Sophia (Weisheit) geweiht wurde, der auch die Kathedralkirche des Patriarchen in Konstantinopel heilig war. Sie wurde wieder das Muster für die in kleineren Maßen erbaute Hauptkirche Novgorods, die sein Sohn Vladimir dort auf seinen Wunsch errichtete.

An Jaroslavs Hof sammelten sich die von Knut dem Großen verdrängten Herrscher Nordeuropas. Harald, der jüngste Bruder König Olafs des Heiligen von Norwegen, gewann an der Spitze einer warägischen Kriegerschar in byzantinischen Diensten im Kampf gegen die Sarazenen gewaltigen Heldenruhm. Als sieggekrönter Feldherr führte er die ihm früher verweigerte Tochter Jaroslavs, Elisabeth, heim und bestieg schließlich 1047 den norwegischen Königsthron. Es war etwa um die gleiche Zeit, als sich Andreas I. von Ungarn, der lange Zeit bei Jaroslav in der Verbannung gelebt hatte, mit dessen Tochter Anastasia vermählte und die ungarische Krone erwarb. Eine dritte Tochter, Anna, gedachte Jaroslav zunächst dem deutschen Kaiser Heinrich III. zu vermählen; sie wurde schließlich die zweite Frau König Heinrichs I. von Frankreich und trat zur römischen Kirche über. Jaroslav selbst hatte Ingegerd, eine Tochter Olaf Schoßkönigs von Schweden, zur Ehe, und seine Söhne hatten polnische, griechische und deutsche Frauen.

So konnte er weitreichende europäische Beziehungen benutzen, um ein Gegengewicht gegen den byzantinischen Einfluß in Kiev zu schaffen. Er zog sogar in einen dreijährigen Krieg gegen Byzanz, in dem es letztlich um die Fortdauer der byzantinischen Hegemonie über Kiev ging. Die gleichzeitige Entfaltung der Kulte eigener russischer Nationalheiliger war eine deutliche Demonstration für die kirchliche Selbständigkeit. Aber der Gegensatz zu Rom blieb stärker. Im Jahre 1056 schritt der Böhmenherzog zu einer harten Verfolgung der altschechisch-kirchenslavischen Liturgie in seinem Land und zur Vertreibung der Slavenmönche. Ähnliches ereignete sich in Polen und bei den Südslaven. Auf der Synode von Split im Jahre 1060 verbot der päpstliche Legat, daß Südslaven zu Priestern geweiht würden, die nicht das Lateinische beherrschten; zugleich wurde der heilige Method wegen der Einführung der slavischen Liturgie als Ketzer bezeichnet. So blieb auch jetzt die Annäherung der Kiever an Rom ohne Ergebnis. Die päpstlichen Gesandten, die 1054 die Bannbulle gegen den Patriarchen Michael Kerullarios auf dem Altar der Hagia Sophia niederlegten, kehrten über Kiev nach Rom zurück, sicher um die russische Kirche gegen den Patriarchen zu gewinnen. Sie hatten keinen Erfolg. Die meisten russischen Bischöfe waren noch Griechen, und vor allem waren die Klöster eng mit dem byzantinischen Mönchtum verbunden, das damals in hoher Blüte stand. Auf dem Athos waren Klöster entstanden, die für die gesamte orthodoxe Kirche Beispiel und Mittelpunkt geworden waren; um die Mitte des 11. Jh. wurde das Höhlenkloster in Kiev in ihrem Sinne reformiert. Diese Bindungen konnte auch Jaroslav nicht zerreißen. Schon 1052 oder 1053 knüpfte er neue Beziehungen zum Basileus an, die durch die Vermählung eines Sohnes von ihm mit einer griechischen Prinzessin besiegelt wurden. Kiev blieb eine Kirchenprovinz des Patriarchats von Konstantinopel. Der Kompromiß von 1037 erwies sich als einzig gangbarer Weg; er hat bis 1448 bestanden.

6. Byzanz und das Mittelmeer

Um die Jahre 920–945 erreichte der Druck der Araber auf die europäischen Mittelmeerküsten seinen Höhepunkt. Dann aber erschöpften sich im Osten wie im Westen die arabischen Kräfte. Im Jahre 949 wurden die Sarazenen aus der Provence vertrieben und auf den Stützpunkt Garde-Freinet beschränkt, den sie noch bis 972 behaupteten. Um die Mitte des 10. Jh. vollzog das Abendland ganz unvermittelt eine neue Hinwendung zum Mittelmeer. Sie kommt ebensosehr in den Italienfahrten Ottos des Großen zum Ausdruck wie in einer Erweiterung des abendländischen Horizonts auf religiösem und kulturellem Gebiet. Mönche und Laien brachen jetzt auf, um die Straßen nach Süden zu betreten. Es begann der Pilgerstrom nach dem spanischen Compostela, das nach der wunderbaren Auffindung der Reliquien des heiligen Jakob rasch zu einem berühmten Wallfahrtsort aufstieg. Im gleichen Sinne wirkte die Frömmigkeitsbewegung von Cluny auf die Romfahrt. Italien und das Mittelmeer traten neu in das Bewußtsein des Abendlandes ein.

Eine ähnliche Wendung vollzog das seit 927 von der Bulgarennot befreite byzantinische Reich. Kaiser Romanos I. Lakapenos begann, zur inneren Stärkung des Staates, dem Schutz des Kleingrundbesitzes besondere Aufmerksamkeit zuzuwenden. Die „Mächtigen" (hohe Beamte, Offiziere und Würdenträger, Prälaten und Mitglieder der großen Klöster) nutzten besonders die Mißernte von 927/928 dazu aus, um den Wehrbauern Land zu Schleuderpreisen abzukaufen oder gegen Vorstreckung von Lebensmitteln abzunehmen. So bildete sich eine neue grundbesitzende Aristokratie, die den Staat seiner Steuerzahler und Wehrpflichtigen beraubte. Die Kaiser des 10. Jh. setzten daher alles daran, um die von Herakleios und seinen Nachfolgern geschaffenen Grundlagen des Staates zu erhalten, die allein Byzanz zum Sieg über seine äußeren Feinde verholfen hatten. Wenn ihre Bemühungen auch auf die Dauer keinen Erfolg hatten und Kaiser Basileios II. der letzte war, der diesen Kampf mit Aufbietung aller Kräfte geführt hat, so gelangte das Reich doch zunächst zu überragenden Kräften, mittels deren der Feldherr Johannes Kurkuas in den Jahren 931–944 die Ostgrenze gegenüber den Arabern bis zur Linie Taurus-Melitene-Erzurum vorschieben konnte.

Nachdem Spanien schon seit der Mitte des 8. Jh. der Macht des Kalifats entglitten war, machten sich im 9. Jh. in Tunesien die Aghlabiden, deren Stammvater dort vom Kalifen als Markgraf eingesetzt worden war, unabhängig. Ihre Hauptstadt Kairouan wurde zum Zentrum des Handels im Mittelmeer, für den das aus dem Sudan eingeführte Gold die Grundlage einer soliden Währung schuf. Von hier wurde die Kunst der Feinweberei gold- und silberbestickter Luxusstoffe, der Papyrusherstellung und der Seidenraupenzucht nach Palermo verpflanzt. In Tunesien kam im Jahre 909 der Fatimide Ubaidallah zur Macht, dessen aus sektiererischen Überzeugungen entsprungenes Ziel es war, mit Hilfe der militärischen und wirtschaftlichen Macht des Westens den abbasidischen Kalifat in Bagdad zu stürzen. Im Jahre 969 endlich waren diese Kräfte stark genug, um den entscheidenden Vorstoß zu ermöglichen: Das fatimidische Heer eroberte die Nillande, und die Dynastie verlegte ihren Sitz in die dort neu gegründete Hauptstadt Kairo.

In dieser Zeit wurde Spanien das wichtigste Land des westlichen Islam und ein zweiter Pol der arabischen Kultur. Von den Eingeborenen, den mit Westgoten und Sueben völlig verschmolzenen romanisierten Iberern, die die Mehrheit der Bewohner des Landes bildeten, waren viele Muslime geworden. Im Umkreis der alten Hauptstadt Toledo erhielten sich indes zahlreiche Christen, die sich sprachlich und kulturell arabisierten oder in zwei Sprachen und Kulturen lebten. Es sind die sog. Mozaraber (von arab. musta'rib = arabisiert), denen als kulturellen Mittlern nach Europa große Bedeutung zufiel. Den von den Westgoten mißhandelten Juden war die arabische Eroberung willkommen gewesen; auch sie sollten, obgleich etwas später, eine wichtige kulturgeschichtliche Rolle spielen.

In dem großen und unwegsamen Territorium war die Reichseinheit mit fortschreitender Einwurzelung der Eroberer immer schwerer zu wahren. Schon im 10. Jh. konnte die Rivalität zwischen einzelnen Regionen und sozialen Gruppen zu offenem Kampf ausbrechen, und als das omaijadische Kalifat im Jahre 1031 zusammenbrach, zerfiel Spanien in eine Vielzahl lokaler Fürstentümer, die untereinander in ständigen Fehden lagen.

Die christlichen Reiche in Nordspanien waren jetzt so weit erstarkt, daß sie diese Situation auszunutzen vermochten. Unter ihnen gab es freilich auch noch keine Einheit. Altkatalonien, zwischen den Pyrenäen und dem Llobregat, besaß seit seiner Befreiung von den Arabern durch Karl den Großen enge bevölkerungsmäßige Beziehungen zum alten Septimanien (späteren

Roussillon) in Südfrankreich, während das südliche Katalonien durch seine Lage und die Interessen der Hauptstadt Barcelona auf das Mittelmeer verwiesen wurde. Für Jahrhunderte hatten diese Gebiete kaum Berührungen zu den christlichen Reichen des atlantischen Nordspanien.

Diese Reiche waren durch die Macht ihres Adels und die Herrschaftsteilungen der Königshäuser lange Zeit zur Bedeutungslosigkeit verurteilt. König Alfons III. von Asturien erkämpfte sich die Herrschaft über Galicien; die Erbteilung seiner Söhne begründete die Reiche León und Asturien. Die neue Hauptstadt (seit 914) León lag südlich des Kantabrischen Gebirges, wo einst die Araber geherrscht hatten. Das Grenzgebiet lag nun weiter im Südosten, in der mit Burgen (castella) besetzten Landschaft Kastilien, deren Hauptstadt Burgos 882 gegründet worden war. Im Gebiet beiderseits der westlichen Pyrenäen entstand spätestens zu Beginn des 10. Jh. das baskische Königreich Navarra. König Sancho der Große von Navarra eroberte sowohl Kastilien wie León. Er teilte aber seine Reiche unter seine Söhne, und so entstanden die vier Königtümer von Navarra, León, Aragón und Kastilien. Den beiden letzteren, an der Arabergrenze gelegenen fiel die Aufgabe der Reconquista (Rückeroberung) des islamischen Teiles Spaniens zu.

Von Tunis her hatten die Fatimiden ihre guten Handelsbeziehungen zu Süditalien mit nach Ägypten verpflanzt. Mit der Wiederbelebung des Mittelmeerhandels, der seit den letzten Jahren des 10. Jh. von den rechtlich immer noch byzantinischen Städten Italiens Venedig, Bari, Amalfi und Neapel ausging, gelangten die italienischen Seestädte zu einer politischen und militärischen Macht, die im Kampf um die Seeherrschaft einen entscheidenden Wandel herbeiführte. Im Jahre 1015 gab es noch einen großen arabischen Angriff auf die Küsten des Tyrrhenischen Meeres, aber es war der letzte: Im folgenden Jahr vernichtete die Flotte der Städte Genua und Pisa, die damit als Seemächte in die Geschichte eintraten, an den Küsten Sardiniens die sarazenische Flotte. Das westliche Mittelmeer hörte auf, ein arabisches Meer zu sein; zum ersten Male seit drei Jahrhunderten herrschte hier wieder eine christliche Flotte. Pisa faßte auf Sardinien, vielleicht auch schon auf Korsika Fuß und intervenierte 1034 zum ersten Mal in Afrika bei Bone. Die islamische Herrschaft in Spanien und Marokko befand sich in voller Auflösung. Ferdinand I. von Kastilien nahm Coimbra ein und machte die Araberherrschaft von Saragossa, Toledo, Badajoz und Sevilla tributpflichtig. Zu effektiver Besetzung und Besiedlung des Landes reichte freilich die Bevölkerungsstärke des christlichen Spanien noch nicht aus.

Auch im östlichen Mittelmeer war die arabische Seeherrschaft seit der zweiten Hälfte des 9. Jh. bedroht. Den Griechen stand jetzt nicht mehr das arabische Weltreich gegenüber, sondern nur die lokale syrische Dynastie der Hamdaniden. Nachdem sie 952 den Euphrat wieder überschritten hatten, eroberten die Griechen daher schließlich Kilikien mit Tarsos und Nordsyrien mit Antiocheia zurück (968). Dem Feldherrn und seit 963 Kaiser Nikephoros

Phokas, der die Siege im Osten erfocht, war im März 961 auch die Erstürmung von Chandax (Kandia), der Hauptstadt der Insel Kreta, geglückt, die damit nach anderthalb Jahrhunderten arabischer Herrschaft wieder in den Besitz der Griechen kam und die Stütze ihrer erneuerten Seemacht wurde. Im Jahre 965 folgte die Besetzung Cyperns.

Es war also inmitten einer Zeit gewaltiger Machtentfaltung des östlichen Kaiserstaates, daß König Otto der Große von Deutschland 962 das westliche Kaisertum und damit die alte Rivalität zwischen den beiden Kaiserreichen erneuerte, die ideengeschichtlich in der Exklusivität des Kaisergedankens und machtpolitisch in dem Ringen um die Herrschaft in Unteritalien begründet war. Als Anmaßung wies Nikephoros Phokas 968 das Ansinnen Ottos, des einfachen Barbarenkönigs, der nicht einmal Römer war, auf einen Ehebund des deutschen Thronfolgers mit einer purpurgeborenen Kaisertochter zurück. Erst Kaiser Johannes Tzimiskes ließ, um den Konflikt nicht auf die Spitze zu treiben, zwar keine purpurgeborene Prinzessin, wohl aber seine eigene Verwandte Theophanu nach dem Westen reisen, mit der sich Otto II. 972 in Rom vermählte.

Kaiser Basileios II. hatte in der ersten Hälfte seiner Regierungszeit schwere Kämpfe mit den obersten Heerführern, aus deren Kreise die beiden letzten Kaiser Nikephoros Phokas und Johannes Tzimiskes mit lediglich formeller Wahrung der Rechte der Dynastie emporgestiegen waren, und dem den Heerführern verbundenen großgrundbesitzenden Adel auszufechten. Gegen den Aufstand des Bardas Phokas konnte er sich nur mit auswärtiger Hilfe behaupten: 988 entsandte Fürst Vladimir von Kiev seine warägische Streitmacht, die dem Kaiser den Sieg brachte, aber mit der Vermählung der Kaiserschwester Anna an Vladimir honoriert werden mußte – ein gewaltiges Zugeständnis, da noch nie eine purpurgeborene Prinzessin ins Ausland verheiratet worden war.

Aus dem Aufstand der Söhne des Provinzstatthalters Nikolaus in Makedonien war indes auf dem Balkan die mächtige unabhängige Herrschaft des Samuel hervorgegangen, der die Traditionen des Bulgarenreiches wiederaufnahm, sich „Zar" nannte und auch den bulgarischen Patriarchat erneuerte. Samuels Hauptstadt Ochrid hat als neues Kirchenzentrum sein Reich um Jahrhunderte überdauert. Gegen die systematische Kriegführung Basileios' II. kam aber der tapfere Zar nicht auf. 1018 konnte Basileios feierlich in Ochrid einziehen; die gesamte Balkanhalbinsel bis zur Donau und Drau gehörte wieder zum byzantinischen Reich, zum ersten Mal, seit sie von der slavischen Landnahme überschwemmt worden war. Durch die Großtaten des Basileios und seiner beiden Vorgänger hatte Byzanz in Ost und West den Ruhm der Unbezwingbarkeit erneuert.

Da sich Basileios im Osten auf die Sicherung des von Tzimiskes Gewonnenen beschränkte, konnte sich in Palästina die Macht der Fatimiden festigen. Deren Politik der Toleranz gegenüber Christen und Juden, wovon der Außenhandel Italiens so großen Vorteil hatte, erlitt unter dem Kalifen Hakim aus unerkennbaren Gründen eine kurze Unterbrechung: Im Jahre 1008 begann Hakim mit einer grausamen Verfolgung von Juden und Christen, in deren Verlauf er neben anderen auch die Grabeskirche in Jerusalem zerstören ließ. Die Nachricht davon erreichte Europa, ohne hier sonderliches Aufsehen zu erregen.

Die von normannischen Rittern und Seefahrern in Unteritalien gegründeten Herrschaften, die 1046 die Lehnshoheit des deutschen Kaisers anerkannt hatten, sahen in den Byzantinern, die immer noch die Hoheit über Süditalien beanspruchten, und den Arabern ihre natürlichen Feinde. Da die Normannen auch den Kirchenstaat bedrohten, wurden die Päpste ebenfalls in die süditalienische Politik hineingezogen. Ihnen bot sich ein Bündnis mit Byzanz gegen den gemeinsamen Gegner um so mehr an, als 1053 der Versuch Papst Leos IX., allein und mit Waffengewalt die Normannengefahr zu beseitigen, vollständig scheiterte.

Der byzantinische Staat freilich war jetzt nicht mehr imstande, in Italien militärische Macht zu entfalten. Nach dem Tode Basileios' II. hatten schwache Kaiser den Kampf gegen den grundbesitzenden Adel aufgegeben. Die Auflösung der Bauern- und Soldatengüter schritt jetzt mit reißender Geschwindigkeit fort und führte zum Verfall des Heerwesens und der Steuerkraft. In dieser Situation war auch der Kaiser des Ostens an guten Beziehungen zu Rom interessiert. Wider seinen Willen und ohne Rücksicht auf die momentanen politischen Erfordernisse kam es trotzdem zum Kampf, als Leo IX., der erste der vom Geist der abendländischen Kirchenreform erfüllten Päpste, den Stuhl Petri, und Michael Kerullarios, der ehrgeizigste Kirchenfürst der byzantinischen Geschichte, den Patriarchenthron innehatten.

Die von Leo IX. betriebene Politik des Ausgreifens in die gräzisierten Provinzen Unteritaliens, die seit dem Bilderstreit von dem Patriarchatssprengel Roms losgerissen waren, sowie die Zurückdrängung der griechischen Herrschaft und Kirche durch die Normannen verschärften die seit langem tiefgreifenden Spannungen zwischen Byzanz und dem Westen. Zum offenen Bruch kam es aber vor allem durch die Herrschsucht des Kerullarios, eines gehässigen Lateinerfeindes, der, um die dem griechischen Ritus anhängenden Bewohner Unteritaliens vom Übergang zum römischen Ritus abzuhalten, die abweichenden lateinischen Bräuche verdammte und sogar die lateinischen Kirchen in Konstantinopel schließen ließ. Angesichts der Aussichtslosigkeit des Verhandelns entschlossen sich daher Kardinal Humbert und der päpstliche Kanzler Friedrich von Lothringen, die als Legaten in Byzanz weilten, zum Bruch. Während eines feierlichen Gottesdienstes legten sie am 16.7.1054 die Urkunde über die Exkommunikation des Kerullarios und seiner Anhänger auf dem Altar der Hagia Sophia nieder. Der Patriarch antwortete mit der Verdammung der Bulle und ihres Urhebers, der lateinischen Kirche. So brach das letzte Schisma zwischen den beiden großen Kirchen auf, deren lebendige Gemeinschaft ohnehin längst abgestorben war.

Nach dem Sieg über die Truppen Leos IX. konnten die Normannen ihre Macht in Süditalien rasch weiter befestigen. Richard von Aversa bemächtigte sich des Fürstentums Capua, und die Herrschaft über Apulien fiel an Robert Guiskard. Nachdem die Politik gewaltsamer Unterwerfung Süditaliens gescheitert war, faßte man in Rom nach dem Regierungsantritt Papst Nikolaus' II. (1059) den Entschluß, dasselbe Ziel im Einvernehmen mit den Normannen zu erstreben, um so an den bisherigen Feinden zugleich einen festen Rückhalt zu gewinnen. Der Archidiakon Hildebrand und Abt Desiderius von Monte Cassino führten die Verhandlungen, denen ein rascher Erfolg beschieden war. Der Papst belehnte Richard von Aversa mit Capua und Robert Guiskard mit Apulien, Kalabrien und Sizilien; die Insel mußte freilich erst den Arabern noch entrissen werden. Die beiden Normannenfürsten leisteten dafür dem Papst den Lehnseid und verpflichteten sich zur Entrichtung eines Lehnszinses, zum Schutz des Papstes und des Kirchenstaates gegen alle Feinde sowie zur Überlassung aller im normannischen Herrschaftsbereich gelegenen Kirchen an den römischen Stuhl. Der Vertrag gewährte dem Papst Unabhängigkeit von seinem bisherigen und oft wenig zuverlässigen Schützer, dem deutschen König, und damit eine bedeutende Machtstellung in der italienischen Politik.

B. Geschichte der gesellschaftlichen Ordnungen

1. Kaisertum und Papsttum

Seit der Erneuerung der Königsmacht in Deutschland, in weit höherem Maß noch seit dem Sieg über die Ungarn, war der deutsche König unbestritten der mächtigste Herrscher des Abendlandes. Sein Wirken für die Christianisierung der Dänen, Westslaven und Ungarn sowie die politische Ordnung in Italien, in Rom und im westfränkischen Reich führten dazu, daß auch weit außerhalb Deutschlands Ottos I. Stellung als Großkönig, als Schützer der Kirche und der legitimen Könige und Herzöge lange vor der Kaiserkrönung von 962 allgemein anerkannt war. Sie hat darin keinen Wandel hervorgerufen, sondern nur das Bestehende sichtbar gemacht.

Das Krönungsrecht der Päpste war seit dem 9. Jh. unbestritten. Zusätzliche Macht verlieh der Kaisertitel nicht. Daran scheiterte der Plan Ottos III., eine geistliche Universalmonarchie mit dem Zentrum in Rom zu errichten. Indem dieser Kaiser Polen und Ungarn dem erträumten, aber als Machtfaktor nicht existierenden römischen Kaisertum sowie der römischen Kirche unterstellte, trug er zu ihrer Lösung vom bestehenden deutschen Kaisertum bei. Gleichzeitig löste sich Frankreich innerlich vom Kaisertum; der Gedanke der vom Kaiser geschützten großfränkischen Gemeinschaft der Könige trat zurück. Man gewöhnte sich, das französische Königreich neben dem Imperium zu sehen und dieses, fern aller universalen Spekulation, mit dem tatsächlichen Machtbereich des deutschen Kaisers gleichzusetzen.

Die ottonische Kaiseridee stand in vollem Einklang mit der politischen Notwendigkeit, die Herrschaft des deutschen Königs auf die Unterstützung durch die Reichskirche zu gründen, die sich als einziges Mittel zur Bändigung der Adelsmacht erwies. Die oberste Leitung der Reichskirche lag wie in karolingischer Zeit bei den Reichskonzilien, die als deutsche Nationalkonzilien oft zugleich mit den Reichstagen veranstaltet und vom König meist selbständig, gelegentlich jedoch auch im Einvernehmen mit dem Papst berufen wurden. Das Papsttum selbst wurde schließlich der Reichskirche eingegliedert, seit das Pactum Ottonianum von 962 dem Kaiser maßgebenden Einfluß auf Rom und die Besetzung des päpstlichen Stuhles sicherte.

Unter den Nachteilen der Adelsmacht hatte die Kirche am meisten in Frankreich zu leiden, wo die Machtlosigkeit des Königtums sie völlig schutzlos ließ. Die weltlichen Großen hatten hier fast das gesamte Kirchen- und Klostergut in ihre Hand gebracht und vergaben Kirchenwürden nach Gutdünken, so daß die geistliche Aufgabe der Kirche völlig zu ersticken drohte. Jetzt aber regte sich ein Empfinden für die Gefahren dieser Verweltlichung, dessen Träger das 910 von Herzog Wilhelm von Aquitanien gegründete Kloster Cluny in Burgund wurde.

Um sich gegen weltliche Übergriffe zu schützen und seine Aufgabe als Stätte des Gebetes und eines gottwohlgefälligen Lebens ungestört von laikaler Gewalt erfüllen zu können, unterstellte sich das Kloster Cluny unmittelbar dem Schutz des Papstes. Innerhalb des Klosters wurde die strenge Beachtung der Benediktinerregel hergestellt und bedingungsloser Gehorsam gegenüber dem Abt, der seinen Nachfolger selbst bestimmen konnte, gefordert. Andere Klöster übernahmen die kluniazensische Ordnung und unterwarfen sich der Aufsicht des führenden Klosters in Burgund, dessen zweiter Abt Odo von Papst Johannes XI. das Recht zu deren dauernder Überwachung erhielt (931). Unter Abt Hugo dem Großen umfaßte die Kongregation von Cluny schließlich gegen tausend Abteien und abhängige Priorate in den romanischen Ländern. Sie wurde damit zu einer geistigpolitischen und wirtschaftlichen Großmacht, für deren Existenz die Satzungen der Päpste die letzte Rechtsquelle bildeten. Unabhängig von Cluny entstanden im 10. Jh. andere Reformzentren in Lothringen in den Klöstern Brogne bei Lüttich (seit 919) und vor allem in Gorze bei Metz (seit 933). Sie strahlten besonders nach Deutschland hin aus.

Den grundsätzlichen Forderungen der Klosterreform konnte sich auch die Weltgeistlichkeit nicht entziehen. Um sie möglichst aus dem weltlichen Leben zu lösen, verlangten die Reformer die strenge Befolgung der altkirchlichen Vorschriften gegen Konkubinat (Nikolaitismus) und Ämterkauf (Simonie) sowie für Ehelosigkeit (Zölibat) und gemeinsames Leben. Um die Unabhängigkeit der Kirche von der weltlichen Herrschaft zu sichern und zu erreichen, daß geistliche Ämter allein nach persönlicher Eignung für den geistlichen Zweck besetzt wurden, forderte man das Verbot der Laieninvestitur, d.h. der Übertragung der Abzeichen eines kirchlichen Amtes und damit dessen Besetzung durch einen weltlichen Herrn. Diese Forderung machte Front gegen das Eigenkirchenrecht und verhalf dem altkirchlichen Amtsbegriff zu neuem Leben gegenüber dem besitzrechtlich bestimmten (verdinglichten) Herrschaftsbegriff des germanischen Rechts.

Aber die Reform- und Frömmigkeitsgedanken ließen sich je länger, desto weniger auf die kirchlichen Institutionen begrenzen. Allgemein sollte die christliche Sittlichkeit gemäß den biblischen Geboten wiederhergestellt und die eigenmächtige Rechtshilfe, welche die Grundlage des germanischen Rechtslebens war, eingeschränkt werden. Während in Deutschland das priesterliche Kaisertum, unterstützt von den Bischöfen, den Frieden durchsetzen konnte, nahmen in Frankreich, wo das Königtum hierzu unfähig war, die Bischöfe selbst, unmittelbar auf die göttliche Autorität gestützt, die Aufgabe in die Hand. Sie stellten seit dem Jahre 990 bestimmte Wochentage unter den Schutz der „treuga dei" (Gotteswaffenruhe), während deren jede Fehde untersagt war, und befriedeten bestimmte Personen: Geistliche, Kaufleute, Bauern, Frauen, sowie Sachen: Kirchen, Kirchhöfe, Arbeitsgerät, durch die „pax dei" (Gottesfrieden), deren Bruch mit schweren kirchlichen und auch weltlichen Strafen bedroht wurde.

Durch den Gottesfrieden konnte die Kirchenreform einen nachhaltigen Einfluß auf das französische Rittertum und seine Entwicklung zu „höfischen" Umgangsformen gewinnen. Das geläuterte ritterliche Ideal aber wirkte auf die Kirche zurück. Seit dem 9. Jh., rascher dann seit dem 11. Jh. trat in der strikten kirchlichen Ablehnung jeden Blutvergießens ein Wandel ein. Denn die französischen Bischöfe begnügten sich nicht damit, den Frieden zu gebieten und die Friedlosen zu bannen; vielmehr führten sie auch Heere ins Feld, um die Bedrücker gewaltsam zu unterwerfen. Die Begeisterung für den „heiligen Krieg" ging so weit, daß schließlich den Streitern für die gerechte Sache himmlischer Lohn verkündigt wurde. Im Jahre 1016 verhieß Papst Benedikt VIII. allen Fürsten Burgunds, Aquitaniens und der Provence, die das Kloster Cluny beschützen würden, den apostolischen Segen und Teilhabe am Schatz der Verdienste der Kirche. Zum Kreuzzug war es nun nur noch ein kleiner Schritt.

So zielten die Gedanken der Kirchenreform, die Wiederbelebung altkirchlicher Frömmigkeit, die Neuschöpfung des Gottesfriedensrechtes und der daraus entspringende Gedanke des heiligen Krieges gemeinsam darauf hin, den Päpsten eine neu verstandene Stellung als oberste Quelle des im Abendland geltenden Rechts zuzuweisen. Diese Gedanken hatten ihre feste Basis in den gesellschaftlichen Verhältnissen Frankreichs und fanden in Deutschland kaum noch Verbreitung, so daß ihr Konflikt mit der Kirchherrschaft des Kaisers noch nicht zum Vorschein kam. Aber auch im Machtbereich des Kaisers gab es Kräfte, die ein Interesse daran hatten, dem Papst eine solche Stellung zuzuschreiben; es waren die Fürsten der Nachbarvölker, die unter deutschem Einfluß die Umrisse ihrer Staatlichkeit schufen und es vorzogen, statt des mächtigen Kaisers den fernen Papst zur Quelle ihres Rechtes zu machen. Als erster ließ sich König Stephan der Heilige von Ungarn im Jahre 1001 vom Papst die Königskrone übersenden. Seinem Beispiel folgte 1024 Bolesłav I. von Polen, dessen Erbe diese Errungenschaft freilich nicht behaupten konnte. In gleicher Lage befanden sich die Pisaner, die 1016 Sardinien, und die Normannen, die 1059 die unteritalienischen Herrschaften vom Papst zu Lehen nahmen.

Kaiser Heinrich III., der durch seine zweite Ehe mit Agnes von Poitou zu der feineren ritterlichen Kultur Frankreichs in Verbindung getreten war und durch Begründung der deutschen Herrschaft über Burgund den Einflüssen Clunys einen Weg geöffnet hatte, brachte das Papsttum in Berührung mit der Kirchenreform. Dem Kreise der lothringischen, bereits von Cluny beeinflußten Reformer entstammte der Bischof Bruno von Toul, den er 1049 zum Papst erheben ließ. Dieser nahm als Papst Leo IX. die Anregungen auf, die die französische Reform für die Erneuerung der päpstlichen Machtstellung bot. Die von ihm geleitete Synode zu Reims (1049) gab die feierliche Erklärung ab, daß der Bischof der römischen Kirche allein der Primas der Gesamtkirche und der apostolicus sei. Die Erklärung richtete sich gegen den Erzbischof von Compostela, der sich als „Bischof des Apostolischen Stuhles des heiligen Jacobus" zu bezeichnen pflegte, und gegen die Ansprüche des Patriarchen von Konstantinopel. Jetzt kamen die geistigen Führer der Reform auch in Rom zu Einfluß: Kardinal Humbert von Silva Candida, der Bahnbrecher der streng kirchlich-kluniazensischen Richtung, Petrus Damiani und vor allem der Mönch Hildebrand, der spätere Papst Gregor VII.

2. Königtum und Herrschaftsordnungen

Die zentralistische Herrschaftsordnung hatte im byzantinischen Reich bis zum Tode Kaiser Basileios' II. vollen Bestand. Noch immer ruhte sie auf den Grundlagen, die Herakleios gelegt hatte. Aber bald nach 1025 begann der Verfall des Staatswesens, indem der grundbesitzende Adel die Gesetze zum Schutze der Bauern- und Soldatengüter zu Fall brachte und durch Aufkauf dieser Güter die wichtigste Bevölkerungsgruppe mediatisierte. Die beginnende Auflösung des Staates fügte sich indes nicht in die im Abendlande längst üblichen Formen. Es gab keine lehnsrechtliche Veräußerung und Afterverleihung von Hoheitsrechten, und es bildete sich kein besonderes Treueverhältnis zwischen dem Kaiser und den adligen Gutsbesitzern.

Im Abendland waren aus der Auflösung des fränkischen Reiches im 9. Jh. als neue politische Realitäten, repräsentiert in ihrem Adel, die Stammesverbände (Aquitanier, Westfranken, Bretonen, Normannen, Lotharingier, Burgunder, Schwaben, Bayern, Ostfranken, Sachsen) hervorgegangen, aus denen sich in neuem Zusammenschluß die deutsche und später auch die französische Nation bildeten. Die Stammesverbände waren aber in Ost und West von verschiedener Struktur: Nur im Osten hatten sie im 9. Jh. eine anerkannte monarchische Spitze in Gestalt der Herzogsgewalt ausgebildet.

Dem Wesen nach war die deutsche Herzogsgewalt, am ausgeprägtesten in Sachsen und Bayern, Heerkönigtum. Die Ottonen mußten den Herzögen die alten Königsrechte, vor allem den Heerbann, mühsam entziehen. Nur langsam gelang es ihnen, durch Einsetzung geeigneter Männer und Abberufung Widerstrebender, durch Teilung der Herzogtümer und Vermehrung der Herzogstitel das Herzogtum in eine von anderen adligen Würden nicht mehr verschiedene Stellung umzuwandeln. Das sächsische Herzogtum hatte Heinrich I. mit dem Königtum verschmolzen; das Herzogtum Hermann Billungs, von Otto I. geschaffen, war bereits Teilherzogtum mit geminderten Befugnissen. Das fränkische Herzogtum hatte Otto beseitigt, das lothringische und das bayerische wurden durch Teilung gemindert. Kaiser Heinrich III. stellte, weil er 1041 die Vereinigung von Polen-Böhmen zu einem slavischen Großreich verhinderte, den Herzog von Böhmen den deutschen Herzögen gleich.

Wie die politische Bedeutung der Ungarnsiege Heinrichs I. und Ottos I. zeigt, war auch das Königtum des 10. Jh. immer noch Heerkönigtum. In Mitteleuropa und England (noch nicht in Skandinavien, Kiev, Spanien) war es aber in einem wichtigen Punkt von dem älteren fränkischen Königtum verschieden: Es hatte sein Reich nicht erst in siegreicher Landnahme geschaffen, sondern fand es bereits vor und wurde durch Wahl an seine Spitze gestellt.

Königtum und Reich waren nicht mehr identisch. So konnte sich gerade in dem Zeitraum, in dem das Königtum vom Geschlecht der Karolinger auf andere Häuser überging, das Prinzip der Unteilbarkeit der Reiche und der Einzelsukzession herausbilden. Vor allem durch die Unteilbarkeit unterschied sich das Königtum vom Herzogtum und von anderen Rängen adliger Herrschaft, wie insbesondere die kurze Geschichte des polnischen Königtums von 1024 bis 1033 zeigt.

Das Wesen des Königtums als eines institutionalisierten Heerkönigtums erscheint darin, daß noch immer alle freien Männer, die den König gewählt und ihm Treue gelobt hatten, aufgrund der „fidelitas“ (Treue) unmittelbar Gehorsam schuldeten, gleich ob sie Herzöge, Grafen oder einfache Edelfreie waren. Während aber der englische König von allen Einwohnern seines Reiches, Angelsachsen und Dänen, den Treueid forderte, war der Anhang des deutschen Königs bereits durch die Ausbreitung der Hörigkeit gemindert; einen allgemeinen Treueid gab es in Deutschland nicht. Noch weit rascher aber vollzog sich die Abnahme der Zahl der Getreuen des Königs in Frankreich und Italien. Hatte der französische König zu Anfang des 10. Jh. noch Getreue in allen Landesteilen und allen Bevölkerungsschichten besessen, so galten einige Generationen später nur noch Herzöge und Markgrafen als Getreue. Die Fidelität und allgemeine Gehorsamspflicht löste sich auf und wich einer besonderen vertraglich bedingten: der Lehnstreue, die nur noch der vom König Belehnte schuldete. Das 11. Jh. wurde in Frankreich zur Zeit des Überganges von der karolingischen zur Lehnsmonarchie.

Die Stärke des deutschen Königtums in sächsisch-salischer Zeit beruhte darauf, daß Deutschland von dieser Entwicklung noch kaum erfaßt worden war. Wohl bediente man sich in Deutschland der Formen des Lehnrechtes, um die Unterordnung mächtiger Herzöge und Allodialherren unter den König sichtbar zu machen, aber die Formen rührten noch nicht an den Kern der Gehorsamspflicht. Die Mehrfachvasallität (Übernahme der Gehorsamspflicht gegenüber mehreren Lehnsherren), die in Frankreich seit dem Ende des 10. Jh. auch die Lehnsfidelität aushöhlte, konnte in Deutschland noch im 11. Jh. nicht Fuß fassen. Andererseits ist es den deutschen Königen weder in Burgund noch in Italien gelungen, das deutsche, an einfache soziale Voraussetzungen gebundene Herrschaftssystem in die romanischen Länder mit komplizierterem Herrschaftsaufbau zu verpflanzen.

Den drei unterschiedlichen Formen der Königsgewalt, die man in Frankreich, Deutschland und England findet, entsprach die Gestalt der Lokalverwaltung. In Frankreich war dem Könige die Prärogative der Friedenswahrung völlig entglitten. Die kleinen niederadligen Grundherren begannen seit dem Ende des 10. Jh. eigenmächtig Burgen zu bauen und deren Umgebung gewaltsam ihrer Hoheit und Justiz zu unterwerfen. Die alte königliche Gerichtsordnung der Grafschaften und immunen Klostergutsbezirke wurde dadurch völlig zersetzt. Alle lokale Verwaltung wurde von den Seigneurs (Baronen) in deren châtellenies (Burgbezirken) organisiert, die als Banngrundherrschaften die gesamte nichtadlige Bevölkerung in die Hörigkeit hinabdrückten.

In Deutschland, wo es den Stand der Barone nicht gab, dafür aber, besonders im Norden, noch viele Edelfreie mit großbäuerlicher Lebensweise, konnten die Könige den Drang der Großen zu eigenmächtiger Burgbezirksbildung zügeln. Wichtigstes Mittel hierfür war das ottonische Reichskirchensystem, das die Bischöfe zu königlichen Amtswaltern machte. Die Verleihung von Grafschaften an Reichskirchen half die königliche Grafschaftsordnung bis ins 11. Jh. zu erhalten, und wo Grafschaften in adliger Hand waren, blieb der königliche Einfluß in ihnen so stark, daß noch im 10. Jh. die Grafen vielfach absetzbar waren. In der gräflichen Gewalt verschmolz indes königliche Auftragsverwaltung mit allodialem adligem Herrschaftsrecht zu unlöslicher Einheit; seit dem Ende des 10. Jh. mußte sich das Königtum daher mit der Erblichkeit der Grafschaften abfinden. Auch in Deutschland begann sich daher im 11. Jh. die Grafschaftsordnung aufzulösen, und die gräflichen Geschlechter fingen an, sich nach ihrem Stammsitz, ihrer Burg, zu benennen.

Diese Entwicklung nötigte die Könige dazu, dem Machtstreben des Adels vor allem das Reichsgut zu entziehen, das sich aus karolingischer Erbschaft besonders im Herzogtum Franken am Rhein und Main sowie aus liudolfingischer Erbschaft besonders im Herzogtum Sachsen rund um den Harz als wichtigste Machtbasis der Könige konzentrierte. Zu seiner Verwaltung bedienten sich namentlich die Salier im 11. Jh. königlicher Unfreier, der Reichsministerialen, sowie neben ihnen der Prälaten der Reichskirche.

Das englische Königtum war dagegen imstande, jede Entfremdung von Kronrechten durch Adelsmacht zu verhüten. Die Könige von Wessex hatten selbst den Abwehrkampf gegen die Dänen geleitet und brauchten daher die heerkönigliche Gewalt mit niemandem zu teilen. Sie nahmen nun auch die Fortbildung der Lokalverwaltung, welche die freien Männer in den Volksversammlungen bereits vor der Begründung der Monarchie ausgeübt hatten, ohne Konkurrenten in die Hand, indem sie die im westsächsischen Gebiet bereits im 9. Jh. vollbrachte Umformung älterer politischer Einheiten in gleichförmige Shires in das dänische Gebiet übertrugen. Um jeden Burgmittelpunkt gründeten sie hier ein Shire. Leiter des Shiregerichts, in dem alle Versammlungspflichtigen das Urteil fanden, war ein königlicher Beamter, zunächst der Ealdorman, seit dieser aber unter Knut dem Großen zum Vizekönig über mehrere Shires aufstieg, der Sheriff, der Verwalter der im Shire gelegenen königlichen Domänen. Nirgends gab es in England eine adlige Gerichtsbarkeit, und kein Herr hatte das Recht, über seine Hintersassen als Grundherr Gericht zu halten. So blieb die adlige Kriegerkaste der königlichen Gerichtsbarkeit strikt eingeordnet.

3. Grundherrschaft, Adel und Bauerntum

Die Ausbreitung der grundherrschaftlichen bipartiten Betriebsweise setzte sich in Nordwesteuropa, soweit die Bodenverhältnisse sie begünstigten, weiter fort und erreichte jetzt ihren Höhepunkt. Darüber hinaus war die Agrarverfassung der Rentengrundherrschaft der allgemeine Rahmen des bäuerlichen Lebens im Abendland geworden. Infolge der Entfaltung adliger Lebens- und Herrschaftsformen wurde die Vermutung immer stärker, daß, wer bäuerlich lebte, auch einem Herrn hörig war. Die Begriffe „Freiheit" und „Bauer" begannen sich auszuschließen, und was es an freibäuerlichen Geschlechtern besonders in Deutschland noch gab, konnte den freien Stand nur wahren, wenn ein zu adliger Lebensweise hinreichendes Vermögen vorhanden war.

Seit Könige und Herren Unfreie ihres Haushaltes mit herrschaftlichen Verwaltungsaufgaben betrauten, hob der bevorzugte Verwaltungs- und Herrendienst diese Ministerialen aus der Menge der übrigen bäuerliche Dienste leistenden Hörigen heraus, zumal die Herren sie auch als Bewaffnete benutzten, die Wehrfähigkeit aber ein wichtiges Merkmal der älteren Freiheit gewesen war. Im 11. Jh. begannen Altfreie, die in Gefahr waren, in bäuerliche Hörigkeit herabgedrückt zu werden, in die Ministerialität von Herzögen, Grafen und Bischöfen überzutreten, um so gegen die Annahme der Unfreiheit und eines Dienstgutes doch eine vor der bäuerlichen bevorzugte Lebenshaltung zu bewahren. Durch genossenschaftliche Organisation erreichten die Ministerialen auch schon eine gewisse Sicherung ihres Standes vor der Willkür des Herrn (Hofrecht des Bischofs Burchard von Worms aus dem ersten Viertel des 11. Jh.). Lehnsrechtliche Sicherung des Erbrechts am Dienstgut haben sie dagegen vor dem 12. Jh. nicht erlangt.

Dieses Ziel erreichten indes schon jetzt die französischen Barone und italienischen Valvassoren. Mit der allgemeinen Ausbreitung des Lehnswesens in Frankreich kam dort auch die durchgehende Unterscheidung zwischen Ritterlehen und Bauernlehen zustande: Ritterlehen wurden mit (adligem) Waffen-, Hof- und Verwaltungsdienst verdient, für Bauernlehen dagegen leistete der Inhaber Arbeits-(Hand- und Spann-)dienste und Abgaben. Nach dem Ende des 11. Jh. gab es in Frankreich auch in den abgelegenen Tälern des Mittelgebirges kaum noch bäuerlichen Allodialbesitz. Alle Schenkungen und Verfügungen erforderten jetzt die vorgängige Auflassung des Grundstücks seitens des Bauern an einen Grundherrn, der allein rechtswirksam veräußern konnte.

Die Notwendigkeiten der Wiederbesiedlung der unter den Angriffen der Normannen, Ungarn und Araber verödeten Landstriche zwangen jedoch die Grundherren, in der Einengung der bäuerlichen Rechte Grenzen zu wahren. Um Siedler für die schwere Rodungsarbeit zu gewinnen, boten sie ihnen günstige Besitzrechte an, in der Provence etwa das der „media plantatio" (Halbbau), kraft dessen dem Bauern die Hälfte des von ihm wieder unter den Pflug genommenen Landes als freies Eigentum zufiel. Auch nachdem die wüst gewordenen Gründe im 10. Jh. wiedergewonnen worden waren, dauerte die Siedlungsbewegung fort: Im 11. Jh. begannen die Grundherren mit der Aufsiedlung des Sallandes ihrer Domänen und ganzer Allodialbetriebe, auf denen sie, offenbar höheren Gewinnes wegen, eine größere Zahl neuer Siedler anzusetzen suchten. Siedler aber waren nur gegen Gewährung von Freiheiten zu finden. Die Grundherren mußten ihnen Schutz vor der Forderung übermäßiger Abgaben, das Recht zu Gewerbe- und Marktbetrieb, freies Eigentum am Hausgrundstück und verstärkten Friedensschutz einräumen. Die neuen Siedlungen hießen im Ursprungsgebiet der Erscheinung in

Südwestfrankreich „salvitates" (Freiheiten); im Loiregebiet übertrug man auf sie die Bezeichnung „burgi" (Burgsiedlungen).

Während Deutschland und Nordosteuropa von diesen Entwicklungen erst später erreicht wurden, scheint es in Frankreich und den Mittelmeerländern jetzt an Menschen für die neuen Siedlungen nicht mehr gefehlt zu haben. Eine ganz neue geographische und soziale Mobilität machte sich daher in diesen Ländern bemerkbar. Ihr Kennzeichen ist das Ausgreifen sozialreligiöser Bewegungen vom Osten her in das früher dagegen immune Abendland. Im Bulgarenreiche kam in der Zeit des Zaren Peter (927–969) die radikal kirchenfeindliche Sekte der Bogumilen auf, die mit der ganzen sichtbaren Welt auch die verweltlichte Kirche und ihren äußeren Kult als ein Werk des Satans verdammte und gleich ihren östlichen Vorgängern in der Zeit des Ikonoklasmus eine rein geistige Religiosität und einen streng asketischen Lebenswandel erstrebte. Das Bogumilentum schlug in Bulgarien tiefe Wurzeln, es verbreitete sich aber auch nach Byzanz und später nach Serbien, Bosnien, Italien und Südfrankreich. Die Sekten der Bogumilen, Babunen, Patarener, Katharer, Albigenser waren verschiedene Äußerungsformen einer einzigen großen Bewegung, die sich von den Bergen Armeniens bis nach Südfrankreich ausdehnte und besonders in Notzeiten als eine tief pessimistische Weltanschauung stärker aufflammte.

4. Handel, Städte- und Verkehrswesen

Seit Ungarn und Sarazenen nicht mehr entführten, was der Handwerker und Bauer über den sofortigen Verbrauch hinaus erzeugte, nahmen im 10. Jh. die gewerbliche Herstellung von Tuchen, Leder- und Töpferwaren, die Eisenerzeugung und -verarbeitung, aber auch die Nahrungsmittelproduktion namentlich im Gebiet der Grundherrschaft nach Qualität und Menge einen raschen Aufschwung. Der Beginn des Silberbergbaus im Rammelsberg bei Goslar um die Mitte des 10. Jh. gewährte dem Abendland eine wachsende Geldmenge, die den Handel erleichterte. Bald darauf setzte die wirtschaftliche Verflechtung der europäischen Landschaften ein. Die Gascogne und Burgund begannen sich auf den Weinbau zu spezialisieren unter Verzicht auf eigene Getreideerzeugung, und im 11. Jh. wird bereits die Verschiffung von Fleisch und Butter aus England nach Flandern erwähnt: Die flandrischen Gewerbestädte, in denen die hochwertige englische Wolle zu feinsten Geweben verarbeitet wurde, waren nicht mehr imstande, sich aus der eigenen Umgebung zu ernähren. In seinen Wolltuchen und Metallwaren besaß Europa seit dem 11. Jh. zum ersten Male wertvolle gewerbliche Produkte, die sich auch im Orient absetzen ließen, wohin man vorher nur Sklaven, Rohstoffe und Edelmetalle hatte ausführen können.

So löste der wirtschaftliche Aufschwung seit der Mitte des 10. Jh. eine

Wiederbelebung des Mittelmeerhandels seitens der einst byzantinischen Städte Italiens aus. Im Jahre 992 gewährte der Basileus den Venezianern das erste Privileg, das Abendländer im oströmischen Reiche erhielten: Es verlieh ihnen freien Zugang zum Hafen der Reichshauptstadt bei ermäßigten Zollsätzen. Wenig später erschienen Kaufleute von Venedig, Gaeta und Salerno auf den Märkten des binnenländischen Pavia; diejenigen von Gaeta sind andererseits seit 973 in Kairo nachweisbar. Die entscheidende Rolle aber spielte Amalfi, die wohlhabendste Stadt Italiens, kraft ihrer guten Beziehungen zu den von den Arabern beherrschten Mittelmeerländern. Ihre Kaufleute legten als erste in den islamischen Hafenstädten Niederlassungen an; 996 ist eine solche in Kairo bezeugt.

Die Herrschaft über die Stadtbevölkerung Italiens übten meistens die Bischöfe aus. Aber die führende Schicht der Kaufleute und Rechtskundigen versuchte in Cremona schon vor dem Jahre 1000, unter Umgehung des Bischofs königliche Privilegien zu erlangen. Das Ziel der städtischen Autonomie begann sich vor ihnen abzuzeichnen. Im 11. Jh. war die aufstrebende Gewerbestadt Mailand in dieser Hinsicht führend. Ihre Bürgerschaft bewies wachsende Feindseligkeit gegen den höheren Adel und den diesem verbundenen höheren Klerus. Die kirchliche Reformbewegung steigerte die Erregung, und im Bund mit der Volksbewegung der „Pataria“ (des „Lumpengesindels“) konnte Papst Nikolaus II. schließlich seine Legaten nach Mailand entsenden, die dem von Kaiser Heinrich III. eingesetzten Erzbischof Wido und der Domgeistlichkeit Kirchenbußen auferlegten. Reformpapsttum und Bürgerschaft gemeinsam brachten die kaiserliche Herrschaft über die Kirche der Lombardei und die Herrschaft dieser Reichskirche über die Städte zum Einsturz.

Die Kaufmannschaft nördlich der Alpen war in der für erfolgreichen Fernhandel unerläßlichen Kenntnis auswärtiger Märkte, Produkte und Geschäftspartner der alten Erfahrung der jüdischen Kaufleute, die seit dem 8. Jh. Europas Orienthandel vermittelt hatten, immer noch unterlegen. Die Bischöfe der gallischen und rheinischen Civitates duldeten und förderten daher die Judengemeinden ihrer Städte, deren von Rabbinern geleitete Selbstverwaltung und Gerichtsbarkeit auch die deutschen Kaiser bestätigten. Erst seit dem 11. Jh. ist es den einheimischen Händlern gelungen, sie an Leistungsfähigkeit zu übertreffen und nun, von der Obrigkeit unterstützt, aus dem Fernhandel zu verdrängen. Seither wurden die Juden allmählich auf die den Christen verbotene Geldleihe und andere schlecht angesehene Gewerbe eingeschränkt.

Indem die grundherrlichen Händler mit eigenem Vermögen Geschäfte machten, bildeten sich bei den großen Herrensitzen, namentlich bei den Bischofssitzen der durch ihre Verkehrslage begünstigen Rhein- und Donaustädte, Gruppen reicher Fernhändler heraus, die sich zu Genossenschaften zusammenschlossen und deren Gewohnheitsrecht die Bischöfe und Herren duldeten, weil sie davon ihren Vorteil hatten: Nicht umsonst ließen sie sich vom König Zölle und Marktabgaben verleihen. Männer dieses Berufs und Handwerker, die Landwirtschaft nur als Nebenberuf betrieben, vor allem aber den Fernhändlern die Handelswaren zur Verfügung stellten, wurden von den Herren besonders zur Besiedlung der Burgi gesucht, die sich vom Loire-Saône-Raum im Laufe des 10. und 11. Jh. über ganz Frankreich bis nach Norditalien, Nordspanien und den Niederlanden verbreiteten.

Besondere Selbständigkeit zeichnete das Städtewesen in Nordostfrankreich und den Niederlanden aus. In den Bischofsstädten dieses Raumes begann die Herauslösung der zur Einheit verschmelzenden Alt- und Vorstadt aus dem Landgebiet in gerichtlicher Hinsicht. Die Stadt Köln wurde unter Erzbischof Brun, die Stadt Lüttich unter Bischof Notger aus der Grafschaft herausgenommen und zum eigenen Hochgerichtsbezirk erhoben, in dem im 11. Jh. ein besonderes Schöffengericht amtierte. Die Schöffen waren die Wortführer der Gemeinde auch in den Verhandlungen mit dem Stadtherrn; die Bürger von Huy schlossen mit dem ihren bereits 1066 einen Vertrag, der ihnen einen eigenen Rechtsbezirk innerhalb der bischöflichen Domäne, eine vorteilhafte Bemessung ihrer Wehrpflichten und finanzielle Vorteile gewährte: Es ist das erste Stadtrecht dieser Gebiete, von dem eine Kunde überliefert ist.

5. Kunst und Kultur

Das 10. Jh. war das goldene Zeitalter der islamischen Kultur, deren Bedeutung vor allem darin liegt, daß sie in Naturwissenschaft und Philosophie das antike Erbe aufnahm und an das Abendland weitergab. Doch spielte sie keineswegs nur die Rolle des passiven Vermittlers. Da man überall in der Welt nach wichtigen Handschriften suchte, kamen zur griechischen Wissenschaft Beiträge der altorientalischen Kulturen hinzu. Alle Quellen wurden in eine einzige Kultursprache, das Arabische, übertragen und konnten so in eine große Synthese eingehen.

Gegen die Mitte des 11. Jh., nachdem der politische Aufschwung bereits den Gipfel überschritten hatte, erreichte auch die Kultur des byzantinischen Reiches einen Höhepunkt in der mittelalterlichen Entwicklung. Zur Zeit der Gründung der neuen Konstantinopler Universität (1045) lebte der polyhistorische Rhetor und Philosoph Michael Psellos. Er war von einer glühenden Liebe für die antike Weisheit und Dichtung erfüllt; so hat er Platon kennengelernt und dadurch auf Mit- und Nachwelt unendlich anregend gewirkt. Er war der größte byzantinische Philosoph und zugleich der erste große Humanist. In der Architektur entwickelte Byzanz im 11. Jh. den Kuppelbau über Trompen und Pendentifs, durch die der quadratische Grundriß des Zentralraumes der Basilika ins Achteck und in das Rund der Kuppel übergeleitet wurde (Hosios Lukas in Phokis, Ende 10. oder Anfang des 11. Jh., H. Nikodemos in Athen, vor 1044, H. Lukas in Daphni bei Athen, H. Sophia in Monemvasia, zweite Hälfte des 11. oder 12. Jh., Nea Moni auf Chios, Mitte des 11. Jh.). So konnte der basilikale Gemeinderaum mit dem zentralen Kuppelbau verschmolzen werden. Der Mosaikschmuck gipfelte jetzt im Bildwerk der Kuppel, welches Christus als „Pantokrator" (Weltenherrscher), umgeben von Erzengeln, Aposteln und Evangelisten, darstellt (H. Sophia in Kiev, Nea Moni auf Chios, H. Lukas in Phokis, Daphni). Byzantinische Bronzetüren, in deren Feldern die Umrisse der Darstellungen in das Metall vertieft und mit Silber ausgefüllt wurden (Niellotechnik), und byzantinische Emaillearbeiten, zwischen deren erhöhte Goldstege farbige Glasflüsse eingelassen wurden (Zellenschmelztechnik), schmückten selbst in Italien die Portale und Altäre wohlhabender Kirchen.

Die Heimat der romanischen Kunst Europas liegt in den Landschaften nördlich der Alpen, wo sie aus der römischen Provinzialkunst hervorgegangen ist. Aber Nachwirkungen der karolingischen Kunst und die durch die Heirat Kaiser Ottos II. mit einer byzantinischen Prinzessin bestärkten Einflüsse aus Byzanz verzögerten ihre Entfaltung und machten sich besonders in Deutschland geltend, das nicht nur politisch, sondern auch kulturell das karolingische Erbe verwaltete. Hier wurde in ottonischer Zeit die sakrale Vollskulptur als frei bewegliche Holzfigur neu geschaffen. Die deutsche ottonische Kunst, hervorragend repräsentiert durch das Gerokreuz des Kölner Domes, die Baseler Altartafel und die am Hofe Bischof Bernwards von Hildesheim in Erz gegossenen Domtüren, lebte von der Scheu des Menschen vor dem Wunder, welche ihre Gestalten in Gestik und Mimik auch da zum Ausdruck brachten, wo die frontale Gesichtsdarstellung der byzantinischen Kunst übernommen wurde.

In Frankreich entstand seit dem 10. Jh. die „chanson de geste" (Heldentatendichtung), von Mönchen und Spielleuten für fahrende Pilger, Schüler und Ritter gemacht, da die höfische Kunst sich nur noch für biblische und klassische Stoffe interessierte. In der Heimat der Troubadours und Spielleute, in den Landschaften Südfrankreichs und Spaniens, entstand zugleich eine neue weltliche Poesie, die sich zwar der lateinischen Sprache, aber unklassischer Versmaße bediente. Die kirchliche Baukunst kennzeichnete eine bemerkenswerte Umwandlung der Basilika. In der Kirche von Vigneroy aus der ersten Hälfte des 11. Jh., die ein Mittelschiff zwischen Seitenschiffen, ein durch Bögen zugängliches Querschiff und eine Apsis mit Chorumgang zu einem Komplex nur äußerlich verbundener Räume vereinigte, wurde die Zweistöckigkeit der antiken Basilika dadurch aufgehoben, daß die Säulenreihen zum Teil der Mittelschiffswand gemacht wurden, die sich in drei horizontalen Zonen: Erdgeschoßarkaden, Emporenarkaden und Fensterzone, gliederte und einen schmalen hohen Mittelraum auf den Altar hinstreben ließ.

Die deutsche Kirchenbaukunst, wie sie sich in der Stiftskirche von Gernrode aus der zweiten Hälfte des 10. Jh. und der Klosterkirche St. Michaelis in Hildesheim aus dem Anfang des 11. Jh. zeigt, bewies dagegen in der ausgeschiedenen Vierung, in der sich Langhaus und Querhaus durchdringen, den Willen zu architektonischer Zusammenfassung der Räume, die indes noch keine Ausrichtung auf ein sakrales Zentrum kennen. St. Michael in Hildesheim erhielt sogar zwei Querschiffe, wodurch der Ost- und Westbau gleiches Gewicht bekamen. St. Maria im Kapitol zu Köln, entstanden um die Mitte des 11. Jh., zeigt dagegen bereits einen sehr engen, reduzierten Westbau gegenüber einem hohen, weiten Ostbau, dessen Dreikonchenchor das Vorbild des Zentralbaus der byzantinischen Kunst aufnahm. In den Innenräumen des 10. Jh. wird der Raumeindruck von schweren Wandflächen und flachen Dekken beherrscht; Pfeiler und Säulen, miteinander wechselnd und durch runde Bögen verbunden, tragen die Wand. Der um 1040 errichtete Dom von Speyer nahm aus der französischen Baukunst die Schmalheit und das Höhenstreben des Mittelschiffs auf. Wiewohl noch flach gedeckt, besaß sein Mittelschiff bereits den Wänden vorgelegte Vertikalstützen, die von den Pfeilern der Arkadenzone bis zur flachen Decke aufstiegen. Sie gliederten die immer noch schweren Wandflächen in hohe Rechtecke, die den Mittelschiffsraum zusammenfaßten und in die Höhe steigerten.

VI. Das Papsttum im Aufstieg zur Vormacht Europas

A. Geschichte der Völker und Reiche

1. Der Kampf zwischen geistlicher und weltlicher Gewalt bis zum Abschluß der Konkordate (1060–1122)

Der rasche Aufschwung des Papsttums um die Mitte des 11. Jh. hatte Rom in Verbindung gesetzt mit den fortschrittlichsten geistigen und sozialen Kräften der Zeit, mit dem Reformklerus und dem Bürgertum, die beide gleich schwer unter dem Herrschaftsanspruch des weltlichen Adels zu leiden hatten. In Frankreich und Norditalien, hinter deren gesellschaftlicher Entwicklung Deutschland und Nordeuropa immer zurückgestanden hatten, war die Heimat dieser Kräfte. Aus dem Ungenügen der weltlichen Herrschaftsordnung zogen hier die kirchlichen Denker den Schluß, daß es Aufgabe der Kirche sei, Mittlerin zwischen der Vollkommenheit Gottes und dem unvollkommenen Irdischen zu sein, und daß ihr daher ein höheres göttliches Recht zukomme als den irdischen Herrschern, die vielmehr das weltliche Schwert nur im Dienste des geistlichen, von Gott selbst gelenkten führen sollten. Ziel der kirchlichen Bestrebungen mußte daher die Ausschaltung alles weltlichen Einflusses auf die Besetzung und Verwaltung der kirchlichen Ämter sein, die „libertas ecclesiae" (Freiheit der Kirche). Weil aber seit Otto dem Großen die Kirche im deutschen Reiche in besonders starkem Maße zur Stütze der weltlichen Herrschaft geworden war und ihre päpstliche Spitze dem unmittelbaren Einflusse des Kaisers bei der Papstwahl und in der Regierung des Kirchenstaates unterlag, richtete sich der Kampf in erster Linie gegen die kaiserliche Gewalt.

Zum offenen Bruch kam es im Jahre 1061, als die Kardinäle ohne Einholung der kaiserlichen Erlaubnis den Bischof Anselm von Lucca zum Papst Alexander II. wählten. Die Kaiserinmutter und Regentin Agnes erhob dagegen den Bischof Cadalus von Parma zum Papst Honorius II., und als König Heinrich IV. selbst die Regierung übernommen hatte, fuhr er fort, wie seine Vorgänger, kirchliche Ämter an ungeeignete Personen oder gar auf simonistische Weise zu vergeben, obwohl er dabei nicht mehr auf allgemeine Zustimmung rechnen konnte.

Als treibende Kraft der päpstlichen Politik trat immer deutlicher der Toscaner Hildebrand hervor, der eine Zeitlang Mönch in Cluny gewesen war, bevor er nach Rom gekommen und 1073 zum Papst Gregor VII. gewählt worden war. Seine politische Situation war günstig, da sein Vorgänger die

Bündnispolitik mit den Normannen fortgeführt hatte, diese aber im Begriff waren, Italien für immer vom Druck sowohl der Araber wie der Byzantiner zu befreien. Unter der Führung Robert Guiskards fiel ihnen bis 1086 ganz Süditalien mit Sizilien in die Hand, und schon bereiteten sie die Landung im byzantinischen Epeiros vor. Dem byzantinischen Reich erstand gleichzeitig ein neuer Feind im Osten, nämlich das türkische Volk der Seldschuken, das seit ungefähr 1060 Armenien erobert hatte und von dort nach Kleinasien vordrang. Der oströmische Versuch der Rückeroberung scheiterte. Im Jahre 1071 wurde das byzantinische Heer, das aus fremden Söldnern, Petschenegen, Normannen, Franken und anderen, bunt zusammengewürfelt war, bei der armenischen Stadt Mantzikert vernichtend geschlagen. Seither blieb das innere Anatolien, das bis dahin das Kernland des Reiches gewesen war, dauernd verloren.

Auch in Frankreich konnte der Papst selbst bestimmen, wann und wie er vorgehen wollte. Der französische Episkopat war nicht wie der deutsche ausschließlich vom König abhängig und daher auch in sehr viel geringerem Maße mit Grundbesitz und Hoheitsrechten ausgestattet, so daß kein geschlossener Widerstand zu erwarten war. So hat Gregor VII. zwar dem jugendlichen König Philipp I. ernsthafte Mahnungen wegen seines simonistischen Treibens zukommen, seit 1075 aber die Dinge auf sich beruhen lassen, da die Entscheidung in dem Ringen um die Freiheit der Kirche im Kampf mit dem weit mächtigeren deutschen König fallen mußte.

Dem französischen Süden, der schon immer nach politischer Selbständigkeit gestrebt hatte, eröffnete sich zudem ein neues Tätigkeitsfeld in Spanien. Berichte französischer Kluniazenser veranlaßten den Papst im Jahre 1063, die Reconquista in ganz Westeuropa den Christen zu empfehlen. Seither genoß Spanien einen ständigen Zuzug von französischen und italienischen Kämpfern. Im Jahre 1068 unterstellte König Sancho Ramirez von Aragón sein Land dem Schutze des heiligen Petrus, und 1071 folgte der erste Schritt zur Verdrängung des altspanischen (sog. mozarabischen) Ritus und zur Übernahme der römischen Gottesdienstordnung. Einem spanischen Heer gewährte Papst Alexander II. einen vollkommenen Sündenablaß (1064); dies ist eines der frühesten Zeugnisse für das Aufkommen der Ablaßpraxis (Ablösung der Bußwerke durch kirchenpolitisch erwünschte Ersatzwerke).

In Deutschland hatte die königliche Herrschaft über den Adel während der Minderjährigkeit Heinrichs IV. schweren Abbruch erlitten. Die Großen hatten sich von der schwachen Regentschaft einen erheblichen Teil des Reichsgutes überantworten lassen, auf das die salischen Könige ihre Macht vor allem stützten. Als Heinrich IV. energisch die Wiederherstellung des Reichsgutkomplexes um den Harz in Angriff nahm, sah sich der sächsische Adel in seiner Freiheit bedroht. Die Sachsen erhoben sich; mit knapper Not entfloh Heinrich aus der belagerten Harzburg nach Worms, wo ihn die Bürger gegen den Willen des Bischofs und Stadtherrn jubelnd aufnahmen

(1073). Zum ersten Mal in der deutschen Geschichte trat das Bürgertum, das nach Freiheit von der adligen Grundherrschaft strebte und insofern mit dem Könige gleiche Interessen hatte, als selbständige politische Kraft hervor.

Kurz darauf kam es zum offenen Konflikt mit dem Papst. Anlaß war das Mailänder Schisma von 1072, das Gregor VII. zum Anlaß nahm, um ein allgemeines Investiturverbot an den König zu richten, dem er damit jedes Recht bei der Besetzung von Bistümern entzog und bei Nichtbeachtung den Bann androhte (1075). Heinrich glaubte jedoch nach Festigung seiner Herrschaft durch den Sieg über die Sachsen, nun offen durch Ernennung mehrerer Bischöfe zeigen zu können, daß er an dem Investiturrecht der deutschen Könige festhalten wollte. Auf die Mahnungen Gregors antwortete eine von ihm nach Worms berufene Bischofsversammlung am 24.1.1076 mit Gehorsamsverweigerung und Absetzung des Papstes. Dieser verkündete darauf die Bannung des Königs und dessen Suspension vom Amt, was einer bedingten Absetzung gleichkam.

Der König hatte die Festigkeit seiner Machtstellung überschätzt. Er fand kaum Helfer zur Vollstreckung der Wormser Beschlüsse, vielmehr brachen in Sachsen und Süddeutschland neue Aufstände aus, und seine Gegner unter den weltlichen Fürsten bereiteten auf einer Versammlung zu Tribur bei Oppenheim im Oktober 1076 in Verbindung mit dem Papst seine Absetzung und eine Neuwahl vor, wenn Heinrich nicht binnen Jahresfrist vom Bann frei würde. Und nun begann auch der Abfall der Bischöfe. Da zog Heinrich mitten im Winter über die Alpen und vor die Burg Canossa, wo der auf dem Wege nach Deutschland begriffene Papst im Schutz seiner mächtigen Anhängerin Mathilde von Tuszien weilte, und nötigte diesem die Aufhebung des Bannes ab (1077). Da die Fürsten trotzdem zur Wahl eines Gegenkönigs schritten und nun ein unentschiedener Bürgerkrieg das Reich erfüllte, konnte Gregor den Anspruch des päpstlichen Stuhles auf schiedsrichterliche Stellung über den Parteien nicht durchsetzen. Im Jahre 1080 bannte er Heinrich erneut wegen Ungehorsams und erklärte ihn für abgesetzt. Doch die meisten Bischöfe, der niedere Adel und die Bürger der rheinischen Städte blieben dem König treu; die Bischöfe schritten sogar zur Erhebung des Erzbischofs Wibert von Ravenna zum Gegenpapst Clemens III. Nachdem der Gegenkönig im Kampf gegen Heinrich den Tod gefunden hatte, konnte dieser nach Italien ziehen und 1084 von Clemens die Kaiserkrone empfangen, während Gregor in der Engelsburg vor Rom belagert wurde. Robert Guiskard befreite ihn zwar aus dieser Notlage, aber die von den Normannen in Rom angerichteten Verwüstungen riefen eine solche Erbitterung hervor, daß der Papst im Schutze Roberts die Stadt verlassen mußte. So ist er 1085 in der Fremde, in Salerno, gestorben.

Von den Herrschern der sich formenden Staatenwelt im Osten, deren Wunsch nach Unabhängigkeit vom Kaiser sich mit dem Herrschaftsanspruch des Papstes begegnete, ergriff nur einer die Partei des Kaisers, nämlich Herzog Vratislav von Böhmen, den der Kaiser 1085 unter allgemeiner Zustimmung der in Mainz versammelten Großen zum König von Böhmen und Polen erhob.

In ganz anderer Weise suchte Bolesław II. von Polen den Konflikt zwischen Kaiser und Papst auszunutzen. Der Papst sandte im Jahre 1075 Legaten nach Polen, die die von Bolesław gewünschte Kirchenorganisation errichteten. Sie erneuerten die kirchlichen Sprengel des Jahres 1000 mit dem Erzbistum Gnesen sowie das Missionsbistum für Pommern mit Sitz in Belgard; hinzu kam ein neues Bistum in Płock für das Herzogtum Masovien. Dann aber, während Heinrich IV. den Gang nach Canossa vorbereitete, ließ sich Bolesław am 25.12.1076 in Gnesen vom polnischen Erzbischof die Königskrone aufsetzen. Seine Königswürde war zwar wie die böhmische nur eine persönliche, und nach ihm hat in zwei Jahrhunderten kein polnischer Fürst mehr den Königstitel geführt, aber die Krone war jetzt das Symbol für die Unabhängigkeit Polens vom Kaisertum geworden.

Nach Gregors VII. Tod vergingen mehrere Jahre, ehe in Papst Urban II. die Reform einen neuen Führer erhielt. Sein Vorgänger Papst Viktor III. jedoch gab den Anstoß zum Abschluß der Befreiung des westlichen Mittelmeeres von den Arabern, indem er 1087 die Fürsten und Städte Italiens zum Kampf gegen die Sarazenen aufrief und den Ausziehenden die Fahne St. Peters nebst einem Ablaß verlieh. So unternahmen die Städte des Tyrrhenischen Meeres ihren ersten Heidenkriegszug gegen die Stadt Mahdia in Tunesien. Dann verbündeten sich Genua und Pisa mit den Fürsten von Barcelona und Kastilien gegen die spanischen Sarazenen. Alfons VI. von Kastilien hatte schon 1085 Toledo eingenommen. Im Jahre 1088 konnte Papst Urban II. die Wiedererrichtung des dortigen Erzbistums bestätigen und den Erzbischof zum Primas in allen Königreichen Spaniens erheben. Die spanische Kirche trat in enge Verbindung zu Rom.

Der vollständige Sieg der Kirchenreform zeichnete sich ab, als Kaiser Heinrich IV., der nach 1085 in Deutschland fast allgemein anerkannt worden war, durch einen plötzlichen Umschwung der Dinge 1094 alle Macht verlor. Aber gleichzeitig erhoben sich zwei junge Mächte, in denen der Herrschaftsanspruch Roms eine neue und nicht minder gefährliche Gegnerschaft fand, die normannischen Reiche in Sizilien und England.

Die normannische Eroberung Englands im Jahre 1066 hatte zwar einen tiefgreifenden Wandel der englischen Außenpolitik herbeigeführt, weil sich die neuen Herrscher durch ihre französischen Besitzungen von der Aufgabe, die Britischen Inseln politisch zu einigen, gänzlich ablenken ließen. In der inneren Politik unterschied sich dagegen das normannische Königtum vom angelsächsischen nur durch die Stellung des Königs als Oberlehnsherrn und obersten Grundherrn, der er durch die Eroberung geworden war. König Wilhelm behauptete die feste Herrschaft seiner Vorgänger über die Kirche.

Indem aber sein Sohn Wilhelm II. der Rote sich ihrer in mißbräuchlicher Weise bediente, drängte er die Kirchenreformer in England an die Seite des Papstes. Als er dem Erzbischof Anselm von Canterbury 1097 die Romfahrt verbot, ging dieser freiwillig ins Exil, eine Welle des Protests gegen den König auslösend. Papst Urban II. nahm Anselm ehrenvoll auf, ohne ihn jedoch nachdrücklich zu unterstützen, denn er mußte den Bruch mit dem König vermeiden, um diesen nicht der Partei des Kaisers und des Gegenpapstes in die Arme zu treiben.

Nach der vollständigen Eroberung Siziliens durch den Grafen Roger I., seinen Lehnsmann, konnte Urban II. zwar die Kirche der Insel wieder in den römischen Patriarchatssprengel eingliedern. Er war von seinem Schützer jedoch so stark abhängig, daß er ihm 1098 die Legatenwürde und damit eine fast unbeschränkte, den Papst selbst weitgehend ausschließende Herrschaft über seine Landeskirche verleihen mußte. Die sizilischen Normannen hatten noch zu Zeiten Robert Guiskards damit begonnen, den ererbten Krieg gegen Byzanz über die Adria zu tragen; nichts Geringeres als die byzantinische Kaiserkrone war Roberts Ziel. Da fand das griechische Reich einen neuen Verbündeten in der Seerepublik Venedig, die zur Sicherung ihrer Bewegungsfreiheit unbedingt die Festsetzung der Normannen an beiden Küsten der Adria verhindern mußte. Die Machtleere, die durch den Verfall der byzantinischen Flotte im östlichen Mittelmeer entstanden war, bildete die Voraussetzung für die maritime Hegemonie der italienischen Seerepubliken. Venedig versetzte der normannischen Flotte 1081 eine schwere Niederlage. Durch einen Vertrag vom Mai 1082 ließ es sich aber vom Kaiser die geleistete Hilfe teuer bezahlen: Die Venezianer durften fortan in allen Teilen des Reiches, auch in Konstantinopel selbst, mit allen Waren freien Handel treiben, ohne dafür Abgaben zu entrichten.

In seiner Not knüpfte Kaiser Alexios I. Komnenos im Jahre 1088 Verhandlungen mit dem Papst an; 1095 bot er sogar die Unterordnung des Ostens unter die römische Kirche an, um Hilfe für die Befreiung der orientalischen Christen von den seldschukischen Türken zu erhalten. Auf der Synode von Clermont (1095) entflammte Papst Urban II. die Begeisterung der französischen Ritterschaft für den Plan, indem er allen gläubigen Christen, die gegen die Heiden die Waffen nahmen, den Erlaß der für ihre Sünden auferlegten Kirchenstrafen, und denen, die in wahrer Buße im Kampfe fallen würden, die göttliche Vergebung aller Verfehlungen verkündete. Ein rotes Kreuz, auf den Mantel geheftet, wurde das Zeichen des Kreuzfahrergelübdes. Der erste Kreuzzug war ein Unternehmen der Romanen; von Deutschen nahm fast nur die lothringische Ritterschaft teil. Da die seldschukische Macht begonnen hatte, sich in eine Fülle einzelner Emirate aufzulösen, konnten die Kreuzfahrer am 15. 7. 1099 Jerusalem erstürmen. Sie gründeten in Palästina ein lateinisches Königreich, das sie als Lehnsstaat aufbauten.

Das Gelingen des Kreuzzuges hatte die Seeherrschaft der italienischen

Städte im Mittelmeer zur Voraussetzung. Die wirtschaftlichen Interessen des aufstrebenden europäischen Bürgertums verquickten sich noch in anderer Weise mit dem ekstatischen religiösen Eifer der Kreuzfahrer: Nicht nur an den Heiden, sondern auch an den Juden wollten diese das Blut Christi rächen, und so kam es 1096 in Speyer, Worms, Mainz und Köln zu den ersten Judenverfolgungen. Damit endete die hochmittelalterliche Epoche friedlichen Zusammenlebens von Juden und Christen in Europa – zur gleichen Zeit, als Europas Bürger des fremden Vermittlers im Orienthandel nicht mehr bedurften.

Die einst mit dem Seesieg Genuas und Pisas vor Sardinien (1016) begonnene Entwicklung fand ihren Abschluß, als 1123 die mit den Kreuzfahrerstaaten verbündete Flotte Venedigs auf der Höhe von Askalon die ägyptische Kriegsflotte abfing und vollständig vernichtete. Damit verschwand die letzte muslimische Flotte vom Mittelmeer, und italienische Kaufleute ließen sich jetzt auch auf den Märkten von Kairo, Alexandria und Damiette nieder. Sie kontrollierten die gesamten für den Austausch zwischen Europa und dem Orient wichtigen Märkte; selbst Byzanz war für die Versorgung mit Orientwaren auf sie angewiesen.

Mit König Heinrich I. von England, Kaiser Heinrich V. und König Ludwig VI. von Frankreich kamen Regenten an die Macht, die ein neues Verhältnis des Staates zur Kirche begründen konnten. Es war besonders der Gedankenarbeit des Bischofs Ivo von Chartres zu danken, dessen Domschule im 11. Jh. ein Zentrum theologisch-philologischer Gelehrsamkeit war, daß man nun zwischen dem geistlichen und dem weltlichen Auftrage eines Bischofs zu unterscheiden lernte. Diese Scheidung wurde in Frankreich stillschweigend, in England dagegen durch ein Konkordat zwischen Kirche und Königtum hergestellt (1106). Der englische König verzichtete auf die Investitur der Bischöfe mit Ring und Stab und damit auf jede geistliche Autorität, er behielt aber den Anspruch auf den Lehnseid für das Kirchengut, und da dieser vor der Konsekration des Erwählten zu leisten war, konnte auch hinfort niemand gegen seinen Willen Bischof oder Abt werden. Die volle weltliche Herrschaft des Königs über das Kirchengut blieb damit gesichert.

In derselben Weise wurde in Deutschland der Ausgleich erzielt. Im Wormser Konkordat von 1022 verzichtete Heinrich V. auf die Investitur mit Ring und Stab und erkannte das freie Wahlrecht der Domkapitel an, während Papst Calixt II. die Teilnahme des Königs an der Wahl und die Pflicht des Erwählten, für die Reichsrechte und -güter (die Regalien) seines Bistums dem Könige Lehnshuldigung und Lehnsdienste zu leisten, zugestand. So blieb dem Könige der entscheidende Einfluß auf die Besetzung der deutschen (nicht der burgundischen und italienischen) Bistümer gesichert. Aber die Bischöfe waren nicht mehr königliche Beamte, sondern geistliche Fürsten, gleich den weltlichen, in deren Interessengemeinschaft sie damit eintraten.

Kaiser Heinrich V. vermochte der sächsischen Opposition ebensowenig Herr zu werden wie sein Vater. Er übertrug das Herzogtum Sachsen auf den Grafen Lothar von Süpplingenburg, der gleichwohl das Haupt einer neuen Opposition gegen die salischen Zentralisierungsbestrebungen wurde. Diese brachte dem Kaiser in der Schlacht am Welfesholze bei Mansfeld (1115) eine so schwere Niederlage bei, wie sie Heinrich IV. noch nie erlitten hatte. Norddeutschland begann sich endgültig dem Einfluß des deutschen Königtums zu entziehen. Dagegen gelang dem Kaiser eine bedeutende neue Machtentfaltung in Italien, da er sich 1111 mit der mächtigen Markgräfin Mathilde von Tuszien aussöhnte: Er bestellte sie zur Statthalterin in Oberitalien und wurde von ihr zum Erben ihres Hausgutes eingesetzt, wobei indes vermutlich die durch ältere, 1102 erneute Schenkung begründete Oberherrschaft der Kirche darüber vorbehalten blieb. Nach dem Tod der Gräfin im Jahre 1115 konnte Heinrich den Besitz der gewaltigen Erbschaft antreten.

Der Kaiser hatte 1114 die Tochter Mathilde des englischen Königs Heinrich I. geheiratet und damit freundschaftliche Bande zu England geknüpft. Für den englischen König lag der Wert des Bündnisses vor allem in der Isolierung König Ludwigs VI. von Frankreich, des ersten in einer langen Reihe tatkräftiger Herrscher aus dem Kapetingerhause, denen schließlich die Wiederherstellung der Krongewalt in Frankreich gelingen sollte. Ludwig begann damit, in der Krondomäne der Île-de-France Ordnung zu schaffen und die Macht der Barone zu bändigen. Außerdem suchte er die Oberlehnsherrschaft über den Herzog der Normandie, der zugleich König von England war, sowie über den Grafen von Flandern wieder mit Inhalt zu erfüllen und seine Souveränität über deren Afterlehnsleute zu erneuern. König Heinrich I. stärkte dagegen seine Stellung durch das Ehebündnis seines Sohnes Wilhelm mit der Tochter des Grafen Fulko von Anjou. Durch die Führerschaft im Widerstand gegen England festigten die kapetingischen Könige hinfort ihre Stellung im eigenen Lande. Nach dem Tod des Kaisers verheiratete Heinrich seine Tochter Mathilde 1128 mit Gottfried, Sohn des Grafen Fulko von Anjou, Maine und Touraine (Geoffroy, genannt Plantegenet = planta genista, „Ginsterzweig“, nach seiner Helmzier).

Dieser Ehe entsproß 1133 der spätere König Heinrich II. von England, durch dessen Herrschaftsantritt die Vereinigung eines mächtigen Blockes französischer Territorien mit der englischen Krone und damit eine für die kapetingische Monarchie lebensgefährliche Situation eintreten mußte.

2. Das Zeitalter Bernhards von Clairvaux (1122–1152)

Die Konkordate hatten der von den Päpsten geführten Kirche nur einen Teil der Forderungen erfüllt, die einst Gregor VII. formuliert hatte. Aber seit dem ersten Kreuzzug war unbestritten der Papst und nicht mehr der Kaiser Oberhaupt und Schirmherr der Kirche. Es galt jetzt, die Stellung zu festigen und auszubauen. Wie die Ritterschaft der romanischen Länder, vor allem Frankreichs, den Kreuzzug getragen, wie die französische Schulwissenschaft die Grundlagen der Konkordate erarbeitet hatte, wie überhaupt das französische, von Cluny geprägte Mönchs- und Rittertum der Kern der Erneuerung der Kirche gewesen war, so ergriff jetzt ein Exponent des französischen Reformmönchtums die führende Rolle in der weiteren Ausformung der Kirche. Im Jahre 1115 erhob der Konvent des Zisterzienserklosters Clairvaux, eines der vier unmittelbar vom Mutterkloster Citeaux aus gegründeten Ordenshäuser, den einer burgundischen Ritterfamilie entstammenden Mönch Bernhard zum Abt. Er führte nicht nur den raschen Aufschwung seines Ordens zu beherrschender Stellung im Mönchtum des 12. Jh. an, sondern erwies sich bald als die führende Persönlichkeit auf den verschiedensten Gebieten des kirchlichen Lebens. Er war einer der größten Prediger des Mittelalters und wurde durch seine Schriften bahnbrechend in der Entfaltung der scholastischen Mystik und Askese. In den theologischen Streitfragen der Zeit, so in der Verurteilung der Lehren des Petrus Abaelard, war seine Stellungnahme ausschlaggebend. Weit darüber hinaus ging die Wirkung seiner kirchenpolitischen Tätigkeit. Unermüdlich mit den Päpsten korrespondierend und reisend, hat er deren Geschicke entscheidend beeinflußt.

Kaiser Heinrich V. hatte vor seinem Tod sein Allod Herzog Friedrich II. von Schwaben aus dem Hause Hohenstaufen, seinem Neffen, übertragen und diesen damit als geeigneten Nachfolger bezeichnet. Die Staufer waren am mittleren Neckar in der Gegend der Stadt Waiblingen zu Besitz und Einfluß gekommen. Sie hatten als Parteigänger Heinrichs IV. die Herzogswürde in Schwaben erlangt und reiche Güter am Oberrhein und in Schwaben erworben. Aber eben diese Machtstellung war den Fürsten unerwünscht; sie wählten Herzog Lothar von Sachsen zum König, um damit die völlige Freiheit der Königswahl gegen Geblütsrecht und Designation durchzusetzen (1125).

In Deutschland vermochte sich Lothar im Kampf gegen die staufische Partei nur mit Hilfe des Welfenherzogs Heinrich des Stolzen von Bayern zu behaupten, dem er seine einzige Tochter und Erbin Gertrud vermählte. Die Welfen hatten vom schwäbischen Allgäu aus ihre Besitzungen in Bayern ausgedehnt und durch Welf I. 1070 das bayerische Herzogtum erlangt; aus Heinrichs des Schwarzen Ehe mit einer billungischen Erbtochter waren sie auch in Sachsen begütert. Der Ehebund mit Gertrud vergrößerte diesen Besitz. Bei Lothars Tod mußte Heinrich auch Herzog von Sachsen und nächster Anwärter auf den Königsthron werden. Jetzt aber (1137) war den Fürsten Heinrich der Stolze zu mächtig; sie wählten den Staufer Konrad III., der seine Kraft, ohne je die Königsmacht herzustellen, in langen Kämpfen mit dem Welfen und dessen Sohn Heinrich dem Löwen verzehrte.

König Lothars bedeutendste Leistung war die Neuordnung der deutschen

Ostpolitik, die er bereits als Herzog von Sachsen begonnen hatte. Er besiegte die noch heidnisch gebliebenen Slavenstämme der Liutizen und Obotriten; dann stieß er in Pommern mit dem polnischen Ausdehnungsdrang zusammen. Herzog Bolesłav III. Schiefmund von Polen hatte die Schwierigkeiten Kaiser Heinrichs V. benutzt, um die Pommern zwischen Oder und Weichsel endgültig zu unterwerfen und zu christianisieren. Nachdem aber Herzog Lothar nach Zerstörung des wendischen Heidentempels von Rethra die untere Oder erreicht hatte, mußte Bolesłav schließlich Pommern vom deutschen König zu Lehen nehmen. Die Belehnung enthielt freilich zugleich die Anerkennung der polnischen Eroberung Pommerns, so daß Bolesłav am Ende doch die Odergrenze behauptete. Erst nach seinem Tod wurde 1139 auf Wollin ein unabhängiges (1188 nach Kammin übertragenes) Bistum für Westpommern errichtet, das unmittelbar dem Papst unterstand, während Ostpommern bei dem polnischen Bistum für Kujawien verblieb. Bolesłavs Gewinne wurden von den fünf Söhnen vertan, unter die er vor seinem Tod das Reich teilte. Die damit begründeten piastischen Linien haben in Großpolen bis 1296, in Masovien bis 1526 und in Schlesien bis ins 17. Jh. bestanden.

Die für Deutschland neu gewonnenen Gebiete östlich der Elbe nahm Lothar nicht in königliche Verwaltung, sondern übertrug sie bewährten Großen: den Grafen von Schauenburg in Holstein, Konrad von Wettin (bei Halle) als Markgrafen der Lausitz und Meißens, dem Askanier Albrecht dem Bären, Grafen von Ballenstedt am Harze, als Markgrafen der Nordmark (heutigen Altmark). Albrecht erbte 1150 von einem christlichen Hevellerfürsten Brandenburg und nannte sich hinfort „Markgraf von Brandenburg".

Der militärischen Eroberung folgte die Besiedlung. Neben dem König und den deutschen Fürsten förderten die slavischen, christlich gewordenen Fürsten die Kolonisation zu deutschem Recht als Grundlage der eigenen staatlichen und kulturellen Ordnung. Die Wirtschaftsweise der slavischen Bauern mit dem hölzernen Hakenpflug war der der deutschen mit dem eisernen, die Scholle wendenden Scharpflug ebenso unterlegen wie die zu drückender Leibeigenschaft fortgebildete slavische Sozialverfassung dem Siedlungsrecht, das die Fürsten den Einwanderern gewährten, um sie für das schwere Rodungswerk zu gewinnen. Die Bauern blieben frei von den im Altsiedelland üblichen Diensten und Abgaben der Hörigkeit und erhielten das gerodete Land nicht zu Lehen, sondern zu freiem, erblichem Eigentum, von dem sie dem Landesherrn einen geringen Zins und der Kirche den Zehnten leisteten. Ein so vorteilhaftes Besitzrecht hatte es für Nichtadlige zuvor nur in den Städten gegeben. Zum ersten Mal verlieh es im Jahre 1106 Erzbischof Friedrich von Bremen den Bauern, mit denen er einen Vertrag über die Urbarmachung von Ödland in der Bremer Wesermarsch abschloß.

Seit die Deutschen die Ostseeküste bis zur Oder beherrschten, stand ihnen der Zugriff auf den Ostseehandel offen. Die Vorherrschaft der Skandinavier und Friesen auf den nördlichen Meeren war vorbei, seit die großen Städte Flanderns und der Rheinlande ihre politische und Handelsmacht entfaltet hatten. Der Handel auf der Nordsee und nach England ging von den Norwegern auf die Flamen und auf die Kaufleute der Maasstädte, Kölns und Bremens über. Den gewinnbringenden Rußlandhandel in der Ostsee hatten sich die Bauernschiffer von Gotland, die 1134 durch Kaiser Lothar von allen Zöllen im deutschen Reiche befreit wurden, mit den Russen von Novgorod geteilt, die bis nach Stettin und Dänemark fuhren. Für die Kaufleute vom Niederrhein und aus Westfalen mit den Vororten Köln und Soest eröffnete sich jetzt die Möglichkeit, alle Rivalen aus dem Ostseehandel zu verdrängen und diesen an das flämisch-englische Verkehrssystem anzuschließen, denn die gewerbliche Produktion der flämisch-rheinischen Städte, namentlich an Tuchen und Metallwaren, verlangte ebenso dringend nach Erweiterung der Rohstoff- und Ernährungsbasis wie der Absatzmärkte. Um 1143 machte Graf Adolf II. von Holstein den ersten Versuch, durch Gründung eines Handelsplatzes an der Trave dieser Entwicklung den Weg zu weisen. Aber erst die zweite Gründung Lübecks durch Heinrich den Löwen 1159 eröffnete endgültig die Epoche der deutschen Vorherrschaft auf der Ostsee.

Die nordischen Königreiche konnten das Vordringen der Deutschen nicht verhindern. König Erik Ejegod (Immergut) von Dänemark hatte zwar die Gründung eines eigenen skandinavischen Erzbistums bewirkt, das 1104 zu Lund in Schonen errichtet worden war und die nordische Kirche endgültig aus der Bindung an das Erzbistum Hamburg-Bremen gelöst hatte. Aber die Stellung der Könige in Dänemark und Schweden blieb schwach und durch häufige Thronstreitigkeiten gefährdet. Die dänischen Könige wurden dadurch wiederholt gezwungen, die Lehnshoheit Kaiser Lothars anzuerkennen. Mit Knut Laward, dem ersten Herzog von Schleswig unter König Nils, den Kaiser Lothar 1129 mit dem ostholsteinischen Obotritenland belehnte, begann die allmähliche Einbeziehung Schleswigs in die deutsche Nordmark.

Selbst in England trat nach dem Tode König Heinrichs I. ein empfindlicher Rückschlag in der Entwicklung der monarchischen Zentralgewalt ein. Die Kirche und viele Barone verwarfen den Erbanspruch seiner Tochter Mathilde und erhoben den Grafen Stephan von Blois zum König. Zum einzigen Mal in der englischen Geschichte kam es nun zur Bildung einer Feudalmonarchie, da König Stephan bereit war, den vertraglichen Ursprung seiner Autorität als Preis für seine Wahl anzuerkennen. Namentlich widerstand er nicht den Forderungen der Kirche nach Befreiung von der königlichen Aufsicht; Bischöfe und Äbte wurden ohne seine Mitwirkung eingesetzt, Konzilien allein von päpstlichen Legaten geleitet. Mathilde dagegen berief sich nicht auf Vertrag und Wahl, sondern allein auf das Erbrecht. Als Stephan 1153 im Vertrag von Wallingford Regierung und Thronfolge an Mathildens Sohn

Heinrich II. abtrat, hatte ein ruinöser Bürgerkrieg den Konflikt zwischen Erbrecht und Wahlrecht endgültig zugunsten des Erbrechtes entschieden.

Hatte Kaiser Lothar sich als tatkräftiger Förderer der deutschen Ausbreitung im Nordosten erwiesen, so wurde doch auch er, wie andere Kaiser vor ihm, durch das Schutzbedürfnis des Papsttums in die Universalpolitik hineingezogen. Im Jahr 1130 war es in Rom zum Schisma gekommen, weil das Papsttum wieder zum Zankapfel stadtrömischer Adelsfamilien, der Frangipani und der Pierleoni, geworden war. Der von der Frangipani-Partei erhobene Innozenz II. suchte Zuflucht in Frankreich, wo sich Bernhard von Clairvaux für ihn erklärte. Auf einer persönlichen Zusammenkunft in Lüttich versprach Lothar, Innozenz mit Heeresmacht nach Rom zu führen. Die Romfahrt war freilich nur im Kampf gegen Roger II., den Herrscher der süditalienischen Normannenstaaten, zu bestehen, denn der Gegenpapst Anaklet II., der in ganz Italien anerkannt worden war, hatte Roger für sich gewonnen, indem er ihm die unter Verletzung der päpstlichen Oberlehnsherrlichkeit erzwungene Vereinigung aller Normannenherrschaften in Sizilien, Kalabrien und Apulien durch Verleihung der Königskrone in feierlichster Form 1130 bestätigte. Obwohl Lothar 1137 bis nach Bari vordrang, blieb Roger im Felde unbesiegt. Nach Lothars Abzug stellte er seine Herrschaft rasch wieder her, und das Schisma endete erst mit Anaklets Tod (1138), da Bernhard von Clairvaux durch seine Beredsamkeit die Erhebung eines Nachfolgers zu verhindern wußte.

Der Hauptgegner der Normannen, der byzantinische Kaiserstaat, hatte unter Führung des Begründers der Komnenendynastie, Alexios' I. Komnenos, und seines Sohnes Johannes II. Komnenos den Weg zu neuer Machtentfaltung auf dem Balkan gefunden, wo Ungarn sein wichtigster Gegenspieler wurde. Die inneren Grundlagen für den Aufschwung blieben jedoch brüchig, weil der straffe bürokratische Zentralismus der Verwaltung und das freie Wehrbauerntum endgültig zerfallen und durch Verpachtung der Steuern, Verkauf der Ämter auch in der Zentralverwaltung und Immunitäten für die Großgrundbesitzer zersetzt worden waren. Johannes konnte daher weder Kleinasien noch die Seeherrschaft wiedererlangen. Die strategische wie die handelspolitische Vormacht zur See ging vielmehr vollends an die italienischen Seestädte verloren.

Byzanz' politische Lage hatte sich durch die Entstehung der Kreuzfahrerstaaten stark verändert. Mit dem Königreich Jerusalem im abgelegenen Palästina hatten sich die Kaiser noch abfinden können, nicht aber mit der Festsetzung der Normannen in Antiocheia und der Errichtung eines normannischen Fürstentums in Syrien. Da die kleinasiatischen, in viele Emirate zersplitterten Türken keine Gefahr mehr bedeuteten, machte sich Johannes 1130 daran, die Herrschaft über Kilikien und Syrien zu erneuern, indem er sich gleichzeitig durch Bündnisse mit König Lothar von Deutschland und der Stadt Pisa gegen die sizilischen Normannen sicherte. Im Jahre 1137 erlag das

Fürstentum Antiocheia seinen Waffen; dessen Fürst Raymund von Poitiers mußte ihm den Treueid leisten.

Kaiser Manuel I. setzte die Politik seines Vaters fort. Allein der Zweck des deutschen Bündnisses wurde vereitelt durch einen neuen Ausbruch der Kreuzzugsbegeisterung im Abendland, den 1145 die Nachricht von der türkischen Eroberung Edessas, der am weitesten nach Nordosten vorgeschobenen Feste der Kreuzfahrerstaaten, auslöste. Papst Eugen III. beauftragte Bernhard von Clairvaux mit der Kreuzzugspredigt in Frankreich. Bernhard überschritt aber in seiner Begeisterung die Weisung, indem er auch in Deutschland predigte und sogar den deutschen König Konrad III. zur Annahme des Kreuzes bewegte. Dies brachte Manuels Berechnungen völlig zum Scheitern, denn der Durchzug der Kreuzfahrer durch sein Reich beraubte ihn jeder Bewegungsfreiheit gegenüber den Normannen, und ein Erfolg des Kreuzzuges mußte mit den anderen lateinischen Fürstentümern auch das von Antiocheia, seinen Hauptgegner im Osten, wieder stärken. Der Durchzug der Kreuzfahrer durch das Reichsgebiet und der für Manuel sehr vorteilhafte Untergang des Heeres im Kampf mit Türken, Griechen und untereinander haben das Verhältnis zwischen Griechen und Abendländern sehr getrübt. In der Umgebung des Königs Ludwig VII. von Frankreich spielte man bereits mit dem Gedanken eines Angriffs auf Konstantinopel.

Nur ein dauerhafter Erfolg war mit dem sonst ergebnislosen Unternehmen von 1147 verknüpft. Die auf dem Seeweg reisenden Kreuzfahrer vom Niederrhein, aus Friesland und England gewährten dem König von Portugal ihre Hilfe bei der Eroberung der Stadt Lissabon. König Alfons VI. von León und Kastilien hatte im Jahre 1095 als Mitgift für seine Tochter um die Stadt Oporto („der Hafen") die danach benannte Lehnsgrafschaft Portugal geschaffen. Graf Alfons Heinrich nahm nach der siegreichen Schlacht von Ourique gegen die Mauren (1139) den Königstitel an; um ihn zu sichern, leistete er 1143 dem Papste Innozenz II. den Lehnseid. Die Einnahme Lissabons gab seinem Land die natürliche Hauptstadt. Da gleichzeitig durch einen Heiratsvertrag von 1137, der den Grafen Raimund Berengar IV. von Barcelona zum Regenten des Königreichs Aragón machte, Katalonien und Aragón sich zu einer der kastilischen gleichwertigen Macht erhoben, zeichnete sich nun die dreifache Gliederung der Halbinsel und der weiteren Reconquista zwischen den Reichen Portugal, Kastilien und Aragón ab.

Die Kreuzzugs- und Mittelmeerpolitik hatte die europäischen Staaten in zwei große Lager geschieden: Auf der einen Seite standen Byzanz und Deutschland, denen sich Venedig anschloß, auf der anderen die Normannen, Frankreich, Ungarn und Serbien. Die Gegnerschaft zwischen Byzanz und Ungarn bestimmte wiederum die Entwicklung des Reiches von Kiev mit, da des Großfürsten Izjaslav Schwester Euphrasia mit König Geza II. von Ungarn vermählt war. Das Kiever Reich war von Vladimir Monomach, dessen Frau eine Tochter des letzten englischen Sachsenkönigs Harald gewesen war, noch einmal in straffer Herrschaft zusammengefaßt worden. Nach seinem Tode aber hatte der Zerfall der Reichseinheit begonnen. Wehrlos waren nun die Südgrenzen den Angriffen der Polovzer ausgesetzt, die die Handelswege nach Süden versperrten und die Landschaften von Perejaslavl, Tschernigov und selbst Kiev verwüsteten. So kam langsam eine Abwanderung der Bevölkerung aus den Dnjeprlanden in Gang, und zwar einmal nach Westen hinter den Bug und in die Gebiete des oberen Dnjestr, wo sich das Fürstentum Halicz in Galizien und Wolhynien zu einer bedeutenden und dicht besiedelten Herrschaft entwickelte, sodann aber und vor allem nach Nordosten hinter die Ugra, in die Landstriche zwischen Oka und oberer Wolga, wo schon lange vor dem 12. Jh. die slavische Bevölkerung Novgorods kolonisiert hatte und wo aus der Mischung mit den finnischen Ureinwohnern des abgelegenen Waldlandes von Rostov, Susdal und Mirom der großrussische Stamm entstand. Noch heute bezeugt der häufige Wechsel zwischen finnischen und russischen Ortsnamen den unkriegerischen Verlauf der Landnahme und Stammesbildung.

3. Das Zeitalter des staufischen Kaisertums (1152–1198)

Das Scheitern des zweiten Kreuzzuges führte im Abendland einen ernüchternden Umschwung herbei. Man wurde sich einer Übersteigerung in der Anwendung kirchlicher Gedanken, Lehren und Gebote bewußt, und damit begann der Ausklang der Ära Bernhards von Clairvaux, noch bevor dieser 1153 starb. Die weltliche Gewalt kam wieder zu ihrem Recht. Neue Regenten, Kaiser Friedrich I., König Heinrich II. von England, Herzog Heinrich der Löwe in Sachsen und später König Philipp II. August von Frankreich, begründeten Formen der Regierung und Machtorganisation, mit denen die Institutionalisierung des Staates begann und die weltliche Gewalt eine der reformkirchlichen gleichkommende Wirksamkeit erlangte.

Die deutschen Fürsten wählten 1152 Herzog Friedrich von Schwaben aus staufischem Haus zum König. Als Sohn einer Welfin vermochte er rasch den Zwist zwischen Staufern und Welfen beizulegen: Er gab seinem Vetter Heinrich dem Löwen das Herzogtum Bayern zurück, das Konrad III. ihm 1142 entwunden hatte, jedoch verkleinert um die Ostmark, die dem 1142 eingesetzten Bayernherzog, dem Babenberger Heinrich, 1156 als selbständiges Herzogtum übertragen wurde. Heinrich von Österreich erhielt in seinem Herzogtum besondere Vorrechte hinsichtlich der Erblichkeit des Fürstentums, der Lehnspflichten gegenüber dem Reich und der Gerichtsbarkeit; diese Rechte, die bald für alle deutschen Fürsten beim Ausbau ihrer Herrschaftsmacht vorbildlich wurden, legten den Grund für die spätere selbständige Entwicklung Österreichs.

Noch im Jahr seiner Wahl verkündete Friedrich einen Reichslandfrieden, der alle Ungesetzlichkeit unter königliche Strafen stellte, und um den Strafanspruch durchzusetzen, begann er mit der straffen Zusammenfassung aller Kräfte, die die königliche Macht stärken konnten. Wie schon Konrad III. zog er verliehenes Reichs- und Hausgut wieder ein und gewann neues hinzu, so daß es sich bald fast geschlossen vom Elsaß durch das Rhein- und Maintal bis zur Wetterau, nach Nürnberg und Eger und ins sächsische Vogtland erstreckte. Diese Reichsgutbezirke gestaltete er zu einem Königslande um, indem er die Verwaltung nicht mehr im Lehnswege dem hohen Adel, sondern im Dienstwege auf Reichsministerialen übertrug. Die im Wormser Konkordat dem Könige verbliebenen Rechte schöpfte er voll aus, indem er bei Doppelwahlen zu den Bistümern den Heimfall des Ernennungsrechtes geltend machte und von sich aus den Bischof einsetzte. Allmählich wußte er sich einen königstreuen Episkopat zu schaffen, dessen hervorragendste Vertreter sein Kanzler Rainald von Dassel, später Erzbischof von Köln, und der Mainzer Erzbischof Christian von Buch waren.

Die wiedergewonnene Machtstellung des deutschen Königs wirkte alsbald über die Reichsgrenzen hinaus: Polen und Ungarn erkannten 1157 die Oberhoheit Friedrichs an. Selbst Herzog Kasimir der Gerechte von Polen, der die zersplitterte Herrschaft in seinem Lande wieder zusammenfaßte, konnte die Hilfe von Kaiser und Papst nicht entbehren und mußte ihre Obergewalt anerkennen. Er mußte es geschehen lassen, daß Pommern Herzog Heinrich dem Löwen und 1181 dem Reich unmittelbar lehnspflichtig wurde und das Land zwischen Elbe und Oder völlig dem deutschen Einfluß unterlag.

Infolge des alten böhmisch-polnischen Gegensatzes hatte Herzog Vladislav II. von Böhmen Kaiser Friedrich bei der Unterwerfung Polens unterstützt. Daher krönte der Kaiser den Herzog auf dem Reichstag von Regensburg 1158 mit seiner eigenen Königskrone. Auf der Höhe seiner Macht intervenierte Vladislav 1163 in Ungarn, wo ein Gegenkönig vom byzantinischen Kaiser Manuel Unterstützung mit Heeresmacht erlangt hatte. An der Theiß trafen Böhmen und Byzantiner aufeinander, aber Manuel ließ seinen Schützling ohne Kampf im Stich. In den Friedensverhandlungen fand Vladislavs Kandidat Anerkennung; eine Enkelin des Přemysliden wurde mit dem Kaisersohn Petros Komnenos vermählt. Erst nach Vladislavs Abdankung 1172 drang Kaiser Friedrich mit seiner auf Schwächung Böhmens gerichteten Teilungspolitik durch. In Ungarn aber erwies sich der byzantinische Einfluß als stärker: 1173 erlangte Manuels Schützling Bela III. die ungarische Krone.

Schon 1153 hatte Friedrich durch eine Heerfahrt die deutsche Oberhoheit in Burgund wieder zur Geltung gebracht. Durch Heirat mit Beatrix, der Erbin von Hochburgund, wußte er 1156 das Land eng und dauerhaft an das Reich zu binden.

Damit wurde auch die deutsche Umfassung Oberitaliens wiederhergestellt, wo die größeren Städte seit dem letzten Eingreifen des Kaisertums unter Lothar III. selbständige Territorialpolitik getrieben und die Regalien (Königsrechte) usurpiert hatten, die vorher zumeist ihren Bischöfen zugestanden hatten. Da Friedrich die volle Herrschaft über Italien beanspruchte und durch Abwendung von der byzantinischen Bündnispolitik zeigte, daß er den universalen Anspruch seines Kaisertums wieder aufzurichten gedachte, war der Bruch auch mit dem Papst unvermeidlich. Auf dem Reichstage zu Besançon kam es 1157 zum offenen Zusammenstoß. In einem Schreiben, das Kardinal Roland überbrachte, sprach der Papst von den Benefizien, die er dem Kaiser hatte zuteil werden lassen. Als der Kanzler Rainald das Wort mit „Lehen" übersetzte, empörten sich die Fürsten, und nur das persönliche Dazwischentreten Friedrichs vermochte den Legaten vor ihnen zu schützen.

Die natürlichen Bundesgenossen des Papstes waren die reichen lombardischen Städte, ohne deren Unterwerfung Friedrich die Reichsgewalt in Italien nicht erneuern konnte. Auf dem Reichstag zu Roncaglia bei Piacenza 1158 ließ Friedrich die Regalien feststellen, die einst Karl der Große und Otto der Große ausgeübt hatten, die dann aber in Vergessenheit geraten waren. Er berief sich auf den Grundsatz des römischen Rechts, daß Staatseigentum nicht durch Verjährung verlorengehen könne, und forderte daher von den Städten die Rückgabe der Regalien und Unterwerfung. Widerstand leistete vor allem das reiche Mailand, das 1162 durch Aushungerung bezwungen und zerstört wurde. Anstelle der selbstgewählten Konsuln verwalteten nun kaiserliche Beamte (podestà = bevollmächtigte Gewalthaber) die Städte.

Aber der Erfolg war nicht von Dauer. Im Jahre 1176 brachten die lombardischen Städte dem Kaiser bei Legnano eine schwere Niederlage bei. Friedrich mußte sich mit dem Verzicht auf die Unterwerfung Italiens abfinden. Im Frieden von Venedig 1177 entsagte er jeder Obergewalt über das Papsttum und dessen Territorialbesitz. Gleich darauf schloß er mit den lombardischen Städten einen Waffenstillstand, der 1183 durch den Frieden von Konstanz abgelöst wurde: Friedrich gestand den Städten die Regalien und die Beamtenwahl zu, doch bedurften die Beamten der kaiserlichen Bestätigung. Auch zu König Wilhelm von Sizilien stellte er gute Beziehungen her. Im Jahr 1184 verlobte er seinen zweiten Sohn, den Erben des Kaisertums, mit Konstanze, der Erbin des Normannenreiches.

Trotz glänzender äußerer Macht konnte sich Friedrichs kaiserliche Gewalt an innerer Festigkeit nicht mit dem Reich König Heinrichs II. aus dem Hause Anjou-Plantegenet vergleichen, der 1154, im Besitz der Herrschaft über einen großen Teil Frankreichs, den englischen Thron bestieg. Er besaß als französische Kronlehen von mütterlicher Seite die Normandie mit der Lehnshoheit über die Bretagne und vom Vater die Grafschaften Anjou, Maine und Touraine. Die größte Ausdehnung erreichte seine Macht, als sich König Ludwig VII. von Frankreich von Eleonore, der Erbtochter des Herzogs von Aquitanien, scheiden ließ, und die gekränkte Fürstin ihre Hand dem mächtigen Vasallen des Königs reichte (1152): Seither beherrschte Heinrich auch das Poitou und die Guyenne mit der Gascogne. Seit 1154 erstreckte sich das angevinische Reich (Reich des Hauses Anjou) von der schottischen Grenze bis zu den Pyrenäen. Heinrich vergrößerte es weiter, indem er 1171 die englische Eroberung Irlands eröffnete und 1174 die Lehnshuldigung König Wilhelms von Schottland entgegennahm.

In England erreichte der König die völlige Beseitigung des unter König Stephan groß gewordenen Lehnswesens sowie der kirchlichen Immunitäten und der rein kirchlichen Strafverfolgung, die Stephan den Bischöfen zugestanden hatte. Im Jahre 1164 stellte er durch die Konstitution von Clarendon den Zustand der Zeit vor Stephan wieder her. Aber sein früherer Kanzler, Erzbischof Thomas Becket von Canterbury, verweigerte die Anerkennung des Gesetzes; maßlos in der Verteidigung der kirchlichen Rechte, brach er mit dem König und floh nach Frankreich. Als er jedoch, nach äußerlichem Friedensschluß nach England zurückgekehrt, 1170 vor dem Altar der Kathedrale von Canterbury von königlichen Rittern ermordet wurde, mußte der König dem Druck der öffentlichen Meinung nachgeben und sowohl die kirchliche Strafjustiz wie die Appellation nach Rom zugestehen. Dafür nahm die im ganzen königstreue englische Kirche hin, daß er weiterhin die Bischofs- und Abtswahlen kontrollierte.

König Waldemar I. der Große von Dänemark, der Begründer der dänischen Großmachtpolitik in der Ostsee, vermochte sich nicht von der deutschen Vormacht zu befreien. Im Jahre 1162 nahm er persönlich Dänemark von Kaiser Friedrich zu Lehen. Gemeinsam mit Heinrich dem Löwen bekämpfte Waldemar von 1160 bis 1164 die Wenden in Ostholstein und Mecklenburg, deren zu weitreichenden Raubzügen ausgenutzte Seemacht nicht nur den dänischen Küsten schweren Schaden zufügte, sondern auch der von dem Herzoge 1158 gegründeten Stadt Lübeck den Seeweg nach Osten versperrte. Die Macht der Wenden wurde gebrochen, Ostholstein und das westliche Mecklenburg bis nach Schwerin hin endgültig sächsisch besiedelt.

Seit 1163 waren auch die Herzöge Pommerns von Heinrich dem Löwen lehnsabhängig, während Waldemar 1168 Rügen eroberte und den Tempel des Swantewit zerstörte. Die Hälfte der Tempelschätze mußte er dem Herzog herausgeben.

Nachdem dieser so den Kaufleuten aus Niedersachsen und Westfalen den Zugang zur Ostsee frei gemacht hatte, öffnete er ihnen auch den Weg nach Gotland, indem er beide Seiten 1161 Frieden schwören ließ und den Gotländern die Privilegien bestätigte, die Lothar III. ihnen im Herzogtum Sachsen verliehen hatte. Die von Lübeck gemeinsam nach Gotland reisenden Kaufleute bildeten, wenn sie Lübeck verließen, eine geschworene Gemeinschaft oder Hanse, deren Vorsteher der Herzog als seinen Vertreter mit Gerichtsbarkeit über sie ausstattete, wie sie ebenfalls das Haupt der gotländischen Kaufleute in Sachsen besaß. Die deutschen Kaufleute auf Gotland begannen bald, bei Wisby eine Niederlassung einzurichten, die eine rasche, mit der Lübecks vergleichbare Entwicklung erlebte. Durch den Einsatz eines neuen Schiffstyps, der geräumigen und manövrierfähigen Koggen, waren die Deutschen allen Konkurrenten im Ostseehandel überlegen. Den Handelswegen der Gotländer folgend, drangen sie zur See und über die Narva nach Novgorod vor. Hier lebten sie gemeinsam mit den Gotländern in deren St.-Olafs-Hof; aus dem Jahr 1189 ist der erste Handelsvertrag der Gotländer und Deutschen mit einem Novgoroder Fürsten überliefert. Andere Kaufleute folgten den Schweden nach Reval und Riga an die baltische Küste; seit 1201 erreichten sie von hier aus auch zu Land den russischen Handelsplatz. Um 1180 schloß sich ihnen der Augustinerchorherr Meinhard aus Segeberg an, der Begründer des deutschen Missionswerkes an der Düna. Die Missionserlaubnis erteilte ihm der russische Fürst von Polozk. 1184 erbaute Meinhard die erste Kirche unter den Liven in Uexküll, und 1186 empfing er vom Erzbischof Hartwig II. von Bremen die Bischofsweihe.

Der Aufschwung Novgorods, das in Wirklichkeit nicht der Fürst, sondern die im Handel reich gewordene Aristokratie beherrschte, wurde seit der Ermordung des Fürsten Andrej Bogoljubskij von Susdal (1174) auch durch das russische Großfürstentum nicht mehr bedroht. Andrej hatte jahrelang vergebens versucht, von Byzanz die Errichtung einer selbständigen Metropole in seinem Fürstentum zu erlangen. Seinen Konflikt mit dem Patriarchen suchte Papst Alexander III. auszunutzen; 1169 schickte er sogar Gesandte nach Rußland, ohne indes Dauerhaftes zu erreichen. Andrej begann, auch ohne Erfolg in der Kirchenfrage sich in Susdal als „Großfürst" zu bezeichnen. Als er 1169 Ältester seines Geschlechts wurde, verschmähte er es, seinen Sitz nach Kiev zu verlegen. Bei den Zeitgenossen bildete sich die Vorstellung, daß es zwei Großfürstentümer gebe, das altehrwürdige in Kiev und dasjenige von Susdal, dessen Hauptstadt Andrej nach Vladimir verlegte. Sein Nachfolger Vsevolod III. hat ganz Rußland von den fernen Ufern der Kljasma aus regiert und in Kiev die Fürsten nach seinem Willen eingesetzt.

Kaiser Friedrich hatte seinem Vetter Herzog Heinrich dem Löwen, während er selbst durch die Kämpfe in Oberitalien in Anspruch genommen war, in der Ostsee- und Slavenpolitik freie Hand gelassen, und Heinrich hatte im Nordosten des Reiches ein neues Machtzentrum geschaffen, dessen Interessen allmählich zu denen des staufischen Machtzentrums im Südwesten in Gegensatz traten. Jahrzehntelang begünstigte der Kaiser den Herzog gegenüber den sächsischen Fürsten, die dieser durch sein Machtstreben in ihrer Selbständigkeit bedrohte. Erst als Heinrich um seiner eigenen Pläne willen die Teilnahme an weiteren Italienzügen verweigerte und dadurch die Niederlage Friedrichs bei Legnano mitverschuldete, ließ der Kaiser ihn fallen. Auf die Klage sächsischer Großer lud er ihn vor sein Hofgericht. Als Heinrich trotz wiederholter Ladungen nicht erschien, wurde er wegen Ungehorsams verurteilt, geächtet und seiner Lehen entsetzt (1180). Das Herzogtum Bayern, gemindert um die Steiermark, die ein selbständiges Herzogtum wurde, übertrug der Kaiser dem Grafen Otto von Wittelsbach. Das Herzogtum Sachsen wurde geteilt: Die Herzogswürde in Westfalen erhielt der Erzbischof von Köln, diejenige östlich der Weser der Askanier Graf Bernhard von Anhalt. Lübeck wurde der herzoglichen Gewalt entzogen und zur Reichsstadt erklärt. Die Grafen Sachsens sowie Heinrichs Vasallen in Mecklenburg und Pommern nahmen ihre Belehnung vom Kaiser und wurden damit reichsunmittelbar. Von allen Helfern im Stich gelassen, mußte sich Heinrich dem Kaiser unterwerfen. Er erhielt die Allodialgüter seines Hauses mit Lüneburg (aus der billungischen) und Braunschweig (aus der süpplingenburgischen Erbschaft) zurück, mußte aber selbst zu seinem Schwiegervater, König Heinrich II. von England, in die Verbannung gehen.

Mit seinem Sturz nahm die dänische Macht einen weiteren Aufschwung. König Knut VI. von Dänemark verweigerte dem Kaiser die Lehnshuldigung und erfocht 1184 bei der Insel Rügen einen großen Sieg über die Pommern. Herzog Bolesłav von Pommern, der erst 1181 Reichsfürst geworden war, und die gefangenen Fürsten Mecklenburgs huldigten dem Dänenkönig, der sich hinfort auch „König der Slaven" nannte.

Gleichwohl genoß das Reich nach dem endgültigen Frieden mit den Lombarden (1183) einen inneren Frieden, wie er ihm selten beschieden gewesen war. Der glanzvolle Mainzer Hoftag von 1184, auf dem sich unzählige Gäste zur Schwertleite der Kaisersöhne versammelten, brachte das persönliche Ansehen des Kaisers und den internationalen Charakter der staufischen Universalmonarchie sinnfällig zum Ausdruck.

Bald darauf erneuerten bedrohliche Nachrichten aus dem Heiligen Land in Europa die Kreuzzugsstimmung. Die Lage der Kreuzfahrerreiche im Osten hatte sich grundlegend gewandelt, seit im Jahre 1171 der seldschukische Fürst von Mossul den fatimidischen Kalifat in Kairo beseitigt und Ägypten für den türkischen Islam gewonnen hatte. Von Ägypten aus, wo nun das Zentrum des Kampfes gegen die Kreuzfahrerstaaten lag, bemächtigte sich Saladin der Herrschaft von Mossul, und nach der Schlacht bei Hittin 1187 gewann er dem Islam Jerusalem, das auch für ihn heilige Stadt war, zurück, so daß den Franken nur die Küstenfestungen blieben.

Das Kaiserreich Byzanz hatte dem tatenlos zusehen müssen, obwohl Kaiser Manuel in den Jahren 1158 und 1159 das lateinische Fürstentum Antiocheia unterworfen und das Königreich Jerusalem unter seine Schirmherrschaft genommen hatte. Seinen Bestrebungen, in Italien wieder Fuß zu fassen, war Kaiser Friedrich entgegengetreten, indem er 1173 Beziehungen zu dem Seldschukensultan von Ikonium aufnahm. Von dem mächtigen Verbündeten ermutigt, wagte dieser 1175 den Bruch mit Manuel, und 1176 gelang es ihm, in den phrygischen Gebirgspässen bei Myriokephalon die gesamte byzantinische Armee zu umstellen und niederzumachen. Manuels Reich fehlte die innere Kraft, um diesen Rückschlag aufzufangen. Der Bevölkerung bemächtigte sich ein tiefer Haß gegen die Abendländer, denen sie alle Schuld an dem Niedergang zuschrieb, gegen die italienischen Kaufleute, die sich in Byzanz bereicherten, ebenso wie gegen des Kaisers abendländische Söldner. Nach Manuels Tod (1180) entlud sich der Groll in einem furchtbaren Blutbad: Im Jahre 1182 wurden alle Abendländer in Konstantinopel umgebracht, ihr Hab und Gut geplündert und zerstreut.

Unter Manuels Nachfolgern ging der Staat der völligen Auflösung entgegen. Im Jahre 1185 traf ein neuer Angriff der sizilischen Normannen das Reich. Bald darauf brach in Bulgarien ein Aufstand aus, dem der Kaiser nichts entgegenzusetzen hatte. So mußte er die Selbständigkeit des neuen Bulgarenreiches, des zweiten in der Geschichte, anerkennen. In derart kritischer Situation wurde schließlich das Reich vom Unglück eines neuen Kreuzzuges betroffen.

Auf die Nachricht von der Einnahme Jerusalems durch Saladin legte Kaiser Friedrich im März 1188 das Kreuzzugsgelübde ab. Etwas eher schon hatten die Könige Philipp II. August von Frankreich und Richard I. von England, die eben noch im Kriege miteinander gelegen hatten, sich versöhnt und das Kreuz genommen. Während sie aber erst 1190 auf dem Seeweg ins Heilige Land aufbrachen, wählte Kaiser Friedrich 1189 den Landweg. Er zog durch Ungarn und die Balkanhalbinsel, wo ihm die von Byzanz fortstrebenden Herrscher Serbiens und Bulgariens den Lehnseid anboten. Dies trieb Kaiser Isaak II. in die Arme Saladins, mit dem er ein Bündnis schloß, um den Durchzug der Deutschen zu verhindern. Erst als Friedrich sich zur Belagerung Konstantinopels anschickte, gab er den Widerstand auf.

Im Jahre 1190 führte Friedrich sein Heer nach Kleinasien, wo er den Sultan von Ikonium besiegte, und über den Taurus nach Kilikien. Dort fand er beim Schwimmen im Saleph einen unversehenen, dem Heer wie dem deutschen Volk gleich unfaßlichen Tod. Sein Sohn, Herzog Friedrich von Schwaben, führte das Heer nach Akkon, das von den Engländern und Franzosen bereits belagert und im Juli 1191 zur Übergabe gezwungen wurde. Die Anmaßung König Richard Löwenherz' veranlaßte indes bald Deutsche und Franzosen zur Heimkehr. Vergebens zog Richard zweimal vor Jerusalem. Im Frieden von 1192 behaupteten die Christen außer einem Rest der nordsyrischen Besitzungen nur einen schmalen Küstenstrich von Jaffa bis Tyros. Jerusalem blieb in Saladins Hand. Einen dauernden und schweren Verlust jedoch erlitt Byzanz, als Richard Löwenherz 1192 die Insel Cypern besetzte und dem vertriebenen König von Jerusalem übergab. Die Insel blieb bis ins 16. Jh. der östliche Vorposten des Abendlandes.

Dem Nachfolger Kaiser Friedrichs, Heinrich VI., sollte es gelingen, die staufische Universalmonarchie auf den Höhepunkt zu führen. Sein Regierungsantritt verwirklichte die durch seine Heirat vorbereitete Vereinigung Siziliens mit dem Kaiserreich. Freilich regte sich dagegen eine vom Papst geförderte sizilische Partei, die den Halbbruder des letzten Königs, Tankred von Lecce, zum Nachfolger erheben wollte und der sich König Richard Löwenherz anschloß. Mit Richards Unterstützung kehrte Heinrich der Löwe nach Deutschland zurück, um sich mit den opponierenden Fürsten vor allem der Niederrheinlande zu vereinigen. Heinrich VI. sah sich in einer höchst gefährlichen Lage. Da rettete ihn ein unerwarteter Glücksfall: Auf der Rückkehr aus Palästina geriet Richard Löwenherz in Österreich in seine Gewalt. Richard mußte seine Freiheit mit dem Verzicht auf die Unterstützung der Welfen und Normannen, mit Zahlung eines hohen Lösegeldes und Anerkennung der kaiserlichen Lehnshoheit über England erkaufen. Infolgedessen brach nicht nur der sizilische Aufstand zusammen, sondern verzichtete auch Heinrich der Löwe auf seine Ansprüche. Bald darauf (1195) ist er gestorben.

Der Kaiser betrachtete den Erwerb der Lehnshoheit über England als ersten Schritt zur Errichtung einer umfassenden staufischen Weltherrschaft. Mit Hilfe des englischen Lösegeldes und eines jährlichen Lehnszinses konnte er ständig ein besoldetes Ritterheer unterhalten; dazu verwalteten seine Ministerialen Italien, wo überall deutsche Ritterburgen entstanden. Von Sizilien aus erneuerte Heinrich die einst von Roger II. erworbene normannische Lehnshoheit über die nordafrikanische Küste, und 1194 nahmen auch die Könige von Cypern und Armenien ihre Kronen von ihm zu Lehen.

Auf dauernden Bestand des Erreichten konnte Heinrich aber nur hoffen, wenn es gelang, das Kaisertum aus der Abhängigkeit von der deutschen Fürstenopposition zu lösen und deren seit dem Investiturstreit bestehende Verbindung mit dem Papsttum zu überwinden. Um dies zu erreichen, versuchte er, die Erblichkeit der deutschen Krone und die Beseitigung des Fürstenwahlrechtes durch ein Reichsgesetz festzulegen, indem er den weltlichen Fürsten die unbeschränkte Erblichkeit ihrer Territorien und den geistlichen den Verzicht auf das Spolienrecht anbot. Aber wohl wissend, daß das Wahlrecht der wichtigste Hebel ihrer Macht war, verweigerten die Fürsten wie auch der Papst ihre Zustimmung. So begnügte sich Heinrich zunächst mit der Wahl seines zweijährigen Sohnes Friedrich zum deutschen König.

Der wichtigste Punkt seines Weltherrschaftsplans war die Eroberung des byzantinischen Reiches und die Gewinnung der Ostküste des Mittelmeeres durch einen letzten Kreuzzug. Aber ehe Heinrich den entscheidenden Schlag führen konnte, wurde er durch einen vorzeitigen Tod hinweggerafft. Damit brach die Machtfülle des erbenlosen Kaisertums vollständig zusammen. Es zeigte sich, daß von der deutschen Nation doch nur ein Teil der geistlichen und weltlichen Fürsten, außer der Reichsministerialität, mit innerlicher Zustimmung hinter dem politischen Streben des Kaisertums stand. Für das schwache und dadurch zu Angriffen geradezu herausfordernde byzantinische Reich freilich bedeutete der Sturz des staufischen Imperiums lediglich einen kurzen Verzug des abendländischen Angriffs, der nur von einem anderen Zentrum aus erfolgen sollte. Gemeinsam, so schien es, traten das östliche und das westliche Kaisertum von der Bühne ab, um dem Papst die Herrschaft zu überlassen.

B. Geschichte der gesellschaftlichen Ordnungen

1. Papsttum und Kaisertum

Der politische Sieg der Päpste über Kaiser Heinrich IV. verwirklichte in römischer Sicht Augustinus' Lehre vom Gottesstaat, dem das Kaisertum ein- und untergeordnet war. Mit der Kaiserkrönung, die der Papst als Oberhaupt der Kirche vollzog, verband sich daher die Vorstellung, daß der Papst der wahre Kaiser, der Oberimperator sei. Wie die Kaiserkrone, so konnte er auch andere weltliche Kronen frei verleihen. Deshalb begann die Kirchenrechtslehre, die unabhängige irdische Gewalt der Könige, ihre Souveränität, gegenüber dem Kaiser zu betonen (rex imperator in regno suo = der König ist Kaiser in seinem Reich).

Nachdem Kaiser Lothar III. und König Konrad III. diese Auffassung tatsächlich anerkannt hatten, versuchte Friedrich I., dem Kaisertum den universalen, papstgleichen Rang zurückzugeben. Als unmittelbar gottgewollte, neben die Kirche gestellte Ordnungsmacht, wie sie bereits das antike Kaisertum dargestellt hatte, wurde das Kaiserreich zum Heiligen Römischen Reich. Als es 1159 in Rom zu einer Doppelwahl kam, nahm Friedrich im Geiste des universalen Kaisertums alter Zeit die Entscheidung in Anspruch, indem er eine Synode nach Pavia berief und von ihr eine Neuwahl vornehmen ließ. Die Probleme, die ein Jahrhundert früher zum Investiturstreit geführt hatten, tauchten wieder auf. Aber des Kaisers Macht reichte zu ihrer Lösung nicht aus. Frankreich, England, sogar viele deutsche Bischöfe versagten seinem Papst die Anerkennung. Mit Friedrichs Niederlage bei Legnano und dem frühen Tode Heinrichs VI. scheiterten die Versuche, der beanspruchten Geltung des Kaisertums politischen Inhalt zu verleihen. Gegenüber den Königen konnte der Kaiser nur einen Vorrang, aber kein Vorrecht behaupten.

Die Päpste übernahmen zur Verwirklichung ihrer Herrschaftsansprüche die Herrschaftsmittel der nordalpinen Reiche ihrer Zeit. Sie ersetzten das aus dem Patriarchium Lateranense der byzantinisch-fränkischen Zeit im 10. Jh. umgebildete Palatium Lateranense durch die Curia Romana, d. h. durch die Einrichtungen eines königlichen Hofstaates, wie sie im 11. Jh. nördlich der Alpen bestanden, mit den vier germanischen Hofämtern, der Beteiligung geistlicher und weltlicher Großer an den Hoftagen und der Zusammenfassung der Hofgeistlichkeit in der Hofkapelle. Zur Organisation ihrer nun weit über den Kirchenstaat hinausgreifenden Machtausübung bedienten sie sich des Lehnssystems und der königlichen Kirchherrschaft. Von den älteren kirchlichen Herrschaftsmitteln wurde vor allem die Legation übernommen.

Nach der Belehnung der Stadt Pisa mit Sardinien 1016 und der Normannenführer mit Capua und Apulien 1059 begründete Papst Gregor VII. auch theoretisch den römischen Anspruch auf allgemeine Oberlehnsherrlichkeit. Im 11. Jh. wurden die Normannenfürsten nach jedem Pontifikatswechsel an einem Orte innerhalb ihres Gebietes neu belehnt. Der Sinn dieses Brauches ist deutlich: Der Herr kam in das ihm gehörende Land, um es vor aller Welt sichtbar seinem Mann zu leihen. Wie die universale Oberlehnsherrlichkeit der säkularen Weltherrschaft des Kaisers, so sollte der kaiserlichen Reichskirche eine auf dem gleichen Prinzip beruhende Papstkirche entgegengesetzt werden. Die Päpste versuchten daher, an den südwestdeutschen Reformklöstern, die frei von jeder Eigenkirchenherrschaft gegründet wurden (so zuerst Kloster Hirsau im Schwarzwald, dessen Verfassung der Kaiser 1075 bestätigte) und sich regelmäßig um den päpstlichen Schutz bewarben, ein Obereigentum geltend zu machen. Die Normannenfürsten in Unteritalien hatten sich 1059 verpflichtet, alle Kirchen in ihrer Herrschaft dem Papste zu übereignen, so daß dieser am Ende des 12. Jh. in Apulien und Kalabrien eine stattliche Zahl von Eigenbistümern besaß. Durch regelmäßige Entsendung von Legaten, denen sich kein Metropolit, nicht einmal ein Primas widersetzen durfte, brachten die Päpste ihren Willen auch dort zur Geltung, wo ihnen andere Herrschaftsmittel fehlten.

Aber Lehnsherrlichkeit und Eigenkirchenrecht waren Herrschaftsmittel, die eben jenes einst von den Germanen verbreitete verdinglichte Verständnis der Hoheitsrechte voraussetzten, das die Könige jetzt wegen des Kampfes der Kirchenreformer um die „Freiheit der Kirche“ überwinden mußten. So konnten die Päpste Ansprüche dieser Art gegen die weltlichen Mächte nicht mehr durchsetzen. Im 12. Jh. mußten sie auf die persönliche Belehnung des Normannenkönigs verzichten, und 1156 trat zum ersten Male ein zweiseitiges Konkordat an die Stelle der Belehnung. Nach dem Reichstag von Besançon 1157 mußte Papst Hadrian IV. den Lehnsanspruch gegenüber dem deutschen Kaiser desavouieren. Zwar haben auch später noch viele Könige ihre Reiche dem Papst zu Lehen aufgetragen, aber nur, um von ihm einen Schutzbrief entgegenzunehmen; Herrschaftsrechte räumten sie nicht mehr ein. Zu Herren der Reformklöster aber wurden nicht die Päpste, sondern die Stifterdynastien, in deren Machtbereich sie gelegen waren; unter dem Titel der Vogtei blieb der Stifter im Genuß eines Teiles der Rechte, aus denen früher sein Eigenkirchentum bestanden hatte. Die Normannen hörten nicht nur auf, dem Papst Kirchen zu übereignen; seit sie nach Sizilien ausgriffen, waren sie so stark, daß Graf Roger I. 1098 vom Papst die erbliche Legatenwürde verlangen konnte und auch erhielt. Damit wurde der Grund für die fast unbeschränkte Kirchherrschaft des Königs von Sizilien, die sog. Monarchia Sicula, gelegt.

Nach diesen Mißerfolgen traten im Laufe des 12. Jh. neue Formen päpstlicher Herrschaft in den Vordergrund. Nachdem es seit 1046 keine vom Kaiser geleiteten Synoden mehr gegeben hatte, setzten mit der Lateransynode von 1123 die allgemeinen Konzilien des Mittelalters ein, die auf eine Stufe mit den anerkannten Konzilien des Altertums gestellt wurden, deren Gegenstand aber nicht mehr Lehrstreitigkeiten, sondern kirchenpolitische Fragen wie die Vorbereitung der Kreuzzüge und die päpstliche Gerichtsbarkeit waren. Nach dem zweiten Laterankonzil von 1139 stellte in Bologna der Mönch Gratian den gesamten Rechtsstoff der älteren Kanones und Dekrete mit folgerichtiger Kritik zusammen. Sein „Dekret" diente der päpstlichen Rechtsweisung hinfort als Grundlage.

Da von allen kirchlichen Instanzen an den Papst appelliert werden konnte und kein kirchlicher Richter mehr päpstliche Weisungen unbeachtet lassen durfte, wandten sich immer mehr Kleriker und in Ehe- und Testamentssachen auch Laien nach Rom, um solche zu erlangen. Kein Bischof konnte einem Kleriker, den der Papst von Weihehindernissen dispensiert hatte, hinfort Weihen und Pfründen verweigern, kein Richter einem Kleriker, der vom Papst eine Provision, d.h. den Befehl zur Einweisung in eine bestimmte Pfründe, erlangt hatte, die Investitur versagen, selbst wenn andere Berechtigte vorhanden waren. Unaufhaltsam nahm daher sowohl die Zahl der Bittsteller wie der Appellanten, die sich durch die Erlasse beschwert fühlten, zu.

Die Dekrete, durch welche die Päpste den Antragstellern ihr Recht wiesen, hatten Gesetzeskraft und mußten hinfort allgemein beachtet werden. Die Ausfertigung der Mandate erforderte daher eine genaue Kenntnis des Dekretalenrechtes, deren die Privilegienschreiber früherer Zeiten nicht bedurft hatten. So schufen die Päpste in der zweiten Hälfte des 12. Jh. die Kanzlei als Instanz für die Ausfertigung der von ihnen bewilligten Dekrete. Hinzu kamen das Kollegium der Auditoren oder Untersuchungsrichter für die Appellationen und die Pönitentiarie als oberste Behörde für das Bußwesen. Zum ersten Mal entstanden damit an der Kurie Behörden, die der Papst nicht persönlich leitete, denen er vielmehr durch eine allgemeine Instruktion einen Teil seiner Aufgaben delegierte.

Der Geschäftskreis, den er persönlich in der Hand behielt, wurde als seine Kammer bezeichnet. Zu ihm gehörten vor allem die hohe Politik und die Verwaltung der Einkünfte. Der Kämmerer Cencius ließ 1192 im Liber censuum Romanae ecclesiae (Zinsbuch der römischen Kirche) alle zu regelmäßigen Abgaben verpflichteten Kirchen, Klöster, Fürsten und Lehnsleute verzeichnen. Gleichzeitig begann die Besteuerung des Klerus. Zunächst zur Förderung der Kreuzzüge verlangte Rom die Abgabe des zwanzigsten oder zehnten Teils des Jahreseinkommens aller Pfründen für ein oder mehrere

Jahre, doch wurden die Steuern bald auch anderen Zwecken dienstbar gemacht.

Die Herrschaft, welche die Päpste durch das Mittel der von ihrer Kanzlei ausströmenden Mandate ausübten, wurde dem Abendlande nicht aufgezwungen, sondern von der durch den Geist der Kirchenreform geläuterten Frömmigkeit der breiten Mehrheit der Bevölkerung getragen, die sich auch auf anderen Gebieten äußerte. Mildtätigkeit und Armenpflege, die zuvor eine Sache allein der Benediktinerklöster gewesen waren, erfaßten im 12. Jh. auch die Laienwelt, namentlich in den Städten, aber auch Grafen und Adlige errichteten nun Armenstiftungen zur Erleichterung ihrer Sündenlast. Das Mönchtum wurde von einer Bewegung evangelischer Armut und Nachfolge Christi ergriffen, der vor allem die Regel des Zisterzienserordens Ausdruck gab.

Die Zisterzienser, genannt nach dem 1098 gegründeten Kloster Citeaux bei Dijon, wollten im Unterschied zu den alten Benediktinerklöstern, die reich geworden und dadurch mit weltlichen Aufgaben überlastet waren, das mönchische Ideal durch ein Leben in der Einsamkeit und von ihrer Hände Arbeit verwirklichen. Jedes Kloster wurde jährlich durch den Abt des Mutterklosters, von dem seine Gründung ausgegangen war, visitiert, und einmal jährlich versammelten sich alle Äbte zum Generalkapitel des Ordens. Unter der Leitung Bernhards von Clairvaux verbreitete sich der Orden rasch vor allem in Frankreich und Deutschland.

Neben kleineren Gründungen wie Spitalorden und frommen Laienbruderschaften kennzeichnet das 12. Jh. aber die Entstehung der Ritterorden, einer aus dem Kreuzzugsdenken hervorgegangenen Vereinigung von Mönch- und Rittertum zur Abwehr der Heiden, zum Schutze der Pilger, zur Krankenpflege und Mission. Bei dem um 1050 gegründeten St.-Johannis-Hospital in Jerusalem entstand der Johanniterorden. Im Jahre 1119 wurde in Jerusalem der Templerorden, 1190 im Feldlager vor Akkon der Deutschritterorden gegründet. In Spanien nahmen in den Jahren 1158–1166 die Orden von Calatrava, Santiago und Alcántara ihren Anfang. Alle besaßen eine streng zentralisierte Verfassung unter der Leitung eines Groß- oder Hochmeisters.

Aber die Frömmigkeitsbewegung führte auch zu neuer Kritik am Papsttum, seit sich dieses um die Mitte des 12. Jh. zum Schaden der Seelsorge dem Ausbau seiner Jurisdiktionsgewalt zuwandte. In Frankreich erhoben Bernhard von Clairvaux, in Deutschland Gerhoh von Reichersberg ihre warnenden Stimmen. Um 1140 kam die bogumilische Lehre durch die Massenbewegung der Katharer (Ketzer; griech.: die Reinen) zu neuer Kraft. In Lyon stiftete um 1175 der Kaufmann Petrus Waldes eine laikale Buß- und Armengenossenschaft, die gegen die Sünden des Klerus zu predigen begann und seit 1184, von der Kirche gebannt, der Ketzerei verfiel. Gegen Ende des 12. Jh. gehörte in Südfrankreich auch fast die gesamte Oberschicht den Waldensern an.

2. Das Königtum

Auch die weltliche Herrschaft schuf sich im 12. Jh. neue Herrschaftsmittel. Durch sie wurde der germanische Staat in seinen Grundlagen verwandelt. Hatte noch die Lehnsmonarchie die germanischen Formen des auf persönlichen, vertragsartigen Treuebindungen beruhenden Personenverbandsstaates gezeigt, so begann jetzt der Übergang zum institutionalisierten Flächenstaat, der Rechte und Pflichten sowohl des Fürsten wie der Untertanen durch Gesetze regelte und seine Macht durch weisungsgebundene und kontrollierbare Behörden ausübte.

In Sizilien errichtete Graf Roger II., der von seinem Vater die Legatengewalt über die Kirche geerbt hatte und 1130 den Königstitel annahm, einen mehr nach byzantinischem als nach abendländischem Vorbild ausgerichteten Einheitsstaat. Er zwang den Papst, die Vereinigung aller Normannenherrschaften in einem unteilbaren Lehen anzuerkennen. Im Jahre 1140 erklärte er in einer Rede vor seinen Großen, daß er die Herrschergewalt unmittelbar von Gott empfangen habe, ohne die Lehnshoheit des Papstes zu erwähnen. Im Gegensatz zu allen anderen katholischen Königen verlangten er und seine Nachfolger, daß sich Erzbischöfe und Bischöfe vor ihnen auf die Knie warfen. Wie sein Reich im Kampf gegen die Kaiser des Ostens und des Westens entstanden war, so beanspruchte er kaisergleichen Rang.

Innerhalb seines Reiches gewährte die Rechtsordnung Griechen, Lateinern und Arabern gleiches Recht. Den König als obersten Richter und Gesetzgeber vertraten in den Provinzen Iustitiarii (Rechtsschützer), die namentlich die königlichen Lehnsleute überwachten, indem sie Klagen von deren Hintersassen annahmen. Das Lehnswesen mit ungeteilter Erblichkeit hatten die Normannen aus dem Norden mitgebracht, aber die byzantinische Tradition der Staatsgewalt, auf die Roger sich stützte, verwehrte ihm eine allgemeine Verbreitung und hielt es unter der Staatsaufsicht. Neben den Justitiaren besorgten Kämmerer die Erhebung der Steuern, denn der Normannenstaat war nicht von freiwilligen Leistungen der Lehnsleute abhängig, sondern übernahm die allgemeinen ständigen Steuern der byzantinisch-arabischen Zeit. Gering wie die des Lehnswesens war die Bedeutung der Hoftage, die der König nach Belieben berief, damit die Großen seine Erklärungen hörten und den verlangten Rat äußerten.

Auch in England waren die normannischen Könige mächtig und geschickt genug, die Hoheit über die Lehnsleute zu behaupten. Wilhelm der Eroberer hatte zwar das Ritterlehen eingeführt und die öffentliche Wehrpflicht an den Besitz eines solchen geknüpft; aber durch die Shire-Organisation, die er bewußt erhielt, wahrte er sich die Hoheit über die Hintersassen der Lehnsleute. Alle Einwohner des Landes leisteten ihm einen Treueid. Der Besitzstand des als Ritterlehen ausgegebenen Kronlandes wurde 1086 im Domesday Book aufgezeichnet, gegen dessen unanfechtbares Zeugnis keine Entfremdung des Krongutes möglich war.

Nachdem unter Stephan von Blois die Macht der Lehnsleute gefährlich gewachsen war, erreichte König Heinrich II. die völlige Verdrängung des Lehnswesens aus der Verfassung, indem er die bereits von seinem Großvater Heinrich I. begonnene Umwandlung des persönlichen Waffendienstes der Lehnsmannen in Geldzahlungen fortführte und 1181 das angelsächsische fyrd erneuerte, die Waffenpflicht aller freien Untertanen, womit ihm insbesondere die Stadtbürger wieder aufgebotspflichtig wurden. Seit 1166 verlangte er von allen Aftervasallen das homagium ligium (ligische Mannschaft), kraft dessen sie dem König eine höhere Treue schuldeten als ihrem unmittelbaren Lehnsherrn und sich von diesem nicht gegen ihn gebrauchen lassen durften.

Rechtspflege und Steuerverwaltung blieben so in der Hand der Sheriffs; im Domesday Book waren auch die aus angelsächsischer Zeit herrührenden Steuerpflichten aller Hundreds aufgezeichnet. Seit der Regierung Heinrichs I. mußten die Sheriffs zweimal jährlich vor der Curia regis (Hof des Königs) erscheinen und die für den König erhobenen Gelder abrechnen und abliefern. Durch justices in eyre (Reiserichter), die Mitglieder der Curia waren, überwachte der König ihre Rechtsprechung. Da der festländische Besitz ihn zu häufigem Verlassen der englischen Insel nötigte, richtete er, damit die Aufsicht über Sheriffs und Vasallen nicht ständig unterbrochen wurde, eine Abwesenheitsregierung ein, indem er seinem Justitiar die sonst selbst geführte Leitung der Curia regis anvertraute.

Die Curia des Justitiars, genannt der Exchequer (von scaccarium = Rechentuch, auf dem die Sheriffs ihre Rechnung legten), war seit 1172 in der Abtei Westminster bei London fest ansässig. Sie gewährte dem König auch die Mittel zur Ausdehnung seiner Justiz. Die Rechtsprechung selbst verblieb zwar den lokalen Gerichten. Da aber jeder Untertan das Recht hatte, den König um Hilfe wider das Unrecht anzurufen, hatte dieser eine Handhabe zum Eingreifen, wenn die Richter versagten. Die Erledigung der Rechtshilfeersuchen durch writ of right (Justizerlaß) wurde zum System ausgebaut. Die Writs enthielten Anweisungen an den Richter für die Erledigung des Falles und bedrohten den ungehorsamen Richter mit Vorladung vor den Justitiar wegen Mißachtung des Königs. Im Jahre 1178 ordnete dieser an, daß fünf Mitglieder der Curia eigens zum Anhören der Klagen dasein und alle grundsätzlich wichtigen Entscheidungen vor ihn selbst bringen sollten. Das vom König gewiesene Recht, verbreitet durch Mandate und Reiserichter, schuf so ein Common law (gemeines Recht), das alle adligen Privilegien, kirchlichen Immunitäten und örtlichen Gewohnheitsrechte durchbrach und zersetzte.

Das neue Regierungssystem bestand seine Bewährungsprobe unter König Richard Löwenherz: Obwohl dieser von seinen zehn Regierungsjahren nur fünf Monate in England verbrachte, blieben die königlichen Prärogativen notdürftig gewahrt. Der 1180 ernannte Ranulf Glanville war der erste Justitiar der englischen Geschichte, der in Abwesenheit des Königs als Vizekönig handelte, was bis dahin nur Mitgliedern der Königsfamilie gestattet worden war.

In Deutschland waren beim Tod Heinrichs IV. die alten, auf der Treuepflicht aller freien Männer beruhenden Machtgrundlagen des Königtums völlig vernichtet. Für die notwendige Neuordnung hatte das Wormser Konkordat den Weg gewiesen, indem es für die Reichskirche das Kirchenamt von den weltlichen Hoheitsrechten schied und diese, die man nach romanischem Vorbild als „Regalien“ bezeichnete, durch die Szepterinvestitur vom König auf den geistlichen Fürsten übergehen ließ. Durch Umwandlung dieser Investitur in eine Belehnung entstand das geistliche Reichsfürstentum.

Den Begriff des Reichsfürsten als des unmittelbar vom König mit Hoheitsrechten Belehnten benutzte der Hochadel, um ständischen Vorrang vor den Freien zu erlangen. Durch den Sturz Herzog Heinrichs des Löwen (1180) erlangten die Bischöfe und Grafen Sachsens die unmittelbare Lehnsbindung an den König. Dieses Ereignis gilt als Abschluß der Entstehung des Reichsfürstenstandes, weil mit ihm zugleich das letzte Herzogtum älterer Art, wie es einst die Stammesherzogtümer gewesen waren, verschwand, das selbst noch Bischöfe und Grafen belehnt hatte. Die übriggebliebenen Herzogtümer, deren Rechte das Privilegium minus für den Herzog von Österreich (1156) und das Herzogsprivileg für den Bischof von Würzburg als Herzog von Franken (1168) festgelegt hatten, besaßen in der Lehnspyramide, der sog. Heerschildordnung, denselben Rang wie die unmittelbar vom Könige belehnten Grafen.

Die Unterordnung der Hochadligen, soweit sie nicht königliche Lehnsträger waren, unter die Reichsfürsten wurde in das Gebot der Bannleihe (Leihe der Hoheitsrechte, besonders der Gerichtsbarkeit) gekleidet: Sie hatten den Bann von den Reichsfürsten zu nehmen. So zeichneten sich zur Zeit Kaiser Friedrichs I. die Grundlinien eines durch das Lehnsrecht zentralisierten Staates ab, der imstande sein konnte, das dualistische, auf Eigenständigkeit der Adelsrechte beruhende ältere System zu überwinden.

Gegenüber der älteren, Grundbesitz und Hoheitsrechte verschmelzenden Adelsherrschaft setzten die Reformklöster des Hirsauer Typs im Kampf gegen das Eigenkirchenrecht die Spaltung beider Elemente durch: Das Kloster wurde selbständiger, freier Grundherr, der adlige Gründer behielt als Stiftervogt nur Schutzpflichten und Hoheitsrechte. Hinfort gab es Grundherrschaften ohne Hoheitsrechte und politische Herrschaft ohne Grundeigentum. Im Zuge der ausgedehnten Rodungen nicht nur östlich der Elbe, sondern auch, wenn auch weniger verbreitet, im Altreich, erlangten gleichzeitig viele Bauern persönliche Freiheit; die Macht der Grundherren über sie floß nur noch aus der Bodenleihe, nicht mehr aus der Herrschaft über ihre Personen (Leibherrschaft).

Klöster und Rodungsbauern waren nun, wie die nach Selbständigkeit drängenden Bürger der Bischofsstädte, bereit, ein neues Verhältnis zum König zu suchen. Diese Bereitschaft griff Lothar III. durch eine verwaltungstechnische Neuschöpfung auf: Im Rektorat von Burgund, das 1127 den Zähringern verliehen wurde, und dann in den Landgrafschaften suchte er die königliche Fürsorge für die neuen freien Bevölkerungsschichten, die sonst keinen Schützer hatten, zu organisieren. Dies geschah in Konkurrenz zu dem selbst Rodungsherrschaften gründenden Hochadel, etwa dem staufischen Herzogtum Schwaben, dem Herzogtum der Zähringer beiderseits des Schwarzwaldes, den Markgrafschaften östlich der Elbe. Kaiser Friedrichs I. Landfriedenspolitik setzte die Linie fort: Wenigstens in Teilen des Reiches entstand eine königliche Friedenswahrung, die bei konsequentem Ausbau auch wohl durch die Lehnsordnung hindurchgreifen konnte.

Ein Besteuerungsrecht besaßen die staufischen Herrscher nicht. Ihre hochadligen Lehnsmannen waren ihnen zu persönlichem Kriegs- und Hofdienst mit reisigem Gefolge auf eigene Kosten verpflichtet. Alle anderen Kosten der Reichsverwaltung mußten die Könige aus den Erträgen des Reichsgutes decken. Dieses war, wie früher, um Curiae (Reichshöfe) oder Pfalzen organisiert, die die Staufer nicht mehr durch edelfreie Grafen oder Burggrafen verwalten ließen, sondern durch Amtleute aus der Reichsministerialität. Aus den Erträgen seines Hofes mußte der Amtmann örtliche Reichslasten abtragen, so der in Goslar die in Geld angewiesenen Burglehen für die Bewacher der Harzburg, die Kaiser Friedrich I. 1180 wieder ans Reich nahm. Außerdem mußte er das servitium regis (Königsbedienung) bereitstellen, für den Fall, daß der König in der Pfalz Hof hielt.

Da dies auf manchen Pfalzen selten oder nie geschah, suchten die Staufer die vor allem in Deutschland noch üblichen Naturalleistungen durch Geldzahlungen zu ersetzen, die unabhängig von der persönlichen Anwesenheit und regelmäßig erhoben werden konnten. Am Ende des 12. Jh. war das Reichsgut in Italien bereits vorwiegend mit solchen Geldzahlungen belegt. In Deutschland suchten die Könige durch Gründung von Städten den Geldumlauf und damit auch den Geldertrag des Reichsgutes zu mehren. Aus den Geldeinkünften hat bereits Kaiser Friedrich I. Soldtruppen in Dienst genommen und bezahlt.

Eine gleichartige, auf den Untergang des karolingischen Regierungssystems gerichtete Entwicklung in Frankreich ist daran zu erkennen, daß in der zweiten Hälfte des 11. Jh. Bischöfe und Grafen aus den Zeugenlisten der Königsurkunden verschwinden und durch die Amtsinhaber des königlichen Haushaltes ersetzt werden: den „sénéchal" (Truchseß), „connétable" (Marschall), „chambrier" (Kämmerer) und „bouteiller" (Mundschenken). Sie entstammten dem niederen Adel der Barone der Krondomäne in der Île-de-France, auf die sich zunächst die königliche Gewalt beschränkte. Aus dem gleichen Kreis kamen die „prévôts" (prepositi; Amtleute) der örtlichen

Verwaltung, die die Rechte und Einkünfte des Königs verwalteten und die der Hof im 12. Jh. durch „mandement" (schriftlichen Befehl) anzuweisen lernte.

Die Kapetinger des 12. Jh. begannen ihre Gerichtsbarkeit über den Adel mit dem Schwert durchzusetzen. Auf Klagen der bedrängten Kirchen und Klöster luden sie die Seigneurs vor ihr Hofgericht, dessen Urteilen sie gewaltsam Geltung verschafften. Sie begannen aber auch, Klagen gegen ihre hochadligen Lehnsleute von deren Aftervasallen und Hintersassen anzunehmen. Die Lehnshoheit und das homagium, die bisher nur auf dem Papier gestanden hatten, erhielten dadurch eine neue Bedeutung, die als so drükkend empfunden wurde, daß sich die Herzöge der Normandie, Aquitaniens und Burgunds 1108 weigerten, dem neuen König den Lehnseid zu leisten.

Die Stellung des Königs nicht nur über den Baronen der Île-de-France, sondern auch über den Herzögen und Grafen Frankreichs wurde namentlich durch die erfolgreiche Politik Philipps II. Augusts wieder zur Realität. Das Königtum erlangte dadurch eine dem deutschen weit überlegene Stellung, weil der Begriff der Regalien in Frankreich nicht erst im Ringen mit dem Hochadel definiert werden mußte. Die Herkunft aller Hoheitsrechte allein vom König war in Frankreich seit je unbestritten.

3. Weltliche und kirchliche Territorialverwaltung

Seit dem Aufblühen des Städtewesens war es schwierig, Hörige auf den Grundherrschaften festzuhalten, die leicht Arbeit in den Städten finden konnten, und die Produktion auf den Eigenbedarf zu beschränken, wenn sich Überschüsse in den Städten leicht absetzen ließen. Seit dem 11. Jh. hatten daher die Grundherren begonnen, Grundherrschaften mit Bauern und Handwerkern aufzusiedeln, die bei freiem Besitzrecht hohe Pachtzinsen bezahlen konnten, weil sie Waren auf den Märkten absetzten. An Geldeinnahmen waren die Grundherren interessiert, weil sie sich leichter einheben, horten und verwenden ließen als Naturallieferungen. So begann sich im 12. Jh. die bipartite Betriebsweise, die jetzt ihre weiteste Verbreitung in Mittel- und Nordwesteuropa erlangte, zunächst in der Nähe großer Städte, vor allem in Flandern, aufzulösen. Freie, nicht mit Hörigkeit verbundene Pachtrechte wie das niedersächsische Meierrecht und das hessische Landsiedelrecht fingen an sich auszubreiten. Der Grundherr wurde zum Rentenempfänger, die Grundherrschaft auch in Nordwesteuropa zur Rentengrundherrschaft, die sie in Südeuropa immer gewesen war. Als solche wurde sie auch durch die deutsche Siedlung östlich der Elbe verbreitet, wo sie von vornherein auf die Erzeugung von Überschüssen und den Austausch mit den gleichzeitig entstehenden Städten hin angelegt war und den Bauern ein entsprechend freies Besitzrecht ließ.

Es war eine der Wirkungen der Kirchenreform gewesen, daß man Grundherrschaft und Hoheit zu scheiden gelernt hatte. Damit setzte sich eine rechtliche Abgrenzung zwischen hohem und niederem Adel durch. Die niederadligen Grundherren, die keine Hoheitsrechte besaßen, bildeten den Ritterstand. Der deutsche Reichslandfrieden von 1186 grenzte ihn nach unten ab, indem er bestimmte, daß Söhne von Geistlichen und Bauern nicht in ihn aufgenommen werden durften. Die Ritter waren teils freier, teils unfreier Abstammung und besaßen befestigte Häuser oder Burgen. Die Obrigkeit, die sie über die Pächter und Hintersassen auf ihrem Grundbesitz ausübten und die auf Streitigkeiten aus dem Pachtverhältnis beschränkt war, wurde später „niedere Gerichtsbarkeit" genannt.

Der hohe Adel besaß außer seinen Grundherrschaften Hoheits- und Schutzrechte auch über fremde ritterliche oder kirchliche Grundherrschaften. Er konnte Friedensbrecher an Leib und Leben strafen; diese später „hohe Gerichtsbarkeit" genannte Befugnis mußte vom König im Lehnswege erworben werden (Bannleihe). So konnten in Deutschland nur Reichsfürsten in ihren Besitz kommen; in England ist sie fast nie verliehen worden. Da die Fürsten sie nicht überall persönlich ausüben konnten, durften sie sie einmal weiterverleihen. Dies geschah teils im Lehnsweg an andere Adlige, teils widerruflich an Amtmänner, die aus dem Ritterstand genommen wurden. Der hohe Adel richtete die Verwaltung seiner Grund- und Hoheitsrechte genauso ein, wie es die Könige taten: Er setzte Amtleute ein, die nach Weisung Rechtsbrecher verfolgten und über die Einkünfte abrechneten. Am fortschrittlichsten war in dieser Hinsicht die burgen- und städtereiche Grafschaft Flandern.

Die Grundherren benutzten ihre politische Macht, um mittels der Niedergerichtsbarkeit die Hintersassen auch wirtschaftlich auszunutzen. Sie verboten ihnen etwa, selbst Mühlen, Backöfen oder Weinkeltern zu bauen, und zwangen sie, gegen Gebühren die herrschaftlichen Einrichtungen zu benutzen. Auch über die einst freie Allmende (Viehweide, Fischfang, Eichelmast, Bau- und Brennholz) maßten sie sich eine Aufsicht an, kraft deren sie für die Nutzung Gebühren und für unerlaubte Nutzung (Flur- und Forstfrevel) Strafen erhoben. Die Selbstverwaltung der Markgenossen suchten sie nach Möglichkeit durch eigene Beamten (Holzgrafen u. ä.) einzuschränken. In Süddeutschland hießen die Befugnisse des Niedergerichtsherrn später sehr anschaulich „Zwing und Bann". Nur die Gefahr, die Bauern anderen Grundherren zuzutreiben, die für Rodungssiedler oder Städter günstige Bedingungen boten, hielt sie beim Ausbau der Bannrechte in Grenzen.

Unter dem Einfluß der Kirchenreform verzichteten im 12. Jh. die Grundherren auf ihre alten Eigenkirchenrechte. Die Lateransynoden stellten den Grundsatz auf, daß auch niedere Kirchen nur vom Bischof verliehen werden könnten und daß ein Laieneigentum an Kirchen gänzlich unzulässig sei. Wer ein Vermögen für kirchliche Zwecke stiftete, mußte daher auf das Eigentum daran verzichten und behielt nur das Patronatsrecht, kraft dessen er dem Bischof oder dessen Vertreter in der Jurisdiktion den Kleriker präsentierte, der das Vermögen nutzen und die Stiftungszwecke erfüllen sollte. Nur Klöster konnten Pfarrkirchen eigentümlich besitzen und durch einen vom Abt dem Bischof vorgeschlagenen Kleriker versehen lassen, woraus sich im 13. Jh. das Recht der Inkorporation entwickelte.

Nachdem schon früher in den Stiftskirchen das Tafelgut des Bischofs oder Propstes von dem des Kapitels getrennt worden war, bildeten sich nun die Stifts- oder Kollegiatkapitel zu selbständigen Korporationen unter Leitung ihres Dekans aus, zumal die Domkapitel, die im Laufe des 12. Jh. die ausschließliche Befugnis zur Bischofswahl erhielten und in der Folge einen wesentlichen Teil der Diözesanverwaltung in die Hand bekamen. Die (in Deutschland im Wormser Konkordat festgelegte) Wahl der Bischöfe durch Klerus und Volk wurde durch die päpstliche Rechtssetzung seit 1139 unter Zurückdrängung der Laienschaft, der Mönche und übrigen Kleriker auf das Domkapitel eingeschränkt.

Hatte zunächst aus dem gemeinsam verwalteten Stiftsgut jeder Kanoniker seine Natural- und Geldmittel erhalten, so bildete sich im 12. Jh. die Gewohnheit, bestimmte Landgüter und Gefälle sowie einen städtischen Stiftshof (Kurie) den einzelnen Kanonikern zu eigener Verwaltung zuzuweisen. Die prebenda (Reichnis) erhielt damit die Bedeutung eines Güterkomplexes, der Pfründe, die dem zum Kanonikat Erwählten durch Leihe oder Investitur übertragen wurde. Die Präbende glich sich dem Benefizium, dem Güterkomplex des Pfarrers, an.

Die Benefizialleihe blieb aber nicht auf Pfarrkirchen und Kanonikate beschränkt, sondern erfaßte auch die kirchliche Gerichtsbarkeit. Schon im 10. Jh. hatten viele Bischöfe wegen ihrer Königsdienstpflichten die Jurisdiktion nicht mehr selbst ausüben können und daher auf den Archidiakon delegiert. Im 10. Jh. war zunächst im lothringischen Raume die Verleihung der bischöflichen Gerichtsrechte an mehrere Archidiakone in fest abgegrenzten Sprengeln üblich geworden. Dieser jüngere Archidiakonat verbreitete sich nach 1066 in England, im 12. Jh. in den sächsischen Bistümern sowie in der großen Alpendiözese von Salzburg und im 13. Jh. in den polnischen Diözesen. In ihren Sprengeln visitierten die Archidiakone den Klerus und übten sie im Synodal- oder „Send"gericht die Buß-, Ehe- und sonstige kirchliche Gerichtsbarkeit. Auch hatten sie die vom Bischof ernannten oder mit einer päpstlichen Provision versehenen Kleriker in den körperlichen Besitz ihrer Benefizien zu investieren. Dafür hatten sie Anspruch auf freie Unterkunft und Verpflegung, auf das dem Bischof zustehende Viertel der kirchlichen Zehnten und andere Abgaben. Diese Leistungen wurden ebenfalls als Benefizium betrachtet und ihnen durch die Investitur zugleich mit dem bischöflichen Bann verliehen.

Bischof und Archidiakone übten ihre Justiz in ihrer Curia oder Synode aus, umgeben von Klerikern und Laien, von denen sie in den Formen germanischer Rechtsfindung das Urteil erfragten. Aber diese Praxis war mit dem durch die päpstlichen Mandate verbreiteten kanonischen Rechte nicht mehr zu vereinbaren. Wie in der weltlichen Territorialverwaltung, so entstand in der kirchlichen das Bedürfnis nach absetzbaren und weisungsgebundenen Beamten, die darüber hinaus im römischen-kanonischen Recht ausgebildet sein mußten. So verbreitete sich im letzten Viertel des 12. Jh. zunächst in der Erzdiözese Reims das Amt des Offizials, des beamteten gelehrten Berufsrichters an Bischofs Statt, der nicht mehr mit einer Pfründe auf Lebenszeit belehnt, sondern in Geld besoldet wurde. Im 13. Jh. wurde das Amt in der ganzen Kirche übernommen.

4. Städtewesen und Bürgertum

Die Wirren des Investiturstreites hatten die Stadtbewohner vielfach dazu benutzt, um im Bunde mit der kirchlichen Reformpartei die Herrschaft der Bischöfe und ihres hochadligen Klerus zu schmälern. Wie in Mailand die Pataria, so brach in Florenz das mit dem Reformmönchtum verbündete einfache Volk um 1067/68 die Macht des Bischofs und zwang diesen zum Rücktritt. Die Bürger von Speyer, die wie die von Worms Kaiser Heinrich IV. gegen ihren Bischof unterstützt hatten, erhielten 1111 ein kaiserliches Privileg, das ihnen den von allen Beschränkungen der Hörigkeit freien, vererblichen Besitz ihrer Vermögen bestätigte. In den niederrheinisch-nordfranzösischen Städten bildeten die Städter Eidgenossenschaften zum Kampf gegen den Stadtherrn. Sie setzten Stadtrecht, zu dessen Beachtung sich die Genossen eidlich verpflichten (Willkürrecht) und das die Bischöfe nach langen Kämpfen anerkannten. Im Jahre 1116 schloß sich auch im spanischen Santiago de Compostela das Volk in einer Schwurgemeinschaft zusammen, die den Erzbischof sogar zum Auszug aus der Stadt nötigte, bevor sie nach einjährigem Bestand zusammenbrach.

Da gleichzeitig die herrschaftliche Städtegründung in Form des Burgus in den Niederlanden, Frankreich und Spanien fortgesetzt wurde und seit 1066 auch England sowie mit der Gründung Freiburgs im Breisgau durch den Herzog von Zähringen 1120 Deutschland erreichte, vermehrte sich die Zahl der Siedlungen, deren Bewohner von Anfang an ein so vorteilhaftes Recht genossen, wie es die der alten Civitates sich jetzt erstritten.

Die Bürgergemeinden mußten bald die verdrängte bischöfliche Herrschaft durch eigene Führungsorgane ersetzen. In Norditalien werden 1095 für Asti, 1117 für Mailand, seit 1127 für Cremona Konsuln erwähnt, welche die regellose Stadtregierung der Bürgerpartei durch eine straffere Geschäftsführung ersetzten. In den Städten zwischen Loire und Rhein begegnen uns „iurati" (Geschworene) als Führer der Gemeinde, so in Cambrai seit spätestens 1077, in St. Quentin 1080, in Beauvais um 1099, in Köln 1106 und 1111. Konsuln und Geschworene entstammten der Schicht der reichsten Kaufleute, der „meliores" (Besseren), die sich im 12. Jh. in vielen Städten standesrechtlich als Patriziat abschlossen; in Köln bildeten sie am Ende des 12. Jh. die stadtbeherrschende Richerzeche.

Die Konsulatsverfassung breitete sich von Italien her noch in der ersten Hälfte des 12. Jh. über die großen Städte Südfrankreichs aus (Arles, Avignon, Béziers, Montpellier, Narbonne, Nîmes, St. Gilles, Tarascon). Nördlich davon, in Burgund und Mittelfrankreich – wie übrigens noch in vielen anderen Landschaften – fehlte eine lebendige Kommunalbewegung und blieb die herrschaftliche Stadtverfassung aufrechterhalten. Der Fortschritt zur Konsulats- oder Ratsverfassung übersprang diesen Raum nach längerem Verzug. Die Ratsverfassung begann seit dem letzten Jahrzehnt des 12. Jh. in den rheinischen und niederländischen Städten die älteren Formen der Selbstverwaltung zu verdrängen. Um 1190 wurde sie in Speyer und Basel, vor 1196 in Utrecht, um 1201 in Lübeck eingeführt.

Die Akten Genueser Notare, welche die ältesten erhaltenen Quellen dieser Art sind, zeigen, daß schon um die Mitte des 12. Jh. nordwesteuropäische Qualitätstuche und oberschwäbisches Leinen im Mittelmeerhandel bekannt waren. Die in den Städten Flanderns, in Ypern, Gent, Douai, Valenciennes und vielen anderen, aus englischer Wolle gewebten Tuche wurden nicht nur von hansischen Kaufleuten nach Rußland und von Kölnern und Regensburgern nach Ungarn gebracht, die niederländischen Händler setzten sie auch in Spanien, Südfrankreich und Italien ab. Die Kaufleute von Florenz, Siena, Lucca, Genua ließen sie abschließend verarbeiten, walken, färben und scheren, um sie alsdann in Nordafrika gegen Goldstaub, Wolle und Häute, in der Levante gegen Seide, Gewürze, Baumwolle und Farbwaren zu vertauschen.

Hatten sich die Tuchhändler des Nordwestens zunächst noch mit ihren Waren in die Mittelmeerstädte begeben, so verlegte sich der Treffpunkt im 12. Jh. auf die Jahrmärkte der Champagne. Um 1174 konzentrierten sich die Kontakte auf die vier Messestädte Troyes, Provins, Lagny und Bar-sur-Aube, Kleinstädte von wenigen tausend Einwohnern, wo aber in der Messezeit ein Vielfaches an Fremden zusammenkam. Die Regelmäßigkeit der Geschäftsverbindungen von Palästina bis nach England führte zur Ausweitung des Geldwechsels bis zum bargeldlosen Zahlungsverkehr und, durch Verlängerung der Fälligkeit der ertauschten Summen, zum Kreditgeschäft, in dem sich toscanische und lombardische Bankiers ein Monopol sicherten. Neben den italienischen Städten gewannen andere Anteil am Orienthandel. Im Jahre 1187 verbündeten sich Montpellier, Marseille und Barcelona zu gemeinsamem Erwerb von Privilegien in Tyros. Genua und Pisa rivalisierten in der Beherrschung des westlichen Mittelmeeres.

Nachdem das Abendland vier Jahrhunderte lang den Geldbedarf seines kümmerlichen Verkehrs mit Pfennigstücken hatte befriedigen können, kam in Nordeuropa am Ende des 12. Jh. die Verwendung von Silberbarren im genauen Gewicht einer Mark als Zahlungsmittel für den Groß- und Fernhandel in Gebrauch. Dagegen ließ Venedig im Jahre 1202 als erste Stadt eine große Silbermünze im Werte von 24 Pfennigen prägen.

5. *Kunst und Kultur*

Während in den Ländern des östlichen Islam die Macht der Seldschuken zum ersten Mal die Rechtgläubigkeit zur Norm des geistigen Lebens erhob und die freie Wissenschaft mit Mißtrauen als glaubensfeindlich verfolgte, erlebte diese im letzten Jahrhundert des islamischen Spanien einen ihrer höchsten Glanzpunkte. Es war die Zeit, da Ibn Rušd (Averroes, † 1198) mit Nachdruck die Autonomie philosophischer Erkenntnis gegenüber der Religion behauptete und den arabischen Intellektualismus aristotelischer Prägung zur Vollendung brachte.

Seit der christlichen Rückeroberung von Toledo (1085) begann die arabische, vielfach aus dem Griechischen stammende Literatur über Philosophie und Wissenschaft das Abendland, in erster Linie Frankreich, zu beeinflussen. Die geistigen Auseinandersetzungen, die den Investiturstreit begleiteten und eine Fülle von Kampfschriften der Parteien hervorbrachten, hatten dafür den Boden bereitet, die Domschulen Frankreichs schon vorher von sich aus auf eine Renaissance des Altertums hingearbeitet, allen voraus die von Chartres mit ihren um den platonischen Idealismus kreisenden philosophischen Studien und einer weit ausgebreiteten Kenntnis der klassischen Dichter.

In Italien, in Rom, Pavia und Ravenna, nahm in der zweiten Hälfte des 11. Jh. das systematische Studium des römischen Rechts durch die Auffindung einer vollständigen Handschrift der Digesten, des Hauptteils des justinianischen Corpus, einen neuen Aufschwung, und seit Bologna durch den glänzenden Lehrer Irnerius (gestorben nach 1125) die älteren Schulen überflügelte, begann das neue, an den antiken Autoritäten ausgerichtete Rechtsdenken ganz Westeuropa zu beeinflussen. Nur mit Hilfe der in Bologna erlernten Methode vermochte Gratian die vielfach widersprüchlichen Normen des Kirchenrechts seiner Zeit zu ordnen.

Aus dem Gegensatz zwischen religiöser Erneuerung und intellektueller Renaissance entstand ein neues Verhältnis zur Theologie. Die Lehre sollte nicht mehr einfach geglaubt, sondern auch begründet und verstanden werden. Eine neue wissenschaftliche Arbeitsweise, die Scholastik, suchte durch Klärung der Begriffe und logische Schlußfolgerung die geoffenbarten Glaubenswahrheiten dem denkenden Menschen faßbar zu machen; als ihr Begründer gilt der Erzbischof Anselm von Canterbury. Der Pariser Gelehrte Petrus Abaelard stellte in seiner Schrift „Sic et Non" („Ja und Nein") widersprüchliche Bibelstellen nebeneinander und erörterte ihre Glaubwürdigkeit in der Weise des Aristoteles, dessen Schriften durch Übersetzungen aus dem Arabischen bekanntzuwerden begannen.

Dieser neuen Richtung trat Bernhard von Clairvaux entgegen. Er betonte, daß nur derjenige Gott recht erkenne, der das göttliche Liebeshandeln im Herzen nacherlebe, und wurde damit zum Begründer einer abendländischen Mystik, die das innerliche Erfassen Gottes über die Tätigkeit des Verstandes stellte und besonders in Deutschland Widerhall fand. Auf Bernhards Anregung erkannte Papst Eugen III. die aus den Bildungselementen der Zeit erwachsenen kosmologischen Visionen der Äbtissin Hildegard von Bingen als überirdischen Charakters an.

Gegen die Mitte des 12. Jh. erreichte in Toledo, gefördert vom dortigen Erzbischof Raimund, die Übersetzung arabischer und griechischer Schriften ins Lateinische den größten Umfang. Die französischen Schulen, besonders Chartres, traten in enge Verbindung zu spanischen Übersetzern. Der wiedererweckte Aristoteles wurde jetzt zum Lehrmeister des Abendlandes in systematischer Naturbeobachtung und im Philosophieren. Für König Roger II. von Sizilien verfaßte um die Mitte des 12. Jh. der Berber al-Idrisi eines der berühmtesten Werke der mittelalterlichen Geographie. Johann von Salisbury, in Chartres klassisch gebildet und Schüler Abaelards in Paris, schrieb unter dem Titel „Policraticus" den ersten philosophischen Traktat des Abendlandes über das Wesen weltlicher Herrschaft.

Die neue Wissenschaft sprengte den Lehrbetrieb der Kloster- und Kathedralschulen und den Kursus der sieben freien Künste. Die Pariser Lehrer und Schüler schlossen sich noch vor dem Ende des 12. Jh. in einer (später so genannten) Universitas (Gilde) zusammen, deren Zustimmung der Kanzler der Domkirche vor der Verleihung der Lehrbefugnis einholen mußte. Ebenso entstand die Universität von Oxford, vielleicht infolge der vom englischen König befohlenen Heimkehr der englischen Schüler aus Paris (um 1167/68). In Bologna dagegen schlossen sich die aus ganz Europa zusammengekommenen Studenten (ohne die Lehrer) zu gegenseitiger Unterstützung zusammen, und ebenso bildeten sich die medizinischen Universitäten von Salerno und Montpellier. So können fünf europäische Universitäten ihre Anfänge ins 12. Jh. zurückverfolgen.

Auch für die Literatur bedeutete das 12. Jh. eine Zeitenwende. Während die mittellateinische Dichtung in den scherzhaft-satirischen Liedern der Vaganten (fahrenden Schüler) ihren Höhepunkt erreichte, setzten sich die Nationalliteraturen endgültig durch. Die Troubadourlyrik verbreitete sich in der provenzalischen Literatursprache über Südfrankreich, Katalonien und die Lombardei und beeinflußte außer Skandinavien und Polen das ganze Abendland. Ihr Gegenstand waren der Minnedienst des ritterlichen Sängers für die verheiratete hochadlige Dame, ritterliche Ethik und höfische Sitte. In Nordfrankreich entstand nach der Mitte des 12. Jh. der höfische Roman, der die Chansons de geste verdrängte und mehr auf Lektüre als auf freien Vortrag berechnet war. Sein Stoff entstammte vor allem der keltisch-bretonischen Sage vom König Arthur, dem Zauberer Merlin und dem Gral, und sein erster Meister war Chrétien von Troyes. Um 1150 formte sich auch das spanische Nationalepos (Poema del mio Cid). Nach Deutschland drang die neue Dichtung erst eine Generation später vor: Nach 1180 leitete der niederrheinische Dichter Heinrich von Veldeke, Verfasser von Minneliedern und eines Äneas-Epos, die Blütezeit der mittelhochdeutschen Dichtung ein.

In der Baukunst vollzog sich in Frankreich der Durchbruch der Baugedanken des später so genannten gotischen Stils: Überwindung der Schwere der romanischen Kreuzgewölbe durch leichte, von Gewölberippen getragene Kappen, Ausgleich der Höhenunterschiede zwischen Schild- und Diagonalbögen durch den Spitzbogen, Ableitung des auf die Eckpunkte der Gewölbe gesammelten Drucks durch Pfeiler und Dienste nach unten sowie durch Strebebögen über die Seitenschiffe hinweg nach außen. Muster der Frühgotik sind die Abteikirche von St. Denis (begonnen nach 1140), der Dom Notre-Dame zu Paris (seit 1163) und die Kathedrale von Laon (seit 1170). Zur Baukunst trat die Plastik in enge Verbindung; sie stellte an den Kirchenfassaden die Einheit der himmlischen und irdischen Hierarchie dar, so in der Reihe der Königsfiguren der Westportale des Doms von Chartres (zwischen 1134 und 1150). Spätere Höhepunkte sind die Querhausportale von Chartres und die Fassaden von Notre-Dame, Reims und Amiens aus dem Ende des 12. Jh. In das Figurenprogramm wurde auch die Glasmalerei der Fenster einbezogen, die die Wandmalerei ersetzte, seit die Baumeister die Wandflächen in Fenster und Triforien aufzulösen begonnen hatten.

VII. Das Jahrhundert der Päpste und der Aufstieg der westeuropäischen Staaten

A. Innozenz III. und seine Zeit

Am 8. Januar 1198, unmittelbar nach dem Tode des 92jährigen Coelestin III., wählten die Kardinäle einen jungen Mann aus vornehmem italienischem Grafengeschlecht zum Papst, den 37jährigen Lothar von Segni. Über 18 Jahre lang, bis zum 16. 7. 1216, hatte er die höchste geistliche Würde Europas inne: Innozenz III. In Paris hatte er Theologie studiert, in dem anderen geistigen Zentrum der Zeit, in Bologna, die Rechte. Er war wohl mehr Jurist als Theologe, wie zahllose Briefe voller Scharfsinn, Subtilität und spitzfindiger Raffinesse zeigen; er konnte wie ein Anwalt plädieren und seine Sache durchfechten.

Die Nachfolge Petri betonte er ganz besonders, indem er sich erst an Petri Stuhlbesteigung (22. Februar) weihen ließ. Mehr noch: Als unmittelbarer Vicarius (Statthalter) Christi empfand und benannte er sich. Er beanspruchte die Fülle nicht nur der Autorität, sondern der Macht, die „plenitudo potestatis". Nicht mehr bloß die Schlüsselgewalt, die Binde- und Lösegewalt auf geistlichem Gebiet sollte das päpstliche Handeln bestimmen, sondern um der Vergebung der Sünden willen (ratione peccati) begründete er mit dem Richteramt über Völker und jeglichen Regenten auch das Recht, von geltenden Gesetzen zu dispensieren, und am Ende den Prinzipat über die ganze Erde. Diese Theorien waren schon früher gelehrt worden, aber Innozenz III. versuchte, sie handelnd zu verwirklichen. Er konnte sie nicht überall durchsetzen. Doch innerhalb der Kirche vollendete er die Stellung des Bischofs von Rom als Oberhaupt über alle Bischöfe und legte damit die Basis spätmittelalterlicher päpstlicher Ansprüche überhaupt.

Ungewöhnlich war die Chance, die sich ihm zu Beginn des Pontifikats bot. Nach dem Tode Heinrichs VI. (1197) war die deutsche Herrschaft in Italien rasch zusammengebrochen, zeichnete sich die Katastrophe des hochmittelalterlichen Kaisertums bereits ab. Bünde toscanischer und wiederum der lombardischen Städte bildeten sich; der Bruder des Kaisers, Philipp von Schwaben, eben erst zum Herzog von Tuscien erhoben, mußte Italien fluchtartig verlassen. Heinrichs Witwe verbannte nicht nur dessen standhaftesten und konsequentesten Anhänger, Marquard von Annweiler, aus Sizilien, sondern löste von sich aus fürs erste die Verbindung mit dem Deutschen Reich. Den bereits zum Römischen König bestimmten unmündigen Sohn, den dreijährigen Friedrich, ließ sie nach Sizilien holen und Pfingsten 1198 in Palermo zum König krönen. Sie machte Innozenz III. zum Vormund über den „Puer

Apuliae", und nach dem Tod der Königin im November 1198, nach Kämpfen gegen den anfangs siegreichen Marquard von Annweiler, führte der Papst die Regentschaft über Sizilien, das ohnehin von ihm lehnsabhängig war; er bezog jährlich 30000 Pfund Zins aus dem Land. Vor allem nutzte Innozenz die Gelegenheit, nicht nur die gefürchtete staufische Zange der Vereinigung von Sizilien und Deutschland zu zerbrechen. Er schob vielmehr einen Riegel zwischen die Reiche, indem er das Machtvakuum in Mittelitalien durch den Ausbau des „Kirchenstaates" füllte. Gestützt durch neue Kardinäle – 35 erhob er im Laufe des Pontifikats – und viele Vettern und Neffen im kurialen Dienst, legte Innozenz III. den Grund für die spätere Umwandlung des Patrimonium Petri in einen Staat durch Martin V. Nach wiederum zum Teil offenen Kämpfen machte er aus Rom eine auch weltliche „Hauptstadt", die sich mit dem „Kirchenstaat" durch alle Wechsel und Gefährdungen hindurch bis 1870 erhielt. In einzelnen „Rekuperationen" (juristisch begründeten Einbeziehungen von Territorien und Rechten in den „Kirchenstaat") gewann Innozenz III. die Mark Ancona, fast ganz Umbrien, das Herzogtum Spoleto. Vom Tyrrhenischen bis zum Adriatischen Meer, von Orvieto bis Terracina dehnte sich jener Herrschaftsbereich aus. Griffe nach der Toscana und Romagna scheiterten freilich, und es gelang dem Papst nicht, eine Stellung als Oberhaupt Italiens zu erreichen. Aber im „Kirchenstaat", der allerdings noch kein in sich geschlossenes Territorium bildete, versuchte er, wie ein Landesherr zu regieren. Darüber hinaus wollte Innozenz Rom mit der Begründung zum Mittelpunkt der Welt machen, daß die Fundamente des Glaubens in Italien lägen.

Die Doppelwahl in Deutschland bot dem Papst die Gelegenheit zum Ausgreifen über Italien hinaus. In mehreren Akten wählte seit dem 8. März 1198 ein Teil der Fürsten den kaum 20jährigen staufischen Herzog Philipp von Schwaben zum König. Er hatte sich nach der Krone nicht gedrängt, sondern wollte Regent für seinen Neffen Friedrich sein. Eine andere, anfangs größere Gruppe unter Erzbischof Adolf von Köln wählte am 9. Juni 1198 den 16jährigen, in England erzogenen Sohn Heinrichs des Löwen, den Welfen Otto IV., damals Grafen von Poitou, der am 12. Juli am rechten Ort, nämlich in Aachen, durch den Erzbischof von Köln mit neugefertigten Insignien gekrönt wurde. Die herkömmliche Krone wurde Philipp zu Mainz am 8. September, nachdem er inzwischen die Mehrheit der Fürsten auf seine Seite gezogen hatte, durch den burgundischen Erzbischof von Tarentaise aufs Haupt gesetzt. Philipp verfügte auch über den Reichsschatz auf dem Trifels, Otto über zunächst reichliche englische Mittel seines Oheims Richard Löwenherz. Nur der Kampf konnte die rechtlich nicht zu lösende Frage entscheiden, wer von beiden Gewählten der König sei.

Innozenz III. hatte sich zunächst aus dem Thronstreit herausgehalten. Aber als die deutschen Fürsten ihn hineinzogen, nutzte er die gebotenen Chancen. Ein Schreiben Ottos, die Wahlanzeige und Bitte um Kaiserkrönung blieben ein dreiviertel Jahr lang unbeantwortet; Philipps Wahlanzeige erhielt überhaupt keine Antwort. Innozenz' erste Äußerung war ein Brief an die deutschen Fürsten, den er offenbar selbst formuliert hatte. Er sprach darin von dem Recht seines Eingreifens überhaupt, band sich aber noch an keinen Kandidaten. Erst im Mai 1199 deutete er sehr allgemein sein Wohlwollen für Otto an. Dennoch blieb ihm eine festere Stellungnahme und vorläufige Bindung nicht erspart, nachdem die staufische Partei in Speyer (28.5.1199) erklärt hatte, was vor allem im 14. Jh. einer der Hauptstreitpunkte wurde: Die Königswahl sei zugleich bereits Kaiserwahl, es bestehe ein Anrecht des deutschen Königs auf die Kaiserwürde. Die Speyerer Erklärung hätte kein Papst unwidersprochen hinnehmen können, schon gar nicht Innozenz III. Er wies sie in einem Schreiben an die deutschen Fürsten scharf zurück, hielt aber noch immer an seiner Taktik fest. Er empfing eine Gesandtschaft Philipps von Schwaben; aber die Antwort, die Innozenz ihr im Konsistorium gab, lautete ablehnend. Der Papst nutzte die Gelegenheit, um in einer Synthese von biblischen und juristischen Argumenten seine Theorie von der Stellvertretung Gottes und vom Vorrang des Priestertums zu begründen. Da der deutsche Thronstreit zugleich ein Kampf zwischen den Königen von Frankreich und England war, eine europäische Sache also, beanspruchte der Papst nunmehr, seine Stellung als Herr über Völker und Königreiche zu verwirklichen. Einen nach dem anderen der strittigen Könige hat er bevorzugt und wieder fallengelassen, mit allen geheime Verhandlungen geführt, Zugeständnisse von allen erreicht. Er kehrte die Speyerer Erklärung um. Weil dem Papst die Kaiserkrönung zustehe, forderte er in der Decretale „Venerabilem" Mitsprache und Bekräftigung (Konfirmation) bereits bei der Wahl zum deutschen König sowie ein Prüfungsrecht über die Eignung (Idoneität) der Kandidaten. Sogar gegen die Fürstenwahl sprach er sich aus und förderte damit (unbewußt) die Entstehung des späteren Kurkollegs als einer bevorzugten Wählergruppe. Selbstverständlich sollten die Kandidaten nicht nur die Rekuperationen anerkennen, sondern dem Papst dabei helfen und die erworbenen Positionen rechtlich absichern, schließlich auf die Herrschaft zugleich in Sizilien, am Ende auf italienische Herrschaft überhaupt verzichten.

Die erste Entscheidung fiel um die Jahreswende 1200/01 für Otto IV. – wiederum in umfassender Begründung und meisterhafter juristisch-scholastischer Form. Otto IV., dessen englischer Rückhalt schwach geworden war, fügte sich den Bedingungen. Dennoch gingen die Verhandlungen des Papstes mit Philipp weiter, der sich in Deutschland mehr und mehr durchsetzen konnte. Da wurde der erst Dreißigjährige von dem Pfalzgrafen Otto von Wittelsbach aus persönlicher Rache am 21.6.1208 in Bamberg erschlagen. Von nun an schien Ottos Anerkennung gesichert. Er ließ sich sogar noch einmal wählen, heiratete die Tochter Philipps von Schwaben und erreichte im Dezember 1209 die Kaiserkrönung. Als er aber danach die seit dem Ende des 12. Jh. betriebene Politik der Stauferkönige aufnahm und Sizilien zu gewinnen versuchte, geriet er in offenen Konflikt mit dem Papst, der ihn bannte, als er die Grenze des Königreichs Sizilien überschritt.

Dort hatte zu Weihnachten 1208 Friedrich mit 14 Jahren die Volljährigkeit erreicht und die Regierung als König angetreten, ohne zunächst die Abhängigkeit von der päpstlichen Politik abstreifen zu können. Der an Kenntnissen „seinem Alter vorauseilende" Friedrich war aus politischen Gründen mit der über zehn Jahre älteren, bereits verwitweten Konstanze von Aragón verheiratet worden. Die Verbindung von Aragón und Sizilien, der wichtigste Faktor spätmittelalterlicher Mittelmeerpolitik, läßt sich hier bereits erkennen. Nunmehr trat Friedrich vollends in die große Politik ein. Es ließ sich leicht arrangieren, daß einige Fürsten im September 1211 den jungen König zum künftigen Kaiser wählten, darunter vor allem der Erzbischof von Mainz. Innozenz III. unterstützte diese neue Konstellation eindeutig. Friedrich ließ seinen einjährigen Sohn Heinrich zum König von Sizilien krönen und brach, dem umkehrenden Otto IV. folgend, nach Deutschland auf. Unterwegs versicherte er sich noch einmal der Unterstützung des Papstes, dessen Forderungen er wie Otto zu erfüllen versprach, wobei er die Lehnsabhängigkeit Siziliens wiederum anerkannte. Als er 1212 in Deutschland eintraf, fiel ihm Schwaben sofort zu; Otto verlor mehr und mehr Anhänger. Im Dezember 1212 wurde die Wahl Friedrichs in Frankfurt am Main wiederholt; die Krönung fand zunächst in Mainz statt. Der folgende Krieg hatte europäische Ausmaße: Wieder stand England hinter Otto, Frankreich hinter dem Staufer. Am 27. 7. 1214 fiel in der Schlacht von Bouvines die Entscheidung. Friedrichs II. endgültige Krönung zu Aachen im Juli 1215 schloß die Phase der Königswirren ab.

Die Schlacht von Bouvines hatte auch entschieden, daß der englische König seine Herrschaft auf dem Kontinent – über die Hälfte des späteren Frankreich hatte er besessen – fürs erste verlor. War schon unter König Richard Löwenherz, der von zehn Regierungsjahren nur fünf Monate in England verbracht hatte, die Zentralgewalt geschwächt gewesen, so erst recht unter seinem ihm nachfolgenden Bruder Johann Ohneland (1199–1216). Als dieser neben der Parteinahme im deutschen Thronstreit und neben dem französischen Krieg auch noch wegen der von ihm beanspruchten Besetzung des Erzstuhls von Canterbury in einen Konflikt mit dem Papst geriet, hatte er sich vollends übernommen. Zwar widerstand er zunächst dem Interdikt von 1208, erklärte das Kirchengut für verfallen, Geistliche für abgesetzt; aber als Innozenz III. 1212 die Untertanen des Königs von ihrem Eid entband und seinerseits Johann für abgesetzt erklärte, mußte der König nachgeben. Er unterstellte England dem Papst und nahm als tributpflichtiger Vasall sein Königreich als Lehen des heiligen Petrus wieder entgegen (Dover, 15. 5. 1213). Bis 1357 beanspruchten die Päpste den englischen Peterspfennig, jährlich tausend Mark Silber, freilich meist erfolglos. Außer über Sizilien und England war der Papst zu der Zeit Lehnsherr über León, Aragón, Portugal, Dänemark, Polen und Ungarn; dieses Recht brachte ihm allerdings nicht nur Einkünfte, sondern auch die Pflicht, das Eigentum Sankt Peters zu schützen. Deshalb versuchte Innozenz, Philipp II. August von Frankreich, der zwar 1212 mit der Vollstreckung der Absetzung Johanns beauftragt worden war, nach 1213 zum Frieden zu bewegen. Aber vergeblich: In Bouvines unterlag der englische König dem von Frankreich. In dieser Situation setzte unter Führung Stephan Langtons, des Erzbischofs von Canterbury, die Opposition der Barone auf der Runnymede bei Windsor am 15.6.1215 in der Magna Charta Libertatum nicht nur die Wiederherstellung alter Privilegien durch, sondern auch einige zukunftsträchtige bedeutsame Erweiterungen. Auf Klage Johanns erklärte Innozenz III. die Magna Charta für unrechtmäßig; aber selbst die englischen Bischöfe standen zu dem Vertrag.

In Frankreich gelang in jener Zeit Philipp II. August (1180–1223) eine Stärkung des Königtums. Dazu bedurfte es freilich einer langen Kontinuität der Herrschaft. Philipp II. hatte wie sein Vater 43 Jahre lang die Regierung inne, die er fünfzehnjährig antrat. Er gewann weite Teile Frankreichs nicht nur durch Eroberung, Erbschaft, Heirat (Artois), Kauf, Schenkungen, sondern vor allem durch eine rigorose Anwendung des Lehnrechts gegen den Hochadel. Mit der Erweiterung des Kronlandes festigte sich der Begriff der „Krone". Der König erlangte Anteil an Stadtherrschaften; er machte sich die Städte zu Verbündeten gegen den Lehnsadel. Bei Abwesenheit des Königs bewahrten die Bürger von Paris Siegel und Kronschatz. Mit einer neuartigen Verwaltungsorganisation auf mehreren Ebenen legte Philipp August den Grund zur Überwindung des Feudalismus in Frankreich. Dieses umfaßte am Ende seiner Regierungszeit nicht mehr nur die Île-de-France als Kern und die mittel- und ostfranzösischen Gebiete, sondern nunmehr auch die Normandie, Anjou und Touraine, Poitou, Auvergne, Boulogne, Valois. Schließlich stärkte Philipp August den Gedanken des Erbkönigtums. Frankreich galt als Erbmonarchie bis 1791, ohne daß es eine gesetzliche Regelung gegeben hätte; der Königstitel Rex Francorum (Roi de France) schloß den ungeteilten Anspruch auf die Herrschaft über das ganze Königreich ein. Wenn auch Philipps Sohn Ludwig VIII. (1223–1226) die Zentralgewalt dadurch schwächte, daß er die großen Lehnsfürstentümer wieder als Apanagen an jüngere Königssöhne vergab und durch dieses System spätere Rivalitäten und Kämpfe verursachte, so ist doch der Gedanke der Krone Frankreich nicht mehr untergegangen. Philipp August überstand auch Konflikte (etwa wegen seiner Ehepolitik) mit dem Papst ohne nachhaltige Schwierigkeiten.

Nur an einer Stelle war zu Lebzeiten Philipps II. über die Gestalt Frankreichs noch nicht für einige Dauer entschieden: im Südwesten. Hier hatten sich die Ketzerprobleme der Zeit in besonders enger Weise mit politischen Tendenzen verquickt. Der historische, übrigens auch sprachliche Gegensatz zwischen Nord- und Südfrankreich manifestierte sich zu Anfang des 13. Jh.

besonders heftig, als Graf Raimund VI. von Toulouse, der Beschützer der Albigenser, den Aufbau eines südfranzösisch-katalanischen Reiches beiderseits der Pyrenäen versuchte, zeitweilig mit Hilfe seines Schwagers, König Peters II. von Aragón. Die Verbindung von Kreuzzügen gegen Heiden oder Ketzer mit der Gewinnung politischer Herrschaft läßt sich damals vielfach beobachten, so 1212 in dem Sieg der Könige von Kastilien, Aragón und Navarra über die Mauren bei Las Navas de Tolosa, so 1234 in der Schlacht von Altenesch, in welcher der Erzbischof von Bremen die Stedinger Bauern in der Wesermarsch unterwarf, so auch in Livland und schließlich vor allem später im Ordensland Preußen.

Die Albigenserkriege zwischen 1209 und 1229 wurden von den Zeitgenossen bereits als besonders grausam empfunden. Wie auch gegenüber anderen Häretikern hatte sich der Papst bei den unter landesherrlichem Schutz stehenden, fleißigen und wohlhabenden Albigensern zunächst um friedliche Seelsorge bemüht. Erst als Bischof Fulko von Toulouse über den Grafen die Exkommunikation, über das Land das Interdikt verhängte und den Kampf eröffnete, hat Innozenz diesen als Kreuzzug verkündet. Der damit verbundene Ablaß war billig zu haben: 40 Tage Teilnahme genügten, und die waren ungefährlich, weil keine Reise übers Meer damit verbunden war. Auch konnten die Teilnehmer von ihren Untertanen eine besondere Steuer erheben. Obwohl Graf Raimund einlenkte, ging die Eroberung des Landes weiter, als Graf Simon von Montfort, der mit einer Tochter Johanns Ohneland verheiratet war und die reiche Grafschaft für sich gewinnen wollte, zusammen mit Abt Arnold von Citeaux, später Erzbischof von Narbonne, die Führung des Heeres übernahm. Weder Mahnungen Innozenz' III. noch das Eingreifen Peters II. von Aragón, der in der Schlacht den Tod fand, konnten die Verwüstung des Landes verhindern. Erst nach dem Tode Simons von Montfort 1218 nahmen die Kämpfe eine andere Wendung: Graf Raimund VII. von Toulouse (1222–1249) unterwarf sich dem König von Frankreich, und der Friedensschluß 1229 unterstellte die Grafschaft der Krone Frankreichs.

Die unlösbare Vermischung von „Politik und Glaubenseifer" (Grundmann) bestimmte auch den Vierten Kreuzzug (1198–1204). Die Führung eines Kreuzzugs war ein Leitmotiv der Regierung Innozenz' III.; sofort 1198 hatte er einen Aufruf dazu erlassen, und die Kreuzzugsprediger hatten vor allem in Frankreich und am Niederrhein einen gewissen Erfolg. Die Grafen von der Champagne, von Blois und Flandern schickten Gesandte nach Italien, um Verhandlungen wegen des Transports mit den Seestädten Venedig, Genua und Pisa zu führen – übrigens Boten mit Handlungsfreiheit, die besiegelte Blankopergamente bei sich führten. Mit dem Dogen von Venedig, Enrico Dandolo, wurde der Vertrag geschlossen. Schiffe und Verpflegung auf ein Jahr sollten gestellt werden für 4000 Ritter, 9000 Knappen, 20000 Fußsoldaten, eine insgesamt viel zu hoch geschätzte Teilnehmerzahl. Der Preis von 85000 Mark Silber war in vier Raten zu zahlen. Wichtiger jedoch war ein geheimes Zusatzabkommen, das als Ziel der Fahrt übers Meer Ägypten bestimmte, wofür sich die venezianischen Handelsherren zunächst besonders interessierten. Als weder der erste Abreisetermin eingehalten noch die erwartete Teilnehmerzahl eingetroffen war und damit die Verschuldung der Kreuzfahrer gegenüber Venedig offenkundig wurde, nutzte die Handelsstadt ihre Chance. Gegen ein Moratorium forderte Venedig die Eroberung der (christlichen, nicht einmal „ketzerischen"!) Stadt Zara in Dalmatien. Thronwirren in Byzanz und der Zerfall des byzantinischen Reiches auf dem Balkan, wo Serbien, Bosnien, Bulgarien und die Walachei nach Selbständigkeit strebten und meist Anlehnung an Ungarn und damit an die Römische Kirche fanden, erleichterten Venedig den Aufbau eines Systems von Handelsstationen im östlichen Mittelmeer. Gegen den Einspruch des Papstes wurde am 24.10.1202 Zara erobert, danach das Kreuzheer exkommuniziert, wenn auch nur für eine kurze Zeit: Der Papst war jetzt völlig in die Politik verstrickt. Der in dem byzantinischen Thronstreit am Ende stärkste der Anwärter, Alexios III., versprach dem in Zara überwinternden Heer in langen Verhandlungen eine Union mit der Römischen Kirche, Beteiligung am Kreuzzug, Zahlungen an Venedig und große Mengen aus den byzantinischen Reliquienschätzen. Nach langer und wechselvoller Belagerung wurde am 13.4.1204 Byzanz, das Zentrum der östlichen Christenheit, durch ein westliches Kreuzfahrerheer erobert, danach drei Tage lang geplündert. Mit drei Vierteln der Beute konnten die Schulden für die Passage an Venedig bezahlt werden, das berühmteste Beutestück, die Rosse einer antiken Quadriga, schmückt noch heute die Front von S. Marco in der Lagunenstadt. Die Venezianer setzten auch die Wahl Balduins von Flandern zum Kaiser von Romania durch: Am 16.5.1204 wurde das Lateinische Kaisertum gegründet. Es umfaßte freilich nicht den ganzen bisher byzantinischen Herrschaftsbereich; Venedig verstand es, sich durch den Besitz der wichtigsten Inseln, vor allem Kretas (bis 1669), eine Vormachtstellung im östlichen Mittelmeer zu verschaffen, ein frühes Kolonialreich, das bis zur türkischen Expansion bestand. Das Königreich Thessalonike, das Herzogtum Athen und das Fürstentum Achaia führten eine Sonderexistenz. Neben dem Kaiser stand ein venezianisch-fränkischer Staatsrat; Lehen wurden nicht durch den Kaiser, sondern ebenfalls durch ein venezianisch-fränkisches Gremium vergeben. Auch das Amt des lateinischen Patriarchen von Konstantinopel wurde eine venezianische Pfründe. Der Papst fand sich mit dem allen ab. Reste byzantinischer Herrschaft blieben in Kleinasien erhalten, wo Theodor Laskaris die Kaiserwürde weiterführte und sein Nachfolger Johann III. unerwartete, freilich auch ungewollte Hilfe für die Wiedereroberung des Ostreiches dadurch fand, daß Mongolen das Reich von Kiev zerstörten (1238) und auf den Balkan vordrangen. Aber erst Michael VIII. Palaiologos konnte 1261 im Bündnis mit der Rivalin Venedigs, mit Genua, die Hauptstadt wiedergewinnen. Das Lateinische Kaiserreich hatte damit sein Ende gefunden, nicht so die politische und wirtschaftliche Machtposition Venedigs, das sich nunmehr mit dem griechischen Kaiser arrangierte, wenn dieser auch die genuesische Hilfe ebenfalls mit der Überlassung von Chios, Lesbos und anderen insularen Stationen belohnte.

Hatten die Anstöße, die Innozenz III. seiner Zeit gab, oft über seinen Willen hinaus gewirkt, waren ihm in der westeuropäischen Politik ebenso wie während des Vierten Kreuzzuges die Zügel aus der Hand geglitten, so schloß seine Zeit doch mit dem Höhepunkt seines Wirkens überhaupt, mit dem IV. Laterankonzil im November 1215 ab. 71 Erzbischöfe, 412 Bischöfe, 900 Äbte, unzählige Fürsten und Gesandte hatten sich in Rom eingefunden. Eine vergleichbare Versammlung der Christenheit hat es weder vorher noch später gegeben. Außer einer Reihe von dogmatischen Beschlüssen und solchen, die den Ritus betrafen. verabschiedete das Konzil ein neues Kreuzzugsdekret. Vor allem aber gelang es Innozenz, noch einmal die zu Anfang seiner Regierungszeit proklamierten Auffassungen durch das Konzil bestätigen zu lassen. Es war den Zeitgenossen bewußt: Der Papst ist die „Summe der christlichen Völker", er ist zugleich Haupt und Fundament der Kirche, und das weltliche Schwert steht im Dienste der Kirche.

Als Innozenz III. am 16. 7. 1216 starb, war in vielem ein Wandel eingetreten, waren Bewegungen in Gang gesetzt, die noch lange Zeit weiterwirkten.

B. Westeuropa im 13. Jahrhundert

Trotz der verschiedenartigen politischen Bedingungen und Ausgangspositionen zeichnete sich in den westeuropäischen Staaten des 13. Jh. die gleiche Tendenz ab: die Auseinandersetzung der sich festigenden monarchischen Zentralgewalten mit partikularen, meist feudalen Kräften. Dabei kamen den Herrschern in der Regel überdurchschnittlich lange, ununterbrochene Regierungszeiten zugute. Der beginnende Aufstieg der westeuropäischen Staaten im 13. Jh. bewirkte am Ende nicht nur einen Vorrang des Westens gegenüber der Mitte Europas, sondern hatte auch zur Folge, daß das politische Geschehen in ganz Europa sich überall stärker miteinander verknüpfte.

Auf der Iberischen Halbinsel gelang es den vereinten Anstrengungen der Könige der verschiedenen kleineren und größeren Reiche, seit dem Triumph von Las Navas de Tolosa (16. 7. 1212) über die islamischen Almohaden die Reconquista mit raschen Schlägen so weit voranzutreiben, daß die muslimischen Gebiete und Kalifate am Ende des 13. Jh. auf das Reich der Nasriden in Granada beschränkt blieben. Die Führungsrolle hatte seit den Regierungszeiten Alfons' VIII. (1158–1214) und vornehmlich Ferdinands III. (1217–1252) wie auch Alfons' X., des Gelehrten (1252–1284), Kastilien übernommen, vor allem seit es 1230 mit León endgültig vereinigt war. 1236 wurde Córdoba erobert und dessen berühmte Moschee in eine Kirche umgewandelt, 1241 Murcia, 1248 Sevilla. 1265 Cádiz, womit das Meer im Süden erreicht war; 1292 schließlich Tarifa.

In Aragón errang Jakob I. (1213–1276), Sohn Peters II., der 1204 in Rom gekrönt und 1213 in den Albigenserkriegen gefallen war, den Beinamen des „Eroberers“, nachdem er 1229–1235 die Balearen, 1238 Valencia gewonnen hatte. Ein wiederholter Griff nach der Provence mißlang freilich: Auf päpstliches Eingreifen wurde 1258 in dem Vertrag von Corbeil die Pyrenäengrenze zwischen Aragón und Frankreich festgelegt, indem die beiden Kontrahenten wechselseitig auf Lehnshoheiten jenseits des Gebirges verzichteten. Von da an wandte sich Aragón nach Osten.

Im Norden der Halbinsel geriet das kleine Königreich Navarra über Eheverbindungen, zuerst 1234 mit den Grafen von der Champagne, dann 1285 durch die Heirat Johannas mit dem französischen König Philipp IV., an die Krone Frankreich. – Der portugiesische König Alfons III. (1245–1279) konnte die islamische Provinz Algarve erobern und damit den Guadiana als Grenzfluß gewinnen. So hatten sich, von wiederholten Beutezügen und Einfällen (Razzien) aus Nordafrika in die Küstengebiete abgesehen, im 13. Jh. die drei größten Reiche aus der wechselnden Vielzahl der kleineren konsolidiert: Kastilien, Portugal, Aragón. Kastilien war die zentrale Hauptmacht Spaniens geworden, und Alfons X., als Gelehrter, Astronom, Jurist, Dichter und Historiker wie als Gesetzgeber die spanischen Mitkönige überragend, Sohn einer Tochter Philipps von Schwaben, wandte sich mit französischer und päpstlicher Unterstützung ebenfalls der europäischen Politik zu, zunächst der italienischen, dann der in Deutschland. 1256 wurde er von Pisa und Marseille zum Römischen König proklamiert, 1257 gewann er eine deutsche Wählergruppe. Die sich in dieser Zeit in Cortes zusammenschließenden Stände erhoben sich freilich gegen die Europapolitik des Königs, der aber erst unter dem Einfluß Papst Gregors X. 1275 endgültig auf seine Ansprüche auf das Imperium verzichtete. Gegen den hohen Adel stützte sich das Königtum u. a. auf die freien Bauern, die auf dem in der Reconquista eroberten, an die Krone gefallenen Land angesetzt waren, und auf die privilegierten Städte, welche in den Kriegen Soldaten gestellt, Befestigungsanlagen finanziert und dadurch für sich eine adelsgleiche Stellung hatten erwerben können. Die Cortes, denen Unantastbarkeit der Freiheit, der Wohnung und des Eigentums zugesichert war, konnten ihre Position in den Thronfolgekämpfen nach 1284 und unter den schwachen Regenten bis 1312 noch verstärken. Auch in Aragón setzten die Cortes 1283 Periodizität, jährliche Zusammenkünfte, durch, taten aber der Sizilienpolitik Peters III. und seiner Nachfolger keinen Abbruch.

Adelskämpfe und Aufstieg der „middle classes“ – des niederen Adels („gentry“) und der Bürger – bestimmten die politischen und sozialen Bewegungen auch in England. Dennoch blieb unter der langen Regierung Heinrichs III.

(1216–1272) ein Element der Stabilisierung durch alle Verfassungskämpfe erhalten, obgleich der König die Rücknahme der Magna Charta oder wenigstens ihrer wichtigsten Teile nicht erreichen konnte, vielmehr zu ihrer Anerkennung schon in den zwanziger Jahren gezwungen wurde. Wiederum brachten die finanziellen Belastungen einer aufwendigen Außenpolitik die inneren Konflikte hervor. Als Heinrichs jüngerer Sohn Edmund nach der sizilischen Krone griff und sich Richard von Cornwall um die Römische Königskrone in Deutschland bewarb, setzte der Hochadel in den Provisionen von Oxford, 1258, eine Mitregierung neben dem schwachen König durch. Hier ist der Zusammenhang geistiger und politischer Bewegungen mit Händen zu greifen. Das Haupt der Oxforder Franziskaner-Schule, Robert Grosseteste († 1253), dessen Aristoteles-Kommentar in vielen Abschriften verbreitet wurde, hatte sich gegen das päpstliche Pfründenwesen und die hohe Besteuerung des Kirchenguts durch Krone und Kurie gewandt. Als Heinrich III. neue Steuern zugunsten der Kurie und nunmehr Mittel für seine europäische Politik forderte, wurden sie ihm 1258 von dem Großen Rat verweigert. Der hohe Adel erzwang die Einberufung eines Ausschusses von 24 Mitgliedern, der eine Staatsreform beraten sollte. Im Juli 1258 lag das Ergebnis vor. Dreimal im Jahre sollte eine Reichsversammlung zusammentreten, „ob vom König berufen oder nicht“. Ein ständiger Rat von 15 Männern wurde eingesetzt, der ein Vetorecht gegen Entscheidungen des Königs bekam. Die Inhaber der höchsten Staatsämter, Kanzler, Justitiar, Schatzmeister, waren jährlich vom Rat neu zu wählen und hatten ihm jährlich Rechenschaft abzulegen. König und Thronfolger hatten sich durch Eid an die Erfüllung der Provisionen zu binden. An die Stelle der Monarchie war eine feudale Oligarchie getreten, aber nur vorübergehend, weil der König sich durch Papst Urban IV. von seinem Eid lösen ließ und Angehörige des Hochadels durch Begünstigungen an sich zog. Da trat eine dritte Partei auf, die sich jetzt aus dem niederen Adel und einigen Städten – vor allem London und Oxford – sowie Teilen des Klerus unter der Führung des Grafen Simon von Montfort, Earl of Leicester, Schwager des Königs und Sohn des in den Albigenserkriegen hervorgetretenen Montfort, zusammenschloß. Ein Versuch, die Gegensätze durch Schiedsspruch des Königs von Frankreich zu lösen, mißlang. Nach einem kurzen Bürgerkrieg wurde 1265 eine Adelsversammlung einberufen, in der Vertreter des niederen Adels – zwei je Grafschaft – und je zwei Vertreter der Städte mit Selbstverwaltung saßen: eine wichtige Vorstufe in der Entwicklung des Parlaments. Simon von Montfort freilich konnte sich nicht lange halten; der Kronprinz Edward besiegte ihn noch 1265 bei Evesham. Aber auch der Sieger hatte sich auf Städte und gentry gestützt. Die Macht der Krone war gegen den Hochadel behauptet worden, und der einmal eingeschlagene Weg wurde von Edward I. (1272–1307) nicht wieder verlassen. Immer häufiger nahm das Parlament an der Gesetzgebung teil, wurden Ritter und bürgerliche Juristen als Räte an den Hof gezogen. 1295, im „Model-

Parliament", wurde dieses fester organisiert und der auf den Codex Justinians zurückgehende Grundsatz wiederholt: „Quod omnes tangit ab omnibus approbetur" („Was alle angeht, soll von allen gebilligt werden"). Das Parlament hat den Satz verwirklicht und ist zugleich die Stütze eines nunmehr „nationalen" Königtums geworden. Dieses begann sofort, über die Grenzen Englands hinauszugreifen. Edward I. unterwarf Wales; sein Sohn, der spätere Edward II., führte ab 1284 als erster den Titel eines „Prince of Wales". Zwei Jahre danach, 1286, begannen die Kämpfe um die Unterwerfung Schottlands. Der Versuch einer dynastischen Eheverbindung zwischen den beiden Königreichen mißlang, da die schottische Erbin starb. Edward I. konnte jedoch nach innerschottischen Thronkämpfen die Lehenshoheit über das Nachbarreich gewinnen. Dennoch nahm der Sieger in den Thronstreitigkeiten, John Balliol, eine antienglische Verbindung mit Frankreich auf und begründete damit ein Bündnis, das bis ins 18. Jh. in der europäischen Politik immer wieder eine wichtige Rolle spielte. In einer Reihe wechselvoller Kriegszüge konnte Schottland 1314 gegen Edward II. von England in der Schlacht von Bannockburn seine Selbständigkeit zurückgewinnen.

Auf dem Kontinent schloß Edward I. 1294 ein Bündnis mit dem deutschen König Adolf von Nassau und dem Grafen von Flandern; danach erneuerte er den Krieg gegen Frankreich um die Guyenne, die 1299 in englischer Hand blieb. Die Kontinentalpolitik veranlaßte in England eine höhere Besteuerung, deretwegen sich wiederum die ständische Opposition unter Führung des Erzbischofs von Canterbury sammelte. Der König wurde im Parlament von Westminster zur „Confirmatio Cartarum", zur Bestätigung aller älteren Verfassungsurkunden, genötigt und mußte dem Parlament ein noch weiter gehendes Steuerbewilligungsrecht einräumen. Aber auch danach blieben die Zentralgewalt als solche und der in dem Gedanken der Krone verkörperte Einheitsstaat ebenso unangefochten wie in den folgenden Konflikten der Zeit Papst Bonifaz' VIII.

Frankreich gewann im 13. Jh. eine Vormachtstellung nicht nur im Westen Europas, sondern durch die kapetingische Nebenlinie der Anjou weit darüber hinaus. König Ludwig IX., der Heilige (1226–1270), der die Herrschaft der französischen Krone seit dem Ende der Albigenserkriege 1229 im Süden sichern und im Vertrag von Corbeil 1258 durch die Lehnshoheit über die Languedoc und die Provence bis an die Pyrenäen und das Mittelmeer ausdehnen konnte, verfolgte, auch gegenüber England, eine Friedenspolitik, die vor allem mehrfach versuchten Kreuzzugsunternehmungen zugute kommen sollte. Der König geriet allerdings 1250 bei Mansurah in ägyptische Gefangenschaft; auch der folgende Zug nach Syrien brachte ebenso wie sein letzter Kreuzzug von 1270 keinen Erfolg. König Ludwig starb in Tunis. Die Stellung der Krone Frankreich blieb dennoch so unangefochten wie die der kapetingischen Monarchie. Die mächtigste politische Person Frankreichs in der Zeit Ludwigs IX. war sein jüngster Bruder, Karl von Anjou. Er griff 1262 das Angebot Papst Urbans IV., die Krone Siziliens zu erwerben, auf und ließ sich damit in den Kampf gegen die letzten Staufer in Italien ein. Seitdem war Frankreich dauerhaft in die politischen Verhältnisse Italiens verwickelt.

C. Deutschland und Italien im 13. Jahrhundert

Friedrich II. (1212/15 bis 1250) hatte seine Herrschaft mit Unterstützung Innozenz' III. und des Königs von Frankreich angetreten. Wie Otto IV., nur ungleich machtvoller und heftiger, suchte er sich von den Voraussetzungen zu lösen, von denen er hatte ausgehen müssen. Indem er seinen fünfjährigen, in Sizilien bereits zum König gekrönten Sohn Heinrich (VII.) 1220 in Frankfurt auch zum deutschen König wählen ließ – übrigens gegen bedeutende Zugeständnisse an die geistlichen Fürsten –, bahnte er die Verbindung der beiden Königreiche wieder an. Noch konnte er, besonders durch ein erneuertes Kreuzzugsversprechen, Papst Honorius III. (1216–1227) beschwichtigen und dadurch am 22. November 1220 die Kaiserkrönung erreichen. Aber der Konflikt mit den folgenden Päpsten wurde unvermeidbar, weil Friedrich politischen Erfolg in Italien und im Mittelmeergebiet suchte; nur noch für kurze Zeit ist er 1235/36 und 1237 nach Deutschland zurückgekehrt.

Hier hatte Heinrich (VII.), zunächst unter der Vormundschaft Erzbischof Engelberts von Köln (ermordet 1225), dann unter der Regentschaft Herzog Ludwigs I. von Bayern (ermordet 1231), sich zunehmend in Gegensatz zu der Politik seines Vaters gesetzt. Er förderte zu Beginn seiner eigenständigen Regierung gegen fürstliche Interessen Städte und kleinere Reichsstände, danach aber half er, mit dem Gesetz zugunsten der Fürsten, deren Landesherrschaft erst recht zu befestigen. Seitdem bestimmte das sich mehrfach wandelnde und stets labile, aber am Ende kontinuierlich die Territorialherrschaften bevorteilende Wechselspiel zwischen König, Fürsten und Städten die spätmittelalterliche Politik in Deutschland. Als Heinrich sich gegen die Ketzerverfolgungen wandte, die unter anderem 1234 als Vorwand für die Unterwerfung der Stedinger Bauern unter die Landesherrschaft des Erzbischofs von Bremen dienten, machte er sich nicht nur den Papst zum Gegner, sondern auch den zu diesem Zeitpunkt auf päpstliche Hilfe angewiesenen Vater. Gegen ihn suchte Heinrich Verbindungen mit dessen Feinden; aber allein durch sein Erscheinen in Deutschland erstickte der Kaiser 1235 den Aufstandsversuch. Friedrich ließ Heinrich als Gefangenen nach Italien bringen, wo dieser 1242 starb. Friedrich II. regierte jetzt in Deutschland selbst und versuchte, die Reichsgewalt durch einen Landfrieden zu stärken; auch bemühte er sich 1237 in Wien, durch die Wahl seines neunjährigen Sohnes Konrad zum König die Thronfolge zu sichern.

Doch der Schwerpunkt seines Handelns lag nach wie vor in Italien, zuallererst in Sizilien, wo er, die Politik der Normannenkönige wiederaufnehmend, durch Gesetzgebung – 1231 ließ er in den Konstitutionen von Melfi die erste nachantike Kodifizierung vornehmen – und Verwaltung, Finanz- und Handelsplanung die zentralisierte Herrschaft über die sozial und ethnisch stark differenzierte Bevölkerung festigte. Auch wenn der König der 1224 gegründeten Universität Neapel als ihre Aufgaben das „Studium der Natur" und die „Erforschung des Rechtes" benannte, diente sie doch primär der Ausbildung von Beamten. Deren Administration setzte sich vielfach über herkömmliche ständische Privilegien hinweg, und die Besteuerung der Kirchen und des Klerus bot Anlaß zu weiteren Konflikten mit dem Papsttum.

Vor allem aber vertiefte die mehrfache Verschiebung des Kreuzzugs den Gegensatz der beiden obersten Gewalten. Zwar hatte der Kaiser im Juli 1225 abermals die Fahrt ins Heilige Land gelobt und diese durch die Ehe mit der Erbin des Königreiches Jerusalem vorbereitet. Aber Friedrich brach den ohnehin erst 1227 angetretenen Kreuzzug wegen Krankheit rasch ab, und nunmehr bannte Gregor IX. (1227–1241) den Kaiser und verhängte über Sizilien das Interdikt. Obwohl das Königreich jetzt auch militärisch bedroht war und der Papst mit den lombardischen Gegnern Friedrichs im Bunde stand, zog Friedrich nach Verhandlungen mit dem ägyptischen Sultan Malik gegen den Willen des Papstes ins Heilige Land, hielt 1229 seinen Einzug in Jerusalem und setzte sich dort am 18. März eigenhändig die Königskrone auf. Der zurückkehrende Triumphator suchte Verhandlungen nun auch mit dem Papst. Der Vermittlung des Hochmeisters des Deutschen Ordens, Hermanns von Salza, gelang der Ausgleich in dem Vertrag von San Germano 1230. Danach konnte Friedrich, jetzt mit päpstlicher Hilfe, den Versuch wagen, die Reichsgewalt in Oberitalien wiederherzustellen. Dort war die Liga der Städte erneuert worden; sie hatte schon 1226 einen Reichstag in Cremona sowie den ersten Kreuzzugsplan verhindert und sich 1234/35 mit Heinrich (VII.) verbunden. Zwar siegte Friedrich bei Cortenuova am 27. 11. 1237 und berief sich von da an zunehmend auf die Romtradition und fand auch die Unterstützung der meisten europäischen Staaten, aber mehrere Feldzüge hatten nur begrenzten Erfolg – nicht nur wegen des Widerstandes einiger uneinnehmbarer Städte (besonders Brescia 1238), sondern vor allem, weil Gregor IX. den Frieden von San Germano als gebrochen ansah und den Kaiser 1239 abermals und, wie sich zeigen sollte, endgültig bannte. Ein heftiger publizistischer Kampf und maßlos werdende Propaganda beider Seiten begleiteten den folgenden Krieg, der schließlich nahezu ganz Italien erfaßte. Friedrich besetzte das Herzogtum Spoleto und die Mark Ancona, drang damit in das Patrimonium Petri ein und weitete seine Herrschaft bis in die Toscana aus. Die gängig gewordenen Sammelnamen „Guelfen" und „Ghibellinen", die Parteiungen recht verschiedener Art bezeichneten, wurden jetzt meist mit „Päpstlichen" und „Kaiserlichen" gleichgesetzt. Beide Seiten erhoben die Forderung nach einem Konzil; mehrfach appellierte Friedrich II. gegen den

Papst an die Kardinäle. Innozenz IV. (1243–1254), der über seine Heimatstadt Genua aus Italien entfloh, brachte das Konzil 1245 in Lyon zustande. Trotz Verhandlungen, die der Großhofrichter Friedrichs II. geschickt führte, wurde dieser für abgesetzt erklärt. Noch einmal verschärfte sich der Kampf, und selbst vor Attentaten auf den Kaiser schreckte man nicht zurück, aber zu einer kriegerischen Entscheidung kam es nicht mehr. Am 13.12.1250 starb Friedrich II.; im Dom zu Palermo wurde er beigesetzt.

Eine Welt schien mit ihm zu Ende zu gehen; die Sage hat ihn als den auf Wiederkehr wartenden Kaiser später mit Friedrich I. verschmolzen. In der Tat hielten viele Zeitgenossen die Endzeit der christlichen Heilsgeschichte für angebrochen, herrschten nicht nur in ganz Europa Gärung und Unruhe, sondern schienen schreckliche Ereignisse den Weltuntergang anzuzeigen: in der Politik Europas, in Erfolgen der „Heiden" in Osteuropa und in Nordafrika, ja selbst in großen Naturkatastrophen wie in den Sturmfluten in Friesland, Holland und Seeland, die 50000 Opfer forderten und die Zuidersee verbreiterten.

Die heftigsten Bewegungen zeigten sich in Italien. Dorthin war 1251 Konrad IV. gezogen; zugleich kehrte auch Papst Innozenz IV. nach siebenjähriger Abwesenheit zurück. Er wollte nicht nur die oberitalienischen Städte auf seine Seite bringen, sondern nun auch den älteren Plan verwirklichen, das Königreich Sizilien in den Kirchenstaat einzubeziehen. Die territoriale Basis des Papsttums sollte zur staatlichen Macht ausgeweitet, die staufische Zange um den Kirchenstaat endgültig zerbrochen werden. Das gerade hatte Friedrich II. vermeiden wollen, indem er die Nachfolge Konrads im Imperium und in Sizilien bestimmt hatte, wo dessen Bruder Manfred von Tarent als sein Vertreter die Herrschaft wahrnahm. Konrad fand fast ganz Süditalien im Aufstand. Aber auch der Papst stieß nach triumphalem Einzug in Genua und Mailand auf Schwierigkeiten. Überall stand ihm ein neues kräftiges politisches Macht- und Selbstbewußtsein, standen ihm vor allem soziale und politische Wandlungen entgegen: in Florenz, wo der popolo eine Herrschaft ohne den Adel militärisch begründet hatte, in Rom, wo städtische Senatoren eine vom Papst unabhängige Verwaltung durchgesetzt hatten. Konrad IV. verband sich mit den neuen Herren gegen den Papst, der zunächst vergeblich Hilfe in England suchte. Auch Karl von Anjou, der Bruder des Königs von Frankreich, den Innozenz IV. zum König von Sizilien machen wollte, erhob hohe Forderungen und Vorbehalte gegen die politischen Bedingungen des Papstes. Der schien dem siegenden Staufer ausgeliefert. Da raffte das Fieber im Mai 1254 den 26jährigen Konrad hinweg; noch im selben Jahre starb auch der Papst.

Jetzt trat Manfred das staufische Erbe an. Innerhalb von vier Jahren eroberte er Süditalien. In Palermo wurde er am 10. August 1258 zum König von Sizilien gesalbt. Im selben Jahr besiegte die staufische Partei in der Lombardei einen päpstlichen Feldherrn. Bald auch König von Sardinien, konnte

Manfred darangehen, Norden und Süden durch Statthalterschaften zu verbinden. Unter ihm mündete staufische Politik in die normannische Tradition: Von Süden her war eine italienische Reichsbildung geplant, sollten eine zentrale Mittelmeermacht begründet und die weltliche Machtstellung des Papsttums zerbrochen werden. Schon griff Manfred nach der römischen Senatur, ja über Italien hinaus nach Dalmatien und Griechenland, wo er freilich von Michael VIII. geschlagen wurde. In dieser Situation griffen Franzosen nun doch in Italien ein. Ein neuer Papst, Urban IV. (1261–1264), Sohn eines Schusters in Troyes, unterstützte nicht nur weitgehend die Politik Ludwigs IX. von Frankreich, ernannte nicht nur sieben neue französische Kardinäle, die nun ein Drittel des Kollegiums bildeten, sondern gab vor allem 1263 die stadtrömische Senatur an Karl von Anjou. Urbans Nachfolger und Landsmann, Clemens IV. (1265–1268), belehnte Karl von Anjou 1265 mit Sizilien. Werkzeug des Papstes sollte der König sein; aber der harte, zielstrebige und ehrgeizige Politiker kehrte bald das Verhältnis um. Eine angiovinische Flotte transportierte ein großes Heer von Marseille in die Tibermündung, und ein zweites Heer überschritt unter der Fahne des Kreuzes die Alpen, das größte Heer jener Zeit, etwa ein Viertel davon die gefürchteten französischen Armbrustschützen. Am 22.5. 1265 zog Karl in Rom ein. Vergeblich appellierte Manfred gegen ihn an die kaiserliche Tradition und an das Volk von Rom. In einem meisterhaften Feldzug drang Karl von Anjou nach Süden vor. Am 26.2.1266 kam es bei Benevent zur längst erwarteten Schlacht, die mit einer vollständigen Niederlage Manfreds endete; er selbst fand den Tod.

Seit Benevent war der Weg nach Sizilien für die Franzosen frei. Rasch eroberte Karl von Anjou Kalabrien und die Insel. Eine strenge Beamtenherrschaft, gegen die sich bald Klagen erhoben, sollte die Eroberung sichern. Von den acht Justitiaren, die die Insel verwalteten, waren sechs Franzosen. Aber noch einmal wurde Karls Herrschaft in Frage gestellt, sammelte sich die Hoffnung der italienischen Ghibellinen in einer Person: in Konrads Sohn Konradin, der die leeren Titel eines Herzogs von Schwaben und eines Königs von Jerusalem führte und, nach Italien gerufen, als Fünfzehnjähriger am 1.10.1267 über den Brenner zog. Ein letztes Mal eröffnete sich scheinbar die Möglichkeit der Wiederherstellung einer Staufermacht, nachdem Konradin in Rom eingezogen war und danach die Grenze des Königreiches Sizilien überschritt. Doch auf dem Palentinischen Feld bei Tagliacozzo, am 23.8.1268, fiel die Entscheidung gegen ihn. Eine neue rationale Taktik: Flankenangriff der Reserve, die sich später auch bei Dürnkrut bewährte, brachte Karl von Anjou den Sieg. Ein Fluchtversuch Konradins mißlang; im Triumphzug wurde der Sechzehnjährige nach Neapel gebracht und nach einem ordentlichen Prozeß als Rebell und Majestätsverbrecher am 29.10.1268 auf dem Markt von Neapel enthauptet: nicht aus ungewöhnlicher Grausamkeit (die brutaler bei Heinrich VI. und Friedrich II. und noch vor der Schlacht in

Konradins eigenem Lager zu beobachten gewesen war) und auch nicht aus Willkür, da sich Karl von Anjou als rechtmäßiger König von Sizilien ansehen mußte.

Karl von Anjou konnte jetzt seine zweite Senatur in Rom antreten. Er ernannte alle römischen Beamten, sein Heer beherrschte die Ewige Stadt, und die Münzen, die dort geprägt wurden, trugen sein Bild. Der Papst blieb in Viterbo. Es war offensichtlich geworden, daß mit dem Sturz der einen Universalgewalt auch die andere erschüttert worden war. Das Machtvakuum, das nach dem Ende Friedrichs II. in Italien entstanden war, übte einen Sog auf mächtigere Nachbarn aus, und der ins Land geholte Helfer erwies sich als neuer Gegner. Nach Tagliacozzo setzte nun Karl von Anjou die Zange um den Kirchenstaat an. Clemens IV. selbst mußte ihn als Vikar in der Toscana anerkennen, als der König in die Machtkämpfe Oberitaliens eingriff. Das Wechselspiel zwischen französischer Politik und italienischen Partikulargewalten wurde charakteristisch für Oberitalien. Aber die Papstwahl eines Außenseiters, der sich gerade auf der Pilgerfahrt im Orient befand, Gregors X. (1271–1276), nach dreijähriger Vakanz, bedeutete vorerst eine Abkehr des Papsttums von der französischen Linie. Gregor wollte Kreuzzugsgedanken und Kaisertum erneuern. In Rudolf von Habsburg, dessen Wahl er förderte, sah er den Römischen König; Alfons von Kastilien brachte er zum Verzicht. Das II. Konzil von Lyon, 1274, war sein Werk. Er erreichte vorübergehend die Union mit den Griechen, die den römischen Primat anerkannten. Karl von Anjou mußte einen Kriegsplan gegen den Basileus aufgeben. Die Kirchenverfassung wurde gefestigt. Eine Konklave-Ordnung („Ubi periculum") sollte die Kardinäle zur schnelleren Einigung zwingen und lange Vakanzen vermeiden. Gregor konnte sein Programm nicht mehr ausführen. Nach seinem frühen Tode war alles gefährdet, folgten neue Unruhen. Erst der Stadtrömer Gaëtano Orsini führte als Nikolaus III. (1277–1280) die Pläne Gregors wenigstens für Italien weiter. Die Bulle „Fundamenta militantis ecclesiae" bestimmte, daß nur ein Römer Senator sein durfte. Karl von Anjou, dessen zehnjährige Senatur wie sein Reichsvikariat in der Toscana 1278 ablief, war auf Sizilien beschränkt. Nach Romzugsverhandlungen zwischen Nikolaus und Rudolf von Habsburg trat dieser 1279 die Romagna an den Papst ab. Die Gegner der französischen Politik rückten zusammen: Aragón, England, das Reich. Deutschland sollte Erbreich werden, nur Süditalien unter den Anjous bleiben, der Norden unter der Herrschaft der Orsini ein eigenes Königreich bilden.

Aber mit dem Tod des Papstes brach die Konstellation zusammen. Unter Tumulten wurde der Franzose Martin IV. (1281–1285) in Viterbo gewählt. Zum dritten Mal machte er den Anjou zum Senator von Rom, und binnen einem Monat ernannte er sieben neue Kardinäle, davon vier Franzosen. Die Griechenunion wurde aufgegeben, Michael VIII. gebannt, und der Papst schloß mit Karl von Anjou und Venedig ein Bündnis gegen die Griechen.

Aragón und Genua stützten den Basileus. 1282 brach der offene Kampf aus. Karl von Anjou, der bereits mit Karl dem Großen verglichen wurde, hatte seine Stellung überschätzt. Eine feingesponnene Verschwörung war bereits in Gang gesetzt worden. Waffen wurden nach Sizilien geschmuggelt, eine Guerilla-Taktik, in der Reconquista bewährt, angewandt. Bei der Heiliggeistkirche vor Palermo, am Ostermontag, dem 30. 3. 1282, begann der Aufstand eines ganzen Volkes, die Sizilische Vesper. Bereits in der ersten Nacht wurden 2000 Franzosen umgebracht, Soldaten, Mönche, Männer, Frauen. Die angiovinische Flotte im Hafen von Messina wurde verbrannt. Auch Bann und Interdikt konnten den europäischen Krieg nicht aufhalten. Im September zog Peter III. von Aragón als König in Palermo ein. Gleichzeitig siegten bei Forlì die Ghibellinen der Lombardei. Der Einfall französischer Truppen in die Landschaft Roussillon blieb erfolglos, und bei Neapel wurde 1284 der Rest der angiovinischen Flotte vernichtet, Karl (II.) von Anjou dabei gefangengenommen. Dennoch gewann Frankreich die ersehnte Ruhepause, als alle Gegner in dem einen Jahre 1285 starben: Martin IV., Karl von Anjou, Peter III. von Aragón und Philipp III. von Frankreich. Dessen Nachfolger Philipp IV. der Schöne (1285–1314) brach sofort alle Kampfhandlungen ab. Unter Vermittlung Edwards I. von England kam es 1287 zum Vertrag. Karl II. verzichtete auf Sizilien und gewann damit die eigene Freiheit wieder. Die Personalunion zwischen dem mit England verbündeten Aragón und Sizilien konnte freilich nicht erhalten bleiben. Aber unmittelbar nacheinander folgten je zwei Brüder als Könige in beiden Reichen. Insbesondere unter Jakob II. von Aragón (1291–1327) und seinem Bruder Friedrich III. von Sizilien (1296–1336), einem ritterlichen König, war eine dauerhaft werdende Verknüpfung zwischen Spanien und Süditalien hergestellt. Der führende Herrscher seiner Zeit jedoch wurde Philipp der Schöne von Frankreich. Obwohl er sich zunächst von Italien abwandte, standen sich seit damals für Jahrhunderte Spanien und Frankreich auf italienischem Boden gegenüber. Wer immer der Sieger hier war, hatte den Schlüssel zur Mittelmeerherrschaft gewonnen.

In Deutschland waren noch zu Lebzeiten Friedrichs II. auf päpstliches Betreiben Gegenkönige gewählt worden, zuerst der Landgraf von Thüringen Heinrich Raspe (1246–1247), danach der 19jährige Graf Wilhelm von Holland (1247–1256). Ein Fürstenweistum vom 25. 3. 1252 erklärte, daß bereits die Fürstenwahl dem Gewählten kaiserliche, nicht nur königliche Gewalt gebe, auch ohne päpstliche Bestätigung. König Wilhelm konnte sich gegen die Landesherren vorwiegend auf die Städte stützen. Sie waren vor allem durch den Rheinischen Bund repräsentiert. Am 13. 7. 1254 schlossen sich unter der Führung von Mainz und Worms rheinische Städte auf zehn Jahre zu einem Bund zusammen, der nicht nur wirtschaftliche Zwecke verfolgte, sondern der Wahrung des Landfriedens dienen sollte. Auch eine Reihe von Herren gehörte dem Bund an, vor allem die Erzbischöfe und Bischöfe am

Rhein. Die genossenschaftliche Einigung der durch Eid verbundenen Partner nahm die königlichen Friedensaufgaben wahr. Ein Jahr nach seiner Gründung erstreckte sich der Bund bereits von Bremen bis Regensburg, nach zwei Jahren gehörten ihm über 70 Städte und viele Fürsten an. Alle warteten auf den König, dem von Anfang an der Platz freigehalten wurde. 1255 übernahm Wilhelm die Führung des Bundes, und zum ersten Male zeichnete sich die Möglichkeit einer „Reichsreform von unten her" ab. Aber schon zu Anfang 1256 ist der König in einem Winterfeldzug in Friesland, das sich ihm als dem Grafen von Holland widersetzte, gefallen.

Der Rheinische Bund versuchte, jetzt die Kurfürsten zu einer einmütigen Wahl zu veranlassen. Ein Reich ohne König war den Bundesgenossen nicht denkbar. In dieser Situation erwiesen sich die Gegensätze der ungleichen Bundesgenossen stärker als ihre Einheit. Die rheinischen Erzbischöfe waren in der Königsfrage uneins. Deutschland wurde abermals Schauplatz europäischer Gegensätze. Es gab zwar nicht im strengen Sinne ein Interregnum; auch nach dem Tode Wilhelms hat man mit der Wahl, die jetzt zum ersten Mal von den Kurfürsten vorgenommen wurde, nicht allzulange gezögert. Aber die Wähler waren in Gruppen zerfallen, ihre Spaltung wurde vom Ausland bestimmt. So kam es zur Doppelwahl von 1257, aus der Richard von Cornwall. der Bruder Heinrichs III. von England, und Alfons von Kastilien als Gegenkönige hervorgingen. Deutschland hatte zwei Könige, aber keinen deutschen König. Alfons betrat das Reich wegen des Widerstands der kastilischen Stände nicht. Es schien, als sollte das Reich das Schicksal Italiens teilen. Keine übergreifende Rechts- und Friedensgewalt blieb bestehen. Die Zukunft gehörte den Fürsten. Brandenburg gewann unter den Markgrafen Johann I. und Otto III. die Landschaften bis zur Oder und die Neumark östlich der Oder. In Hessen entstand eine eigene Landgrafschaft unter Heinrich von Brabant. Die Grafen von Württemberg rundeten ihr Territorium auf Kosten des verfallenden staufischen Erbes ab; damals begann aus Schwaben Württemberg zu werden. Im Südwesten erbten die Habsburger die Grundlage ihrer künftigen Macht zusammen. Die sieben Kurfürsten: die Erzbischöfe von Mainz, Trier und Köln, welche die Erzkanzler der Reichsteile waren; der Pfalzgraf bei Rhein, der Erztruchseß; der Marschall Herzog von Sachsen, dessen Schwert noch heute das Porzellan von Meißen aufweist; der Markgraf von Brandenburg, des Reiches Kämmerer; und – seit 1289 endgültig gegen Bayern behauptet – der König von Böhmen als des Reiches Schenk, bildeten ihr Kolleg zur festen Institution.

In den folgenden Jahren gab es nur eine größere Macht in Deutschland, König Ottokar II. von Böhmen (1253–1278), den „Goldenen König", der im Südosten ein großes Reich gründete und das Machtvakuum des „Interregnums" für sich füllte. Der Aufstieg Ottokars, dessen Mutter aus dem Staufergeschlecht stammte und der die Einwanderung deutscher Siedler und Bürger nach Böhmen begünstigte, war ohne Beispiel. Richard von Cornwall mußte ihn 1262 mit Böhmen, Mähren, Österreich und der Steiermark belehnen – in Österreich waren die Babenberger schon 1246 ausgestorben –, und wenige Jahre später ernannte König Richard Ottokar zum Reichsvikar rechts des Rheins. 1269 erbte er Kärnten und Krain. So konsolidierte sich im Osten und Südosten des Reiches eine bedeutende Macht unter einem bedeutenden Herrscher, während – eine charakteristische Erscheinung der deutschen Geschichte seit dem späten Mittelalter – das Reich im Westen mehr und mehr in kleinere Herrschaften zerfiel. Dieser Vorgang begünstigte Frankreichs Ausdehnungspolitik die seit damals kleinere Herrschaften, Recht um Recht unter französische Hoheit brachte und mit klingenden „Handsalben" eine Reihe deutscher Fürsten gewann.

Die Ansätze einer Reichspolitik Richards von Cornwall wurden durch die innerenglischen Schwierigkeiten zunichte gemacht. Während der Rebellion Simon von Montforts geriet auch Richard in die Gewalt der Aufständischen, und man zog sich von dem kostspieligen kontinentalen Abenteuer zurück. Arm und machtlos starb er 1272, ein König ohne Königreich.

Jetzt schien die Stunde Frankreichs gekommen, als König Philipp III. von Frankreich (1270–1285) mit Hilfe Karls von Anjou, seines Oheims, kandidierte. Aber die Kurfürsten wählten, nun als geschlossenes Kollegium, am 1.10.1273 den Grafen Rudolf von Habsburg zum König. Schon vor der Wahl nicht ohne reale Machtbasis, trat Rudolf die Herrschaft an. Klugheit und List standen ihm höher als bloße Gewalt. In jenen Jahren schien dem deutschen König die Stärkung der Zentralgewalt zu gelingen. Der erste Reichstag in Nürnberg verkündete Rudolfs Programm, die Revindikation des Reichsguts: Alle dem Reich unmittelbaren Güter und Rechte, die, durch Usurpation oder Schenkung seit der Absetzung Friedrichs II. von 1245 dem Reich entfremdet, in die Hand von Fürsten und Herren, Städten und Klöstern geraten waren, sollten zurückgefordert werden und nur mit Zustimmung von König und Fürsten wieder verliehen werden können. Rudolf begann sofort mit der Revindikation, die seit ihm ein Grundzug spätmittelalterlicher Königspolitik blieb. Beharrlich zog er Rechte und Orte, manchmal einzelne Wiesen, bisweilen ganze Herrschaften, wieder ans Reich. Ein Netz von Vögten und Beauftragten spannte er über Deutschland. Und wie nach innen das Reich wiederhergestellt werden sollte, als eine Summe aus Rechten und Besitz, so auch nach außen: in Flandern und Burgund, gegenüber Frankreich. Revindikation hieß zu der Zeit aber vor allem Kampf gegen den König von Böhmen.

Rudolf dachte zuerst noch nicht an einen Kampf der Waffen. Auf dem Nürnberger Reichstag war auch ein Fürstenspruch ergangen, daß Ottokar zum bisher versäumten Lehnsempfang geladen werden sollte. Der Spruch zielte auf Huldigung für die Erblehen Böhmen und Mähren, auf Herausgabe des Egerlandes und vor allem der Herzogtümer Österreich, Steiermark und Kärnten. Ottokar wich dem Prozeß aus, der mehrfach verschoben wurde; er zog den Weg der Waffen vor. Aber sein Glück war im Sinken. In der Schlacht bei Dürnkrut auf dem Marchfelde, in der die Taktik von Tagliacozzo, Flankenangriff aus der Reserve, nach Deutschland übertragen wurde, fand der geächtete Ottokar am 26. 8. 1278 sein Ende. Wenzel II., sein Sohn, behielt nur die erblichen böhmischen Lande. Österreich, die Steiermark und Krain verlieh Rudolf mit Zustimmung der Kurfürsten 1282 seinen Söhnen Albrecht und Rudolf dem Jüngeren. Die habsburgische Hausmacht, von der man von nun an sprechen konnte, reichte vom Rhein bis zur Leitha durch ganz Süddeutschland. Rudolf versuchte jetzt erst recht, den Schwerpunkt der Revindikationspolitik nach Westen zu verlagern. Er führte damit Deutschland in die europäische Politik zurück.

Aber weder das Zusammengehen mit den Päpsten Gregor X. und Nikolaus III. noch die Abtretung der Romagna 1279 half zur Wiederherstellung des Kaisertums. Auch zwei Feldzüge Rudolfs gegen französische Annexionen in Reichsburgund, im Hennegau und in Lothringen blieben erfolglos. Wohl aber legte er den Grund nicht nur zur Habsburgermacht, sondern mit Reichstag und Friedenswahrung auch zur erneuten Festigung des Königtums im Deutschen Reich. Als er am 15. 7. 1291 73jährig starb, hatte er freilich bei den Kurfürsten nicht einmal die Nachfolge seines Sohnes sichern können.

D. Nord- und Osteuropa im 13. Jahrhundert

In Skandinavien vollzogen sich die Herrschaftsbildungen gegenüber dem westlichen und mittleren Europa mit Verspätung. Die bäuerliche Bevölkerung blieb hier am längsten bestimmend. Jetzt erst bildeten sich lehnsähnliche Verfassungsformen aus und gewannen einige Städte durch den seit dem 12. Jh. bestehenden, im 13. Jh. verstärkten Wirtschaftsaustausch mit deutschen Kaufleuten größere Bedeutung. Gegensätze zwischen Königen, dem neuen Adel und Bischöfen bedingten auch in Dänemark, Norwegen und Schweden die innere Politik. Königliche Beamte bildeten die alten Thinge um, vielfältig abgestufte personale Rechtsbindungen sollten durch Vereinheitlichung zu neuem Landrecht nivelliert werden; wie anderswo setzte sich im Norden das Territorial- gegen das ältere Personalitätsprinzip durch. Ein langer Kampf mit der Kirche um die Besteuerung des Klerus entstand vor allem in Dänemark. Der Festigung im Inneren entsprach jeweils ein Ausgreifen nach außen; auch dieses allgemeinere Phänomen der spätmittelalterlichen Geschichte Europas ist seit dem 13. Jh. im Norden zu beobachten.

In Dänemark baute König Waldemar II. (1202–1241) zunächst die im 12. Jh. gewonnene Machtstellung weiter aus; 1219 eroberte er Estland. Aber in der Schlacht von Bornhöved, 1227, vor der sich alle seine norddeutschen, zum Teil von ihm lehnsabhängigen Gegner verbündet hatten, verlor er Holstein und vor allem das gleichzeitig mit dem Deutschen Orden 1226 von Friedrich II. privilegierte Lübeck, das seitdem eine eigenständige Stellung im Ostseegebiet gewann. Thronkämpfe in der Zeit der Könige Abel und Christoph I. schwächten Dänemark weiter. Erst unter Erik Menved (1286–1319) gelang eine neue Festigung des Königtums. Das Konkordat von 1303 gab seinem Anspruch auf Kriegsleistungen aus Kirchenland statt, 1304 ließ sich Erik vom deutschen König Albrecht I. die Herrschaft über Holstein bestätigen, und auch mit Lübeck trat er, als Schutzvogt, in eine neue Verbindung ein. Überdies griff er nach Mecklenburg und Norwegen.

Hier setzte König Haakon IV. (1217–1263), vor allem mit Hilfe der Kirche, die dynastische Einherrschaft gegen Splitterkönigtümer durch und stellte damit eine zentralisierte Einheit des Landes her. 1261 eroberte er Grönland; ab 1262 unterwarf sich Island nach langen inneren Fehden des Bauernadels dem norwegischen König.

Kirchliche Unterstützung bei der Stärkung des Königtums gewann auch Erik Knutsson von Schweden (1208–1216), indem er sich 1210 vom Erzbischof von Uppsala als erster schwedischer König krönen ließ. Aber er und seine unmittelbaren Nachfolger wurden in ihrer Stellung vor allem durch die Jarle bedroht, die aus der Pflicht des Heeres- und Schiffsaufgebots eine marschallähnliche Macht zu eigenen Herrschaftsansprüchen ausbauten. Jarl Birger Magnusson († 1266), der Stockholm gründete und Finnland eroberte, brachte seinen Sohn, Waldemar Birgersson, zunächst unter eigener Regentschaft, auf den Königsthron (1250–1275), mit dem die Dynastie der Folkunger (bis 1319) begründet wurde. Sie band die „lendermenn" (Landherren) einzelner Amtsbezirke an das Königshaus und vergab Herzogtümer als Apanagen. Hanseprivilegien förderten den wirtschaftlichen Austausch, und Magnus Birgersson († 1290), der den Thron seines Bruders usurpiert hatte, privilegierte Rittertum und Adelsstand durch Steuerfreiheit. Am Ende des Jahrhunderts entstand eine erste dynastische Verbindung mit Norwegen, indem die Tochter König Haakons V. (1299–1319), Ingeborg, Erik Magnusson heiratete; deren Sohn Magnus Eriksson (1319–1363) war dann der erste Unionskönig von Norwegen und Schweden.

In Polen gelang zu der Zeit die Einigung der durch die Senioratsverfassung begünstigten Teilfürstentümer Schlesien (mit mehreren Nebenlinien), Großpolen (mit Posen, Gnesen, Kalisch) und Kleinpolen (mit Krakau, Masowien) noch nicht. Dauerhafte Auswirkung hatten jedoch der schon im 12. Jh. begonnene, im 13. besonders geförderte Landesausbau, vor allem in Schlesien, durch deutsche Neusiedler, und die 1225 oder 1226 eingegangene Verbindung Konrads von Masowien mit dem Deutschen Orden, von dem sich der Herzog Hilfe gegen die Einfälle nichtchristlicher Prußen erwartete und dem er 1230 im Kruschwitzer Vertrag das Kulmer Land mit allen Hoheitsrechten gab.

Der Deutsche Orden war nach dem Vorbild der beiden älteren großen geistlichen Ritterorden, der Templer und Johanniter, am Ende des 12. Jh. im Heiligen Lande entstanden. Krankenpflege, vor allem die Versorgung eines deutschen Spitals, das von Bremer und Lübecker Bürgern für kranke Pilger und Kreuzfahrer eingerichtet worden war, war seine ursprüngliche Aufgabe. Im Jahre 1198 wandelten die Träger des Spitals ihre Bruderschaft in einen Ritterorden um, welcher die Regel der Templer übernahm und sogleich im folgenden Jahre von Papst Innozenz III. bestätigt wurde. An der Spitze des Ordens stand der auf Lebenszeit gewählte Hochmeister. Unter ihm wirkten die fünf Großgebietiger: der Großkomtur als Oberster des Haupthauses; der Marschall, dem das Kriegswesen unterstand; der Spittler, dessen Titel an die ursprüngliche Aufgabe des Ordens erinnert; der Trappier, der für die „Kleiderkammer" zuständig war, und der Treßler, der die Finanzverwaltung leitete. Doch verloren insbesondere Spittler und Trappier ihre zentralen Aufgaben früh. In der Blütezeit kommandierte jede Ordensburg, die mit mindestens zwölf Rittern besetzt sein sollte, ein Komtur; mehrere Komtureien (oder Kommenden) bildeten eine Ballei. Livland hatte einen eigenen Landmeister, Preußen hatte ihn bis ins frühe 14. Jahrhundert. Dem Deutschmeister unterstanden die meisten Balleien in Deutschland, ein schnell gewachsener, reicher, wenngleich zerstreuter Besitz, der um Mergentheim, wo nach der Säkularisation Preußens im 16. Jh. der Deutschmeister die alten Aufgaben des Hochmeisters wahrnahm, ein kleines Territorium mit Landeshoheit bildete. Ein Generalprokurator vertrat den Orden an der Kurie.

Seine Besitzungen fanden sich bereits zu Anfang des 13. Jh. in ganz Europa, vornehmlich – aber nicht nur – im Mittelmeergebiet, wo der Hochmeistersitz bis 1291 in Akkon, danach bis 1309 in Venedig lag. Doch nicht erst das Ende der Kreuzzüge und der Fall von Akkon verlagerten den Schwerpunkt der Ritterorden, ließen die Johanniter zuerst nach Rhodos, im 16. Jh. nach Malta gehen (Malteser), die Templer sich nach Frankreich zurückziehen. Vielmehr hatte der Deutsche Orden schon früher neue Aufgaben gefunden. Damals wurde die Idee der Kreuzzüge, des Heidenkampfes und der von diesem gestützten, also kriegerischen Mission, in den Norden getragen. Zwar war der Versuch des Deutschen Ordens, zu Anfang des 13. Jh. in Ungarn, im Land der Sieben Burgen, einen Staat zu gründen, ein Zwischenspiel geblieben (1211–1225), weil König Andreas II. von Ungarn den Orden wohl gegen die heidnischen Kumanen einsetzen wollte, aber eine Staatsbildung auf dem nun erweiterten ungarischen Territorium nicht dulden konnte. Dafür gab es nur die Möglichkeit in einem staatsfreien, „heidnischen" Gebiet, und so nahm Hochmeister Hermann von Salza (1210–1239) den Ruf Konrads von Masowien auf. Doppelt konnte der Hochmeister, wohl der geschickteste Diplomat im 13. Jh., das Eroberungsprogramm absichern: Von Friedrich II. erwirkte er 1226 die Goldbulle von Rimini, von Gregor IX. 1234 zu Rieti eine entsprechende Urkunde, die dem Orden das Kulmer Land und ganz Preußen als Besitz zusprachen und die zu erobernden und zu missionierenden Gebiete unmittelbar unter den Schutz der kaiserlichen Universalgewalt – nicht: des Deutschen Reiches – und des Papstes stellten. Damit war der Grund zur rechtlichen Unabhängigkeit des späteren Staates der Ordensritter gelegt.

Politisch aber gründete er auf gewaltsamer Eroberung. Preußen war ein Land, in dem viele Stämme ohne strenge Organisationsform weit auseinandergezogen siedelten. Diese baltischen Prußen hatten sich bis ins 13. Jh. allen Missionsversuchen entzogen. Auch dem eindringenden Deutschen Orden leisteten sie über ein halbes Jahrhundert Widerstand, als er seit 1231 vom (polnischen) Kulmer Land aus nord- und nordostwärts vorstieß und das eroberte Gebiet in seinen Besitz nahm. Von Anfang an war der Ordensstaat, von dem man ab etwa 1300 sprechen kann, ein Staat landesherrlichen Grundbesitzes, von einzelnen Burgen aus verwaltet, bewirtschaftet, durch „Rittergüter" genutzt; Einwanderung und Siedlung folgten der Eroberung, gingen ihr nicht, wie anderswo, voraus. Eine Burgenkette spannte sich von Bütow bis Narva. Mannigfache Hilfe fand der Orden bei Fürsten und Herren, so bei Ottokar II., an den der Name des 1255 gegründeten Königsberg erinnert. Auch lübische Kaufleute wirkten beim Landesausbau mit, so wie schon früher in Livland, wo der Bischof von Riga (Bistum seit 1201) den Schwertbrüderorden gegründet hatte (1202). Dieser freilich, die Stadt und der Bischof lagen häufig in Streit, insbesondere seit Estland von Dänemark gewonnen war, und die Übernahme des von den Litauern geschlagenen Schwertbrüderordens in den Deutschen Orden, d.h. dessen Verwicklung in die Geschichte Livlands, brachte auch eine Überlastung mit sich. Einer weiteren Ausdehnung nach Osten war seit der Schlacht auf dem Eis des Peipus-Sees ein unüberwindbares Halt geboten, in der am 5.4.1242 Alexander Nevskij, Fürst von Novgorod, später auch von Pskov und Großfürst von Vladimir, der schon das Vordringen der Schweden an der Neva gestoppt hatte, den Orden besiegte. Von da an lag die Grenze zwischen dem orthodoxen Rußland und dem römischen, katholischen, lateinischen Westen an dieser Stelle für Jahrhunderte fest. Im selben Jahr erhoben sich auch die Prußen und gewannen durch päpstliche Vermittlung 1249 im Christburger Frieden die Gleichberechtigung mit den Deutschen, die sie freilich nach einer weiteren Erhebung wenige Jahre später weitgehend verlieren sollten. Ihre Sprache konnten sie vereinzelt noch bis ins 18. Jh. bewahren.

Als die Eroberung Preußens im großen und ganzen 1283 abgeschlossen war, verwalteten anfangs Landmeister in Kulm und in Livland den neuen Besitz, in dem auch die vier Bistümer Kulm, Pomesanien, Ermland und Samland unter Ordenseinfluß standen, obwohl sie kirchlich ebenso wie Kurland, Dorpat und Ösel dem 1255 zum Erzbistum erhobenen Riga unterstellt waren. Die nahezu einheitlichen Rechte von Stadtbewohnern, Bauern und

Besitzern von Einzelhöfen, aus denen sich später ein Landesadel entwickeln sollte, an deren Anfang die dem Magdeburger Recht folgende Kulmer Handfeste von 1233 und 1251 steht, begünstigte die Einwanderung vor allem aus Niedersachsen und aus Mittel- und Ostdeutschland. Um 1300 stand der Orden unangefochten in Preußen. 1309 gelang ihm die Erwerbung von Pommerellen. Damit dehnte er seine Herrschaft auch auf bisher christliches Gebiet aus. Im gleichen Jahre zog Hochmeister Siegfried von Feuchtwangen in die Marienburg ein.

Rußland dagegen war um 1300 als politisch eigenständige Macht fürs erste untergegangen. Im Jahre 1206 hatte Temudschin die mongolischen Stämme in Zentralasien geeinigt und als Dschingis-Chan († 1227) in rascher zentrifugaler Expansion sowohl nach Osten wie nach Westen ein Weltreich begründen wollen. Sein Sohn Batu († 1255) überrannte mit Reiterheeren der westmongolischen Tataren seit 1237 die russischen Städte und älteren Teilfürstentümer Rjazan, Moskau, Vladimir, Suzdal, Perejaslavl, Černigov, Halič und die Hauptresidenz des Reiches, Kiev, die ihre alte Bedeutung nie wiedergewann. Der weitere Vorstoß gegen Polen und vor allem gegen Ungarn blieb freilich Episode – nicht so sehr wegen der heftigen Schlacht bei Liegnitz, in welcher der tapfere polnische Herzog Heinrich II. von Niederschlesien mit seinem schnell gesammelten Heer am 9.4.1241 unterging, als wegen dynastischer Probleme im Inneren des mongolischen Reiches, die Batu zum Rückzug seines geschwächten Heeres veranlaßten. Rußland allerdings blieb Batu und seinen Nachfolgern, der „Goldenen Horde“, bis 1480 tributpflichtig, obwohl Alexander Nevskij († 1263) mit tatarischer Hilfe einige der alten rurikidischen Fürstentümer unter seiner Herrschaft noch einmal vereinigen konnte, die er außer gegen Schweden und den Deutschen Orden auch gegen die ersten litauischen Angriffe unter König Mindaugas († 1263) erfolgreich verteidigte. Auch Fürst Daniel von Galizien und Wolhynien (1205–1264), der zwischen Litauen und den Tataren lavierte und schließlich durch einen päpstlichen Legaten zum König gekrönt wurde, konnte seine Herrschaft als mongolischer Tributar zunächst behaupten und damit die Basis zu der späteren Sonderstellung des südwestlichen Rußland, der Ukraine, legen. Sieht man von den Stadtrepubliken Novgorod und Pskov im Nordwesten ab, so verfielen in der zweiten Hälfte des 13. Jh. die autochthonen Herrschaften in Rußland in fast völlige Ohnmacht, die sich durch weitere Teilungen und Parteiungen am Tatarenhofe in Saraj noch verstärkte.

Ungarn überstand die tatarische Bedrohung und selbst die Verwüstung des Landes besser. Das 1222 in der Goldenen Bulle König Andreas' II. (1205–1235) begründete Herrschaftssystem, durch das die Krone sich mit dem stark privilegierten niederen Adel gegen die Magnaten verband, führte zwar unter Bela IV. (1235–1270) zur zeitweiligen Schwächung des Königtums; aber der Landesausbau durch deutsche und französische Siedler und kirchliche Orden, vor allem das besonders geförderte Städtewesen, ermöglichten nach Abzug der Tataren nicht nur den Neuaufbau des Staates, sondern banden ihn auch fester in die west- und mitteleuropäische Geschichte ein. Gegen Ausgriffe König Ottokars II. von Böhmen konnten sich die ungarischen Könige erfolgreich behaupten, vor allem Ladislaus IV. (1272–1290). Erst das Aussterben der Arpaden mit König Andreas III. (1290–1301) führte zu neuer Gefährdung, bis sich in den folgenden Thronkämpfen Karl I. Robert von Anjou (1308–1342) durchsetzte, ein Enkel Karls II. von Neapel, der bereits mit einer ungarischen Königstochter verheiratet gewesen war. Ungarn war nicht erst seitdem eine wachsende, übrigens fast ununterbrochen papsttreue Macht, sondern bot zugleich einen Orientierungspunkt für die noch wechselnden Herrschaftsgebilde auf dem Balkan.

Serbien suchte bereits Anschluß an den Westen, als der Großzupan Stephan sich 1217 zum König krönen ließ; unter Stephan Uroć I. (1243–1276) fand eine Katholisierung statt, die mit der Ausdehnung des serbischen Reiches bis an die Adria einherging.

Auch in Bulgarien zeigte sich vorübergehend ein ähnlicher Prozeß, obwohl der Anschluß an den römischen Katholizismus ein Zwischenspiel blieb. Gelang auch die Befreiung von der byzantinischen Obergewalt unter Ivan Asen II. (1218–1241), so zerbrach doch der Versuch einer eigenen orthodoxen Herrschaft unter tatarischem Druck und in inneren Kämpfen.

In Byzanz hatte Michael VIII. (1258–1282) mit der Eroberung der Hauptstadt die Griechenherrschaft wiederhergestellt. Unter diesem ersten der Palaiologen konnte das traditionsbeladene Reich trotz der Verluste auf dem Balkan noch einmal eine Mittelmeerpolitik im großen Stil versuchen. Bündnisse sowohl mit Venedig als auch mit Genua, dazu, als neue Konstante byzantinischer Politik, eine Verbindung mit dem aragonesischen Sizilien, zeitweilig sogar (1274–1281) eine kirchliche Union mit Rom, schienen die alte Macht wiederhergestellt zu haben. Aber schon unter Andronikos II. (1281–1328) zerbrachen die Bündnisse mit den italienischen Seestädten, verarmte das in sich in Adels- und Kirchenparteien zerrissene Land, und insbesondere das Vordringen der Türken in Kleinasien warf das griechische Kaisertum auf einen immer engeren Raum zurück.

E. Bonifaz VIII. und seine Zeit

Die Zeit Bonifaz' VIII. war eine Periode gesamteuropäischer Geschichte, in der die Politik West- und Mitteleuropas wie 100 Jahre zuvor ein untrennbares Geflecht bildete. Der Gegensatz zwischen dem Papsttum und dem französischen Königtum, zwischen Bonifaz und Philipp dem Schönen, dominierte jedoch. Die Persönlichkeit des Königs ist bis heute umstritten, vor allem ist ungewiß, wieweit die Politik, die mit seinem Namen verbunden wird, sein eigenes Werk und nicht nur das seiner Ratgeber gewesen sei. Jedenfalls kam ihm die Verantwortung für die Taten zu, die in seinem Namen geschahen. Willensstark, ahnenstolz, selbstbewußt, starr ist Philipp IV. gewesen – sicherlich nicht beschränkt. Er war sorgfältig erzogen; lateinische Bücher konnte er mühelos lesen, und nichts spricht dagegen, daß er auch verstand, was ein Charakteristikum seiner Zeit war, daß nämlich Bücher und Theorien entscheidende politische Veränderungen herbeiführen können, daß literarischer Streit in politischen Kampf umschlagen kann. Seine würdige königliche Haltung wird gerühmt; seine Schweigsamkeit mag manchem Beobachter unheimlich gewesen sein. Als Individuen sind uns manche seiner gelehrten Räte besser bekannt als der König selbst; er aber war ihr Mittelpunkt, sein Wille bestimmte ihr Handeln. Will man es in einem Worte zusammenfassen, so lautet es: Machtpolitik. Der König von Frankreich sollte der Erste der Christenheit sein. Während in Deutschland Rudolf von Habsburg Revindikationen betrieb, also alte Rechte wiederherstellen wollte, griff die Politik Frankreichs voraus. Unablässig wurde der Satz wiederholt: „Der König von Frankreich ist Kaiser in seinem Königreich." Das kaiserliche, das Römische Recht wurde zur Stützung solcher Thesen beansprucht.

Gegen die französische Ausdehnungspolitik blieb Rudolf von Habsburg erfolglos, erst recht sein ritterlicher, zwischen den beiden Westmächten Frankreich und England schwankender Nachfolger Adolf von Nassau, der von Edward I. von England Geld nahm und ein Bündnis gegen Frankreich einging; der sich dann auch von Philipp bezahlen ließ, um den Krieg nicht führen zu müssen. Dennoch war der Streit zwischen England und Frankreich, der hier erneut zutage trat, nur ein Vorspiel zu dem längsten der das Spätmittelalter durchziehenden europäischen Konflikte, dem sogenannten Hundertjährigen Krieg.

In solchen Spannungen lavierend, begann der deutsche König Adolf (1292–1298), sich von den Versprechungen vor seiner Wahl und dem Regierungsanfang zu lösen. Er versuchte, die Jahre, in denen Frankreich durch England gebunden war, zu benutzen, um in Mitteldeutschland eine Hausmacht zu gründen. Aber das brachte die Kurfürsten gegen ihn auf. Sie setzten ihn am 23.6.1298 ab; Kirchenfrevel, Eidbruch, Bedrückung der Kirche und anderes wurde ihm vorgeworfen. Die Kurfürsten beriefen sich dabei auf den Papst. Wie undurchsichtig sich dieser auch verhielt oder gab – entscheidend war, daß die Wähler selber einen ungebannten König absetzten, sich an Papstes Stelle zum Richter über den König erhoben und damit den Grund zu einem neuen Konflikt, nun zwischen Kurfürsten und Papst, legten. Der Ort des Geschehens, der Dom zu Mainz, zeigte das wirkliche Zentrum der Macht in Deutschland. Auch der Nachfolger war schon mit im Komplott, der Sohn König Rudolfs, Albrecht I. (1298–1308), ein harter und unbeliebter Mann, der nun also doch auf den Thron kam, nachdem die Kurfürsten sich nach dem Tode seines Vaters anders entschieden hatten. Adolf fügte sich dem

Spruch nicht. Er vertraute der Schlacht die Entscheidung an. Sie wiederholte das Urteil: Bei Göllheim in der Pfalz verlor Adolf in der Schlacht sein Leben.

Auch hinter Absetzung und Neuwahl hatte sich der Schatten Frankreichs erhoben; der Erzbischof von Mainz. der Königsmacher, und der neue König standen in Verbindung mit Philipp dem Schönen. 1299 setzte nach langen Verhandlungen, in denen auch eine Heiratsabrede getroffen wurde, der Vertrag von Quatrevaux die Maasgrenze zwischen Deutschland und Frankreich fest. Durch ihn gewann Albrecht Rückenfreiheit, die innenpolitischen Bindungen, die er für die Wahl hatte eingehen müssen, wieder zu zerbrechen. Der Friede mit Frankreich gab Albrecht die Möglichkeit, ein selbständiges Königtum zu begründen und den fürstlichen Interessen mit Hilfe der Städte zu begegnen.

Jene europäische Staatenkonstellation dagegen war nur von kurzer Dauer, weil nun der Streit zwischen dem neuen nationalen Staat und der universalen Kirche begann. In ihm wird die Verbindung zwischen politischer Theorie und kalkulierter Politik unmittelbar sichtbar.

Nach Martin IV. standen rasch aufeinanderfolgend mehrere Päpste der Kurie vor, die immer stärker in den Sog der französischen Politik geriet. Selbst die Kardinäle waren schließlich der Verstrickungen müde, als 1294, nach über zweijähriger Vakanz, die Kirche endlich den lang ersehnten und prophezeiten Engelpapst gefunden zu haben schien, einen schlichten, fast achtzigjährigen Einsiedler aus den Abruzzen, Peter von Morrone, der sich Coelestin V. nannte. Unter Tränen war er gewählt worden, unter Tränen sollte er enden. Er selbst hatte wohl seine Hilflosigkeit gespürt, sah dann jedoch sein Amt als einen Auftrag zu geistlichen Reformen an. Aber er geriet bald in die Abhängigkeit Karls II. von Anjou, in dessen Residenz Neapel er die Kurie verlegte. Einfältig war er in beiderlei Sinn des Wortes. Auf den Rat des Kardinals Benedikt Gaëtani, den er um ein Gutachten gebeten hatte, dankte er noch im gleichen Jahr, 1294, ab. Anderthalb Jahre später starb der Engelpapst in der Gefangenschaft seines Ratgebers, der sein Nachfolger wurde.

Bonifaz VIII. (1294–1303) war um 1240 in Anagni südöstlich von Rom geboren, hatte die Rechte in Bologna studiert, war unter Martin IV. zum Kardinal erhoben worden und in Verhandlungen vielfach erprobt. Stolz, Selbstbewußtsein, ein scharfer Verstand, Gelehrsamkeit und Fleiß zeichneten ihn aus. Überdies war er ein vermögender Mann und alles andere als weltfremd. Er versuchte, die Toscana für den Kirchenstaat zu erwerben, unterstützte die Anjous in Neapel und Ungarn, half bei der Neuerrichtung eines polnischen Königtums unter Přzemysl von Großpolen. In den politischen Konflikten der Zeit beanspruchte er eine Schiedsrichterstellung. In alledem war er zunächst der Verbündete Frankreichs, und in allem hatte er anfangs Erfolg. Aber als er sich gegen die staatliche Besteuerung des französischen Klerus wandte, brach das Bündnis der ungleichen Partner auseinander. Gegen die Idee der hierokratischen Universalität setzte König Philipp IV. den Gedanken der Unabhängigkeit des Staates. Sofort, in der ersten Phase des Streites von 1296/97, griff man in Paris den letzten Kampf Friedrichs II. wieder auf. Schon 1277/79 hatte einer der Lehrer König Philipps, der Augustiner-Eremit Aegidius Romanus, ein Buch über die Fürstenherrschaft geschrieben („De regimine principum"). Der Mensch, ganz als Wesen der Vernunft aufgefaßt, ist alleiniges Subjekt und Objekt der Politik; diese ist lernbar. Durch Gesetz und Vernunft soll der König herrschen, in einem unabhängigen, rein weltlichen Staate. Die Kirche dagegen soll eine geistliche, vom Staat unabhängige Gemeinschaft der Gläubigen sein. Der Klerus hat keine Sonderstellung unter den Bürgern.

Von dieser Basis aus forderte Philipp IV., in Finanznot durch seinen Krieg mit England, 1294 die Besteuerung auch der Geistlichen, und da es zu dem Augenblick keinen Papst gab, erlangte er die Bewilligung von den französischen Bischöfen. Andere Geistliche beschwerten sich in Rom. Am 24.2.1296 griff Bonifaz mit der Bulle „Clericis laicos" über die kirchliche Freiheit ein: Die Laien sind den Klerikern feind; werden diese ohne Erlaubnis des Papstes besteuert, so droht die Exkommunikation. Die Wirkung der Bulle war zunächst in England wie in Frankreich zu spüren. Philipp IV. antwortete jedoch mit einem Ausfuhrverbot, wodurch die Kurie einen Teil ihrer Einkünfte verlor, und unterstützte die italienischen Gegner des Papstes. Vor allem lief jetzt in Frankreich die Propaganda der Kronjuristen in großem Stile an. Mit einer Fanfare begann das Manifest „Antequam essent clerici": Bevor es Pfaffen gab, gab es schon Laien, bestand schon weltliche Gewalt. Die Geistlichen sind ihr unterworfen, also haben sie die vollen Bürgerpflichten zu leisten. Ähnlich argumentierten andere Schriften, die der Kirche allein moralische, nicht juristische Mittel zubilligen wollten. Der Staat jedenfalls wird als ein autonomes Gebilde angesehen.

Auf so starken Widerstand war Bonifaz anscheinend nicht gefaßt gewesen. Außerdem geriet er in Rom in Streit mit dem mächtigen Adelsgeschlecht der Colonna, der sich im Kardinalskollegium verbreitete. Schon zog man den Vergleich, der Papst solle sich zu den Kardinälen wie der Bischof zum Kapitel verhalten, schon war der Gedanke einer oligarchischen Kirchenverfassung angedeutet. In dieser Situation gab der Papst nach und suchte Aussöhnung mit Frankreich. Er erkannte, wenn auch verklausuliert, das Besteuerungsrecht an und fand sich sogar bereit, König Ludwig IX. von Frankreich heiligzusprechen.

Aber nur ein Scheinfriede herrschte für drei kurze Jahre. Als Bonifaz 1299 Schottland gegen Edward I. von England zum Eigen der Römischen Kirche erklärte, einigten sich England und Frankreich über den Kopf des Papstes hinweg. Zwar hatte dieser mit dem Beginn des neuen Jahrhunderts, 1300, noch einmal einen Triumph verzeichnen können, als er die Christenheit zum ersten Jubeljahr nach Rom rief und angeblich über zwei Millionen Pilger sich den Ablaß holten – eine Kundgebung der geistlichen Allmacht des Papstes und für die Ewige Stadt eine willkommene Einnahme. Aber unmittelbar darauf, von 1301 bis 1303, folgte die zweite Phase des Streites, nunmehr in voller Öffentlichkeit. Als der König einen von Bonifaz erhobenen Bischof verhaftete und an sein weltliches Gericht zog, protestierte der Papst nicht nur, sondern lud alle französischen Prälaten, Vertreter der Domkapitel und der Pariser Universität nach Rom. Alle Sonderrechte des Königs wurden aufgehoben, die Zugeständnisse von 1297 widerrufen. Am 5. Dezember 1301 schickte der Papst dem König einen mahnenden Brief, „Ausculta fili" („Höre, mein Sohn"), eine öffentliche Zurechtweisung, die indirekt das Schicksal Friedrichs II. beschwor. Aber die Zeiten hatten sich seitdem geändert. Einem ausgewählten Kreis von Adligen wurde in Paris eine tendenziös verschärfende Kurzfassung der Bulle vorgelesen, der päpstliche Legat des Landes verwiesen. Zugleich wurde in Frankreich eine angebliche Antwort des Königs verbreitet, die schon durch ihren Anfang die erwünschte Stimmung machen sollte: „Es wisse Deine höchste Albernheit, daß wir in weltlichen Dingen niemandem unterworfen sind." So hatte noch niemand Seine Heiligkeit anzureden gewagt, und so hat ihn auch Philipp IV. nicht angeredet, ja dieser Pseudobrief wies überdies einen soeben unmittelbar gar nicht erhobenen Anspruch zurück. Die Öffentlichkeit in Frankreich nahm das alles für Wahrheit, wie sie es für Wahrheit nehmen sollte. Eine große Erregung breitete sich im Lande aus, Solidarisierung und Identifizierung einer werdenden Nation. Auf den April 1302 ließ Philipp zum ersten Mal eine Versammlung der französischen Generalstände, der Prälaten, des Adels und der Städtevertreter, nach Paris einberufen. Die Einigkeit des Volkes mit der Krone sollte dokumentiert werden. Die weltlichen Stände richteten jetzt ein Schreiben an die Kardinäle, in dem der Papst angeklagt wurde. Abermals tauchte der Gedanke an eine über dem Papst stehende Gewalt auf, die ihn zu richten legitimiert sein könnte. Auch die Konsequenz daraus, die man kurz vorher in Deutschland hatte beobachten können, war nahegelegt, daß nämlich die Wähler den einmal Gewählten auch absetzen dürften.

Kaltblütig wurde die Erregung weitergetragen, so in eine Versammlung des Volkes von Paris im Garten des Louvre am Johannistag 1303, so in planmäßiger Agitation in ganz Frankreich. Agenten ließen Provinzialstände zusammentreten, wandten sich an einzelne Städte, Kirchen und erwirkten Zustimmung zu den in Paris gefaßten Entschlüssen. Emotionen wurden in Gang gehalten, und viele waren von „Furcht oder Haß ... geschüttelt, und man fand wenige, die in der Öffentlichkeit fest und beständig blieben", schreibt ein zeitgenössischer Autor. Der Appell an ein allgemeines Konzil wurde zur Hauptforderung. Den Druck und die Propaganda begleiteten neue theoretische Schriften, vor allem des Advokaten Pierre Dubois und des Dominikaners Johann von Paris (Jean Quidort), welche die Autonomie eines laisierten Staates mit immer kühneren Argumenten vortrugen und die Absetzbarkeit eines unnützen Papstes durch das Volk als denkbar betrachteten.

Bonifaz VIII. hielt dagegen unbeirrt an dem von ihm angesetzten Konzilsbefehl auch für die französischen Geistlichen fest, zumal sich die europäische Politik zu seinen Gunsten wandelte. Nach zwanzigjährigem Kampf um Sizilien war im Sommer 1302 der Vertrag von Caltabellotta zwischen Karl II. von Anjou und Friedrich III. von (Aragón-)Sizilien zustande gekommen, der das staufische Erbe in die Königreiche Neapel und Sizilien aufteilte. Bonifaz bekam damit Rückenfreiheit und trat dem Frieden bei. Im gleichen Jahre 1302 brachten flandrische Bürger die Ausdehnungspolitik Frankreichs in der „Sporenschlacht" zu Kortrijk zum Stillstand. In dieser Situation trat am 1. November das Konzil in Rom zusammen, auf dem Bonifaz, gestützt auf ein zweites Werk des Aegidius Romanus, über die päpstliche Gewalt, am 18.11.1302 in der Bulle „Unam sanctam" noch einmal die päpstliche Allgewalt proklamierte. „Eine heilige Kirche, allgemein und apostolisch...": Der Anfang stellt sofort das Moment der Einheit unter dem Papst heraus, das immer wieder in Bildern und Zitaten ausgedrückt wird. Der Papst hat beide Schwerter, das geistliche sowohl wie das weltliche, in seiner Gewalt. Dieses ist zwar von den Königen zu führen, aber nur „auf Geheiß und mit Erlaubnis" des Priesters. Die geistliche Gewalt hat die irdische einzusetzen und gegebenenfalls zu richten. „Es ist daher", so lautet das Ende der meisterhaften Schlußkette, „allen menschlichen Geschöpfen ... zum Seelenheil notwendig, sich dem römischen Bischof zu unterwerfen."

Von einer so apodiktischen Position aus war keine Versöhnung mehr möglich. Verhandlungen, die dennoch versucht wurden, waren zum Scheitern verurteilt. Auch der Bann, den Bonifaz über Philipp aussprach, erwies sich als stumpfe Waffe. Vorkehrungen wurden getroffen, den Papst zum Ketzer erklären und durch ein allgemeines Konzil absetzen zu lassen. Selbst als Bonifaz den deutschen König Albrecht I. als künftigen Kaiser anerkannte und dafür, übrigens mit Zustimmung der Kurfürsten, den Reichsvikariat Toscana auf fünfzig Jahre gewann, fand er doch keine Hilfe. Albrecht verharrte in Neutralität, zumal da sich der König von Frankreich durch Bündnisse mit Böhmen und Ungarn absicherte, die den Papst nicht ausnahmen. Auf einer neuerlichen Versammlung der französischen Stände wurde öffentlich Anklage gegen Bonifaz erhoben; der Papst hingegen verfaßte eine Anklage gegen Philipp IV., die mit Absetzung und Kreuzzug drohte. Aber noch vor Veröffentlichung der Bulle schlug der Kampf der Theorien in offene Gewalttat um.

Der königliche Rat Wilhelm von Nogaret († 1313), Doktor der Rechte, zum Ritter erhoben, später zum Großsiegelbewahrer ernannt (1307), hatte zusammen mit dem Haupt der italienischen Papstgegner, Sciarra Colonna, im Sommer 1303 in unmittelbarer Nähe des Papstes eine Verschwörung zustande gebracht. Am 7.9.1303 drang ein Trupp von Rittern und Kriegern in die

Stadt Anagni ein; sie führten neben dem französischen Lilienbanner auch eine Fahne mit den Schlüsseln Petri, um zu zeigen, daß der Handstreich nicht gegen die Kirche, sondern gegen die Person des Papstes gerichtet sei. In vollem Ornat erwartete der stolze Papst in seinem Zimmer das Martyrium von den Eindringlingen, vor dem Nogaret ihn jedoch bewahrte – und gerade dadurch den Unbeugsamen doch beugte. Nur zwei Tage saß der Papst als Gefangener in seiner Kammer; keinen Bissen nahm er zu sich. Am Ende scheiterte das Attentat, wurde der Papst vom Volk seiner Heimatstadt befreit. Nach Rom, in die Engelsburg, zog er sich zurück, während das Land ringsum in Aufruhr stand. Am 11.10.1303 starb Bonifaz etwa 63jährig als gebrochener Mann. „Wie ein Fuchs war er zur Regierung gekommen", schreibt ein Zeitgenosse, „wie ein Löwe hat er geherrscht, gestorben ist er wie ein Hund."

Jetzt, nach dem Siege des „nationalen" Staates, ordnete Philipp der Schöne alles den Interessen der Krone unter. 1306 wurden die französischen Juden gefangengesetzt und ebenso wie lombardische Kaufleute enteignet. 1307 wurden den Tempelrittern die reichen Güter unter dem Vorwand entzogen, sie hätten sich der Ketzerei ergeben, und die Moral des Ordens sei verfallen. Schon beanspruchte der neue Staat nicht nur politische, rechtliche und wirtschaftliche Oberhoheit, sondern maßte sich moralische Kompetenz an. In einem grausamen Prozeß wurden die gefangenen Ordensritter verurteilt, danach verbrannt. Papst Clemens V. (1305–1314) mußte den Orden unter französischem Druck nach dem Konzil zu Vienne 1311 auflösen. Auch Bonifaz VIII. sollte noch der Prozeß gemacht werden. Als Clemens V. 1309 die Kurie nach Avignon verlegte, als er die Handlungen des Königs ohne Tadel hingenommen zu haben schien, verzichtete Philipp auf ein förmliches Verfahren gegen den gestürzten Bonifaz.

Alles das konnte Philipp ohne Sorge vor ausländischen Eingriffen erreichen. England war unter der schwachen Herrschaft Edwards II. (1307–1327) nach außen durch Kämpfe gegen einen schottischen König, im Inneren durch die Opposition des Adels und des Parlaments gefesselt. Aus Spanien griff Jakob II. von Aragón in dem Versuch, eine Mittelmeerherrschaft von West nach Ost zu begründen, weit aus nach einem Herzogtum Athen, das er mit Hilfe einer Söldnertruppe, der „Großen Catalanischen Kompanie", errichten wollte.

In Deutschland war die Politik König Albrechts, die Sammlung und Stärkung der Reichsmitte, ebenso wie sein Versuch gescheitert, die habsburgische Hausmacht nach Böhmen und Thüringen auszuweiten. Das gewaltsame Ende des Königs setzte den Schlußpunkt unter eine im ganzen erfolglose Herrschaft: Am 1. Mai 1308 ermordete ihn sein Neffe Johann, der wiederholt ein standesgemäßes Erbe gefordert hatte. Albrechts Nachfolger Heinrich VII. war an Italien gebunden; auch er wurde für Frankreich keine Gefahr. So konnte Philipp der Schöne ungestört das Erreichte festigen, die Grundlegung des nationalen autonomen Staates, der dem Papsttum am

Ende gefährlicher geworden war als die ältere Universalmacht des Imperium.

Zwiespältig ist der Prozeß zu beurteilen, der in der Zeit Bonifaz' VIII. seinen ersten Höhepunkt und einen vorläufigen Abschluß fand. Einerseits tritt aus den Theorien wie aus der politischen Aktion deutlich der von aller Vormundschaft sich befreiende neue Staat hervor: in der Publizistik, mit dem Gedanken der staatlichen Autonomie, mit der Beteiligung aller Stände. Andererseits ist doch mit der Befreiung von älteren Bindungen sofort Gewaltsamkeit verknüpft, ist der „moderne" Staat von Anfang an mit allen seinen negativen Erscheinungen verbunden, ist er sogleich mit dem Anspruch einer gewissen Allmächtigkeit aufgetreten: mit Agenten und Spitzeln, mit Propaganda, Heuchelei und Massenmißbrauch, mit dem Anspruch auf Bevormundung seiner Untertanen, vor allem mit Terror und Druck, mit offener Gewalttat und amtlichem Mord, endlich mit Expansion.

VIII. Europa im 13. Jahrhundert

Das 13. Jahrhundert zeigt einen deutlichen Einschnitt in der Geschichte Europas. Das Ende der Vorrangstellung der universalen Gewalten, des fränkisch-römisch-deutschen Kaisertums und des Papsttums, kündigte sich an; beide stürzten aus noch einmal gewonnener Höhe und Machtfülle innerhalb kurzer Zeit ab. Wohl kann man unter bestimmtem Aspekt die Zeit als ein Jahrhundert der Päpste benennen. Zugleich aber begann damals italienische, ungarische, englische, selbst deutsche und vor allem französische Geschichte in einem engeren Sinne als zuvor, und verschiedentlich läßt sich auch ein Bewußtsein davon nachweisen. Nicht erst, wie oft behauptet, zu Ende des Jahrhunderts, sondern bereits zu seinem Anfang sind Erscheinungen und Prozesse zu beobachten, die auf eine veränderte historische Welt deuten und stärker und sichtbarer auf die „Neuzeit" hinführten: die Begründung einer neuen Staatlichkeit in England und Frankreich; vielfach Politisierung und Jurifizierung der Kirche, vor allem des auf weltliche Herrschaft drängenden Papsttums; andererseits die Stiftung der neuen, das Spätmittelalter in Kirche und Studium stark mitbestimmenden Orden, soziale und religiöse Bewegungen; die Grundlegung der Landesherrschaft in Deutschland; Wandlungen im Rechtswesen; neue Formen des Wirtschaftens. Bestimmte soziale, ökonomische, rechtliche und religiöse Bewegungen und Äußerungen zeigten sich mit geringen zeitlichen Verschiebungen überall, Bewegung und Unruhe, die sich gegenüber beharrenden Momenten durchsetzten. Nirgendwo endgültig und vielfach rückfällig in vorhergehende Zustände, legten die Wandlungen des 13. Jh. den Grund zum Europa des späten Mittelalters überhaupt, ja zu einer noch darüber hinausführenden neuen Welt, deren Einheit auf Pluralität beruhte, auf Differenzierung. So verschiedenartig sich die werdenden Nationen voneinander absetzten, entstand doch noch keine Internationalität im modernen Sinne, blieben übernationale Züge erhalten. Mit Stadt und Stadtwirtschaft bildeten sich neue Formen des Geldwesens. Es verlangte Rechenhaftigkeit und Buchführung, also Schriftlichkeit. Weil seit dem 13. Jh. das billige Papier das seltenere Pergament zu verdrängen begann, konnte man es sich auch leisten, vieles schriftlich zu fixieren. Man mußte rechnen und schreiben können, mußte es gelernt haben. Also entstanden neue Schulen, jetzt vornehmlich in den Städten. Rechnen und Schriftlichkeit bewirkten eine neue Rationalität, die ihrerseits einen Individualisierungsprozeß in Gang setzte, der ebenso wie das Spannungsverhältnis zwischen Individuum und Öffentlichkeit nicht erst ein Produkt der Renaissance und der frühen Neuzeit ist. Das 13. Jh. ist eine Krisenzeit, ein Jahrhundert des Übergangs, des Umbruchs, wie das späte Mittelalter insgesamt.

A. Historische Räume. Bevölkerung. Gesellschaft

Der Untergang des Imperiums und des Papsttums in ihren hochmittelalterlichen Formen und das Ende des Zeitalters der Kreuzzüge verlagerten den Schwerpunkt der europäischen Geschichte und Politik. Deren Hauptschauplätze waren nunmehr zunächst Westeuropa und der Mittelmeerraum. Sprachen und Sprachräume differenzierten sich voneinander und verstärkten das Bewußtsein von der Eigenart der Nationen. Auch neue kulturelle Zentren gewannen im 13. Jh. eine dauerhafte Vorrangstellung, vor allem Paris, daneben Oxford, Bologna, Neapel.

Verschiedentlich begann man, auf eine neue Weise über Europa, über die gewohnte Welt und Umwelt hinauszugreifen, auch über die früher bekannten Kreuzzugsgebiete. Das 13. Jh. ist bereits eine Zeit der Entdeckungen, nicht nur in den Wissenschaften und Künsten, sondern im speziellen geographischen Sinne. Mission und Handel begründeten diese Ausweitung Europas und waren zugleich deren Ziel, so etwa, vor allem durch Portugiesen und Franzosen, in Nordafrika. Besonders nach Asien öffnete sich der Blick. 1252 ging der Franziskaner Wilhelm von Rubruk im Auftrage Ludwigs IX. von Frankreich nach Asien und reiste ein halbes Jahr mit dem Großchan der Tataren; die Mission blieb ohne rechten Erfolg, aber Rubruks Reisebericht brachte die erste genauere Kunde aus der fremden Welt nach Europa. Dem Missionsversuch folgte der Handel. 1269 kehrten die venezianischen Händler Niccolò und Mafeo Polo mit einem Brief des Großchans an den Papst aus Zentralasien zurück. Handel und Mission sollten gleichzeitig intensiviert werden. 1271 brach Niccolòs Sohn Marco Polo nach Asien auf. Der Bericht über seine Reise, die ihn bis nach Japan führte und auf der er bereits den Lop-nor, den wandernden See, bemerkt hatte, erschien 1295 und wurde nicht nur in den Kontoren Venedigs aufmerksam gelesen. Auch innerhalb der einzelnen Staaten Europas kam es zu Schwerpunktverlagerungen, so überall durch die zunehmende Bedeutung der Städte, so in Mitteleuropa durch die deutsche Ostsiedlung, so in Spanien durch die Besiedlung der in der Reconquista eroberten Gebiete.

Die allenthalben bemerkenswerte Bevölkerungszunahme hatte den Grund zu den genannten Veränderungen und Bewegungen gelegt. Für eine Zeit ohne Statistiken läßt sich exaktes Zahlenmaterial nicht gewinnen. Dennoch gibt es recht verläßliche Schätzungen und gut begründete Berechnungen. Danach ist die Zahl der Einwohner Europas zwischen 1200 und 1300 von knapp 56 auf rund 73 Millionen Menschen angestiegen; noch größeres Gewicht bekommen diese Zahlen, wenn man sie mit den älteren für 1050 (rund 46 Millionen) und 1150 (rund 50 Millionen) vergleicht. Die prozentual stärkste Zunahme scheint in der ersten Hälfte des 13. Jh. gelegen zu haben. Der Geburtenüberschuß muß in jener Zeit beträchtlich gewesen sein. Freilich war auch die Kindersterblichkeit sehr groß, und die mittlere Lebenserwartung betrug nur 30 bis 35 Jahre; für Männer, die dieses Alter erreichten, dann allerdings noch 20 bis 25 weitere Jahre. Über die Hälfte der Bevölkerung Europas lebte in Frankreich, Deutschland und England. Frankreich war der volkreichste Staat; von rund 12 Millionen um 1200 ist seine Bevölkerung auf rund 21 Millionen zu Anfang des 14. Jh. gestiegen. Für England lauten die Vergleichszahlen 2,2 und 4,5 Millionen Menschen, für Deutschland rund 8Millionen und 14 Millionen. Die Bevölkerungsdichte war sehr unterschiedlich; sie wird für England auf etwa 20 Menschen, für Frankreich auf 35, für Deutschland auf 28 Personen je Quadratkilometer geschätzt, wobei der Westen sicherlich dichter besiedelt war als der Osten. Die wohl größte Bevölkerungsdichte Europas ist für Oberitalien und, mit größerer Sicherheit, für Flandern anzunehmen, wo die Schätzungen auf mindestens 60 Menschen pro Quadratkilometer gehen.

Noch stärkere Differenzierungen bietet die Siedlungsgeschichte. In Deutschland war die Zahl der Siedlungen insgesamt vergleichsweise groß; für die Zeit um 1300 werden sie auf rund 170000 geschätzt. 20 Prozent der Bevölkerung lebte in den drei- bis viertausend Städten, 80 Prozent auf dem Lande, und man muß wohl etwa 72 Bewohner, d.h. elf bis zwölf Haushalte, für jede ländliche Siedlung im Durchschnitt annehmen. Landesausbau und Rodung wurden auch im 13., selbst im 14. Jh. noch in England, Frankreich und in Altdeutschland aus wirtschaftlichen Interessen fortgesetzt, wobei die Grund- und Gerichtsherren Schutz, Organisation und auch Planung übernahmen, die bis zur Festsetzung der Zahl von Hofstellen, ihrer Größe und der genauen Lage des Ortes ging, von dem aus die bäuerlichen Genossenschaften die Rodung zentrifugal vorantrieben. In der Regel stellte der Grundherr das erste Saatgut, auch Vieh und Geräte und übertrug die Leitung der Arbeit einem Reutmeister, dessen Hofstelle dafür abgabenfrei blieb. In den neubesiedelten Ostgebieten übernahm der „Locator" jene Funktion, für die ihm meist das durch Ortsgericht und Schankrecht einträgliche Schulzenamt überlassen wurde. Nach einer freien Anfangsphase hatten die Bauern Abgaben und Dienste an den (weltlichen oder geistlichen) Grundherrn zu leisten. Realteilungen führten in Altdeutschland häufig zu kleinen Parzellen, während im Osten die Dörfer durch Höfe bis zu 40 Hektar eine insgesamt größere Gemarkung aufwiesen. Trotz der Vermehrung der Abgaben und Lasten, auch durch die wachsende Zahl der Kirchen, konnten viele Dienste durch Geld abgelöst werden, da die größere Nachfrage zu höheren Getreidepreisen geführt hatte, denen wiederum höhere Löhne für die in der Landwirtschaft tätigen Menschen folgten. Die wirtschaftliche Lage der Bauern war dennoch sehr ungleich.

Besonders bemerkenswert war der Bevölkerungszuwachs in den Städten, deren Zahl im 13. Jh. und noch im 14. und 15. Jh. beträchtlich anstieg. Dennoch kann man nicht, wie es gelegentlich geschieht, von einem bürgerlichen Zeitalter sprechen; im großen und ganzen blieb Europa agrarisch. Für die Einwohnerzahlen der Städte ist man weitgehend noch auf Schätzungen angewiesen, obwohl es erste Zählungen – von Haushalten, Steuerzahlern, Feuerstellen – im späten Mittelalter gibt. Unter der Voraussetzung, daß eine städtische Haushaltung im Durchschnitt von fünf gleichzeitig zusammenlebenden Personen gebildet wird, bewähren sich am besten die folgenden Einteilungsprinzipien und Definitionen (nach H. Ammann): Kleinstädte mit einer Einwohnerzahl zwischen 200 („Zwergstädte") und 2000 Menschen, wobei eine mittlere Gruppe von rund 500 bis rund 1000 Einwohnern häufig vorkommt. Kleinere Mittelstädte hatten 2000 bis 5000, größere 5000 bis 10000 Einwohner. Als Großstädte haben die mit höheren Einwohnerzahlen zu gelten, wobei wenige mehr als 20000 Einwohner hatten; eine Stadt von über 50000 Einwohnern wäre nach heutigen Maßstäben eine „Weltstadt" zu nennen. Solche waren außer Paris (um 1300 mit rund 60000 Einwohnern) nördlich der Alpen nur die Tuchmacherstadt Gent und der „Weltmarkt" Brügge, in Italien vor allem Venedig, Mailand und Florenz, dessen Einwohnerzahl im 13. Jh. von rund 10000 auf rund 80000 gestiegen ist. Ober- und Mittelitalien mit vielen Großstädten (nicht Rom!) und die Niederlande waren Städtelandschaften; in der Lombardei und der Toscana gab es wie in Flandern und Brabant zu Ende des 13. Jh. mindestens so viele Städter wie Dorfbewohner, und auch im Hennegau und an der Maas, später in Holland, häuften sich Groß- und Mittelstädte. In England überragten vor allem London, York und Bristol eine Zahl größerer Mittelstädte. In Frankreich und auf der Iberischen Halbinsel waren die Großstädte in der Regel wichtige Gewerbezentren, oft auch Hauptstädte historischer Landschaften, wie Bordeaux, Toulouse, Montpellier, Poitiers; im 14. Jh. kam auch Avignon über die Grenze von 10000 Einwohnern hinaus. Für Deutschland kann man im späten Mittelalter rund 3000 Städte annehmen, wenn man die kleinen Märkte im bayerischen Siedlungsgebiet und andere nichtagrarische Siedlungen mitzählt, fast 4000. Die größte Stadt war Köln, die, allerdings erst im 15. Jh., knapp 40000 Einwohner zählte; unter den zwanzig bis fünfundzwanzig Großstädten auf deutschem Reichsgebiet ragten ferner Metz, Straßburg, Nürnberg, Wien, Prag, Lübeck, Magdeburg, Basel und Genf hervor. Von den rund 200 Städten auf dem Gebiete der späteren Schweiz sind nur fünf Prozent Mittelstädte, zehn Prozent einigermaßen ansehnliche Kleinstädte mit einer Einwohnerzahl von 1000 bis 2000 gewesen. Anders gesagt: Nur ein Viertel der schweizerischen Städte hatte mehr als 500 Einwohner, ein weiteres Viertel 200 bis 500, ein drittes unter 200 Einwohner; das letzte Viertel von winzigen, meist zu Füßen einer Burg liegenden Gebilden ist bis zum Jahre 1500 wieder verschwunden. Auf dem übrigen Reichsgebiet gab es etwa 200 Mittelstädte; die große Menge machten Kleinstädte aus. Ihr wirtschaftlicher Umkreis blieb gering, der Ackerbürger war der vorwiegende Typus unter den Stadtbewohnern, und sein Horizont reichte kaum über den der Stadtweide hinaus. Aber auch die kleinsten Städte hingen in der Regel von dörflichen Naturalien ab und hielten periodischen Markt mit Kleinkaufleuten und Krämern, Handwerkern und gelegentlich mit den Produkten von Bergleuten. Auf diese Weise waren fast alle Städte Zentren kleiner Landschaften. Der wachsenden Verstädterung West- und Südeuropas sowie Altdeutschlands folgten mit einer gewissen Phasenverschiebung Städtegründungen in Nord- und Osteuropa.

In der Ostsiedlung sind Bevölkerungszuwachs und Bevölkerungsverschiebung besonders deutlich zu beobachten. Das Ziel war auch hier, übrigens häufig unter Beteiligung der einheimischen Bevölkerung, der Landesausbau, nicht Kolonisation oder Unterwerfung. Die Initiative ging vielmehr von den ansässigen Herrschern aus, die im 13. Jh. öfter infolge dynastischer Heiratsverbindungen deutsche Geistliche und deutschen Adel an ihre Höfe zogen. Es entstand neuer Grundbesitz, bildeten sich Rodungszentren. Das Land wurde an Bauern ausgegeben, die durch Lokatoren geworben und planmäßig nach deutschem Recht angesiedelt wurden.

Die Siedlungsbewegung ging nicht gleichmäßig von Westen nach Osten voran, sondern teilweise sprunghaft und, insbesondere bei Städtegründungen und -privilegierungen, im Norden und vor allem im Süden zunächst rascher ausschreitend als in der Mitte. So wurde im 13. Jh. die Aufsiedlung Mecklenburgs abgeschlossen, noch nicht Pommerns, obwohl Herzog Barnim I. (1220–1278) die Niederlassung deutscher Siedler ebenso stark förderte wie in Niederschlesien die Piastenherzöge Heinrich I. (1201–1238) und Heinrich II. (1238–1241). Dorthin, nach Goldberg und Löwenberg, wurden deutsche Bergleute geholt, in Böhmen besonders zu den Silbergruben nach Kuttenberg. Südlich der Beskiden wurden von den ungarischen Königen die Bergbaustädte Kremnitz, Schemnitz, Göllnitz und Rosenau gegründet, bäuerliche und bürgerliche Siedlungen in Siebenbürgen und, über Ungarn hinaus, vereinzelt in Galizien und auf dem Balkan angelegt. Um die Mitte des Jahrhunderts überschritt die Ostbewegung die Oder; die Neumark und Pommerellen wurden erst seit den letzten Jahrzehnten des 13. Jh. besiedelt. Eine bedeutende Rolle für den Landesausbau spielten die neugegründeten Zisterzienserklöster – in Schlesien schon 1175 Leubus als Mutterkloster, im 13. Jh. Heinrichau, Mogila, Kamenz als Filialen, ebenso Grüssau. Für Mecklenburg ist vor allem Dargun, für Pommern sind Eldena, Kolbatz und Buckow, für Livland Dünamünde, Falkenau und Padis zu nennen. Die am Ende des 12. Jh. begonnene Phase der Neugründung von Städten oder städtischer Privilegierung älterer ländlicher Siedlungen wurde im 13. Jh. beträchtlich erweitert. 1201 wurde Riga gegründet, 1232 Küstrin und Spandau, vor 1237 Berlin und Cölln, 1246 Elbing, wohl vor 1250 Brieg und 1250 Greifswald, um 1250 Liegnitz, 1253 Frankfurt a. d. Oder und Posen, 1255 Kolberg und Königsberg, 1257 Krakau, 1270 Lemberg und so Jahr für Jahr neue Städte in wachsender Zahl. Allein an der unteren Oder entstanden im

13. Jh. 38 Städte, in Schlesien bis zur Mitte des 14. Jh. 120 und rund 1200 Dörfer.

Nicht nur in Ostmitteleuropa, wo verschiedene slavische, baltische, magyarische und deutsche Bevölkerungen zusammenlebten und wo Bewidmung mit deutschem Recht nicht mit deutscher Besiedlung gleichzusetzen war, sondern auch anderswo in Europa waren die Bevölkerungen der einzelnen Staatsgebilde häufig uneinheitlich, etwa in den Königreichen Neapel und Sizilien, wo Italiener, Griechen, Sarazenen und Juden, dazu Franzosen und Aragonesen, also Menschen verschiedener Abstammung und verschiedener Religionen, die „Staatsvölker" bildeten.

Auch die Gesellschaft des 13. Jh. ist durch Mobilität und Differenzierung gekennzeichnet, obwohl sich die Stände verfestigten und in der Theorie der Zeit systematisiert wurden. Doch läßt sich keine einheitliche ständische Ordnung – nach dem Schema: Geistlichkeit, Adel und Volk – feststellen, denn innerhalb der wie zuvor agrarisch bestimmten und durch Adel dominierten Gesellschaft gab es ganz unterschiedliche soziale, rechtliche und politische Gruppierungen, und die Definition des Ständebegriffs ist davon abhängig, welche der drei Komponenten betont wird.

Der Klerus rekrutierte sich aus allen Schichten der Bevölkerung. Bischöfe und Domherren etwa repräsentierten in der Regel den Adel im Klerus; sie erfüllten eine andere Funktion als gelehrte „Kleriker" an Universitäten oder als Seelsorgepriester. Auch die geistlichen Orden waren in ihrer sozialen Zusammensetzung verschiedenartig. Das soziale Gefälle innerhalb des Klerus war sehr stark. In Frankreich z. B. gab es (wie in Italien) eine im Vergleich mit England, Deutschland und Skandinavien überdurchschnittlich hohe Zahl von (zu einem großen Teil aus der Spätantike stammenden) Bistümern – im 13. Jh. etwa 85 (in Italien über 250) –, in ihnen eine große, die 10000 weit überschreitende Zahl von Klerikern, oft mit Familien und gewerbetreibend, die Geistliche geworden waren, um besondere Privilegien und eine günstigere Jurisdiktion zu gewinnen.

Auch innerhalb der Gruppe der Bauern setzte eine stärkere Differenzierung ein. Besonders den auf Neuland ansässigen Bauern gelangen durch Gewinnüberschuß Freikäufe; gleichzeitig nahm anderswo die Leibeigenschaft zu, weil kurzfristige Pachtverträge und die Ablösung der Abgaben und Dienste durch Geld teilweise zu Verschuldung und damit zu neuer Abhängigkeit führten. Eine Minderheit von vermögenden und genossenschaftliche Dorfherrschaft bildenden Gruppen – in England etwa 20 Prozent der Landwirte – und eine Mehrheit verarmender Bauern, die sich zum Teil bei anderen Bauern verdingen mußten, lebten nebeneinander. Verschiedentlich erhielten sich freie Bauern, vorübergehend die „Rodungsfreien", dauerhafter die in Spanien wie in Deutschland dem König unmittelbar unterstellten Reichsfreien, von denen in Norddeutschland ein Teil im 13. Jh. zwar unter Landesherrschaft geriet, aber gegenüber den Bauern hervorgehoben wurde, die vorher unter Grundherrschaft gestanden hatten. In Ost- und Nordfriesland, auch in Westfalen, blieben freie Bauern erhalten, die bloß genossenschaftlicher Schöffengerichtsbarkeit unterstellt waren, ähnlich auch Weinbauern in Niederösterreich. Abgabepflichtig waren sie alle, wenn auch in den neubesiedelten Ostgebieten nur erbzinspflichtig und zur Teilnahme am Aufgebot verpflichtet; niemand war ohne Herrn, auch nicht die in den habsburgischen Gebieten, vor allem in Tirol lebenden Freibauern, die dem Landesherrn unmittelbar unterstellt waren. Die ersten Bünde freier bäuerlicher Eidgenossen konnten sich in der Schweiz gegen die habsburgische Territorialmacht sogar kriegerisch behaupten. Die Masse der Bauern jedenfalls blieb seit der Stauferzeit für fast zweieinhalb Jahrhunderte in Abhängigkeit, sozial beharrend, sofern sie nicht an der Neusiedlung teilhatten oder in Städte zogen.

Für die Bürger, eine aufsteigende Gruppe, die sich auf der Suche nach ihrem sozialen, rechtlich politischen Ort befand, galten prinzipiell in der jeweiligen Stadt ein für alle gleiches Bürgerrecht und gleiche Bürgerpflichten; dennoch ist auch hier die Differenzierung stärker als die Einheitlichkeit. Der neuen Verknüpfung von Bevölkerungsgruppen verschiedener Herkunft innerhalb der Städte entsprach eine eher größer als kleiner werdende Ungleichheit. Fernkaufleute, Ministerialen und Grundbesitzer, nicht überall in gleicher Weise vertreten, bildeten geschlossene Heiratskreise und den Patriziat – der Begriff stammt freilich erst aus dem Humanismus –, der gewöhnlich das Stadtregiment bei immer den gleichen Familien erhielt. In Venedig war der Große Rat seit 1297 sogar rechtlich in sich geschlossen, eine oligarchische, vom Amt her neu begründete Adelsherrschaft, die hier wie anderswo neuen Landbesitz außerhalb der Städte zu erwerben begann. Unter, später auch neben und mit dem Patriziat standen die Zünfte der Handwerker und organisierten Gewerbe, nach Produktionszweigen bis ins Detail untergliedert; in Paris gab es bereits im 13. Jh. allein 22 Zünfte derer, die Eisenwaren herstellten. Der „popolo grasso" der reichen Zünfte in Oberitalien und in der Toscana – Kaufleute, Bankiers, Tuchmacher, Ärzte, Kürschner und andere – erreichte im 13. Jh. zeitweilig allein, wie in Florenz, zusammen mit dem Stadtadel Beteiligung an der Herrschaft. Auch in Flandern löste sich die Spannung zwischen wirtschaftlicher Kraft und politischer Ohnmacht gegen Ende des Jahrhunderts in Zunftrevolutionen. Der „popolo minuto" dagegen, die kleineren Zunfthandwerksmeister, blieb ebenso wie die Gesellen und, vor allem in den Gewerbestädten, Lohnarbeiter, eine städtische Unterschicht, deren Angehörige oft nur Einwohner, aber nicht Bürger waren. Damit war einer der Gründe zu den innerstädtischen Verfassungskämpfen vor allem des 14. und des 15. Jh. gelegt. Übrigens entstanden vor allem in den Städten, wo nun so viele Menschen zusammenkamen, daß die einfachen Namen zu ihrer Unterscheidung nicht mehr ausreichten, seit dem 13. Jh. die neueren Familiennamen, oft nach Eigenarten, Herkunft, Beruf.

Selbst der Adel bildete keine einheitliche Schicht. Könige und die aus dem älteren Hochadel stammenden Fürsten gehörten ihm ebenso an wie der niedere Adel, wie Barone und Herren, die seit dem 13. Jh. häufig verarmten, sich zur Verpachtung ihres Besitzes, ja zum Verkauf gezwungen sahen oder in eine neue Abhängigkeit vom Hochadel gerieten. Allgemein hielt man am Rittertum fest, jetzt erst entfaltete sich das ritterliche „Tugendsystem" voll; aber dem entsprach keine einheitliche Adelsgesellschaft. Könige und Fürsten waren ebenso Ritter wie die Barone und Ministerialen. Ihnen blieb der Aufstieg im Rahmen des höheren Klerus oder, wie in England, Spanien, Ungarn und Polen, die Möglichkeit, durch Vereinigung ein Gegengewicht zur Krone zu bilden. Anderswo verloren sie an sozialem Gewicht gegenüber der Zentralgewalt, sofern sie nicht unmittelbar in Königsnähe standen, wie unter Philipp IV. von Frankreich besonders deutlich wurde. In Deutschland bildete sich neben landständischen Einungen eine Reichsritterschaft aus, in Italien und auch in einer Reihe von deutschen Reichsstädten gewann der niedere Adel eine neue Rolle in städtischen Führungsschichten als podestà, in der Signorie, im beginnenden Patriziat, als condottiere.

Frauen erscheinen in der Überlieferung des 13. Jh. nicht nur als Gegenstand ritterlicher Minne. Sie hatten großen Anteil an der religiösen Bewegung der Zeit und haben auch die verketzerten Teile dieser Bewegung bestimmt. Eine Ursache dafür waren die größere soziale Mobilität und die Zunahme der Bevölkerung in den Städten. Wohl nicht nur dort konnte offensichtlich ein heller Kopf immer öfter ohne soziale Hemmung erst Förderung und Schule, dann Beruf finden. Bewegung und Unruhe der Zeit schlugen sich literarisch in den verschiedensten Formen nieder, Sozialkritik in gelehrter Theorie und volkssprachlicher Dichtung, in Propaganda und Predigt.

B. Wirtschaft. Handel. Verkehr

Bewegung und Differenzierung bestimmten auch die Wirtschaft des 13. Jh. Die Befriedigung der Grundbedürfnisse Nahrung, Wohnung, Kleidung und Werkzeugproduktion nahm teilweise komplizierte und verfeinerte Formen an.

Die agrarische Basis der Wirtschaft blieb noch immer erhalten. Erhöhte Getreideproduktion in England. Frankreich, Dänemark, Deutschland, vor allem in den Gebieten mit starker Binnenrodung und in denen der Neusiedlung, auch etwa die Förderung des Ackerbaus unter König Dionys von Portugal (1279–1325) führten zu beträchtlichen Kornüberschüssen. Doch stiegen die Getreidepreise angesichts des Bevölkerungswachstums fast um das Dreifache. Ihnen folgten nicht ganz so starke Lohnsteigerungen in der Landwirtschaft. Hungerepidemien größeren Ausmaßes gingen im ganzen zurück oder hatten jedenfalls im 13. Jh. nicht mehr überregionale Auswirkungen. Der Weinbau wurde extensiver betrieben und die Viehzucht (Rinder, Schweine) ausgeweitet, dazu die Schafhaltung vor allem in England, aber auch in Italien, in den spanischen Reichen und in Nordafrika weiterhin ausgedehnt, so daß ihr eine noch stärkere Wollproduktion, wiederum vornehmlich in England, folgte. Das 13. Jh. war die Zeit einer agrarischen Hausse.

Auf allen Gebieten der Wirtschaft und des Handels verbesserten sich die technischen Bedingungen. Stärker und weiter verbreitet als zuvor nutzte man neben dem Wasser die Windkraft für Mühlen, Sägewerke, Hammerwerke, in Italien auch schon für Papiermühlen. Besonders der Zisterzienserorden trug zur Verbreitung der Mühlwerke bei. Der Tuchherstellung dienten Walkemühlen (in England schon über hundert bezeugt, in Polen bereits erwähnt) ebenso wie neue horizontale und durch Pedale betriebene Webstühle und das Spinnrad. Wasserkraft erleichterte den Bergbau unter Tage, nicht nur in der Erz- , sondern ebenso in der Salzgewinnung, und wiederum in ganz Europa bis nach Polen. Schubkarren und Schraubenwinden sowie die Verwendung von mehr Steinen und Erzen anstelle von Holz ermöglichten festere Bauweisen. Schon seit dem Ende des 12. Jh. bediente man sich des Kompasses, seit dem 13. Jh. genauerer Seekarten. Fortschritte im Schiffbau, vor allem die Vergrößerung des Laderaumes – im Mittelmeergebiet durch Verlängerung der Schiffe, im Norden durch die bauchigen schweren Lastschiffe, „Koggen“, seit Anfang des 13. Jh. der am meisten verbreitete Schiffstyp mit zweihundert und mehr Tonnen Ladefähigkeit –, verbesserten den Seeverkehr, der Ausbau von Straßen den zu Lande. Seit 1237 war der Paß über den St. Gotthard befahrbar. So weit ging damals bereits das technische Interesse, daß man (wie vorher in Indien) nach dem Perpetuum mobile zu suchen begann.

Der Steigerung agrarischer Erzeugnisse entsprach eine Vermehrung der gewerblichen Produkte. Obwohl auch dörfliche Handwerker bezeugt sind, Bäcker, Metzger, Schmiede und Zimmerleute vor allem, wurde mit der wachsenden Bedeutung der Städte deren charakteristische Wirtschaftsform bestimmend: geteilte Wirtschaft. Sie fand ihre Spezialisierung in den städtischen Zünften, vor allem in den großen Städtelandschaften Flandern, Brabant, Nord- und Mittelitalien. Aus England wurden jährlich über fünf Millionen Kilogramm Wolle ausgeführt, zunächst in den Wollstapel Doordrecht (später Antwerpen und Brügge), dann weiter zur Verarbeitung in die verschiedenen Städte, oft weit über Land. In Italien war ein Tuchmacherzentrum Florenz, für Seidenwaren standen Lucca und Venedig an der Spitze. Auch die Anpflanzung von Maulbeerbäumen begann schon in Frankreich, Oberitalien und in Süddeutschland. Dort wurde die Leinenproduktion weiter ausgebaut. In Aragón sind die Anfänge einer eigenständigen Keramikindustrie zu beobachten. Mailand war durch seine Waffenproduktion berühmt und Oberitalien insgesamt durch Papierherstellung, die zu der Zeit nördlich der Alpen noch kaum zu finden war.

Starken Aufschwung nahm der Bergbau; man suchte die Bodenschätze systematisch. Eisen lieferten Nordspanien, Kastilien, die Lombardei und vor allem schon Schweden. Für Edelmetalle wurden die länger bekannten Gruben in Goslar und Freiberg/Sachsen ausgebaut, besonders aber neue Minen in der Steiermark, in Kärnten, Böhmen, Ungarn und wiederum auf der Pyrenäenhalbinsel erschlossen, vornehmlich für Kupfer und Silber, in Oberschlesien auch für Blei. Obwohl die Bergarbeiter meistens in Städten – in Ostmitteleuropa häufig nach Freiberger Recht – lebten, fand sich gelegentlich auch noch Eisenproduktion durch Bauern. Der Handel gewann zunehmend an Weiträumigkeit, ja Weltläufigkeit. Der Ost-Westhandel (und umgekehrt) trat seit dem 13. Jh. gleichgewichtig neben den älteren Nord-Südverkehr zwischen Italien und Deutschland einerseits, Frankreich sowie Flandern andererseits. Der West-Osthandel reichte von England über Flandern und ganz Norddeutschland bis an die Ostseegebiete, wo er seit dem 13. Jh. weitgehend von den Hansen beherrscht wurde. Überwiegend, wenn auch nicht ausschließlich, wurden Salz, Wein, Tuche und Heringe nach Osten verkauft und Korn, Holz, Pelze, Wachs und Honig in umgekehrter Richtung. Der Nord-Südhandel dagegen war bereits differenzierter und bewegte in beiden Richtungen Qualitätswaren und Luxusprodukte. Die großen italienischen Seestädte Venedig, Genua und Pisa brachten Holz und Pech für den Schiffsbau nach Ägypten, Textilien aus Frankreich, Flandern und England, Metalle (besonders Kupfer, Blei, Eisen) und Pferdesättel in den Orient. Von dort holten sie, zum Teil durch Transithandel mit Indien, Arabien und China, der durch Syrien und Ägypten führte, Parfüms, Drogen, Gewürze, Weihrauch, Seide, Damast, Färbemittel – besonders Alaun aus Ägypten –, feine Hölzer, Elfenbein, Damaszener Stahl und Porzellan, nicht zu vergessen die Sklaven, die auch portugiesischer Seehandel aus Tunis und Ägypten nach Europa brachte. Aus den Kreuzfahrerstaaten kamen Seife, Zucker, Wein und Zitrusfrüchte. In Nordeuropa lieferte Schweden vor allem Holz und importierte z. B. Salz.

Der Fernhandel blieb nicht ohne politische und rechtliche Folgen, sei es im Aufbau der kleinen Mittelmeer„imperien“ der italienischen Seestädte, sei es durch Sonderrechte für fremde Kaufleute. Seit 1228 ist der Fondaco dei tedeschi, ein deutscher Kaufhof in Venedig, bezeugt. Besonders Fuhrunternehmungen entstanden, wenngleich die Kaufleute auch meist noch selber reisten. Das 13. Jh. war die große Zeit der Messen in der Champagne, die seit dem Ende des Jahrhunderts unmittelbar unter Königsschutz standen: Friede und Geleit waren auch hier die Bedingungen des wirtschaftlichen Austausches. Kleinere, regionale Messen entstanden, und neben allem Fernhandel ist der Nahmarkt nicht zu vergessen, auf dem landwirtschaftliche Produkte, besonders Getreide und Früchte, noch vielfach im Tausch gegen die Produkte der geteilten Stadtwirtschaft, Kleidung und Werkzeug, gehandelt wurden. Im ganzen ist nicht nur im sozialen und wirtschaftlichen, sondern im genauen Sinne des Wortes eine größere Mobilität festzustellen. Mehr Menschen als in den Jahrhunderten zuvor waren unterwegs: nicht nur Pilger und Wallfahrer, sondern auch Scholaren und Gaukler, Soldaten und Kaufleute, Handwerksburschen wie wandernde Prediger. Seit dem 13. Jh. waren die Straßen voller Menschen, voller Reiter, Sänften und Wagen. Vollends das Jubeljahr 1300 förderte die Mobilität, selbst in bäuerlichen Bevölkerungsschichten, und auch religiöse Bewegungen trugen dazu bei, sei es in den wild wuchernden Formen von Kinderkreuzzügen oder ersten Geißlerbewegungen, sei es bei Bettelmönchen im Rahmen kirchlicher Ordnungen. Auch hierbei spielten die Städte und Städtelandschaften eine besondere Rolle; mehr Herbergen und Hospitäler mußten gebaut werden, in den größeren Städten auch Miethäuser.

Vielfältig wie die Wirtschaft im ganzen waren Maße und Gewichte, insbesonders im Deutschen Reich, wo die Festigung der Landesherrschaften auch zu einer Vermehrung der Münzstätten führte. Das Münzwesen wurde um so wichtiger, als die Geldwirtschaft jetzt neue Formen fand. Von der Ablösung der Naturalabgaben war schon die Rede, ebenso von der Zinsleihe und Verpachtung gegen Geld, selbst innerhalb von geistlichen Orden (Zisterzienser, Templer). Schon die Einführung des Silbergroschens am Ende des 12. Jh. in Venedig war eine Erleichterung des Zahlungsverkehrs; erst recht die Prägung neuer Goldmünzen, so seit 1252 des „Floren“ (fl, Gulden) in Florenz und Genua, 1263 in Frankreich, 1284 des „Dukat“ in Venedig. Die Bankiers gehörten in der Lombardei zu den politisch einflußreichsten Zünften und arbeiteten bereits mit auswärtigen Vertretern oder gar Niederlassungen. Auch die „Lokatoren“ im Rahmen des Landesausbaus und der Ostsiedlung waren häufig Geldgeber und Unternehmer. Im Orienthandel ist seit dem 13. Jh. eine stärkere Trennung von Kapitalgeber (socius stans) und Händler (socius tractans) festzustellen, der meist, trotz der Gefahren, die er einging, mit nur 25 Prozent Gewinnbeteiligung rechnen konnte. Auch diese beginnende Kapitalisierung der Wirtschaft forderte Schriftlichkeit und begründete neues Rechnen.

C. Rechte. Verfassung

Die sozialen und wirtschaftlichen Veränderungen im 13. Jh. konnten nicht ohne Folgen für das Recht der Zeit sein, und umgekehrt wirkte sich der inhaltliche und formale Wandel des Rechts auf alle Gebiete des öffentlichen Lebens aus. Systematisierung einerseits, andererseits Differenzierung beherrschten als allgemeinste Tendenzen auch das Rechtsleben. Obwohl seine Vielfältigkeit in Europa seither kaum überschaubar wurde, zeigten sich doch überall Versuche zur Vereinheitlichung, vor allem, aber nicht nur in den werdenden Staats- und Herrschaftsgebilden verschiedener Art, seien es die Königtümer und neuen Landesherrschaften, sei es auch in der Kirche.

Die Kodifizierung des Kanonischen Rechts wurde im 13. und zu Beginn des 14. Jh. nahezu abgeschlossen. Im Auftrage Gregors IX. ergänzte Raimund von Peñaforte bis 1234 das Decretum Gratiani (etwa 1140) durch die bis dahin rechtskräftigen Dekretalen im „Liber Extra" in fünf Büchern; Bonifaz VIII. ließ den „Liber sextus" 1298 hinzufügen, und mit den Clementinen von 1317, nach Papst Clemens V. benannt, fand das Corpus Iuris Canonici seinen offiziellen Abschluß, obwohl darüber hinaus noch „Extravaganten" im 14. und 15. Jh. inoffiziell hinzutraten. Die geistliche Gerichtsbarkeit war nicht nur für Ehe-, Stiftungs- und Testamentsrecht, für Zins und Wucher zuständig und auch nicht nur für Streitigkeiten, an denen Kleriker beteiligt waren; sie wurde vielmehr zur Ausstellung von Urkunden und häufig in beliebigen Streitfällen vor den weltlichen Gerichten bevorzugt, weil sie ein schnelleres und moderneres Verfahren gewährleistete.

Da das Kanonische Recht auch Elemente des Römischen übernommen hatte, wurde dadurch mittelbar eine frühe Rezeption des Römischen Rechts nördlich der Alpen begünstigt, also lange vor dem 15. und 16. Jh. Auch sonst gewann das Römische Recht, durch die Legisten als gelehrtes Recht fortgebildet, seit dem 12. Jh. immer größere Bedeutung, insbesondere nachdem die Erklärungen der älteren Bologneser Juristen in der „Glossa ordinaria" des Accursius (1263) zusammengefaßt waren. Seit dem Ende des 13. Jh. diente es häufig zur Begründung autonomer Krongewalt.

Neben diesen beiden gemeineuropäischen Rechten entstanden überall in einzelnen Staaten und Regionen Rechtskodifikationen, etwa in den Statutarrechten italienischer Städte oder, sogleich in imponierender Geschlossenheit, in den Konstitutionen von Melfi („Liber Augustalis", 1231), in denen ebenfalls auf das Römische Recht Bezug genommen wurde, im übrigen aber, oft bis ins Detail, die einzelnen Bereiche des Rechtslebens zusammengefaßt waren: Friedensordnung und Gerichtsverfassung, Unabhängigkeit der Richter, Eherecht, Erbrecht, selbst Vorformen von Gesundheitspolizei. Kodifikationen durch königlichen Gesetzesbefehl lassen sich seit der Mitte des 13. Jh. in Dänemark (seit 1241), Island (1273 und 1281) und Norwegen (1274) ebenso nachweisen wie in den kastilischen „Siete Partidas" König Alfons' X. oder in den portugiesischen „Ordenações" seit Alfons III. Mit diesen Rechtskodifikationen wurden auch die Volkssprachen amtlich gemacht.

In deutscher Sprache waren die Rechtsbücher des 13. Jh. abgefaßt, sogenannte Spiegel, die jedoch nicht nur Bestehendes wiedergaben und Gewohnheiten aufzeichneten, sondern Elemente aus dem Römischen und Kanonischen Recht aufnahmen und damit wenigstens teilweise neues Recht einführten. Muster für alle wurde der zwischen 1220 und 1233 von dem adligen Schöffen Eike von Repgow verfaßte Sachsenspiegel, der bald in ganz

Nord- und Nordostdeutschland angewandt wurde, übrigens mit geringfügigen Veränderungen bis zur Einführung des Allgemeinen Preußischen Landrechts, ja zum Teil bis zum Jahre 1900. Unter seinen Ableitungen ragt vor allem der um 1275 von Augsburger Franziskanern verfaßte Schwabenspiegel hervor, der den Anspruch erhebt, „kaiserliches Land- und Lehnrecht" zu bieten. Ähnliche regionale Rechtsbücher entstanden auch in anderen Ländern, und die dort als „Deutsches Recht" bezeichneten verschiedenartigen Rechte in den Gebieten der Ostsiedlung stimmten insoweit jedenfalls überein, daß sie persönliche Freiheit, Erbrecht, Ablösung der Dienste durch Zins garantierten und in der Regel dem örtlichen Schultheiß das Niedergericht überließen.

Auch in den altbesiedelten Gebieten genossen bestimmte Personengruppen besondere Rechte, vor allem die waffenlosen und schutzbedürftigen Frauen, Kinder, Geistliche, ferner Kaufleute und Juden.

Die im Inland oder Ausland gewährten Privilegien für Kaufleute, die selbst aus verschiedenen sozialen Schichten, in England, Italien und Deutschland oft aus niederem Adel stammten oder mit diesem verbunden waren, wurden bald auf die Rechte von Städten übertragen. Stadtluft machte „frei", wenn der bisherige Herr den Neubürger nicht (meist binnen Jahr und Tag) zurückholen ließ, brachte diesem aber mit den Bürgerrechten – vornehmlich eigener Gerichtsstand mindestens im Niedergericht, zunehmende Autonomie für Markt, Gewerbe, später auch Stadtregiment – neue Pflichten: Abgaben, Scharwerk beim Befestigungsbau, Selbstverteidigung weitgehend auf eigene Kosten. Ein herrschaftsfreier Raum blieb (auch in genossenschaftlich organisierten Gruppen) undenkbar; es gab ihn nirgends. Wie die soziale Differenzierung gab es eine rechtliche, und wo ältere Rechtsungleichheiten aufgehoben wurden, entstanden neue, auch in den städtischen Bürgerschaften. Nicht nur den sozialen Differenzierungen innerhalb der Städte entsprachen verschiedenartige Rechte, sondern ganz generell waren Fremde und Juden Personen und Gruppen minderen Rechts.

Die Juden nahmen überall in Europa schon deshalb eine Sonderstellung ein, weil hinter ihnen keine geschlossenen Herrschaftsgebilde standen. Sie lebten durchweg in der Diaspora, es gab kein jüdisches Territorium. Trotz vielfacher und immer wieder aufflackernder Verfolgung während der Kreuzzüge hielten sich bedeutende jüdische Gemeinden in Sizilien, in Spanien, in Südfrankreich, in der Champagne, im Rheinland und in Böhmen. Die Juden wurden im Deutschen Reich vereinzelt seit 1197 als „Kammerknechte" des Königs/Kaisers diesem unmittelbar unterstellt; freilich war für das Schutzregal eine zum Teil recht hohe Abgabe der einzelnen Gemeinden zu zahlen. Die Juden in den Städten am Rhein zwischen Basel und Wesel, in der Wetterau, in Franken und Schwaben, also in Gebieten gehäuften Reichsgutes, entrichteten 1241 insgesamt 857 Mark Silber, während die Steuersumme derselben Städte aus Abgaben nichtjüdischer Bürger 4290 Mark betrug.

Friedrich II. hatte das Schutzregal auf das ganze Reich ausgedehnt; in den allgemeinen Reichslandfrieden von 1235 waren die Juden noch nicht aufgenommen gewesen. Die Abgabe für dieses Judenrecht war nicht nur jährlich zu entrichten, sondern auch bei der mit jedem Thronwechsel fälligen neuen Bestätigung. Da das Judenregal oft weiterverliehen, verpfändet oder verschenkt wurde, nach 1254 zum Beispiel teilweise an die Städte des Rheinischen Bundes, aber auch an verschiedene Landesherren, unterlagen die Juden am Ende des Jahrhunderts zum Teil einer dreifachen Steuer, die an König, Landesherrn und die jeweilige Stadt zu entrichten war, wo auch gelegentlich Sondersteuern erhoben wurden und in Worms sogar Pflicht zur Teilnahme an der Verteidigung im Kriegsfalle bestand. Juden waren in diesem Falle zwar waffenfähig und erhielten gelegentlich Bürgerrecht auf Zeit, blieben aber im ganzen Menschen minderen Rechts. 1286, zugleich mit der Wiederholung des Kammerknecht-Schutzes, verbot König Rudolf die Auswanderung. Aus England wurden 1290 angeblich 16000 Juden nach dem Vorderen Orient ausgewiesen; 1306 wurden sie aus Frankreich vertrieben.

Vom Judenrecht zu unterscheiden ist das eng mit der jüdischen Religion verbundene jüdische Recht. Jede Gemeinde besaß im Prinzip gleichberechtigte Vorsteher (Parnassim): Mindestens drei, meist sieben, öfter zwölf – je nach Größe der Gemeinde – bildeten den Judenrat. Ein „Parnas", der auch den Vorsitz im Gericht führte, wurde in christlicher Analogie meist als „Judenbischof" oder „Judenmeister" bezeichnet. In den spanischen Reichen und in England gab es darüber hinaus für das ganze Land einen Oberrabbiner, auch als Appellationsinstanz; in Deutschland nahm im 13. Jh. zeitweilig der Rabbi Meir ben Baruch von Rothenburg († 1293) diese Funktion wahr, bis er wegen eines Auswanderungsversuches nach 1286 gefangengehalten wurde.

Auch in den einzelnen Rechtsbereichen brachte das 13. Jh. bedeutsame Veränderungen, vor allem im Straf- und Strafverfahrensrecht. Der ältere Akkusationsprozeß („Wo kein Kläger, ist auch kein Richter") mit Eideshelfern und Zweikampf wurde allmählich, nicht zuletzt unter dem Einfluß des Kanonischen Rechts, durch den Inquisitionsprozeß abgelöst, in dem Anklage erhoben wurde, um die Wahrheit durch Untersuchungen zu finden, und als Beweise neben Zeugen und Indiz vornehmlich das Geständnis angesehen wurde („regina probationum"). Daher galt auch die Folter als ein erlaubtes Rechtsmittel, zunächst „nur" durch Gefangensetzung, Hunger und Frost. Die Niedere Gerichtsbarkeit über „Haut und Haar" ging seit dem 13. Jh. mehr und mehr an Königs- und Bischofsstädte als eigene Gerichtsbezirke über, zum Teil auch schon das Hochgericht, die Hohe Gerichtsbarkeit über „Hals und Hand" an die Landesherrschaften, wo der Landrichter ein Teil der Landesverwaltung wurde. Einheitliche Friedenswahrung gewann wegen der sozialen Veränderungen und für die neuen Wirtschafts- und Denkweisen besondere Bedeutung. Der Friede war daher Grundlage für neue Formen von Herrschaft als öffentlicher Gewalt, die sich dann auch des Römischen Rechtes bediente, und zwar in den „National“staaten wie in den partikularen Fürstentümern. Der Reichslandfriede zu Mainz (1235), das erste Reichsgesetz, das auch in deutscher Sprache verkündet wurde, versuchte noch einmal prinzipiell, Regalien beim König zu halten, ihre Delegation an die Fürsten zum Zwecke eines allgemeinen Friedens und damit eines einheitlichen Rechtsbezirks einzuschränken. Aber der nach sizilischem Vorbild gleichzeitig eingesetzte Reichshofrichter blieb ohne Exekutive und ohne Jurisdiktion über die Fürsten; in Deutschland fehlte jeder Ansatz zu einer übergreifenden Verwaltung.

Die verschiedenartigen Rechtsaufzeichnungen, vor allem die landrechtlichen Teile der Rechtsbücher, vereinigten die einzelnen Rechtsgebiete wie (modern gesprochen) Straf- und Zivilrecht noch ungeschieden in sich. Daneben entstanden außer Fremden- und Judenrecht die ersten Sonderrechte vor allem auf wirtschaftlichem Gebiet. Venedig und Aragón entwickelten ein eigenes Handelsrecht, das wiederum die Schriftlichkeit förderte und eine besondere Gerichtsbarkeit hervorrief. In Frankreich war die Pariser Börse ein bedeutendes Handelsgericht. Das Stapelrecht in Orten, die durch die Lage (häufig an Flüssen) unumgänglich waren, zwang die Kaufleute, ihre Waren zugunsten der Fuhrunternehmer eben jener Stadt umzuladen oder zur billigeren Versorgung feilzubieten. Die Marktrechte wurden zur Qualitätskontrolle und -garantie verfeinert, nicht nur durch Überwachung von Maß und Gewicht und durch Preisregelungen, sondern auch etwa durch Einführung der Fleischbeschau (so Augsburg 1276). Gegen Vorkäufe und preissteigernden Zwischenhandel wandte sich der Marktzwang, ähnlich auch, besonders in Böhmen, Schlesien, Österreich, das bis auf zwölf Kilometer ausgedehnte Bannmeilenrecht, das unter anderem Vorkäufe verhindern sollte, die öfter in ländlichen Gasthäusern vor den Städten vorgenommen waren.

Das Lehnrecht wurde ebenfalls differenziert und systematisiert, vor allem noch stärker verdinglicht. In Westeuropa waren die Lehnsmannen ohnehin an finanzielle Leistungen bei der Auslösung des Lehnsherrn aus Gefangenschaft, anläßlich des Ritterschlags dessen ältesten Sohnes, für die Aussteuer der ältesten Tochter und (nicht überall) beim Zug des Herrn ins Heilige Land gewöhnt. Schon seit dem 12. und besonders im 13. Jh. war es in England möglich, Schildgeld für Söldner anstelle des Ritterdienstes zu zahlen; auch in Frankreich wurden persönliche Dienste mehr und mehr durch Sachleistungen ersetzt; in Südfrankreich gab es schon Treueid ohne Mannschaft. Dafür nahmen Ehren- und Hofdienste zu, ebenso die Amts- und Dienstlehen, zumal da nicht ohne weiteres mit der Vergabe von Lehen Gerichtsbarkeit verbunden war. In Frankreich verbreitete sich der schon früher gelegentlich übliche Treuvorbehalt gegenüber dem König weiter, besonders in der Form von Sicherheitseiden, jedoch nicht in der eines allgemeinen Untertaneneids, der in England zur Festigung des Königtums beigetragen hatte. In wachsender Zahl erwarben Bürger Lehen, besonders wieder in Frankreich, und häufiger, von Westeuropa nach Mitteleuropa vordringend, zeigte sich auch im Lehnswesen Schriftlichkeit (Lehnsbriefe). Für Deutschland wurde die hierarchische Heerschildordnung charakteristisch, derzufolge eine Rangminderung eintrat, wenn Lehen auf der gleichen Stufe genommen wurden. Ein Fürst war z.B. nur derjenige, der sein Lehen unmittelbar vom König empfangen hatte; ein weltlicher Fürst durfte allenfalls von einem geistlichen Fürsten Lehen annehmen. Einer solchen Theorie folgte die Praxis freilich in den Ländern noch weniger als im Reiche. Übrigens war die vor allem im Schwabenspiegel präzisierte Definition des Fürsten nicht umkehrbar; es gab eine Reihe von Adligen, vor allem in der sich jetzt herausbildenden Reichsritterschaft, die ihre Lehen und damit Herrschaftsgewalt unmittelbar vom König empfingen und dennoch nicht zum Fürstenstand zählten, der im 13. Jh. im großen und ganzen abgeschlossen wurde. Überall in Europa nahm die Erblichkeit von Lehen weiter zu.

Die Verfassung der Zeit war durch das Spannungsverhältnis zwischen Zentralgewalt und Teilgewalt bestimmt, selbst innerhalb der Dynastien, so in Frankreich seit Ludwig VIII. und dem Aufstieg der Nebenlinien über die Apanagen, besonders der Anjous. Ein eigentümlicher Dualismus, insbesonders durch den Zusammenschluß der Barone, bestimmte die Herrschaftsgebilde, ob England, Frankreich, die spanischen Reiche, Ungarn oder die polnischen Fürstentümer; im Deutschen Reich wie in seinen einzelnen Landesherrschaften bildeten sich privilegierte Korporationen (Ritter, Klerus, Städte), die erst gelegentlich, später regelmäßig zu Landtagen zusammentraten; im Bistum Verden ebenso wie in der Mark Brandenburg wie im Herzogtum Bayern. Erkämpfte Verträge in Privilegienform bekräftigten alte Rechte oder stellten sie wieder her und begründeten neue, so 1215 in England, 1222 in Ungarn, in den Fürstengesetzen von 1220 und 1231/32 im Deutschen Reich, 1283 und 1287 in Aragón. Aber nicht nur Kämpfe brachte der Dualismus hervor, nicht nur Abwehr seitens der Könige und Fürsten, sondern beide Seiten, übrigens autogener Herkunft, wirkten am Ende durch Zielsetzung und im Ergebnis zusammen. Die Stände begannen, sich mit „ihrem" Land zu identifizieren, das herrschaftliche und genossenschaftliche Züge trug. „Land" und „Krone" korrespondierten. Diese wurde durch den König verkörpert, stand aber zugleich ideell und als eine Summe von Rechten über ihm; die Berufung auf sie konnte Widerstandsrecht begründen. Freilich kam es noch nicht zu einem Gleichgewicht zwischen monarchischem Element und ständischer Kontrolle. Besonders Philipp II. von Frankreich stärkte das Königtum, indem er erblich werdende Lehen des Hochadels nicht wieder verlieh. Doch die Einheit des „frühnationalen Königsstaates" oder „fürstlichen Territorialstaates" (W. Näf) bewährte sich sogleich bei den Konflikten zwischen königlicher Gewalt und Kirche. Das führte in Frankreich zu der lehrreichen Paradoxie, daß der Satz: „Rex est Imperator in regno suo", der auf Innozenz III. zurückging („Per venerabilem“, 1204), ein Jahrhundert später vom König wie von den Ständen als eine Waffe gegen den Papst benutzt wurde. Allenthalben verfestigte sich Herrschaft zu Frühformen moderner Staatlichkeit, sei es in Form der Wahlmonarchie wie in Schweden, Dänemark und im Deutschen Reich, sei es als Erbmonarchie, wie in Norwegen, in den spanischen Reichen, in England und in Frankreich, wo der Nachfolger das Erbe sofort, auch bei Minderjährigkeit, antrat und Weihe und Salbung in Reims empfing, weswegen im 15. Jh. der Besitz dieser Stadt und ihrer Kathedrale so wichtig wurde. Trotz Erhaltung der monarchischen Gewalt brachte der Dualismus eine Unterscheidung zwischen Person und Amt (Würde). Dem entsprach neben dem Gedanken der Krone als einer Institution über der Person des Königs auch der der Unveräußerlichkeit der Kronrechte, der in Aragón und Kastilien durch die Cortes, in England durch das Parlament mit vertreten wurde. Nur in England ist der Dualismus auch institutionell schon im 13. Jh. dauerhaft geworden, vor allem seit dem Model Parliament; seit 1297 gewann das Parlament Steuerbewilligungsrecht.

Die Veränderung des Lehnswesens durch Administration ist im 13. Jh. vor allem in Frankreich zu sehen. Der königliche Rat, Curia regis, wurde nicht mehr vorwiegend aus dem Hochadel, sondern seit Philipp II. August aus dem niederen Adel, Baronen, aus Geistlichen und auch schon Bürgern gebildet; diese Berater des Königs übernahmen Regierungsaufgaben. Der König konnte sich immer mehr auf die Städte stützen, die er privilegierte, für deren Beherrschung er durch Teilungsverträge (pariages) rechtlichen Anspruch gewann; auch gründete er eine Reihe von Städten auf Kronland. In der Folgezeit wurde die Vorrangstellung des Adels noch stärker durchbrochen, indem der König Juristen heranzog, unter denen Kleriker bürgerlicher Herkunft eine bedeutende Rolle spielten. Philipp IV. der Schöne begünstigte besonders Legisten, die er in den Ritterstand erhob, meist ohne daß sie ein altadliges Lehen besaßen. Die Legisten halfen, mit dem Römischen Recht das Majestätsrecht des Königs von Frankreich zu begründen und damit eine Monarchie, die sowohl die Stellung des Königs nach innen gegen den Hochadel wie nach außen gegenüber Kaiser und Papst betonte und den Grund für den französischen Einheitsstaat legte, der trotz aller Gefährdungen, ja Existenzkatastrophen im 14. und 15. Jh., nicht mehr gänzlich zerstört wurde. Seit Bouvines war die „Nation“ an die „Fülle königlicher Gewalt“ gebunden; da gleichzeitig der Rechtssatz durchgesetzt wurde, daß kein Land ohne Herr sei, fiel im Zweifelsfalle frei werdendes Land an den König.

Aus der Curia regis zweigten sich die beiden obersten Institutionen für Rechtsprechung und Finanzen ab: Für das Hofgericht setzt sich seit 1239 der Begriff „Parlamentum“ durch; die Chambre des comptes, eine normannisch-englischem Vorbild folgende Rechnungskammer, verwaltete die vielfältigen Einnahmen der Krone. Diese stammten entweder aus Domänen, unmittelbar königlichen Grundherrschaften, die Naturalien lieferten, deren Überschüsse verkauft wurden, oder aus Gerichtsgebühren und Lehnstaxen, zunehmend ferner aus Zöllen und Münzen sowie aus Abgaben, die Juden und „Lombarden" (christlichen Bankiers) auferlegt wurden. Bürger und Bauern hatten eine Kopfsteuer zu entrichten, die taille, eine neue, außerordentliche Abgabe, die ältere Lasten und Dienste ablöste und vereinheitlichte. Als die Besteuerung auf den Klerus ausgedehnt wurde, war das ein Anlaß zu dem Konflikt mit der römischen Kurie. Der zunehmende Zentralismus hatte einen wachsenden Reichtum der Krone zur Folge.

Auf diese, nicht auf die Person des Königs allein, waren die fünf „Großoffiziere" verpflichtet, oberste, aus dem Hochadel stammende Beamte schon fränkischer Herkunft mit bereits deutlich unterscheidbaren Ressorts: der Kanzler; der Seneschall, dem die innere Verwaltung unterstand; der Kämmerer für Hofhaltung und Finanzen; der Mundschenk, der das Gerichtswesen, und der Connétable (Marschall), der das Heerwesen unter sich hatte. Diese alten Ämter, vor allem das zwar nicht abgeschaffte, aber meist vakant gelassene des Kanzlers, wurden im 13. Jh. überhöht durch das Amt des Großsiegelbewahrers, der, modern gesprochen, die Aufgaben des leitenden Ministers wahrnahm. Wiederum Juristen nichtadliger Herkunft wie Pierre Flotte († 1302) und Wilhelm von Nogaret († 1313) hatten es unter Philipp IV. inne.

Ebenso wichtig war seit Philipp II. August das zunächst über alles Krongut, dann über das ganze Land gespannte Netz einer einheitlich organisierten königlichen Provinzial- und Lokalverwaltung. In festen Sprengeln wurden die Baillis seßhaft – im Süden und Westen lautet der Titel oft „Sénéchal" –, besoldete Beamte, aus deren Schicht ein neuer Amtsadel entstand. Den Baillis unterstanden nichtadlige bürgerliche Unterbeamte, die meist die Bezeichnung Prévôt (Präfekt) führten. Sie hatten als Exekutive die königlichen Gesetze und die Beschlüsse der Curia regis durchzusetzen und waren vor allem für die Friedenswahrung zuständig. Sie verwalteten Forsten und Gewässer, nahmen die Steuern ein und leiteten sie weiter, beriefen alle Vasallen und Aftervasallen zum Kriegsdienst ein und hatten die Gerichte inne: in erster Instanz die Präfekten (für den Adel die Baillis), in zweiter Instanz die Baillis. Wegen der früh einsetzenden Korruption wurden sie seit der Mitte des 13. Jh. durch Enquêteurs (Inquisitoren) überwacht.

Nach Abspaltung der beiden Kammern war das wichtigste Spitzenorgan der Grand Conseil (Staatsrat), der durch den König einberufen wurde und eine größere Rolle spielte als die seit dem 14. Jh. stattfindenden Ständeversammlungen. Aus der königlichen Gewalt flossen die Gesetze – oder vielmehr die Ordonnanzen, also „Befehle". Durch diese sorgte der König für den Frieden nicht nur im Kronland, sondern beanspruchte Regierungsgewalt und Administration über ganz Frankreich. Sie dienten als gesetztes Recht der Rechtsvereinheitlichung und legten sich über die örtlichen und regionalen Gewohnheitsrechte in Nordfrankreich (coûtumes), die man jetzt aufzuzeichnen begann, über die Reste des alten Römischen Rechts im Süden (droit écrit) und über das Kirchenrecht. Oberste Gerichtsinstanz und ein Mittel zur Durchsetzung des neuen Rechts war das meist ohne den König zusammentretende Parlament, das alle Verfahren an sich ziehen konnte. Nur bei Prozessen gegen den alten Hochadel, so 1202 gegen Johann Ohneland, kam das Pairsgericht hinzu, das über die „pares", die Rechtsgenossen gleichen Standes, richtete und zunächst aus neun, später aus den zwölf Pairs de France bestand, sechs geistlichen und sechs weltlichen Herren, denen im ganzen aber nur mehr Ehre, nicht mehr Funktionen zukamen.

Der in England bereits im 12. Jh. begonnene Ausbau der Administration wurde im 13. Jh. fortgesetzt und auch in den inneren Kämpfen nicht ernsthaft gefährdet, jedenfalls nicht beseitigt. Die Magna Charta (libertatum) vom 15.6.1215 brachte weder eine Umkehr sozialer Verhältnisse noch schon Parlamentarisierung. Die Versammlung des Adels auf der Runnymede bei Windsor war aufgrund feudalen Widerstandsrechtes berufen worden. Das Dokument hatte trotz der Form königlichen Privilegs Vertragscharakter. Die 63 Artikel faßten viele ältere Rechte noch einmal zusammen, stellten Vorrechte des Adels, der kirchlichen Gerichte wieder her und gewährten den Kaufleuten einen besonderen Schutz. Regelmäßig sollte öffentliches Gericht gehalten werden, Rechtsverweigerung und Urteilsverkauf wurden verboten. Der königliche Gerichtshof sollte einen festen Sitz nehmen, willkürliche Verhaftung war untersagt. Bei Vergehen sollten die Bußen den Lebensunterhalt gewahrt lassen, so dem Kaufmann das Warenlager, den Bauern die landwirtschaftlichen Betriebsmittel; auch die Beschlagnahme der Wohnung war verboten. Diese Bestimmungen wie auch die genauere Begrenzung der Abgabepflicht kamen faktisch allen Untertanen zugute, hauptsächlich den handeltreibenden Kaufleuten in Städten und Häfen, vor allem aber den Baronen. Ihnen wurde das Widerstandsrecht neu verbrieft; sie sollten 25 Vertreter wählen als Kontrolle für die Einhaltung des großen Freiheitsbriefes; sie sollten den König „zusammen mit der Bevölkerung des ganzen Landes" bei Mißständen zwingen und schädigen dürfen. Auch hier wird wie später im Parlament eine Frühform der „Nation" sichtbar, aber sie ist durch Stände repräsentiert, keine Gesellschaft von Gleichen.

Auch andere Staaten der Zeit zeigten vorwärtsweisende Züge, so ein Beamtenwesen in Kastilien durch die „adelantados", so die Goldene Bulle Andreas' II. von Ungarn, 1222, in der ebenfalls regelmäßiges Gericht, Schutz der Barone vor willkürlicher Verhaftung, Regelung der Heerfahrt und der Abgaben, schließlich ein Widerstandsrecht zugestanden wurde, in welchem dem Palatin, der zugleich Vertreter des Königs war, ein Kontrollrecht eingeräumt wurde.

In Skandinavien setzte sich in Spannungen zwischen Königtum und Adel das territorial bestimmte Herrschaftsprinzip durch. In der Kanzlei König Waldemars II. entstand 1231 das Jordebog, ein Verzeichnis des dänischen

Grundbesitzes, und seit der Mitte des 13. Jh. fanden regelmäßige Adelsversammlungen statt, der „Danehof", der mit der Handfeste von 1282 gegen König Erik V. regelmäßige Wahlkapitulationen erzwang. Eine Frühform solcher Wahlversprechungen fand sich fast gleichzeitig auch in Deutschland, 1292 bei der Wahl Adolfs von Nassau, aber sie stellten die Einheit des Reiches prinzipiell nicht in Frage. Das gleiche gilt für die nach dem Vorbild des Danehofs in Schweden seit 1284 zusammentretenden Ständeversammlungen (hodvagar), die das Königtum eher stützten als schwächten. Nur die Spätformen der Senioratsverfassung in Polen und in Rußland, nach welchen der jeweils Älteste der Dynastie deren vornehmsten Sitz innehatte, was, bei festgelegter Rangfolge, zu einem dauernden Wechsel der Residenzen führte, förderten im 13. Jh. noch auflösende Tendenzen und der Einheit widerstrebende Interessen, die durch die politischen Ereignisse verstärkt wurden.

In Italien führte die Vikariatsverfassung der letzten Staufer, aber auch Karls von Anjou dazu, daß die eingesetzten Beamten mit Hilfe bewaffneter Gefolge sich verschiedentlich über formale republikanische Verfassungen hinweg als „podestà" verselbständigten; oft wurden sie aus landbesitzenden Adelsfamilien einer benachbarten, jedenfalls fremden Stadt geholt. Vielfach gelang es in Ober- und Mittelitalien, über die Parteien der Guelfen und Ghibellinen hinweg – oder auch andere Parteiungen ausnutzend, jedenfalls sich skrupellos auf das „Volk" stützend –, anstelle der Oligarchien neue Stadtherrschaften in Form der Signorie zu begründen, aus der dann wiederum häufig neue Dynastiebildungen mit eigenständigen neuen Lehensbindungen und Vasallitäten entstanden. Sie alle konnten ihre Positionen in den Kämpfen Friedrichs II. festigen. Andere „Signori" kamen als Söldnerführer, als Condottieri, zur Macht. Ehrgeiz und Ohnmacht der Verfassung boten gleichermaßen Anlaß zur Erringung von oft dauerhaften Machtpositionen. Diesen (verfassungsgeschichtlich revolutionären) Vorgängen gegenüber waren die Vorgänge in Süditalien noch vergleichsweise konservativ. Hier gewannen die beiden sizilischen Königreiche feste Gestalt.

Den Staaten West- und Nordeuropas entsprachen seit dem 13. Jh. im Deutschen Reich die Landesherrschaften, die durch die Fürstengesetze legalisiert wurden. Die sogenannte Confoederatio cum principibus ecclesiasticis vom 26.4.1220, die Friedrich II. vor der Königswahl Heinrichs (VII.) mit den geistlichen Fürsten einging, wies in dem freilich späten Titel bereits auf den Vertragscharakter hin. Meist schon vorher usurpierte Königsrechte wie Zoll, Münze, Freiheit von Steuern ebenso wie vor königlichen Vögten wurden jetzt bestätigt; Kirchenhörige sollten nicht in Städte aufgenommen werden, und vor allem versprachen sich König und geistliche Fürsten gegenseitige Rechtshilfe – die Koppelung von Acht und Bann. Vertragscharakter zeigt auch das durch Heinrich (VII.) am 1.5.1231 zuerst gewährte, im Mai 1232 vom Kaiser Friedrich II. wiederholte Statutum in favorem principum, ein Gesetz jetzt zugunsten der Fürsten überhaupt. Hier werden sie zuerst „Landesherren" (domini terre) genannt. Wieder werden Regalien vergabt, Münze, Zoll, Geleit, vor allem die Gerichtshoheit, ohne die Landesherrschaft nicht denkbar ist, das Blutgericht, das nun innerhalb des Landes von den Fürsten, nicht mehr vom König verliehen wird. Für fast sieben Jahrhunderte wurde das Strafrecht in Deutschland partikular. Eine Reihe dieser Zugeständnisse wurde freilich in der Praxis ebensowenig vollständig eingehalten wie das Verbot adliger Ausbürger und der „Pfahlbürger" außerhalb von Städten. Gegen diese wandte sich eine Fülle von Artikeln, 13 von 23. Innerhalb der Territorien sollten nur noch die Landesherren Burgen und Städte errichten dürfen. Seitdem war die Landesherrschaft Rechtens, wenn sie auch in ihrer eigenen Gesetzgebung ausdrücklich an die Zustimmung der Stände gebunden wurde. Trotz alledem blieb eine Fülle von Reichsrechten erhalten. Sie fand im August 1235 im Mainzer Reichslandfrieden gesammelten Ausdruck. Gewisse oligarchische Züge waren auch in Deutschland zu erkennen, zunächst durch Fürstensprüche und -weistümer, später in den Willebriefen der Kurfürsten. Diese hatten, nachdem sich der Kreis der Königswähler immer weiter einschränkte, zum Teil durch päpstliche Mitwirkung in Politik und Theorie seit Innozenz III., im 13. Jh. ein Kolleg gebildet, das sich aus der Gruppe der übrigen Fürsten deutlich hervorhob. Von einem völligen Zerfall der Reichsgewalt in Deutschland und Italien kann trotz des Niedergangs der alten Universalmacht nicht die Rede sein. Eine Gesamtstaatlichkeit behauptet sich nicht nur in der Theorie. Die Revindikationen waren gleichsam die Umkehrung des Gedankens der Unveräußerlichkeit; sie kamen freilich zu spät, und Reichsgut und Reichsrechte konnten nicht mehr vollständig eingeholt und gesammelt werden.

Die Städte spielten überall mehr und mehr eine Sonderrolle in Rechten und Verfassung, ob in den Städtebünden der Lombardei und Toscana, ob in England oder Spanien, wo die Könige sich verschiedentlich gegen den Adel auf die Städte stützten und sie oder ihre Bürgerschaften, in Spanien zu Hermandades zusammengeschlossen, privilegierten. In Frankreich gewannen die Städte seit Philipp II. August Selbstverwaltung, und zwar sowohl die unmittelbar dem König unterstellten villes libres als auch die innerhalb seigneuraler Herrschaft liegenden villes franches. Kaufleute und Bürgerrechte, mit Stadtrechten nicht identisch, aber auf diese öfter übertragen und einwirkend, waren im Ausland besonders wichtig, um das ungünstigere Fremdenrecht zu verbessern. Daher bildeten sich exterritoriale Gemeinden, so venezianische, genuesische, pisanische in den Kreuzfahrerstaaten mit eigener Niedergerichtsbarkeit, Zoll- und Maßfreiheiten, mit der Freiheit von Ankergeldern; so auch in Nord- und Nordosteuropa, zuerst im Ostseegebiet, 1278 in ganz Norwegen, im Bereich der Hansen. Skandinavisches Stadtrecht, seit dem 13. Jh. stark ausgebaut, war ausnahmslos von deutschem beeinflußt, und in den allein ratsfähigen Gilden saßen ebenso wie im Stadtregiment ausländische, meist deutsche Kaufleute. Zünfte entstanden hier später als anderswo und spielten daher in der Stadtverfassung zunächst keine hervorragende Rolle. Handwerker wurden oft erst unter dem Druck königlicher Gesetze stadtsässig.

Die Städte in Deutschland retteten den Reichsgedanken in die Zeit der Landesherren. Bürger und Städte forderten Verfassungskämpfe heraus, wenn ihre Interessen sich mit denen der Herren kreuzten, wie in der Pfahlbürgerfrage, wenn sie einheitliche Zollgebiete oder wenigstens Verkehrs- und Handelswege schaffen wollten, an denen Zölle und Zollstationen gemindert sein sollten. Im 13. Jh. brachten die oft schon früher zu Schwurgenossenschaften zusammengeschlossenen Kaufleutegilden, häufig auf Marktkontrolle fußend, korporative Rechte hervor und mit diesen autonome, nichtherrschaftliche Verwaltungs- und Gerichtsorgane: Stadträte, Bürgermeister, Schöffen. Anfänglich sahen sich die Städte gegen entsprechende, von der Communitas zu leistende Abgaben zum Teil durch Heinrich (VII.) und selbst Friedrich II. begünstigt, der nicht nur Lübeck erheblich bevorrechtete. Als sie aber den Fürsteninteressen untergeordnet wurden, traten sie selbst in die Politik ein, indem sie Bünde und Einungen zur eigenen Landfriedenswahrung eingingen und damit wiederum neue Konflikte hervorriefen. Die ersten Bünde dieser Art waren noch zweiseitig und gehörten schon den vierziger Jahren an: 1241 ein Bund zwischen Lübeck und Hamburg, 1246 zwischen Münster und Osnabrück. Sie sollten der Sicherung des Handels dienen. Aber der Gegensatz zu den Territorialherren machte die Bildung größerer, mehrseitiger Einungen nötig, deren bedeutendste der Rheinische Bund von 1254 wurde, dem nicht nur Städte angehörten, sondern auch Fürsten.

Der Versuch der Städte, ihre Rechte und ihre Sicherheit nach außen zu wahren, fand seine verfassungsmäßige Entsprechung, als viele Städte begannen, wegen innerer Spannungen ihr Stadtrecht zu kodifizieren, zu Anfang des 13. Jh. bereits eines der bedeutendsten, das Mühlhäuser Recht. Ein weiterer häufiger Grund für die Aufzeichnung von Stadtrechten ist die Bewidmung von Tochterstädten mit dem Recht der Mutterstadt gewesen. So entstanden vor allem in Ostdeutschland Stadtrechtsfamilien, von denen die lübische an der Ostseeküste und die magdeburgische im Binnenland (noch im 15. Jh. kam Kiev hinzu) wegen ihrer Ausdehnung und der Vielzahl der Filialstädte die wichtigsten sind. Rechtszüge und mehrfache Instanzen entstanden durch Oberhöfe, bei denen man Rat und Recht suchen, „zu Haupte gehen" konnte.

Mit dem Vorgang der Kodifizierung insgesamt wurde nicht nur eine ältere Periode der Stadtrechtsgeschichte abgeschlossen, sondern der Stoff zu künftigen Konflikten geschaffen. Stadtrecht, das die städtische Gemeinde weitgehend aus dem allgemein geltenden Landrecht herausnahm, beruhte entweder auf herrschaftlichem Privileg oder, charakteristisch für das 13. Jh. und die folgenden, auf „Willkür", auf genossenschaftlicher Verwillkürung, also der freien Rechtssetzung durch die Bürger, meist die Kaufleute. Indem man vom Kaufleuterecht zum Stadtrecht überging (von der Genossenschaft zur Körperschaft), dieses aufschrieb und sich neu privilegieren ließ, bewahrte man fürs erste die ursprüngliche städtische Sozialordnung. Jährlich mußte der Bürgereid auf Rat und Recht wiederholt, jährlich mußten die Steuern (direkte Losung und indirektes Ungeld) aufgebracht werden, unabhängig davon, welche sozialen und rechtlichen Differenzierungen unter den Bürgern herrschten. Deshalb mußte der Versuch, die ältere Ratsverfassung zu konservieren, in einer Zeit der geistigen Bewegung und der sozialen Unruhen auf die Dauer scheitern, und so entstanden in den Städten aus sozialen Spannungen anfangs politische, dann Verfassungskämpfe, zuerst in den reichen Städten Flanderns, in denen die Zünfte in raschen, revolutionären Schlägen Mitsprache und Anteil am Stadtregiment erzwangen, später in Deutschland.

Seit dem 13. Jh. bildete sich im Deutschen Reich im großen und ganzen die Dreigliederung der Städte in Reichsstädte, Freie Städte und Landstädte aus. In den Reichsstädten – der Begriff civitas imperii entstammt dem 13. Jh. –, die dem königlichen Vogt und damit dem Reich unmittelbar unterstanden, errang der Rat im Laufe der Zeit (was sich freilich oft bis ins 15. Jh. hinzog) ähnliche Verwaltungsmacht und Gerichtshoheit wie die Territorialherren, vor allem die Freiheit vom Landgericht, wenn es gelang, mit den Ämtern des Vogtes oder auch eines Burggrafen und des Schultheißen Hoch- und Niedergericht an den Rat zu bringen. Die Freien Städte lösten sich von ihrem meist bischöflichen Stadtherrn, ein langwieriger Prozeß, der im 11. Jh. in Flandern begonnen hatte und im 13. Jh. zu einem gewissen Abschluß kam: Köln, Magdeburg, Straßburg sind als wichtigste Beispiele zu nennen, und im „Bellum Waltherianum", in der Chronik des Kampfes zwischen Straßburg und Bischof Walther von Geroldseck, 1261/62, ist eine beispielhafte zeitgenössische Darstellung dieser Entwicklung überliefert. Reichs- und Freie Städte blieben freilich in der Minderheit. Ihre Zahl schwankte ständig, und selbst Reichsstädte wurden von Königen notfalls verpfändet, gelegentlich mit dauernder Wirkung, das heißt unter Verlust der (seit dem 14. Jh. in der Regel gewonnen) Reichsstandschaft. Nach den Matrikeln, die Steuerleistungen und Sollstärken für Reichskriege aufzeichneten, betrug die Zahl der Reichsstädte zwischen rund 80 und 100. Die große Menge der Städte, vor allem im Osten des Reiches, blieb den Territorialherren unterworfen.

D. Religionen. Kirchen

Die Wandlungen des 13. Jh., die tiefgreifenden sozialen, wirtschaftlichen, rechtlichen und politischen Veränderungen, selbst Naturkatastrophen, deren Kunde rasch durch Europa eilte, förderten und steigerten die Unruhe in den einzelnen Menschen. Diese wiederum trug zu weiterem Wandel bei, zu

Krisenbewußtsein und eschatologischer Furcht. Ein letztes Zeitalter schien angebrochen, der Antichrist, bezogen auf ganz verschiedene Personen, war mehrfach prophezeit worden. Von Angst und Unsicherheit getrieben, hingen viele Menschen aller Stände – nicht nur der unteren sozialen Schichten –, darunter häufig Frauen, entweder älteren religiösen Bewegungen an, wie in Oberitalien, in den Alpengebieten und in Südfrankreich den als Ketzer grausam verfolgten Katharern oder Albigensern, oder schlossen sich zu neuen zusammen. Die Gründe dafür waren mannigfach: Mangel an Seelsorge – was einer Reihe von regelmäßig umherziehenden Laienbeichtigern zugute kam –, Wendung gegen die Hierarchie der verfaßten Kirche, Abneigung gegenüber bestimmten Lehren und Riten (wie Altäre, Fegefeuer, Ablaß), Verweigerung des Schwörens und Tötens, rigorose Befolgung des Armutsideals. Einige solcher Gruppen blieben innerhalb der Kirche, so in Italien die Humiliaten und die Joachimiten, die sich auf den Spiritualismus und die Endzeitprophetie des ehemaligen Zisterzienserabtes Joachim von Fiore († 1202) beriefen. Von Schwaben ging die Bewegung der „Brüder und Schwestern des freien Geistes" aus und griff nach Frankreich über, die sogar die Sündenlehre verwarf und politische und soziale Reformen forderte. Um 1260 verbreitete sich von Perugia aus eine erste Welle der Geißlerbewegung, das Auftreten der „Flagellanten"; zur gleichen Zeit schlossen sich unter dem Bauern Segarelli aus Parma, der 1300 auf dem Scheiterhaufen endete, die „Apostelbrüder" zusammen. In Frankreich erhoben sich um 1250 die „Hirten des Meisters von Ungarn" gegen den Klerus. Allen diesen nicht ordensmäßigen Vereinigungen gehörten auch in einem vorher ungewöhnlichen Maße Frauen an.

Bevor die von einigen Bischöfen sofort geforderte Ketzerverfolgung einsetzte, versuchten verschiedene Päpste seit Innozenz III., durch „Heilung" und „Prüfung" Milde walten zu lassen, um damit die unruhigen Strömungen in das Bett einer geordneten Rechtgläubigkeit zu lenken. Wortgewaltige Prediger wie der Franziskaner Berthold von Regensburg († 1272) redeten das Volk in schlichter, allgemein verständlicher Sprache an. Neben der nationalsprachlichen Volkspredigt sollten religiöse Bräuche und Feste die aus dem Bedürfnis nach neuen Frömmigkeitsformen entstandene Unruhe stillen helfen. Seit etwa 1220 ist das „Ave-Maria"-Gebet allgemein verbreitet, bald danach der Rosenkranz, etwas später die Weihnachtskrippe. Die Heiligenverehrung nahm intensivere Formen an und fand schriftlichen Niederschlag, vor allem in der „Legenda aurea" des Jakob von Voragine (um 1270). Das in Lüttich entstandene neue Fronleichnamsfest setzte Urban IV. 1264 für die ganze Römische Kirche ein; das „Officium corporis Christi" geht auf Thomas von Aquino zurück. Die Hervorhebung der Hostie schloß einen Prozeß ab, der zur Kommunion unter einer Gestalt geführt hatte und nunmehr auch offiziell den Laien den Kelch entzog.

Die größte und dauerhafteste Leistung der religiösen Bewegungen des

13. Jh. ist die Gründung neuer Orden. Der reiche, lebenslustige Tuchhändlerssohn Franz von Assisi (1181/82–1226) gründete nach einer Vision eine besitzlose Büßergemeinschaft, die, wohl schon 1209 von Innozenz III. bestätigt, durch Honorius III. 1223 endgültig als Orden anerkannt wurde. Der Franziskaner- oder Minoritenorden (OFM), den der Nonnenorden der Klarissen und eine Laiengemeinschaft von Berufstätigen, der „Dritte Orden" der Tertiarier, ergänzten, vertrat nach der Regel evangelische Armut. Seine Mitglieder sollten notfalls vom Betteln leben, und selbst Schuhe durften die „Barfüßer" nur mit Sondergenehmigung tragen. Freilich entstand schon im 13. Jh. Streit über die strenge Auslegung der Regel zwischen den milderen Konventualen und den rigorosen, auf dem Armutsideal beharrenden Spiritualen (Observanten). Die Brüder zogen missionierend und predigend durch Europa und bis nach Asien, sehr bald gestützt auf meist städtische Konventshäuser. Sie waren jedenfalls nicht wie die älteren Orden in Klöstern fest ansässig, sondern lehnten die „stabilitas loci" ebenso wie die Handarbeit ab. Ihre zentralistische Organisation war nach Provinzen gegliedert, die Provinzialen bildeten das Generalkapitel, dem der Generalminister vorstand. Der Orden brachte seit dem 13. Jh. eine Reihe bedeutender Gelehrter, Theologen und Philosophen, hervor, so Bonaventura, Duns Scotus, Wilhelm von Ockham.

Ähnliches gilt von dem zweiten „Bettelorden" des 13. Jh., dem „Predigerorden" (OP) der Dominikaner. Auch sie wurden von einem Ordensgeneral zentral geleitet, waren nach Provinzen gegliedert und in Häusern stadtsässig; auch sie prägten durch Gelehrte wie Albertus Magnus, Thomas von Aquino oder den Mystiker Eckhart die spätmittelalterlichen Universitäten und das geistige Leben. Ihr Gründer war der bereits 1234 heiliggesprochene Kastilianer Dominikus (etwa 1170–1221), der als „Apostel des armen Christus" 1215 in Toulouse, also im Albigensergebiet, ein Predigerheim gründete, das im folgenden Jahre Honorius III. bestätigte. Diesem Orden wurde 1232 vor allem die Inquisition übertragen. Auch durch den Karmeliterorden (1239) und besonders den 1256 von Alexander IV. bestätigten Orden der Augustiner-Eremiten wurden religiöse Außenseiter in das katholische System einbezogen. Alle diese Orden trugen zur kirchlichen Erneuerung Bedeutendes bei und hielten dadurch die Mehrheit der unruhigen Gläubigen im Rahmen der Kirche fest. Sie selbst waren offen für alle sozialen Gruppen, erfreuten sich großen Zulaufs und stützten sich um 1300 auf eine große Zahl von Konventen (etwa 1400 Häuser der Franziskaner, 500 der Dominikaner). Blieben auch ihre Missionsversuche in Nordafrika während der ersten Hälfte des 13. Jh. weitgehend erfolglos, diejenigen in Galizien, bei den Mongolen und in China zunächst noch Stückwerk, so spielten doch die neuen Orden, nicht zuletzt dank der Sprachkenntnisse ihrer Mitglieder, eine wichtige Rolle bei den Unionsverhandlungen mit der griechischen und mit orientalischen Kirchen. Ihre Hauptverdienste jedoch lagen auf dem Gebiete der Mission im Innern des katholischen Westens, nicht nur bei der Entwicklung von Kult und Brauch, sondern auch etwa bei der Festigung des Christentums in den vom Islam wiedergewonnenen Gebieten Spaniens. Mit der wachsenden Seelsorgetätigkeit gerieten die Bettelorden in Konkurrenz zu dem um seine Einkünfte besorgten Weltklerus. Indem sie diese Praxis auch theoretisch begründeten, eröffneten Gerhard von Abbeville und Wilhelm von Saint-Amour 1252 den ersten „Mendikantenstreit" in Paris. Die Verdammung ihrer Schriften (1256) ließ den Orden nur eine kurze Kampfpause, und nach neuem Aufflammen 1269/71 ergriff der Streit halb Europa, verschärft durch die Gegensätze erregter Philosophen und Theologen.

Auch die neuen Orden und die neuen Formen von Gläubigkeit konnten nicht alle als Ketzer verdächtigen Gruppen innerhalb der Kirche halten. Diese beanspruchten häufig, die eigentlich wahren Christen zu sein, und wollten sich mit ihren meist biblizistischen Argumenten nicht gegen die Kirche, schon gar nicht gegen Christus, sondern nur gegen die gegenwärtig herrschende Hierarchie richten. Gegen diese Gruppen wurde nun die neue Waffe der Inquisition gewandt. Ihre Anfänge gehen bis an das Ende des 12. Jh. zurück. Sie konnte sich auf die strengen Ketzergesetze Friedrichs II. von 1220 und 1224 stützen. In den Jahren 1231–1233 griff sie besonders heftig nach den Sektierern und Ketzern in Deutschland und in Italien, wobei einzelne Inquisitoren sich besonders hart zeigten, so Konrad von Marburg (ermordet 1233) und Peter von Verona (ermordet 1252). In Flandern, Burgund und der Champagne wirkte der „Ketzerhammer" Robert Le Bougre in den Jahren 1235–1240. Bald darauf erschienen auch die ersten Handbücher der Inquisition, so das des Raimund von Peñaforte (1241/42); das für längere Zeit abschließende Werk darüber schrieb Bernard Gui im Jahre 1321. Inzwischen hatte Innozenz IV. die Inquisition mit der Bulle „Ad extirpandam" 1252 zur Dauereinrichtung gemacht. Sie war jetzt von Rom aus zentralisiert. Das Inquisitionsverfahren beruhte nicht mehr auf privater Klage, sondern nahm Verfolgung von Amts wegen auf, erforschte den Schuldbeweis, „inquirierte". Die Ketzerinquisition verschwieg die Namen des Anklägers und der Zeugen, und sie bediente sich des Rechtsmittels der Folter, also der „peinlichen" Befragung des Angeschuldigten, die noch 1215 von Innozenz III. ausdrücklich verboten worden war. Jetzt verbreitete sie sich überall und wurde auch in weltlichen Rechtsverfahren angewandt, ein Mittel sehr bald auch für eine Kette von Judenverfolgungen. Das hat das Bild der Inquisition durch die Jahrhunderte bestimmt. Oft endeten die Verfahren auf dem Scheiterhaufen. Man gewöhnte sich daran, jedes Mittel recht sein zu lassen, und man benutzte das geistliche Zuchtinstrument auch als weltliche Waffe.

Trotz allen Anfechtungen und selbst trotz den Verwicklungen in die Politik der Zeit, ja trotz der Niederlage des Papsttums zu Beginn des 14. Jh. verfestigte sich mit der Kirchenverfassung im allgemeinen die Stellung der Päpste. War die juristische Durchformung der Kirche in den verschiedenen Regionen Europas auch verschieden weit gediehen – in Skandinavien z.B. wurden wichtige kirchliche Verfassungselemente wie die Wahl von Bischöfen durch die Domkapitel oder der Zölibat erst in der Mitte des Jahrhunderts eingeführt –, so war doch die Hierarchie im ganzen wie der Primat der Päpste kaum bestritten. Diese hatten schon seit dem 11. und 12. Jh. eine oberrichterliche Stellung, z.B. in Prozessen gegen Bischöfe, gewonnen, ebenso das alleinige Recht zur Heiligsprechung; jetzt konnten sie auch das auf generelle Exkommunikation und auf Ausschreibung von allgemeinen Kirchenfesten und Ablässen behaupten. Konflikten mit den Kardinälen begegneten sie, freilich nicht immer erfolgreich, durch zunehmenden Nepotismus ebenso wie durch das Mittel äußerer Ehrung; so gab Innozenz IV. den Kardinälen das Vorrecht des roten Hutes. Der Ausbau der Kurie zu einer gegliederten Behördenorganisation vom Ende des 12. bis zum 15. Jh. stärkte die innerkirchliche Stellung der Päpste genauso wie die Einführung des Jubeljahres unter Bonifaz VIII.

Vor allem aber gewannen, zu der Zeit noch nicht im Gegensatz zum päpstlichen Primat, die ökumenischen Konzilien besondere Bedeutung. Das IV. Laterankonzil im November 1215, allein vom Papst einberufen, war die größte Versammlung des Jahrhunderts. Es diente nicht nur einer allgemeinen Berichterstattung seitens aller kirchlichen Würdenträger, sondern faßte eine Reihe von dauerhaften Beschlüssen. So wurde vor allem über die Lehre von der Transsubstantiation beschlossen, also definiert, was im Abendmahl geschieht, ferner die Einführung der obligatorischen jährlichen Beichte in der Osterzeit, die Pflicht, der Ketzerei Verdächtige anzuzeigen, ein neues Kreuzzugsdekret, das nicht nur Steuerfreiheit und Schuldenerlaß für die Kreuzfahrer gewährte, sondern die Kreuzfahrt ersetzbar machte: Wer einen anderen an seiner Stelle als Kreuzfahrer bezahlte, erhielt den vollen Ablaß, als ob er selber führe. Hier bereits war die Grundlage für den späteren Ablaßhandel gelegt und eine neue Geldquelle für Päpste und Kurie erschlossen. Bibelübersetzungen wurden an bestimmte Erlaubnisse gebunden, ferner wurde (zunächst die bischöfliche) Inquisition gegen Ketzer bekräftigt.

Das aus verschiedenen Ländern schlecht besuchte I. Konzil von Lyon (Juni/Juli 1245) diente nicht nur der Absetzung Friedrichs II.; es billigte auch eine Reihe verfahrensrechtlicher Bestimmungen für Prozesse nach Kanonischem Recht und versprach noch einmal wirtschaftliche und rechtliche Erleichterungen für Kreuzfahrer. Im Zusammenhang damit war auch die Rede auf die griechische Kirche gekommen, mit der trotz der weitgehenden Unterwerfung des Byzantinischen Reiches unter das Lateinische Kaisertum seit den dreißiger Jahren vor allem Innozenz IV. und Clemens IV. Verhandlungen führen ließen. Dabei zeigte sich erneut, daß die immer wieder disputierte Union nicht durch bloße Unterordnung zustande kommen konnte, schon gar nicht nach der Rückkehr des Basileus Michael VIII. in die

Kaiserstadt. Dennoch wurde die Union auf dem wieder stärker besuchten II. Konzil zu Lyon am 6. 7. 1274 gegen den Willen der Mehrheit des griechischen Klerus und vor allem des Mönchstums vorwiegend aus politischen Gründen beschworen, wobei die griechischen Gesandten nicht nur den päpstlichen Primat anerkannten, sondern auch das Römische Credo mitsangen. Dieser Obedienzakt verstärkte in der Orthodoxen Kirche die schweren, nun bis zur inneren Spaltung gehenden Auseinandersetzungen, die ihren Höhepunkt darin fanden, daß Michael VIII. 1278 von einem griechischen Konzil zum Ketzer erklärt wurde. 1281 zerbrach Martin IV. die Union auch von römischer Seite. Als dauerhafter erwies sich die in Lyon verabschiedete Konklaveordnung für die Papstwahl, wenn sie auch in der Praxis längere Vakanzen nicht immer vermeiden half. Für die übrigen Kirchenwahlen erließ das Konzil ergänzende Ordnungen, die wie andere Konzilbeschlüsse nicht zuletzt der kontinuierlichen Seelsorge und der Friedenswahrung in den Kirchen dienen sollten.

Das Konzil von Vienne 1311–1312 machte die veränderte politische und kirchliche Situation deutlich. Unter französischem Druck hob es den Tempelorden auf; es stärkte die Stellung des Weltklerus im Mendikantenstreit, verurteilte das Armutsideal rigoroser Spiritualen ebenso wie die halbgeistlichen Genossenschaften der Beginen und Begarden. Durch Formalisierung schränkte es das Inquisitionsverfahren etwas ein, zielte deutlicher als vorhergehende Konzilien auf die Reform der Kirche und förderte zu Missionszwekken die Studien orientalischer Sprachen in Rom, Paris, Oxford, Bologna und Salamanca.

Konziliare Beschlüsse und religiöse Unruhe der Zeit verschärften die Sonderstellung der Juden. Bereits das III. Laterankonzil von 1179 hatte mit dem Zinsverbot das Berufsleben der Juden tangiert. Da ihr Warenhandel zurückging oder ihnen gar untersagt wurde, verlegten sich viele Juden darauf, Geld zu verleihen – seit dem 13. Jh. nicht mehr allein gegen Pfänder, sondern auch gegen die den meisten christlichen Laien unverständlichen Schuldbriefe. Das IV. Laterankonzil schloß die Juden faktisch aus den Zünften aus und trieb sie durch Dienst- und Heiratsverbote in die Isolierung, selbst wenn die Bestimmungen wie auch das Verbot des Erwerbs ländlichen Grundbesitzes nicht völlig eingehalten wurden. Gregor IX. untersagte 1233 Religionsgespräche zwischen Juden und Christen, und die vor dem Weltenrichter über die Synagoge triumphierende Ecclesia war seit dem 13. Jh. ein beliebtes Thema der Sakralplastik. Kleidervorschriften, die ebenfalls auf das IV. Laterankonzil zurückgingen, schrieben nun auch in der Praxis etwa einzelner Stadtrechte den Juden bestimmte Abzeichen vor: zum Teile hohe spitze Hüte, zum Teil runde Stoffetzen in roter oder gelber Farbe („rotella“). Seit der zweiten Hälfte des 13. Jh. verbreiteten sich in England und Frankreich Gerüchte über angebliche Ritualmorde, etwas später auch in Deutschland, so seit 1287 in der unseligen Legende des Werner von Bacharach.

Der Druck auf die Juden und deren Verfolgung führten sowohl zu ihrer stärkeren Individualisierung als auch notwendigerweise zu festerer Gemeindebildung. Jüdische Synoden in Troyes, Speyer, Worms und Mainz verstärkten schon seit dem 12. Jh. diese Tendenz. Sie beschlossen rituelle Speisegebote und Kleiderordnungen, auch Bart- und lange Haartracht, beantworteten schriftliche Anfragen der einzelnen Gemeinden und förderten eine bedeutende Lehrtätigkeit. Die wachsenden Pressionen zwangen die jüdischen Gemeinden zu intensiver Vergeistigung. Das jüdische Schulwesen, das damals bereits auch Mädchen lesen und schreiben lehrte, war dem christlichen in vielem voraus. Jüdische Wissenschaft, seit dem 10. Jh. besonders im islamischen Spanien und in der Provence tradiert und um die Vermittlung antiker und arabischer Philosophie hochverdient, und jüdische Theologie gewannen erneut hohen Rang. Da nach dem jüdischen Kalender das Jahr 5000 auf 1240 christlicher Ära fiel, erneuerte sich der Messianismus. Neben ihm blühte eine ebenso fein- wie tiefsinnige jüdische Mystik (Kabbala) besonders in der Provence, in Deutschland und in Spanien, wo ihr Hauptwerk „Zohar" (= Glanz) entstand.

E. Wissenschaften. Künste. Bildung und Erziehung

Auch in den Wissenschaften erweist sich das 13. Jh. als eine Wendezeit, am stärksten durch die lateinische Rezeption des Aristoteles. Sie und andere, oft mittelbare Übersetzungen aus dem Arabischen, u.a. besonders in Toledo und Neapel gepflegt, hatten auf allen Gebieten des Geisteslebens Konsequenzen. 1217 wurde Aristoteles' Werk über die Geschichte der Tiere in lateinischer Sprache bekannt und eröffnete den Weg in neue Formen der Naturwissenschaft, um 1250 die Nikomachische Ethik. Einer der bedeutendsten Übersetzer war Wilhelm von Moerbeke, der auch die „Politik" und die „Rhetorik" wohl nach griechischen Handschriften übertrug, die nach dem Tode König Manfreds an den Hof Clemens' IV. und Gregors X. gelangt waren. Mit den Schriften des Aristoteles übersetzte man auch die seiner arabischen Kommentatoren, deren wichtigster Averroès (Ibn Rušd, † 1198) gewesen war, welcher der „Commentator" schlechthin genannt wurde wie Aristoteles der „Philosophus". Ihre Lehren verdrängten die Vorherrschaft der platonischen, neuplatonischen und augustinischen Tradition, vor allem an den nunmehr aufblühenden, mit Satzungen gesicherten und in Studiengängen verfestigten Universitäten zu Bologna, wo besonders die Rechtswissenschaften gepflegt wurden, und Paris – nach dem Kaplan Ludwigs IX. Robert Sorbon († 1274) Sorbonne genannt –, Oxford, Cambridge und Neapel. Diese planmäßige Gründung Friedrichs II. sollte ausdrücklich dem „Studium der Natur" und der „Erforschung des Rechts" dienen. Als Lehrer traten an ihr Michael Scotus (seit 1227 Astrologe am Hof Friedrichs II.,

† 1235) und Petrus von Hibernia, ein Lehrer des Thomas von Aquino, sowie der Mediziner und Logiker Petrus Hispanus hervor († 1277 als Papst Johannes XXI.). Erweiterten das Zusammenleben verschiedener Völker in Sizilien und Spanien, Asienreisen und Mission nicht nur das Weltbild, sondern auch die Kenntnis orientalischer Sprachen und damit der islamischen Wissenschaften – ein wichtiger Vermittlungsort dafür war das Franziskanerkloster Miramar auf Mallorca –, so ist andererseits seit dem 13. Jh. ein ständiges Vordringen der nationalen Sprachen nicht nur in der Literatur, sondern auch in Rechtsaufzeichnungen, Gesetzen. Urkunden zu beobachten. In Polen z.B. ordnete die Synode von Lecznyca 1285 an, daß Scholaster gute Polnischkenntnisse nachweisen müßten.

Das Lateinische freilich blieb noch für Jahrhunderte die Sprache der Hoch- und Spätscholastik, der Wissenschaft, der Übernationalität überhaupt. In ihm sind die Philosophie und Theologie, Staatslehren und Geschichte zusammenfassenden Werke, die „Summen" und „Specula" des 13. Jh., geschrieben. Um die Mitte des Jahrhunderts und danach entstanden die großen Lehrgebäude: die Realenzyklopädie des Franziskaners Bartholomäus Anglicus, der „Tractatus de legibus et consuetudinibus Angliae" Henry Bractons († 1268), der das Common Law, die „Coutumes de Beauvaisis" des Philipp de Beaumanoir († 1296), der französisches Gewohnheitsrecht sammelte, beide den deutschen Rechtsbüchern etwa des Sachsen- und des Schwabenspiegels wissenschaftlich so weit überlegen wie die Rechtsgelehrsamkeit der Legisten und Dekretalisten. Mit dem Dominikaner Vinzenz von Beauvais († 1264), der einen verbreiteten und viel zitierten „Spiegel" aller Wissensgebiete verfaßte, war der Gelehrte als Prinzenerzieher unter Ludwig IX. hoffähig geworden. Paris war das Zentrum der neuen Wissenschaften. Hier lehrte auch der Franziskaner Bonaventura († 1274), in dessen noch stark vom Platonismus bestimmten Werk sich Scholastik und Mystik vereinten. Sein Ordensbruder Roger Bacon († 1292) dagegen begann damit, Naturwissenschaften experimentell zu betreiben, ebenfalls ohne die Grenzen des herkömmlichen Glaubens zu überschreiten. Ähnliches gilt für eine ganze Gruppe englischer Gelehrter, die sich in Oxford sammelten, vor allem für Robert Grosseteste († 1253), den mathematische Studien ebenso wie solche über den Staat beschäftigten.

Sie alle überragte Albertus Magnus, der „Doctor universalis" († 1280), der nach dem Studium in Padua als Professor in Paris und Köln die aristotelische Philosophie in eine Fülle von aufeinander bezogenen Schriften ordnete und die auf Beobachtung beruhende Naturwissenschaft erneuerte. Er verließ die Rechtgläubigkeit der Kirche nicht, obwohl er den Gedanken faßte, daß „die Natur" ein in sich geschlossener, erkennbarer und verständlicher Organismus der Zweckmäßigkeit sei, in dem der Mensch als „vollendetstes Tier" seinen Platz habe. Bei Albert dem Großen studierte sein dominikanischer Ordensbruder Thomas von Aquino (etwa 1224–1274), Grafensohn aus Mittelitalien, Student zuerst in Neapel, dann in Paris und Köln, Tischgenosse König Ludwigs IX., gefeierter Professor in Paris und Neapel. Thomas, der „Doctor communis", suchte Wissen und Glauben in einem großen System zusammenzufassen, vor allem in seinen Großwerken, der „Summa gegen die Heiden" (1259–1264) und der „Summa theologica" (1266–1273). Die Welt ist für ihn eine gestufte Zweckordnung: Glaube und Wissen, Gnade und Natur sind keine Gegensätze, sondern ergänzen einander: „Die Gnade zerstört nicht, sondern vollendet die Natur." Der Staat spiegelt als Exempel die göttliche Ordnung wider, der Mensch steht als „animal" (Lebewesen) und „exemplum Dei" (Gottes Ebenbild) zwischen Naturgesetz und göttlichem Recht. Obwohl Thomas selbst seinem Werke kritisch gegenüberstand, verpflichtete sich 1286 der Dominikanerorden auf seine Lehre. Dominikanische und franziskanische Theologie und Philosophie unterscheiden sich seit jener Zeit deutlich. Um 1305/06 schrieb der Franziskaner Johannes Duns Scotus († 1308), Professor in Paris, Oxford und Köln, sein „Opus Oxoniense", in dem er sich in augustinischer Rückwendung gegen den Averroismus, aber auch gegen die thomistische Rationalisierung der Offenbarung stellte. Duns Scotus sah den Menschen ganz individuell, und viele seiner Ordensgenossen folgten ihm darin.

Aus den gleichen Übersetzungen des Aristoteles, die Albert und Thomas benutzten, begründeteten andere Gelehrte eine eigenständig weltliche Philosophie. Mehrfach, 1210 und 1263, verboten Päpste, in Paris und Toulouse die aristotelische Naturphilosophie zu lehren. Sie fand ihre extreme Auslegung im „Lateinischen Averroismus", in dem dessen Hauptvertreter Suger von Brabant (ermordet 1284) und Boethius von Dacien u.a. die Ewigkeit der Welt lehrten und die individuelle Unsterblichkeit der Seele leugneten, zwei Fragen, die schon Friedrich II. an islamische Gelehrte gerichtet hatte. Obwohl Stephan Tempier, der Erzbischof von Paris, 1270 und 1277 diese Lehren verdammte, breiteten sie sich rasch aus und drangen vor allem durch die Fortsetzung des „Rosenromans" von Jean Chopinel († 1305) auch in Kreise lesender Laien.

Solche Auffassungen bejahten drastisch die Diesseitigkeit des irdischen Lebens, ein Kennzeichen auch der zeitgenössischen Literatur. Die glanzvolle höfische Epik und der Minnesang blieben den Fortsetzungen von Epigonen überlassen, etwa im „Jüngeren Titurel" oder im „Lohengrin". Wo die epische Dichtung Kraft besaß wie im „Meier Helmbrecht", den Werner der Gärtner 1250–1280 schrieb, sprach sie sich sozialkritisch aus; die Satire auf das ritterlich-höfische Leben wurde zur bitteren Anklage: Das Ende des geblendeten Bauernjungen, der ein Ritter sein wollte und ein Wegelagerer wurde, ist heillos. Neben der glühenden Lebenslust des Rosenromans mehrte sich die Verachtung der „Frau Welt", wie sie Konrad von Würzburg schilderte: die schöne, wohlgekleidete Dame, deren zerfressener Rücken von Schlangen und Kröten bedeckt ist, erkennt man in vielen Plastiken. Auch in der Dichtung Europas standen damals die Gegensätze nahe beieinander. Noch versammelte König Dionysius von Portugal an der neuen Universität Lissabon eine höfische Dichterschule, fanden sich in den spanischen Reichen „Trobadores“ zusammen. Aber schon schuf Guido Cavalcanti in Italien den süßen neuen Stil (Dolce stil nuovo) in formstrengen Gedichten, bildete sich in Florenz ein neues Kunstbewußtsein, entstanden Anfänge moderner Lyrik, erschienen am Ende des 13. Jh. die ersten großen Novellensammlungen, die den Menschen als einzelnen, in Freiheit und in Vereinsamung zeigten.

Nicht nur in der Literatur, sondern in mannigfacher Praxis zeitigte das neue Denken Folgen, so in Schule und Staatslehre. Das Schulwesen verbreitete und verbreiterte sich. Stadtschulen, in denen der Rationalismus stärker hervortrat als in den älteren Klosterschulen, entstanden zuerst in den großen Wirtschaftszentren Flanderns und Norditaliens. Sie dienten weitgehend der Berufsausbildung. So entstanden Rechenbücher wie 1212 der Traktat des Leonardo Fibonacci über das Rechenbrett. Die arabischen Ziffern wurden eingeführt, vor allem das Rechnen mit der Null, mit Brüchen und Prozenten. Seit der zweiten Hälfte des 13. Jh. gab es regelrechte Handelshandbücher. Von der Bedeutung des Unterrichts für „Ketzer“, Juden und Frauen war schon die Rede.

Wichtiger für die Kämpfe der Zeit waren die neuartigen Staatslehren. Das Buch des Augustiner-Eremiten Aegidius Romanus über die Fürstenherrschaft (1277–1279) war ganz auf die Vernunft gestellt; es handelt vom Menschen, soweit er Mensch ist, und Politik ist Lehre vom Menschen, um dessentwillen der Staat geschaffen ist. Politik ist lernbar, weil der Mensch ein Vernunftwesen ist. So soll auch der Fürst herrschen: nicht durch Leidenschaft und Willen, sondern durch Gesetz und Vernunft. Die Kirche als bloß geistliche Anstalt hat in die staatliche Regierung nicht hineinzureden. – Ähnliche, noch weiter gehende Gedanken vertrat eine fiktive Disputation zwischen einem Geistlichen und einem Ritter, die vielfach verbreitet und bis ins 17. Jh. hinein gedruckt wurde. Sie betont den Staat als autonomes Gebilde noch stärker und betrachtet den Klerus allenfalls als Beamtenschaft des Königs. – Am weitesten jedoch schweiften die Gedanken des Pierre Dubois und des Johann von Paris (Jean Quidort), der erste ein um 1250 in der Normandie geborener Advokat und enger Berater König Philipps IV., der andere ein Dominikaner († 1306), Verfasser eines 1303 veröffentlichten Werkes über „Die königliche und päpstliche Gewalt“. Dubois war vielseitiger, aber auch radikaler – man darf sagen: moderner. Er entwarf ein Weltfriedensprogramm, für das ein allgemeines Konzil aus gleichberechtigten Vertretern aller Staaten mit dem Ziele zusammentreten sollte, einen Staatenbund und ein internationales Schiedsgericht zu bilden. Er forderte, daß Frankreich eine planvolle Kolonialpolitik treiben solle, und hielt Heiraten zwischen Europäern und Arabern für wünschenswert. Auch er wollte die Übernahme der Real- und Naturwissenschaften aus dem Orient gefördert sehen und vertrat eine intensivere Schulbildung, an der die Mädchen gleichberechtigt teilnehmen sollten. – Jean Quidort beschränkte sich auf ein engeres Thema, das er aber konsequenter durchführte, als bis dahin geschehen: die radikale Trennung von Staat und Kirche. Gleichrangig wie die Völker sollten sie nebeneinanderstehen, Institutionen je eigenen Rechts, eigener Jurisdiktion vor allem. Die Kirche, die in Armut leben soll, hat allein über die Moral zu urteilen; dem Staate soll das Recht im strengen Sinne zukommen. Daher kann auch der Papst wie alle Geistlichen als unnütz abgesetzt werden.

Naturwissenschaft und Mathematik, dazu neue technische Fertigkeiten sowie die wandernden Bauhütten bestimmten im 13. Jh. den Durchbruch des neuen Kunststils, der Gotik. Chartres (etwa 1200–1260) eröffnete die Periode der „Großen Kathedralen", der primär vertikal gegliederten, die Wandflächen aufbrechenden, lichten Bauten von St-Denis und der Ste.-Chapelle in Paris, in Reims und Amiens, etwas später in Bourges, Narbonne, Limoges, Le Mans usw. Man konnte höher und lichter bauen, weil man gelernt hatte, den Seitenschub der spitzbogigen Gewölbe auf Strebebogen und Strebepfeiler abzuleiten. In Deutschland waren beispielgebend die zweitürmige Elisabethkirche zu Marburg (1235–1283), das eintürmige Münster zu Freiburg (ab 1235), als kreuzförmiger Zentralbau die Liebfrauenkirche zu Trier (1242–1253). Vorbilder wurden auch die frühen Bettelordenskirchen, im Norden die Backsteingotik der Zisterzienser und der Dome und Hallenkirchen von Lübeck, Wismar und Rostock. In Italien finden sich gotische Bauelemente in Ordenskirchen der Zisterzienser, Minoriten und Dominikaner, in Venedig mit byzantinischen Elementen gemischt. Spanien dagegen nahm den von Frankreich ausgehenden Stil vor allem in Burgos und Toledo stark imitierend auf, während England eigene gotische Formen im „Decorated Style" entwickelte, etwa in Lincoln, Exeter und York.

Die Plastik der Zeit spiegelt häufig den enzyklopädischen Zug der Philosophie und Theologie wider. In den gotischen Portalen finden sich ganze Programme in Form von Statuen: die Vollendung des Alten durch das Neue Testament ebenso wie der Streit zwischen „Ecclesia" und „Synagoge", die Heilsgeschichte von Schöpfung und Sündenfall bis zum Gericht, das die Klugen und die Törichten Jungfrauen präfigurieren, ferner Darstellungen von Tugenden und Lastern, der Sieben Freien Künste. Der Marienkult trat besonders hervor. Um 1300 entstand als Gegenstück das älteste sogenannte „Vesperbild", die Bonner „Pietà": Maria mit dem skeletthaften Schmerzensmann. In Paris pflegte man die Elfenbeinschnitzerei besonders, in England Alabasterreliefs, lebensnahe Reliefs auch in den italienischen Kirchen zu Pisa, Siena, Florenz.

In der Malerei löste nördlich der Alpen die Glasmalerei (etwa der großen Fensterrosen) die Wandmalerei ab, je stärker die Gotik die Mauerflächen auflöste. Neben den großen Formen gewannen die kleinen neue Bedeutung, die Miniaturen der Buchmalerei, für die abermals Frankreich vorbildhaft für

West- und Mitteleuropa wurde durch den Psalter Ludwigs d. Hl. (1253–1270) oder das Brevier Philipps des Schönen (1295); die große Zeit der Miniaturen folgte allerdings erst im 14. und 15. Jh. In Italien dagegen begann die Blüte der Fresken, besonders volkstümlich in Franziskanerkirchen. Ersten Höhepunkt, Abwendung von älterem byzantinischem Einfluß (etwa noch bei Cimabue, um 1240–1303) und zugleich Schule für die spätere italienische Renaissance-Malerei bedeuteten die realistischen handlungsvollen Gemälde Giottos (1266–1337), so in der Arenakapella zu Padua, in Sta. Croce zu Florenz und S. Francesco in Assisi. Jetzt begann man nach der Natur zu zeichnen, hatten die philosophischen und wissenschaftlichen Wandlungen Folgen bis in die Kunst.

IX. Das Jahrhundert der letzten universalen Kämpfe in Europa

A. Deutschland und Italien bis 1378

Unter der Führung der Erzbischöfe Balduin von Trier und Peter Aspelt von Mainz wählten die Kurfürsten, von Papst Clemens V. heimlich ermutigt am 27.11.1308 einhellig den Bruder Balduins, den Grafen Heinrich von Luxemburg, zum deutschen König. Philipp der Schöne hatte sich vor der Wahl um die deutsche Krone und damit um die Anwartschaft auf die Kaiserkrone bemüht, zwar nicht für sich selbst – wie Pierre Dubois es geraten hatte –, aber für seinen Bruder Karl von Valois. Dieser Plan gelang nicht, obwohl der König von Frankreich mit Bestechungsgeldern nicht sparte.

Mit Heinrich gewann eine neue Dynastie die höchste weltliche Würde des Mittelalters. Der etwa dreiunddreißigjährige ritterliche Heinrich VII. wurde rasch das Idol seiner Zeitgenossen, dem die Liebe zweier Völker, des deutschen wie des italienischen, zufiel und dem die Quellen die Wahrung der königlichen Pflichten: Milde, Gerechtigkeit, Schutz der Witwen und Waisen, bestätigten. Seine Beredsamkeit und Frömmigkeit wurden gerühmt. Man kann ihn kaum einen Deutschen nennen; seine Muttersprache war Französisch. Einen Teil seiner Jugendjahre hatte er am französischen Hofe zugebracht. Sein Bruder Balduin hatte in Paris studiert; gebildet nach den Maßstäben der Zeit waren beide. Heinrich VII. kannte nur ein Ziel: die Wiedererrichtung des Kaisertums. Das Königtum war 1308 in den Westen des Reiches zurückgekehrt. Aber sofort ging Heinrich daran, sich eine Hausmacht im Osten zu verschaffen, die Voraussetzung zur Verwirklichung des Kaiserplans. Der König verband ohne phantastische Träume den staufischen Kaisergedanken mit der realen Politik des späten Mittelalters, als er 1310 seinen Sohn Johann mit einer Tochter des 1306 gestorbenen Wenzel II. von Böhmen vermählte und gegen habsburgische Ansprüche zum König von Böhmen krönen ließ. Der böhmische Klerus unterstützte diese Verbindung, die für die europäische Geschichte die bedeutendsten Folgen hatte. Seit 1310 gab Böhmen, das schon unter Wenzel für kurze Zeit mit Polen und Ungarn verbunden gewesen war, die Grundlage für ein Jahrhundert luxemburgischen Kaisertums ab. Damals wurde die habsburgische Vormacht noch einmal zurückgedrängt. Nachdem Heinrich seinen Sohn als Reichsvikar beauftragt hatte, überschritt er mit einem kleinen Ritterheer, weniger als 5000 Mann, im Oktober 1310 die Alpen über den Mont Cenis. Die Überlieferung nennt Rast- und Aufenthaltsorte, Ausgaben und Einkünfte der Hofhaltung und auch die Marschgeschwindigkeit: 30 Kilometer war das Tagesmittel, 21 legte man in den Alpen, maximal 58 in der oberitalienischen Ebene zurück.

In Italien war jedermann jedermanns Feind. Im Norden gründeten die Visconti in Mailand, die Este in Ferrara, die Montefeltre in Urbino, die Carrara in Padua, die Malatesta in Rimini ihre Dynastien. Von Neapel aus griff der Anjou-König Robert (1309–1343) nach dem papstlosen Rom. Die Stadtstaaten Florenz, Venedig und Genua erlebten zwar eine hohe wirtschaftliche Blüte; neuer Reichtum ließ jedoch die niederen Zünfte aufsteigen, die in ständigem Kampf um die Verfassung drängten, an der Macht der alten Geschlechter teilzuhaben. Quer durch die meisten der Städte und Herrschaften ging der Gegensatz zwischen den päpstlichen oder anjoufreundlichen Guelfen und den meist kaiserlichen Ghibellinen, „Schwarzen" und „Weißen Guelfen". Die Kämpfe der Parteien, Revolutionen in den Städten, Kriege zwischen ihnen und Herrschaften in wechselnden Konstellationen hielten das Volk Italiens – als solches begann es sich in jener Zeit zu verstehen – in ständiger Bewegung. Zahlreiche Verbannte zogen aus einer in die nächste Stadt oder Herrschaft, und sie kehrten zurück, wenn wieder ein Umsturz die politischen Verhältnisse veränderte. Die Parteiungen sind nicht immer klar erkennbar für uns, und die übliche Gleichung Ghibellinen gleich Kaiserliche, Guelfen gleich Päpstliche ist eine Vereinfachung des vielfältigen politischen Lebens. Der glühendste Vertreter des Kaisergedankens war ein „weißer" Guelfe aus Florenz: Dante, der in Aufruf und Tat für Heinrich VII. warb.

Am 6. 1. 1311 wurde Heinrich in Mailand zum italienischen König gekrönt. Hier setzte er die vertriebenen Ghibellinen wieder ein; als Stellvertreter bereits des „Kaisers" begründete damals Matteo Visconti die Herrschaft seines Geschlechts. Nun begann Heinrichs Kampf, wiederholte sich fast der Weg Konradins, Stadt um Stadt, Sieg um Sieg. Das guelfische Florenz, die Heimatstadt des verbannten Dante, sperrte Mittelitalien, und das Ritterheer Heinrichs war zu klein, um den Marsch durch die Toscana zu erzwingen. Der Geldmangel des Königs wurde immer größer, und schon begannen einzelne Kontingente seines Heeres sich entmutigen zu lassen. Heinrich aber verfolgte sein Ziel weiter: die Erlangung der Kaiserkrone. Er verschob den Kampf mit Florenz und umfuhr das blockierte Landgebiet zu Schiff. Nach stürmischer Reise gelangte er nach Pisa, wo er begeistert empfangen wurde. Neu gestärkt zog das Heer nach Rom. Aber auch mit dem Einzug in die Ewige Stadt, deren Trümmer und Ruinen mehr von Verfall als von dauernder Größe zeugten, hatte er sein Ziel noch nicht erreicht.

In zwei Gebiete, gegeneinander verschanzt, war die Stadt geteilt: Im Vatikan und im Lateran saßen gegnerische Gruppen. Die Türme der Adelspaläste waren zu Festungen ausgebaut. In blutigem Straßenkampf vor allem gegen Johann, den Bruder König Roberts von Neapel, mußte sich Heinrich den Weg zur Kaiserkrone erzwingen. Brand und neue Verwüstung vermehrten die

Trümmer. Der Sieg endlich war doch nur halb gewonnen; der Weg nach St. Peter blieb versperrt. Aber mit Hilfe von Volk und Senat erreichte Heinrich endlich die Krönung im Lateran am Peter-Pauls-Tage, am 29.6.1312. Nur flüchtig konnte man das notdürftigste Zeremoniell wahren.

Heinrich VII. beanspruchte die volle kaiserliche Gewalt. Gestützt auf ein Bündnis mit dem aragonesischen Friedrich von Sizilien, klagte der Kaiser den Anjou Robert von Neapel wegen Majestätsverbrechens an sowie wegen seiner Verbindung mit dem Reichsfeind Florenz. Es erhob sich ein Streit der Juristen und Publizisten. Der Papst und der König von Frankreich griffen in ihn ein. Aber noch vor dem Zug gegen Neapel, der die Herrschaft auch in Süditalien erneuern sollte, erkrankte der Kaiser. Am 24.8.1313 starb er an Malaria. Im Dom zu Pisa, das zu ihm gehalten hatte, fand er sein Grab.

Nach dem Tod Heinrichs VII. schien das Reich wiederum in die Ohnmacht geworfen, als die uneinigen Kurfürsten im Oktober 1314 zwei Könige wählten: den Habsburger Friedrich den Schönen und den Wittelsbacher Herzog Ludwig von Bayern, hinter dem die luxemburgische Partei stand. Wieder hatte Frankreich seinen Einfluß geltend zu machen versucht; diesmal war ein jüngerer Sohn Philipps des Schönen dem Reich als Königskandidat präsentiert worden. Es gab keine Instanz, die den Streit der beiden Könige um die Rechtmäßigkeit ihrer Würde entscheiden konnte; also mußten es die Waffen tun. Acht Jahre dauerte der Kampf zwischen den Gewählten und Gekrönten, bis Ludwig IV. bei Mühldorf am Inn Friedrich gefangennahm.

Aber Ludwig stand bereits einem größeren Feind gegenüber, Papst Johannes XXII. (1316–1334). Man kann sich kaum Gegner vorstellen, die verschiedenartiger waren: der bayerische Herzog, seit 1322 unangefochten König, ein bei seiner Wahl 32jähriger Mann, der ein Weltkaiser sein wollte – und der französische Papst: Jacques Duèse aus Cahors, Sohn einer wohlhabenden Bürgerfamilie, Jurist vom Studium, über siebzig schon bei seiner Wahl. Der Kampf zwischen ihnen begann als ein Krieg der Federn. Ludwig IV. hoffte, daß er nach der Entscheidung von Mühldorf die Anerkennung Johannes' und die Kaiserkrönung erreichen würde. Im Frühjahr 1323 schickte er den Grafen Berthold von Neiffen als Generalvikar nach Italien. Johannes XXII. wandte sich sofort dagegen. Er hatte nicht nur König Robert von Neapel zu seinem Vikar in der Toscana und zum Senator in Rom gemacht, er stellte sich auch direkt gegen den König, den er bloß „Ludovicus Bavarius", Ludwig den Bayern, nannte, da er durch den Papst nicht approbiert und konfirmiert sei. Ludwig, der seine Hausmacht durch die Belehnung seines Sohnes mit Brandenburg nach dem Aussterben der letzten Askanier und durch seine Vermählung mit Margarete, der Erbtochter Wilhelms von Holland, gestärkt hatte, nahm die Herausforderung an. Er antwortete mit mehreren Appellationen. Er appellierte an ein allgemeines Konzil, betonte die Unabhängigkeit seines Königtums durch die Wahl und seit der Wahl und erklärte den Papst zum Ketzer. Auch Ludwig bediente sich der seit Philipp IV.

von Frankreich modernen Mittel: Er ließ die lateinischen Appellationen ins Deutsche übersetzen und in den Reichsstädten verlesen. Nun sprach der Papst den Bann aus, und nach der großen Sachsenhäuser Appellation Ludwigs vom 22.5.1323 griff Johannes zu einem äußersten Mittel: Er verhängte das Interdikt über Deutschland. Jetzt brach der Kampf in voller Schärfe aus. Mit der Sache des Königs verband sich die der innerkirchlichen Opposition, besonders der franziskanischen Spiritualen, die in den Armutsstreit verwikkelt waren. Theologie und Politik verknüpften sich auf beiden Seiten; auch um den Papst scharte sich eine Gruppe von bedeutenden Gelehrten und Publizisten.

Konnte sich Ludwig IV. bei den Appellationen von 1324, so scharf ihr Ton auch war, noch auf altes Reichsrecht stützen, so überschritt er es in der folgenden Zeit. Obwohl er im Reich auf wachsende Schwierigkeiten stieß, vor allem als sich gegen ihn ein Bündnis zwischen Luxemburgern, Habsburgern und Frankreich abzuzeichnen begann, traf er Vorkehrungen für einen Italienzug und für den Erwerb der Kaiserkrone. Notwendig stellte sich die Frage, wie dieser Anspruch des gebannten und umstrittenen Königs begründet werden könnte.

Ludwig selbst schien die ganze Problematik und vor allem die Konsequenzen seines Vorgehens nicht abgesehen zu haben. Seine politischen Handlungen in den Jahren 1325 und 1326 verließen die traditionellen Formen noch nicht. Er suchte und fand den Ausgleich mit den Habsburgern, mit Friedrich, seinem früheren Gegenkönig, vor allem. Er erneuerte das Bündnis mit König Friedrich von Sizilien, auch die Verbindungen mit den italienischen Ghibellinen. Zu Anfang 1327 brach er nach Italien auf. Wieder fand sich, wie bei Heinrich VII. durch Dante, eine theoretische Begründung, die nun freilich neuartige, ja revolutionäre Züge trug: der „Defensor Pacis" des Marsilius von Padua, der den König als Ratgeber nach Italien begleitete.

Er vertrat die Lehre der Volkssouveränität. Es war daher folgerichtig, daß Ludwig IV., nachdem er ohne Rücksicht auf neue Prozesse, die der Papst aus Avignon gegen ihn führte – in Mailand die „eiserne" lombardische Krone gewonnen hatte; nachdem er mit der schnellen Eroberung Pisas das Tor nach Mittelitalien aufgestoßen hatte, aus der Hand des römischen Volkes die Kaiserkrone entgegennahm. Das Volk von Rom hatte unter Führung des Sciarra Colonna, der an dem Attentat von Anagni beteiligt gewesen war, gegen den abwesenden Johannes XXII. und gegen dessen Helfer, König Robert von Neapel, eine Republik gebildet und Ludwig begeistert empfangen. Am 17.1.1328 setzte Sciarra Colonna Ludwig in der Peterskirche die Kaiserkrone auf. Im März erklärte Johannes XXII. die Krönung für nichtig, den Kaiser nochmals für gebannt. Wieder war es Marsilius von Padua, der Ludwig für seine Reaktion darauf beriet. Johannes XXII. wurde für abgesetzt erklärt, ein spiritualistischer Franziskaner, Nikolaus V., als Gegenpapst vom Kaiser auf den Apostolischen Stuhl erhoben.

Eine ganze Gruppe von Minoriten trat jetzt auf die Seite des Kaisers. Sie lagen seit 1321 im erneuerten Armutsstreit. Die Häupter der Spiritualen, die den reinen Geist Christi erneuern wollten, wie vor allem die radikalen Fraticelli in Italien, flohen 1328, geführt von dem Ordensgeneral Michael von Cesena, aus Avignon, wo ihnen der Prozeß gemacht werden sollte. Mit dem heimkehrenden Kaiser ging eine Schar gelehrter Franziskaner nach München. Als sich der Orden 1330 dem Papst unterwarf und dieser jeden Disput über die Armut Christi und der Apostel als Ketzerei erklärte, gab es für den spöttischen Scharfsinn der Münchener Gruppe kein Maß mehr. Die Gruppe der radikalen Spiritualen gewann vor allem dadurch an Bedeutung, daß sich ihr ein bedeutender Theologe und Philosoph beigesellte der Engländer Wilhelm von Ockham (1280–1349), der mit nach München geflohen war und sich nun immer stärker in den Dienst der Politik stellte. Lange schleppte sich der Kampf der Theoretiker hin. Schließlich, zehn Jahre nach der Kaiserkrönung Ludwigs IV., trat 1338 das Reich hinter Ludwig: gemäßigt und konservativ, wenn auch entschieden kaiserlich die Bischöfe, radikal antipäpstlich die kleinen Ritter und die Städte, die Ludwig besonders förderte und in den Reichstag aufnehmen ließ. Ein kaiserliches Manifest, verfaßt von dem Franziskaner Bonagratia aus Bergamo, verkündete das Programm der gottunmittelbaren kaiserlichen Weltherrschaft. Maßvoller stellten sich die Kurfürsten, bestimmt durch den beim Ausbau seines Territoriums wie im Reich bedeutendsten Politiker der Zeit, Erzbischof Balduin von Trier, gegen alle Feinde des Reiches. Am 16.6.1338 verkündete der Kurverein im Obstgarten bei Rhens am Rhein: Wer von den Kurfürsten gewählt worden sei, bedürfe keiner Nomination, Approbation, Konfirmation oder sonstigen Zustimmungen des Apostolischen Stuhles für die Regierung des Reiches oder für die Führung des Königstitels. Die Verlautbarung ließ wohl den Weg zu Verhandlungen offen, aber: Allein die Wahl der Kurfürsten, nichts sonst mache den König.

Ludwig jedoch dehnte den Rechtssatz der Kurfürsten auch auf die Kaiserwahl aus. Im August 1338 ließ er dem Rhenser Weistum auf einem Reichstag in Frankfurt das Gesetz „Licet iuris“ folgen, in dem er verkündete, daß die kaiserliche Gewalt nicht nur als gottunmittelbar, sondern der von den Kurfürsten Gewählte sofort, allein durch die Wahl als Römischer Kaiser anzusehen sei; von allen Untertanen des Imperiums gebühre ihm schon von da an Gehorsam als dem Kaiser. Wer dieses Gesetz nicht anerkenne, solle als Majestätsverbrecher verurteilt werden. Damit war Ludwig zwar von der Lehre der Volkssouveränität, die ihm die Krone eingebracht hatte, wieder abgerückt und hatte seine Würde an die Kurfürstenwahl gebunden; aber er hatte zugleich auch die gemäßigte Linie der Kurfürsten verlassen. Zunächst folgte das Reich dem Kaiser, vor allem als Ludwig sich bald darauf in Koblenz mit seinem Schwager König Edward III. von England verband; Ludwig erkannte Edwards Ansprüche auf den französischen Thron an, den inzwischen Philipp

VI. innehatte. Getragen von einer Welle des Nationalgefühls, bereitete man sich in Deutschland auf einen Krieg gegen Frankreich vor. Doch als Edward mit der Landung in Nordfrankreich den Krieg eröffnete, der sich über hundert Jahre hinzog; als bereits eine französische Flotte vernichtet war, ging Ludwig, durch französische Versprechungen verlockt, zur Neutralität über. Immer noch hoffte er auf Aussöhnung mit dem Papst. Aber seine Sache war verloren, als er sich die Feindschaft des Reiches zuzog.

Aufgrund eines Gutachtens Ockhams wagte Ludwig einen tollkühnen Schritt. Der Kaiser schied ohne Rücksicht auf das geltende Kanonische Recht eine Fürstenehe, nämlich die der Margarete Maultasch von Tirol mit einem Sohn König Johanns von Böhmen, und vermählte die geschiedene Gräfin mit seinem gleichnamigen Sohn Ludwig, den er längst vorher als Markgraf von Brandenburg belehnt hatte. So wurde 1342 die wittelsbachische Hausmacht erweitert, Tirol mit Brandenburg kurzzeitig verbunden.

Wegen der Eigenmächtigkeit des Kaisers zog sich nun Balduin von Trier von ihm zurück. Er bewahrte, um im Zusammenbruch der Kaiserpolitik zu retten, was allein zu retten war, das königliche, an die Kurfürsten gebundene Reichsrecht. Am 11.7.1346 wählten die Kurfürsten von Mainz, Köln und Trier, von Böhmen und Sachsen gegen Ludwig Karl IV., den böhmischen Luxemburger, Balduins Neffen. Beide Könige hatten Anhänger im Reich und auswärtige Verbündete. Aber zum Kampfe kam es nicht mehr, da Ludwig im Oktober 1347 starb.

Der neue König war ihm in vielem überlegen. Der am 14.5.1316 in Prag Geborene war in Paris unter anderem von dem Abt von Fécamp, dem späteren Papst Clemens VI., erzogen worden. Des Schreibens war er kundig; er hinterließ eine Autobiographie seiner Jugendjahre. Wie bei allen Luxemburgern rühmte man seine Sprachkenntnisse: Latein, Deutsch, Tschechisch, Italienisch und Französisch konnte er sprechen und schreiben. Im Alltag sparsam, konnte Karl geradezu verschwenderisch sein, wenn er Gelegenheit fand, seine große Reliquiensammlung zu erweitern. Die Professoren der von ihm 1348 gegründeten Prager Universität waren öfter seine Tischgenossen. Karl IV. erwies sich als geschickter Diplomat, als ein Staatsmann. Jede seiner vier Heiraten trug politischen Charakter, brachte ihm und seiner Dynastie neuen Gewinn. Gefestigt in seiner Hausmacht mit dem Königreich Böhmen als Zentrum, erreichte Karl IV. zielstrebig, was er sich als Aufgaben setzte, zuerst die Lösung von dem umstrittenen Regierungsantritt als Pfaffenkönig (rex clericorum). Trotz päpstlicher und französischer Wahlunterstützung lenkte Karl IV. bald in die kurfürstliche Politik von Rhens ein.

Auch in Italien bewährte sich seine Kunst des Abwartens. Hier spielte ein Mann eine freilich rasch vorübergehende Hauptrolle: Cola di Rienzo (1314–1354). Als Sohn eines Schankwirts und einer Wäscherin war er in Rom geboren, zum Notar hatte er sich emporgearbeitet. Petrarca feierte ihn und seine Taten wie den Beginn eines neuen Zeitalters. Rienzo war ein Demagoge, der in Rede und Schrift, sogar mit Plakaten das Volk von Rom zu begeisterten Taten hinreißen konnte. Propaganda trug er durch halb Europa, Propaganda für Rom, das ihm der Mittelpunkt der Welt war. Seit 1347 verband er die Gedanken republikanischer Volkssouveränität und christlicher Erneuerung. Rom, die Hauptstadt der Antike und die Stadt der Apostel Petrus und Paulus, sollte die Macht in Italien an sich reißen, von hier aus sollte dessen Einigung erfolgen; ein Erlaß Rienzos verkündete 1347 das Bürgerrecht in Rom für alle Italiener. Nur ein Italiener sollte Kaiser sein; 24 Wahlmänner des Volkes von Rom sollten ihn wählen. Und Rom sollte wieder christlich sein: Zu Pfingsten 1347 fand die „Revolution" statt, Kandidat des Heiligen Geistes nannte sich Rienzo, der den Spiritualismus politisch umformen wollte. Daher sollte das erneuerte Römische Reich auch auf alle Standesunterschiede verzichten. Aber der Volkstribun wurde dann doch rasch zum Tyrannen, der römische Tugend erzwingen statt wachsen lassen wollte. Noch im gleichen Jahre 1347 wurde er verjagt. Vergeblich wandte er sich nach Böhmen an Karl IV., schließlich an den Papst in Avignon. Als dessen Vikar kehrte er nach Rom zurück und fand in einem weiteren Volksaufstand sein Ende.

Im gleichen Jahre 1354 zog Karl IV. nach Italien und wurde im April 1355 von einem päpstlichen Legaten zum Kaiser gekrönt. Ein halbes Jahr danach schloß er das von Frankreich gesuchte Bündnis, aber er hielt das Reich aus dem Kampf der westlichen Mächte heraus. Karl IV. ließ am 10. 1. 1356 in Nürnberg und am 25. 12. in Metz die wichtigsten Elemente der Reichsverfassung und des Reichsrechts in der „Goldenen Bulle" zusammenfassen. Sie zog nicht nur einen Schlußstrich unter die verfassungspolitischen und theoretischen Kämpfe der letzten Zeit Ludwigs IV., sie machte zugleich den Dualismus von Kaiser und Reich, von monarchischen und oligarchischen Momenten, deutlich. Städtische und andere Sonderbündnisse konnte auch diese kurfürstenfreundliche Ordnung nicht verhindern, weder in den Alpenländern noch in Norddeutschland.

Seit dem August 1291 hatten die Schweizer Waldstätten Uri, Schwyz und Unterwalden einen „Ewigen Bund" gegen die habsburgischen Vögte geschlossen. Kein Richter sollte in ihre Täler kommen, der sein Amt erkauft hätte oder der nicht ihr Landsmann wäre; gemeinsamen Schutz, gemeinsames Recht, gemeinsame Abwehr äußerer Angriffe versprach sich die Genossenschaft der Waldstätten. Auf unterschiedliche Privilegien führten sie ihre Freiheiten zurück; allen war gemeinsam, daß sie vor dem Paß über den St. Gotthard lagen, den die letzten Staufer nicht in der Hand eines Fürsten sehen wollten. Als aber gegen Ende des 13. Jh. die habsburgische Territorialmacht sich wie ein Riegel von der Schweiz nach Österreich hinzog, verbanden sich die einzelnen Genossenschaften zu einem Bund. Defensiv war sein Charakter. Erst im zweiten Jahrzehnt des 14. Jh. kam es zu Kämpfen, als die Waldstätten nach der Doppelwahl sich mit Ludwig IV. gegen Friedrich von Österreich wandten. Dessen Bruder zog 1315 gegen die Bündner, die am Paß von Morgarten am 15.11.1315 ihren Bund behaupteten, vor allem mit der nun traditionell werdenden Waffe der Schweizer, der Hellebarde. Die Geschichte der Schweiz ist jahrhundertelang kriegerisch gewesen. 24 Tage nach der Schlacht erneuerten die Waldstätten ihren Bund; vom 9.12.1315 an nannten sie sich „Eidgenossen". Unabhängig von Österreich, reichsunmittelbar wollten sie sein. Im Jahre darauf bestätigte Ludwig IV. ihnen die Reichsfreiheit. Bald schlossen sich andere Lande an: 1332 Luzern, 1351 Zürich, 1352 Glarus und Zug, und mit dem Beitritt Berns 1353 war der Bund der Acht Orte abgeschlossen. Von da an unterwarfen sich die Eidgenossen eigene Untertanenlande und nahmen sie Verbindung mit den süddeutschen Städten auf, die sich 1376 zu einem schwäbischen Städtebund unter Ulm besonders gegen den von Karl begünstigten Eberhard von Württemberg richteten.

Schon seit dem 11. und 12., vor allem seit dem 13. Jh. hatten sich Kaufleute des Nordens zu Hansen, zu bewaffneten Scharen, Rechts-, Speise- und Opfergemeinschaften zusammengeschlossen, im Ausland zuerst: in England, wo sie eine gemeinsame Gildehalle besaßen, in Bergen und in Wisby, von dort aus in Novgorod. Vor allem über die Ostsee spannte sich das Netz der wirtschaftlichen und politischen Beziehungen. 1283 hatte das Rostocker Landfriedensbündnis unter Lübecks Führung die „wendischen" Städte zusammengefaßt, und zehn Jahre darauf wurde Lübeck auch der „Vorort" der Ostseehansen. In einem langwierigen Prozeß bildete sich eine Gesamtinstitution heraus. 1347 vereinigten sich in Brügge die lübischen und hamburgischen Hansen; sie nannten sich dabei „de ghemeenen coplude uten Romeschen rike von Almanien" – ein früher Vorklang des späteren Begriffes des „Römischen Reiches Deutscher Nation". 1358, zwei Jahre nach der „Goldenen Bulle", schlossen sich auch die Städte selbst zum Bund von der deutschen Hanse zusammen. Die Zahl der aktiven Mitglieder betrug über siebzig, an der Spitze die „wendischen" Städte unter Lübeck, die sächsischen unter Braunschweig (darin besonders zahlreich die märkischen), ferner eine preußische und eine baltische Gruppe unter Führung von Danzig und Riga, schließlich die westfälische unter Dortmund und die rheinische unter Köln. Diese Organisationsformen wechselten mehrfach. Die Mitgliedschaft blieb nicht auf deutsche Städte beschränkt. Erst spät bildete sich eine Art Gesamtverfassung wenigstens gewohnheitsrechtlich heraus, fanden Hansetage unter dem Vorsitz von Lübeck statt, deren Abschiede in Protokollform, die „Rezesse", die Mitglieder allerdings nicht binden konnten. Höhepunkt der hansischen Politik war der Sieg über Dänemark im Frieden von Stralsund am 24.5.1370.

Karl IV. begünstigte die Städte nicht, es sei denn, daß sie, wie etwa Nürnberg, seiner Haus- und Reichspolitik von Vorteil waren. Am 4.6.1365 nahm er noch einmal Herrschaftsrechte in Burgund wahr, indem er sich als letzter deutscher König in Arles krönen ließ. Bedeutungsvoller wurde die Vorbereitung zur Gewinnung einer weiteren Kurstimme. Im Vertrag von Fürstenwalde am 18.8.1373 erwarb Karl die Mark Brandenburg von Markgraf Otto V. und als eine weitere Residenz Tangermünde. Ein „Landbuch" hielt dort 1375 den genauen Besitzstand fest, ein Zeichen für die „kaufmännische" Art der Politik Karls IV., der die Mark mit der Kurwürde seinem jüngeren Sohne Siegmund zukommen ließ. Vor allem aber erreichte er 1376 die jahrelang vorbereitete Wahl seines Sohnes Wenzel zum Römischen König und noch vor päpstlicher Bestätigung dessen Krönung. Hatte er auch den Schwerpunkt vom Westen in den Osten verlagert, Prag zur „Goldenen Stadt" gemacht, für Böhmen die Erbschaft der schlesischen Herzogtümer gesichert und als ein weiteres Element in seinem politischen System einen Erbvertrag mit den Habsburgern geschlossen, so behielt er doch die Idee eines „fränkischen Reiches" mit den Hauptorten Frankfurt, Aachen und Nürnberg bei. Der politischen Macht entsprach eine nördlich der Alpen ungewöhnliche geistige und kulturelle Blüte, wiederum mit Prag als dem Hauptort. Als der Kaiser am 29.11.1378 starb, schien nicht nur die Rechts- und Friedensordnung in der Mitte Europas neu gesichert zu sein, sondern auch eine dynastische Nachfolge. Aber er wurde noch kurz vor seinem Tode mit neuen politischen Problemen konfrontiert.

Kriege erfüllten Italien, nicht nur Kämpfe unter den größeren und aufsteigenden Mächten, sondern auch durch die Versuche der Päpste, von Avignon nach Rom zurückzukehren. Schon am 16.10.1367 war Urban V. vorübergehend in Rom eingezogen. Ein zweiter Italienzug Karls IV. im folgenden Jahre wandte sich ohne Erfolg gegen die weitere Ausbreitung der Viscontiherrschaft. Kam es auch durch die Vermittlung Papst Gregors XI. zu einem Ausgleich der süditalienischen Königreiche, indem Friedrich III. von Sizilien (jetzt „Trinacrien") die Lehnshoheit Johannas I. von Neapel („Sizilien") anerkannte und beide dem Papste einen Lehnseid leisteten, so blieb doch die Halbinsel in Unruhe. Unter dem Einfluß der heiligen Katharina von Siena († 1380) kehrte Gregor XI. 1376 von Avignon nach Rom zurück. Aber bereits am 27.3.1378 starb er dort, und die folgende Doppelwahl stellte nicht nur den Kaiser oder, nach dessen Tode, den Römischen König Wenzel vor nahezu unlösbare Aufgaben, sondern ganz Europa.

B. Westeuropa im 14. Jahrhundert

Frankreich war bald nach dem Tode Philipps des Schönen in eine schwere Krise geraten. Ihm folgten rasch nacheinander drei seiner Söhne; mit dem letzten, Karl IV. (1322–1328), starb die direkte Linie der Kapetinger aus. Nach dem salischen Thronfolgerecht, das eine weibliche Erbfolge verbot – „La couronne ne tombe pas en quenouille" –, ging die Krone auf Karls Vetter

Philipp VI. Valois über (1328–1350), auf einen Neffen Philipps IV. Dagegen erhob Edward III. von England (1327–1377), der zu der Zeit noch unter Regentschaft stand, als direkter Enkel Philipps IV. Erbansprüche auch auf Frankreich.

Der dynastisch-politische Gegensatz verband sich mit wirtschaftlichen und sozialen Spannungen. England, das an der Erhaltung und Steigerung seiner Wollausfuhr interessiert war, hatte die Aufstände der flandrischen Tuchmacherstädte gegen ihren Landesherrn, den Grafen von Flandern, seit langem gestützt. Dieser wiederum war ein Bündnis mit dem König von Frankreich eingegangen, der ebenfalls längst nach Flandern griff. Eine Niederlage der flandrischen Städte gegen den übermächtigen französischen Nachbarn zwang Eduard III. zunächst zum Einlenken. 1329 erkannte er Philipp VI. und damit die Thronfolge der Valois an und leistete für die englischen Besitzungen auf französischem Boden den Lehnseid, zumal er bis zum Beginn seiner Selbstregierung im Jahre 1330 durch innenpolitische Schwierigkeiten gebunden war. Nach deren Beilegung aber und durch einen Vertrag, der schon 1328 die Unabhängigkeit Schottlands anerkannt hatte und ihm Rückenfreiheit gab, schloß Edward 1332 ein förmliches Bündnis mit den flandrischen Städten und begann einen Handelskrieg gegen Graf Ludwig IV. von Flandern und gegen Frankreich. 1338 erneuerte Edward das flandrische Bündnis noch einmal, widerrief die Anerkennung Philipps und erhob wiederum den Anspruch auf die französische Krone. Er landete mit einem Heer in Antwerpen, schloß das freilich schnell vorübergehende Bündnis mit Kaiser Ludwig IV. und bereitete den Krieg mit Frankreich vor. Über hundert Jahre dauerte der Kampf um den Festlandsbesitz Englands, wenn auch der Hundertjährige Krieg, der längste in der europäischen Geschichte, eher eine Kette von getrennten Kriegshandlungen war, die erst 1453 ein Ende fand. Frankreich kämpfte damals um seine Existenz. Zwar war die Ausgangslage Philipps VI. nicht schlecht. Er hatte 1336 den Dauphiné, bis dahin kaiserliches Lehen, erworben und rückte nun, indem er die englischen Lehen in Frankreich einzog, in die Guyenne ein. Aber die Vernichtung der französischen Flotte am 24.6.1340 bei Sluys brachte die Seeverbindung zwischen England und Nordfrankreich fest in die Hand Edwards III. Der Gegensatz weitete sich aus, als Frankreich den traditionellen schottischen Bundesgenossen, damals König David II. (1329–1371), gegen England gewann, das seinerseits einen schottischen Gegenkönig, Edward Balliol, unterstützte.

Aber Philipp VI. konnte der großen Kronvasallen nicht sicher sein, die sich einmal auf die eine, ein andermal auf die andere Seite schlugen und im Schatten des Krieges ihre Sonderinteressen verfolgten. Der englisch-französische Gegensatz übertrug sich 1341 sofort auf einen Erbfolgestreit um die Bretagne, wo man Spannungen zwischen keltischem und französischem Adel auszunutzen verstand. Die finanziellen und wirtschaftlichen Anstrengungen der Krone, vor allem die Einführung der Salzsteuer („gabelle“, 1341) und einer Herdsteuer sowie deren strenge Ausschöpfung durch die königlichen Beamten, führten zu zahlreichen Aufständen in Stadt und Land. Andererseits baute die Krone Frankreich in den Anstrengungen des Krieges ihre Zentralgewalt aus. 1343 und 1349 wurden Dauphiné und Montpellier mit der Krone Frankreich fest vereinigt.

Dennoch mußte Philipp VI., nachdem 1346 ein großes englisches Invasionsheer in der Normandie gelandet war, am 26. August des Jahres eine schwere Niederlage hinnehmen: Bei Crécy, wo auch der blinde König Johann von Böhmen, der Sohn Kaiser Heinrichs VII. und Vater Kaiser Karls IV., ums Leben kam, erlag das veraltete französische Ritterheer den englischen Söldnern, die durch flandrische Bürger verstärkt waren, und vor allem einer neuen Waffe, den Langbogen. Seit dem folgenden Jahre 1347 war Calais für lange Zeit (bis 1558) in englischer Hand, der entscheidende Brückenkopf und zugleich Tuchstapel Englands auf dem Festland. Als in den europäischen Seuchenjahren 1347–1350 auch noch die Bevölkerungszahl Frankreichs fast auf die Hälfte schrumpfte, schien der Niedergang Frankreichs unaufhaltsam zu sein.

Johann II. der Gute (1350–1364) versuchte eine erste Stärkung der Herrschaft. Schon damals sind in Frankreich Anfänge eines stehenden Heeres zu beobachten, wurde mit dem Aufbau einer Artilleriemacht begonnen. Ein Bündnis mit dem Kaiser sicherte wenigstens Neutralität und Freundschaft im Osten. Auch in England gab es während des Krieges schwere innere Nöte und Unruhen, auch hier war eine starke Bevölkerungsabnahme durch die Pest zu verzeichnen. Finanzschwierigkeiten, hohe Steuerbelastung, Einfuhrzölle bewirkten eine größere Abhängigkeit der Krone vom Großrat, vom „Great council" der Lords. Dagegen stützte sich König Edward III., in konsequenter Fortentwicklung des im 13. Jh. entstandenen Parlaments, auf das neue House of Commons, das um die Mitte des 14. Jh. durch die Vereinigung der Kurien der Ritter und der Bürger (der gentry und der Städte) sich zu einer Institution zu verfestigen begann; bald entstand auch das Amt des „Speaker", seit 1377 eine feste Einrichtung des englischen Parlaments.

Unterstützt von diesem neuen Unterhaus, konnte Edward III. auch Eingriffe des avignonesischen Papsttums abwehren. Am 9.2.1351 setzte ein Statut fest, daß alle Pfründen in England nur durch englische Kirchenpatrone besetzt werden sollten. 1353 verbot ein weiteres Statut („Praemunire") in Pfründsachen den Rechtszug außer Landes. Hier zeigten sich mit der Abkehr von der avignonesisch-römischen Hierarchie die Anfänge eines nationalkirchlichen Gedankens, der in der Zeit der Konzilien und der Kirchenreformen des 15. Jh. eine große Rolle spielte. 1366 schließlich ging das Parlament noch weiter, indem es den päpstlichen Anspruch auf Lehnshoheit über England zurückwies und damit die schon seit langem unterlassene Zahlung des Peterspfennigs auch formell verweigerte, mit der Begründung, König Johann Ohneland habe damals „ohne Zustimmung der Nation" sein

Land vom Papst zu Lehen genommen. 1362 wurde das Englische als Gerichtssprache offiziell eingeführt, im folgenden Jahre die Parlaments-Session erstmals in englischer Sprache eröffnet.

Die Gesetzgebung des Königs griff auch auf neue Gebiete über. Landarbeitermangel und soziale Unruhen der „landlosen Leute“ veranlaßten 1349–1351 Anfänge einer Arbeitsgesetzgebung. Der König erließ Statuten zugunsten der Grundherren, die auf lange Zeit die Landarbeiter drückten: Arbeitspflicht und feste Löhne wurden gesetzlich eingeführt, die Freizügigkeit wurde verboten. Die „Ordinatio stapularum“ verlegte 1353 den Wollstapel von Brügge nach England.

Innenpolitisch gestärkt führte der englische König durch den „Schwarzen Prinzen“ Edward († 1376) von Calais, der Bretagne und Bordeaux aus 1355 einen neuen Feldzug gegen Frankreich. Am 19.9.1356 geriet König Johann II. bei Maupertuis in englische Gefangenschaft, in der er 1364 starb. Ein zweites Mal war Frankreich unterlegen. Die Reorganisationsversuche steckten noch zu sehr in den Anfängen, als daß sie jetzt schon eine Wendung des langen Krieges hätten herbeiführen können. Wohl verzichtete Edward III. von England 1360 im Frieden von Brétigny auf die französische Krone, aber Calais, Guyenne, Poitou blieben englischer Festlandsbesitz, und das ungeheure Lösegeld für König Johann, 3 Millionen Gulden, konnte das verarmte Frankreich nicht aufbringen. Es war zusätzlich geschwächt, nachdem Generalstände eine kontrollierte Steuerverwaltung unter dem Pariser Bürgermeister Etienne Marcel erzwungen und vom Dauphin Karl (V.) Widerstandsrecht und Koalitionsfreiheit für die Stände gefordert hatten. Zwar konnte der Dauphin 1358 den Bauernaufstand der Jacquerie in Nordfrankreich und die Opposition der Stände niederwerfen, wobei Marcel ermordet und das vorübergehend verlorengegangene Paris zurückerobert wurde. Aber das 1361 durch den Tod des letzten kapetingischen Herzogs an die Krone heimgefallene Herzogtum Burgund konnte der Dauphin nicht halten; 1363 wurde es an den jüngsten Sohn König Johanns, an Philipp den Kühnen, verliehen.

In einem halben Jahrhundert war Frankreich von der Höhe der europäischen Vormacht auf das Niveau eines zweitrangigen Staates gestürzt. Aber unmittelbar nach seinem Regierungsantritt begann Karl V. (1364–1380) nun wirksame Finanz- und Heeresreformen, Zentralisierung und Modernisierung des Staates. Er ließ Paris befestigen und führte Feldzüge gegen die wüsten ledigen Söldner der „großen Kompanie“. Als sich seit 1368 und 1369 aus Streitigkeiten des „Schwarzen Prinzen“ als Herzog von Aquitanien mit Karl V. als seinem Lehnsherrn die englisch-französischen Kämpfe in Frankreich erneuerten, gelang es dem König, durch den Grafen Hermann von Armagnac und den Connétable Bertrand du Guescelin die Bretagne und Poitou zurückzuerobern. Mit kastilischer Hilfe gewann er 1372 auch die Seeherrschaft auf dem „Kanal“, freilich unter schweren finanziellen Opfern.

Auf den Britischen Inseln war die Absicht des kinderlosen Königs David, nach seinem Tode Schottland mit England zu vereinigen, am schottischen Parlament gescheitert. 1371 kam mit Robert II. das Haus Stuart in Schottland zur Herrschaft, wenngleich noch lange gegen eine Adelsopposition unter den Douglas (bis 1488). In dieser Situation führte der 1374 begonnene Kongreß zu Brügge im folgenden Jahre zu einem Waffenstillstand zwischen England und Frankreich. Dieses blieb bis auf Gebiete um bestimmte Häfen wie Bordeaux, Brest, Cherbourg, Calais frei von englischer Herrschaft. Zugleich führte England weitere Verhandlungen mit päpstlichen Legaten über die Abstellung der Provisionen. Ständische Reformversuche, die sich auch auf Vorstellungen John Wyclifs stützten, vor allem die Wendung des „Guten Parlaments“ unter Führung des „Schwarzen Prinzen“ gegen Korruption, Kriegsgewinnler und Mätressenwirtschaft (Alice Perrers), blieben wegen des frühen Todes des „Black Prince“ erfolglos. Im ganzen war die Lage beim Tod Edwards III. (1377) und Karls V. (1380) in beiden Königreichen dennoch einigermaßen stabilisiert.

Auf der Iberischen Halbinsel gelang es Jakob II. von Aragón (1291–1327), dessen Politik Byzanz einbezog, zusammen mit den Cortes 1319 ein Grundgesetz zu verabschieden, das die Einheit Aragóns, Valencias, Barcelonas und die Lehnshoheit über Mallorca befestigte. Ein Adelsaufstand der „Union“ wurde 1348 von König Peter IV. (1336–1387) niedergeschlagen. Von einer starken Basis aus also konnten die Könige von Aragón seit 1323/24 den langwierigen Kampf mit Genua und Pisa um Sardinien aufnehmen, der sich in der Mitte des Jahrhunderts noch verschärfte. Aber die Mittelmeerpolitik führte nur zu begrenzten Erfolgen. Als 1377 Friedrich III. von Sizilien starb, erkannte Peter IV. das Erbrecht der Tochter Maria nicht an. Sie wurde 1390 entführt und mit Martin (II.), dem Sohn Martins I. (1395–1410), vermählt. Die 1391 erzwungene Herrschaft Martins II. in Sizilien war jedoch ebenso wie die aragonesische Gewalt über Sardinien durch Aufstände bedroht. Stärker in die Zukunft wies die Heirat einer Tochter Peters IV., Eleonores, mit Johann, dem Sohn Heinrichs II. von Kastilien (1375), mit der die engere Annäherung der beiden – ein Jahrhundert später vereinigten – Königreiche begann.

Kastilien war in der Mitte des 14. Jh. in inneren Kämpfen zerrissen und durch diese in den englisch-französischen Krieg verwickelt worden. Peter I. von Kastilien, der Grausame (1350–1369), lag im Kampf mit seinem illegitimen Bruder, Graf Heinrich von Trastamara. Beide Parteien verbündeten sich mit den großen westeuropäischen Gegnern: Peter mit dem „Schwarzen Prinzen“ von England, Heinrich mit du Guescelin in Frankreich. Heinrich konnte eine erste Niederlage bei Navarrete (1367) überwinden und nach Lösung des englischen Bündnisses den Halbbruder Peter ermorden lassen; der nunmehr unangefochtene König Heinrich II. (1369–1379) erneuerte das Bündnis mit Frankreich offiziell. Bei La Rochelle siegte 1372 die kastilische Flotte über die englische.

Der Versuch, Portugal zu gewinnen, mißlang jedoch. Alfons IV. von Portugal (1325–1357) hatte nach neuen maurischen Angriffen am 30.10.1340 mit Hilfe Alfons' IX. von Kastilien einen entscheidenden Sieg über die Mauren bei Tarifa am Rio Salado errungen. Unmittelbar danach begann der portugiesische Handel aufzublühen, und bereits im folgenden Jahre, 1341, entdeckten portugiesische Seefahrer die Kanarischen Inseln, eine wichtige Station auf dem weiteren Weg nach Westafrika und später nach Amerika. Systematisch baute Portugal die Handelsschiffahrt auf, machte es sich darin immer mehr von genuesischer Hilfe frei. Aber noch einmal wurde die Selbständigkeit des kleinen Königreiches gefährdet. Nach dem Tod Ferdinands I. (1367–1383) führte Königin Leonore für ihre Tochter Beatrix, die mit Johann I. von Kastilien (1379–1390) verheiratet war, die Regentschaft, und es schien nicht ausgeschlossen, daß beide Reiche vereinigt werden würden. Dagegen wandte sich ein illegitimer Sohn Peters I. von Kastilien, Johann von Avis, mit Hilfe der Cortes von Coimbra. Ein Krieg mit Kastilien zog sich bis 1411 hin. Aber bereits die Schlacht bei Aljubarrota sicherte 1385 die Unabhängigkeit Portugals endgültig und damit auch das Königtum Johanns I. (1385–1433). 1386 heiratete der König Johanna, die Tochter Herzog Johanns von Gaunt-Lancaster. Das damit geschlossene portugiesische Bündnis mit England überdauerte die Jahrhunderte bis zur Gegenwart.

Das 14. Jh. war schließlich noch einmal eine Blütezeit arabisch-spanischer Kultur im letzten Maurenreich zu Granada unter Jussuf I. und Mohammed V. Sichtbarer Ausdruck dafür ist 1354 der Baubeginn des Löwenhofs der Alhambra (1333–1391).

C. Nord- und Osteuropa im 14. Jahrhundert

In Skandinavien war das Königtum im Innern noch immer nicht endgültig gefestigt, von außen erneut und vielfältig bedroht. Christoph II. von Dänemark konnte 1320 die Krone nur durch eine Wahlkapitulation erringen, die erste dänische, welche die Kronrechte zugunsten des Adels und des Klerus beschränkte. Das Land war in heftige Machtkämpfe verwickelt, in denen sich auch starker deutscher Einfluß, insbesondere durch den 1340 ermordeten Grafen Gerhard III. von Holstein, bemerkbar machte. Dänemark erlitt zugleich Territorialverluste an Schweden, wo unter König Magnus VIII. (1319–1365), der auch Norwegen beherrschte, ebenfalls der Adel auf Kosten des Königtums erstarkte. Gelang es König Magnus in Schweden, 1347 ein einheitliches Landrecht durchzusetzen, so fand 1359 ein erster „Riksdag" aller Stände statt und breitete sich seit 1365 unter König Albrecht (von Mecklenburg) die Adelsherrschaft voll aus. In Dänemark stieß der Versuch der Neuerrichtung des Königtums durch Waldemar IV. Atterdag (1340–1375) zunächst auf heftigen Widerstand, wodurch wiederum ein Territorialverlust an Schweden hingenommen werden mußte: 1341 verlor Dänemark Schonen. Aber schon 1346 konnte der König Seeland und Jütland und, mit Hilfe der Hanse, Schonen zurückgewinnen. Ein Überfall Waldemars auf Wisby führte 1361 zum Ersten Hansekrieg. Obwohl im folgenden Jahre Kopenhagen verlorenging, siegte der König bei Helsingborg über die hansische Flotte und konnte 1365 einen relativ günstigen Frieden zu Vordingborg abschließen. Der Zweite Hansekrieg, in dem diese mit Schweden, Holstein und Norwegen gegen Waldemar Atterdag verbündet war (1368–1370), endete hingegen mit einer Niederlage des Königs. Wegen zu hoher Steuerforderungen mußte er vor dem dänischen Adel fliehen, und nach dem Verlust Kopenhagens und Helsingborgs wurde am 24.5.1370 von dem dänischen Reichsrat der Friede von Stralsund geschlossen, den Waldemar bestätigen mußte. Alle Hanseprivilegien auf Schonen wurden erneuert, die Sundschlösser geöffnet und damit die freie Durchfahrt gesichert.

Für Waldemars Enkel Olaf führte seine Mutter Margarete, seit 1363 Gemahlin Haakons VI. von Norwegen, die Regentschaft. Als 1387 Olaf von Norwegen-Dänemark starb und 1388 der schwedische Adel König Albrecht vertrieb, wurde Margarete zur Königin gewählt und konnte die skandinavischen Reiche vereinigen. Sie befestigte die Gesamtherrschaft durch ihren Sieg über Albrecht bei Aasle und hielt ihn bis 1395 gefangen. Die Kalmarische Union von 1397, ein gemeinsames Wahlkönigtum der drei skandinavischen Reiche mit einheitlicher Außenpolitik und Friedenswahrung, wurde von den Reichstagen zwar nicht bestätigt, insbesondere weil Norwegen eine Erbreichsverfassung hatte; faktisch ist sie unter Königin Margarete und ihrem Großneffen Erik dem Pommern (gewählt 1389, gekrönt 1397, Alleinherrscher nach 1412) wirksam gewesen. Das Schwergewicht der Regierung lag in Dänemark. Auch nach außen konnte Königin Margarete Erfolge verzeichnen. Im Kampf mit dem Deutschen Orden seit 1403 gewann sie 1408 gegen Entschädigung die Insel Gotland. Während die Hanse durch Zunftrevolutionen in Lübeck, Wismar, Rostock und Stettin zunächst geschwächt und nachdem Herzog Gerhard von Schleswig 1404 von den Dithmarschern erschlagen worden war, konnte die Königin seit 1410 einen erfolgreichen Krieg mit Holstein um Schleswig führen. Bei ihrem Tode im Jahre 1412 war Skandinavien im Innern wie nach außen fürs erste gefestigt.

Die Geschichte Preußens im 14. Jh. ist im wesentlichen durch den inneren Landesausbau bestimmt. Planmäßige dörfliche Siedlung ergänzte die bisher vorwiegend städtische. „Lokatoren“ begründeten die Dörfer, denen sie in der folgenden Zeit meist als Schulzen vorstanden. Einheitliches Recht regelte den Umfang der Flur, die Anzahl der zu bebauenden Landstücke, der Hufen, die Höhe der Abgaben. Große Waldgebiete wurden auf diese Weise gerodet und urbar gemacht. Vor allem aus Westfalen und Niedersachsen, aus Mitteldeutschland und Schlesien kamen die Siedler nach Preußen; bis ins 15. Jh. hielt der Zustrom an; über tausend Dörfer wurden östlich der Weichsel gegründet. Auf kriegsdienstpflichtigen Gütern bildete sich ein landsässiger Adel neben dem Orden, der alle Hoheitsrechte bei sich behielt. Münze, Maße, Gewichte galten einheitlich für das ganze Land. Ein planmäßiges systematisiertes Rechnungswesen ermöglichte dem Orden nicht nur eine zentrale Finanzwirtschaft, sondern eine zentrale Verwaltung des Territoriums überhaupt. Das Tresslerbuch gibt ein genaues und anschauliches Bild des täglichen Lebens im Ordensstaat, indem es die Preise der für den Hofstaat gekauften Waren, Personalkosten, Reisespesen und vieles mehr verzeichnet. Armut, Keuschheit und Gehorsam hatten die einzelnen Ordensritter zwar noch immer zu geloben; aber dem Orden insgesamt wuchs im 14. Jh. neuer Reichtum zu, und man hielt sich doch nicht immer an die strengen Regeln. Die Hochmeister führten eine reiche Hofhaltung. Auch eigenen Handel betrieb der Orden, oft im Zusammenwirken mit der Hanse. Vor allem in der zweiten Hälfte des Jahrhunderts und besonders unter dem Hochmeister Winrich von Kniprode (1352–1382) stand der Orden auf der Höhe seiner Kraft, ein Staat ohne König und erblichen Fürsten, dessen Ruhm durch ganz Europa lief.

Dennoch zeigten sich bereits die Zeichen seiner späteren Gefährdung. Der Orden führte einen jahrzehntelangen Kampf mit dem Erzbischof von Riga, unterwarf sich die Stadt und konnte sogar das Domkapitel 1393 gegen den Erzbischof inkorporieren. Weitere Konflikte in Livland, Kurland und Estland konnte der Orden mit Waffengewalt zu seinen Gunsten wenden und neue Landgebiete gewinnen. Die Unterwerfung der Litauer dagegen gelang ihm niemals, obwohl die Kämpfe als Kreuzzüge ausgerufen worden waren. Vielmehr konnten die litauischen Fürsten Gedymin (1316–1341) und Olgierd (1345–1347) ihrerseits die Grenzen ihrer Herrschaft nach Weißrußland und in die westliche Ukraine hinein ausweiten. Litauen war schon vor seiner Verbindung mit Polen eine Großmacht. Vor allem aber geriet der Orden durch den Besitz von Pommerellen, mit dem er die Landbrücke zum Reich gewonnen hatte, in einen lang dauernden Gegensatz zu Polen. Im 14. Jh. konnte dieser freilich beigelegt werden, indem nach einer Reihe von Kämpfen 1343 der Friede von Kalisch den Krieg mit Kasimir dem Großen von Polen zugunsten des Ordensstaates beendete.

Aber die Wiedererstarkung Polens unter König Władysław Łokietek (1320–1333), der die Zeit der Teilreiche überwand, und vor allem unter dem letzten der Piasten, Kasimir III. dem Großen (1333–1370), gefährdete auf die Dauer den Ordensstaat doch. Unter anderem mit geschickter dynastischer Heiratspolitik bildete Kasimir, der seine Töchter mit Nachbarn des Ordensstaates vermählen ließ und vor allem den Ausgleich mit Böhmen und Ungarn in mehrfachem Bündniswechsel fand, südlich von Preußen und Litauen ein Großreich, das er, ebenfalls weit nach Osten ausgreifend, während seiner Herrschaft verdoppelte. Auch hier festigte innerer Landesausbau mit Gründung von Städten, Errichtung zahlreicher Kastelle, mit Rechts- und Münzvereinheitlichung und mit der Gründung der Universität in Krakau 1364 die Einheit des Staates. Gegen die Zentralisierungstendenzen des Königs, anfangs auch gegen die Ämter der Wojewoden, Kastellane und Starosten, die mit der Verwaltung und Gerichtsbarkeit der wichtigsten „Länder“ Polens als Statthalter des Königs beauftragt waren, wandte sich seit 1352 immer häufiger die Opposition des Adels mit Berufung auf ein ständisches Widerstandsrecht. Gerade weil es in Polen einen „Feudalismus“ im westeuropäischen Sinne nicht gegeben hat, konnte seit dem 14. Jh. die später so genannte polnische „Adelsnation“ entstehen.

Sie wurde begünstigt, als dem söhnelosen Kasimir III. sein Neffe Ludwig I. der Große von Ungarn (1342–1382) auch als König von Polen folgte. Er gewann in mehreren Kriegen gegen Venedig den Zugang zur Adria und griff bis nach Neapel aus. Im Inneren beschränkte er, wie schon sein Vater Karl I. Robert, die Macht des Großadels, der Magnaten, durch Verbot der Verfügungsfreiheit über Adelsgüter (1351). Auch Ludwig entfaltete in Buda wie Kasimir in Krakau eine glänzende Hofkultur. In Polen freilich hatte er seine Herrschaft (1370–1382) nur durch weitere Zugeständnisse an den Adel erreichen können, besonders in dem Privileg von Kaschau (1374). Es erkannte prinzipiell das Wahlrecht des polnischen Adels an, senkte dessen Steuern erheblich, beschränkte die Heerfolgepflicht außerhalb des Landes und fixierte den Indigenat: das Recht, im Herkunftsgebiet Ämter zu bekleiden. Vor allem aber privilegierte es den gesamten Adel als einen geschlossenen Stand.

Als Ludwig am 11.9.1382 starb, folgten ihm seine Töchter auf dem Thron: Maria in Ungarn, Hedwig in Polen. Jetzt bewährte sich die seit vielen Jahren in Ostmitteleuropa betriebene Heiratspolitik. Maria war mit dem jüngsten Sohn Kaiser Karls IV., Siegmund, verheiratet und konnte sich mit dessen Hilfe in schweren Kämpfen und durch Gewalttaten gegen einen Gegenkönig, Karl II. von Durazzo, behaupten. 1387 wurde Siegmund in Stuhlweißenburg zum König gekrönt. Er war seitdem nicht nur in die inneren Auseinandersetzungen zwischen Städten und niederem Adel einerseits und den Magnaten andererseits verwickelt, sondern hatte auch die Gegnerschaft Venedigs wegen Dalmatien und vor allem den Kampf gegen die vordringenden Türken geerbt. Hedwig von Polen wurde 1386 mit Jagiełło von Litauen verheiratet. Dieser ließ sich taufen und erlangte die polnische Königswürde als Władysław II. Die Taufe entzog den Heidenkampf- und Missionsbestrebungen des Deutschen Ordens in Litauen den Boden und damit den Vorwand für eine weitere Herrschaftsausdehnung. Der Orden erwarb unter Ausnutzung innerer Gegensätze 1398 einen Teil Litauens, Samogitien (Samaiten), und andererseits 1402 die Neumark als Pfand. Aber der nun vereinigten Macht Polen-Litauens war er nicht gewachsen. Ein Präventivkrieg des Ordens wurde abgebrochen. Nach neuem Feldzug begann mit der Niederlage von Tannenberg (Grunwald) 1410, wo der Hochmeister Ulrich von Jungingen fiel, und dem Ersten Frieden zu Thorn 1411 der innere und äußere Niedergang des Ordensstaates. Er mußte auf Samaiten nur vorübergehend verzichten, jedoch eine große Kontribution zahlen.

Rußland stand in jenem Jahrhundert unter der Tatarenherrschaft und hatte überdies im Westen Gebietsverluste an Litauen, Polen und Ungarn hinzunehmen. Novgorod konnte seinen Stand als Partner der Hanse freilich noch erhalten. Vor allem begann in ständiger Rivalität mit anderen Fürstentümern, besonders mit Tver', unterhalb der lockeren Tatarenherrschaft der Aufstieg Moskaus, dessen Herrscher seit 1328 die Würde eines Großfürsten annahmen. 1375 war sie endgültig gegen den Konkurrenten in Tver' durchgesetzt. 1380 gelang es dem Großfürsten Dmitrij Donskoj († 1389), auf dem Schnepfenfelde (Kulikovo pol'e) am oberen Don die Tataren zu schlagen. Es blieb zwar tributpflichtig; aber sowohl die angebliche Unbesiegbarkeit der Tataren war widerlegt wie deren Bündnis mit Litauen zerbrochen. Von nun an konnten die Großfürsten von Moskau das „Sammeln russischer Erde" beginnen, d.h. den Grund für eine neue Staatsbildung legen.

D. Byzanz und der Balkan im 14. Jahrhundert

Die Geschichte Südosteuropas im 14. Jh. steht unter dem Zeichen der vordringenden Türken. Diese waren unter Emir Osman (gest. 1326) von Bithynien aus in ständigem Kampf gegen Mongolen im Osten und Byzanz im Westen über Smyrna und Brussa (1326) ans Marmarameer vorgestoßen. 1354 konnten sie unter Osmans Sohn Urchan (1326–1359), der den seldschukischen Titel Sultan („Herrschaftsmacht") annahm, durch ein Erdbeben begünstigt die Halbinsel und Festung Gallipoli erobern. Von da an schien ihr Vormarsch unaufhaltsam zu sein; selbst mit Hilfe westeuropäischer Söldner konnte der griechische Basileus die Eroberungen der Sultane Murâd I. (1359–1389) und Bajezid I. (1389–1402) nicht verhindern: 1363 Philippopel (Plovdiv), 1385 Sofia, 1387 Saloniki. Vergeblich schlossen sich Serbien, Bosnien und Bulgarien zusammen. Nacheinander wurden sie geschlagen, einzeln der türkischen Oberherrschaft unterworfen. Ohne Hilfe von Byzanz versuchte Fürst Lazar von Serbien am Veitstag, am 15.6.1389, auf dem Amselfeld (Kosovo Pol'e) eine Entscheidungsschlacht zu erzwingen, und da Sultan Murad ermordet wurde, schien der Sieg schon gewonnen zu sein. Aber die Türken behaupteten das Schlachtfeld. Lazar wurde zum Tode verurteilt. Serbien, die Moldau und die Walachei, die unter Ludwig I. in ungarische Abhängigkeit geraten waren, wurden nun Vasallenstaaten der Türken. Jetzt bedrohten sie das Königreich Ungarn unmittelbar. König Siegmund gewann Hilfe aus der europäischen Ritterschaft, vor allem aus Frankreich. Nach Anfangserfolgen erlitt das Heer Siegmunds jedoch am 25.9.1396 bei Nikopolis eine vollständige Niederlage. Zweifellos war nun Konstantinopel unmittelbar gefährdet. Die Niederlage der Türken bei Angora gegen den Mongolenchan Timūr-i Läng („der Lahme", Tamerlan) 1402 lenkte den türkischen Angriff noch einmal für ein halbes Jahrhundert von der Kaiserstadt ab. Die letzten Palaiologen waren freilich in innere Kämpfe verstrickt. Wechselnde Bündnisse der Parteiungen mit den alten Gegnern Venedig und Genua und selbst mit den türkischen Feinden, Zersplitterung der verbleibenden Herrschaftsgebiete und Gegenkaisertum innerhalb der Dynastie schwächten die Regierung Johannes' V. (1341–1391), der den türkischen Eroberungen auf dem Balkan nicht entgegentreten konnte. Als mit Manuel II. (1391–1425) noch einmal ein bedeutender Kaiser den Thron bestieg, herrschte er fast nur über die Hauptstadt selbst, die noch dazu zwischen 1394 und 1402 von Sultan Bajezid I. blockiert wurde. Die türkische Bedrohung blieb, wie sich bald zeigte, permanent.

X. Europa am Ende des 14. Jahrhunderts

A. Historische Räume. Bevölkerung. Gesellschaft

Während die westeuropäischen Hauptstaaten und in ihnen die werdenden Nationen in langwierige Kämpfe verwickelt waren, während in Osteuropa Rußland unter der Tatarenherrschaft lag und im Südosten das Byzantinische Reich dem Vordringen der Türken kaum noch, die kleineren Reiche des Balkans gar nicht standhalten konnten, versuchte das Kaisertum in der europäischen Mitte einen neuen Aufstieg. Die Päpste konnten erst gegen Ende des Jahrhunderts wieder ihren Sitz in Rom nehmen; zu einer Einigung oder auch zu einer größeren Machtbildung in Italien kam es nicht. Jedenfalls lag der Hauptschauplatz der historischen Ereignisse vorübergehend noch einmal in Mitteleuropa, wo Heinrich VII., Ludwig IV. und Karl IV., wenngleich jeder in verschiedener Weise, wieder die Kaiserwürde erlangten. Als besonders folgenreich erwies sich dabei die Verbindung des Deutschen Reiches im engeren Sinne mit Böhmen unter den Luxemburgern, der für über ein Jahrhundert hervorragenden Dynastie. Reichspolitik und Hausmachtpolitik gingen dabei oft ununterscheidbar ineinander über. Innerhalb des Reiches bildeten die Landesherrschaften, vor allem die Kurfürstentümer, eigene politische Kleinräume. Obwohl deren Zahl in Europa sich vergrößerte, entstanden in Nord- und Ostmitteleuropa größere Herrschaftsgebilde, z.T. durch kurzfristige oder auch länger dauernde Unionen, so in Skandinavien, Litauen und Polen, so in Ungarn. Überall stritten zentralistische und föderative Tendenzen miteinander.

Auch die regionalen Schauplätze der Geschichte, die historischen Kleinräume, verwandelten sich sichtbar, indem die im 13. Jh. begonnene Entwicklung fortgesetzt wurde: Die Landschaft vor allem in Teilen West-, Süd- und Mitteleuropas gewann durch die fortschreitende Verstädterung ein anderes Aussehen. Die äußere Gestalt der Städte bestimmte das Landschaftsbild nur wenig verändert bis ins 19. Jh. hinein, so wie es sich in Holzschnitten oder aus den Hintergründen der Tafelbilder seit dem ausgehenden Mittelalter erkennen läßt: Mauern und Türme – diese öfter auch als Sitze von Stadtadel und anderen politisch führenden Geschlechtern –, Rathaus, Markt und große Kirchen, an denen ständig gebaut wurde, Bürger- und Mietshäuser, Spitäler und Klöster.

Der Bevölkerungszuwachs des 13. Jh. hielt im 14. anfangs noch an, verlangsamte sich jedoch allem Anschein nach. Fürs erste blieben die hohen Geburtenzahlen ziemlich konstant (35–50 Geburten auf 1000 Einwohner). Die Ehen wurden früh geschlossen. Trotz den nach wie vor hohen Sterbeziffern (30–40 je 1000 Einwohner), wobei die Kindersterblichkeit besonders groß war, nahm die Bevölkerung bis zu den epidemischen Katastrophen um 1350 in Europa jährlich um 0,5 bis 1% zu. Die neuerdings stärkere archäologische Erforschung mittelalterlicher Friedhöfe zeigt einen deutlichen Männerüberschuß und nach wie vor die geringe Lebenserwartung von etwa 35 Jahren, bei Frauen oft noch geringer. Überdurchschnittlichen Zuwachs wiesen Italien und die Iberische Halbinsel auf, so daß Frankreich, England und Deutschland nicht mehr ganz so dominierten wie im 13. Jh.; aber noch immer wohnten rund 46% der Europäer in jenen drei Ländern. Um 1340 betrug die Bevölkerung in Europa rund 75 Millionen, davon nach den besten Schätzungen in Frankreich und den Niederlanden 19, in Deutschland und Skandinavien 11,5, in Italien 10, auf der Iberischen Halbinsel 9, in Osteuropa 8, in Griechenland und auf dem Balkan rund 6, auf den Britischen Inseln 5 und in Polen und Ungarn zusammen ebenfalls etwa 5 Millionen.

Bis zu den Pestjahren von 1347–1351 läßt sich ein Anstieg der städtischen Bevölkerung feststellen, vor allem in Ober- und Mittelitalien und in den westeuropäischen Städtelandschaften. Venedig, Genua, Florenz, Córdoba und Paris erreichten 80000–100000 Einwohner in der ersten Hälfte des 14. Jh. Über 50000 Einwohner können angenommen werden für Mailand, Bologna und Palermo; nördlich der Alpen für Brügge, Gent und Köln sowie London. Auch Smolensk hatte vielleicht mehr als 50000 Einwohner. Großstädte mit 20000–50000 Einwohnern waren vor der Pest viele italienische Städte, die größeren Hansestädte wie Hamburg, Lübeck und zuletzt auch Danzig, in Franken Nürnberg, im Elsaß Straßburg, ferner Bordeaux, Lyon, Montpellier und Toulouse, in den spanischen Reichen Barcelona, Sevilla und Toledo, in Böhmen Prag. Meist bestand ein Zusammenhang zwischen wirtschaftlicher Bedeutung und Bevölkerungszuwachs.

Der Landesausbau wurde zunächst fortgesetzt. In einigen Gebieten, besonders Englands, Frankreichs und Deutschlands, verschwanden kleinere Dörfer oder schlossen sich teilweise auch zu größeren Siedlungen zusammen. Für einige Regionen ist eine noch nicht recht erklärte Zunahme von Flecken (in England nicht selten als „boroughs" bezeichnet) zu beobachten, Dörfern mit einzelnen städtischen Rechten, oft in regelmäßigem Abstand von etwa 7–14 Kilometern an Nahverkehrswegen gelegen und daher für Regionalmärkte besonders geeignet, die an einem Tag durch Hin- und Rückreise zu erreichen waren.

Im ganzen weist das weitere 14. Jh. jedoch einen starken Rückgang der Bevölkerung in fast ganz Europa auf. Die Gründe dafür sind verschiedenartig. Das Ende des „Klima-Optimums" im frühen 14. Jh., ferner starke, zwischen 1315 und 1318 jahrelang aufeinanderfolgende Regenunwetter und Kälteperioden mit entsprechenden Folgen für den Weizenanbau vor allem in Nordeuropa und in den höher gelegenen Gebieten West- und Mitteleuropas verursachten Hungersnöte, die eine ohnehin durch Tuberkulose und andere Krankheiten geschwächte Bevölkerung trafen. Die Landwirtschaft ging zurück, Anbauflächen verödeten, und die daraus anfangs folgende Verteuerung der Agrarprodukte brachte neue Hungersnöte hervor und ließ die Sterblichkeit steigen, zumal in den Großstädten Flanderns der Hunger mit Ruhrepidemien zusammentraf. In diese Situation brach die durch Rattenflöhe rasch verbreitete Beulenpest in den Jahren 1347–1351 ein. Sie forderte vor allem in den Städten ihre Opfer, wobei Geistliche durch ihre Seelsorgepflichten überdurchschnittlich gefährdet waren. Weiteren Epidemien in der zweiten Hälfte des Jahrhunderts, vor allem in den Jahren 1360/61, 1371 und wieder 1385, fielen besonders Kinder zum Opfer. Die Ärzte wurden der jetzt periodisch auftretenden Pestwellen, die durch regelmäßige Vermehrungszyklen der Ratten begünstigt wurden, nicht Herr. Andere Ursachen für den Bevölkerungsrückgang waren in Frankreich die andauernden Kriege, auf dem Balkan die Kämpfe mit den Türken, während sich in Osteuropa die Mongolenkriege anscheinend weniger auswirkten. Am Ende des 14. Jh. betrug die Bevölkerungszahl in Europa insgesamt rund 40–50% weniger als zu seinem Beginn. Gewiß waren nicht alle Gebiete gleichmäßig betroffen, ließ sich auch verschiedentlich eine Zunahme der Heiraten feststellen, aber die Volkszahlen gingen doch überall zwischen 20 und 50% zurück.

Die Bevölkerungsverluste des 14. Jh. hatten langfristige Folgen für die Sozial- und Wirtschaftsgeschichte, so daß man von einer „Krise" auch des 14. Jh. sprechen kann. Bevölkerungsbewegungen wie die deutsche Ostsiedlung kamen nach den Dorfgründungen in Preußen und nach einigen Verschiebungen, indem Menschen aus den Neusiedlungsgebieten des 13. Jh. noch zu Anfang des 14. weiterzogen, im großen und ganzen zum Stillstand, obwohl osteuropäische Städte und Herrscher bis nach Warschau, Lemberg und Kiev noch mit deutschen Stadtrechten z. T. auch Magistrate übernahmen und Spezialisten wie Bergleute bis nach Bosnien holten.

Entsprechend den Bevölkerungsverlusten nahm die Bevölkerungsdichte ab. Man schätzt, daß sie jetzt in England 20 Menschen pro Quadratkilometer betrug, in Deutschland rund 28, in Frankreich 35, in Flandern 60. Die vielen Sterbefälle brachten bemerkenswerte Bevölkerungsbewegungen innerhalb der Länder hervor. Insbesondere in und nach den Pestjahren verstärkte sich die schon im 13. Jh. beobachtete Mobilität. Wer es sich leisten konnte, wich vor der Pest aus, wie die Gesellschaft junger Florentiner bei Boccaccio. Andere schlossen sich zu Geißlergruppen (Flagellanten) zusammen, in denen sich die Furcht vor der Pest als einem Gottesgericht bis zum religiösen Wahn steigerte. Einen Teil der ärmeren und durch die Naturkatastrophen und Hungerkrisen schon in der ersten Hälfte des Jahrhunderts geschwächten Landbevölkerung zog die geordnete und regelmäßige Lebensmittelverteilung in die Städte, so daß der Pest hier nicht nur Bürger, sondern auch eine große, freilich nicht bestimmbare Zahl von Bauern zum Opfer fielen. Nach den Pestjahren steigerte sich die Stadtbevölkerung noch auf Kosten der ländlichen. Viele Bauern blieben in den Städten und verdingten sich als zunächst billige Arbeitskräfte, nahmen aber an der starken Lohnsteigerung seit der zweiten Hälfte des 14. Jh. teil.

Fast überall in Europa begann eine Zeit der ländlichen „Wüstungen". Der Vorgang, über den eine längere wissenschaftliche Kontroverse noch immer nicht abgeschlossen ist, scheint überall einem im Prinzip gleichen typischen Verlauf gefolgt zu sein. Hungertyphus, Ruhr und Pest bewirkten Bevölkerungsrückgang. Der Getreideanbau nahm ab und führte zunächst, aber nur für ein kurzes Durchgangsstadium, zu Preissteigerungen. Auch wo die Dörfer sich nicht entleerten, ließen neue Flurformen (Gewannfluren) und intensivierter Ackerbau abseits gelegene Felder unbebaut, so daß sie vom Wald gleichsam zurückerobert wurden. Auch die starke Zersplitterung des Besitzes, besonders in Altdeutschland und dessen Südwesten und Westen, förderte die Landflucht oder begünstigte Flurbereinigungen. Fast kein Land West- und Mitteleuropas blieb von den Wüstungen verschont, auch nicht Italien, wo sie freilich verhältnismäßig gering waren, weder Frankreich noch England, wo etwa ein Fünftel der Dörfer verschwand und wie überall die Getreide-, vor allem die Weizenproduktion zurückging. In Deutschland betrug die Zahl der Wüstungen, die sich bis zum Ende des 15. Jh. fortsetzten, im Durchschnitt 25%, lag aber zum Teil bedeutend darüber. So gingen besonders in Hessen, Niedersachsen, Sachsen, Brandenburg und in Schlesien bis zu 40, ja 50% der Dörfer ein; anderswo waren sie nur noch halb besetzt (Teilwüstungen). Weniger stark betroffen war Skandinavien, aber auch dessen drei Reiche blieben nicht verschont.

Die Wüstungsbewegung wurde noch dadurch verstärkt, daß spätestens seit der Mitte des 14. Jh. die Getreidepreise fielen, besonders in Frankreich, England und Deutschland. Die Löhne dagegen stiegen, vor allem in den Städten, was die Landflucht weiter begünstigte. Der Abnahme des Getreideanbaus korrespondierte eine Zunahme der Viehzucht. Die große Vermehrung der Schafherden in England ebenso wie in Spanien, wo die Wollproduktion einen beträchtlichen Anteil an der Wirtschaft gewann, Schweine- und Rinderzucht in Deutschland und Dänemark, in Polen und am intensivsten in Ungarn, wo Rinderzucht und Viehhandel nach unternehmerischen Prinzipien betrieben wurden, verbieten jedoch eine Verallgemeinerung des Begriffs der Agrarkrise. Ging auch der Ackerbau teilweise so stark zurück, daß selbst Preußen Getreide einführen mußte, so nahm andererseits etwa das Gebiet der Weinbauflächen in Nord- und Nordostdeutschland noch zu. Die Viehzucht kam den steigenden Bedürfnissen entgegen. Die Zunahme des Fleischverzehrs, in den Städten durch höhere Löhne und größere Gewinne begünstigt, läßt sich nicht nur an der größeren Zahl der Fleischbänke auf den Märkten ablesen. Gut begründete Schätzungen deuten darauf hin, daß die Menschen mehr als 100 kg Fleisch pro Kopf im Jahr verzehrten. Die Straßen waren voll von Rinderherden, die von Ungarn und Jütland nach Süd- und Westdeutschland getrieben wurden.

Steigende Löhne und sinkende Getreidepreise führten dazu, daß viele Grundherren ihr Land zu verpachten begannen, kleinere Adlige es auch selbst bewirtschafteten. So hatte die Bevölkerungskrise des 14. Jh. auch soziale Konsequenzen. Man kann durchaus nicht von einem einheitlichen Stand, etwa von „dem" Adel sprechen. Der kleinere Landadel befand sich in der Zange zwischen der sich weiter stärkenden Landesherrschaft einerseits und dem Rückgang der Grundrenten durch die krisenhafte Agrarwirtschaft andererseits. Die bereits im 13. Jh. erkennbare Differenzierung innerhalb des Adels setzte sich im 14. Jh. fort. In den Ländern, in denen sich wirtschaftliche mit rechtlichen und sozialen Spannungen verbanden und in denen ein hochentwickeltes Lehnswesen existierte, wie in Westeuropa und in Deutschland, entstand eine untere verarmte Adelsschicht, die auch vor Straßenraub nicht zurückschreckte. In anderen Staaten dagegen, die niemals ein volles Lehnswesen im strengen Sinne hervorgebracht oder übernommen hatten, wie in Polen und Ungarn, entstanden im 14. Jh. Anfänge einer neuen Adelsgesellschaft. Es wäre daher falsch, den Begriff des Feudalismus gleichmäßig für alle mit Agrarwirtschaft verbundenen Adelsgesellschaften anzuwenden.

Auch in den großen Städten schritt die begonnene Differenzierung der sozialen Gruppen fort, von der innerhalb des Klerus jetzt abgesehen. Bürger und Einwohner waren rechtlich unterschieden, und nicht nur etwa in dem Gegensatz zwischen Arm und Reich. Dieser verschärfte sich allerdings beträchtlich. Der Bevölkerungsrückgang und die Sterblichkeit bewirkten verschiedentlich durch rasch aufeinanderfolgende Erbschaften Vermögenskonzentrationen; die städtische Obrigkeit – sei es der Stadtadel, seien es Kaufleute – gehörte durchaus nicht immer zu den wirtschaftlich kräftigsten Schichten. Unter anderem auch die steigenden Preise für handwerkliche Erzeugnisse führten zu einer wirtschaftlichen Stärkung der Zünfte, die häufig aus diesem Grunde politische Mitwirkung am Stadtregiment forderten. Eine Untersuchung über die soziale Gliederung der Bürger (nicht: Einwohner) Hamburgs für das Jahr 1376 ergab folgende Zahlen: 15% von 1175 Bürgern waren Fernkaufleute, 2,7% Krämer und Höker, 38,8% Brauer, die ihr Bier auch exportierten, 43,5% andere Handwerker. Diese bildeten eine große Majorität. Soziale Spannungen konnten also politische Kämpfe hervorrufen. Es waren aber nicht die Unterschichten, die solche Kämpfe begannen, geschweige denn Revolutionen im neuzeitlichen Sinne bewirkten. Zu jenen gehörten etwa Brauknechte, Flickschuster, Hausknechte, Gesinde überhaupt, Fuhr- und Schauerleute, Träger und Arbeiter, die einen wachsenden Teil der Einwohnerschaft der Städte ausmachten, ohne volles Bürgerrecht zu erlangen. Sie wohnten in Mietshäusern, die neben den Bürgerhäusern das Stadtbild prägten. Vereinzelt schlossen sich Gesellen zu Verbänden zusammen, wogegen sich wiederum regionale Vereinigungen der Meister bildeten, so 1352 im Mittelrheingebiet. Schließlich ist eine große, nicht näher bestimmbare Zahl von Bettlern zu nennen, welche die Städte in ganz Europa mit bevölkerten.

Ebenfalls eine Sonderrolle spielten die Lehrlinge, die gegen Bezahlung durch ihre Eltern nicht nur in einem Handwerk ausgebildet werden sollten, sondern ein Recht auf Unterricht, Unterkunft und Verpflegung erhielten. Die Lehrzeiten reichten von zwei bis zu acht Jahren. In der Regel wachten die Obermeister über die Qualität der Ausbildung wie auch darüber, daß diese Kinder, die für den Meister zu arbeiten hatten, nicht über Gebühr ausgenutzt wurden. Sie standen wie die Knechte und Mägde unter der „Munt" des Hausherrn; er durfte Gehorsam und Unterordnung fordern, hatte aber auch die volle Rechtsvertretung wahrzunehmen. Knechte und Mägde waren wohl abhängig, aber nicht unfrei; sie konnten ihr Dienstverhältnis vertraglich eingehen und ebenso unter bestimmten Bedingungen nicht nur entlassen werden, sondern auch kündigen.

B. Wirtschaft. Handel. Verkehr

Trotz der geschilderten Krisenerscheinungen blieb die Landwirtschaft bis ins 19. Jh. die Basis des Wirtschaftens überhaupt. Selbst die Wüstungen, der Rückgang des Ackerbaus, die Verstädterung bestimmter Gebiete Europas und die Ausweitung von Handel und Verkehr änderten daran ebensowenig wie die allerdings vielfache Geldentwertung insbesondere auf dem Lande, seitdem der Grundzins meistens nicht mehr in Naturalien entrichtet wurde. Andere Wirtschaftszweige befanden sich in stärkerem Wandel. So stagnierte bis zum Ende des 15. Jh. der Bergbau, oder er ging gar zurück; andererseits nahmen der Ausbau und die Auswertung der Salinen überall zu. In Norddeutschland hielt die Hanse bis in die Mitte des 14. Jh. ein Salzmonopol aufgrund der starken Lüneburger Produktion, die in engem Zusammenhang mit Lübeck stand und meist zu Schiff dorthin sowie nach Hamburg verfrachtet wurde.

Der Rückgang der Tuchherstellung in Florenz um bis zu 80% wurde ausgeglichen durch die Herstellung von Leinen, Baumwollwaren, Barchent und zum Teil auch schon durch Seidenproduktion, seit der Anbau von Maulbeerbäumen zur Seidenraupenzucht um 1300 in Modena bezeugt ist. In England weitete sich die Tuchfabrikation aus. Sie wurde – und mit ihr die abermals vermehrte Schafzucht – durch königliche Handelspolitik planmäßig gefördert. Hatte Edward III. schon 1332 den Krieg gegen Frankreich mit einem Handelskrieg gegen den Grafen von Flandern verbunden, so befahl die „Ordinatio stapularum" 1353 die Verlegung des Wollstapels von Brügge nach England. In Frankreich förderten auch während des „Hundertjährigen Krieges" die wechselnden Herren die Leinenproduktion vor allem in der Normandie und in der Bretagne. Wieder andere Gründe hatte das Aufblühen der Textilindustrie in Oberdeutschland, vornehmlich in Schwaben; sowohl die Form des Wirtschaftens als auch die Verlagerung der Handelswege hatten daran Anteil. Überall in West- und Mitteleuropa hatten sich Handelsgesellschaften verschiedener Art gebildet, sei es als gleichberechtigte Kapitalgesellschaften oder auch mit Trennung von Kapitalgebern und Unternehmern, eine im genuesischen und venezianischen Orienthandel schon seit dem 11. Jh. erprobte Wirtschaftsform. Solche Handelskompanien fanden sich nicht nur im Hansebereich zusammen, etwa in den Lübecker Schonen- und Bergenfahrern (1378 und 1380), einem Zusammenschluß von Kapitalgebern, Reedern und Spediteuren, sondern vor allem auch in Oberdeutschland, wo größere, auf lange Frist geschlossene Firmen mit einem weiten Handelsnetz und mit Filialen und Agenten auch im Ausland gegründet wurden. Vor allem die kleineren Reichsstädte in Oberschwaben und im Allgäu, aber auch viele dörfliche Bewohner des gleichen Gebietes brachten, zum Teil in Heimarbeit, Leinwand und im Laufe des 14. Jh. zunehmend Barchent hervor, zum Teil ähnlich wie in der Brauerei oder in der Metallproduktion in Form des Verlagswesens. Seit dem Ende des 14. Jh. schloß sich die Große Ravensburger Handelsgesellschaft zusammen. Die ersten Gesellschafter stammten aus Ravensburg, Konstanz und Buchhorn (jetzt Friedrichshafen); sie vereinigten sich nicht nur, um sich gegenseitig keine Konkurrenz zu machen, sondern auch, um durch gemeinsame Geschäftsführung Handel und Vertrieb zu verbilligen. Nur Reichsstädter konnten der Gesellschaft angehören, die offensichtlich ein Monopol anstrebte. Schnell gewann die Gesellschaft Anschluß an das italienische Handelsnetz über Venedig und Genua, an das spanische über Genf, Lyon nach Barcelona, Saragossa und Valencia. Im Norden war Verbindung mit Brügge und Antwerpen hergestellt, und nach Osten reichten die Beziehungen über Nürnberg bis nach Wien. Die Ravensburger Gesellschaft hat nicht zuletzt deswegen bis 1530 bestanden, weil sie es vermied, auf ein einziges Produkt oder nur wenige Handelsartikel zu setzen. Für ihre Einfuhr waren besonders Zucker und Safran von Bedeutung.

Ähnliche Formen zeigten sich in Barcelona, dem Hauptausfuhrhafen spanischer Wolle und Textilien, der im Levantehandel eine ernsthafte Konkurrenz für Genua und Venedig wurde und vor allem Gewürze, Safran und Alaun einführte. Die Krise des Levantehandels der großen italienischen Seestädte kündigte sich freilich erst am Ende des 14. Jh. an. Im ganzen konnten sowohl Venedig wie auch Genua ihren Handel bis ans Schwarze Meer ausweiten und damit den Anschluß an den südrussischen Getreide- und Pelzexport bekommen. Sowohl Genua als auch Venedig hielten feste Stützpunkte am Schwarzen Meer, die sie bis zum Ende des Jahrhunderts noch ausbauten und in denen, ähnlich wie im hansischen Bereich, venezianische bzw. genuesische Kaufleute unter bevorzugtem Sonderrecht standen. Auch Florenz nahm im 14. Jh. unmittelbar am Orienthandel teil. Trotz des Vordringens der

Türken hielten die Reisen bis nach Indien und Ostasien an; sie führten über Persien, das freilich seit der Mitte des Jahrhunderts mehr und mehr zu einer Art Endstation der europäischen Kaufleute wurde und eigene Umschlagplätze bildete. Die durch den Krieg mit England bedingte scharfe Steuerpolitik der französischen Könige beschleunigte den schon früher begonnenen Niedergang der Messen in der Champagne; zugleich verlagerten sich die von den Mittelmeergebieten nach Nordeuropa führenden Haupthandelswege weiter ostwärts. Neue regelmäßig besuchte Messeplätze, die zum Teil bis in die Gegenwart eine bedeutende Rolle spielen, bildeten sich in Genf, Frankfurt am Main, in Leipzig, Breslau, Posen, Gnesen, Lublin, auf diese Weise auch die mittel- und die ostmitteleuropäischen Wirtschaftsräume eröffnend und an das Netz der älteren westeuropäischen anschließend.

Die größere Verbreitung der Gesellschaftsverträge („commenda" oder, in Barcelona, „comanda") ließ den auch früher schon vorhandenen Bedarf an Kapital wachsen. Das Bedürfnis wurde durch die oben geschilderten Preis- und Lohnbewegungen und den teilweise größer werdenden Geldmangel noch gesteigert. Auch hatte die Vielfalt der Münzbezirke in Europa, selbst innerhalb der einzelnen Länder und insbesondere innerhalb Deutschlands, schon längst dazu geführt, daß auf den großen Messeplätzen wie auf kleineren Märkten herumziehende Geldwechsler auftraten, häufig Südfranzosen aus Cahors („Kawerschen") oder „Lombarden", die oft aus Asti oder Chieri stammten. Gegen die Wechselbanken, die seit dem 12. Jh. bereits Depositen annahmen, Überweisungen erledigten und Kredite gewährten, und gegen das Verleihen von Geld gegen Zins, d. h. gegen den „Verkauf von Zeit", hatte sich die Kirche mehrfach scharf gewandt, so auf dem Dritten Laterankonzil von 1179, auf dem Konzil von Lyon 1274 und, noch einmal den Wucherbegriff verschärfend, 1311 Clemens V. auf dem Konzil von Vienne. Aber die sich auf Stellen des Alten und Neuen Testaments, insbesondere auf Lukas 6,35 berufenden Wucherverbote wurden auf verschiedene Weise umgangen. Wenn im 14. Jh. auch italienische Banken fallierten, so jedenfalls nicht aus Rücksicht auf diese Normen. Das Bankwesen als eine „moderne" Form der Kapitalgabe blieb insgesamt bestehen, nicht nur auf Italien beschränkt, sondern, vor allem im Zusammenhang mit den Handelsgesellschaften, überall in Europa; in Toulouse z. B. wurden 1333 achtzig „Wechsler" gezählt. Mit dem Bankwesen und den Handelsgesellschaften wurde überall die schriftliche Buchführung üblich; das heißt auch, daß damit ein neuartiges kaufmännisches, städtisches Schulwesen gefördert wurde. Die besser rechnenden und besser ausgebildeten Kaufleute waren dadurch erst recht in der Lage, seit dem Ende des Jahrhunderts und dann vor allem im 15. Jh. noch größere Kapitalansammlungen und Vermögen zu bilden.

Eine bedeutende Rolle in der Wirtschaft des 14. Jh. spielte die Hanse. Sie erreichte ihre wirtschaftliche und politische Bedeutung nicht auf einen Schlag. Ihre Vororte behielten lange eine Sonderstellung, so Köln, die Stadt der über 120 Goldschmiede und Goldschläger (die vor allem Blattgold produzierten), so Braunschweig, die Stadt der Messingproduktion, so vor allem Lübeck, das dann auf längere Zeit die Spitzenstellung in der Hanse einnahm. Viele Privilegien, vor allem im Ausland, waren den Hansestädten gemeinsam, Zollvorteile und eigener Gerichtsstand, oft die eigene Waage oder die Erlaubnis, zu jeder Tageszeit, auch nachts, die Schiffe zu löschen und zu laden. Der Vorrang des Handels – und das hieß: die Vormacht der Kaufleute – zeigte sich in der Verfassung der einzelnen Städte. Nur Kaufleute waren ratsfähig oder, wie eine lübische Notiz festhielt: „wer seine Nahrung nicht mit Handwerk gewann". Der Rat aus den 12 bis 24 „consules", woraus zwei oder vier Bürgermeister auf je nach Verfassung verschieden lange Zeit gewählt zu werden pflegten, war nicht an Abstammung gebunden, sondern an wirtschaftlichen Erfolg. Insofern gab es in den wenigsten Hansestädten ein geschlossenes Patriziat in der Art der oberdeutschen Städte; Lüneburg bildete eine der Ausnahmen. Die vornehmsten und einflußreichsten Gruppen waren die Kaufleute und die Reeder. Neben ihnen standen die „Ämter", die Zünfte der Handwerker, von denen im Hansebereich besonders die Böttcher, welche die Heringsfässer herstellten, die Paternostermacher, welche Elfenbein und Bernstein zu Rosenkränzen und Schmuck verarbeiteten, die Tuchmacher, Leineweber und Brauer (wegen des starken Bierexports) besondere Bedeutung gewannen. Erst im 15. Jh. entstand eine sehr fragmentarische Gesamtverfassung, niemals aber eine gemeinsame Finanzordnung, eine gemeinsame Flotte, gemeinsame Beamte. Sowenig die Hanse im Inneren „demokratisch" war, war sie nach außen hin „national". Wenn zwar prinzipiell nur „deutsche" Städte in den Bund aufgenommen wurden, so waren es eben die Städte, in denen deutsches Recht galt und in denen eine starke Gruppe aus Deutschland stammender Kaufleute lebte – auf Volkszugehörigkeit der Gesamtbevölkerung oder gar auf staatliche Zugehörigkeit wurde damals nicht geachtet, und so sind auch Stockholm und Krakau unter anderen Hansestädte gewesen. In den meisten größeren Ostseestädten galt das Lübische Recht. Die Hanse trug früh dazu bei, das Randgebiet des geographischen Europa auch für das geistige und politische Europa zu gewinnen. Insofern war die Hanse nicht nur eine Wirtschaftsmacht, über die fast ausschließlich die Rohstoffe des Ostens wie Pelze, Wachs, Honig, Holz nach Westen und Fertigwaren oder halbfertige Produkte des Westens in den Osten gebracht wurden, vom verbreiteten Herings- und Salzhandel ganz abgesehen.

Neue Handelszentren entstanden im 14. Jh. und gewannen für die damalige Zeit Weltrang, den sie im 15. und 16. Jh. behaupteten, z.B. Genf, Antwerpen und Nürnberg. Königsnähe und Verkehrslage begünstigten diese Reichsstadt, deren führende Familien seit Ludwig IV. und Karl IV. oft als „Diplomaten" auftraten, denen später die Beförderung der königlichen Post anvertraut wurde. Die Basis für den wirtschaftlichen Aufstieg bildete das

Handwerk, in Nürnberg das Metallgewerbe, die Herstellung von Tuch und Tand (Spielzeug), ferner eine bedeutende Papierindustrie.

Die Handwerker in den zahlreichen Zünften – anderswo hießen sie „Bruderschaften", „Innungen", „Ämter", auch Gilden (was in bestimmten Regionen allein Genossenschaften von Kaufleuten benannte) – waren Produzenten und Verkäufer zugleich. Sie trieben „Lohnwerk" oder „Preiswerk", arbeiteten also auf Bestellung oder für den Markt und hatten für ihre Waren das Herstellungsmonopol. Meist vereinigten die Zünfte sehr kleine Betriebe. Den steigenden Löhnen folgten steigende Preise für handwerkliche Erzeugnisse, so daß eine Diskrepanz zwischen dem Reichtum der Zünfte und ihrer schwachen politischen Stellung entstand. In den großen Städten Oberitaliens stiegen die niederen Zünfte während des 14. Jh. wirtschaftlich und sozial sowie, daraus folgend, in der Regel auch rechtlich und politisch auf, ebenso in Flandern und Brabant wie in den dominierenden Städten im Hansegebiet, am Rhein und in Oberdeutschland. Die Zahl ihrer Mitglieder blieb beschränkt. Der Zunftzwang führte zur Kartellbildung, sorgte damals jedoch für eine hohe, ständig kontrollierte Qualität der hergestellten Ware.

Wesentlich für die Stellung einer Welthandelsstadt sind die gehäuften Zollfreiheiten geworden. So gewährte ein Privileg Ludwigs IV. des Bayern Nürnberg 1332 in rund siebzig Orten, in Lübeck und im Hansegebiet sowohl wie auf allen Zwischenstationen des Handels zwischen Preußen und Aragón, Flandern und Ungarn Zollfreiheit. Die städtischen Obrigkeiten selbst schufen als Gegenleistung oft ein besonders günstiges Fremdenrecht. Die Vorzugsstellung solcher Städte beruhte auf dem für weitblickenden Handel charakteristischen Prinzip der Gegenseitigkeit. Mit jenen Privilegien und derartiger Gesetzgebung war zugleich die Dominanz der handeltreibenden Familien über die Handwerkerzünfte gesichert.

Das Verkehrsnetz begünstigte den weiträumigen Handel geographisch. Insgesamt verlagerten sich im 14. Jh. die wichtigsten Handelswege aus dem Mittelmeergebiet nach Nordwesteuropa von der Rhône-Saône-Route weiter nach Osten; die wichtigste Süd-Nord-Straße führte von da an den Rhein entlang. Eine Hauptverkehrsstraße ging von London nach Brügge, von dort weiter nach Frankfurt hinein oder aber über Köln, Mainz, Frankfurt, Würzburg, Nürnberg, Regensburg, Passau, dann die Donau abwärts über Wien, Buda zum Schwarzen Meer. Neben der Straße den Rhein entlang und französischen Handelsstraßen führte eine Nord-Süd-Straße von Lübeck über Hamburg, Braunschweig nach Leipzig, von dort über Nürnberg nach Augsburg; dort gabelte sich die Straße und führte entweder über Ravensburg, Mailand nach Genua und von hier in den Orienthandel oder aber, nachdem im 14. Jh. die Straße über den Brenner erhöhte Bedeutung gewann, von Augsburg weiter über Innsbruck nach Verona, Florenz oder durch die Terra ferma nach Venedig und abermals in den Levantehandel. Von dieser Nord-Süd-Route zweigte in Leipzig eine weitere Straße ab, die über Breslau, Krakau, Lemberg nach Kiev führte; Breslau wiederum war ein Kreuzungspunkt, an dem sich neben der eben genannten Straße eine solche abermals aus Nürnberg über Prag, Breslau nach Thorn und Danzig traf. Auf diese Weise lag Nürnberg im Zentrum der sich kreuzenden europäischen Straßen und hatte sowohl den Anschluß an den Orient wie an den Flandern- wie auch an den Hansehandel gewonnen, eine Position, die ihresgleichen suchte.

Übrigens wurden im 14. Jh. schon regelmäßige Schiffahrtslinien eingerichtet, nicht nur solche, wie seit längerer Zeit bestehend, im Mittelmeer, sondern auch zwei regelmäßig befahrene Seerouten von Genua und Venedig nach Flandern und England.

C. Rechte. Verfassung

In engem Zusammenhang mit der städtischen Wirtschaft standen städtisches Recht, Wirtschaftsrechte, Probleme der Stadtverfassung. In den deutschen Stadt- oder Ratsbüchern setzten sich die Kodifikationen des 13. Jh. für den neuen Rechtsbereich fort. Sie hielten die Beschlüsse über Markt- und Gewerbeaufsicht fest, sammelten Statuten und Privilegien, Preisfestsetzungen, städtische Haushalte, führten Ämterlisten, enthielten Formulare und Eidessammlungen für die städtischen Bediensteten vom (oft gelehrten) Stadtschreiber über den Stadthauptmann bis zu den Nachtwächtern, Sittenordnungen und so weiter in meist unsystematischer Folge. Bisweilen gab es gesonderte Buß-, Acht- oder Wettebücher, in denen vor allem die Stadtverweisungen („Verfestungen") als häufige Strafe notiert wurden, daneben Schuld- und Pfandbücher, Schöffenbücher über das niedere Gericht, schließlich Brief- und Protokollsammlungen. Kanzleien und Archive entstanden, übrigens nicht nur in den Städten, hier aber mit größerer Regelmäßigkeit und häufig den Landesherrschaften vorausgehend. Auch deswegen wurde das städtische Schulwesen gefördert, wo man neben Geschäftskorrespondenz auch Formularkunde lernen konnte. Gewerbekontrolle und Lohntaxen, seien sie durch das Stadtregiment selbst oder andere Obrigkeiten, in England z.B. durch den König, festgesetzt, begünstigten im allgemeinen die Zünfte, ebenso das Einstandsrecht, das den Einkauf von Rohstoffen für die Zunftgenossen zu gleichen Bedingungen sicherte und den Vorkauf verbot. In Mittel- und Osteuropa breiteten sich die Stadtrechtsfamilien noch weiter aus. Überall in Europa erwarben die bedeutenderen Handels- oder Gewerbestädte Sonderrechte, Venedig etwa und Genua nicht nur auf dem Boden ihrer eigenen Stützpunkte im östlichen Mittelmeer. Auch die Hansestädte waren im Ausland vom Strandrecht befreit, das die Ladung gestrandeter Schiffe den Anwohnern oder den jeweiligen Obrigkeiten zukommen ließ; ebenso erreichten sie den Verzicht fremder Herrschaften auf den Nachlaß im Ausland gestorbener Hansekaufleute.

Der Aufbau und der Ausbau städtischer Verfassungen ging nirgendwo in Europa ohne Kämpfe vor sich. Sie verliefen jedoch ganz unterschiedlich; die beteiligten Schichten waren nicht überall die gleichen, ebensowenig Art und Ergebnis der Kämpfe. Die wirtschaftliche Stärke der nicht nur handwerklichen, sondern auch handeltreibenden Zünfte bewirkte den Versuch mit, Beteiligung am Stadtregiment zu erringen. Daneben gab es Gesellenaufstände wie den der Gürtler in Breslau 1329. Anderswo fanden Bauernaufstände gleichzeitig mit städtischen Verfassungskämpfen statt, so 1358 bei der Jacquerie in Frankreich und dem politischen Kampf Etienne Marcels in Paris. In England brachen 1381 nach Einsetzung der Kopfsteuer Aufstände von Bauern und städtischen Unterschichten in London aus. Wat Tyler und andere führten diese an, und gegen den Willen Wyclifs wirkten ihm anhängende Volksprediger dabei mit. Die Aufständischen stürmten London und ermordeten viele Juristen, königliche Beamte und einen Teil der hohen Geistlichkeit. Der offene Aufruhr war hier wie anderswo jedoch keine „Revolution"; weder die sozialen noch die politischen noch die rechtlichen Zustände wurden ernsthaft umgewälzt. In Florenz brach der „Popolo minuto" 1343 die Alleinherrschaft der höheren Zünfte des „Popolo grasso". An einem anderen florentinischen Aufstand, dem der Ciompi (Wollschläger), beteiligten sich (1378) Menschen aus ganz verschiedenen sozialen und rechtlichen Schichten, Patrizier ebenso wie Kaufleute, Arbeiter, kleine Unternehmer. Sie wandelten jedoch die Stadtherrschaft nicht prinzipiell um, sondern erweiterten die Zahl der Zünfte. In Flandern fanden politische Kämpfe von Handwerkern gegen den Grafen statt. 1384 gelang es den Handwerkern in Lüttich, die Patrizier aus dem Rat auszuschließen; sie bildeten aber nun ihrerseits eine exklusive Herrschaftskorporation. Auch in Köln, Hamburg und Wien kam es zu Kämpfen. In Braunschweig beseitigten Zünfte 1374 die Geschlechtermacht insofern zeitweilig, als an die Stelle der Selbstergänzung im Rat die Wahl trat. So verbreiterte der Aufruhr vielerorts die genossenschaftliche Basis, führte aber gelegentlich auch zu Selbstisolierung. Wo die Zunftkämpfe mißlangen, ging die neu gestärkte ältere Stadtherrschaft scharf gegen die Zünfte vor, stellte sie unter eine strenge Kontrolle des Rates oder hob sie sogar auf. Privilegien oder faktische Handhabung dehnten das Bannmeilenrecht und den Marktzwang gegen Vorkäufe und Zwischenhandel vor allem in Böhmen und Österreich weit aus; damit sollten preisunterschreitende Vorkäufe auf dem Wege zum städtischen Markte verhindert werden.

Verfassungskämpfe und rechtliche Spannungen gab es auch in den einzelnen Staaten und Landesherrschaften. Auch hier setzte das 14. Jh. die Bewegungen fort, die im 13. Jh. begonnen hatten, so in England die Weiterbildung des Parlaments, so in Frankreich die Stärkung der königlichen Stellung. In Mittel- und Oberitalien bauten die oft aus Stadtherrschaft hervorgegangenen Dynastien ihre Rechtsstellung weiter aus; vielfach, wie in

Verona die Scaliger, in Mailand die Visconti, in Ferrara die Este, in Urbino die Montefeltre, in Padua die Carrara, in Mantua die Gonzaga und in Rimini die Malatesta, setzten die „Signori" Erblichkeit durch und schufen sich z.T. bedeutende Territorien, deren wichtigstes von 1312 bis 1447 ununterbrochen die Viscontiherrschaft von Mailand gewesen ist. Die Seestädte bewahrten ihre oligarchische Verfassung; in Venedig schuf die Stadtaristokratie nach der Rebellion des Marin Falier 1354 den Rat der Zehn als ein Organ der Staatssicherheit. In all diesen unterschiedlich verfaßten staatlichen Gebilden, seien sie monarchischer, seien sie oligarchischer Art, sind die Anfänge einer systematischeren Verwaltung ebenso wie bisweilen schon der Versuch einer Trennung von Verwaltung und Jurisdiktion zu beobachten. Die Statuten der italienischen Kommunen versuchten dabei auch, die Vasallität einzuschränken.

In West- und Südeuropa spielte das Römische Recht eine zunehmende Rolle, in Italien schon im städtischen Statutenrecht seit dem 12. Jh., bei den Glossatoren im 12. und 13. Jh. Die Legisten, gelehrte Kommentatoren, falteten es jetzt weiter aus und schritten von seiner Auslegung zu geschlosseneren und systematischeren Darstellungen fort, zuerst an den französischen Hochschulen in Orléans und Toulouse, dann vor allem in Italien Bartolus de Sassoferrato (1314–1357) und Baldus de Ubaldis (1327–1400). Sie und viele andere Legisten, die bei ihnen als den Großmeistern studiert hatten, gewannen durch „Consilia" zunehmend Einfluß auf die Praxis – auch dies eine gemeineuropäische Erscheinung, sieht man von England mit dem „Common law" und von dem nichtlateinischen Rußland ab. Auf diese Weise, durch die neuen Universitäten weiter gefördert, nahm die längst begonnene Rezeption des Römischen Rechts ihren Fortgang. Auch die geistlichen Gerichte, obwohl vielfach (besonders in Frankreich) von den weltlichen Herrschaften eingeengt oder zurückgedrängt, trugen das Ihre zu der frühen Rezeption des Römischen Rechts bei, indem sie immer häufiger aufgesucht wurden. Sie beschränkten sich nicht nur auf Fälle, an denen Kleriker beteiligt waren, oder auf geistliche Sachen wie Eherecht, Testamentsrecht, Stiftungsrecht. Die streitenden Parteien suchten sie vielmehr auch in weltlichen Fällen auf, in denen sie den zahlreichen und kaum überschaubaren, übrigens oft weiter entfernten Gerichtsinstanzen durch Schnelligkeit und nicht zuletzt durch Schriftlichkeit überlegen waren. Auch außerhalb der Justiz trug kirchliche Praxis zu neuen Verwaltungsformen bei. In einzelnen italienischen Städten entwickelten sich aus den Taufregistern im 14. und besonders im 15. Jh. die ersten Personenstandsregister.

Gemeineuropäisch war der Verfassungsdualismus zwischen monarchischen und ständischen Tendenzen. In Ungarn bildete sich unter den Anjoukönigen eine Adelsgesellschaft heraus, die ohne strengen Feudalismus und ohne Ausbildung einer Hierarchie in eine kleine Gruppe der Magnaten und die Mehrzahl des kleineren Adels zerfiel. – Folgenreicher war die Grundlegung der späteren Adelspolitik in Polen. Hier war der Adel ein einziger ungegliederter Stand, der sich unter Kasimir III. nach unten abschloß. 1352 bildete sich in Posen die erste Adelskonföderation aus 86 landbesitzenden Rittern, die sich gegen die Zentralisierungsbestrebungen des Königs wandten. 1355 erreichte der Adel als geschlossener Stand ein erstes Gesamtprivileg und die grundsätzliche Anerkennung des Wahlrechts, ferner den Verzicht des Königs auf außerordentliche Steuern und auf Kriegsdienst außer Landes ohne Entschädigung. Das Kaschauer Privileg vom 17.9.1374 minderte die Steuerpflicht noch weiter, bestätigte die Heerfolgebeschränkung außerhalb des Landes sowie das Wahlrecht und fixierte für die Ämter schriftlich das Indigenat. In jener Zeit wurden die Hofämter der Teilfürstentümer zu Landesämtern umgewandelt; ihre Inhaber wurden damit „Repräsentanten des Landadels“: der Kanzler, die Wojewoden als Spitzen der wichtigsten „Länder“, die Kastellane und vor allem die Starosten (capitanei), die als Statthalter des Königs Verwaltung und Gerichtsbarkeit innehatten und oft auch schon das den Kastellanen zukommende Aufgebotsrecht an sich zogen. Alle Ämter sollten nur an Adlige vergeben werden, wobei einige Familien sich durch Macht und wirtschaftliche Verhältnisse, nicht aber rechtlich von den übrigen als Magnaten abhoben.

In Frankreich verkörperte sich der Dualismus in den Königen einerseits und den aus gleicher Dynastie stammenden Herzögen der großen Apanagen andererseits. Die Verfassungsgegensätze schlugen sich in den Parteiungen und Bündnissen während des Hundertjährigen Krieges nieder. Die ständischen Spannungen in England, das ebenfalls Gegensätze zwischen Königtum und mächtigen Herzögen zu ertragen hatte, waren in der Fortbildung des Parlamentarismus bereits in festere rechtliche Formen gebracht. Die iberischen Reiche litten unter offenen Verfassungskämpfen mit wechselnden Koalitionen, welche die innere wie die äußere Politik der drei Hauptstaaten beeinflußten. Allen diesen Ländern in West- und Osteuropa war jedoch der Gedanke der „Krone“, also eine gewisse Institutionalisierung der Zentralgewalt, gemein, und der Verfassungsdualismus stellte die Einheit des Staat werdenden Landes prinzipiell nicht in Frage, sondern förderte sie sogar, da beide Seiten die Existenz des „Staates“ voraussetzten.

In Deutschland gab es Verfassungsdualismus sowohl im Reich wie in den einzelnen Ländern. Die Goldene Bulle von 1356 versuchte, die verfassungspolitischen und theoretischen Auseinandersetzungen der vorhergehenden Jahrzehnte durch einen auf dauerhafte Ordnung zielenden Kompromiß in der Form eines kaiserlichen Gesetzes zu beenden. Sie enthält Satzungen, die z. T. auf ältere Vorurkunden zurückgehen. Als „Grundgesetz“ galt sie erst vom 16. Jh. bis zum Ende des Alten Reiches. Ihr Hauptgegenstand war die Einheitlichkeit der Wahl und deren Ordnung. Indem sie die Wahl endgültig an das Kurkolleg band und dieses besonders bevorrechtigte, bestätigte sie den oligarchischen Grundzug des Reichsrechts.

Die Königswahl sollte eine Mehrheitswahl sein. Mit vielen anschaulichen Bestimmungen wurde der Wahlvorgang im Detail festgelegt. Ein Großteil der Goldenen Bulle besteht aus Kapiteln über Rangfragen und Zeremoniell. Nach der Wahl in Frankfurt a. M. sollte der König vor allen anderen Reichsgeschäften die Privilegien der Kurfürsten bestätigen: Primogenitur und Erblichkeit in den weltlichen Kurfürstentümern, Unteilbarkeit der Kurlande überhaupt und die Bindung der Stimmen an das Land. Den Rechten der Kurfürsten entsprachen Pflichten. Vor allem sollten sie sich jährlich einmal, vier Wochen nach Ostern, in einer Reichsstadt versammeln, Mißstände erörtern und Reformvorschläge unterbreiten, wobei jeder Kurfürst über die ihm naheliegenden Gebiete berichten sollte. Die Goldene Bulle griff auch den Gedanken des Landfriedens auf. Obwohl der Reichslandfriede von 1235 mehrfach erneuert worden war, zuletzt 1310, hatte ein einheitlicher Reichsfriede nicht gewahrt werden können. Auch territoriale Einungen und Bünde, vor allem der kleineren Reichsgewalten, konnten selbst dann nicht Frieden dauerhaft schaffen, wenn sie königliche Unterstützung fanden, etwa unter Karl IV. durch Landfriedenshauptleute. Selbst eine Reihe von regionalen Landfrieden hatten trotz fürstlicher Beteiligung wenig Erfolg. Das gegenseitige Mißtrauen der ungleichen Partner ließ immer nur kurze Laufzeiten zu. Das Hauptproblem lag in der fehlenden Exekutive. Die Spannungen zwischen Fürsten und Städten konnten nicht gelöst werden, zumal da die Könige sich bisweilen der einen, bisweilen der anderen Seite aus politischen Gründen zuwandten. Daher griffen die streitenden Parteien immer wieder zur Selbsthilfe. Das Fehdewesen sollte durch die Goldene Bulle in rechtliche Ordnung gebracht werden; gleichzeitig untersagte sie alle Einungen, vor allem die Städtebündnisse. Im Interesse der Territorialfürsten wurden auch, wie schon so oft, die „Pfahlbürger" verboten, die außerhalb der Stadtmauern lebenden „Ausbürger". Solche Landsässigen mit städtischem Bürgerrecht gab es vor allem in Oberdeutschland. Damit gab die Goldene Bulle indirekt eine positive Bestimmung des Bürgers: Bürgerrecht genoß nur, wer wirklich und leiblich in der Stadt wohnte. So wie die Kurstimme am Besitz des Landes hing, so wie den Fürsten das Fürstentum machte, so wie also der Besitz des Landes Herrschaft begründete, so war auch das Bürgerrecht von der Seßhaftigkeit abhängig. Bürger mußten dauernd in der Stadt wohnen „und die schuldigen Lasten und Bürgerpflichten daselbst auf sich nehmen". Bestärkte die Goldene Bulle den Dualismus des (übrigens immer noch übernationalen) Reiches, so hatten sich die Fürsten mit den Landständen auseinanderzusetzen. Die Landesherren strebten Verfassungs-, Rechts- und später auch Verwaltungseinheit an. Die Landstände, vor allem der Adel, schlossen sich korporationsrechtlich zusammen. Ihr politisches Instrument war das Steuerbewilligungsrecht. Verschiedentlich vereinigten sich Prälaten, Ritter und Städtevertreter gegen den Landesherrn, vereinigt erkämpften sie sich korporative Rechte, etwa in der Ottonischen Handfeste von 1311 für Niederbayern. Mit Pfanderwerb, Käufen und immer wieder vor allem dem Gewinn von Gerichtsbarkeit vergrößerten die Landesherren ihre Territorien, die weltlichen mit Hilfe einer dynastischen Heiratspolitik wie die Wittelsbacher, Habsburger und Luxemburger, bei denen zwischen Reichspolitik und Hausmachtpolitik bisweilen kaum zu unterscheiden war.

Die Reichstage und verschiedene Ständeversammlungen, auf denen vor allem seit der zweiten Hälfte des 14. Jh. versucht wurde, Reichsrecht zu schaffen oder alte Verfassungszustände wiederherzustellen, blieben ohne dauerhaften Erfolg. Das Problem der Reichsreform war daher bereits im 14. Jh. aufgeworfen; und im 15. Jh. wurde es das Leitmotiv.

Die Rechtsstellung der Juden wurde im 14. Jh. stark gefährdet und nicht erst durch die Folgen des „Schwarzen Todes". In Deutschland verliehen die Könige häufig die Einnahmen aus der Judensteuer und vergaben damit auch den Judenschutz. Die Einführung des „Goldenen Opferpfennigs", einer neuen erhöhten Kopfsteuer für alle über zwölfjährigen Juden mit einem bestimmten Mindesteinkommen, verschlechterte die Stellung der Juden weiterhin. Dennoch profitierten jüdische Geldleiher überall in Europa von dem wachsenden Kapitalbedarf, durch den nicht nur Einzelpersonen sich verschuldeten, eine Erscheinung, die auch im internationalen Geldverkehr zu beobachten war, indem z.B. Juden beauftragt wurden, Bestechungsgelder des Königs von England an den Erzbischof von Trier zu zahlen, um diesen gegenüber dem französischen König neutral zu halten.

Unter diesen Voraussetzungen sind die Verfolgungen und Beraubungen in und nach den Pestjahren zu sehen, die, übrigens gegen den Widerstand Papst Clemens' VI. wie auch der patrizischen Stadträte in Basel, Straßburg oder Köln, vor allem in den Städten am Rhein, in Flandern, Südengland und in Frankreich besonders heftig waren. Da die königlichen Schutzfunktionen zeitweilig weitgehend preisgegeben waren, wurden vielerorts die Juden vertrieben, manchmal bis ins 16. Jh. hinein. Um 1348 kam die folgenreiche Legende von der Brunnenvergiftung auf, vor allem in Savoyen. Einigen Judengemeinden gelang, oft unter Verlust ihrer Habe, die Auswanderung aufs Land; damals entstanden kleinere dörfliche Judensiedlungen, in denen die Vertriebenen zusammen mit Christen lebten und öfter Schank-, Brau- und Handwerkerrecht erwarben. Kasimir III. begünstigte durch Gesetzgebung die Aufnahme vieler Juden aus West- und Mitteleuropa in Polen.

Nach dem Ende der großen Pest führten freilich wirtschaftliche Interessen dazu, in Westeuropa Juden und Judengemeinden an einzelnen Stellen wieder einzubürgern. Die Markgrafen von Brandenburg gewährten den Juden 1352 Steuerfreiheit. Teilweise fanden Restitutionen auch in den rheinischen Städten statt, aber den Juden war nunmehr in der Regel der Grunderwerb verboten. Restriktive Gesetze oder Stadtrechte zwangen die Juden überall weiter in das Geldgeschäft hinein, das willkürliche Schuldentilgungen immer wieder gefährdeten.

Diese Situation trug dazu bei, das jüdische Recht weiter fortzubilden. Die Glaubensgemeinden wandelten sich durch Selbstverwaltung in eigene Bürgergemeinden um, in denen es besondere Wahlämter, Rat und Gericht gab, für die freilich Abgaben an den christlichen Stadtherrn gezahlt werden mußten. Oft standen Rabbiner auch den jüdischen Bürgergemeinden vor; in den größeren nahmen eigens gewählte oder ernannte Personen das oberste Amt des Judenmeisters oder „Judenbischofs" wahr.

D. Religionen. Kirchen

Die die Kirchengeschichte durchziehende Spannung zwischen geistlicher Gemeinde und organisierter rechtlicher Institution verstärkte sich noch im 14. Jh. gerade dadurch, daß das Papsttum von seiner Basis in Rom und dem Kirchenstaat entfernt war. Papst Johann XXII. (1316–1334) baute das kuriale Finanzwesen planmäßig aus und zentralisierte es; er schuf weitere Rechtsgrundlagen dafür und setzte sie auch durch. Das wurde zu einem ständigen Anlaß der Kirchenkritik des 14. Jh. und vor allem des 15. Jh. in ganz Europa und damit eine der Ursachen, Kirchenreform zu fordern. Schon zur Zeit Bonifaz' VIII. war die Kurie auf die Erschließung neuer Einnahmequellen angewiesen. Die aktive Teilnahme an der Politik und der Ausbau einer immer größeren kurialen Zentralverwaltung stellten höhere Anforderungen an die Kasse der Päpste.

Zu den älteren Einkünften gehörte der Kreuzzugszehnt aus den Einnahmen der Geistlichen aller Länder, der freilich längst nicht mehr für die Finanzierung von Kreuzzügen, sondern für allgemeine Bedürfnisse der Kurie verwendet wurde. Das gleiche gilt von den Servitien, Zahlungen der Prälaten anläßlich der Erlangung solcher Würden, deren Besetzung von der Zustimmung des Apostolischen Stuhles abhängig war, ursprünglich freiwillige Geschenke an den Papst, die schon im 13. Jh. zu festen Taxen geworden waren. Bei jeder Bestätigung, Zulassung oder Ernennung waren sie zu zahlen, und nur solche Ämter waren davon befreit, deren Jahreseinkünfte weniger als 100 Gulden betrugen. In größeren Diözesen konnten die Servitien beträchtliche Summen ausmachen. Je mehr sich die Kurie damit durchsetzen konnte, daß bestimmte Stellen nur von ihr vergeben werden durften, desto höher wurden auch die Einkünfte. So gab es eine wachsende Zahl von Pfründen, für die der Papst das Anrecht verlieh, für die er durch Befehl an den Investiturberechtigten jemanden vorsah („providierte"), und dafür hatte man zu zahlen, auch wenn die Provisionen oft nicht zum Ziele führten. Das Kirchenrecht befestigte diesen Brauch. Sogar schon Anwartschaften, Expektanzen auf bestimmte Pfründen, konnte man durch Zahlungen erwerben, und es gab oft mehrere Anwärter auf ein und dieselbe Pfründe.

Eine ebenfalls schon ältere Gabe war der Census, der Zins von sogenannten exemten Bistümern und Abteien, d.h. solchen, die der Kurie unmittelbar unterstanden. Der Census war eine jährlich zu wiederholende Schutzgebühr. Den „Peterspfennig", eine Abgabe, die England, Irland, Ungarn, Schweden, Polen und Norwegen aus Tradition zu zahlen hatten, eine Häusersteuer, konnte selbst Johannes XXII. nicht mehr regelmäßig eintreiben. Das gilt auch für den Zins, den diejenigen Länder schuldig waren, die sich in päpstliche Lehensabhängigkeit begeben hatten, wie Sizilien und Aragón. – Alt waren auch die Palliengelder, Abgaben, welche die Erzbischöfe für die Verleihung des Palliums, des Zeichens ihrer Würde, zu leisten hatten.

Es gab noch eine ganze Reihe weiterer kurialer Einkünfte, über die jetzt regelmäßig Buch geführt wurde. Die überall im Wirtschafts- und Rechtsleben zunehmende Schriftlichkeit und das verbreitete Bedürfnis, Rechte oder Ansprüche durch Papsturkunden bekräftigen zu lassen, kam zwar nicht direkt der apostolischen Kammer zugute, aber durch die Taxen für die Ausstellung von päpstlichen Bullen wurden die Schreiber entlohnt. Auch sonst war für den Geschäftsbetrieb der Kurie, für Gnadenerweise, für Rechtssprüche zu zahlen. Überstiegen dennoch einmal die Ausgaben die Einkünfte, dann verpfändete die Kurie die erwarteten Einnahmen und ließ sich gegen Zins von Banken oder Kaufleuten eine entsprechende Summe vorschießen. Die Buchführung diente auch den Bedürfnissen der zunftmäßigen Schreiberkollegien, deren Mitgliederzahl im 14. Jh. festgelegt wurde. Diese und andere Ämter in den verschiedenen „Ressorts" der Kurie wurden zum Teil gegen „Geschenke" vergeben, allerdings durchaus nicht alle Stellen durch den Papst selbst.

Zwei neuere Geldquellen gewannen eine wachsende Bedeutung, die „Visitationen" und die Annaten. Seit dem 12. Jh. und vor allem seit dem 13. Jh. war es eine zur Gewohnheit gewordene Pflicht der hohen Geistlichen, regelmäßig Rom, die Apostelgräber und die Kurie aufzusuchen, zu visitieren. Wer diesseits der Alpen residierte, sollte jährlich nach Rom gehen, die jenseits wohnenden, die „Ultramontanen", alle zwei Jahre, die von Übersee, also aus England, Spanien, Skandinavien Kommenden alle drei bis vier Jahre. Das war lästig, und manche Prälaten halfen sich damit, daß sie Stellvertreter schickten. Aber man konnte sich auch durch Geldzahlung von der Verpflichtung befreien, und diese Zahlungen bekamen dann den Namen der Sache, für die sie standen: Visitationes.

Noch einträglicher waren die Annaten, die schon Papst Clemens V. erfunden hatte, die aber erst Johannes XXII. zu einem System ausbaute. Mit ihnen wurden nun auch die niederen Pfründen in die päpstlichen Einnahmequellen einbezogen. Von jeder neubesetzten Pfründe beanspruchte der Papst mindestens die Hälfte der Einnahmen des ersten Jahres. 1319 verlangte Johannes XXII. durch besondere Geldeinzieher, Kollektoren, von allen während der folgenden zwei Jahre erledigten Pfründen in der ganzen Christenheit diese Annaten. Obwohl spätere Päpste die Annaten in geringerer Höhe forderten, haben sie im 14. Jh. eine große Rolle gespielt; sie sind deshalb auf wachsenden Widerspruch gestoßen.

Wie auf vielen Gebieten lassen sich auch auf diesem genaue Zahlen nicht angeben. Schätzungen sprechen davon, daß die Einnahmen unter Johannes XXII. im Jahresmittel 6400 Gulden, später mehr als 10000 betrugen; er soll bei seinem Tode 800000 Gulden hinterlassen haben. Eine ältere Untersuchung hat die Relationen der Ausgaben während der Regierung Johannes' XXII. in folgender Weise geschätzt: für Kriegführung und Bestanderhaltung des fernen Kirchenstaates 63,7%, für Beamtengehälter 12,7%; für Almosen und Kirchenbauten 7,2%; für Kleider 3,3%; sonstige Bauten 2,9%; für Küche und Keller 2,5%; für Grunderwerb 0,4%; für den Marstall 0,3%; für Schmuck 0,17%; für die damals kräftig anwachsende Bibliothek 0,16%; 6,67% für Sonstiges. Sicherlich kamen weitere Ausgaben vor allem den päpstlichen Nepoten zugute, auch dem König Robert von Neapel, dem der persönlich übrigens anspruchslose Papst wesentlich seine Wahl verdankte.

Der Rationalisierung der kurialen Finanzen standen lebhafte geistige und geistliche Bewegungen gegenüber, die sich nicht mehr wie im 13. Jh. durch Begründung neuer Orden kanalisieren ließen. Dennoch haben sich Laienfrömmigkeit und das durch vorhandene kultische Formen zu wenig gestillte Bedürfnis nach religiöser Praxis nicht nur in Ekstase umgesetzt, wie etwa 1349 in der Bewegung der Geißler. Der in den Pest- und Hungerjahren massenhafte Zulauf zu den Predigern der Bettelorden nahm allerdings bisweilen hysterische Züge an, und verschiedentlich sind volkssprachliche Bruder- und Schwesternschaften Anfang des 14. Jh. in Südfrankreich und Aragón und besonders die Beginen und Begarden am Rhein, in den Niederlanden, in Mitteldeutschland und Schlesien als Ketzer verurteilt worden. Frömmigkeit blieb nicht überall identisch mit Kirchlichkeit. Die neue Gläubigkeit lebte vielfach am Rande der Kirche; der Versuch, eine individuelle direkte Verbindung zu Christus zu finden, der vielen geistigen Bewegungen gemein war, barg mindestens eine Gefährdung der kirchlichen Institutionen in sich.

Die Mystik, die überall in Europa auftrat, zielte in verschiedenen Formen auf Verinnerlichung, individuelle Gläubigkeit, Verzückung. Ihr bedeutendster Vertreter war Meister Eckehart († 1327), der seit 1314 in Straßburg, 1320 in Köln lehrte. Er war wie seine bekanntesten Schüler Heinrich Seuse († 1366) und Johann Tauler († 1361) Dominikaner. Sie trennten sich nirgendwo von der Kirche, auch wenn sie in ihren Stellungen, etwa als Lektoren, zeitweilig bedroht waren. Sie lehrten, daß die Seele durch Versenkung in die Leiden Christi und allein durch Meditation Freiheit finden könne. Zunehmende Laienbildung erlaubte es, die volkssprachlichen Schriften der Mystiker stärker zu verbreiten und das Schriftprinzip überhaupt zu betonen. Aus der großen Zahl der Erbauungsschriften war die „Vita Jesu Christi" des Straßburger Kartäusers Ludwig von Sachsen († 1378) am weitesten verbreitet. Tauler bewirkte um 1350 die Bildung einer Laiengesellschaft, der „Gottesfreunde", in Straßburg und Basel unter Ruleman Merswin († 1382). Überall waren auch Frauen, nicht nur bei den Beginen, in den religiösen Gesellschaften oder als einzelne an den Bewegungen beteiligt, so Margarete Ebner († 1355) in Deutschland, die später heiliggesprochene Birgitta († 1373) in Skandinavien oder die italienische Dominikanerin Katharina von Siena († 1380).

Aber diese Bewegungen erschöpften sich nicht in bloßer Kontemplation. Die englischen Mystiker Richard Rolle († 1349) und Walter Hilton († 1395) verbanden christliche Liebesethik mit der Forderung praktischer Seelsorge, und die ebenfalls weit verbreitete, um 1380 entstandene Schrift des „Frankfurters": „Theologia deutsch", entwickelte eine handfeste mystische Laienethik. Unter dem Einfluß des Augustiners Jan von Ruysbroek († 1381), dessen Traktat „Zierde der geistlichen Hochzeit" besonders verbreitet war, stiftete Geert Groote († 1384) in Deventer die Gemeinschaft der Brüder und Schwestern vom gemeinsamen Leben, die „Devotio moderna", ein tätiges Laienpriestertum mit den Zielen Caritas, Studium, Disciplina. Sie übten eine segensreiche Tätigkeit aus, vor allem in eigenen Schulen, und betonten die Arbeit als sittliches Wirken. Erasmus von Rotterdam ging später aus diesem Kreise hervor. Die Gemeinschaft beeinflußte über das 1386 gegründete Kloster Windesheim (bei Zwolle) eine klösterliche Reformbewegung, die Windesheimer Kongregation. Neben solchen neuen Vereinigungen – und diese kaum tangierend – setzten sich Gegensätze des 13. Jh. zum Teil noch verschärft fort. Der Armutsstreit ging in offenen Kampf über, als nach neuerlicher Verurteilung der Spiritualen 1323 durch Johann XXII. eine sezessionistische Gruppe der Franziskaner, die Führer der „Fraticelli" unter Michael von Cesena († 1342), ferner Ockham und der aus Bergamo stammende Bonagratia aus Avignon zu Ludwig dem Bayern flohen, den sie nunmehr mit theoretischen Schriften und Gutachten unterstützten.

Vor allem in England, gegen Ende des Jahrhunderts auch schon in Frankreich, bildeten sich nationale kirchliche Solidaritäten heraus, Vorläufer des Anglikanismus und Gallikanismus. Thomas Bradwardine († 1349) entwarf eine Theologie mit mathematisch-deduktiver Methode und vertrat das Prinzip einer absoluten Prädestination. Er war der Lehrer des Theologen, der über England hinaus besonders folgenreich wirkte: John Wyclif († 1384), zuletzt Pfarrer in Lutterworth. Dieser vertrat einen radikalen Biblizismus, wandte sich von der römischen Hierarchie ab und war als königlicher Ratgeber in den Finanzstreitigkeiten mit der Kurie tätig. In seinen Schriften „De dominio divino" und „De dominio civili" (1376) wandte er sich gegen weltliche Herrschaft und weltlichen Besitz der Kirche, in seinem Hauptwerk „De ecclesia" (1378) gegen die Hierarchie überhaupt, gegen die Lehre von der Transsubstantiation, also der realen Präsenz des Leibes Christi in der geweihten Hostie, gegen Ohrenbeichte, Ablaß, den übertriebenen Heiligenkult. Er übersetzte zusammen mit Nikolaus von Hereford 1382–1384 zuerst die Bibel ins Englische und förderte die „Simple Priests", die Kirche der eigentumslosen, allein auf die Bibel gestützten Priester. Obwohl eine Synode unter dem Erzbischof von Canterbury mehrere Sätze Wyclifs verurteilte, verbreitete sich die Bewegung der „Lollarden", die seine Lehren vergröberten und sich mit sozialen Bewegungen verbanden, am deutlichsten in der um 1380 von dem Landpfarrer William Langland verfaßten Schrift „Piers Plowman", einer sozial- und kirchenkritischen Allegorie in englischer Sprache, nach der der Ackermann, nicht der Papst, Abbild des demütigen Christus sei. Als die Anklage gegen Mißbräuche in der Kirche sich auch gegen die Regierung wandte, nicht nur gegen den Luxus der oberen Schichten, sondern auch gegen das Recht und insbesondere die Arbeitsgesetzgebung, verließen die Volksprediger die Position Wyclifs endgültig. Richard II. selbst besänftigte 1381 den Londoner Aufstand und leitete scharfe Maßnahmen gegen die Lollarden ein. Die Anfänge einer eigenen Kirchenbildung jedoch, die sich hier abzeichneten, waren nicht mehr rückgängig zu machen, und das lag auch nicht im Interesse der Könige von England.

Die Orthodoxe Kirche bildete trotz innerbyzantinischen Spannungen zu Anfang des Jahrhunderts zunächst ein stabilisierendes Element, wenn auch ihr Einflußgebiet bald durch das Vordringen der (übrigens im allgemeinen glaubensmäßig toleranten) Türken schrumpfte. Aber in der zweiten Hälfte des Jahrhunderts kam es auch in Byzanz zu scharfen religiösen Auseinandersetzungen, in denen sich die asketischen Hesychasten durchsetzten, vor allem bei den Mönchen auf dem Berge Athos, der ein Zentrum ebenfalls der Mystik wurde. Diese erwies sich als eine gesamteuropäische Erscheinung, führte freilich in Byzanz zu einer Stärkung der konservativen antirömischen Position. Dennoch suchte Basileus Johannes V. durch Vermittlung Ungarns die Hilfe der katholischen Kirche – vergeblich, da nicht nur Glaubensübertritt, sondern Wiedertaufe gefordert wurde. Auch Verbindungen Gelehrter zwischen der östlichen und der westlichen Kirche blieben zu dieser Zeit ohne Erfolg. Auf eine Union war kaum zu hoffen; um so weniger, als die Orthodoxie den Aufstieg Moskaus begünstigte und damit seit dem Metropoliten Aleksej († 1378) um 1350 die Verbindung zwischen Kirche und Großfürstentum begründete. Auch zahlreiche Klostergründungen durch den heiligen Sergej von Radonez († 1392) führten nicht nur das „asketische Zeitalter" Rußlands herbei, sondern trugen auf die Dauer dazu bei, den Grund für das „Dritte Rom" zu legen.

E. Wissenschaften. Künste. Bildung und Erziehung

Die geistigen, sozialen und politischen Spannungen des 14. Jh. schlugen sich auch in den Wissenschaften nieder. In der Scholastik erneuerte sich der Universalienstreit zwischen dem Realismus der „Via antiqua" und dem Nominalismus der „Via moderna". Für die damaligen „Realisten" sind Allgemeinbegriffe wirklich, sie existieren; für die „Nominalisten" existieren nur Einzeldinge und sind nur als solche erkennbar, während Allgemeinbegriffe bloße Worte, „Namen" sind. Der Philosophen- und Theologenstreit verband sich mit dem politischen und brachte eine Reihe von Staats- und Soziallehren hervor. So unterstützte Lupold von Bebenburg, 1353 Bischof von Bamberg († 1363), in seinem Traktat über die Rechte des Regnum und des Imperium die gemäßigte Politik Erzbischof Balduins von Trier; so entwickelte Don Juan Manuel († 1347), ein Neffe Alfons' X., 1327/30 eine Ständelehre in seinem „Libro de los estados", die auch in einer Sammlung von fünfzig ständischen Novellen „El conde Lucanor" 1337 Ausdruck fand. Alvaro Pelayo schrieb einen Königsspiegel für Alfons XI. von Kastilien, den er vor Aberglauben, Luxus und Laster des Hofes warnte. Die modernsten Züge spanischer Staats- und Soziallehre zeigte der Franziskaner Francisco Eximenes († 1410) in seinem „Regiment de la cosa publica", das den Staat bereits losgelöst vom König wie auch von den Ständen betrachtete. In Italien betonte Coluccio Salutati (1330–1404), seit 1375 Kanzler von Florenz, gegen Petrarcas „Vita solitaria" die Forderung der öffentlich tätigen Hingabe an den Staat.

Hohe Bedeutung gewannen die Schriften Dantes, des Marsilius von Padua und Ockhams. Dante Alighieri (geb. 1265 in Florenz, † 1321 in Ravenna) ging nach seinem Studium in Padua, Florenz und Bologna in den Dienst seiner Heimatstadt. Sein erstes Werk, „Vita nuova" („Durch Liebe erneuertes Leben", 1293), machte ihn sogleich zum Haupt der Dichter des „dolce stil nuovo". Kunstvoll, zart und voller Symbole schilderte Dante die Begegnung mit einem jungen Florentiner Mädchen, mit Beatrice Portinari. Dante forderte sodann in einem Traktat über die Volkssprache, in „De vulgari eloquentia", eine gemeinsame nationale Schrift- und Literatursprache über allen Dialekten. Aber er befürwortete sowohl nationale Kultur wie die Überwindung ihrer Einseitigkeit. – Eine Zeitlang war Dante Rat und Gesandter von Florenz; als Mitglied der Ärzte- und Apothekerzunft (der „Wissenschaftler") gehörte er dem Rat der Hundert an. Seit sich die beiden ursprünglich antistaufischen Florentiner Parteiungen in Bianchi und Neri (Weiße und Schwarze) trennten, seit die Weißen kaiserlich wurden und 1302 nach heftigen Kämpfen unterlagen, lebte Dante in der Verbannung.

In dieser Zeit schrieb er seine Hauptwerke, die „Monarchie", und die „Komödie", der Boccaccio den dauerhaften Namen gab: „Divina commedia" („Göttliche Komödie"). Die historischen Personen der Zeit fanden in diesem Werk ihren Platz, und fast immer traf Dantes scharfes Urteil zu. So wurde die „Komödie" nicht nur ein Spiegel seiner Zeit, sondern zum Bild der Welt. In der von ihm geschaffenen italienischen Hochsprache begriff Dante die geordnete Welt des Mittelalters noch einmal spekulativ, die Welt aus Hölle, Fegefeuer und himmlischer Seligkeit, die zugleich eine dreieinige Welt des Menschen ist: das Inferno die Welt der asozialen Begierde; das Purgatorium der Raum, in dem die auf Zeit Gestraften den Blick für den Mitmenschen gewinnen; das Paradies die himmlische Stadt, in der die friedliche Ordnung gegenseitiger Achtung und Liebe herrscht. Vergil führt Dante durch Hölle und Fegefeuer: geleitet von der römischen Pietas durchschreitet Dante die Schrecken; im Paradies aber führt ihn seine Beatrice: Die Pietas ist zur christlichen Caritas gesteigert.

Das politische Exil ließ Dante zum Werber für Kaiser Heinrich VII. werden. Damit wandte er sich an die ganze Welt, und daher ist das zweite große Werk Dantes nicht in der Nationalsprache, sondern in der lateinischen Weltsprache geschrieben, die „Monarchia". Der Grundgedanke ist: Alle Sterblichen stehen unter dem Imperium, und wie es nur einen Gott gibt, so gibt es notwendigerweise auch nur einen Kaiser, den Bürgen des Rechts und des Friedens über der Fülle der Völker und Sprachen. In drei Büchern wird dieser Gedanke ausgefaltet. Das Leitwort des Ganzen lautet: „Humana civilitas" – „menschliche Kulturordnung" ist nur eine matte Übersetzung. Nur eine Weltmonarchie könne den für die einzelnen notwendigen Frieden wahren, und deshalb dachte Dante nicht international, sondern universal.

Vollendete Dante die hochmittelalterliche Staatslehre, so wiesen die Anschauungen des Marsilius von Padua († 1342/43) in die Zukunft. Er stammte aus einer Gelehrtenfamilie und wurde Arzt in seiner Heimatstadt; naturwissenschaftliche Anschauungen bestimmten seine Schriften mit. Mehrfach diente er ghibellinischen Herren. Spätestens 1312 war er Magister der Pariser Universität. Er stand der radikal-kritischen Lehre der Averroisten nahe. In Paris vollendete Marsilius 1324 sein Hauptwerk, den „Defensor pacis" („Verteidiger des Friedens"). Wegen seiner Lehren von Johannes XXII. gebannt, floh er zu Ludwig IV. nach Deutschland, den er als Berater nach Italien begleitete und bei dem er seinen Lebensabend in München verbrachte. Marsilius verband in seinem Werk Naturalismus und Spiritualismus. Er wandte sich mit Schärfe gegen die hierarchische Kirche und forderte prinzipiell die religiöse Autonomie des Individuums. Die Bibel sollte nicht mehr allegorisch ausgelegt werden, sondern philologisch wörtlich. Zu diesen Einstellungen gesellte sich ein starker Patriotismus. Die Pax des Marsilius ist der Friede für Italien; römische und italienische Tradition setzte er gleich. Das Unheil, das Italien zu einem friedlosen Land gemacht habe, stamme von der Römischen Kirche. Der Friede ist gegen die Kirche zu verteidigen, und zwar vom Kaiser, der als Vertreter des weltlichen Staates ein Defensor gerade gegen die Kirche geworden ist. Weil die Glieder des Staates die einzelnen Bürger sind, soll Herrschaft auf Wahl beruhen. Auch das Gesetz kommt durch freie Übereinkunft der Bürger zustande. Für Marsilius ist das Recht eine gesellschaftliche Übereinkunft, bleibt aber mit der staatlichen Zwangsgewalt verbunden. Indem er die Zwangsgewalt nicht mehr von Gott ableitet, faßt er den Gedanken der Volkssouveränität. Die Bürger brauchen den Staat, weil sie angemessen und in einer gerechten Ordnung leben wollen. Der

Friede ist die geordnete Ruhe der Bürger, der Sinn des Staates der Ausgleich der Interessen. Indem Marsilius schließlich seine Lehre auf die Kirche überträgt, folgert er, daß auch die (nach Zahl begrenzten) Kirchenämter zweckmäßig besetzt und kontrolliert werden müßten. Ihre Inhaber sind an das Armutsgebot gebunden. Nur eine Instanz steht über ihnen, das Konzil als oberste Autorität der verfaßten Kirche. Da jedoch für Marsilius nur der Staat eine vollkommene Gemeinschaft (societas perfecta) ist, beruft dieser das Konzil, an dem auch Laien teilnehmen sollen; alle Teilnehmer seien einander gleich. Der Staat selbst gewann am Ende spirituale Gewalt. Die moderne Staatslehre war in dem Augenblick, in dem sie begann, politische Theologie.

Als sich den radikalen Denkern in München noch ein bedeutender Theologe und Philosoph beigesellte, der Engländer Wilhelm Ockham (1280–1349), der in Paris bei Duns Scotus studiert hatte und später als Universitätslehrer in Oxford der Ketzerei angeschuldigt worden war, gewann der Angriff auf den hochscholastischen Realismus vollends an Schärfe. Ockham sprach dem Zufall in der Welt eine größere Rolle zu als der durchgängigen Rationalität und stellte gegen die thomistische Zweckordnung eine kausal bedingte Erfahrungswissenschaft, nach der die Welt gänzlich Naturgesetzen und zugleich der unerkennbaren Allmacht des verborgenen Gottes unterworfen war. Wissen und Glauben klaffen nach dieser Lehre auseinander; man kann nichts aus Vernunft, sondern gleichsam gegen die Vernunft glauben: „credo quia absurdum". – Seit 1324 in den Armutsstreit verwickelt, wurde Ockham nach Avignon geladen, um sich zu rechtfertigen. Er floh mit Michael von Cesena nach München. Immer stärker ließ er sich mit der Politik ein, aber die Armutsfrage blieb bis zuletzt sein Hauptproblem; fünfmal wurde er gebannt, als verbitterter und zuletzt einsamer Mann starb er in München.

Der Übergang zu empirischer Wissenschaft im 14. Jh. brachte nicht nur viele logische Untersuchungen hervor, führte die Gelehrten nicht nur auf die Geschichte der Philosophie von Thales bis Seneca – so um 1340 Walter Burleigh in einer zu Oxford verfaßten Schrift „De vitis et moribus philosophorum" –, sondern bereitete den Weg zu den modernen Naturwissenschaften. Verhältnismäßig konservativ war noch der deutsche Konrad von Megenberg († 1374), der in der „Deutschen Sphaera" ein volkstümliches Lehrbuch der Astronomie und Physik verfaßte und daneben in aristotelischer Tradition eine Ökonomik, eine Lehre vom Hause ebenso wie vom Staat; alles wird Konrad darin interessant: die Wahl der richtigen Amme ebenso wie die günstigste Staatsform, Gutsverwaltung und Kindererziehung. Die Aristoteles-Rezeption des 13. Jh. führte im 14. Jh. überall zu Beobachtung und Experiment, zu Forschung in neuem Sinne, zu induktivem Denken wie zu mathematischer Analyse. Sie ergriff alle Wissenschaften, oft gegen traditionelle, kirchlich sanktionierte Lehren, die Medizin ebenso wie die Physik oder

Astronomie. Besonders folgenreich war die Lehre Johann Buridans (etwa 1300 bis nach 1358), der in seinem „Compendium logicae" mit der Impetus-Lehre den Ansatz zur neuen Physik gab: Der Impetus ist die Ursache der konstanten Geschwindigkeit. Buridan faßte auch den Gedanken einer allgemeinen kosmischen Naturgesetzlichkeit, einer Himmelsmechanik. Seine Erkenntnisse griff Nikolaus von Oresme († 1382) auf, der im Auftrage König Karls V. von Frankreich 1371 die aristotelische Politik und Ökonomik ins Französische übersetzte. Er verfaßte ebenfalls in französischer Sprache einen Traktat über Ursprung, Art und Wechsel der Münzen sowie vor allem einen Sphären-Traktat, in dem er die Theorie nun der beschleunigten Bewegung begründete, eine Analogie zum modernen Begriff der Kraft. In England und in Italien entstanden erste systematische Abhandlungen über die Landwirtschaft; die Schrift des Pietro de' Crescenzi, „Ruralium commodorum libri XII", ließ sich Karl V. von Frankreich übersetzen: „Le livre des profits champêtres".

Einige der wissenschaftlichen Erkenntnisse ließen sich bereits in Technik umsetzen. Um 1320 kam die Verwendung des Schießpulvers auf mit allen Konsequenzen für die Änderung des Burgenbaus, für die Frühformen der Artillerie, für die Begründung städtischer Zeughäuser. Erste Kurbelantriebe, in England wie in Italien bezeugt, Vorformen von Schwungrädern, besonders bei den jetzt weiter verbreiteten Spinnrädern, Drahtzieherei und Drehbänke, Förderanlagen und Pochwerke ließen fabrikmäßig betriebene Werkstätten entstehen und erleichterten den Bergbau. Mechanische Uhren kamen geradezu in Mode, und die astronomischen Riesenwerke unter ihnen verkörperten, der Theorie des Nikolaus von Oresme entsprechend, den Kosmos als Räderwerk.

Eine besondere Blüte erlebten die unmittelbar anwendungsfähigen Wissenschaften, so die der Rechte in Italien, so, besonders in Frankreich, die Medizin. Schon im 14. Jh. vermehrte das Interesse der einzelnen Herrschaften, Beamte im eigenen Lande auszubilden, die Zahl der Universitäten. In Oxford entstanden die Anfänge des College-Systems; Neugründungen waren 1308 Coimbra (seit 1290 schon in Lissabon), 1348 Prag, 1364 Krakau, 1365 Wien, 1386 Heidelberg, schließlich 1389 die Universitäten Köln und Erfurt. Bedeutung und Umfang des bereits erwähnten städtischen Schulwesens mag ein Beispiel veranschaulichen: In Florenz gab es in der Mitte des 14. Jh. sechs Kaufmannsschulen mit über 1000 Schülern.

In der Geschichtsschreibung waren die knappen kompilatorischen Zusammenfassungen für den Handgebrauch insbesondere der Franziskaner und Dominikaner weit verbreitet. Obwohl für die Staatstheorien und Soziallehren historische Argumente herangezogen wurden, hat die Historiographie des 14. Jh. nur wenige Werke hervorgebracht, die dauerndes Interesse finden. Der Paduaner Albertino Mussato († 1329) begriff Geschichte als geformte Darstellung eines eigenständigen politischen Lebens. Aus der Fülle der Chroniken ragt die von 1336 bis 1398 reichende Limburger Chronik des Tileman Elhen von Wolfshagen hervor, die mit vielen eingestreuten Schwänken, Liedern, Modeschilderungen insbesondere das Volksleben der Zeit bewahrt. Gegen Ende des 14. Jh. begann die Periode der Städtechroniken, die häufig autobiographische Züge ihrer Verfasser tragen und insbesondere in das Bewußtsein der nunmehr schreibenden Bürger und in die städtischen Sozialverhältnisse Einblick gewähren.

Die Literatur fügte in ihren hervorragendsten Vertretern den Erkenntnissen der Naturwissenschaft eine Neuentdeckung des Menschen, der Natur und der Antike hinzu. Oft ist einDatum dafür symbolhaft angesehen worden, der 26.4.1335. An diesem Tage bestieg der 31jährige Francesco Petrarca (1304–1374) von Avignon aus den Mont Ventoux. Vom Gipfel des Westalpenberges aus überschaute er die Schönheit des Landes und meditierte zugleich über Augustinus' „Bekenntnisse"; mit der Wiederentdeckung der Natur ist eine Wiederentdeckung des Individuums verbunden. Petrarca, der ruhelos Wandernde, der sich zeitweilig – in seinem Werk „De contemptu mundi" (1342–1353) – als Verächter der Welt gab, an der er doch hing, erneuerte die literarischen Formen der Antike und eröffnete 1345 mit dem Fund von Cicero-Briefen in Verona den spätmittelalterlichen Humanismus. König Robert von Neapel krönte Petrarca zu Ostern 1341 auf dem römischen Capitol für sein vergilisches Epos „Africa" in Gegenwart von über tausend Menschen mit dem Dichterlorbeer.

Ausdruck der Zeit wurde eine neue Form der Dichtung, die Novelle, eine toscanische Schöpfung des 13. und 14. Jh. An den vielen kleinen Höfen der Toscana und der Lombardei, auch an den spanischen, hielten die Herrschaften Geschichtenerzähler, „novellatori" und „favolatori". Mit kurzen Geschichten von heroischen und religiösen Ereignissen unterhielten und erbauten sie die höfische Gesellschaft. Eine feste Form, zugespitzt auf einen Höhepunkt, eine entscheidende Wendung dieser „conti" bildete sich heraus, kleine streng geformte Kunstwerke in gedrängtem und durchsichtigem Stil. Erste Sammlungen solcher Erzählungen wurden schon im 13. Jh. veröffentlicht; nicht immer kennen wir ihre Verfasser. Der Meister dieser Erzähler war Giovanni Boccaccio (1313–1375), der Kaufmann, Diplomat, Erforscher der Götter der Alten, Freund Petrarcas. Boccaccio begann noch als über 45jähriger Griechisch zu lernen und erreichte in Florenz zwei Jahre vor seinem Tode mit öffentlichen Vorlesungen über Dante dessen Rehabilitation. In den Jahren der Großen Pest, 1348–1353, schrieb Boccaccio seinen „Decamerone", eine menschliche Komödie in hundert Novellen, von einer vor dem Schwarzen Tod geflohenen Gesellschaft von Damen und Herren erzählt: eine Sammlung, die auf Anekdoten und Volksüberlieferung beruht, von feinster Beobachtungsgabe und sprühender Phantasie, gebändigt durch die stets gleiche Strenge der Form. Fortuna – Amor – Magnanimitas: Glück, Liebe, Großherzigkeit, sind die Hauptthemen. Wohlgebaut das Ganze wie alle Teile;

in der Mitte steht die berühmte Geschichte vom „Falken", das Modell der klassischen Novelle. Ein neuartiger Realismus zeigte sich auch in dem „Buch von der guten (weltlichen) Liebe" des Erzpriesters von Hita (um 1350). Die „Canterbury Tales" des Juristen und europakundigen Diplomaten Geoffrey Chaucer (1340–1400) sind wie die Novellen seines Vorbildes Boccaccio in die Weltliteratur eingegangen, eine Sammlung von Erzählungen, die Vertreter aller Stände charakterisieren, das erste große Werk englischer Schriftsprache.

In den bildenden Künsten führten im 14. Jh. die Wege in Europa auseinander, selbst wenn man von der späten Blüte der arabisch-spanischen Kultur, des „Mudéjar"-Stils, in Granada ganz absieht, wo Jussuf I. und Mohammed V. ihre letzte Residenz, die Alhambra, bauen ließen.

Die Architektur in Italien war mehr und mehr bereits durch die Frührenaissance geprägt, obwohl verschiedene Orden in Oberitalien unter französischem Einfluß noch gotische Klöster oder Klosterkirchen errichten ließen. Der politische Sieg Florenz' über das besonders mit seinen Adelspalästen gotisch bestimmte Siena zu Ende des Jahrhunderts fiel mit der endgültigen Durchsetzung der Frührenaissance zusammen. Kuppelbauten setzten sich durch; beispielhaft war der 1367 entstandene Entwurf Giovanni Ghinis für eine riesige Kuppel des Doms zu Florenz, die freilich erst im 15. Jh. nach dem von Brunelleschi entworfenen Plan ausgeführt wurde. Schlichte und klare zweizonige Fassaden bestimmten das äußere Bild. Die Bettelordenskirchen umschlossen weite, schmucklose Säle. Auch weltliche Bauten wie der Palazzo Vecchio (1299–1314) oder die Loggia del Bigallo (1352–1358) und die Loggia dei Lanzi (1376–1382) in Florenz, das Visconti-Kastell in Pavia (1359) wiesen die neuen Stilelemente auf. Venedig zeigte eine Sonderentwicklung, eine Mischung gotischer und byzantinischer Elemente. Im übrigen Europa herrschten die hochgotischen Bauten vor: in Spanien mit maurischen oder mit südfranzösischen Elementen gemischt; in dem päpstlichen Kunstzentrum Avignon (Papstpalast 1334–1342, Kathedrale 1342–1352); in England die Bauten des „Decorated Style" (bis etwa 1350) und des „Perpendicular Style" (etwa 1350 bis nach 1500, zuerst in Gloucester und Canterbury); in Deutschland und von dort aus nach Ungarn und Skandinavien ausstrahlend die gestreckten Konstruktionen der Hochgotik in den großen Hallenkirchen, in den Domen zu Straßburg und Wien, im Prager Stil der Baumeisterfamilie Parler aus Gmünd und endlich in zahllosen Bürgerhäusern, Stadttoren und Dynastenburgen (z.B. Eltz). Im Hansegebiet beherrschten von Flandern bis weit nach Nordosteuropa die Bauten der Backsteingotik das Bild: in Brüssel, Mecheln, Antwerpen ebenso wie in Lübeck, Brandenburg, Rostock, Königsberg (Neumark) und vor allem Danzig (ab 1343 die fünfschiffige Kirche St. Marien), in Rathäusern und vielen Burgen des Deutschen Ordens.

Die Plastik zeigt ähnliche Differenzierungen. Neue Züge wiesen die Reliefs des Giovanni Pisano († 1328) und seines Sohnes Andrea († 1348) in Pisa und Florenz, der Bildhauerfamilie Santi in Venedig und Padua, der Scaligergräber in Verona und der Reiterstandbilder der Familie Campione in Oberitalien. In Spanien trat französischer Einfluß in den Portalplastiken der Kathedralen zu Pamplona, Toledo, Valencia u.a. hervor. Die französische Plastik zeigte weiterhin höfische, ritterliche Darstellungen voll körperlicher Schönheit. In den Niederlanden blühte die Plastik am Ende des Jahrhunderts kräftig auf, vor allem durch Claus Sluter († 1406), mit Schulenbildung in Dijon und Dinant, wo mit Erzgüssen experimentiert wurde. Das für viele englische Künstler charakteristische Relief-Material Alabaster wurde seit dem Ende des Jahrhunderts auch auf dem Festland verwandt. In Deutschland bildeten sich spiritualistisch-mystische Züge aus; die Stilisierungen (z.B. der Haarformen) und Idealisierungen ließen das Irdisch-Körperliche mehr und mehr zurücktreten, besonders in dem Motiv der Pietà und in den südwestdeutschen Christus-Johannes-Gruppen. Charakteristisch waren jahrzehntelang die stark gebogenen Körper, bis gegen Ende des Jahrhunderts wieder das Individuelle betont wurde, so (1374–1378) in den Prager Grabmälern und realistischen Portraitbüsten Karls IV., Beneš' von Weitmil und Peter Parlers selbst.

In der italienischen Malerei bildeten sich nach Giotto mehrere Schulen, wie der Gaddi in Florenz, des Simone Martini († 1344) und des Tommaso de Mutina († 1379), der auch in Prag arbeitete. Neben geistlichen Fresken und Allegorien gab es frühe Beispiele für Bilder von Hauptleuten zu Pferde. In Spanien gewann bereits die Tafelmalerei Bedeutung; in Katalonien entstand geradezu eine Retabel-Industrie. In Frankreich blühte jetzt die Glasmalerei vollends auf. Limoges war ein Zentrum der Emailkunst. Auch englische und deutsche Künstlerschulen übernahmen Glas- und Miniaturmalerei aus Frankreich und folgten dem dortigen jeweilig führenden Stil. Die Ausstattung der Kirchen wuchs an Reichtum und Pracht, indem das sich selbst repräsentierende Bürgertum Bauaufträge vergab und sich auch an der Einzelgestaltung beteiligte. Von Tommaso de Mutina (Modena) stammt der Gemäldezyklus in der Burg Karlstein bei Prag (1350–1360). Seit dem Ende des Jahrhunderts schließlich waren auch in Deutschland die ersten großen Tafelbilder und Flügelaltäre zu bewundern, so in Köln, Hamburg, Buxtehude.

XI. Schisma und Konzilien. Europäische Großmachtbildungen

A. Schisma und Konzilien

Am 27. März 1378 starb Papst Gregor XI., der die Kurie von Avignon nach Rom zurückverlegt hatte. Bald darauf wählten am 8. April unter dem Druck des Volkes von Rom 16 Kardinäle Urban VI. (1378–1389). Die großen Erwartungen, welche die Kardinäle auf ihn gesetzt hatten, enttäuschte er, selbstherrlich und Reformen auch gegen jene suchend, schnell. Daher wählten am 20. September in Fondi unter französischem Einfluß z.T. dieselben Kardinäle Clemens VII. (1378–1394) zum Papst, der ab 1381 in Avignon residierte. König Wenzel, die rheinischen Kurfürsten, ebenso England und die meisten italienischen Herrschaften und Städte, Portugal, die skandinavischen Reiche und Ungarn erkannten Urban, die Könige von Frankreich, Aragón, Neapel (erst 1386) und Kastilien, Schottland, zeitweilig auch einzelne deutsche Landesherren Clemens als rechtmäßig an. Die Anhängerschaften („Obödienzen") blieben auch unter den Nachfolgern der beiden Päpste relativ konstant. Diese Lage beförderte oder befestigte nicht nur politische Gegensätze, sondern verstärkte auch zum Teil schon vorhandene Anfänge nationalkirchlicher Theorien und Tendenzen, zumal da Versuche, das Große Abendländische Schisma kriegerisch zu entscheiden oder mit Hilfe von Theologen friedlich beizulegen, fürs erste scheiterten. Der Plan Urbans VI., nach einem Sieg über Clemens VII. bei Marino 1379 mit Hilfe Karls von Durazzo († 1386) aus dem italienischen Zweig der Anjous, das clementistische Neapel zu gewinnen, mißlang, nachdem gegen Karl ein französischer Anjou, Ludwig II. († 1417), in die Kämpfe eingegriffen hatte, der wiederum von Ladislaus († 1414), einem Sohne Karls, bis 1400 aus dem süditalienischen Königreich verdrängt wurde. Ladislaus gelang 1408 sogar die zeitweilige Eroberung Roms für Papst Gregor XII. (1406–1415), den dritten und letzten Nachfolger Urbans, und abermals 1413, nachdem er 1410 durch Ludwig II. von Anjou aus der heiligen Stadt wieder vertrieben worden war. Diese Vorgänge in Süditalien spiegeln beispielhaft die komplizierte Verquickung der Kirchenfrage mit den politischen Kämpfen wider; wie hier ging es ähnlich überall zu.

Ebensowenig freilich war das Schisma durch die zahlreichen kirchenpolitischen Traktate zu beseitigen, die vor allem zunächst von der Universität Paris ausgingen. Die Gelehrten schlugen verschiedene Wege vor, als wichtigste: Versammlung von Bischöfen oder gar geistlichen und weltlichen Repräsentanten aller Gläubigen, Gehorsamsentzug, Rücktritt oder Absetzung eines Papstes oder beider Päpste. Gleich zu Beginn des Schismas forderten die Pariser Professoren Heinrich von Langenstein und Konrad von Gelnhausen die Einsetzung eines Konzils, das in Vertretung der souveränen allgemeinen Kirche über das Schisma richten solle. Sie griffen damit kirchenrechtliche Theorien des 12. und 13. Jh. auf, die der im Generalkonzil repräsentierten, aber mit dem Papst verbundenen Gesamtkirche den Vorrang vor allen ihren Gliedern zuerkannte. Andere Theorien, wie der Franzosen Pierre d'Ailly und Johannes Gerson, gingen von der Ansicht aus, daß die volle kirchliche Gewalt bei der Gesamtheit der Bischöfe liege („Episkopalismus"). Der deutsche Kuriale Dietrich von Nieheim sah – beeinflußt von Ockham und Marsilius von Padua – in Papst und Konzil Alternativgewalten und wollte dieses insbesondere durch den Römischen König geleitet sehen. Zeitweilig spitzte sich der Streit auf das Einberufungsrecht zu; auch Anhänger der Päpste forderten das Konzil, notfalls ohne päpstliche Initiative. So rief die Kirchenspaltung einen theologischen und kirchenrechtlichen Streit hervor oder erneuerte den Ruf nach Kirchenreform, der sich bei den Hussiten mit zum Teil nationalen Momenten und radikalen Soziallehren verband und die hierarchische Ordnung insgesamt in Frage stellte, indem man sich auf wirkliche oder vermeintliche urchristliche Auffassungen stützte, nach denen alle Christen prinzipiell gleichgestellt seien. Bei Hus ist auf diese Weise der Einfluß Wyclifs bemerkbar.

Aber auch Traktate vermochten den sich ständig vergrößernden und komplizierenden Zwiespalt in der Kirche und seine politischen Konsequenzen nicht zu überbrücken. Weil das Schisma ein politisches Problem geworden war, konnte es nur mit den Mitteln der Politik, und zwar der europäischen, d.h. durch die weltlichen Gewalten, gelöst werden.

Eine Hauptrolle dabei spielte Frankreich während der Regierung Karls VI. (1380–1422). Im Namen des schwachen Königs wurde die Universität Paris auf die clementistische Kirchenpartei verpflichtet, was zur Auswanderung verschiedener Professoren an neugegründete Universitäten führte. Die Berater des Königs verlängerten 1396 den Waffenstillstand mit England auf zwanzig Jahre. Verbindungen mit dem deutschen (dem „Römischen") König Wenzel brachten diesen 1387 kurzfristig nicht nur in die Nähe der avignonesischen Obödienz, sondern verschärften seinen Konflikt mit den rheinischen Kurfürsten, unter denen Ruprecht von der Pfalz das Haupt der deutschen „Urbanisten" war. Unter anderem mit dem Vorwurf, die Beseitigung des Schismas unterlassen zu haben, wurde Wenzel in Oberlahnstein abgesetzt, am folgenden Tage Ruprecht zum König gewählt (1400–1410).

Ruprecht versuchte, beraten von Heidelberger Professoren, das Schisma gleichsam „altmodisch" zu lösen. Er verbündete sich mit Florenz gegen Mailand. Aber sein erfolgloser Italienzug brachte ihm erst recht die Gegnerschaft Frankreichs und nur zögernde, späte Anerkennung des urbanistischen Bonifaz IX. (1389–1404), nicht einmal die Kaiserkrone ein.

Frankreich dagegen beschritt nunmehr den „modernen" Weg zum Gallikanismus. Eine Nationalsynode in Paris forderte 1406 den Rücktritt beider Päpste, beschloß 1407 die Aufhebung päpstlicher Steuern und Pfründenbesetzungen kraft eigener Gewalt. Königliche Ordonnanzen bestätigten diese deutlich von englischen nationalkirchlichen Vorstellungen beeinflußten „Freiheiten der gallikanischen Kirche" und veröffentlichten sie. England allerdings hielt fürs erste an der römischen Obödienz fest. Die politischen Verhältnisse halfen endlich dazu, ein Generalkonzil herbeizuführen. Noch während der wechselvollen Kämpfe in Italien versuchten die gegnerischen Päpste, das Schisma durch Verhandlungen beizulegen – vergeblich.

Auch das Konzil zu Pisa von 1409, auf dem sich gegen das „monarchische" wie gegen das extrem konziliaristische ein mittleres Prinzip, der Episkopalismus, durchsetzte, blieb im letzten Ergebnis erfolglos. Es setzte zwar den urbanistischen Gregor XII. und den clementistischen Benedikt XIII. (1394–1417) ab und wählte unter französischem Einfluß den Philosophen Peter Philargi von Candia als Alexander V. zum Papst (1409–1410), dem bald Johannes XXIII. (1410–1415) folgte. Aber jeder der nunmehr drei Päpste erklärte sich für rechtmäßig und konnte sich auf verschiedene Obödienzen stützen, die „Pisaner" jetzt auf Frankreich, England, einzelne deutsche und viele italienische Herrschaften. Erst König Siegmund von Ungarn, seit 1411 auch als Römischer König anerkannt, erreichte, nachdem er einen Waffenstillstand mit Venedig geschlossen hatte und dadurch dem 1413 von Ladislaus von Neapel aus Rom vertriebenen Johannes XXIII. Schutz versprechen konnte, als Gegenleistung die Zusage zu einem allgemeinen Konzil. Papst Johannes XXIII. berief es für den 1.11.1414 nach Konstanz ein.

Das Konstanzer Konzil (1414–1418) bezog sich von vornherein auf konziliare Theorien; es stellte sich über die Päpste. Es versammelte nicht nur zahlreiche geistliche Würdenträger und Gelehrte, sondern, von gleichzeitigen Reichstagen ganz abgesehen, Vertreter der europäischen Staaten, die Siegmunds geschickte Diplomatie – die spanischen Könige wurden erst nach einer eigens unternommenen Reise Siegmunds im Vertrag von Narbonne 1415 hinzugewonnen – zu den Verhandlungen in die Reichsstadt gezogen hatte. Sie beherbergte vorübergehend Tausende von Menschen aller Länder und Bevölkerungsschichten Europas.

Das Konzil verhandelte und stimmte nach „Nationen", der italienischen, französischen, deutschen, englischen und (seit 1416) spanischen, die jeweils auch Vertreter der übrigen europäischen Länder umfaßten. Über wichtige Fragen verhandelten die „Nationen" getrennt, in den Plenarsitzungen stimmte für sie je ein Sprecher. Dadurch sollte sowohl die Majorisierung durch die zahlreichen italienischen und französischen Bischöfe wie auch eine Vorrangstellung der Kardinäle vereitelt, die Anhängerschaft Johannes' XXIII. geschwächt und die Einführung von Reformen erleichtert werden. Nicht allein den Prälaten, sondern den Gelehrten, allen Rängen des

Klerus und den weltlichen Gewalten, voran dem König, kam damit größeres Gewicht zu.

Drei Aufgaben sollte das Konzil lösen: die Beseitigung des Schismas (causa unionis), die Herstellung der Glaubenseinheit (causa fidei) und die Reform der Kirche (causa reformationis). Aber nur in der ersten war es erfolgreich, indem es die „via cessionis", den Verzicht aller Prätendenten, durchsetzte. Gregor XII. war zum Rücktritt unter Bedingungen bereit, doch Johannes XXIII. versuchte, sich durch eine dramatische Flucht aus Konstanz entsprechenden Forderungen zu entziehen. Das von ihm einberufene Konzil blieb dennoch zusammen und erklärte, daß es seine Gewalt unmittelbar von Christus habe und daher von allen Gliedern der Kirche – also auch vom Papst – Gehorsam verlangen könne (Dekret „Haec sancta synodus" vom 6.4.1415). Johannes XXIII. wurde gefangen und in einem Prozeß vom Konzil zur Absetzung verurteilt. Benedikt XIII., der alle Aufforderungen zum Rücktritt beharrlich ablehnte, wurde, nachdem er vorher schon fast seinen gesamten Anhang verloren hatte, am 26.7.1417 abgesetzt. Am 11.11.1417 wählte das Konzil Martin V. zum neuen Papst († 1431).

Die causa fidei betraf vor allem die Hussiten. Jan Hus (etwa 1369–1415), Magister an der Universität Prag und volkstümlicher Prediger an der Bethlehemkapelle, hatte sich, gestützt auf Lehren Wyclifs wie auch anderer böhmischer Reformprediger, mehrfach gegen die kirchliche Hierarchie, gegen den Ablaß und gegen die Abkehr von der rein biblizistischen Moraltheologie in der Kirche gewandt. Seine und seiner Anhänger radikale, zum Teil in tschechischer Sprache verkündeten theologischen Reformforderungen, folgenreich besonders in der Lehre vom Abendmahl in beiderlei Gestalt auch für die Laien, verbanden sich mit ständefeindlichen sozialen und nationaltschechischen Vorstellungen. König Wenzels Kuttenberger Dekret gab zudem 1409 der böhmischen Universitätsnation in Prag den Vorrang und veranlaßte damit den Auszug der deutschen Magister und Studenten nach Leipzig. Hus war mehrfach gebannt worden. Mit einem Geleitbrief König Siegmunds und auf dessen Ladung hin kam er nach Konstanz, wo ihn jedoch nicht die erhoffte öffentliche Disputation, sondern Anklage auf Häresie erwartete. Da er nicht widerrief, wurde er zum Ketzer erklärt, den auch kein Geleitbrief vor dem Feuertode bewahren könne. Am 6.7.1415 wurde Hus verbrannt. Aber seine Lehren, nun weiter radikalisiert, überlebten ihn; sein Märtyrertod begründete den Hussitismus und damit erst recht die Glaubensspaltung.

Die causa reformationis blieb in Anfängen stecken. Das Dekret „Frequens" bestimmte am 9.10.1417, daß in Zukunft Konzilien regelmäßig zusammentreten sollten. Eine Reihe von Reformdekreten hob einige päpstliche Sonderrechte auf und verbot Pfründenhäufungen. Aber die Kirchenreform im ganzen wurde vertagt oder einzelnen, größtenteils auf fünf Jahre befristeten Konkordaten überlassen – der Begriff im modernen Sinne entstand damals –, so am 21.3.1418 mit der romanischen, am 15.4.1418 mit den englischen und deutschen „Nationen“.

Obwohl konziliare Theorien weiterhin vertreten und Reformen der Kirche immer stärker gefordert wurden, waren die politischen Umstände einem neuen Konzil nicht günstig. Martin V. konnte den Kirchenstaat wiederherstellen und jetzt zu einer Machtposition in Mittelitalien ausbauen, während Frankreich und England durch das Wiederaufleben des sogenannten Hundertjährigen Krieges, Deutschland und Böhmen durch die Hussitenkriege gebunden waren. Aber gerade diese ließen doch ein weiteres allgemeines Konzil für geboten erscheinen, und als nach der Wende des westeuropäischen Krieges durch Jeanne d'Arc und der Krönung Karls VII. wiederum die politischen Voraussetzungen dafür gegeben waren, wurde es 1431 in Basel, also abermals auf dem Boden des Deutschen Reiches, eröffnet, übrigens in Übereinstimmung mit den kirchenrechtlichen Fristen der vorhergehenden Dekrete.

Das Konzil von Basel (1431–1449) begann sofort aufs neue mit dem Streit um den Vorrang zwischen Papst und Konzil, dem Kardinal Giuliano Cesarini präsidierte. Obgleich dieser bei Taus (1431) als Legat gegen die Hussiten eine Niederlage erlitten hatte, konnte er sich gegen das Auflösungsdekret Papst Eugens IV. (1431–1447) durchsetzen. Am 15.2.1432 wurde erneut die Superiorität des Konzils dekretiert, der Papst vorgeladen. König Siegmund, der auf seinem Romzug 1431–1433 gegen den Widerstand Venedigs und Florenz' die Kaiserkrönung erreichte, konnte zwischen Konzil und Papst vermitteln, indem er dessen politische Notlage ausnutzte: Eugen hatte nach Florenz ziehen müssen, weil 1434 in Rom die Republik ausgerufen worden war. So fand das Konzil zunächst nicht nur Anerkennung, sondern konnte am Ende Erfolge verzeichnen. Die Prager Kompaktaten gestanden 1433, endgültig die Iglauer 1436, den Hussiten den geforderten Laienkelch zu, freilich nicht Predigtfreiheit und die Verwerfung weltlichen Kirchengutes. Einzelne Reformschriften, unter denen die „Concordantia catholica“ des Nikolaus von Cues (1401–1464) besonders hervorragt, welche Parallelreformen in Reich und Kirche forderte, zeitigten unmittelbare Erfolge. Mehrere Reformbeschlüsse, vor allem das Annatenverbot von 1435, das die päpstlichen Einkünfte minderte, führten zu neuem Konflikt mit Eugen IV., der 1437 das Konzil aufhob und nach Ferrara, ab 1439 nach Florenz, 1442 schließlich nach Rom verlegte. Während in Basel eine Minorität blieb, die den letzten Gegenpapst überhaupt, den Herzog Amadeus von Savoyen, als Felix V. (1439–1449) wählte, bemühte sich Eugen IV. jetzt um die Griechenunion, also die Vereinigung mit der Ostkirche des vor den Türken Hilfe suchenden Kaisers Johannes VIII. Besonders der gelehrte Erzbischof Bessarion von Nicaea förderte jene Bestrebungen, die ihre geistesgeschichtliche Bedeutung in der Gründung der Accademia Platonica in Florenz unter dem byzantinischen Konzilsgesandten Gemistos Plethon zeigte. Die Union kam nur mühsam zustande und währte nicht lange. Die Gegensätze, übrigens auch zu den armenischen und koptischen Kirchen, erwiesen sich als unüberwindbar. Einige Reformen innerhalb der westlichen Kirche gelangen wieder in Form von Konkordaten, so 1448 in dem „Wiener Konkordat" mit Friedrich III. Aber die Mehrheit der Reformprobleme blieb noch für länger als ein Jahrhundert ungelöst, sieht man wieder von Einzelmaßnahmen ab, die nun die Staaten oder Landesherren kraft eigenen Rechts beschlossen und damit neue Kirchenobrigkeit begründeten, so der König von Frankreich in der Übernahme von 24 Konzilsdekreten durch die Pragmatische Sanktion von Bourges 1438, so die Mainzer Akzeptation deutscher Kurfürsten von 1439. Die Reform der Kirche an Haupt und Gliedern aber blieb als Forderung bis in die Zeit der Reformation und des Konzils von Trient überall lebendig.

B. Westeuropa im 15. Jahrhundert

Frankreich hatte mehrfach in die europäische Politik in der Zeit des Schismas und der Konzilien bestimmend eingegriffen und schon früher innerstaatliche Reform- und Modernisierungsversuche unternommen. Dennoch geriet es in eine Existenzkrise. Schon Unruhen während der Regentschaft (1380–1387) für Karl VI. (1380–1422) in der Languedoc und in Paris, wo 1383 die Stadtverfassung aufgehoben wurde, gefährdeten das Königtum ebenso wie der flandrische Aufstand unter Philipp von Artevelde und der Verlust Flanderns an den seit 1363 aus einer Apanage gebildeten Staat der Herzöge von Burgund. Stärker noch schwächte der offene Bürgerkrieg zwischen „Bourguignons" und „Armagnacs" (Orléans) seit 1407 die Krone; beide Parteien kämpften um die Vorherrschaft in Frankreich und bedienten sich abwechselnd des seit 1391 geisteskranken Königs. Sie schreckten vor keiner Gewalttat zurück und nutzten vorhandene soziale Spannungen aus, indem sie sich mit dem von dem Metzger Simon Caboche geführten Aufstand der „Cabochiens" in Paris (1413) und mit der folgenden Adelsreaktion unter den Armagnacs verbanden. Aber erst die Erneuerung des sogenannten Hundertjährigen Krieges 1415 durch England, das alle genannten Gegensätze und Parteiungen nach Bedarf unterstützte, schien Frankreich als einheitliche Herrschaft zu vernichten.

Auch England ging zunächst vielfach geschwächt in das 15. Jh. hinein. Die Regierungszeit Richards II. (1377–1399), die ebenfalls mit einer Regentschaft begann, war voller Spannungen. Die Lehren der Lollarden wirkten weiter und hielten Teile der unteren Volksschichten in Unruhe. Seit Beginn seiner Selbstregierung, ab 1389, versuchte Richard II., durch Waffenstillstand mit Frankreich und Ehe mit Isabella, der Tochter Karls VI., im Rücken frei, Irland zu erobern und Ausgleich im Inneren zu stiften.

Aber der Konflikt zwischen Königtum und Parlament brach wieder aus, als

1388 das „Unbarmherzige Parlament" unter der Führung Herzog Thomas' von Gloucester den König zur Entlassung von fünf Ratgebern zwang, ohne das Königtum als Institution in Frage zu stellen: Nicht der König, so lautete der zukunftweisende Grundsatz, sondern seine Berater sind für die Regierungshandlungen verantwortlich. Vollends als Richard II. nach dem Tode des Herzogs von Gloucester stärker gegen das Parlament zu regieren versuchte, setzte er seine Herrschaft aufs Spiel. 1399 kehrte der verbannte Heinrich von Bolingbroke, Herzog von Lancaster, zurück und ließ den König durch das Parlament absetzen. Richard starb 1400 im Tower; mit ihm endete die direkte Linie des Hauses Plantagenet, der bis 1461 die Dynastie der Lancaster folgte.

Die Usurpation Heinrichs IV. (1399–1413) wurde vom Parlament legalisiert, seine Herrschaft jedoch blieb glücklos. Das Königreich hatte schottische und französische Invasionen zu ertragen, Aufstände in Wales unter Owen Glendower, in Northumberland unter den Percies. Auch die blutigen Lollardenverfolgungen nach dem Statut „De heretico comburendo" (1401) hielten das Land erneut in Unruhe. Heinrich V. (1413–1422) konnte diese nach außen lenken, indem er den Anspruch auf die französische Krone wieder aufgriff.

Frankreich und England kämpften in der Schlußphase des Hundertjährigen Krieges nicht nur um die Existenz der Häuser Valois und Lancaster, sondern des kontinentalen Königreiches selbst. 1415 landete Heinrich V. an der Seine-Mündung. Am 25. Oktober vernichteten englische Bogenschützen bei Azincourt ein an Zahl dreifach überlegenes französisches Ritterheer; der Herzog von Orléans wurde gefangen. Ein Vermittlungsversuch des deutschen Königs Siegmund blieb erfolglos; Heinrich gewann vielmehr dessen Bündnis. Der englisch-französische Gegensatz übertrug sich, nachdem Heinrich 1417 die Normandie erobern konnte, auf das Konstanzer Konzil. 1419 fiel Rouen. Als der König von England sich auch mit Burgund verbündet hatte, das freilich mehrfach die Seiten wechselte, verzichtete Karl VI. unter dem Einfluß Philipps des Guten von Burgund im Vertrag von Troyes 1420 auf die Thronfolge des angeblich „illegitimen" Dauphins Karl (VII.), adoptierte Heinrich V. und vermählte ihn mit seiner Tochter Katharina. Während der Dauphin nach Bourges flüchtete, zog Heinrich als anerkannter Regent in Paris ein und setzte die Eroberung ganz Nordfrankreichs bis zur Loire fort.

Auch der Tod der beiden Könige, Karls VI. und Heinrichs V., im gleichen Jahre 1422 brachte zunächst keine grundsätzliche Änderung. Für den neun Monate alten Heinrich VI. (1422–1461/71) führten der humanistisch gebildete Herzog Humfried von Gloucester († 1447), dessen Schenkung von Klassiker-Handschriften den Grundstock der Bibliothek Oxford bereicherte, die Regentschaft in England, in Frankreich Herzog Johann von Bedford († 1435), unterstützt von Heinrich Beauford, Bischof von Winchester († 1447), dem „Kardinal von England". Während der „Roi de Bourges", Karl VII. (1422–1461), unentschlossen verharrte, sollte die Belagerung von

Orléans seit 1428 das weitere Ausgreifen der englischen Heere ermöglichen und die völlige Niederlage des Valois besiegeln.

In dieser Situation führte, zweifellos von ihrem göttlichen Auftrag überzeugt, „La Pucelle“ (die Jungfrau), eine 1412 geborene Bauerntochter aus Domrémy in Lothringen, Jeanne d'Arc, die Wendung herbei. 1429 erzwang sie gegen familiäre, soziale, politische und höfische Widerstände den Zugang zu Karl VII. Mit einem Proviantschiff gelangte die Jungfrau nach Orléans und beteiligte sich selbst an der Eroberung zweier englischer Bollwerke. Der englische Feldherr gab die Belagerung auf. Johanna konnte den König zur Krönung nach Reims führen. Das Sendungsbewußtsein der Jeanne d'Arc weckte den französischen Widerstandswillen, erst recht, als sie 1430 bei Compiègne von Burgundern gefangen, an die Engländer verkauft und im folgenden Jahre, nach einem Inquisitionsprozeß in Rouen, am 30. Mai verbrannt wurde. (Schon 1453–1456 wurde ein Rehabilitationsprozeß geführt, 1920 das Mädchen aus Domrémy heiliggesprochen.)

Obwohl sich nunmehr, 1431, auch Heinrich VI. von England in Paris formell zum König von Frankreich krönen ließ, war der Erfolg Karls VII. nicht mehr aufzuhalten. Er stürzte 1433 den zu selbständigen Minister La Trémoille und ernannte seinen Hauptberater, den Grafen von Richemont, zum Connétable von Frankreich. Der Friede von Arras (1435) zwischen Karl VII. und Philipp dem Guten von Burgund trennte England zunächst von seinem wichtigsten Verbündeten in Frankreich, freilich um einen hohen Preis: Burgund wurde die Lehnsunabhängigkeit und der Besitz der Somme-Städte anerkannt. Friedensverhandlungen mit Heinrich VI. blieben ergebnislos, obgleich der gefährlichste Feind, der Herzog von Bedford, 1435 gestorben war.

Aber die Rückeroberung von Paris 1436, Feldzüge gegen die Engländer in Guyenne, im Poitou, in der Gascogne (1442–1445) führten die französischen Heere von Sieg zu Sieg. In England wuchs die Mißstimmung und bildete sich eine Friedenspartei. Die Ehe Heinrichs VI. mit Margarete von Anjou konnte seine Position in Frankreich auch nicht stärken. Karl VII. dagegen gelangen Reformen und die Beseitigung der inneren Gegensätze als Voraussetzung für die Beendigung des langen Krieges. Das Parlament von Paris wurde neu errichtet, das Justizwesen verändert; eine ständige Steuer (Taille) ermöglichte die Heeresreorganisation. Zwar war das Land noch lange durch Söldnerhaufen der Ecorcheurs und der Armagnaken beunruhigt, die, aus Frankreich bewußt abgelenkt und durch den Dauphin Ludwig (XI.) hinausgeführt, auch das Elsaß, die Schweiz und andere westliche Reichsgebiete durchzogen. Doch in Frankreich verbot 1439 eine königliche Ordonnanz dem Hochadel die Aufstellung eigener Söldnerhaufen. Eine Adelsverschwörung, die „Praguerie“, die sich gegen die Minderung ihrer Privilegien wandte, wurde niedergeschlagen.

Jacques Cœur († 1456), ein reicher Kaufmann, Münzmeister in Paris, später Schatzmeister und Bergwerksdirektor Karls VII., finanzierte im Auftrage des Königs Finanz-, Justiz- und Heeresreformen. Seit 1445 gab es in Frankreich stehende Reitertrupps von zwanzig Kompanien, feste Garnisonen und die systematisch aufgebaute neue Waffe der Artillerie. Zum Heer der Krone trat seit 1448 eine freiwillige Miliz steuerfreier bürgerlicher Bogenschützen, die „francs archers". In der Mitte des 15. Jh. begann die königliche Söldnerwerbung in der Schweiz.

1449 konnte der offene Krieg gegen England wiederaufgenommen werden. Rouen fiel an Karl VII. zurück, 1450 die Normandie, 1453 Bordeaux, und nach dem Sieg bei Castillon waren die Engländer – bis auf ihren freilich militärisch nicht mehr genützten Brückenkopf Calais – vom Festland verdrängt. Der Hundertjährige Krieg endete ohne formellen Friedensschluß.

England war, während in Frankreich die Stellung des Königtums weiter gestärkt wurde, in vielfache Gegensätze zerrissen. Ein Aufstand des John Cade, genannt Mortimer, der sich gegen die 1430 vom Parlament beschlossene Einschränkung des Wahlrechts wandte – Wähler sollten Einkünfte von mindestens 40 Shilling im Jahr haben – und die Regentschaft des mächtigen Herzogs Richard von York über den erfolglosen König forderte, wurde 1450 vom Herzog von Somerset niedergeschlagen. Richard jedoch, seit 1449 Vizekönig in Irland, marschierte vor London und verlangte gegen Somersets Politik innere Reformen. Vollends seit der 1453 und wiederum 1455 ausbrechenden Geisteskrankheit des Königs setzte ein offener Kampf um die Regentschaft ein.

Die Rosenkriege zwischen den Häusern Lancaster (rote Rose) und York (weiße Rose) – bis weit über Shakespeare und dessen Königsdramen hinaus im historischen Bewußtsein lebendig – blieben nicht mehr Kämpfe zweier Adelsparteien, sondern wurden um den Thron geführt. Die gegnerischen Gruppen vertraten überdies verschiedene Wirtschafts-, Rechts- und Sozialprinzipien. Die Lancaster, unterstützt von Frankreich und Schottland, begünstigten den Hochadel und versuchten, die überkommene Sozialschichtung unverändert zu bewahren. Die York, im Bündnis mit Burgund, stützten sich auf das wohlhabend gewordene Bürgertum und favorisierten den aufstrebenden niederen Adel.

Der offene Bürgerkrieg brach aus, als Somerset, gegen die usurpierte Regentschaft Richards von York angetreten, 1455 bei St. Albans fiel. Die Niederlage der Lancaster schien 1460 bei Northampton besiegelt, wo Heinrich VI. in vorübergehende Gefangenschaft geriet. Zwar konnte Königin Margarete fliehen und den bereits als Thronfolger anerkannten Richard bei Wakefield schlagen; der Usurpator kam in der Schlacht um. Aber das mit seinem Sohn, dem Gegenkönig Edward IV. (1461/71 bis 1483), auf den Thron gelangte Haus York behauptete sich mit burgundischer Hilfe. Der letzte Thronprätendent gegen die Yorks, der Tudor Heinrich Graf von Richmond, floh zu Herzog Franz II. von der Bretagne.

Aber noch waren die Kämpfe nicht beendet, noch nahm ihre Grausamkeit zu. Als Edward IV. während eines Krieges gegen Schottland 1483 starb, gewann Richard von Gloucester als Regent für den zwölfjährigen Edward V. die Unterstützung des Parlaments für eigene Thronansprüche. Richard III. (1483–1485) ließ Edward im Tower ermorden und sich selbst zum König krönen. Einen Aufstand des Herzogs von Buckingham zugunsten des emigrierten Heinrich von Richmond schlug er nieder, den Herzog ließ er hinrichten. Durch Verbindung mit Franz von der Bretagne gelang es Richard 1484 sogar, Heinrich aus seinem Exil weiter nach Frankreich zu treiben. Aber 1485 landete Heinrich Tudor mit französischer Hilfe in Milford Haven. Nach großem Zustrom des Adels gewann er durch den Sieg bei Bosworth, wo Richard III. fiel, die Krone.

In Frankreich dagegen konnte das Königtum nach der Befreiung von der englischen Herrschaft nicht nur bereits aktiv oder mindestens Zuflucht gewährend die Vorgänge in England beeinflussen, sondern gegen die Widerstände der großen Vasallen seine innere Macht festigen und den Adel der Krone unterordnen. König Ludwig XI. (1461–1483), kühl und berechnend, ein ebenso wendiger wie rücksichtsloser Herrscher, griff trotz mancher Rückschläge in alle Bereiche des öffentlichen Lebens ein und bereitete, indem er die Zentralisierungsansätze und Reformen des 13. und 14. Jh. und seines Vaters wieder aufgriff oder fortsetzte, den Weg zum späteren französischen Absolutismus.

Gleich nach seinem Regierungsantritt suchte er gegen den Widerstand der Universität Paris die Annäherung an die Kurie und widerrief die Pragmatische Sanktion von Bourges. Es gelang ihm, alle Rechte und Einflüsse der Krone über die Kirche in Frankreich zu wahren. Obwohl er sich zeitweilig nur mühsam gegenüber den zur „Ligue du bien public" – ein Bündnis, welches das „Gemeinwohl" zu vertreten behauptete – zusammengeschlossenen Herzögen von Burgund, von der Bretagne, von Berry und anderen Großen behaupten konnte, gelang es nicht zuletzt seiner politischen Kunst, den letzten Kampf gegen den Herzog von Burgund einzuleiten. Nach dem Tod Karls des Kühnen ließ der König Cambrai und Burgund besetzen. Zwar hatte er noch Kämpfe gegen den Habsburger Maximilian um Flandern zu bestehen. Aber die niederländischen Generalstände schlossen 1482 in Arras Frieden mit Ludwig XI. und lieferten ihm Maximilians Tochter Margarete aus, die den Dauphin Karl (VIII.) heiraten sollte. So hatte Ludwig am Ende das Königtum und die Krone Frankreichs gestärkt und die Voraussetzung für das expansive Ausgreifen seines Nachfolgers geschaffen.

Dazu trug neben der weiteren Verstärkung des Heeres und dem Ausbau der Artillerie die erhebliche Steigerung der Staatseinnahmen bei. Gegen die Interessen Genfs begünstigte Ludwig XI. seit 1462 die neuen Messen von Lyon. Die systematische Förderung der Wirtschaft brachte nicht nur Geld in die Staatskasse, sondern dem Lande neuen Wohlstand. Ein- und Ausfuhr wurden geregelt, der Handel unterstützt, die Steuern geordnet. Überall war der ungeliebte König gegenwärtig. Er zwang 1469 die Generalstände bei ihrer einzigen Tagung während seiner Regierungszeit, auf ihre Rechte zu seinen Gunsten zu verzichten. 1473 verbot er sogar der Universität Paris, den Nominalismus zu lehren, und verpflichtete sie auf den Realismus; das Verbot wurde freilich 1481 wieder aufgehoben. Das Denken hatte Ludwig XI. dauerhaft nicht zwingen können; aber seine bisweilen erbarmungslose Politik hinterließ 1483 Frankreich als gefestigte Großmacht.

C. Südeuropa im 15. Jahrhundert

Die iberischen Könige sahen sich ähnlichen Problemen gegenüber wie die westeuropäischen. Obwohl sie durch einzelne Konziliaristen und im Vertrag von Narbonne 1415 in die allgemeine europäische Kirchenpolitik gezogen wurden, konzentrierten sie sich im 15. Jh. auf die Festigung der königlichen Gewalt im Inneren und, gleichsam mit dem Rücken gegen den westeuropäischen Krieg, auf den Abschluß der Reconquista und auf die Expansion über See nach Osten und Süden.

In Kastilien nahm nach dem Tod Heinrichs III. (1390–1406) für den unmündigen Johann II. (1407–1454) zunächst dessen Onkel Ferdinand die Regentschaft wahr, und Condestable Alvaro de Luna überwand Aufstände des Adels mit Hilfe der Städte. Ferdinand erneuerte den Krieg gegen die Mauren. Nicht zuletzt deswegen wurde das Band zwischen den beiden spanischen Königreichen abermals enger geknüpft: Martin von Aragón, der letzte seiner Dynastie, designierte Ferdinand zu seinem Nachfolger.

Kastilien blieb die treibende Kraft der Reconquista; 1431 schlug Alvaro de Luna die Mauren unmittelbar vor ihrer Hauptstadt Granada. Trotz seiner Erfolge opferte ihn freilich der König der Adelsopposition; 1453 wurde Alvaro hingerichtet. Vollends unter Heinrich IV. (1454–1474) verbündete sich der kastilische Adel gegen die auch hier wachsende und sich von älteren Bindungen lösende Königsmacht. Besonders seit 1462 erschütterten Aufstände gegen die Legitimität von Heinrichs Tochter Johanna – als angebliche Tochter Don Beltrans, eines Günstlings der Königin, „la Beltranera" genannt – das Land. Dennoch gelang es dem Condestable Miguel Lucas de Iranza, mit der Eroberung von Gibraltar die Reconquista wieder einen entscheidenden Schritt voranzubringen.

Als die Cortes 1465 gegen Heinrich IV. seinen Bruder Alfons († 1468) zum Gegenkönig wählten, griff Heinrich zu dem überall in Europa erprobten Mittel: Er suchte die Unterstützung der Städte und des mit neuem Reichtum mächtiger werdenden Bürgertums gegen den Adel. Die Santa Hermandad wurde begründet, eine Truppe von 1800 Polizeireitern zumeist aus den Städten. 1467 konnte Heinrich bei Olmedo Alfons besiegen und designierte seine

Schwester Isabella zur Thronfolgerin. Sie heiratete 1469 Ferdinand, den Kronprinzen von Aragón, und als sie nach dem Tode ihres Bruders 1474 die Krone von Kastilien, Ferdinand 1479 die von Aragón gewann, war die Voraussetzung für die Union der spanischen Reiche geschaffen.

Martin I. von Aragón (1395–1410) vereinigte 1409 Sizilien mit Aragón und besiegte die traditionellen Gegner der Mittelmeerpolitik, Sardinien und Genua. Sein aus Kastilien stammender Nachfolger Ferdinand († 1416), 1412 von den aragonesischen Cortes gewählt, und vor allem dessen Sohn Alfons V. (1416–1458) setzten, seit 1442 im Bündnis mit Papst Eugen IV., die Italienpolitik fort, freilich in schweren Kämpfen. Diese übertrugen sich unter Alfons' Bruder Johann II. (1458–1479), der vorher König in Navarra war, auf innere Auseinandersetzungen, als Johann versuchte, gegen seinen mit dem Adel verbündeten Sohn aus erster Ehe, Carlos von Viana († 1461), die Thronfolge Ferdinands durchzusetzen, der aus seiner zweiten Ehe stammte.

Die Unruhen hielten auch nach dem Tode Carlos' an; sie waren nicht an seine Person gebunden, sondern wie überall in erster Linie Spannungen zwischen dem an Autonomie festhaltenden Adel und dem nach zentralistischer Herrschaft strebenden Königtum. König Ludwig XI. von Frankreich benutzte diese Wirren, die Grafschaften Roussillon und Cerdagne zu besetzen. Dennoch stand auch von seiten Aragóns der Vereinigung mit Kastilien seit 1479 nichts im Wege.

Portugal griff über Mittelmeer und Atlantik nach Afrika aus und begründete als erstes der iberischen Reiche eine Seemacht. Unter Johann I. (1385–1433) war Prinz Heinrich der Seefahrer († 1460), der Großmeister des Christusordens, die treibende und leitende Person bei der Fortsetzung der Reconquista, indem versucht wurde, in Afrika hinter den Rücken der Muslime zu gelangen. Mit den ideellen Zielen verbanden sich wirtschaftliche. Die Eroberung von Ceuta brachte einen portugiesischen Brückenkopf und Umschlagplatz in Nordafrika. 1419 entdeckten Portugiesen Madeira, 1431 die Azoren, 1434 umsegelten sie Kap Bojador, 1441 Kap Blanco in Westafrika. Obwohl König Eduard (1433–1438) bei Tanger eine schwere Niederlage erlitt und bis 1481 auch in Portugal Adelsaufstände zu bändigen waren, wurden doch die Entdeckungsfahrten und überseeischen Eroberungen fortgesetzt, damit auch Sklavenhandel und Goldeinfuhr. Nach der Gründung einer Gesellschaft für Afrikahandel umsegelte Diniz Diaz 1445 Kap Verde.

Die Halbinsel Italien war seit dem 13. Jh. vielfach umkämpft, in ihren Teilgebieten wechselnden Herrschaften unterworfen gewesen. Auch nach der Rückkehr der Päpste und während des Schismas hatte sich daran nichts geändert. Dennoch entstand aus den Kämpfen im 15. Jh. ein gewisses Gleichgewicht der Kräfte, der fünf großen Mächte Italiens: Venedig, Mailand, Florenz, Rom und der Kirchenstaat, Neapel. Diese werdenden Staaten bauten ihre Territorien oft auf Kosten der kleineren Signorien und Kommunen aus, ohne daß jedoch alle von diesen völlig in die fünf größeren aufgingen.

Zwischen den Seehandelsstädten Venedig und Genua hatte lange Rivalität bestanden. Nach dem Chioggia-Krieg (1378–1381) beendeten die beiden Oligarchien den Kampf um die Vorherrschaft im Frieden zu Turin. Venedig behielt die wirtschaftliche und politische Führung im östlichen, Genua beschränkte sich stärker auf das westliche Mittelmeer, verlor aber mehr und mehr an Gewicht. Venedig gelang es nicht nur, die Herrschaft in den Küstenstützpunkten „über See" zu behaupten und die Expansion nach Osten mit dem Gewinn von Korfu, Athen, Skutari erfolgreich wiederaufzunehmen, die Peloponnes (Morea) zu besetzen, sondern unter dem Dogen Michele Steno (1400–1410) die Terra ferma („das Festland") gegen Mailand bis zum Mincio zu erobern und die Carrara aus Padua zu vertreiben. In Dalmatien, wo Venedig Zara von Ladislaus von Neapel gekauft hatte, stieß es freilich seit 1409 mit König Siegmund von Ungarn zusammen, und es bildete sich eine nach der Wahl Siegmunds zum deutschen König auch die Reichspolitik beeinflussende Gegnerschaft heraus, obwohl die ersten Kämpfe 1413 durch den Stillstand von Castellotto beendet werden konnten, der Siegmund das ihm so wichtige Durchzugsrecht nach Italien gewährte. Venedig war dadurch in die Lage versetzt, 1416–1419 den ersten siegreichen Türkenkrieg zu führen, eine Voraussetzung für die Eroberung Dalmatiens 1420/21; in einem zweiten Türkenkrieg verlor Venedig allerdings Saloniki (1430). Das alles blieben Vorspiele für die späteren größeren Türkenfeldzüge; aber Venedig konnte doch sein Handelsnetz bewahren oder festigen, das bis zu Stützpunkten am Schwarzen Meer reichte. Auf der italienischen Halbinsel stellte sich eine Zeitlang ein Bündnis mit Florenz gegen Mailand her, das bis zu der Umkehrung der Allianzen nach 1434 hielt.

In Mailand setzte sich unter Giangaleazzo Visconti (1385–1401, seit 1395 Herzog) die Alleinherrschaft dieser seit der zweiten Hälfte des 13. Jh. die Stadt bestimmenden Familie durch. In rascher Folge dehnte er sein Territorium aus; er eroberte Verona und Vicenza, Pisa, Siena und Perugia, und als der vom Römischen König Wenzel geduldete Herzog unmittelbar vor einem Kriege gegen Florenz starb, sagte man ihm (wohl begründete) Königspläne für Italien nach. Dreimal führte Mailand Krieg mit Florenz, zum Teil im Bündnis mit König Siegmund. Nach dem Tode des letzten Visconti Filippo Maria († 1447) und dem Scheitern der Ambrosianischen Republik folgte 1450 der Condottiere Francesco Sforza, der Schwiegersohn des Filippo Maria, als Herzog, diesmal mit florentinischer Hilfe.

Florenz, 1378 durch den Aufstand der Wollschläger (Tumulto dei Ciompi) geschwächt, sah sich zunächst vor allem durch Mailand bedroht, konnte aber nach dem Tode des Giangaleazzo Visconti 1406 mit Pisa unmittelbaren Zugang zum Meer und ein Stück Küstenherrschaft gewinnen. Der Krieg mit Mailand, in dem sich Florenz mit Venedig verbündete, brachte die Stadt während des Italienzuges Siegmunds 1431–1433 in dessen Gegnerschaft. Zwischen und in diesen Kriegen gelangte auch in der reichen Handels- und

Industriestadt eine Familie allmählich zu monarchischer Herrschaft: 1434 wurde dem Kaufherrn und Bankier Cosimo Medici († 1464) die Balia, eine Form der Diktatur, verliehen. Es gelang ihm, auf die Begründung der Sforza-Herrschaft in Mailand Einfluß zu nehmen und damit eine Wandlung der Bündnisse herbeizuführen.

Der Kirchenstaat befand sich während des Schismas am wenigsten in der Hand der Päpste. Er existierte im Kampf zwischen den Anjou-Gegnern Ladislaus und Ludwig, die wechselnd Rom besetzten, fast gar nicht mehr. Erst nachdem Martin V. sich 1420 mit Johanna II. von Neapel verständigt hatte, konnte er in Rom einziehen. Nun baute er den Kirchenstaat systematisch auf und aus. Noch immer freilich war die päpstliche Territorialherrschaft nicht völlig gesichert. Als während revolutionärer Unruhen 1434 in Rom wie ein Jahrhundert zuvor die Republik ausgerufen wurde, die kaum ein Jahr Bestand hatte, mußte Papst Eugen IV. nach Florenz fliehen. Erst 1443 kehrte der Papst zurück. Seinem Nachfolger Nikolaus V. (1445–1455) gelang es 1453, eine weitere republikanische Verschwörung zu unterdrücken. Dieser Papst, unter dem der Humanismus in Rom zu voller Blüte kam und der die Vatikanische Bibliothek begründete, vermittelte vor allem in dem letzten der großen Kriege 1454 zwischen Mailand und Florenz einerseits, Venedig und Neapel andererseits.

In Neapel verbanden sich zunächst Schisma und Außenpolitik am engsten im Gegensatz zwischen den italienischen und den französischen Anjou. Noch verworrener wurde die Lage in Süditalien, als Peter IV. von Aragón 1380 die Erbfolge Marias, der Tochter Friedrichs III. († 1377), in Sizilien nicht anerkannte und seinen Sohn Martin als Generalstatthalter einsetzte. Dieser erzwang die Herrschaft seines gleichnamigen Sohnes für Sizilien, während in Neapel Ladislaus von Ludwig II. von Anjou verdrängt wurde (1393–1400). Das Königreich fiel später wieder an die italienischen Anjou zurück, zu deren bestimmender Figur Königin Johanna II. († 1434) wurde, die Tochter Karls von Durazzo und Schwester Ladislaus'. Sie lavierte zwischen den Parteien; so adoptierte sie 1421 Alfons V. von Aragón-Sizilien, 1423 gegen ihn Ludwig III. von Anjou. Als Johanna starb, gingen die Thronfolgestreitigkeiten in offenen Krieg zwischen Alfons V. und dem französischen Anjou René von Bar-Lothringen über. 1442 gelang Alfons die Eroberung Neapels, im folgenden Jahre fand er die Anerkennung Eugens IV. Alfons war damit nicht nur in Mittelitalien zu Einfluß gelangt, sondern in die italienischen Verhältnisse insgesamt verwickelt, als er mit Venedig ein Bündnis gegen die lombardischen und toscanischen Hauptmächte einging. 1454 wurde mit päpstlicher Hilfe der große Krieg der vier übrigen italienischen Mächte im Frieden von Lodi beendet.

In Südosteuropa waren die Türken trotz venezianischer Erfolge und trotz der Behauptung Rumäniens als des einzigen der Balkanstaaten unter Fürst Mircea in der Schlacht von Rovine 1395 nicht aufzuhalten. Vollends als nach dem Tode Timūr-i Längs 1405 das Mongolenreich zerfiel und damit der Druck auf den Osten des jungen Osmanischen Reiches nachließ, die Besatzungen verschwanden, konnte Mehmed I. (1413–1421) Thronkämpfe überwinden und mit der Regeneration der zum Teil verwüsteten asiatischen Gebiete die Sultansherrschaft wieder stabilisieren, zu der Zeit im Frieden mit Byzanz. Sein Sohn Murâd II. (1421–1451) nahm die Eroberungspolitik auf dem Balkan wieder auf. 1422 konnte Byzanz unter Manuel II. (1391–1425) die erste Belagerung überstehen; Saloniki jedoch, inzwischen venezianisch, fiel 1430 an die Türken.

Manuel II. und vor allem sein Nachfolger, Kaiser Johannes VIII. von Byzanz (1425–1448), suchten angesichts der türkischen Bedrohung neben dem Bündnis mit Venedig den Anschluß an Rom und die Päpste. Um nahezu jeden Preis bemühte man sich um die Union, die 1439 mühsam zustande kam. Dauer war ihr nicht beschieden, und sie hätte Byzanz auch kaum vor dem Ende retten können.

Noch einmal wurde der letzte Sturm auf Konstantinopel aufgehalten, als sich 1439 der Kampf des Sultans mit Ungarn um den Rest Serbiens, um Smederevo, erneuerte. Władysław III. von Polen, für kurze Zeit auch umstrittener König von Ungarn (1440–1444), schloß sich 1443 zu einem Kreuzzug mit dem siebenbürgischen Wojewoden Johann Hunyadi und, nach einem ersten Siege, 1444, mit dem Despoten Djuradj (Georg) Branković († 1456) von Serbien, dem Schwiegersohn Murâds II., sowie mit den Albanern unter Skanderbeg und den Griechen auf der Peloponnes zusammen; als Gesandter Papst Eugens IV. nahm Kardinal Cesarini an dem überstürzten Unternehmen teil. Wegen eines Turkmenenaufstandes in Kleinasien schloß der Sultan einen Waffenstillstand, der auf dem Reichstag von Szegedin auch beschworen wurde. Aber die Kreuzfahrer brachen das Abkommen und trugen dadurch zum eigenen Untergang bei. Die Niederlage von Varna am 10.11.1444, in der Cesarini und Władysław fielen, war für Byzanz der Anfang vom Ende. Zwar erlitten die Osmanen auch Rückschläge auf dem Balkan. Den härtesten Widerstand leistete Georg Kastriotis, der Skanderbeg (1405–1468), in Albanien, das schon seit 1430 als „Sandschak" (etwa = Gau) eine türkische Provinz geworden war, sich aber 1444 noch einmal zu offenem Aufstand erhob und in mehreren Schlachten siegreich blieb. Anfangs behauptete sich außer Rumänien auch der Teil Serbiens unter Branković bis 1459, und Hunyadi mit dem Legaten Capistrano rettete Belgrad 1456 noch einmal unmittelbar vor der Eroberung. Aber der lange Kampf um das befestigte Konstantinopel ging verloren. Am 29.5.1453 gelang den Türken von der Landseite der Durchbruch durch die ungeheuren Mauern. Sultan Mehmed II. Fatih, der „Eroberer" (1451–1481), ließ nach blutigen Straßenkämpfen die Hagia Sophia in eine Moschee umwandeln.

D. Mitteleuropa im 15. Jahrhundert

Das Deutsche Reich war durch das Schisma und dessen Folgen stärker als andere, in sich fester geschlossene Herrschaftsgebilde betroffen. Der Gegensatz zwischen Landesherren, König und Städten schlug sich nicht nur darin nieder, daß im Reich während des Schismas nicht überall derselbe Papst anerkannt wurde, sondern auch in vielfältig wechselnden Bündnissen und Machtkonstellationen, die durch Landesteilungen noch komplizierter wurden, z. B. durch die habsburgische von 1379, als Albrecht II. († 1395) Österreich, sein Bruder Leopold III. († 1386) die übrigen Gebiete übernahmen, oder 1392 durch die wittelsbachische Teilung in die Linien Ingolstadt, Landshut und München. König Wenzel (1378–1400, † 1419), wenngleich ein besserer Herrscher, als die gegen ihn erhobenen Vorwürfe glauben machen wollten, konnte die Aufgaben nicht lösen, vor die er sich gleichzeitig gestellt sah: Reich und Kirche hätte er reformieren, das Schisma beendigen sollen, den allgemeinen Frieden herstellen und wahren, gegen die immer stärkeren Teilgewalten in Deutschland und Italien zu Felde ziehen, die Kaiserkrone erwerben und, so verlangten es alte Theorie und Titelführung, das Reich mehren sollen. Auch die Ausübung der Königsherrschaft im unruhigen Böhmen zur Zeit Hus' und der Hussiten war vielfältig erschwert, der König mehrfach sogar gefangen.

Zu Bünden verschiedener Art schlossen sich die kleineren Reichsunmittelbaren vor allem in Oberdeutschland zusammen: 1373 der Ritterbund von St. Georg in Schwaben, 1376 der Schwäbische Städtebund unter Führung Ulms, der bald durch Zutritt rheinischer und elsässischer Städtebünde erweitert wurde und sich besonders gegen Graf Eberhard von Württemberg richtete. Der König versuchte 1384 in der Heidelberger „Stallung", zwischen Fürsten und Städten zu vermitteln. Aber noch stärkte deren Position der Beitritt Nürnbergs und Basels und 1385 gar ein Bündnis, das zwischen Bern, Zürich, Zug und dem Schwäbischen Bund gegen Österreich zustande kam; Schweizer schlugen 1386 ein habsburgisches Ritterheer unter Leopold III. bei Sempach, 1388 die Habsburger bei Näfels. Wenzel, der zeitweilig den Städten nahestand, begünstigte am Ende doch die Fürsten, vor allem nach den offenen Kriegen von 1387/88 und nachdem die Städte 1388 bei Döffingen von Graf Eberhard verlustreich besiegt worden waren. Der Reichstag zu Eger verbot im folgenden Jahr alle Städtebünde, versuchte einen allgemeinen Landfrieden einzuführen und zeigte erste Ansätze für dessen Exekutive. Aber allgemeiner Unfriede herrschte in den folgenden Jahren, zumal da die Kurfürsten und die großen Dynastien, vor allem der Wittelsbacher und Habsburger, in bisweilen rasch wechselnden Bündniskonstellationen, auch mit ausländischen Mächten, seit 1397 auf einen Herrschaftswechsel hinwirkten. Am 20. 8. 1400 setzte ein politisch wohlvorbereiteter Fürsten- und Ständetag zu Oberlahnstein Wenzel ab – der sich aber bis zu seinem Tode weiterhin als Römischen König ansah. Die alten Vorwürfe waren zu Absetzungsgründen verdichtet: Minderung des Reiches, insbesondere dadurch, daß der König den Visconti in Mailand geduldet, ja zum Herzog erhoben hatte; Versagen bei der Friedenswahrung in Reich und Kirche ebenso wie bei der Beseitigung des Schismas; sogar Blankourkunden soll der „hartnäckige" und „unziemlich lebende" König (so Absetzungsurkunde) ausgestellt haben. Am folgenden Tage wählten die Kurfürsten am Rhein einen aus der Mitte der Königsmacher, Ruprecht von der Pfalz (1400–1410). Auch dieser blieb erfolglos, insbesondere in seiner Italienpolitik, und schon 1405 schlossen sich gegen ihn der Markgraf von Baden, der Graf von Württemberg und schwäbische Städte unter Führung Erzbischof Johanns von Mainz im Marbacher Bund zusammen; zu offenem Kampfe kam es freilich nicht mehr.

Noch mehr verwirrte sich die Situation, als 1410 Wenzels Bruder Siegmund († 1437), seit 1387 König von Ungarn, von der einen und gleich darauf sein Vetter Jobst von Mähren († 1411) von einer anderen Gruppe der Kurfürsten gewählt wurden, beide übrigens gegen die Vorschriften der Goldenen Bulle für sich selbst die Stimme Kurbrandenburgs beanspruchend, das Siegmund 1388 an Jobst verpfändet hatte. Neben den drei Päpsten gab es also, da Wenzel noch lebte, drei deutsche Könige. Der frühe Tod Jobsts erübrigte einen Thronkampf, und die luxemburgischen Stiefbrüder einigten sich vorübergehend mit dem Gedanken, daß Wenzel die Kaiserkrone anstreben, Siegmund als sein Vikar vorerst Römischer König bleiben würde. Indem er Brandenburg seinem Wahlhelfer und Vertrauten, dem Burggrafen Friedrich von Nürnberg, zuerst als seinem Verweser übergab, ihn dann, auf dem Konstanzer Konzil am 30. April 1415, mit der Kurwürde belehnte, kam das Haus Hohenzollern in die Mark, wo Friedrich sich, nicht zuletzt unter Einsatz nürnbergischer Geschütze, gegen den opponierenden Adel durchsetzte.

Siegmund verfolgte zunächst die Interessen Ungarns; er setzte vor allem nach der Niederlage von Nikopolis den Kampf gegen Venedig um Dalmatien fort. Aber gerade dadurch wurde er in die italienische Politik hineingezogen, und es gelang ihm, das Konstanzer Konzil zustande zu bringen. So nahm Siegmund 1413 bereits kaiserliche Aufgaben wahr. Eine Vermittlung zwischen England und Frankreich brachte er nicht zustande. Er erreichte jedoch, geschickt zwischen und mit den italienischen Parteiungen lavierend, 1433 die Kaiserkrönung und ein letztes Mal eine kirchenpolitische Mittlerrolle. Seit dem Tode Wenzels, dem Siegmund 1420 als König von Böhmen folgte, war er freilich fast ganz durch die Hussitenkriege gebunden.

In Böhmen hatten sich die religiösen und sozialen Unruhen mit nationalen Bestrebungen verbunden. Jakob von Mies († 1429), ein Freund Hus', Professor an der Universität und Pfarrer von St. Michael in Prag, reichte an die zu ihm und anderen gelehrten Priestern strömenden unteren Volksschichten seit 1418 das Abendmahl in beiderlei Gestalt, also auch den Kelch. Die Hussiten sammelten sich besonders um den südböhmischen, nach dem

Alten Testament genannten Berg Tabor bei Budweis zu Predigt und Abendmahl, bildeten Heere und sicherten sich durch Wagenburgen und Städtegründungen. Nach dem Kreuzzugsaufruf Martins V. 1420 gegen sie spalteten sie sich in die gemäßigten „Utraquisten", die nur das Abendmahl auch für Laien in „beiderlei" Gestalt (sub utraque specie) forderten – also den mit der hervorgehobenen Hostienverehrung seit dem 13. Jh. verbundenen Kelchentzug rückgängig machen wollten –, und in die radikalen sozialrevolutionären Taboriten. Deren Führer war der einäugige Jan Žižka († 1424). Mit neuer Taktik in Fußkämpfen und mit Wagenburgen erzwang er 1420–1422 Sieg um Sieg gegen den König: bei Višehrad, bei Saaz, bei Deutsch-Brod. Nach dem Auszug der Universitätsangehörigen wurden nun alle katholischen Deutschen aus Prag vertrieben. Die Hussiten stellten sogar eine außenpolitische Verbindung mit Siegmund Korybut von Litauen her.

Der König belehnte nach dem Aussterben der Askanier 1423 den Markgrafen Friedrich von Meißen mit dem Kurfürstentum Sachsen in der Hoffnung, einen erfolgreichen Reichsfeldherrn gegen die Hussiten zu gewinnen. Dadurch erhob Siegmund das Haus Wettin (ähnlich wie die Hohenzollern in der Mark) dauerhaft in den ersten Rang der deutschen Fürsten und verlagerte den Schwerpunkt des Kurfürstentums endgültig von Nieder- nach Obersachsen. Zögernd auf beiden Seiten schlossen sich die Kurfürsten 1424 im Binger Kurverein mit dem neuen Standesgenossen zu einer Art Nebenregierung zusammen. Die Hussiten freilich konnte auch der neue Herzog von Sachsen nicht aufhalten. Sie fielen nunmehr unter Žižkas Nachfolger, dem gelehrten Priester Prokop, seit 1426 mehrfach nach Sachsen, Franken und Bayern, nach Schlesien, in die Lausitz und bis in die Mark Brandenburg ein und schlugen das Reichsheer bei Aussig und Mies, ein Kreuzheer bei Taus; Prokop selbst fiel 1434 in der von den Taboriten verlorenen Schlacht bei Lipan. Erst das Basler Konzil fand die Kompromisse mit den Utraquisten in den Kompaktaten, deren formelle Wiederaufhebung 1462 doch die Abendmahlspraxis der gemäßigten Hussiten nicht mehr völlig verhindern konnte.

Erst recht nach der kurzen Regierung Albrechts II., der als Schwiegersohn Siegmunds 1438/39 König von Ungarn und Böhmen war, gleichzeitig zum Römischen König gewählt wurde und die lange Reihe der Könige und Kaiser aus dem Hause Habsburg (bis 1740 bzw. 1806) eröffnete, trat die besondere Stellung Böhmens deutlich hervor. Georg von Podiebrad, Verweser für Albrechts Sohn Ladislaus Posthumus und seit 1444 Führer der Utraquisten, verband abermals die Königreiche Böhmen und Ungarn in Personalunion, hier freilich mit der Regentschaft Johann Hunyadis. Ungarn machte eine ähnliche Entwicklung wie Böhmen durch. Friedrich III. übernahm zunächst die Regentschaft für den nachgeborenen Ladislaus, sah sich jedoch dem Gegenkönig Władysław III. von Polen gegenüber, der Buda erobern konnte, aber 1444 bei Varna gegen die Türken fiel.

In Deutschland war 1440 Friedrich von der Steiermark zum König gewählt worden, der Graz nur ungern verließ. Das Reich, das kaum die Hussitenkriege überstanden hatte, sah sich im Westen den Armagnaken-Feldzügen ausgesetzt, die mehrfach das Elsaß verwüsteten. Der habsburgische König scheute sich nicht, die Söldnerhaufen gegen die Eidgenossen anzusetzen, um ehemaligen Hausbesitz zurückzugewinnen. Ein Schweizer Heer wurde bei St. Jakob an der Birs aufgerieben. Auch Kriege einzelner Landesherren wie die Soester Fehde des Erzbischofs von Köln, der Nürnberger Städtekrieg Kurfürst Albrechts Achilles von Brandenburg oder 1460 die großen Fürstenfehden zwischen Wittelsbach und Hohenzollern, Mainz und Pfalz, Herzog Siegmunds von Tirol gegen Nikolaus von Cues, den Bischof von Brixen (seit 1450), ließen die Forderung nach einem allgemeinen Landfrieden und nach Reichsreform durch Stärkung der Exekutive, Reichssteuer und wirksame Gerichtsinstitutionen immer dringlicher erscheinen. Königliche, kurfürstliche, städtische und andere ständische Entwürfe dafür wurden in großer Zahl verbreitet, erst recht, als Friedrich III. 1452 die Kaiserkrönung, die letzte in Rom, erreicht hatte.

E. Nord- und Osteuropa im 15. Jahrhundert

Skandinavien, unter König Erik dem Pommern (1412–1439) noch immer vereint, geriet 1423 erneut in einen Krieg mit der Hanse. Deren Schiffahrt war um 1400 durch die „Vitalien-Brüder" unter Goedeke Michels und Klaus Störtebeker, Seeräuber, die ursprünglich mit dem Viktualien-Nachschub für die mecklenburgische Partei in Dänemark betraut waren, von Wisby aus empfindlich gestört worden. Erik, mit Brandenburg verbündet, sah sich seit 1421 einem Gegenbündnis zwischen Lübeck, Hamburg und dem Deutschen Orden gegenüber. Wie schon Kaiser Siegmund im Kampfe gegen Venedig und im Hundertjährigen Krieg England gegen Frankreich wandte Erik neue Mittel einer wirtschaftlichen Kriegführung an: Er verfügte eine Handelssperre, erhob erneut den Sund-Zoll, förderte den eigenen dänischen Handel, begünstigte holländische und englische Kaufleute und Seefahrer gegen die Hanse. Der Krieg dehnte sich aus, nachdem König Siegmund Dänemark 1424 Schleswig zugesprochen hatte, das jedoch 1431 von Lübeck und Holstein besetzt wurde. Bauernaufstände, vor allem in Schweden unter Engelbrecht Engelbrechtsson, nicht so sehr die Macht der Hanse, zwangen Erik zu einem Waffenstillstand; 1435 schloß er den Frieden zu Vordingborg, in dem die Hanseprivilegien erneuert wurden, wenn auch unter Beibehaltung des dänischen Sund-Zolls. Schleswig blieb bei Holstein. Der schwedische Reichstag wählte erst Engelbrecht, 1438 Karl Knutsson Bonde zum Reichsvorsteher gegen Erik; 1439 wurde dieser auch aus Dänemark vertrieben. Hier wählte der Reichsrat dessen Neffen Christoph von Bayern († 1448) zum König, der ab 1440 auch in Schweden, ab 1442 in Norwegen herrschte. Er war von der Hanse völlig abhängig. Dennoch ging im Gefolge des wirtschaftlichen Niedergangs der Hanse ihr politischer Einfluß stark zurück. Die norddeutschen Landesherren zwangen die Städte aus dem Bund heraus. Ein Handelskrieg mit Flandern (1449/50) führte zur Verlegung des hansischen Stapels von Brügge über Deventer nach Utrecht. Holländische Reeder und Fernhändler brachten den Getreide- und Holzhandel in Riga und Danzig an sich und umgingen Hansemonopole, von Dänemark begünstigt, durch „Klipphäfen". Allerdings bestätigte nach Festnahme aller Hansen in England (mit Ausnahme Kölns) der Frieden von Utrecht 1474 noch einmal die alten Privilegien, erlangte die Hanse den Stalhof in London zurück.

Bei Christophs Tode zerfiel die Kalmarische Union vorübergehend. In Dänemark folgte Christian I. von Oldenburg († 1481), in Schweden der mehrfach umstrittene König Karl VIII. Knutsson († 1470), der um Gotland und Norwegen, wo eine Doppelwahl stattfand, kämpfen mußte. 1457 wurde er vertrieben, als der schwedische Großadel König Christian wählte. Trotz dieser Wirren setzte sich insgesamt das Königtum in allen drei Reichen gegenüber Adel und Volk durch. Eine scharfe Steuerpolitik schuf eine wirtschaftliche Machtbasis. König Christians Stellung kam ferner zugute, daß er nach dem Tode des kinderlosen Herzogs Adolf VIII. von Holstein und Schleswig von den Ständen je zum Herzog von Holstein und von Schleswig gewählt wurde (1460), dafür jedoch die rechtliche und steuerliche Unabhängigkeit der Herzogtümer und vor allem ihre Untrennbarkeit bestätigen mußte. Von daher stammt die Formel: „Op ewich tosamende ungedelt."

Die Begünstigung des Adels in Schweden führte zu Bauernaufständen, die Christian schließlich vertrieben. Karl VIII., von seinem Neffen Sten Sture unterstützt, kehrte nach Schweden zurück. Ihm folgte 1470–1497 Sten Sture als Reichsvorsteher, der erneute dänische Unionsversuche abwehrte. Gegen den Großadel förderte er außer den Bauern die Städte, in denen er die deutschen Magistrate zurückdrängen ließ. Stockholm blühte zu der bedeutendsten Stadt Skandinaviens auf. Weniger erfolgreich war der ungekrönte Reichsvorsteher nach außen, wo er verlustreiche Kriege gegen Zar Ivan III. führte.

Als nach dem Tode König Christians dessen Sohn Hans 1482 König in Dänemark, 1483 in Norwegen wurde, erhob sich gegen Sten Sture Widerstand des Adels und der vom Erzbischof von Uppsala geführten Kirche. Der Reichsvorsteher wurde abgesetzt und 1497 zum Verzicht zugunsten König Hans' gezwungen, unter dem die drei Reiche vorübergehend erneut vereinigt waren.

Der Ordensstaat sah sich seit dem Ersten Thorner Frieden mit Polen-Litauen wachsenden Schwierigkeiten gegenüber. Der Kampf um Samaiten wurde in prozessualer Form vor das Konstanzer Konzil gebracht. Die Erörterung der Problematik des gerechten Krieges und der gewaltsamen Mission stärkte das polnische Ansehen im zeitgenössischen Europa; an der politischen Lage änderte sich dadurch nichts. Hochmeister Heinrich von Plauen, der in dem Kriege mit Polen die Marienburg gehalten hatte, war 1413 von einer Friedenspartei abgesetzt worden und starb 1429 in der Haft. Die Spannungen verlagerten sich jetzt zunächst auf das Innere des geschwächten Staates. Hier hatten sich seit 1397 westpreußische Ritter im „Eidechsenbund" gegen die Ordensherrschaft zusammengeschlossen und fanden darin selbstverständlich polnische Unterstützung. Auch der Städte konnte der Orden nicht mehr sicher sein, obwohl die Einungs- und Ständebewegungen dazu führten, daß der Hochmeister Paul von Rusdorf (1422–1441) 1432 einen „Großen Landesrat" einsetzte. 1440 vereinigte sich der landsässige Adel mit den Städten zum „Preußischen Bund". Als dieser sich 1454 von der Ordensherrschaft lossagte, begann mit dem erneuten Krieg gegen Polen der endgültige Niedergang des Ordensstaates.

Polen hatte schon im zweiten und dritten Jahrzehnt des 15. Jh. kleinere Kämpfe mit dem Orden geführt, so wie dieser in Litauen eingefallen war, insbesondere als dort Aufstände scheinbar die Möglichkeit boten, die polnisch-litauische Union zu spalten. Auch die Hussiten fanden in Polen Anhänger, und als sich die religiösen Gegensätze mit Adelsgruppierungen verbanden, versuchte der achtzigjährige Großfürst Witold von Litauen († 1430), der Vetter Władysławs II. Jagiełło († 1434), die Thronfolge in Polen zu erreichen oder zu bestimmen. Er bestätigte in dem Privileg von Jedlno 1430 die Kaschauer Privilegien und zog durch weitere Zugeständnisse die Magnaten und den Klerus auf seine Seite. Auch Władysław III. (1434–1444) hätte sich, zumal zu Beginn seiner Herrschaft, die er als Zehnjähriger und unter Regentschaft antrat, ohne sich auf Adelsgruppen zu stützen, gegen Widerstände anderer Parteiungen nicht behaupten können. Dennoch bauten die Jagiełłonen ihre Machtpositionen im ganzen weiter aus. Zwar konnte Władysław III. gegen die Adelsopposition 1438 die ihm angetragene böhmische Wenzelskrone nicht annehmen, wohl aber errang er 1440 auch die ungarische Königswürde. Freilich zerbrach die Union mit Litauen tatsächlich noch einmal für kurze Zeit. Doch Władysławs Bruder Kasimir IV. Jagiełło (1447–1492) erneuerte in Brest die Personalunion mit Litauen im Jahre 1446 formell. Der König mußte zwar dem Adel 1454 weitere Zugeständnisse machen, so das Indigenat für die einzelnen Landesämter, die Zustimmung der regionalen Landtage zum Aufgebot und bei der Besetzung von Hofämtern. Er gewann damit jedoch die Möglichkeit, vereint mit dem Preußischen Bunde den Dreizehnjährigen Krieg gegen den Ordensstaat zu führen. Es war kein „nationaler" Krieg, der 1454 begann. Die preußischen Stände waren mit der Krone Polen verbündet, und Danzig schloß sich sogleich Polen an, wofür es innerhalb des Königreiches eine rechtliche und wirtschaftliche Sonderstellung erlangte. 1456 ging dem Orden die Marienburg, welche er an seine Söldner verpfändet hatte und die diese an Polen verkauften, verloren. Der

Hochmeistersitz wurde unter Ludwig von Erlichshausen (1450–1467) nach Königsberg verlegt. Im Zweiten Frieden von Thorn 1466 mußte der Orden das Kulmer Land, Pommerellen, das Ermland, die Marienburg und Elbing abtreten und die polnische Oberhoheit anerkennen. Er hatte damit seine frühere Bedeutung verloren. Polen-Litauen dagegen war die ostmitteleuropäische Großmacht geworden und als solche gefestigt. Freilich wurden damit Auseinandersetzungen mit Rußland unvermeidlich, wandte sich Polen nunmehr, die ältere litauische Politik wiederaufnehmend, auch nach Osten. Damals entstand, was später die „Jagiełłonische Idee" genannt wurde.

In Rußland bekam das Großfürstentum Moskau nach dem frühen Tode Dmitrij Donskojs unter Vasilij I. (1389–1425) und Vasilij II. (1425–1462) sogleich die Macht an seiner Westgrenze zu spüren, vor allem als Witold von Litauen nach 1410 sich sowohl mit den inneren Gegnern der Moskauer Großfürsten als auch mit tatarischen Gruppen verbündete, obwohl er seine Tochter Sophia mit Vasilij I. vermählt hatte. Er benutzte diese Verbindung, um 1425 die Regentschaft über den minderjährigen Vasilij II. zu beanspruchen, übrigens je nach der politischen Aktivität zwischen Katholizismus und Orthodoxie mehrfach die Konfession wechselnd. Witold unterstützte damit allerdings auch, am Ende gegen die Interessen Litauens, das Moskauer Großfürstentum gegenüber den kleineren von Tver' und Rjasan. Die „Sammlung der russischen Erde" durch die Moskauer Großfürsten ging jedoch langsam und nach vielen Kämpfen und Rückschlägen vor sich. Sie schritt in dem Maße voran, in dem sich die persönliche Macht des Großfürsten durch die allein ihm ergebenen kleineren Dienstadligen – im Gegensatz zu den älteren Bojaren – festigte, vor allem durch die „Hofleute". Zu diesen gehörten schon im 15. Jh. auch Ausländer. Schließlich gelang es dem immer wieder umstrittenen und zeitweilig vertriebenen Vasilij II. während des Konzils von Ferrara, zu dem der die Union befürwortende Metropolit Isidor selbst zog, 1448 eine enge Verbindung zwischen dem neu gewählten orthodoxen Gegenmetropoliten Jonas und sich herzustellen. Die Allianz zwischen Großfürst und Metropolit wurde erst recht nach dem Fall Konstantinopels gestärkt und bestimmte jahrhundertelang die russische Geschichte mit, die auch eine Geschichte des „Dritten Rom" war.

XII. Europa im 15. Jahrhundert

A. Historische Räume. Bevölkerung. Gesellschaft

Die spätmittelalterliche Staatenbildung und der Staatenausbau, die im 13. Jh. begannen, waren bis zur Mitte des 15. Jh. zu einem gewissen Abschluß gekommen. Dabei verlagerte sich der Schwerpunkt des Geschehens am Ende auf West- und Südeuropa. England und vor allem Frankreich waren aus den langen Kriegen als „Nationalstaaten" hervorgegangen, und die Bevölkerung gewann ein Bewußtsein davon. Auf der Iberischen Halbinsel gelang – wie in Skandinavien zeitweilig, in Böhmen und Ungarn längerfristig – eine dauerhafte Union der großen Königreiche. Das Osmanische Reich und zuletzt noch das Großfürstentum Moskau in Rußland hatten den Weg in den Kreis der Mächte Europas angetreten. Das Papsttum und das deutsch-römische Kaisertum hatten ihre Universalgewalt verloren, waren jedenfalls zu zweitrangigen Mächten herabgesunken. Wohl bereitete sich in Italien die Pentarchie der fünf wichtigsten Mittelstaaten der Apenninhalbinsel vor, unter ihnen der Kirchenstaat als ein Territorium unter anderen. Das Deutsche Reich, seit der ersten Hälfte des 15. Jh. „Heiliges Römisches Reich Deutscher Nation" genannt, bestand aus einer großen Zahl von partikularen Herrschaften; es war weder einheitlich noch gar zentralistisch. Es hatte keine Residenz der Kaiser. Die wichtigste Veränderung, die Öffnung dieser historischen Räume Europas nach Osten, Süden und Westen, begann ebenfalls in jener Zeit, ohne sie freilich schon zu bestimmen: der Weg in „Neue Welten" war zwar angebahnt, aber nur erst in seinem Anfang beschritten.

Die Bevölkerungszahlen stagnierten in der ersten Hälfte des 15. Jh. noch immer. Dann begann ein zunächst langsamer Anstieg, landschaftlich stark unterschieden, in den Reichen der Iberischen Halbinsel besonders nachgewiesen, vor allem aber auch in Mittel- und Osteuropa. Um 1450 kann man für Europa rund 50 Millionen Einwohner annehmen, davon auf den Britischen Inseln 3, in Frankreich und den Niederlanden zusammen 12, in Deutschland und Skandinavien (das zu den am dünnsten besiedelten Regionen gehörte) 7,5 Millionen. Die besten Schätzungen für die Iberische Halbinsel belaufen sich auf rund 7, für Italien auf 7,5, für Griechenland und den Balkan rund 4,5 Millionen, wobei die vorstoßenden und sich zeitweilig wieder zurückziehenden Türken einen besonderen Unsicherheitsfaktor in die Statistik bringen. Für Polen-Litauen dürfen 2, für Ungarn 1,5, für die russischen Fürstentümer bereits 6 Millionen Einwohner angesetzt werden. Hier ist der Anstieg besonders spürbar, doch war etwa die Hälfte der europäischen Bevölkerung noch immer in West- und Mitteleuropa und besonders auf dem Kontinent ansässig.

Offensichtlich nahm sowohl in Oberitalien wie in den Niederlanden besonders die Zahl der Stadtbewohner zu. Insgesamt wohnten in Europa wohl 20 bis 25 % der Bevölkerung in Städten, in Brabant fast ein Drittel. Paris soll angeblich schon fast 300000 Einwohner gehabt haben. In Genua lebten trotz den häufigen Kriegen und beginnendem politischem Rückgang 84000 Menschen, innerhalb der Bannmeile sogar rund 120000, in Florenz 38000 bzw. 125000. Venedig zählte 1422 190000 Seelen; Barcelona 35000, wohl etwas mehr noch Toledo und Sevilla, London 30000, Novgorod knapp 50000. Nicht immer sind die Gründe für Bevölkerungsverschiebungen so deutlich erkennbar wie in Konstantinopel, wo die Einwohnerzahl 1453 mit nun 35000 nur noch etwas mehr als ein Zehntel der Glanzzeit der alten Kaiserstadt betrug, oder wie bei dem starken wirtschaftlichen Aufstieg Antwerpens, der die Einwohner von rund 5000 im Jahre 1347 auf 20000 im Jahre 1440 hochtrieb. Starke Zunahmen – ohne daß genauere Zahlen festzustellen sind – verzeichneten auch Neapel und Palermo, wo sich die Hauptstadtfunktion mit Ausweitung des Handels verband, der sogar mit den oberitalienischen Zentren konkurrieren konnte. Auch nach 1400 ist noch eine Reihe von Städten neu gegründet worden, so in den Bergbaugebieten Sachsens. Den Rang verschiedener deutscher Städte mag der folgende Vergleich zeigen: Köln hatte in der Mitte des 15. Jh. 40000, Lübeck rund 25000, Frankfurt am Main im Jahre 1440 8719 Einwohner, Berlin rund 6000, Hannover knapp 5000.

Vor allem in den größeren Städten waren die sozialen Unterschiede besonders ausgeprägt. In den Niederlanden wie in Oberitalien und in den deutschen Großstädten gab es bereits Anfänge eines städtischen Proletariats, das aus Lohnarbeitern und überzähligen Gesellen entstand und verschiedentlich – wie in London und Paris – an Unruhen gewalttätig beteiligt war. Bettler gehörten zum alltäglichen Bild jeder Stadt. Der Zustrom ungelernter Arbeiter ländlicher Herkunft vergrößerte die Zahl der Armen, die zwischen 10 und 20 % ausmachten, in den kleineren niederländischen Städten bei wirtschaftlichem Niedergang, der aus Mangel an Konkurrenzfähigkeit mit den großen entstand, sogar bis zu 36 %. Im 15. Jh. wurden die Reichen reicher, die Armen ärmer als vorher, und die Unterschiede vergrößerten sich ständig. So wenig also von einer gleichartigen städtischen Einwohnerschaft geschweige denn „Bürgerschaft" gesprochen werden kann, so wenig einheitlich waren andere soziale Gruppen. „Die" Geistlichkeit umfaßte den reichen und machtvollen, ein Territorium beherrschenden Bischof ebenso wie den armen, aus den kärglichen Pfründen kaum lebensfähigen Pfarrer oder gar die bisweilen rebellisch gesinnten städtischen „Altaristen", welche gegen geringes Entgelt die vielen Seelenmessen lasen. Zum Adel gehörten Monarchen, Magnaten und stark verarmende Ritter (die öfter nur als „Raubritter" ihr Leben fristeten), auch dort, wo er, wie in Polen oder Ungarn, einheitlich, z. T. sogar korporativ rechtlich noch weiter als im 14. Jh. privilegiert wurde. Rechtsstellung und Stand beruhten nicht und immer weniger auf gleicher oder auch nur ähnlicher Wirtschaftslage. Daher schlugen sich Kleriker auf die Seite aufrührerischer städtischer Unterschichten, begannen kleine Herren und Ritter Geld zu verleihen, sofern ihre meist aus Grundherrschaft stammenden Einkünfte das erlaubten, oder verdingten sich als Söldner. Immer tiefer werdende soziale Klüfte charakterisieren das 15. Jh. insgesamt und trugen wesentlich zu den fast allenthalben erhobenen Reformforderungen bei. Einen besonderen Unruhefaktor stellten die zwischen den verschiedenen Kriegen häufig herrenlosen Reisigen und Söldnerhaufen dar, wie die „Englischen" und die „Armagnaken", welche vor allem Landschaften West- und Mitteleuropas verwüsteten. Verbote und Schutzmaßnahmen gegen sie fruchteten wenig (am meisten noch in Frankreich), weil die Landesherren oder Herrscher sich ihrer immer wieder bedienten. Ihre Zahl läßt sich schwer schätzen; es muß wohl einzelne Haufen bis zu 40000 Mann gegeben haben; die Mehrheit zog etwa zu einigen Hundert durchs Land.

B. Wirtschaft. Handel. Verkehr

In der Wirtschaft zeigten sich im 15. Jh. an verschiedenen Stellen Europas Anfänge einer planmäßigen und systematischen herrschaftlichen Wirtschaftspolitik. Diese war nicht nur, wie während des Hundertjährigen Krieges oder in Skandinavien gegenüber der Hanse oder wie seitens König Siegmunds gegen Venedig in Dalmatien und am Schwarzen Meer, ein Mittel der Politik überhaupt, etwa durch Stapelverlegungen, Handelssperren und sogar Handelskriege, sondern sollte den Wohlstand und damit die Machtbasis der eigenen Herrschaft stärken. In Italien gelang es sowohl in Florenz unter den Medici wie vor allem in den Seehandelsstädten, politische und wirtschaftliche Führung gleichsam in Personalunion zu verbinden. Das gilt auch für die weitere Ausbildung des Patriziats in den größeren deutschen Städten. In Frankreich hatte zeitweilig der Kaufmann Jacques Cœur als Finanzier entscheidenden politischen Einfluß. Später griff der König, Ludwig XI., unmittelbar in die Wirtschaftslenkung ein, sowohl durch Steuer- und Finanzpolitik wie durch Regelung von Ein- und Ausfuhr und die Privilegierung Lyons als Messeort. Auf der Iberischen Halbinsel zeitigte die Initiative etwa Heinrichs des Seefahrers durch Sklavenhandel und Goldeinfuhr Handelserfolge und damit eine Lenkung der Wirtschaft. Aragón war mit seinen italienischen Unternehmungen zugleich an das dortige Bankenwesen angeschlossen. Dieses spielte aber nicht nur in Italien, sondern nahezu in ganz West- und Mitteleuropa eine wachsende Rolle, etwa die Casa di S. Giorgio in Genua (seit 1407) oder die Medici in Florenz. Nordalpine Bankzentren bildeten sich auch in Brügge und Lübeck. Überall in West- und Südeuropa begünstigten die Anfänge des Frühkapitalismus und der noch stärker als im 14. Jh. ansteigende Geldbedarf, der nicht zuletzt durch die vielen Söldnerheere wuchs, erneut die städtischen Oberschichten, wogegen sich in Portugal, Frankreich, England und anderwärts Adelsbünde erhoben. Die englischen Könige aus dem Hause York förderten die Tuchfabrikation ihres Reiches gegenüber Flandern, den Seehandel gegenüber der Hanse. Ein Traktat von wohl 1436, das „Libell of Englishe Policye“, widmete sich fast ausschließlich der seehandelspolitischen Vormacht Englands. Auch in Böhmen und Ungarn verfolgten die Könige bewußt wirtschaftspolitische Ziele, hier vor allem, indem sie den Erzbergbau wie in Joachimstal und Kuttenberg, so in Schemnitz und Kremnitz noch intensiver betrieben und vornehmlich aus Deutschland einwandernde Bergleute bevorrechten ließen.

Gab es schon im 14. Jh. Bergbaudörfer neben den Städten, so kam im 15. Jh. weitere ländliche Industrie auf, während die Erträge aus adliger Agrarwirtschaft langsam zurückgingen. Wüstungsgebiete stellte man, wo immer möglich, auf intensive Sonderkulturen um: auf Obst- und Weinbau, auf Viehzucht. In Flandern und in den Niederlanden, in der Toscana wie in Oberdeutschland entwickelte sich ländliche Tuch- und Leinenproduktion. Dabei verlagerten sich gegenüber dem 14. Jh. vor allem in den Niederlanden im Zusammenhang mit den politischen Kämpfen die Schwerpunkte: von Flandern über Brabant nach Holland, Handel und Vertrieb von Brügge nach Antwerpen.

Während der Handel in Südeuropa im 15. Jh. noch stabil blieb, der venezianische Levante- und Schwarzmeerhandel mit Luxusstoffen und Gewürzen blühte und Florentiner ihre starke Stellung in Ägypten und im Vorderen Orient behaupten konnten, während portugiesische Kaufleute mit den ersten Entdeckungsreisen ein westafrikanisch-atlantisches Handelssystem aufzubauen begannen, ging der hansische Handel bereits langsam zurück. Die Kämpfe mit den skandinavischen Königen und der Niedergang des Ordensstaates hatten die Hanse im 15. Jh. geschwächt. Norddeutsche Landesherren begannen ihren Landstädten verschiedentlich zu verbieten, in der Hanse zu bleiben, und die Konkurrenz der geförderten niederländischen und englischen Seefahrt im Ostwesthandel machte sich in den Ostseestädten bemerkbar. Seit 1446 gingen auch die Hanseprivilegien in England verloren. Überdies wurden die östlichen Handelswege zu Lande stärker frequentiert, was der neuen Messestadt Leipzig zugute kam. In Süddeutschland stiegen einzelne Handels- und Bankhäuser auf, etwa die Welser in Augsburg, denen ebendort bald die Fugger als eine noch reichere und mächtigere Familie folgten. Auch eine Augsburger Handelsgesellschaft, die der Meutings, trieb zwischen Venedig und London Handel. Neben der an Bedeutung weiter zunehmenden Ravensburger Handelsgesellschaft bildeten sich aus Nürnberger Familien Kaufleutegruppen, die vor allem in den Karpatenländern mit Erzen handelten. Die Imhofs handelten zwischen Sizilien, Portugal und den Niederlanden. In der Eidgenossenschaft gewann die von dem Berner Niklaus von Diesbach und den Brüdern Watt aus St. Gallen gegründete Handelsgesellschaft große Bedeutung. Auch sie vertrieb, wie die Ravensburger, Leinen auf der Iberischen Halbinsel ebenso wie in Polen und im Ordensstaat und brachte dafür aus dem Osten Pelze und Wachs, aus dem Südwesten Safran zurück. Die wirtschaftliche Kraft der Diesbachs, die mehrere Bürgermeister von Bern stellten, setzte sich in politische Macht um, indem die Handelsfamilien nicht nur weitgehend und langfristig, vor allem in den Burgunderkriegen, die eidgenössische Politik bestimmten und für Ludwig XI. von Frankreich fast ein gleichrangiger, jedenfalls gesuchter Partner wurden.

C. Rechte. Verfassung

Für die Geschichte der Rechte und Verfassungen in Europa bilden das Jahr 1378 und die Mitte des 15. Jh. keinen entscheidenden Einschnitt; in diesen zeitlichen Grenzen setzt sich, in engem Zusammenhange mit den politischen Ereignissen, fort, was vorher begonnen hatte und erst später auf den Höhepunkt oder zu einem gewissen Abschluß gelangte: die Prägung des frühneuzeitlichen Staates. Die Kämpfe zwischen den Herrschern und den Ständen, meist dem hohen Adel, stellten nicht den werdenden Staat als solchen in Frage, sondern förderten ihn in gewisser Weise geradezu; der Kampf um die Herrschaft oder die Teilhabe und Mitwirkung an ihr war ein „Kampf ums Recht" und – umgekehrt – dieser ein Kampf um die Beteiligung an der Ausübung der Macht. Insofern führte der mehrfach erwähnte Verfassungsdualismus überall, wenn auch durch die inneren Auseinandersetzungen oder äußeren Kriege verschieden stark beschleunigt, zur Territorialstaatlichkeit und damit, sieht man von den Städten ab, zur Territorialisierung der Rechte. Dieser Vorgang wiederum begünstigte die Integration älterer kleinerer Rechtseinheiten und Herrschaften in die Territorialstaaten, sei es in die west- und osteuropäischen Königreiche, in die skandinavischen Unions-Reiche, sei es (in Mitteleuropa) – unter der weiterhin behaupteten und auch trotz Beschränkungen bewahrten imperialen Gewalt – in die zahlreichen Landesherrschaften und Städte des seit der ersten Hälfte des 15. Jh. so genannten Heiligen Römischen Reiches Deutscher Nation sowie Ober- und Mittelitaliens. Die Entstehung des modernen Staates schritt nicht nur verschieden schnell, sondern auch verschieden weit voran. Auf dem Balkan unter der Türkenherrschaft und in Rußland, wo im 15. Jh. das Großfürstentum Moskau mit der Erneuerung des Staates überhaupt erst wieder begann, war die „moderne" Institutionalisierung des territorialen Staates am wenigsten weit gediehen, ohne daß man darauf für Europa insgesamt ein West-Ost-Gefälle konstruieren könnte.

In England war im 15. Jh. die Mitwirkung der Stände prinzipiell nicht mehr bestritten, nachdem die ersten Lancasterkönige, vor allem seit dem stark vom Hochadel wie von Juristen beeinflußten Parlament von 1422, den Grundsatz bekräftigten, daß kein Gesetz ohne Zustimmung aller Stände, also der Prälaten und der Lords ebenso wie der Commons, zustande kommen sollte. Das Parlament nahm immer häufiger die Gesetzesinitiative in Anspruch, und die Verkündigungsformel „by the authority of Parliament" (zuerst 1433) verschwand auch während der „Magnatenanarchie" der Rosenkriege nicht mehr. Mit Berufung auf die notwendige parlamentarische Zustimmung behauptete das irische Parlament im Statut von Drogheda 1460 Irlands Unabhängigkeit, es sei denn, das irische Parlament erkenne englische Gesetze an. Überall also: Einheitlichkeit des Rechts begründet Einheitlichkeit der Herrschaft.

Die Einheit Frankreichs war im 15. Jh. sowohl politisch als auch rechtlich erneut gefährdet – nicht nur durch die letzten Phasen des Hundertjährigen Krieges, sondern auch durch die (damit häufig zusammenhängenden) Kämpfe zwischen dem Hochadel, den Seigneurs, und den Königen. Insbesondere die Staatsbildung der Herzöge von Burgund stellte den Staat der Könige von Frankreich aufs schwerste in Frage. Dennoch gelang es den Königen, mit einer Reihe von Verordnungen und deren in der Regel unverweigerter Registrierung durch das Parlament, den obersten Gerichtshof von Paris, die in den Kämpfen behauptete Herrschaft auch rechtlich zu festigen. Obwohl einzelne französische „Pays", die „Länder" der dynastischen Nebenlinien oder früher selbständige Herrschaften, damals lehnsabhängige Gebiete, ihre eigenen Verfassungen und Rechte noch bewahren konnten (wie etwa Burgund, Flandern, das ohnehin selbständige Herzogtum Bretagne, zeitweilig noch die Guyenne, Provence, Lothringen), setzten doch die Könige von Frankreich im 15. Jh. stärker als andere einheitliches Recht durch. Als Mittel bedienten sie sich immer öfter des „Lit de justice", der unmittelbaren Anwesenheit und damit des unmittelbaren Machtspruches des Königs im Parlament, und der Versammlung der Generalstände. Mit deren Unterstützung reorganisierte Karl VII. 1439 in der als unwiderruflich erklärten Ordonnance d'Orléans das Steuersystem, verbot er zunächst dem niederen Adel die Fehde und schuf er ein stehendes Heer. Zwei Ordonnanzen von Montils-les-Tours (1446 und 1454) reformierten das Rechtswesen und zielten dabei vor allem auf Rechtsvereinheitlichung.

Der hier gegebene rechtliche Befehl zur Aufzeichnung der bestehenden Gewohnheitsrechte (Coutumes) weist auf eine weitere allgemeine Erscheinung der Rechts- und Verfassungsgeschichte des 15. Jh. hin. Verschiedentlich in Europa ließen die Herrscher, wie schon im 13. und in der Mitte des 14. Jh., systematische Rechtssammlungen, Kompilationen und Kodifikationen anlegen, so in Aragón, Kastilien, Portugal und Savoyen. Dabei waren nun in immer stärkerem Maße Gelehrte beteiligt, und die Gründung der vielen spätmittelalterlichen Universitäten sollte nicht zuletzt der landeseigenen Ausbildung von Juristen beiderlei Rechts dienen, des Kanonischen wie des Römischen, die als Räte der Herrscher, als Diplomaten, als Inhaber von

Staatsämtern und staatlicherseits besetzten Kirchenämtern benötigt wurden. – In England ließ Richard III. seit 1483 die „Statutes" des Königreiches drukken, 1484 sogar rückwärtsgreifend für die Jahre 1327 bis 1482. Sammlung und Verbreitung der Gesetze, Rechte und Gewohnheiten, seien sie durch Befehl, Edikt und Verordnung oder durch Übereinkunft, Vertrag mit ständischer oder parlamentarischer Zustimmung zustande gekommen, seien sie (oft nur vermeintlich) alter, jedenfalls ungeklärter Herkunft, sollten mindestens allgemeine Kenntnis, einheitliche Anwendung und damit gleichmäßige und gesicherte Ausübung von Herrschaft über verschiedenartige Teile der territorialen Staaten ermöglichen. Diese konnte damals unabhängig von der jeweils unterschiedlichen Form des mehr oder weniger starken Verfassungsdualismus werden. Häufig wirkten Stände bei den Rechtssammlungen und -bekräftigungen mit, so im englischen Parlament, in den Cortes der iberischen Reiche bereits stärker institutionalisiert, ähnlich in Sizilien; eine vergleichbare Position gewann der Adel in Polen und Ungarn.

Hier hob die prinzipielle Gleichstellung der Magnaten und des niederen Adels zu einer rechtlichen Gruppe von „nobiles" seit Ludwig I. und Königin Maria zwar nicht die unterschiedlichen Machtstellungen und die wirtschaftlichen Unterschiede auf; sie verhinderte nicht einmal die allein königliche Gesetzgebung Siegmunds gänzlich, aber bestärkte auf Reichstagen doch die Zustimmung des Adels und der Prälaten zu Gesetzen, die das ganze, als Einheit angesehene Land betrafen. In den Thronkämpfen nach dem Tode Albrechts II. gewann der ungarische Reichstag bedeutenden Einfluß.

Die Stellung des ebenfalls als prinzipiell gleichberechtigt privilegierten Adels in Polen war seit dem Tode Kasimirs III. noch stärker, weil dessen Nachfolger auf Hilfe des Adels angewiesen waren – daher die Kette der im Zusammenhang mit den innenpolitischen Kämpfen bereits genannten, den Adel vielfach begünstigenden Privilegien von 1374 (Kaschau) bis 1454 (Nessau). Sie gaben dem Adel nicht nur Vorrechte für den eigenen Stand (Wahlrecht, beschränkte Heerfolge, Steuerminderung), sondern sicherten auch seine Zustimmung zu solchen Statuten, die anderswo, weil Regalien betreffend, noch den Herrschern vorbehalten waren. Im 14. und 15. Jh. wurde der Grund zu der später sogenannten polnischen Adelsrepublik gelegt, die zugleich Monarchie blieb. Obwohl die Teilgebiete Landtage behielten, seit der Personalunion vor allem auch Litauen, das viele polnische Rechts- und Verfassungsbestimmungen übernahm, begann sich auch in Polen oberhalb des Dualismus ein einheitliches Reichsrecht auszubilden, das auf einem entsprechenden „Staatsbewußtsein" basierte. Auch in Preußen kam es nach 1410 zur Mitwirkung der Stände (Ritterschaft und Städte) bei der Schaffung von Landesordnungen, also bei der Gesetzgebung und damit an der Herrschaft, freilich ohne daß der Bruch zwischen Orden und Ständen (1454) verhindert werden konnte.

In Aragón begann man seit der zweiten Hälfte des 14. Jh. bereits die Akten der Cortes festzuhalten und zu sammeln. Die Mitwirkung von Ständen bei der Gesetzgebung – nicht nur im Bereich der Steuerbewilligung – war seit dem Ende des Jahrhunderts besonders deutlich in Sizilien zu erkennen: in Form von „Pragmatischen Sanktionen", bei denen die Initiativen des Königs ständischer Zustimmung bedurften, oder von „Capitula", ständischen Vorlagen mit königlichem „Placet". Die häufige Abwesenheit der sizilisch-aragonesischen Könige verstärkte die Stellung des sizilischen Parlaments; auch hier hielten Protokolle dessen Verhandlungen mit den königlichen Räten und Vertretern seit dem 15. Jh. schriftlich fest und bildeten einen Bestandteil der Gesetzesverkündigung.

Im Deutschen Reich war der Verfassungsdualismus seit der immer stärkeren Ausbildung der Landesherrschaften auf zwei Ebenen zu beobachten. Seit dem 13. und 14. Jh. standen dem Kaiser die Reichsstände gegenüber (aus denen die Kurfürsten besonders hervorgehoben waren), den Fürsten die Landstände. Ein Versuch König Siegmunds, 1422 mit Hilfe reichsstädtischer und reichsritterschaftlicher Zusammenschlüsse ein Gegengewicht gegen die Territorialstaaten zu schaffen, mißlang. Die unregelmäßig besuchten, nur nach Bedarf einberufenen Reichstage waren noch keine gefestigten und formalisierten Institutionen. Gleichwohl machten diese Versammlungen die Abhängigkeit des Königs von den Fürsten etwa in den Hussiten-, später in den Türkenkriegen deutlich und veranlaßten schon Siegmund und erst recht seine Nachfolger zur Zurücknahme der Privilegierung von korporativen Bünden und Einungen des niederen Adels und der Städte. Hier zeigte sich besonders, daß die Bewilligung von Finanz- und Truppenhilfe einen Ansatz für ständische Mitbestimmung bot. Das galt wie für das Reich, so für die Länder und Staaten Europas überhaupt. Auch der Landfriede war ohne Mitwirkung der Landesherren im Reich nicht zu wahren. In Skandinavien, besonders in Norwegen, versuchten die Könige ebenso mit Hilfe von Landfrieden um die Mitte des 15. Jh. einheitliche Rechtswahrung zu gewährleisten. In Deutschland nahmen die Forderungen nach Reichsreform ständig zu; vor allem fehlte es an einem wirksamen obersten Gericht und Exekutivorganen im Reich. Die Reform des Reiches war in zahlreichen ständischen Programmen und Schriften einzelner Autoren mit der Forderung der Kirchenreform verbunden; die großen Konzilien von Konstanz und Basel boten Gelegenheit, gleichzeitige Reichstage abzuhalten. Aber erst in der zweiten Hälfte des 15. Jh. kam man Lösungen der Reformfragen näher.

In einzelnen deutschen Territorien gelang es schon in der ersten Hälfte des 15. Jh. – wiederum wie in den europäischen Territorialstaaten: teils in Form fürstlicher Privilegien, teils in Form von regelmäßig zu beschwörenden Landeseinungen unter ständischer Beteiligung-, Rechtsvereinheitlichungen für Gerichtswesen, Exekutions-, Münz-, Kleider-, z. T. schon Kirchenordnungen zu erlassen oder zu verabschieden. Anfänge dessen, was später unter den älteren Begriff der „Polizei" fiel, so vor allem in der thüringischen Landesordnung von 1446, in den Landgeboten der bayerischen Teilgebiete (1437 und 1442), in Kärnten, im Tiroler Landtagsabschied von 1420, in der „Lüneburger Sate“ von 1392 für Braunschweig-Lüneburg. Vielfach wirkten bei diesen Satzungen und Sammlungen juristisch gelehrte Räte mit.

Eine rechtliche Sonderstellung nahmen nach wie vor die Städte ein. Die deutschen Stadtrechtsfamilien vergrößerten sich teilweise noch im 15. Jh., gerieten allerdings auch schon in Konflikte mit den nach einheitlichem Recht strebenden Territorialstaaten, deren Herrscher den Rechtszug außer Landes zu verbieten begannen. Andererseits entstanden anderswo in gewisser Weise neuartige Instanzenzüge und Rechtsabhängigkeiten, wenn Städte selbst in stärkerem Maße Territorien schufen. In Italien wurden die mehrfach genannten Statuten umgebildet oder nach Wechsel des Stadtherrn gänzlich neu gesetzt, vor allem in der Terra ferma unter venezianischer Herrschaft. Auch in den Städten wirkten Juristen bei der Tendenz zu neuen Kompilationen mit, so in Mailand unter Giangaleazzo Visconti (1396), so in der „Revision“ des Rechts von Florenz (1415). In den größeren und reicheren Städten ging die Erfüllung der bürgerlichen Wehrpflicht zurück, sobald sich die Städte – nicht nur unter den italienischen Condottieri und Signori – Söldner halten konnten: Anfänge stehender „Heere“ auch hier. Schließlich galt auch für das Gebiet des Stadtrechts, daß das volle Regiment an die Ausübung der Gerichtsbarkeit – in Reichsstädten meist durch das Schultheißenamt – gebunden war. Städte wie Frankfurt am Main oder Nürnberg, Straßburg oder Köln und Amsterdam erwarben beides kurz vor oder nach 1400.

D. Religionen. Kirchen

Religions- wie kirchengeschichtlich erwiesen sich das ausgehende 14. und die erste Hälfte des 15. Jh. als eine besonders bewegte Zeit. Schisma und Konzilien samt den Theorien, die sie hervorriefen, gehörten zwar eher in den Bereich der allgemeinen Geschichte, ja der Politik, aber die Forderung der Reform „an Haupt und Gliedern“ verstärkte sich im 15. Jh. generell und um so mehr, je weniger die Konzilien die Forderungen erfüllten, wirkliche oder vermeintliche Mißstände abzuschaffen. Die am meisten offenkundigen waren im katholischen Westen, also in Europa zwischen Polen und Ungarn einerseits und Schottland und Portugal andererseits, weitgehend gleich: starkes soziales Gefälle innerhalb des Klerus, Mangel an Seelsorge, Pilgerversorgung und Krankenpflege trotz Überfluß an Klerikern, die oft abwesend von ihren Pfründen lebten; Mißbrauch von Kirchenämtern als reinen Versorgungseinrichtungen sogar für unzureichend Geweihte; Ämterkumulation und -käuflichkeit; Mißbrauch von Kirchenstrafen; zweifellos auch stärker als durchschnittlicher Sittenverfall, in vielen Klöstern nur lockere Befolgung der

Gelübde; unzureichende Klerikerbildung. In Deutschland vor allem nahm die Reservierung der Domkapitel für immer exklusiver ausgewählte Angehörige des Adels zu, wurden selbst die mit der Wahrnehmung bestimmter Ämter versehenen Dignitäten unter ihnen (Propst, Dekan, Kantor, Scholaster) – sofern ihre Inhaber nicht ohnehin politische Aufgaben erfüllten – bloße Sinekuren. Daher auch das Drängen nach Bischofssitzen, daher die häufigen Doppel- und Mehrfachwahlen bzw. -provisionen. Im Gegensatz dazu verbreiteten sich Sozialkritik und Biblizismus weiter, ebenso individuelle Religiosität, erneuerte Spiritualisierung, Widerspruch gegen die Politisierung oder gar gegen Anfänge einer „Nationalisierung" der Kirche vor allem in England und Frankreich.

Die Konkordate einzelner Territorialstaaten mit dem Papst gingen z.T. bereits über die erwähnte Aufnahme von einzelnen Reformdekreten hinaus; in gewissem Sinne überwanden sie sogar die Ergebnisse des Konziliarismus. Die Pragmatische Sanktion von Bourges schloß nicht nur den König von Frankreich mit den französischen Bischöfen und Fürsten einerseits zusammen, sondern stellte gerade dadurch die Repräsentanten der „Kirche Frankreichs" der Kurie andererseits gegenüber. Die Pragmatische Sanktion bekräftigte noch einmal die konziliare Theorie, entzog der Kurie die meisten Einkünfte aus Frankreich sowie das Recht, dort Pfründen zu besetzen. Zudem sollten Prozesse im Zweifelsfalle vor ein ordentliches weltliches Gericht gebracht werden, nämlich vor das Pariser Parlament. Ausdrücklich war das Appellationsrecht von geistlichen zu weltlichen Gerichten vorgesehen. Das Wiener Konkordat dagegen – und auch im Gegensatz zur Mainzer Akzeptation – war im ganzen viel weniger reformfreundlich. Vor allem blieben im Deutschen Reich wie in den Ländern viele finanzielle Belastungen durch die Kurie bestehen. Daher forderten deutsche Traktate besonders lebhaft und zunehmend heftiger Reformen. Von der Mitte des 15. Jh. an wurden die Mißstände und Reformforderungen als „Gravamina" formuliert.

An die heftigen und radikalen Entladungen der auftretenden Spannungen unter Wyclif und seinen Anhängern, Jan Hus und dessen Nachfolgern, braucht hier nur noch einmal erinnert zu werden. Beide religiösen Bewegungen lebten trotz dem Scheitern ihrer revolutionären Frühphasen und trotz kriegerischen Niederlagen in England, wo sich auch nach Einführung der Todesstrafe für „Ketzer" (1401) und Verbrennung eines ihrer wichtigsten Vertreter, John Oldcastles (Lord Cobham, † 1417, Vorbild für Shakespeares Falstaff), 1431 die Lollarden noch einmal erhoben, und in Mitteleuropa untergründig oder in lockerer Organisation fort bis ins Zeitalter der Reformation. Die religiöse Unruhe zeigte sich um 1400 erneut in Flagellantenzügen; die Geißler durchstreiften unter dem spanischen Dominikaner Vicente Ferrer († 1419) vor allem die alten Waldensergebiete in Südfrankreich und Oberitalien. Außerordentlich war die Wirkung der Volksprediger, vor allem der italienischen Franziskaner Bernardino von Siena und Johann von Capestrano, die übrigens dem strengeren Flügel der Observanten (nicht den Spiritualen) angehörten. Die Masse der Predigten zeigt freilich ein niedriges Niveau.

Aber auch die Laienbruderschaften wie vor allem die der Devotio moderna breiteten sich weiter aus, ebenso die Windesheimer Kongregation von Augustinerchorherren. In ähnlicher Weise schlossen sich auch Benediktinerklöster zu geistlichen und wirtschaftlichen Reformen zusammen, so in Italien 1412 von S. Giustina in Padua aus, so in Spanien zuerst in Valladolid, so seit 1439 in Norddeutschland die Bursfelder Kongregation. Kontrollierende und brüderlich mahnende Visitationen päpstlicher Legaten, unter denen besonders tätig, einflußreich und auch als Friedensstifter begehrt Nikolaus von Cues hervorragte, unterstützten solche Reformbewegungen. Neben religiösen Unruhen und friedlichen Reformen blühte eine kräftige Volksfrömmigkeit. Vielfältig wie ihre Formen waren ihre Gründe. Zweifellos hat auch der wirtschaftliche und gesellschaftliche Wandel das Unbehagen an einer Kirche, die sich etwa der Geldwirtschaft ebensowenig entziehen konnte wie andere Institutionen der Zeit, und damit die Suche nach neuen Ausdrucksformen der Religiosität gefördert. Andererseits blieb auch diese von den genannten Bedingungen nicht verschont. Individuelle Unrast, Sündenbewußtsein, vielfach bezeugt, und, vor allem in Städten und auf Wallfahrten, wie der zu den Wilsnacker Hostien, vulgär-kollektive Erscheinungen schlossen einander nicht aus: daher Todesfurcht und Totentänze, Ablaßwesen, intensivere Heiligenverehrung, etwa der 14 Nothelfer, daher ebenso inniger Marienkult und der neue der hl. Anna, Seelenmessen, immer wieder Bedürfnis nach Predigt – was zur Einrichtung neuer, häufig für Angehörige der Bettelorden bestimmter Predigerstellen führte –, daher stärkere Armenpflege und städtisches Spitalwesen tätiger Laien. Selbst das National- und beginnende Landeskirchentum (z. B. in Thüringen, Kleve, Brandenburg) verfolgte nicht nur herrschaftliche Zwecke, sondern gewann auch karitative Verdienste. Das gleiche gilt noch mehr von den städtischen Obrigkeiten.

Die Mystik vertiefte die schlichte Laienfrömmigkeit, indem sie selbst popularisiert wurde. Das geschah in den „Fraterhäusern" der Niederlande und am Rhein ebenso wie in den Reformklöstern Italiens. Wieder verfaßten, wie auch im 13. und 14. Jh., Frauen mystische Schriften, etwa die Engländerin Juliana von Norwich mit ihren „Revelations of Divine Love" oder die Begine Marie von Valenciennes. 1441 erschien die wohl am weitesten verbreitete und bis heute viel gelesene Erbauungsschrift dieser Art, die „Imitatio Christi" („Nachfolge Christi") des Thomas von Kempen († 1471). Anspruchsvoller, allerdings auch schwieriger und gelehrter waren die dennoch weithin wirkenden Schriften einiger Pariser Theologen. Pierre d'Ailly († 1420), 1389 Kanzler der Universität, und Jean Gerson († 1429; 1395 Kanzler), die für die konziliare Idee und die Kirchenreform in Frankreich eine bedeutende Rolle spielten, verbanden in ihren Schriften Mystik und Scholastik; d'Ailly wirkte überdies als Geograph mit seiner „Imago mundi" („Bild der Welt", 1410) noch auf Kolumbus ein. Nikolaus von Clémanges († 1437) unterbaute den neuen Biblizismus, den seit dem Ende des 14. Jh. nationalsprachliche Bibelübersetzungen förderten, theologisch-wissenschaftlich.

Im ganzen geriet die Theologie der Zeit jedoch in eine zunehmende epigonale Erstarrung. Die beiden früher erläuterten, sich erkenntnistheoretisch unterscheidenden Lehrmeinungen standen sich immer unversöhnlicher gegenüber: die sich auf Thomas von Aquino berufende „realistische" via antiqua und die „nominalistische" via moderna, die sich jetzt vor allem auf Ockham stützte. Ganze Fakultäten, ja Universitäten waren in der Regel auf eine der Positionen eingeschworen; besonders verbreitet war eine Schrift des Pariser Professors Johannes Capreolus († 1444), die in vier Büchern die Theologie des „göttlichen" Doctors Thomas verteidigte. Unter solchen Theologen ragte abermals Nikolaus von Cues (1401–1464, seit 1450 Bischof von Brixen) empor. In zahlreichen Schriften hat er über den Kosmos der Wissenschaften gearbeitet, zur Kirchen- und Reichsreform auch tätig beigetragen. Neuplatonisch-humanistische Elemente versuchte er mit mystischen und streng theologischen zu vereinigen. In seinem Hauptwerk, der „Docta ignorantia" (1440), suchte er die Einheit über den Denkgegensätzen und Methoden der Zeit. Er fand diese Einheit in der auf Christus begründeten „coincidentia oppositorum", in der alle Gegensätze überwölbt werden. Diese Lehre wurde alsbald von dem Benediktinerprior in Tegernsee, Bernhard von Waging, allgemeinverständlicher gefaßt und seit 1451 verbreitet. Das Einheits- und Friedensstreben des Nikolaus von Cues umfaßte die Religionen in der Formel: „Una religio in rituum varietate" – eine Religion in der Verschiedenheit der Riten. Damit verlieh er auch dem noch einmal gewagten Versuch einer vorübergehenden Griechenunion Ausdruck – sie konnte freilich weder den Fall Konstantinopels verhindern noch das fast 400jährige Ost-West-Schisma heilen.

Die Judenverfolgungen in Westeuropa brachen immer wieder aus. Die Situation der Juden blieb gefährdet, obwohl sie sich vielfach am Ende des 14. Jh. erholt hatten. Ihre Besteuerung wuchs ebenso wie die Konkurrenz nichtjüdischer Kaufleute und Bankiers im Kreditgeschäft. Der Versuch Friedrichs III., den Schutz noch einmal durchzusetzen, scheiterte am Widerstand der meisten Städte, hier besonders der Zünfte. Immer noch sonderten Kleiderordnungen die Juden bereits äußerlich ab, z. B. 1416 in Bologna oder 1451 auf, übrigens von Nikolaus von Cues einberufenen, Synoden in Salzburg, Bamberg, Magdeburg und Mainz. Freilich forderten auch Juden selbst die positiv und rituell umgedeuteten Zeichen, etwa den auf der Brust getragenen Zirkel oder, bei Jüdinnen, die beiden blauen Streifen im Gewand. – So hielt die Auswanderung von Juden aufs Land und vor allem nach Polen an, wo sie auch, unter den Jagiettonen aufgenommen, Pächter von Gütern und Verwalter von Salinen wurden, als Ärzte und Handwerker, Händler und

Geldleiher tätig waren und eine Art Selbstregierung mit eigener Jurisdiktion gewannen.

Die Orthodoxe Kirche verlor mit Byzanz ihr altes Zentrum; es verlagerte sich nach Moskau, dem „Dritten Rom". Die islamischen Türken gewährten jedoch den unterworfenen Christen Glaubensfreiheit, und gerade in den osmanischen Balkangebieten gewann das ohnehin traditionell bedeutende Mönchtum eine weitere Stärkung.

E. Wissenschaften. Künste. Bildung und Erziehung

Wissenschaften und Künste gingen in der ersten Hälfte des 15. Jh. zwei noch weiter getrennte Wege, die sich doch vielfältig kreuzten und überlagerten, den alten der Scholastik und der Gotik und den neuen des Humanismus und der Renaissance. Die Fortentwicklung der Wissenschaften fand sowohl an den weiteren Neugründungen von Universitäten – 1395 Buda, 1402 Würzburg, 1405 Turin, 1409 Leipzig (nach Auszug deutscher Magister und Scholaren aus Prag), 1411 St. Andrews, 1419 Rostock, 1422 Dôle, 1423 Nantes, 1425 Löwen, 1437 Caen – wie auch an den neuen humanistischen Akademien Italiens statt. Die Universitäten waren freilich enger auf bestimmte Lehren eingeschworen, insbesondere auf die beiden „Viae", die „antiqua" (z.B. Leipzig, Löwen) oder die „moderna" (z.B. Wien, Erfurt). Aber die Scholastik bedeutete nicht nur Erstarrung oder Sophisterei; die Ausbildung in den „Artes" und der Aristotelismus der Spätscholastik bereiteten auch die höheren Studien für praxisnahe Wissenschaften wie die Jurisprudenz vor und förderten die sich weiterhin verselbständigenden naturwissenschaftlichen Forschungen mit experimentellen und mathematischen Methoden. Wissenschaft, gerade die der Quaestionen-Literatur des 15. Jh., forderte mehr und mehr den überprüfbaren Beweis. Die Führung ging im 15. Jh. dabei von den englischen und französischen Universitäten auf die italienischen und deutschen über. Dort begannen die Gelehrten die Existenz von Atomen anzunehmen, die Möglichkeit des Vakuums, entdeckten sie eine physikalisch exakte Dynamik, faßten sie den Gedanken der Unendlichkeit und einer Vielheit von Welten. Geographie war bereits seit d'Ailly ein wissenschaftliches Thema geworden.

Größer und dauerhafter freilich war die Wirkung des Humanismus, der schon in der ersten Hälfte des 15. Jh. auf der Grenze von Wissenschaft und Literatur stand. Griechische Gelehrte brachten das byzantinische Geisteserbe lange vor dem Fall Konstantinopels nach dem Westen. Der neue Humanismus – niemals war antike Tradition ganz verschüttet gewesen – wandte sich zugleich gegen Scholastik und christlichen Simplizismus, mit Platon gegen Aristoteles und versuchte, Platonismus, Neuplatonismus und Christentum zu verbinden. Coluccio Salutati holte den byzantinischen Gesandten in Venedig, Manuel Chrysoloras († 1415), als Lehrer nach Florenz, wo er 1397 eine griechische Grammatik verfaßte. Besonders während des Konstanzer Konzils begannen vor allem Italiener systematisch (und erfolgreich) nach Handschriften antiker Schriftsteller zu suchen, allen voran der päpstliche Sekretär Poggio Bracciolini († 1459, seit 1453 Kanzler in Florenz) und der Florentiner Niccolo Niccoli († 1437). Andere begannen römische Altertümer zu sammeln. 1429 brachte Francesco Filelfo Platons „Staat" aus Konstantinopel nach Italien, den 1441 Pier Candido Decembrio übersetzte. Weitere Platon-Übersetzungen fertigten Leonardo Bruni († 1444, seit 1427 Kanzler in Florenz) und Marsilio Ficino an. Zentren der humanistischen Wissenschaften wurden seit 1440 die von dem byzantinischen Konzilsgesandten Gemisthos Plethon gegründete Accademia Platonica in Florenz, die zuerst von dem Archäologen Pomponius Laetus geleitete Accademia Romana und die Accademia Pontiana in Neapel unter Panormita, der diesseitige Sinnenfreude nach antikem Vorbild lobte. Lorenzo Valla († 1457), der die Konstantinische Schenkung endgültig und mit philologischer Methode als Fälschung erwies, vertrat eine epikureische Moralphilosophie, Poggio trug auf einer Reise den Humanismus nach England, wo – wie bei dem Chaucer-Schüler John Lydgate († 1448) – der Humanismus frühe Verbreitung fand. Stärker allerdings sorgten dafür die vielen italienischen Höfe. In Mantua z.B. wirkte Vittorino Ramboldoni da Feltre als Fürstenerzieher; sein Vorbild war Quintilian. Das Erziehungsprogramm des Maffeo Vegio betonte vor allem eine gleichartige Mädchenbildung.

„Alte" und „neue" Gedanken zeigten sich auch, neben- wie miteinander, in der Geschichtsschreibung, die oft in offiziellem Auftrag abgefaßt war. So gab es Hofhistoriographie in Portugal, höfische Geschichtsschreibung in Frankreich, in der sich zunehmend politischer Realismus und Psychologisierung zeigten – noch sehr in den Anfängen um 1400 bei Jean Froissart und in der Mitte des Jahrhunderts in den zu St. Denis kompilierten, dynastisch bestimmten „Grandes chroniques de France", die 1476 gedruckt wurden; am stärksten später bei Philippe de Commines. Daneben wirkt die 1418 erschienene Weltchronik „Cosmidromius" des Westfalen Gobelinus Person vergleichsweise altmodisch, wenngleich wir ihr u.a. einen anschaulichen Bericht über das Konstanzer Konzil verdanken. Auch die immer weiter verbreiteten Städtechroniken, aus denen in Deutschland die 1424/25 verfaßte Augsburger Chronik Siegmund Meisterlins hervorragt, wurden oft in offiziellem Auftrag geschrieben. Leonardo Bruni überreichte der Signorie eine nach dem Vorbild des Livius verfaßte Geschichte von Florenz.

In der Dichtung haben die stark realistische Lyrik Oswalds von Wolkenstein († 1445), die um 1400 verfaßten Balladen des Eustache Deschamps über ihre Zeit hinaus gewirkt, am stärksten die des Vaganten François Villon in dessen „Petit Testament" (1456). Nach dem Vorbild des Boccaccio entstanden in Italien und in Frankreich weitere Novellen- und Anekdotensammlungen. Ein

1444 erschienener Prosaroman des Johann Hartlieb zeichnete die „Geschichte des großen Alexander" nach. Gleichzeitig wurden in West- und Mitteleuropa liturgische Dramen, besonders in der Passionszeit, in den Kirchen oder vor ihnen aufgeführt, so 1452 eins des Arnold Greban von Le Mans, die oft durch schwankhafte Zwischenspiele unterbrochen waren. Um 1440 entstanden, bald ebenso populär, die Volksbücher, zuerst „Fortunatus" und „Die schöne Magelone".

Ihnen wie den Wissenschaften kam die bedeutungsvollste Erfindung des späten Mittelalters rasch zugute: der seit etwa 1445 ausgeübte Buchdruck mit beweglichen Lettern des Johann Gensfleisch, gen. Gutenberg († 1468), erst in Straßburg, dann in Mainz; seine Wirkung ist nicht zu überschätzen.

Die beiden Ausdrucksformen der Zeit zeigten sich auch in den Stilrichtungen der bildenden Künste. In West- und Mitteleuropa wie im Osten herrschte noch die Spätgotik vor. In England bestimmte der „Perpendicular Style" mit den vielfältig gegliederten flachen Netzgewölben, dem flammenden Maßwerk, der in Frankreich „style flamboyant" genannt wurde, die Großbauten. Er wirkte sich während des Hundertjährigen Krieges in den Niederlanden und in Frankreich aus, in Paris am Westwerk von Notre-Dame, in Dijon. Spanische Kathedralen mit riesigen Vierungstürmen (Sevilla, Saragossa) zeigten französischen Einfluß. In Deutschland hatten sich fast überall die Hallenkirchen durchgesetzt, auch hier mit optischen Raffinessen in Pfeilern, Strebe- und Maßwerk. Baumeisterdynastien der Parler, Ensinger, Böblinger und Roritzer brachten auch in Süddeutschland neben den Sandsteinbauten Backsteinkirchen hervor, beispielhaft in Landshut, Salzburg, Ingolstadt. Die norddeutsche Backsteingotik setzte sich in den immer größer werdenden Domen zu Brandenburg und Stendal fort und schuf die größte Kirche im Ostseegebiet, den Dom zu Dorpat, ebenso wie viele Rat- und Gildehäuser, Tore. Eine Sonderform entstand in den Kirchenburgen zu Siebenbürgen angesichts der Türkengefahr.

In der gleichen Zeit war Florenz wie im Humanismus ein Mittelpunkt der Renaissance. Beispielgebend errichtete Filippo Brunelleschi († 1446) 1418–1434 ohne Gerüst die Florentiner Domkuppel. Ihm folgte als Dombaumeister Michelozzo († 1472), der Erbauer des ebenfalls als Muster wirkenden karreeförmigen Palastes für Cosimo de Medici.

Die Malerei, bei den spätgotischen Altären oft mit Plastiken verbunden, war nördlich der Alpen durch hölzerne Tafelaltäre mit zwei bis sechs klappbaren Flügeln charakterisiert, wie für die erste Hälfte des 15. Jh. z.B. der Wildunger Altar des Konrad von Soest, der Tucher-Altar in Nürnberg oder der Barbara-Altar der Englandfahrer in Hamburg zeigen. Für die folgende Zeit gewann Konrad Witz († 1447) größere Bedeutung. Er begann die Landschaft zu verselbständigen, malte die Weite des Raumes, erarbeitete immer feinere Perspektiven, so in „Petri Fischzug" oder in der (jetzt in Nürnberg befindlichen) eindrucksvollen „Verkündigung Mariae". Die Volksfrömmigkeit spiegelte sich – wie auch in der Literatur – in den ältesten Totentänzen wider: im Dominikanerinnenkloster Klingenthal/Basel, bei den Dominikanern zu Straßburg, in der Marienkirche zu Berlin. – Neuere Ansätze zeigten sich in den Zentren der niederländischen Malerei: in Haarlem, Gent und Brügge mit Jan van Eyck, in Löwen mit Dirk Bouts und in Brüssel mit Rogier van der Weyden. Allen gemeinsam war der Versuch, lichtvolle Räume in glänzenden Ölfarben (nicht mehr Tempera), realistische Genres, Landschaften, erste Akte zu malen und bei fürstlichen oder bürgerlichen Auftragsbildern Portraitähnlichkeit zu erreichen. Damit beeinflußten sie auch die in Frankreich und Burgund weiterhin geübte, jetzt zu voller Pracht entfaltete Buchmalerei, besonders der Stundenbücher.

In der italienischen Frührenaissance lassen sich ebenfalls mehrere Kunstkreise unterscheiden. Das Zentrum bildete wieder Florenz mit Masaccio, Fra Angelico, Filippo Lippi; daneben sind Umbrien, Oberitalien (wo besonders nachhaltig Mantegna und der auch als Medailleur bedeutende Pisanello wirkten), Venedig (das Jacopo Bellini, der Schwiegervater Mantegnas, mit seinen luftigen, lichtvollen und in schwebenden Farben gehaltenen Bildern entzückte) und Siena von Bedeutung. Neben Landschaften fanden Interieurs zunehmendes Interesse der Maler. Natur, Personen als solche wurden Sujets, Heilige ohne Nimbus gemalt. Die Perspektive wurde nicht nur im Bild erprobt, sondern von Brunelleschi und Alberti auch in Traktaten theoretisch, ja wissenschaftlich begründet.

Ähnliche Phänomene zeigt die Plastik der Zeit. In Frankreich herrschte der niederländisch-burgundische Realismus des Claus Sluter in Dijon, des Jean de Cambrai in den Grabmälern zu Bourges und Souvigny. In Spanien und England hielten die Künstler an älteren Formen fest. Für Deutschland war der Schrein-Flügelaltar charakteristisch; es gab mehrfach Altarbauwerkstätten mit vielfacher Produktion. Im Rheinland zeigte sich der sogenannte Weiche Stil, ähnlich den „Schönen Madonnen" in Franken und weiter ostwärts, für die jene „im Strahlenkranz" in der Lorenzkirche in Nürnberg ein besonders schönes Beispiel bietet.

Italien spielte auch in der Plastik seine Sonderrolle. Den Florentiner Architekten und Malern gesellten sich ebenso beispielgebende Bildhauer bei, vor allem der ebenfalls als Theoretiker wirkende Lorenzo Ghiberti, der 1414 mit einem Johannes dem Täufer die erste überlebensgroße Rundfigur seit der Antike schuf, und Donatello, von dem u. a. die Heiligenstatuen am Dom-Campanile und das Relief einer Verkündigung Mariae in Florenz stammen.

Wie in den Wissenschaften wirkten auch in den Künsten beide Ausdrucksformen menschlichen Denkens und individueller Selbstdarstellung des 15. Jh.: Scholastik und Gotik, Humanismus und Renaissance, in die Zukunft fort. Sie waren weniger Gegensätze, als daß sie einander ergänzten.

Bibliographie

Abkürzungen

AAG	Abhandlungen der Akademie der Wissenschaften Göttingen
A. u. A.	Antike und Abendland
AAWM	Abhandlungen der Akademie der Wissenschaften in Mainz, geistes- und sozialwissenschaftliche Klasse
ABAW	Abhandlungen der Bayerischen Akademie der Wissenschaften, Philosophisch-historische Klasse
AJPh	American Journal of Philology
ANRW	Aufstieg und Niedergang der Römischen Welt. Hg. v. H. Temporini
BEFAR	Bibliothèque des Écoles Françaises d'Athènes et de Rome
BerRGK	Berichte der Römisch-Germanischen Kommission des Deutschen Archäologischen Instituts
CAH	Cambridge Ancient History
Diss.	Dissertation
EdF	Erträge der Forschung
ES	Epigraphische Studien
GWU	Geschichte in Wissenschaft und Unterricht
HdA	Handbuch der Altertumswissenschaft
HZ	Historische Zeitschrift
JRS	Journal of Roman Studies
MH	Museum Helveticum
ND	Nachdruck
OGG	Oldenbourg Grundriß der Geschichte
RBPh	Revue Belge de Philologie et d'Histoire
RE	Realencyclopädie der classischen Altertumswissenschaft
RhM	Rheinisches Museum für Philologie
RStdA	Rivista Storica dell'Antichità
SBAW	Sitzungsberichte der Bayerischen Akademie der Wissenschaften, München
SDHI	Studia et Documenta Historiae et luris
TAPhA	Transactions of the American Philological Association
TzF	Texte zur Forschung
WdF	Wege der Forschung
WZ Halle	Wissenschaftliche Zeitschrift der Martin-Luther-Universität Halle-Wittenberg
ZRG	Zeitschrift der Savigny-Stiftung für Rechtsgeschichte, Romanistische Abteilung

Vor- und Frühgeschichte, Altertum

Elementare Hilfsmittel, Nachschlagewerke und allgemeine Darstellungen

1. Bibliographisches

L'Année Philologique. Bibliographie critique et analytique de l'Antiquité Gréco-Latine. Paris 1928ff. (nahezu vollständige Erfassung der jährlichen Neuerscheinungen).

Archäologische Bibliographie, Berlin 1914ff.

I. Weiler (Hg.): Grundzüge der politischen Geschichte des Altertums. Wien, Köln 1990.

I. Weiler: Griechische Geschichte. Einführung, Quellenkunde, Bibliographie. Darmstadt ^{2}1988.

K. Christ: Römische Geschichte. Einführung, Quellenkunde, Bibliographie. Darmstadt ^{4}1990.

Als Einführung mit vielen bibliographischen Hinweisen:

H. Bengtson: Einführung in die Alte Geschichte. München ^{8}1979.

2. Allgemeine Nachschlagewerke zur ersten Orientierung:

Brockhaus Enzyklopädie. Wiesbaden 1986ff. (Bd. 19: 1992) (24 Bde.).

Lexikon Alte Kulturen. Hg. v. H. Brunner, W. Flessel, Fr. Hiller, 3 Bde. Mannheim 1990.

Meyers Enzyklopädisches Lexikon. Mannheim 1971–1981 (32 Bde. u. Jahrbücher).

Auch ältere Auflagen dieser und anderer Lexika sind nützlich, da sie oft umfangreiches statistisches Material enthalten und über historische Sachverhalte ausführlich und gediegen informieren.

3. Sachwörterbücher und Enzyklopädien

Zur kurzen Orientierung:

E. Bayer: Wörterbuch zur Geschichte. Stuttgart ^{4}1980 (=Kröners Taschenausgabe Bd. 289).

F. Lübker: Reallexikon des klassischen Altertums. Leipzig ^{8}1914.

The Oxford Classical Dictionary. Oxford ^{2}1970.

H. Lamer/P. Kroh: Wörterbuch der Antike mit Berücksichtigung ihres Fortwirkens. Stuttgart ^{8}1989 (=Kröners Taschenausgabe Bd. 96).

Gründliche wissenschaftliche Information:

Paulys Real-Encyclopädie der classischen Altertumswissenschaft (RE). Neue Bearbeitung von *G. Wissowa* u.a., Stuttgart 1893–1980, 1. Reihe 14 Bde., 2. Reihe 10 Bde., 15 Supplement-Bde.

Der Kleine Pauly. Lexikon der Antike in 5 Bänden. Stuttgart 1964–1975 (=dtv-Taschenbuch 5963, 5 Bde., 1979).

Lexikon der Alten Welt. Zürich 1965. ND 1991 (=dtv-Lexikon der Antike. 13 Bde., 1969ff.).

Lexikon der Antike. Leipzig ^{9}1987.

Reallexikon für Antike und Christentum (RAC). Stuttgart 1950ff.

Handwörterbuch der Staatswissenschaften. Neu unter dem Titel Handwörterbuch der Sozialwissenschaften (HDSW). Stuttgart, Tübingen, Göttingen 1956–1968 (13 Bde.).

Die Religion in Geschichte und Gegenwart (RGG). Tübingen ^{3}1957–1965 (7 Bde.).

H. Hunger: Lexikon der griechischen und römischen Mythologie. Wien ^{6}1969 (=rororo 6178).

Tusculum-Lexikon griechischer u. lat. Autoren des Altertums und des Mittelalters. Von *W. Buchwald, A. Mehlweg, O. Prinz.* München, Zürich ^{3}1982.

Historisches Wörterbuch der Philosophie. Darmstadt 1971ff., 9–10 Bde.

4. Quellensammlungen

W. Arend: Geschichte in Quellen I. Altertum. München ^{2}1975.

G. Guggenbühl/O. Weiss: Quellen zur Geschichte des Altertums. Zürich ^{4}1980.

Chrestomathie zur Geschichte der Alten Welt. Hg. v. *V. Struve.* Berlin 1954–1959 (3 Bde.).

Griechische und lateinische Quellen zur Frühgeschichte Mitteleuropas (Hg.: *J. Herrmann*) I–IV Berlin 1988–1992.

5. Historische Atlanten

Großer Historischer Weltatlas, hg. vom Bayerischen Schulbuchverlag. München I ^{6}1978.

F. W. Putzger: Historischer Weltatlas. Bielefeld ^{100}1980.

Westermanns Großer Atlas zur Weltgeschichte. Braunschweig ^{9}1976.

dtv-Atlas zur Weltgeschichte. Karten und chronologischer Abriß. München, Band 1: ^{11}1975.

Atlanten zur griechisch-römischen Welt:
H. Scullard: Bildatlas der klassischen Welt. Gütersloh 1960.
M.I. Finley: Atlas der klassischen Archäologie. München 1979.

Den geographischen Grundbedingungen und Zusammenhängen sind gewidmet:
M. Cary: The geographical background of Greek and Roman History. Oxford 1949.
E.S. Semple: The Geography of the Mediterranean Region. Its Relation to Ancient History. New York 1931.
R. Dion: Aspects politiques de la géographie antique. Paris 1977.
E. Olshausen: Einführung in die Historische Geographie der Alten Welt. Darmstadt 1991.
S. Lauffer (Hg.): Griechenland. Lexikon der histor. Stätten. München 1989.

6. *Spezialwerke für allgemeine geschichtliche Informationen*

Der große Ploetz, Auszug aus der Geschichte. Würzburg ²⁹1980.
S. Lauffer: Daten der griechischen und römischen Geschichte. München (dtv) 1987, ³¹1991.
W.-D. Barloewen (Hg.): Abriß der Geschichte antiker Randkulturen. München 1961.

7. *Gesamtdarstellungen und Reihenwerke:*

The Cambridge Ancient History. 12 Bde. Cambridge ²1970ff. Bde. I–X. ³1960–1966.
Fischer Weltgeschichte. Frankfurt a.M. 1966–1968, Bde. 1–9.
Histoire Générale (Hg. *Gustave Glotz*), Abteilung Histoire ancienne. Paris ⁵1925ff.
Historia Mundi. Bern 1953–1956, Bde. 1–4.
Propyläen Weltgeschichte. Eine Universalgeschichte. Frankfurt 1961–1963 (Bde. I–IV) (=Ullstein-Buch 1976).
Saeculum-Weltgeschichte, hg. v. *H. Franke* u.a. Freiburg 1965ff. Bde. I und II.
E. Kornemann: Weltgeschichte des Mittelmeerraumes von Philipp II. von Makedonien bis Muhammed. ND. München 1967 (2 Bde.).
E. Meyer: Geschichte des Altertums. Darmstadt ⁶1975 (8 Bde.).
M. Rostovtzeff: Geschichte der Alten Welt. Bremen ⁵1970 (2 Bde.).

F. Taeger: Das Altertum. Geschichte und Gestalt der Mittelmeerwelt. 2 Bde. Stuttgart ^{6}1958.
M. Grant: Mittelmeerkulturen in der Antike. München 1974.
Ed. Meyer: Die wirtschaftliche Entwicklung des Altertums (in: Kleine Schriften I 1910 ^{2}1924).
F. Heichelheim: Wirtschaftsgeschichte des Altertums. Leiden 1969 (3 Bde.).
H. Kloft: Die Wirtschaft der griechisch-römischen Welt. Eine Einführung. Darmstadt 1992
J. Gray Landels: Die Technik der antiken Welt. München ^{3}1983.
F. Kolb: Die Stadt im Altertum. München 1984.
H. Schneider: Einführung in die antike Technikgeschichte. Darmstadt 1992.
E. Meyer: Einführung in die antike Staatskunde. Darmstadt ^{6}1992.
R. Herzog: Staaten der Frühzeit. Ursprünge und Herrschaftsformen. München 1988.
M. Mann: Geschichte der Macht. Bd. 1. Von den Anfängen bis zur griechischen Antike. 1992.
I. Weiler (Hg.): Grundzüge der politischen Geschichte des Altertums. Wien, Köln 1990.
Wilfried Nippel (Hg.): Über das Studium der Alten Geschichte (dtv Wissenschaft). München 1993.

Vor- und Frühgeschichte

H.J. Eggers: Einführung in die Vorgeschichte. München, Zürich ^{3}1986.
H. Müller-Karpe: Einführung in die Vorgeschichte. München 1975.
Abriß der Vorgeschichte, bearb. von *K.J. Narr* u.a. (Oldenbourgs Abriß der Weltgeschichte). München 1957.
W.-D. v. Barloewen (Hg.): Abriß der Geschichte antiker Randkulturen. (Oldenbourgs Abriß der Weltgeschichte). München 1961.
J. Filip (Hg.): Enzyklopädisches Handbuch zur Ur- und Frühgeschichte Europas. 2 Bde. Stuttgart 1966, 1969.
H. Müller-Karpe: Handbuch der Vorgeschichte. 5 Bde. München 1966–1986.
K.J. Narr (Hg.): Handbuch der Urgeschichte, 2 Bde. Bern, München 1966, 1975.
R. Grahmann/H. Müller-Beck: Urgeschichte der Menschheit. Stuttgart ^{3}1967.
K.J. Narr: Urgeschichte der Kultur. Stuttgart ^{2}1964.
D. Vialou: Frühzeit der Menschen (Universum der Kunst). München 1992.
B. Herrmann u.a.: Prähistorische Anthropologie. Berlin 1992.
L.-R. Nougier: Die Welt der Höhlenmenschen. Zürich 1989.

F. Graupe/M. Scherer: Der Mann aus dem Eis. Wien 1992.

J. von Freeden: Malta und die Baukunst seiner Megalith-Tempel. Darmstadt 1993.

R. Hachmann (Hg.): Ausgewählte Bibliographie zur Vorgeschichte von Mitteleuropa. Stuttgart 1984.

J. Friedrich: Geschichte der Schrift unter besonderer Berücksichtigung ihrer geistigen Entwicklung. Heidelberg 1966.

Altertum

I. Der alte Vordere Orient

Gesamtdarstellungen

A. Scharff/A. Moortgat: Ägypten und Vorderasien im Altertum. München ^{2}1959.

Lexikon der frühen Hochkulturen. Hg. *J. Herrmann.* 2 Bde. Leipzig 1984.

Erklärendes Wörterbuch zur Kultur und Kunst des Alten Orients. Ägypten, Vorderasien, Indien, Ostasien. Hg. *H. Freydank, W.F. Reineke* u.a. Hanau 1985.

E. Brunner-Traut (Hg.): Die großen Religionen des Alten Orients. Stuttgart 1992.

Mesopotamien, Vorderasien

W. von Soden: Einführung in die Altorientalistik. Darmstadt ^{2}1992.

H.J. Nissen: Grundzüge einer Geschichte der Frühzeit des Vorderen Orients. Darmstadt ^{2}1990.

Reallexikon der Assyriologie und Vorderasiatischen Archäologie. Berlin 1932ff. Bd. 3 Berlin, New York 1957–1971. Bde. 4–6 1972–1983.

B. Hrouda: Vorderasien I. Mesopotamien, Babylonien, Iran und Anatolien. (Hdb. d. Archäologie). München 1971.

Ders.: Der Alte Orient. Geschichte und Kultur des alten Vorderasien. München 1991.

H. Schmökel: Geschichte des alten Vorderasien (Hdb. d. Orientalistik). Leiden 1957.

H. W.F. Saggs: Mesopotamien, Assyrer, Babylonier, Sumerer. (Kindlers Kulturgeschichte). Zürich 1966.

C. Margueron: Mesopotamien. Genf, München 1965.

E. Strommenger/M. Hirmer: Fünf Jahrtausende Mesopotamien. München 1962.

Sumer, Assur, Babylon. 7000 Jahre Kunst und Kultur zwischen Euphrat und Tigris. Ausstellungskatalog Hildesheim 1978.
H. Schmökel: Kulturgeschichte des Alten Orient. Stuttgart 1961.
Ders.: Das Land Sumer. Stuttgart ^{4}1974.
Ders.: Ur, Assur und Babylon. Stuttgart ^{5}1961.
S. Lloyd: Die Archäologie Mesopotamiens. Von der Altsteinzeit bis zur persischen Eroberung. München 1981.
L. Wooley: Ur in Chaldäa. Wiesbaden 1956.
H. Klengl: König Hammurabi und der Alltag Babylons. Zürich, München 1990.
W. Andrae: Das wiedererstandene Assur. Hg. *B. Hrouda.* München ^{2}1977.
A.H. Layard: Auf der Suche nach Ninive. München 1965.
Das Gilgamesch-Epos. Hg. *K. Oberhuber.* Darmstadt 1977.
J.A.H. Potratz: Kunst des Alten Orients. Babylonien und Assyrien, Alt-Syrien/Alt-Anatolien und das alte Persien. Stuttgart 1961.
G. Wilhelm: Grundzüge der Geschichte und Kultur der Hurriter. Darmstadt 1982.

Ägypten

E. Hornung: Einführung in die Ägyptologie. Darmstadt ^{4}1993.
J. von Beckerath: Abriß der Geschichte des alten Ägypten. München 1971.
E. Hornung: Grundzüge der ägyptischen Geschichte. Darmstadt ^{4}1992.
J.H. Breasted: Geschichte Ägyptens. Zürich ^{3}1953.
A.H. Gardiner: Geschichte des Alten Ägypten. Stuttgart ^{3}1965.
E. Otto: Ägypten. Der Weg des Pharaonenreiches. Stuttgart ^{5}1979.
W. Wolf: Kulturgeschichte des Alten Ägypten. Stuttgart ^{2}1977.
H. Brunner: Grundzüge einer Geschichte der altägyptischen Literatur. Darmstadt ^{4}1986.
M. Hirmer/E. Otto: Ägyptische Kunst. München 1971.
H. Brunner: Altägyptische Religion. Darmstadt ^{3}1989.
E. Hornung: Der Eine und die Vielen. Ägyptische Gottesvorstellungen. Darmstadt ^{5}1993.
K. Lange/M. Hirmer: Ägypten. München ^{5}1975 (auch Sonderausgabe).
J. Leclant (Hg.): Ägypten I. Das alte und mittlere Reich. München 1979. II. Das Großreich. 1980.
K. Michalowski: Ägypten, Kunst und Kultur. Freiburg ^{3}1973.
Götter, Pharaonen. Ausstellungskatalog Essen, München 1978/9.
R. Stadelmann: Die ägyptischen Pyramiden. Mainz ^{2}1991.
J. Assmann: Stein und Zeit. Mensch und Gesellschaft im alten Ägypten. München 1991.

Syrien – Phönikien

W.F. Albright: Von der Steinzeit zum Christentum. Bern 1949.

S. Moscati: Geschichte und Kultur der semitischen Völker. Stuttgart ^{2}1955.

J. Perrot: Syrien und Palästina. Bd. I. Genf, München 1978.

M. Avi-Yonah/A. Kempinski: Syrien und Palästina II. Von der mittleren Bronzezeit bis zum Ende der Klassik (2200–332 v. Chr.). Genf, München 1978.

D. Baramki: Die Phönizier. Stuttgart 1965.

S. Moscati: Die Phöniker von 1200 v. Chr. bis zum Untergang Karthagos. Essen 1973.

A. Parrot u.a.: Die Phönizier. München 1977.

H. Th. Bossert: Altsyrien. Tübingen 1951.

O. Loretz: Ugarit und die Bibel. Darmstadt 1990.

Land des Baal, Syrien – Forum der Völker und Kulturen. Katalog-Handbuch Mainz 1982.

Frühe Völker im Libanon. Katalog-Handbuch Mainz 1983.

Der Königsweg, 9000 Jahre Kunst und Kultur in Jordanien und Palästina. Katalog-Handbuch. Mainz 1987.

H.-P. Müller (Hg.): Babylonien und Israel. Darmstadt 1991.

Israel

A. Alt: Grundlagen der Geschichte des Volkes Israel. Hg. *S. Herrmann.* München 1970.

M.A. Beek: Geschichte Israels. Stuttgart ^{4}1976.

M. Noth: Geschichte Israels. Göttingen ^{4}1959.

P. Schäfer: Geschichte der Juden in der Antike. Neukirchen-Vluyn 1983.

J. Maier: Geschichte des Judentums im Altertum. Darmstadt ^{2}1989.

M. Avi-Yonah: Geschichte des Heiligen Landes. Wiesbaden 1969.

M. Grant: Das Heilige Land, Geschichte des Alten Israel. ND Bindlach 1990.

K. Ipros: Kanaan, Israel, Palästina. Ein Gang durch die Geschichte des Heiligen Landes. Mainz 1992.

K. Galling: Studien zur Geschichte Israels im persischen Zeitalter. Tübingen 1964.

Archäologie zur Bibel. Mainz 1981 (Ausstellungs-Katalog).

Y. Aharoni/M. Avi-Yonah: Der Bibel-Atlas. Die Geschichte des Heiligen Landes 3000 J. v. Chr. bis 200 J. n. Chr. Hamburg, Augsburg 1990.

H. Weippert: Palästina in vorhellenistischer Zeit. (Handbuch der Archäologie) München 1988.

H.-P. Kunen: Palästina in griech.-röm. Zeit. (Handbuch der Archäologie.) München 1990.

Kleinasien

K. Bittel: Grundzüge der Vor- und Frühgeschichte Kleinasiens. Tübingen ^{2}1950.
F. Cornelius: Geschichte der Hethiter. Darmstadt ^{4}1990.
A. Goetze: Kleinasien (HdA). München ^{2}1957.
K. Bittel: Die Hethiter. München 1976.
U.B. Alkim: Anatolien I. München 1968.
H. Metzger: Anatolien II. Genf, München 1969.
E. Akurgal/M. Hirmer: Die Kunst der Hethiter. München ^{2}1976.
E. Akurgal: Die Kunst Anatoliens von Homer bis Alexander. Berlin 1961.
P. Neve: Hattusa, Stadt der Götter und Tempel. Antike Welt Sondernr. Mainz 1992.

Indien

D. Rothermund: Indische Geschichte in Grundzügen. Darmstadt ^{3}1989.
E. Waldschmidt: Geschichte des indischen Altertums. München 1958.
D.D. Kosambi: Das alte Indien. Seine Geschichte und seine Kultur. Berlin 1969.
W. Rau: Staat und Gesellschaft im alten Indien. Wiesbaden 1957.
Vergessene Städte am Indus. Frühe Kulturen in Pakistan vom 8.–2. Jahrtausend v. Chr. Katalog-Handbuch. Mainz 1987.

II. Die Indogermanen

E. Meyer: Die Indogermanenfrage. Marburg 1948.
A. Scherer (Hg.): Die Urheimat der Indogermanen. Darmstadt 1968.
D. Kilian: Zum Ursprung der Indogermanen. Bonn 1983.
W. Meid: Archäologie und Sprachwissenschaft. Kritisches zu neueren Hypothesen der Ausbreitung der Indogermanen. Innsbruck 1989.
A. Kammenhuber: Die Arier im Vorderen Orient. Heidelberg 1968.

III. Antike: Griechenland und Rom. Gesamtdarstellungen

S. Lauffer: Kurze Geschichte der antiken Welt. München 1981.
Ders.: Daten der griechischen und römischen Geschichte. München 1987.
U. Kahrstedt: Geschichte des griechisch-römischen Altertums. München ^{2}1952.
E. Kornemann: Weltgeschichte des Mittelmeerraumes von Philipp II. von Makedonien bis Mohammed. 2 Bde. München 1967.

E. Meyer: Einführung in die antike Staatskunde. Darmstadt ⁶1992.
E. Olshausen (Hg.): Antike Diplomatie. Darmstadt 1979.
J. Kromeyer/G. Veith: Heerwesen und Kriegsführung der Griechen und Römer. (HdA). ND München 1963.
H. Kloft (Hg.): Ideologie und Herrschaft in der Antike. Darmstadt 1979.
P. Kroh: Lexikon der antiken Autoren. Stuttgart 1972.
K. von Fritz: Grundprobleme der Geschichte der antiken Wissenschaft. Berlin, New York 1971.
J.M. Alónso Núñez (Hg.): Geschichtsbild und Geschichtsdenken im Altertum. Darmstadt 1991.
C.-F. Geyer: Einführung in die Philosophie der Antike. Darmstadt ³1992.
H. Flashar (Hg.): Antike Medizin. Darmstadt 1971.
S. Sambursky: Das physikalische Weltbild der Antike. Zürich 1965.
H. Hunger: Lexikon der griechischen und römischen Mythologie. Wien ⁶1969 (TB Reinbek 1983).
W.H. Roscher (Hg.): Ausführliches Lexikon der griechischen und römischen Mythologie. 6 Bde. ND Hildesheim 1965.
R. Muth: Einführung in die griechische und römische Religion. Darmstadt 1986.
H.-D. Blume: Einführung in das antike Theaterwesen. Darmstadt ³1991.
F. Taeger: Charisma. Studien zur Geschichte des antiken Herrscherkultes. 2 Bde. Stuttgart 1960.
J. Christes: Bildung und Gesellschaft. Die Einschätzung der Bildung und ihrer Vermittler in der griechisch-römischen Antike. Darmstadt 1975.
R. von Pöhlmann: Geschichte der sozialen Frage und des Sozialismus in der antiken Welt. 2 Bde. ³1925. ND Darmstadt 1984.
N. Brockmeyer: Sozialgeschichte der Antike. Stuttgart ²1974.
J. Vogt: Sklaverei und Humanität. Studien. Wiesbaden ²1972.
N. Brockmeyer: Antike Sklaverei. Darmstadt ²1987.
H. Blümner: Technologie und Terminologie der Gewerbe und Künste bei Griechen und Römern. 4 Bde. ND Hildesheim 1969.
H. Schneider: Einführung in die antike Technikgeschichte. Darmstadt 1992.
Th. Pekáry: Die Wirtschaft der griechisch-römischen Antike. Stuttgart ²1979.
H. Kloft: Die Wirtschaft der griechisch-römischen Welt. Eine Einführung. Darmstadt 1992.
H. Blank: Einführung in das Privatleben der Griechen und Römer. Darmstadt 1976.
K. Christ: Antike Numismatik. Einführung und Bibliographie. Darmstadt ³1991.
O. Höckmann: Antike Seefahrt. München 1985.

Gesamtdarstellungen zur griechischen Geschichte

I. Weiler: Griechische Geschichte. Einführung, Quellenkunde, Bibliographie. Darmstadt ^{2}1988.

E. Bayer: Griechische Geschichte. Stuttgart ^{3}1987.

Ders.: Grundzüge der griechischen Geschichte. Darmstadt ^{6}1988.

K.J. Beloch: Griechische Geschichte. 4 Bde. ND 1967.

H. Bengtson: Griechische Geschichte von den Anfängen bis in die römische Kaiserzeit. (HdA) München ^{5}1977 (auch gekürzt=Beck'sche Sonderausgabe 1986).

H. Berve: Griechische Geschichte. 2 Bde. Freiburg ^{2}1951/52 (auch als Herder TB ^{4}1965).

G. Busolt: Griechische Geschichte bis zur Schlacht bei Chaeroneia. 4 Bde. ND Hildesheim 1967.

F. Schachermeyr: Griechische Geschichte mit besonderer Berücksichtigung der geistesgeschichtlichen und kulturmorphologischen Zusammenhänge. Stuttgart ^{2}1969.

W. Schuller: Griechische Geschichte. München ^{3}1991.

U. Wilcken: Griechische Geschichte im Rahmen der Altertumsgeschichte. München ^{10}1973.

A. Dihle: Griechische Literaturgeschichte. Von Homer bis zum Hellenismus. München ^{2}1991.

G. Busolt/H. Swoboda: Griechische Staatskunde (HdA). ND München 1963. 1972.

V. Ehrenberg: Der Staat der Griechen. Zürich, Stuttgart ^{2}1965.

F. Gschnitzer (Hg.): Zur griechischen Staatskunde. Darmstadt 1969.

O. Lendle: Einführung in die griechische Geschichtsschreibung. Darmstadt 1992.

J. Burckhardt: Griechische Kulturgeschichte. 3 Bde. 1898–1902. ND. TB ^{2}1982.

M.J. Finley: Die Griechen. Eine Einführung in ihre Geschichte und Zivilisation. München ^{2}1983.

M.P. Nilsson: Geschichte der griechischen Religion. (HdA). München ^{2}1955. 1961.

E. Simon: Die Götter der Griechen. München 1985.

E. Bernecker (Hg.): Zur griechischen Rechtsgeschichte. Darmstadt 1968.

F. Gschnitzer: Griechische Sozialgeschichte. Von der mykenischen bis zum Ausgang der klassischen Zeit. Stuttgart 1981.

K. Papioannou: Griechische Kunst. Freiburg ^{2}1973.

P.R. Franke/M. Hirmer: Die griechische Münze. München ^{2}1972.

E. Kirsten/W. Kraiker: Griechenlandkunde. Ein Führer zu klassischen Stätten. Heidelberg ^{5}1967.

Gesamtdarstellungen zur römischen Geschichte

A. Heuß: Römische Geschichte. Braunschweig [6]1987.

Th. Mommsen: Römische Geschichte, Bde. 1–3. Berlin [14]1933, Bd. 5. Berlin [11]1933 (TB München [5]1993).

K. Christ: Das Römische Weltreich. Aufstieg und Zerfall einer antiken Großmacht. Freiburg 1973.

Propyläen-Weltgeschichte, hg. v. *G. Mann, A. Heuß,* Bd. 4: Die römische Welt. Berlin 1963. ND 1986.

A. Rosenberg: Einleitung und Quellenkunde zur Römischen Geschichte. Berlin 1921.

H. Bengtson: Grundriß der römischen Geschichte mit Quellenkunde. Republik und Kaiserzeit (HdA III.5.1). München [7]1986.

K. Christ: Römische Geschichte. Einführung, Quellenkunde, Bibliographie. Darmstadt [4]1990.

M. Cary/H.H. Scullard: A History of Rome. London [3]1975. ND 1984.

H. Bellen: Grundzüge der römischen Geschichte. 2 Bde. Darmstadt 1994.

J. Bleicken: Geschichte der römischen Republik (OGG Bd. 2). München [4]1992.

M.I. Finley: Das politische Leben in der antiken Welt. München 1993.

E. Meyer: Römischer Staat und Staatsgedanke. Zürich [4]1975.

Ders.: Einführung in die antike Staatskunde. Darmstadt [6]1992.

W. Kunkel: Römische Rechtsgeschichte. Köln [12]1990.

G. Dulckeit/F. Schwarz: Römische Rechtsgeschichte. München [5]1970.

Th. Mommsen: Römisches Staatsrecht, 5 Bde. Berlin [3]1887/88. ND 1952/53.

U.E. Paoli: Das Leben im alten Rom. Bern [2]1961.

G. Alföldy: Römische Sozialgeschichte. Wiesbaden [3]1984.

J.P.V.D. Balsdon: Life and Leisure in Ancient Rome. London 1969.

W. Schuller: Frauen in der römischen Geschichte. Konstanz 1987.

F.J. Gardner: Women in Roman Law and Society. London 1986.

M.I. Finley: Die Sklaverei in der Antike. Geschichte und Probleme. Frankfurt/M. 1987.

N. Brockmeyer: Antike Sklaverei (EdF 116). Darmstadt [2]1987.

H. Kloft: Die Wirtschaft der griechisch-römischen Welt. Darmstadt 1992.

M.I. Finley: Die antike Wirtschaft. München [3]1993.

T. Frank: An Economic Survey of Ancient Rome, 6 Bde. Baltimore 1933–40. ND 1959.

F. DeMartino: Wirtschaftsgeschichte des alten Rom. München 1985.

D. Flach: Römische Agrargeschichte (HdA III.9). München 1990.

G. Rickman: The Corn Supply of Ancient Rome. Oxford 1980.

K.J. Beloch: Die Bevölkerung der griechisch-römischen Welt. Leipzig 1886. ND 1968.

P.A. Brunt: Italian Manpower 225 B.C.–A.D. 14. Oxford 1971.

P. Veyne: Brot und Spiele. Gesellschaftliche Macht und politische Herrschaft in der Antike. Frankfurt/M. 1990.
F. Kolb: Die Stadt im Altertum. München 1984.
T. Lorenz: Römische Städte. Darmstadt 1987.
E. Brödner: Wohnen in der Antike. Darmstadt [2]1993.
H. Schneider: Einführung in die antike Technikgeschichte. Darmstadt 1992.
P. Grimal: Römische Kulturgeschichte. München 1960.
G. Maurach: Geschichte der römischen Philosophie. Darmstadt 1989.
F. Klingner: Römische Geisteswelt. Stuttgart [5]1984.
O. Seel: Römertum und Latinität. Stuttgart 1964.
R. Heinze: Vom Geist des Römertums, hg. von *E. Burck.* Darmstadt [3]1960. ND 1972.
M. v. Albrecht: Geschichte der römischen Literatur, 2 Bde. München 1992.
D. Flach: Einführung in die römische Geschichtsschreibung. Darmstadt [2]1992.
K. Latte: Römische Religionsgeschichte (HdA V.4). München 1960. ND 1976.
J. Krohmayer/G. Veith: Heerwesen und Kriegsführung der Griechen und Römer (HdA IV.3.2). München 1928. ND 1963.
H. Delbrück: Geschichte der Kriegskunst im Rahmen der politischen Geschichte, Bd. 1: Das Altertum. Berlin 1900. ND [3]1963.
R. Rich/G. Shipley (Hg.): War and Society in the Roman World. London 1993.
G. Webster: The Roman Army. Chester 1956.
H.M.D. Parker: The Roman Legions. Oxford [2]1958.
H.D.L. Viereck: Die römische Flotte. Herford 1975.

IV. Griechenland und die Ägäis im 2. Jahrtausend

Allgemeines und Kreta

F. Schachermeyr: Die Ägäische Frühzeit. 5 Bde. Wien 1976–1982.
S. Alexiou: Minoische Kultur. Göttingen 1976.
Ders. u.a.: Das antike Kreta. Würzburg 1967.
S. Marinatos/M. Hirmer: Kreta, Thera und das mykenische Hellas. München [2]1986.
F. Matz: Kreta, Mykene, Troja. Die minoische und homerische Welt. Stuttgart [2]1956.
Kunst und Kultur der Kykladeninseln im 3. Jt. v. Chr. Ausstellungskatalog. Karlsruhe 1976.
H.-G. Buchholz: Ägäische Bronzezeit. Darmstadt 1987.

Festland und Mykene

M. I. Finley: Die frühe griechische Welt. Griechische Geschichte von der Frühzeit bis zur Welt Homers. München 1982.

F. Matz: Kreta und frühes Griechenland. Baden-Baden 1965.

O. Murray: Das frühe Griechenland. München ²1985. ⁴1991.

F. Schachermeyr: Griechische Frühgeschichte. Wien 1984.

B. Patzek: Homer und Mykene. Mündliche Dichtung und Geschichtsschreibung. München 1992.

H.-G. Buchholz/V. Karageorghis: Altägäis und Altkypros. Tübingen 1971.

G. A. Lehmann: Die mykenisch-frühgriechische Welt und der östliche Mittelmeerraum in der Zeit der „Seevölker"-Invasionen um 1200 v. Chr. Opladen 1985.

W. Helck: Die Beziehungen Ägyptens und Vorderasiens zur Ägäis bis zum 7. Jh. v. Chr. Darmstadt 1979.

J. Chadwick: Linear B. Die Entzifferung der mykenischen Schrift. Göttingen 1959.

S. Hiller/O. Panagl: Die frühgriechischen Texte aus mykenischer Zeit. Zur Erforschung der Linear B-Tafeln. Darmstadt ²1986.

F. G. Maier: Cypern. München ²1982.

Archaeologia Homerica. Die Denkmäler und das frühgriechische Epos. Hg. *F. Matz/H.-G. Buchholz.* Göttingen 1967.

V. Übergang und archaische Zeit

G. Strasburger: Lexikon zur frühgriechischen Geschichte. Zürich, München 1984.

Das Alphabet. Entstehung und Entwicklung der griechischen Schrift. Hg. *G. Pfohl.* Darmstadt 1968.

A. Heubeck (Hg.): Die Homerische Frage. Darmstadt ²1988.

J. Latacz (Hg.): Homer. Die Dichtung und ihre Deutung. Darmstadt 1991.

Ch. Ulf: Die homerische Gesellschaft. München 1990.

V. P. Herrmann: Olympia, Heiligtum und Wettkampfstätte. München 1972.

H. Bengtson: Die Olympischen Spiele in der Antike. Zürich, Stuttgart ³1984.

I. Weiler: Der Agon im Mythos. Zur Einstellung der Griechen zum Wettkampf. Darmstadt 1976.

I. Weiler: Der Sport bei den Völkern der Alten Welt. Eine Einführung. Darmstadt 1981.

H. Fränkel: Dichtung und Philosophie des frühen Griechentums. München ²1961.

B. Snell: Die Entdeckung des Geistes. Studien zur Entstehung des europäischen Denkens bei den Griechen. Göttingen [6]1986.
F. Faure: Die griechische Welt im Zeitalter der Kolonisation. München 1981.
O. Boardman: Kolonien und Handel der Griechen. Vom späten 9. bis zum 6. Jh. v. Chr. München 1981.
E. Blumenthal: Die altgriechische Siedlungskolonisation im Mittelmeerraum unter besonderer Berücksichtigung der Südküste Kleinasiens. Tübingen 1963.
H. Bengtson/R. Werner (Hg.): Die Staatsverträge des Altertums. 2. Bd. München [2]1975.
W. G. Forrest: Wege zur hellenischen Demokratie. Staatsdenken und politische Wirklichkeit von 800–400 v. Chr. München 1966.
K.-W. Welwei: Athen. Vom neolithischen Siedlungsplatz zur archaischen Großpolis. Darmstadt 1992.
W. Gawantka: Die sogenannte Polis. Stuttgart 1985.
K.-W. Welwei: Die griechische Polis. Verfassung und Gesellschaft in archaischer und klassischer Zeit. Stuttgart 1983.
T. J. Dunbabin: The Western Greeks. A History of Sicily and South Italy from the Foundation of the Greek Colonies to 480 B. C. ND Oxford 1968.
E. Langlotz/M. Hirmer: Die Kunst der Westgriechen in Sizilien und Unteritalien. München 1963.
M. I. Finley: Das antike Sizilien. Von der Vorgeschichte bis zur arabischen Eroberung. München 1979.
A. Lencman: Die Sklaverei im mykenischen und homerischen Griechenland. Wiesbaden 1966.
H. Schäfer: Probleme der Alten Geschichte. Ges. Abhandlungen und Vorträge. Göttingen 1963.

Die Krise der archaischen Zeit

H. Berve: Sparta. ND in Gestaltende Kräfte der Antike. München [2]1966.
M. Clauss: Sparta. Eine Einführung in seine Geschichte und Zivilisation. München 1983.
K. Christ (Hg.): Sparta. Darmstadt 1986.
V. Ehrenberg: From Solon to Socrates. London 1973.
E. Ruschenbusch: Solonos Nomoi. Die Fragmente des solonischen Gesetzgebungswerkes mit einer Text- und Überlieferungsgeschichte. Wiesbaden 1966. ND 1983.
H. Berve: Die Tyrannis bei den Griechen. 2 Bde. München 1967.
K. H. Kinzl (Hg.): Die ältere Tyrannis bis zu den Perserkriegen. Darmstadt 1979.

J. Hasebroek: Griechische Wirtschafts- und Gesellschaftsgeschichte bis zur Perserzeit. ND Tübingen 1966.

J. Boardman/J. Dörig/W. Fuchs/M. Hirmer: Die griechische Kunst. München 1966.

E. Buschor: Griechische Vasen. ND München 1969.

J. Charbonneaux u. a.: Das archaische Griechenland. München 1969.

G. Gruben: Die Tempel der Griechen. München [4]1988.

E. Homann-Wedeking: Das archaische Griechenland. Baden-Baden 1966.

R. Lullies/M. Hirmer: Griechische Plastik von den Anfängen bis zum Ausgang des Hellenismus. München [4]1988.

J. Gehrke: Jenseits von Athen und Sparta. Das Dritte Griechenland und seine Staatenwelt. München 1986.

VI. Der Westen des Mittelmeerraumes bis in die erste Hälfte des 5. Jahrhunderts

Italien

G. v. Kaschnitz-Weinberg: Jüngere Steinzeit und Bronzezeit in Europa und einigen angrenzenden Gebieten bis um 1000 v. Chr.: Italien mit Sardinien, Sizilien und Malta, in: Handbuch der Archäologie, Bd. 2: Die Denkmäler. München 1954.

F. Messerschmidt: Bronzezeit und frühe Eisenzeit in Italien. Pfahlbau, Terramare, Villanova. Berlin 1935.

M. Pallottino: Italien vor der Römerzeit. München 1987.

R. Pittioni: RE Suppl. 9 (1962), 105–372, s. v. Italien, urgeschichtliche Kulturen.

A. J. Pfiffig: Einführung in die Etruskologie. Darmstadt 1972.

J. Heurgon: Die Etrusker. Stuttgart 1971.

M. Pallottino: Die Etrusker. Frankfurt/M. [2]1972.

D. Trump: Central and southern Italy before Rome. London 1966.

O. W. v. Vacano: Die Etrusker. Stuttgart 1955.

L. Banti: Die Welt der Etrusker. Stuttgart [2]1963.

K.-W. Weber: Geschichte der Etrusker. Stuttgart 1979.

R. Bloch: L'état actuel des études étruscologiques, in: ANRW I, 1. Berlin 1972.

E. Richardson: The Etruscans. Their art and civilisation. Chicago 1964.

A. J. Pfiffig: Religio Etrusca. Graz 1975.

J. Bérard: La colonisation grecque de l'Italie méridionale et de la Sicile. Paris [2]1957.

A. G. Woodhead: The Greeks in the West. London 1962.

T. B. Dunbabin: The Western Greeks. Oxford 1948.

E. Bayer: Rom und die Westgriechen bis 280 v. Chr., in: ANRW I, 1. Berlin 1972.
A. Alföldi: Das frühe Rom und die Latiner. Darmstadt 1977.
H. Müller-Karpe: Vom Anfang Roms. Heidelberg 1959.
E. Gjerstad: Innenpolitische und militärische Organisation in frührömischer Zeit, in: ANRW I, 1. Berlin 1972.
H. Müller-Karpe: Zur Stadtwerdung Roms. Heidelberg 1962.
J. Ch. Meyer: Pre-republican Rome. An Analysis of the Cultural and Chronological Relations 1000–500 B.C. Odense 1983.
A. v. Gerkan: Das frühe Rom nach E. Gjerstad, in: RhM 100, 1957.
M. Pallottino: Le origini di Roma: considerazioni critiche sulle scoperte e sulle discussioni più recenti, in: ANRW I, 1. Berlin 1972.
A. Alföldi: Die Struktur des voretruskischen Römerstaates. Heidelberg 1974.
R. M. Ogilvie: Das frühe Rom und die Etrusker (dtv-Geschichte der Antike Bd. 4). München 1983.
A. Alföldi: Die trojanischen Urahnen der Römer. Basel 1957.
H. Strasburger: Zur Sage von der Gründung Roms (SBAW 5). Heidelberg 1968.

Karthago – die Anfänge (siehe auch XIII. A)

P. Cintas: Manuel d'archéologie punique. Vol. I. Histoire et archéologie comparées: chronologie des temps archaiques de Charthage et des villes phéniciennes de l'Ouest, 1970.
B. H. Warmington: Karthago. Wiesbaden [2]1964.
W. Hoffmann: Karthagos Kampf um die Vorherrschaft im Mittelmeer, in: ANRW I, 1. Berlin 1972.
F. Hampl: Das Problem der Datierung der ersten Verträge zwischen Rom und Karthago, in: RhM 101, 1958.

VII. Der Osten des Mittelmeerraumes und Persien

A. Christensen: Die Iranier. (HdA). München 1933.
A. Bausani: Die Perser. Von den Anfängen bis zur Gegenwart. Stuttgart 1965.
N. R. Frye: Persien. Essen 1975.
J.-L. Huot: Persien I. München, Genf 1965.
A. T. Olmstead: A History of the Persian Empire. ND Chicago. 1966.
H. H. von der Osten: Die Welt der Perser. Stuttgart 1956.
B. Brentjes: Das alte Persien. Die iranische Welt vor Mohammed. Wien, München 1978.

J. Wiesehöfer: Das antike Persien. Zürich, München 1993.
Zarathustra. Hg. *B. Schlerath.* Darmstadt 1970.
W. Hinz: Das Reich Elam. Stuttgart 1964.

VIII. Perserkriege und frühe Klassik

A.R. Burn: Persia and the Greeks. The Defense of the West c. 546–478 B.C. London 1962.
C. Hignett: Xerxes' invasion of Greece. Oxford 1963.
H. Bengtson: Griechische Staatsmänner des 5. und 4. Jh. v.Chr. München 1983.
J. Papastavrou: Themistokles. Darmstadt 1978.
F. Schachermeyr: Die frühe Klassik der Griechen. Stuttgart 1966.
Ders.: Die Sieger der Perserkriege. Göttingen 1974.
P. Siewert: Der Eid von Plataiai. München 1972.
K. Meister: Die Ungeschichtlichkeit des Kalliasfriedens und deren historische Folgen. Stuttgart 1982.

IX. Die Zeit der „klassischen" Demokratie in Athen und des Peloponnesischen Krieges

J.K. Davies: Das klassische Griechenland und die Demokratie. München [4]1991.
Chr. Meier: Entstehung des Begriffs „Demokratie". Vier Prolegomena zu einer historischen Theorie. Frankfurt 1970.
T. Tarkiainen: Die athenische Demokratie. Zürich, Stuttgart 1966 (TB 1972).
J. Bleicken: Die athenische Demokratie. Paderborn u.a. 1985 (TB 1986).
M.I. Finley: Antike und moderne Demokratie. Stuttgart 1980.
E. Bayer/J. Heideking: Die Chronologie des perikleischen Zeitalters. Darmstadt 1975.
F. Schachermeyr: Geistesgeschichte der perikleischen Zeit. Stuttgart 1971.
G. Wirth (Hg.): Perikles und seine Zeit. Darmstadt 1979.
D. Kagan: Perikles. Die Geburt der Demokratie. Stuttgart 1992.
W. Schuller: Die Herrschaft der Athener im Ersten Attischen Seebund. Berlin, New York 1974.
H. Herter (Hg.): Thukydides. Darmstadt 1968.
H. Diller (Hg.): Sophokles. Darmstadt 1967.
V. Ehrenberg: Sophokles und Perikles. München 1956.

Ders.: Aristophanes und das Volk von Athen. Eine Soziologie der attischen Komödie. Zürich, Stuttgart 1968.
E. Buschor: Phidias der Mensch. München 1948.
C.J. Classen (Hg.): Sophistik. Darmstadt 1976.
J. Travlos: Bildlexikon zur Topographie des antiken Athen. Tübingen 1971.
J.M. Camp: Die Agora in Athen. Mainz 1989.
R.J. Hopper: Handel und Industrie im klassischen Griechenland. München 1982.

X. Italien und Rom in der Zeit der beginnenden Römischen Republik

Italien und seine Randgebiete vom Ende des 6. Jahrhunderts bis zur Mitte des 4. Jahrhunderts v. Chr.

P.-M. Duval: Die Kelten. München 1978.
J. Filip: Celtic Civilisation and its heritage. Prag 1977.
K.H. Schmidt: Geschichte und Zivilisation der Kelten. Heidelberg 1986.
K. Spindler: Die frühen Kelten. Stuttgart 1983.
M. Dillon/N.K. Chadwick: Die Kelten. Von der Vorgeschichte bis zum Normanneneinfall. Zürich 1966.
J. Moreau: Die Welt der Kelten. Stuttgart [3]1961.
J. Wolski: La prise de Rome par les Celtes et la formation de l'annalistique Romaine, in: Historia 5, 1956.
R. Werner: Der Beginn der römischen Republik. München 1963.
A. Heuß: Gedanken und Vermutungen zur frühen römischen Staatsgewalt (NAG 10). Göttingen 1982.
J. Bleicken: Das Volkstribunat der klassischen Republik. Studien zu seiner Entwicklung zwischen 287 und 133 v.Chr. München [2]1968.
G.V. Sumner: The legion and centuriate organisation, in: JRS 60, 1970.
D. Kienast: Die politische Emanzipation der Plebs und die Entwicklung des Heerwesens im frühen Rom, in: Bonner Jahrbuch 175, 1975.
A. Watson: Rome of the XII tables. Persons and property. New Jersey 1975.
J. Delz: Der griechische Einfluß auf die Zwölftafelgesetzgebung, in: MH 23, 1966.
K. v. Fritz: The Reorganisation of the Roman Government in 366 B.C. and the so-called Licinio-Sextian Laws, in: Historia 1, 1950.
R. Werner: Die Auseinandersetzung der frührömischen Republik mit ihren Nachbarn in quellenkritischer Sicht, in: Gymnasium 75, 1968.

E. Bayer: Rom und die Westgriechen bis 280 v.Chr., in: ANRW I, 1. Berlin 1972.

W. Hoffmann: Rom und die griechische Welt im 4. Jahrhundert. Leipzig 1934 (Philologus, Suppl. 27,1).

K.-E. Petzold: Die beiden ersten römisch-karthagischen Verträge und das foedum Cassianum, in: ANRW I, 1. Berlin 1972.

Die Verfassung des frührepublikanischen Rom

F. de Martino: Origine della repubblica romana, in: ANRW I, 1. Berlin 1972.

E. Ferenczy: The censorship of Appius Claudius Caesus, in: Acta Antiqua 15, 1967.

H. Silber: RE XXI, 104ff. (1951) s.v. plebs.

A. Alföldi: Der frührömische Reiteradel und seine Ehrenabzeichen. Baden-Baden 1952.

XI. Griechenland im 4. Jahrhundert

H.E. Stier: Der Untergang der klassischen Demokratie. Opladen 1971.

R. Urban: Der Königsfrieden von 387/86 v.Chr. Stuttgart 1991.

F. Hampl: Die griechischen Staatsverträge des 4. Jh. v.Chr. Leipzig 1938.

K.F. Stroheker: Dionysios I., Gestalt und Geschichte des Tyrannen von Syrakus. Wiesbaden 1958.

H. Meier-Welcker: Dionysios I., Tyrann von Syrakus. Göttingen 1971.

H. Berve: Dion. Wiesbaden 1957.

U. v. Wilamowitz-Moellendorff: Platon. Sein Leben und seine Werke. Berlin [3]1948.

K. v. Fritz: Platon in Sizilien. Das Problem der Philosophenherrschaft. Berlin 1968.

A. Demandt: Der Idealstaat. Die politischen Theorien der Antike. Köln 1993.

K. Bringmann: Studien zu den politischen Ideen des Isokrates. Göttingen 1965.

H. Diepolder: Die attischen Grabreliefs des 5. und 4. Jahrhunderts v.Chr. ND Darmstadt 1965.

M. Errington: Geschichte Makedoniens. Von den Anfängen bis zum Untergang des Königreichs. München 1986.

G. Wirth: Philipp II. Stuttgart u.a. 1985.

D. Kienast: Philipp II. und das Reich der Achaemeniden. München 1973.

C. Danov: Altthrakien. Berlin, New York 1973.

XII. Das Zeitalter Alexanders des Großen und des frühen Hellenismus

Allgemein und grundlegend:

J. G. Droysen: Geschichte des Hellenismus. 3 Bde. ND München 1980.
J. Kaerst: Geschichte des Hellenismus. 2 Bde. ND Stuttgart ^{3}1975.
B. Niese: Geschichte der griechischen und makedonischen Staaten seit der Schlacht bei Chaeronea. 3 Bde. ND Darmstadt 1963.
H. Kreißig: Geschichte des Hellenismus. Berlin (Ost) 1982.
H.-J. Gehrke: Geschichte des Hellenismus. München 1990.
H. H. Schmidt/E. Vogt (Hg.): Kleines Wörterbuch des Hellenismus. Wiesbaden 1988.
M. Grant: Von Alexander bis Kleopatra. Die hellenistische Welt. Berg. Gladbach 1984.
F. W. Walbank: Die hellenistische Welt. München ^{3}1989.
E. Bichler: „Hellenismus". Geschichte und Problematik eines Grundbegriffs. Darmstadt 1983.

Alexander der Große

G. T. Griffith (Hg.): Alexander the Great. The Main Problems. Cambridge 1968.
J. Seibert: Alexander d. Gr. Darmstadt ^{3}1990.
H. Berve: Das Alexanderreich auf prosopographischer Grundlage. 2 Bde. München 1926.
F. Hampl: Alexander d. Gr. Göttingen ^{2}1965.
S. Lauffer: Alexander d. Gr. München ^{2}1981.
W. W. Tarn: Alexander d. Gr. Darmstadt 1968.
F. Schachermeyr: Alexander d. Gr. Das Problem seiner Persönlichkeit und seines Wirkens. Wien 1973.
W. Will: Alexander d. Gr. Stuttgart 1980.
W. Will (Hg.): Zu Alexander dem Großen. Festschr. G. Wirth. Amsterdam 1988.
F. C. Fuller: Alexander d. Gr. als Feldherr. Stuttgart 1961.
W. Wheeler: Flammen über Persepolis. Alexander d. Gr. und Asien. Berlin, Wien 1969.

Hellenistische Staatenwelt

Cl. Préaux: Le monde hellénistique. La Grèce et l'Orient. 2 Bde. Brüssel 1978.
E. Will: Histoire politique du monde hellénistique. 2 Bde. Nancy ^{2}1979. 1982.

F. Altheim: Weltgeschichte Asiens im griechischen Zeitalter. 2 Bde. Halle 1947/48.

F. Altheim/J. Rehork (Hg.): Der Hellenismus in Mittelasien. Darmstadt 1969.

J. Seibert: Das Zeitalter der Diadochen. Darmstadt 1983.

H. Bengtson: Herrschergestalten des Hellenismus. München 1985.

A. Heuß: Stadt und Herrscher im Hellenismus in ihren staats- und völkerrechtlichen Beziehungen. Aalen ²1963.

Chr. Habicht: Studien zur Geschichte Athens in hellenistischer Zeit. 1982.

Ders.: Gottmenschentum und griechische Städte. München ²1970.

H.H. Schmitt: Untersuchungen zur Geschichte Antiochos' d. Gr. und seiner Zeit. Wiesbaden 1964.

A. Mehl: Seleukos Nikator und sein Reich. I. Seleukos' Leben und die Entwicklung seiner Machtposition. Löwen 1986.

L.A.O. Larsen: Greek Federal States. Their Institutions and History. Oxford 1968.

K. Schippmann: Grundzüge der parthischen Geschichte. Darmstadt 1980.

H.H. Schmitt (Hg.): Die Staatsverträge des Altertums. 3: Die Verträge der griechisch-römischen Welt von 338 bis 200 v. Chr. München 1969.

Kultur des Hellenismus

C. Schneider: Kulturgeschichte des Hellenismus. 2 Bde. München 1967. 1969.

W.W. Tarn/T. Griffith: Die Kultur der hellenistischen Welt. Darmstadt ³1966.

H. Bengtson: Die hellenistische Weltkultur. Stuttgart 1988.

L. Mitteis/U. Wilcken: Grundzüge und Chrestomathie der Papyruskunde. ND Hildesheim 1963.

E. Seidl: Ptolemäische Rechtsgeschichte. Glückstadt ²1962.

M.P. Nilsson: Die hellenistische Schule. München 1955.

M. Pohlenz: Die Stoa. 2 Bde. Göttingen ³1964.

M. Rostovtzeff: Gesellschafts- und Wirtschaftsgeschichte der hellenistischen Welt. 3 Bde. ND Stuttgart 1984.

T.V. Blavatskaja/E.S. Golubcoya/A.I. Pavloskaya: Die Sklaverei in den hellenistischen Staaten im 3.–1. Jh. v. Chr. Wiesbaden 1972.

R. Reitzenstein: Die hellenistischen Mysterienreligionen. ND Darmstadt 1980.

R. Merkelbach: Mithras. Königstein 1984.

H. Lauter: Die Architektur des Hellenismus. Darmstadt 1986.

XIII. Der Westen des Mittelmeerraumes bis zum Beginn der außeritalischen Ausdehnung Roms (etwa 350 bis etwa 265)

Karthago

W. Huß: Geschichte der Karthager (HdA III.8). München 1985.
B.H. Warmington: Karthago. Wiesbaden ²1964. ND 1979.
W. Huß. Die Karthager. München 1990.
Ders.: Karthago (WdF 654). Darmstadt 1992.
W. Ameling: Karthago. Studien zu Militär, Staat und Gesellschaft (Vestigia 45). München 1993.
W. Hoffmann: Karthagos Kampf um die Vorherrschaft im Mittelmeer, in: ANRW I, 1. Berlin 1972.
F. Hampl: Das Problem der Datierung der ersten Verträge zwischen Rom und Karthago, in: RhM 101, 1958.

Rom von der Mitte des 4. Jahrhunderts bis zum Vorabend des Ersten Punischen Krieges

E. Ferenczy: From the Patrician to the Patricio-Plebeian State. Amsterdam 1976.
A. Afzelius: Die römische Eroberung Italiens (340–264 v.Chr.). Aarhus 1942.
E.T. Salmon: Samnium and the Samnites. Cambridge 1967.
D. Kienast: RE XXIV, 108–165 (1963) s.u. Pyrrhos.
P. Levêque: Pyrrhos. Paris 1957.
H. Galsterer: Herrschaft und Verwaltung im republikanischen Italien. München 1976.
T. Hantos: Das römische Bundesgenossensystem in Italien. München 1983.
W. Hoffmann: Rom und die griechische Welt im 4. Jh., in: Philologus Suppl. 27,1, 1934.
J. Bleicken: Die Verfassung der römischen Republik. Paderborn ⁶1993.
A.N. Sherwin-White: The Roman Citizenship. Oxford ²1973.
F. Münzer: Römische Adelsparteien und Adelsfamilien. Stuttgart 1920. ND 1963.
M. Gelzer: Die römische Nobilität. Stuttgart ²1983.
K.-J. Hölkeskamp: Die Entstehung der Nobilität. Studien zur sozialen und politischen Geschichte der Römischen Republik im 4. Jh. v.Chr. Stuttgart 1987.
J. Bleicken: Die Nobilität der römischen Republik, in: Gymnasium 88, 1981.
W. Kunkel: Magistratische Gewalt und Senatsherrschaft, in: ANRW I, 2. Berlin 1972.

H. Hill: The Roman Middle Class in the Republican Period. Oxford 1952.
A. Heuß: Zur Entwicklung des Imperiums der römischen Oberbeamten, in: ZRG 64, 1944.
J. Bleicken: Das Volkstribunat der klassischen Republik. München ²1968.
L.R. Taylor: The Voting Districts of the Roman Republic. The 35 Urban and Rural Tribes. Rom 1960.
P.A. Brunt: Social Conflicts in the Roman Republic. London 1971.
W.V. Harris: War and Imperialism in Republican Rome 327–70 B.C. Oxford ³1985.

Wirtschaft

T. Frank: An Economic Survey of Ancient Rome, 6 Bde. Baltimore 1933–40. ND 1959.
E.A. Sydenham: The Coinage of the Roman Republic. London 1952.
M.H. Crawford: Roman Republican Coinage, 2 Bde. Cambridge 1974.

Geistiges Leben

K. Latte: Römische Religionsgeschichte (HdA V.4). München 1960. ND 1976.
H. Wagenvoort: Wesenszüge altrömischer Religion, in: ANRW I, 2. Berlin 1972.

XIV. Das Zeitalter der Ausdehnung Roms im Mittelmeergebiet

Roms Weg zur Vorherrschaft im westlichen Mittelmeergebiet

R.M. Errington: The Dawn of Empire. London 1971.
A. Heuß: Der erste punische Krieg und das Problem des römischen Imperialismus. Zur politischen Beurteilung des Krieges. Darmstadt ³1970.
D. Flach: Der sogenannte römische Imperialismus. Sein Verständnis im Wandel der neuzeitlichen Erfahrungswelt, in: HZ 222, 1976.
F. Hampl: Zur Vorgeschichte des ersten und zweiten punischen Krieges, in: ANRW I, 1. Berlin 1972.
J. Molthagen: Der Weg in den Ersten Punischen Krieg, in: Chiron 5, 1975.
E. Ruschenbusch: Der Ausbruch des 1. Punischen Krieges, in: Talanta 12/13 (1980/81).
Ders.: Der Beginn des 2. Punischen Krieges, in: Historia 27, 1978.
K.-H. Schwarte: Der Ausbruch des Zweiten Punischen Krieges – Rechtsfragen und Überlieferung. Wiesbaden 1983.
H.H. Scullard: Scipio Africanus: Soldier and Politician. London 1970.

A.J. Toynbee: Hannibal's Legacy. 2 Bde. London 1965.
J. Seibert: Hannibal. Darmstadt 1993.
Ders.: Forschungen zu Hannibal. Darmstadt 1993.

Rom in Oberitalien und Illyrien

K.E. Petzold: Rom und Illyrien, in: Historia 20, 1971.
N.G.L. Hammond: Illyris, Rome and Macedon in 229–205 B.C., in: JRS 58, 1968.
H.J. Dell: Demetrios of Pharos and the Istrian War, in: Historia 19, 1970.

Der Weg zur römischen Vorherrschaft im östlichen Mittelmeergebiet

H.-J. Gehrke: Geschichte des Hellenismus (OGG Bd. 1A). München 1990.
E. Will: Histoire politique du monde hellénistique (323–30 a.v.J.C.). 2 Bde. Nancy ²1982.
M. Rostovtzeff: Sozial- und Wirtschaftsgeschichte der hellenistischen Welt, 3 Bde. Darmstadt 1955–56. ND 1984.
M. Holleaux: Rome, la Grèce et les monarchies hellénistiques au IIIe siècle avant J.-C. (273–205). Paris 1921. ND 1969.
M. Errington: Geschichte Makedoniens. München 1986.
P. Klose: Die völkerrechtliche Ordnung der hellenistischen Staatenwelt in der Zeit von 280–168 v.Chr. München 1972.
E.S. Gruen: The Hellenistic World and the coming of Rome. 2 Bde. Berkeley 1984.
J. Deininger: Der politische Widerstand gegen Rom in Griechenland 217–86 v.Chr. Berlin 1971.
A. Giovannini/H. Müller: Die Beziehungen zwischen Rom und den Juden im 2.Jh. v.Chr., in: MH 28, 1971.
D. Timpe: Der römische Vertrag mit den Juden von 161 v.Chr., in: Chiron 4, 1974.
J. Briscoe: Eastern Policy and senatorial politics 168–146 B.C., in: Historia 18, 1969.
R. Werner: Das Problem des Imperialismus und die römische Ostpolitik im 2.Jahrhundert v.Chr., in: ANRW I, 1. Berlin 1972.
A. Bastini: Der achäische Bund als hellenische Mittelmacht. Geschichte des achäischen Koinon in der Symmachie mit Rom. Frankfurt/M. 1987.
E. Badian: Titus Quinctius Flamininus. Philhellenism and Realpolicy. Cincinnati 1970.
F.W. Walbank: The Cause of the Third Macedonian War: Recent Views, in: Ancient Macedonia 2, 1977.
F.W. Walbank: Philip V of Macedon. Cambridge 1940. ND 1967.
E. Badian: Rom und Antiochos d.Gr., in: Welt als Geschichte 20, 1960.

H. Heinen: Die politischen Beziehungen zwischen Rom und dem Ptolemäerreich von ihren Anfängen bis zum Tag von Eleusis (273–168 v. Chr.), in: ANRW I, 1. Berlin 1972.

E. S. Gruen: Rome and the Seleucids in the Aftermath of Pydna, in: Chiron 6, 1976.

H. H. Schmitt: Rom und Rhodos. München 1957.

Der Dritte Punische Krieg und der Krieg in Spanien

H. Simon: Roms Kriege in Spanien 154–133 v. Chr. Frankfurt 1962.

A. Garcia y Bellido: Die Latinisierung Hispaniens, in: ANRW I, 1. Berlin 1972.

W. Hoffmann: Die römische Politik des 2. Jahrhunderts und das Ende Karthagos, in: Historia 9, 1960.

XV. Rom und das Reich im 2. Jahrhundert

Gesellschaft, Wirtschaft, Verkehr

H. H. Scullard: Roman Politics 220–150 B. C. Oxford ²1973.

E. Badian: Foreign Clientelae (264–70 B. C.). Oxford 1958.

V. A. Sirago: L'agricoltura dell' Italia nel II sec. a. C. Neapel 1971.

B. Zuchold: Die römischen kleinen Bauernwirtschaften 200 bis 133 v. u. Z. Diss. Jena 1972.

Geistiges Leben

K. Gaiser: Zur Eigenart der römischen Komödie: Plautus und Terenz gegenüber ihren griechischen Vorbildern, in: ANRW I, 2. Berlin 1972.

D. Timpe: Fabius Pictor und die Anfänge der römischen Historiographie, in: ANRW I, 2. Berlin 1972.

H. Strasburger: Der „Scipionenkreis", in: Hermes 94, 1966.

W. Richter: Staat, Gesellschaft und Dichtung in Rom im 3. und 2. Jahrhundert v. Chr. (Naevius, Ennius, Lucilius), in: Gymnasium 69, 1962.

Die Provinzen

W. Dahlheim: Gewalt und Herrschaft. Das provinziale Herrschaftssystem der römischen Republik. Berlin 1977.

Ders.: Struktur und Entwicklung des römischen Völkerrechts im dritten und zweiten Jahrhundert v. Chr. München 1968.

A. Heuß: Die völkerrechtlichen Grundlagen der römischen Außenpolitik in republikanischer Zeit. Leipzig 1933. ND 1963.

G. H. Stevenson: Roman Provincial Administration till the Age of Antonines. Oxford ²1949.
A. Lintott: Imperium Romanum. Politics and Administration. London 1993.
E. Badian: Publicans and Sinners. Private Enterprise in the Services of the Roman Republic. Ithaca ²1983.

XVI. Die Zeit der ausgehenden Römischen Republik

Die innenpolitische Entwicklung Roms und Italiens 133–31

K. Christ: Krise und Untergang der römischen Republik. Darmstadt ³1993.
A. Heuß: Der Untergang der römischen Republik und das Problem der Revolution, in: HZ 182, 1956.
J. Crook/A. Lintott/E. Rawson u. a.: The Roman Republic 133–44 B. C. CAH IX. Cambridge 1992.
R. Syme: Die römische Revolution. Stuttgart 1957. ND, hg. von *W. Dahlheim.* München 1992.
K. Christ: Der Untergang der römischen Republik in moderner Sicht, in: *Ders.*, Römische Geschichte und Wissenschaftsgeschichte, Bd. 1: Römische Republik und augusteischer Prinzipat. Darmstadt 1982.
E. Badian: Roman Politics and the Italians (133–91 B.C.), in: Dialoghi di Archeologia 4/5, 1970/71
J. Ungern-Sternberg v. Pürkel: Untersuchungen zum spätrepublikanischen Notstandsrecht Senatus consultum ultimum und hostis-Erklärung. München 1970.
T.P. Wiseman: New men in the Roman senate 139 B.C.–A.D. 14. Oxford 1971.
K. Bringmann: Weltherrschaft und innere Krise Roms im Spiegel der Geschichtsschreibung des zweiten und ersten Jahrhunderts v. Chr., in: A. u. A. 23, 1977.
W.Z. Rubinsohn: Die großen Sklavenaufstände der Antike. 500 Jahre Forschung. Darmstadt 1993.
D. Flach: Die Ackergesetzgebung im Zeitalter der römischen Revolution, in: HZ 217, 1973.
E. Badian: Tiberius Gracchus and the Beginning of the Roman Revolution, in: ANRW I, 1. Berlin 1972.
K. Bringmann: Die Agrarreform des Tiberius Sempronius Gracchus. Legende und Wirklichkeit (Frankfurter Historische Vorträge 10). Stuttgart 1985.
A.E. Astin: Scipio Aemilianus. Oxford 1967.
K. Meister: Die Bundesgenossengesetzgebung des Gaius Gracchus, in: Chiron 6, 1976.

L. Keppie: The Making of the roman army. From Republic to Empire. London 1984.

W. Schmitthenner: Politik und Armee in der späten römischen Republik, in: HZ 190, 1960.

H.-C. Schneider: Das Problem der Veteranenversorgung in der späteren römischen Republik. Bonn 1977.

E.H. Erdmann: Die Rolle des Heeres in der Zeit von Marius bis Caesar. Neustadt/Aisch 1972.

A.M. Eckstein: Senate and General. Berkeley 1987.

W. Schur: Das Zeitalter des Marius und Sulla (Klio Beiheft 46). Leipzig 1942. ND 1968.

E. Badian: L. Sulla. The Deadly Reformer. Sidney 1970.

T. Hantos: Res publica restituta. Die Verfassung Sullas. Stuttgart 1988.

M. Gelzer: Pompeius. Wiesbaden [3]1973. ND 1984.

A. Guarino: Spartakus. Analyse eines Mythos. München 1980.

Chr. Meier: Pompeius' Rückkehr aus dem Mithridatischen Kriege und die Catilinarische Verschwörung, in: Athenaeum N.S. 40, 1962.

A. Kaplan: Catiline, the man and his role in the Roman revolution. New York 1968.

M. Gelzer: Cicero. Ein biographischer Versuch. Wiesbaden 1969. ND 1983.

Ders.: Caesar. Der Politiker und Staatsmann. Wiesbaden [6]1960. ND 1983.

H. Benner: Die Politik des P. Clodius Pulcher. Untersuchungen zur Denaturierung des Clientelwesens in der ausgehenden römischen Republik. Wiesbaden 1987.

W. Schmitthenner: Das Attentat auf Caesar am 15. März 44 v. Chr., in: GWU 13, 1962.

Der Mittelmeerraum im letzten Jahrhundert der Römischen Republik

E. Badian: Römischer Imperialismus in der Späten Republik. Stuttgart 1980.

E. Koestermann: Der Zug der Kimbern, in: Gymnasium 76, 1969.

H. Berve: Sertorius, in: Hermes 64, 1929.

A.N. Sherwin-White: Roman foreign policy in the East 168 B.C. to A.D. 1. London 1984.

E. Olshausen: Mithridates VI. und Rom, in: ANRW I, 1. Berlin 1972.

Ders.: Rom und Ägypten von 116 bis 51 v. Chr. Diss. Erlangen 1963.

K.H. Ziegler: Die Beziehungen zwischen Rom und dem Partherreich. Wiesbaden 1964.

E.M. Smallwood: The Jews under Roman Rule from Pompey to Diocletian. Leiden [2]1981.

G. Downey: The Occupation of Syria by the Romans, in: TAPhA 82, 1951.

T.R. Holmes: Caesar's Conquest of Gaul. Oxford [2]1931.

V. Burr: Rom und Judäa im 1. Jahrhundert v. Chr. (Pompeius und die Juden), in: ANRW I, 1. Berlin 1972.

Rom am Ende der Republik

H. Strasburger: RE XVIII, 773–788 (1939) s.v. optimates.
Chr. Meier: RE Suppl. X, 549–615 (1965) s.v. populares.
Ders.: Res publica amissa. Eine Studie zur Verfassung und Geschichte der späten römischen Republik. Frankfurt [2]1988.
H. Schneider (Hg.): Zur Sozial- und Wirtschaftsgeschichte der späten Römischen Republik (WdF 413). Darmstadt 1976.
W. Nippel: Die plebs urbana und die Rolle der Gewalt in der späten Republik, in: *H. Mommsen/W. Schulze* (Hg.): Vom Elend der Handarbeit. Probleme historischer Unterschichtenforschung. Stuttgart 1981.
L.R. Taylor: Party politics in the age of Caesar. Berkeley 1966.
E.S. Gruen: The last Generation of the Roman Republic. Berkeley 1974.
Ders: Roman Politics and the Criminal Courts ,149–78 B.C. Cambridge, Mass. 1968.
R. Syme: Sallust. Darmstadt 1975.
W. Kroll: Die Kultur der ciceronischen Zeit. Leipzig 1933.
C. Habicht: Cicero der Politiker. München 1990.
M. Fuhrmann: Cicero und die römische Republik. München [3]1991.
K. Kumaniecki: Cicero. Mensch–Politiker–Schriftsteller, in: *K. Büchner* (Hg.): Das neue Cicerobild (WdF 27). Darmstadt 1971.
O. Gigon: Cicero und die griechische Philosophie, in: ANRW I, 4. Berlin 1973.
Chr. Meier: Caesar. München [3]1993.
W. Dahlheim: Julius Caesar. Die Ehre des Kriegers und der Untergang der römischen Republik. München 1987.
M. Jene: Der Staat des Dictators Caesar. Köln 1986.
H. Gesche: Caesar (EdF 51). Darmstadt 1976.
H. Bengtson: Die letzten Monate der römischen Senatsherrschaft, in: ANRW I, 1. Berlin 1972.

XVII. Der Beginn der Römischen Kaiserzeit

Die Errichtung und Festigung der Monarchie

D. Kienast: Augustus. Prinzeps und Monarch. Darmstadt [2]1992.
M. Giebel: Augustus. Hamburg 1984.
W. Schmitthenner (Hg.): Augustus (WdF 128). Darmstadt 1969.
J. Deininger: Von der Republik zur Monarchie. Die Ursprünge der Herrschertitulatur des Prinzipats, in: ANRW I, 1. Berlin 1972.

P. Sattler: Augustus und der Senat. Untersuchungen zur römischen Innenpolitik zwischen 30 und 17 v. Chr. Göttingen 1960.

F. Vittinghoff: Römische Kolonisation und Bürgerrechtspolitik unter Caesar und Augustus. AAWM 14. Mainz 1951.

P. Zanker: Augustus und die Macht der Bilder. München ²1990.

E. Simon: Ara pacis augustae (Monumenta Artis Antiquae 1). Tübingen 1967.

Die Außenpolitik

E. S. Gruen: Augustus and the Ideology of War und Peace, in: *R. Winkes* (Hg.): The Age of Augustus. Louvain-la-Neuve 1985.

K. Christ: Zur augusteischen Germanienpolitik, in: Chiron 7, 1977.

R. Rau: Zur Geschichte des pannonisch-dalmatischen Krieges der Jahre 6–9 n. Chr., in: Klio 19, 1925.

R. Syme: The Spanish War of Augustus (26–25 B. C.), in: AJPh 55, 1934.

C. M. Wells: The German policy of Augustus. An examination of the archaeological evidence. Oxford 1972.

D. Timpe: Arminius-Studien. Heidelberg 1970.

Ders.: Der römische Verzicht auf die Okkupation Germaniens, in: Chiron 1, 1971.

K. Christ: Zur römischen Okkupation der Zentralalpen und des nördlichen Alpenvorlandes, in: Historia 6, 1957.

Rom am Anfang des Principats

A. v. Premerstein: Vom Werden und Wesen des Prinzipats (ABAW NF 15). München 1937.

W. Kunkel: Über das Wesen des augusteischen Prinzipats, in: *W. Schmitthenner* (Hg.): Augustus (WdF 128). Darmstadt 1969.

S. J. De Laet: La composition de l'ordre équestre sous Auguste et Tibère, in: RBPh 20, 1941.

R. M. Ogilvie: The Romans and their Gods in the Age of Augustus. London 1969.

L. Wickert: RE XXII, 1998–2296 (1954) s. v. princeps.

H. Kloft: Liberalitas Principis. Studien zur Principatsideologie. Köln 1970.

D. Kienast: Der augusteische Prinzipat als Rechtsordnung, in: ZRG 101, 1984.

A. Alföldy: Die monarchische Repräsentation im römischen Kaiserreich. Darmstadt ³1980.

D. Timpe: Untersuchungen zur Kontinuität des frühen Prinzipats. Wiesbaden 1962.

R. Klein (Hg.): Prinzipat und Freiheit (WdF 135). Darmstadt 1969.

G. Binder (Hg.): Saeculum Augustum. Bd. 1: Herrschaft und Gesellschaft (WdF 266). Darmstadt 1987; Bd. 2: Religion und Literatur (WdF 512). Darmstadt 1988; Bd. 3: Kunst und Bildersprache (WdF 632). Darmstadt 1991.
G. Webster: The Roman imperial army of the first and second centuries. Totowa ³1985.
G. Forni: Il reclutamento delle legioni da Augusto a Diocleziano. Rom 1953.
M. Durry: Les Cohortes Prétoriennes (BEFAR 146). Paris ²1968.
H. Callies: Die fremden Truppen im römischen Heer des Prinzipats und die sogenannten nationalen Numeri, in: BerRGK 45, 1964.
Ch. G. Starr: The Roman Imperial Navy, 31 B.C.–A.D. 324. Cambridge ²1960.
E. Burck: Die Rolle des Dichters und der Gesellschaft in der augusteischen Dichtung, in: A.u.A. 21, 1975.
V. Buchheit: Vergil über die Sendung Roms. Heidelberg 1963.
R. Syme: History in Ovid. Oxford 1978.
Ders.: The Augustan Aristocracy. Oxford 1987.
H. Callies: Augustus und Vergil, in: Zeitschrift der Universität Hannover 16, Heft 1, 1989.

XVIII. Die Römische Kaiserzeit vom Tode des Augustus bis zum Ende der Severer (14–235)

Der innere Ablauf

E. Kornemann: Tiberius. Stuttgart 1960.
J. P. V. D. Balsdon: The Emperor Gaius (Caligula). Oxford ²1964.
A. A. Barrett: Caligula. The Corruption of Power. London 1989.
A. Momigliano: Claudius. Cambridge ²1961.
M. Grant: Nero. München 1978.
M. Hammond: The Transmission of the Powers of the Roman Emperor from the Death of Nero in A.D. 68 to that of Alexander Severus in A.D. 235, in: Memoirs of the American Academy in Rome 24, 1956.
P. Greenhalgh: The Year of the Four Emperors. London 1975.
E. Fußhöller: Prinzipatsideologie und Herrschaftsübertragung im Vierkaiserjahr. Der Reformversuch Galbas und seine Bedeutung für die Ereignisse von 68–69 n. Chr. Diss. Bonn 1958.
L. Homo: Vespasien. Paris 1949.
B. W. Henderson: Five Roman Emperors (Vespasian to Trajan). New York 1927. ND 1969.
St. Gsell: Essai sur le règne de l'empereur Domitien. Paris 1894. ND 1967.

A. Garzetti: Nerva. Rom 1950.
A. Passerini: Il regno di Trajano. Mailand 1950.
W. Weber: Rom. Herrschertum und Reich im 2. Jahrhundert. Stuttgart 1937.
S. Perowne: Hadrian. München ²1977.
B. W. Henderson: The life and the principate of the emperor Hadrian, A.D. 76–138. London 1923. ND 1968.
W. Hüttl: Antoninus Pius. 2 Bde. Prag 1933–36. ND 1975.
A. Birley: Mark Aurel. Kaiser und Philosoph. München ²1977.
R. Andreotti: Commodo. Rom 1952.
J. Ch. Traupmann: The life and reign of Commodus. Diss. Princeton 1956.
A. Birley: The African emperor. Septimius Severus. London ²1988.
J. Hasebroek: Untersuchungen zur Geschichte des Kaisers Septimius Severus. Heidelberg 1921. ND 1975.

Die außenpolitische Lage des Reiches in den beiden ersten Jahrhunderten der Kaiserzeit

A. Mócsy: Zur Entstehung und Eigenart der Nordgrenzen Roms. Opladen 1978.
J. Klose: Roms Klientel-Randstaaten am Rhein und an der Donau. Beiträge zu ihrer Geschichte und rechtlichen Stellung im 1. und 2. Jh. n. Chr. Breslau 1934.
P. Kehne: Formen römischer Außenpolitik in der Kaiserzeit. Die auswärtige Praxis im Nordgrenzenbereich als Einwirkung auf das Vorfeld. Diss. Hannover 1989.
G.P. Welch: Britannia. The Roman Conquest and Occupation of Britain. Middletown 1963.
A. Birley: Die Außen- und Grenzpolitik unter der Regierung Marc Aurels, in: *R. Klein* (Hg.): Marc Aurel (WdF 550). Darmstadt 1979.
U. Baumann: Rom und die Juden. Frankfurt/M. 1985.
Th. Frankfort: Etudes sur les guerres orientales de Trajan. Brüssel 1955.
F.A. Lepper: Traian's Parthian War. London 1948.
St. L. Dyson: Native Revolt Patterns in the Roman Empire, in: ANRW II, 3. Berlin 1975.

Der Zustand des Reiches in den beiden ersten Jahrhunderten der Kaiserzeit

W. Dahlheim: Geschichte der römischen Kaiserzeit (OGG Bd. 3). München ²1989.
K. Christ: Geschichte der römischen Kaiserzeit. Von Augustus bis Konstantin. München ²1992.

Th. Mommsen: Römische Kaisergeschichte, hg. von *B.* und *A. Demandt.* München 1992.
C. Wells: Das römische Reich (dtv-Geschichte der Antike Bd. 6). München 1985.
L. R. Taylor: The Divinity of the Roman Emperor (Phil. Monogr. of the Amer. Phil. Assoc., Bd. 1). München 1931.
A. Wlosok (Hg.): Römischer Kaiserkult (WdF 372). Darmstadt 1978.
J. Gagé: Psychologie du culte imperial romain, in: Diogene 34, 1961.
O. Hirschfeld: Die kaiserlichen Verwaltungsbeamten bis auf Diocletian. Berlin ²1905. ND 1963.
A. Stein: Der römische Ritterstand. Ein Beitrag zur Sozial- und Personengeschichte des römischen Reiches. München 1927. ND 1963.
J. Bleicken: Senatsgericht und Kaisergericht (AAG 3,53). Göttingen 1962.
F. F. Abott/A. C. Johnson: Municipal Administration in the Roman Empire. New York 1926. ND 1968.
R. MacMullen: Roman Social Relations 50 B.C. to A.D. 284. London 1976.
W. Eck: Sozialstruktur des römischen Senatorenstandes der hohen Kaiserzeit und statistische Methode, in: Chiron 3, 1973.
R. J. A. Talbert: The Senate of Imperial Rome. Princeton 1984.
F. Vittinghoff: Soziale Struktur und politisches System der hohen römischen Kaiserzeit, in: HZ 230, 1980.
G. Alföldy: Die Freilassung von Sklaven und die Struktur der Sklaverei in der römischen Kaiserzeit, in: RStdA 2, 1972.
W. Eck/J. Heinrichs (Hg.): Sklaven und Freigelassene in der Gesellschaft der römischen Kaiserzeit (TzF 61). Darmstadt 1993.
P. R. C. Weaver: Familia Caesaris. A Social Study of the Emperor's Freedmen and Slaves. Cambridge 1972.
F. Kiechle: Sklavenarbeit und technischer Fortschritt im Römischen Reich (Forschungen zur antiken Sklaverei 3). Wiesbaden 1969.
M. Stahl: Imperiale Herrschaft und provinziale Stadt. Strukturprobleme der römischen Reichsorganisation im 1.–3. Jh. der Kaiserzeit (Hypomnemata 52). Göttingen 1978.
F. Vittinghoff: Römische Stadtrechtsformen in der Kaiserzeit, in: ZRG 69, 1951.
W. Eck: Die staatliche Organisation Italiens in der hohen Kaiserzeit. München 1979.
M. Rostovtzeff: Gesellschaft und Wirtschaft im römischen Kaiserreich, 2 Bde. in 1 Bd. Leipzig 1931. ND 1985.
J. Bleicken: Verfassungs- und Sozialgeschichte des römischen Kaiserreiches. Bd. 1 Paderborn ³1989; Bd. 2 Paderborn ³1993.
P. Garnsey/R. Saller: Das römische Kaiserreich. Wirtschaft, Gesellschaft, Kultur. Hamburg 1989.

H. Schneider (Hg.): Sozial- und Wirtschaftsgeschichte der römischen Kaiserzeit (WdF 552). Darmstadt 1981.

F. Vittinghoff: Handel, in: Handbuch der europäischen Wirtschafts- und Sozialgeschichte. Bd. 1: Europäische Wirtschafts- und Sozialgeschichte der römischen Kaiserzeit. Stuttgart 1990.

R. Duncan-Jones: The Economy of the Roman Empire. Cambridge 1974.

M. H. Crawford (Hg.): L'impero romano e le strutture economiche e soziali delle province. Como 1986.

Th. Pékary: Studien zur römischen Währungs- und Finanzgeschichte von 161–235 n. Chr., in Historia 8, 1959.

M. Wheeler: Der Fernhandel des Römischen Reiches in Europa, Afrika und Asien. München 1965.

F. Cumont: Die orientalischen Religionen im römischen Heidentum. Darmstadt ^{9}1989.

M. J. Vermaseren (Hg.): Die orientalischen Religionen im Römerreich. Leiden 1981.

K. Bringmann: Christentum und römischer Staat im ersten und zweiten Jahrhundert n. Chr., in: GWU 29, 1978.

R. Freudenberger: Das Verhalten der römischen Behörden gegen die Christen im 2. Jh., dargestellt am Brief des Plinius an Trajan und den Reskripten Trajans und Hadrians (Münchener Beitr. z. Papyrusforschg. u. ant. Rechtsgesch. 52). München ^{2}1969.

A. Dihle: Die griechische und lateinische Literatur der Kaiserzeit von Augustus bis Justinian. München 1989.

J. W. Duff: Literary history of Rome in the Silver Age, from Tiberius to Hadrian. London 1927.

U. Kahrstedt: Kulturgeschichte der römischen Kaiserzeit. Bern ^{2}1958.

J. Carcopino: Rom. Leben und Kultur in der Kaiserzeit. Stuttgart ^{4}1992.

J. B. Campbell: The Emperor and the Roman Army 31 B. C.–A. D. 235. Oxford 1984.

XIX. Die Krise des Reiches im 3. Jahrhundert (235–284)

Die innere Geschichte des Reiches

H. M. D. Parker: A History of the Roman World from A. D. 138 to 337. London 1935.

G. Alföldy: Studien zur Geschichte der Weltkrise des 3. Jahrhunderts n. Chr. Darmstadt 1967.

G. Walser/Th. Pekáry: Die Krise des römischen Reiches. Bericht über die Forschungen zur Geschichte des 3. Jahrhunderts (193–284 n. Chr.). Berlin 1962.

F. Hartmann: Herrscherwechsel und Reichskrise. Untersuchungen zu den Ursachen und Konsequenzen der Herrscherwechsel im Imperium Romanum (3. Jh. n. Chr.). Frankfurt/M. 1982.
L. De Regibus: La monarchia militare di Gallieno. Recco 1939. ND 1972.
W. Hartke: Römische Kinderkaiser. Eine Strukturanalyse römischen Denkens und Daseins. Berlin 1951. ND 1972.
L. Homo: Essai sur le règne de l'empereur Aurélien. Paris 1904. ND 1967.
G. Vitucci: L'imperatore Probo. Rom 1952.
N. Jankowski: Das gallische Gegenreich (259–274 n. Chr.) und seine soziale Basis im Spiegel der Historia Augusta, in: Helikon 7, 1967.

Das Römische Reich und seine Nachbarn zur Zeit der Krise im 3. Jahrhundert

M. Sprengling: Third Century Iran. Chicago 1953.
E. Winter: Die sasanidisch-römischen Friedensverträge des 3. Jh. n. Chr. – ein Beitrag zu den außerordentlichen Beziehungen zwischen den beiden Großmächten (Europäische Hochschulschriften III.350). Frankfurt/M. 1988.
L. Schmidt: Geschichte der deutschen Stämme bis zum Ausgang der Völkerwanderung. Bd. I. Die Ostgermanen. München ²1934. Bd. II. Die Westgermanen. München ²1938–1940. ND. 1970.
H. Jankuhn: Das freie Germanien bis 500, in: *H. Aubin/W. Zorn* (Hg.): Handbuch der deutschen Wirtschafts- und Sozialgeschichte. Bd. 1: Von der Frühzeit bis zum Ende des 18. Jh. Stuttgart 1971. ND. 1978.
E. Schwarz (Hg.): Zur germanischen Stammeskunde (WdF 249). Darmstadt 1972.
G. Mildenberger: Sozial- und Kulturgeschichte der Germanen. Stuttgart 1972.
J. Wais: Die Alamannen in ihrer Auseinandersetzung mit der römischen Welt. Berlin ³1943.
E. Demougeot: La formation de l'Europe et les invasions barbares. Paris 1969.
H. Schoppa: Die Besitzergreifung des Limesgebietes durch die Alamannen. In: Nassauische Annalen 67, 1956.

Die Zustände im Römischen Reich des 3. Jahrhunderts

R. Grosse: Römische Militärgeschichte von Gallienus bis zum Beginn der byzantinischen Themenverfassung. Berlin 1920.
E. M. Staerman: Die Krise der Sklavenhalterordnung im Westen des römischen Reiches. Berlin 1964.
F. Kolb: Wirtschaftliche und soziale Konflikte im Römischen Reich des 3. Jh.

n. Chr., in: *A. Lippold/N. Himmelmann* (Hg.): Bonner Festgabe für Johannes Straub (Beih. d. Bonner Jahrb. 39). Bonn 1977.

J.F. Drinkwater: The Gallic Empire: Separatism and Continuity in the Northwestern Provinces of the Roman Empire, A.D. 260–274 (Historia Einzelschr. 52). Wiesbaden 1987.

H. Schulz-Falkenthal: Zur Lage der römischen Berufskollegien der Spätantike. Die Privilegien der centonarii in Solva nach einem Reskript des Septimius Severus und Caracalla, in: WZ Halle 15, 1966.

J.-P. Callu: La Politique monétaire des Empereurs romains de 238 à 311. Paris 1969.

G.H. Halsberghe: Le culte de Deus Sol Invictus à Rome au IIIe siècle après J.C., in: ANRW II, 17,4. Berlin 1984.

K. Baus/H.G. Beck/E. Ewig/H.J. Vogt (Hg.): Handbuch der Kirchengeschichte, 7 Bde. Freiburg 1965–79; Bd. 1 und 2.

A. v. Harnack: Mission und Ausbreitung des Christentums in den ersten drei Jahrhunderten. 2 Bde. Leipzig ⁴1924.

G. Gottlieb: Christentum und Kirche in den ersten drei Jahrhunderten. Heidelberg 1991.

C. Schneider: Geistesgeschichte des antiken Christentums. 2 Bde. München 1954.

P. Guyot/R. Klein (Hg.): Das frühe Christentum bis zum Ende der Verfolgungen. Bd. 1: Die Christen im heidnischen Staat (TzF 60). Darmstadt 1993.

J. Moreau: Die Christenverfolgung im römischen Reich. Berlin ²1971.

J. Molthagen: Der römische Staat und die Christen im zweiten und dritten Jahrhundert (Hypomnemata 28). Göttingen ²1975.

K. Aland: Das Verhältnis von Kirche und Staat in der Frühzeit, in: ANRW II, 23,1. Berlin 1979.

R. MacMullen: Paganism in the Roman Empire. London 1981.

XX. Die Spätantike von Diocletian bis Theodosius (bis etwa 400)

A. Demandt: Die Spätantike. Römische Geschichte von Diokletian bis Justinian 284–565 n. Chr. (HdA II.3.6). München 1989.

J. Martin: Spätantike und Völkerwanderung (OGG Bd. 4). München ²1990.

A.H.M. Jones: The later Roman Empire, A.D. 284–602. A Social, Economic and Administrative Survey, 2 Bde. Oxford 1964.

J. Vogt: Der Niedergang Roms. Metamorphose der antiken Kultur. Zürich 1965.

O. Seeck: Geschichte des Untergangs der antiken Welt. 6 Bde. Stuttgart ²⁻⁴1920/21. ND 1966.

E. Stein: Geschichte des spätrömischen Reiches. Bd. 1: Vom römischen zum byzantinischen Staate (284–476 n. Chr.). Wien 1928; Bd. 2: De la disparition de l'empire d'occident à la mort de Justinien (476–565). *J.-R. Palenque.* Paris 1949.

K. Christ: Der Untergang des Römischen Reiches (WdF 269). Darmstadt ²1986.

J. Bleicken: Prinzipat und Dominat. Gedanken zur Periodisierung der römischen Kaiserzeit. Wiesbaden 1978.

A. Demandt: Der Fall Roms. Die Auflösung des römischen Reiches im Urteil der Nachwelt. München 1984.

Die innere Geschichte des spätantiken Staates (284 bis etwa 400)

M. Martin: Zum Selbstverständnis, zur Repräsentation und Macht des Kaisers in der Spätantike, in: Saeculum 35, 1984.

H.-J. Horstkotte: Die Theorie vom spätrömischen „Zwangsstaat" und das Problem der „Steuerhaftung" (Beiträge zur Klassischen Philologie 1959). Königstein/Ts. 1984.

F. Kolb: Diocletian und die Erste Tetrarchie. Improvisation oder Experiment in der Organisation monarchischer Herrschaft? Berlin 1987.

W. Seston: Dioclétien et la tétrarchie. Vol. I. Guerres et réformes. Paris 1946.

W. Enßlin: RE VII A, 2419–2445 (1948) s.v. Valerius Diocletianus.

E. Ruschenbusch: Diocletians Währungsreform, in: ZPE 26, 1977.

F. Lot: Nouvelles recherches sur l'impôt foncier et la capitation personelle sous le Bas-Empire. Paris 1955.

J. Vogt: Constantin der Große und sein Jahrhundert. München ²1960.

R. MacMullen: Constantine. London 1970.

H. Kraft: Kaiser Konstantins religiöse Entwicklung. Tübingen 1955.

E. Schwartz: Kaiser Konstantin und die christliche Kirche. Leipzig ²1936.

J. Bleicken: Constantin der Große und die Christen. Überlegungen zur konstantinischen Wende (HZ Beih. 15). München 1992.

G. Alföldy: The Conversion of Constantine and Pagan Rome. Oxford ²1969.

J. Moreau: Constans, Constantinus II., Constantius II., in: Jahrbuch für Antike und Christentum 2, 1959.

R. Klein (Hg.): Julian Apostata (WdF 509). Darmstadt 1978.

R. Soraci: L'imperatore Valentiniano I. Catania 1971.

M. Fortina: L'imperatore Graziano. Turin 1953.

A. Lippold: Theodosius der Große und seine Zeit. Stuttgart ²1980.

E. Demougeot: De l'unité à la division de l'Empire romain (395–410). Paris 1951.

J. V. Krause: Spätantike Patronatsverfahren im Westen des römischen Reiches. München 1987.

Das Christentum im 4. Jahrhundert

A. Momigliano: The Conflict between Paganism and Christianity in the Fourth Century. Oxford 1963.

W. Schneemelcher: Kirche und Staat im 4. Jahrhundert. Bonn 1970.

H. Berkhof: Kirche und Kaiser. Eine Untersuchung der Entstehung der byzantinischen und theokratischen Staatsauffassung im vierten Jahrhundert. Zürich 1947.

G. Gottlieb: Ost und West in der christlichen Kirche des 4. und 5. Jahrhunderts. München 1978.

A. Dallmeyer: Die vier großen Konzilien: Nicaea, Konstantinopel, Ephesus, Chalkedon. München ²1963.

Heidentum und geistiges Leben im 4. Jahrhundert

G. Widengren: Mani und der Manichäismus. Stuttgart 1961.

G. Downey: Education in the Christian Roman Empire: Christian and Pagan Theories under Constantine and his Successors, in: Speculum 32, 1957.

Die Lage an den Grenzen im 4. Jahrhundert

B. Stallknecht: Untersuchungen zur römischen Außenpolitik in der Spätantike, 306–395 n. Chr. Bonn 1969.

M. Waas: Germanen im römischen Dienst im 4. Jahrhundert n. Chr. Bonn ²1965.

K.F. Stroheker: Germanentum und Spätantike. Zürich 1965.

I. Peters: Die Germanenpolitik der Kaiser Konstantius und Julian im Rahmen der römischen Reichspolitik des 4. Jahrhunderts. Diss. Heidelberg 1945.

Der innere Zustand des Reiches im 4. Jahrhundert

J. Straub: Vom Herrscherideal in der Spätantike. Stuttgart 1939. ND 1964.

W. Enßlin: Gottkaiser und Kaiser von Gottes Gnaden (SBAW 6). München 1943.

M. T. W. Arnheim: The Senatorial Aristocracy in the later Roman Empire. Oxford 1972.

D. v. Berchem: L'armée de Dioclétian et la réforme constantinienne. Paris 1952.

D. Hoffmann: Das spätrömische Bewegungsheer und die Notitia Dignitatum. 2 Bde. (ES 7, I u. II). Düsseldorf 1969.

A. Bernardi: The Economic Problems of the Roman Empire at the Time of its Decline, in: SDHI 31, 1965.
G. Mickwitz: Geld und Wirtschaft im römischen Reich des 4. Jh. Helsinki 1932. ND 1965.
D. Nellen: Viri literati. Gebildetes Beamtentum und spätrömisches Reich im Westen zwischen 284 und 395 n. Chr. Diss. Bochum 1977.
H. P. Kohns: Versorgungskrisen und Hungerrevolten im spätantiken Rom. Bonn 1961.
E. Stein: Agentes in rebus, in: ZRG 41, 1920.
L. Harmand: Un aspect social et politique du monde romain: le patronat sur les collectivités publiques des origines au Bas-Empire. Paris 1957.
W. Seyfarth: Soziale Fragen der spätrömischen Kaiserzeit im Spiegel des Theodosianus. Berlin 1963.
F. Wieacker: Recht und Gesellschaft in der Spätantike. Stuttgart 1964.
A. Rumpf: Stilphasen der spätantiken Kunst. Köln 1957.
R. Delbrück: Spätantike Kaiserportraits. Von Constantinus Magnus bis zum Ende des Westreiches (Studien z. spätantiken Kunstgesch. 8). Berlin 1933. ND 1978.

Mittelalter

Elementare Hilfsmittel, Nachschlagewerke und allgemeine Darstellungen

1. Bibliographisches

W. Baumgart: Bücherverzeichnis zur deutschen Geschichte. Hilfsmittel. Handbücher. Quellen (=Ullstein-Buch 3856). Frankfurt/M. [4]1978. Ist nicht auf deutsche Geschichte beschränkt und enthält auch eine Zusammenstellung weiterer Hilfsmittel in französischer und englischer Sprache.
P.-J. Schuler: Grundbibliographie Mittelalterliche Geschichte. Stuttgart 1990.
Bibliographische Orientierungshilfen (z. T. umfassend) finden sich auch in den meisten großen Gesamtdarstellungen (Gebhardt, Schieder usw., s. u.!).

2. Allgemeine Nachschlagewerke zur Orientierung

Brockhaus Enzyklopädie. Wiesbaden 1966–1974 (20 Bde.).

Der Neue Herder. Freiburg [3]1970 (6 Bde.).

Meyers Enzyklopädisches Lexikon. Mannheim 1971–1979 (25 Bde.). Auch ältere Auflagen dieser und anderer Lexika sind nützlich, da sie oft umfangreiches statistisches Material enthalten und über historische Sachverhalte ausführlich und gediegen informieren.

3. Sachwörterbücher und Enzyklopädien

Zur kurzen Orientierung:

E. Bayer: Wörterbuch zur Geschichte. Stuttgart [3]1974 (=Kröners Taschenausgabe 289).

Lexikon der deutschen Geschichte. Personen. Ereignisse. Institutionen. Stuttgart 1979.

E. Haberkern/J.F. Wallach: Hilfswörterbuch für Historiker. UTB [6]1980. 2 Bde. [besonders für Institutionen, Recht und Verfassung].

Gründliche wissenschaftliche Information:

C.D. Kernig (Hg.): Sowjetsystem und demokratische Gesellschaft. Freiburg 1966–1972 (6 Bde.).

O. Brunner/W. Conze/R. Koselleck: Geschichtliche Grundbegriffe. Historisches Lexikon zur politisch-sozialen Sprache in Deutschland. Bislang 7 Bde. Stuttgart 1972ff.

Handwörterbuch der Staatswissenschaften. Neu unter dem Titel Handwörterbuch der Sozialwissenschaften [HDSW]. Stuttgart, Tübingen, Göttingen 1956–1968 (13 Bde.).

Lexikon des Mittelalters. Bislang 6 Bde. München, Zürich 1980ff.

Staatslexikon. Recht, Wirtschaft, Gesellschaft [StL]. Freiburg [6]1957–1970 (11 Bde.).

Die Religion in Geschichte und Gegenwart [RGG]. Tübingen [3]1957–1965 (7 Bde.).

Theologische Realenzyklopädie [TRE], Berlin 1977ff. (bisher 22 von 25 Bänden).

Lexikon für Theologie und Kirche [LThK]. Freiburg [2]1957–1968 (14 Bde.).

Historisches Wörterbuch der Philosophie [HWP]. Darmstadt 1971ff.

4. *Biographische Nachschlagewerke*

Allgemeine deutsche Biographie [ADB]. Leipzig 1875–1912 (56 Bde.).
Neue deutsche Biographie [NDB]. Berlin 1953ff.
H. Rössler/G. Franz: Biographisches Wörterbuch zur deutschen Geschichte. München ²1973–75 (3 Bde.).
Ähnliche Werke gibt es in den meisten europäischen Ländern.

5. *Historische Atlanten*

Großer Historischer Weltatlas, hg. vom Bayerischen Schulbuchverlag. München (Teil II: ²1979).
F. W. Putzger: Historischer Weltatlas. Bielefeld ¹⁰⁰1980.
Westermanns Großer Atlas zur Weltgeschichte. Braunschweig ⁹1976.
A. Hempel u. a. (Hg.): Karten und Stammtafeln zur deutschen Geschichte. Frankfurt/M. 1972 (=Ullstein-Buch 3858).
Knaurs Großer Historischer Weltatlas. München 1980.

6. *Spezialwerke für allgemeine geschichtliche Informationen*

Der große *Ploetz.* Auszug aus der Geschichte. Freiburg, Würzburg ²⁹1980.
dtv-Atlas zur Weltgeschichte. Karten und chronologischer Abriß. 2 Bde. München. 1: ¹¹1975.
Geschichte der deutschen Länder. *Territorien-Ploetz.* Würzburg 1964–1971 (2 Bde.).
K.-J. Matz: Regententabellen zur Weltgeschichte. München 1980.
Raum und Bevölkerung in der Weltgeschichte. *Bevölkerungs-Ploetz.* Würzburg.

Für Bevölkerungszahlen ferner:
C. McEvedy/R. Jones: Atlas of World Population History. Harmondsworth 1978 (=Penguin Reference Books).

7. *Gesamtdarstellungen und Reihenwerke*

Weltgeschichte

Historia Mundi. Bern. Bde. 5–6, 1956–1958.
Propyläen Weltgeschichte. Eine Universalgeschichte. Frankfurt/M., Bd. 5, 1963.

Europäische Geschichte

Saeculum Weltgeschichte. Bde. 3–4. Freiburg, Basel, Wien 1967.

H. Zimmermann: Das Mittelalter. Teil 1. Braunschweig 1975; Teil 2. ebd. 1979.

Th. Schieder (Hg.): Handbuch der europäischen Geschichte, Bde. 1 u. 3. Stuttgart 1976 u. 1978.

Einzelbereiche

The Cambridge Economic History of Europe. Cambridge. Bd. I–III. 1941–1965; I. ²1966.

C.M. Cipolla/K. Borchardt (Hg.): Europäische Wirtschaftsgeschichte. Bd. 1. Stuttgart 1978.

H. Kellenbenz (Hg.): Handbuch der europäischen Wirtschafts- und Sozialgeschichte. Bd. 2. Stuttgart 1980.

Gebhardt. Handbuch der deutschen Geschichte. Stuttgart ⁹1970–1976 (Bd. 1). Auch als Taschenbuch: dtv Nr. 4202–4207.

W. Conze/V. Hentschel (Hg.): *Ploetz.* Deutsche Geschichte, Epochen und Daten. Würzburg 1979.

H. Aubin/B. Zorn (Hg.): Handbuch der deutschen Wirtschafts- und Sozialgeschichte. 2 Bde. Stuttgart ²1971 ff.

H. Jedin (Hg.): Handbuch der Kirchengeschichte. Bd. II, 2. III. Freiburg 1968–1975.

K.D. Schmidt/E. Wolf/B. Moeller (Hg.): Die Kirche in ihrer Geschichte. Göttingen 1961–1980 (4 Bde. in Lieferungen, noch nicht alle erschienen).

Allgemeine Geschichte: Europa

A. Borst: Lebensformen im Mittelalter. Berlin 1973.

Fischer Weltgeschichte 11: *J. Le Goff:* Das Hochmittelalter. Frankfurt/M. 1963; 12: *R. Romano/A. Tenenti:* Die Grundlegung der modernen Welt. Frankfurt/M. 1967; 14: *C. Cahen:* Der Islam I. Frankfurt/M. 1968.

J. Haller: Das Papsttum. Idee und Wirklichkeit. 5 Bde. Urach, Stuttgart 1950–1953. ND Darmstadt 1962.

S. Hellmann: Das Mittelalter bis zum Ausgang der Kreuzzüge. Gotha, Stuttgart ²1924. ND Darmstadt 1969.

H. Pirenne: Geschichte Europas von der Völkerwanderung bis zur Reformation. Berlin, Frankfurt/M. 1956.

B. Schmeidler: Das spätere Mittelalter von der Mitte des 13. Jahrhunderts bis zur Reformation. Wien 1937.

F. Schneider: Mittelalter bis zur Mitte des dreizehnten Jahrhunderts. Leipzig, Wien 1929. ND Darmstadt 1963.
F. X. Seppelt: Geschichte der Päpste von den Anfängen bis zur Mitte des 20. Jahrhunderts, 6 Bde. München ²1954–1959.

Allgemeine Geschichte: Einzelne Länder

H. Boockmann: Stauferzeit und spätes Mittelalter. Berlin ²1993.
K. Bosl (Hg.): Handbuch der Geschichte der böhmischen Länder. Teil 1. Stuttgart 1967.
J. Ehlers: Geschichte Frankreichs im Mittelalter. Stuttgart 1987.
J. Fleckenstein: Grundlagen und Beginn der deutschen Geschichte. Göttingen ³1988.
H. Fuhrmann: Deutsche Geschichte im hohen Mittelalter. Göttingen 1978.
Gebhardt. Handbuch der deutschen Geschichte. Bd. 1. Stuttgart ⁹1970.
B. Hóman: Geschichte des ungarischen Mittelalters. 2 Bde. Berlin 1940 u. 1943.
K. Kluxen: Geschichte Englands. Stuttgart 1968.
R. Konetzke: Geschichte des spanischen und portugiesischen Volkes. Leipzig 1939.
J. Leuschner: Deutschland im späten Mittelalter. Göttingen 1975.
P. Moraw: Von offener Verfassung zu gestalteter Verdichtung. Das Reich im späten Mittelalter 1250–1450. Berlin 1985.
G. Ostrogorsky: Geschichte des byzantinischen Staates. München ³1963.
G. Rhode: Kleine Geschichte Polens. Darmstadt ³1980.
M. Seidlmayer: Geschichte Italiens. Stuttgart ²1989.
G. Stadtmüller, Geschichte Südosteuropas. München, Wien ²1976.
H. Thomas: Deutsche Geschichte des Spätmittelalters 1250–1500. Stuttgart 1983.
M. Dillon/N. K. Chadwick: The Celtic Realms. London 1967.
H. Eggers (Hg.): Der Volksname Deutsch. Darmstadt 1970.
Ludo M. Hartmann: Geschichte Italiens im Mittelalter. Bde. I–IV. 1. Leipzig, Gotha 1897–1915.
B. Hóman: Geschichte des ungarischen Mittelalters. 2 Bde. Berlin 1940–1943.
L. Just (Hg.): Handbuch der deutschen Geschichte. Bd. 1: Deutsche Geschichte bis zum Ausgang des Mittelalters. Konstanz 1957.
H. Kretschmayr: Geschichte von Venedig. Bd. 1. Gotha 1905. ND Aalen 1964.
G. Ostrogorsky: Geschichte des byzantinischen Staates. (Byzantinisches Handbuch im Rahmen des Handbuchs der Altertumswissenschaft Bd. 1. Teil 2). München ³1963.

E. Oxenstierna: Die Wikinger. Stuttgart, Berlin, Köln, Mainz [3]1979.

F.M. Stenton: Anglo-Saxon England. (The Oxford History of England Vol. 2). Oxford [2]1947.

G. Stökl: Russische Geschichte von den Anfängen bis zur Gegenwart. (= Kröners Taschenausgabe 244) Stuttgart [2]1965.

G.M. Trevelyan: Geschichte Englands. Bd. 1.: bis zum Jahre 1603. München [3]1947.

Geschichte der gesellschaftlichen Ordnungen: Europa

W. Abel: Agrarkrisen und Agrarkonjunktur. Hamburg, Berlin [3]1978.

H. Aubin: Stufen und Triebkräfte der abendländischen Wirtschaftsentwicklung im frühen Mittelalter. (Vierteljahresschrift für Sozial- und Wirtschaftsgeschichte 42, 1955, 1–39.)

K. Bosl: Europa im Aufbruch. Herrschaft, Gesellschaft, Kultur vom 10. bis zum 14. Jahrhundert. München 1980.

K. Bosl: Mensch und Gesellschaft in der Geschichte Europas. München 1972.

O. Brunner: Land und Herrschaft. Wien [4]1959.

C. Brühl: Fodrum Gistum Servitium regis. Studien zu den wirtschaftlichen Grundlagen des Königtums. 2 Bde. (Kölner Historische Abhandlungen Bd. 14.) Köln, Graz 1968.

G. Caro: Sozial- und Wirtschaftsgeschichte der Juden im Mittelalter und der Neuzeit. 2 Bde. Frankfurt [2]1924 u. 1920. ND Hildesheim 1964.

H. Coing (Hg.): Handbuch der Quellen und Literatur der neueren europäischen Privatrechtsgeschichte. Bd. 1. Mittelalter. München 1973.

H. Coing: Die Grundlagen der modernen Gesellschaft im Mittelalter. (Monographien zur Geschichte des Mittelalters Bd. 4.) Stuttgart 1972.

E. Ennen: Die europäische Stadt des Mittelalters. Göttingen [3]1979.

H.-E. Feine: Kirchliche Rechtsgeschichte. Die katholische Kirche. Köln, Wien [5]1972.

J. Fleckenstein/M. Hellmann (Hg.): Die geistlichen Ritterorden Europas. Sigmaringen 1980.

F.L. Ganshof: Was ist das Lehnswesen? Darmstadt [4]1975.

C. Haase (Hg.): Die Stadt des Mittelalters. 3 Bde. Darmstadt 1969–1973.

M. Hellmann(Hg.): Corona regni. Studien über die Krone als Symbol des Staates im späten Mittelalter. Darmstadt 1961.

H. Mitteis: Der Staat des hohen Mittelalters. Weimar [3]1948, [7]1962.

W. Rüegg (Hg.): Geschichte der Universität in Europa. Bd. 1. München 1993.

W. Schlesinger (Hg.): Die deutsche Ostsiedlung des Mittelalters als Problem der europäischen Geschichte. Sigmaringen 1975.

R. Schneider (Hg.): Das spätmittelalterliche Königtum im europäischen Vergleich. Sigmaringen 1987.

P.E. Schramm: Herrschaftszeichen und Staatssymbolik. 3 Bde. (Schriften der Monumenta Germaniae historica 13.) 1954–1956.

Ch. Singer/E.J. Holmyard/A.R. Hall/T.I. Williams: A History of Technology, Vol. II: The Mediterranean Civilisations and the Middle Ages. Oxford ²1957.

R. Sprandel: Verfassung und Gesellschaft im Mittelalter. (Uni-Taschenbücher 461.) Paderborn 1975.

U. Stutz: Geschichte des kirchlichen Benefizialwesens von seinen Anfängen bis auf die Zeit Alexanders III. Aalen ³1972.

L. White jr.: Die mittelalterliche Technik und der Wandel der Gesellschaft. München 1968.

Geschichte der gesellschaftlichen Ordnungen: einzelne Länder

E. Ennen/W. Janssen: Deutsche Agrargeschichte. Wiesbaden 1979.

G. Franz (Hg.): Deutsche Agrargeschichte. Bd. 2: *W. Abel:* Geschichte der deutschen Landwirtschaft. ²1967; Bd. 3: *F. Lütge:* Geschichte der deutschen Agrarverfassung. Stuttgart ²1967; Bd. 4: *G. Franz:* Geschichte des deutschen Bauernstandes. Stuttgart ²1976.

A. Hauck: Kirchengeschichte Deutschlands. 5 Bde. Leipzig 1914–1920.

A. Haverkamp (Hg.): Zur Geschichte der Juden im Deutschland des späten Mittelalters und der frühen Neuzeit. Stuttgart 1987.

E. Hoffmann: Königserhebung und Thronfolgeordnung in Dänemark bis zum Ausgang des Mittelalters. Berlin, New York 1976.

R. Holtzmann: Französische Verfassungsgeschichte von der Mitte des neunten Jahrhunderts bis zur Revolution. München 1910.

E. Isenmann: Die deutsche Stadt im Spätmittelalter. Stuttgart 1988.

K.G.A. Jeserich (Hg.): Deutsche Verwaltungsgeschichte. Bd. 1. Stuttgart 1983.

H. Kellenbenz: Deutsche Wirtschaftsgeschichte. Bd. 1. München 1977.

K.-F. Krieger: Die Lehnshoheit der deutschen Könige im Spätmittelalter (ca. 1200–1437). Aalen 1979.

K. Kroeschell: Deutsche Rechtsgeschichte. 2 Bde. Reinbek 1972f.

H. Mitteis: Die deutsche Königswahl. Ihre Rechtsgrundlagen bis zur Goldenen Bulle. Brünn, München, Wien ²1944.

E. Schubert: Einführung in die Grundprobleme der deutschen Geschichte des Spätmittelalters. Darmstadt 1992.

A. Schulte: Der Adel und die deutsche Kirche im Mittelalter. Darmstadt ³1958.

A. Doren: Italienische Wirtschaftsgeschichte. (Handbuch der Wirtschaftsgeschichte, hg. von *G. Brodnitz.*) Jena 1934.

H. P. R. Finberg (Hg.): The Agrarian History of England und Wales. Vol. 1, 2: A.D. 43–1042. Cambridge 1972.

H. Kellenbenz (Hg.): Zwei Jahrtausende Kölner Wirtschaft. Bd. 1: Von den Anfängen bis zum Ende des 17. Jahrhunderts. Köln 1975.

F. Keutgen: Ämter und Zünfte. Zur Entstehung des Zunftwesens. Jena 1903. ND. Aalen 1965.

F. Lütge: Deutsche Sozial- und Wirtschaftsgeschichte. Ein Überblick. Berlin, Heidelberg, New York ³1966.

H. Mitteis: Deutsche Rechtsgeschichte. 10. neubearb. Aufl. von *H Lieberich.* München, Berlin 1966.

Monumenta Judaica. 2000 Jahre Geschichte und Kultur der Juden am Rhein. Handbuch. Hg. *K. Schilling.* Köln ²1964.

H. Mottek: Wirtschaftsgeschichte Deutschlands. Ein Grundriß. Bd. 1: Von den Anfängen bis zur Zeit der Französischen Revolution. Berlin ⁵1971.

H. Planitz: Die deutsche Stadt im Mittelalter. Wien, Köln, Graz ³1973.

W. Schlesinger: Beiträge zur deutschen Verfassungsgeschichte des Mittelalters. 2 Bde. Göttingen 1963.

Ders.: Die Entstehung der Landesherrschaft. Darmstadt ⁵1976.

C. v. Schwerin: Grundzüge der deutschen Rechtsgeschichte, 4. Aufl. besorgt von *H. Thieme.* Berlin, München 1950.

J. V. Vives: An Economic History of Spain. Princeton 1969.

Kunst und Kultur

H. Boockmann u. a. (Hg.): Lebenslehren und Weltentwürfe im Übergang vom Mittelalter zur Neuzeit. Göttingen 1985.

H. de Boor/R. Newald (Hg.): Geschichte der deutschen Literatur 3,1: *H. de Boor:* Die deutsche Literatur im späten Mittelalter 1. München 1962.

J. Glies (Hg.): Die deutsche Literatur im späten Mittelalter. Bd. 2. München 1987.

H. Rupprich: Die deutsche Literatur vom späten Mittelalter bis zum Barock. 2 Bde. München 1970 u. 1973.

E.R. Curtius: Europäische Literatur und lateinisches Mittelalter. Bern ²1954.

R. Delort: Le Moyen Age. Histoire illustrée de la vie quotidienne. Lausanne 1972.

J. Fleckenstein (Hg.): Das ritterliche Turnier im Mittelalter. Göttingen 1985.

J. Huizinga: Herbst des Mittelalters. Stuttgart ⁷1953.

W. Killy (Hg.): Die deutsche Literatur. Texte und Zeugnisse 1, 2: Mittelalter 2. Hg. v. *H. de Boor*. München 1965; 2: Spätmittelalter, Humanismus, Reformation, 2 Bde. Hg. v. *Hedwig Heger*. München 1975 u. 1978.

Propyläen Kunstgeschichte 3: *W.F. Volbach/J. Lafontaine-Dosogne:* Byzanz und der christliche Osten. Berlin 1968; 4: *H. Fillitz:* Das Mittelalter I. Berlin 1969; 6: *O. v. Simson:* Das Mittelalter II. Das hohe Mittelalter. Berlin 1972; *J. Bialostocki:* Spätmittelalter und beginnende Neuzeit. Berlin 1972.

G. Bandmann: Mittelalterliche Architektur als Bedeutungsträger. Berlin 1951.

K. Bertau: Deutsche Literatur im europäischen Mittelalter. 2 Bde. München 1972–1973.

R. Seeberg: Lehrbuch der Dogmengeschichte, 4 Bde. Darmstadt $^{5-6}$1959–1965.

I.–IV. Völkerwanderung und germanische Mittelmeerreiche – Merowingerzeit – Karolingerzeit – Die christliche Welt zwischen Normannen und Arabern

Allgemeine Geschichte

A. Cartellieri: Weltgeschichte als Machtgeschichte 382–911. Die Zeit der Reichsgründungen. München, Berlin 1927.

H. Dannenbauer: Die Entstehung Europas. Von der Spätantike zum Mittelalter. 2 Bde. Stuttgart 1959–1962.

J. Dhondt: Das frühe Mittelalter. (Fischer Weltgeschichte Bd. 10.) Frankfurt/M. 1968.

Geschichte der gesellschaftlichen Ordnungen

A. Dopsch: Wirtschaftliche und soziale Grundlagen der europäischen Kulturentwicklung aus der Zeit von Caesar bis auf Karl den Großen. 2 Bde. Wien ^{2}1923–1924. ND Aalen 1961.

E. Ewig: Spätantikes und fränkisches Gallien. Gesammelte Schriften 1952–1973. 2 Bde. (Beihefte der Francia 3/1, 3/2.) Zürich, München 1976–1979.

J. Herrmann (Hg.): Die Slawen in Deutschland. Ein Handbuch. Berlin ^{3}1974.

P.E. Hübinger (Hg.): Kulturbruch oder Kulturkontinuität im Übergang von der Antike zum Mittelalter (WdF CCI). Darmstadt 1968.

Ders. (Hg.): Zur Frage der Periodengrenze zwischen Altertum und Mittelalter (WdF LI). Darmstadt 1969.

A. I. Njeussychin: Die Entstehung der abhängigen Bauernschaft als Klasse der frühfeudalen Gesellschaft in Westeuropa vom 6. bis 8. Jahrhundert. Deutsche Ausgabe besorgt von *B. Töpfer.* Berlin 1961.

F. Prinz: Frühes Mönchtum im Frankenreich. München, Wien 1965.

Propyläen Kunstgeschichte in 18 Bänden. Supplementband 1: *B. Brenk:* Spätantike und frühes Christentum. Berlin 1977; Supplementband 5: *H. Roth:* Kunst der Völkerwanderungszeit. Berlin 1979.

I. Völkerwanderung und germanische Mittelmeerreiche

D. Claude: Die byzantinische Stadt im 6. Jahrhundert (Byzantinisches Archiv 13). München 1969.

R. G. Collingwood/J. N. L. Myres: Roman Britain and the English Settlements (The Oxford History of England 1). Oxford ^{2}1937.

W. Ensslin: Theoderich der Große. München 1947.

F. G. Maier: Die Verwandlung der Mittelmeerwelt (Fischer Weltgeschichte Bd. 9). Frankfurt/M. 1968.

L. Schmidt: Geschichte der deutschen Stämme bis zum Ausgang der Völkerwanderung. Die Ostgermanen. München ^{2}1941; Die Westgermanen. München ^{2}1938–1940. ND München 1969–1970.

O. Seeck: Geschichte des Untergangs der antiken Welt. Bde. 5, 6. Stuttgart $^{1-2}$1920. ND Darmstadt 1966.

II. Merowingerzeit (6. und 7. Jahrhundert)

C. Brockelmann: Geschichte der islamischen Völker und Staaten. München, Berlin 1939.

D. Claude: Adel, Kirche und Königtum im Westgotenreich (Vorträge und Forschungen, Sonderband 8). Sigmaringen 1971.

P.E. Hübinger (Hg.): Bedeutung und Rolle des Islam beim Übergang vom Altertum zum Mittelalter (WdF CCII). Darmstadt 1968.

P. D. King: Law and Society in the Visigothic Kingdom (Cambridge Studies in medieval life and thought, 3rd ser. 5). Cambridge 1972.

H. Vollrath-Reichelt: Königsgedanke und Königtum bei den Angelsachsen bis zur Mitte des 9. Jahrhunderts (Kölner historische Abhandlungen 19). Köln, Wien 1971.

M. Zender: Räume und Schichten mittelalterlicher Heiligenverehrung in ihrer Bedeutung für die Volkskunde. Köln ^{2}1973.

E. Zöllner: Geschichte der Franken bis zur Mitte des 6. Jahrhunderts. München 1970.

III. Karolingerzeit (8. und 9. Jahrhundert)

K. Bosl: Franken um 800. Strukturanalyse einer fränkischen Königsprovinz. München ²1969.

W. Braunfels (Hg.): Karl der Große. Lebenswerk und Nachleben. 4 Bde. Düsseldorf 1965–1967.

A. Dopsch: Die Wirtschaftsentwicklung der Karolingerzeit vornehmlich in Deutschland. 2 Bde. Köln, Graz ³1962.

S. Epperlein: Herrschaft und Volk im karolingischen Imperium (Forschungen zur mittelalterlichen Geschichte 14). Berlin 1969.

J. Fleckenstein: Die Hofkapelle der deutschen Könige. I. Teil: Grundlegung. Die karolingische Hofkapelle (Schriften der Monumenta Germaniae historica 16/I). Stuttgart 1959.

F. L. Ganshof: Was waren die Kapitularien? Weimar 1961.

W. Lammers (Hg.): Entstehung und Verfassung des Sachsenstammes (WdF). Darmstadt 1967.

IV. Die christliche Welt zwischen Normannen und Arabern

W. Vogel: Die Normannen und das fränkische Reich bis zur Gründung der Normandie, 799–911 (Heidelberger Abhandlungen zur mittleren und neueren Geschichte 14). Heidelberg 1906.

V.–VI. Die Zeit des sächsisch-gallischen König- und Kaisertums als Vormacht des Abendlandes – Das Papsttum im Aufstieg zur Vormacht Europas

Allgemeine Geschichte

G. Barraclough: Die mittelalterlichen Grundlagen des modernen Deutschland. Weimar 1953.

K. Hampe: Das Hochmittelalter. Geschichte des Abendlandes von 900 bis 1250. Darmstadt ⁵1964.

W. Kienast: Deutschland und Frankreich in der Kaiserzeit, 900–1270. Weltkaiser und Einzelkönige (Monographien zur Geschichte des Mittelalters 9, Teil I–III). Stuttgart 1974–1975.

J. Le Goff: Das Hochmittelalter (Fischer Weltgeschichte Bd. 11). Frankfurt/M. 1965.

G. Rhode: Die Ostgrenze Polens. Politische Entwicklung, kulturelle Bedeutung und geistige Auswirkung. 1. Bd.: Im Mittelalter bis zum Jahre 1401

(Ostmitteleuropa in Vergangenheit und Gegenwart 21). Köln, Graz 1955.

Ders.: Geschichte Polens. Darmstadt 1966.

Geschichte der gesellschaftlichen Ordnungen

H. Ammann: Vom Städtewesen Spaniens und Westfrankreichs im Mittelalter (Studien zu den Anfängen des europäischen Städtewesens. Vorträge und Forschungen, hg. von *Th. Mayer,* Bd. IV, S. 105–150). Lindau, Konstanz 1958. ND Darmstadt 1965.

H. Aubin: Die Entstehung der Landeshoheit nach niederrheinischen Quellen. Berlin 1920. ND Bonn 1961.

A. Borst: Die Katharer (Schriften der Monumenta Germaniae historica 12). Stuttgart 1953.

C.N.L. Brooke: London 800–1216. The Shaping of a City. London 1975.

O. Engels: Schutzgedanke und Landesherrschaft im östlichen Pyrenäenraum, 9.–13. Jahrhundert (Spanische Forschungen der Görresgesellschaft 2. Reihe Bd. 14). Münster 1970.

C. Erdmann: Die Entstehung des Kreuzzugsgedankens. Stuttgart 1935. ND Darmstadt 1965.

C.H. Haskins: Norman Institutions, 1918. ND New York 1960.

J. Hatschek: Englische Verfassungsgeschichte bis zum Regierungsantritt der Königin Viktoria. 2. Aufl. hg. von *W. Kienast* und *G.A. Ritter.* Aalen 1978.

J. Herrmann: Siedlung, Wirtschaft und gesellschaftliche Verhältnisse der slawischen Stämme zwischen Oder/Neiße und Elbe (Deutsche Akademie der Wissenschaften zu Berlin, Schriften der Sektion für Vor- und Frühgeschichte 23). Berlin 1968.

H. Hirsch: Die hohe Gerichtsbarkeit im deutschen Mittelalter. Darmstadt ²1958.

H. Jakobs: Verfassungstopographische Studien zur Kölner Stadtgeschichte des 10. bis 12. Jahrhunderts (Mitteilungen aus dem Stadtarchiv von Köln 60, 1971, 49–123).

H. Keller: Adelsherrschaft und städtische Gesellschaft in Oberitalien, 9. bis 12. Jahrhundert (Bibliothek des Deutschen Historischen Instituts in Rom 52). Tübingen 1979.

W. Kienast: Der Herzogstitel in Frankreich und Deutschland (9.–12. Jahrhundert). München, Wien 1968.

H. Mitteis: Die deutsche Königswahl. Brünn, München, Wien ²1944. ND Darmstadt 1965.

W. Schlesinger: Mitteldeutsche Beiträge zur deutschen Verfassungsgeschichte des Mittelalters. Göttingen 1961.

P.E. Schramm: Der König von Frankreich. 2 Bde. Darmstadt ²1960.

Ders.: Geschichte des englischen Königtums im Lichte der Krönung. Darmstadt ²1970.

A. Schulte: Der Adel und die deutsche Kirche im Mittelalter. Stuttgart ²1922. ND Darmstadt 1958.

V. Die Zeit des sächsisch-salischen König- und Kaisertums als Vormacht des Abendlandes (919–1060)

A. Cartellieri: Die Weltstellung des deutschen Reiches 911–1047. München, Berlin 1932.

J. Fleckenstein: Die Hofkapelle der deutschen Könige. Teil II: Die Hofkapelle im Rahmen der ottonisch-salischen Reichskirche (Schriften der Monumenta Germaniae historica 16/II). Stuttgart 1966.

K. Hallinger: Gorze – Kluny. Studien zu den monastischen Lebensformen und Gegensätzen im Hochmittelalter. 2 Bde. 1950–1951. ND Graz 1971.

R. Holtzmann: Geschichte der sächsischen Kaiserzeit 900–1024. München ⁴1961.

H. Hoffmann: Gottesfriede und Treuga Dei (Schriften der Monumenta Germaniae historica 20). Stuttgart 1964.

P.E. Schramm: Kaiser. Rom und Renovatio. Studien zur Geschichte des römischen Erneuerungsgedankens vom Ende des karolingischen Reiches bis zum Investiturstreit. Darmstadt ³1962.

G. Tellenbach: Libertas. Kirche und Weltordnung im Zeitalter des Investiturstreites (Forschungen zur Kirchen- und Geistesgeschichte 7). Stuttgart 1936.

VI. Das Papsttum im Aufstieg zur Vormacht Europas

Allgemeine Geschichte

H. Böhmer: Kirche und Staat in England und in der Normandie im XI. und XII. Jahrhundert. Leipzig 1899. ND Aalen 1968.

A. Cartellieri: Philipp II. August König von Frankreich. 4 Bde. Leipzig 1899–1922. ND Aalen 1969.

E. Caspar: Roger II. (1101–1154) und die Gründung der normannisch-sizilischen Monarchie. Innsbruck 1904.

H.E. Mayer: Geschichte der Kreuzzüge (Urban-Bücher 86). Stuttgart 1965.

A.L. Poole: From Domesday Book to Magna Carta 1087–1216 (The Oxford History of England III). Oxford ²1955.

B. Töpfer/E. Engel: Vom staufischen Imperium zum Hausmachtkönigtum.

Deutsche Geschichte vom Wormser Konkordat 1122 bis zur Doppelwahl von 1314. Weimar 1976.

Geschichte der gesellschaftlichen Ordnungen

A. Borst (Hg.): Das Rittertum im Mittelalter (WdF CCCIL). Darmstadt 1976.

K. Bosl: Die Reichsministerialität der Salier und Staufer (Schriften der Monumenta Germaniae historica 10). Stuttgart 1950.

R. Davidsohn: Geschichte von Florenz, 1. Bd. 1896. ND Osnabrück 1969.

H. Denifle: Die Entstehung der Universitäten des Mittelalters bis 1400. Berlin 1885. ND Graz 1965.

W. Ebel: Der Bürgereid als Geltungsgrund und Gestaltungsprinzip des deutschen mittelalterlichen Stadtrechts. Weimar 1958.

S. Epperlein: Bauernbedrückung und Bauernwiderstand im hohen Mittelalter (Forschungen zur mittelalterlichen Geschichte 6). Berlin 1960.

J. Fried: Die Entstehung des Juristenstandes im 12. Jahrhundert (Forschungen zur neueren Privatrechtsgeschichte 2). Köln, Wien 1974.

H. Grundmann: Religiöse Bewegungen im Mittelalter. Darmstadt ²1961.

F. Hausmann: Reichskanzlei und Hofkapelle unter Heinrich V. und Konrad III. (Schriften der Monumenta Germaniae historica 14). Stuttgart 1956.

K. Jordan: Das Eindringen des Lehnswesens in das Rechtsleben der römischen Kurie (Archiv für Urkundenforschung 12, 1931, 13–110). ND Darmstadt 1971.

H. W. Klewitz: Reformpapsttum und Kardinalkolleg. Darmstadt 1957.

O. Kossmann: Polen im Mittelalter. Beiträge zur Sozial- und Verfassungsgeschichte. Marburg/Lahn 1971.

R. Lennard: Rural England 1086–1135. A Study of Social and Agrarian Conditions. Oxford 1959.

Th. Mayer (Hg.): Probleme des 12. Jahrhunderts (Vorträge und Forschungen XII). Konstanz, Stuttgart 1968.

G. Schreiber: Kurie und Kloster im 12. Jahrhundert. Studien zur Privilegierung, Verfassung und besonders zum Eigenkirchenwesen der vorfranziskanischen Orden, 2 Bde. (Kirchenrechtliche Abhandlungen 65, 66). Stuttgart 1910. ND Amsterdam 1965.

K. Schulz: Richerzeche, Meliorat und Ministerialität in Köln (Mitteilungen aus dem Stadtarchiv von Köln 60, 1971, 149–172).

VII. Das Jahrhundert der Päpste und der Aufstieg der europäischen Staaten

F. Benninghoven: Der Orden der Schwertbrüder. Köln, Graz 1965.
H. Boockmann: Der Deutsche Orden. München ^{4}1987.
L. Buisson: König Ludwig IX., der Heilige und das Recht. Freiburg/Breisgau 1954.
O. Engels: Die Staufer. Stuttgart 1972.
J. Fleckenstein (Hg.): Probleme um Friedrich II. Sigmaringen 1974.
P. Herde: Cölestin V. (1294). Der Engelpapst. Stuttgart 1981.
Ders.: Karl I. von Anjou. Stuttgart 1979.
E. H. Kantorowicz: Kaiser Friedrich der Zweite. 2 Bde. Stuttgart ^{7}1994.
H. Kämpf: Pierre Dubois und die Grundlagen des französischen Nationalbewußtseins. Hildesheim ^{2}1972.
H. Keller: Zwischen regionaler Begrenzung und universalem Horizont. Deutschland im Imperium der Salier und Staufer 1024–1250. Berlin 1986.
F. Kempf: Papsttum und Kaisertum bei Innocenz III. Rom 1954.
W. Kienast: Deutschland und Frankreich in der Kaiserzeit. 3 Bde. Stuttgart 1974f.
H.E. Mayer: Geschichte der Kreuzzüge. Stuttgart ^{3}1973.
B. Moeller: Papst Innocenz III. und die Wende des Mittelalters (Bleibendes im Wandel der Kirchengeschichte. Festschrift f. H. v. Campenhausen), S. 151–167. Tübingen 1973.
H.M. Schaller: Kaiser Friedrich II. Verwandler der Welt. Göttingen 1964.
H. Tillmann: Papst Innocenz III. Bonn 1954.
F. Trautz: Die Könige von England und das Reich. Heidelberg 1961.

VIII. Europa im 13. Jahrhundert

A. Borst (Hg.): Das Rittertum im Mittelalter. Darmstadt 1976.
K. Bosl: Die Reichsministerialität der Salier und Staufer. 2 Bde. Stuttgart 1950f.
H. Denifle: Die Entstehung der Universitäten des Mittelalters. Berlin 1885.
G. Dilcher: Die sizilianische Gesetzgebung Kaiser Friedrichs II. Köln, Wien 1975.
Sankt Elisabeth, Fürstin–Dienerin–Heilige. Aufsätze–Dokumentation–Katalog. Hg. v. d. Philipps-Universität Marburg. Sigmaringen 1981.
K. Esser: Anfänge und ursprüngliche Zielsetzung des Ordens der Minderbrüder. Leiden 1966.
J. Gernhuber: Die Landfriedensbewegung in Deutschland bis zum Mainzer Reichslandfrieden von 1235. Bonn 1952.

W. Goez: Der Leihezwang. Tübingen 1962.

H. Grundmann: Ausgewählte Aufsätze. Bd. 2: Joachim von Fiore. Stuttgart 1977.

Ders.: Religiöse Bewegungen im Mittelalter. Untersuchungen über die geschichtlichen Zusammenhänge zwischen der Ketzerei, den Bettelorden und der religiösen Frauenbewegung im 12. und 13. Jahrhundert und über die geschichtlichen Grundlagen der deutschen Mystik. Darmstadt [2]1961.

Ders.: Vom Ursprung der Universität im Mittelalter. Berlin [2]1960.

E. Klingelhöfer: Die Reichsgesetze von 1220, 1231/32 und 1235. Ihr Werden und ihre Wirkung im deutschen Staat Friedrichs II. Weimar 1955.

H. Krause: Kaiserrecht und Rezeption. Heidelberg 1952.

W. Kuhn: Vergleichende Untersuchungen zur mittelalterlichen Ostsiedlung. Köln, Wien 1973.

H. Mitteis: Der Staat des hohen Mittelalters. Weimar [5]1955.

H. Patze (Hg.): Die Burgen im deutschen Sprachraum. Sigmaringen 1976.

K. V. Selge: Die ersten Waldenser. 2 Bde. Berlin 1967.

IX. Das Jahrhundert der letzten universalen Kämpfe in Europa

F. Bock: Reichsidee und Nationalstaaten vom Untergang des alten Reiches bis zur Kündigung des deutsch-englischen Bündnisses im Jahre 1341. München 1943.

A. v. Brandt: Die Hanse und die nordischen Mächte im Mittelalter. Köln, Opladen 1962.

Ders. u.a.: Die deutsche Hanse als Mittler zwischen Ost und West. Köln, Opladen 1963.

Ph. Dollinger: Die Hanse. Stuttgart 1966.

A. Gerlich: Habsburg–Luxemburg–Wittelsbach im Kampf um die deutsche Königskrone. Wiesbaden 1960.

P. Herde: Dante als Florentiner Politiker. Wiesbaden 1976.

A. Lhotsky: Privilegium maius. Wien 1957.

J. Mietke: Ockhams Weg zur Sozialphilosophie. Berlin 1969.

G. Mollat: Les papes d'Avignon. Paris [10]1965.

J. Pfitzner: Witold von Litauen als Staatsmann. Prag 1930.

H. Patze (Hg.): Kaiser Karl IV. Neustadt/Aisch 1978.

G. Rhode: Die Ostgrenze Polens. Graz, Köln 1955.

F. Schneider: Kaiser Heinrich VII. Dantes Kaiser. Stuttgart, Berlin 1940.

F. Seibt: Karl IV. Ein Kaiser in Europa. München 1978.

Ders. (Hg.): Kaiser Karl IV. Staatsmann und Mäzen. München 1978.

H. Segall: Der Defensor pacis des Marsilius von Padua. Wiesbaden 1959.

E.E. Stengel: Avignon und Rhens. Weimar 1930.

Ders.: Baldewin von Luxemburg. Weimar 1937.
B. Tierney: Origins of Papal Infallibility 1150–1350. Leiden 1972.
K. Zeumer: Die Goldene Bulle Kaiser Karls IV. Weimar 1908.

X. Europa am Ende des 14. Jahrhunderts

W. Abel: Strukturen und Krisen der spätmittelalterlichen Wirtschaft. Stuttgart, New York 1980.
Ders.: Die Wüstungen des ausgehenden Mittelalters. Stuttgart [3]1976.
H. Angermeier: Königtum und Landfrieden im deutschen Spätmittelalter. München 1966.
F. Graus: Pest-Geissler–Judenmorde. Das 14. Jahrhundert als Krisenzeit. Göttingen 1987.
J. Haller: Papsttum und Kirchenreform. Berlin [2]1966.
A. Patschovsky: Die Anfänge einer ständigen Inquisition in Böhmen. Berlin, New York 1974.
H. Patze (Hg.): Der deutsche Territorialstaat im 14. Jahrhundert. 2 Bde. Sigmaringen 1971.
H. C. Peyer: Verfassungsgeschichte der alten Schweiz. Zürich 1978.
R. Sablonier: Adel im Wandel. Eine Untersuchung zur sozialen Situation des ostschweizerischen Adels um 1300. Göttingen 1975.
F. Seibt (Hg.): Europa 1400. Stuttgart 1984.
W. v. Stromer: Oberdeutsche Hochfinanz 1350–1450. 3 Bde. Wiesbaden 1970.
Ders.: Die Gründung der Baumwollindustrie in Mitteleuropa. Wirtschaftspolitik im Spätmittelalter. Stuttgart 1978.
H. G. Walther: Imperiales Königtum, Konziliarismus und Volkssouveränität. Studien zu den Grenzen des mittelalterlichen Souveränitätsgedankens. München 1976.
B. I. Zaddach: Die Folgen des schwarzen Todes (1347–51) für den Klerus Mitteleuropas. Stuttgart 1971.

XI. Schisma und Konzilien. Europäische Großmachtbildungen

F. Babinger: Mehmed der Eroberer und seine Zeit. München 1953.
R. Bäumer (Hg.): Die Entwicklung des Konziliarismus. Werden und Nachwirken der konziliaren Idee. Darmstadt 1976.
H. Boockmann: Johannes Falkenberg, der Deutsche Orden und die polnische Politik. Göttingen 1975.
W. Brandmüller: Das Konzil von Konstanz 1414–1418. Paderborn 1991.
J. Calmette: Die großen Herzöge von Burgund. München 1963.

A. Esch: Bonifaz IX. und der Kirchenstaat. Tübingen 1969.

W. Farr: John Wycliff as legal Reformer. Leiden 1974.

H. Heimpel: Drei Inquisitionsverfahren aus dem Jahre 1425. Akten der Prozesse gegen die deutschen Hussiten Johannes Drändorf und Peter Turnau. Göttingen 1969.

J. Helmrath: Das Basler Konzil 1431–1449. Forschungsstand und Probleme. Köln, Wien 1987.

R. Kalivoda: Revolution und Ideologie. Der Hussitismus. Köln, Wien 1976.

H. Kaminsky: A History of the Hussite Revolution. Princeton 1968.

H. Müller: Die Franzosen, Frankreich und das Basler Konzil (1431–1449). Paderborn 1990.

F. Seibt: Hussitica. Köln 1965.

B. Spuler: Die Goldene Horde. Wiesbaden ²1965.

H. Steinbach: Jeanne d'Arc. Göttingen 1973.

M. Seidlmayer: Die Anfänge des Großen Abendländischen Schismas. München 1940.

J. W. Stieber: Pope Eugenius IV., the Council of Basel and the Secular and Ecclesiastical Authorities in the Empire. Leiden 1978.

B. Tierney: Foundations of the Conciliar Theory. Cambridge 1955.

Die Welt zur Zeit des Konstanzer Konzils. Konstanz 1965.

E. Werner: Die Geburt einer Großmacht – Die Osmanen (1300–1481). Wien, Köln, Graz ²1972.

XII. Europa im 15. Jahrhundert

G.A. Benrath (Hg.): Wegbereiter der Reformation. Bremen 1967.

U. Dirlmeier: Untersuchungen zu Einkommensverhältnissen und Lebenshaltungskosten in oberdeutschen Städten des Spätmittelalters (Mitte 14. bis Anfang 16. Jahrhundert). Heidelberg 1978.

D. Hay: The Italian Renaissance in its Historical Background. Cambridge, London u.a. ²1976.

G. Koller: Princeps in ecclesia. Untersuchungen zur Kirchenpolitik Herzog Albrechts V. von Österreich. Graz, Wien, Köln 1964.

E. Maschke: Domus hospitalis Theutonicorum. Europäische Verbindungslinien der Deutschordensgeschichte. Gesammelte Aufsätze. Bonn-Bad Godesberg 1970.

Ders.: Städte und Menschen. Beiträge zur Geschichte der Stadt, der Wirtschaft und Gesellschaft. Wiesbaden 1980.

E. Meuthen: Das 15. Jahrhundert. München 1980.

E. Molitor: Die Reichsreformbestrebungen des 15. Jahrhunderts. Breslau 1921.

R. de Roover: Business, Banking and Economic Thought in late Medieval and early Modern Europe. Chicago 1974.
W. Rausch (Hg.): Die Stadt am Ausgang des Mittelalters. Linz 1974.
H. Rosenfeld: Der mittelalterliche Totentanz. Köln, Wien ^{3}1974.
E. Schubert: König und Reich. Studien zur spätmittelalterlichen deutschen Verfassungsgeschichte. Göttingen 1979.
F. Seibt (Hg.): Europa 1500. Stuttgart 1987.

Personen- und Sachregister

Das Register enthält die Namen aller wesentlichen im Text genannten Personen, die Bezeichnungen historischer Ereignisse und Einrichtungen, die mit Personen und geographischen Namen (inkl. Städte- und Ländernamen) zusammenhängen, und die Termini wichtiger Institutionen. Jahreszahlen wurden historischen Ereignissen dann beigegeben, wenn sie sich auf geographische Namen beziehen.

In der Regel sind die Namen von Ländern und Staaten als solcher nicht aufgenommen worden; hinsichtlich dieser sei auf das detaillierte Inhaltsverzeichnis hingewiesen. Auch weitere Bezeichnungen aus den Kapitelüberschriften des Inhaltsverzeichnisses wurden in der Regel dann nicht in das Register aufgenommen, wenn ihre Abhandlung im Text danach sicher zu erwarten ist.

Abkürzungen

B.	Bischof	Fst.	Fürst	Ks.	Kaiser
Btm.	Bistum	Gf.	Graf	Mkgf.	Markgraf
Ebf.	Erzbischof	Hg.	Herzog	P.	Papst
Ebtm.	Erzbistum	Kg.	König	Schl.	Schlacht
Ehg.	Erzherzog	Kl.	Kloster		

Inhalt von Band 2

Dritter Teil: Frühe Neuzeit

Vierter Teil: 19. und 20. Jahrhundert